航空法学——总论与体系研究

贺富永 著

东南大学出版社
·南京·

图书在版编目（CIP）数据

航空法学：总论与体系研究 / 贺富永著. -- 南京：东南大学出版社，2024.8. -- ISBN 978-7-5766-1514-2

Ⅰ. D922.296.4

中国国家版本馆 CIP 数据核字第 20245Q5W12 号

航空法学——总论与体系研究
Hangkongfaxue——Zonglun Yu Tixi Yanjiu

著　者	贺富永
出版发行	东南大学出版社
社　址	南京市四牌楼 2 号（邮编：210096　电话：025 - 83793330）
出版人	白云飞
网　址	http://www.seupress.com
策划编辑	孙松茜
责任编辑	孙松茜
责任校对	子雪莲
封面设计	王　玥
责任印制	周荣虎
经　销	全国各地新华书店
印　刷	丹阳兴华印务有限公司
开　本	787mm×1092mm　1/16
印　张	35.25
字　数	902 千字
版　次	2024 年 8 月第 1 版
印　次	2024 年 8 月第 1 次印刷
书　号	ISBN 978 - 7 - 5766 - 1514 - 2
定　价	88.00 元

（本社图书若有印装质量问题，请直接与营销部联系。电话：025 - 83791830）

前言
PREFACE

本书是著者在总结二十多年航空法教学经验的基础上,结合法学专业和有关专业学生的知识水平特点,依据自己多年教案撰写而成的。在这二十余年期间,我国的航空运输业取得了举世瞩目的成就,经历了不断发展和壮大的演进过程。我国航空管理体制也发生了巨大的变化。2002年中国民用航空总局六大航空集团公司的组成,标志着中国民用航空改革迈出了重要的实质性的步伐。2004年机场属地化改革的完成,标志着国务院2002年6号文件规定的中国民用航空体制改革各项任务圆满完成。2007年中国民用航空新疆空管局的成立同时也标志着全国空管系统"政事分开、运行一体化"改革工作的圆满结束。同时,在这二十余年间,国际航空运输也发生了巨大的变化,航空联盟数量的不断增加,代码共享、因特网和电子客票的迅猛发展,计算机订座系统的广泛采用,飞机租赁业务的大幅增长,信息产业的不断扩大,这些都标志着航空运输自由化已成为一种不可逆转的潮流。在航空运输自由化浪潮的冲击下,诸多法律问题已经凸现出来,形成了对传统航空法特别是公法的巨大冲击。如何结合我国国情,消化吸收国内外航空法理论,努力促进中国民航持续、快速、协调、健康发展,为实现中国由民航大国向民航强国的历史性跨越提供理论上的支持,为日益复杂的航空运输纠纷的顺利解决提供法律保障,是我们必须认真思考和对待的问题。"温故而知新",通过比较分析国际航空法和我国航空法的发展轨迹,结合对特定时期相关国家航空运输法律制度研习,我们基本上应该能够把握国际航空运输法律制度和我国航空运输法律制度的发展方向。

诚然,我国航空法学研究在这二十余年间已经获得了不断发展,不仅介绍和评析国际航空条约和相关国家航空法制度,还对诸多理论问题和一些重大实践问题进行了进一步的求索和探究。在第一版编排的基础上,著者结合最新航空法规定和学者们的最新研究成果,在南京航空航天大学2023年"十四五"规划教材项目(项目编号:2023GHJC53)资助下,对第一版进行了修订。其中于文薇、张焱对第一章和第二章的资料进行了收集和整理,王文菁对第三章到第五章的资料进行了收集和整理,杨婷、孟署对第六章到第八章的资料进行了收集和整理,刘志刚、贺德财对第九章和第十章的资料进行了收集和整理,叶鸣对第十一章的资料进行了收集和整理,邢佳玉对第十二章和第十三章的资料进行了收集和整理,杨影对第十四章的资料进行了收集和整理,上述人员都参与了相关章节的校核。

尽管著者尽了较大努力,但毕竟因文字资料的缺乏和著者水平的不足,难免会有错误、疏漏或不妥之处,恳请读者批评指正。

目录
CONTENTS

第一章　航空法学的基本理论 …………………………………………… 1
    1.1　航空法的概念、性质与调整对象 ………………………………… 1
    1.2　航空法的特征 …………………………………………………… 11
    1.3　航空法的渊源 …………………………………………………… 14
    1.4　航空法的发展历程 ……………………………………………… 25
    1.5　航空法学及其与相关学科的关系 ……………………………… 45

第二章　空气空间法律制度 ……………………………………………… 49
    2.1　领空法律制度 …………………………………………………… 49
    2.2　国际空中航行法律制度 ………………………………………… 59
    2.3　国际空中航行管理体制发展阶段及特点 ……………………… 69

第三章　航空器法律制度 ………………………………………………… 78
    3.1　航空器的定义、分类及法律地位 ……………………………… 78
    3.2　民用航空器国籍 ………………………………………………… 85
    3.3　民用航空器权利 ………………………………………………… 98
    3.4　民用航空器适航管理 …………………………………………… 115
    3.5　航空器搜寻援救和事故调查 …………………………………… 129
    3.6　对外国民用航空器的特别规定 ………………………………… 167

第四章　航空人员法律制度 ……………………………………………… 174
    4.1　航空人员的一般规定 …………………………………………… 174
    4.2　机组法律制度 …………………………………………………… 257

第五章 民用机场法律制度 ... 280
5.1 民用机场的概念和分类 ... 280
5.2 民用机场建设和管理的法律制度 ... 287

第六章 空中交通服务法律制度 ... 312
6.1 空中交通服务基本理论 ... 312
6.2 空中交通管制服务法律制度 ... 326
6.3 飞行情报服务法律制度 ... 332
6.4 告警服务法律制度 ... 336
6.5 新航行系统及其法律制度 ... 340

第七章 公共航空运输企业法律制度 ... 351
7.1 公共航空运输企业的概念和法律特征 ... 351
7.2 公共航空运输企业的设立 ... 353
7.3 公共航空运输企业的运营管理 ... 362
7.4 航空运输总条件 ... 375
7.5 航空运输凭证 ... 379

第八章 国际航空运输私法公约简介 ... 390
8.1 1929年《华沙公约》 ... 390
8.2 1929年《华沙公约》的修订文件 ... 394
8.3 1999年《蒙特利尔公约》 ... 409

第九章 国际航空运输中承运人责任制度 ... 419
9.1 国际航空运输的概念及其适用范围 ... 419
9.2 国际航空承运人的责任和损害赔偿范围 ... 421
9.3 非缔约承运人履行的航空运输 ... 446

第十章 国内航空运输中承运人责任制度 ... 450
10.1 国内航空运输的概念和适用范围 ... 450
10.2 承运人的责任构成 ... 451

第十一章 对第三人损害的赔偿责任制度 ·········· 460
11.1 概述 ·········· 460
11.2 国际航空法对第三人损害的赔偿责任制度的规定 ·········· 465
11.3 我国航空法对第三人损害的赔偿责任制度的规定 ·········· 480

第十二章 航空保险法律制度 ·········· 486
12.1 航空保险基本理论 ·········· 486
12.2 航空保险赔偿与保险争议的解决 ·········· 492

第十三章 航空刑事法律制度 ·········· 494
13.1 国际航空刑事法律制度 ·········· 494
13.2 《芝加哥公约》及附件 17 ·········· 522
13.3 我国航空刑事法律制度 ·········· 530

第十四章 国际航空组织法律制度 ·········· 541
14.1 国际民用航空组织 ·········· 541
14.2 国际航空运输协会 ·········· 547
14.3 其他国际航空组织 ·········· 550

参考文献 ·········· 552

第一章 航空法学的基本理论

1.1 航空法的概念、性质与调整对象

航空法是20世纪初随着飞机的发明和航空科技的进步而产生和发展起来的。经过一个多世纪的发展,已形成了主要以民用航空活动为调整对象的一整套健全的法律规范。特别是随着现代航空科技的进步,航空法跟从人类极其广泛的航空活动而不断地获得发展。一个国家航空活动的发展状况,不仅是其国家经济发展水平的重要标志,也是其现代化程度的象征。当前,世界各国均不断加强对本国航空资源的开发和利用,使得航空活动所涉及的社会关系也变得越来越广泛和复杂;而随着航空运输全球化的进一步发展,国家间的航空活动也日益增多,诸多新的法律问题不断凸显。因此,加强航空法制建设,不仅是规范各国国内航空活动的现实需要,也是规范国际航空活动的迫切要求。

1.1.1 航空法的概念

航空法虽然经历了一个多世纪的发展,但至目前尚无统一定义。要对航空法进行确切定义,首先要从航空法的研究对象——航空活动入手,准确界定航空活动所能产生的社会关系的范围,进而对航空法下一个准确的定义。

航空活动,又称为空中航行活动,须具备四个基本要素:首先,要有场所,即空气空间,也称空域;其次,要有适航的航空器;再次,要有合格的航空人员;最后,要有相关地面设施及空中交通服务予以保障。[1] 对航空法进行定义,首先应当分析航空活动的四个基本要素,确定航空法的调整范围和界限,彰显航空法的性质和特征。

1.1.1.1 国内学者关于航空法的代表性定义

对航空法下过定义的代表性国内学者主要有徐振翼、赵维田和刘伟民等。

徐振翼教授认为,航空法是一个国家维护其领空主权,合理和有效地使用空域,管理空中航行,保障飞行安全,促进航空活动得到经济地和有秩序地发展的国家基本法律之一。[2]

赵维田教授认为,航空法是一套调整人类航空活动中各种法律关系的规则体系。[3]

刘伟民教授认为,航空法是规定领空主权,管理空中航行和民用航空活动的法律规范的总称。[4]

除了上述三位学者外,国内还有许多学者对航空法进行定义,代表性的定义主要有:

当代航空法是指直接或间接与民用航空有关的法律。[5]

---

[1] 刘伟民.航空法教程[M].2版.北京:中国法制出版社,2001:1.
[2] 徐振翼.关于航空法的几个主要问题[J].上海社会科学院学术季刊,1988(2):76-82.
[3] 赵维田.国际航空法[M].北京:社会科学文献出版社,2000:2.
[4] 刘伟民.航空法教程[M].2版.北京:中国法制出版社,2001:5.
[5] 周子亚.国际公法[M].上海:知识出版社,1981:161.

航空法是调整空气空间的利用和规定领空主权、空中飞行和空中运输的法律和规则的总称。[①]

航空法是调整民用航空活动各种法律关系的原则和规范的总称。[②]

航空法是规定领空主权、航空器飞行和空中运输的法律、规则的总称。航空法分为国家航空法和国际航空法。国家航空法是指由各国根据国际惯例、原则和本国的实际情况制定的,在其本国范围内适用有关航空活动的法律和法规,即各国的国内航空立法。国际航空法是调整国际航空活动法律关系的规则和法律的总称。[③]

航空法是指调整国际航空活动的公约、协定和公认的习惯规则的总称。航空法是在20世纪初期逐渐形成的一个国际法分支,又称国际航空法,它的原则和规则大部分是在国际条约中确定下来的。[④]

航空法是国际法和国内法的联合体,它规定一个国家之内和国家之间民用航空活动的各项法律原则和规范。[⑤]

航空法(Air Law)是调整空气空间交通运输和其他民用航空活动的规则。航空法是国际法的一个分支,又称国际航空法。[⑥]

航空法是规定领空主权、空中飞行和空中运输的法律、规范的总称。其主要内容包括:领空制度,本国和外国航空器的飞行与国际航空制度,空中交通管制和空域使用规则,乘客、货物和邮件等的空运规则,承运人的责任范围以及国际民用航空安全的法律保护等。它分为国家航空法和国际航空法。国家航空法是一个国家根据国际惯例、原则和本国的实际情况制定的,在本国范围内适用的有关航空活动的法律和法规。[⑦]

航空法有广义与狭义之分。广义的航空法是指调整在航空管制过程中发生的经济关系和航空运输中发生的民事关系的法律规范的总称。狭义的航空法是指1995年颁布、1996年3月1日起实施的《中华人民共和国民用航空法》(以下简称《民用航空法》)。[⑧]

"什么是航空法? 航空法就是规定领空主权、空中飞行和空中运输的法律和规则的总称。主要内容包括领空制度,本国和外国飞机或其他航空器的飞行与国际航空制度,乘客、货物和邮件等空运规则,承运人的责任范围等。"[⑨]

航空法是关于规定国家领空主权、空中飞行和空中运输的法律和法规的总称。主要包括领空制度,货物、旅客和邮件等空运规则,以及管理体制,承运人的责任范围等。[⑩]

民用航空法是用以调整民用航空活动所产生的各种社会关系的法律规范的总和。经过一个多世纪的发展,民用航空法已经成为一个较为完善的法律体系。航空法分为国内航空法和国际航空法两大部分,分属于不同的法律体系。国内航空法是国家的重要法律,它涉及领空主权的宣告及其空域管理制度,规范民用航空行政管理行为,调整民用航空活动产生的

---

① 高景亮. 通俗简明法学小辞典[M]. 北京:北京航空航天大学出版社,1991:258.
② 郭建. 大学生法学词典[M]. 广州:广东教育出版社,2002:293.
③ 刘瑞复. 中国经济法律百科全书[M]. 北京:中国政法大学出版社,1992:338.
④ 王嵩山,等. 中国政府公务百科全书[M]. 北京:中共中央党校出版社,1994:145.
⑤ 艾绍扬,张虎林,张晓明. 行政管理小百科[M]. 北京:中共党史出版社,1990:756.
⑥ 曾宪义,林毓辉. 国际经济贸易法律大辞典[M]. 北京:华夏出版社,1993:67.
⑦ 大辞海编纂委员会. 大辞海—机械电气卷[M]. 上海:上海辞书出版社,2007:229.
⑧ 于定勇,郭红亮. 现代物流法律制度[M]. 广州:暨南大学出版社,2003:162.
⑨ 孙发,等. 中国法律千万个为什么[M]. 延吉:延边大学出版社,1993:1363-1364.
⑩ 刘隆亨. 经济法学[M]. 北京:中国长安出版社,2003:320.

民商事法律关系,还涉及采用刑法手段保护民用航空的安全问题。国际航空法是国际法的重要组成部分,它确立领空主权原则、调整国家之间开展民用航空活动产生的社会关系。[1]

航空法(Air Law)是直接或间接同民用航空有关的法律。航空法分国家航空法和国际航空法。国家航空法由各国为维护其领空主权和航空权益,合理有效地使用空域,维持空中交通秩序,保障飞行安全,促进民航事业的发展而制定。国际航空法由缔约国共同制定。现在尚无全世界统一使用的国际航空法,只有起国际航空法作用的国际民用航空条约。[2]

航空法,指各国在空气空间从事航空活动,调整由此活动而产生的法律关系的法律。广义来说,航空法包括适用于不同国家的航空法律关系的"国际航空法"和适用于一国领空的"国内航空法"。狭义来说,是指国际航空法。[3]

依学界之通说,航空法就是一套调整人类航空活动中各种法律关系的规则体系。[4]

空气空间法,又称航空法,是调整国家间利用空域,进行民用航空交通所产生的各种关系的法律规范的总和。用于军事、海关和公安部门的国家航空器的活动,不是为了民用目的,与这类活动有关的法律不属于航空法的范畴。航空法是国际法的一个分支,是适用于空气空间的主要法律。由于法律地位不同,空气空间和外层空间各适用不同的法律并确立不同的法律制度。航空法是确立空气空间的法律制度。空气空间一般是指地球表面被大气覆盖的空间,它包括国家的领空和公空两部分。[5]

空气空间法,也称国际航空法,是调整国家之间利用空气空间进行民用航空交通所产生的各种关系的法律规范的总体。[6]

1.1.1.2 国外学者关于航空法的代表性定义

法国学者维斯舍尔(Charles de Visscher)认为,航空法是管理空域及其利用规则的总和。[7]

荷兰航空法专家迪德里克斯-弗斯霍尔把航空法定义为:管理空气空间的使用,并使航空公众和世界各国从中受益的一套规则。[8]

阿根廷著名航空法学者文斯卡拉达则定义为,航空法是一套支配由航空活动引起的或经其修改的制度与法律关系的,公法与私法、国际与国内的原则与规范。[9]

勒·果夫(M. Le Goff)认为,航空法是一套关于飞机、空中航行、航空商业运输,以及由国际国内空中航行所引起的,公法或私法的全部法律关系的国内国际规则。[10]

科库兹(R. Coquoz)认为,航空法是调整因利用空气而产生的各种法律关系的规则的综合。安伯罗西尼(M. Ambrosini)认为,航空法是研究空中航行所产生的各种关系和确定其

---

[1] 李勤昌.国际货物运输[M].5版.大连:东北财经大学出版社,2018:350.
[2] 孙志敏,刘志荣,吴德镇.交通百科词典[M].北京:航空工业出版社,1993:143-144.
[3] 高岚君,吴凤君.国际法考点与题典[M].沈阳:辽宁大学出版社,2004:122.
[4] 中国航空运输协会.民航论丛—第2辑(2012)[M].北京:中国民航出版社,2014:52.
[5] 史晓东,张文政.世界多边贸易须知大典[M].北京:中国财政经济出版社,1996:432.
[6] 邓伟平.法学概论[M].广州:中山大学出版社,2002:522.
[7] 转引自:刘伟民.航空法教程[M].2版.北京:中国法制出版社,2001:3.
[8] 参见:I. H. Ph. Diedenriks-Verschoor: An Introduction to Air Law. (6th). 1979. P1.
[9] 参见:Videla Escalada. Aeronautical Law(1979)P2.
[10] 勒·果夫:《航空法教程(公法)》,巴黎达罗兹书局1954年版,第49页.转引自:刘伟民.航空法教程[M].2版.北京:中国法制出版社,2001:3.

实施法律调整的法律分支。①

航空法是有关民航的法体,用以调整空中航行和空间使用等问题,它基本上是国际性的,或者说,由于大多数国家达成协议,所以它在参加协议的各国也是一致的。②

航空法是指依据"国际民间航空条约规定,为谋求飞机航行的安全、以确立飞机空运的运输事业等的秩序为目的而制定的法律"。③

航空法是指调整航空器飞行及其法律关系的法律。④ 其中的"航空器"并没有统一的定义,1944年《国际民用航空公约》(Convention on International Civil Aviation)(下文简称1944年《芝加哥公约》)附件规定其为"能够凭借空气的反作用,而不是凭借对地面的反作用在大气中获得支撑的任何器械"。航空法依其法律规范的不同可分为国际航空法和国内航空法:凡由国际条约规定的规范国家之间、国家与有关国际组织之间以及国际组织之间的航空法属于国际航空法;凡由国内法规定的规范各国内部的航空法属于国内航空法。而国际航空法根据其调整对象的不同又可分为国际航空公法和国际航空私法:国际航空公法是指调整有关航空的整体管理和外交等关系的国际航空法律制度的总和;而国际航空私法则是指调整与航空相关的涉外民商事法律关系并解决其法律冲突的国际航空法律制度的总和。⑤

1.1.1.3 简要评析

从国内外学者上述对航空法的定义来看,都力图准确界定航空法的调整对象和范围,均具有一定的借鉴意义。但航空活动所涉及的社会关系太广,通过一个定义将航空法的调整对象和范围全部囊括,明晰其界限确有一定难度。因此,有些学者回避给航空法下一个综合性的定义,而只谈"航空法的性质",如彼得·马丁所著的《肖克罗斯与博蒙特航空法》。⑥

故到目前为止,航空法尚缺乏权威定义。

1.1.1.4 本书定义

给航空法下一个相对比较确切的定义是有必要的,这有助于划定其调整对象和范围。上述国内外学者对航空法进行定义时,视角有所差异,有的是以国内法为视角进行定义,有的是以国际法为视角进行定义,有的是从国内法和国际法两个视角进行综合定义,都有可取之处。从整体上来看,笔者倾向于第三种定义模式。因为:国际法和国内法毕竟属于两个不同的法律体系,二者的调整对象和适用范围等方面差异巨大,加之航空活动又有国内和国际之分,规范二者的法律规则有诸多不同。

借鉴中外学者有关航空法的定义,本书认为,航空法主要是规范民用航空活动的国内国际法律规范的总称,分为国内航空法和国际航空法。国内航空法是指由一国制定的,规定领空主权、管理空中航行和民用航空活动的法律规范的总称;国际航空法主要是以国际民用航空为规范对象的国际法主体⑦之间形成的有拘束力的原则、规则和制度的总体。

之所以这样对航空法进行定义,是因为国内航空法和国际航空法分属于两个不同的法

---

① M.安伯罗西尼.《空中航行法教程》,转引自:刘伟民.航空法教程[M].2版.北京:中国法制出版社,2001:4.
② 沃克.牛津法律大辞典[M].北京社会与科技发展研究所,译.北京:光明日报出版社,1988:33.
③ 我妻荣.新版新法律学辞典[M].北京:中国政法大学出版社,1991:272.
④ 张乃根.国际法原理[M].北京:中国政法大学出版社,2002:136.
⑤ 林武坛,章博.国际贸易私法学[M].南京:东南大学出版社,2008:132.
⑥ 彼得·马丁(Peter Martin),等.肖克罗斯和博蒙特航空法[M].徐克继,摘译.北京:法律出版社,1987:10.
⑦ 现有的理论和实践都广泛地承认,除了民族国家以外,政府间国际组织和争取独立民族在一定范围内具有国际法主体资格。参见:《国际公法学》编写组.国际公法学[M].3版.北京:高等教育出版社,2022:116-117.

律体系之中。国际航空法无论是总体还是部分,它本身是不能成为国内航空法的一部分的。国内航空法也不是国际航空法的附属物。国内航空法没有权力变更或创制国际航空法的规则,国际航空法也没有权力变更或者创立国内航空法的规则。国际航空法只有根据国内航空法中所形成的程序或者规则包括成文的或习惯的,才能在国内具有效力。同时,国际航空法和国内航空法在性质、调整对象、适用范围等方面都存在区别。

第一,两者各有不同的主体和调整对象。国内航空法调整的是一国统治下的国内法主体之间的关系,而国际航空法调整的是国际法主体之间的关系。

第二,两者的渊源不同。国内航空法的渊源是一国有权机关所制定的法律、法规等,而国际航空法的渊源则是国际社会之间形成的习惯和国际社会成员所缔约的条约,特别是造法性的条约。

第三,就两者的法律实质而言,国内航空法主要是国家对其统治范围内的国内法主体的法律,而国际航空法则不是在各主权国家之上的权力对国家的法律,而是各主权国家之间的法律。

1.1.2 航空法的性质

航空法的性质是理解和运用航空法的基础。航空法作为一个整体,包括国内航空法和国际航空法两个组成部分,无疑在法律性质上航空法兼有国内法和国际法的性质。同时,无论是国际航空法还是国内航空法,在性质上也都囊括了公法和私法。

1.1.2.1 兼有国际法和国内法性质

1919 年 10 月 13 日,国际社会在法国巴黎签署了《关于空中航行管理公约》(Convention Relating to the Regulation of Aerial Navigation)(下文简称 1919 年《巴黎公约》),标志着国际航空法的诞生。到目前为止,国际社会已经制定了全球性多边国际航空公约达五十余部,还有众多区域性多边国际航空公约和双边国际航空协定,从而使得国际航空法成为国际法领域一个体系健全的一个分支。国内外大多数学者也将其作为国际法的一个分支。迄今为止,欧洲学者还把航空法当成国际航空法的同义词。我国学者大多数也持此种观点,这从目前为止我国学者所编著的国际法教材中更能得到明证。[①]

在 1919 年《巴黎公约》诞生以前,很多国家就已经制定了国内航空法。到目前为止,世界上几乎所有国家都制定了国内航空法,来调整本国的航空活动,特别是民用航空活动。这无疑表明了航空法具有国内法的性质。

1.1.2.2 兼有公法和私法性质

无论是国际航空法,还是国内航空法,在性质上均兼有公法和私法的双重属性。

1. 国际航空法

之所以说国际航空法具有公法和私法的双重属性,是因为国际航空法"微观地提出了整个国际法的所有基本问题:主权、管辖权、领土、国家和其他国际法主体的关系、国籍、私法的统一以及冲突法的许多问题等等。"[②]这表明:

第一,国际航空法是调整国际法主体之间航空活动(主要是民用航空活动)的原则、规则

---

① 在我国到目前为止所出版的国际(公)法教材中,都将航空法单独编写一章,名为"国际航空法";或者在"空间法"一章中,将"国际航空法"作为一节。

② 彼得·马丁(Peter Martin),等.肖克罗斯和博蒙特航空法[M].徐克继,摘译.北京:法律出版社,1987:10.

和制度的总称。国际航空活动的开展,首先要解决领空主权问题,其次要解决航空器的国籍问题,最后还要解决管辖权问题。这些问题都具有公法性质。为解决这些问题,国际社会先后制定了众多国际航空法。

例如,1919年《巴黎公约》和1944年《芝加哥公约》就是为解决国际民用航空活动过程中所遇到的领空主权和航空器国籍等公法问题而缔结的。[①] 1963年《关于禁止在航空器内犯罪和其他某些行为的国际公约》(Convention on Offences and Certain Other Acts Committed on Board Aircraft)(下文简称1963年《东京公约》)、1970年《制止非法劫持航空器的公约》(Convention for the Suppression of Unlawful Seizure of Aircraft)(下文简称1970年《海牙公约》)、1971年《制止危害民用航空安全的非法行为公约》(Convention for the Suppression of Unlawful Acts against the Safety of Civil Aviation)(下文简称1971年《蒙特利尔公约》),以及对这些公约进行现代化和一体化的《制止与国际民用航空有关的非法行为的公约》(Convention on the Suppression of Unlawful Acts Relating to International Civil Aviation)(下文简称2010年《北京公约》)、2010年《制止非法劫持航空器公约的补充议定书》(Protocol Supplementary to the Convention for the Suppression of Unlawful Seizure of Aircraft)(下文简称2010年《北京议定书》)和2014年《关于修订〈关于在航空器内的犯罪和其他某些行为的公约〉的议定书》(Protocol to Amend the Convention on Offences and Certain Other Acts Committed on Board Aircraft)(下文简称2014年《蒙特利尔议定书》)等国际航空公约,就是为解决国际社会之间如何加强合作,共同打击航空犯罪以及确立管辖权等公法问题而制定的。

第二,一些国际航空条约本身就兼有私法和公法的双重属性。例如,1929年《统一国际航空运输某些规则的公约》(Convention for the Unification of Certain Rules Relating to International Carriage by Air)(下文简称1929年《华沙公约》)及对其进行修订的相关国际航空条约,主要是制定或修订航空承运人责任制度,涉及航空承运人对消费者的赔偿范围、归责原则等方面内容。1999年《统一国际航空运输某些规则的公约》(Convention for the Unification of Certain Rules for International Carriage by Air)(下文简称1999年《蒙特利尔公约》),是对国际航空承运人责任制度的现代化和一体化。这些国际航空条约,调整的是国际航空运输承运人责任制度,具有私法性质。而这些国际航空条约在性质上亦具有公法的性质,因为只有国际法主体(主要是国家)才能制定或者加入。可见,一些国际航空条约本身就兼有私法和公法的双重属性。

第三,从国际航空法的参与主体来看,既有国际公法主体,也有自然人和法人这些国际私法的主体。如缔结或加入国际航空条约,只能是国际公法主体(主要是国家);在国际航空运输的参与主体中,国家是特殊主体,主要参与者是自然人和法人,即承运人和消费者,他们属于国际私法的主体,只要国家参加了相关国际航空条约,按照条约必须恪守的国际法原则,这些国际航空条约的规定就可能直接适用于这些主要参与者。所以,从国际航空法的参与主体来看,国际航空法也兼有公法和私法的双重属性。

[①] 1944年《芝加哥公约》第1条规定:"缔约各国承认每一国家对其领土之上的空气空间享有完全的和排他的主权。"第17条规定:"航空器具有其登记的国家的国籍。"

2. 国内航空法

国内航空法也兼有公法和私法的双重属性,主要表现在以下三个方面:

第一,国内航空法具有公法属性。在国内航空法中,空域的管理、航线的审批和备案、航空器国籍登记、航空器权利登记、航空器适航标准的制定、航空人员执照标准的制定和颁发、机场的规划和管理、空中交通服务的提供、航空运输企业经营许可证的审批和颁发等都是属于公法范畴。此外,对违反航空法的行为进行行政处罚、刑事处罚等也属于公法的范围。可见,国内航空法具有公法属性。

第二,国内航空法亦有私法属性。在国内航空法中,承运人和消费者之间无论是合同关系,还是侵权关系,抑或合同关系和侵权关系的竞合,都是属于私法的范畴,可通过当事人的意思自治对权利进行放弃,也可通过协商等途径来解决相互间的航空纠纷。在航空器的买卖、租赁以及航空器抵押权、优先权的行使等问题上,航空法律关系主体各方均可通过意思自治等方式来解决相互的航空法律问题。在航空器对第三方侵权行为发生时,当事人之间也可通过意思自治的方式来解决航空侵权问题。此外,诸如航空人身意外伤害险等航空保险合同,也是根据当事人自愿的原则来签订的。因此,国内航空法亦有私法属性。

第三,虽然有些国家是将参加或缔结的国际航空条约直接作为国内航空法适用于国内,或将国际航空条约通过转化在国内适用,或借鉴国际航空条约的规定结合本国实际情况来制定本国的国内航空法,但是这些国内航空法都有国际航空条约的身影,而这些国际航空条约属于国际航空法的范畴,国际航空法具有公法和私法的双重属性,因而反映出上述国内航空法也兼有公法和私法的双重性质。

1.1.2.3 航空法应成为一个独立的法律部门

从航空法调整对象来看,既有公法内容,也有私法内容;既有民商法的内容,又有经济法的内容;航空行政、航空安保等内容。很难在性质上将其归入国内法律部门的某一类中。因此,航空法应成为一个独立的法律部门,调整一切因航空活动而产生的权利和义务关系,而不单单是调整民用航空活动法律关系。就从目前许多国家国内航空立法来看,其基本法的名称,大多也从"××国家民用航空法"改为了"××国家航空法"。另外,我国目前正在制定的《中华人民共和国航空法》也是一个明证。

在我国,1995年10月30日第八届全国人民代表大会常务委员会第十六次会议通过《中华人民共和国民用航空法》(下文简称《民用航空法》),在性质上属于经济法,是经济法的特别法。在《中国图书馆分类法》的分类中,在DF法律根下DF4经济法、财政法根下DF41经济法根下是DF416"交通运输经济和邮电经济管理法",说明在性质归属上,人们将《民用航空法》归属于经济法。但这显然囊括不了航空法的性质,如2001年《中华人民共和国飞行基本规则》①(下文简称2001年《飞行基本规则》)是"规范中华人民共和国境内的飞行活动",②而非单单是规范民用航空飞行活动。还有航空侵权等,又属于民法领域;空域的管理和使用,属于行政法领域;等等。因此,不仅一个经济法囊括不了航空法的内容,就是现有所有国内部门法中,还尚无一个部门法能够囊括现有航空法的所有内容,将航空法作为一个独立的法律部门,是符合航空活动所产生的权利和义务关系的现实情况的。

---

① 国务院、中央军事委员会制定,自2001年8月1日零时起施行,2007年11月22日修订。
② 2001年《飞行基本规则》第1条。

1.1.3 航空法的调整对象

法律的调整对象是指某一法律部门所调整的特定社会关系,它是划分法律部门的基本依据和出发点。不同的法律部门有不同的调整对象。航空法应以哪些社会关系为其调整对象,人们有不同的认识。但从上文对航空法的定义和性质的论述中可以看出,航空法的调整对象的范围非常广泛,不仅包括国内航空运输中所产生的各种社会关系,而且包括国际航空运输中所产生的各种国际航空关系;不仅调整航空运输过程中所产生的具有公法性质的航空法律关系,而且调整航空运输过程中所产生的具有私法性质的航空法律关系。但无论是国际航空法还是国内航空法,二者都是以国际国内民用航空活动所产生的社会关系作为其调整的基本对象。基于国内航空法和国际航空法分属于两个不同的法律体系,因此,在研究航空法的调整对象时,应分别进行分析。

1.1.3.1 国际航空法的调整对象

国际航空法主要调整国家之间民用航空运输活动中所产生的社会关系。具体而言,其调整对象主要包括两个方面:

一是调整国家之间的"航空公法关系"。包括领空主权、航空器国籍、空中航行的权利以及航空安全等航空公法关系。如1944年《芝加哥公约》是为了使国际航空活动安全和有秩序地运行而缔结的。1963年《东京公约》、1970年《海牙公约》和1971年《蒙特利尔公约》是为保障国际航空运输的安全而签订的。

二是调整国家之间的"航空私法关系"。主要包括航空旅客运输、航空货物运输、航空保险以及航空器侵权等航空私法关系。如1929年《华沙公约》及其修订文件、1999年《蒙特利尔公约》都是为统一国际航空运输承运人责任制度而签订;1952年《统一外国航空器对地(水)面第三人造成损害的赔偿责任的公约》(Convention on Damage Caused by Foreign Aircraft to Third Parties on the Surface)(下文简称1952年《罗马公约》)主要为统一飞行中的外国民用航空器对地(水)面第三人损害赔偿而订立的,2009年《有关航空器对第三方造成损害责任的赔偿的公约》(Convention on Compensation for Damage Caused by Aircraft to Third Parties)(下文简称2009年《一般风险公约》)和《关于因涉及航空器的非法干扰行为而导致对第三方造成损害的赔偿的公约》(Convention on Compensation for Damage to Third Parties, Resulting from Acts of Unlawful Interference Involving Aircraft)(下文简称2009年《非法干扰赔偿公约》)主要是为飞行中的民用航空器对第三方造成损害的侵权关系而订立的。

另外,在目前的国际航空公法公约和私法公约中,其调整对象是民用航空器,并且不适用"军事、海关或警察用的航空器"。如1944年《芝加哥公约》第3条第1款和第2款规定:"一、本公约仅适用于民用航空器,不适用于国家航空器。二、用于军事、海关和警察部门的航空器,应认为是国家航空器。"1963年《东京公约》第1条第4款、1970年《海牙公约》第3条第2款和1971年《蒙特利尔公约》第4条第1款均规定:"本公约不适用军事、海关和警察用的航空器。"1929年在《华沙公约》及修订文件和1999年《蒙特利尔公约》的民用性也非常明显。1952年《罗马公约》第26条规定:"本公约不适用于供军事、海关或警察用的航空器所造成的损害。"2009年《一般风险公约》第2条第4款规定:"本公约不适用于国家航空器造成的损害。用于军事、海关和警察服务的航空器应当视为国家航空器。"可见,国际航空法主要是调整国家之间民用航空运输活动中所产生的各种社会关系。

1.1.3.2 国内航空法的调整对象

国内航空法主要调整国内民用航空运输中所产生的社会关系。这些社会关系概括起来主要包括航空民事法律关系、航空行政法律关系、航空刑事法律关系等。

1. 航空民事法律关系

航空民事法律关系是根据国内航空法律规范确立的以航空民事权利义务为内容的社会关系,是由航空法律规范和民事法律规范调整而形成的社会关系。这些社会关系主要包括以下几个方面:

(1) 承运人和消费者之间的航空运输合同关系。主要有:承运人和旅客之间的航空旅客运输合同关系;承运人和托运人之间形成的航空货物运输合同关系。

(2) 航空侵权法律关系。航空器在飞行中,因从航空器落下人或物或航空器坠毁给地(水)面第三人造成人身伤亡和财产损失的侵权行为关系,航空器在飞行中相撞,给第三人(包括另一架航空器内的旅客)造成人身伤亡和财产损失的侵权行为关系。

(3) 航空器权利法律关系。航空器的权利主要包括航空器的所有权、占有权(租赁权)、抵押权以及优先权。围绕着航空器权利所产生的法律关系主要有:因民用航空器买卖所形成的买卖合同关系,民用航空器租赁所形成的民用航空器经营租赁和融资租赁合同关系,因民用航空器抵押所形成的抵押合同关系,以及对民用航空享有优先权的债权人对民用航空器所有权人和承租人提出赔偿请求的民事关系。

(4) 航空保险法律关系。航空运输属于高度危险作业,因此在航空运输中,承运人往往通过保险形式来规避航空运输所带来的风险,承运人和保险公司签订的航空保险合同是民事法律行为。另外,旅客和托运人为规避风险,也通常与保险公司签订人身意外伤害险和货物运输险等航空保险合同。这些航空保险法律关系也是航空民事法律关系。

2. 航空行政法律关系

航空行政法律关系是根据国内航空法律规范所确立的因航空行政活动而形成的各种权利和义务关系。在航空行政法律关系中,围绕着航空行政主体与航空行政相对人之间的权利义务关系,主要产生了航空行政主体因管理民用航空活动所产生的行政法律关系。对此,《民用航空法》第 3 条[①]作了原则性的规定,具体而言,航空行政法律关系主要包括以下几个方面:

(1) 对民用航空器管理所形成的航空行政法律关系。主要有:民用航空主管部门在民用航空器权利登记(如《民用航空法》第 11 条[②])以及民用航空器适航管理(如《民用航空法》

---

① 国务院民用航空主管部门对全国民用航空活动实施统一监督管理;……国务院民用航空主管部门设立的地区民用航空管理机构依照国务院民用航空主管部门的授权,监督管理各该地区的民用航空活动。

② 民用航空器权利人应当就下列权利分别向国务院民用航空主管部门办理权利登记:(一)民用航空器所有权;(二)通过购买行为取得并占有民用航空器的权利;(三)根据租赁期限为六个月以上的租赁合同占有民用航空器的权利;(四)民用航空器抵押权。

第 34 条[①]、第 35 条[②]、第 36 条[③]、第 37 条[④]和第 38 条[⑤])过程中所形成的各种行政法律关系。

(2) 对航空人员执照的颁发和管理所形成的航空行政法律关系。目前,世界各国均对航空人员进入航空运输活动领域实行颁发执照的方式。如《民用航空法》第 40 条规定:"航空人员应当接受专门训练,经考核合格,取得国务院民用航空主管部门颁发的执照,方可担任其执照载明的工作。空勤人员和空中交通管制员在取得执照前,还应当接受国务院民用航空主管部门认可的体格检查单位的检查,并取得国务院民用航空主管部门颁发的体格检查合格证书。"再如,《民用航空法》第 41 条[⑥]和第 42 条[⑦]还对航空人员检查和考核工作进行了规定。

(3) 围绕着航空运输所形成的其他航空行政法律关系。这些航空行政法律关系主要包括:航空运输企业经营许可证的申请、审批和颁发,航空运输企业运价的制定,民用机场建设的审批及机场许可证的颁发,以及民用航空管理部门在执法过程中所形成的各种航空行政法律关系。

3. 航空刑事法律关系

在航空运输中,安全始终是第一位的,要确保航空安全,一方面要加强对航空犯罪的打击力度,另一方面也要加强预防工作。在各国国内航空法中,都有对加强航空安全措施,打击犯罪作出了具体的法律规定。如《民用航空法》第十五章对航空刑事法律责任进行了详细规定,1997 年《中华人民共和国刑法》(下文简称 1997 年《刑法》)分则篇中涉及民用航空安全的

[①] 设计民用航空器及其发动机、螺旋桨和民用航空上设备,应当向国务院民用航空主管部门申请领取型号合格证书。经审查合格的,发给型号合格证书。

[②] 生产、维修民用航空器及其发动机、螺旋桨和民用航空器上设备,应当向国务院民用航空主管部门申请领取生产许可证书、维修许可证书。经审查合格的,发给相应的证书。

[③] 外国制造人生产的任何型号的民用航空器及其发动机、螺旋桨和民用航空器上设备,首次进口中国的,该外国制造人应当向国务院民用航空主管部门申请领取型号认可证书。经审查合格的,发给型号认可证书。已取得外国颁发的型号合格证书的民用航空器及其发动机、螺旋桨和民用航空器上设备,首次在中国境内生产的,该型号合格证书的持有人应当向国务院民用航空主管部门申请领取型号认可证书。经审查合格的,发给型号认可证书。

[④] 具有中华人民共和国国籍的民用航空器,应当持有国务院民用航空主管部门颁发的适航证书,方可飞行。出口民用航空器及其发动机、螺旋桨和民用航空器上设备,制造人应当向国务院民用航空主管部门申请领取出口适航证书。经审查合格的,发给出口适航证书。租用的外国民用航空器,应当经国务院民用航空主管部门对其原国籍登记国发给的适航证书审查认可或者另发适航证书,方可飞行。

[⑤] 民用航空器的所有人或者承租人应当按照适航证书规定的使用范围使用民用航空器,做好民用航空器的维修保养工作,保证民用航空器处于适航状态。

[⑥] 空勤人员在执行飞行任务时,应当随身携带执照和体格检查合格证书,并接受国务院民用航空主管部门的查验。

[⑦] 航空人员应当接受国务院民用航空主管部门定期或者不定期的检查和考核;经检查、考核合格的,方可继续担任其执照载明的工作。空勤人员还应当参加定期的紧急程序训练。空勤人员间断飞行的时间超过国务院民用航空主管部门规定时限的,应当经过检查和考核;乘务员以外的空勤人员还应当经过带飞。经检查、考核、带飞合格的,方可继续担任其执照载明的工作。

有第116条①、第117条②、第119条③、第122条④、第123条⑤、第131条⑥。

国家有权机关在打击和预防航空犯罪过程中所形成的航空刑事法律关系也是国内航空法调整的主要对象之一。

1.2 航空法的特征

特征是指一种事物异于它事物的特点。法律特征是指法律区别其他上层建筑的特点,诸如法律具有规范性、国家意志性和国家强制性等。

航空法由于其是国内法和国际法的有机统一体,就国内航空法而言,具有国内法律的一般特征;就国际航空法来说,又具国际法的一般特征。因此,作为国际法和国内法有机统一体的航空法,由于其调整对象的特殊性,还表现出不同于一般国内法和国际法的特征。

1.2.1 国际性

无论是国内航空法还是国际航空法,都具有国际性的特征,国际性是航空法的首要特征。具体而言,主要包括以下四个方面:

第一,航空活动的国际性,决定了航空法国际性特征。一般认为,现代意义上的航空活动发源于欧洲。欧洲地区小国林立,航空器(特别是飞机)在短时间内就能穿越几个国家,航空器的国际飞行特点非常明显,因此,从一开始的国际航空立法活动,主要是为解决跨国飞行(即国际飞行),以规范国家之间的航行关系。早在1900年,法国法学家福希尔就主张,"国际法学会"应制定一部国际空中航行法典,说明在当时欧洲,人们认为航空法就是国际法的一个组成部分。虽然目前欧洲国家均颁布本国的航空法,但对于欧洲各国学者而言,至今仍把航空法当作是国际航空法的同义语。受此影响,在目前国内外的国际法著作中,均将航空法作为国际法的一个组成部分。

第二,航空法的国际性特征,也体现为国际航空技术标准的统一性。由于航空活动属于高度危险作业,航空安全始终是第一位的,这就要求有相关的航空技术标准作为保障。基于此,在1919年《巴黎公约》第八章第30条专门设立了"空中航行国际委员会"(The International Commission for Air Navigation,简称ICAN)、依1944年《芝加哥公约》成立的"国际民用航空组织"(The International Civil Aviation Organization)(下文简称国际民航组织,或ICAO),这些国际航空组织负责对国际航空技术标准的制定。空中航行国际委员会制

---

① 破坏火车、汽车、电车、船只、航空器,足以使火车、汽车、电车、船只、航空器发生倾覆、毁坏危险,尚未造成严重后果的,处三年以上十年以下有期徒刑。

② 破坏轨道、桥梁、隧道、公路、机场、航道、灯塔、标志或者进行其他破坏活动,足以使火车、汽车、电车、船只、航空器发生倾覆、毁坏危险,尚未造成严重后果的,处三年以上十年以下有期徒刑。

③ 破坏交通工具、交通设施、电力设备、燃气设备、易燃易爆设备,造成严重后果的,处十年以上有期徒刑、无期徒刑或者死刑。过失犯前款罪的,处三年以上七年以下有期徒刑;情节较轻的,处三年以下有期徒刑或者拘役。

④ 以暴力、胁迫或者其他方法劫持航空器的,处十年以上有期徒刑或者无期徒刑;致人重伤、死亡或者使航空器遭受严重破坏的,处死刑。

⑤ 对飞行中的航空器上的人员使用暴力,危及飞行安全,尚未造成严重后果的,处五年以下有期徒刑或者拘役;造成严重后果的,处五年以上有期徒刑。

⑥ 航空人员违反规章制度,致使发生重大飞行事故,造成严重后果的,处三年以下有期徒刑或者拘役;造成飞机坠毁或者人员死亡的,处三年以上七年以下有期徒刑。

定过 8 个附件,截至 2013 年 2 月 25 日,随着国际民航组织制定了附件 19《安全管理》(2013 年 11 月 25 日生效)后,国际民航组织共制定了 19 个附件。这些国际航空技术标准或建议措施,虽不具有国际法的效力,但成员国在制定本国航空技术标准时,最低不得低于这些航空技术标准。这些标准不仅对确保航空安全意义重大,也体现出航空法的国际性特征。

第三,航空法的国际法特征,还表现为国际航空法律规范的统一性。在国际航空运输中,由于各国法律差别较大,若没有统一的法律规范,国际民用航空活动势必会处处遇到障碍,不利于航空运输的发展。特别是在国际航空私法领域,若没有统一的国际航空法律规范,单纯依靠传统国际私法冲突规则来确定法律适用,几无可能。正如 1999 年《蒙特利尔公约》中在序言中所说的那样:"确信国家间采取集体行动,通过制定一项新公约来增进对国际航空运输某些规则的一致化和法典化是获得公平的利益平衡的最适当方法。"实际上,自航空法诞生以来,国际航空条约一直是航空法的主要渊源,适用统一的国际航空法律规范已成了国家间的共识,也体现了航空法的国际性特征。

第四,国内航空法也具有国际性特征。主要表现在两个方面:其一,表现为国内航空法基本上是以国际航空法为依据,在立法内容上大同小异,这也是缔约国履行国际法义务的体现。如 1944 年《芝加哥公约》第 37 条规定:"缔约各国承允在关于航空器、人员、航路及各种辅助服务的规章、标准、程序及工作组织方面进行合作,凡采取统一办法而能便利、改进空中航行的事项,尽力求得可行的最高程度的一致。"实际上,在国内航空法的内容中,许多法律规范是直接来源于国际航空条约的内容,导致了各国国内航空法内容大同小异,进而也体现了各国国内航空法的"国际性"。其二,国内航空法具有一定的域外效力。如 1997 年《刑法》第 6 条第 2 款规定,凡是在中华人民共和国船舶或者航空器内犯罪,也适用本法。1998 年 6 月最高院发布的司法解释进一步指出,在中华人民共和国领域外的中国航空器内犯罪的,由犯罪发生后该航空器在中国最初降落地的人民法院管辖。在国际航空刑事公约中也确认了一国国内航空法的域外效力。[①]

1.2.2 兼有公法和私法

航空法在性质上兼有公法和私法性质,这是航空法和其他部门法相区别的一个重要特征。无论是国内还是国际航空运输活动,都是一个系统工程,涉及诸如主权、管辖权、国籍、国家相互之间以及与国际实体之间的关系,统一私法规则及许多法律冲突问题等因素,这些因素决定了航空法必须兼有公法和私法。

随着航空运输全球化和一体化的发展,无论是国内法还是国际法,公私法合体已经成为一种重要趋势。如近年来,国际私法公法化现象特别明显,各国在国际私法领域缔结了大量的国际条约,同时各国因采取共同的法律冲突解决原则、规则而形成的国际习惯也大量存在,使得这部分的国际私法具有了国际法的性质。[②] 如在国际航空私法领域,以 1929 年《华沙公约》为基础形成的华沙体制就是一个典型代表。在各国国内航空法中,领空主权、航空

---

① 如 1963 年《东京公约》第 3 条第 3 款规定:"本公约不排斥根据本国法行使刑事管辖权。"1970 年《海牙公约》第 4 条第 3 款规定:"本公约不排斥根据本国法行使任何刑事管辖权。"1971 年《蒙特利尔公约》第 5 条第 3 款规定:"本公约不排斥根据本国法行使任何刑事管辖权。"2010 年《北京公约》第 8 条第 4 款规定:"本公约不排斥根据本国法行使任何刑事管辖权。"2010 年《北京议定书》第 7 条第 4 款规定:"本公约不排斥根据本国法行使任何刑事管辖权。"2014 年《蒙特利尔议定书》第 3 条第 3 款规定:"本公约不排斥根据本国法律行使刑事管辖权。"

② 程晓霞,余民才.国际法[M].2 版.北京:中国人民大学出版社,2005:2.

器国籍的赋予、航空人员执照的颁发,都属于公法范畴;航空承运人和消费者之间的合同关系,则具有典型的私法特征,各国国内航空法中无疑更是公法和私法规则的合成体。

1.2.3 平时法

平时法是相对于战时法而言的,战时法是指在作战期间所适用的各种法律规范的总称,包括战争中的作战手段、作战方法的使用,对战俘、伤病员以及平民的保护等规定。

从广义上来说,航空法既是平时法,也是战时法。这和航空器具有多种用途密切相关,它既可在和平时期用作客、货运输的工具,又可在战时作为武器和运载军事物资与人员的器械。① 在航空法的历史发展中,国际社会已将战争时期用作武器和军事目的一套规则纳入战争法之中,如1899年和1907年《海牙宣言》和规则中都对空战设有若干专门的规则,这些规则属于战时法的范畴。

狭义上的航空法是平时法,是航空活动在和平时期应遵守的法律。如1944年《芝加哥公约》第89条规定:"如遇战争,本公约的规定不妨碍受战争影响的任一缔约国的行动自由,无论其为交战国或中立国。如遇任何缔约国宣布其处于紧急状态,并将此通知理事会,上述原则同样适用。"但是,即使在战时,航空法中一般原则,如领空主权原则、不得对民用航空器使用武力或武力相威胁原则等,也应得到遵守。本书所界定的航空法是指狭义上的航空法,即平时法。

1.2.4 独立性

对航空法是否具有独立性,学术界主要有两种相反的观点。一种观点认为:航空法根本就不存在或者航空法应无条件地适用海商法的相关规定。有学者认为,航空法没有新的内容,它只是把各种现行法,如国际公法、国际私法、海商法、行政法、刑法、商法等适用于空中航行而已,否认了航空法的独立性,甚至认为航空法根本就不存在。还有学者认为,航空活动应无条件地适用海商法相关规定。他们的理由是:因航空法深受海商法影响,在航空法中至今还残留着海商法的痕迹,如意大利在1942年将航空法与海商法合并成一部法典,即《航行法》。

另一种观点认为:航空法具有独立性,是因为其调整对象和调整方法的特殊性所决定的,它是一套具有典型特征的规则所组成,并不是将各种国际规则和国内规则的简单综合,它有自己的调整对象和调整方法。

航空法涉及国际法、国际私法、民法、商法,刑法等众多的法律部门,因而又被认为足一个独立的自成体系的法律部门。②

本书认为,航空法具有独立性。理由如下:

第一,从国内航空法的规定来看,航空法调整对象的特殊性,决定了国内航空法在国内法中具有自己典型特征的规则,没有相关法律部门能够全部囊括国内航空法的规则。目前,我国法学界一般把法律部门划分为宪法、行政法、民法、商法、经济法、劳动和社会保障法、环

---

① 从第一个气球起飞开始,人们就非常清楚认识到这种器械不可能仅仅用于民用的运输目的,而且可能用于军事目的,随后气球的优势在很短的时间内就被军事力量发现了,1794年第一个用于军事目的的气球帮助法国取得了对奥地利联盟和德国军队的胜利。参见:Fulgence Marin. Wonderful Balloon Ascents. 1870, P211.

② 曾宪义,林毓辉.国际经济贸易法律大辞典[M].北京:华夏出版社,1993:67.

境与自然资源法、军事法、刑法和诉讼法。至今,没有一个法律部门能够囊括国内航空法的内容,从这个意义上说,国内航空法具有独立性。

第二,就国际航空法而言,其独立性也显而易见。虽然国际航空法的内容比较繁杂,且航空条约之间也可能发生冲突的现象。但是,其作为调整特定社会关系的法律部门,国际航空法已逐步发展、演化、形成了适应其特征的具体原则、规则和方法,进而成为现代国际法中一个独立的法律部门。①

第三,国内航空法和国际航空法之间关系而言,虽然二者同属于航空法的范畴,但二者分属于不同的法律体系,从而也决定了二者之间的相对独立性。

不可否认,法律本身就是一张相互联系的网,法律制度之间存在着某些共性。因此,无论是国际航空法还是国内航空法其独立性都是相对的。国内航空法也要借助国内法律部门中的某些原则、规则和制度不断地发展和完善自身;国际航空法从产生开始,国际法的一般理论、原则和规则就被运用于国际航空法中,同时国际航空法又在某些领域突破发展了国际法的一般理论,使得国际法更加的完备。因此,国际法、国内法与航空法之间是一种共性与个性、一般性与特殊性的辩证关系,既有统一又有矛盾。

还有学者认为,航空活动具有准军事性②和技术性③的特点,从而使航空法还具有准军事性和技术法等特征。

1.3 航空法的渊源

因航空法有国内航空法和国际航空法之分,故航空法渊源应分为国内航空法的渊源和国际航空法的渊源分别进行分析。

目前在国内法的渊源表述中,通说认为法律渊源是指法律的表现形式。依据通说,国内航空法的渊源是指国内航空法的表现形式。

国际法的渊源是指国际法作为有效的法律规则存在和表现的方式,也就是解决国际争端所能直接引用的法律依据。④对国际法渊源具体包含哪些方面,世界各国的基本认知是一致的。其中,《国际法院规约》第38条购车才能够国际法渊源的基本框架,仅在时代发展的情况下有一些增补。⑤

---

① 邵津.国际法[M].北京:北京大学出版社,高等教育出版社,2000:8.
② 有学者指出,民航具有明显的准军事性质,是国家空中力量的重要组成部分。一旦发生紧急事件或战争,航空运输就是军事后勤的重要支撑。参见:张世良,帅刚,等.当代民航精神与文化概论[M].成都:西南交通大学出版社,2021:48.
还有学者指出,人类的航空活动首先投入军事领域,而后才转为民用。在现代战争中,制空权的掌握是取得战争主动地位的重要条件。因此,很多国家在法律中规定,航空运输企业所拥有的机群和相关人员在平时服务于国民经济建设,作为军事后备力量,在战时或紧急状态时,民用航空即可依照法定程序被国家征用,服务于军事上的需求。参见:王艳霞,孙媛媛.民航旅客运输[M].北京:北京理工大学出版社,2021:7.
③ 随着科学技术的发展,法对社会关系调整的范围不断扩大,不断出现和分化出新的法律部门。航空法等都与现代科技的创造和应用直接相关。参见:成晓建.技术经纪人培训教程[M].上海:同济大学出版社,2018:280.
④ 杨帆.杨帆讲三国法之精讲[M].北京:中国商务出版社,2021:2.
⑤ 《国际公法学》编写组.国际公法学[M].3版.北京:高等教育出版社,2022:52.

《国际法院规约》第 38 条[1]将国际法的主要渊源归结为三种:条约、习惯国际法和为各国承认的一般法律原则。此外,还确立了国际法的辅助资料。随着实践的发展,国际组织的决议称谓国际法的重要渊源或者辅助资料。[2]

国际航空法的渊源亦同于国际法的渊源。

1.3.1 国内航空法的渊源

国内航空法的渊源有广义和狭义之分,狭义上的国内航空法渊源是指以航空法(民用航空法)或空中航空法命名的法律。广义上的国内航空法渊源不仅包括以航空法(民用航空法)或空中航空法命名的法律,还包括国家所颁布的和航空活动相关联的法律、法规和规章等。本书所指国内航空法的渊源是指其广义上的渊源。虽然各国内法的表现形式和法律制度差别较大,但国内航空法的法律渊源差异不是太大,各国基本上都制定了本国航空法律,另外还有大量的航空行政法规,以及一些规范性文件。

本书主要列举美国、德国、俄罗斯和我国有关国内航空法的具体表现形式。

1.3.1.1 美国航空法的渊源

自 20 世纪初以来,美国制定了大量的涉及航空活动的成文法,逐步形成了以 1958 年《联邦航空法》为中心较为完善的航空法律体系。在这一体系中,法律主要有:1958 年《航空法》、1958 年《航空航天法》、1970 年《机场和航路发展法》、1978 年《放松航空管制法》、1984 年《民用航空委员会落日条款》和 2002 年《国土安全法》。

1925 年,美国联邦政府颁布《凯利航空邮政法案》,授权邮政局全面负责航空邮运合同等相关事务,授权邮政官员有权与民用航空公司邮件航空邮件运输,该法案主要目的是规范航空公司采购和降低飞机运输成本。有人认为,这是世界上第一部航空运输法规。是年,美国通过该法,名为《航空邮件法》,对美国航空货运业进行了具体规定,规范了美国航空运输市场。带动了机场、通信、导航等产业的产生和发展。同时,航空业务的不断扩大也强烈地刺激着飞机需求及飞机制造业的发展。

如何统一航空立法?进而发展民用事业,美国有识之士凄然忧之。酝酿既久,至 1926 年 5 月 20 日,美国议会通过《航空商务法》(总统签署)(也有学者翻译为《航空商业法》),计 14 条。[3] 该法专门设立航空运输管理机关——美国商务部航空局。该法律是美国民用航空各种政府性法规的基石。

在《航空商务法》通过后,美国商务部航空局随后颁布《美国商务航空条例》(也有学者翻译成《商业航空条例》),对《商务航空法》进一步细化,1926 年 12 月 31 日起施行。该条例共

---

[1] 一、法院对于陈诉各项争端,应依国际法裁判之,裁判时应适用:(子)不论普通或特别国际协约,确立诉讼当事国明白承认之规条者。(丑)国际习惯,作为通例之证明而经接受为法律者。(寅)一般法律原则为文明各国所承认者。(卯)在第五十九条规定之下,司法判例及各国权威最高之公法学家学说,作为确定法律原则之补助资料者。
二、前项规定不妨碍法院经当事国同意本"公允及善良"原则裁判案件之权。

[2] 《国际公法学》编写组. 国际公法学[M]. 3 版. 北京:高等教育出版社,2022:53.

[3] 其内容约述如下:一、主旨,本法主旨在鼓励及管理航空器于商务上及他种之用途,二、提倡商务航空,三、管理权(商务部长),四、空间保留,五、飞机设备,六、外国航空器,七、现行法令与对外通商之应用,八、商务次长(专管航空),九、定义,十、可航空间,十一、罚则,十二、分开性(本法一部分如被认为同宪法抵触,失效,其他部分仍然有效),十三、实行时期,十四、简名(本法简称为"一九二六年之商务航空法")。

6章89条。①

1934年美国颁布了《航空邮政法》，1935年进行修订。该法给予邮政部和州际商务委员会对航空运输邮件的某些管理权力。给予邮政部这种权力是因为航空公司为该部运输邮件。总邮务长可以指定定期空运邮件的数目和次数，中间停留地点及运送邮件飞机的起飞时间。他也被授权为签订有航空邮件运输合同的承运人规定账目体系。除上述权力而外，总邮务长由于有签订邮运合同及延长已订有合同的航行路线实际上对建立航空运输线路和确定由谁负责经营，在相当大的程度上执行控制权。

但从后来的发展来看，1934年航空邮件法的另一规定应该被注意。它规定任命一个联邦航空委员会在1935年1月以前向国会提出关于航空的各个方面的适当政策的建议。联邦航空委员会的这些建议有许多但不是全部被订入了1938年的《民用航空法》。

此外，还有一个是有关航空承运人的法令，是1936年对1926年铁路劳动条例（the Railway Labour Act）的修订。这次修订使商业航空公司的工人亦受该条例管理，从而为航空企业提供了关于企业劳动关系的一些规定，在解决劳工纠纷问题上与机械企业一样。

1938年，美国国会通过《民用航空法》，即《利·麦卡伦法》，将联邦民用航空管理事务从商务部转交给一个新的机构即民用航空管理局。该法是美国历史上第一个明确以"民用"作为立法名称的。扩展了政府的职责，给予民用航空管理局调解航空费用以及决定飞行路线的权力。1940年，根据一项修正案和总统令，民用航空管理局改组为两个机构即民用航空委员会和民用航空董事会。

《民用航空法》规定的管制包括三个方面：一是严格限制新企业的进入；二是禁止企业之间进行兼并；三是控制运价及收入。这主要是基于这样的认识：禁止企业间合并则是为了防止垄断导致的不正当竞争。

对航空业竞争进行管制后，自1938年至1978年间，共有80家航空公司申请进入航空业，但是没有一个干线执照得到批准。这无疑使那些原有的航空公司大受裨益。

二战结束后，为进一步发展民用航空事业，联邦政府将500多个机场交给地方或州政府管理和使用。随后为应对大批飞行员专业及飞机闲置的需要，1946年美国联邦政府通过《联邦机场法》，并授权联邦、州及地方政府共同拨款修建机场，但联邦政府最多支付50%的费用。后联邦政府拨款5亿美元用于机场建设和改造，不仅促进了美国机场的建设和发展，而且还促进了美国航空运输业的发展。

空中交通管制对航空安全的作用非常重要，随着美国航空活动日益增多，天空突然之间变得拥堵起来，有人建议应建立一个航路现代委员会作为一个独立机构，负责开发并加强未来航空体系对通信、导航和空中管制的需要。1957年美国政府通过了《航路现代化法》，该法目的，要求制定并更新国家导航系统和空中交通管制设施，以满足当前及今后民用航空和军用航空的需求。

1958年美国国会通过了《联邦航空法》，这部法律是美国航空最高法，相当于我国《民用航空法》。该法废除1938年《民用航空法》，成立了美国联邦航空局，专门负责管理民用航空各项活动的政府部门，并明确赋予了其航空安全规章的制定权。

---

① 其内容约述如下：第一章《航空器执照》（第1条至36条），第二章《注册与未注册飞机之标志》（第37条至43条），第三章《运用航空器之必须条件》（第44条至58条），第四章《飞行员及机械员之执照》（第59条至77条），第五章《空中交通规则》（第78条至86条），第六章《杂项》（第87条至89条）。

1958 年《联邦航空法》后经多次修正一直适用至今。其基本框架如下:第一章:一般规定。第二章:民用航空委员会;一般权限。第三章:机构组织和署长职责。第四章:航空承运人的经济管理。第五章:航空器国籍和归属。第六章:民用航空安全管制。第七章:航空事故调查。第八章:其他管理机构。第九章:处罚。第十章:程序。第十一章:其他规定。第十二章:安全规定。第十三章:战争险。第十四章:废除和修正。第十五章:除外规定和生效日期。

人们一般认为的美国联邦航空法不是一部法律,而是一套法律体系。"联邦航空法"狭义的是指以《1958 年联邦航空法》《1978 年航空公司放松管制法》为主要内容的《美国法典》的第 49 卷《运输》第 7 部《航空》。而广义的则是指所有与航空有关的国家立法。这里所讲的联邦航空法是狭义上的联邦航空法,该部分法律主要有 4 个部分,分别是:A.《航空商务与安全》、B.《机场发展与噪声》、C.《财政》和 D.《附则》。其中 A、B 两部分构成美国航空法律的基本框架,内容包括航空公司发照、飞行器登记、国际航空管理、飞行事故调查与处理、航空港与航线的建设与管理等航空运输业的各个主要方面,是美国航空法制和政府航空行政规则制定的基本依据。

现在,美国相关航空法律已被收入《美国联邦法典》(U. S. Code)第 49 卷"运输"第七部分"航空秩序"(Aviation Programs)之中,分为 A、B、C、D、E 五个组成部分,A 部分:商业航空和安全(Part A:Air Commerce And Safety),B 部分:机场发展和噪音(Part B:Airport Development And Noise),C 部分:融资(Part C:Financing),D 部分:公共机场(Part D:Public Airports),E 部分:杂项(Part E:Miscel Laneous)。①

除上述航空法律外,美国航空法体系中还含有大量的航空行政法规,主要被收集在《美国联邦法规汇编》(*Electronic Code of Federal Regulations*)第十四卷航空航天之中,共有五章,第一章 联邦航空管理局、交通部(Chapter Ⅰ Federal Aviation Administration,Department of Transportation),第二章 秘书办公室、运输部(航空诉讼)(Chapter Ⅱ Office of the Secretary,Department of Transportation (Aviation Proceedings)),第三章 商业太空运输、联邦航空管理局、交通部(Chapter Ⅲ Commercial Space Transportation, Federal Aviation Administration,Department of Transportation),第四章 美国国家航空航天局(Chapter Ⅴ National Aeronautics and Space Administration),第五章 航空运输系统的稳定性(Chapter Ⅵ Air Transportation System Stabilization)。② 另外,美国航空法律体制中还包括美国联邦法院有关航空案件的典型判例。

1.3.1.2 德国航空法的渊源

德国航空法可追溯至一般警察法(治安法),在专门的航空法出台之前,警察法的一般规定,使得航行行为可能造成的不利于公共安全和秩序的问题不至于限于法律真空。1922 年德国颁布了《德国航空法》,至 1945 年都是有效的,二战及至 1949 年前没有发生效力。1949 年联邦德国成立后,原《德国航空法》以及以此为基础的相关条例在联邦德国境内恢复法律效力,根据 1990 年 8 月 31 日《两德统一合约》,联邦德国航空法律制度无限制适用于东德地区。1980 年代起欧盟法对德国国内法影响重大,私法、公法领域都有反映,20 世纪 90 年代欧盟成立了欧洲航空安全局(European Agency for Air Safety,EASA),该机构不仅具有立

---

① 具体法条参见:.2023 年 7 月 4 日访问。
② 具体内容参见:https://www.ecfr.gov/current/title-14. 2023 年 7 月 4 日访问。

法权,还有行政执行权。

德国航空法律主要有:《德国航空法》《禁止执行担保飞行器法》(1935 年颁布)、《德国联邦航空局法》(1954 年 11 月 30 日颁布)、《航空器权利法》(1959 年 2 月 26 日颁布)、《飞机噪音保护法》(1971 年 3 月 30 日颁布)、《航空证件安全法》(1997 年 6 月 5 日颁布)及《民用航空器事故和障碍调查法》(1998 年 8 月 26 日颁布)。

德国航空行政条例(Rechtsverordnungen)主要有一般性航空行政条例、航空飞行安全条例、飞行计划协调条例、航空飞行运动条例以及其他条例。一般性航空行政条例主要有:《航空许可条例》(1964 年 6 月 19 日颁发,主要规定了航空器和设备、航空人员、飞机场以及航空器使用和经营的许可问题)、《航空交通条例》(1963 年 8 月 10 日颁发、1999 年、2003 年两次修订)、《航空人员条例》(1976 年 1 月 9 日颁发,1984 年和 2003 年作出两次修订)、《飞行人员考试条例》(1967 年颁布)、《航空器材经营条例》(1970 年 3 月 4 日)、《机场地勤服务条例》(1997 年 12 月颁布)、《航空器材审核条例》(1998 年颁布)、《航空管理收费条例》(1984 年颁布)、《机场噪音保护条例》(1991 年颁布)、《关于经营作为非航空器材之飞机电子设备的管理条例》(1999 年颁布)、《飞机广播资格证条例》(1994 年颁布)、《设立和执行飞行器质押登记条例》(1999 年颁布)、《空中安全条例》(1985 年颁布)以及《关于航空交通领域的可靠性检查程序的管理条例》(2001 年颁布)。

德国航空飞行安全条例主要有:《飞行安全企业委托条例》(1992 年颁布)、《飞行器飞行安全设备条例》(1992 年)《飞行安全服务单位条例》(1992 年颁发)、《关于使用飞行起降安全服务和设施的收费条例》(1984 年颁布)、《飞行安全设备和器材标准许可条例》(2001 年颁布)、《关于有许可义务的飞行安全员及其培训的管理条例》(1999 年颁布)以及《关于配置飞行安全设施和系统时使用通用的技术说明书的管理条例》(1997 年颁布)。

飞行计划协调条例主要有:《飞行计划协调员委托条例》(1992 年颁布)和《关于执行飞行计划协调工作的条例》(1994 年颁布)。

航空飞行运动条例主要有:《空中运动协会的委托条例》(1993 年颁发)和《关于联邦航空局负责追查和追究空中运动违法行为的条例》(1994 年颁布)。

德国联邦航空局颁发的条例。联邦交通、建筑和住房部授权联邦航空局颁发实施条例,后者在建筑、检查和企业经营方面颁发了诸多条例。例如,根据《航空器材经营条例》的授权制定了六则实施条例。① 根据《航空器材审核条例》授权,于 1999 年、2000 年、2001 年先后制定了三则实施条例。2003 年制定了《航空许可条例》的第一则实施条例,以及《航空人员条例》的第一则实施条例。另外,还有其他与航空活动密切的相关规定和其他法律。

1.3.1.3 俄罗斯航空法的渊源

俄罗斯联邦的航空立法是以俄罗斯国家杜马 1997 年 2 月 19 日通过,3 月 5 日俄罗斯联邦委员会批准,3 月 19 日以第 60-FZ 号颁布,4 月 1 日生效的《俄罗斯联邦航空法典》(THE AVIATION CODE OF THE RUSSIAN FEDERATION)为中心的综合航空法典体系,除

---

① 第一则制定于 1970 年,最后一次修订于 2001 年,关于飞机设备、航空企业的飞行事务。第二则制定于 1974 年,1982 大修,最后一次修改于 2003 年,关于航空企业内部和外部的机组成员与飞行职业相关的劳动时间、飞行时间、间隔和休息时间。第三则制定于 1977 年,最后一次修订于 2001 年,关于非航空企业的航空器材的装备和经营。第四则实施条例制定于 1997 年,关于热气球的装备和经营。第五则制定于 1998 年,最后一次修订于 2003 年,关于如何适用《欧洲联合航空规则》一号文件(商业运输规则)(JAR-OPS1)规定的飞机承运人员和货物的规定。第六则制定于 1998 年,最后修改于 2003 年,关于如何适用《欧洲联合航空规则》(3 号文件)(JAR-OPS3)规定的直升机承运人员和货物的规定。

《俄罗斯联邦航空法典》外，还包括联邦法律、总统令、联邦政府决议、联邦关于空域开发的条例、联邦飞行规则以及其他联邦立法。①

《俄罗斯联邦航空法典》共 18 章，137 条，分别包括第一章《总则》(Chapter 1：General Provisions)，第 1 到 10 条；第二章《国家对空域开发的管理》(Chapter 2：State Regulation of Exploitation of AirSpace)，第 11 到 19 条；第三章《国家对航空活动的管理》(Chapter 3：State Regulation of Activity in the Field of Aviation)，第 20 条到 26 条；第四章《国家对民用航空的管理》(Chapter 4：State Control Over Activities in the Field of Civil Aviation)，第 27 条到 31 条；第五章《航空器》(Chapter 5：Aircraft)，第 32 条到 39 条；第六章《机场、空港以及单一空中交通管理系统》(Chapter 6：Aerodromes, Airports and Objects of the Single System of Air Traffic Organisation)，第 40 条到 51 条；第七章《航空人员》(Chapter 7：Aviation Personnel)，第 52 条到 55 条；第八章《机组》(Chapter 8：Crew of an Aircraft)，第 56 条到 60 条；第九章《航空运输组织》(Chapter 9：Aviation Entities)，第 61 条到 65 条；第十章《航空器空中飞行》(Flights of Aircraft)，第 66 条到 78 条；第十一章《国际空中航行》(Chapter 11：International Flights of Aircraft)，第 79 条到 82 条；第十二章《航空安全》(Chapter 12：Aviation Security)，第 83 条到 85 条；第十三章《搜寻和援救》(Chapter 13：Search and Rescue)，第 86 条到 94 条。第十四章《航空事故与事故调查》(Chapter 14：Air-accident or Incident Investigation)，第 95 条到 99 条。第十五章《航空运输》(Chapter 15：Air Carriage)，第 100 条到 113 条。第十六章《航空作业》(Chapter 16：Aerial Work)，第 114 条和 115 条。第十七章《承运人、经营人和发货人的责任》(Chapter 17：Liability of the Carrier, Operator and Consignor)，第 116 条到 135 条。第十八章《最后声明》(Chapter 18：Concluding Statements)，第 136 条到 137 条。②

1.3.1.4 我国航空法的渊源

我国航空法的渊源主要包括：法律、行政法规、部门规章、地方性法规和地方行政规章，以及有关航空法的立法、司法和行政解释等。③

1. 法律

（1）《民用航空法》。该法于 1995 年 10 月 30 日第八届全国人大常委会第 16 次会议通

---

① 除《俄罗斯联邦航空法典》以外的立法，主要是为执行《俄罗斯联邦航空法典》制定法规和规章，主要有：1.《从事保证航空器的乘客（乘务人员）随航饮食的机构的必要认证的航空规则之确认》(联邦航空运输署 2000 年第 96 号[2007 年 9 月 7 日修正])，2.《对航空运输燃料的航空燃料保证机构的认证要求的联邦航空规则》(俄罗斯联邦交通部 2000 年第 89 号)，3.《认定并实施航空港认证及程序的联邦航空规则》(联邦航空运输署 2000 年第 98 号)，4.《认定并对关于航空器飞行的机场保障的航空港活动的法人的认证要求的联邦规则》(联邦交通部 2000 年第 121 号)，5.《关于完善从事检查民用航空器样品工作的机构的命令》(联邦交通监管局 2007 年第 246 号)，除前述法律、规章外，当然也包括主要调整事项为其他事务的法律、法规，但是其规定的事情包括航空事务，例如：1.《关于俄罗斯联邦行政机关结构的若干问题》(俄罗斯联邦总统令 2000 年第 649 号)，2.《关于俄罗斯联邦行政机关的系统和机构的规定》(俄罗斯联邦总统令 2004 年第 314 号)，3.《关于俄罗斯联邦交通监管局的若干问题》(俄罗斯联邦政府 2004 年第 184 号决议)，4.《关于俄罗斯联邦航空交通的若干问题》[2004 年第 275 号文件修正]。以上资料来源：参见：http://www.government.ru/eng/search/? phrase=air. 2023 年 7 月 4 日访问。

② 具体内容详见：https://arbitratus.ru/english/rf_codes/aviation.shtml. 2023 年 7 月 10 日访问。

③ 1997 年 3 月 15 日，莫某隐匿携带枪支子弹在黄花机场准备登机时，在安检现场被安检人员查获。此案引起了湖南省高级人民法院和长沙市中级人民法院的高度重视，在省民航局的大力配合下，长沙县人民检察院经过大量的调查取证，向长沙县人民法院提起申诉，莫某被以私藏枪支罪处 6 个月徒刑，缓期半年执行。这是 1996 年 3 月《民用航空法》颁布实施以来国内首例违法案件。参见：长沙市地方志编纂室. 长沙年鉴 1997[Z]. 长沙：1997：173.

过,自 1996 年 3 月 1 日起施行,是新中国成立以来的第一部关于航空的专项法律,共 16 章,计 215 条,①涉及面广,内容丰富。

作为规范航空活动的基本法律,从其诞生之日起,对促进航空事业,特别是民用航空事业的发展发挥了巨大的作用,虽经数次修订,②但目前已明显滞后于我国航空事业发展的实况。在"十三五"期间,《民用航空法》全面修订送审稿正式报送国务院并完成 3 次局部条文修正;在《"十四五"民航立法专项规划(2021—2025 年)》中,明确提出:"贯彻新时代民航强国战略要求,加快推进《民航法》修订,深入开展《航空法》制定研究,筑牢法治民航之基。"③

(2) 国家颁布的规范航空活动的其他法律。航空活动是社会生活中不可缺少的一个组成部分,并占有一定的重要地位,在我国现行法律的规定中,有许多也适用于航空活动,这些法律也是我国航空法的渊源。主要有:1985 年《外国人入境出境管理法》、1987 年《中华人民共和国海关法》、1992 年《中华人民共和国领海及毗连区法》《刑法》《公司法》《行政复议法》《行政处罚法》《民法典》等。

(3) 全国人大常委会就航空事项作出的决议和决定。这些决议和决定也是我国航空法的渊源之一。如我国于 1980 年 9 月 10 日加入了 1970 年《海牙公约》,该公约于同年 10 月 10 日对我国生效,为履行条约义务,全国人大常委会于 1987 年 6 月 23 日通过的《关于中华人民共和国缔结或者参加的国际条约所规定的罪行行使刑事管辖权的决定》,规定"对于中华人民共和国缔结或者参加的国际条约所规定的罪行,中华人民共和国在所承担条约义务的范围内,行使刑事管辖权",这个决定覆盖了我国缔结的或将要缔结的一切含有类似条款的国际条约,当然首先是达到了 1970 年《海牙公约》对采取措施实施管辖权的要求。再如,我国 1979 年《刑法》中并无关于劫持航空器罪的专门规定,1992 年我国人大常委会颁布了《关于惩治劫持航空器罪犯罪分子的决定》,规定劫持航空器罪这个罪名,后来 1997 年修订的《刑法》对此又作了专门规定。显然,全国人大常务委员会在需要时就航空事项所做出的决议和决定也是我国国内航空法的渊源。另外,还有相关的航空法立法、司法和行政解释也是我国国内航空法的表现形式。

2. 行政法规

《立法法》第 72 条第 1 款规定:"国务院据宪法和法律,制定行政法规。"第 77 条第 2 款还规定:"有关国防建设的行政法规,可以由国务院总理、中央军事委员会主席共同签署国务院、中央军事委员会令公布。"

截至 2024 年 3 月 29 日,根据中国民用航空局官网显示,我国共制定规范航空活动的专

---

① 具体条文详见:htps://www.caac.gov.cn/XXGK/XXGK/FLFG/201510/P020210813581690541587.pdf。2023 年 7 月 11 日访问。

② 根据 2009 年 8 月 27 日第十一届全国人民代表大会常务委员会第十次会议《关于修改部分法律的决定》第一次修正,根据 2015 年 4 月 24 日第十二届全国人大常委会第十四次会议《关于修改〈中华人民共和国计量法〉等五部法律的决定》第二次修正,根据 2016 年 11 月 7 日第十二届全国人大常委会第二十四次会议《关于修改〈中华人民共和国对外贸易法〉等十二部法律的决定》第三次修正,根据 2017 年 11 月 4 日第十二届全国人大常委会第三十次会议《关于修改〈中华人民共和国会计法〉等十一部法律的决定》第四次修正,根据 2018 年 12 月 29 日第十三届全国人大常委会第七次会议《关于修改〈中华人民共和国劳动法〉等七部法律的决定》第五次修正根据 2021 年 4 月 29 日第十三届全国人大常委会第二十八次会议《关于修改〈中华人民共和国道路交通安全法〉等八部法律的决定》第六次修正。

③ 具体内容详见:https://www.caac.gov.cn/XXGK/XXGK/FZGH/202201/P020220126531807869907.pdf。2024 年 1 月 3 日访问。

门性行政法规共36件，失效2件，[①]其中以国务院、中央军委令发布的为11件。[②]这些专门性航空行政法规，对执行《民用航空法》以及国务院执行行政管理职权发挥了重要作用，还对加强国防建设意义重大，是我国航空法重要组成部分，也是我国航空法的重要渊源。

3. 国务院部门规章

国务院部门规章是以国务院的直属机构以及法律规定的机构的名义发布的规范航空活动的规定、规则。《立法法》第91条第1款规定："国务院各部、委员会、中国人民银行、审计署和具有行政管理职能的直属机构以及法律规定的机构，可以根据法律和国务院的行政法规、决定、命令，在本部门的权限范围内，制定规章。"

《民用航空法》第3条第1款规定："国务院民用航空主管部门对全国民用航空活动实施统一监督管理；根据法律和国务院的决定，在本部门的权限内，发布有关民用航空活动的规定、决定。"

在我国，制定专门规范民用航空活动的部门规章的主体主要是国务院民用航空主管部门。其具体名称及属性在不同时期有所差异。[③]

截至2024年3月29日，根据中国民用航空局官网显示，我国共制定专门规范航空活动的部门规章共294件，失效145件，废止12件。[④] 这些部门规章构成了规范航空活动，特别是民用航空活动的主体，对促进我国航空事业的发展起到了不可替代的作用。

4. 地方性法规

根据《立法法》第80条和81条规定，在我国，制定地方性法规的主体包括省级人大及其常委会、设区的市的人大及其常委会等。目前，这些地方人大及常委会制定了众多的专门规范航空活动的地方性法规。主要有：《上海市民用机场地区管理条例》（2011年12月1日起实施）、《四川省民用机场净空及电磁环境保护条例》（2001年9月22日起实施）、《重庆市民用航空条例》（2019年1月1日起施行）、《湖南省通用航空条例》（自2022年10月1日起施行）、《江苏民用航空条例》（2017年7月1日）、《深圳经济特区低空经济产业促进条例》（2024年2月1日起实施）等。

5. 地方政府规章

根据《立法法》第93条规定："省、自治区、直辖市和设区的市、自治州的人民政府，可以根据法律、行政法规和本省、自治区、直辖市的地方性法规，制定规章。"

截至2024年3月29日，据本书不完全统计，这些地方政府共制定专门规范航空活动的地方政府规章共约80件左右。代表性的主要有：《上海市民用机场航空油料管线保护办法》

[①] 这2件失效的行政法规是1982年12月《国务院、中央军委关于重新颁发关于保护机场净空的规定的通知》和1985年5月《国务院关于开办民用航空运输企业审批权限的暂行规定》。

[②] 具体条文内容详见：https://www.caac.gov.cn/XXGK/XXGK/index_172.html? fl=12. 2024年3月29日访问。

[③] 新中国成立后，设立军委民航局，1954年11月1日，改为国务院直属局，由空军和国务院第六办公室分工领导；1955年1月15日，国务院政字第六号通知，民航局全称为"中国民用航空局"。1958年2月27日，改为交通部属局，由空军和交通部分工领导；1962年4月15日，又改为国务院直属局，由空军和国务院有关部委分工领导；1969年11月20日，划归中国人民解放军建制，各项制度按军队的执行；1980年5月17日，国务院、中央军委发布《关于民航管理体制若干问题的决定》（国发〔1980〕127号），1980年3月15日起，不再由空军代管，归属国务院；1993年12月20日，国务院决定，中国民用航空总局机构的规格由副部级调整为正部级；2008年3月1日，调整为由交通运输部管理的国家局，2009年3月2日，由正部级调整为副部级。

[④] 具体部门规章及条文详见：https://www.caac.gov.cn/XXGK/XXGK/index_172.html? fl=12. 2024年3月29日访问。

(1999年10月18日施行)①、《深圳市宝安国际机场管理办法》(2006年3月27日施行)、《无锡硕放机场地区管理暂行办法》(2008年9月4日施行)、《陕西省民用运输机场管理办法》(2016年2月27日施行)、《新疆维吾尔自治区民用无人驾驶航空器安全管理规定》(2018年7月1日施行)等。

1.3.2 国际航空法的渊源

对哪些是国际法的渊源,学者们的认识较为一致。但对哪些是国际航空法的渊源,学者们尚存争议。有学者认为,"多边公约是航空法的主要渊源。由于航空活动的迅速发展,伴随着立法的同步进行,习惯作为法的渊源在很大程度上被绕过去了,导致了今天的航空法主要是成文法","国际习惯不再是国际航空法的主要渊源"。还有学者认为,"国际航空法最通常的渊源是公约和条约,多边的或双边的。最有普遍意义的渊源是多边'立法'条约,这些条约宣告各国对法律的理解、建立一个新的体制或具有这两种功能。双边条约只是这种条约当事双方的法律渊源。国际惯例不再是国际航空法的主要渊源。但对于没有条约支配的国际航空法问题,惯例就成为适用规则的渊源。此外,条约本身可成为习惯法的渊源。虽然司法判决是确定法律规则的'辅助手段',它们在国际法中具有一定重要性,例如:国内法院对解释华沙公约条款的决定,具有深远的影响并成为重要的渊源。"②另外,还有学者认为,"航空法的渊源包括:(1) 多边条约;(2) 双边协定;(3) 国内法;(4) 国家与航空公司之间的合同;(5) 各航空公司之间的合同;(6) 国际法的一般原则。"③

虽然学者们对国际航空法的渊源尚存争议,但普遍认为,国际航空法的渊源包括国际航空条约、国际习惯和国际法的一般原则等。

1.3.2.1 国际航空条约

国际航空条约是指国际法主体之间就其国际航空权利义务关系缔结的一种书面协议。又可以按照主体数量的多少分为多边国际航空条约和双边国际航空条约,多边国际航空条约又可分成全球性的多边国际航空条约和区域性的多边国际航空条约。

1. 全球性多边国际航空公约

全球性的多边国际航空条约主要包括以下四个部分:

第一部分是以《芝加哥公约》为中心的国际航空公法公约。包括1944年《芝加哥公约》及19个附件④、1944年12月7日订于芝加哥的《国际航班过境协定》和《国际航空运输协定》等。

---

① 1999年10月18日上海市人民政府发布,根据2002年11月18日上海市人民政府令第128号修正,根据2010年12月20日上海市人民政府令第52号公布的《上海市人民政府关于修改〈上海市农机事故处理暂行规定〉等148件市政府规章的决定》修正并重新发布。
② 彼得·马丁(Peter Martin),等.肖克罗斯和博蒙特航空法[M].徐克继,摘译.北京:法律出版社,1987:14.
③ 迪德里克斯-弗斯霍尔.航空法简介[M].赵维田,译.北京:中国对外翻译出版公司,1987:5.
④ 这19个附件是:附件1《人员执照的颁发》;附件2《空中规则》;附件3《国际航行气象服务》;附件4《航图》;附件5《空中和地面联络的计量单位》;附件6《航空器的运行》;附件7《航空器国籍和登记标志》;附件8《航空器的适航性》;附件9《简化手续》;附件10《航空电信》;附件11《空中交通服务》;附件12《搜寻和救援》;附件13《航空器征候和事故征候调查》;附件14《机场》;附件15《航行资料服务》;附件16《环境保护》;附件17《安保——保护国际民用航空免遭非法干扰行为》;附件18《危险货物航空安全运输》;附件19《安全与管理》。附件规定了国际航空的标准和建议措施,对缔约国不具有强制性的约束力,只具有指导意义,但缔约国应将本国的规章和措施与附件规定的国际标准和程序之间的差异立即通知国际民用航空组织。

第二部分是以1929年《华沙公约》为基础的国际航空私法公约。主要有：1929年《华沙公约》，1955年《海牙议定书》，1961年《瓜达拉哈拉公约》，1971年《危地马拉城议定书》，1975年四个蒙特利尔附加议定书，上述公约被通称为华沙体制。还包括对华沙体制进行现代化的1999年《蒙特利尔公约》。

第三部分是预防和惩治对民用航空犯罪的多边国际航空条约。主要有：1963年《东京公约》、1970《海牙公约》、1971年《蒙特利尔公约》、1988年《制止在用于国际民用航空的机场的非法暴力行为以补充一九七一年九月二十三日订于蒙特利尔的制止危害民用航空安全的非法行为的公约的议定书》①（下文简称1988年《蒙特利尔补充议定书》）以及1991年《关于注标塑性炸药以便探测的公约》②（下文简称1991年《爆炸公约》）。以及对1963年《东京公约》进行修订的2014年《蒙特利尔议定书》，对1970年《海牙公约》进行修订的2010年《北京议定书》，对1971年《蒙特利尔公约》进行现代化的2010年《北京公约》。

第四部分，其他多边国际航空公约。主要有：1952年《罗马公约》，1978年《修改一九五二年十月日在罗马签订的关于外国航空器对地（水）面第三方造成损害的公约的议定书》③（下文简称1978年《蒙特利尔议定书》），1948年《国际承认航空器权利的公约》④（下文简称1948年《日内瓦公约》），2001年《移动设备国际利益公约》⑤（简称下文简称2001年《开普敦公约》）及2001年《移动设备国际利益公约关于航空器设备特定问题的议定书》⑥（下文简称2001年《关于航空器设备的开普敦议定书》）。2009年《非法干扰赔偿公约》和《一般风险公约》等。

2. 区域性多边国际航空条约

区域性多边国际航空条约主要有：1956年《关于欧洲不定期航空运输商业权利的多边协定》，1959年《关于成立非洲和马达加斯加空中航行安全设备管理局的公约》，1960年《关于成立中美洲空中航行服务公司的公约》，1960年《关于进口航空器适航证的多边协定》，1960年《关于空中航行合作的公约》，1970《关于收取航路费的多边协定》，1982年《欧洲民用航空委员会—美国谅解备忘录》，1987年《关于制定欧洲内部定期航班运价程序的国际协定》，1987年《关于制定欧洲内部定期航班运价分享国际协定》等。

3. 双边航空运输协定

双边航空运输协定在国际航空法中占有重要的地位，目前在1944年芝加哥公约原则的指导下，国家之间签订了众多的双边航空运输协定。双边航空运输协定主要是交换过境权和营运权，确定航路、运力和运费价格，是国家之间通航的基础，也是国际航空法的基本渊源。

2023年，我国先后与13个国家或地区举行双边航空会谈或书面磋商。截至2023年底，

---

① 英文全文为："Protocol for the Suppression of Unlawful Acts of Violence at Airports Serving International Civil Aviation, Supplementary to the Convention for the Suppression of Unlawful Acts against the Safety of Civil Aviation done at Montreal on 23 September 1971."

② 英文原文为"Convention on the Marking of Plastic Explosives for the Purpose of Detection"。

③ 英文原文为"Protocol to Amend the Convention on Damage Caused by Foreign Aircraft to Third Parties on the Surface signed at Rome on 7 October 1952"。

④ 英文原文为"Convention on the International Recognition of Rights in Aircraft"。

⑤ 英文原文为"Convention on International Interests in Mobile Equipment"。

⑥ 英文原文为"Protocol to the Convention on International Interests in Mobile Equipment on Matters specific to Aircraft Equipment"。

我国与其他国家或地区签订双边航空运输协定 131 个,比上年底增加 2 个(分别为所罗门群岛、委内瑞拉)。其中,亚洲 44 个(含东盟),非洲 27 个,欧洲 38 个(含欧盟),美洲 14 个,大洋洲 8 个。截至 2023 年底,与我国建立双边适航关系的国家或地区共 32 个,现行有效的双边适航文件共 194 份。①

1.3.2.2 国际习惯和国际法的一般原则

如前所述,国际航空法是国际法的一个组成部分,依《国际法院规约》第 38 条第 1 款(丑)和(寅)的规定,国际习惯作为通例之证明而经接受为法律者以及一般法律原则为文明国家所承认者也为国际法的渊源。有学者认为,航空法是 20 世纪初的产物,"至于一般法律原则,鉴于现今不可能成为各国普遍接受的共同规则,也就不能成为航空法的渊源"②,因而否认习惯国际法和一般的法律原则为国际航空法的渊源。

本书认为,国际习惯和国际法的一般原则是航空法的渊源。理由主要有两个方面:

其一,虽然航空法是 20 世纪初的产物,但是它的形成和发展是不可能完全脱离国际法而发展起来,受到国际法一般原则和国际习惯法的制约,除了在航空国际公约的条款中已按照航空法的特点引入的关于领空主权、国籍、管辖权等外,联合国宪章以及国际法中有关条约法的规则,如条约的缔结、批准、生效、加入、修改、退出、解释、条约的继承及条约的失效和暂停实施等,都对国际航空法具有约束的作用。

其二,与国际航空法有着紧密联系的学科如海商法、海洋法等对航空法的发展也起到了很大的促进作用,这些法律中所形成的国际习惯和原则无疑也是国际航空法的渊源。例如,在航空法立法初期,许多规则都是从海洋法和海商法中类推或引入的,1919 年《巴黎公约》中的"无害通过"制度,适航证与驾驶人员的合格证等规定,1929 年《华沙公约》的推定过失责任、限制责任、免责条款等,都是参照或引入海商法中的相关规定。最为明显的例子就是现在仍然在设关的机场保留海关的称呼,足以说明海商法对航空法的影响至今仍在。另外,航空法中的公海以及毗连区、专属经济区上空空气空间的法律地位,用于国际航行的海峡上空的过境通行权等制度,都与海洋法中的原则与规则有着密切联系。所以,国际习惯和一般法律原则也是国际航空法的渊源。

1.3.2.3 国内航空法和国内法院的航空判例不是国际航空法的渊源

有学者认为,国内航空法是国际航空法的渊源,理由是世界各国的法律传统和制度千差万别,要想在国际航空领域中完全实现统一的或同一的规则是不可能的。由于国际航空公约在拟订时往往是以某种法系或某些国家的法律原则或规则为其蓝图或基础而制定的,尤其在私法领域,这就需要对某个公约条款进行解释与适用,参照该国国内法。③ 因此,国内航空法是国际航空法的渊源。他们进而引申出,国内法院的航空判例也是国际航空法的渊源。

本书认为,国内航空法及国内法院的航空判例不是国际航空法的渊源。理由如下:

其一,不可否认,国际法是在借鉴国内法理论的基础之上发展起来的,带有某些国内法的印记,但这些理论已发展成为国际条约或者国际习惯法,已成为适用国际法主体之间的法律,而不再是某国的国内法。

---

① 详见 http://www.caac.gov.cn/big5/www.caac.gov.cn/XXGK/XXGK/TJSJ/202405/P020240531700964611105.pdf. 2024 年 6 月 11 日访问。
② 刘伟民.航空法教程[M].2 版.北京:中国法制出版社,2001:22-23.
③ 赵维田.国际航空法[M].北京:社会科学文献出版社,2000:8.

其二,同样,从历史上看,国际法的某个规范最初可能是出于某个国家的国内法院的判决,或者在解释和适用上,参照某个国家的国内法,只能说为国际法的发展作出了贡献,国内法没有权力变更或创立国际法的规则。①

因此,即使在国际航空领域,国际航空条约是以某个法系或某些国家的法律原则或者规则为蓝图或基础而制定的,或者对国际航空条约条款的解释与适用,参照了某国国内法,也不能认为国内法及国内法院的判例就是国际航空法的渊源,称为国际航空法的辅助资料较为合适。

1.4 航空法的发展历程

航空法学是以航空法为研究对象的一门社会科学,研究航空法的历史发展是航空法学基本理论研究中的重要环节之一。研究航空法的目的,主要是搜寻现行航空法的不足之处,以便有的放矢地进行修订,使之适用航空活动快速发展的需求。"温故而知新",这就要求我们要对航空法发展的来龙去脉进行梳理,进而找出航空法的发展轨迹和规律,合理预测航空法的发展方向,才能制定出符合当今航空活动发展需求的航空法,保证航空活动安全和有秩序地进行。

1.4.1 1919年以前航空法的立法状况

航空法是调整航空活动的法律规范,它的发展状况和航空活动的发展状况是密切相关的。在第一次世界大战以前,人类进行的航空活动主要是为战争服务,规范航空活动的国际立法,主要是国家之间所签订的规范空战的国际条约。在典型国家航空立法中,主要是规范国内外航空器在本国境内的飞行活动。

1.4.1.1 典型国家国内航空法立法状况

在第一次世界大战结束前,人类航空活动已经获得了长足的进展,各种航空器,诸如气球、飞船和简易飞机都已出现,这些航空器由于飞得高,便于观察敌情,因此被广泛运用于军事战争。民用航空运输极不发达,但人们已经预见到航空器这种运输工具,具有地面运输工具所没有的优势,必然有其广阔的发展前景。这一时期,在国际层面上虽未制定统一的国际民用航空公约,但诸多国家在国内已对航空活动进行了相应的立法工作。典型的国家主要有法国、德国和英国等国。

1. 法国

在这一时期,法国关于航空法的立法主要有:1783年8月27日,为规范放飞气球,法国政府发布公告,要求在放飞气球时不得引起恐慌。② 为规范放飞气球的行为,1784年4月23日,法国巴黎市政当局发布了治安法令,规定未经警察当局批准,禁止气球升空,该治安法令被誉为是人类历史上的"第一部航空法",从而开启了人类制定航空法的历程。后来,随着航空技术的不断发展,航空器特别是氢气球已发展到载人飞行,为保证飞行安全和地面人员的

---

① 邵津.国际法[M].北京:北京大学出版社,高等教育出版社,2000:23.
② 1783年8月27日,法国的蒙哥尔菲埃兄弟放飞了一个用氢气填充的氢气球,漂浮到25公里外坠落,造成了坠落地农民恐慌,以为是天外怪物,便聚众销毁了该氢气球,法国政府了解这一情况后,于当天发布公告,要求以后再放飞气球时不得引起恐慌。

生命和财产安全,1819年法国塞纳省制定了一部空中航行安全规章,规定载人气球要配备降落伞才能升空,还规定,在农民收割农作物之前禁止任何气球飞行。1911年11月21日法国颁布了《空中航行法令》;1913年12月17日又颁布新的空中航行法令,并废止前一个法令。

2. 德国

1910年8月10日,德国勃兰登堡省首先颁布了空中航行管理法令,并于同年10月22日由普鲁士国王颁布,从而成为德国历史上第一部航空立法。1912年12月20日,奥匈帝国仿效英国颁布了空中航行管理法令。

3. 英国

1889年,英国就出现了一个航空损害判例。1911年6月2日,英国颁布了《空中航行法令》,建立了对飞越英国领土的管制制度。1913年2月14日,英国还颁布了第2号《空中航行法令》,扩大了国务大臣的权力,以便采取英国防务措施和规定外国航空器必须降落的地点。国务大臣有权禁止在特定区域上空飞行。

这一时期,美国在1913年5月13日首先在马萨诸塞州颁布了空中航行法令;意大利在1914年9月22日颁布了空中航行法令。

总之,这一时期,由于航空器主要用于作战目的,典型国家国内航空立法表现出两个方面主要内容:一是规范本国航空器在本国境内的飞行活动,二是在某种程度上宣示着领空主权,对别国航空器飞入本国以及在本国境内飞行进行规范。

1.4.1.2 国际航空立法状况

1. 关于空战的国际条约

正如前文所述,在第一次世界大战结束前,航空活动主要用于作战[①],由于航空器飞得高,不仅能够观察敌情,而且还能使用航空器,主要是飞艇和飞机进行投掷投射物和相关爆炸物。为了减轻战争中对平民的伤害,加强对非军用设施的保护,在国际层面上,签订了一系列关于使用航空器进行作战的一些规则。如1899年第一次海牙和平会议通过了《禁止从气球上或用其他新的类似方法投掷投射物和爆炸物宣言》,虽为空战法规,当属战争法的范畴,但潘树藩认为"追至一八九九年第一次海牙和平会议,始正式讨论航空问题,实为航空立法之萌芽"。[②] 因此,对国际层面上的一些关于使用航空器进行作战的规则的研究具有重要的理论意义和实践意义。这些国际航空条约主要有:1899年《禁止从气球上或用其他新的类似方法投掷投射物和爆炸物宣言》、1907年《禁止从气球上或用其他新的类似方法投掷投射物和爆炸物宣言》和1907年《关于战时海军轰击公约》。

2. 关于国际民用航空统一立法的努力

在第一次世界大战以前,航空器很少被用于运输旅客、行李、货物和邮件,因此,全球性的国际民用航空统一立法并没有实现。但是许多国家已经意识到航空器这种运输工具在未来应有广泛的民用用途,要求制定统一的国际航空立法的呼声也很高,而制定统一的国际民用航空条约的努力一直没有停止过。

1900年,法国邀请巴西、美国、英国、俄罗斯、墨西哥等28个国家代表在巴黎讨论航空问

[①] 第一个用于军事目的的气球(侦察,搜索,勘测)帮助法国取得了对奥地利联盟和德国的军队在1794年。参见:Fulgence Marin. Wonderful Balloon Ascents. 1870. P211.

[②] 潘树藩.航空法大要[M].上海:商务印书馆,1934:1.

题。会议主要围绕着民用航空运输所产生的四个航空法律问题进行了讨论:政府是否应颁发民用航空执照？驾驶员对乘客和地面第三人承担的责任是否需要制定特别法规定,还是适用普通法？救捞航空器残骸是否应适用海事法？对驾驶员的失踪和死亡宣告是否应重新立法？[①]虽然会议并没有达成协议,但它却是第一次真正涉及了民用航空相关法律问题,为1910年巴黎会议的召开提供了素材,也为1919年《巴黎公约》的顺利通过奠定了良好的基础。

1910年5月18日至6月29日,在法国政府的召集下,在巴黎召开了第一次国际空中航行会议,会议主要讨论两个议题:一是航空器的分类问题。这一问题在1900年会议已经做出讨论,基本上达成了一致意见,即航空器分为公用航空器和私用航空器,二者的法律地位应有所区别,会后通过了一个决议,承认航空器有两种类型,即公共航空器和私用航空器,公共航空器又包括军事和警察航空器。[②]二是法国和德国所提出的航空自由论与英国代表所提出的领空主权论之争,即:飞行空域的法律地位以及空域所属国是否有对飞越其领陆和领水上空进行管理和限制的权限。虽然会议在航空自由与领空主权方面并没有达成协议,但它触及了航空法立法的核心问题,即领空主权问题。虽然各国由于政治方面的因素并未通过公约,但是领空主权论不仅对会议参加国而言实际上已经接受,就是对非参加会议的国家来说,也已经接受了领空主权论。例如,在第一次世界大战期间,欧洲国家基本上都规定,参战国飞机在没有被本国允许的情况下,不得飞越本国空域。法国、德国等一些欧洲大陆坚持航空自由的国家也逐步改变了观点,承认了领空主权原则。虽然在一战期间,这些规定都是对作战飞机制定的,民用航空因战争而停顿,但它却为1919年《巴黎公约》的顺利通过提供了直接的推动力。

1.4.2 1919年到1945年航空法的立法状况

第一次世界大战刺激了航空技术和航空制造业的飞速发展,为一战后和平时期的民用航空发展提供了物质条件。民用航空运输在第一次世界大战后得到了飞速发展,这一时期是航空立法的活跃时期,因为在第二次世界大战结束后的数次国际航空立法中,基本上是对这一时期国际航空立法的修订。

1.4.2.1 国内航空法立法状况

这一时期主要国家都有了自己的航空立法,如苏联人民委员会在1921年1月17日颁布了航空法令,主要规定领空主权和管理外国航空器的飞越。在此基础上,1932年4月27日颁布了《苏联航空法典》,1935年经修正颁布了该法的第二版。1924年5月31日法国颁布了关于航空器及其空中航行的私法规则。1925年美国颁布了《航空邮政法》(Airmail Act),1926年颁布了《航空商业法》(Air Commerce Act),1938年6月23日颁布了《民用航空法》(Civil Aeronautics Act),并根据该法建立了民用航空管理当局。英国于1920年通过了《空中航行法令》,赋予1919年《巴黎公约》以国内法的效力;1932年通过了《航空运输法令》给予1929年《华沙公约》以国内法的效力;1933年通过的《空中航行法令》参照了1933年《罗马公约》的相关规定。

这一时期,主要国家国内航空立法的特点有:其一,航空立法的位阶较高。一般以法律

---

① 刘伟民. 航空法教程[M]. 北京:法律出版社,1996:35.
② Jiri Hornik. Article 3 of the Chicago Convention. Air & Space Law, June 2002, VOL. XXVII, P.162.

形式出现。其二,在航空立法中,都明确规定了立法目的是促进本国航空业的发展。其三,都以1919年《巴黎公约》为基础,在航空法立法中宣示了本国的领空主权。其四,都在立法中确立了法律适用范围,对空域管理、适航管理、机场的规划与管理、航空运输管理以及法律责任等做出了明确规定。可见,这一时期的主要国家的航空立法已经涵盖了航空法的基本问题。

1.4.2.2 国际航空公法立法状况

这一时期,诸多国家制定了内容全面的国内航空立法,有力地推动了国际民用航空统一立法进程,国际社会制定了众多的国际民用航空条约,主要有:

1. 1919年《巴黎公约》

1919年10月13日26个国家在巴黎签署了《巴黎公约》,该公约是第一个全球性的多边国际航空公法公约,也是第一部最完整、最重要的国际航空法法典,对于国际航空法的建立和促进国际航空业的发展具有重要作用。公约于1922年7月11日生效,共9章,计43条,有八个附件。另外,根据公约的规定,设立了常设管理机构——空中航行国际委员会,[①]作为国际航空技术标准的制定机构。1919年《巴黎公约》的核心内容主要有以下几个方面:

(1) 宣示了领空主权原则。1919年《巴黎公约》第1条规定:"缔约各国承认,每一个国家对其领土之上的空气空间享有完全的和排他的主权。"无论是缔约国还是非缔约国对其领空都享有主权,它是国家的自然权利,或固有权利。

(2) 规定了航空器无害通过的条件。1919年《巴黎公约》的在第2条第1款[②]、第3条第1款[③]、第4款[④]、第15条第1、2、3款[⑤]、第五章和第六章,以及第32条[⑥]和33条[⑦]对航空器无害通过制度进行了论述。

(3) 规定了航空器的国籍及登记制度。公约规定,凡准许飞越本国领土的航空器,须属于一缔约国的国籍,如不是完全属于一缔约国的国民所有,不得在该国登记或注册。股份公司如不是属于航空器登记国的国籍,或其总经理及三分之二以上董事也不属于该国籍,或该

[①] 在制定了起草公约的准则之后,委员会成立了3个分组委员会,即技术分组委员会、法律分组委员会、军事分组委员会。法律分组委员会负责起草公约条文和附件H;技术分组委员会负责起草附件A、B、C、D、E、F和G。8个附件的内容为:附件A:航空器标志和呼号;附件B:适航证;附件C:航行日志;附件D:灯光、信号和空中交通规则;附件E:驾驶员和领航员执照的条件;附件F:航图和地面标志;附件G:收集和散发气象情报;附件H:海关。3个分组委员会得到了英国、法国和美国提交的公约草案的帮助,意大利提出了一份空中航行法建议草案。转引自:弗利尔.国际民航发展史[M].北京:北京航空航天大学出版社,1991:21.

[②] 每一缔约国承允,只要本公约规定的条件得以遵守,在和平时期给予其他缔约国的航空器无害通过其领土上空的自由。

[③] 每一缔约国有权按照其立法规定的处罚,为军事需要和公共安全的利益,禁止其他缔约国的航空器飞越其领土上空的某些区域。但此等规定在其使用航空器和其他缔约国的航空器之间不得有任何差别。

[④] 每一缔约国保留在和平时期的特别情况下,临时地并立即生效地限制或禁止飞越其全部或一部分领土的权利,但这种限制或禁止应不分国籍地对所有其他缔约国的航空器适用。

[⑤] 一、一缔约国的任何航空器有权不降停地飞越另一缔约国的空气空间,但须沿飞越国指定的航路飞行;因通常管理的需要,该航空器当接到按公约附件规定的信号指令时,得以降落。二、一缔约国凡无人驾驶的任何航空器,非经特别许可,不得无人驾驶飞越另一缔约国的领土。三、从一国飞往另一国的任何航空器,如果另一国的规章有所要求,必须在另一国指定的机场降落。

[⑥] 除非有相反规定,军用航空器原则上享受通常给予外国军舰的特权,但被强迫降落或者被要求或勒令降落的军用航空器,将因此不得获得这方面的任何特权。

[⑦] 置于警察和海关航空器,可由有关国家通过特别协议确定在何种情况准许飞越边境,但这类航空器在任何情况下都不享有上述特权。

公司不遵守该国法律所规定的其他条件,不得登记为航空器的所有人。航空器仅得在一国登记,登记副本须于每月交国际航空委员会备案。

(4) 规定了从事国际航行的航空器的权利和义务。公约规定,一缔约国的航空器有飞越他缔约国不必降落的权利,但须遵循飞越国所指定的航线。为公共安全起见,得强迫降落。航空器由甲国飞往乙国,应在指定的机场降落。各缔约国为了维护本国的航行权利,得保留并限制其本国境内两地点间运载乘客、货物的营业权。在此情况下,他国也可对该国实行同样的保留和限制。

(5) 规定了国际航行应备有的证件。从事国际航行的航空器,应备有国籍、登记及适航证书,驾驶长、导航员、机械员、报务员及其他航务人员的胜任证书、乘客名册、货运单及载货清单、各种航行日记等,如装有无线电机,应备有特许证。航空器在国际航行中,不得运载炸药、武器及军火。

(6) 将航空器分为国有航空器和私用航空器。公约规定,国有航空器包括军用航空器和专供国用的如邮务、警察、海关所用的航空器。凡国有航空器不是有关军事、邮务、警察、海关所用的航空器,也都视为私有(民用)航空器。航空器的驾驶长为军人而受有航空委任的,该航空器就应视为军用航空器。军用航空器未经特许,不得飞越他国国境或在他国境内降落,经过特许的军用航空器,如无特殊规定,可比照外国军舰享有习惯上所许可的治外法权。但军用航空器在他国飞行中,因被强迫或被要求或被呼唤而降落于他国,不得享有此种权利。

(7) 设立了空中航行国际委员会。公约设立一个永久国际委员会,定名为空中航行国际委员会,主要职责是接受缔约国对公约提出的修正建议及有关航空资料的收集和传达事宜。

1919 年《巴黎公约》于 1922 年 7 月 11 日起生效,加入公约的共 38 个国家。中国是签署国之一,但未批准。1919 年《巴黎公约》不适用于美洲各国。美洲国家于 1928 年签订了《泛美商务航空公约》,亦称《哈瓦那公约》,该公约的内容与 1919 年《巴黎公约》大致相同。所不同的是,该公约没有附加各种技术上的规定,也未规定设立一个国际民航机构。这两个公约,后来都被 1944 年《芝加哥公约》所取代。

2. 1944 年《芝加哥公约》

第二次世界大战期间,大量航空器特别是飞机被制造出来并被用于作战,1944 年战争形势已经发生了转变,航空器的运载能力被充分认识了。经英国倡议,美国向 55 个同盟国发出了邀请,于 1944 年 11 月 1 日至 12 月 7 日在美国芝加哥召开国际民用航空会议。会议的目的是确立战后世界民用航空的新秩序。1944 年 12 月 7 日,参加芝加哥会议的国家正式签订了 1944 年《芝加哥公约》。公约于 1947 年 4 月 4 日生效,目前,共有 193 个国家批准或加入了《芝加哥公约》①。中国政府参加了芝加哥会议,并于 1946 年 2 月 20 日批准了该公约。新中国于 1974 年 2 月 15 日承认了《芝加哥公约》②。

《芝加哥公约》签订时,当时的航空技术和国际民用航空运输都取得了很大的发展,国际航空立法也有了一定的基础,如 1919 年《巴黎公约》和 1928 年《哈瓦那公约》都是当时有效

---

① 2019 年 3 月 14 日,随着公约对多米尼加生效,共有 193 个当事国。具体当事国名称详见:https://www.icao.int/secretariat/legal/List%20of%20Parties/Chicago_EN.pdf. 2024 年 4 月 1 日访问。

② 该公约自 1997 年 7 月 1 日、1999 年 12 月 20 日起分别适用于香港、澳门特别行政区。

的国际公约,它们为《芝加哥公约》的制定提供了良好的借鉴。但《芝加哥公约》的内容比1919年《巴黎公约》和《哈瓦那公约》更加完善,并且在第80条①中明确其生效之后在缔约国之间取代1919年《巴黎公约》和《哈瓦那公约》。

1944年《芝加哥公约》的共有五个部分组成:

序言:公约签订的目的是使国际民用航空按照安全和有秩序的方式发展,并使国际航空运输业务得建立在机会均等的基础上,健康地和经济地经营。

第一部分:空中航行,包括:第一章《公约的一般原则和适用》(第1条到第4条),第二章《在缔约国领土上空飞行》(第5条到第16条),第三章《航空器的国籍》(第17条到第21条),第四章《便利空中航行的措施》(第22条到第28条),第五章《航空器应具备的条件》(第29条到第36条),第六章《国际标准及其建议措施》(第37条到第42条)。

第二部分:国际民用航空组织,包括:第七章《组织》(第43条到第47条),第八章《大会》(第48条和第49条),第九章《理事会》(第50条到第55条),第十章《航行委员会》(第56条和第57条),第十一章《人事》(第58条到第60条),第十二章《财政》(第61到第63条),第十三章《其他国际协议》(第64条到第66条)。

第三部分:国际航空运输,包括:第十四章《资料和报告》(第67条),第十五章《机场及其他航行设施》(第68条到第76条),第十六章《联营组织和合营航班》(第77条到第79条)。

第四部分:最后条款,包括:第十七章《其他航空协定和协议》(第80条到第83条),第十八章《争端和违约》(第84条到第88条),第十九章《战争》(第89条),第二十章《附件》(第90条),第二十一章《批准、加入、修正和退出》(第91条到第95条),第二十二章《定义》(第96条)。②

3.《国际航班过境协定》

《国际航班过境协定》(International Air Services Transit Agreement),简称《过境协定》(Transit Agreement),也称《两种航权》(Two freedoms of the air),1944年12月7日签订于芝加哥,是在多边框架内为缔约国的定期国际航班交换飞越权和非业务经停权。该协定于1945年1月30日生效,2022年7月20日对巴西的生效,当事国达到135个。③ 主要内容有:

(1)两种自由。两种自由是指:"每一缔约国给予其他缔约国以下列关于定期国际航班的空中自由:(一)不降停而飞越其领土的权利;(二)非运输业务性降停的权利。"(第1条第1节)这两种自由不适用于对定期国际航班禁止使用的军用机场。在战争或军事占领地区及战时通往此项地区的补给路线上,这两种权利的行使须经军事主管当局的核准。

(2)协定确定了生效时间。第1条第2节规定:"上述权利的行使应按照国际民用航空临时协定的规定,在国际民用航空公约生效后,则应按照该公约的规定。协定和公约都是于一九四四年十二月七日在芝加哥制定的。"

---

① 缔约各国承允,如该国是一九一九年十月十三日在巴黎签订的空中航行管理公约或一九二八年二月二十日在哈瓦那签订的商业航空公约的缔约国,则在本公约生效时,立即声明退出上述公约。在各缔约国间,本公约即代替上述巴黎公约和哈瓦那公约。

② 具体内容详见:https://www.ccaonline.cn/wp-content/uploads/2018/01/32cdbfcc0448138285ae.pdf. 2024年4月1日访问。

③ 具体当事国名称详见:. https://www.icao.int/secretariat/legal/List%20of%20Parties/Transit_EN.pdf. 2024年4月1日访问。

(3) 两种权利的行使。第1条第3节规定:"一缔约国给予另一缔约国的航空公司以非运输业务性经停权利时,得规定该航空公司在此经停地点提供合理的商业性服务。这一规定在经营同一航线的航空公司之间不得形成差别待遇,应当考虑到航空器的载运能力,而且在执行这一规定时,应不损害有关国际航班的正常经营或一缔约国的权利和义务。每一缔约国在遵守本协定的规定下,可以:(一)指定任何国际航班在其领土内应该遵循的航线及其可以使用的机场。(二)对任何此项航班在使用机场及其他设备时征收或准予征收公平合理的费用,此项费用应不高于其本国航空器在从事同样国际航班时使用此项机场及设备所缴纳的费用。但如经一有关缔约国申诉,则对使用机场及其他设备所征收的费用应由根据上述公约设立的国际民用航空组织的理事会予以审核。该理事会应就此事提出报告和建议,以供有关国家考虑。"

(4) 行使权利的限制条件。第1条第4节规定:"每一缔约国如对另一缔约国的空运企业的主要所有权和有效管理权属于该缔约国国民存有疑义,或对该空运企业不遵守其飞经国家的法律,或不履行本协定所规定的义务时,保留扣发或撤销其证书或许可证的权利。"

我国分别于1997年6月3日、1999年10月6日发布通知,适用于香港、澳门的该公约自我国政府对香港、澳门行使主权后,该公约将继续适用于香港、澳门特别行政区。

4.《国际航空运输协定》

《国际航空运输协定》(International Air Transport Agreement),简称《运输协定》(Transport Agreement),也称"五种航权"(Five Freedoms of the Air),签订于1944年12月7日,并于1945年6月6日起生效。1968年1月19日对布隆迪生效后,该协定共有11个当事国,[①]到目前为止尚未增加新成员。

该协定主要规定航空的五种自由。1944年12月7日当时的中国政府签署了《国际航空运输协定》,并于1945年6月6日(同日起生效)批准了该协定。中国政府于1946年12月11日废止了该协定。废止自1947年12月11日起生效。

1.4.2.3 国际航空私法立法状况

这一时期国际航空私法立法也非常活跃,主要有:

1. 1929年《华沙公约》

该公约1929年10月12日签订于华沙,主要规范承运人责任制度,并于1933年11月4日生效。我国在1958年7月20日交存批准书,对我国生效是在1958年10月18日。1997年6月16日我国政府通知波兰共和国政府,我国政府于1958年7月20日交存了加入书的该公约和中华人民共和国政府于1975年8月20日交存了加入书的《修订1929年10月12日订于华沙的统一国际航空运输某些规则的公约的议定书》将自1997年7月1日起适用于香港特别行政区。

该公约的主要内容将在本书第八章进行详细论述,此处不再赘述。

2. 1933年《罗马公约》和1938年《布鲁塞尔议定书》

1933年5月29日签订的《罗马公约》,全称为《统一有关航空器对地(水)面第三方造成损害的某些规则的国际公约》,是针对航空器在飞行中给地面或水面第三方造成损害的赔偿规定,它和华沙公约所涉及的损害是不同的。由于当时各国对此损害的规定差别较大,因此

---

① 具体当事国名称详见:https://www.icao.int/secretariat/legal/List%20of%20Parties/Transport_EN.pdf. 2024年4月1日访问。

签署国家并不多,后来在 1938 年进行了修订,制定了《布鲁塞尔议定书》,全称为《对统一有关航空器对地(水)面第三方造成损害的某些规则的国际公约的附加议定书》,参加国家仍然很少。直到第二次世界大战以后,对第三方造成损害赔偿问题才真正被国际社会所重视。

1.4.3　1946 年到 1978 年航空法立法状况

从第二次世界大战结束到 1978 年,是国际航空运输的黄金时期,这一时期,国际航空立法不断发展,各国国内航空立法也取得了长足进步。

1.4.3.1　国内航空立法状况

这一时期,随着航空运输业的飞速发展,主要国家国内航空立法非常活跃。在上文航空法的渊源中,本书已经列举了美国、德国等国家国内航空法的立法状况,此处不再赘述。

1.4.3.2　国际航空立法状况

这一时期国际航空立法主要有:

1. 华沙公约的修订文件

包括:1955 年《海牙议定书》、1961 年《瓜达拉哈拉公约》、1971 年《危地马拉城议定书》以及 1975 年四个蒙特利尔附加议定书。

2. 对 1933 年《罗马公约》的修订

包括:1952 年《罗马公约》和 1978 年《蒙特利尔议定书》。

3. 国际航空刑法公约

包括:1963 年《东京公约》、1970《海牙公约》、1971 年《蒙特利尔公约》。

4. 国家之间的双边航空运输协定

这一时期,国家之间通航主要是以国家之间签订双边航空运输协定为主。这些双边航空运输协定主要是以 1946 年英国和美国所签订的《百慕大协定》为基础而制定的。

这一时期,国际航空立法的特点主要有:

第一,对承运人赔偿责任制度进行修订,提高对消费者的赔偿限额。1929 年《华沙公约》签订时的情况已经发生了变化,修订华沙公约已成为国际社会的共识,修订的着力点就是提高对消费者的赔偿标准。

第二,对地(水)面第三人的赔偿问题,成为国际航空条约所关注的重点之一。第二次世界大战后,民用航空运输飞速发展,跨国运输成为常态,外国航空器在本国境内飞行,若发生事故,可能会给地(水)面人员造成巨大损害,且由于各国对此损害赔偿标准不一,不利于航空运输的发展,因此,修订 1933 年《罗马公约》和 1938 年《布鲁塞尔议定书》,保证对地面人员的损害赔偿,成为国际航空条约所关注的重点之一。基于此,1952 年《罗马公约》顺利通过并实施。

第三,随着国际航空犯罪的出现,加之各国对航空犯罪的管辖权规定不一,为确保民用航空运输安全,打击航空犯罪成为国际航空立法所关注的重点之一。

第四,国家间通航主要通过双边航空运输协定方式进行。

1.4.4　1979 年到现在航空法立法状况

随着国际航空运输业的飞速发展,以及美国放松管理政策的冲击,在国际航空公法领域,围绕着 1944 年《芝加哥公约》及两个协定中的自由或权利,双边航空运输协定中自由因素增多。而在国际航空私法领域，要求重新制定统一的国际航空私法公约取代传统华沙体制，以满足航空运输现代化需要的呼声较高。这一时期，主要围绕着航空运输现代化，修改或完善传统国际航空法，并使之现代化。在国内航空法领域，各国也纷纷制定或修订本国航空法，以便适用航空运输飞速发展的需要。

1.4.4.1 国内航空法立法状况

这一时期，发达国家不断修订本国航空法，使之形成了比较完备的国内航空法律体系。如美国、法国、德国等国，前文所述航空法的渊源时已经论述，不再赘述。而广大发展中国家，为维护领空主权，实现本国航空资源的有效利用，也纷纷制定了本国航空法。到目前为止，几乎所有国家都制定了本国航空法。

1.4.4.2 国际航空法立法状况

这一时期国际航空立法主要有：1988年《蒙特利尔公约》和1991年《关于注标塑性炸药以便探测的公约》、1999年《蒙特利尔公约》、2004年《开普敦公约》及《有关航空器设备国际利益公约》、2009年《一般风险公约》和《特殊风险公约》、2010年《北京公约》和《北京议定书》、2014年《蒙特利尔议定书》等，在上文航空法的渊源中已有论述，不再赘述。

1.4.5 我国航空法的发展简史

我国航空法的发展历程，主要划分为两个阶段，中华人民共和国成立前和中华人民共和国成立后。

1.4.5.1 1912以前中国航空活动概览

中国航空活动历史久远，不仅有美丽的神话故事表达了中国人民对航空活动的向往，而且为了实现航空活动的理想，中国人民也在制造器械实践着航空活动。

"嫦娥奔月"的神话故事，《山海经》里的"飞天"故事等，不仅表达了中国人民对航空活动的追求，也抒发了中国人民对航天活动的向往。

为实现航空活动的理想，中国人民也在制造进行飞行活动的器械。据《韩非子·外储说左上》载："墨子为木鸢，三年而成，蜚（通假字，同'飞'）一日而败。"《墨子·鲁问》载："公输子削竹木为鹊，成而飞之，三日不下。"

实践中，中国人民还制造了竹蜻蜓，发明了风筝、制造了孔明灯。

"竹蜻蜓"，西方人称为"中国陀螺"。公元前500年中国人就制成了竹蜻蜓，作为玩具流传于民间，后于18世纪传入欧洲。20世纪30年代，德国人根据"竹蜻蜓"的形状和原理发明了直升机的螺旋桨。《简明不列颠百科全书》第九卷写道："直升机是人类最早的飞行设想之一，多年来人们一直相信最早提出这一想法的是达·芬奇。但现在都知道，中国人比中世纪的欧洲人更早做出了直升机玩具。"

1793年英国派遣以马戛尔尼为首的使华团访问大清帝国，并带来引人注目的欧洲人才仅仅发明了10年的热气球，但未有实验的机会，中国失去了接触热气球的机会，也失去了得到这种航空技术的机会。

风筝作为中国的一大发明，是世界公认的。中国最早的风筝是木制的，称为"木鸢"（鸢是一种猛禽），大约在战国时期（公元前475年前221年）便发明了。距今已有2000多年的历史了。后来发明了纸，便改用纸做，称为"纸鸢"。风筝被誉为现代飞机的远祖。在美国华盛顿国家航空和空间博物馆的飞行器馆里，立着这样一个字牌："最早的飞行器是中国的风筝和火箭。"

孔明灯又叫天灯,相传是由三国时的诸葛孔明(即诸葛亮)发明的,被认为是热气球的始祖。至今,孔明灯燃放活动在全国各地都有分布。

但在近代,中国航空事业落后于西方国家。制造并使用航空器,增强我国军事实力,抵御列强侵略,形成了人们热情的"航空救国"情怀。1885年中法战争中,法军总司令米乐在镇南关激战中,多次受制于冯子材的痛击,为改变其失败局面,法军借用军事气球进行空中侦察,这一事件引起掌管军事、外交大权李鸿章的关注,认为:"中国应添设此气球专队,实行练习备用。"①

于是在1887年,天津武备学堂的教官们研制成功了直径数尺的薄型布球,充入氢气后能飞上天空,轰动一时。但处于晚期的清政府及其工作人员不思进取,于是停留在"只能造气球,不会用气球"上,将气球涂抹成五颜六色作为玩具。光绪皇帝叹道:"以偌多银两造成玩球,违我初衷。"②

在革命的暴风雨即将来临之际,清政府为了加强统治,以实行"新政"来稳定政局,到1908年初清政府才从日本购置了两只山田式气球,并聘请了日本技术员,但日本技术员不肯传授有关的军事实用技术。这一消息震怒了在美国钻研航空技术的华侨冯如,于是他派助手朱兆槐和司徒碧到天津进行技术指导,并将"山田式气球"进行技术改装,大大超过了原先的实用性能,从此气球的运用才真正达到了军事目的。是年2月后清政府成立了湖北陆军第八镇气球队,由管带王永兼任队长。

1908年10月清政府举行了"国防大检阅",在竞技表演中,陆军第八镇气球队获得了陆军部颁发的"云空显神威"和"扬我国威"的锦旗和牌匾。

"但考我国航空事业始于宣统元年,当时仅有法国双麦式飞机一架。在南苑设试行工场,以资练习。宣统三年,革命军因攻北京,购入奥国特立克式双翼飞机两架,于是军事上对于航空事业,稍加注意。"③

可见,民国前,近代意义上的中国航空活动很少,且主要是用于军用目的,民用航空活动则是少之又少。航空立法尚未有之。但是,国外典型国家如法国、德国、英国、意大利和美国等国内航空立法已成果丰硕,国际统一航空立法也已经取得了很大的成就。

1.4.5.2 中华人民共和国成立前航空法的发展状况

1. 民国北京政府航空立法概览

虽然中国清政府和中华民国北京政府批准或加入了1899年《海牙第一宣言》、1907年《海牙第九公约》和1907年《海牙第十四宣言》,也先后派人考察了西方国家航空事业发展概况,但因当时中国航空事业几无发展,故制定航空法尚无必要。

但是,当时留学国外的一些知识分子和一些因公出国考察人员,在外不仅看到了航空器(特别是飞机)在作战中的重要性,也意识到了其未来作为客货运输的便捷性,回国后纷纷要求政府发展航空事业,认为这利国、利民、利军。

为顺应时代潮流,发展中国航空事业。1913年,民国北京政府开始购飞机设学校,目的

---

① 曾祥明.我国最早的军事航空组织——陆军气球队[EB/OL]. https://www.pep.com.cn/xkzthyd/czls/js/tbjx/ck/7x/u3/201105/t20110516_1041422.htm. 2023年3月29日访问。
② 景树明.1908·秋操·气球——中国军事航空之肇始[J].航空知识,2013(6):1.
③ 葛绥成.常识业书第三十二种—中国之交通[M].上海:中华书局,1927:136.

亦在军用,故期初中国航空事业的掌管机关为民国北京政府参谋本部。1918年2月,民国北京政府交通部以航空事业应属交通行政范畴,请求设立交通部筹办航空事宜处。1919年3月12日,经大总统徐世昌批准,交通部筹办航空事宜处正式设立,成为掌管中国航空事业发展的第一个专门性机构。同年11月11日,国务院总理靳云鹏呈请设立航空事务处,直隶于国务总理,掌管全国航空事务。1920年8月,直奉军入北京,政府改组,国务院航空事务处乃将交通部之筹办航空事宜处归并,大加扩充,改隶边防督办,综理航空一切事务,管辖所属军队机关。1921年2月9日,国务院将航空事务处扩编为航空署。航空署直隶于国务院,管理全国航空一切事务,监督所辖机关。

民国北京政府时期的航空立法活动,主要是由北京参谋本部、交通部筹办航空事宜处、航空事务处、航空署四个机构来完成的。

据不完全统计,民国北京政府共制定专门性航空立法68部。其中,参谋本部共制定3部,交通部筹办航空事宜处共制定1部,航空事务处共制定2部,航空署共制定58部,财务部制定1部,军务厅共制定2部,军事部共制定1部。具体参见表1-1。

表1-1 民国北京政府航空立法一览表

序号	名称(条)	时间	制定机关	备注
1	航空学校条例(共66条)	1913年	参谋本部	具体制定日期和内容不详
2	航空学校毕业学员技工待遇条例(共22条)	1914年1月15日	参谋本部	1917年1月17日,国务院会通过,大总统批准
3	航空学校条例(共60条)	1916年10月12日	参谋本部	国务院会通过,大总统批准
4	航空条例草案(共75条)	1919年	交通部筹办航空事宜处	参照英法等国航空规则拟定,具体公布日期不详
5	航空事务处条例(共16条)	1920年8月	航空事务处	具体公布日期不详
6	航空事务处奖章条例(共10条)	1920年10月24日	航空事务处	国务院会通过,大总统批准
7	航空署组织条例(共9条)	1921年2月9日	航空署	教令第五号公布
8	航空署执掌通则(共15条)	1921年3月5日	航空署	航空署令第一四号公布
9	航空署处厅分科规则(共8条)	1921年3月5日	航空署	航空署令第十五号
10	航空署办事通则(共32条)	1921年3月5日	航空署	航空署令第十六号
11	国有航空站收用土地规则(共8条)	1921年3月6日	航空署	航空署令第17号公布
12	京师空中游览搭客规则(共15条)	1921年3月21日	航空署	航空署令第五十三号

续表 1-1

序号	名称(条)	时间	制定机关	备注
13	国有航空站收用土地施行细则(共25条)	1921年3月24日	航空署	航空署令第六八号公布
14	航空署文件处理规则(共32条)	1921年4月7日	航空署	航空署令第九五号公布
15	航空署案卷规则(共16条)	1921年4月7日	航空署	航空署令第九六号公布
16	航空署技术委员会简章(共10条)	1921年4月20日	航空署	航空署令第一一四号公布
17	航空材料厂条例(共10条)	1921年4月28日	航空署	航空署令第127号公布
18	航空服制(两章各八节)	1921年5月1日	航空署	航空署呈准
19	航空署翻译委员会简章(共21条)	1921年5月3日	航空署	航空署令第一四一号公布
20	航站警察教练队暂行编制(共8条)	1921年5月10日	航空署	航空署呈准
21	航空署暨附属机关造送职员表简章(共8条)	1921年5月16日	航空署	航空署令第一五九号公布
22	航空教练所飞行初级训练队编制简章(共4条)	1921年5月16日	航空署	航空署令第一六七号公布
23	航空管理讲习所简章(共9条)	1921年5月17日	航空署	航空署呈准
24	国有航空线管理局编制通则(共12条)	1921年5月19日	航空署	航空署令一八五号公布
25	国有航空线管理局员司月薪暂行规则(共7条)	1921年5月19日	航空署	航空署令第186号公布(1923年6月29日修正)
26	京沪航空线管理局编制专章(共9条)	1921年5月19日	航空署	航空署令第一八七号公布
27	国有航空线飞航员服务规则(共13条)	1921年6月29日	航空署	未查到具体公布署令
28	自用飞机飞航员考试暂行规则(共13条)	1921年5月23日	航空署	航空署第二〇〇号颁布
29	京沪航线管理局筹备处暂行简章(共11条)	1921年5月23日	航空署	航空署第201号

续表 1-1

序号	名称(条)	时间	制定机关	备注
30	京沪航空线京济运输暂行规则(共42条)	1921年6月14日	航空署	未查到具体公布署令
31	航空署监工简章(共14条)	1921年6月14日	航空署	航空署令二六一号公布
32	飞行保安规则(共60条)	1921年6月20日	航空署	航空署令第二七四号公布
33	航空制服著用规则(共4条)	1921年6月21日	航空署	航空署令第二七三号公布
34	京戴间临时航空线广告(共12条)	1921年7月3日	航空署	未查到具体公布署令
35	京沪航空线管理局航空站飞机保管规则(共12条)	1921年8月8日	航空署	未查到具体公布署令
36	航空警察编制章程(共14条)	1921年8月27日	航空署	航空署令第三八七号公布
37	飞机乘客应守规则(共9条)	1921年9月3日	航空署	未查到具体公布署令
38	北戴河空中游览搭客规则(共15条)	1921年9月3日	航空署	未查到具体公布署令
39	航空仓库机件保管规则(共34条)	1921年9月13日	航空署	航空署令第三九二号
40	航空教练所奖励飞行暂行规则(共6条)	1921年9月19日	航空署	航空署令第四零三号公布
41	京师及长城空中游览规则(共8条)	1921年9月27日	航空署	未查到具体公布署令
42	航空税务章程草案	1921年9月	财政部	未查到具体公布署令
43	航空署航站测候所简章(共10条)	1921年10月5日	航空署	航空署令第四二七号公布
44	航空署航站测候所办事规则(共23条)	1921年10月5日	航空署	航空署令第四二八号公布
45	航空署测候员任用章程(共11条)	1921年10月5日	航空署	航空署令第四二九号公布
46	飞行场手作信号规则(共3条)	1921年10月17日	航空署	航空署令第一六四号公布
47	招商代收及接送客货暂行办法(共6条)	1921年11月7日	航空署	未查到具体公布署令
48	支配飞机及航员暂行规则	未查到具体公布日期	航空署	未查到具体公布署令

续表 1-1

序号	名称（条）	时间	制定机关	备注
49	航空人员俸给等级条例（共10条）	未查到具体公布日期	航空署	未查到具体公布署令
50	航空人员特俸给奖细则（共10条）	未查到具体公布日期	航空署	未查到具体公布署令
51	航空署奖励飞行教官暂行规则	未查到具体公布日期	航空署	未查到具体公布署令
52	京戴飞行则例（共15条）	1922年7月	航空署	未查到具体公布署令
53	京汉航空线管理局编制专章（共9条）	1922年12月15日	航空署	航空署令第二九二号
54	航空工厂条例（共13条）	1923年1月15日	航空署	航空署令第20号
55	国立北京航空学校条例（共17条）	1923年3月31日	航空署	航空署令第八五号公布
56	国立北京航空学校教务规则	1923年3月31日	航空署	航空署令第87号
57	国立北京航空学校教育纲领（共8条）	1923年3月31日	航空署	航空署令第86号
58	国立北京航空学校附属工厂员司执掌规则（共7条）	1923年3月31日	航空署	航空署令第88号
59	国立北京航空学校附属警察队规则（共7条）	1923年3月31日	航空署	航空署令第89号
60	航空署发给飞航人员驾驶执照及胜任证书暂行规则（共9条）	1923年8月10日	航空署	航空署令第194号
61	南苑航空学校初级学员甄别试验规则（共10条）	1924年2月	航空署	未查到具体公布署令
62	郑西航空线管理局编制专章（共8条）	1924年6月（4月30日）	航空署	航空署令第140号
63	郑西航空线管理局办事细则	未查到具体公布日期	航空署	未查到具体公布署令
64	航空署欠薪清理委员会简章	（1925年8月11日）	航空署	未查到具体公布署令编号
65	《航空署保管暨盖用印信规则》	1925年8月27日	航空署	未查到具体公布署令和内容

续表1-1

序号	名称(条)	时间	制定机关	备注
66	航空总司令部暂行条例(共12条)	1925年9月3日	军务厅	执政府军务厅致陆军部函稿,11月9日复"似宜暂停缓办"
67	航空军官佐官等官俸条例(共10条)	1926年11月20日	军务厅	大总统令
68	军事部航空署官制	1927年7月13日	军事部	未查到具体公布形式

2. 南京国民政府航空立法概览

1927年4月18日,南京国民政府成立。1928年5月,国民革命军统一,航空司令派员将北京航空司和附属机关接收。在南京国民政府时期,全球性的国际航空立法不断发展,各国国内航空立法更加健全,都为民国南京政府航空立法工作提供了很好的借鉴。

在南京国民政府时期,航空立法数量巨多,军民航立法齐头并进,涉及范围不断扩大,立法精细化更加明显。据不完全统计,南京国民政府共制定专门性航空立法180余部(本书能查寻到的有173部)。具体参见表1-2南京国民政府时期中国主要航空立法一览表。

表1-2 南京国民政府时期中国主要航空立法一览表

序号	名称	公布机关	时间
1	航空同志会分会章程草案	航空同志会	1927-05-06
2	航空同志会分会会长联席会议临时规则	航空同志会	1927-05-××
3	中华航空协进会暂行组织大纲	国民政府备案	1928-08-25
4	临时特许外国飞机飞航国境暂行办法	军事委员会	1928-08-25
5	军政部航空署条例	国民政府	1928-11-04
6	中央航空军官学校教育纲领	军政部	1929-01-21
7	监督商办航空事业条例	交通部	1929-01-22
8	中华航空协进会组织大纲	国民政府备案	1929-03-××
9	中国航空公司条例	国民政府	1929-04-05
10	中国航空公司组织规程	国民政府	1929-05-21
11	沪蓉航空线管理处暂行规章	交通部	1929-05-27
12	交通部沪蓉航空线管理处机场规则	交通部核准	1929-06-13
13	交通部沪蓉航空线管理处办事细则	交通部核准	1929-06-13
14	交通部沪蓉航空线管理处各站办事细则	交通部核准	1929-06-13
15	奖励提倡航空事业办法	航空署	1929-06-25
16	捐助航空事业暂行奖励规程	航空署	1929-06-25

续表 1-2

序号	名称	公布机关	时间
17	交通部沪蓉航空线管理处职员出差旅费暂行规则	交通部核准	1929-07-02
18	中国航空公司章程	国民政府	1929-07-28
19	交通部沪蓉航空线管理处会计暂行规则	交通部	1929-07-31
20	交通部沪蓉航空线运货暂行章程	交通部	1929-07-31
21	交通部沪蓉航空线载客暂行章程	交通部	1929-07-31
22	航空学生考选委员会规则	军政部	1929-08-04
23	京沪航空货运章程	交通部	1929-08-××
24	交通部监督商办空中交通事业条例	交通部	1929-08-××
25	交通部沪蓉航空线飞行游览规则	交通部核准	1929-11-02
26	交通部沪蓉航空线飞机散放广告传单章程	交通部核准	1929-11-02
27	航空署飞行规则	军政部	1929-11-15
28	飞行师飞行奖励金章程	交通部	1929-12-06
29	航空机械人员进级章程	交通部	1929-12-06
30	副飞行师进级章程	交通部	1929-12-06
31	商办航空事业注册给照规则	交通部	1929-××-××
32	中央航空军官学校条例草案	军政部	1929-××-××
33	军政部航空线站管理处组织章程	军政部	1929-××-××
34	飞机驾驶允许状请求书及证书等式	军政部	1929-××-××
35	海关和邮局关于空运货物的管理规定	江海关税务司	1929-××-××
36	航空署现役飞行人员暂行考试规则	航空署	1930-02-12
37	中德合办欧亚航空邮运股份有限公司章程	欧亚航空股份有限公司	1930-03-04
38	邮运航空处组织条例	国民政府	1930-03-18
39	航空署掩护队添募新兵简章	军政部核准	1930-04-10
40	航空委员会政治部组织规程	航空委员会	1930-05-13
41	军政部航空学校条例	国民政府	1930-06-02
42	军政部航空学校教育纲领	军政部	1930-06-11
43	航空掩护大队士兵保证章程	航空署	1930-06-××
44	邮运航空器乘客取缔规则	交通部	1930-09-18
45	海军航空处暂行组织条例	行政院	1930-10-15
46	海关管理航空邮运规则	关务署	1930-××-××
47	中国航空公司组织大纲及办事细则	国民政府	1930-××-××
48	监督管理民办航空事业暂行规则	军政部	1931-01-07

续表 1-2

序号	名称	公布机关	时间
49	航空机械士章程	交通部	1931-02-23
50	航空会议秘书处规则	军政部	1931-03-26
51	航空会议规程	军政部	1931-04-09
52	航空会议议事规则	军政部	1931-04-09
53	航空会议会员招待办法	军政部	1931-04-09
54	航空会议旁听须知	军政部	1931-04-09
55	飞行人员体格检查暂行规则	军政部	1931-05-23
56	空军飞航加给规则	军政部	1931-06-14
57	航空禁航区域条例草案	航空署	1931-07-27
58	航空学生考选章程	航空署	1931-08-04
59	全国航空警察训练办法	内政部	1931-08-××
60	海军航空教官任用进级暂行条例	海军部	1931-10-13
61	航空署机械人员加工暂行规则	军政部公布	1931-10-17
62	中国航空公司载客章程	交通部	1931-××-××
63	自费留学外国航空学校毕业人员登记及录用规则	军政部	1931-06-18
64	航空署法制编审委员会规则	航空署	1931-××-××
65	空军总司令部参谋航空学术研究班组织条例	空军总司令部	1931-××-××
66	航空暂行条例	军政部	1931-××-××
67	航空器件输入条例	国民政府	1932-03-24
68	空军飞行奖惩暂行规则	军政部	1932-06-03
69	航空器件输入条例实施细则	财政军政两部	1932-06-××
70	航空安全电报规则	交通部	1932-10-24
71	中华航空救国会章程	国民政府	1932-11-14
72	广东省民用航空筹备委员会组织章程	广东省	1932-05-02
73	广东省民用航空驾驶人员训练所章程	广东省	1932-06-14
74	广东省民用航空驾驶人员训练所各县市选送学生入所训练办法	广东省	1932-06-14
75	广东省民用航空集股章程	广东省	1932-06-14
76	广西民用航空筹办委员会组织条例	广西省	1932-××-××
77	广西民用航空管理局组织章程	广西省	1932-××-××
78	粤桂滇航空交通联航章程	广东、广西、云南	1932-××-××
79	京平航空载客章程	交通部	1932-××-××

续表 1-2

序号	名称	公布机关	时间
80	中国航空协会章程	行政院	1933-01-01
81	国民政府航空公路建设奖券条例	国民政府	1933-01-11
82	航空警察服务简则	青岛市政府	1933-02-××
83	空军官佐任免暂行条例	军政部	1933-05-20
84	空军俸给规则	军政部	1933-05-20
85	海军航空教官及飞行员任用进级暂行条例	海军部	1933-07-19
86	航空署各省航空场站建筑工务处组织条例	军事委员会	1933-08-××
87	国民政府航空公路建设奖券发行规则	行政院	1933-10-××
88	防空学校暂行组织条例	军事委员会	1933-12-31
89	航空委员会第三修理厂组织条例	航空委员会	1933-××-××
90	修正中央航空学校组织条例	军政部	1933-××-××
91	空军见习军官佐服务暂行规则	军事委员会核准备案	1934-02-09
92	空军官佐实职年资计算标准	军事委员会	1934-02-××
93	航空机械士章程(修订)	行政院核准	1934-03-02
94	航行安全电报规则	交通部	1934-04-25
95	空军军官佐任官暂行条例	国民政府	1934-06-15
96	航空委员会航空军医训练班组织条例	航空委员会	1934-07-××
97	空军抚恤暂行条例	国民政府	1934-08-16
98	空军军官佐任职暂行条例	国民政府	1934-11-10
99	航空警察服务简则	北平市公安局	1934-××-××
100	欧亚航空公司载客章程	欧亚航空公司	1934-××-××
101	空军军官佐官组规则	军政部	1935-01-06
102	空军军官佐任官暂行条例施行细则	国民政府	1935-01-08
103	航空器材输入条例	国民政府	1935-01-13
104	临时特许外国航空器飞航国境暂行办法	行政院	1935-01-19
105	航空器材输入条例施行细则	军政部	1935-02-15
106	空军军官佐资序规则	军政部	1935-02-20
107	空军休假规则	军政部	1935-02-23
108	空军官佐退役俸给与规则	国民政府	1935-03-21
109	军事委员会航空委员会招考飞行学员简章	军事委员会	1935-05-××
110	参谋本部陆地测量总局航空测量队组织条例	国民政府	1935-08-10
111	航空委员会航空机械学校筹备简章	航空委员会	1935-08-××

续表 1-2

序号	名称	公布机关	时间
112	航空法规委员会组织规程	交通部	1935-10-31
113	空军军官佐任职暂行条例施行细则	军事委员会	1935-12-01
114	航空站场管理民用航空暂行规则	航空委员会	1935-××-××
115	航空条例草案	航空委员会	1935-××-××
116	中国航空建设协会章程	行政院	1936-08-19
117	航空法	伪满洲国	1937-05-27
118	航空施行法则	伪满洲国	1937-05-30
119	航空委员会所属各机关会计室主办会计人员暂行规程	国民政府主计处	1937-06-25
120	防空法	国民政府	1937-08-19
121	空中交通管制员检定给照暂行规则	交通部民用航空局	1937-10-01
122	航空委员会会计处组织规程	军事委员会	1938-06-08
123	水上防空办法	军事委员会	1938-11-16
124	防空法施行细则	军事委员会	1940-02-24
125	中国航空公司航站人员与航机人员处理飞机载运办法	交通部	1940-04-01
126	空中交通暂行规则	交通部	1941-01-17
127	航空无线电台设置规则	交通部	1941-01-17
128	海关查验航空运输客货办法	财政部	1941-02-11
129	航空器站检查所服务细则	军事委员会	1941-03-10
130	民用空运统一检查实施规则	军事委员会	1941-05-13
131	中华民国航空法	南京国民政府	1941-05-30
132	奖励航空学术译著暂行规定	航空委员会	1941-09-××
133	修正军事委员会航空署组织条例	军事委员会	1941-10-07
134	航业航空技术标准设计委员会组织规程	交通部	1942-05-28
135	航空公司遗失损毁承运货物、行李赔偿暂行办法	中国航空公司	1942-09-04
136	中央航空运输股份有限公司组织大纲	交通部	1943-03-01
137	航空委员会航空工业提倡奖励办法	军事委员会	1943-04-03
138	空军抚恤条例	南京国民政府	1943-08-31
139	修正国府专用机管理规则	国民政府	1943-09-15
140	航空委员会选拔空军学生办法	航空委员会	1943-12-××
141	中央航空运输股份有限公司组织章程草案	交通部、航空委员会	1943-××-××
142	省防空司令组织条例	南京国民政府	1944-06-16
143	航空委员会征选各高级工业职业学校毕业生办法	航空委员会	1945-04-05

续表 1-2

序号	名称	公布机关	时间
144	航空委员会选拔初中毕业生送入空军机械学校受训办法	航空委员会	1945-04-05
145	中国航空股份有限公司章程	国民政府	1945-12-21
146	民用空运统一检查实施办法	国民政府	1946-02-13
147	民用航空器失事处理规则	交通部	1946-08-30
148	航空公司飞机失事赔偿暂行办法	交通部	1946-10-31
149	中央航空运输股份有限公司理事会规程	交通部	1947-02-02
150	交通部民用航空局组织条例	南京国民政府	1947-05-10
151	航空公司飞机失事赔偿办法	交通部	1947-09-09
152	民用航空器失事处理规则（修正）	交通部	1947-××-××
153	航空委员会选送空军幼年学校高中毕业生升学国立各大学办学办法	航空委员会	1947-××-××
154	民用航空器登记暂行规则	交通部民用航空局	1947-××-××
155	民用航空器标志暂行规则	交通部民用航空局	1947-××-××
156	航空器灯光及自视信号规则	交通部民用航空局	1947-××-××
157	民用航空器适航证书请领规则	交通部民用航空局	1947-××-××
158	民用航空人员体格标准暂行规则	交通部民用航空局	1947-××-××
159	民用航空驾驶员检定给照暂行规则	交通部民用航空局	1947-××-××
160	外国航空器入境航行办法	行政院	1949-03-16
161	中国航空公司利益票申请及使用规则	中国航空公司	1949-01-03
162	民用航空器签派员检定给照暂行规则	交通部民用航空局	1949-04-01
163	空军军官佐任职暂行条例（修正）	国民政府	1949-08-08
164	空军军官佐任职暂行条例施行细则（修正）	军事委员会	1949-08-08
165	海军上海航空处办事细则	海军部	××-××-××
166	交通部民用航空局办事细则	交通部	××-××-××
167	航空机械学校筹备处办事细则	航空委员会	××-××-××
168	参谋本部陆地测量总局航空测量队服务规程	参谋本部	××-××-××
169	空军军官佐军职交代规则	军事委员会	××-××-××
170	邮运航空处办事规则	交通部	××-××-××
171	航空保安建设基金保管委员会组织规程	交通部	××-××-××
172	航空署工程投标承包细则	航空署	××-××-××
173	空军官佐退役俸之请领及支付手续细则	南京国民政府	××-××-××

注：未查到具体年、月、日，都用××表示。

1.4.5.3 中华人民共和国成立后我国的航空法制建设

新中国成立前夕,在1949年9月29日中国人民政治协商会议第一届全体会议上通过了的具有临时宪法性质的《中国人民政治协商会议共同纲领》,其第36条提出要"有计划有步骤地建造各种交通工具和创办民用航空"。这为新中国成立后民用航空建设发展提供了重要依据,也为随后的航空立法工作指明了方向。

1949年11月2日,中共中央政治局作出决定,①在人民革命军事委员会下设民用航空局,受空军司令部指导,新中国民用航空局宣告成立。1950年3月27日中国政府和苏联政府在莫斯科签署了《关于创办中苏民用航空股份公司的协定》,开辟国际航线,积极发展民用航空事业。

这一时期,我国航空邮政运输、货物运输、旅客运输等都得到了一定程度的发展。为管理航空活动,我国也在空中航行规则、航空民商事、航空安全保卫等方面制定了多件法规。

1960年11月17日,经国务院编制委员会讨论原则通过,决定中国民用航空局改称"交通部民用航空总局",为部属一级管理全国民用航空事业的综合性总局,负责经营管理运输航空和专业航空,直接领导地区民用航空管理局的工作。在前期航空立法的基础上,中国航空立法开启了不断探索和发展的历程,制定了大量的航空法,涉及航空活动的方方面面。

1980年3月5日,民航脱离空军建制,成为国务院的直属局,主管民航事务。中国航空立法开启了以民航立法为主的新局面。

1995年10月30日全国人民代表大会常务委员会通过了《民用航空法》,标志着中国航空立法走向成熟,为后来航空立法提供了"法律"依据。

从1996年至今,中国航空立法获得了不断地完善和发展,目前已经形成了以《民用航空法》为核心,34件专门性航空行政法规和140部门规章②为两翼,众多航空地方性法规和地方行政规章为补充的较为完备的航空法律体系。

1.5 航空法学及其与相关学科的关系

1.5.1 航空法学概念

航空法学,是研究航空法这一特定社会现象及其发展规律的科学,是法学的一个分支学科,属于社会科学。③

航空法学和航空法是既有联系又有区别的两个概念,联系为航空法学是以航空法这一特定的社会现象及其发展规律为其研究对象的科学,航空法的发展,必然会促进航空法学的不断繁荣和发展;而航空法学的繁荣和发展,又会促进航空法的立法、执法、守法和法律监督工作。因此,二者是相互依存,相互促进的。

但是二者又是属于两个不同的范畴,它们之间又是有区别的,区别主要表现为二者的研

---

① 决定内容为:为管理民用航空,决定在人民革命军事委员会下设民用航空局,受空军司令部之指导。决定以钟赤兵为民用航空局局长。民用航空应由国家经营,但允许私人的飞机器材投资作为股份。参见:www.caac.gov.cn/ZTZL/RDZT/2021BNWY/JKCY/202106/t20210624_208121.html. 2024年3月23日访问。
② 详见:https://www.caac.gov.cn/XXGK/XXGK/index_172.html?fl=12. 2024年5月10日访问。
③ 航空法学,研究大气层范围内的领空法律制度和空中运输中所产生的权益、义务的法律关系及其活动规则的学科。参见:李行健,曹聪孙,云景魁.新词新语词典[M].北京:语文出版社,1989:102.

究对象不同。

第一，航空法学研究的对象具有普遍性，它旨在于揭示航空法的现象矛盾运动及其外在形式的客观规律性；航空法是一部部门法，它的调整对象是现存的航空活动所产生的社会关系，它具有主观性，是一种意志关系。而航空法学则是以揭示航空法的普遍运动规律为主要途径的社会科学。

第二，航空法学研究的对象具有宏观性，它是以在一定的世界观和方法论的指导下，以航空法最一般的重大的宏观性问题为研究对象的。构成航空法学研究对象的航空法问题，是那些能够反映航空法领域普遍规律的宏观性的重大问题，这些重大的宏观性问题处于航空法学的核心范围。

第一个问题是航空法的本体和价值。它源自于这样一个基本的事实，即航空活动目前处于一个被规则和原则所统摄的有机社会秩序之中，然而决定这些规则和原则的社会关系究竟是什么？这就需要对航空法存在的根据进行追问。

第二个问题是航空法的法律调整及其机制。既然航空法在有其存在的必然性和正当性，那么就有必要进一步探究作为航空关系调节器的法律调整机制的一般功能特点。

第三个问题和第四个问题围绕着航空法在现实生活中的运作而展开。前者与航空法创制的机理有关，力图分析航空立法过程的矛盾关系及其物化形态，后者则与航空法的实现密切相连，借以考察书面上的航空法到行动中的航空法转变过程中法律生活的复杂关系，航空法经历的演化成长过程及其在当代的发展。

第五个问题主要研究层面是航空法历史逻辑现象，第六个问题则是对航空法现代化的关注和思考。

第三，航空法学的研究对象具有基础性。如前所述，既然航空法学的基本任务在于揭示航空法领域的普遍性规律，研究航空法的宏观性问题，那么就必须形成科学的概念和范畴，建立起严整的航空法学理论体系。因此，航空法学的一项重要的使命在于探求其基本概念、范畴和原理之间的内在关联，形成一个具有严格逻辑联系的航空法学理论体系。航空法学要研究反映航空法运动过程的基本概念、范畴之间的有机网络的形成和发展过程。这是航空法成为一门科学的基本标志，也是航空法学与航空法相区别的一项基础性工作。

由于航空运输活动是一项系统工程，在这个大系统中各个组成部分之间相互联系、相互制约，不可分割。为教学和研究的方便，本书将航空法学分为以下几个序列进行编排：

第一，以1944年《芝加哥公约》及其附件为中心线，研究各国国内航空法（主要是以我国民航法为例）中所规定的空中航行的相关法律制度，主要包括空气空间的法律地位、空域的管理制度、航空器管理制度、航空人员的管理制度、机场的管理制度及空中航行服务的各项法律制度。

第二，以1929年《华沙公约》为主线的，包括其后数次对《华沙公约》修正的文件，也包括1999年《蒙特利尔公约》，以及各国国内航空法对商业航空运输的规定，简称为商业航空运输法系列，主要研究航空运输业的管理制度和调整航空运输民商关系的法律规范。

第三，以1963年《东京公约》、1970年《海牙公约》、1971年《蒙特利尔公约》、2010年《北京公约》和《北京议定书》以及2014年《蒙特利尔议定书》为基础的国际航空刑法，以及各国国内航空法（主要是我国航空刑法）对此的规定，研究国际航空刑法的主要内容和我国航空刑法中关于危害航空安全的犯罪和刑罚的规定。

第四，研究其他和航空活动有关的法律问题，诸如航空保险、航空侵权及国际航空组织等的法律问题等。

1.5.2 航空法学学科发展的新特点

自航空法学产生时起，因其具有学科的综合性、研究方法的多样性、广泛的功能性、潜在的创新性、环境的保护性、很强的实用性和巨大的增效性，故受到人们的高度重视。近年来，该学科在发展过程中也出现了一些新的特点，并呈现出较为明显的发展趋势。

第一，航空法学研究已涉及纵深领域。航空法学学科从诞生到现在，已从单纯的对航空法律制度的一般性解释向航空法学的纵深领域研究深入。在航空法研究领域，不仅对传统的承运人责任制度进行深入研究，还出现了航空医学法、航空环境法等新的研究领域。而在我国这些研究领域还处于空白状态。

第二，航空法学已发展为一门实用性较强的交叉学科。目前，航空法学作为一门交叉性很强的学科，其研究的内容和领域正在和其他学科进行交叉；研究方法也改变单纯的理论研究范式向理论与实践相结合的方向转变。如和哲学、社会学、WTO规则、统计学和其他法学学科相结合，进而形成了航空社会学、航空气象法、空间法与WTO规则等研究领域。2002年，法国巴黎第11大学设立了空间法和电信法研究生学位授权点，这是世界上将空间法和电信法结合在一起研究的第一个研究生学位授权点。随后，美国内布拉斯加大学也设立了空间法与电信法硕士学位授权点。目前，我国对此研究领域尚处于起始阶段，还停留在对国际航空条约的解释和说明，研究方法还比较单一，更谈不上和其他学科进行真正的交叉。但从世界趋势来看，对航空法学的研究已不再是单纯的理论研究，其发展趋势是结合其他学科，运用其他学科的知识、原理和方法，对航空法学进行应用型研究。

第三，更加注重对本国航空资源合理使用和保护的研究。在航空运输领域，由于航空自由化浪潮的冲击，在国际航空运输领域，开放天空、实行自由化已成为发达国家对外进行航空扩张的主要理由和依据。目前，欧美国家国内航空运输已处于饱和状态，其航空法学学者对航空法学研究的旨趣已不再局限于对其国内航空运输法的分析，而是为本国航空运力的输出寻找理论上的依据。这样，航空发达国家一方面通过各种方式保护自己的空域资源，另一方面，又要其他国家开放天空，直接或间接地帮助本国航空公司通过纵横联盟等形式，在世界航空运输领域划分"势力范围"。而我国学者对航空自由化的研究还不够深入，对航空运输自由化的本质认识不足，没有结合我国实际情况进行研究。因此，在以后的一段时间里，如何通过航空法律法规的制定，为合理利用我国的空域资源和我国航空运输企业融入国际航空运输寻找理论依据，必将成为其发展方向。

1.5.3 航空法学与相关学科的关系

1.5.3.1 航空法学与国际法学的关系

在传统理论中，人们普遍认为，航空法学是国际法学的一个新兴的分支学科之一。不可否认，航空法学和国际法学之间存在并集的情况，但二者还是存在区别的。

第一，二者的法律性质不同。航空法既具有国际法性质，也具有国内法的性质；而国际法没有这一双重属性。

第二，二者的调整对象不同。航空法的调整对象，既包括国家之间进行航空活动时所产生的国际关系，也包括国家内的主体进行航空活动时所产生的国内关系。而国际法的调整对象是主权国家之间的国际关系。

第三,二者所适用的法律不同。在航空活动过程中,所产生的国际关系适用国际条约、国际惯例等国际法的规定;所产生的国内航空关系,可以适用国内法的规定。而国家之间的国际关系只能适用国际条约、国际惯例等国际法的规定,不能适用国内法的规定,也不能以国内法的规定来对抗国际法的规定。

1.5.3.2 航空法学与经济法学的关系

航空法中存在着相关的经济法律关系,这些经济法律关系和经济法中的经济法律关系有相似之处,同时二者都兼有公法和私法的特征。但航空法学与经济法学也有明显的区别。

第一,二者的法律性质不同。航空法既是国际法,也是国内法,是国际法和国内法的有机统一体;经济法在法律性质上,属于国内法,不具有国际法的法律属性。

第二,二者的调整对象不同。航空法的调整对象,是航空活动过程中所产生的社会关系;而经济法的调整对象,既有宏观的经济关系,也有微观的经济关系,可见,经济法调整的是特定的经济关系,是国家在宏观调控和协调社会经济运行中发生的经济关系。

第三,二者所适用的法律不同。航空过程所产生的社会关系,既可以直接适用国际法的规定,也可直接适用国内法的规定;经济关系所适用的法律是主权国家所制订的国内法。

1.5.3.3 航空法学与民商法学的关系

航空法中有关民商事纠纷的相关法律规定与民商法的规定有相似之处。但是,二者的区别还是比较明显的,主要表现在:

第一,二者的法律性质不同。航空法就其法律性质而言,既有公法性质,也有私法属性;而民商法属于私法。

第二,二者的调整对象不同。航空法以航空活动中所产生的关系作为其调整对象;而民商法的调整对象是民商事关系。

第三,二者所适用的法律不同。航空法所适用的法律主要是国际条约、国际惯例,也可能是国内航空法律规范;民商法主要是一个主权国家所制定的调整民商事关系的法律规范,即使产生法律冲突,按照私法冲突的一般规则,最终还是适用某个主权国家的国内法。

1.5.3.4 航空法学与行政法学的关系

航空法中有关国家航空政策的制定程序、航空执法等方面的规定和行政法有重合部分,但二者还是存在着明显的区别。

第一,二者的法律性质不同。航空法就其法律性质而言,既有公法性质,也有私法属性;而行政法属于公法。

第二,二者的调整对象不同。航空法是以航空活动中所产生的关系作为其调整对象;而行政法的调整对象是行政关系。

第三,二者所适用的法律不同。航空法所适用的法律主要是国际条约、国际惯例,也可能是国内航空法律规范;行政法主要是一个主权国家所制定的调整行政关系的法律规范。

第四,航空法兼有国际法和国内法的性质;而行政法属于一个国家的国内法。

第二章 空气空间法律制度

2.1 领空法律制度

2.1.1 领空的概念和边界

2.1.1.1 领空的概念

领空是指一个国家领陆和领水之上的空气空间,是国家领土的重要组成部分。一国对其领空享有完全和排他的主权。领陆是指国家疆界内的所有陆地,包括岛屿。领水是指位于陆地疆界以内或与陆地疆界邻接的一定宽度的水域。它包括内水和领海。

2.1.1.2 领空的边界

领空是一个立体空间,它和一个国家的领陆和领水的面积密切相关,从水平方向上来看,一国领空的边界就是一国的边界线。从垂直方向来看,一国领空高度从国家领陆和领水边界向上延伸的一定垂直高度。关于领空垂直边界的高度,实际上涉及空气空间和外层空间的划界,目前主要有空间论和功能论两种理论学说。

1. 空间论

空间论,又称主权定界论。以空间的某种高度为界线,划分为空气空间和外层空间的界限,即划定行使国家主权的空间和自由探测的空间。至于如何划界,因根据不一,主张也就各异。现列举若干如下[①]:

(1) 空气存在说。这种主张认为,所谓"空气空间",即是有空气存在的空间;凡存在有空气的地方都应认为是"空气空间",但是,在1.6亿公里的高度仍发现有空气粒子。由此可见,以是否有空气存在来划界是不现实的。

(2) 航空器升空限度说。航空器是从空气的反作用而在大气中取得支撑力的任何机器。因此,这种主张认为,凡航空器能上升的最高高度,应是空气空间的上限,目前,飞机上升的最高高度为30~40公里。很显然,愿意将领空主权限制在这样低的高度的国家,是为数不多的。

(3) 有效控制高度说。根据这一主张,一国对其空气空间的主权范围应以其能行使有效控制的高度为界。由于各国国力和空间技术相差悬殊,同时随着科学技术的进步,因而可控制的高度也在不断变化,若依此主张,不仅不可能有统一的客观划界标准,而且会纵容"强权政治"的泛滥,理所当然地不会被大多数国家接受。

(4) 引力平衡说。这种观点主张以地球的引力和邻近的天体的引力之间的平衡点为界线。根据科学计算,地球和月球之间的平衡点离地球约32.7万公里;对太阳而言,为上述数字的6倍。以这样遥远的距离划界,没有实际意义。

(5) 冯·卡曼线说。根据物理学家冯·卡曼计算,以飞行得以进行的条件作为考虑的

[①] 贺其治.外层空间法[M].北京:法律出版社,1992:39-40,46-47.

基础,离心力取代空气成为飞行动力的高度离地面约为83公里。这一界限称为卡曼管辖线。因此,主张以此划分空气空间和外层空间的界限,但各地大气层条件有较大差异,因而影响卡曼线的稳定性,也就难以此标准划界。

(6) 人造地球卫星轨道最低点说。根据这一主张,外层空间的最低界限应以人造地球卫星轨道离地面最低高度为界。国际法协会通过决议称:"在海拔约100公里及以上的空间,已日益被各国和从事外空工作的专家们接受为外层空间。"①

(7) 中介空间。有人主张在空气空间与外层空间之间设立一个"中介空间"。按此种理论,以人造地球卫星轨道最低点划界,该界限以下是"空气空间";往上设置一个"中介空间",宽度为50公里,毗连的国家行使部分管辖权;从"中介空间"再往上则是"外层空间"。

2. 功能论

这种学说认为,围绕地球的只有一个天空,它逐渐消融在宇宙之中,既不需要,也难以划定两个空间。若以人造卫星绕地球运行的最低轨道划界,但掌握的技术不同,人造卫星运行的轨道的高度亦有不同。因此,功能论主张,不必人为地划定界限,而只要区分航空活动和航天活动,与此相适应,划分为自由功能和主权功能。即是说,航空活动受主权支配,航天活动则自由飞行。

领空垂直边界的高度实质上涉及空气空间和外层空间的划界问题。空气空间是航空器的运行场所,外层空间是航天器的活动领域,从出现外层空间的概念到现在,空气空间和外层空间在定界上一直存在分歧,因为国家领陆、领水之上的空气空间是属于国家领空,"每一个国家对其领空享有完全的和排他的主权",这已为各国国内法所肯定,也为国际条约所承认,是国际法的一个基本原则。而外层空间则是全人类所有,是自由进入的领域,国际空间法学界将外空条约的相关规定概括为"共同利益原则""自然探索和利用原则"和"不得据为己有原则",这三项原则是外层空间法的最基本的原则,是整个空间法律体系的基石。② 正是因为两者的法律性质不同,才导致在二者在定界上的争议。

总之,领空主权原则的确立时,人类尚未进入外空时代,③而后来制定的几个外层空间条约,又均未能就空气空间与外层空间的界限取得一致意见。2022年3月28日至4月8日,在维也纳召开的和平利用外层空间委员会法律小组委员会第六十一届会议还审议了外层空间的定义和划界,但对外层空间和空气空间的边界尚未形成一致意见。④

2.1.2 领空主权原则的发展历程

地球表面可划分为国家领陆、领海、毗连区和专属经济区、公海以及不属于任何国家领陆的区域。在航空法尚未诞生以前,人们就思考:一个国家领陆和领海上空的空气空间在性质上是否属于一国领土范畴,他国航空器是否有权利不受限制地飞入、飞经、飞离本国领陆

---

① 这是国际法协会1978年马尼拉年会通过的决议的措辞。该协会1968年布宜诺斯艾利斯年会通过的决议中规定:"1967年条约中所指'外层空间'一词,应被理解为指1967年1月27日条约开放签字之日成功地进入轨道的任何人造地球卫星离地面最低点及以上的所有空间,但不妨碍今后是否可能把低于该近地点的任何部分的空间包括进去的问题。"

② 贺其治.外层空间法[M].北京:法律出版社,1992:34.

③ 外层空间作为一个法律术语始见于20世纪50年代初的一些国际法学者的著述之中,当时被用来广泛指国家主权以外的整个高空间;1957年1月20日美国总统艾森豪威尔在致国会的国情咨文中表示,美国愿与其他国家"缔结相互控制'外层空间'的导弹和卫星的研制的任何可靠的协定",这是在各国的官方文件中使用"外层空间"一词的第一例。

④ 具体内容详见:https://www.unoosa.org/res/oosadoc/data/documents/2022/aac_105c_2l/aac_105c_2l_321add_2_0_html/AC105_C2_L321Add02C.pdf. 2024年1月6日访问。

和领海的上空。

2.1.2.1　海洋自由论对领空法律制度的影响

早在古罗马时代，海洋被认为是"共有之物"，各国都有利用海洋的权利。随着罗马势力的扩张，出现了罗马统治者对海洋拥有管辖权的主张。有史料记载，在罗马和迦太基之间曾缔结条约，相互限制对方的船舶在某些海域的航行。进入中世纪以后，封建君主如同对于土地一样，也对海洋提出了领有权或主权主张。自10世纪起，英国国王自称为"不列颠海的主权者""诸海的主权者"，在他控制的海域内，要求外国船舶向英国国旗致敬，征收通行费，甚至控制和禁止外国船舶航行和捕鱼。1493年西班牙和葡萄牙依罗马教皇的谕旨，瓜分了大西洋，要求在他们控制的海域内航行的外国商船必须得到许可。为了适应封建君主占有海洋的需要，意大利法学家巴托拉斯、真提利斯等对罗马法重新作了解释，论述了沿海国可对邻近海域享有所有权或主权的思想。真提利斯还明确地提出了沿岸海域是沿海国领土延续的观点，并把这种海域称之为"领水"，这是国际法历史上第一次出现的领水概念。

进入资本主义发展时期后，出于航海贸易的利益提出了海上自由航行和打破海洋被各国君主割据的局面的要求，1609年，荷兰法学家雨果·格老秀斯为反对西班牙对东印度贸易的垄断，发表了《海洋自由论》，提出了海洋自由原则。他论证说，所有人都有在海上航行和通商的自由，因为海洋是人类共有的，它无边无际，流荡无定，任何人都无法加以占有。海洋也是适合于供大家使用的，因为无论是航行或是捕鱼，都不能使它罄竭。格老秀斯的海洋自由论提出后，遭到了一些国家的君主和学者的反对。① 但因它有利于海上航行和贸易，代表了资本主义的发展方向，所以逐渐赢得了国际社会的普遍支持。至19世纪上半叶，法、英、美、俄等当时大国都已接受了海洋自由原则。

法国法学家福希尔于1912年在国际法学会的布鲁塞尔年会上提出了第一个航空法典（草案）《浮空器的法律制度》。草案第7条规定："空气是自由的。国家对空气只享有他们间交往所必需的权利，这种权利源自取缔谍及海关、卫生、治安以及防务的需要。"福希尔认为：空气按其属性，谁都无法占有，既然无法占有，国家自然就无法控制或统治它。因此空气空间是自由的。实际上，福希尔关于空气空间自由论的表述深受"海洋自由论"影响，认为空气空间像海洋一样是自由的。在遭到批判以后，他改变了一些论点，认为这种自由是有限制的，由于空气空间的地面国有重大利益，为自我保护的需要，应赋予该国一定的权利，即自保权。但他又说这种权利不具有领土性质，而是从自保需要延伸出来的。可见，福希尔论点中心是航空自由论，但有所限制，有学者将其归纳为"有限自由论"。而比利时法学家尼斯则认为，空气和海洋一样是人类的共同财富，应当是完全自由的。

而英国是一个岛国，依靠对通过其海域的过往船只的收费来获取利益。因此，英国一开始就反对海洋自由论，认为英国对英伦三岛周围海域享有主权，进而引申到对其领土上空的空气空间享有主权。早在19世纪中叶，英国的法院曾多次讨论过这样的题目，即一颗子弹穿过土地所有人的上空，是否构成了侵权行为？许多法官引用了一句罗马格言"谁占有土地，就占有土地上空"，认为这是侵权行为，可据以起诉。英国的国际法学者并以此为理论根据，主张一国对其领土上空的空气空间拥有主权，并称之为"公认的国际法原理"。

---

① 1618年，塞尔登发表《闭海论》，为英国君主占有英伦三岛周围海域的行为进行辩解。英王查尔斯一世下令刊印《闭海论》，甚至通过英国驻荷兰大使，要求荷兰惩罚格老秀斯。

2.1.2.2 领空主权原则的确立

在 1910 年巴黎召开的第一次国际空中航行会议上,英国代表坚持领空主权说,法德代表则高唱航空自由论,由于冲突太大,未能就制定一个公约达成协议,但英国代表的观点被大多数国家所接受,这从大会最后通过的决议得到明证,决议中规定"俯临领土和领海的大气应当被视为是领土,受国家主权支配"。

1911 年 4 月,在马德里举行的国际法学会上,法德等欧洲航空发达国家提出的案文仍然坚持航空自由论,而英国则坚决主张领空主权原则,称"各国对其领土和领水之上的空间拥有绝对的主权权利。每个国家有权自行制定有关空中航行的警察、税务及其他事项的规章"。会议还是无果而终。

在这两个国际航空会议上,虽然并未就一国领土和领水上空的空气空间的性质达成任何协议,但在实践中,欧洲大陆国家纷纷接受了英国所提出的领空主权原则。如 1911 年 3 月,德国飞艇飞越比利时领土,比利时议员向其外交部提出了主权问题,同年 6 月,荷兰国防部就德国气球在荷兰降落事件也向其内务部提出了类似问题。

1911 年英国率先颁布了空中航行法令,授权国务秘书禁止航空器在规定区域上空飞行。许多国家纷纷效尤。1913 年 10 月 24 日,法国也颁布法令,法令规定:"可以在整个领土上空禁止航空器运行。"在随后的第一次世界大战期间,几乎所有国家都不允许外国飞机飞入或飞越本国的领土上空,领空主权原则在实践中得到了确认。这为一战结束后的 1919 年《巴黎公约》的通过奠定了基础。

1919 年《巴黎公约》第 1 条第 1 款规定:"缔约各国承认,每一个国家对其领土上空的空气空间具有完全的和排他的主权。"[①]至此,领空主权原则在国际航空法中得以确立,成为航空法的基础,1944 年《芝加哥公约》第 1 条与此规定完全一致。但第二次世界大战结束后,美国凭借其航空技术优势,仍然在对外政策中坚持航空自由论。

2.1.3 领空主权的法律性质

刘伟民教授认为,1944 年《芝加哥公约》第 1 条的规定具有极其重要的意义:(一)它明确宣告了领空主权原则。(二)领空主权是每一国家都享有的,无论是缔约国还是非缔约国。因此,领空主权原则不仅是国际条约法规则,而且是国际习惯法规则,具有普遍的法律约束力。(三)每一国家享有的领空主权是"完全的"和"排他的"。[②] 随后,各国纷纷在国内航空立法中无一例外地规定本国对本国领空享有"完全的和排他的主权"。

我国《民用航空法》第 2 条也规定:"中华人民共和国的领陆和领水之上的空域为中华人民共和国领空。中华人民共和国对领空享有完全的、排他的主权。"

国家对其领空享有的主权主要包括所有权、管理权、管辖权和自保权等。

2.1.3.1 国家对领空享有所有权

国家对领空享有所有权主要表现在两个方面:一是只有国家才能享有占有、使用、收益和支配本国领空的权利,其他任何人、任何机构在没有国家授权或允许的情况下,都没有这些权利。二是在国际空中航行中,只有国家有权决定给予外国国家或外国航空器某些空中

---

① 英文原文为:"The High Contracting Parties recognise that every Power has complete and exclusive sovereignty over the air space above its territory."
② 刘伟民. 航空法教程[M]. 2 版. 北京:中国法制出版社,2001:64.

航行的权利,外国航空器在没有国际航空条约或协定授权的情况下,飞入他国领空都是违反国际法的行为。

2.1.3.2 国家对领空享有管理权

每一国家都有权制定必要的法律和规章,以维护本国空中航行的正常秩序,保障空中交通安全,维护公众合法权益,不受任何外国干涉。任何外国航空器在他国领土上空飞行或在该国领土内运转,都必须遵守当地关于航空器飞行和运转的现行法律制度,航空器所载乘客、机组人员或货物进入或离开一国领土,都必须遵守该国关于入境、放行、移民、护照、海关及检疫等项的法律制度。

我国《民用航空法》第 70 条规定:"国家对空域实行统一管理。"在我国,空域管理的具体办法,由国务院、中央军事委员会制定。① 国务院、中央军事委员会空中交通管理委员会②领导全国的飞行管制工作。

国家对领空实行管理,主要涉及空域的划分,划分空域应当兼顾民用航空和国防安全的需要及公众的利益,使空域得到合理、充分、有效的利用。③ 为充分利用国家空域资源,规范空域划设和管理使用,中央空中交通管理委员会制定并于 2023 年 12 月 21 日《国家空域基础分类方法》,对七类空域的化设地域及范围、服务内容、飞行要求进行了具体规定。④

为保障国家安全和航空活动安全,一国对空域的管理主要表现为设置禁区、限制区及危险区。1944 年《芝加哥公约》附件 2《空中规则》(下文简称附件 2)建议:设置禁区、限制区或危险区时,划定的区域应该尽可能小,并包含在简单的几何图形之中,以便各有关方面进行参照。⑤

1. 禁区

禁区是指在一个国家的陆地或领海上空禁止航空器飞行的一个划定范围的空域。⑥ 禁区用字母 P 表示,其法律制度主要包括以下三个方面。

第一,禁区设置的范围和位置应当合理,以免空中航行受到不必要的阻碍。《芝加哥公约》附件 2 规定,设置禁区时,各国应考虑到民用航空器使用的导航系统的可用性和系统的整体精度及其避开禁区的能力。同时,还要考虑增设必要的导航设备以确保民用航空器能够安全绕飞禁区。

第二,对设置禁区的说明及其随后的任何变更,应予以公布,并尽速通知其他各缔约国及国际民航组织。《芝加哥公约》附件 2 规定,设置禁区应按照附件 15 的规定,清楚地在航

---

① 《民用航空法》第 72 条。
② 该委员会前身为国务院、中央军事委员会空中交通管制委员会,成立于 1986 年 1 月 30 日,由国务院副总理任空管委主任,中国空管工作的最高领导机构,领导全国的飞行管制工作,系国务院议事协调机构,具体工作由总参谋部承担。国务院、中央军事委员会空中交通管理委员会又称为中央空中交通管理委员会,为中央机构。2021 年 4 月,中央空中交通管理委员会在公开报道中首次亮相。与国家空管委的上述架构设置相比,最新亮相的中央空中交通管理委员会,有三个鲜明变化。其一,机构规格由隶属于国务院、中央军委的国务院议事协调机构,调整为中央机构。其二,机构负责人调整为中央政治局常委兼任。其三,"国务院、中央军事委员会空中交通管制委员会"中的"管制"二字,调整为"管理",即"中央空中交通管理委员会"。
③ 《民用航空法》第 71 条。
④ 具体内容详见:https://www.caac.gov.cn/XXGK/XXGK/TZTG/202312/P020231222621680839714.pdf. 2024 年 1 月 6 日访问。
⑤ 1944 年《芝加哥公约》附件 2 第 2.33.5 条。
⑥ 1944 年《芝加哥公约》附件 2 第 1 章《定义》,附件 11 第 1 章《定义》,附件 15 第 1.1 定义。

行资料汇编(Aeronautical Information Publication,简称 AIP)中予以公布。附件 15 规定,对于一国所划定的每一个禁区在其最初划定时,必须规定有关的识别标志并公布其详细资料。禁区设置后,如发生任何变更,应迅速给予公布,并通知其他缔约国和国际民航组织。

第三,航空器不得在对其正式公布有细节的禁区和限制区内飞行,但符合限制条件或经在其领土上空划定此类区域的国家批准时例外。[①] 我国《民用航空法》第 78 条规定:"民用航空器除按照国家规定经特别批准外,不得飞入禁区;除遵守规定的限制条件外,不得飞入限制区。前款规定的禁区和限制区,依照国家规定划定。"

2001 年《飞行基本规则》第 17 条还规定:"国家重要的政治、经济、军事目标上空,可以划设空中禁区、临时空中禁区。未按照国家有关规定经特别批准,任何航空器不得飞入空中禁区和临时空中禁区。"

2. 限制区

限制区是指一个国家陆地领域或领海上空规定范围内,航空器飞行受到某些规定条件限制的空间。[②] 限制区的识别标志是字母 R。限制区与禁区一样,非经许可,任何航空器不得进入,但符合限制区规定的特定条件的航空器可以例外。一般来说,限制区是一个立体空间,同时还有时限要求,即在规定时限以外,符合条件的航空器是可以飞越的。

除《民用航空法》第 78 条对此有规定外,2001 年《飞行基本规则》第 18 条还规定:"位于航路、航线附近的军事要地、兵器试验场上空和航空兵部队、飞行院校等航空单位的机场飞行空域,可以划设空中限制区。根据需要还可以在其他地区上空划设临时空中限制区。在规定时限内,未经飞行管制部门许可的航空器,不得飞入空中限制区或者临时空中限制区。"

3. 危险区

危险区是指一划定范围的空域,在规定时间内可能对航空器的飞行存在危险的活动。[③] 危险区又可分为永久性危险区和临时性危险区。危险区的识别标志是字母 D。划定危险区可扩伸到临近的公海上空,危险区必须有时限要求。

对于一国所划定的每一个禁区、限制区或危险区,在其最初划定时,必须规定有关的识别标志并公布其详细资料。对已设危险区、限制区或禁区的启用,以及除紧急行动外需临时限制空域的活动,必须至少提前 7 天通知其他缔约国和国际民航组织。另外,《芝加哥公约》附件 15 还建议,此后任何有关取消此种活动,或者缩减此种活动的时间或空域范围的通知均应该尽早发出(注:应该尽量提前至少 24 小时发出通知,以便通知程序得以及时完成并便利空域使用规划工作)。介绍禁区、限制区和危险区,连同有关其设立和启用的资料,并在必要时辅以图解,包括:(1) 识别标志、名称;位于管制区/管制地带界线以内的:其侧向界线按度数、分钟和秒钟的地理坐标;位于界线以外的:其侧向界线按度数和分钟的地理坐标。(2) 上、下界线。(3) 备注,包括有关活动的时间,备注栏中必须说明限制类别或发生穿越时的危险性质和遭遇拦截的风险。[④]

2001 年《飞行基本规则》第 19 条规定:"位于机场、航路、航线附近的对空射击场或者发射场等,根据其射向、射高、范围,可以在上空划设空中危险区或者临时空中危险区。在规定

---

① 1944 年《芝加哥公约》附件 2 第 3.1.11 条禁区和限制区。
② 1944 年《芝加哥公约》附件 2 第 1 章《定义》,附件 11 第 1 章《定义》,附件 15 第 1.1 条定义。
③ 1944 年《芝加哥公约》附件 2 第 1 章《定义》,附件 11 第 1 章《定义》,附件 15 第 1.1 条定义。
④ 1944 年《芝加哥公约》附件 4《航图》第 3.13 条禁区、限制区和危险区规定,图上标有禁区、限制区和危险区时,必须注记编号或其他识别名称,但国籍字母可省略。

时限内,禁止无关航空器飞入空中危险区或者临时空中危险区。"第 20 条还规定:"空中禁区、空中限制区、空中危险区的划设、变更或者撤销,应当根据需要公布。"

另外,根据 2001 年《飞行基本规则》的规定,我国对领空行使管理权的形式还有化设空中放油区和临时飞行区域。空中放油区的划设,按照国家有关规定执行。① 临时飞行空域的划设,由申请使用空域的航空单位提出方案,经有关飞行管制部门划定,并通报有关单位。国(边)境线至我方一侧 10 公里之间地带上空禁止划设临时飞行空域。通用航空飞行特殊需要时,经所在地大军区批准后由有关飞行管制部门划设。②

2004 年《民用航空使用空域办法》③(CCAR - 71)第 108 条规定:"民航总局空中交通管理局负责编写民用航空空域使用手册。民用航空空域使用手册的内容应当包括下列空域的有关资料和管理规定:飞行情报区、高空管制区、中低空管制区、终端管制区、进近管制区、机场塔台管制区、机场管制地带、管制扇区、航路、航线、等待航线区域以及特殊区域。民用航空空域使用手册应当定期分发,明确接受单位并保持固定联系。民用航空空域使用手册应当及时修订,保持其完整性和准确性。民用航空空域使用手册应当按照保密规定严格管理和使用。"

2.1.3.3　国家对领空享有管辖权

管辖权是国家主权最直接的体现。在国际法上,领空是一国领土不可分割的组成部分。国家行使领空管辖权,具有属地最高权的性质。但国家行使管辖权时,也应履行所承担的国际义务,受所缔结或者参加的国际条约规定的限制。这种管辖权是一种属地管辖权。

1997 年《刑法》第 6 条规定:"凡在中华人民共和国领域内犯罪的,除法律有特别规定的以外,都适用本法。"这里所说的"领域内",是指我国国境以内的全部区域,包括我国的领陆、领水和领空。在这一范围内发生的犯罪行为,无论任何人,除法律有特别规定外,应当按照我国刑法追究其刑事责任。

2.1.3.4　国家对领空享有自保权

在航空法中,国家对领空享有自保权主要体现在国家可以设置防空识别区。防空识别区,英文缩写称"ADIZ"(Air Defense Identification Zone),是指按一定范围专门划定的空域。航空器在此空域内除执行提供空中交通服务(ATS)的有关程序外,还必须遵守特定的识别和/或报告程序。④

1950 年和 1951 年,美国和加拿大先后建立了防空识别区,并向大西洋和太平洋延伸几百海里。现在许多国家或地区都建立防空识别区,所建立的防空识别区在杰普逊航图上都有标明。由于防空识别区延伸至领空水平范围之外的公海上空,且是单方面的行为,因而建立这种空域是否合法,国际上尚存争论。有学者认为,这种没有任何根据将领空主权向外延伸的单方面行为,是破坏国际法的行为;而有的学者则认为,这如同海洋法中的关于毗连区的学说一样,建立防空识别区是地面国家固有的自卫和自保的权利,因而称这种空域为"毗连空域"。

目前,各国普遍认为,建立防空识别区并不被认为是地面国领空范围的扩大,也不意味

---

① 2001 年《飞行基本规则》第 22 条。
② 2001 年《飞行基本规则》第 23 条。
③ 2004 年 5 月 26 日中国民用航空总局令第 122 号发布自 2004 年 6 月 26 日起施行,继续有效。
④ 1944 年《芝加哥公约》附件 4 第 1.1 条,附件 15 第 1.1 条。

着其领空主权向外延伸,而建立这种空域能有效地将来犯飞机在进入领空之前予以识别,对于加强国防监控,保卫国家领空安全具有重大意义。在实践中,很多国家都建立了自己的防空识别区。

我国也设置了防空识别区。中华人民共和国国防部 2013 年 11 月 23 日发布:中华人民共和国政府根据一九九七年三月十四日《中华人民共和国国防法》、一九九五年十月三十日《中华人民共和国民用航空法》和二〇〇一年七月二十七日《中华人民共和国飞行基本规则》,宣布划设中华人民共和国东海防空识别区。中国政府按照国际通行做法,划设东海防空识别区,目的是捍卫国家主权和领土领空安全,维护空中飞行秩序。①

2.1.4 领空主权行使的限制

任何国家对其领空都享有主权,这一权利不是国际航空条约赋予的,而是国家的一种自然权利,是国家固有的属性。② 因此,1919 年《巴黎公约》和 1944 年《芝加哥公约》对领空主权的规定只是"宣示",不是"赋予"。国家虽对其领空享有完全和排他的主权,但对其主权的行使不仅要受国家加入或参加的国际条约义务的约束,③ 还要受到国际习惯法的制约,④ 这些都形成了对领空主权行使的限制。具体来说,主要有以下四个方面:

第一,不得对民用航空器使用武力或以武力相威胁构成对领空主权行使的制约。在实践中,民用航空器因天气或技术方面的原因有时会偏航进入另一国的领空,从理论上说,凡是没有经过允许而进入他国领空的民用航空器都是入侵,被入侵国可采取相关措施来进行制止,如拦截,甚至可击落入侵民用航空器,这就会造成民用航空器内的无辜人员伤亡。⑤ 1955 年 7 月 27 日,以色列艾尔奥尔航空公司从伦敦经巴黎、伊斯坦布尔飞往以色列的国际航班,在飞经希腊与保加利亚边界地区时,偏航进入保境,被两架保加利亚战斗机击落,机上 51 名旅客(其中有英、加、美、法、瑞典等国人)和 7 名机组人员全部殒命。为此,英、美、法和

---

① 中华人民共和国国防部 2013 年 11 月 23 日发布:中华人民共和国国防部根据中国政府关于划设东海防空识别区的声明,现将东海防空识别区航空器识别规则公告如下:一、位于中华人民共和国东海防空识别区(以下简称东海防空识别区)飞行的航空器,必须遵守本规则。二、位于东海防空识别区飞行的航空器,必须提供以下识别方式:(一)飞行计划识别。位于东海防空识别区飞行的航空器,应当向中华人民共和国或民用航空局通报飞行计划。(二)无线电识别。位于东海防空识别区飞行的航空器,必须开启并保持双向无线电通信联系,及时准确回答东海防空识别区管理机构或其授权单位的识别询问。(三)应答机识别。位于东海防空识别区飞行的航空器,配有二次雷达应答机的应当全程开启。(四)标志识别。位于东海防空识别区飞行的航空器,必须按照有关国际公约规定,明晰标示国籍和登记识别标志。三、位于东海防空识别区飞行的航空器,应当服从东海防空识别区管理机构或其授权单位的指令。对不配合识别或者拒不服从指令的航空器,中国武装力量将采取防御性紧急处置措施。四、东海防空识别区管理机构是中华人民共和国国防部。五、本规则由中华人民共和国国防部负责解释。六、本规则自 2013 年 11 月 23 日 10 时起施行。详见:https://www.gov.cn/jrzg/2013-11/23/content_2533101.htm。2024 年 4 月 1 日访问。
② 周鲠生. 国际法(上册)[M]. 北京:商务印书馆,1981:75。
③ 如 1919 年《巴黎公约》第 2 条第 1 款规定的无害通过权。英文为:"Each contracting State undertakes in time of peace to accord freedom of innocent passage above its territory to the aircraft of the other contracting States, provided that the conditions laid down in the present Convention are observed."1944 年《芝加哥公约》第 5 条不定期航班的权利规定:"缔约各国同意其他缔约国的一切不从事定期国际航班飞行的航空器,在遵守本公约规定的条件下,不需要事先获准,有权飞入或飞经其领土而不降停,或作非商业性降停,但飞越国有权令其降落。"
④ 根据一般国际法规则,如有不可抗力、危难或紧急避险等三种情形之一,可免除一国航空器未经许可进入他国领空行为的非法性。
⑤ 1952 年 4 月 29 日法国航空公司从法兰克福飞西柏林航班,在飞经 20 英里宽的空中走廊时偏航,被苏联战斗机用机枪击伤,机上两名旅客被子弹击中,其他三人为玻璃碎片擦伤。该机在油箱和发动机严重损坏情况下,居然神奇地在机场安全降落。1954 年香港国泰航空公司的航班于飞经海南岛附近上空时,曾被我防空部队误判为国民党飞机而击落。

以色列等国曾联合向国际法院起诉。美国在照会中指出,这是对"国际法所有原则的粗暴违反"。英国在诉状中引用了国际法院在1949年科孚海峡案判决中关于谴责"在和平时期没有必要地和粗暴不顾后果地危害他国国民生命"的行为,认为"基本的人命考虑"是国际法准则。"联合王国政府认为,一国使用武力击毁很容易鉴别的从事定期客运航班的外国民用飞机,在国际法上是找不到任何理由的,即使该飞机未经事先批准进入该国领空"。此案因保加利亚拒绝了国际法院的管辖权,国际法院未能审理。但事后,保方承认有失误并赔偿了损失,但否认它有赔偿义务。①

1973年2月21日,一架利比亚波音727客机从特利彼里飞开罗时,迷航误入西奈半岛埃及与以色列交界的以方占领区内,被以色列战斗机击落,机上108人全部罹难。埃及外交部声明说:"这不仅是违反国际法的行为,也是无视人类价值背信弃义的野蛮行径",尽管以色列声称它"有权对此使用武力",仍受到国际舆论的普遍谴责。当时国际民航组织正在美国纽约举行第19届大会(1973年2月27日到3月2日),大会通过决议谴责了以色列的行径。国际民航组织理事会在经过调查后,作出决议说:"确认该行为构成了对国际民用航空安全的严重危害;认为这是一种任意违反芝加哥公约所体现的原则的态度。"②

1983年9月1日,苏联击落了偏航误入符拉迪沃斯托克上空韩国KE007号航班,致使机上269名(机组人员17名)各国无辜旅客和机组人员丧生。事件发生后,苏联受到了国际社会的强烈谴责,联合国安理会草拟的一项决议认为,"对国际航空使用武力是不符合有关国际行为和基本人道考虑的规范的",该决议后被苏联代表否决。随后,国际航空运输驾驶员联合会(IFALPA)号召停飞苏联航班60天,以示抗议。有些西方国家停止苏联航空公司飞往该国航班两周或60天。国际民航组织于同年9月15日到16日两天召开紧急理事会会议通过的决议也指出,"这样对国际民用航空使用武力是不符合关于国际行为和基本人道考虑的规范的",并重申"拦截民用飞机不应对之使用武器"。1984年5月10日国际民航组织在蒙特利尔举行的第25届(特别会议)大会,在大会决议中指出,注意到缔约国普遍希望重申不对飞行中的民用航空器使用武器的原则,决定对1944年《芝加哥公约》进行修订,增设第3分条,③该分条目前尚未生效,但已经形成为习惯国际法规则。

至此,在国际航空活动中,对民用航空器不得使用武力或武力相威胁的原则已经被世界各国所普遍承认,构成了国家对领空主权行使的限制。

虽然《芝加哥公约》第3条第3分条明确规定不得对民用航空器使用武力或武力相威

---

① 具体内容详见:https://icj-cij.org/case/36. 2024年1月8日访问。

② 具体内容详见:https://www.icao.int/Meetings/AMC/Pages/Archived-Assembly.aspx?Assembly=a19. 2024年1月9日访问。

③ 一、缔约各国承认,每一国家必须避免对飞行中的民用航空器使用武器,如拦截,必须不危及航空器内人员的生命和航空器的安全。此一规定不应被解释为在任何方面修改了联合国宪章所规定的各国的权利和义务。二、缔约各国承认,每一国家在行使其主权时,对未经允许而飞越其领土的民用航空器,或者有合理的根据认为该航空器被用于与本公约宗旨不相符的目的,有权要求该航空器在指定的机场降落;该国也可以给该航空器任何其他指令,以终止此类侵犯。为此目的,缔约各国可采取符合国际法的有关规则,包括本公约的有关规定,特别是本条第1款规定的任何适当手段。每一缔约国同意公布其关于拦截民用航空器的现行规定。三、任何民用航空器必须遵守根据本条第2款发出的命令。为此目的,每一缔约国应在本国法律或规章中作出一切必要的规定,以便在该国登记的、或者在该国有主营业所或永久居所的经营人所使用的任何航空器必须遵守上述命令。每一缔约国应使任何违反此类现行法律或规章的行为受到严厉惩罚,并根据本国法律将这一案件提交其主管当局。四、每一缔约国应采取适当措施,禁止将在该国登记的、或者在该国有主营业所或永久居所的经营人所使用的任何民用航空器肆意用于与本公约宗旨不相符的目的。这一规定不应影响本条第1款或者与本条第2款和第3款相抵触。

胁，但是现实中击落民用航空器的情形还是存在的。如 2014 年 7 月 17 日，从荷兰阿姆斯特丹起飞的马来西亚航空公司的 MH17 航班在乌克兰东部靠近俄罗斯的边界地区遭遇袭击最终坠毁，机上 298 人全部遇难。①

第二，其他国家的管辖权构成了对领空主权行使的限制。在国际航空刑法中，1963 年《东京公约》等都在条约中明确规定了"本公约不排除根据本国法律行使的任何刑事管辖权"，即使航空器在一国上空飞行过程中出现了犯罪或严重违纪行为，航空器国籍登记国等国家也可以行使相应的管辖权。若其他国家行使了管辖权，无疑构成了对飞经国管辖权的制约。所以，从这个意义上说，飞经国的领空主权既不"完全"也不"排他"。

第三，国家航空器的豁免权也构成了对领空主权行使的制约。1919 年《巴黎公约》第 32 条②和第 33 条③规定，除非有相反的规定，军用航空器原则上享受通常给予外国军舰的特权，但被强迫降落或者被要求或勒令降落的军用航空器，将因此不能获得这方面的任何特权，这种特权在国际法中通常被称为"治外法权"，也即管辖豁免权。1944 年《芝加哥公约》取代了 1919 年《巴黎公约》，现今已不存在这样的国际条约法规则，但在实践中作为国际习惯法规则仍然是存在的。此外，对于外国国家元首、政府首脑和执行特别使命的高级官员乘坐的专机，也享有特权和豁免权。这些都构成了领空主权行使的制约。

第四，航空器群岛海道通过权及在飞越用于国际航行海峡的过境通行权也构成了对领空主权的限制。群岛海道通过权是指按照《联合国海洋法公约》第 53 条规定，专为航空器和船舶在公海或专属经济区的一部分和公海或专属经济区的另一部分之间继续不停、迅速和无障碍地过境的目的，行使正常方式的航行和飞越的权利。所有国家的船舶和飞机均享有在群岛国指定的海道和其上的空中航道内的群岛海道通过权。④ 另外，航空器飞越用于国际航行海峡的过境通行权也构成了对领空主权的限制。⑤

---

① 中新网 11 月 17 日电综合报道当地时间（2022 年 11 月）17 日，荷兰法院将对 2014 年马来西亚航空公司 MH17 客机在乌克兰上空坠毁事件的 4 名涉案嫌疑人作出判决。4 名嫌犯为 3 名俄罗斯人和 1 名乌克兰人。如果谋杀和导致飞机坠毁的罪名成立，他们将被判处无期徒刑。目前，4 人仍在逃并拒绝出庭。据报道，遇难者的家属将在 17 日前往位于阿姆斯特丹史基浦机场附近的一个法庭听取判决结果。2014 年 7 月 17 日，马航 MH17 航班在飞越乌克兰东部地区上空时坠毁，所载 298 人全部遇难。由荷兰主导的空难联合调查组报告显示，客机是被俄制"山毛榉"导弹击落。按照调查团的说法，空难发生时，这 4 人均在乌克兰东部民间武装成立的"顿涅茨克人民共和国"担任军事或情报要职。具体参见：https://news.cctv.com/2022/11/18/ARTIKet2o42bFsCF2e9ae2FK221118.shtml. 2023 年 3 月 22 日访问。

② 英文原文为："No military aircraft of a contracting State shall fly over the territory of another contracting State nor land thereon without special authorisation. In case of such authorisation the military aircraft shall enjoy, in principle, in the absence of special stipulation, the privileges which are customarily accorded to foreign ships of war. A military aircraft which is forced to land or which is requested or summoned to land shall by reason thereof acquire no right to the privileges referred to in the above paragraph."

③ 英文原文为："Special arrangements between the States concerned will determine in what cases police and customs aircraft may be authorised to cross the frontier. They shall in no case be entitled to the privileges referred to in Article 32."

④ 具体内容详见：https://www.un.org/depts/los/convention_agreements/texts/unclos/unclos_c.pdf. 2024 年 1 月 15 日访问。

⑤ 详见 1982 年《联合国海洋法公约》第 38 条过境通行权。参见：https://www.un.org/depts/los/convention_agreements/texts/unclos/unclos_c.pdf. 2024 年 1 月 15 日访问。

2.2 国际空中航行法律制度

空中航行分为国内空中航行和国际空中航行。国际空中航行是指航空器经过两个或两个以上国家领空的飞行活动。国内空中航行遵守本国法律规定，不存在法律适用上的任何难题。因此，本书主要对国际空中航行法律制度进行简要介绍。

2.2.1 国际空中航行的法律基础

国际空中航行的法律基础主要有多边国际航空条约、双边航空运输协定及国际法的一般规则。多边国际条约主要有1944年《芝加哥公约》、1944年《国际航班过境协定》、1944年《国际航空运输协定》及许多区域性国际航空条约。另外，还有大量的双边航空运输协定。

2.2.1.1 《芝加哥公约》系列

1944年《芝加哥公约》是规范国际空中航行活动的基本国际法规定，确立了国家之间进行国际空中航行活动的基本原则，即国家间的通航主要是通过签订双边协定的方式进行；公约所附的两个协定，即《国际航空运输协定》和《国际航班过境协定》对国际空中航行也进行了具体规定。但国际空中航行的实体性法律规范主要体现在《芝加哥公约》19个附件之中。

2.2.1.2 双边航空运输协定

世界各国由于航空技术发展水平和空域资源的差异，决定了在全球范围内通过多边公约实现所有国家之间通航是行不通的。因此，在1944年《芝加哥公约》签订以后，各国就依《芝加哥公约》第6条，通过签订双边协定互相授予专门飞行权利。带有典型意义的是美国和英国之间订立的"百慕大一式"协定。"百慕大一式"协定推动了一大批双边协定的缔结。在双边协定中，为避免引起误解，常写作《芝加哥公约》某些条款的条文。双边航空运输协定，是国家间通航的重要法律依据，是航空器进行国际空中航行的重要法律基础。双边航空运输协定一般由序言、协定正文和附件组成，必要时，双方通过"换文"（即交换外交照会或政府主管当局往来函件）、谅解备忘录、声明等形式予以补充，这些都构成双边协定不可分割的部分。另外，建立国家签订双边航空运输协定，应遵循"尊重主权、平等互利、合理管理和友好合作"的国际法基本原则。这些原则一般被写入协定的序言中。例如，中美民用航空运输协定中规定："遵循相互尊重独立和主权、互不干涉内政、平等互利和友好合作的原则。"双边航空运输协定的内容主要包括：确定航线，交换运营权利，指定空运企业，航空运力条款，航空运价条款，行政性条款，争端解决条款，协定生效、修改和终止条款等。

另外，任何从事国际空中航行的航空器还要遵守国际法的一般规则，如遵守飞经国的法律法规和规章制度，在指定的机场降落，不得利用民用航空器进行非民用航空活动等。

2.2.2 国际空中航行的法律制度

根据1944年《芝加哥公约》第96条定义的规定，"航班"是指以航空器从事乘客、邮件或货物的公共运输的任何定期航班。"国际航班"指经过一个以上国家领土之上的空气空间的航班，包括定期国际航班和不定期国际航班。从事国际空中航行的主要是国际航班，研究国际空中航行的法律制度，主要是指定期和不定期国际航班在从事国际空中航行时的法律制度。

2.2.2.1 定期国际航班国际航行的法律制度

1. 定期国际航班的含义

《芝加哥公约》并没对定期国际航班进行确切定义。目前,被普遍接受的是1952年国际民航组织理事会10届第19次会议上对定期国际航班所下的定义,认为定期国际航班是指具备下列全部特征的一系列航班飞行:(1)飞经一个以上国家领土的空域;(2)用航空器进行取酬性的旅客、货物或邮件运输,每次飞行都对公众开放使用;(3)经营同样两个地点或两个以上地点之间的运输业务,或者按照公布的班期时刻表飞行,又或者它所从事的飞行是如此有规律或如此频繁,而构成公认的有组织的系列飞行。

2. 定期国际航班的权利

1944年《芝加哥公约》不仅没有赋予定期国际航班的任何权利,还在第6条[①]中加以了限制。但《国际航班过境协定》和《国际航空运输协定》中对定期国际航班的权利进行概括性规定,对这两个协定中权利主要由国家以"同意"或"许可"的方式给予。

(1)《国际航班过境协定》规定的定期国际航班的两种自由。一是"不降停而飞越其领土的权利",一般被称为是过境权。二是"非运输业务性降停的权利",一般被称为是技术性降停的权利。该协定还对定期国际航班行使这两种自由进行了限制,主要有:

第一,不适用于对定期国际航班禁止使用的军用机场。在战争或军事占领地区及战时通往此项地区的补给路线上,这两种权利的行使须经军事主管当局的核准。

第二,一缔约国给予另一缔约国的航空公司以非运输业务性经停权利时,得规定该航空公司在此经停地点提供合理的商业性服务。这一规定在经营同一航线的航空公司之间不得形成差别待遇,应当考虑到航空器的载运能力,而且在执行这一规定时,应不损害有关国际航班的正常经营或一缔约国的权利和义务。每一缔约国在遵守协定的规定下,可指定任何国际航班在其领土内应该遵循的航线及其可以使用的机场。对任何此项航班在使用机场及其他设备时征收或准予征收公平合理的费用,此项费用应不高于其本国航空器在从事同样国际航班时使用此项机场及设备所缴纳的费用。但如经一有关缔约国申诉,则对使用机场及其他设备所征收的费用应由根据上述公约设立的国际民用航空组织的理事会予以审核。该理事会应就此事提出报告和建议,以供有关国家考虑。

第三,每一缔约国如对另一缔约国的空运企业的主要所有权和有效管理权属于该缔约国国民存有疑义,或对该空运企业不遵守其飞经国家的法律,或不履行协定所规定的义务时,保留扣发或撤销其证书或许可证的权利。

(2)《国际航空运输协定》规定的定期国际航班的五种自由。这五种自由是:①不降停而飞越其领土的权利(飞越领空自由);②非运输业务性降停的权利(技术性着陆自由);③卸下来自航空器所属国领土客、货、邮的权利(经营航空器所属国向降落国的运输自由);④装载前往航空器所属国领土客、货、邮的权利(经营降落国向航空器所属国的运输自由);⑤装卸前往与来自任何其他缔约国领土客、货、邮的权利(经营降落国与第三国间的运输自由)。

[①] 定期航班除非经一缔约国特准或其他许可并遵照此项特准或许可的条件,任何定期国际航班不得在该国领土上空飞行或进入该国领土。

上述前2项自由属过境权,后3项则是运输权。① 协定还对五种自由做出了限制性的规定:

第一,③、④、⑤各项所规定的权利,每一缔约国所承允的,仅限于构成来自或前往该航空器所属国本土的合理的直接航线上的直达航班。

第二,这些权利不适用于对定期国际航班禁止使用的军用机场。在战争或军事占领地区及战时通往此等地区的补给线上,此项权利的行使须经军事主管当局核准。

第三,这些权利的行使应按照国际民用航空临时协定的规定,在芝加哥公约生效后,则应按照该公约的规定。

第四,一缔约国给予另一缔约国的航空公司以非运输业务性经停权利时,得规定该航空公司在此经停地点提供合理的商业性服务。这一规定在经营同一航线的航空公司之间不得形成差别待遇,应当考虑到航空器的载运能力,并且在执行此项规定时,应不损害有关国际航班的正常经营或任何缔约国的权利和义务。

第五,每一缔约国有权拒绝其他缔约国的航空器在其领土内为取酬或出租装载运往其领土内另一地点的客、货、邮。缔约各国约定不订立任何协议以特许任何另一国或任何另一国的航空公司以独享为基础的任何此项特权,也不向任何另一国取得任何此项独享的特权。

第六,每一缔约国在遵守协定的规定下,可以:①指定任何国际航班在其领土内应该遵循的航线及其可以使用的机场。②对任何此项航班在使用机场及其他设备时征收或准予征收公平合理的费用,此项费用应不高于其本国航空器在从事同样国际航班时使用此项机场及设备所缴纳的费用。如经一有关缔约国申诉,则此项对使用机场及其设备所征收的费用,应由国际民航组织的理事会予以审核。理事会应就此事提出报告和建议,以供有关国家考虑。

第七,每一缔约国如对另一缔约国的空运企业的主要所有权和有效管理权属于该缔约国国民存有疑义,或该空运企业不遵守其飞经国家的法律,或不履行协定所规定的义务时,保留扣发或撤销其证书或许可证的权利。

2.2.2.2 不定期国际航班法律制度

1. 不定期国际航班的定义

对什么是不定期航班,1944年《芝加哥公约》并没有做出明确定义,但根据该公约第5条"缔约各国同意其他缔约国的一切不从事定期国际航班飞行的航空器,……"的规定,不定期

---

① 这"五种航空自由"是美国提议,但并未获得其他国家一致同意。在这"五种自由"中,前两个"自由"获得与会绝大多数国家的支持。参加芝加哥会议的大多数国家签订了第一个协定,目前已有135个当事国;不到一半的国家签订了第二个协定,还有少数国家都未参加,到目前仅有11个当事国。可见,第三、第四个与第五个"自由"尚未能成为各国普遍接受的国际法规则,加之国际航班过境协定的参加国不多,因此它的影响很有限。1944年12月7日中国政府签署了《国际航空运输协定》,1945年6月6日(同日起生效)批准了该协定,但1946年12月11日废止了该协定,废止自1947年12月11日起生效。中国也是国际航班过境协定的当事国。1950年5月31日台湾当局因无力缴纳会费,声明退出此公约,后又于1953年再次申请加入公约,并于同年12月2日交存批准书。1971年11月19日国际民航组织理事会通过决议,承认中华人民共和国政府是该组织的唯一合法代表。1974年2月15日姬鹏飞外长通知国际民航组织秘书长,我国政府决定承认该公约,并从即日起参加国际民航组织的活动。后分别于1997年6月3日、1999年10月6日发布通知,适用于香港、澳门的该公约自我国政府对香港、澳门行使主权后,该公约将适用于香港、澳门特别行政区。详见:https://www.icao.int/secretariat/legal/List%20of%20Parties/Transit_EN.pdf。2024年2月2日访问。

国际航班是指定期国际航班以外的航班。①

2. 不定期国际航班法律制度

对不定期国际航班法律制度的规定主要是在 1944 年《芝加哥公约》第 5 条,该条规定:"缔约各国同意其他缔约国的一切不从事定期国际航班飞行的航空器,在遵守本公约规定的条件下,不需要事先获准,有权飞入或飞经其领土而不降停,或作非商业性降停,但飞经国有权令其降落。为了飞行安全,当航空器所欲飞经的地区不得进入或缺乏适当航行设施时,缔约各国保留令其遵循规定航路②或获得特准后方许飞行的权利。此项航空器如为取酬或出租而载运乘客、货物、邮件但非从事定期国际航班飞行,在遵守第七条规定的情况下,亦有上下乘客、货物或邮件的特权,但上下的地点所在国家有权规定其认为需要的规章、条件或限制。"

国际民航组织理事会对该条所规定的权利进行解释时指出:(1) 第一款中权利的授予者系指:每一缔约国都是代表第 2 条③规定的它的所有领土行事。(2) 第一款中权利接受者系指其他缔约国一切不从事国际航班飞行的航空器。

之所以给予不定期国际航班这些权利,是因为"制定它是为了保证不定期航空运输的自由和灵活性",实际上已给予各国以这样限制的可能性,使这种自由受到一定限制。④

2.2.3 国际空中航行的一般规则

2.2.3.1 对人员和财产的保护

在进行航空活动时,对人员和财产的保护是首先必须考虑的因素,为此,1944 年《芝加哥公约》附件 2 第 3 章《一般规则》对人员和财产的保护做出了具体规定。主要内容如下:

(1) 不得粗心或鲁莽地驾驶航空器,以致危及他人的生命或财产安全。⑤

(2) 除因起飞或着陆所必需或经有关当局批准之外,航空器不得在城市、集镇、居住区等人口稠密地区或露天公众集会上空飞越。但在发生紧急情况着陆时,航空器飞行的高度不会对地面人员和财产造成危害时除外。⑥ 除起飞或着陆所必需或经有关当局批准之外,下列情况不得进行 VFR 飞行⑦:a) 在城市、集镇或居民区等人口稠密地区或露天公众集会上空,航空器半径 600 米以内距障碍物的高小于 300 米(1 000 英尺);b) 在 4.6 a)规定的地区

---

① 1989 年《民用航空运输不定期飞行管理暂行规定》(国务院令第 29 号)第 3 条规定:"本规定所称不定期飞行,是指不属于定期航班的民用航空运输飞行。"
2006 年 7 月 21 日起施行的《外国航空运输企业不定期飞行经营许可细则》(CCAR-119TR-R1)第 3 条规定:"本细则规定的民用航空运输不定期飞行经营许可是指除定期飞行和加班飞行以外的商业运输飞行,包括非固定团体包机、综合旅游包机、公共包机、社会团体包机、同益包机、特殊活动包机、学生包机、自用包机、货运包机、客货混合包机、合用包机等种类。"

② 在 1944 年《芝加哥公约》附件 2 和附件 11 均在第 1 章《定义》中规定,航路是指以走廊形式建立的管制区或其一部分。ATS 航路由于提供空中交通服务的需要,为引导交通分流而划设的指定航路。ATS 航路一词具有不同含义,可用以表示航路、咨询航路、管制或非管制航路、进场或离场航路等。

③ 1944 年《芝加哥公约》第 2 条领土规定:"本公约所指一国的领土,应认为是在该国主权、宗主权、保护或委任统治下的陆地区域及与其邻接的领水。"

④ 迪德里克斯-弗斯霍尔.航空法简介[M].赵维田,译.北京:中国对外翻译出版公司,1987:20.

⑤ 附件 2 第 3.1.1 条粗心或鲁莽地驾驶航空器。

⑥ 附件 2 第 3.1.2 条最低高度。

⑦ 根据 1944 年《芝加哥公约》附件 2 第 1 章《定义》,"VFR"是指用以表示目视飞行规则的符号。"VFR 飞行"是指按照目视飞行规则进行的飞行。在附件 11《空中交通服务》第 1 章《定义》中也做了相同定义。

之外,离地面或水面的高小于 150 米(500 英尺)。① 仪表飞行规则的最低高度层:除为起飞、着陆所必需或经有关当局特殊批准之外,IFR 飞行②的高度层不得低于被飞越的领土国家规定的最低飞行高度,或者在未规定最低飞行高度的地区:a) 高原和山区,在航空器预计位置 8 千米之内的最高障碍物至少 600 米(2 000 英尺)以上的高度层飞行;b) 在 a)条所述之外的地区,在航空器预计位置 8 千米之内的最高障碍物至少 300 米(1 000 英尺)以上的高度层飞行。③

(3) 一次飞行或部分飞行应飞的巡航高度层必须按如下表示:a) 在最低可用飞行高度层或之上的飞行,或适用时在过渡高度之上的飞行,用飞行高度层;b) 在最低可用飞行高度层之下的飞行,或适用时在过渡高度或之下的飞行,用高度。④

(4) 除按照有关当局规定的条件和经有关空中交通服务单位以相关资料、通知或许可授意之外,飞行中的航空器不得进行空投和喷洒。⑤

(5) 除按照有关当局规定的要求和经有关空中交通服务单位以相关的资料、通知或许可授意之外,航空器不得牵引航空器或其他物体。⑥

(6) 除按照有关当局规定的条件下和经有关空中交通服务单位以相关的资料、通知或许可授意之外,不得跳伞。但紧急情况下跳伞除外。⑦

(7) 除按照有关当局规定的条件和经有关空中交通服务单位以相关的资料、通知或许可授意之外,航空器不得作特技飞行。⑧

(8) 除按照与参与飞行的机长事先安排和按照有关 ATS 当局规定的条件在管制空域内编队飞行之外,航空器不得编队飞行。这些条件必须包括下列:①在导航和位置报告方面,编队飞行作为单机看待;②飞行领队和飞行中的其他航空器机长必须对飞行中航空器的间隔负责,当航空器在编队以及加入和脱离编队时实施机动以期获得各自间隔时,必须包括过渡时间;和③每一航空器与飞行领队所保持的横向和纵向距离不得超过 1 千米(0.5 海里),垂直距离不得超过 30 米(100 英尺)。⑨

(9) 遥控驾驶航空器必须按照对人员、财产或其他航空器的危害减至最小的方式并按照附件 2 附录 4 规定的条件飞行。⑩

(10) 无人驾驶自由气球必须按照对人员、财产或其他航空器的危害减至最小的方式并按照附录 5 规定的条件飞行。⑪

(11) 航空器不得在对其正式公布有细节的禁区和限制区内飞行,但符合限制条件或经在其领土上空划定此类区域的国家批准时例外。⑫

---

① 附件 2 第 4.6 条。
② 根据 1944 年《芝加哥公约》附件 2 第 1 章《定义》,"IFR"是指用以表示仪表飞行规则的符号。"IFR 飞行"是指按照仪表飞行规则进行的飞行。在附件 11《空中交通服务》第 1 章《定义》中也做了相同定义。
③ 附件 2 第 5.1.2 条。
④ 附件 2 第 3.1.3 条巡航高度层。
⑤ 附件 2 第 3.1.4 条空投和喷洒。
⑥ 附件 2 第 3.1.5 条牵引。
⑦ 附件 2 第 3.1.6 条跳伞。
⑧ 附件 2 第 3.1.7 条特技飞行。
⑨ 附件 2 第 3.1.8 条编队飞行。
⑩ 附件 2 第 3.1.9 条遥控驾驶航空器。
⑪ 附件 2 第 3.1.10 条无人驾驶自由气球。
⑫ 附件 2 第 3.1.11 条禁区和限制区。

2.2.3.2 避免相撞

附件2《空中规则》规定,本规则中无任一规定解除航空器机长为避免相撞而采取最有效行动的责任,包括根据机载防撞系统(Airborne Collision Avoidance System,ACAS)设备提供的决断提示而采取的防撞机动飞行。不论飞行类型或航空器飞行的空域类别和在机场活动区内运行时,为了发现潜在相撞之目的,在航空器上保持警惕十分重要。

1. 驾驶航空器不得过于靠近其他航空器而导致相撞危险[①]
2. 享有航行优先权的航空器必须保持其航向和速度

具体包括:

(1) 航空器根据规则为其他航空器让出航路时,除非它能保持足够间隔并顾及航空器尾流的影响,必须避免从对方下方超越或从其前方切过。[②]

(2) 两架航空器对头相遇或几乎迎面接近而有相撞危险时,必须各自向右改变航向。[③]

(3) 两架航空器几乎在同一高度上交叉相遇时,看见对方在自己右边的航空器必须避让,但下列情况除外:①动力驱动重于空气的航空器必须避让飞艇、滑翔机和气球;②飞艇必须避让滑翔机及气球;③滑翔机必须避让气球;④动力驱动的航空器必须避让看见正在牵引其他航空器或物体的航空器。[④]

(4) 从一架航空器的后方,在与该航空器对称面小于70度夹角的航线上向其接近者为超越航空器,即超越航空器此时所在位置,倘在夜间它不能看见另一航空器的左翼或右翼航行灯。被超越的航空器享有航行优先权,而超越航空器不论是在爬升、下降或平飞必须向右改变航向给对方让出航路。此后二者相对位置的改变并不解除超越航空器的责任,直至完全飞越对方并有足够间隔时为止。[⑤]

(5) 飞行中或在地面、水面上运行的航空器,必须避让正在着陆或处在进近着陆最后阶段的航空器。当两架或两架以上重于空气的航空器为着陆向同一机场进近时,高度较高的航空器必须避让高度较低的航空器,但后者不能利用本规则切入另一正在进入着陆最后阶段航空器的前方或超越该航空器。但是动力驱动重于空气的航空器必须避让滑翔机。当一架航空器得知另一架航空器被迫着陆时,必须避让该航空器。[⑥]

(6) 在机场机动区滑行的航空器必须避让正在起飞和即将起飞的航空器。[⑦]

(7) 航空器在地面活动时的避让。两架在机场活动区内滑行的航空器如有相撞危险时,必须按下列实施:①两架航空器对头相遇或几乎迎面接近时,必须各自停住或在可行时向右改变方向,以保持足够的间隔;②两架航空器交叉相遇时,看见对方在自己右边的航空器必须避让;③被另一架航空器超越的航空器有航行优先权,超越航空器必须与另一航空器保持足够的间隔。

除经机场管制塔台另行批准之外,在机动区内滑行的航空器必须在各个跑道等待位置停住、等待。航空器在机动区内滑行时,在打开的停止排灯前,必须停住、等待;关灯后,方可

---

① 附件2第3.2.1条接近。
② 附件2第3.2.2.1条。
③ 附件2第3.2.2.2条对头相遇。
④ 附件2第3.2.2.3条交叉相遇。
⑤ 附件2第3.2.2.4条超越。
⑥ 附件2第3.2.2.5条着陆。
⑦ 附件2第3.2.2.6条起飞。

前进。①

2.2.3.3　航空器需显示的灯光

1. 飞行中的航空器必须显示的灯光

除《芝加哥公约》附件2第3.2.3.5条另有规定之外,从日落至日出或在有关当局规定的任何其他期间,飞行中的所有航空器必须显示:(1)引起对该航空器注意的防撞灯;和(2)用以向观察员显示该航空器相对路线的航行灯,但不得显示可能对其产生误解的其他灯光。

为了其他目的装设的灯光,如着陆灯和机体泛光灯,可用以作为《适航手册》第Ⅱ卷(Doc 9760号文件)规定的附加防撞灯,以加强航空器的明显性。②

2. 在机场活动区内活动的航空器必须显示的灯光

除《芝加哥公约》附件2第3.2.3.5条另有规定之外,从日落至日出或在有关当局规定的任何其他期间:(1)在机场活动区内活动的所有航空器,必须显示用以向观察员指示航空器相对路线的航行灯,但不得显示可能对其产生误解的其他灯光;(2)除非有固定和足够的灯光照明,在机场活动区内的所有航空器必须显示用来表示其结构外端的灯光;(3)在机场活动区内运行的所有航空器必须显示用来引起对该航空器注意的灯光;和(4)在机场活动区内发动机已开车的所有航空器必须显示表明这一事实的灯光。③

注:如装设在航空器的合适部位,3.2.3.1 b)所述的航行灯也可以满足3.2.3.2 b)的要求。为满足3.2.3.1 a)的要求而装设的红色防撞灯,只要不对观察员产生有害的眩光,也可以满足3.2.3.2 c)和3.2.3.2 d)的要求。

3. 其他规定

(1)除第3.2.3.5条另有规定之外,为满足3.2.3.1 a)要求装设有防撞灯的所有飞行中的航空器,在第3.2.3.1条规定的时间之外,均必须显示这些灯光。④

(2)除第3.2.3.5条另有规定之外,所有航空器:a)在机场活动区内运行并装有为满足3.2.3.2 c)要求的防撞灯;或 b)在机场活动区内并装有为满足3.2.3.2 d)要求的灯光;在3.2.3.2条规定的时间之外也必须显示这些灯光。⑤

(3)必须允许驾驶员关闭为满足第3.2.3.1条、第3.2.3.2条、第3.2.3.3条和第3.2.3.4条的要求而装设的闪光灯或减弱其光的强度,如果这些灯光能够或可能:a)影响驾驶员圆满地执行其任务;或 b)使外部观察员处于有害的眩光。⑥

2.2.3.4　模拟仪表飞行

航空器不得在模拟仪表飞行条件下飞行,除非:a)航空器装有功能齐备的双套操纵装置;和 b)有一名合格的驾驶员坐在操纵座位上,担任作为模拟仪表条件飞行人员的安全驾驶员。安全驾驶员必须具有足够的对航空器前方和两侧的视野,或有一名能与安全驾驶员进行联系的胜任观察员在航空器上坐在有足够视野的位置上,以弥补安全驾驶员视野的不足。⑦

---

① 附件2第3.2.2.7条航空器的地面活动。
② 附件2第3.2.3.1条。
③ 附件2第3.2.3.2条。
④ 附件2第3.2.3.3条。
⑤ 附件2第3.2.3.4条。
⑥ 附件2第3.2.3.5条。
⑦ 附件2第3.2.4条模拟仪表飞行。

2.2.3.5 在机场及其附近的运行

航空器在机场及其附近运行时,不论其是否在机场交通地带,必须:a) 观察机场其他交通,避免相撞;b) 遵守或避让其他飞行中的航空器已建立的起落航线;c) 除非另有指示,在着陆前和起飞后全部作左转弯;d) 除非因安全、跑道布局或空中交通情况确定另一方向更为有利之外,均作逆风起落。[1]

2.2.3.6 水上运行

当两架航空器或一架航空器和一艘船舶相互接近并有相撞危险时,航空器在前进中必须仔细考虑现时情况和条件,包括其各自的限制。[2] 具体包括:

交叉相遇时,看见另一架航空器或船舶在自己右侧的航空器必须避让,以保持足够的间隔。[3]

对头相遇时,一架航空器与另一架航空器或一艘船舶对头相遇或几乎迎面接近时,必须向右改变航道以便保持适当间隔。[4]

超越时,被超越的航空器或船舶享有优先权,超越航空器或船舶必须改变航道以保持足够的间隔。[5]

航空器在水上着陆和起飞时,必须尽可能远避船舶,以免妨碍其航行。[6]

在日落至日出之间,或在有关当局规定的日落至日出之外的其他期间,所有航空器在水上必须按照《国际海上避碰规则》(1972年修订)的要求显示灯光[7],无法做到时除外。在这种情况下,航空器必须按照《国际海上避碰规则》的要求显示特征和部位尽可能相似的灯光。[8]

2.2.3.7 我国航空法规定

1.《民用航空法》

在一个划定的管制空域内,由一个空中交通管制单位负责该空域内的航空器的空中交通管制。[9] 这就能减少多头指挥,进而避免航空器相撞的危险。

在中华人民共和国境内飞行的航空器,必须遵守统一的飞行规则。进行目视飞行的民用航空器,应当遵守目视飞行规则,并与其他航空器、地面障碍物体保持安全距离。进行仪表飞行的民用航空器,应当遵守仪表飞行规则。飞行规则由国务院、中央军事委员会制定。[10]

---

[1] 附件2第3.2.5条在机场及其附近的运行。
[2] 附件2第3.2.6.1条。
[3] 附件2第3.2.6.1.1条交叉相遇。
[4] 附件2第3.2.6.1.2条对头相遇。
[5] 附件2第3.2.6.1.3条超越。
[6] 附件2第3.2.6.1.4条着陆和起飞。
[7] 《国际海上避碰规则》规定:自日落至日出之间必须遵守关于灯光的规则。因此,日落至日出之间的较短期间,在适用《国际海上避撞规则》的地区,即在公海上,不得适用。
[8] 附件2第3.2.6.2条。
[9] 《民用航空法》第73条。
[10] 《民用航空法》第76条。

民用航空器除按照国家规定经特别批准外,不得飞入禁区;除遵守规定的限制条件外,不得飞入限制区。①

民用航空器不得飞越城市上空;但是,有下列情形之一的除外:(一)起飞、降落或者指定的航路所必需的;(二)飞行高度足以使该航空器在发生紧急情况时离开城市上空,而不致危及地面上的人员、财产安全的;(三)按照国家规定的程序获得批准的。②

飞行中,民用航空器不得投掷物品;但是,有下列情形之一的除外:(一)飞行安全所必需的;(二)执行救助任务或者符合社会公共利益的其他飞行任务所必需的。③

2. 2001年《飞行基本规则》

(1) 机场区域内飞行。飞行人员自起飞前开车起到着陆后关车止,必须同空中交通管制员或者飞行指挥员保持无线电通信联络,并且严格遵守通信纪律。④

飞行员开车滑行,必须经空中交通管制员或者飞行指挥员许可。滑行或者牵引时,应当遵守下列规定:(一)按照规定的或者空中交通管制员、飞行指挥员指定的路线滑行或者牵引。(二)滑行速度应当按照相应航空器的飞行手册或者飞行员驾驶守则执行;在障碍物附近滑行,速度不得超过每小时15公里。(三)航空器对头相遇,应当各自靠右侧滑行,并且保持必要的安全间隔;航空器交叉相遇,飞行员从座舱左侧看到另一架航空器时应当停止滑行,主动避让。(四)两架以上航空器跟进滑行,后航空器不得超越前航空器,后航空器与前航空器的距离,不得小于50米。(五)夜间滑行或者牵引,应当打开航空器上的航行灯。(六)直升机可以用1米至10米高度的飞行代替滑行。水上航空器在滑行或者牵引中,与船只对头或者交叉相遇,应当按照航空器滑行或者牵引时相遇的避让方法避让。⑤

通常情况下,准备起飞的航空器,在起落航线第四转弯后无其他航空器进入着陆时,经空中交通管制员或者飞行指挥员许可,方可滑进跑道;跑道上无障碍物,方准起飞。航空器起飞、着陆时,后航空器应当与前航空器保持规定的安全间隔。⑥

进行起落航线飞行时,禁止超越同型航空器;各航空器之间的距离,一般应当保持在1 500米以上;经空中交通管制员或者飞行指挥员许可,速度大的航空器可以在第三转弯前超越速度小的航空器,超越时应当从前航空器的外侧超越,其间隔不得小于200米。除必须立即降落的航空器外,任何航空器不得从内侧超越前航空器。加入起落航线飞行必须经空中交通管制员或者飞行指挥员许可,并且应当顺沿航线加入,不得横向截入。⑦

航空器起飞后在机场区域内上升或者降落前在机场区域内下降,必须按照空中交通管制员或者飞行指挥员的指示进行。航空器飞离机场加入航路、航线和脱离航路、航线飞向机场,应当按照该机场使用细则或者进离场程序规定的航线和高度上升或者下降。⑧

---

① 《民用航空法》第78条。
② 《民用航空法》第79条。
③ 《民用航空法》第80条。
④ 2001年《飞行基本规则》第48条第1款。
⑤ 2001年《飞行基本规则》第49条。
⑥ 2001年《飞行基本规则》第50条。
⑦ 2001年《飞行基本规则》第51条。
⑧ 2001年《飞行基本规则》第52条。

航空器进入着陆,应当经空中交通管制员或者飞行指挥员许可;不具备着陆条件的,不得勉强着陆。航空器着陆后,应当迅速脱离跑道。①

(2) 航路和航线飞行。航路、航线飞行或者转场飞行前,驻机场航空单位或者航空公司的负责人应当亲自或者指定专人对飞行人员的飞行准备情况进行检查。飞行准备质量符合要求时,方可执行飞行任务。②

目视飞行时,航空器应当按照下列规定避让:(一)在同一高度上对头相遇,应当各自向右避让,并保持500米以上的间隔;(二)在同一高度上交叉相遇,飞行员从座舱左侧看到另一架航空器时应当下降高度,从座舱右侧看到另一架航空器时应当上升高度;(三)在同一高度上超越前航空器,应当从前航空器右侧超越,并保持500米以上的间隔;(四)单机应当主动避让编队或者拖曳飞机,有动力装置的航空器应当主动避让无动力装置的航空器,战斗机应当主动避让运输机。③

当天气情况不低于机长飞行的最低气象条件时,机长方可在300米以下进行目视飞行,飞行时航空器距离云层底部不得小于50米。④

航空器沿航路和固定航线飞行通过中途机场100至50公里前,除有协议的外,飞行人员应当向该机场的空中交通管制员或者飞行指挥员报告预计通过的时间和高度。中途机场的空中交通管制员或者飞行指挥员必须指挥在本机场区域内飞行的航空器避让过往航空器,保证其安全通过;无特殊原因,不得改变过往航空器的航线和高度。航空器在临时航线飞行通过中途机场时,应当按照规定的航线和高度通过,或者按照该机场空中交通管制员或者飞行指挥员的指示通过。⑤

---

① 2001年《飞行基本规则》第56条。
② 2001年《飞行基本规则》第68条。
③ 2001年《飞行基本规则》第71条。
④ 2001年《飞行基本规则》第74条。
⑤ 2001年《飞行基本规则》第75条。

3. 其他规定

在《一般运行与飞行规则》(CCAR-91-R4)第二章飞行规则[①]、《大型飞机公共航空运输承运人运行合格审定规则》(CCAR-121-R7)[②]、《民用航空空中交通管理规则》(CCAR-93TM-R6)[③]中都有明确规定。

2.3 国际空中航行管理体制发展阶段及特点

国家间通航如果是以双边航空运输协定为基础,那么这种管理体制就是双边模式;如果

[①] 第91.317条在其他航空器附近的运行:(a)任何人不得驾驶航空器靠近另一架航空器达到产生碰撞危险的程度。(b)未经批准,任何人不得驾驶航空器进行编队飞行。(c)任何人不得驾驶载客的航空器进行编队飞行。

第91.113条除水面运行外的航行优先权规则:(a)本条规定不适用于航空器在水面上的运行。(b)当气象条件许可时,无论是按仪表飞行规则还是按目视飞行规则飞行,航空器驾驶员必须注意观察,以便发现并避开其他航空器。在本条的规则赋予另一架航空器航行优先权时,驾驶员必须为该航空器让出航路,并不得以危及安全的间隔在其上方、下方或前方通过。(c)遇险的航空器享有优先于所有其他航空器的航行优先权。(d)在同一高度上对头相遇,应当各自向右避让,并保持500米以上的间隔。(e)在同一高度上交叉相遇,驾驶员从座舱左侧看到另一架航空器时,应当下降高度;从座舱右侧看到另一架航空器时,应当上升高度;但下列情况除外:(1)有动力装置重于空气的航空器必须给飞艇、滑翔机和气球让出航路;(2)飞艇应当给滑翔机及气球让出航路;(3)滑翔机应当给气球让出航路;(4)有动力装置的航空器应当给拖曳其他航空器或物件的航空器让出航路。(f)从一架航空器的后方,在与该航空器对称面小于70度夹角的航线上向其接近或超越该航空器时,被超越的航空器具有航行优先权。而超越航空器不论是在上升、下降或平飞均应当向右改变航向给对方让出航路。此后二者相对位置的改变并不解除超越航空器的责任,直至完全飞越对方并有足够间隔时为止。(g)当两架或两架以上航空器为着陆向同一机场进近,高度较高的航空器应当给高度较低的航空器让路,但后者不能利用本规则切入另一正在进入着陆最后阶段的航空器的前方或超越该航空器。已经进入最后进近或正在着陆的航空器优先于飞行中或在地面运行的其他航空器,但是,不得利用本规定强制另一架已经着陆并将脱离跑道的航空器为其让路。(h)一架航空器得知另一架航空器紧急着陆时,应当为其让出航路。(i)在机场机动区滑行的航空器应当给正在起飞或即将起飞的航空器让路。

第91.321条水面航行优先权规则:(a)驾驶水上航空器的驾驶员在水面上运行过程中,必须与水面上的所有航空器或船舶保持一个安全距离,并为具有航行优先权的任何船舶或其他航空器让出航路。(b)当航空器与航空器或船舶在交叉的航道上运行时,在对方右侧的航空器或船舶具有航行优先权。(c)当航空器与航空器或船舶相对接近或接近于相对运行时,必须各自向右改变其航道以便保持足够的距离。(d)当超越前方航空器或船舶时,被超越的航空器或船舶具有航行优先权,正在超越的一方在超越过程中必须保持足够的安全距离。(e)在特殊情况下,当航空器与航空器或船舶接近将产生碰撞危险时,双方必须仔细观察各自的位置,根据实际情况(包括航空器或船舶自身的操纵限制)进行避让。

第91.323条航空器速度:(a)除经局方批准并得到空中交通管制的同意外,航空器驾驶员不得在修正海平面气压高度3千米(1 000英尺)以下以大于460千米/小时(250海里/小时)的指示空速运行航空器。(b)除经空中交通管制批准外,在距机场中心7.5千米(4海里)范围内,离地高度750米(2 500英尺)以下不得以大于370千米/小时(200海里/小时)的指示空速运行航空器。(c)如果航空器的最小安全空速大于本条规定的最大速度,该航空器可以按最小安全空速运行。

第91.325条最低安全高度:除航空器起飞或着陆需要外(农林喷洒作业按照本规则M章的要求),任何人不得在低于以下高度上运行航空器:(a)在任何地方应当保持一个合适的高度,在这个高度上,当航空器动力装置失效应急着陆时,不会对地面人员或财产造成危害。(b)在人口稠密区、集镇或居住区的上空或者任何露天公众集会上空,航空器的高度不得低于其600米(2000英尺)水平半径范围内的最高障碍物以上300米(1 000英尺)。(c)在人口稠密区以外地区的上空,航空器不得低于离地高度150米(500英尺)。但是,在开阔水面或人口稀少区的上空不受上述限制,在这些情况下,航空器不得接近任何人员、船舶、车辆或建筑物至150米(500英尺)以内。(d)在对地面人员或财产不造成危险的情况下,旋翼机可在低于本条(b)或(c)款规定的高度上运行。此外,旋翼机还应当遵守局方为旋翼机专门规定的航线或高度。

[②] 具体内容详见:https://www.caac.gov.cn/XXGK/XXGK/MHGZ/202104/P020210506533065323228.pdf。2024年2月26日访问。

[③] 具体内容详见:https://www.caac.gov.cn/XXGK/XXGK/MHGZ/202303/P020230331606968015618.pdf。2024年2月26日访问。

是以多边国际航空条约为基础,那么这种管理体制就是多边模式。从国家间通航的历程来看,自1919年《巴黎公约》签订后至1944年《芝加哥公约》签订前,国家间通航的法律基础是1919年《巴黎公约》,管理模式为多边模式,缔约国给予外国承运人经营前往和来往[①]其领土的定期国际航班的五种自由。1944年《芝加哥公约》签订后,公约中明确了国家间通航主要靠国家之间签订双边航空运输协定的方式进行,管理体制为双边模式。到目前为止,国际航空运输自由化虽已成为不可逆转的国际潮流,多边框架下的全球性、区域性管理模式又重新兴起,但国家之间通航依然是双边航空运输协定为主。具体来说,自1944年《芝加哥公约》签订到现在,国际航空航行管理体制发展历程大体上可划分为三个阶段。[②]

2.3.1　第一阶段：1945年至1962年

在这一阶段中,国家间通航主要是以双边航空运输协定作为基础,相互间所给予的权利都是围绕着1944年《芝加哥公约》及《国际航空运输协定》《国际航班国境协定》中所规定的权利,但在价格、运力和运费等的制定上,则是以国际航空运输协会(IATA)(下文简称国际航协)指导价为主。

这一阶段,由于在国际航空运输中执行的标准基本相同,加之战后经济复苏迅速,导致国际航空运输以年平均20%的速度稳步增长,因此,这一阶段被西方国家称为是国际航空运输的黄金时代。当然,所谓的黄金时代,仅仅属于西方航空大国,他们几乎垄断了国际航空运输业。

2.3.2　第二阶段：1963年至1977年

在这一阶段中,国际航空运输管理体制基本上是沿用第一阶段的管理模式,即表面上是以双边航空运输协定作为国家间通航的基础,但实际上这些双边航空运输协定的内容基本上和1944年《芝加哥公约》及《国际航空运输协定》《国际航班国境协定》的内容保持一致。但在这一阶段,由于各国经济发展水平不一,空域资源的利用也不尽相同,各国为保护本国的航空运输利益,更好地利用本国航空资源,在双边航空运输协定中都首先对运费、运价或运力进行了规定,加之国际航协是一个非政府间国际组织,它的相关建议仅仅起到建议性作用,通航国家间往往不再接受该组织的建议。在1962年甘德业务会议上国际航协首次失败,被迫作出改革,只为各国提供指导性建议和进行相关咨询服务,开启了国家间通航真正依据通航国家间的实际情况,通过双边谈判、协商,签订双边航空运输协定的方式来进行。这一时期,国家间通航的双边航空运输协定基本上是以《英美双边航空运输协定》为模板,国际航空运输领域冲突不断,矛盾较多。

2.3.3　第三阶段：从1978年以后至今

在这一时期,随着欧洲新自由主义思潮的兴起,美国放管理政策出台,国际航空运输管理体制呈现出自由化的趋势。

---

① 1944年《芝加哥公约》第15条规定:"缔约国每架航空器都有权飞越另一国领空而不降停。"英文原文为:"Every aircraft of a contracting State has the right to cross the air space of another State without landing."
② 刘伟民.航空法教程[M].2版.北京:中国法制出版社,2001:297.

2.3.3.1 不定期国际航班被纳入双边航空运输协定

在1944年《芝加哥公约》签订时,不定期国际航班的数量非常有限,因此,1944年《芝加哥公约》第5条规定了不定期国际航班由飞入国进行单方面管理,而定期航班则按1944年《芝加哥公约》第6条①规定,由有关国家签订双边协定予以确定。但随着欧洲经济的发展,人们闲暇时间增多,通过包机旅行这种方式非常方便,于是不定期国际航班迅速增多,影响了定期国际航班的飞行,协调定期国际航班和不定期国际航班的关系就成为国际社会急需要解决的问题。后来,在国家间签订或修订双边航空运输协定时,一般将不定期国际航班也纳入到双边航空运输协定的轨道之中。

2.3.3.2 双边航空运输协定主要以《百慕大协定》为模板

1.《百慕大第一号协议》

1944年《芝加哥公约》签订后,英美等国虽都与别国签订了一批"芝加哥标准式"双边协定,但这种局面没有维持多久,就为美国和英国这两个当时的主要航空大国之间的冲突动摇了。1945年,美国许多航空公司要求增加飞伦敦的航班次数,泛美航空公司表示要大幅度降低飞机票价,但这些要求受到英国和法国的强烈抵制。为消除分歧,当时占世界航空运输总量四分之三的美国和英国,于1946年1月15日在百慕大进行谈判,这次谈判不仅是世界上两大对国际航空运输有重大影响的大国间的谈判,且因为双方各自代表着两种互相对立或相反的航空主张或政策。如在1944年芝加哥会议上,美国主张航空自由和自由竞争,而英国则主张"航空秩序"或航空限制。在谈判过程中,美国主张政府不干预运力和价格,一切听任各指定航空公司在市场自由竞争中按实际需求自行决定;而英国则主张由政府实行控制和管理,运力由双方政府事先议定,价格则由国际航协统一拟定并经双方政府批准。经过激烈争论和艰苦谈判,双方都宣称已作出了最大让步,最终于1946年2月11日签订了《英美航空运输协定》,简称《百慕大协定》。由于后来英国和美国在1976年又签订了一个新的百慕大协定,因此人们习惯上称此协定为"百慕大第一号协议"。

《百慕大协定》是妥协的产物,在协定中美国放弃了价格由市场竞争决定的主张,接受了英国关于价格由国际航协统一拟定,经双方批准的观点;英国放弃了运力由双方政府事先确定的原则,接受了美国关于运力由各航空公司按市场需求自行决定,由双方政府可进行"事后检查"的主张。由于在签订协定时,两国相约不与第三方签订任何不同于该协定条款的双边协定。因此,《百慕大协定》作为一种新的标准模式,一度风行全球。仅美国就与其他国家签订了五十多个"百慕大式"双边航空协定。而非英美国家之间也以这个协定作为标准模式,进行双边航空运输协定的签署。当然,也有例外情况,如1953年美国与苏联签订的双边航空协定就没有按照《百慕大协定》。②

2.《百慕大第二号协议》

1976年6月21日,英国政府单方面宣布,废止英美1946年《百慕大协定》,废止声明将于1977年6月22日午夜生效。英国政府作出上述决定绝非偶然,英国商业大臣、后来双方谈判中英方首席代表E.代尔在废弃通知发出后不久发表谈话说:"我们认为,(《百慕大协定》)这些年来已有若干方面过时了,不能完全适应70年代的条件。显然,相当时期以来,

---

① 除非经一缔约国特准或其他许可并遵照此项特准或许可的条件,任何定期国际航班不得在该国领土上空飞行或进入该国领土。

② 赵维田.国际航空法[M].北京:社会科学文献出版社,2000:106-107,119页。

《百慕大协定》给予美国的利益已大大超过了我们从中获得的利益。"由于美国从该协定中获得的众多第五种"自由"或权利,加上运力上自由式条款,美国各航空公司的营运量大大超过英国航空公司,据统计大体是7与3之比,以年收入计美国方面为6亿美元,而英国只有2亿美元左右。英美双方在一个多月时间内,经过六轮激烈地谈判,双方相互妥协,达成了新的原则协议,并于1977年7月23日在百慕大签署协议,这个协议被称为"百慕大第二号协议"。英美虽然人为地保住了"百慕大协定"的名称,但二者的内容有着较大差异,《百慕大第一号协议》在运力管理上实行"事后审议法",使英美之间造成了运力上的极大不平衡。《百慕大第二号协议》废除了这个办法,改成采用"事先审议法",在增加运力方面有了更多的限制。《百慕大第二号协议》在国际上引起了连锁反应,使一些国家亦纷纷提出修改以前所订协定,要求平等的权利。鉴于百慕大协定模式在航空法发展历史上占据的地位及其仍存在的影响,我国在与西方国家签订的双边航空协定中仍保留着该协定相同或类似条款。[①]

2.3.3.3 双边航空运输协定中自由式协定大量出现

1. 美国放松管理政策制定背景

从1938年制定的第一个《民用航空法》时起,美国遵守的理论是把民用航空业当作区别于一般自由企业的"公用事业"。其主要原因是民航这类公共运输业,像电话电报与电力一样,很容易被一家公司独占或者被少数公司垄断,且它直接关系到公众利益,所以应该由政府加以控制和管理。为此,1958年美国《联邦航空法》专门设立两个管理部门对航空运输业进行管理:一是联邦航空管理局(FAA),负责空域管制与航空安全等方面的任务,如颁发适航证等方面的行政管理;二是民航委员会(CAB),专司民用航空的经济管理,如审核颁发内外航空企业经营许可证,确定和管理航路、运费价格等。民航委员会是由国会设立的有很大司法权力的机构,由五名委员组成,委员会主席要经总统提名、国会批准。总体而言,从20世纪30年代起,美国民航主管部门对国内航空运输的"经济管理"是相当严格的。企业要想经营航空运输必须先申请许可证,航路开辟要经过民航委员会的核定,一条航空干线上只准有两家航空公司经营,以保持所谓"必要的竞争"。而且一旦某家航空公司获得某条航路的经营权,几乎可以永远保持下去,这就是所谓的祖父条款。美国几家最早成立的大航空公司如联合航空公司、环球航空公司、亚美里亚航空公司等凭借祖荫特权形成了各霸一方的局面。另外,运费价格也需各航空公司报民航管理委员会批准,实际执行起来,民航管理委员会对第一个报价的航空公司价格,经作市场调查基础上核准后,其他航空公司自动向它看齐。这就形成了美国联邦全国统一价格,排除了市场价格竞争的可能。美国1958年《联邦航空法》第401条G款规定:获得某条航路经营权的航空公司,只有当其有意违法、不服从民航当局的管理,不守许可证的规则,经裁定后仍不知悔改者,才可吊销其营业执照。而在美国民航发展史上,尚无这种吊销案例。在20世纪60年代后期,美国这种民航管理体制的弊端逐渐被揭露出来,放松对航空运输业的管制,改革美国国内民航管理体制的呼声日益增强。

20世纪70年代,西方国家经济出现滞涨并合症,1976年英国单方面宣布废止1946年英美《百慕大协定》,是美国对航空运输业采取放松管理政策的"催化剂"。但从本质上来看,实际上是美国抓住世界经济的发展趋势,及时调整了其战略和策略所导致的结果。1978年

[①] 如1980年《中美民用航空运输协定》第12条规定:"一、应准许双方指定空运企业在经营协议航班时,按双方的协议和本协定附件五的规定提供运力。在本协定规定的任何协议航班开航之后两年半内,双方应进行磋商,以便就提供运力问题达成新的协议。……"

6月8日,美国国会通过了《航空公司放松管理法》,1980年2月15日,美国会又通过了1979年《国际航空运输竞争法》,从而以法律形式固定了"放松管理"政策。为了实施1978年《航空公司放松管理法》,1984年9月20日,美国国会专门通过了《民航委员会撤销法》,从1985年1月1日起,美国民航委员会终止了活动。美国制定对航空运输业放松管理法的本质是政府取消对航空运输业的直接经济控制,通过自由竞争,降低价格,使消费者受益,进而刺激航空运输业的良性发展。1993年3月8日,美国"增强航空业竞争力国家委员会"向总统提交的报告中称:"航空运输体系对于国家的公众和商业来说已成为经济进步的基础。若没有这一体系,我们的国家就无法跻身于全球正在增长的跨国集团和市场。航空运输使数以百万计的人快速往来,以价值数十亿美元的货物进入国际市场。我们需要在国际航空运输市场上有竞争能力而没有其他选择。同样,竞争性的国内经济的增长也越来越依靠我们的航空运输能力。"可见,美国推行放松管理政策,即航空自由化措施,实施竞争战略,主旨是要促进美国航空运输业的快速发展,为美国航空公司提供有利于提高生产力和繁荣经济的条件,以便超过外国竞争对手,进而服务于并保护美国的国家利益。

在概括上述这套新理论时,卡恩[①]等人把政府"经济管理"中的"管理"(regulation)一词前面加上一个有否定含义的字头"de",创造了一个新词:"deregulation"(放松管理)。后来"放松管理"就成了这项新政策代名词。"减少管理"的实质是用市场机制代替政府的直接行政管理,使各航空运输企业在市场上相互竞争,把政府管理减少到最低限度。不难看出,这是美国在芝加哥会议上"航空自由论"在新历史条件下的翻版。

在放松管理政策通过后,并以法律加以固定后,美国迅速将其推向世界,首先找到了一贯主张"航空自由"的荷兰作为突破口,双方一拍即合,迅速地于1978年3月,签订了带着鲜明"放松管理"色彩的美荷修订"议定书"。同年7月、11月又分别与以色列、联邦德国签订了内容基本相同而具体规则更具开放性的修订"议定书"。其后,又分别与比利时,菲律宾,新加坡,泰国以及加勒比地区的牙买加等共20几个国家签订同类新的双边航空协定。这些协定都具有一个共同特点,就是在航路、运力和运费价格等主要方面,均采取放松管理政策,给予航空运输企业以自由,用市场机制代替原来的政府行政干预,人们习惯上把这一类双边航空运输协定称为"自由式协定"。

2. 自由式协定的法律特征

从美国和相关国家所签订的带有放松管理色彩的双边航空运输协定,即自由式协定的内容来看,总体上具有如下五个方面的法律特征:

第一,在同一条航路或市场上,允许双方指定多家航空公司参加营运,以利竞争。如1978年《美荷议定书》第2条(指定与授权)甲款规定:"为行使本议定书修订的(双边航空运输)协定中的权利,缔约双方有权指定多家航空公司。"这就突破了战后所形成的传统格局,即在同一条航路上一般只允许双方各指定一家最多两家航空公司营运。这是美国国内航空运输业放松管理的必然结果,主要是为了满足美国日益增多的私营航空公司参与国际运输的需要。

第二,在航路确定和运力提供上,一般不加限制。如1978年《美荷议定书》规定,美国飞机可从任何美国口岸城市(gate way city)经阿姆斯特丹,再飞往任何以远地点,而荷方飞机

---

① 美国经济学家,是放松管理政策的主要倡导者,要求用市场机制代替政府的直接行政管理,1977年卡特政府上台后,起用卡恩为民航委员会主席,大刀阔斧地对美国国内民航体制进行改革。

可从对其开放的美国口岸城市飞阿姆斯特丹,再继续飞往欧亚非诸国,或其返程,这显然属于最容易引起争议的第六种"自由"或权利。但美国对于对方飞美国境内的口岸城市的数目是有限制的,这要视对方所能提供的口岸城市及其航路经济价值而定。依美荷协定,美国只对荷兰皇家航空公司开放纽约、芝加哥、休斯敦、洛杉矶,后几经交涉才又增加了另外三个城市。而对于西德,却对汉莎航空公司开放增加了安科雷奇、亚特兰大、波士顿、迈阿密等共计13个口岸地点。

第三,运力由各指定航空公司依市场需求自定。如1978年《美荷议定书》第5条丙、丁款规定:"缔约一方不限制另一方指定航空公司经营用的飞机型号、容积和航班次数""缔约一方不得给另一方指定航空公司营运的运力、航班次数、运载量规定应占比例的最高限度"。

第四,在运费价格上,鼓励各指定航空公司依市场需求自定价格,进行竞争,实行"始发地国(批准)原则"或"双不批准"原则①。由于价格自由使跨北大西洋航线的"票价战"愈演愈烈,弄得竞争的对手间两败俱伤,后来以美国为一方,以欧洲民航会议为另一方,双方经过艰苦谈判,于1981年达成了《北大西洋运费价格的备忘录》。

第五,将包机运输纳入双方协定之中,并单独对包机规定了"宜包性"(charter worthiness)的始发地国原则。

自由式协定除在各条款本身含有某种少量限制因素外,还要受到两条总的制约。

其一,限制在双边对等基础上。当时美国民航管理会主席卡恩说:"我们的想法是,用放松换取放松,即给外国政府放宽进入我国市场(的机会)以换取运力限制、口岸限制以及对价格竞争的禁止。我认为,这样我们既有'付出',又有'获得'。"②

其二,有控制地利用市场机制并不是"无限制的竞争"。这些自由式协定是"放松管理"式的,不是"不管制"式的。这类限制在运费条款中最为明显,如在美荷、美以、美—西德等议定书第6条甲款中都含以下内容:"双方协议这类运费价格应由各指定航空公司主要依其对市场的商业考虑订出,应把政府的干预限制在:制止互相倾轧式的或歧视性的做法,保护消费者费者,防止垄断权力滥用,保护航空公司抵制因政府直接补贴或资助使价格人为地偏低。"这类限制的目的实际上是通过政府之手,为本国航空企业创造"公平竞争"的条件,攫取更多的经济利益。所以,从美国所签订的自由式的双边航空运输协定的内容来看,美国显然是宽于待己,严于律人。③

2.3.3.4 国际航协航空运输协调职能逐步减弱

1977年11月,国际航协在马德里召开第33届年会,面对国际航空运输出现的混乱局

---

① "始发地国(批准)原则"是美荷议定书采用的,而"双不批准"则是美以议定书后较普遍采用的原则。这两种原则都是相对于百慕大式"双批准"原则而言的。"双批准"原则给予了双方以否决权,只有一方航空当局不批准指定航空公司提出的价格,就足以阻止其实施。"始发地国原则"指,只要该航班始发地国批准即可,对方国赞成与否没有关系;而"双不批准"在反对限制上则更是彻底,即对于航空公司提出的价格,仅一方(不论是指定国与否)不批准还不足以阻止其实行,要双方航空当局商量后都不同意,才有否决效力。"双不批准"的标准条款表述是:"对于任何一方指定航空公司报请的、在双方领土间营运的定期或包机航空运输的运费价格……缔约任何一方不得采取单方面行动阻止其实行或继续有效……除非双方就该运费价格达成停止实行的一致意见,该运费价格应依所报来实行或继续有效。如果双方一致不批准某一运费价格,双方应尽最大努力制止该运费价格的实行或继续有效"。参见1978年《美以议定书》第6条丁款。

② 赵维田.国际航空法[M].北京:社会科学文献出版社,2000:134.

③ 荷兰报纸 *Algemeen Handelsblad* 抱怨说美国虽然宣布航空自由,但是没有对荷兰适用这个规则,因为美国拒绝荷兰到美国西部海岸运输的权利。荷兰政府是严重地失望。参见:PABLO MENDE SLEON:Before and After The Tenth Anniversary of the Open Skies Agreement Netherlands—US of 1992,P282.

面,时任理事长的哈马舍尔德不得不承认:"从某种意义上说,我们又如同 40 年代中期那样处在十字路口了。"就在这届年会上,国际航协决定改革,成立以加拿大航空公司总裁泰洛为首的五人小组,负责提出改革方案,1978 年 6 月 8 日,美国民航委员会颁布《陈述理由法令》,以终止给予国际航协豁免《反托拉斯法》相威胁,要求其减少对国际航空运输协调职能。国际航协随即于同年 6 月 21 日和 22 日在蒙特利尔召开特别会议。会议结果是将国际航协的组织机构作了调整,成为两级结构,其活动分成两类:第一类是行业协会活动,涉及技术、法律、财务、运输服务及大多有关代理人事务等协会协调事项,是每个会员必须参加的,具有强制性;第二类是运价协调活动,涉及客、货运价及代理人的协调,为任意性的,协会的成员可自行选择参加。对于第二类活动,由于协会的成员是可选择参加,因此,国际航协协调国家间运价已成为历史,职能逐步减弱。

2.3.3.5　国际航空运输管理体制出现了多边化、区域化、全球化倾向

随着经济全球化的兴起和发展,航空运输全球化现象也日益增强,国际航空运输管理体制因此出现了多边化、区域化和全球化倾向。

1. WTO 规则推动航空运输管理体制多边化

随着航空运输全球化发展,将航空运输纳入到 WTO 体制内的《服务贸易总协定》(GATS)的呼声也逐步加强。《服务贸易总协定》的《航空运输服务附件》中规定:"本协定适用于影响航空运输服务的措施,不论其为定期或不定期或辅助性服务。"1992 年 4 月专门召开了一次世界航空运输讨论会对航空运输是否纳入 GATS 体制之中进行了谈论,会上以美国为首并得到荷兰、新加坡和英国不同程度支持的一派,坚持将国际航空运输纳入 GATS 体制,实行"开放天空",在市场准入等问题上实行多边贸易自由化制度,认为这是提升航空企业效率和经济效益的唯一途径。而澳大利亚、日本和广大发展中国家在内的多数派则认为,GATS 体制是外在地套给国际航空界的东西,不是从国际航空运输业实践中演化发展出来的制度。他们并不反对自由化的观念,但却认为,在未经谨慎地研究其利弊与风险的情况下,就贸然采取航空市场准入等无节制的多边自由化是不恰当的。在各国幅员大小各异,经济发展水平与实力悬殊的现阶段,仍应坚持芝加哥公约下的双边管理体制。

国际民航组织在 1994 年 11 月召开的第四次航空运输会议上,再次讨论并探讨了未来的航空运输政策问题,并达成如下广泛共识:重申芝加哥公约的原则,强调了该公约关于所有国家健康地经济地经营国际航空运输有均等机会的宗旨;同意几种管理制度并存,主张逐渐地、有秩序地与一步一步地在市场准入等问题上做出变更,认为这是一个演化发展的过程。经济发展水平相当的各国,在区域范围订立多边自由化协议,具有推动民航自由化的作用,但在经济发展水平悬殊的各国之间,现阶段仍要实行双边体制。① 这种共识和意见,也反应在 GATS 的《航空运输服务附件》中,该附件规定:"按本协定承担的任何具体承诺或义务,均不降低或影响一个成员方在 WTO 协定生效之日仍然有效的双边或多边协议中的义务。"并进而具体规定:"本协定,包括其解决争端程序在内,不适用于:(a) 以任何形式赋予的营运权,或(b) 与行使营运权有关的直接服务。"对"营运权",该附件定义为:"'营运权'指定期或不定期航班为取酬或出租而经营和/或运载旅客、货物与邮件的权利,凡其从一个成员方域内始发,到达、飞经一个成员方领土,包括经停地点服务、营运的航路、营运所使用运

---

① 参见:Robert Ebdon. A Consideration of GATS and Its Compatibility with the Existing Regime for Air Transport[J]. Air & Space Law, 1995(20): 71-75.

载飞机型号、所提供的运力、收取的运费及其条件、指定航空公司的标准包括飞机架数、所有权与控制权等。"可见,这里的"营运权"是个含义很宽的概念,包括了芝加哥双边航空协定的所有条款。因此,GATS 不适用于航空营运权,以 1944 年《芝加哥公约》为基础的双边体制保持不变,简而言之,在现阶段 GATS 基本不适用于国际航空运输服务。

但《航空运输服务附件》在第 3 条还规定:"本协定适用于:(a) 飞机的保养与维修,(b) 航空运输服务的销售与营销,(c) 计算机查询与订座制(CRS)服务的有关措施。"按该附件第 1 条所表述的宗旨:"本协定(GATS)适用于影响航空运输服务的措施,不论其为定期或不定期或辅助性服务。"及第 5 条的规定:"服务贸易理事会应定期,至少五年一次地审议航空运输领域发展情况和本附件运作情况,以考虑把本协定进一步适用到该领域的可能。"这也表明,GATS 把航空运输服务列为例外,只是暂时的,而从长远目标来说,GATS 的规则仍要一步步扩大或延伸适用于航空运输服务的范围。据国际民航业界的一般看法,在可预见的未来很长一段时期内,GATS 取代现行芝加哥体制可能性不大。[①]

2. 地区经济一体化导致了航空运输管理体制区域化

地区经济一体化可划分为三种类型:一是"制度机制导向性"的深度一体化,如欧盟;二是"增长互补和贸易开放型"的适度一体化,如北美自由贸易区;三是"促进区内贸易、投资自由化和经济技术合作型"的松散一体化,如亚洲太平洋经济合作组织(APEC)。无论是何种类型的地区经济一体化,都在不同程度上导致了航空运输管理体制的区域化。

(1) 欧洲航空运输自由化。欧盟成立于 1951 年,其前身是欧洲煤钢共同体,总部设在比利时首都布鲁塞尔。在欧洲经济一体化的进程不断地向纵深进行时,欧洲航空运输自由化逐步展开了。首先是在欧盟成员国之间实现了航空运输自由化,继而依组建欧洲经济区的协定,将这种自由化推向更广泛的欧洲大陆。自 1994 年 1 月 1 日起,欧盟的航空运输规则适用于瑞士之外的所有欧洲自由贸易国家。欧盟航空运输自由化实践,为区域航空运输一体化提供了一个好的模式。欧洲航空运输自由化在原欧洲经济共同体(EEC)的名义下由欧洲委员会具体主持完成的,先后分三个阶段,其间颁行诸多规章,构筑了欧洲航空运输自由化的法律框架。

1987 年 12 月 24 日,理事会通过了被称为第一组自由化方案的决定,迈出了欧共体航空运输自由化的关键第一步,其间,理事会颁行的文件有:① 3975/87 号规章,该文件拟订了竞争规则对航空运输部门企业适用的程序。② 第 3976/87 号规章,关于《罗马公约》第 85 条第 3 款对航空运输部门一些协议和共同作法。③ 87/601 决议,关于成员国间定期航班费用。④ 87/602 决议,关于航空承运人在成员国之间定期航班上的旅客运力共享以及成员国之间航空承运人对定期航班航线的准入。

1990 年 7 月 24 日,理事会又通过了进一步实现自由化的第二组方案。颁行的文件有:① 2342/90 号,关于航空运输票价。② 理事会规章 3443/90 号,关于承运人进入定期航班线路和承运人成员国之间在定期航班共享旅客运力。③ 2344/90 号,修正 3976/87 号规章,关于《罗马公约》第 85 条第 3 款对航空运输部门一些协议和共同做法的适用。第一方案的 3975181 号规章关于竞争规则的适用保持不变。

1992 年 7 月 23 日,理事会又颁行了如下文件将欧共体航空运输自由化推入第三阶段,这些文件是:① 2407/92,关于航空承运人执照的发放;② 2408/92,关于共同体航空承运人进入共同体境内航路的准许;③ 2409/92,关于航班的票价和运费;④ 2410/92 修正 3975/87

---

① 赵维田. 国际航空法[M]. 北京:社会科学文献出版社,2000:140.

号文件,关于航空运输部门的企业的适用竞争规则的程序;⑤ 2411/92 修正 3976/87 文件,关于罗马公约第 85 条第 3 款对一些类别的协议和航空运输领域共同做法的适用。这些规章已于 1993 年 1 月 1 日生效。此外,还有 1993 年的 95/93 号文件,关于时间段(间隙)分配的共同规则,至此欧盟成员国之间关于航空运输的运价、运力、市场准入已实现了高度自由化。此,外新规则还涉及计算机订座系统,机场准入和执照发放,竞争等航空运输专项。目前,欧盟在航空运输领域中法律上实现了一体化。

(2) 其他地区航空运输区域化。此外,实现航空运输区域化的还有北美自由贸易联盟、拉丁美洲安第斯集团、亚洲东盟、非洲非盟等地区。1999 年 9 月 12 到 13 日,APEC 领导人在新西兰的奥克兰举行非正式会议,发表《奥克兰挑战》声明,明确表示"支持为使航空运输服务更具竞争性所实施的 8 个步骤,①并确认采取进一步的行动促进航空运输服务自由化以符合目标的要求"。APEC 虽规定了其开放和自由化程度的措施应与 WTO 要求相吻合的原则,但在实质上,上述 8 项内容已大大超出了 WTO《服务贸易总协定》关于航空运输附件的范围。因而,有人认为,1999 年《奥克兰挑战》声明可能对航空运输的法律制度会产生深刻影响。

3. 航空运输全球化也在冲击着现行的航空法律制度

航空运输全球化,是指航空公司面对国际航空运输市场竞争激烈的形势,在航空公司之间纷纷采取跨国直接投资、交叉参股、航班代号共享等合作方式,直接地或间接地结成航空公司联盟,抢占和瓜分复合性的国内和国际空运市场的现象。航空运输的这种全球化趋势,使航空公司可绕过政府间的航空谈判,变相地获取更多的营运权利,从而冲击现行航空运输管理体制。

2.3.3.6　国际民航组织在国际航空运输领域中的作用和地位稳步增强

国际民航组织是国家间协调航空运输政策及制定未来航空运输政策建议措施的重要国际组织,是联合国的专门机构。随着国际航协在国际航空运输领域中的作用和地位不断下降,国际民航组织的作用和地位在不断增强,在国际航空运输领域,运价问题、运力问题、航空运输安全运营等问题,都成了国际民航组织研究的重点,并通过各种为其成员国接受的方式,将这些内容转化为国际航空运输的相关建议和措施。这为增强国际航空运输发展,协调国家间航空运输关系作出了重要贡献。

中国是国际民航组织的创始成员国。1944 年 11 月 9 日,旧中国政府代表中国签署了 1944 年《芝加哥公约》,并于 1946 年 2 月 20 日交存了批准书。1971 年 11 月,国际民航组织通过决议,承认中华人民共和国为中国唯一合法代表。中华人民共和国政府于 1974 年 2 月 15 日开始代表中国行使其在国际民航组织的代表权,承认《国际民用航空公约》,并自同日起参加国际民航组织的活动。1977 年国际民航组织第 22 届大会决定中文作为国际民航组织的工作语言之一。1974 年 2 月,中华人民共和国正式参加该组织并于当年当选为二类理事国后一直连任。2004 年在国际民航组织第 35 届大会上,中国当选为一类理事国并连任至今。2007 年,柳芳女士进入国际民航组织工作,担任国际民航组织行政服务局局长;2015 年 8 月到 2021 年 2 月,任国际民航组织秘书长。她是国际民航组织历史上首位中国籍秘书长,也是首位女性秘书长。2022 年我国以 148 票再次高票当选国际民航组织一类理事国。

---

① 这 8 个自由化步骤涉及:①航空承运人所有权和控制权,②运价,③商务权,④航空货物运输,⑤指定多家航空公司,⑥包机服务,⑦航空公司合作协议,⑧市场准入权。

第三章 航空器法律制度

3.1 航空器的定义、分类及法律地位

3.1.1 航空器的定义

3.1.1.1 《芝加哥公约》及其附件

最早对航空器进行定义的国际航空公约是 1919 年《巴黎公约》附件 A,附件 A 规定:"航空器是指可以从空气的反作用而在大气中取得支撑力的任何机器。"

1944 年《芝加哥公约》只将航空器分为"民用航空器和国家航空器",未对航空器进行具体定义。

附件 1、附件 2、附件 3、附件 13、附件 16 第Ⅰ卷航空器噪声、附件 19 均在第 1 章《定义》中对航空器进行了界定。航空器是指能从空气的反作用而不是从空气对地面的反作用,在大气中获得支撑的任何机器。

《芝加哥公约》附件 1、2、13、附件 16 第Ⅲ卷飞机二氧化碳排放、附件 19 也均在第 1 章《定义》中对飞机进行了定义。飞机是由动力驱动的重于空气的航空器,其飞行中的升力主要由作用于翼面上的空气动力的反作用力获得,此翼面在给定飞行条件下保持固定不变。另外,附件 6[①] 和附件 7 有关飞机的定义为:飞机是由动力驱动的重于空气的航空器,其飞行中的升力主要由作用于翼面上的空气动力的反作用力获得。

3.1.1.2 国内航空法

美国、日本、俄罗斯、印度尼西亚等国也对航空器进行了定义。1958 年《美国联邦航空法》定义为:现有的或今后发明、使用或专供用于空中航行、飞行之任何机器。[②] 1952 年颁布的《日本航空法》定义为:系指可供空中航行之用的载有人员的飞机、旋翼机、滑翔机和飞艇,以及内阁命令所规定的可用于空中航行的任何器械。1983 年苏联《航空法典》定义为:凡能依靠空气的相互作用在大气中保持运行的任何飞行器械。1997 年 3 月 25 日通过的《俄罗斯航空法》第 32 条定义为:航空器是指凭借空气不同于地表和水面的反作用而悬浮于空中的飞行设备。[③]《印度尼西亚航空法》第 1 章定义为:是指基于与空气相对运动而产生的升力(非空气对地面的反作用力)而能够在空中飞行,并且专门用于航空用途的机械或设备。[④]

我国《民用航空法》中并未对航空器进行定义,但在航空部门规章中对航空器进行了定义。如 1998 年 6 月 10 日中国民用航空总局令第 76 号公布根据 2022 年 7 月 5 日交通运输部《关于修改〈民用航空器国籍登记规定〉的决定》修正(CCAR-45-R3)第 2 条规定:"本规

[①] 在没有特殊说明的情况下,附件 6 是指附件 6《航空器的运行》第Ⅰ部分《国际商业航空运输—飞机》。
[②] "Aircraft" means any contrivance invented, used, or designed to navigate, or fly in, the air.
[③] 杨惠,郝秀辉.航空法评论—第 5 辑[M].北京:法律出版社,2015:381.
[④] 杨惠,郝秀辉.航空法评论—第 5 辑[M].北京:法律出版社,2015:412.

定所称航空器是指任何能够凭借空气的反作用力获得在大气中的支承力并由所载人员驾驶的飞行器械,包括固定翼航空器、旋翼航空器、载人气球、飞艇以及中国民用航空局(以下简称民航局)认定的其他飞行器械。"再如,2004年《民用航空使用空域办法》(CCAR-71)附件一《定义》中规定:"航空器,能从空气的反作用而不是从空气对地面的反作用,在大气中获得支撑的任何机器。"

3.1.2 航空器的分类

1944年《芝加哥公约》第3条《民用航空器和国家航空器》规定:"一、本公约仅适用于民用航空器,不适用于国家航空器。二、用于军事、海关和警察部门的航空器,应认为是国家航空器。"在随后制定的涉及航空器分类的国际航空公约中,基本上都采用1944年《芝加哥公约》模式。在各国国内航空法中,也基本采用1944年《芝加哥公约》模式,将航空器分为民用航空器和国家航空器,并排除了国家航空器的适用。如我国《民用航空法》第5条规定,本法所称民用航空器,是指除用于执行军事、海关、警察飞行任务外的航空器。

在1944年《芝加哥公约》附件7《航空器国籍和登记标志》中,将航空器分为重于空气的航空器和轻于空气的航空器。重于空气的航空器是指任何在飞行中主要从空气动力获得升力的航空器。轻于空气的航空器是指任何主要由于浮力而支持在空中的航空器。二者又分为有动力驱动和非动力驱动的。该附件第2.1条规定,航空器必须按照图3-1分类。

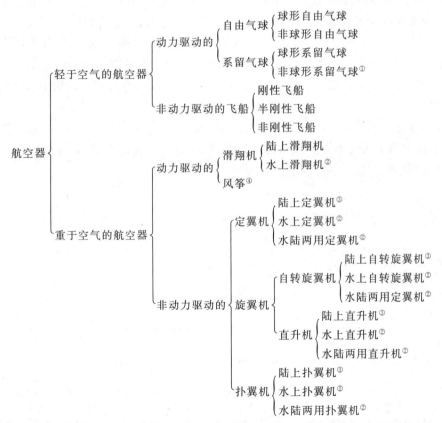

注:①通常称为"风筝气球"。②根据情况可增加"浮筒式"或"船身式"字样。③包括装有雪橇式起落架的航空器(改"陆上"为"雪橇")。④只是为了全面而列入。

图3-1 航空器分类

3.1.2.1 国际航空法中对航空器二元分类的发展历程

从第一个气球升空开始，人们就清楚意识到航空器完全能够在未来兼顾民用和军用。气球的优势在很短的时间内就被军事力量发现了，并很快地被用于军事目的，但人们未对民用航空器和军用航空器在法律上的划分有明确认识，直到飞机被发明。

国际上首先提出对航空器进行分类的是法国法学家福希尔，他将航空器分为公共航空器和私有航空器。① 这一分类，在1910年在巴黎召开的空中航行国际会议上被讨论，大多数国家的代表认为有必要对航空器至少作两种分类，会议最后接受一个决议承认航空器有两种类型，即公共航空器和私用航空器，公共航空器又包括军事和警察航空器。② 虽然当时人们对航空器划分为公共航空器和私有航空器的标准并不明确，但却是航空器二元分类的开始，并为以后航空器二元论在法律上的确认奠定了基础。

1919年《巴黎公约》③将航空器划分为私用航空器和国家航空器。其第七章章名就叫"国家航空器（State Aircraft）"，第30条规定："下列航空器应当被认为是国家航空器：（a）军用航空器。（b）航空器被国家唯一雇佣，例如邮政、海关和警察。其他任何的航空器都应当被认为是私有航空器。所有除了军事、海关和警察以外的航空器都应当被作为私用航空器，并且都应当受现存公约规定的支配。"第31条还规定："由委任的军人操纵的任何航空器，均被认为是军用航空器。"④

1919年《巴黎公约》关于航空器分类的标准是来自于1910年在巴黎召开的空中航行国际会议上所形成的决议，只不过是用"国家航空器"代替了"公共航空器"。

1944年《芝加哥公约》对航空器在法律上也采取了二元分类，将航空器分为民用航空器和国家航空器，用"民用航空器"代替了"私用航空器"，对国家航空器的表述也更为明确。第3条第1款和第2款分别规定："本公约仅仅适用民用航空器，并且将不适用于国家航空器"，"国家航空器是指用于军事、海关和警察的航空器"。

在随后签订的国际航空条约中，基本上是以1944年《芝加哥公约》中关于航空器的分类为基础，将航空器分为民用航空器和国家航空器，并把用于执行军事、海关和警察飞行任务的国家航空器排除国际航空法的适用范围。⑤

---

① 参见：Article of the Draft Convention on the Juridical Regulation of Aerostats, reprinted in 7 Am. J. Int'1L., supp. 1913, p148.
② 参见：Jiri Hornik. Article 3 of the Chicago Convention[J]. Air & Space Law, 2002(27):162.
③ 英文为"Convention Relating to the Regulation of Aerial Navigation"。
④ 1919年《巴黎公约》第30条和31条英文原文为：

Article 30. The following shall be deemed to be State aircraft: (a) Military aircraft. (b) Aircraft exclusively employed in State service, such as Posts, Customs, Police. Every other aircraft shall be deemed to be private aircraft. All State aircraft other than military, customs and police aircraft shall be treated as private aircraft and as such shall be subject to all the provisions of the present Convention.

Article 31. Every aircraft commanded by a person in military service detailed for the purpose shall be deemed to be a military aircraft.

⑤ 如1948年《国际承认航空器权利公约》第13条规定："本公约不适用于供军事、海关和警察使用的航空器。"1952年《罗马公约》第26条规定："本公约不适用于供军事、海关和警察使用的航空器。"1963年《东京公约》第1条第4款规定："本公约不适用于供军事、海关或警察用的航空器。"1970年《海牙公约》第3条第2款，1971年《蒙特利尔公约》第4条第1款也都做出了这样的规定。2009年《关于航空器对第三方造成损害的赔偿责任公约》第2条范围第4款中，规定："四、本公约不适用于国家航空器造成的损害。用于军事、海关和警察服务的航空器应当视为国家航空器。"2010年《北京公约》第5条第1款规定："本公约不应当适用于供军事、海关或警察用的航空器。"

3.1.2.2 国内航空法中对航空器二元分类的规定

在国内航空立法中,对航空器的分类也都坚持二元论的观点,并且基本上都是参照1944年《芝加哥公约》的规定进行制定的,将航空器分为民用/公用航空器、民用/军用航空器和民用/国家航空器等。

1958年《美国联邦航空法》第101条规定"民用航空器指除公用航空器以外的航空器",进而对公用航空器的定义为:"公用航空器是专供合众国任何政府包括一个州、领地、属地、哥伦比亚的政府或者下属政府机关使用的航空器,但不包括政府所有的、任何运载人员或财产进行商业活动的航空器。"

1997年《俄罗斯航空法典》第33条第1款将航空器分为民用航空器和国家航空器,并对二者登记的程序进行了规定。[1]

《罗马尼亚航空法》第11条规定:"所有用于空中交通的载运旅客或货物(无论重于或轻于空气的)飞行器为民用航空器,但属于空军拥有和使用的飞行器除外。"

加拿大对航空器的分类很特殊,将航空器分为军用航空器和民用航空器两类,民用航空器包括"商用航空器""国家航空器"和"私用航空器";国家航空器是指加拿大或其一个省的元首陛下并专用于其公务的民用航空器。

我国《民用航空法》第5条也将航空器分为民用航空器和国家航空器。该条规定:"本法所称的民用航空器,是指除用于执行军事、海关和警察飞行任务外的航空器。"[2]

3.1.2.3 航空器分类的理论学说

对于民用航空器和国家航空器的具体范围,理论上主要有三种学说,即国家利益说、特定用途说、国家航空器否定说,[3]还有学者提出民用航空和非民用航空说。

1. 国家利益说

国家利益说认为,判断国家航空器的标准是考查一个特定航空器的服务对象,如果一个航空器的服务对象是国家利益或公共利益,那么这个航空器便是国家航空器。例如,荷兰航空法学家迪德里克斯-弗斯霍尔便在其著作《航空法简介》指出:"在给国家航空器下定义时所用的主要标准是指它用于为公共服务的意思。"[4]按照这个依据,国家航空器可包括海关航空器、警察航空器、军事航空器、邮用航空器、运送国家元首的专机、运送政府高级官员的专机、负有特殊使命的航空器军队红十字航空器。

我国著名航空法学家赵维田教授认为,判断国家航空器的标准是:主观上说是有用于公共服务的意思,而客观上使该航空器处于公共管理当局(国家机构的部门)控制、监督、命令

---

[1] Aircraft design aimed for flights shall be subject to State registration according to the following procedure: civil aircraft: in the State Register of Civil Aircraft of the Russian Federation or in a State register of civil aircraft of a foreign state, provided an agreement is signed on the maintenance of airworthiness between the exploiter-state and the state where the aircraft is registered. Data on civil aircraft shall be included in the State Register of Civil Aircraft of the Russian Federation if airworthiness certificates exist; state aircraft: in accordance with the procedure established by a specially authorized body in the field of defence up on an agreement with specially authorized bodies possessing units of state aviation. 参见:http://www.aviaru.net/english/code/chapter5.shtml. 2013年5月20日访问。

[2] 建议将本条改为:"本法所称民用航空器,是指国家航空器之外的航空器。除用于执行军事、海关、警察、专机等飞行任务的航空器,属于国家航空器。其他类型的国家航空器及其管理,由国务院规定。"理由:与国际公约保持一致。

[3] 黄力华.国家航空器法律问题研究[J].现代法学,2000,22(6):146-149.

[4] 迪德里克斯-弗斯霍尔.航空法简介[M].赵维田,译.北京:中国对外翻译出版公司,1987:40.

之下,国家对之承担责任的航空器。①

但也有学者认为,国家利益说有着自身难以克服的缺点。② 目前,国家利益说在理论上和实践中已经被普遍接受。

2. 特定用途说

特定用途说认为,执行特定用途的航空器是国家航空器,除此以外都是民用航空器。哪些航空器执行特定用途?他们认为用于执行军事、海关和警察飞行任务的航空器是执行特定用途的,属于国家航空器。

特定用途说在一定意义上较国家利益说更为合理,更为准确。但如将民用航空器用作军事用途,或将军用航空器用做民用目的,法律地位可能就难以判断了。

目前,国际航空条约和各国航空法中关于航空器的分类采用的是特定用途说。

3. 国家航空器否定说

国家航空器否定说认为,对国家航空器进行定义是没有必要的,只会增加国际航空公约解释和适用上的不确定性。因为只要涉及国家航空器,就会涉及国家主权问题,便会产生诸多争议,从而给国际航空条约的解释和适用带来了诸多不确定的因素。但持国家航空器否定说的学者们,在某种程度上还是承认了国家航空器的存在。

4. 民用航空和非民用航空说

民用航空和非民用航空说认为,无论现在还是将来,航空法学界都不可能对国家航空器的法律地位予以准确定位,其基本原因在于将航空器区分为国家航空器及民用航空器本身就是不正确的,也是不科学的。这种区分方法具有时代局限性,已不能适应现代航空事业的发展需要,如坚持将航空器分为国家航空器和民用航空器,必将严重地制约人们处理航空法律事务的能力。因此,有必要摒弃国家航空器这种分类方法,为了和华沙体制保持一致,应当代之以民用航空与非民用航空的分类方法。③

这种学说具有一定合理性,但用民用航空和非民用航空取代传统的民用航空器和国家航空器的分类,在某种程度上否定了航空器的法律人格,从而更为法律适用上带来混乱。因为从国际航空条约和国内航空法的规定来看,航空器本身具有法律人格,如果取消航空器的法律人格,无论是国际航空条约和国内航空法中对航空器的规定将无从适用,从而导致国际航空条约和国内航空法必须重新构建,或将导致航空法解体。

---

① 赵维田. 国际航空法[M]. 北京:社会科学文献出版社,2000:59.

② 这些缺点主要有:第一,这种观点本身并不能真正区分国家航空器与民用航空器。第二,这种理论会引起国家航空器外延问题的混乱。第三,国家利益说在国家航空器的构成上也存在着混乱。参见:黄力华. 国家航空器法律问题研究[J]. 现代法学,2000,22(6):146-149.

③ 黄力华教授认为:国家利益说这种观点本身就存在着一些难以克服的弱点;但是"特定用途说"仍不能说就是完美无缺的,在某些特殊情况下利用"特定用途说"仍然不能准确判断航空器的法律地位。应以航空活动的性质进行划分,取而代之以民用航空和非民用航空。参见:黄力华. 国家航空器法律问题研究[J]. 现代法学,2000,22(6):146-149.

除了上述四种学说外,理论界还有所有权标准说、传统的功能论以及折中路线说。①

3.1.2.4 航空器分类的必要性

对民用航空器和国家航空器进行准确划界比较困难,但在法律上确是必要的,在实践中也是可行的。从1919年《巴黎公约》中首次对航空器在法律上进行分类以来,并没有阻碍航空法的发展,也没有阻碍对航空事务的处理能力。因此,在航空法中对航空器进行分类是必要的,其必要性主要表现在以下几个方面:

第一,能够促进民用航空事业发展。对航空器分类的目的,正是为了促进民用航空事业的发展,保障民用航空事业安全和有秩序地进行。因此,自航空活动产生初期,人们就开始思考航空器的分类问题,并力图在法律上作出明确的界定。如果将民用航空器和国家航空器适用同样的法律规则,不仅为国际航空条约的统一适用带来障碍,也会因与传统的国际强行法相冲突而导致无效。在1919年航空技术和航空事业尚不发达的情况下,人们通过国际立法对航空器的分类虽然存在瑕疵,但却对促进民用航空事业的发展具有重要意义。

第二,能够确保国际航空公约的统一适用。有学者指出,将航空器划分为国家航空器和民用航空器,导致了华沙体制和国际航空公法的对立。恰恰相反,这种分类不仅没有导致华沙体制和国际航空公法之间的对立,而且还加强了国际航空公约的统一适用。在目前现存的国际航空公约中,基本上明确规定不适用于用于执行军事、海关或警察用的航空器。各国国内航空立法中也排除了国家航空器的适用。

如果军事、海关或警察用的航空器,也归属于国际航空公约的统一适用,国际航空公约根本就不能生效,因为这些航空器往往涉及国家主权、国家秘密以及习惯国际法,会对民用航空安全和有秩序地运行带来更大障碍。所以,对航空器进行法律上的二元分类,能够确保国际航空公约的统一适用。

第三,国际航空法理论的发展能够弥补划分上的不足。立法本身具有超前性,但也具有滞后性。航空立法也是如此,我们不能要求立法者们在特定的历史条件下制定出以现代人的观点看来完美无缺的法律。而且关于民用航空器和国家航空器的范围在理论上也不断得到新的诠释,如上文中的国家利益说,已经得到了国际社会的普遍认可,弥补了特定历史时期对航空器分类上的不足。

第四,能够促进民用航空器和国家航空器的协调发展。目前,民用航空器和国家航空器是相辅相成的,且可以相互转化的。如二战结束后,大量的军用航空器经过改装从事商业用途,有力地推动了民用航空业的发展,改变了以往以军用航空活动为主的局面,促进了民用航空器和国家航空器的协调发展。

民用航空器也具有军事价值。如遇到军事需要或国家处于紧急状态时,民用航空器也

---

① 所有权标准说认为:几乎所有的国家都承认了这两个关于所有权的分类——私有的和公共的。因此,这样以所有权作为划分国家航空器和民用航空器的标准,非常清楚和透明。

传统的功能论认为:区分航空器的观点关于他们的使用的目的,主要看航空器是"民用的"还是"国家的"的用途。但是如果该航空器涉及第三方利益的时候,导致大量不确定的因素。首先要将哪些活动是国家的活动挑选出来,然后还要挑选出哪些活动是国家在行使其主权的活动,哪些是国家的商业活动。

折中路线说实际是一种妥协的观点,这种妥协的观点具有下列的特征:第一,民用航空器和国家航空器基本的区别是所有权;第二,国家航空器包括在特殊的(商业)的活动和私人的行为相联系被当作民用航空器对待;第三,这些特定的(商业的)的活动被界定作为这些活动在履行中国家没有行使它的主权权力;第四,相关联的航空器不得不将履行这些特定的排他的活动作为唯一基础。参见:Jiri Hornik. Article 3 of the Chicago Convention[J]. Air & Space Law, 2002(27): 172.

可不加改装可直接用于军用目的,填补了国家航空器数量不足的状况,从而能够动态地协调民用航空器和国家航空器的发展。

第五,国家的存在也为国家航空器的生存提供了必要性。只要国家存在,国家航空器就不会退出历史舞台。因为国家要涉及主权的行使,就会出现国家为行使主权而使用航空器,诸如军用航空器、海关航空器、警察航空器以及代表国家行为的主体的专机等,这些航空器无疑就是国家航空器。因此,国家的存在也为国家航空器的生存提供了必要性。

综上,本书认为,对民用航空器和国家航空器的划分还是有必要的,但划分的依据和标准,随着航空事业的发展,还有待进一步的研究。

3.1.3 航空器的法律地位

将航空器划分为民用航空器和国家航空器的根本目的,是确定其法律地位,从而为国际航空公约和国内航空法对民用航空器的适用奠定法律基础。从国际航空公约和国内航空法的规定来看,民用航空器和国家航空器分别处于不同的法律地位。

3.1.3.1 民用航空器的法律地位

1. 民用航空器是合成物

民用航空器是由航空器构架、发动机、螺旋桨、无线电设备和其他一切为了在民用航空器上使用的,无论安装于其上或者暂时拆离的物品①等组成的合成物,每一部分都是民用航空器不可或缺的,在法律上均不能脱离民用航空器而单独存在。它们与民用航空器之间被视为从物与主物的关系,民用航空器所有权转移、抵押权设立及优先权的存在等均涉及整个民用航空器。

2. 民用航空器具有不动产属性

从理论上来说,能够发生位移而不损害其价值的财产是动产,民用航空器理应属于动产范畴。但民用航空器价值较大,使用年限长,各国民法中一般将其当作不动产来对待。如我国《民用航空法》第14条第1款规定:"民用航空器所有权的取得、转让和消灭,抵押权设立、变更,都应当进行登记,未经登记的,不得对抗第三人。"

3. 民用航空器虽是物,但有拟人性

民用航空器在法律地位上是物,是法律关系的客体,但是民用航空器却具有法律上自然人或法人的特性,因此产生法律主体的某些属性。对于民用航空器的拟人性,是拟自然人还是拟法人,学术界存在不同的看法。但在法律规定范围内,民用航空器具有相应的权利能力和行为能力。

其一,法律上赋予了航空器的法律人格,使其成为航空法的适用对象。如1944年《芝加哥公约》第3条、1952年的《罗马公约》第26条、1963年《东京公约》第1条、1970年《海牙公约》第3条、1971年《蒙特利尔公约》第4条都规定了适用对象是民用航空器。国内航空法中也基本上和国际航空条约的规定一致,如我国《民用航空法》第5条的规定。

其二,在航行中,权利和义务的规定也是针对民用航空器。根据国际航空条约和国内航空法的规定,民用航空器应当遵守飞入国的法律和规章,民用航空器在公海和不属于任何国家领土的上空飞行,享有飞越自由,但要遵守国际航空的一般规则,对民用航空器不得使用

---

① 参见《民用航空法》第10条。

武力或武力相威胁。

另外，根据 1982 年《联合国海洋法公约》的规定，航空器在公海上空飞越自由，在专属经济区，所有国家，不论为沿海国还是内陆国，在有关规定的限制下，享有该公约第 38 条所规定的民用航空器还享有过境通行权，第 53 条所规定的群岛海岛通过权，第 87 条所规定的飞越自由等权利，也要承担行使权利时的相关义务。

3.1.3.2　国家航空器的法律地位

1944 年《芝加哥公约》第 3 条第 3 款规定："一缔约国的国家航空器，未经特别协定或其他方式的许可并遵照其中的规定，不得在另一缔约国领土上空飞行或在此领土上降落。"但根据国际习惯法规定，有些国家航空器享有管辖豁免权，而有些国家航空器则没有豁免权。

第一，外国国家元首、政府首脑和执行特别使命的高级官员乘坐的专用航空器享有管辖豁免权。学者们对豁免权的根据有不同认识，有人认为这些专用航空器本身就享有豁免权；而有人认为，是因为乘坐该专用航空器的人享有特权和豁免权，从而赋予了该专用航空器的豁免权。本书赞同第二种意见。

第二，用于执行政府间国际组织任务的航空器也享有管辖豁免权。管辖豁免权的根据，是政府间国际组织自身享有的成员国所赋予的豁免权，从而该航空器也享有相应的豁免权。例如，联合国及专门机构所拥有的航空器在执行任务时的管辖豁免权。

第三，军用航空器原则上享有管辖豁免权。按照国际法的一般规定，军用航空器原则上享有外国军舰被给予的管辖豁免权，但不适用于军用航空器从事间谍等敌对行为。

第四，警察和海关航空器，不享有豁免权。根据现有国际航空法和各国国内航空法的规定，在任何情况下，警察和海关航空器都不享有管辖豁免权，但有关国家间可通过特别协议确定在何种情况下准许飞越边境，如国家之间的打击犯罪的合作，对航空器的搜寻和援救的合作等。

3.2　民用航空器国籍

3.2.1　民用航空器国籍的一般规定和法律意义

3.2.1.1　一般规定

个人（自然人）的国籍，是指个人作为某一特定国家的国民或公民的一种法律资格或身份。① 严格地说，只有自然人才是各国国籍法的主体，但在 19 世纪后半叶之后，随着国家间交往的发展，国籍也被扩大到法人、船舶、航空器上。

最早提出应赋予航空器国籍的是法国法学家福希尔，他认为赋予航空器国籍能够更好地促进航空活动的发展。1919 年《巴黎公约》第 6 条②首次以国际法的形式确立了航空器国籍制度。随后，1926 年《伊比利亚—美洲公约》第 6 条、1928 年《哈瓦那公约》第 17 条以及 1944 年《芝加哥公约》专门设置了一章（第三章《航空器的国籍》）用 5 个条文对航空器国籍进

---

①　《国际公法学》编写组. 国际公法学[M]. 3 版. 北京：高等教育出版社，2022：195.

②　Aircraft possess the nationality of the State on the register of which they are entered, in accordance with the provisions of Section Ⅰ(c) of Annex A.

行了详细规定。① 各国国内航空立法中,也都有对航空器国籍的具体规定。

3.2.1.2 法律意义

民用航空器国籍是国籍国和民用航空器相联系的法律纽带,在国内法、国际公法以及国际私法中都具有重要意义。②

1. 国内法意义

民用航空器国籍表明民用航空器与登记国家之间在法律上的隶属关系,民用航空器因此获得国籍国在航空运输方面提供的各种优惠。例如,1944 年《芝加哥公约》第 7 条③规定国内载运权。我国《民用航空法》第 177 条④也有具体规定。

民用航空器国籍国还要保护航空器所有人、经营人和民用航空器的合法权利,并加强对民用航空器管理,对涂有本国国籍标志的民用航空器行使有效的行政、技术及社会事项的管辖和控制,以保证取得该国国籍的民用航空器与国家之间有真正的联系。

取得我国国籍的民用航空器,不仅在航空运输政策、税收优惠等方面享有照顾,必要时可享受我国使领馆的保护与帮助,在公海上或外国领空内发生刑事、民事案件时,我国也享有管辖权。

2. 国际公法意义

民用航空器国籍在国际公法上具有以下三个方面的意义:

第一,国籍是区分本国民用航空器和外国民用航空器,决定它们不同法律地位的依据。国家根据登记状况来确定本国民用航空器和外国民用航空器。国家有权对本国民用航空器行使属人管辖权,而对外国民用航空器只能行使属地管辖权或国际法上规定的其他管辖权。在本国登记的本国民用航空器享有和承担本国法律规定的权利和义务,而外国民用航空器只能在国际法所规定的情况下享有相关权利和义务。

第二,国籍是民用航空器国籍国对其提供保护权的依据。这些保护权包括:搜寻援救的权利、参与事故调查的权利、协助权利等。

第三,国家是民用航空器与国际法联系的纽带。民用航空器具有了登记国的国籍,就可以享受国际法赋予国家的权利和义务给它带来的权益和应承担的有关义务。

3. 国际私法意义

民用航空器国籍在国际法私法中可决定某些法律关系的准据法。从国际私法的角度来看,民用航空器的国籍是解决有关民用航空器及其航行的航空纠纷的一个重要连接点。如 1948 年《日内瓦公约》第 1 条规定的航空器所有权、占有权、租赁期限为 6 个月以上租赁占有

---

① 1944 年《芝加哥公约》第三章《航空器的国籍》。第 17 条航空器的国籍:航空器具有其登记的国家的国籍。第 18 条双重登记:航空器在一个以上国家登记不得认为有效,但其登记可以由一国转移至另一国。第 19 条管理登记的国家法律:航空器在任何缔约国登记或转移登记,应按该国的法律和规章办理。第 20 条标志的展示:从事国际航行的每一航空器应载有适当的国籍标志和登记标志。第 21 条登记的报告:缔约各国承允,如经要求,应将关于在该国登记的某一航空器的登记及所有权情况提供给任何另一缔约国或国际民用航空组织。此外,缔约各国应按照国际民用航空组织制定的规章,向该组织报告有关在该国登记的经常从事国际航行的航空器所有权和控制权的可提供的有关资料。如经要求,国际民用航空组织应将所得到的资料提供给其他缔约国。

② 贺富永. 民用航空器国籍的法理透视[J]. 江苏航空,2003(2):39-40.

③ 各缔约国有权拒绝准许其他缔约国的航空器为取酬或收费在其领土内装载前往以其领土内另一地点为目的的旅客、邮件和货物。各缔约国承允不缔结任何协议在排他的基础上特准任何其他国家或任何其他国家的空运企业享有任何此项特权,也不向任何其他国家取得任何此项排他的特权。

④ 外国民用航空器的经营人,不得经营中华人民共和国境内两点之间的航空运输。

民用航空器的权利以及为担保偿付债务而协议设定的航空器的抵押权、质权以及类似权利，必须符合"权利的设定符合该航空器进行国籍登记的缔约国在设定该权利时的法律""在不同缔约国中进行的连续登记的合法性，按照每次登记时的该航空器进行国籍登记的缔约国的法律予以确定"。

我国《民用航空法》在关于涉外关系的法律适用问题上，也有以登记国法作为准据法。如我国《民用航空法》第185条规定："民用航空器所有权的取得、转让和消灭，适用民用航空器国籍登记国法律。"第186条还规定："民用航空器抵押权适用民用航空器国籍登记国法律。"

3.2.2 民用航空器国籍的法律规定

3.2.2.1 国际航空公约

1919年《巴黎公约》首次以国际航空条约的方式确立了航空器国籍登记制度，形成了至今仍在适用的航空器国籍制度。在该公约第二章《航空器国籍》中，从第5条到第10条详细地规定了航空器国籍制度的三原则，即航空器具有其登记国的国籍[①]，航空器只能有一个国籍[②]和航空器国籍登记的具体条件由各国国内法加以规定[③]。该三原则后来被1926年《伊比利亚—美洲公约》(第6条)、1928年《哈瓦那公约》(第17条)和1944年《芝加哥公约》所采用。

1944年《芝加哥公约》第三章《航空器的国籍》，从第17条到第21条用了五个条文详细规定了航空器国籍制度。

3.2.2.2 国内航空法

1. 域外国家国内航空法

航空器具有其登记国的国籍，且只能具有一个国籍已被世界各国所普遍接受，但对于登记的具体条件，各国法律的规定不尽相同。如法国民航法第1121-3条(1996年2月27日政府公报第28条公布的1996年2月26日第96-151号法律)规定："只有属于以下个人或团体所有的飞行器才可在法国登记、注册：属于法国个人或欧洲经济共同体某一成员国侨民或'欧洲经济区协定'成员国国民私人所有的飞行器；或属于某一法人所有，该法人根据欧洲经济共同体某一成员国或'欧洲经济区协定'某一成员国的有关法令建立，并在法国国土内或欧洲经济共同体某一成员国或'欧洲经济区协定'某一成员国国土内设立总部或主要经营、活动场所的。例外条例可由主管当局以'例外'的名义付诸实施。"再如，美国《联邦航空法》第501条规定"合众国公民或经法律手续准许在合众国长期居住的外国个体公民所有"

[①] 在1919年巴黎会议上，英国代表就曾在其提交的国际空中航行的国际公约草案第3条中建议"航空器的国籍按其所有人的国籍决定"。但登记确定国籍的准则最后在1919年巴黎会议上占了上风，表现在1919年《巴黎公约》第6条的规定上；Article 6. Aircraft possess the nationality of the State on the register of which they are entered, in accordance with the provisions of Section I(c) of Annex A.

[②] Article 8. An aircraft cannot be validly registered in more than one State.

[③] Article 7. No aircraft shall be entered on the register of one of the contracting States unless it belongs wholly to nationals of such State. No incorporated company can be registered as the owner of an aircraft unless it possess the nationality of the State in which the aircraft is registered, unless the president or chairman of the company and at least two-thirds of the directors possess such nationality, and unless the company fulfills all other conditions which may be prescribed by the laws of the said State.

或者"为依法组织并按合众国或其所属任一州的法律从事营业的法人（只有一个合众国公民的法人除外）所有，并且该航空器的基地在合众国又主要在合众国内使用者"所拥有的航空器，应在美国登记取得美国国籍。英国法律只允许英国臣民或受英国保护的人所有的或租用的航空器在英国登记。《日本航空法》规定了 4 种人员拥有的航空器不得进行登记：未取得国籍者；外国或外国的公共团体或类似的机构；根据外国法令或规章设立的法人或其他团体；任何法人，其代表为前三项所述人员时，其三分之一以上的高级职员或三分之一以上的表决权为此等人所有时。此外，《日本航空法》还规定，凡具有外国国籍的航空器，均不得登记。

1997 年《俄罗斯联邦航空法》第 33 条第 1 款规定：民用航空器（通用航空领域的超轻型民用航空器除外）可以在俄罗斯民用航空器国籍登记处进行登记，也可以在与俄罗斯联邦就维持航空器适航签订协议的其他国家进行登记。

《印度尼西亚航空法》第 25 条规定："在印度尼西亚登记的民用航空器应当被授予印度尼西亚登记标志，但应符合下列要求：1）未在其他国家登记；2）由印度尼西亚公民或者法人所有；3）由外国公民或法人所有，但由印度尼西亚公民或法人运营，并且根据协议、合同具有连续 2 年以上使用期；4）由政府机构或者地方政府所有，但该航空器未被用于执法任务；5）由外国公民或法人所有，但是根据依法签订的航空器仓储、租赁、出租或者/和贸易相关的协议、合同由印度尼西亚法人占有。"第 27 条还规定："1）任何已经获得印度尼西亚登记证书的飞机、直升机、载人气球以及飞艇，应当被授予印度尼西亚国籍身份。2）已经取得印度尼西亚登记证书和国籍身份的飞机、直升机、载人气球以及飞艇，应当标明印度尼西亚共和国国旗。3）飞机、直升机、载人气球以及飞艇以外的其他航空器可以被免除拥有印度尼西亚国籍身份的要求。"

2. 我国航空法

在我国《民用航空法》第二章《民用航空器国籍》中，从第 5 条到第 9 条用了 5 个条文对民用航空器国籍进行了具体规定。1987 年颁布的《中华人民共和国民用航空器适航管理条例》（下文简称《民用航空器适航管理条例》）第 11 条[①]，1997 年以国务院令第 232 号颁布的《中华人民共和国民用航空器国籍登记条例》[②]（下文简称《民用航空器国籍登记条例》）等行政法规，以及 1990 年 12 月 2 日民航局令第 15 号发布《民用航空器国籍和登记的规定》（CCAR-45AA）（已废止）[③]、1998 年 6 月 10 日中国民用航空总局令第 76 号发布《民用航空器国籍登记规定》（CCAR-45-R1）（已废止）、2022 年 1 月 4 日交通运输部令第 1 号发布《民用航空器国籍登记规定》（CCAR-45-R2）（已废止）以及正在适用的《民用航空器国籍

[①] 在中华人民共和国境内飞行的民用航空器必须具有国籍登记证。在中华人民共和国注册登记的民用航空器，具有中华人民共和国国籍，国籍登记证由民航局颁发。民用航空器取得国籍登记证后，必须按照规定在该民用航空器的外表标明国籍登记识别标志。

[②] 2020 年 11 月 29 日《国务院关于修改和废止部分行政法规的决定》修订，简称为《民用航空器国籍登记条例（2020 年修订版）》，本书在没有特别说明情况下，是指 2020 年修订版。

[③] 该规定自发布之日起施行。民航局一九八三年八月二十三日民航字第 97 号通知中的和一九八三年十月二十四日发布的《中国民用航空机务工程条例》第四章中的《民用航空器国籍登记证颁发程序和管理规则》同时废止。

登记规定》(CCAR-45-R3)①等部门规章对民用航空器国籍进行了详细规定。主要内容如下：

（1）一般性规定。

①登记目的。民用航空器国籍登记的目的是"为加强对民用航空器国籍的管理，保障民用航空活动安全，维护民用航空活动秩序。"②

②登记的条件。根据我国《民用航空法》《民用航空器国籍登记条例》以及《民用航空器国籍登记规定》(CCAR-45-R3)的规定，我国民用航空器国籍登记的条件主要包括：

第一，民用航空器不得具有双重国籍。未注销外国国籍的民用航空器，不得在我国申请国籍登记；未注销中华人民共和国国籍的民用航空器，不得在外国办理国籍登记。③

第二，下列民用航空器应当依照本规定进行国籍登记：（一）中华人民共和国国家机构的民用航空器；（二）依照中华人民共和国法律设立的企业法人的民用航空器；（三）在中华人民共和国境内有住所或者主要营业所的中国公民的民用航空器；（四）依照中华人民共和国法律设立的事业法人的民用航空器；（五）民航局准予登记的其他民用航空器。自境外租赁的民用航空器，承租人符合前款规定，该民用航空器的机组人员由承租人配备的，可以申请登记中华人民共和国国籍；但是，必须先予注销该民用航空器原国籍登记。④

第三，登记机关是国务院民用航空主管部门。《民用航空器国籍登记规定》(CCAR-45-R3)第7条规定：民航局主管中华人民共和国民用航空器国籍登记，设立中华人民共和国民用航空器国籍登记簿，统一记载民用航空器的国籍登记事项。⑤

第四，飞行时应携带相关国籍登记证书或临时登记证书，否则，国务院民用航空主管部门可以禁止该民用航空器起飞。《民用航空器国籍登记规定》(CCAR-45-R3)第4条规定："在中华人民共和国领域内飞行的民用航空器，应当具有规定的国籍标志和登记标志或

---

① 在解读《交通运输部关于修改〈民用航空器国籍登记规定〉的决定》中，交通运输部指出：一、立法的必要性：现行《民用航空器国籍登记规定》由原民航总局于1998年公布，我部于今年（2022年）初作出局部修改，主要规范了民用航空器国籍登记管理有关制度，以保障民用航空活动安全，维护民用航空活动秩序。在施行中，需要对照国际民航公约相关内容作进一步完善。二、此次修订的主要内容：一是增加了特定情况下民用航空器登记国有关职责，以及国内首次登记外国设计型号的航空器时应通知其设计国的规定。二是增加了民用航空器登记标志不得与国际常用信号、遇险信号等混淆的规定。三是完善了民用航空器国籍标志和登记标志位置、字高等方面的要求和限制。参见：https://www.caac.gov.cn/XXGK/XXGK/ZCJD/202208/t20220815_214954.html. 2023年6月16日访问。

② 《民用航空器国籍登记条例》和《民用航空器国籍登记规定》(CCAR-45-R3)均在第1条作出了这样的规定。

③ 这是《民用航空器国籍登记规定》(CCAR-45-R3)第8条的规定。此外，我国《民用航空法》第9条规定："民用航空器不得具有双重国籍。未注销外国国籍的民用航空器不得在中华人民共和国申请国籍登记。"《民用航空器国籍登记条例》第4条规定："民用航空器不得具有双重国籍。未注销外国国籍的民用航空器，不得在中华人民共和国申请国籍登记；未注销中华人民共和国国籍的民用航空器，不得在外国办理国籍登记。"

④ 这是《民用航空器国籍登记规定》(CCAR-45-R3)第5条的规定。此外，我国《民用航空法》第7条规定，下列民用航空器应当进行中华人民共和国国籍登记：（一）中华人民共和国国家机构的民用航空器；（二）依照中华人民共和国法律设立的企业法人的民用航空器；企业法人的注册资本中有外商出资的，其机构设置、人员组成和中方投资人的出资比例，应当符合行政法规的规定；（三）国务院民用航空主管部门准予登记的其他民用航空器。自境外租赁的民用航空器，承租人符合前款规定，该民用航空器的机组人员由承租人配备的，可以申请登记中华人民共和国国籍，但是必须先予注销该民用航空器原国籍登记。

⑤ 我国《民用航空法》第6条规定："经中华人民共和国国务院民用航空主管部门依法进行国籍登记的民用航空器，具有中华人民共和国国籍，由国务院民用航空主管部门发给国籍登记证书。国务院民用航空主管部门设立中华人民共和国民用航空器国籍登记簿，统一记载民用航空器的国籍登记事项。"

《民用航空器国籍登记条例》第5条规定："国务院民用航空主管部门主管中华人民共和国民用航空器国籍登记工作，设立中华人民共和国民用航空器国籍登记簿，统一记载民用航空器的国籍登记事项。"

临时登记标志,并携带国籍登记证书或临时登记证书。"①

第五,民用航空器国籍登记,不得作为民用航空器所有权的证据。② 民用航空器在我国进行国籍登记,并不能表明该民用航空器的所有权人是中国人。所以,民用航空器国际登记不得作为民用航空器所有权的证据。

(2)登记程序。民用航空器国籍登记程序包括:申请、审查、颁发证书、变更登记和注销登记。

①申请。我国《民用航空法》中并未对申请的具体条件进行规定。在《民用航空器国籍登记条例》第7条进行具体规定,为:"申请中华人民共和国民用航空器国籍登记的,申请人应当按照国务院民用航空主管部门规定的格式如实填写民用航空器国籍登记申请书,并向国务院民用航空主管部门提交下列文件:(一)证明申请人合法身份的文件;(二)作为取得民用航空器所有权证明的购买合同和交接文书,或者作为占有民用航空器证明的租赁合同和交接文书;(三)未在外国登记国籍或者已注销外国国籍的证明;(四)国务院民用航空主管部门要求提交的其他有关文件。"《民用航空器国籍登记规定》(CCAR-45-R3)第10条③作了相同规定。

②审查及颁发证书。《民用航空器国籍登记条例》第8条规定:"国务院民用航空主管部门应当自收到民用航空器国籍登记申请之日起7个工作日内,对申请书及有关证明文件进行审查;经审查,符合本条例规定的,应当向申请人颁发中华人民共和国民用航空器国籍登记证书。"《民用航空器国籍登记规定》(CCAR-45-R3)第11条④作了相同规定。

我国《民用航空法》第6条第2款规定:国务院民用航空主管部门设立中华人民共和国民用航空器国籍登记簿,统一记载民用航空器的国籍登记事项。《民用航空器国籍登记条例》第9条⑤和《民用航空器国籍登记规定》(CCAR-45-R3)第12条⑥对民用航空器国籍登记簿中载明具体事项进行了规定。

③证书的有效期。《民用航空器国籍登记规定》(CCAR-45-R3)第11条规定:"民用航空器国籍登记证书的有效期自颁发之日起至变更登记或注销登记之日止。"

---

① 我国《民用航空法》第90条第1款规定:从事飞行的民用航空器,应当携带民用航空器国籍登记证书。民用航空器未按规定携带的,国务院民用航空主管部门或者其授权的地区民用航空管理机构可以禁止该民用航空器起飞。
《民用航空器国籍登记条例》第14条规定:民用航空器没有或者未携带民用航空器国籍登记证书的,国务院民用航空主管部门或者其授权的地区民用航空管理机构可以禁止该民用航空器起飞。
② 《民用航空器国籍登记条例》第6条和《民用航空器国籍登记规定》(CCAR-45-R3)第9条都作了相同规定。
③ 符合本规定第五条的民用航空器的所有人或者占有人(以下简称申请人)向民航局申请中华人民共和国民用航空器国籍登记,应当按照民航局规定的格式如实填写民用航空器国籍登记申请书,并提交下列文件:(一)证明申请人合法身份的文件;(二)作为取得民用航空器所有权证明的购买合同和交接文书,或者作为占有民用航空器证明的租赁合同和交接文书;(三)未在外国登记国籍或者已注销外国国籍的证明;(四)民航局要求提交的其他有关文件。
④ 民航局自收到民用航空器国籍登记申请之日起7个工作日内,对申请书及有关证明文件进行审查;经审查,符合本规定的,即在中华人民共和国民用航空器国籍登记簿上登记该民用航空器,并向申请人颁发中华人民共和国民用航空器国籍登记证书。
⑤ 国务院民用航空主管部门应当在民用航空器国籍登记簿中载明下列事项:(一)民用航空器国籍标志和登记标志;(二)民用航空器制造人名称;(三)民用航空器型号;(四)民用航空器出厂序号;(五)民用航空器所有人名称及其地址;(六)民用航空器占有人名称及其地址;(七)民用航空器登记日期;(八)民用航空器国籍登记证书签发人姓名。
⑥ 民航总局在民用航空器国籍登记簿中载明下列事项:(一)民用航空器国籍标志和登记标志;(二)民用航空器制造人名称;(三)民用航空器型号;(四)民用航空器出厂序号;(五)民用航空器所有人名称及其地址;(六)民用航空器占有人名称及其地址;(七)民用航空器登记日期;(八)民用航空器国籍登记证书签发人姓名;(九)变更登记日期;(十)注销登记日期。

④民用航空器国籍登记证书的变更和注销。《民用航空器国籍登记条例》第 11 条规定："取得中华人民共和国国籍的民用航空器,遇有下列情形之一时,应当申请办理变更登记:(一)民用航空器所有人或其地址变更;(二)民用航空器占有人或其地址变更;(三)国务院民用航空主管部门规定需要办理变更登记的其他情形。"《民用航空器国籍登记规定》(CCAR-45-R3)第 14 条①做了更加具体的规定。

《民用航空器国籍登记条例》第 12 条规定："取得中华人民共和国国籍的民用航空器,遇有下列情形之一时,应当申请办理注销登记:(一)民用航空器所有权依法转移境外并已办理出口适航证的;(二)民用航空器退出使用或者报废的;(三)民用航空器失事或者失踪并停止搜寻的;(四)符合本条例第二条第二款规定的民用航空器租赁合同终止的;(五)国务院民用航空主管部门规定需要办理注销登记的其他情形。"《民用航空器国籍登记规定》(CCAR-45-R3)第 15 条②做了更加具体的规定。

⑤费用及证书的保管。《民用航空器国籍登记条例》第 13 条规定:申请人办理民用航空器国籍登记,应当缴纳登记费。登记费的收费标准由国务院民用航空主管部门会同国务院价格主管部门制定。《民用航空器国籍登记规定》(CCAR-45-R3)第 18 条③对证书费用做了规定。

《民用航空器国籍登记条例》第 10 条和《民用航空器国籍登记规定》(CCAR-45-R3)第 13 条均规定:"民用航空器国籍登记证书应当放置于民用航空器内显著位置,以备查验。"

《民用航空器国籍登记规定》(CCAR-45-R3)第 19 条规定:"民用航空器国籍登记证书不得涂改、伪造或转让。"第 16 条还规定:"民用航空器国籍登记证书遗失或污损的,应当按照本规定第十条向民航局申请补发或者更换民用航空器国籍登记证书,并提交有关说明材料。民航局自收到申请之日起 7 个工作日内,对申请书及有关材料进行审查;经审查,符合本规定的,即补发或者更换民用航空器国籍登记证书。"

(3) 国籍标志和登记标志。民用航空器的国籍标志是指识别民用航空器国籍的字母符号。民用航空器的登记标志是指民用航空器登记国在民用航空器登记后给定的数字、字母或他们的组合。

1944 年《芝加哥公约》附件 7 规定:国籍或共用标志和登记标志须由一组字组成。④ 国

---

① 取得中华人民共和国国籍的民用航空器,遇有下列情形之一时,应当向民航局申请办理变更登记:(一)民用航空器所有人或其地址变更;(二)民用航空器占有人或其地址变更;(三)民航局规定需要办理变更登记的其他情形。申请人应当按照民航局规定的格式填写民用航空器变更登记申请书,并提交有关证明文件,交回原民用航空器国籍登记证书。民航局自收到民用航空器国籍登记变更申请之日起 7 个工作日内,对申请书及有关证明文件进行审查;经审查,符合本规定的,即在中华人民共和国民用航空器国籍登记簿上进行变更登记,并颁发变更后的民用航空器国籍登记证书。

② 取得中华人民共和国国籍的民用航空器,遇有下列情形之一的,应当向民航局申请办理注销登记:(一)民用航空器所有权依法转移境外并已办理出口适航证的;(二)民用航空器退出使用或者报废的;(三)民用航空器失事或者失踪并停止搜寻的;(四)符合本规定第五条第 2 款规定的民用航空器租赁合同终止的;(五)民航局规定需要办理注销登记的其他情形。申请人应当按照民航局规定的格式填写民用航空器注销登记申请书,并提交有关证明文件,交回原民用航空器国籍登记证书,但本条前款第(三)项的情况除外。民航局自收到申请书之日起 7 个工作日内,对申请书及有关证明文件进行审查;经审查,符合本规定的,即注销该民用航空器的国籍登记。民用航空器注销国籍登记的,该航空器上的国籍标志和登记标志应当予以覆盖。

③ 申请人办理民用航空器国籍登记、变更登记、注销登记和临时登记,应当按照民航局和国家物价主管部门的规定缴纳登记费。

④ 1944 年《芝加哥公约》附件 7 第 3.1 条。

籍标志须在登记标志的前面。当登记标志的头一个字是字母时,它的前面须加一短划。① 登记标志必须是字母、数字或是两者的组合,并且须由登记国或共用标志登记当局指定。② 当采用几个字母作为登记标志时,不得采用可能与国际信号代码第二部分所用的五字组合相混的组合,不得采用可能与 Q 简语电码中所用的以 Q 字为首的三字组合相混的组合,以及可能与遇险求救信号 SOS,或其他类似信号如 XXX、PAN、TTT 等紧急信号相混的组合。③

我国航空法采用国际航空法的规定。《民用航空器国籍登记条例》从第 15 条到第 19 条对民用航空器国籍标志和登记标志进行了规定,《民用航空器国籍登记规定》(CCAR - 45 - R3)进行了更加详细的规定。

第 15 条规定:中华人民共和国民用航空器的国籍标志为罗马体大写字母 B。④ 中华人民共和国民用航空器的登记标志为阿拉伯数字、罗马体大写字母或者二者的组合。⑤

第 16 条规定:中华人民共和国民用航空器的国籍标志置于登记标志之前,国籍标志和登记标志之间加一短横线。⑥

第 17 条规定:取得中华人民共和国国籍的民用航空器,应当将国籍标志和登记标志喷涂在民用航空器上或者用其他能够保持同等耐久性的方法附着在民用航空器上,并保持清晰可见。⑦ 国籍标志和登记标志在民用航空器上的位置⑧、尺寸和字体⑨,由国务院民用航空主管部门规定。

第 18 条规定:任何单位或者个人不得在民用航空器上喷涂、粘贴易与国籍标志和登记

---

① 1944 年《芝加哥公约》附件 7 第 3.2 条。
② 1944 年《芝加哥公约》附件 7 第 3.5 条。
③ 1944 年《芝加哥公约》附件 7 第 3.5 条。
④ 《民用航空器国籍登记规定》(CCAR - 45 - R3)第 20 条规定:中华人民共和国民用航空器的国籍标志为罗马体大写字母 B。
⑤ 《民用航空器国籍登记规定》(CCAR - 45 - R3)第 21 条规定:中华人民共和国民用航空器登记标志为阿拉伯数字、罗马体大写字母或者二者的组合。该组合不得与下列标志产生混淆:(一)Q 简语电码中所用的以 Q 字为首的三字组合;(二)遇险求救信号 SOS,或者 XXX、PAN 或 TTT 等其他紧急信号。
⑥ 《民用航空器国籍登记规定》(CCAR - 45 - R3)第 22 条规定:中华人民共和国民用航空器的国籍标志置于登记标志之前,国籍标志和登记标志之间加一短横线。
⑦ 《民用航空器国籍登记规定》(CCAR - 45 - R3)第 23 条规定:取得中华人民共和国国籍的民用航空器,应当将规定的国籍标志和登记标志用漆喷涂在该航空器上或者用其他能够保持同等耐久性的方法附着在该航空器上,并保持清晰可见。
⑧ 《民用航空器国籍登记规定》(CCAR - 45 - R3)第 24 条规定:民用航空器上国籍标志和登记标志的位置应当符合下列规定:(一)固定翼航空器—位于机翼和尾翼之间的机身两侧或垂直尾翼两侧(如系多垂直尾翼,则应在两外侧)和机翼的下表面。机翼下表面的国籍标志和登记标志应位于左机翼的下表面,除非它们延伸穿过机翼的整个下表面。(二)旋翼航空器—位于尾梁两侧或垂直尾翼两侧。(三)飞艇—位于飞艇艇身或安定面上。如标志在艇身上,则应沿纵向配置在艇身两侧及顶部对称处;如标志在安定面上,则应位于右水平安定面上表面、左水平安定面下表面和垂直安定面下半部两侧。(四)载人气球—靠近球体表面水平最大圆周直径两端对称部位下。航空器构形特别,其国籍标志和登记标志的位置不符合本条前款规定的,应当位于易于识别该航空器的部位。
⑨ 《民用航空器国籍登记规定》(CCAR - 45 - R3)第 25 条规定:民用航空器上国籍标志和登记标志的字体和尺寸应当符合下列规定:(一)字母、数字、短横线(以下简称字)均由不加装饰的实线构成。(二)除短横线外,机翼及飞艇、气球上每个字的字高不小于 50 厘米,机身、垂直尾翼、尾梁上每个字的字高不小于 30 厘米;(三)每个字的字宽和短横线的长度为字高的三分之二;(四)每个字的笔划的宽度为字高的六分之一;(五)每两个字的间隔不小于字宽的四分之一,不大于字宽的四分之三;(六)每个单独一组的国籍标志和登记标志的字高应相等。民用航空器上国籍标志和登记标志的字体或尺寸不符合本条前款规定的,应当经过民航局核准。

标志相混淆的图案、标记或者符号。①

第 19 条规定:取得中华人民共和国国籍的民用航空器,应当载有一块刻有国籍标志和登记标志并用耐火金属或者其他耐火材料制成的识别牌。②

《民用航空器国籍登记规定》(CCAR-45-R3)第 26 条还规定:民用航空器两侧标志的位置应当对称,字体和尺寸应当相同。机翼或水平安定面上字母和数字的顶端应朝向前缘,其距前后缘的距离应尽可能相等。国籍标志和登记标志的颜色应与背底颜色成鲜明对照,并保持完整清晰。

另外,《民用航空器国籍登记规定》(CCAR-45-R3)还在第 28 条③和 29 条④对民用航空器所有人或占有人名称或标志做出了具体规定。

(4) 临时登记标志。对未取得民用航空器国籍登记证书的民用航空器,申请人应当在进行下列飞行前 30 日内,按照国务院民用航空主管部门规定的格式如实填写申请书,并向国务院民用航空主管部门提交有关证明文件,办理临时登记:(一)验证试验飞行、生产试验飞行;(二)表演飞行;(三)为交付或者出口的调机飞行;(四)其他必要的飞行。前款申请人是指民用航空器制造人、销售人或者国务院民用航空主管部门认可的其他申请人。国务院民用航空主管部门准予临时登记的,应当确定临时登记标志,颁发临时登记证书。⑤ 临时登记证书在其载明的期限内有效。

临时登记标志应当按照规定在航空器上标明。取得临时登记标志的民用航空器出口时,可以使用易于去除的材料将临时登记标志附着在民用航空器上,并应当完全覆盖外方要求预先喷涂的外国国籍标志和登记标志。⑥

载有临时登记标志的民用航空器不得从事准予登记范围以外的飞行活动。

(5) 法律责任。民用航空器没有或者未携带符合规定的民用航空器国籍登记证书或者临时登记证书的,民航局或者其授权的地区管理局可以禁止该民用航空器起飞。有下列情形之一的,民航局或者其授权的地区管理局可以处以警告;利用该民用航空器从事经营活动,有违法所得的,可以处以违法所得 3 倍以下的罚款(最高不超过 3 万元),没有违法所得的,可以处以 1 万元以下的罚款;利用该民用航空器从事非经营活动的,可以处以 1 000 元以下的罚款:(一)伪造、涂改或者转让民用航空器国籍登记证书的;(二)载有临时登记标志的民用航空器从事规定范围以外的飞行活动的。有下列情形之一的,民航局或者其授权的地区管理局可以处以警告;利用该民用航空器从事经营活动,有违法所得的,可以处以违法所

---

① 《民用航空器国籍登记规定》(CCAR-45-R3)第 27 条规定:任何单位或者个人不得在民用航空器上喷涂、粘贴易与国籍标志和登记标志相混淆的图案、标记或者符号。在民用航空器上喷涂中华人民共和国国旗、民航局局徽、"中国民航"字样,应当符合民航局规定。

② 《民用航空器国籍登记规定》(CCAR-45-R3)第 30 条规定:取得中华人民共和国国籍的民用航空器,应当载有一块刻有国籍标志和登记标志的识别牌。该识别牌应当用耐火金属或者其他具有合适物理性质的耐火材料制成,并且应当固定在航空器内主舱门附近的显著位置。

③ 民用航空器所有人或者占有人的名称和标志,应当按下列规定在其每一航空器上标明:(一)名称喷涂在航空器两侧,固定翼航空器还应当喷涂在右机翼下表面、左机翼上表面。(二)标志喷涂在航空器的垂尾上;航空器没有垂尾的,喷涂在符合民航局规定的适当位置。本条所称名称,是指民用航空器所有人或者占有人的法定名称或者简称。

④ 民用航空器所有人或者占有人的标志不得与其他机构的标志相混淆。民用航空器所有人或者占有人应当将每一型号航空器外部喷涂方案的工程图(侧视、俯视、仰视图)及彩图或者彩照报民航局备案。

⑤ 《民用航空器国籍登记条例》第 20 条和《民用航空器国籍登记规定》(CCAR-45-R3)第 31 条。其中,后者将"国务院民用航空主管部门"改为"民航局"。

⑥ 《民用航空器国籍登记条例》第 21 条和《民用航空器国籍登记规定》(CCAR-45-R3)第 32 条。

得 3 倍以下的罚款(最高不超过 3 万元),没有违法所得的,可以处以 1 万元以下的罚款;利用该民用航空器从事非经营活动的,可以处以 1 000 元以下的罚款:(一)不按规定的位置、字体、尺寸在航空器上标明国籍标志和登记标志的;(二)在民用航空器上喷涂中华人民共和国国旗、民航局局徽、"中国民航"字样,不符合民航局规定的;(三)不按规定在每一航空器上标明民用航空器所有人或者占有人的名称和标志的。①

3.2.3　民用航空器国籍原则的发展

3.2.3.1　航空器国籍与所有人、经营人国籍

用登记制度确定航空器的国籍虽然在形式上保证了航空器单一国籍制度,但是在实践中,极易造成航空器国籍和所有权人、经营人国籍相分离的状况,给对航空器的管理带来了不便。如 1944 年《芝加哥公约》第 5 条第 1 款②所规定的对不定期国际航班所赋予的权利,是针对在缔约国登记的航空器,而不是给予缔约国中的航空器所有权人或经营人。

而在实践中,缔约国之间所相互给予的权利并不是针对该航空器,而是给予缔约国的所有权人或经营人。

为避免航空器国籍国和所有权人国籍国、经营人国籍国相分离的状况。各国国内航空法中,一般都规定,该航空器要在本国进行登记,其所有权或经营人应至少有一个具有本国国籍,从而事实上促使该航空器国籍国和所有权人、经营人国籍国属于同一国家,或至少要和所有权人或经营人国籍国发生一次重合现象。

3.2.3.2　联合经营的登记问题

在 1944 年《芝加哥公约》签订前,人们就对航空器只有一个国籍所造成的弊端有所认识,因此 1944 年《芝加哥公约》第 77 条《允许联合经营组织》③采取了比较灵活的态度,赋予理事会来对航空器国籍登记进行决定用何种方式进行登记的权利。1946 年,挪威、丹麦和瑞典成立了北欧航空公司,对该航空公司内的机群,理事会建议,按照他们的出资比例分别在三国登记。1961 年 11 个法语系的非洲国家组成了"非洲航空公司",就该公司的航空器的登记问题进行请示,国际民航组织法律委员会和理事会在 1967 年对此进行了讨论,最后认为:只要在一国做联合登记,而将该公司在各国登记的航空器填入联合登记簿内,即可成立,但该公司所属机群只涂共同标志④而不是某一个国家的标志,各国承担连带责任。1983 年约旦和伊拉克组成一家联营的"阿拉伯航空货运公司",要求国际民航组织理事会解决国籍登记问题,理事会基本上参照 1967 年讨论的意见,做出了答复。

---

① 《民用航空器国籍登记规定》(CCAR-45-R3)第 34 条和第 35 条。
② 各缔约国同意其他缔约国的一切不从事定期国际航班飞行的航空器,在遵守本公约规定的条件下,不需要事先获准,有权飞入或飞经其领土而不降落,以及作非商业性降落,但飞经国有权令其降落。为了飞行安全,当航空器所欲飞经的地区不得进入或缺乏适当航行设施时,各缔约国保留令其遵循规定航路或获得特准后方许飞行的权利。
③ 本公约不妨碍两个或两个以上缔约国组成航空运输的联合组织或国际性的经营机构,以及在任何航线或地区合营航班。但此项组织或机构的合营航班,应遵守本公约的一切规定,包括关于将协定向理事会登记的规定。理事会应决定本公约关于航空器国籍的规定以何种方式适合于国际经营机构所用的航空器。
④ 《芝加哥公约》附件 7 第 1 条定义规定,共用标志是指国际民用航空组织分配给共用标志登记当局的标志,用以对国际经营机构的航空器不以国家形式进行登记。注:属于某国际经营机构的所有航空器,凡不按国籍进行登记者都用一样的共用标志。共用标志登记当局是指保持非国籍登记册或视情保持该登记册一部分、以对国际经营机构的航空器进行登记的当局。

3.2.3.3　航空器国籍国职权的转移

国际航空运输中,航空器国籍国享有对本国在域外的航空器功能也在逐渐减弱;在国际航空业务中,各国航空企业之间租、包和互换航空器的现象逐渐增多,单纯地用 1944 年《芝加哥公约》的国籍原则难以解决这些活动所产生的诸多问题。用航空器登记来捆绑航空器国籍国,使其承担其所有的责任,只会引起他们的不满,同时会对其国内法造成了冲击。

为了解决这一问题,在 1980 年 10 月国际民航组织第 23 届大会上专门通过了一项对芝加哥公约的修订,增设了第 83 分条某些职能与责任的转移①,该条规定:一、尽管有第十二条②、第三十条③、第三十一条④和第三十二条第一款⑤的规定,当在一缔约国登记的航空器由在另一缔约国有主要营业地或没有此种营业地而有永久居所的经营人根据租用、包用或互换航空器的协定或任何类似协议经营时,登记国可与该另一国达成协议,将第十二条、第三十条、第三十一条和第三十二条第一款所规定的登记国对该航空器的全部或部分职能和义务转移给另一国。登记国应被解除对已转移的职能和义务所承担的责任。二、在国家间关于转移的协定未按照第八十三条向理事会登记并公布之前,或协定的存在和范围未由协定当事国直接通知其他有关缔约国当局之前,转移对其他缔约国不具有效力。三、上述第一款和第二款的规定对第七十七条所述的情况同样适用。

3.2.3.4　航空联盟对国籍原则的冲击

一国航空资源属于该国国家所有,航权的交换主要通过双边航空协定的方式进行,并授予航空公司经营,加上对国籍登记条件的"主要所有权"和"有效控制"条款的存在,使得航空器的国籍、航空公司的国籍和运输权利看起来联系非常紧密。但航空联盟的出现,代码的共享,航空公司可以轻而易举地绕过了双边政府协定,快速进入别国市场,经营它本来无权经营的国际航线。航空公司联盟、代码共享的出现以及航空运输全球化的趋势已经形成了一股合力,对航空器国籍所产生的反作用,足以使得传统的航空器国籍变成了法律上的一纸空文。

航空器国籍制度在实践中已经不适用甚至阻碍了航空运输业的发展,因此,如何加强对民用航空器国籍制度研究,替代传统航空器国籍制度,成为现在迫切需要解决的问题之一。

---

① 一九八〇年十月六日大会决定修订芝加哥公约,提出了第八十三条分条。根据公约第九十四条(一)款,该修订于一九九七年六月二十日对批准该修订的国家生效。

② 各缔约国承允采取措施以保证在其领土上空飞行或在其领土内运转的每一航空器及每一具有其国籍标志的航空器,不论在何地,应遵守当地关于航空飞行和运转的现行规则和规章。各缔约国承允使这方面的本国规章,在最大可能范围内,与根据本公约随时制定的规章相一致。在公海上空,有效的规则应根据本公约制定的规则。各缔约国承允保证对违反适用规章的一切人员起诉。

③ 一、各缔约国航空器在其他缔约国领土内或在其领土上空时,只有在该航空器登记国主管当局已颁发了设置及使用无线电发射设备的执照的情况下,才可以携带此项设备。在该航空器飞经的缔约国领土内使用无线电发射设备,应遵守该国制定的规章。二、无线电发射设备只准飞行组成员中持有航空器登记国主管当局为此颁发的专门执照的人员使用。

④ 凡从事国际航行的每一航空器,应备有该航空器登记国颁发或核准的适航证。

⑤ 一、从事国际航行的每一航空器驾驶员及飞行组其他成员,应备有该航空器登记国颁发或核准的合格证书和执照。

3.2.4 航空器登记国的权利和义务

3.2.4.1 航空器登记国的权利

航空器登记国对在本国登记的航空器所享有管辖权、保护权和管理权等权利。

1. 管辖权

作为国家的一项基本权利,管辖权是指国家根据国际法对特定的人、物管和事件进行管理或施加影响的权利,它反映了国家主权平等和不干涉内政原则。① 在国际法上,一般将管辖权分为属地管辖权、属人管辖权、保护管辖和普遍管辖权。

对在域外的本国航空器,航空器登记国享有管辖权主要是属人管辖权和保护管辖权。在传统国际法领域,大陆法系认为航空器内属于一个国家的领土,因此,大陆法系国家认为,本国对在域外的本国航空器的管辖权是属地管辖权;而英美法系将航空器当作本国的一个人,所以,英美法系国家对在域外的本国航空器的管辖权是属人管辖权。

目前,航空器具有拟人性已被世界各国普遍接受,一般认为,对在域外的本国航空器的管辖权是属人管辖权。如果外国人对本国在域外的航空器犯罪,本国行使管辖权的依据则是保护管辖权。

2. 保护权

在域外的具有本国国籍的民用航空器,本国享有保护的权利。这些权利主要有采取援救措施、参与事故调查、协助等。

(1) 采取援救措施。当具有本国的航空器在域外遇险时,航空器的登记国有权采取情况所需的援助措施。这在1944年《芝加哥公约》第25条航空器遇险②和附件12《搜寻与救援》中都有具体体现。我国《民用航空法》第182条③也做出了相应规定。

(2) 参与事故调查。1944年《芝加哥公约》第26条事故调查④及附件13《航空器事故和事故征候调查》对此做出了具体规定。我国《民用航空法》第183条⑤也做出了相应规定。

(3) 协助。1963年《维也纳领事关系公约》第5条领事职务第(十二)款规定,对本条第(十一)款⑥所称之船舶与航空机及其航行人员给予协助。第37条还规定,倘接受国主管当局获有有关情报,该当局负有义务;遇在派遣国登记之航空机在接受国领域内发生意外事故时,迅即通知最接近出事地点之领馆。

---

① 参见:Malcolm N. Shaw. International Law(《国际法》)[M]. 8th ed. Cambridge: Cambridge University Press, 2017: 483. 转引自:《国际公法学》编写组. 国际公法学[M]. 3版. 北京: 高等教育出版社, 2022: 133.
② 缔约各国承允对在其领土内遇险的航空器,在其认为可行的情况下,采取援助措施,并在本国当局管制下准许该航空器所有人或该航空器登记国的当局采取情况所需的援助措施。缔约各国搜寻失踪的航空器时,应在按照公约随时建议的各种协同措施方面进行合作。
③ 外国民用航空器在中华人民共和国搜寻援救区内遇险,其所有人或者国籍登记国参加搜寻援救工作,应当经中华人民共和国国务院民用航空主管部门批准或者按照两国政府协议进行。
④ 一缔约国的航空器如在另一缔约国的领土内发生事故,致有死亡或严重伤害或表明航空器或航行设施有重大技术缺陷时,事故所在地国家应在该国法律许可的范围内,依照国际民用航空器组织建议的程序,着手调查事故情形。航空器登记国应有机会指派观察员在调查时到场,而主持调查的国家,应将关于此事的报告及调查结果,通知航空器登记国。
⑤ 外国民用航空器在中华人民共和国境内发生事故,其国籍登记国和其他有关国家可以指派观察员参加事故调查。事故调查报告和调查结果,由中华人民共和国国务院民用航空主管部门告知该外国民用航空器的国籍登记国和其他有关国家。
⑥ 对具有派遣国国籍之船舶,在该国登记之航空机以及其航行人员,行使派遣国法律规章所规定之监督及检查权。

3. 管理权

民用航空器的登记国对在域外的本国民用航空器享有管理权。这些权利主要包括适航管理以及航行管理。1944 年《芝加哥公约》第 12 条空中规则[①]、第 29 条航空器应备文件[②]和第 35 条货物限制[③],对此做出了具体规定。

许多国家国内法也有对在本国登记的民用航空器进行管理和控制的详细规定。例如对民用航空器的维修和放行,不论是在境内还是在境外,必须由该登记国主管当局发给执照或者证书的合格人员施行;还有一些国家规定了其他一些管理措施,如美国规定,租给外国经营人使用的民用航空器,必须每月两次飞回美国。

3.2.4.2 航空器登记国的义务

根据国际航空公约和国内航空法的规定,航空器国籍登记国对在域外的本国航空器所承担的义务主要有管辖义务、保证义务、保护义务以及协助义务。

1. 管辖义务

航空器登记国对本国在域外的航空器上的行为有管辖的义务,特别是对犯罪行为的管辖,以确保国际民用航空活动安全和有秩序地进行。航空器登记国应采取必要措施,来确立其作为航空器登记国对在本国登记的航空器上犯罪的管辖权。这是国际公约赋予缔约国的一项义务。如 1963 年《东京公约》第 3 条第 1 款和第 2 款规定:1) 航空器国籍登记国有权对在该航空器上的犯罪和行为行使管辖权。2) 各缔约国都应采取必要措施,以确立其作为登记国对在该国登记的航空器上犯罪的管辖权。[④] 1970 年《海牙公约》第 4 条第 1 款[⑤]、1971

---

① 缔约各国承允采取措施以保证在其领土上空飞行或在其领土内运转的每一航空器及每一具有其国籍标志的航空器,不论在何地,应遵守当地关于航空器飞行和运转的现行规则和规章。缔约各国承允使这方面的本国规章,在最大可能范围内,与根据本公约随时制定的规章相一致。在公海上空,有效的规则应为根据本公约制定的规则。缔约各国承允对违反适用规章的一切人员起诉。

② 缔约国的每一航空器在从事国际航行时,应按照本公约规定的条件携带下列文件:一、航空器登记证;二、航空器适航证;三、每一机组成员的适当的执照;四、航空器航行记录簿;五、航空器无线电台许可证,如该航空器装有无线电设备;六、列有乘客姓名及其登机地与目的地的清单,如该航空器载有乘客;七、货物舱单及详细的申报单,如该航空器载有货物。

③ 一、从事国际航行的航空器,非经一国许可,在该领土内或在该国领土上空时不得载运军火或作战物资,至于本条所指军火或作战物资的含意,各国应以规章自行确定,但为求得统一起见,应适当考虑国际民用航空组织随时所作的建议。二、缔约各国为了公共程序和安全,除第 1 款所列物品外,保留管制或禁止在其领土内或领土上空载运其他物品的权利。但在这方面,对从事国际航行的本国航空器和从事同样航行的其他国家的航空器,不得有所区别,也不得对在航空器上为航空器操作或航行所必要的或为机组成员或乘客的安全而必须携带和使用的器械加任何限制。

④ 英文原文为:"The State of registration of the aircraft is competent to exercise jurisdiction over offences and acts committed on board. 2. Each Contracting State shall take such measures as may be necessary to establish its jurisdiction as the State of registration over offenses committed on board aircraft registered in such State."

⑤ 一、在下列情况下,各缔约国应采取必要措施,对罪行和对被指称的罪犯对旅客或机组所犯的同该罪行有关的任何其他暴力行为,实施管辖权:(甲)罪行是在该国登记的航空器内发生的;(乙)在其内发生罪行的航空器在该国降落时被指称的罪犯仍在该航空器内;(丙)罪行是在租来时不带机组的航空器内发生的,而承租人的主要营业地,或如承租人没有这种营业地,则其永久居所,是在该国。

年《蒙特利尔公约》第5条第1款①、2010年《北京公约》第8条第1款②、2010年《北京议定书》第7条③等国际航空公约都做出了类似规定。

我国《刑法》第6条第2款④和1998年《最高人民法院关于执行〈中华人民共和国刑事诉讼法〉若干问题的解释》第9条⑤都对此做了规定。这也被国际法理论和实践所肯定。⑥

2. 保证义务

航空器登记国对在域外的本国航空器应保证其遵守当地关于航空器飞行和运转的现行规则和规章。1944年《芝加哥公约》第12条空中规则规定：缔约各国承允采取措施以保证在其领土上空飞行或在其领土内运转的每一航空器及每一具有其国籍标志的航空器，不论在何地，应遵守当地关于航空器飞行和运转的现行规则和规章。

3. 保护义务

从国籍制度的产生来看，国籍制度的设立，是国家为了保护其国民在国外的合法权利，当航空器在该国登记时，享有了"国民"的身份，因此国家对在域外的本国航空器的合法利益有保护的义务。

4. 协助义务

1944年《芝加哥公约》第21条登记的报告规定，缔约各国承允，如经要求，应将关于在该国登记的某一航空器的登记及所有权情况提供给任何另一缔约国或国际民航组织。此外，缔约各国应按照国际民航组织制定的规章，向该组织报告有关在该国登记的经常从事国际航行的航空器所有权和控制权的可提供的有关资料。如经要求，国际民航组织应将所得到的资料提供给其他缔约国。

3.3 民用航空器权利

3.3.1 一般规定

民用航空器权利是指以民用航空器为客体而发生的相关民事权利，是航空法律制度的重要内容。民用航空器是民法上重要的物，围绕民用航空器产生了各种法律关系，形成了一

---

① 一、在下列情况下，各缔约国应采取必要措施，对罪行实施管辖权：（甲）罪行是在该国领土内发生的；（乙）罪行是针对在该国登记的航空器，或在该航空器内发生的；（丙）在其内发生犯罪行为的航空器在该国降落时被指称的罪犯仍在航空器内；（丁）罪行是针对租来时不带机组的航空器，或是在该航空器内发生的，而承租人的主要营业地，或如承租人没有这种营业地，则其永久居所，是在该国。

② 一、各当事国应当采取必要措施，以就下列情况而对第一条所列的罪行，确立其管辖权：……（二）罪行是针对在该国登记的航空器或在该航空器内实施的；……

③ 一、各当事国应当采取必要措施，以就下列情况而对第一条所列的罪行及被指控的罪犯对旅客或机组人员所实施与该罪行有关的其他暴力行为，确立其管辖权：（二）罪行是针对在该国登记的航空器或在该航空器内实施的；（三）在其内实施罪行的航空器在该国领土内降落时被指控的罪犯仍在该航空器内的；（四）罪行是针对租来时不带机组人员的航空器或是在该航空器内实施的，而承租人的主要营业地在该国，或如承租人没有此种营业地但其永久居所是在该国的；……

④ 凡在中华人民共和国船舶或者航空器内犯罪的，也适用本法。

⑤ 在中华人民共和国领域外的中国航空器内的犯罪，由犯罪发生后该航空器在中国最初降落地的人民法院管辖。

⑥ 在国际法的理论和实践中，一个国家的船舶或者航空器，在驶出本国领域后，被视为其本国领土的延伸，对船上和飞机上的事务仍负有管理职责，包括对在船舶和飞机内发生的犯罪行为，具有刑事管辖权。因为在这种情况下，如果由外国机构介入，一是不可能使问题得到及时处理，二是处理起来也难以操作，造成不必要的麻烦。因此，各国对这种情况都允许由船舶和航空器的所属国进行处理，这已形成国际惯例，为各国普遍承认和接受。详见：www.npc.gov.cn/npc/c12434/c1793/c1859/c2238/c2366/201905/t20190524_5431.html. 2024年1月12日访问。

系列民用航空器所有权、使用权、抵押权、优先权以及权利登记制度。

3.3.1.1 民用航空器权利的法律基础

1. 1948 年《日内瓦公约》

航空法专家国际技术委员会对有关航空器权利的国际承认问题的研究工作早在 1927 年就开始了,并于 1931 年在巴黎召开的第六次会议上最后形成了有关航空器所有权以及航空器不动产权利登记制度的两个公约草案,但这两个草案当时未被提交到国际会议上讨论形成正式公约。

二战后,随着航空业的迅速发展,以航空器为核心的各种融资活动顺利进行,如何在国际范围内对航空器享有权利的人提供最大限度的利益保护,成为当时急需解决的课题。1944 年 12 月召开的国际民用航空会议,建议出席会议的各国政府考虑早日召开有关国际航空私法的国际会议,以便通过处理航空器所有权转移的公约。根据国际民用航空会议的建议,航空法专家国际技术委员会将其早期研究形成的两个公约草案提交给了临时国际民用航空组织,经过几年的反复研究、补充、完善,1948 年 6 月 19 日,国际民航组织大会在日内瓦通过了该公约,定名为"国际承认航空器权利的公约"。制定《国际承认航空器权利公约》(1948 年《日内瓦公约》)的目的,在于通过为航空器权利人提供尽量多的担保权益和利益的保护,为航空运输企业争取到一种财务支持手段,摆脱无力购买航空器的财务困境,从而促进国际民用航空事业的发展。该公约共 23 条,[①]其核心内容是解决各国有关航空器权利的法律冲突,在各地区法律基础上发展和统一了有关民用航空器权利的规则。与航空领域的其他国际公约相比,它自成体系、独成一类。

该公约于 1953 年 9 月 17 日起生效,从其生效至今历史来看,在实践中显示了其广泛的适用性和普遍的影响力。截至 2024 年 4 月,该公约共有 91 个当事国。[②] 1999 年 10 月 31 日,全国人大常委会第十二次会议决定:中华人民共和国加入《国际承认航空器权利公约》,并做出了保留。[③] 我国于 2000 年 4 月 28 日向国际民航组织交存了批准书,根据公约第 20 条第 1 款[④]的规定,于是年 7 月 27 日对我国生效。

2. 2001 年《移动设备国际利益公约》及《移动设备国际利益公约关于航空器设备特定问题的议定书》

随着世界经济不断发展,卫星、航天器、铁路运输车辆等移动设备在国际的融资租赁活动已十分普遍。根据传统冲突法规则,财产权适用财产所在地法律,但由于这类高价值移动设备在日常运营中经常穿越或跨越国界,从而使其上设定的担保利益如何适用法律变得十分困难。而法律冲突降低了交易的预见性,增大了交易风险,融资人、出租人不能确信其担保物权可得到法律有效的保护,因而设置资产担保之外的诸如政府担保或第三方商业担保等其他保证条件,导致了交易成本增高。投资者和金融机构也不愿为航空公司提供大规模

[①] 具体条文详见:https://www.caac.gov.cn/XXGK/XXGK/GJGY/201510/P020151103354074629354.pdf. 2024 年 1 月 13 日访问。

[②] 具体国家名称、加入日期及保留规定,详见:https://www.icao.int/secretariat/legal/List%20of%20Parties/Geneva_EN.pdf. 2024 年 4 月 6 日访问。

[③] 一、中华人民共和国政府不承认旧中国政府对《国际承认航空器权利公约》的签署;二、在中华人民共和国政府另行通知前,《国际承认航空器权利公约》暂不适用于中华人民共和国香港特别行政区。

[④] 当两个签署国交存其对本公约的批准书时,从第二个国家的批准书交存后第九十天起,本公约在该两国之间生效。对于此后交存批准书的每个国家,本公约在其批准书交存之日后第九十天起生效。

的贷款,原因是他们担心航空公司一旦破产,他们的贷款就打了水漂。

因而从20世纪开始,航空业内就达成了一个共识:急需要建立一套国际统一的调整物上担保、产权保留和租赁利益的法律制度,以给债权人提供必要的保障,同时也保护债务人的利益。基于以上理由,也为了自己的商业利益,空中客车和波音公司的管理人士共同牵头,组织起一个由飞机制造商、发动机制造商、租赁公司和金融界人士等22家成员组成的航空工作组,联合国际统一私法协会于1992年开始起草《移动设备国际利益公约》,这项公约下附带航空器设备、铁路车辆、空间资产三个方面特定问题的议定书。

2001年国际统一私法协会和国际民航组织在南非开普敦召开外交会议,68个国家政府的代表和14个国际组织的代表参加了会议。在外交会议的最后一天会议上,共有26个国家签署了《移动设备国际利益公约》及《移动设备国际利益公约关于航空器设备特定问题的议定书》。这两个法律文件创设了航空器国际利益这一担保权利。该权利通过国际登记系统登记而生效,由各国依据公约来保护该权利。《移动设备国际利益公约》已经于2004年4月1日生效,截至2024年4月,共有84个当事国;[①]《移动设备国际利益公约关于航空器设备特定问题的议定书》生效条件是8个国家批准,2005年11月2日,马来西亚的正式认证让《移动设备国际利益公约关于航空器设备特定问题的议定书》达到法定的生效国家数,于2006年3月1日生效,截至2024年4月,共有84个当事国。[②] 2008年10月28日第十一届全国人大常委会第五次会议决定:批准2001年11月16日在国际民航组织理事会和国际统一私法协会联合召开的外交会议上通过的《移动设备国际利益公约》和《移动设备国际利益公约关于航空器设备特定问题的议定书》,中国于2009年2月3日递交批准书,是年6月1日对我国生效。[③]

[①] 随着公约于2023年11月1日对塞浦路斯生效后,公约共有当事国84个。具体当事国名称及保留事项等,详见:https://www.icao.int/secretariat/legal/List%20of%20Parties/CapeTown-Conv_EN.pdf. 2024年4月10日访问。

[②] 随着议定书于2023年11月1日对塞浦路斯生效后,公约共有当事国84个。具体当事国名称及保留事项等,详见:https://www.icao.int/secretariat/legal/List%20of%20Parties/CapeTown-Conv_EN.pdf. 2024年4月10日访问。

[③] 中国政府在批准公约和议定书时,同时声明:一、对《公约》第三十九条第1款(a)项声明:依照中华人民共和国法律优先于有担保的债权人的全部非约定权利或者利益无须登记即可优先于已经登记的国际利益,包括但不限于破产费用和共益债务请求权,职工工资,产生于该民用航空器被抵押、质押或留置之前的税款,救援该民用航空器的报酬请求权,保管维护该民用航空器的必须费用请求权等。对《公约》第三十九条第1款(b)项声明:《公约》不影响国家或国家实体、政府间组织或者其他公共服务的私人提供者依照中华人民共和国法律扣留或者扣押标的物,以向此种实体、组织或者提供者支付与使用该标的物或者另一标的物的服务直接有关的欠款的权利。对《公约》第三十九条第4款声明:根据第三十九条第1款(a)项所作出的声明中所含种类的权利或者利益,优先于批准《议定书》之前已登记的国际利益。二、对《公约》第四十条声明:为执行判决债务而获得的附属于债务人设备的利益为可登记的非约定权利或利益。三、对《公约》第四十三条声明:中华人民共和国适用《公约》第四十三条,其中适用第1款和第2款第(a)项的条件是当事方选定的缔约国法院为与协议争议有实际联系的地点的法院。四、对《公约》第五十条第1款声明:《公约》不适用于中华人民共和国的国内交易。五、对《公约》第五十三条声明:中华人民共和国各航空公司总部所在地的中级人民法院对《公约》所涉及的航空器设备租赁纠纷具有管辖权。六、对《公约》第五十四条第1款声明:用于担保的标的物位于中华人民共和国境内的,担保权人不得在中华人民共和国境内出租该标的物。对《公约》第五十四条第2款声明:债权人依据《公约》任何条款可以获得但条款中并未明确要求必须向法院申请的任何救济,必须经过中华人民共和国人民法院同意后方可施行。七、中华人民共和国适用《议定书》第八条、第十二条、第十三条的规定。八、中华人民共和国适用《议定书》第十条第1、2、3、4、6、7款的规定。中华人民共和国法院在收到申请后,对于《公约》第十三条第1款(a)、(b)、(c)项规定的救济,在10天内作出裁定并立即开始执行;对于《公约》第十三条第1款(d)、(e)项规定的救济,在30天内作出裁定并立即开始执行。九、中华人民共和国对《议定书》定义的所有破产程序适用《议定书》第十一条方案A,等待期为60天。十、根据《议定书》第十九条的规定,中华人民共和国指定中国民用航空局的权利登记机构为接入点。十一、在中华人民共和国政府另行通知前,《公约》和《议定书》暂不适用于中华人民共和国香港特别行政区和澳门特别行政区。详见:www.npc.gov.cn/npc/c2/c12435/c12488/201905/t20190522_55298.html. 2024年1月14日访问。

《移动设备国际利益公约》共14章,计62条;《移动设备国际利益公约关于航空器设备特定问题的议定书》共6章,计37条。① 这两个公约旨在促进高价值移动设备的融资租赁交易,通过强化债权人利益,减少债权人、出租人的交易风险来降低购买租赁航空器的国外融资利率和担保费用,同时为融资多样化创造条件。他们弥补了1948年《日内瓦公约》的不足,和1948年《日内瓦公约》一起为保护航空器权利人的利益提供了法律基础,是对《日内瓦公约》的延续和刷新。

3. 我国航空法

近年来,我国航空运输事业发展迅猛,为满足日益增长的航空市场需求,民用航空活动领域利用多种方式筹措资金,或购买、或租赁、或"购买结合租赁"民用航空器,这就在客观上对我国应如何保护有关民用航空器权利人的利益提出了新的更高要求,立法者考虑到航空活动的国际性,航空器融资活动主体的多样性及主体所处不同法律体系、坚持尽力与国际接轨。故我国《民用航空法》在总结实践经验的基础上,参考、借鉴了1948年《日内瓦公约》的主要原则和制度,从实际出发,在《民用航空法》中专辟一章即第三章《民用航空器权利》,确立了民用航空器权利制度在我国民用航空法中的地位和作用。另外,我国还有许多航空行政法规和规章全部或部分地对航空器权利制度进行了规定。加之我国已加入了2001年《移动设备国际利益公约》和《移动设备国际利益公约关于航空器设备特定问题的议定书》,这样就更加全面地规定了航空器权利制度,从而为保护相关航空器权利人利益奠定了国内和国际的法律基础。

3.3.1.2 民用航空器权利客体

民用航空器权利客体,是指民用航空器权利所指向的对象。1948年《日内瓦公约》第10条规定,民用航空器的权利客体包括对民用航空器构架、发动机、螺旋桨、无线电设备和其他一切为了在民用航空器上使用的,无论安装于其上或者暂时拆离的物品的权利。2001年《关于航空器设备的开普敦议定书》第2条规定,其所适用的航空器的权利客体是指航空器

---

① 《移动设备国际利益公约》第一章:适用范围和总则(第1到第6条),第二章:国际利益的构成(第7条),第三章:不履行的救济(第8条到第15条),第四章:国际登记制度(第16条和第17条)第五章:有关登记的其他事项(第18条到第26条),第六章:监管机关和登记官的特权与豁免权(第27条)第七章:登记官的赔偿责任(第28条),第八章:国际利益对抗第三人的效力(第29条和第30条),第九章:相关权利和国际利益的转让;代位受偿权(第31条到第38条),第十章:缔约国可做出声明的权利或利益(第39条和第40条),第十一章:本公约对销售的适用(第41条),第十二章:管辖权(第42条到第45条),第十三章:与其他公约的关系(第46条),第十四章:最后条款(第47条到第62条)。
《有关航空器设备特定问题议定书》第一章:适用范围和总则(第1条到第8条),第二章:不履行的救济,优先权和转让(第9到第16条),第三章:航空器标的物国际利益登记处条款(第17条到第20条),第四章:管辖权(第21条到第22条),第五章:与其他公约的关系(第23条到第25条),第六章:最后条款(第26条到第37条)。
具体条文详见:https://www.caac.gov.cn/B1/GJXD/200710/t20071017_8515.html。2024年1月15日访问。

的标的物,"航空器标的物"是指航空器机身、航空器发动机和直升机。① "航空器"是指为《芝加哥公约》之目的所定义的航空器,即已安装航空器发动机的航空器机身或直升机。

我国《民用航空法》第 10 条对民用航空器权利客体的规定和《日内瓦公约》第 10 条的规定完全一致。

3.3.2 民用航空器所有权

3.3.2.1 民用航空器所有权概念和特征

1. 民用航空器所有权概念

我国《民法典》第 240 条规定,所有权人对自己的不动产或者动产,依法享有占有、使用、收益和处分的权利。民用航空器所有权是指所有权人依法对其民用航空器享有占有、使用、收益和处分的权利。

民用航空器所有权人既可以是自然人、也可以是法人,包括企业法人和事业法人,也可以是国家以及政府间国际组织。我国《民用航空法》第 15 条规定:"国家所有的民用航空器,由国家授予法人经营管理或者使用的,本法有关民用航空器所有人的规定适用于该法人。"

2. 民用航空器所有权特征

民用航空器所有权是一种财产所有权,它具有一般财产所有权的特征,但和一般财产所有权相比,还具有如下特征:

(1) 民用航空器所有权具有合成性。与一般财产权相比,民用航空器所有权具有明显的合成性,包括民用航空器构架、发动机、螺旋桨、无线电设备和其他一切为了在民用航空器上使用的,无论安装于其上或者暂时拆离的物品。"航空器所有权的分割仅为量的分割,分割后的所有权与分割前的所有权性质相同,只是范围有所不同"。②

(2) 以民用航空器为唯一客体。即民用航空器所有权主体是指向的对象是民用航空器,具有单一性。

(3) 民用航空器经常处于非所有人的控制之下。民用航空器需要由具有航空执照的机组人员来进行空中航行活动。因此,当进行航行活动时,它常常处在机组人员的控制之下,如果该民用航空器属于干租的话,就不是处于所有人的直接控制之下。当其停放于机场的时候,又处于机场管理机构的控制之下。

(4) 权利主体负有特殊的法定义务。这主要表现在民用航空器所有人或经营人应当按照法律规定,保证民用航空器处于适航状态,以确保机上人员和地面人员的生命财产安全。如我国《民用航空法》第 38 条规定:"民用航空器的所有人或者承租人应当按照适航证书规

---

① 2001 年《关于航空器设备的开普敦议定书》第 1 条规定:"航空器机身",是指在安装合适的航空器发动机后,经航空主管机关型号合格审定的机身(用于军事、海关或警察部门的除外),可以运载:(i)包括机组成员在内至少八人;或(ii)2 750 公斤以上货物,并连同所有的组件和安装、配备或附加的其他附件、零部件和设备(航空器发动机除外),以及所有相关的数据、手册和记录。"航空器发动机",是指靠喷气推力、涡轮或活塞技术提供动力的航空器发动机(用于军事、海关或警察部门的除外),并且(i)如属喷气推动的航空 AA 发动机,至少有 1 750 磅或等值推力;和(ii)如属涡轮或活塞推动的航空器发动机,至少应有 550 额定的起飞轴马力或等值马力,并连同所有的组件和安装、配备或附加的其他附件、零部件和设备,以及所有相关的数据、手册和记录。"直升机",是指主要通过空气对基本垂直轴上的一个或几个动力驱动旋翼的反作用而在飞行中得到支持的,重于空气的飞行器(用于军事、海关或警察部门的除外),经航空主管机关型号合格审定可以运载:(i)包括机组成员在内至少 5 人;或(ii)450 公斤以上货物,并连同所有安装、配备或附加的附件、零部件和设备(包括旋翼),以及所有相关的数据、手册和记录。

② 郝秀辉.航空器权利研究[J].中国民航学院学报,2005,23(1):54-60.

定的使用范围使用民用航空器,做好民用航空器的维修保养工作,保证民用航空器处于适航状态。"

(5) 在航行活动中,机长在遇到特殊情况时享有对民用航空器的最后处分权。当航空器升空以后,形成了一个封闭的空间,在这个空间里,机长享有法律赋予的权力,包括在遇到特殊情况时对航空器的处分权。如1944年《芝加哥公约》附件2第2.4条规定:"航空器机长在其负责期间,对航空器的处置有最后决定权。"我国《民用航空法》第46条也规定:"……飞行中,遇到特殊情况时,在保证安全,机长有权对民用航空器做出处置。"

3.3.2.2 民用航空器所有权权能

民用航空器所有权权能包括占有权、使用权、收益权和处分权。

1. 占有权

占有权是指民用航空器所有人对其财产的实际控制和支配的权利。通常情况下,民用航空器占有权由所有人享有,但也可以由非所有人享有,如我国《民用航空法》第15条规定"国家所有的民用航空器,由国家授予法人经营管理或者使用的,本法有关民用航空器所有人的规定适用于该法人",该法人当然享有对民用航空器的占有权;再如在包机和租赁中,民用航空器的占有权分别为包机人和承租人享有。

2. 使用权

使用权是指按照民用航空器的性能和用途加以利用的权利。民用航空器使用权属于用益物权的范畴,是民用航空器所有权派生的权利。它是民用航空器所有人将民用航空器所有权的部分权能分离出去,由使用权人享有,从而实现所有权人和使用权人的各自利益。民用航空器使用权虽是民用航空器所有权派生的权利,但这并不影响民用航空器使用权作为一种独立权利的存在。民用航空器使用权一旦产生,其使用权人就在设定的范围内不仅可以排除一般人对于其权利行使的干涉,而且在其权利范围内可直接对抗所有人的非法妨害。民用航空器使用权以对民用航空器的使用、收益为主要内容,并以对民用航空器的占有为前提,即必须将民用航空器的占有转移给使用权人,由其在实体上支配航空器,否则,民用航空器使用权设立的目的就无法实现。[①] 如在民用航空器租赁中,我国《民用航空法》第29条规定:"融资租赁期间,出租人不得干扰承租人依法占有、使用民用航空器;……"

3. 收益权

收益权是所有人通过民用航空器的占有、使用、经营、转让而取得的经济效益。民用航空器所有人无论是采取何种方式,其根本目的是获得收益,使用不是目的,只是手段,使用民用航空器的最终目的是获得收益。民用航空器收益权既可以归民用航空器的所有权人享有,也可以是合法的非所有权人享有。

4. 处分权

民用航空器所有人依法对民用航空器进行处置的权利。处分权通常情况下由航空器所有人行使,但在法律规定或合同约定的情况下,非所有人对他人的财产也可以行使处分权。如抵押权人依法对抵押财产的处分权;机长享有法律上赋予的对航空器的处分权等。

3.3.2.3 民用航空器所有权的取得、转让和消灭

因民用航空器价值较大,国内航空法和国际航空法对其所有权的取得、转让和消灭都做

---

① 郝秀辉.航空器权利研究[J].中国民航学院学报,2005,23(1):54-60.

出了严格规定。2001 年《关于航空器设备的开普敦议定书》第 5 条规定:"销售合同须以书面形式订立。"我国《民用航空法》第 14 条第 2 款规定:"民用航空器所有权的转让,应当签订书面合同。"

民用航空器所有权的消灭是指因出现了某种法律事实,使民用航空器所有人的所有权丧失的一种法律现象。引起民用航空器所有权消灭的原因主要有:

(1) 因民用航空器灭失和失踪而消灭。民用航空器的灭失是指经损害的民用航空器已经不复存在,如航空器坠毁。民用航空器失踪是指在官方搜寻工作宣告结束时仍不能确定航空器或其残骸位置。这两种情况都导致民用航空器作为所有权的客体已经不复存在,从而导致航空器所有权消灭。

(2) 因民用航空器转让而消灭。有权转让民用航空器所有权的主体依照法律规定转让其民用航空器所有权,从而导致原所有权消灭,而产生新的所有权。这主要指通过民用航空器买卖合同,将民用航空器所有权转让给他人而使原所有权消灭。

(3) 因民用航空器报废而消灭。民用航空器有一定的使用年限,超过了规定的使用年限而继续使用,航空安全就没有保障。民用航空器报废以后,其所有权消灭。

(4) 因债权人依法行使权利而消灭。这主要发生在民用航空器作为担保物权和民用航空器优先权中,权利人可以请求法院强制拍卖该民用航空器而获得赔偿,从而通过拍卖而使民用航空器所有权丧失。

3.3.3 民用航空器抵押权

3.3.3.1 概念及设立

1. 概念

我国《民法典》第 394 条规定:"为担保债务的履行,债务人或者第三人不转移财产的占有,将该财产抵押给债权人的,债务人不履行到期债务或者发生当事人约定的实现抵押权的情形,债权人有权就该财产优先受偿。前款规定的债务人或者第三人为抵押人,债权人为抵押权人,提供担保的财产为抵押财产。"

根据该规定,民用航空器抵押权是指债权人对于债务人或第三人不转移占有而提供担保的民用航空器,在债务人不履行债务时,依法享有就担保的民用航空器享有变价并优先受偿的权利。民用航空器抵押权是航空业融资的传统途径,又为债权人利益提供了可靠担保,它有利于民用航空业和金融业的发展。

2. 设立

我国《民法典》第 400 条规定:"设立抵押权,当事人应当采用书面形式订立抵押合同。"第 402 条规定:"以本法第三百九十五条①第一款第一项至第三项规定的财产或者第五项规定的正在建造的建筑物抵押的,应当办理抵押登记。抵押权自登记时设立。"第 403 条还规定:"以动产抵押的,抵押权自抵押合同生效时设立;未经登记,不得对抗善意第三人。"

我国《民用航空法》第 16 条规定,设定民用航空器抵押权,由抵押权人和抵押人共同向国务院民用航空主管部门办理抵押权登记;未经登记的,不得对抗第三人。

---

① 债务人或者第三人有权处分的下列财产可以抵押:(一)建筑物和其他土地附着物;(二)建设用地使用权;(三)海域使用权;(四)生产设备、原材料、半成品、产品;(五)正在建造的建筑物、船舶、航空器;(六)交通运输工具;(七)法律、行政法规未禁止抵押的其他财产。抵押人可以将前款所列财产一并抵押。

可见,民用航空器抵押权自抵押合同生效时设立。未经登记的,不得对抗第三人或善意第三人。[①]

3.3.3.2 法律特征

民用航空器抵押权具有抵押权的一般法律特征,主要表现在以下几个方面:

1. 附从性

民用航空器抵押权的附从性,首先主要表现在民用航空器抵押权设定是以担保债权的存在为前提,债权不存在,抵押权不成立。其次表现在民用航空器抵押权变化上的附从性,即民用航空器的抵押权将随着被担保债权的变化而变化。最后表现在消灭上的附从性,即民用航空器抵押权随着被担保债权的消灭而消灭。

2. 特定性

民用航空器抵押权的特定性包括两个方面的含义:其一指抵押物——民用航空器特定;其二指所担保的债权特定,一般情况下,以航空器抵押权人的特定债权来进行担保。

3. 优先受偿性

抵押权人就民用航空器受清偿时,有优先于对民用航空器享有的其他请求权的受偿权。

4. 不移转对民用航空器的占有

抵押人对民用航空器可继续进行使用、收益和处分,不影响民用航空器使用价值的发挥。

3.3.3.3 消灭

民用航空器抵押权在性质上为担保物权,其设定一般有存续期限,为有期物权,并非如所有权那样永恒存续。民用航空器抵押权得因一定法律事实而消灭,消灭原因主要有以下几种:

1. 民用航空器灭失或失踪

抵押权标的物灭失为物权消灭的一般原因,所以抵押物——民用航空器灭失或失踪,民用航空器抵押权随之消灭。但民用航空器抵押权是对所抵押的民用航空器拍卖价金有优先受偿权,其在本质上为价值权,具有物上代位性。因此,当民用航空器灭失或失踪时,如果有赔偿金、保险金或补偿金等代位物,由于价值仍存在,抵押权可存在于该赔偿金、保险金或补偿金上,民用航空器抵押权并不消灭。

2. 主债权消灭

民用航空器抵押权是为担保主债权实现而存在的从权利,相对于被担保的主债权,民用航空器抵押权具有绝对附从性,主债权消灭,民用航空器抵押权亦消灭。

3. 民用航空器抵押权实现

民用航空器抵押权实现,抵押担保法律关系消灭,抵押权自然消灭。民用航空器抵押权因实现而消灭,其所担保的债权是否得到全部清偿则在所不问,并且即使在同一民用航空器上有数个抵押权,其中一个抵押权实现的,该抵押权及其他抵押权均消灭。

4. 除斥期间届满

抵押权为担保物权,原则上既不得因所担保的债权罹于时效而消灭,同时也不得因除斥

[①] 为保持国内法律规定的统一性,在今后对《民用航空法》修订中,应将第16条修订为:"设定民用航空器抵押权,由抵押权人和抵押人共同向国务院民用航空主管部门办理抵押权登记;未经登记的,不得对抗善意第三人。"

期间的经过而消灭。但近现代民法从确定各种复杂法律关系的实际需要出发,也例外规定抵押权得因一定期间的经过而消灭。民用航空器抵押权除斥期间届满,权利消灭。我国《民法典》第419条规定:"抵押权人应当在主债权诉讼时效期间行使抵押权;未行使的,人民法院不予保护。"

3.3.4 民用航空器优先权

3.3.4.1 概念及成立

1. 概念

我国《民用航空法》第18条规定:"民用航空器优先权,是指债权人依照本法第十九条规定,向民用航空器所有人、承租人提出赔偿请求,对产生该赔偿请求的民用航空器具有优先受偿的权利。"

民用航空器优先权是以民用航空器为标的,以担保特定债权的实现为目的,通过司法程序对民用航空器扣押以至出卖民用航空器,使债权人从民用航空器变卖所得价款中依法定顺序优先受偿一种法定担保物权。①

2. 成立

民用航空器优先权作为一项权利,它是航空法赋予某些法定的特殊债权人,对产生该债权的民用航空器所享有的一种以该民用航空器为标的的法定优先受偿。"法定"权利,是民用航空器优先权的显著特性,只有依据航空法具体规定才能产生民用航空器优先权。1948年《日内瓦公约》第4条第1款规定:"一、根据援救或者保管航空器的活动终结地的缔约国的法律,由于下列事项对航空器产生的求偿权,缔约国应当予以承认,并且此项权利优先于对该航空器的所有其他权利:(一)援救航空器的报酬,或(二)保管航空器必需的必要费用。"

我国《民用航空法》第19条规定:"下列各项债权具有民用航空器优先权:(一)援救该民用航空器的报酬;(二)保管维护该民用航空器的必需费用。"

3.3.4.2 法律特征

民用航空器优先权的法律特征主要表现为法定性、从属性、依附性、时间性和秘密性等几个方面。

1. 法定性

民用航空器优先权的法定性主要表现在两个方面,一方面是指产生的法定性,并非一切债权都能产生民用航空器优先权,在航空法中对民用航空器优先权做出了严格的限制,只有法律规定范围内的债权才能得到航空器优先权的担保。另一方面是指消灭上的法定性,非经法定原因,不会消灭。

2. 从属性

民用航空器优先权的从属性是指航空器优先权是伴随着法定债权的产生而产生,并随

---

① 对于民用航空器优先权的法律性质,主要有以下几种观点:(1)民用航空器优先权是一种物权,具有物权的法定性、追及性、支配性等法律特性;(2)民用航空器优先权是一种债权,其成立既不登记,又不必占有,不属于物权;(3)民用航空器优先权是物权化的债权,民用航空器优先权本质上是债权,但航空法为了实际需要赋予其某些物权的性质,是一种债权的物权化;(4)民用航空器优先权是法律规定的优先受偿的权利,是法定特权;(5)民用航空器优先权是程序权利,民用航空器优先权的实现应通过法院扣押民用航空器从而拍卖民用航空器,并从卖得的价款中债权人优先受偿,因此,是属于一种程序性的权利。根据我国《民用航空法》的规定,本书认为,民用航空器优先权是一项担保物权。

之而变更和消灭。民用航空器优先权是担保物权,以债权为主权利,优先权为从权利,没有债权,民用航空器优先权就不能独立存在。债权转移消灭,民用航空器优先权亦转移消灭。民用航空器优先权不得与债权分离而让与,也不得从债权分离而为其他债权担保。

3. 依附性

民用航空器优先权的依附性是指航空器的优先权不因所有权的转移而消灭,只要债务人不履行债务,民用航空器的优先权就依附于民用航空器上,直至民用航空器灭失或被法院拍卖而消失。

4. 时间性

虽然民用航空器优先权的产生是随着债务产生之时起自动产生而无需登记。但是为了督促权利人对权利的行使,并为保护第三人利益,法律中规定了民用航空器优先权的期限,在此期限届满,民用航空器优先权将随之消灭。如1948年《日内瓦公约》第4条第3款和第4款规定:"三、上述权利应当在援救或保管工作终了之日起三个月内进行登记。四、前款规定的三个月期限届满后,缔约各国即不再承认上述权利。"

我国《民用航空法》第25条也规定:"民用航空器优先权自援救或者保管维护工作终了之日起满三个月时终止。"

但是,若该权利已经按照规定进行登记,并且该权利金额已经经协议确定或就此项权利已提起了司法诉讼。[①] 该权利不受三个月期限的限制。

5. 秘密性

民用航空器优先权的产生和设立,不受物权公示性的约束,不以登记为要件,也不以占有为前提,更无须当事人进行约定,只要法定的债权一旦产生,民用航空器优先权就随之产生。我国《民用航空法》中对民用航空器所有权、抵押权都规定了不进行登记的,不得对抗第三人,而对民用航空器优先权却没有此规定。

3.3.4.3 范围与受偿顺序

1. 范围

民用航空器优先权的范围包括主体范围和债权范围。

(1)主体范围。享有民用航空器优先权的债权,必须是针对民用航空器所有人、承租人提出的赔偿请求;向民用航空器所有人、承租人以外的人提出的赔偿请求,不具有民用航空器优先权。因为民用航空器优先权最终要通过扣押并变卖民用航空器来实现,这必然引起民用航空器所有权、处分权状况的变化,而只有民用航空器所有人、承租人才对民用航空器享有所有权、处分权。

(2)债权范围。依据1948年《日内瓦公约》第4条,民用航空器优先权的范围是:援救该民用航空器的报酬和保管维护该民用航空器的必需费用。优先权适用于担保的全部债款,但其中所包含的利息,不得超过执行程序开始前3年中和执行过程中所产生的利息。我国《民用航空法》第19条对优先权的范围也规定为"援救该民用航空器的报酬"和"保管维护该民用航空器的必需费用"。

[①] 1948年《日内瓦公约》第4条第4款规定:"前款规定的三个月期限届满后,缔约各国即不再承认上述权利,除非在此期限内,(一)此项权利已按第3款规定进行登记;并且(二)权利金额已经经协议确定或就此项权利已提起了司法诉讼。在司法诉讼的情况下,该期限的中断或中止由受理案件的法院地法律确定。"

2. 受偿顺序

《日内瓦公约》第 4 条第 2 款规定："二、本条第一款所列权利的受偿顺序,按照产生该权利的事件发生日期逆向排列。"我国《民用航空法》第 19 条第 2 款也规定："前款规定的各项债权,后发生的先受偿。"

可见,民用航空器优先权的受偿顺序,采用"时间倒序原则",或者称"时间在先,权利在后"的原则排列债权的受偿顺序的。其出发点是坚持"为其他债权的受偿创造条件的债权优先于其他债权"的原则。因为这类债权虽然是发生在后,但它为发生在先的、已经存在的债权的受偿起到了保全作用。没有发生在后的债权,发生在前的债权可能也得不到清偿。

例如,某民用航空器在海上遇难,某海运公司对其成功施救之后,航空维修公司又对其进行必要的保管和维护,使其恢复适航状态。按照"时间倒序"原则,保管维护该民用航空器的费用应当优先于救助费用得到清偿。因为维修公司对航空器的保管、维护使航空器恢复了原有适航状态和功能,救助效果和价值才得以体现,否则,该航空器可能一文不值,甚至可能因保管不善而废弃。航空器废弃,会导致以航空器为标的、担保发生在前的债权即救助报酬请求权的民用航空器优先权随之灭失。故在法律中对民用航空器优先权债权的受偿顺序,采用"时间倒序原则"。

就民用航空器优先权和其他权力相比,国际航空公约和我国航空法中也都做出了明确规定。如 1948 年《日内瓦公约》第 4 条第 1 款规定,航空器优先权优先于对该航空器的所有其他权利。第 7 条第 6 款还规定,根据拍卖所在地缔约国的法律,为了各债权人的共同利益并在执行过程中产生的合法费用,优先于任何其他权利受偿,包括第 4 条规定的优先权,并应从拍卖的价金中支付。

我国《民用航空法》规定,为了债权人的共同利益,在执行人民法院判决以及拍卖过程中产生的费用,应当从民用航空器拍卖所得价款中先行拨付。[①] 民用航空器优先权先于民用航空器抵押权受偿。[②] 民用航空器优先权应当通过人民法院扣押产生优先权的民用航空器行使。[③]

3.3.4.4 转移和消灭

民用航空器优先权作为一种担保物权,决定了它的产生必然以法律规定的债权存在为前提,一旦债权产生,民用航空器优先权同时产生,具有对抗其他权利的效力;其所担保的债权发生转移,优先权就随之移转。

我国《民用航空法》第 23 条规定:"本法第十九条规定的债权转移的,其民用航空器优先权随之转移。"但对于权利客体——民用航空器而言,该优先权仍依附在民用航空器上,不因民用航空器的所有权的转让而消灭。第 25 条还规定:"民用航空器优先权不因民用航空器所有权的转让而消灭。"这也是由于民用航空器优先权的从属性和依附性所决定。

民用航空器优先权的行使主要是通过法院扣押产生优先权的民用航空器行使。优先权人享有航空器优先权,但不能自行扣押和拍卖民用航空器,而必须通过向法院申请,由法院来执行。我国《民用航空法》第 24 条规定:"民用航空器优先权应当通过人民法院扣押产生优先权的民用航空器行使。"

---

① 《民用航空法》第 21 条。
② 《民用航空法》第 22 条。
③ 《民用航空法》第 24 条。

1948年《日内瓦公约》第 6 条规定:"在扣押或者强制拍卖航空器或航空器权利的情况下,被诉人明知正在进行拍卖或执行程序,而设立或转让第一条第一款所列的权利①,不论是有损于实行扣押的债权人或执行债权人,还是有损于买受人,缔约各国可以不予承认。"

根据 1948 年《日内瓦公约》和我国《民用航空法》的规定,民用航空器优先权消灭的原因主要有:

(1)民用航空器优先权的期限已经终结。1948 年《日内瓦公约》和我国航空法都规定了民用航空器优先权的期限是三个月,自援救或保管工作终了之日起三个月内权利人不去登记的,又没有法律规定的事由,民用航空器优先权消灭。

(2)民用航空器依法被强制拍卖。民用航空器优先权不因民用航空器所有权的转让而消灭;但是,民用航空器经依法强制拍卖的除外。如 1948 年《日内瓦公约》第 8 条规定,拍卖航空器,产生转移该航空器所有权的效力,买受人不再受未由其负担的权利的影响。我国《民用航空法》第 25 条也规定,民用航空器经依法强制拍卖的,民用航空器优先权消灭。

(3)民用航空器灭失或失踪。民用航空器灭失或失踪,民用航空器优先权的客体不复存在,民用航空器优先权消灭。

3.3.5 民用航空器租赁

3.3.5.1 民用航空器租赁合同概念和分类

1. 概念

《民法典》第 703 条规定,租赁合同是出租人将租赁物交付承租人使用、收益,承租人支付租金的合同。《民用航空法》第 26 条规定,民用航空器租赁合同,包括融资租赁合同和其他租赁合同,应当以书面形式订立。《大型飞机公共航空运输承运人运行合格审定规则》(CCAR-121-R7)附件 A 定义规定,租赁是指任何通过协议将航空器由一个人转给另一个人进行商业使用(无论是否提供飞行机组)。

2001 年《开普敦公约》第 1 条定义第 q 款规定,"租赁协议",是指某人(出租人)将标的物的占有权或控制权(附带或不附带购买选择权)授予另一人(承租人)以换取租金或其他支付的协议。

2. 分类

民用航空器租赁合同分为融资租赁合同②和其他租赁合同。根据《民用航空法》第 27 条规定,民用航空器的融资租赁,是指出租人按照承租人对供货方和民用航空器的选择,购得民用航空器,出租给承租人使用,由承租人定期交纳租金。

其他租赁合同是指出租人将民用航空器交付承租人使用、收益,承租人支付租金的合同。

---

① 这几项权利包括:航空器所有权;通过购买并占有行为取得航空器的权利;根据租赁期限为六个月以上的租赁占有航空器的权利;为担保偿付债务而协议设定的航空器抵押权、质权以及类似权利。

② 《民法典》第 735 条规定,融资租赁合同是出租人根据承租人对出卖人、租赁物的选择,向出卖人购买租赁物,提供给承租人使用,承租人支付租金的合同。

在我国民用航空规章和规范性文件[①]中还规定了干租和湿租。干租是指按照租赁协议，承租人将光机租赁出租人的租赁。湿租是指按照租赁协议，承租人租赁飞机时携带出租人一名或者多名机组成员的租赁。[②]

3.3.5.2 民用航空器融资租赁

我国《民用航空法》从第 27 条到第 32 条从民用航空器融资租赁合同定义、出租人和承租人的权利和义务、供货方的义务以及登记事项等进行了具体规定。

融资租赁期间，出租人依法享有民用航空器所有权，承租人依法享有民用航空器的占有、使用、收益权。[③]

融资租赁期间，出租人不得干扰承租人依法占有、使用民用航空器；承租人应当适当地保管民用航空器，使之处于原交付时的状态，但是合理损耗和经出租人同意的对民用航空器的改变除外。[④]

融资租赁期满，承租人应当将符合本法第二十九条规定状态的民用航空器退还出租人；但是，承租人依照合同行使购买民用航空器的权利或者为继续租赁而占有民用航空器的除外。[⑤]

民用航空器融资租赁中的供货方，不就同一损害同时对出租人和承租人承担责任。[⑥]

融资租赁期间，经出租人同意，在不损害第三人利益的情况下，承租人可以转让其对民用航空器的占有权或者租赁合同约定的其他权利。[⑦]

民用航空器的融资租赁和租赁期限为六个月以上的其他租赁，承租人应当就其对民用航空器的占有权向国务院民用航空主管部门办理登记；未经登记的，不得对抗第三人。[⑧]

我国《民法典》第十五章融资租赁合同应适用于我国境内的民用航空器融资租赁合同。而跨国民用航空器融资租赁合同也基本适用《移动设备国际利益公约关于航空器设备特定问题议定书》，但中国声明保留的条款除外。因此，在修订《民用航空法》时，可以将有关航空器融资租赁合同相关规定进行删除。

3.3.5.3 民用航空器其他租赁合同

在《民用航空法》中没有对民用航空器其他租赁合同进行具体规定。因此，有关民用航空器其他租赁合同应适用于《民法典》第十四章《租赁合同》的一般规定。

---

① 如已经失效的 2005 年 3 月 15 日颁发的《航空器租赁》(AC-121-62)中规定，干租：指任何通过协议，由出租人（可能是航空运营人、银行或租机公司）向承租人（航空运营人）仅提供航空器而不提供飞行机组的租赁。干租通常由承租人承担运行控制。湿租：指任何通过协议，由出租人（航空运营人）向承租人（航空运营人）提供航空器并且至少提供一名飞行机组的租赁。
② 《大型飞机公共航空运输承运人运行合格审定规则》(CCAR-121-R7)附件 A《定义》。
③ 《民用航空法》第 28 条。
④ 《民用航空法》第 29 条。
⑤ 《民用航空法》第 30 条。
⑥ 《民用航空法》第 31 条。
⑦ 《民用航空法》第 32 条。
⑧ 《民用航空法》第 33 条。

3.3.6 民用航空器权利登记制度

3.3.6.1 民用航空器权利登机的法律基础和意义

1. 法律基础

1948年《日内瓦公约》规定了航空器国籍国对航空器权利进行登记的制度。2001年《开普敦公约》及《关于航空器设备的开普敦议定书》首次规定了航空器权利的国际登记制度。

我国《民用航空法》对民用航空器权利进行登记做出了概括性规定。1997年10月国务院以国务院令第233号发布《中华人民共和国民用航空器权利登记条例》(下文简称《民用航空器权利登记条例》),用20个条文具体规定了该制度。[①] 1999年8月27日中国民用航空总局以第87号令公布自同年11月1日起施行的《中华人民共和国民用航空器权利登记条例实施办法》(CCAR-49)[下文简称《民用航空器权利登记条例实施办法》(CCAR-49)],[②] 共26条,对民用航空器所有权、抵押权、占有权和优先权的登记、变更、注销程序和格式作了明确规定。同时,在保障民用航空器权利人合法权益的基础上,对登记、变更、注销的时间也作了规定。

2. 意义

民用航空器权利登记分为国内登记和国际登记两种形式。民用航空器权利登记制度早已成为美国、法国、日本等航空大国的航空法的重要组成部分。我国航空法也不例外,体现在法律条文中对民用航空器所有权、抵押权、优先权以及租赁等方面的规定上,并且以行政法规、规章以及规范性文件的形式对此进行了更加详细的规定。民用航空器权利登记制度不仅对民用航空法律体系的发展起到了丰富和完善的作用,而且对我国财产权利登记制度也具有巨大的促进作用。民用航空器权利登记制度对确认权利、实施管理、公示社会等方面意义重大。

(1) 确认权利。经权利登记机关登记的民用航空器权利由于"受到法律的确认"得到国家强制力的保护,从而"取得社会公认的权威"。因此可以对抗权利人以外的任何人,民用航空器权利登记制度不仅给人们的交易活动带来了便利,也为民用航空器的权利交易提供了一个明确基础,使交易人清楚地了解民用航空器的权利归属情况。

(2) 便于实施管理。民用航空器是具有重大价值的动产,经常航行于各国领空和公海上空,通过登记制度,国家就可以掌握与了解其流向,从而有利于国家对航空器权利变动进行管理,维护交易人的正当合法利益。

(3) 公示社会。通过对航空器权利进行登记,并将登记事项向社会公开供公众查询、复制或摘录,便于公众了解有关航空器的权利状况并参与监督管理,切实维护自己的合法权益。并有利于维护航空器交易安全,为以航空器为核心开展的各种交易活动提供了便利,从而促进航空事业的发展。

1948年《日内瓦公约》也规定了民用航空器权利在缔约国内的登记制度,保护了债权人

---

① 具体条文详见:https://www.caac.gov.cn/XXGK/XXGK/FLFG/201510/t20151029_2789.html. 2024年1月15日访问。

② 在起草该实施办法的过程中,一方面依据了《民用航空法》和《民用航空器权利登记条例》的有关规定,另一方面借鉴了英、美和我国香港特别行政区有关民用航空器权利登记的做法,并结合我国民用航空器权利取得和设立的特点,在内容上特别对国内数量较多的民用航空租赁的权利登记作了较为详细的规定。具体条文详见:https://www.caac.gov.cn/XXGK/XXGK/MHGZ/201511/t20151102_8538.html. 2024年1月15日访问。

的合法权益。

2001年《开普敦公约》及《关于航空器设备的开普敦议定书》规定了民用航空器权利的国际登记制度。在航空器设备上享有特定经济利益的权利人,可将其在航空器上的利益在《公约》和《议定书》规定的国际登记处登记。根据该公约和该议定书的规定,该登记利益可以获得国际承认,在债务人的债务中具有优先权。一旦债务人违约,权利人可以采取该公约和该议定书规定的占有或处置航空器等救济方式使其利益得到迅速、及时的救济。

民用航空器权利登记主要包括所有权登记、通过购买行为取得并占有民用航空器的权利的登记、民用航空器的租赁登记以及民用航空器的抵押权登记和优先权登记。我国《民用航空法》第11条[1]和1948年《日内瓦公约》第1条[2]都做出了具体规定。

3.3.6.2 民用航空器权利登记程序

2001年《关于航空器设备的开普敦议定书》对航空器权利登记采取自愿原则,权利人可以在缔约国境内进行登记,也可以在国际登记处进行登记。

我国航空法对航空器权利登记制度进行了详细规定。主要有:

1. 申请

我国航空法中,对民用航空器的权利登记采用的是自愿原则。民用航空器权利人认为需要进行权利登记的,可申请办理民用航空器权利登记。[3]

委托他人办理权利登记或者签署有关文件的,应当向登记部门提交合法申请人的授权委托书或者其他授权证明文件以及代办人的符合前条规定的合法身份证明文件。同一项交易或者事件产生共同权利的,应当由一个权利代表人向登记部门办理权利登记事项。[4]

申请人根据申请权利的类型,提交不同的申请文件。办理民用航空器所有权、占有权或者抵押权登记的,民用航空器权利人应当按照国务院民用航空主管部门的规定,分别填写民用航空器所有权、占有权或者抵押权登记申请书,并向国务院民用航空主管部门提交规定的相应文件。办理民用航空器优先权登记的,民用航空器优先权的债权人应当自援救或者保管维护工作终了之日起3个月内,按照国务院民用航空主管部门的规定,填写民用航空器优先权登记申请书,并向国务院民用航空主管部门提交足以证明其合法身份的文件和有关债权证明。[5]

办理民用航空器所有权登记的,民用航空器所有人应当提交下列文件或者经核对无误的复印件:(一)民用航空器国籍登记证书;(二)民用航空器所有权取得的证明文件;(三)国

---

[1] 民用航空器权利人应当就下列权利分别向国务院民用航空主管部门办理权利登记:(一)民用航空器所有权;(二)通过购买行为取得并占有民用航空器的权利;(三)根据租赁期限为六个月以上的租赁合同占有民用航空器的权利;(四)民用航空器抵押权。

[2] 一、缔约各国承允,承认:(一)航空器所有权;(二)通过购买并占有行为取得航空器的权利;(三)根据租赁期限为六个月以上的租赁占有航空器的权利;(四)为担保偿付债务而协议设定的航空器抵押权、质权以及类似权利;但这些权利必须符合下列条件:1. 权利的设定符合该航空器进行国籍登记的缔约国在设定该权利时的法律,并 2. 经合法地登记在该航空器进行国籍登记的缔约国的公共登记簿内。不同缔约国中进行的连续登记的合法性,按照每次登记时该航空器进行国籍登记的缔约国的法律予以确定。

二、本公约的规定不妨碍承认缔约国法律规定的航空器权利;但是,缔约国不得接受或者承认优先于本条第1款所列各项权利的权利。

[3] 《民用航空器权利登记条例实施办法》(CCAR-49)第4条。

[4] 《民用航空器权利登记条例实施办法》(CCAR-49)第8条。

[5] 《民用航空器权利登记条例》第4条。

务院民用航空主管部门要求提交的其他必要的有关文件。[1]

办理民用航空器占有权登记的,民用航空器的占有人应当提交下列文件或者经核对无误的复印件:办理民用航空器占有权登记的,民用航空器的占有人应当提交下列文件或者经核对无误的复印件:(一)民用航空器国籍登记证书;(二)民用航空器所有权登记证书或者相应的所有权证明文件;民用航空器设定抵押的,还应当提供有关证明文件;(三)符合《中华人民共和国民用航空法》第十一条第(二)项或者第(三)项规定的民用航空器买卖合同或者租赁合同;(四)国务院民用航空主管部门要求提交的其他必要的有关文件。[2]

办理民用航空器抵押权登记的,民用航空器的抵押权人和抵押人应当提交下列文件或者经核对无误的复印件:(一)民用航空器国籍登记证书;(二)民用航空器所有权登记证书或者相应的所有权证明文件;(三)民用航空器抵押合同;(四)国务院民用航空主管部门要求提交的其他必要的有关文件。[3]

就两架以上民用航空器设定一项抵押权或就同一民用航空器设定两项以上抵押权时,民用航空器抵押权人和抵押人应就每一架民用航空器或每一项抵押权分别办理抵押权登记。[4]

民用航空器权利登记部门在接收申请人提供的有关文件时,应向其出具收件清单,并注明文件接收日期和时间。民用航空器权利登记申请人在办理民用航空器权利登记时,应根据具体情况分别填写符合规定格式的以下权利登记申请书:《民用航空器所有权登记申请书》《民用航空器占有权登记申请书》《民用航空器抵押权登记申请书》以及《民用航空器优先权登记申请书》。[5]

由申请人提供的申请书及各项文件,登记部门应当妥善保管。对于申请人声明涉及商业秘密的事项,登记部门不得向他人泄露。[6]

2. 审查批准

国务院民用航空主管部门应当自收到民用航空器权利登记申请之日起 7 个工作日内,对申请的权利登记事项进行审查。经审查符合规定的,应当向民用航空器权利人颁发相应的民用航空器权利登记证书,并区别情况在民用航空器权利登记簿上载明规定的相应事项;经审查不符合规定的,应书面通知民用航空器权利人。[7]

3. 权利登记簿

国务院民用航空主管部门设立民用航空器权利登记簿。同一民用航空器的权利登记事项应当记载于同一权利登记簿中。民用航空器权利登记事项,可以供公众查询、复制或者录。[8] 申请人办理民用航空器权利登记,公众查询、复制或者摘录民用航空器权利登记事项,均应当缴纳费用,收费标准和管理办法另行制定。[9]

根据权利的性质不同,权利登记簿上的记载事项也有差异。

---

[1] 《民用航空器权利登记条例》第 5 条。
[2] 《民用航空器权利登记条例》第 6 条。
[3] 《民用航空器权利登记条例》第 7 条。
[4] 《民用航空器权利登记条例》第 8 条。
[5] 参见《民用航空器权利登记条例实施办法》(CCAR－49)第 9 条。
[6] 《民用航空器权利登记条例实施办法》(CCAR－49)第 23 条第 2 款。
[7] 《民用航空器权利登记条例》第 9 条。
[8] 《民用航空法》第 12 条。
[9] 《民用航空器权利登记条例实施办法》(CCAR－49)第 24 条。

国务院民用航空主管部门向民用航空器所有人颁发民用航空器所有权登记证书时，应当在民用航空器权利登记簿上载明下列事项：（一）民用航空器国籍、国籍标志和登记标志；（二）民用航空器所有人的姓名或者名称、地址及其法定代表人的姓名；（三）民用航空器为数人共有的，载明民用航空器共有人的共有情况；（四）民用航空器所有权的取得方式和取得日期；（五）民用航空器制造人名称、制造日期和制造地点；（六）民用航空器价值、机体材料和主要技术数据；（七）民用航空器已设定抵押的，载明其抵押权的设定情况；（八）民用航空器所有权登记日期；（九）国务院民用航空主管部门规定的其他事项。①

国务院民用航空主管部门向民用航空器占有人颁发民用航空器占有权登记证书时，应当在民用航空器权利登记簿上载明下列事项：（一）民用航空器的国籍、国籍标志和登记标志；（二）民用航空器占有人、所有人或者出租人的姓名或者名称、地址及其法定代表人的姓名；（三）民用航空器占有权的取得方式、取得日期和约定的占有条件；（四）民用航空器占有权登记日期；（五）国务院民用航空主管部门规定的其他事项。②

国务院民用航空主管部门向民用航空器抵押权人颁发民用航空器抵押权登记证书时，应当在民用航空器权利登记簿上载明下列事项：（一）被抵押的民用航空器的国籍、国籍标志和登记标志；（二）抵押权人和抵押人的姓名或者名称、地址及其法定代表人的姓名；（三）民用航空器抵押所担保的债权数额、利息率、受偿期限；（四）民用航空器抵押权登记日期；（五）国务院民用航空主管部门规定的其他事项。③

国务院民用航空主管部门向民用航空器优先权的债权人颁发民用航空器优先权登记证书时，应当在民用航空器权利登记簿上载明下列事项：（一）发生债权的民用航空器的国籍、国籍标志和登记标志；（二）民用航空器优先权的债权人的姓名或者名称、地址及其法定代表人的姓名；（三）发生债权的民用航空器的所有人、经营人或者承租人的姓名或者名称、地址及其法定代表人的姓名；（四）民用航空器优先权的债权人主张的债权数额和债权发生的时间、原因；（五）民用航空器优先权登记日期；（六）国务院民用航空主管部门规定的其他事项。④

由申请人提供的申请书及各项文件，登记部门应当妥善保管。对于申请人声明涉及商业秘密的事项，登记部门不得向他人泄露。⑤

4. 变更登记

民用航空器权利登记事项发生变更时，民用航空器权利人应当持有关的民用航空器权利登记证书和变更证明文件，向国务院民用航空主管部门办理变更登记。民用航空器抵押合同变更时，由抵押权人和抵押人共同向国务院民用航空主管部门办理变更登记。⑥

国务院民用航空主管部门应当自收到民用航空器权利变更登记申请之日起7个工作日内，对申请的权利变更登记事项进行审查。经审查符合规定的，在有关权利登记证书和民用

---

① 《民用航空器权利登记条例》第10条。
② 《民用航空器权利登记条例》第11条。
③ 《民用航空器权利登记条例》第12条。
④ 《民用航空器权利登记条例》第13条。
⑤ 《民用航空器权利登记条例实施办法》（CCAR-49）第23条第2款。
⑥ 《民用航空器权利登记条例》第15条。

航空器权利登记簿上注明变更事项;①经审查不符合规定的,应当书面通知民用航空器权利人。②

5. 注销登记

遇有下列情形之一时,民用航空器权利人应当持有关的民用航空器权利登记证书和证明文件,向国务院民用航空主管部门办理注销登记:(一)民用航空器所有权转移;(二)民用航空器灭失或者失踪;(三)民用航空器租赁关系终止或者民用航空器占有人停止占有;(四)民用航空器抵押权所担保的债权消灭;(五)民用航空器优先权消灭;(六)国务院民用航空主管部门规定的其他情形。③

国务院民用航空主管部门应当自收到民用航空器注销登记申请之日起7个工作日内,对申请的注销登记事项进行审查。收回有关的民用航空器权利登记证书,相应地注销民用航空器权利登记簿上的权利登记,并按规定向民用航空器权利人分别颁发相应的权利登记注销证书。经审查不符合规定的,应当书面通知民用航空器权利人。④

6. 异议

民用航空器权利的利害关系人对民用航空器权利登记持有异议,或者认为民用航空器权利人应当办理变更登记或者注销登记而未办理的,可以凭人民法院的生效判决、裁定或者仲裁机构的生效裁决,向登记部门办理有关权利登记、变更登记或者注销登记。该判决、裁定或者裁决是由外国法院或者仲裁机构做出的,应当依法先经中华人民共和国的人民法院确认。⑤ 此种登记的其他有关事项,分别适用《民用航空器权利登记条例》和《民用航空器权利登记条例实施办法》(CCAR-49)的有关规定。

7. 其他规定

在《民用航空器权利登记条例》施行之日前设定的民用航空器权利,可自2000年11月1日起补办登记手续。⑥

3.4 民用航空器适航管理

3.4.1 民用航空器适航管理的概念及特点

3.4.1.1 概念

适航是指航空器、发动机、螺旋桨或部件符合其经批准的设计并处于安全运行状态的状况。⑦

适航管理是指为了确保在航空器研制中能够贯彻和落实适航性要求而对其设计、验证、制造、使用和维护等各环节进行监督管理。航空器适航管理分为民用航空器适航管理和国

---

① 《民用航空器权利登记条例实施办法》(CCAR-49)第17条规定:"民用航空器权利人的权利变更登记申请经登记部门依法审查合格后,由登记部门在有关权利登记证书上和民用航空器权利登记簿上注明变更事项,不颁发新的权利登记证书。"
② 《民用航空器权利登记条例》第16条。
③ 《民用航空器权利登记条例》第17条。
④ 《民用航空器权利登记条例》第18条。
⑤ 《民用航空器权利登记条例实施办法》(CCAR-49)第21条。
⑥ 参见《民用航空器权利登记条例实施办法》(CCAR-49)第26条。
⑦ 1944年《芝加哥公约》附件8《航空器适航性》第一部分《定义》。

家航空器适航管理。本书所界定的航空器适航管理是指民用航空器适航管理。

民用航空器的适航管理是指根据国家的有关规定,对民用航空器的设计、生产、使用和维修,实施以确保飞行安全为目的的技术鉴定和监督。①

民用航空器的适航管理包括初始适航管理和持续适航管理。初始适航是指新生产出来的航空器在投入使用前,应当所具备的适航性。持续适航是指使航空器、发动机、螺旋桨或部件符合适用的适航要求并且在其整个使用寿命期间处于安全运行状态的一套过程。

3.4.1.2 民用航空器适航管理的特点

各国对民用航空器的适航管理,基本上都具有五个国际上普遍承认的特点。②

1. 权威性

民用航空器适航管理具有权威性主要表现在:一方面,适航管理所依据的标准和审定监督规则,具有国家法律效力;所有的适航规章、标准都是强制性的。另一方面,作为适航管理管理部门,也须具有权威性,航空器设计、制造、使用和维修的单位、个人,必须服从国家适航管理部门的统一、公正的管理。

2. 国际性

民用航空器适航管理的国际性是指在国际层面上,由相关国际组织统一制定相应的技术标准,作为航空器适航的国际标准。早在1919年《巴黎公约》附件B中,对航空器具体适航标准进行了具体规定,要求每一架从事国际航行的航空器都应当按照附件B的规定,取得缔约国颁发的适航证书,并在第34条中专门成立了一个受国际联盟领导的国际组织——国际空中航行委员会,对附件B进行修订。

1944年《芝加哥公约》第32条承认证书和执照规定:"登记航空器的缔约国发给或核准的适航证和合格证书及执照,其他缔约国应承认其有效。但发给或核准此项证书或执照的要求,须等于或高于根据本公约随时制定的最低标准。"1944年《芝加哥公约》附件8《航空器适航性》就是为缔约国规定了航空器适航的最低标准,亦为国际标准。

随着航空活动不断发展,民用航空器既是国际航空运输的重要工具,也是国际上的重要商品。航空产品的进出口,特别是航空器生产的国际化,决定了各国的适航管理必然具有国际性。

各国的适航管理部门为了保证航空的安全和利益,根据本国的适航标准,严格审查各种进口的航空产品。同时各国也要求积极扩大国际交流,制定国际上能够得到普遍承认的适航标准,广泛制定保护本国利益的国际适航协议,使本国的航空产品能够更多地进入国际市场。

3. 完整性

任何一个国家的适航管理部门,对航空器的设计、制造、使用、维修,直至其退役的全过程,都要实施以安全为目的,统一的闭环式的审查、鉴定、监督和管理。

4. 动态的发展性

航空科技的进步和民用航空业的不断发展,要求各国适航管理部门不断改进和增加新的适航标准,适航管理也必然随之变化发展。因此,适航管理不能是静态的、永恒不变的,而应是动态发展的。如1944年《芝加哥公约》附件8《航空器适航性》截至2021年3月已经过

---

① 《民用航空器适航管理条例》第3条。
② 曹三明,夏兴华.民用航空法释义[M].沈阳:辽宁教育出版社,1996:73-74.

第 108 次修正,至第 13 版。[①]

5. 独立性

适航管理部门的独立性是保证其在立法和执法工作上的公正性和合理性的要求。世界各国适航部门几乎都是在经济和管理体制上独立于航空器的设计、制造、使用和维修等环节之外的政府审查监督机构。只有这样,才能保障护航空安全和促进航空运输业及制造业的发展。

3.4.2 航空器适航管理的内容

3.4.2.1 民用航空器适航管理的法律基础

由于民用航空器适航管理的特点具有国际性,各国也都需要国际上有统一的适航标准,以保障和促进相关民用航空活动能够正常进行,国际上对民用航空器的适航管理的标准的制定工作早就开始了,突出表现在《芝加哥公约》附件 8 中,同时各国国内的适航管理的标准不得低于国际上的标准;附件 16《环境保护》卷Ⅰ《航空器噪声》规定了航空器噪声方面的有关指标;国际民航组织理事会还批准了以《适航性手册》(Doc 9760)为标题发行的适航指导材料,目前有效的为 2020 年发布的第 4 版。

在各国国内,适航管理的标准由其国内法加以规定。我国从 1985 年制定《运输类飞机适航标准》(CCAR-25)起,到目前已经形成了非常完备的法律基础。具体见表 3-1。

表 3-1 我国航空器适航管理法律基础

序号	名称(正在生效)	制定机关/发布时间	备注
1	《运输类飞机适航标准》(CCAR-25-R4)	交通运输部/2016 年 12 月	原版为中国民航局 1985 年 12 月发布的《运输类飞机适航标准》(CCAR-25),先后经过 1990 年、1995 年、2001 年和 2016 年四次修订。现正在生效的是 2016 年修订版
2	《正常类飞机适航规定》(CCAR-23-R4)	交通运输部/2022 年 5 月	原版为中国民航局 1986 年 12 月发布的《正常类、实用类、特技类和通勤类飞机适航标准》(CCAR-23),先后经过 1990 年 7 月、1993 年 12 月、2004 年 10 月三次修订。其中,第三次修订将名称改为《正常类、实用类、特技类和通勤类飞机适航规定》。正在生效的是第四次修订版,其名称被改为《正常类飞机适航规定》
3	《民用航空器适航管理条例》	国务院/1987 年 5 月	自 1987 年 6 月 1 日起施行,至今有效
4	《螺旋桨适航标准》(CCAR-35)	中国民航局/1987 年 12 月	2022 年 12 月 21 日中国民航局航空器适航审定司发布《螺旋桨适航规定(征求意见稿)》,对《螺旋桨适航标准》进行修订

[①] 其中,第Ⅷ部分遥控驾驶飞机、第Ⅸ部分遥控驾驶直升机(RPH)、第Ⅹ部分遥控驾驶站(RPS)自 2026 年 11 月 26 日起适用。其余部分自 2021 年 7 月生效。

续表 3-1

序号	名称(正在生效)	制定机关/发布时间	备注
5	《航空发动机适航规定》(CCAR-33-R2)	交通运输部/2016年3月	原版为1988年2月中国民航局发布的《航空发动机适航标准》(CCAR-33),2002年4月中国民航总局进行了第一次修订,将名称改为《航空发动机适航规定》
6	《运输类旋翼航空器适航规定》(CCAR-29-R2)	交通运输部/2017年4月	原版为1988年4月中国民航局发布的《运输类旋翼航空器适航标准》(CCAR-29),2002年7月和2017年4月分别进行第一次和第二次修订
7	《正常类旋翼航空器适航规定》(CCAR-27-R2)	交通运输部/2017年4月	原版为1988年4月中国民航局发布的《一般类旋翼航空器适航标准》(CCAR-27),2002年7月中国民航总局进行第一次修订,名称被改为《正常类旋翼航空器适航规定》(CCAR-27-R1)
8	《关于民用航空器零部件、机载设备国产代用品审批程序的暂行规定》	中国民航局/1988年6月	该规定已被2003年《中国民用航空总局关于废止部分民用航空规章和规章性文件的决定》废止
9	《关于民用航空器时控件管理的暂行规定》	中国民航局/1988年6月	该规定已被2003年《中国民用航空总局关于废止部分民用航空规章和规章性文件的决定》废止
10	《关于民用航空器保留项目控制的暂行规定》	中国民航局/1988年6月	该规章性文件已被2003年《中国民用航空总局关于废止部分民用航空规章和规章性文件的决定》废止
11	《关于民用飞机管理的暂行规定》	中国民航局/1988年6月	该规章性文件已被2003年《中国民用航空总局关于废止部分民用航空规章和规章性文件的决定》废止
12	《中国民航机载农用设备主要技术性能指标暂行规定》	中国民航局/1989年1月	2005年《中国民用航空总局关于废止部分民用航空规章和规章性文件的决定》废止了该规定
13	《民用航空器适航管理处罚暂行办法(使用和维修部分)》	中国民航局/1989年4月	1997年《关于修订和废止部分民用航空规章的决定》(CCAR-20LR)废止了这个规章
14	《民用航空器适航指令规定》(CCAR-39AA)	中国民航局/1990年6月	1990年6月13日公布施行,至今有效

续表 3-1

序号	名称(正在生效)	制定机关/发布时间	备注
15	《民用航空产品和零部件合格审定规定》(CCAR-21-R5)	交通运输部/2024年2月	原版为1990年8月中国民用航空局发布的《民用航空产品和零件合格审定的规定》(CCAR-21),其后经历了1991年、1998年、2007年和2017年四次修订,其中1998年修订时改名为《民用航空产品和零部件合格审定规定》。之后根据2024年2月18日《交通运输部关于修改〈民用航空产品和零部件合格审定规定〉的决定》修正,自2024年4月1日起施行
16	《民用航空材料、零部件和机载设备技术标准规定》(CCAR-37AA)	中国民航局/1992年4月	自1992年4月1日起公布施行,至今有效
17	《民用航空适航委任代表和委任单位代表管理规定》(CCAR-183AA-R1)	交通运输部/2017年8月	自2018年3月1日起施行。1992年12月11日民航总局公布、1997年1月6日修订的《民用航空器适航委任代表及委任单位代表的规定》(民航总局令第28号)同时废止
18	《民用航空器维修单位合格审定规则》(CCAR-145-R4)	交通运输部/2022年2月	最早是1988年中国民航局发布的《维修许可审定的规定》,1993年修订时改名为《民用航空器维修许可审定的规定》,2001年修订时改名为《民用航空器维修单位合格审定规定》,2005年和2022年分别进行了第三和第四次修订
19	《民用航空器运行适航管理规定》(CCAR-121AA-R1)	民航总局/1995年5月	1997年《关于修订和废止部分民用航空规章的决定》对该规定第1条进行修订。2005年2月15日中国民用航空总局公布《大型飞机公共航空运输承运人运行合格审定规则》(CCAR-121-R2)第121.771条施行与废止规定,1995年5月12民航总局令第41号公布并经1997年1月6日民航总局令第60号修订的《民用航空器运行适航管理规定》(CCAR-121AA-R1)同时废止,但是由于执行本规则需要时间进行调整的,本款规章中有关内容可以执行到2007年1月1日止
20	《维修和改装一般规则》(CCAR-43-R1)	交通运输部/2018年11月	2022年7月1日起施行的《一般运行和飞行规则》(CCAR-91-R4),废止了原民航总局于2006年1月16日以民航总局令第159号公布、交通运输部于2018年11月16日以交通运输部令2018年第34号修改的《维修和改装一般规则》

续表 3-1

序号	名称（正在生效）	制定机关/发布时间	备注
21	《外国民用航空器运行和适航检查规定》（CCAR-129）	民航总局/1998年4月	该规章实际上被2004年《外国公共航空运输承运人运行合格审定规则》所废止
22	《涡轮发动机飞机燃油排泄和排气排出物规定》（CCAR-34-R1）	交通运输部/2022年11月	2002年3月20日中国民用航空总局以局令第108号发布、自4月19日起施行《涡轮发动机飞机燃油排泄和排气排出物规定》（CCAR-34）
23	《航空器型号和适航合格审定噪声规定》（CCAR-36-R3）	交通运输部/2022年11月	民航总局2002年《航空器型号和适航合格审定噪声规定》（CCAR-36），2007年、2017年和2022年分别进行了三次修订
24	《载人自由气球适航规定》（CCAR-31-R1）	交通运输部/2022年7月	2007年3月15日，中国民用航空总局发布局令第181号《载人自由气球适航规定》（CCAR-31），2022年交通运输部令第21号对《载人自由气球适航规定》进行修订，同时废止了2007年《载人自由气球适航规定》
25	《运输类飞机的持续适航和安全改进规定》（CCAR-26）	交通运输部/2016年3月	自2016年4月17日起施行
26	《民用航空油料适航规定》（CCAR-55）	民航总局/2005年4月	该规定自2005年10月1日起施行
27	《民用航空用化学产品适航规定》（CCAR-53）	民航总局/2004年10月	该规定自2005年1月1日起施行
28	《民用无人驾驶航空器运行安全管理规则》（CCAR-92）	交通运输部/2023年12月	该规则自2024年1月1日起施行

3.4.2.2 民用航空器适航管理的范围

1944年《芝加哥公约》附件8《航空器适航性》，第Ⅰ部分《定义》，第Ⅱ部分《适用于所有航空器的一般适航程序》，第Ⅲ部分《已具有或需有适航证飞机的最低适航特性》，这种适航证将飞机分成国际民航组织所规定的类别。

各国对航空器的适航性均进行严格管理。在适航管理的范围上虽略有差异，但基本都是围绕民用航空器适航性，一般都包括对民用航空器的初始适航性和持续适航性的管理。

我国适航管理法规主要围绕着民用航空器的设计、生产、进出口、使用及维修等内容而制定的。

民用航空器适航管理规定，由国务院制定。① 国务院民用航空主管部门可以根据需要，委托行政机关以外的单位或者人员从事民用航空器适航管理、民用航空飞行标准管理等工作。

在中华人民共和国境内从事民用航空器（含航空发动机和螺旋桨）的设计、生产、使用和维修的单位或者个人，向中华人民共和国出口民用航空器的单位或者个人，以及在中华人民共和国境外维修在中华人民共和国注册登记的民用航空器的单位或者个人，均须遵守我国民用航空器适航管理规定。②

1. 航空器的设计

《民用航空法》第34条规定："设计民用航空器及其发动机、螺旋桨和民用航空器上设备，应当向国务院民用航空主管部门申请领取型号合格证书。经审查合格的，发给型号合格证书。"③

单位从事民用航空器及其发动机、螺旋桨和零部件的设计，应当向民用航空主管部门申请设计机构批准。任何单位或者个人设计民用航空器，应当持航空工业部④对该设计项目的审核批准文件，向民航局申请型号合格证。民航局接受型号合格证申请后，应当按照规定进行型号合格审定；审定合格的，颁发型号合格证。⑤

《民用航空产品和零部件合格审定规定》（CCAR-21-R5）第21.2D条中规定，中国民用航空局对正常类、实用类、特技类、通勤类和运输类飞机，正常类和运输类旋翼航空器，民用航空发动机及螺旋桨等国产民用航空产品型号合格证负责审批工作。民航地区管理局对载人自由气球、特殊类别、初级类、限用类和轻型运动类民用航空器的型号合格证实施审批工作。⑥

运输类航空器型号合格证书申请书有效期为5年。有效期自申请之日起计算。航空发动机、螺旋桨及其他类别航空器的型号合格证书申请书有效期为3年。运输类航空器型号认可证申请书的有效期为五年，其他类别航空器、航空发动机或者螺旋桨的型号认可证申请书的有效期为三年。有效期自申请之日起计算。

除另行规定终止日期外，型号合格证、型号认可证长期有效。

运输类航空器型号合格证或者型号认可证更改的申请书有效期为五年，任何其他的型号合格证或者型号认可证更改的申请书有效期为三年。

除另行规定终止日期外，补充型号合格证、改装设计批准书、补充型号认可证长期有效。

---

① 《民用航空法》第37条第4款。
② 参见《民用航空器适航管理条例》第2条。
③ 《民用航空产品和零部件合格审定规定》（CCAR-21-R5）第21.2B条定义规定，民用航空产品是指民用航空器、航空发动机或者螺旋桨。零部件是指任何用于民用航空产品或者拟在民用航空产品上使用和安装的材料、零件、部件、机载设备或者软件。设计批准是指局方颁发的用以表明该航空产品或者零部件设计符合相关适航规章和要求的证件，其形式可以是型号合格证、型号认可证、型号合格证更改、型号认可证更改、补充型号合格证、改装设计批准书、补充型号认可证、零部件设计批准认可证，或者零部件制造人批准书、技术标准规定项目批准书对设计部分的批准，或者其他方式对设计的批准。

因此，建议在修订《民用航空法》时，应将本条中的"民用航空器设备"改为"零部件"。因为型号合格证的种类亦有很多，也应当做出修改。设计民用航空器及其发动机、螺旋桨和零部件，应当向国务院民用航空主管部门申请设计批准。经审查合格的，发给相应的证书。

④ 航空工业部现在已经不复存在。因此，应该对该条进行修订。
⑤ 《民用航空器适航管理条例》第6条。
⑥ 详见：https://www.gov.cn/gongbao/2024/issue_11306/202404/content_6947723.html。2024年6月19日访问。

型号合格证持有人可以将其设计资料根据权益转让协议供他人使用。证件持有人应当在权益转让协议签署生效和终止后30天内书面通知国务院民用航空主管部门。通知书应当写明权益转让协议受让人的姓名、地址、权限范围和生效日期。型号认可证不得转让。

补充型号合格证或者改装设计批准书持有人可以将其设计资料根据权益转让协议供他人使用。证件持有人应当在权益转让协议签署生效和终止后30天内书面通知国务院民用航空主管部门。通知书应当写明权益转让协议受让人的姓名、地址、权限范围和生效日期。补充型号认可证不得转让。

2. 航空器的生产

《民用航空法》第35条规定:"生产、维修民用航空器及其发动机、螺旋桨和民用航空器上设备,应当向国务院民用航空主管部门申请领取生产许可证、维修许可证书。经审查合格的,发给相应的证书。"①

《民用航空器适航管理条例》第7条规定:"任何单位或者个人生产民用航空器,应当具有必要的生产能力,并应当持本条例第六条规定的型号合格证,经航空工业部同意后,向民航局申请生产许可证。民航局接受生产许可证申请后,应当按照规定进行生产许可审定;审定合格的,颁发生产许可证,并按照规定颁发适航证。任何单位或者个人未按照前款规定取得生产许可证的,均不得生产民用航空器。但本条例第八条②规定的除外。"

申请人③按照航空法相关规定,向国务院民用航空主管部门申请领取生产许可证。国务院民用航空主管部门确定申请人符合要求,应当颁发生产许可证,批准其按照其提供的质量手册实施生产活动。如果民用航空产品具有相似的生产特性,可以在一个生产许可证之下生产多于一种型号的民用航空产品。

生产许可证持有人应当在其主要办公地点的显著位置展示其生产许可证。除另行规定终止日期外,生产许可证长期有效。生产许可证不得转让。

3. 适航证书

(1) 一般规定。《民用航空法》第37条规定,具有中华人民共和国国籍的民用航空器,应当持有国务院民用航空主管部门颁发的适航证书,方可飞行。尚未取得适航证书,从事试验等飞行的,应当持有国务院民用航空主管部门颁发的特许飞行证书。

单独交付的民用航空器发动机、螺旋桨和零部件,应当向国务院民用航空主管部门申请适航批准,经审查合格的,发给适航批准证书。

租用的外国民用航空器,应当经国务院民用航空主管部门对其原国籍登记国发给的适航证书审查认可或者另发适航证书,方可飞行。

民用航空器必须具有国务院民用航空主管部门颁发的适航证,方可飞行。民航局颁发的适航证应当规定该民用航空器所适用的活动类别、证书的有效期限及安全所需的其他条

---

① 本条规定过于笼统,建议对生产和维修分别进行规定。可改为:"生产民用航空器及其发动机、螺旋桨和民用航空器上设备,应当向国务院民用航空主管部门申请领取生产许可证书。经审查合格的,发给相应的证书。"
② 任何单位或者个人未取得生产许可证,但因特殊需要,申请生产民用航空器的,须经民航局批准。按照前款规定生产的民用航空器,须经民航局逐一审查合格后,颁发适航证。
③ 根据《民用航空产品和零部件合格审定规定》(CCAR-21-R5)第21.133条第1款规定,持有下列文件之一的任何人均可申请生产许可证:1. 持有或者已经申请型号合格证;2. 持有或者已经申请补充型号合格证或者改装设计批准书;3. 持有上述证件的权益转让协议书;4. 利用位于中华人民共和国之内的生产设施生产具有型号认可证或者补充型号认可证的民用航空产品,并持有该民用航空产品的型号合格证或者补充型号合格证的权益转让协议书。

件和限制。①

中华人民共和国的任何单位或者个人租用的外国民用航空器,必须经国务院民用航空主管部门对其原登记国颁发的适航证审查认可或者另行颁发适航证后,方可飞行。②

(2) 概念及分类。航空器适航证(airworthiness certificate),是由适航当局根据本国相关规定对航空器、发动机、螺旋桨或部件符合其经批准的设计并处于安全运行状态的状况颁发的证书。

适航证分成以下两种类别:一类是标准适航证书,对按照《民用航空产品和零部件合格审定规定》(CCAR-21-R5)取得第21.21条的型号合格证或者第21.29条的型号认可证的正常类、实用类、特技类、通勤类、运输类航空器,载人自由气球,特殊类别航空器(如滑翔机、飞艇、甚轻型飞机和其他非常规航空器)颁发标准适航证。

另一类是特殊适航证,对第一类规定范围以外的取得按照《民用航空产品和零部件合格审定规定》(CCAR-21-R5)第21.24条、第21.25条或者第21.26条的型号合格证或者第21.29条的型号认可证的初级类、限用类、轻型运动类航空器,以及局方同意的其他情况,颁发特殊适航证。特殊适航证分为初级类、限用类和轻型运动类三类。③

(3) 适航证和外国适航证认可书的申请。具有中华人民共和国国籍的民用航空器的所有人或者占有人可以申请该航空器的适航证。合法占有、使用具有外国国籍和适航证的民用航空器的中国使用人,可以申请该航空器的外国适航证认可书,或者申请另发适航证。

适航证申请人应当视具体情况向国务院民用航空主管部门提交规定文件,④外国适航证认可书申请人应当向国务院民用航空主管部门提交规定申请资料。⑤

(4) 适航审查。申请人应当在与国务院民用航空主管部门商定的时间和地点提交申请适航证或者外国适航证认可书的航空器,以便国务院民用航空主管部门对其进行必要的检查。适航检查应当包括对所申请的航空器的各种合格证件、技术资料、持续适航文件的评审及对航空器交付时的技术状态与批准的型号设计的符合性的检查。

国务院民用航空主管部门确认必要时,申请人应当对该航空器进行验证试飞,以证明其飞行性能、操纵性能和航空电子设备的功能符合适航要求。

如果该航空器是使用过航空器,申请人应当提交曾在该航空器上所完成的所有改装、维

---

① 《民用航空器适航管理条例》第9条。
② 《民用航空器适航管理条例》第13条。
③ 这三类适航证具体规定,参见《民用航空产品和零部件合格审定规定》(CCAR-21-R5)第21.24条型号合格证的颁发;初级类航空器,第21.25条型号合格证的颁发;限用类航空器和第21.26条型号合格证的颁发;轻型运动类航空器的规定。https://www.gov.cn/gongbao/2024/issue_11306/202404/content_6947723.html. 2024年6月19日访问。
④ 《民用航空产品和零部件合格审定规定》(CCAR-21-R5)第21.172条第3款规定:(三)适航证申请人应当视具体情况向局方提交下列文件:1. 按规定格式填写的完整属实的《中国民用航空局航空器适航证申请书》;2. 《制造符合性声明》;3. 航空器制造国或者航空器出口适航当局颁发的出口适航证;4. 航空器构型与批准或者认可的型号的构型差异说明;5. 重要改装或者重要修理后用以证明该航空器符合批准的型号设计以及确保持续适航性所需的有关技术资料;6. 持续适航文件清单;7. 航空器符合适用的适航指令的声明和所完成的适航指令的清单;8. 局方确认必要的其他资料。具体电子文档详见:https://www.gov.cn/gongbao/2024/issue_11306/202404/content_6947723.html. 2024年6月20日访问。
⑤ 《民用航空产品和零部件合格审定规定》(CCAR-21-R5)第21.172条第4款规定:(四)外国适航证认可书申请人应当向局方提交下列申请资料:1. 按规定格式填写的完整属实的《外国民用航空器适航证认可书申请书》;2. 外国适航当局证明该适航证现行有效的证明文件;3. 外国适航证、国籍登记证、无线电台执照副本;4. 航空器符合适用的适航指令的声明和所完成的适航指令的清单;5. 局方确认必要的其他资料。具体电子文档详见:https://www.gov.cn/gongbao/2024/issue_11306/202404/content_6947723.html. 2024年6月20日访问。

修、检验、试飞和校正等工作记录以供检查,并提供适航指令、服务通告执行情况记录及国务院民用航空主管部门确认必要的其他资料;必要时,申请人应当在局方适航检查前,对该航空器实施必要的检查,并向局方提交检查报告。

申请人应当认真解决国务院民用航空主管部门在上述检查过程中提出的问题,并提交该航空器已符合批准的型号设计,所有设计更改均得到批准,航空器处于安全可用状态的证明材料。

民用航空器的适航审查应当收取费用。收费办法由国务院民用航空主管部门会同财政部制定。[①]

(5)适航证书颁发。对于根据生产许可证制造的新航空器,适航证申请人按照规定在提有关文件后,无需进一步证明,即可获得适航证;国务院民用航空主管部门可以根据相关规定检查该航空器,以确认其是否符合经批准的型号设计并处于安全可用状态。

对于依据型号合格证生产的新航空器,适航证申请人应当按照规定提交有关文件,并接受国务院民用航空主管部门所进行的适航检查。国务院民用航空主管部门确认其符合经批准的型号设计并处于安全可用状态,即可颁发适航证。

对于已取得型号认可证和补充型号认可证的进口航空器,如该航空器为新航空器,适航证申请人应当按照规定提交有关文件。经航空器制造国确认,并且国务院民用航空主管部门进行适航检查,确认其符合中国批准的型号设计并处于安全可用状态,即可颁发适航证。

对于已取得型号认可证和补充型号认可证的进口航空器,如该航空器为使用过航空器,适航证申请人除应当按照规定提交有关文件外,还应当确认:1)如使用过航空器从非制造国进口到中国,该航空器出口国与中国签署有相关双边协议;2)在获得局方颁发的适航证之前,该航空器已做过局方规定的维修工作,并被航空器原制造人或者有资质的机构或者人员证明是适航的。经航空器出口国确认,并且国务院民用航空主管部门按照规定进行适航检查,确认其符合中国批准的型号设计并处于安全可用状态,即可颁发适航证。

具有外国国籍和适航证且其型号设计已经国务院民用航空主管部门认可的航空器,其外国适航证认可书申请人或者适航证申请人应当按照规定提交有关文件。国务院民用航空主管部门按照规定进行适航检查,确认其符合中国的适航要求并处于安全可用状态,即可颁发外国适航证认可书或者另行颁发适航证。

未包括的其他民用航空器,适航证申请人应当按照规定提交有关文件,国务院民用航空主管部门按照规定进行适航检查,确认其符合经批准的型号设计并处于安全可用状态,即可颁发适航证。

适航证申请人如首次进口需到岸恢复组装的航空器,应当得到原制造人或者有资质的机构或者人员的技术支持,共同完成飞机恢复组装工作,并参照相关规定,在其完成该航空器试飞后,方可接受该航空器。在此之后,国务院民用航空主管部门按照规定进行适航检查,确认其符合经批准的型号设计并处于安全可用状态,即可颁发适航证。

[①] 《民用航空器适航管理条例》第18条。具体内容详见:https://www.caac.gov.cn/XXGK/XXGK/FLFG/201510/t20151029_2788.html. 2024年1月20日访问。

《民用航空产品和零部件合格审定规定》(CCAR-21-R5)第21.175条[①]对获得特殊适航证的航空器的基本要求和限制做了具体规定。

(6)适航证的更换及重新颁发。《民用航空产品和零部件合格审定规定》(CCAR-21-R5)第21.176条[②]对适航证的更换及重新颁发进行了具体规定。

(7)适航证的有效期。在中国注册登记期间,除非国务院民用航空主管部门另行规定终止日期或者发生下列任何情况外,航空器在按照各项规定进行维修并按照各项运行限制运行时,其适航证长期有效。①航空器存在某种可疑的危险特征;②航空器遭受损伤而短期不能修复;③航空器封藏停用;④按批准的方案,对航空器进行维修或者加、改装期间。

外国适航证认可书的有效期由国务院民用航空主管部门规定。根据《民用航空法》,中国民用航空总局于1998年4月2日以总局令第74号发布、自10月2日起施行《外国民用航空器运行和适航检查规定》(CCAR-129)共7章,计32条[③]。该规章实际上被2004年《外国公共航空运输承运人运行合格审定规则》所废止。

4. 航空器的维修

(1)一般规定。维修民用航空器及其发动机、螺旋桨和民用航空器上设备,应当由经国务院民用航空主管部门批准或认可的维修机构或航空人员完成。经审查合格的维修机构,发给相应的维修许可证书。

中华人民共和国境内和境外任何维修单位或者个人,承担在中华人民共和国注册登记的民用航空器的维修业务,必须向民航局申请维修许可证,经民航局对其维修设施、技术人员、质量管理系统审查合格,并颁发维修许可证后,方可从事批准范围内的维修业务活动。

(2)维修工作类别。根据《民用航空器维修单位合格审定规则》(CCAR-145-R4)第145.16条[④]维修工作类别规定:本规则所指的维修工作分为如下类别:

(a)检测,指不分解民用航空器部件,而根据相应技术文件的要求,通过离位的试验和功能测试来确定航空器部件的可用性。

(b)修理,指根据相应技术文件的要求,通过各种手段使偏离可用状态的民用航空器或

[①] (一)特殊适航证的分类:取得初级类航空器型号合格证的航空器,颁发初级类特殊适航证;取得限用类航空器型号合格证的航空器及局方同意的其他情况,颁发限用类特殊适航证;取得轻型运动类航空器型号合格证的航空器,颁发轻型运动类特殊适航证。(二)为航空器设置标牌或者标识的要求:获得特殊适航证的航空器,应当在航空器的主舱门入口附近或者驾驶舱附近(或者局方同意的位置)标记"初级类"、"限用类"或者"轻型运动类"字样。设置的标牌或者标记应当采用耐久性的方法附着在该航空器上并清晰可见,其尺寸大小应当在5至20厘米之间。(三)航空器取得特殊适航证后,不得从事商业性载客运行,并且应当在局方规定的限制条件下进行。

[②] (一)当发生下列情况之一时,申请人应当向局方申请更换航空器适航证:1.航空器适航证再次签发记录已填满;2.航空器适航证破损或者丢失。(二)当发生下列情况之一时,申请人应当向局方申请重新颁发航空器适航证:1.适航证被吊销;2.适航证类别变更;3.航空器型号发生变化;4.航空器国籍登记号变更。(三)申请人应当根据情况向局方提交下列资料:1.向局方提交一封说明性信函;2.《中国民用航空局航空器适航证申请书》;3.该航空器自上次适航证签发后完成的各项工作的概要报告和一份清单,清单中应当列明各项工作记录,历次重大维修的内容,已经执行的和尚未执行的适航指令、服务通告和类似文件的工作情况记录以及重要设备、部件、零件的更换记录;4.该航空器的机体、发动机、螺旋桨等的使用时间(自开始使用或者自上次修理或者翻修后);5.该航空器最近一次的重量和平衡报告,包括称重记录和重心图表以及航空器的基本设备清单;6.申请前对该航空器进行的必要的验证性试飞的报告;7.航空器适航证被吊销后所采取纠正措施的文件;8.申请更改的适航证类别的有关说明性文件及相应的技术资料;9.局方确认必要的其他资料。

[③] 具体条文参见:https://www.lawtime.cn/info/jiaotong/jtlawjtxgfg/2007070630422.html. 2024年1月20日访问。

[④] 资料来源:https://www.caac.gov.cn/XXGK/XXGK/MHGZ/202203/P020220302306831669581.pdf. 2024年1月20日访问。

者其部件恢复到可用状态。

(c) 改装,指根据相应技术文件的要求对民用航空器或者其部件实施的各类设计更改。此处所指的改装不包括对改装方案中涉及设计更改方面内容的批准。

(d) 翻修,指根据相应技术文件的要求,通过对民用航空器或者其部件进行分解、清洗、检查、必要的修理或者换件、重新组装和测试来恢复民用航空器或者其部件的使用寿命或者适航性状态。

(e) 航线维修,指根据相应技术文件的要求对航线运行中的民用航空器进行的例行检查和故障、缺陷的处理。下列一般勤务工作不视为航线维修:(1) 民用航空器进出港指挥、停放、推、拖、挡轮档、拿取和堵放各种堵盖;(2) 为民用航空器提供电源、气源、加(放)水、加(放)油料、充气、充氧;(3) 必要的清洁和除冰、雪、霜;(4) 其他必要的勤务工作。

(f) 定期检修,指根据相应技术文件的要求,在民用航空器或者其部件使用达到一定时限时进行的检查和修理。定期检修适用于机体和发动机项目,不包括翻修。

(g) 其他维修工作类别。

(3) 维修项目类别。根据《民用航空器维修单位合格审定规则》(CCAR-145-R4)第145.17条维修项目类别规定:本规则所指的维修项目分为下列类别:(a) 机体;(b) 发动机;(c) 螺旋桨;(d) 除发动机或者螺旋桨以外的民用航空器部件。机体、发动机和螺旋桨项目可以包括民用航空器部件的离位或者不离位维修,但当民用航空器部件离位的维修工作不以恢复安装为目的时,应当按照除发动机或者螺旋桨以外的民用航空器部件项目申请。局方根据具体情况对以上维修项目类别进行具体明确。①

(4) 维修许可证的申请、颁发和管理。②

①申请。维修许可证申请人应当具备下列条件:(a) 申请人为依法设立的法人单位,具备进行所申请项目维修工作的维修设施、技术人员、质量管理系统等基本条件;(b) 国外维修单位申请人申请的项目应当适用于具有中国登记的民用航空器或者其部件。

申请维修许可证,申请人应当按照国务院民用航空主管部门规定的格式和方法提交下列材料,并对材料的真实性负责:(a) 申请书;(b) 按本规则第145.27条编写的培训大纲和第145.28条编写的维修管理手册;(c) 对本规则的符合性说明,包括有关支持资料;(d) 国外维修单位申请人初次申请的还应当提交中国用户的送修意向书。国内维修单位应当使用中文提交申请资料。国外维修单位的申请材料可以使用中文或者英文。

国务院民用航空主管部门收到申请人的申请材料后,应当在5个工作日内作出是否受理的答复,并以书面形式通知申请人。申请人未能提交齐全的材料或者申请书格式不符合要求,需要申请人补正申请材料的,局方应当当场或者在该5个工作日内一次性告知申请人需要补正的全部内容。国务院民用航空主管部门在受理申请后,以书面或者会面的形式与申请人协商确定对申请人进行现场审查的日期。

---

① 资料来源:https://www.caac.gov.cn/XXGK/XXGK/MHGZ/202203/P020220302306831669581.pdf. 2024年1月20日访问。
② 本处资料来源:https://www.caac.gov.cn/XXGK/XXGK/MHGZ/202203/P020220302306831669581.pdf. 2024年1月20日访问。
在本部分中,局方包括民航局和民航地区管理局。除非特别注明,对于国内维修单位而言,一般指主要办公地点所在地的民航地区管理局;对于国外维修单位而言,一般指民航局。本规则是指《民用航空器维修单位合格审定规则》(CCAR-145-R4)。

在下列情形下，国务院民用航空主管部门可以对维修单位及其维修能力进行认可：(a)根据民航局与香港民航处、澳门民航局签订的合作安排，认可香港民航处、澳门民航局批准的维修单位；(b)根据民航局与其他国家或者地区签订的协议，认可其他国家或者地区民航当局批准的维修单位。

②维修许可证的颁发。维修许可证由《维修许可证》页和《许可维修项目》页构成。《维修许可证》页应当载明单位名称、地址及维修项目类别；《许可维修项目》页标明具体维修项目及维修工作类别。

维修许可证不得转让、转借、出租或者涂改。维修许可证应当明显展示在维修单位的主要办公地点。

维修许可证自颁发之日起3年内有效。维修单位可以申请延续有效期，但是应当在有效期届满前至少6个月向局方提出延续维修许可证有效期的书面申请，并提交申请书等民航局规定的申请材料。申请的受理、审查、批准程序与初次申请相同。每次延续的有效期限最长为3年。超过有效期后的再次申请视为初次申请。

维修单位不再具备安全生产条件的，局方撤销其维修许可。有下列情况之一的，局方应当办理维修许可证的注销手续：(a)维修许可依法被撤销，或者维修许可证依法被吊销的；(b)维修单位依法终止的；(c)法律、行政法规规定的应当注销行政许可的其他情形。

维修单位在名称、地址、维修类别发生变化时，应当至少提前60日向局方提出变更维修许可证的书面申请。申请的受理、审查、批准程序与初次申请相同。维修单位在厂房设施、人员、组织机构、维修能力和管理要求等情况发生较大变化时，应当提前通知局方，并按照局方要求及时修改本规则第145.28条要求的维修单位手册。

③维修单位的权利和义务。维修单位，包括独立的维修单位和航空器运营人的维修单位；独立的维修单位包括国内维修单位和国外维修单位。

维修单位在获得维修许可证后具有下列权利：(a)在维修许可证限定的维修范围内按照维修合同或者协议，进行民用航空器或者其部件的维修工作。(b)在维修许可证限定的地点以外进行应急情况支援和简单的售后服务工作。除上述情况外，在维修许可证限定的地点以外一次性或者短期从事批准范围内的维修工作项目时，应当在其维修单位手册中说明其确保符合本规则第四章要求的程序，并在获得局方的批准后方可进行。(c)维修单位可以授权维修放行人员对按照相应技术文件的要求完成的某项完整维修工作签发维修放行证明文件。

维修单位应当保持本单位持续符合本规则的要求并按照管理手册规范管理，及时发现并改正其存在的缺陷和不足。维修单位应当对民用航空器或者其部件所进行的维修工作满足相应技术文件的要求负责。在送修人提出的维修要求不能保证满足相应技术文件的要求时，维修单位应当告知送修人实际情况，并不得签发维修放行证明文件。维修单位使用本规则第145.14条所述的不具有维修许可证的外委单位的，应当对外委的维修工作满足相应技术文件的要求承担全部责任。维修单位应当如实向局方报告以下信息：(a)按年度报告本单位按照本规则对民用航空器或者其部件实施维修的情况；(b)本规则第145.32条规定的缺陷和不适航状况报告；(c)局方要求的与维修质量和民用航空器事件调查有关的其他信息。维修单位应当配合局方审查、监督和调查。

另外，民用航空化学产品设计、生产，民用航空油料供应、测试的适航，应当按照国家规定向国务院民用航空主管部门申请批准。经审查合格的，发给相应的批准证书。这在正在生效的 2004 年《民用航空用化学产品适航规定》(CCAR-53)[①]和 2005 年《民用航空油料适航规定》(CCAR-55)[②]进行了具体规定。

民用航空器的所有人或者承租人应当按照适航证书规定的使用范围使用民用航空器，做好民用航空器的维修保养工作，保证民用航空器处于适航状态。[③]

3.4.3　违反适航管理规定的法律责任

我国《民用航空法》第 201 条到 205 条及《民用航空器适航管理条例》第 19 条到 26 条对违反适航管理规定的法律责任进行了阐述。具体而言，包括行政责任、民事责任和刑事责任三个方面。

3.4.3.1　行政责任

根据我国《民用航空法》和《民用航空器适航管理条例》的规定，行政责任主要以下几个方面。

1. 禁止飞行、没收违法所得和罚款

民用航空器无适航证书而飞行，或者租用的外国民用航空器未经国务院民用航空主管部门对其原国籍登记国发给的适航证书审查认可或者另发适航证书而飞行的，由国务院民用航空主管部门责令停止飞行，没收违法所得，可以并处违法所得一倍以上五倍以下的罚款，没有违法所得的，处以十万元以上一百万元以下的罚款。

适航证书失效或者超过适航证书规定范围飞行的，由国务院民用航空主管部门责令停止飞行，没收违法所得，可以并处违法所得一倍以上五倍以下的罚款，没有违法所得的，处以十万元以上一百万元以下的罚款。

2. 停止生产、没收违法所得和罚款

将未取得型号合格证书、型号认可证书的民用航空器及其发动机、螺旋桨或者民用航空器上的设备投入生产的，由国务院民用航空主管部门责令停止生产，没收违法所得，可以并处违法所得一倍以下的罚款，没有违法所得的，处以五万元以上五十万元以下的罚款。

3. 停止生产、维修或者经营活动

未取得生产许可证书、维修许可证书而从事生产、维修活动的，未取得公共航空运输经营许可证或者通用航空经营许可证而从事公共航空运输或者从事经营性通用航空的，国务院民用航空主管部门可以责令停止生产、维修或者经营活动。

4. 吊销其生产许可证书或者维修许可证书

已取得生产许可证书、维修许可证书的企业，因生产、维修的质量问题造成严重事故的，国务院民用航空主管部门可以吊销其生产许可证书或者维修许可证书。

5. 行政处分

（1）受到处罚的单位的上级主管机关，应当根据中国民航局的建议对受罚单位的主要负责人或者直接责任人员给予行政处分。

[①]　具体条文详见：https://www.caac.gov.cn/XXGK/XXGK/MHGZ/201511/t20151102_8501.html. 2024 年 1 月 21 日访问。

[②]　具体条文详见：https://www.caac.gov.cn/XXGK/XXGK/MHGZ/201511/t20151102_8487.html. 2024 年 1 月 21 日访问。

[③]　《民用航空法》第 38 条。

（2）民航局因适航管理工作的过失造成人身伤亡或者重大财产损失的，应当承担赔偿责任，并对直接责任人员给予行政处分。

（3）民航局从事适航管理的工作人员，利用职务之便营私舞弊的，应当给予行政处分。

6. 其他

未取得航空人员执照、体格检查合格证书而从事相应的民用航空活动的，由国务院民用航空主管部门责令停止民用航空活动，在国务院民用航空主管部门规定的限期内不得申领有关执照和证书，对其所在单位处以二十万元以下的罚款。

任何单位或者个人对民航局做出的罚款决定不服的，可以在接到罚款通知书之日起十五日内向民航局提请复议，也可以直接向人民法院起诉；期满不提请复议也不起诉又不执行的，民航局可以申请人民法院强制执行。

3.4.3.2 民事责任

航空器由于不具有适航性能和标准而进行空中航行，往往会造成机毁人亡，损失巨大。单靠航空承运人和保险公司的赔付是远远不够的。随着航空法的不断完善和发展，对责任赔偿主体的限制也越来越少，受害人也完全可以根据自己的选择，起诉相关的责任主体，航空器的产品制造商以及相关的政府检测部门。目前规定的民事责任主要有航空器产品制造商和航空器购买人之间的合同责任，在民用航空器经营租赁中的航空器的出租人和承租人之间的合同责任，民用航空器融资租赁中的承租人和出卖人之间的合同责任，民用航空器的承运人和消费者之间的合同责任或侵权责任，航空器产品制造商和消费者，以及地面第三人之间的侵权责任等民事责任。承运人和消费者之间的民事责任，本书将在后面的章节中进行论述。

3.4.3.3 刑事责任

《民用航空器适航管理条例》规定，受到处罚的单位的上级主管机关，应当根据民航局的建议对受罚单位的主要负责人或者直接责任人员给予行政处分；情节严重，构成犯罪的，由司法机关依法追究刑事责任。

民航局因适航管理工作的过失造成人身伤亡或者重大财产损失的，应当承担赔偿责任，并对直接责任人员给予行政处分；直接责任人员的行为构成犯罪的，由司法机关依法追究刑事责任。

民航局从事适航管理的工作人员，利用职务之便营私舞弊的，应当给予行政处分；情节严重，构成犯罪的，由司法机关依法追究刑事责任。

3.5 航空器搜寻援救和事故调查

航空器在空气空间的运行，具有高度的危险性。一旦航空器发生事故或事件，应当对失事的航空器及航空器内的人员实施搜寻和援救工作，将损失降到最低，同时应着手调查航空器失事的原因，以防止此类事故或事件的再次发生。

3.5.1 法律基础

3.5.1.1 国际航空法

早在航空法发展初期，1919年《巴黎公约》就在其第23条中规定："对海上遇难飞机的救助,在无相反协议的条件下,适用海商法的原则。"①在此条规定的指导下,1938年9月29日在布鲁塞尔签署了《统一关于海上对航空器或由航空器进行救助的若干规则的国际公约》。② 1944年《芝加哥公约》第25条航空器遇险规定:"缔约各国承允对在其领土内遇险的航空器,在其认为可行的情况下,采取援救措施,并在本国当局管制下准许该航空器的所有人或该航空器登记国的当局采取情况所需的援助措施。缔约各国承允在搜寻失踪的航空器时,应按照本公约随时建议的各种协同措施方面进行合作。"《芝加哥公约附件》附件12《搜寻与援救》③,适用于在缔约国领土内和公海上的搜寻与援救服务的设置、维护与操作以及国家之间对这种服务的协调。目前为第8版,已经进行了第18次修订。

1944年《芝加哥公约》第26条事故调查规定:"一缔约国的航空器如在另一缔约国的领土内失事,并导致死亡或重伤或表明航空器或航行设施有严重技术缺陷时,失事所在地国家应在该国法律许可的范围内,依照国际民用航空组织建议的程序,着手调查失事情况。航空器登记国应有机会指派观察员在调查时到场,主持调查的国家应将关于此事的报告及调查结果通知航空器登记国。"

根据1944年《芝加哥公约》第37条国际标准及程序的采用,理事会于1951年4月11日第一次通过了关于航空器事故查询的"标准和建议措施"并定为公约的附件13。这些"标准和建议措施"是根据1946年2月第一届事故调查专业会议的建议制定的,并于1947年2月第二届专业会议上作了进一步发展。目前为第12版,2020年7月进行第18次修订。

3.5.1.2　我国航空法

早在1956年中国民用航空局就颁布了《中国民航飞行事故等级及其调查、预防程序工作细则》,同年还颁布了《飞行事故调查程序》,1962年中国民用航空总局颁布了《航测领航事故差错标准》。1980年6月16日中国民用航空总局修订《中国民航飞行事故等级及其调查、预防程序工作细则》,改名为《中国民用航空飞行事故调查条例》。1980年6月16日,中国民用航空局发布施行《中国民用航空飞行事故调查条例》,取代1956年《中国民航飞行事故等级及其调查、预防程序工作细则》。2000年7月19日中国民用航空总局发布《民用航空器飞行事故调查规定》生效,废止了1980年6月16日《中国民用航空飞行事故调查条例》。2000年颁布的《民用航空器飞行事故调查规定》(CCAR-395),2007年《民用航空器事故和飞行事故征候调查规定》(CCAR-395-R1),均已失效。

我国《民用航空法》第十一章《搜寻援救和事故调查》,从第151条到156条,对民用航

---

① 英文原文为:"With regard to the salvage of aircraft wrecked at sea the principles of maritime law will apply,in the absence of any agreement to the contrary."

② 该公约英文名称为"the Convention for the unification of certain rules relating to assistance and salvage of aircraft or by aircraft at sea."根据国际民用航空组织网站有关该公约翻译的中文版为本书上的名称。有些学者译为《统一对水上飞机的海难援助和救助及由水上飞机施救的某些规定的国际公约》。公约共17条。全文参见:1938年统一对水上飞机的海难援助和救助及由水上飞机施救的某些规定的国际公约(baidu.com),北大法宝[引用日期2024-1-21]。

③ 1946年12月,第二届搜寻与援救专业会议对搜寻与援救的标准和建议措施提出了建议。这些建议由秘书处和当时的航行委员会予以发展并提交理事会。这份提案未按其原提交形式被理事会采纳,并在1948年4月20日交回航行委员会作进一步审议。后来在地区航行会议所取得经验的基础上,制定了更进一步的附件草案,最后经航行委员会原则上批准并发给各缔约国征求意见。根据缔约国发表的意见,航行委员会作了进一步发展,最后提案于1950年5月25日经理事会通过,并定为《国际民用航空公约》附件12。该附件于1950年12月1日生效,1951年3月1日开始执行。具体资料来源:https://mmbiz.qpic.cn/sz_mmbiz_jpg/T8hBRXo2TV7kqSam7FBqYibHx2HiaMFxxYfGAytfqDfibjcraJMlRWMUh UFzyHyia7IXZRuxxGygMZW5FoIGX0FXFQ/640?wx_fmt=jpeg&wxfrom=5&wx_lazy=1&wx_co=1. 2024年1月20日访问。

器搜寻援救和事故调查进行了详细规定。

1992年12月我国制定施行《中华人民共和国搜寻援救民用航空器规定》，共5章，为总则，搜寻援救的准备，搜寻援救的实施，罚则，附则，计31条。① 该行政法规至今有效。

《中华人民共和国安全生产法》(下文简称《安全生产法》)和《民用航空法》先后于2014年和2017年修订发布，1944年《芝加哥公约》附件13《航空器事故和事故征候调查》也进行了持续更新。2007年《民用航空器事故和飞行事故征候调查规定》的部分条款已不能适应和更好地支持民用航空器事件调查工作。因此依据《安全生产法》《民用航空法》《生产安全事故报告和调查处理条例》(国务院493号令)，参考国际标准，2020年1月3日，交通运输部以部令第2号对2007年《民用航空器事件调查规定》进行了修订，②2022年11月11日，交通运输部令第34号《交通运输部关于修改〈民用航空器事件调查规定〉的决定》(CCAR-395-R3)进行了最新修订。最新修订后的《民用航空器事件技术调查规定》分为总则、调查的组织、调查员的管理、事件的报告、事件的调查、调查报告的管理、法律责任、附则，共8章，计60条。③ 自2022年12月1日起施行，废止2007年《民用航空器事故和飞行事故征候调查规定》。

3.5.2 航空器搜寻与援救

3.5.2.1 国际航空条约的规定

1. 航空器搜寻与援救的概念

《芝加哥公约》附件12第1章《定义》规定：搜寻通常由援救协调中心或援救分中心利用现有人员和设施，确定遇险人员位置的工作。援救协调中心(RCC)是指负责促进有效地组织搜寻与援救服务并协调搜寻与援救区内的搜寻与援救工作的单位。援救分中心(RSC)是指按照主管当局的专门规定，为了辅助援救协调中心的工作而设置的单位，它隶属于搜寻与援救中心。

援救是指找回遇险人员、为其提供初步的医疗或其他需要、并将其送往安全地点的工作。

搜寻与援救服务是指通过利用合作使用航空器、船只和其他航空和水上装置等公共和私人资源，对遇险情况履行监控、联络、协调及搜寻与援救、初步医疗援助或医疗转运职能。

搜寻与援救航空器是指配备有适合高效从事搜寻与援救任务的专用设备的航空器。

2. 组织

《芝加哥公约》第25条及附件12《搜寻与援救服务》第2章《组织》对缔约国组织搜寻与

---

① 具体条文详见：www.caac.gov.cn/XXGK/XXGK/FLFG/201510/P020151030499206292960.pdf. www.caac.gov.cn/XXGK/XXGK/MHGZ/201511/P020151103350229355170.pdf. 2022年7月1日访问。

② 在《〈民用航空器事件调查规定〉政策解读》中规定，近年来，我国民航事业持续快速发展，对民用航空器事件调查的范围、人员、程序等提出了新需求。同时《中华人民共和国安全生产法》和《中华人民共和国民用航空法》先后于2014年和2017年修订发布，国际民用航空公约(我国为缔约国)附件13《航空器事故和事故征候调查》也进行了持续更新。原规定的部分条款已不能适应和更好地支持民用航空器事件调查工作。因此依据《中华人民共和国安全生产法》《中华人民共和国民用航空法》《生产安全事故报告和调查处理条例》(国务院493号令)，参考国际标准，对原规定进行修订。具体内容及法条详见：www.moj.gov.cn/pub/sfbgw/flfggz/flfggzbmgz/202101/t20210105_146452.html. 2022年9月18日访问。

③ 在对该规定修订的解读中，民航局认为：为了适应民航安全运行形势发展需要，进一步提升航空器事件调查国际化水平，需要对照国际民航公约及其附件13《航空器事故和事故征候调查》的要求，对民用航空器事件调查的定位、目的和组织程序等内容作出完善。具体解读内容及具体条文详见：www.caac.gov.cn/XXGK/XXGK/MHGZ/202301/P020230105510893621941.pdf. 2022年12月25日访问。

援救工作进行了规定,主要包括以下几个方面的内容:

(1) 提供搜寻与援救服务。

第一,缔约各国必须单独或同其他国家合作,在其领土范围内安排建立并立即提供昼夜24小时的搜寻与援救服务,以确保向遇险人员提供援助。①

公海或主权尚未确定的区域,必须在地区航行协议的基础上商定建立搜寻与援救服务。缔约各国一经承担在此种区域中提供搜寻与援救服务的责任,必须单独或同其他国家合作,按照本附件各项规定安排建立并提供此种服务。②

搜寻与援救服务的基本要素必须包括一个法律框架、一个主管当局、有组织的可用资源、通信设施及熟悉协调和运行职能的工作人员。③

搜寻与援救服务必须制定改善提供服务的程序,包括计划、国内和国际合作协议和培训的各个方面。④

第二,在向遇险航空器及航空器事故的幸存者提供援助时,缔约国不应考虑此种人员的国籍或身份或此种人员被发现时所处的情况。⑤

第三,已经接受提供搜寻与援救服务责任的缔约国,必须利用搜寻与援救单位及其他现有设施,帮助任何处于或表明处于紧急状态的航空器或其乘员。⑥

第四,当不同的航空和海上援救协调中心在同一区域运行时,各国必须确保各中心之间最密切可行的协调。⑦

第五,两个建议。建议一:缔约各国应该促进其航空和海上搜寻与援救服务之间的一致与合作。⑧ 建议二:缔约各国应该根据实际情况建立联合援救协调中心,协调航空和海上搜寻与援救工作。⑨

(2) 划定搜寻与援救区。

搜寻与援救区(SRR)是指同援救协调中心相关的一化定范围的区域,在该区内提供搜寻与援救服务。

缔约国必须划定搜寻与援救区,并在其内提供搜寻与援救服务。此种区域不得重叠,相邻区域必须连接。⑩ 设立搜寻与援救区还要注意以下几个方面:

第一,设置搜寻与援救区是为了确保提供充分的通信基础设施、有效的遇险告警路线和适当的运行协调,以有效地支持搜寻与援救服务。相邻各国可以在单一的SRR区合作建立搜寻与援救服务。

第二,搜寻与援救区的划分是以技术和运行为基础进行确定,与各国之间的边界划分无关。

因此,附件12建议:搜寻与援救区,只要可能,应该与相应的飞行情报区相一致。如属

---

① 附件12第2.1.1条。
② 附件12第2.1.1.1条。
③ 附件12第2.1.1.2条。
④ 附件12第2.1.1.3条。
⑤ 附件12第2.1.2条。
⑥ 附件12第2.1.3条。
⑦ 附件12第2.1.4条。
⑧ 附件12第2.1.5条。
⑨ 附件12第2.1.6条。
⑩ 附件12第2.2.1条。

于公海上空区域,应该与海上搜寻与援救区相一致。①

(3) 设立援救协调中心和援救分中心。

援救协调中心(RCC)是指负责促进有效地组织搜寻与援救服务并协调搜寻与援救区内的搜寻与援救工作的单位。援救分中心(RSC)是指按照主管当局的专门规定,为了辅助援救协调中心的工作而设置的单位,它隶属于搜寻与援救中心。

第一,缔约国必须在每一搜寻与援救区中设立一援救协调中心。② 缔约国可以按照地区航行协议,建立援救协调中心及其相关的扩展至其领空区域之外的搜寻与援救区。

第二,当一缔约国全部或部分空域由另一缔约国援救协调中心相关的搜寻与援救区所覆盖,只要能改善其领土内搜寻与援救服务的效率,前者应该建立从属于该援救协调中心的援救分中心。③

第三,各援救协调中心必须配备、援救分中心必须视情配备受过训练并能熟练使用无线电话通信语言的人员,24小时全天值守。④

第四,建议参与进行无线电话通信的RCC人员应该能熟练使用英语。⑤

第五,建议:在公共电信设备不能使看到处于紧急情况的航空器的人员直接地、迅速地通知有关援救协调中心的地方,缔约国应该指定适当的公共单位或私人单位担任告警站。⑥

(4) 有迅速可靠的双向通信的工具。

第一,每个援救协调中心必须有能与下述单位进行迅速可靠的双向通信联络的工具:a) 有关的空中交通服务单位;b) 有关的援救分中心;c) 有关的定向和定位台;d) 适当时,能向区内水上船只告警并与其通信的海岸无线电台;e) 区内搜寻与援救单位总部;f) 区内所有海上援救协调中心及毗邻地区航空、海上或联合援救协调中心;g) 指定气象办公室或气象观测办公室;h) 各搜寻与援救单位;i) 各告警站;和j) 覆盖该搜寻与援救区的科斯帕斯—搜索救援卫星系统指挥中心。海上援救协调中心由国际海事组织的相关文件确定。⑦

第二,每个援救分中心还必须有能与下述单位进行迅速可靠的双向通信的工具:a) 相邻的援救分中心;b) 气象室或气象观测室;c) 搜寻与援救单位;和d) 告警站。⑧

(5) 指定搜寻与援救单位。

搜寻和援救单位是指由受过训练的人员所组成的,并配备有适合迅速从事搜寻与援救工作设备的移动资源。

第一,缔约国必须指定位于适当地点并有适当设备可做搜寻与援救工作的公共或私人单位作为搜寻与援救单位。

在一搜寻与援救区内提供搜寻与援救工作所必需的最少的单位和设备数量,是由地区航行协议决定,并在有关的航行规划和设施及服务实施文件中具体规定的。⑨

第二,对于不适合作为搜寻与援救单位但仍能参加搜寻与援救工作的公共或私人单位,

---

① 附件12第2.2.1.1条。
② 附件12第2.3.1条。
③ 附件12第2.3.2条。
④ 附件12第2.3.3条。
⑤ 附件12第2.3.4条。
⑥ 附件12第2.3.5条。
⑦ 附件12第2.4.1条。
⑧ 附件12第2.4.2条。
⑨ 附件12第2.5.1条。

缔约国必须指定其作为搜寻与援救工作计划的一部分。①

(6) 配备搜寻与援救设备。

第一,搜寻与援救单位必须配备有能迅速找到事故现场,并能在现场提供充分援助的装备。②

第二,建议:每个搜寻与援救单位应该有能与从事同一作业的其他搜寻与援救设施进行迅速可靠的双向通信的工具。③

第三,每架搜寻与援救航空器必须装备能在航空遇险及现场的频率以及在可能规定的此类其他频率上进行通信的设备。④

第四,每架搜寻与援救航空器必须装备能追寻遇险频率的归航装置。携带应急定位发射器(ELT)的要求载于附件6第Ⅰ、Ⅱ和Ⅲ部分中。应急定位发射器的规范载于附件10第Ⅲ卷中。⑤

第五,每架搜寻与援救航空器在海上进行搜寻与援救工作时,必须装备能与船只进行通信的设备。⑥ 许多船只可以用2182千赫、4125千赫和121.5兆赫与航空器通信,但是船只不可能常规守听这些频率,尤其是121.5兆赫。

第六,每架搜寻与援救航空器在海上进行搜寻与援救工作时,必须带有国际信号代码本,以便在与船只通信时克服可能遇到的语言上的困难。⑦ 国际信号代码由国际海事组织用英、法和西班牙文在IMO1994E、1995F和1996S号文件中公布。

第七,建议:除非已知不需要向幸存者空投供应品,否则至少有一架参与搜寻与援救工作的航空器应该携带可以空投的救生用品。⑧

第八,建议:缔约国应该在适当机场备妥包装适当以供航空器空投之用的救生用品。⑨

3. 合作

搜寻与救援的合作,包括国家之间的合作,与其他服务部门的合作和资料的散发三个方面。

(1) 国家之间的合作。

第一,缔约国必须使其搜寻与援救组织与邻国的搜寻与援救组织互相协调。⑩

第二,建议:必要时,缔约国应该使其搜寻与援救工作与邻国的搜寻与援救工作互相协调,尤其当这些工作接近毗邻的搜寻与援救区时。⑪

建议:只要实际可行,缔约国应该制定共同的搜寻与援救计划和程序以便利与邻国的搜寻与援救工作互相协调。⑫

---

① 附件12第2.5.2条。
② 附件12第2.6.1条。
③ 附件12第2.6.2条。
④ 附件12第2.6.3条。
⑤ 附件12第2.6.4条。
⑥ 附件12第2.6.5条。
⑦ 附件12第2.6.6条。
⑧ 附件12第2.6.7条。
⑨ 附件12第2.6.8条。
⑩ 附件12第3.1.1条。
⑪ 附件12第3.1.2条。
⑫ 附件12第3.1.2.1条。

第三,一国进入另一国进行搜寻与援救的合作。"一缔约国在遵照本国主管当局可能规定的条件下,必须准许另一国搜寻与援救单位为搜寻航空器事故现场并援救事故幸存者之目的,立即进入其领土。①

第四,一缔约国当局为了搜寻与援救的目的,希望其搜寻与援救单位进入另一缔约国领土时,必须向有关国家援救协调中心或经该国指定的此类其他当局提出申请,详细说明计划任务及其必要性。②

缔约国当局必须:立即确认收到这种申请,并尽速说明执行该计划任务的各种条件(如有的话)。③

第五,建议:缔约国应该与邻国签订协议,加强搜寻与援救的合作与协调,规定对方的搜寻与援救单位进入其各自领土的条件。这些协议还应该规定以可能的最简便手续加快此类单位的入境。④

第六,建议:每一缔约国应该授权其援救协调中心:a)向其他援救协调中心申请可能需要的帮助,包括航空器、船舶、人员或设备;b)对于此种航空器、船舶、人员或设备进入其领土给予必要的入境许可;和 c)为加快此种入境,同有关海关、移民或其他当局作出必要的安排。⑤

第七,建议:每一缔约国应该授权其援救协调中心,根据请求向其他援救协调中心提供帮助,包括航空器、船舶、人员或设备方面的帮助。⑥

第八,建议:为了提高搜寻与援救效率,缔约国应该安排涉及其搜寻与援救单位、其他国家的搜寻与援救单位以及经营人的联合训练演习。⑦

第九,建议:缔约国应该作出安排,使其援救协调中心和分中心的人员定期到邻国的此类中心进行联络参观。⑧

(2)与其他服务部门的合作。

对航空器进行搜寻与援救服务,不仅需要国家专门搜寻援救部门,而且还需要加强与其他服务部门之间的合作,以便更好地开展搜寻与援救工作。

第一,缔约国必须作出安排,使所有不属于搜寻与援救组织的航空器、船舶和当地的各种服务与设施,在搜寻与援救工作中充分与搜寻与援救组织合作,对于航空器事故的幸存人员予以任何可能的援助。⑨

第二,建议:缔约各国应该确保有关航空和海事当局之间最密切的实际协调,提供最有效果和效率的搜寻与援救服务。⑩

第三,缔约国必须确保其搜寻与援救服务部门与负责事故调查的部门和负责照料事故

---

① 附件12第3.1.3条。
② 附件12第3.1.4条。
③ 附件12第3.1.4.1条。
④ 附件12第3.1.5条。
⑤ 附件12第3.1.6条。
⑥ 附件12第3.1.7条。
⑦ 附件12第3.1.8条。
⑧ 附件12第3.1.9条。
⑨ 附件12第3.2.1条。
⑩ 附件12第3.2.2条。

受难者的部门合作。①

第四,建议:为了便利事故调查,在实际可行时,各援救单位应该由从事航空器事故调查方面的合格人员陪同。②

第五,各国必须指定搜寻与援救联络点,以接收 Cospas-Sarsat③ 遇险数据。④

(3) 资料的散发。

在搜寻与援救服务中,各国之间资料的共享非常重要,为此,附件 12 对国家之间资料的共享作出了相关规定和建议。

第一,每一缔约国必须公布并散发其他国家的搜寻与援救单位进入其领土所需的所有资料,或者将此资料纳入搜寻与援救协议。⑤

第二,建议:当缔约国的搜寻与援救工作计划的资料有益于提供搜寻与援救服务时,缔约国应该通过援救协调中心或其他机构提供上述此种资料。⑥

第三,建议:当有理由相信一架航空器的紧急情况可能成为公众关注的原因或需要一般紧急反应时,缔约国应该按需要并在实际可行的范围内向公众和应急反应当局发布关于要采取的行动的信息。⑦

4. 准备措施

附件 12 第四章《准备措施》包括准备资料、工作计划、搜寻与援救单位、训练和演习、残骸五个方面。

(1) 准备资料。

第一,每个援救协调中心必须随时备有关于其搜寻与援救区内的下述各项最新资料:a) 各搜寻与援救单位、援救分中心及告警站;b) 各空中交通服务单位;c) 搜寻与援救工作所使用的通信工具;d) 区内从事营运的所有经营人、或其指定代表的地址和电话号码;和e) 任何其他公共和私人资源,包括在搜寻与援救中可能有帮助作用的医疗与运输设施。⑧

第二,建议:每个援救协调中心应该随时具备对搜寻与援救有关的所有其他资料,包括下述各项:a) 可能用来支持搜寻与援救工作的所有无线电台的位置、呼号、守听时间及频率;b) 保持无线电守听的各单位的地点、守听时间及其守听的频率;c) 可空投的紧急、救生用品的储藏地点;和 d) 特别是如果从空中观察,可能会被误认为是未找到或未报告的残骸的各种已知目标。⑨

第三,建议:每个援救协调中心,如果其搜寻与援救区包括海上区域,应该能随时获取该区域内对于遇险航空器可能提供帮助的船舶的位置、航线和速度及如何同其取得联系等资

---

① 附件 12 第 3.2.3 条。
② 附件 12 第 3.2.4 条。
③ Cospas-Sarsat 系统是由加拿大、法国、美国和苏联联合开发的全球性卫星搜救系统,它是国际海事卫星组织推行的全球海上遇险与安全系统的重要组成部分。该系统使用低高度卫星为全球包括极区在内的海上、陆上和空中提供遇险报警及定位服务,以使遇险者得到及时有效的救助。
④ 附件 12 第 3.2.5 条。
⑤ 附件 12 第 3.3.1 条。
⑥ 附件 12 第 3.3.2 条。
⑦ 附件 12 第 3.3.3 条。
⑧ 附件 12 第 4.1.1 条。
⑨ 附件 12 第 4.1.2 条。

料。此种资料或保存在各援救协调中心,或能随时得到。①

第四,建议:缔约各国应当单独或与其他国家一同与海事当局合作建立船只报告系统,或与自动互助式舰船援救系统或地区船只报告系统安排通信联系,以便利海上的搜寻与援救工作。

注:自动互助式舰船援救系统是一种覆盖全球的国际船只报告合作系统,可供所有援救协调中心查询。许多缔约国还运行地区船只报告系统。②

(2) 工作计划。

第一,每个援救协调中心必须为在其搜寻与援救区内执行搜寻与援救工作编制详细的工作计划。③

第二,建议:考虑到幸存者的数量可能很大,搜寻与援救工作计划,应该同可能帮助提供搜寻与援救服务或可能从中受益的经营人和其他公共或私人服务部门的代表共同编制。④

第三,工作计划必须尽可能为从事搜寻与援救工作的航空器、船舶及车辆(包括由其他国家所提供的)的检修与加油工作作好安排。⑤

第四,搜寻与援救工作计划必须列出搜寻与援救人员将要采取行动的细节,包括:a) 在搜寻与援救区内执行搜寻与援救工作的方法;b) 可供利用的通信系统及设施的使用;c) 与其他援救协调中心联合采取的各项行动;d) 向航路上的航空器与海上船舶告警的方法;e) 搜寻与援救人员的职责与权限;f) 由于气象条件或其他原因,可能需要对设备作出的重新部署;j) 获得与搜寻与援救工作有关联的重要资料(如天气报告和预报、有关的航行通告等)的方法;h) 从其他援救协调中心获得可能需要的援助(包括航空器、船舶、人员或设备)的方法;i) 帮助在水上迫降的遇险航空器与水上船只会合的方法;j) 帮助搜寻与援救或其他航空器前往遇险航空器的方法;和 k) 将同各空中交通服务单位和其他有关当局帮助已知或相信是受到非法干扰的航空器的合作行动。⑥

第五,建议:各项搜寻与援救工作计划应该纳入机场应急计划,以便为机场的周边地区,如属沿海机场,周边水域提供援救服务。⑦

(3) 搜寻与援救单位。

第一,每个搜寻与援救单位必须:a) 熟悉第 42 所规定的为有效地执行其职责所必要的工作计划的各部分内容;和 b) 随时将其准备就绪情况通知援救协调中心。⑧

第二,缔约各国必须:a) 保持所需数量的搜寻与援救设施处于待命状态;和 b) 保持口粮、药品、信号设备及其他救生和援救设备供应充足。⑨

(4) 训练和演习。

为了实现并保持搜寻与援救的最大效率,缔约国必须对搜寻与援救人员提供正规训练

---

① 附件 12 第 4.1.3 条。
② 附件 12 第 4.1.4 条。
③ 附件 12 第 4.2.1 条。
④ 附件 12 第 4.2.2 条。
⑤ 附件 12 第 4.2.3 条。
⑥ 附件 12 第 4.2.4 条。
⑦ 附件 12 第 4.2.5 条。
⑧ 附件 12 第 4.3.1 条。
⑨ 附件 12 第 4.3.2 条。

并安排适当的搜寻与援救演习。①

(5) 残骸。

建议:如果残骸的存在可能构成危害或混淆随后的搜寻与援救工作,每个缔约国应该确保在其领土上或在其所负责的搜寻与援救区的公海上或未定主权的区域内,将航空器事故遗留的残骸,在事故调查工作结束之后,加以清理、销毁或制图标明。②

5. 工作程序

附件 12 包括关于紧急情况的情报、援救协调中心在各个紧急阶段中的工作程序、两个或两个以上缔约国负责援救工作的工作程序、外场当局的工作程序、援救协调中心关于中止或暂停搜寻工作的程序、事故现场的工作程序、截获遇险信号的机长的工作程序、搜寻与援救信号、保存记录九个工作程序。

(1) 关于紧急情况情报。

第一,当任何当局或任何搜寻与援救组织的机构有理由相信一架航空器处于紧急情况时,必须向有关援救协调中心立即提供所掌握的所有情报。③

第二,援救协调中心在收到关于航空器处于紧急情况的情报时,必须立即评估此种情报并评估所需工作的程度。④

第三,当有关航空器处于紧急情况的情报是由空中交通服务单位以外的机构发来时,援救协调中心必须确定此种情况相当于哪一个紧急阶段,并必须采取适用于该阶段的工作程序。"⑤

(2) 援救协调中心在各个紧急阶段中的工作程序。

第一,情况不明阶段。情况不明阶段是指航空器及其机上人员的安全存在不明的情况。⑥ 出现情况不明阶段时,援救协调中心必须最大限度地与空中交通服务单位及其他有关机构和服务部门合作,以便对发来的报告迅速进行评审。⑦

第二,告警阶段。告警阶段是指航空器及其机上人员的安全有令人担忧的情况。⑧ 出现告警阶段时,援救协调中心必须立刻向搜寻与援救单位告警,并采取任何必要的行动。"⑨

第三,遇险阶段。遇险阶段是指有理由确信航空器及其机上人员受到严重和紧急危险的威胁和需要立即援助的情况。⑩ 出现遇险阶段时,援救协调中心必须:a) 由搜寻与援救单位立即按照有关工作计划开始行动;b) 查明该航空器的位置,推断这个位置的不确切的程度,并在此情报和当时情况的基础上确定搜寻区域范围;c) 可能时,通知经营人并随时告知经营人发展情况;d) 通知可能需要其援助或可能与援助工作有关的其他援救协调中心;e) 当紧急情况的情报来自其他来源时,要通知有关的空中交通服务单位;f) 在早期就要求未具体列在有关工作计划并且有能力援助的航空器、船舶、海岸电台和其他服务部门:1) 守

---

① 附件 12 第 4.4 条。
② 附件 12 第 4.5 条。
③ 附件 12 第 5.1.1 条。
④ 附件 12 第 5.1.2 条。
⑤ 附件 12 第 5.1.3 条。
⑥ 附件 12 第 1 章《定义》。
⑦ 附件 12 第 5.2.1 条。
⑧ 附件 12 第 1 章《定义》。
⑨ 附件 12 第 5.2.2 条。
⑩ 附件 12 第 1 章《定义》。

听由遇险航空器、救生无线电设备或应急定位发射器所发出的信息(注:附件10第Ⅲ卷关于应急定位发射器的规范所规定的频率为121.5兆赫及406兆赫。);2)尽可能地援助遇险航空器;和3)向援救协调中心报告任何发展情况;g)根据现有情报制定所需的搜寻和/或援救工作的详细行动计划,并将此计划向直接指挥此项工作的当局汇报请示;h)根据不断变化的情况对详细行动计划进行必要的修改;i)通知有关的事故调查当局;和j)通知航空器的登记国。除情况不许可外,必须遵循上述行动的顺序。①

第四,对于位置不明的航空器进行搜寻与援救行动。当一架位置不明的航空器宣告其处于紧急阶段且位置不明并且可能位于两个或几个搜寻与援救区之一时,必须按下列规定实施:a)当一个援救协调中心得到有紧急阶段的通知但不了解其他中心在采取适当行动时,必须按照第5.2的规定担负启动适当行动的责任,并与邻近各援救协调中心协商,以便指定一援救协调中心此后继续负责;b)除非有关各援救协调中心另有共同协议决定外,否则进行协调搜寻与援救行动的援救协调中心,必须是负责下述地区者:航空器最后报告位置的地区;或当最后报告的位置是在两个搜寻与援救区的分界线上时,则是航空器前进方向的地区;或当航空器未装备适当的双向无线电通信或无保持无线电通信的义务时,则是该航空器预定飞往的地区;或Cospas-Sarsat系统所确定的遇险现场所在地区;和c)宣告遇险阶段后,负责全面协调的援救协调中心必须将全部紧急情况及以后发展的情况通知所有可能参加行动的各援救协调中心。同样,所有各援救协调中心获悉有关紧急情况的任何情报后,必须立即向全面负责的援救协调中心报告。②

第五,向已宣布处于紧急阶段的航空器传送资料。紧急阶段是指根据具体情况可以是情况不明阶段、告警阶段或遇险阶段的通称。凡实际可行,负责搜寻与援救工作的援救协调中心,必须将开始搜寻与援救行动的情报通知该航空器飞行的飞行情报区内的空中交通服务单位,以便将此情报传达给该航空器。③

(3)两个或两个以上缔约国负责搜救工作的工作程序。

如整个搜寻与援救区的工作是由一个以上的缔约国负责,则当该地区援救协调中心有此要求时,每一所涉缔约国必须按照有关的援救工作计划采取行动。④

(4)外场当局的工作程序。

直接指挥搜救工作(或其中任一部分)的当局必须:a)向在其指挥下的单位发出指示,并将此种指示通知援救协调中心;和b)随时将发展情况通知援救协调中心。⑤

(5)援救协调中心关于中止或暂停搜救工作的程序。

第一,搜寻与援救工作必须按实际情况继续进行,直到所有幸存者被送到安全地点或直到失去援救幸存者的全部合理希望为止。⑥

第二,负责的援救协调中心通常必须负责确定何时停止继续搜寻与援救工作。注:缔约各国在做出终止SRR工作的决定过程中,可能需要其他国家有关当局的意见。⑦

---

① 附件12第5.2.3条。
② 附件12第5.2.4条。
③ 附件12第5.2.5条。
④ 附件12第5.3条。
⑤ 附件12第5.4条。
⑥ 附件12第5.5.1条。
⑦ 附件12第5.5.2条。

第三,当搜寻与援救工作已经取得成功,或当援救协调中心认为或得知紧急情况不复存在时,紧急阶段必须取消,搜寻与援救工作必须终止并立即通知已采取行动或已得到通知的各个当局、设施或服务部门。①

第四,如果搜寻与援救工作变得无法进行,并且援救协调中心认定可能还有幸存者,该中心必须在情况有进一步发展之前,临时暂停现场活动并立即通知已采取行动或已得到通知的各个当局、设施或服务部门。对随后收到的有关情报必须加以评估,并在认为有理由并可行时,再恢复搜寻工作。②

(6) 事故现场的工作程序。

第一,当多个设施参与搜寻与援救现场工作时,援救协调中心或援救分中心必须考虑到设备的性能和运行要求,指定一个或多个现场单位协调所有行动,以帮助确保空中和地面工作的安全和有效性。③

第二,当机长观察到另一架航空器或一艘水上船只遇险时,如果可能并且除非认为不合理或没有必要外,该驾驶员必须采取下述行动:a) 保持该遇险船只或航空器在视界之内,直至被迫离开现场或得到援救协调中心的通知不再需要时为止。b) 确定遇险船只或航空器的位置。c) 视情尽量将下述内容报告援救协调中心或空中交通服务单位:遇险航空器或船只的型别、其识别标志及状况;其位置(以地理或网格坐标表示,或以距某一显著地标或无线电导航设备的距离和真方位表示);观察到的时间(以协调世界时的小时和分钟表示);观察到的人数;是否见到人员离弃遇险航空器或船只;现场气象条件;幸存人员明显的身体情况;进入遇险位置明显的陆地最佳路线。和 d) 按照援救协调中心或空中交通服务单位的指示行动。④

如第一架到达事故现场的航空器不是搜寻与援救航空器,则它必须负责领导其他后来的航空器在现场的活动,直到第一架搜寻与援救航空器到达事故现场为止。其间如果这架航空器不能同有关援救协调中心或空中交通服务单位建立通信,必须经互相协商把责任移交给一架能够建立并保持这种通信的航空器,直至第一架搜寻与援救航空器到达时为止。⑤

第三,当一架航空器有必要向幸存人员或地面援救单位传达情报,而又不具备双向通信时,如实际可行,必须空投能够建立直接联络的通信装置或靠空投硬质信件来传送情报。⑥

第四,当有地面信号显示后,该航空器必须用第5.6.3中所述的手段表明是否明白这些信号。如果这种办法行不通,则用发出的有关目视信号表示。⑦

第五,当一架航空器有必要指挥一艘水上船只前往遇险航空器或船只所在地点时,必须尽其任何可用方法发出准确的指示。如果不能建立无线电通信,则必须发出适当目视信号。⑧

---

① 附件12第5.5.3条。
② 附件12第5.5.4条。
③ 附件12第5.6.1条。
④ 附件12第5.6.2条。
⑤ 附件12第5.6.2.1条。
⑥ 附件12第5.6.3条。
⑦ 附件12第5.6.4条。
⑧ 附件12第5.6.5条。

(7) 截获遇险信号的机长的工作程序。

任何时候一架航空器机长截获一则遇险发出的信号时,如果可行,该驾驶员必须:a)确认收到所发出的遇险信号;b)记录该遇险航空器或船只的位置(如果已知);c)测定发出信号的方位;d)向有关援救协调中心或空中交通服务单位报告遇险信号并提供所有可能提供的情报;和 e)在等待指示时,该驾驶员可自行斟酌飞向遇险信号所给的位置。[1]

附件12还对搜寻与援救信号和保存记录[2]的工作程序进行了具体规定。

3.5.2.2 我国航空法的规定

各国国内航空法对航空器的搜寻和援救的规定,都与1944年《芝加哥公约》附件12规定的标准和建议措施基本一致。虽然附件12在法律上并不构成对缔约国的强制性的法律效力,但对航空器的救助已经形成了一个习惯国际法规则,各国也应提供搜寻援救的服务工作。我国《民用航空法》第151条到154条[3]、《中华人民共和国搜寻援救民用航空器规定》、《民用航空使用空域办法》(CCAR-71)、《中国民用航空气象工作规则》(CCAR-117-R2)等对搜寻与援救民用航空器组织、搜寻援救的准备、搜寻与援救的实施以及处罚等进行了相应规定。

1. 组织

(1) 提供搜寻与援救服务。在我国领域内以及我国缔结或者参加的国际条约规定由中国承担搜寻援救工作的公海区域内提供搜寻援救民用航空器。[4]

对于进行海上搜寻援救民用航空器,除适用航空法规定外,并应当遵守国务院有关海上搜寻援救的规定。[5]

(2) 划定搜寻援救区。我国领域内以及我国缔结或者参加的国际条约规定由我国承担搜寻援救工作的公海区域内为我国民用航空搜寻援救区,该区域内划分若干地区民用航空搜寻援救区,具体地区划分范围由民航局公布。[6]

确定需要提供飞行情报服务和告警服务的空域,应当设立飞行情报区和搜寻援救区。[7]搜寻援救区的范围与飞行情报区的范围相同。[8]

---

[1] 附件12第5.7条。
[2] 详见附件12第5.8条和第5.9条。
[3] 《民用航空法》第151条规定:"民用航空器遇到紧急情况时,应当发送信号,并向空中交通管制单位报告,提出援救请求,空中交通管制单位应当立即通知搜寻援救协调中心。民用航空器在海上遇到紧急情况时,还应当向船舶和国家海上搜寻援救组织发送信号。"
第152条规定:"发现民用航空器遇到紧急情况或者收听到民用航空器遇到紧急情况的信号的单位或者个人,应当立即通知有关的搜寻援救协调中心、海上搜寻援救组织或者当地人民政府。"
第153条规定:"收到通知的搜寻援救协调中心、地方人民政府和海上搜寻援救组织,应当立即组织搜寻援救。收到通知的搜寻援救协调中心,应当设法将已经采取的搜寻援救措施通知到紧急情况的民用航空器。搜寻援救民用航空器的具体办法,由国务院规定。"
第154条规定:"执行搜寻援救任务的单位或者个人,应当尽力抢救民用航空器所载人员,按照规定对民用航空器采取抢救措施并保护现场,保存证据。"
[4] 参见《中华人民共和国搜寻援救民用航空器规定》第2条。
[5] 参见《中华人民共和国搜寻援救民用航空器规定》第3条。
[6] 参见《中华人民共和国搜寻援救民用航空器规定》第6条。
[7] 《民用航空使用空域办法》(CCAR-71)第21条。
[8] 《民用航空使用空域办法》(CCAR-71)第35条规定:"飞行情报区应当包括我国境内上空,以及由国际民航组织亚太地区航行会议协议,并经国际民航组织批准由我国提供空中交通服务的,毗邻我国公海上空的全部空域以及航路结构。"

(3) 搜寻援救民用航空器按照下列规定分工负责:(一)中国民用航空局负责统一指导全国范围的搜寻援救民用航空器的工作;(二)省、自治区、直辖市人民政府负责本行政区域内陆地搜寻援救民用航空器的工作,民用航空地区管理局予以协助;(三)国家海上搜寻援救组织负责海上搜寻援救民用航空器工作,有关部门予以配合。①

中国民用航空局搜寻援救协调中心和地区管理局搜寻援救协调中心承担陆上搜寻援救民用航空器的协调工作。②

使用航空器执行搜寻援救任务,以民用航空力量为主,民用航空搜寻援救力量不足的,由军队派出航空器给予支援。③

为执行搜寻援救民用航空器的紧急任务,有关地方、部门、单位和人员必须积极行动,互相配合,努力完成任务;对执行搜寻援救任务成绩突出的单位和个人,由其上级机关给予奖励。④

提供告警服务的单位在民用航空器需要搜寻援救时,通知有关部门,并根据要求协助该有关部门进行搜寻援救。⑤

为搜寻救援提供气象服务的民用航空气象服务机构应当在整个搜寻救援活动中与搜寻和救援部门保持联系。⑥

民航管理部门在组织、指挥或协调应急处置时,可以组织相关企事业单位采取下列应急处置措施:搜寻、援救受到突发事件危害的航空器与人员,开展必要的医疗救护和卫生防疫,妥善安置受到突发事件威胁或影响的人员。⑦

2. 搜寻与援救的准备

搜寻与援救的准备主要包括拟定方案、组织演习、通信联络、就生物品的准备等内容。

(1) 拟定方案。

各地区管理局应当拟定在陆上使用航空器搜寻援救民用航空器的方案,经中国民用航空局批准后,报有关省、自治区、直辖市人民政府备案。⑧

沿海省、自治区、直辖市海上搜寻援救组织,应当拟定在海上使用船舶、航空器搜寻援救民用航空器的方案,经国家海上搜寻援救组织批准后,报省、自治区、直辖市人民政府和民航局备案,同时抄送有关地区管理局。⑨

搜寻援救民用航空器方案应当包括下列内容:(一)使用航空器、船舶执行搜寻援救任务的单位,航空器、船舶的类型,以及日常准备工作的规定;(二)航空器使用的机场和船舶使用的港口,担任搜寻援救的区域和有关保障工作方面的规定;(三)执行海上搜寻援救任务的船舶、航空器协同配合方面的规定;(四)民用航空搜寻援救力量不足的,商请当地驻军派出航

---

① 《中华人民共和国搜寻援救民用航空器规定》第4条。
② 《中华人民共和国搜寻援救民用航空器规定》第5条。
③ 《中华人民共和国搜寻援救民用航空器规定》第7条。
④ 《中华人民共和国搜寻援救民用航空器规定》第8条。
⑤ 参见《民用航空法》第82条第4款。《民用航空使用空域办法》(CCAR-71)第17条规定,提供告警服务的空中交通管理单位向有关机构发出需要搜寻与援救航空器的通知,并根据需要协助该机构或者协调该项工作的进行。
⑥ 《中国民用航空气象工作规则》(CCAR-117-R2)第160条。
⑦ 《中国民用航空应急管理规定》(CCAR-397)第36条第(二)项。
⑧ 《中华人民共和国搜寻援救民用航空器规定》第9条。
⑨ 《中华人民共和国搜寻援救民用航空器规定》第10条。

空器、舰艇支援的规定。①

(2) 组织演习。

地区管理局和沿海省、自治区、直辖市海上搜寻援救组织应当按照批准的方案定期组织演习。②

(3) 通信联络。

搜寻援救民用航空器的通信联络,应当符合下列规定:(一)民用航空空中交通管制单位和担任搜寻援救任务的航空器,应当配备121.5兆赫航空紧急频率的通信设备,并逐步配备243兆赫航空紧急频率的通信设备;(二)担任海上搜寻援救任务的航空器,应当配备2 182千赫海上遇险频率的通信设备;(三)担任搜寻援救任务的部分航空器,应当配备能够向遇险民用航空器所发出的航空器紧急示位信标归航设备,以及在156.8兆赫(调频)频率上同搜寻援救船舶联络的通信设备。③

地区管理局搜寻援救协调中心应当同有关省、自治区、直辖市海上搜寻援救组织建立直接的通信联络。④

(4) 救生物品的准备。

向遇险待救人员空投救生物品,由执行搜寻援救任务的单位按照下列规定负责准备:(一)药物和急救物品为红色;(二)食品和水为蓝色;(三)防护服装和毯子为黄色;(四)其他物品为黑色;(五)一个容器或者包装内,装有上述多种物品时为混合色。每一个容器或者包装内,应当装有用汉语、英语和另选一种语言的救生物品使用说明。⑤

3. 搜寻援救的实施

搜寻援救的实施主要包括紧急情况通报、各个紧急阶段中的工作程序、事故现场和解除紧急情况的工作程序。

(1) 紧急情况通报。

民用航空器遇到紧急情况时,应当发送信号,并向空中交通管制单位报告,提出援救请求;空中交通管制单位应当立即通知搜寻援救协调中心。民用航空器在海上遇到紧急情况时,还应当向船舶和国家海上搜寻援救组织发送信号。⑥

发现民用航空器遇到紧急情况或者收听到民用航空器遇到紧急情况的信号的单位或者个人,应当立即通知有关的搜寻援救协调中心、海上搜寻援救组织或者当地人民政府。⑦

(2) 各个紧急阶段中的工作程序。

收到通知的搜寻援救协调中心、地方人民政府和海上搜寻援救组织,应当立即组织搜寻援救。收到通知的搜寻援救协调中心,应当设法将已经采取的搜寻援救措施通知遇到紧急情况的民用航空器。搜寻援救民用航空器的具体办法,由国务院规定。⑧

---

① 《中华人民共和国搜寻援救民用航空器规定》第11条。
② 《中华人民共和国搜寻援救民用航空器规定》第12条。
③ 《中华人民共和国搜寻援救民用航空器规定》第13条。
④ 《中华人民共和国搜寻援救民用航空器规定》第14条。
⑤ 《中华人民共和国搜寻援救民用航空器规定》第15条。
⑥ 《民用航空法》第151条。
⑦ 《民用航空法》第152条。另外,《中华人民共和国搜寻援救民用航空器规定》第16条规定,发现或者收听到民用航空器遇到紧急情况的单位或者个人,应当立即通知有关地区管理局搜寻援救协调中心;发现失事的民用航空器,其位置在陆地的,并应当同时通知当地政府;其位置在海上的,并应当同时通知当地海上搜寻援救组织。
⑧ 《民用航空法》第153条。

地区管理局搜寻援救协调中心收到民用航空器紧急情况的信息后,必须立即做出判断,分别按照规定,采取搜寻援救措施,并及时向民航局搜寻援救协调中心以及有关单位报告或者通报。[①]

执行搜寻援救任务的单位或者个人,应当尽力抢救民用航空器所载人员,按照规定对民用航空器采取抢救措施并保护现场,保存证据。[②]

①情况不明阶段。情况不明阶段是指民用航空器的安全出现下列令人疑虑的情况:1)空中交通管制部门在规定的时间内同民用航空器没有取得联络;2)民用航空器在规定的时间内没有降落,并且没有其他信息。[③]

对情况不明阶段的民用航空器,地区管理局搜寻援救协调中心应当:(一)根据具体情况,确定搜寻的区域;(二)通知开放有关的航空电台、导航台、定向台和雷达等设施,搜寻掌握该民用航空器的空中位置;(三)尽速同该民用航空器沟通联络,进行有针对性的处置。[④]

②告警阶段。告警阶段是指民用航空器的安全出现下列令人担忧的情况:1)对情况不明阶段的民用航空器,仍然不能同其沟通联络;2)民用航空器的飞行能力受到损害,但是尚未达到迫降的程度;3)与已经允许降落的民用航空器失去通信联络,并且该民用航空器在预计降落时间后五分钟内没有降落。[⑤]

对告警阶段的民用航空器,地区管理局搜寻援救协调中心应当:(一)立即向有关单位发出告警通知;(二)要求担任搜寻援救任务的航空器、船舶立即进入待命执行任务状态;(三)督促检查各种电子设施,对情况不明的民用航空器继续进行联络和搜寻;(四)根据该民用航空器飞行能力受损情况和机长的意见,组织引导其在就近机场降落;(五)会同接受降落的机场,迅速查明预计降落时间后五分钟内还没有降落的民用航空器的情况并进行处理。[⑥]

③遇险阶段。遇险险段是指确信民用航空器遇到下列紧急和严重危险,需要立即进行援救的情况:1)根据油量计算,告警阶段的民用航空器难以继续飞行;2)民用航空器的飞行能力受到严重损害,达到迫降程度;3)民用航空器已经迫降或者坠毁。[⑦]

对遇险阶段的民用航空器,地区管理局搜寻援救协调中心应当:(一)立即向有关单位发出民用航空器遇险的通知;(二)对燃油已尽,位置仍然不明的民用航空器,分析其可能遇险的区域,并通知搜寻援救单位派人或者派航空器、船舶,立即进行搜寻援救;(三)对飞行能力受到严重损害、达到迫降程度的民用航空器,通知搜寻援救单位派航空器进行护航,或者根据预定迫降地点,派人或者派航空器、船舶前往援救;(四)对已经迫降或者失事的民用航空器,其位置在陆地的,立即报告省、自治区、直辖市人民政府;其位置在海上的,立即通报沿海有关省、自治区、直辖市的海上搜寻援救组织。[⑧]

(3)事故现场。

省、自治区、直辖市人民政府或者沿海省、自治区、直辖市海上搜寻援救组织收到关于民

[①] 参见《中华人民共和国搜寻援救民用航空器规定》第17条。
[②] 《民用航空法》第154条。
[③] 《中华人民共和国搜寻援救民用航空器规定》第18条第(一)项。
[④] 《中华人民共和国搜寻援救民用航空器规定》第19条。
[⑤] 《中华人民共和国搜寻援救民用航空器规定》第18条第(二)项。
[⑥] 《中华人民共和国搜寻援救民用航空器规定》第20条。
[⑦] 《中华人民共和国搜寻援救民用航空器规定》第18条第(三)项。
[⑧] 《中华人民共和国搜寻援救民用航空器规定》第21条。

用航空器迫降或者失事的报告或者通报后,应当立即组织有关方面和当地驻军进行搜寻援救,并指派现场负责人。①

现场负责人的主要职责是:(一)组织抢救幸存人员;(二)对民用航空器采取措施防火、灭火;(三)保护好民用航空器失事现场;为抢救人员或者灭火必须变动现场时,应当进行拍照或者录相②;(四)保护好失事的民用航空器及机上人员的财物。③

指派的现场负责人未到达现场的,由第一个到达现场的援救单位的有关人员担任现场临时负责人,行使规定的职责,并负责向到达后的现场负责人移交工作。④

对处于紧急情况下的民用航空器,地区管理局搜寻援救协调中心应当设法将已经采取的援救措施通报该民用航空器机组。⑤

执行搜寻援救任务的航空器与船舶、遇险待救人员、搜寻援救工作组之间,应当使用无线电进行联络。条件不具备或者无线电联络失效的,应当依照规定的国际通用的《搜寻援救的信号》进行联络。⑥

(4) 紧急情况解除。

民用航空器的紧急情况已经不存在或者可以结束搜寻援救工作的,地区管理局搜寻援救协调中心应当按照规定程序及时向有关单位发出解除紧急情况的通知。⑦

航空器执行搜寻援救任务所需经费,国家可以给予一定补贴。具体补贴办法由有关部门会同财政部门协商解决。⑧

4. 罚则

对违反本规定,有下列行为之一的人员,由其所在单位或者上级机关给予行政处分;构成犯罪的,依法追究刑事责任:(一)不积极行动配合完成搜寻援救任务,造成重大损失的;(二)不积极履行职责或者不服从指挥,致使损失加重;(三)玩忽职守,对民用航空器紧急情况判断、处置不当,贻误时机,造成损失的。⑨

3.5.3 航空器的事故调查

3.5.3.1 国际航空条约的规定

1944年《芝加哥公约》第26条事故调查对航空器事故调查进行了具体规定,并在第37条《国际标准及程序的采用》中授权国际民航组织随时制定并修改的采用第11项"航空器遇险和失事调查"国际标准及建议措施和程序,为附件13《航空器事故和事故征候调查》。

在附件13序言中,对1944年《芝加哥公约》第26条和附件13的关系进行了界定。虽然根据1944年《芝加哥公约》第37条的规定得到通过,但航空器事故查询本身则是公约第26条的主题。公约第26条要求航空器事故的所在国在某些情况下承担着手查询,并在其法

---

① 《中华人民共和国搜寻援救民用航空器规定》第22条。
② "录相"一词现在多推荐使用"录像"。——编辑注
③ 《中华人民共和国搜寻援救民用航空器规定》第23条。
④ 《中华人民共和国搜寻援救民用航空器规定》第24条。
⑤ 《中华人民共和国搜寻援救民用航空器规定》第25条。
⑥ 《中华人民共和国搜寻援救民用航空器规定》第26条。
⑦ 《中华人民共和国搜寻援救民用航空器规定》第27条。
⑧ 《中华人民共和国搜寻援救民用航空器规定》第29条。另外,根据《民用航空法》第19条规定,"援救该民用航空器的报酬"属于民用航空器优先权。按照该法第18条规定,应向民用航空器所有人、承租人提出赔偿请求。
⑨ 《中华人民共和国搜寻援救民用航空器规定》第28条。

律许可的范围内按照国际民航组织的程序有进行查询的义务。但是公约第26条并不排除在航空器事故调查方面进一步采取行动,同时,本附件所规定的程序并不仅限于按照第26条的要求所进行的查询,而是在规定的情况下适用本附件中对"航空器事故"定义范围内的任何查询。为了保持第26条的规定和本附件规定之间的正确关系,遵循了以下原则:公约第37条是制定航空器事故查询附件的指导条款,但附件中不得有与公约第26条或公约的任何a)其他条款相抵触之处,也不应该有违反公约精神和意图的任何条款。b)除受a)项制约外,本附件可以处理任何有关问题,无论公约第26条或公约其他条款是否有明文提到。例如:附件涉及登记国和事故所在国以外的国家的权利或义务并不违反公约;同样,附件可以涉及根据公约第26条的规定有权在查询时"到场"的观察员的特权。这些都是第26条所没有明文提到的。附件还可以涉及第26条的规定中未包括的事故种类。

附件13和公约第26条之间的关系。为了澄清公约第26条和本附件各项规定之间的关系,理事会在其1951年4月13日第二届大会的第二十次会议上通过了以下附加决议:"鉴于公约第二十六条规定,在该条规定范围内的航空器事故的所在国,'将在其法律许可的范围内,按照国际民航组织可能建议的程序,对事故情况进行查询';和鉴于理事会在其1951年4月11日第十二届大会的第十八次会议上通过了关于航器事故查询的附件13;理事会建议将公约附件13中所载的航空器事故查询的标准和建议措施作为缔约国对涉及死亡或重伤的事故进行查询的程序并按第二十六条的规定进行;并有这样的谅解:(1)各国根据公约第三十八条,可偏离附件13的任何规定,但对公约第二十六条所规定的事故并根据该条'事故的所在国将着手查询''航空器登记国应有机会指派观察员在查询时到场'和'主持查询的国家必须将调查报告和调查结果通知航空器登记国'除外;和如航空器的事故未涉及死亡或重伤而'表明航空器或空中航行设备在技术上有严重缺陷',则不适(2)用此处所建议的程序。在这种情况下,在国际民航组织未对此作出建议前,在不违反公约第二十六条规定所产生的义务的情况下,应按有关国家的本国程序进行查询。"本附件中所提到的授权代表和顾问共同构成第二十六条中有权在查询时到场的观察员。①

1. 航空器事故调查的概念

事故是指对于有人驾驶航空器而言,从任何人登上航空器准备飞行直至所有这类人员下了航空器为止的时间内,或对于无人航空器而言,从航空器为飞行目的准备移动直至飞行结束停止移动且主要推进系统停车的时间内所发生的与航空器运行有关的事件,在此事件中:a) 由于下述情况,人员遭受致命伤②或重伤③:在航空器内,或与航空器的任何部分包括已脱离航空器的部分直接接触,或直接暴露于喷气尾喷,但由于自然原因、由自己或由他人造成的受伤,或对由于藏在通常供旅客和机组使用区域外的偷乘飞机者造成的受伤除外;或b) 航空器受到损坏或结构故障,并且:对航空器的结构强度、性能或飞行特性造成不利影响,和通常需要大修或更换有关受损部件,但下述情况除外:仅限于单台发动机(包括其整流罩或附件)的发动机失效或损坏,或仅限于螺旋桨、翼尖、天线、传感器、导流片、轮胎、制动器、机轮、整流片、面板、起落架舱门、挡风玻璃、航空器蒙皮(例如小凹坑或穿孔)的损坏,或

---

① 具体内容详见:https://safety.caac.gov.cn/indexnewssearch/init.act? q. 2024年1月22日访问。
② 仅为统计上的一致,国际民航组织将事故发生之日起三十天内导致死亡的受伤归类为致命伤。
③ 根据附件13规定,重伤是指某一人员在事故中受伤而:a) 自受伤之日起7天内需要住院48小时以上;或b) 造成任何骨折(手指、足趾或鼻部单纯性断裂除外);或c) 引起严重出血、神经、肌肉或筋腱等损坏的裂伤;或d) 涉及内脏器官受伤;或e) 有二度或三度,或超过全身面积百分之五以上的烧伤;或f) 经证实暴露于传染物质或受有害辐射。

对主旋翼叶片、尾桨叶片、起落架的轻微损坏,以及由冰雹或鸟撞击造成的轻微损坏(包括雷达天线罩上的洞);或 c) 航空器失踪①或处于完全无法接近的地方。②

事故征候是指不是事故而是与航空器的操作使用有关,会影响或可能影响飞行安全的事件。③

严重事故征候是指涉及可表明具有很高事故发生概率的事故征候,即对于有人驾驶航空器而言,从任何人登上航空器准备飞行直至所有这类人员下了航空器为止的时间内,或对于无人航空器而言,从航空器为飞行目的准备移动直至飞行结束停止移动且主要推进系统停车的时间内所发生的与航空器运行有关的事件。④

事故征候和严重事故征候之间的区别仅在于结果。

调查是指为预防事故所进行的某一过程,包括收集和分析资料、做出结论,其中包括确定原因⑤和/或促成因素⑥,及酌情提出安全建议⑦。⑧

2. 航空器事故调查的目的

调查事故或事故征候的唯一目的是防止事故或事故征候。这一活动的目的不是为了分摊过失或责任。⑨

为保证调查的独立性,⑩附件 13 要求:国家必须建立独立于国家航空当局和可能干预调查进行或客观性的其他实体的事故调查部门。⑪

为保护证据和航空器的监护与移动,附件 13 对出事所在国的责任进行了具体规定。

出事所在国须在调查所需的时期内,采取一切合理措施保护证据并安全监护航空器及其内部所有物。保护证据须包括:用拍照或其他方法来保存可能被移动、涂抹、丢失或破坏的任何证据。安全监护须包括防止进一步损坏、未经许可人员的接近、偷窃和变质等。⑫

如接到登记国、经营人所在国、设计国或制造国提出的将航空器及其内部所有物和任何其他证据保持原状以待要求国授权代表检验的要求时,只要这一要求是合理可行并符合正常的调查活动,则出事所在国须采取一切必要步骤满足这一要求。但为了抢救人员、动物、邮件和贵重物品,防止失火或其他原因所造成的毁坏,或为了排除对空中航行、其他运输或

---

① 在官方搜寻工作已结束仍不能找到残骸时,即认为航空器失踪。
② 附件 13 第 1 章《定义》。
③ 附件 13 第 1 章《定义》。
④ 附件 13 第 1 章《定义》。
⑤ 根据附件 13 规定,原因是指导致事故或事故征候的行为、失职、情况、条件或其组合。查明原因并不意味着要追究过失或确定行政、民事或刑事责任。
⑥ 根据附件 13 规定,促成因素是指行动、疏忽、事件、条件、或其组合,如能消除、避免或缺失,则会降低事故或事故征候发生的概率,或减轻事故或事故征候后果的严重性。查明促成因素并不意味着判定过失或确定行政、民事或刑事责任。
⑦ 根据附件 13 规定,安全建议是指事故调查部门根据调查所得资料而提出的用以预防事故或事故征候的建议,该建议在任何情况下绝不旨在产生对事故或事故征候过失或责任的推定。除了事故和事故征候调查产生的安全建议以外,安全建议还可产生于多种来源,包括安全研究。全球关切的安全建议(SRGC)是指关于一个系统性缺陷的安全建议,该缺陷有重复发生并在全球层面造成重大后果的可能性,需要及时采取行动以改善安全。
⑧ 附件 13 第 1 章《定义》。
⑨ 附件 13 第 3.1 条。
⑩ 关于事故调查部门独立性的指导原则载于《航空器事故和事故征候调查手册》(Doc 9756 号文件),第Ⅰ部分《组织和规划》和《事故和事故征候调查政策和程序手册》(Doc 9962 号文件)。
⑪ 附件 13 第 3.2 条。
⑫ 附件 13 第 3.3 条。

公众的危害或妨碍,且只要在航空器可以恢复使用时不会造成不适当的延误,可在必要范围内移动航空器。①

在遵守 3.3 和 3.4 各条的情况下,出事所在国对调查中不再需要的航空器及其内部所有物或其任何部分,必须尽快解除其监护并根据情况移交给登记国或经营人所在国正式指派的人员。为此,出事所在国必须提供接近航空器、其内部所有物或其任何部分的便利。但所在国认为航空器、其内部所有物或其任何部分处于不能接近的地点时,则出事所在国必须自行将航空器移至能够接近的地点。②

3. 通知

根据附件 13 规定,通知分为:一缔约国的航空器在另一缔约国领土内的事故或事故征候,以及在登记国领土内、非缔约国领土内或任何国家领土以外的事故或事故征候两种情形。

(1) 一缔约国的航空器在另一缔约领土内的事故或事故征候。

在此情况下,出事所在国的责任主要包括发送通知、格式和内容、语言以及补充资料。

第一,发送通知。出事所在国必须尽量不拖延地用可供利用的最适当和最迅速的方式③将事故、严重事故征候或根据本附件有待调查的事故征候的通知发给:a) 登记国;④b) 经营人所在国;c) 设计国;d) 制造国;和 e) 国际民航组织,如果所涉及航空器的最大质量在 2 250 公斤以上或是涡轮喷气式飞机。

然而,当出事所在国不知道发生严重事故征候或有待调查的事故征候时,登记国或经营人所在国必须在适当情况下将这种事故征候的通知发给设计国、制造国和出事所在国。⑤

第二,格式和内容。通知必须用明语并尽可能包括现有的以下各项资料,但不得因资料不完备而延迟发出通知:a) 事故的识别简写为 ACCID,严重事故征候的识别简写为 SINCID,事故征候为 INCID;b) 航空器制造厂、型号、国籍和登记标志以及序号;c) 航空器所有人、经营人和租用人的名称;d) 机长资格、机组和旅客的国籍;e) 事故或事故征候发生日期和时间(当地时间或世界协调时);f) 航空器的最后起飞地点和预定着陆地点;g) 航空器相对于某些易于标明的地点的位置及经、纬度;h) 机组和旅客人数:机上、死亡和重伤人数,其他,死亡和重伤人数;i) 事故或事故征候的描述和已知的航空器损坏情况;j) 说明将要进行的或出事所在国建议委托进行的调查范围;k) 事故或事故征候地区的物理特征以及对接近现场的困难或抵达现场的特殊要求的说明;l) 发通知单位和在任何时候与调查负责人及出事所在国事故调查部门联系的方式;和 m) 航空器上有无危险品及对危险品的描述。⑥

注 1:通过航空固定电信网发往各负责航空器事故和事故征候调查部门的电报,其收报人代码由四字母码"YLYX"和国际民航组织四字母地名代码相连八个字母组成。对于经公用电信部门拍发的电报,上述收报人代码不能使用,应代以邮电地址。八字母收报人代码及相应的邮电地址在通知国际民航组织后,即在《航空器运营机构、航空当局和服务部门代码》(Doc 8585 号文件)中公布。

---

① 附件 13 第 3.4 条。
② 附件 13 第 3.5 条。
③ 在多数情况下,电话、传真、电子邮件或航空固定电信网(AFTN)是"可供利用的最适当和最迅速的方式"。最好使用一种以上的联络方式。
④ 援救协调中心把遇险阶段通知登记国的规定,参见附件12《搜寻与援救》。
⑤ 附件 13 第 4.1 条。
⑥ 附件 13 第 4.2 条。

注 2：《航空器事故和事故征候调查手册》(Doc 9756 号文件)，第Ⅰ部分《组织和规划》内载有关于草拟通知电报及迅速将其发交收报人的指导性材料。

第三，语言。只要有可能而不致造成不适当延误，就必须在考虑到接收国语言的情况下以国际民航组织的一种工作语言草拟通知。①

第四，补充资料。出事所在国必须尽快将通知中遗漏的细节以及其他已知的有关资料发出去。②

在此情况下，登记国、经营人所在国、设计国和制造国的责任主要是提供资料—参加调查。

第一，建议：登记国、经营人所在国、设计国和制造国应该确认收到事故或事故征候的通知（4.1 所指）。③

第二，登记国、经营人所在国、设计国和制造国在收到通知后，须尽快将他们所掌握的有关事故或严重事故征候所涉及航空器和机组的资料提供给出事所在国。登记国和经营人所在国也须通知出事所在国是否将任命授权代表，如任命，该授权代表的姓名和详细联系办法；如授权代表前往出事所在国，其预计到达日期。④

登记国、经营人所在国、设计国和制造国有权任命一名授权代表参加调查。登记国、经营人所在国、设计国和制造国注意在对最大重量在 2 250 公斤以上的航空器事故进行调查的国家明确要求其任命一名授权代表时，它们有这样做的义务。还要请它们注意其在场和参加调查的益处。

第三，经营人所在国在收到通知后，须毫不拖延地用可供利用的最适当和最迅速的方式，向出事所在国提供航空器上危险品的详细情况。⑤

（2）在登记国领土内、非缔约国领土内或任何国家领土以外的事故或严重事故征候。

在此情况下，登记国的责任主要为发送通知。当登记国对事故或事故征候发起调查时，必须按上述 4.2 和 4.3 的规定，尽量不拖延地用可供利用的最适当和最迅速的方式通知：a) 经营人所在国；b) 设计国；c) 制造国；和 d) 国际民航组织，如果所涉及航空器的最大质量在 2 250 公斤以上或是涡轮喷气式飞机。⑥

注 1：在多数情况下，电话、传真、电子邮件或航空固定通信网（AFTN）是"可供利用的最适当和最迅速的方式"。最好使用一种以上的联络方式。

注 2：援救协调中心把遇险阶段通知登记国的规定，参见附件 12《搜寻与援救》。

经营人所在国、设计国和制造国的责任主要是提供资料、参与调查。

第一，建议：经营人所在国、设计国和制造国应确认收到事故或严重事故征候的通知（4.1 所指）。⑦

第二，经营人所在国、设计国和制造国在收到通知后，须根据要求把他们所掌握的有关事故或严重事故征候所涉及机组和航空器的资料提供给登记国。经营人所在国和制造国还

---

① 附件 13 第 4.3 条。
② 附件 13 第 4.4 条。
③ 附件 13 第 4.5 条。
④ 附件 13 第 4.6 条。
⑤ 附件 13 第 4.7 条。
⑥ 附件 13 第 4.8 条。
⑦ 附件 13 第 4.9 条。

须通知出事所在国是否将任命授权代表,如任命,该授权代表的姓名和详细联系办法;如授权代表参加调查,其预计到达日期。①

经营人所在国、设计国和制造国有权任命一名授权代表参加调查。对于最大重量在2 250 kg以上的航空器事故进行调查的国家,如明确要求上述国家任命一名授权代表时,这三个国家有义务任命一名授权代表参与调查。

第三,经营人所在国在收到通知后,须及时地用可供利用的最适当和最迅速的方式,向登记国提供航空器上危险品的详细情况。②

4. 调查

调查包括发起和进行调查的责任、调查的组织和进行以及参加调查。

(1) 发起和进行调查的责任。

分为在缔约国领土内发生的事故或事故征候、在非缔约国领土内的事故或事故征候以及在任何国家领土以外的事故或事故征候。

①发生在缔约国领土内的事故或事故征候。对于出事所在国来说,必须发起对事故情况的调查并对调查的进行负责,但它可根据相互安排并经同意将全部或部分调查工作委托另一国或一地区事故和事故征候调查组织(RAIO)进行。在任何情况下,出事所在国必须采取一切办法以便利调查。③

第一,建议:出事所在国应该发起对严重事故征候情况的调查。该国可根据相互安排并经同意将全部或部分调查工作委托给另一国或一地区事故和事故征候调查组织。无论如何,出事所在国应采取一切办法以便利调查。④

第二,出事所在国必须首先开始对最大质量超过2250公斤以上的航空器发生的严重事故征候情况进行调查。该国可根据互相安排并经同意将全部或部分调查工作委托另一国或一地区事故和事故征候调查组织进行。在任何情况下,出事所在国必须采取一切办法以便利调查。⑤

第三,建议:如果出事所在国不发起和进行调查,并且也不按照5.1条和5.1.2条的规定将调查工作委托给另一国或一地区事故和事故征候调查组织,登记国或按以下次序的运营人所在国、设计国或制造国有权书面要求出事所在国委托进行这种调查。如出事所在国在30天内给予明确同意或者不对这种要求作出答复,则提出这项要求的国家应该利用一切可用资料发起和进行调查。⑥

注1:对严重事故征候的调查并不排除其他组织采用的其他业已存在的对事故征候(严重的或不严重的)的调查方式。

注2:如果将全部调查工作委托给另一国或一地区事故和事故征候调查组织进行,该国应对调查的进行负责,包括发布"最后报告"和事故/事故征候资料报告。如果委托部分调查工作,出事所在国一般保留对调查的进行所负的责任。

注3:对于无人航空器系统的调查而言,只考虑获得设计和/或运行批准的航空器。

---

① 附件13第4.10条。
② 附件13第4.11条。
③ 附件13第5.1条。
④ 附件13第5.1.1条。
⑤ 附件13第5.1.2条。
⑥ 附件13第5.1.3条。

注4：在发生严重事故征候的情况下，出事所在国可以考虑委托登记国或运营人所在国进行调查，尤其是根据发生的情况由其中的一个国家进行调查可能有利或更加实际可行。

注5：关于建立和管理地区事故和事故征候调查组织（RAIO）的指导载于《地区事故和事故征候调查组织手册》（Doc 9946号文件）。

注6：委托调查并不免除出事所在国根据本附件承担的义务。

注7：第5.1.3条不一定赋予提出要求的国家接触事故现场、残骸或出事所在国领土内任何其他证据或信息的权利。

②发生在非缔约国领土内的事故或事故征候。建议：如事故或严重事故征候发生在一无意根据本附件进行调查的非缔约国领土内，登记国，或如不能这样做时，经营人所在国、设计国或制造国应力求与出事所在国合作并组织进行调查，但如不能这样合作，登记国应该利用一切可用资料自行调查。①

③在任何国家领土以外的事故或事故征候。对于登记国来说：如不能肯定事故或严重事故征候的发生位置是在任一国家的领土内，登记国须对事故或严重事故征候进行必要的调查。但登记国在共同协议和同意下，可将全部或部分调查工作委托另一国进行。②

第一，离国际水域上的事故现场最近的国家须提供力所能及的援助，同时还须对登记国的要求作出反应。③

第二，建议：如果登记国不发起和进行调查，也不按5.3条的规定将调查工作委托给另一国或一地区事故和事故征候调查组织，则运营人所在国或按以下次序的设计国或制造国有权书面要求登记国委托进行这种调查。如登记国在30天内给予明确同意或不对这种要求作出答复，则提出这项要求的国家应该利用一切可用资料发起和进行调查。④ 并不免除登记国根据附件13所承担的义务。

第三，建议：如果登记国是一无意根据本附件进行调查的非缔约国，经营人所在国，或如不能这样做时，设计国或制造国应力求发起和进行调查。但是，该国可根据相互协议并经同意将全部或部分调查工作委托给另一个国家。⑤

（2）调查的组织和进行。

主要包括：进行调查的国家的责任，其他国家的责任、登记国和经营人所在国的责任。

①主持调查国家的责任。并不排除进行调查的国家可以从任何方面求得最好的技术专门知识。附件13从概述、调查负责人——指定、调查负责人——接近和控制、记录数据——事故和事故征候、协调——司法部门、通知航空安保部门、保护事故和事故征候调查记录、重新调查等方面对进行调查国家的责任进行了论述。

概述。事故调查部门在进行调查时必须独立，并且在符合本附件规定的情况下，对其行动有无限制的权力。调查通常必须包括：a）收集、记录和分析有关该事故或事故征候的所有相关资料；b）按照5.12保护某些事故和事故征候调查记录；c）如果适当，发布安全建议；d）如有可能，查明原因和/或促成因素；和e）完成最后报告。如果可行，必须查看事故现场，检查残骸，记录目击者的陈述。调查范围和开展这类调查所应遵循的程序，必须由事故调查

---

① 附件13第5.2条。
② 附件13第5.3条。
③ 附件13第5.3.1条。
④ 附件13第5.3.2条。
⑤ 附件13第5.3.3条。

部门根据其为提高安全预期从调查中得出的教训加以确定。①

第一,根据本附件规定进行的任何调查,必须与任何分摊过失或责任的司法或行政程序区分开。② 注:为了将二者分开,可由国家事故调查部门的专家开展调查,而司法或行政程序则由其他有关专家进行。根据5.10,可能需要在事故现场和在收集事实材料方面对这两个过程进行协调,并适当考虑到5.12中的规定。

第二,建议:事故调查部门应该制定成文的政策和程序,详述其事故调查的职责。这应该包括组织与规划、调查和报告。③ 注:有关调查政策与程序的指导载于《事故和事故征候调查政策和程序手册》(Doc 9962号文件)。

第三,国家必须确保根据本附件各项规定进行的任何调查可毫不拖延和不受限制地获得全部可得的证据材料。④

第四,建议:国家应确保其事故调查部门和司法部门之间的合作,这样,调查就不受行政或司法调查或程序的阻碍。⑤ 注:合作可通过立法、议定书、协定或其他安排来实现,并可包括以下主题:进入事故地点、保存和使用证据、对每个事件的状况进行初步报告和持续报告、信息交换、适当使用安全信息以及冲突解决。

调查负责人的指定。进行调查的国家必须指定调查负责人并必须立即开始调查。⑥

调查负责人——接近和控制。调查负责人必须能接近残骸和所有相关材料,包括飞行记录仪和空中交通服务记录而不受阻碍,并必须能对其予以控制而不受限制,以保证经授权参加调查的人员能毫不延迟地进行详细的检查。⑦

记录数据——事故和事故征候。包括飞行记录仪、陆基记录、尸体剖检和体检等几个方面。

飞行记录仪。在事故或事故征候调查中必须有效地利用飞行记录仪。进行调查的国家必须毫不拖延地安排判读飞行记录仪。⑧ 建议:如果进行事故或事故征候调查的国家没有足够的设备判读飞行记录仪,它应该在考虑到下列因素的情况下,利用其他国家提供的设备:a) 判读设备的能力;b) 判读的及时性;和 c) 判读设备的地点。⑨ 注:飞行数据记录要求载于附件6《航空器的运行》第Ⅰ、Ⅱ和Ⅲ部分。

陆基记录。在事故或事故征候调查中必须提供陆基记录供有效使用。⑩ 注:记录监视数据和空中交通服务通信的要求载于附件11《空中交通服务》第6章。

尸体剖检。对造成死亡的事故进行调查的国家,必须安排对因受致命伤而死亡的机组人员并根据具体情况对因受致命伤而死亡的旅客和空中服务员的尸体进行全面尸体剖检,这一检查最好由具有事故调查经验的病理学家进行。这种检查必须及时而全面。⑪ 注:《民

---

① 附件13第5.4条。
② 附件13第5.4.1条。
③ 附件13第5.4.2条。
④ 附件13第5.4.3条。
⑤ 附件13第5.4.4条。
⑥ 附件13第5.5条。
⑦ 附件13第5.6条。
⑧ 附件13第5.7条。
⑨ 附件13第5.7.1条。
⑩ 附件13第5.8条。
⑪ 附件13第5.9条。

用航空医学手册》(Doc 8984 号文件)和《航空器事故和事故征候调查手册》(Doc 9756 号文件)载有关于尸检的详细指导材料,前者包含关于毒理测定的详细指导材料。

建议:适当时,进行调查的国家应该为机组、旅客和所涉及的航空人员安排内科医生进行体检,最好由有事故调查经验的医生进行。这些体检应该迅速进行。[①] 注1:此种体检也可确定出事所直接涉及的飞行机组和其他人员在身体和精神上是否足够强健以便帮助调查。注2:《民用航空医学手册》(Doc 8984 号文件)上载有体检的指导性材料。

协调——司法部门。进行调查的国家必须认识到调查负责人和司法部门进行协调的必要性。为使调查工作取得成功,必须特别注意需要及时记录和分析证据,如对遇难者的检验和辨认以及对飞行记录仪记录的判读。[②] 注1:出事所在国对这种协作的责任见5.1。注2:调查和司法部门对飞行记录仪及其记录的监护可能存在的矛盾可通过司法部门的官员把记录带到判读的地方来解决,这样就保持了监护。注3:调查部门与司法部门之间对残骸监护可能存在的矛盾可通过司法部门的官员将残骸护送到检查地点,并在需要改变残骸状况时亲临检查现场来加以解决,以此保持监护。

通知航空安保部门。如在某一调查过程中,已得知或怀疑涉及非法干扰行为时,调查负责人必须立即采取行动,以确保有关国家的航空安保部门获悉这一情况。[③]

保护事故和事故征候调查记录。对事故或事故征候进行调查的国家不得为了事故或事故征候调查以外的目的公布下述记录,除非该国指定的主管部门根据国家法律和附件2和5.12.5的规定,断定公布或使用这些记录的意义超过这样做可能对该次或将来的调查产生的可能的不良的国内和国际影响:a) 驾驶舱话音记录和机载图像记录及此种记录的任何文本。和 b) 事故调查部门监管或控制下的记录:1) 调查部门在调查过程中从有关人员那里获取的所有陈述;2) 参加航空器操作的人员之间的所有通信;3) 事故或事故征候所涉及人员的医疗或私人资料;4) 空中交通管制单位的记录及此种记录的文本;5) 事故调查部门以及与事故或事故征候相关的委任代表对资料,包括飞行记录仪资料所做的分析和表达的意见;和 6) 事故或事故征候调查的最后报告草案。[④]

第一,建议:各国应确定事故调查部门获得的或形成的、作为事故或事故征候调查一部分的任何其他记录是否有必要与5.12中所列记录的同样方式予以保护。[⑤]

第二,5.12中所列的记录仅在与事故或事故征候分析有关时才可纳入"最后报告"或其附录中。记录中与分析无关的部分不得公布。[⑥] 注:5.12中所列记录包括与事故或事故征候相关的资料。为一些目的(公布或使用这些资料不一定是出于安全考虑)而公布或使用此种资料意味着今后可能将再也无人将这些资料公开透露给调查人员。没有渠道得到此种资料会妨碍调查进程并严重影响航空安全。

第三,事故调查部门不得向公众公布事故或事故征候涉及的人员姓名。[⑦]

第四,在资料的原始方存在的情况下,各国须确保要求获得在事故调查部门监管或控制

---

① 附件13第5.9.1条。
② 附件13第5.10条。
③ 附件13第5.11条。
④ 附件13第5.12条。
⑤ 附件13第5.12.1条。
⑥ 附件13第5.12.2条。
⑦ 附件13第5.12.3条。

下的记录的请求反映给资料的原始方。① 建议:在可能的情况下,事故调查部门应只保留调查过程中获得的记录的副本。②

第五,各国须采取措施确保不向公众公布驾驶舱话音记录的音频内容和机载图像记录的音频内容。③

第六,发放或接收最后报告草案的国家须采取措施确保不向公众公布该最后报告草案。④ 注:附录2载有关于保护事故和事故征候调查记录的额外规定。为方便起见,这些规定单独列出,但构成国际标准和建议措施的一部分。

重新调查。在调查已结束而又发现新的重要证据时,进行调查的国家必须重新调查。但如进行调查的国家不是调查的发起者,则该国必须先取得发起调查国家的同意。⑤ 注:官方搜寻工作结束时认为失踪的航空器随后被找到,可考虑重开调查。

②其他国家的责任。提供资料——事故和事故征候。任何国家必须根据进行事故或事故征候调查的国家的要求,向其提供所掌握的一切有关的资料。⑥ 建议:各国应进行合作以确定有关资料公布或使用的限制,这些限制将在各国为事故或事故征候调查之目的进行资料交换之前适用于资料提供。⑦

任何国家,其设施或服务,在某一航空器发生事故或事故征候前曾被使用或通常可能被使用,并具有和调查有关的资料时,必须向进行调查的国家提供此类资料。⑧

③登记国和经营人所在国的责任。主要是提交事故和事故征候的资料,并组织资料。

第一,提供事故和事故征候资料。如事故或发生严重事故征候的航空器在出事所在国以外的国家降落时,则该航空器的登记国或经营人所在国须按进行调查的国家的要求,将飞行记录仪的记录,必要时连同有关的飞行记录仪一并提交后者。⑨ 注:在实施5.16时,登记国或经营人所在国可以要求任何其他国家合作以收回飞行记录仪的记录。

第二,组织资料。登记国和经营人所在国须根据进行调查的国家的要求,提供关于其活动可能直接或间接影响航空器操作的任何组织的有关资料。⑩

(3)参加调查。

注:本附件并非意指一国的授权代表和顾问必须常驻在进行调查的国家。参加调查的国家主要有:登记国、经营人所在国、设计国和制造国、其他国家和蒙受公民死亡或重伤的国家。

①登记国、经营人所在国、设计国和制造国参加调查的权利和义务。

权利。第一,登记国、经营人所在国、设计国和制造国有权各任命一名授权代表参加调查。⑪ 注:本标准并非意在阻止设计或制造航空器动力装置或主要部件的国家要求参加事故

---

① 附件13第5.12.4条。
② 附件13第5.12.4.1条。
③ 附件13第5.12.5条。
④ 附件13第5.12.6条。
⑤ 附件13第5.13条。
⑥ 附件13第5.14条。
⑦ 附件13第5.14.1条。
⑧ 附件13第5.15条。
⑨ 附件13第5.16条。
⑩ 附件13第5.17条。
⑪ 附件13第5.18条。

调查。

第二，登记国或经营人所在国必须任命一名或多名经营人建议的顾问以协助其授权代表。① 建议：当登记国和经营人所在国均未任命授权代表时，进行调查的国家应该在不违反进行调查的国家的程序的情况下，请经营人参加。②

第三，设计国和制造国应有权指定一个或多个由负责航空器型号设计和最后组装的机构建议的顾问以协助其授权代表。③ 建议：当登记国和经营人所在国均未任命授权代表时，进行调查的国家应该在不违反进行调查的国家的程序的情况下，邀请负责航空器型号设计和最后组装的机构参加。④

义务。当对最大重量在 2250 公斤以上的航空器事故进行调查的国家特别要求登记国、经营人所在国、设计国和制造国参加时，有关的国家必须各任命一名授权代表。⑤ 注1：5.22 并非意在阻止进行调查的国家不论在什么时候认为对调查能做出有益贡献或参加调查能增进安全时，要求设计或制造航空器动力装置或主要部件的国家任命一名授权代表。注2：5.22 并非意在阻止进行某一调查的国家要求设计国和制造国协助调查 5.22 以外的其他事故。

②其他国家的参加调查的权利和义务。

权利。根据要求向进行调查的国家提供资料、设备或专家的任何国家有权任命一名授权代表参加调查，⑥并有权任命一名或多名顾问⑦以协助其调查。也可请为现场调查提供操作基地、参与搜寻与援救或残骸回收活动或作为经营人代号共享或联盟伙伴国参与的任何国家任命一名授权代表参加调查。

授权代表的权限。为使授权代表更有成效地参加调查，须准许协助其工作的顾问在代表的监督下，参加必要范围的调查。⑧ 参加调查必须有权在调查负责人的管理下参加调查的所有方面，特别是：a) 查看事故现场；b) 检查残骸；c) 获取目击者资料和建议提问范围；d) 尽快完全掌握全部有关证据；e) 接收一切有关文件的副本；f) 参加记录工具的判读；g) 参加现场外调查活动，如部件检查、技术情况简介、检验和模拟；h) 参加调查进度会议，包括关于分析报告、调查结果、原因、促成因素和安全建议的审议；和 i) 对调查的各种因素提出意见。但登记国、经营人所在国、设计国和制造国以外的国家可只限于参加根据 5.23 其有权参加的那些事项。⑨

授权代表的义务。授权代表及其顾问：须向进行调查的国家提供他们所掌握的所有相关资料；未获进行调查的国家的明确同意，不得泄露关于调查进度和结果的资料。⑩ 本标准并非阻止经进行调查的国家授权后及时公布事实，也不阻止授权代表向其各自国家报告以方便采取适当的安全行动。

---

① 附件 13 第 5.19 条。
② 附件 13 第 5.19.1 条。
③ 附件 13 第 5.20 条。
④ 附件 13 第 5.21 条。
⑤ 附件 13 第 5.22 条。
⑥ 附件 13 第 5.23 条。
⑦ 参加调查的国家从任何渠道约请最好的技术专家并任命这些专家为其授权代表的顾问。授权代表、顾问和设备的入境手续要简化，附件 13 认为，持官员护照或公务护照可加快入境。
⑧ 附件 13 第 5.24.1 条。
⑨ 附件 13 第 5.25 条。
⑩ 附件 13 第 5.26 条。

③蒙受公民死亡或重伤的国家的参加权利和权限。

因其公民蒙受死亡或重伤而对事故特别关心的国家,必须有权指派一名专家参加调查,这名专家必须有权:a) 查看事故现场;b) 接触经进行调查的国家批准可对外公布的有关事实材料,以及关于调查进展情况的信息;和 c) 接收一份"最后报告"的副本。这并不妨碍该国也协助辨认遇难者和与该国的幸存者见面。① 注:关于协助航空器事故受害者及其家属的指导载于《关于援助航空器事故受害者及其家属的手册》(Doc 9973 号文件)。

建议:进行调查的国家应该至少在调查进行的第一年期间发布已确认的事实材料并及时公布调查的进展情况。②

5. 最后报告

未经进行调查国家的明确同意,任何国家不得散发、发表或让人查阅报告草案或其任一部分,以及在事故或事故征候调查过程所获得的任何文件,除非此类报告或文件已由调查国发表或公布。③

第一,进行调查的国家必须尽快将"最后报告"的草案副本送交下述国家,并请他们就报告提出重要的实质性意见:a) 发起调查的国家;b) 登记国;c) 经营人所在国;d) 设计国;e) 制造国;和 f) 按照第 5 章参加调查的国家。进行调查的国家如果自发信之日起 60 天内收到意见,要么应修改"最后报告"草案以包括所收到的意见的实质内容,要么,如果提出意见的国家愿意的话,应将意见附在"最后报告"中。进行调查的国家如果在自第一次发信之日起 60 天内未收到任何意见,必须根据 6.4 发布"最后报告",除非有关国家已同意延长这一期限。④ 注 1:本标准无意阻止进行调查的国家与其他国家商议,如与提供有关信息、重要设备或根据 5.27 的规定提供专家参加调查的国家商议。注 2:附在"最后报告"中的意见只限于"最后报告"中未能取得一致意见的、非编辑上的具体技术方面。注 3:进行调查的国家在向接收国送交"最后报告"的草案时,可考虑使用最适当和最迅速的方式,如传真、电子邮件、信使或邮政快件。注 4:拟议的安全建议将包括在最后报告草案中。

建议:进行调查的国家应该通过经营人所在国向经营人送交一份"最后报告"草案副本,使经营人能就"最后报告"草案提出意见。⑤

建议:进行调查的国家应该通过设计国和制造国向负责航空器型号设计和最后组装的机构送交一份"最后报告"草案副本,使这些机构能就"最后报告"草案提出意见。⑥

第二,进行调查的国家必须尽量不拖延地将调查的"最后报告"送交:a) 发起调查的国家;b) 登记国;c) 经营人所在国;d) 设计国;e) 制造国;f) 参加调查的国家;g) 蒙受公民死亡或重伤的国家;和 h) 提供有关资料、重要设备或专家的国家。⑦

第三,为了预防事故,进行事故或事故征候调查的国家必须尽快并在可能时于十二个月之内将"最后报告"公开发布。⑧ 注:可将最后报告登载在互联网上以达到公开发布最后报告

---

① 附件 13 第 5.27 条。
② 附件 13 第 5.28 条。
③ 附件 13 第 6.2 条。
④ 附件 13 第 6.3 条。
⑤ 附件 13 第 6.3.1 条。
⑥ 附件 13 第 6.3.2 条。
⑦ 附件 13 第 6.4 条。
⑧ 附件 13 第 6.5 条。

之目的,且最后报告并不一定要作为印刷文件出版。

如果不能在十二个月之内公开发布报告,进行调查的国家必须在每年的出事周年日公开发布一份临时声明,详述调查进展情况及所提出的任何安全问题。[1]

建议:如果进行调查的国家没有在合理时间范围内公开提供最后报告或者一份临时声明,则参加调查的其他国家有权书面要求进行调查的国家明确同意发布一份声明,其中包含利用可用信息发现的安全问题。如果进行调查的国家在 30 天内给予明确同意或不对这种要求作出答复,则提出要求的国家应与参加调查的国家协调后发布一份此种声明。[2] 注:关于何为一个国家公开提供最后报告和/或一份临时声明的"合理时间范围",指导意见载于《航空器事故和事故征候调查手册》(Doc 9756 号文件)第 Ⅳ 部分—报告。

建议:对最大重量在 5700 公斤以上的航空器事故或事故征候进行调查的国家,如果已发布"最后报告",必须向国际民航组织送交一份"最后报告"副本。[3] 注:只要可行,送交国际民航组织的"最后报告"将用本组织的一种工作语言并以附录 1 中所示的格式编写。

第四,在对事故或事故征候进行调查的任何阶段,进行调查的国家的事故调查部门必须在标有日期的转发函中向有关部门,包括其他国家的有关部门,建议其认为需要及时采取的任何预防行动,以加强航空安全。[4] 注:本标准的内容无意阻止进行调查的国家就其安全建议草案与参与调查的各国磋商,邀请他们对这些建议的适当性和有效性发表意见。

进行调查的国家对发布事故或事故征候调查所产生的安全建议具有优先权;然而为了安全,参加调查的其他国家在与进行调查的国家协调后也必须有权发布安全建议。[5] 注:对安全建议草案的有效协调可避免参与调查的国家发布相互矛盾的安全建议。

第五,对事故或事故征候进行调查的国家必须在适当时候将其调查产生的安全建议在标有日期的转发函中发送给其他有关国家的事故调查部门,如涉及国际民航组织的文件,还须将此发送给国际民航组织。[6] 注:"最后报告"包含发送给国际民航组织的安全建议时,因涉及国际民航组织的文件,这些报告必须附上信件,概括提议采取的具体行动。

发布全球关切的安全建议(SRGC)的国家必须在标有日期的转发函中将发布的建议及其答复告知国际民航组织,即使所发布全球关切的安全建议的对象不是国际民航组织。[7] 注:在公开提供的国际民航组织中央数据库中记录全球关切的安全建议及答复情况。

第六,收到安全建议的国家必须于转发函发出日期九十天以内告知提出建议的国家已采取或已考虑采取的预防行动,或将不采取任何行动的理由。[8] 注:本标准无意阻止进行调查的国家提出除安全建议以外的预防行动建议。

第七,进行调查的国家或发布安全建议的任何其他国家必须执行有关程序,以记录根据 6.10 对所发出的安全建议收到的答复。[9]

第八,收到安全建议的国家必须执行有关程序,对响应安全建议所采取的行动的进展情

---

[1] 附件 13 第 6.6 条。
[2] 附件 13 第 6.6.1 条。
[3] 附件 13 第 6.7 条。
[4] 附件 13 第 6.8 条。
[5] 附件 13 第 6.8.1 条。
[6] 附件 13 第 6.9 条。
[7] 附件 13 第 6.9.1 条。
[8] 附件 13 第 6.10 条。
[9] 附件 13 第 6.11 条。

况进行监测。① 注:关于查明、起草和跟进安全建议的准则载于《航空器事故和事故征候调查手册》(Doc 9756 号文件)第Ⅳ部分—报告。

3.5.3.2 国内航空法的规定

各国国内法对航空器的事故调查的规定和 1944 年《芝加哥公约》第 26 条以及附件 13 的规定基本一致,我国也是如此。但作为法律的我国《民用航空法》只在第 156 条规定了"民用航空器事故调查的组织和程序,由国务院规定"。②《民用航空器事件技术调查规定》(CCAR-395-R3)等部门规章对事件调查做出了较为详细的规定。

1. 概念

民用航空器事件包括民用航空器事故、民用航空器征候以及民用航空器一般事件。

事故,是指对于有人驾驶航空器而言,从任何人登上航空器准备飞行直至所有这类人员下了航空器为止的时间内,或者对于获得民航局设计或者运行批准的无人驾驶航空器而言,从航空器为飞行目的准备移动直至飞行结束停止移动且主要推进系统停车的时间内,或者其他在机场活动区内发生的与民用航空器有关的下列事件:(一)人员死亡或者重伤。③ 但是,由于自然、自身或者他人原因造成的人员伤亡,以及由于偷乘航空器藏匿在供旅客和机组使用区域外造成的人员伤亡除外。(二)航空器损毁无法修复或者严重损坏④。(三)航空器失踪⑤或者处于无法接近的地方。

征候,是指在民用航空器运行阶段⑥或者在机场活动区内发生的与航空器有关的,未构成事故但影响或者可能影响安全的事件。

一般事件,是指在民用航空器运行阶段或者在机场活动区内发生的与航空器有关的航空器损伤、人员受伤或者其他影响安全的情况,但其严重程度未构成征候的事件。⑦

事故等级分为特别重大事故、重大事故、较大事故和一般事故,具体划分按照有关规定

---

① 附件 13 第 6.12 条。
② 作为法律,我国《民用航空法》应该对事故调查目的进行明确规定。因此,建议将该条修改为:民用航空器事故调查的目的是查明事故原因,提出安全建议,预防事故发生。民用航空器事故调查的组织和程序以及民用航空器事故等级标准,由国务院规定。
③ 人员死亡或者重伤,是指因事件导致在下列情形中发生的人员死亡或者重伤:1. 在航空器内;2. 与航空器的任何部分包括已脱离航空器的部分直接接触;3. 直接暴露于发动机喷流。在事故发生之日起 30 日内经抢救无效死亡的,视为事故导致的人员死亡。资料来源:《民用航空器事件技术调查规定》(CCAR-395-R3)第 53 条第(二)项规定。
④ 航空器严重损坏,是指对航空器的结构强度、性能或者飞行特性有不利影响,并通常需要修理或者更换有关部件,但是符合下列情形之一的除外:1. 仅限于单台发动机的失效或者损坏,包括其整流罩或者附件;2. 仅限于螺旋桨、翼尖、天线、传感器、叶片、轮胎、刹车、机轮、整流片、面板、起落架舱门、风挡玻璃或者航空器蒙皮上的小凹坑或者穿孔等的损坏;3. 仅限于主旋翼叶片、尾桨叶片、起落架的轻微损坏;4. 仅限于由冰雹或者鸟撞击造成的轻微损坏,包括雷达天线罩上的洞;5. 其他类似情况。资料来源:《民用航空器事件技术调查规定》(CCAR-395-R3)第 53 条第(三)项规定。
⑤ 航空器失踪,是指官方搜寻工作结束仍不能找到航空器残骸。资料来源:《民用航空器事件技术调查规定》(CCAR-395-R3)第 53 条第(三)项规定。
⑥ 航空器运行阶段,是指从任何人登上航空器准备飞行起至飞行结束这类人员离开航空器为止的过程。资料来源:《民用航空器事件技术调查规定》(CCAR-395-R3)第 53 条第(八)项规定。
⑦ 《民用航空器事件技术调查规定》(CCAR-395-R3)第 3 条。

执行。① 征候分类及等级的具体划分按照民航局有关规定执行。②

2. 调查目的

开展事件调查的唯一目的是预防类似事件再次发生,不是为了分摊过失或者责任。此调查应当与以追究责任为目的的其他调查分开进行。③

3. 事件调查遵循的基本原则

事件调查遵循下列基本原则:(一)独立原则。调查应当由组织事件调查的部门独立进行,不受任何其他单位和个人的干涉。(二)客观原则。调查应当坚持实事求是、客观公正、科学严谨,不得带有主观倾向性。(三)深入原则。调查应当查明事件发生的各种原因,并深入分析产生这些原因的因素,包括航空器设计、制造、运行、维修、保障、人员培训,以及行业规章、企业管理制度和实施方面的缺陷等。(四)全面原则。调查不仅应当查明和研究与本次事件发生有关的各种原因和产生因素,还应当查明和研究与本次事件发生无关,但在事件中暴露出来的或者在调查中发现可能影响安全的问题。④

4. 调查的组织

调查的组织包括我国批准的国际公约、调查范围、调查组、授权代表及其顾问、专家等。

(1) 我国批准的国际公约。

根据我国批准的国际公约有关规定,组织、参与事件调查时,按照下列规定执行:(一)在我国境内发生的事件由我国负责组织调查。在我国境内发生事故、严重征候时,组织事件调查的部门应当允许航空器登记国、运营人所在国、设计国、制造国各派出一名授权代表⑤和若

---

① 《生产安全事故报告和调查处理条例》(国务院令第493号)第三条规定,根据生产安全事故(以下简称事故)造成的人员伤亡或者直接经济损失,事故一般分为以下等级:(一)特别重大事故,是指造成30人以上死亡,或者100人以上重伤(包括急性工业中毒,下同),或者1亿元以上直接经济损失的事故;(二)重大事故,是指造成10人以上30人以下死亡,或者50人以上100人以下重伤,或者5 000万元以上1亿元以下直接经济损失的事故;(三)较大事故,是指造成3人以上10人以下死亡,或者10人以上50人以下重伤,或者1 000万元以上5 000万元以下直接经济损失的事故;(四)一般事故,是指造成3人以下死亡,或者10人以下重伤,或者1 000万元以下直接经济损失的事故。国务院安全生产监督管理部门可以会同国务院有关部门,制定事故等级划分的补充性规定。本条第1款所称的"以上"包括本数,所称的"以下"不包括本数。

《民航综合统计调查制度(2021年)》规定,民用航空器事故:是指民用航空器在运行阶段或者在机场活动区内发生的人员伤亡、航空器损坏的事件。(1) 特别重大事故:指凡属下列情况之一的,统计为特别重大事故:是指造成30人以上死亡,或者100人以上重伤的事故;(2) 重大事故:指凡属下列情况之一的,统计为重大事故:是指造成10人以上30人以下死亡,或者50人以上100人以下重伤的事故;(3) 较大事故:指凡属下列情况之一的,统计为较大事故:是指造成3人以上10人以下死亡,或者10人以上50人以下重伤的事故;(4) 一般事故:指凡属下列情况之一的,统计为一般事故:是指造成3人以下死亡,或者10人以下重伤的事故。

② 《民航综合统计调查制度(2021年)》规定,民用航空征候:在航空器运行阶段或在机场活动区内发生的与航空器有关的,不构成事故但影响安全的事件,分为运输航空严重征候、运输航空一般征候、通用航空征候和航空器地面征候。运输航空严重责任征候:按照《大型飞机公共航空运输承运人运行合格审定规则》(CCAR-121)执行定期或非定期飞行任务的飞机,在运行阶段发生的具有很高事故发生可能性的征候。运输航空一般责任征候:按照《大型飞机公共航空运输承运人运行合格审定规则》(CCAR-121)执行定期或非定期飞行任务的飞机,在运行阶段发生的未构成运输航空严重征候的征候。通用航空责任征候:按照《一般运行和飞行规则》(CCAR-91)、《小型航空器商业运输运营人运行合格审定规则》(CCAR-135)执行飞行活动的航空器,在运行阶段发生的征候。

③ 《民用航空器事件技术调查规定》(CCAR-395-R3)第5条。

④ 《民用航空器事件技术调查规定》(CCAR-395-R3)第6条。

⑤ 授权代表,是指根据我国批准的国际公约有关规定,由一国指派代表该国参加由另一国组织的调查的人员。授权代表通常来自指派国的事故调查部门。资料来源:《民用航空器事件技术调查规定》(CCAR-395-R3)第53条第(五)项。

干名顾问①参加调查。有关国家无意派遣授权代表的,组织事件调查的部门可以允许航空器运营人、设计、制造单位的专家或者其推荐的专家参与调查。(二)我国为航空器登记国、运营人所在国、设计国或者制造国的民用航空器,在境外某一国家或者地区发生事故、严重征候时,民航局或者地区管理局可以指派一名授权代表和若干名顾问参加由他国或者地区组织的调查工作。(三)我国为航空器登记国的民用航空器,在境外发生事故、严重征候时,但事发地点不在某一国家或者地区境内的,由我国负责组织调查。(四)我国为航空器运营人所在国、设计国或者制造国的民用航空器,在境外发生事故、严重征候时,但事发地点不在某一国家或者地区境内,且航空器登记国无意组织调查的,可以由我国负责组织调查。(五)由民航局或者地区管理局组织的事故、严重征候调查,可以部分或者全部委托其他国家或者地区进行调查。(六)根据我国要求,除航空器登记国、运营人所在国、设计国和制造国外,为调查提供资料、设备或者专家的其他国家,有权任命一名授权代表和若干名顾问参加调查。②

(2) 调查范围。

对于由民航局和地区管理局组织调查的事件,调查范围如下:

民航局组织的调查包括:①国务院授权组织调查的特别重大事故;②运输航空重大事故、较大事故;③民航局认为有必要组织调查的其他事件。

地区管理局组织本辖区发生的事件调查,包括:①运输航空一般事故;②通用航空事故;③征候;④民航局授权地区管理局组织调查的事故;⑤地区管理局认为有必要组织调查的一般事件。未造成人员伤亡的一般事故、征候,地区管理局可以委托事发民航生产经营单位③组织调查。④

由民航局组织的调查,事发地地区管理局和事发相关单位⑤所属地区管理局应当参与。由事发地地区管理局组织的调查,事发相关单位所属地地区管理局应当给予协助,民航局可以根据需要指派调查员或者技术专家给予协助。

事发地地区管理局可以委托其他地区管理局组织调查,事发地地区管理局和事发相关单位所属地地区管理局应当给予协助。⑥

(3) 调查组。

调查组组成应当符合下列规定:(一)组织事件调查的部门应当任命一名调查组组长,调查组组长负责管理调查工作,并有权对调查组组成和调查工作作出决定。(二)调查组组长根据调查工作需要,可以成立若干专业小组,分别负责飞行运行、航空器适航和维修、空中交通管理、航空气象、航空安保、机场保障、飞行记录器分析、失效分析、航空器配载、航空医学、生存因素、人为因素、安全管理等方面的调查工作。调查组组长指定专业小组组长,负责管理本小组的调查工作。(三)调查组由调查员和临时聘请的专家组成,参加调查的人员在调

---

① 顾问,是指协助授权代表开展调查工作的人员。资料来源:《民用航空器事件技术调查规定》(CCAR-395-R3)第53条第(六)项。

② 《民用航空器事件技术调查规定》(CCAR-395-R3)第11条。

③ 民航生产经营单位,是指在中华人民共和国境内依法设立的民用航空器经营人、飞行训练单位、维修单位、航空产品型号设计或者制造单位、空中交通管理运行单位、民用机场(包括军民合用机场民用部分)以及地面服务保障等单位。资料来源:《民用航空器事件技术调查规定》(CCAR-395-R3)第53条第(一)项。

④ 《民用航空器事件技术调查规定》(CCAR-395-R3)第12条。

⑤ 事发相关单位,是指与所发生事件有关的、能提供事件直接信息的航空器运营人(含分公司、子公司)和航空运行服务保障单位。资料来源:《民用航空器事件技术调查规定》(CCAR-395-R3)第53条第(七)项。

⑥ 《民用航空器事件技术调查规定》(CCAR-395-R3)第13条。

查工作期间应当服从调查组组长的管理,其调查工作只对调查组组长负责。调查组成员在调查期间,应当脱离其日常工作,将全部精力投入调查工作,并不得带有本部门利益。(四)与事件有直接利害关系的人员不得参加调查工作。[1]

调查组应当履行下列职责:(一)查明事实情况;(二)分析事件原因;(三)作出事件结论;(四)提出安全建议;(五)完成调查报告。[2]

调查组依法行使下列职权:(一)决定封存、启封和使用与发生事件的航空器运行和保障有关的文件、资料、记录、物品、设备和设施;(二)要求发生事件的航空器运行、保障、设计、制造、维修等单位提供情况和资料;(三)决定实施和解除事发现场的隔离,负责隔离期间的现场管理;(四)决定移动、保存、检查、拆卸、组装、取样、验证发生事件的航空器及其残骸;(五)对事件有关单位和人员、目击者和其他知情者进行询问并录音或者录像,要求其提供相关文件、资料;(六)提出开展尸检、病理及毒理检验等工作要求;(七)确定可公开的信息及资料;(八)调查组认为有必要开展的其他行动。[3]

(4)国家授权代表及其顾问权利和义务。

根据我国批准的国际公约有关规定,有关国家授权代表及其顾问应当在调查组组长的管理下进行调查工作,并有以下权利和义务:

(一)航空器登记国、运营人所在国、设计国、制造国的授权代表及其顾问有权参加所有的调查工作,包括:①查看事发现场;②检查残骸;③获取目击信息和建议询问范围;④尽快完全掌握全部有关证据;⑤接收一切有关文件的副本;⑥参加记录介质的判读;⑦参加现场外调查活动以及专项实验验证;⑧参加调查技术分析会,包括分析报告、调查结果、原因和安全建议的审议;⑨对调查的各方面内容提出意见。

(二)除航空器登记国、运营人所在国、设计国、制造国以外国家的授权代表及其顾问,有权参加与该国提供的资料、设备或者专家有关的调查工作。

(三)授权代表及其顾问的义务:①应当向调查组提供其掌握的所有相关资料;②未经调查组同意,不得泄露有关调查进展和结果的信息。[4]

(5)委派专家的权利。

在我国境内发生的事故中遇有外籍人员死亡或者重伤时,组织调查的部门应当允许蒙受公民死亡或者重伤的国家指派一名专家,该专家有权:(一)查看事发现场;(二)掌握已对外公布的有关事实情况,以及关于调查工作进展情况的信息;(三)接收最终调查报告的副本。

组织调查的部门还应当允许蒙受公民死亡或者重伤的国家协助辨认遇难者和与该国的幸存者见面。

在国外发生的事故中遇有我国公民死亡或者重伤时,民航局或者地区管理局可以指派一名专家,该专家享有我国批准的国际公约中规定的权利和义务。[5]

5. 调查员的管理

民航局、地区管理局、接受委托开展事件调查的民航生产经营单位应当指定满足下列条

---

[1] 《民用航空器事件技术调查规定》(CCAR-395-R3)第14条。
[2] 《民用航空器事件技术调查规定》(CCAR-395-R3)第15条。
[3] 《民用航空器事件技术调查规定》(CCAR-395-R3)第16条。
[4] 《民用航空器事件技术调查规定》(CCAR-395-R3)第17条。
[5] 《民用航空器事件技术调查规定》(CCAR-395-R3)第18条。

件的人员担任调查员负责事件调查工作:(一)在航空安全管理、飞行运行、适航维修、空中交通管理、机场管理、航空医学或者飞行记录器译码等专业领域具有3年及以上工作经历,具备较高专业素质;(二)按照民航局调查员培训大纲的要求参加初始培训和复训;(三)有一定的组织、协调和管理能力;(四)身体和心理条件能够适应调查工作。[1]

调查员应当实事求是、客观公正、尊重科学、恪尽职守、吃苦耐劳,正确履行职责、行使权力,遵守调查纪律。未经调查组组长允许,调查员不得擅自发布调查信息。[2]

民航局、地区管理局应当根据工作需要配备调查员、颁发证件并进行管理工作。民航生产经营单位负责本单位调查员管理工作。[3]

民航局、地区管理局的调查员因身体、心理、离职或者培训考核不合格等原因不能正常履行调查员职责的,或者任期内有违法、违纪行为的,应当终止其调查员委任。[4]

民航局、地区管理局和民航生产经营单位根据需要为本单位的调查员提供心理疏导,保护调查员职业健康。[5]

6. 事件的报告

事件发生后,事发相关单位应当按照《民用航空安全信息管理规定》的要求报告。事故、严重征候报告应当包括以下内容:(一)事发时间、地点和民用航空器运营人;(二)民用航空器类别、型别、国籍和登记标志;(三)机长姓名,机组、旅客和机上其他人员人数及国籍;(四)任务性质,最后一个起飞点和预计着陆点;(五)简要经过;(六)机上和地面伤亡人数,航空器损伤情况;(七)事发时的地形、地貌、天气、环境等物理特征;(八)事发时采取的应急处置措施;(九)危险品的载运情况及对危险品的说明;(十)报告单位的联系人及联系方式;(十一)与事故、严重征候有关的其他情况。规定的报告内容暂不齐全的,事发相关单位应当继续收集和补充,不得因此延误初步报告时间。一旦获得新的信息,应当随时补充报告。当事发地所在国或者地区不了解航空器登记国或者运营人所在国为我国的民用航空器在该国或者地区发生严重征候时,民航局应当将该情况通知有关设计国、制造国和事发地所在国。[6]

我国组织调查的事故或者严重征候,民航局应当将事故或者严重征候情况通知航空器登记国、运营人所在国、设计国、制造国和国际民航组织,并负责有关国家参加事故或者严重征候调查的具体联络工作。[7]

当民航局收到其他国家或者地区有关事故或者严重征候信息后,应当向有关国家或者地区提供如下信息:(一)尽快将所掌握的有关事故或者严重征候所涉及航空器和机组的资料提供给出事所在国;(二)通知出事所在国我国是否将任命授权代表,如任命,提供该授权代表的姓名和详细的联系方式;如授权代表前往出事所在国,提供其预计到达日期;(三)如运营人所在国为我国,应当尽快向出事所在国或者航空器登记国提供航空器上危险品载运的详细情况。[8]

---

[1] 《民用航空器事件技术调查规定》(CCAR-395-R3)第19条。
[2] 《民用航空器事件技术调查规定》(CCAR-395-R3)第20条。
[3] 《民用航空器事件技术调查规定》(CCAR-395-R3)第21条。
[4] 《民用航空器事件技术调查规定》(CCAR-395-R3)第22条。
[5] 《民用航空器事件技术调查规定》(CCAR-395-R3)第23条。
[6] 《民用航空器事件技术调查规定》(CCAR-395-R3)第24条。
[7] 《民用航空器事件技术调查规定》(CCAR-395-R3)第25条。
[8] 《民用航空器事件技术调查规定》(CCAR-395-R3)第26条。

7. 事件的调查

事发相关单位应当根据调查工作需要,立即封存并妥善保管与此次事件相关的下列资料:(一)飞行日志、飞行计划、通信、导航、监视、气象、空中交通服务、雷达等有关资料;(二)飞行人员的技术、训练、检查记录,飞行经历时间;(三)航空卫生工作记录,飞行人员体检记录和登记表、门诊记录、飞行前体检记录和出勤健康证明书;(四)航空器国籍登记证书、适航证书、无线电台执照、履历、有关维护工具和维护记录;(五)为航空器加注各种油料、气体等的车辆、设备以及有关化验记录和样品;(六)航空器使用的地面电源和气源设备;(七)为航空器除、防冰的设备以及除冰液化验的记录和样品;(八)旅客货物舱单、载重平衡表、货物监装记录、货物收运存放记录、危险品运输相关文件、旅客名单和舱位图;(九)旅客、行李安全检查记录,货物邮件安全检查记录,监控记录,航空器监护和交接记录;(十)有关影像资料;(十一)其他需要封存的文件、工具和设备。应当封存但不能停用的工具和设备,应当通过拍照、记录等方法详细记录其工作状态。封存资料的单位应当指定封存负责人,封存负责人应当记录封存时间并签名。所有封存的文件、样品、工具、设备、影像和技术资料等未经调查组批准,不得启封。①

事发现场的保护按照下列规定进行:(一)民用机场及其邻近区域内发生的事件,现场保护工作按照《民用运输机场突发事件应急救援管理规则》执行;其他区域发生的事件按照《中华人民共和国搜寻援救民用航空器规定》执行。(二)参与救援的单位和人员应当保护事发现场,维护秩序,禁止无关人员进入,防止哄抢、盗窃和破坏。救援工作结束后,救援人员无特殊情况不得再进入现场,防止事发现场被破坏。(三)任何单位或者个人不得随意移动事发航空器或者航空器残骸及其散落物品。航空器坠落在铁路、公路或者跑道上或者为抢救伤员、防火灭火等需要移动航空器残骸或者现场物件的,应当作出标记,绘制现场简图,进行书面记录、拍照和录像,妥善保护现场痕迹和物证。(四)先期到达现场的调查先遣人员对现场各种易失证据,包括物体、液体、冰、资料、痕迹等,及时拍照、采样、收集,并做书面记录。(五)幸存的机组人员应当保持驾驶舱操纵手柄、电门、仪表等设备处于原始状态,并在救援人员到达之前尽其可能保护事发现场。(六)救援人员到达后,由现场的组织单位负责保护现场和驾驶舱的原始状态。除因抢救工作需要,任何人不得进入驾驶舱,严禁扳动操纵手柄、电门、改变仪表读数和无线电频率等破坏驾驶舱原始状态的行为。在现场保护工作中,现场组织负责人应当派专人监护驾驶舱,直至向调查组移交。(七)现场救援负责人怀疑现场有放射性物质、易燃易爆物品、腐蚀性液体、有害气体、有害生物制品、有毒物质等危险品或者接到有关怀疑情况报告的,应当设置专门警戒,注意安全防护,并及时安排专业人员给予确认和处理。(八)参与救援的单位和人员应当避免对事发现场周边环境造成损害。②

调查组到达事发现场后,按照下列规定管理事发现场:(一)接管现场并听取负责现场保护和救援工作的单位的详细汇报。(二)负责现场和事发航空器或者残骸的监管工作。未经调查组同意,任何无关人员不得进入现场;未经调查组组长同意,不得解除对现场和事发航空器的监管。(三)进入事发现场工作的人员应当服从调查组的管理,不得随意进入航空器驾驶舱、改变航空器、残骸、散落物品的位置及原始状态。拆卸、分解航空器部件、液体取样等工作应当事先拍照或者记录其原始状态并在调查组成员的监督下进行。(四)调查组组长

---

① 《民用航空器事件技术调查规定》(CCAR-395-R3)第27条。
② 《民用航空器事件技术调查规定》(CCAR-395-R3)第28条。

应当指定专人负责现场的安全防护工作并及时采取下列措施：①对事发现场的有毒物品、放射性物质及传染病源等危险品采取相应的安全措施，防止对现场人员和周围居民造成危害；②采取相应的防溢和防火措施，防止现场可燃液体溢出或者失火；③采取相应的措施，防止航空器残骸颗粒、粉尘或者烟雾对现场人员造成危害；④组织专业人员将现场的高压容器、电瓶等移至安全地带进行处理。处理前应当测量和记录有关数据，并记录其散落位置和状态等情况；⑤及时加固或者清理处于不稳定状态的残骸及其他物体，防止倒塌造成伤害或者破坏；⑥采取设立警戒线等安全防护措施，隔离事发现场的危险地带；⑦在事发现场配备急救药品和医疗器材。①

调查组到达现场后，应当立即开展现场调查工作并查明下列有关情况：（一）事发现场勘查；（二）航空器或者残骸；（三）飞行过程；（四）机组和其他机上人员；（五）空中交通服务；（六）运行控制；（七）天气；（八）飞行记录器；（九）航空器维修记录；（十）航空器载重情况及装载物；（十一）通信、导航、监视、航行情报、气象、油料、场道、机场灯光等保障情况；（十二）事发当事人、见证人、目击者和其他人员的陈述；（十三）爆炸物破坏和非法干扰行为；（十四）人员伤亡原因；（十五）应急救援情况。②

对事件调查中需要试验、验证的项目，按照下列规定进行：（一）组织事件调查的部门应当满足调查组提出的试验、验证要求，并提供必要的支持和协助；（二）由调查组组长指派调查组成员参加试验、验证工作；（三）采用摄像、拍照、笔录等方法记录试验部件的启封和试验、验证过程中的重要、关键阶段；（四）试验、验证结束后，试验、验证的部门应当提供试验、验证报告。报告应当由操作人、负责人和调查组成员签署。③

事故发生后，事发单位应当如实向组织事件调查的部门报告直接经济损失。决定修复航空器的，应当开列详细的修复费用清单，列明各单项费用和总费用。航空器修复费用及相关经济损失的核定，应当遵守民航局有关规定。④

调查中需要对专门性问题进行鉴别和判断并提供鉴定意见的，调查组委托专业机构进行检测；需要司法鉴定的，调查组委托司法鉴定机构出具相关鉴定意见。⑤

调查组成员和参与调查的人员不得对外公开下列信息：（一）调查过程中获取的有关人员的所有陈述记录；（二）与航空器运行有关的所有通信记录；（三）相关人员的姓名、医疗或者私人资料；（四）驾驶舱语音记录及其记录文本；（五）机载影像记录及其记录文本；（六）与空中交通服务有关的所有记录；（七）原因分析资料，包括飞行记录器分析资料和技术会议记录；（八）调查报告草案。前款规定的信息仅在与调查事件分析和结论有关时才可纳入调查报告或者其附录中，与分析和结论无关的部分不得公布。⑥

民航局应当根据其他组织事件调查的国家或者地区的要求，提供所掌握的与调查有关的资料。⑦

---

① 《民用航空器事件技术调查规定》(CCAR-395-R3)第29条。
② 《民用航空器事件技术调查规定》(CCAR-395-R3)第30条。
③ 《民用航空器事件技术调查规定》(CCAR-395-R3)第31条。
④ 《民用航空器事件技术调查规定》(CCAR-395-R3)第32条。
⑤ 《民用航空器事件技术调查规定》(CCAR-395-R3)第33条。
⑥ 《民用航空器事件技术调查规定》(CCAR-395-R3)第34条。
⑦ 《民用航空器事件技术调查规定》(CCAR-395-R3)第35条。

8. 调查报告的管理

调查报告应当包括下列内容：（一）调查中查明的事实；（二）原因分析及主要依据；（三）结论；（四）安全建议；（五）必要的附件；（六）调查中尚未解决的问题。[①]

专业小组应当向调查组组长提交专业小组调查报告，调查组组长应当组织审议专业小组调查报告。[②]

调查组组长负责组织编写调查报告草案。草案完成后，由调查组组长提交给组织事件调查的部门审议。[③]

组织事件调查的部门可以就调查报告草案向下列有关单位征询意见：（一）参加调查的有关单位；（二）事发相关单位；（三）其他必要的单位。被征询意见的民航生产经营单位在收到征询意见通知后，应当在规定期限内以书面形式将意见反馈给组织事件调查的部门。对调查报告草案有不同意见的，应当写明观点，并提供相应证据。组织事件调查的部门应当将征询的意见交给调查组研究，调查组组长决定是否对调查报告草案进行修改。调查报告草案修正案及征询意见的采纳情况应当一并提交组织事件调查的部门。[④]

对于涉外的事故和严重征候调查，组织事件调查的部门应当就调查报告草案向航空器登记国、运营人所在国、设计国、制造国和参与调查的国家征询意见。[⑤]

民航局、地区管理局的航空安全委员会或者其授权的部门负责审议调查报告草案，并形成最终调查报告。审议发现问题的，应当进行补充调查或者重新调查。[⑥]

在调查的任何阶段，民航局、地区管理局应当及时向有关部门、单位、国家以及国际民航组织提出加强和改进航空安全的建议。发布全球关切的安全建议（SRGC）时，无论建议是否提向国际民航组织，都应当将发布的建议及其回复情况发送国际民航组织，并在文件上标注发送日期。收到民航局、地区管理局提出安全建议的部门或者单位，应当自接到安全建议30日内，书面回复安全建议的接受情况。收到国（境）外调查机构发来安全建议的部门或者单位，应当自接到安全建议90日内，书面回复安全建议的接受情况。[⑦]

接受安全建议后，相关单位应当根据建议制定相应措施。民航局、地区管理局应当及时跟踪安全建议落实情况和实施效果。[⑧]

调查报告经国务院或者民航局、地区管理局批准后，调查工作即告结束。[⑨]

组织调查的部门应当在事故发生后30日内按规定向国际民航组织和有关国家送交初步调查报告。组织调查的部门应当按规定向国际民航组织和有关国家送交事故和严重征候最终调查报告。[⑩]

调查工作结束后，发现新的重要证据，可能推翻原结论或者需要对原结论进行重大修改

[①] 《民用航空器事件技术调查规定》（CCAR－395－R3）第36条。
[②] 《民用航空器事件技术调查规定》（CCAR－395－R3）第37条。
[③] 《民用航空器事件技术调查规定》（CCAR－395－R3）第38条。
[④] 《民用航空器事件技术调查规定》（CCAR－395－R3）第39条。
[⑤] 《民用航空器事件技术调查规定》（CCAR－395－R3）第40条。
[⑥] 《民用航空器事件技术调查规定》（CCAR－395－R3）第41条。
[⑦] 《民用航空器事件技术调查规定》（CCAR－395－R3）第42条。
[⑧] 《民用航空器事件技术调查规定》（CCAR－395－R3）第43条。
[⑨] 《民用航空器事件技术调查规定》（CCAR－395－R3）第44条。
[⑩] 《民用航空器事件技术调查规定》（CCAR－395－R3）第45条。

的,组织事件调查的部门应当重新进行调查。①

组织事件调查的部门应当在调查结束后对调查工作进行总结,并对调查的文件、资料、证据等清理归档,档案保存时限按照民航局档案保存有关规定执行。②

事故和严重征候的最终调查报告应当在事发 12 个月内依法及时向社会公布,依法不予公开的除外。未能在事发 12 个月内公布最终调查报告的事故或者严重征候,组织事件调查的部门应当在事件周年日向社会公布调查进展情况。③

9. 法律责任

民航生产经营单位违反《民用航空器事件技术调查规定》(CCAR-395-R3)第四十二条第二款、第三款规定,未按时限书面回复安全建议的接受情况的,由地区管理局责令限期改正,给予警告;逾期未改正的,处违法所得 3 倍以下、最高不超过 3 万元的罚款,没有违法所得的,处 1 万元以下的罚款。④

事故发生单位及其有关人员有下列行为之一的,依照有关法律、行政法规的规定予以处罚:(一)谎报或者瞒报事故的;(二)伪造或者故意破坏事故现场的;(三)销毁有关证据、资料的;(四)拒绝接受调查或者拒绝提供有关情况和资料的;(五)在事故调查中作伪证或者指使他人作伪证的。⑤

民航行政机关工作人员在事件调查中有滥用职权、玩忽职守行为的,由有关部门依法处分;构成犯罪的,依法追究刑事责任。⑥

民航生产经营单位和个人在事件调查中提供虚假材料、虚假证言证词的,依法记入民航行业严重失信行为记录,并按照有关规定进行公示。⑦

10. 其他

民用航空器在交付前的科研、生产试飞期间发生的事件的调查不适用《民用航空器事件技术调查规定》(CCAR-395-R3)。⑧

执行军事、海关、警察等飞行任务的国家航空器发生与民用航空器相关的事件,按照国家有关规定进行调查,其中民用部分按照《民用航空器事件技术调查规定》(CCAR-395-R3)进行调查。⑨

按照《民用航空器事件技术调查规定》(CCAR-395-R3)开展的事件调查,民航组织调查的部门应当根据工作需要与司法部门进行协调。⑩

公安部门依法调查因非法干扰造成的事件的,民航组织事件调查的部门应当协助公安部门进行调查。⑪

民航局或者地区管理局参与由国务院组织的民用航空器事故调查组开展技术调查工作

---

① 《民用航空器事件技术调查规定》(CCAR-395-R3)第 46 条。
② 《民用航空器事件技术调查规定》(CCAR-395-R3)第 47 条。
③ 《民用航空器事件技术调查规定》(CCAR-395-R3)第 48 条。
④ 《民用航空器事件技术调查规定》(CCAR-395-R3)第 49 条。
⑤ 《民用航空器事件技术调查规定》(CCAR-395-R3)第 50 条。
⑥ 《民用航空器事件技术调查规定》(CCAR-395-R3)第 51 条。
⑦ 《民用航空器事件技术调查规定》(CCAR-395-R3)第 52 条。
⑧ 《民用航空器事件技术调查规定》(CCAR-395-R3)第 54 条。
⑨ 《民用航空器事件技术调查规定》(CCAR-395-R3)第 55 条。
⑩ 《民用航空器事件技术调查规定》(CCAR-395-R3)第 56 条。
⑪ 《民用航空器事件技术调查规定》(CCAR-395-R3)第 57 条。

时,参照《民用航空器事件技术调查规定》(CCAR-395-R3)执行。我国参与由其他国家或者地区组织的民用航空器事件调查工作时,按照我国批准的国际公约和本规定的有关要求执行。①

《国际民用航空公约》附件13《航空器事故和事故征候调查》修正案颁布后,民航局应当对其进行评估,决定采纳的,及时修订《民用航空器事件技术调查规定》(CCAR-395-R3);需要保留差异的,及时将差异通报国际民航组织。②

11.《民用航空器飞行事故应急反应和家属援助规定》(CCAR-399)

民用航空器飞行事故是发生在公共航空运输领域意外的、灾难性的事件,尽管随着现代科技的发展以及在民用航空领域的运用,航空安全记录已经有所改善,但航空运输量的增加,特别是大型和超大型航空器在公共航空运输中的应用,使得发生重大及其以上民用航空器飞行事故的几率呈现上升的趋势。近年来,我国的民用航空运输总周转量逐年上升,整个民用航空业处于良好的发展势头。因此,研究如何预防民用航空器飞行事故以及事故发生后如何减少负面影响,协调航空运输企业给予罹难者、幸存者、失踪者及其家属必要的帮助,恢复公众对民用航空运输业的信心,帮助发生民用航空器飞行事故的公共航空运输企业尽快恢复生产,应当是政府担负的重要责任。③

为此,为提高对民用航空器飞行事故的应急反应能力,减轻事故危害,为事故罹难者、幸存者、失踪者及其家属提供必要的援助,根据《民用航空法》《安全生产法》和国务院有关规定,中国民用航空总局于2005年8月31日经局务会议通过,以中国民用航空总局令第155号颁布《民用航空器飞行事故应急反应和家属援助规定》(CCAR-399),共6章,计50条,自2006年1月1日起施行。该规定主要结合国际民用组织第A32-7号决议,呼吁各缔约国重申它们支持民用航空事故遇难者及其家属的承诺,敦促有关国家制定家属援助计划。2001年,国际民航组织发布了《航空器事故遇难者及其家属援助指南》(国际民航组织通告285-AN/166),作为提供给各缔约国制定此类规定的参考文件。该指南规定了适用范围,民用航空器飞行事故应急处理机制,建立民用航空器飞行事故应急处理程序和家属援助计划,并应当定期组织演练等内容。④

3.6 对外国民用航空器的特别规定

3.6.1 外国民用航空器的概念

一般认为,外国民用航空器是指不具有本国国籍的民用航空器。但由于航空器只有一个国籍,在现实中可能造成与其所有权或经营人的国籍发生分离,故有些国家对外国民用航空器做出了更加严格的界定。如《印度尼西亚航空法》第1条规定,外国民用航空器是指在外国注册,具备外国国籍身份,基于商业和非商业航空运输目的而使用的航空器。

---

① 《民用航空器事件技术调查规定》(CCAR-395-R3)第58条。
② 《民用航空器事件技术调查规定》(CCAR-395-R3)第58条。
③ 中国民用航空总局《关于〈民用航空器飞行事故应急反应和家属援助规定〉的说明》,详细内容详见:https://www.caac.gov.cn/XXGK/XXGK/MHGZ/201511/t20151102_8477.html。2023年11月10日访问。
④ 具体条文参见:https://www.caac.gov.cn/XXGK/XXGK/MHGZ/201511/t20151102_8477.html。2023年11月10日访问。

我国《民用航空法》第 173 条规定：外国人经营的外国民用航空器，在中华人民共和国境内从事民用航空活动，适用本章规定；本章没有规定的，适用本法其他有关规定。

所以，本节所称外国民用航空器是指外国人经营的外国民用航空器，外国经营人是指依据外国法律设立的航空经营人。

3.6.2 对外国民用航空器特别规定的法律基础

对外国民用航空器进行特别规定的法律基础分为国际航空法和国内航空法。国际航空法主要包括 1919 年《巴黎公约》、1944 年《芝加哥公约》、1944 年《国际航班过境协定》和《国际航空运输协定》等多边国际航空公约和双边国际航空协定等。

在各国国内航空法中都有关于对外国民用航空器的特别规定。在我国，早在 1921 年 3 月 28 日，民国北京政府制定了《中国特准日本飞机飞航国境临时办法》，共 9 条；[①]1924 年 1 月民国北京政府制定了《中国特准美国飞机飞航国境临时办法》，共 10 条。[②] 另外，民国北京政府还制定了法国、英国、阿根廷、俄国（苏联）、义国、丹国（丹麦王国）等国[③]飞航国境临时办法，内容大同小异。

1928 年 8 月 25 日，南京国民政府拟订《临时特许外国飞机飞航国境暂行办法》，共 9 条；[④]1934 年 7 月 27 日，制定《临时特许外国航空器飞航国境暂行办法》，共 18 条；[⑤]1948 年 3 月 16 日，行政院令公布交通部制定的《外国航空器入境航行办法》，共 4 章，计 23 条。[⑥]

新中国成立后，为加强对外国民用航空器飞行及运营的管理，根据 1950 年《飞行基本规则》的授权，中央军委民航局于 1950 年 11 月 1 日发布了《外国民用航空器飞行管理规则》，详细规定了外国民用航空器入境、在中国境内飞行、飞离中国等内容。1957 年 9 月 2 日，中国民用航空局还发布了《外国飞机在中国境内进行专业飞行的规定》。1964 年 1 月 11 日，国务院发布了《国务院关于批准外国民用航空器飞行管理规则的通知》，批准了由中国民用航空总局编写的《外国民用航空器飞行管理规则》[⑦]，但一直未予发布，直到 1979 年 2 月 23 日，

---

① 《中国二十世纪通鉴》编辑委员会.中国二十世纪通鉴 1901—2000—第 2 册[M].北京：线装书局，2002：1321.
② 中国第二历史档案馆.中华民国史档案资料汇编—第五辑，第二编—外交[M].南京：江苏古籍出版社，1998：948-950.
③ 孙宝琦，顾维钧.大总统令：第六百八十五号(1924 年 4 月 28 日)：令航空署督办兼署长赵玉珂：呈报议订特准法国飞机飞航国境临时办法缮摺呈鉴由[J].政府公报，1924(2911)：2.
孙宝琦，顾维钧.大总统令：大总统指令：第七百十二号：令航空署督办兼署署长赵玉珂呈报议订特准英国飞机飞航国境临时办法呈请鉴核由[J].政府公报，1924(2916)：3.
顾维钧.大总统令：大总统指令：第一千二百五十一号：令航空署督办赵玉珂：呈报议订特准阿根廷飞机飞航国境临时办法缮摺呈鉴由[J].政府公报，1924(3013)：4.
命令摘要：公牍：中国改订特准俄飞机飞航国境临时办法[J].航空月刊(北京)，1925(3)：2-4.
临时执政令：临时执政指令第五百五号(1925 年 4 月 15 日)：令航空署署长何遂：呈报拟订特准义飞机飞航国境临时办法呈鉴由[J].政府公报，1925(3247)：7.
中国特准丹国飞机飞航国境临时办法(附照片)[J].航空周报(广州)，1926(19)：1-2.
④ 徐百齐.中华民国法规大全—第八册：交通[M].上海：商务印书馆，1936：4381-4382.
⑤ 徐百齐.中华民国法规大全—第二册：内政•外交侨务[M].上海：商务印书馆，1936：1274.
⑥ 法令：外国航空器入境航行办法(1948 年 3 月 16 日行政公布同日施行)[J].法令周刊，1948，11(16)：3-4.
⑦ 1963 年 12 月 30 日国务院全体会议第 140 次会议批准，1964 年 1 月 11 日中国民用航空总局发布施行。全文共 28 条。对外国民用航空器飞入、飞出以及在中国境内飞行应遵守的具体规定做了详尽规定。并附"防空值班飞机处置违反《外国民用航空器飞行管理规则》的外国民用航空器所使用的信号和违反规则的外国民用航空器回答的信号"。具体条文详见：www.gov.cn/gongbao/shuju/1964/gwyb196402.pdf. 2022 年 4 月 28 日访问。

国务院、中央军委发布《关于修改〈外国民用航空器飞行管理规则〉的批复》,中国民用航空总局才发布《外国民用航空器飞行管理规则》,取代1950年中央军委民航局颁布的《外国民用航空器飞行管理规则》,并明令废止了1964年1月11日《国务院关于批准外国民用航空器飞行管理工作的通知》。1979年《外国民用航空器飞行管理规则》,共44条,另加两个附件①。规定外国民用航空器飞入、飞出及在中国境内飞行应遵守的规则。对定期国际航班和不定期国际航班在中国境内飞行进行具体规定,并规定了违反规定的处罚措施。②该行政法规至今有效。

国务院1989年1月3日发布,并于同年3月2日施行的《民用航空运输不定期飞行管理暂行规定》,1995年《民用航空法》第十三章对外国民用航空器的特别规定,2001年8月国务院、中央军委颁布《中华人民共和国飞行基本规则》第十章对外国民用航空器的特别规定,2006年6月21日中国民用航空总局废止1990年11月23日公布的《外国民用航空运输不定期飞行管理细则》(CCAR－119TR)并公布《外国航空运输企业不定期飞行经营许可细则》(CCAR－119TR－R1),2016年3月4日交通运输部公布的《外国航空运输企业航线经营许可规定》(CCAR－287),2017年12月18日交通运输部公布的《外国公共航空运输承运人运行合格审定规则》(CCAR－129－R1)等都有对外国民用航空器的相关规定。

3.6.3 外国民用航空器应遵守的一般规则

1944年《芝加哥公约》第6条定期航班第1款规定,除非经一缔约国特准或其他许可并遵照此项特准或许可的条件,任何定期国际航班不得在该国领土上空飞行或进入该国领土。

在国际实践中,国家之间往往按照互惠互利的原则,通过各国政府之间签订航空运输协定或者其他有关文件,或者经过本国政府的批准,允许外国民用航空器飞入、飞出本国领空和在本国境内飞行、降落。

我国《民用航空法》第174条规定,外国民用航空器根据其国籍登记国政府与中华人民共和国政府签订的协定、协议的规定,或者经中华人民共和国国务院民用航空主管部门批准或者接受,方可飞入、飞出中华人民共和国领空和在中华人民共和国境内飞行、降落。对不符合前款规定,擅自飞入、飞出中华人民共和国领空的外国民用航空器,中华人民共和国有关机关有权采取必要措施,令其在指定的机场降落;对虽然符合前款规定,但是有合理的根据认为需要对其进行检查的,有关机关有权令其在指定的机场降落。2001年《飞行基本规则》第112条③和115条④、1979年《外国民用航空器飞行管理规则》第2条⑤等也都做出了具

---

① 附件一:辅助指挥、联络的符号和信号。附件二:防空值班飞机拦截违反《外国民用航空器飞行管理规则》的外国民用航空器和被拦截的外国民用航空器使用的信号。

② 具体条文详见:www.caac.gov.cn/XXGK/XXGK/FLFG/201510/t20151029_2793.htm。2022年4月29日访问。

③ 外国航空器飞入或者飞出中华人民共和国领空,或者在中华人民共和国境内飞行、停留,必须按照中华人民共和国的有关规定获得批准。

④ 未经批准擅自飞入或者飞出中华人民共和国领空的外国民用航空器,中华人民共和国有关机关有权采取必要措施,令其在指定的机场降落。在中华人民共和国境内飞行、停留的外国民用航空器违反本规则规定的,由中华人民共和国有关空中交通管制部门采取措施,令其纠正。情节严重的,有关部门可以采取必要措施,直至迫使其在指定机场降落。

⑤ 外国民用航空器只有根据中华人民共和国政府同该国政府签订的航空运输协定或者其他有关文件,或者通过外交途径向中华人民共和国政府申请,在得到答复接受后,才准飞入或者飞出中华人民共和国国界和在中华人民共和国境内飞行。

体规定。

值得注意的是,《芝加哥公约》第 6 条中只规定了对定期国际航空运输要缔约国的许可或批准,而对不定期航空运输却在第 5 条中规定了缔约各国"同意其他缔约国的一切不从事定期国际航班飞行的航空器,在遵守本公约规定的条件下,不需要事先获准,有权飞入或飞经其领土而不降停,或作非商业性降停,但飞经国有权令其降落"。但从各国实践来看,对于不定期航班也都做出了通过签订协议或事先获得批准的方式。我国《民用航空法》第 176 条[①]、《外国民用航空器飞行管理规则》第 6 条[②]和《外国航空运输企业不定期飞行经营许可细则》(CCAR-119TR-R1)第 4 条[③]都有明确规定。

3.6.4　外国民用航空器入境的法律规定

1944 年《芝加哥公约》等国际航空公约对外国民用航空器飞入一缔约国境内进行了概括性规定。各国国内航空法中都做出了具体规定。例如,我国《民用航空法》第 175 条[④]、2001 年《飞行基本规则》第 114 条[⑤]、1979 年《外国民用航空器飞行管理规则》第 6 条[⑥]等。

3.6.4.1　取得责任担保或保险

民用航空运输是一项风险较大的活动,航空器在空中运行,可能会对地面第三人造成损害,为了确保对飞入国地面第三人的充分赔偿,1952 年《罗马公约》第 15 条第 1 款[⑦]和第 17 条第 1 款[⑧]规定外国民用航空器飞入他国,他国可以要求其提供充分的担保或保险。

我国也要求飞入我国的外国民用航空器应当取得责任担保或者保险,以便确保我国地面第三人受到损害时能够获得充分合理的赔偿。如《民用航空法》第 175 条,《民用航空运输不定期飞行管理暂行规定》第 15 条[⑨]。

3.6.4.2　携带手册、文件和资料

一国政府是否允许外国民用航空器飞入本国领空,要看该民用航空器所携带的手册、文

---

① 外国民用航空器的经营人经本国政府批准,并获得中华人民共和国国务院民用航空主管部门批准,方可经营中华人民共和国境内一地和境外一地之间的不定期航空运输。

② 外国民用航空器在中华人民共和国境内进行定期航班飞行和加班飞行以外的一切不定期飞行,必须预先提出申请,在得到答复接受后,才能进行。不定期飞行的申请,最迟要在预计飞行开始前十天通过外交途径提出。如果双边航空运输协定中另有规定的,依照规定。

③ 外航在外国和中华人民共和国之间从事不定期飞行,应当按照本细则向中国民用航空总局(以下简称民航总局)提出申请,取得经营许可并按照《外国公共航空运输承运人运行合格审定规则》完成运行审定后,方可飞行。

④ 外国民用航空器飞入中华人民共和国领空,其经营人应当提供有关证明书,证明其已经投保地面第三人责任或者已经取得相应的责任担保;其经营人未提供有关证明书的,中华人民共和国国务院民用航空主管部门有权拒绝其飞入中华人民共和国领空。

⑤ 外国航空器飞入或者飞出中华人民共和国领空,必须按照规定的航路飞入或者飞出。飞入或者飞出领空前 20 至 15 分钟,其机组必须向中华人民共和国有关空中交通管制部门报告,并取得飞入或者飞出领空的许可;未经许可,不得飞入或者飞出。

⑥ 外国民用航空器在中华人民共和国境内进行定期航班飞行和加班飞行以外的一切不定期飞行,必须预先提出申请,在得到答复接受后,才能进行。不定期飞行的申请,最迟要在预计飞行开始前十天通过外交途径提出。如果双边航空运输协定中另有规定的,依照规定。

⑦ 一、任何缔约国可以要求在另一缔约国登记的航空器的经营人,对于他可能在该缔约国领土内造成按照第一条规定应予赔偿的损害责任,根据第十一条规定的适用限额进行保险。

⑧ 一、如果按照第十五条第四款的规定提供担保,此项担保应专门用于并优先支付本公约规定的赔偿金。

⑨ 从事不定期飞行的外国航空器的经营人,必须投保该航空器在中华人民共和国领域内飞行时对地面第三者造成损害的责任险;如果从事运送旅客、行李、货物和邮件的不定期飞行,还必须投保法定责任险。

件和资料是否完备、是否符合《芝加哥公约》及其附件以及本国法律的规定。这也是确保空中航行安全的基本要求。《芝加哥公约》第 29 条[①]对"每一航空器从事国际航行时"携带的文件进行了具体规定。

《外国民用航空器飞行管理规则》第 10 条[②]、《民用航空运输不定期飞行管理暂行规定》第 6 条[③]、《外国公共航空运输承运人运行合格审定规则》(CCAR-129-R1)第 129.41 条民用航空器和机组应当携带的文件资料[④]也做出了详细规定。

3.6.5 外国民用航空器在一国境内飞行的法律规定

3.6.5.1 遵守飞入国法律法规和规章制度

1944 年《芝加哥公约》第 11 条空中规章的适用规定,在遵守本公约各规定的条件下,一缔约国关于从事国际航行的航空器进入或离开其领土或关于此种航空器在其领土内操作或航行的法律和规章,应不分国籍,适用于所有缔约国的航空器,此种航空器在进入或离开该国领土或在其领土内时,都应该遵守此项法律和规章。该公约第 12 条空中规则[⑤]还要求缔约国保证本国航空器遵守当地关于航空器飞行和运转的现行规则和规章。

外国民用航空器飞入我国境内、在我国境内飞行等,都应当遵守我国法律、法规和规章的规定。我国《民用航空法》第 173 条[⑥]、2001 年《飞行基本规则》第 3 条[⑦]、《外国民用航空器

[①] 缔约国的每一航空器在从事国际航行时,应按照本公约规定的条件携带下列文件:一、航空器登记证;二、航空器适航证;三、每一机组成员的适当的执照;四、航空器航行记录簿;五、航空器无线电台许可证,如该航空器装有无线电设备;六、列有乘客姓名及其登机地与目的地的清单,如该航空器载有乘客;七、货物舱单及详细的申报单,如该航空器载有货物。

[②] 在中华人民共和国境内飞行的外国民用航空器,应当具有下列文件:(一)航空器登记证;(二)航空器适航证;(三)空勤组每一成员的专业执照或者证件;(四)航空器的航行记录簿;(五)航空器上无线电台使用许可证;(六)总申报单;(七)航空器如载运乘客,应当携带注明乘客姓名及其登机地与目的地的清单;(八)航空器如载运货物,应当携带货物仓单。

[③] 从事不定期飞行的空勤人员和航空器,必须符合中国民用航空局规定的条件和技术标准,具备机组人员执照、航空器登记证、航空器适航证和按照有关规定应当携带的其他证件和文件。

[④] 第 129.41 条民用航空器和机组应当携带的文件资料:(a) 运行规范持有人飞入中华人民共和国境内的民用航空器上至少应当携带下列文件:(1) 所在国民用航空管理当局为其颁发的航空运营人合格证和运行规范副本;(2) 民用航空器的国籍登记证、适航证和无线电台执照;(3) 运行手册中与机组人员所履行的职责相关的部分。其中,与飞行的实施直接相关的部分,应当放置在机组成员值勤时易于取用的位置;(4) 民用航空器飞行手册或者等效资料;(5) 包含民用航空器维修信息的飞行记录本。(b) 除本条(a)款所述文件外,还应当根据运行的实际情况,在民用航空器上携带与运行的类型和区域相适应的下列文件:(1) 重量与平衡单,以及旅客和货物装载舱单;(2) 签派或者飞行放行单,以及满足国际民航组织要求的飞行计划;(3) 航行通告、航空信息服务文件和相应的气象资料;(4) 适用于运行区域的航图。(c) 飞行机组成员应当携带适用于该次运行的航空人员执照和体检合格证。

[⑤] 缔约各国承允采取措施以保证在其领土上空飞行或在其领土内运转的每一航空器及每一具有其国籍标志的航空器,不论在何地,应遵守当地关于航空器飞行和运转的现行规则和规章。缔约各国承允使这方面的本国规章,在最大可能范围内,与根据本公约随时制定的规章相一致。在公海上空,有效的规则应为根据本公约制定的规则。缔约各国承允对违反适用规章的一切人员起诉。

[⑥] 外国人经营的外国民用航空器,在中华人民共和国境内从事民用航空活动,适用本章规定;本章没有规定的,适用本法其他有关规定。

[⑦] 国家对境内所有飞行实行统一的飞行管制。

飞行管理规则》第 3 条①和第 4 条②、《外国公共航空运输承运人运行合格审定规则》(CCAR-129-R1)第 129.7 条运行合格审定和监督检查的基本要求中要求外国民用航空器不仅要遵守 1944 年《芝加哥公约》附件 6《航空器运行》、附件 8《航空器适航性》的标准条款，还应遵守 2001 年《飞行基本规则》和涉及民航管理的规章中对外国民用航空器进行运行管理、安全管理、安全保卫和空中交通管制的相关规定。

3.6.5.2 国内载运权

国内载运权是指使用航空器从事取酬服务，在一国领土内装载旅客、货物和邮件前往该国领土另一地点的权利。③ 早在 1919 年《巴黎公约》第 16 条④就有关于国内载运权的规定。

1944 年《芝加哥公约》第 7 条国内运营权规定，缔约各国有权拒绝准许其他缔约国的航空器为取酬或出租在其领土内载运乘客、邮件和货物前往其领土内另一地点。缔约各国承允不缔结任何协议在排他的基础上特准任何其他国家的空运企业享有任何此项特权，也不向任何其他国家取得任何此项排他的特权。

从国际航空运输的实践来看，很少有国家给予他国国内载运权，因为这对于授权国国内民航业的冲击是很大的，只有欧洲和美国⑤等少数国家在特别约定的情况下允许他国在本国使用国内载运权。⑥

我国《民用航空法》第 177 条规定："外国民用航空器的经营人，不得经营中华人民共和国境内两点之间的航空运输。"

《外国航空运输企业不定期飞行经营许可细则》(CCAR-119TR-R1)第 17 条第(1)(2)项⑦等也做出了明确规定。

3.6.5.3 飞行管理

1944 年《芝加哥公约》第 9 条对航空器不得飞入禁区、第 15 条关于机场费用和类似费用、第 16 条对航空器检查等进行了规定。

我国《民用航空法》第 178 条规定："外国民用航空器，应当按照中华人民共和国国务院民用航空主管部门批准的班期时刻或者飞行计划飞行；变更班期时刻或者飞行计划的，其经营人应当获得中华人民共和国国务院民用航空主管部门的批准；因故变更或者取消飞行的，其经营人应当及时报告中华人民共和国国务院民用航空主管部门。"

《外国民用航空器飞行管理规则》及 2001 年《飞行基本规则》中对外国民用航空器在中国境内进行飞行进行了详细规定。

---

① 外国民用航空器及其空勤组成员和乘客，在中华人民共和国境内飞行或者停留时，必须遵守中华人民共和国的法律和有关入境、出境、过境的法令规章。
② 外国民用航空器飞入或者飞出中华人民共和国国界和在中华人民共和国境内飞行，必须服从中国民用航空总局各有关的空中交通管制部门的管制，并且遵守有关飞行的各项规章。
③ 吴建端.航空法学[M].北京：中国民航出版社，2005：138.
④ 英文原文为："Each contracting State shall have the right to establish reservations and restrictions in favour of its national aircraft in connection with the carriage of persons and goods for hire between two points on its territory."
⑤ 《美国联邦航空法》第 402 条规定："非持有委员会(美国联邦航空委员会)的现行有效的许可证，任何外国航空承运人不得经营国际(美国与外国之间)空运业务。"
⑥ 崔祥建，吴菁，成宏峰.民航法律法规与实务[M].北京：旅游教育出版社，2007：38.
⑦ 除民航总局根据对外关系、经济贸易、公众需求或其他原因特别批准的外，一般情况下，申请人不得从事不定期飞行中的下列行为：(一)在中华人民共和国大陆境内两点之间进行不定期飞行；(二)在中华人民共和国大陆境内两点或多点之间进行组合飞行；……

3.6.5.4 其他规定

除了上述对外国民用航空器进行特别规定以外,1944年《芝加哥公约》及其附件和我国航空法还对外国民用航空器的搜寻援救和事故调查、简化手续、不因专利权的主张而被扣押都做出了规定。

1. 搜寻援救和事故调查

1944年《芝加哥公约》第25条、第26条规定,航空器遇险时,一国应在其认为可行情况下给以援助,并准许航空器所有人或登记国采取情况所需的援助措施,但要在该国当局的管制下进行。航空器失事,由失事所在地国家主持调查,但允许航空器登记国派观察员在调查时到场。调查报告和调查结果要通知航空器登记国。

我国《民用航空法》第182条规定:"外国民用航空器在中华人民共和国搜寻援救区内遇险,其所有人或者国籍登记国参加搜寻援救工作,应当经中华人民共和国国务院民用航空主管部门批准或者按照两国政府协议进行。"第183条还规定:"外国民用航空器在中华人民共和国境内发生事故,其国籍登记国和其他有关国家可以指派观察员参加事故调查。事故调查报告和调查结果,由中华人民共和国国务院民用航空主管部门告知该外国民用航空器的国籍登记国和其他有关国家。"

2. 简化手续

简化手续的标准和建议措施《芝加哥公约》附件9《简化手续》①是公约第37条的产物。该条规定:"国际民航组织应根据需要就……海关和移民手续……以及随时认为适当的有关空中航行安全、正常及效率的其他事项……随时制定并修改国际标准及建议措施和程序。"关于各国执行简化手续的标准和建议措施的政策,公约第22条作了强调,该条表述了各缔约国所接受的义务:"采取一切可行的措施,通过发布特别规章或其他方法,以便利和加速航空器在各缔约国领土间的航行,特别是在执行关于移民、检疫、海关和放行等法律时防止对航空器、机组、旅客和货物造成不必要的延误。"公约第23条又陈述了各缔约国承允"在其认为可行的情况下,按照依本公约随时制定或建议的措施,制定有关国际航行的海关和移民程序"。《芝加哥公约》有不少其他条款和简化手续附件的规定有特别关系,在编写该附件时对此已作了考虑。负责执行本附件各项规定的人员除第二十二和二十三条外,应特别熟悉下列各条:第十条在设关机场降落;第十一条空中规章的适用;第十三条入境及放行规章;第十四条防止疾病传播;第二十四条关税;第二十九条第三十五条航空器应备文件;货物限制。

3. 不因专利权的主张而被扣押

外国民用航空器,被准许进入或通过我国领土时,不论降停与否,其于航空器的构造、机构、零件、附件或操作有侵犯我国依法发给或登记的任何专利权、设计或模型的情形,我国不扣押或扣留该航空器,或对该航空器的所有人或经营人提出任何权利主张,或进行任何其他干涉,且不要求缴付保证金。

另外,在中华人民共和国境内飞行的外国民用航空器,除遇险情况下的跳伞外,只有得到中国民用航空局有关的空中交通管制部门的许可,并且在指定的条件下,才可以向地面投掷物品、喷洒液体和使用降落伞。②

---

① 第27次修订于2019年10月21日生效,于2020年2月21日起适用。
② 《外国民用航空器飞行管理规则》第35条。

第四章 航空人员法律制度

4.1 航空人员的一般规定

4.1.1 航空人员的概念和分类

国际航空条约中对"航空人员"并没有统一定义。1919 年《巴黎公约》第 12 条[①]对航空人员执照的颁发进行了概括性规定,并在附件 E 中规定了驾驶员和领航员执照的条件。

1944 年《芝加哥公约》第 23 条《人员执照》[②]要求驾驶员和飞行机组其他成员要具备执照,在附件 1《人员执照的颁发》[③](下文简称附件 1)中规定了具体航空人员颁发执照的国际标准和建议措施。附件 1 第 1.2 条"关于执照的一般规则"规定:已对下列人员的颁照制定了国际标准和建议措施:(1)飞行机组:私人(飞机、飞艇、直升机或动力升空器)驾驶员;商用(飞机、飞艇、直升机或动力升空器)驾驶员;多机组(飞机)驾驶员;航线运输(飞机、直升机或动力升空器)驾驶员;滑翔机驾驶员;自由气球驾驶员;飞行领航员;飞行机械员;和自 2020 年 11 月 3 日起,遥控(飞机、飞艇、滑翔机、旋翼飞行器、动力升空器或自由气球)驾驶员。(2)其他人员:航空器维修(技术员/工程师/机械员);空中交通管制员;飞行运行员/飞行签派员;航空电台报务员。

在附件 1 第 1.1 条《定义》中,分别对副驾驶、飞行机组乘员、机长、监督下的机长、持等级的空中交通管制员、遥控副驾驶员、遥控飞行机组乘员、遥控驾驶员、遥控机长[④]等进行了

[①] 英文原文为"The commanding officer, pilots, engineers and other members of the operating crew of every aircraft shall, in accordance with the conditions laid down in Annex E, be provided with certificates of competency and licenses issued or rendered valid by the State whose nationality the aircraft possesses."

[②] 一、从事国际航行的每一航空器驾驶员及飞行组其他成员,应备有该航空器登记国发给或核准的合格证书和执照。二、就在本国领土上空飞行而言,缔约各国对其任何国民持有的由另一缔约国发给的合格证书和执照,保留拒绝承认的权利。

[③] 人员执照颁发的标准和建议措施是理事会于 1948 年 4 月 14 日根据 1944 年《芝加哥公约》第 37 条的规定首次通过的,并定为公约的附件 1,于 1948 年 9 月 15 日生效。我国从 2016 年 9 月首次向国际民航组织 A39 届大会提交电子人员执照(Electronic Personnel Licence, EPL)工作文件,到 2022 年 3 月,《国际民用航空公约》附件 1《人员执照的颁发》第 178 次修订经国际民航组织第 225 届理事会第 8 次会议审议通过,目前为第十四版。详见:www.caacnews.com.cn/1/1/202204/t20220411_1342516.html。2023 年 8 月 15 日访问。

[④] 副驾驶:除机长之外的所有担任驾驶任务的持有执照的驾驶员,但不包括在航空器上专门接受飞行训练的驾驶员。

飞行机组成员:在飞行值勤期内对航空器运行负有必不可少的职责并持有执照的机组成员。

机长:由经营人(如系通用航空则由所有人)指定的指挥飞行并负责飞行安全操作的驾驶员。

监督下的机长:副驾驶按照颁照当局接受的监督方法在机长的监督之下履行机长的职责和工作。

持等级的空中交通管制员:持有与其行使的权力相适应的执照和有效等级的空中交通管制员。

遥控副驾驶员:行使作为遥控机长以外驾驶能力的持照遥控驾驶员,但不含在遥控站以接受飞行教学为唯一目的的遥控驾驶员。

遥控飞行机组成员:在飞行职责期间负责遥控驾驶航空器系统运行必要职责的持照机组成员。

遥控驾驶员:由运营人指派对遥控驾驶航空器的操作负有必要职责并在飞行期间适时操纵飞行控件的人。

遥控机长:由运营人指派指挥和负责进行安全飞行的遥控驾驶员。

定义。

在 1919 年《巴黎公约》签订前,有关航空人员执照的规则主要是由各国国内法加以规定的。1913 年民国北京政府参谋本部经批准设立南苑航空学校,制定并公布《航空学校条例》66 条,规定"航空学校为养成陆海军航空人材,并研究航空器制造学术之所",对航空学校学员、技工、待遇、实验、经费等进行了具体规定。①

在民国北京政府航空立法中,航空人员立法占据重要地位,不仅有相关航空官制官规中的一般性规定外,还有涉及航空人员待遇、航空警察、测候员、驾驶员等,具体可分为考试、编制服务待遇、服饰、抚恤等内容的专门性航空立法。②

在南京国民政府时期,有关航空人员的立法也非常丰硕。1941 年 5 月 30 日,南京国民政府颁布《中华民国航空法》第 3 条规定,本法称航空人员者,谓航空器长、领航员、驾驶员及为飞航服务之机械服务或其他人员。第 5 条还规定,军用航空器、航空站、飞行场及航空人员,不适用本法之规定。该法第 26 条③和第 27 条④还对航空人员执照条件进行了规定。从整体上来看,在南京国民政府航空立法中,航空人员立法的主要内容涵盖考试、编制服务待遇、服饰、抚恤等几个方面。

新中国成立后,1951 年中央军委民用航空局就制定了《空勤人员作息暂行条例(草案)》,随后又结合国际规则和相关国家国内航空立法规定,制定了一系列有关航空人员的规章制度。目前,我国已经形成了以《民用航空法》为核心的一整套有关航空人员的法律制度。

《民用航空法》第 39 条规定:"本法所称航空人员,是指下列从事民用航空活动的空勤人员和地面人员:(一)空勤人员,包括驾驶员、飞行机械人员、乘务员;(二)地面人员,包括民用航空器维修人员、空中交通管制员、飞行签派员、航空电台通信员⑤。"⑥

其他国家国内航空法对航空人员的定义虽不尽相同,但从总体上来看,都力图与《芝加哥公约》附件 1 中的分类保持一致。例如,《俄罗斯航空法》第七章第 52 条航空人员的定义:(1)航空人员由下列人员组成:第 1 款对航空人员进行的界定为:接受过专业教育、从事旨在保障航空器飞行安全和航空安保活动的人员;组织、执行航空运输和航空器飞行的人员;航空作业人员;空域使用管理人员;提供空中交通服务的航空专业人员。航空专业人员的名单应当分别得到民用航空、国家航空、试飞航空主管部门的批准。为保护人身权益,保障国防安全,航空人员应当为航空运输管理活动负责,在一定范围内禁止罢工和停工。对航空专业人员的具体要求应当由联邦航空法规定。(2)航空人员包括民用航空、国家航空和试验

---

① 贺富永,等.中国航空立法史[M].南京:东南大学出版社,2023:68-69.
② 贺富永,等.中国航空立法史[M].南京:东南大学出版社,2023:85.
③ 航空人员经交通部检定合格发给技能证书后,向交通部领得航空许可状,方得从事工作。
④ 交通部对于航空人员得为定期检查及临时检查,遇有技能体格或性行不合规定标准时,应限制停止,或禁止其工作。
⑤ 鉴于民航业发展的实际情况,建议将该条改为:本法所称航空人员,是指下列从事民用航空活动的空勤人员和地面人员:(一)空勤人员,包括驾驶员、飞行机械人员、乘务员、航空安全员;(二)地面人员,包括民用航空器维修人员、空中交通管制员、飞行签派员、航空电信人员、航空情报员、航空气象人员。
⑥ 该条原文为:"本法所称航空人员,是指下列从事民用航空活动的空勤人员和地面人员:(一)空勤人员,包括驾驶员、领航员、飞行机械人员、飞行通信员、乘务员。(二)地面人员,包括民用航空器维修人员、空中交通管制员、飞行签派员、航空电台通信员。"第十二届全国人大常委会第二十四次会议于 2016 年 11 月 7 日通过并施行《全国人民代表大会常务委员会关于修改〈中华人民共和国对外贸易法〉等十二部法律的决定》,……七、对《中华人民共和国民用航空法》作出修改:删去第三十九条第一项中的"领航员""飞行通信员"。详见:https://www.caac.gov.cn/XXGK/XXGK/FLFG/201611/t20161117_40678.html。2023 年 10 月 1 日访问。

航空人员。(3)有犯罪记录的人不能任职航空专业人员岗位。(4)航空安保岗位不能聘用下列人员:①之前故意犯罪还未从犯罪记录上删除的;②公共卫生机构登记的精神病、酗酒、吸毒人员;③根据俄罗斯联邦立法规定,因为与任命有关的原因被提前解除公务员的权利或者被解雇,包括从执法部门、检举部门、司法部门;④渎职、违法违纪、犯罪等有损公职人员的荣誉和尊严,丧失人民的信任,且剥夺权力未满3年;⑤国内治安部门认定的容易对人们的生活和健康以及环境造成威胁的。①

美国 1958 年《联邦航空法》第 101 条第七项中对航空人员的界定为:"航空人员:从事于非系留状态下航空器运行之任何人员,如机长、飞行员、机械人员或空勤组之任何成员;直接担任航空器、航空器发动机、螺旋桨或机上设备的检查、维护、翻修或修理之任何人员(在合众国外所雇用的人员除外,局长对之得另行规定),以及担任航空器调度或塔台工作的任何人员。"后来,美国航空法又将航空人员分为空勤人员和地勤人员两大类。

另外,《日本航空法》使用了"航空人员"术语,但定义却是"航空人员一词在本法中系指获得第 20 所述航空人员技术证明的人员"(第 2 条第 2 款)。而《日本航空法》规定要取得"技术证明的人员"基本上与《芝加哥公约》附件 1 的规定相同。

4.1.2 航空人员资格与条件

4.1.2.1 国际航空法的规定

1919 年《巴黎公约》附件 E 统一了缔约国有关航空人员执照颁发的标准,1944 年《芝加哥公约》附件 1 对航空人员执照颁发的国际标准和建议措施进行了详细规定。鉴于 1944 年《芝加哥公约》②的全球普遍适用性,附件 1 又"适用于本附件规定的所有执照与等级的申请人和执照与等级更新后的持有人",并要求缔约国将"本附件的条文已尽可能写得便于将其编入国家法规而无需作重大文字改动",故附件 1 的规定的标准和建议措施无疑具有全球普遍适用性。其具体规定如下:

1. 关于执照的一般规则

关于执照的一般规则包括担任飞行机组成员或遥控飞行机组成员的授权③、认可执照有效的方法、执照持有人的权利、体检要求、执照的有效性、身体状况的下降、作用于精神的物品的使用、批准的训练和批准的培训机构、语言能力九个方面。

(1)担任飞行机组成员或遥控飞行机组成员的授权。《芝加哥公约》第 29 条要求飞行机组成员每次在从事国际航行的航空器上执勤均须携带与其身份相符的执照。

第一,直至 2022 年 11 月 2 日,除非持有符合本附件规范并与其职务相适应的有效执照,否则任何人不得担任航空器飞行机组成员。所持执照必须是由航空器登记国签发的执照,或由任何其他缔约国签发并由航空器登记国认可有效的执照。④

第二,自 2022 年 11 月 3 日起,除非持有符合本附件规范并与其职务相适应的有效执照,否则任何人不得担任航空器飞行机组成员或遥控驾驶航空器系统(RPAS)的遥控飞行机

---

① 杨惠,郝秀辉.航空法评论—第 5 辑[M].北京:法律出版社,2015:387.
② 2019 年 3 月 14 日随着多米尼克(Dominica)交存批准书后,公约当事国已达到 193 个。
③ 原为"担任飞行机组成员授权",自 2022 年 11 月 3 日起,改为"担任飞行机组成员或遥控飞行机组成员的授权"。
④ 附件 1 第 1.2.1.1 条。

组成员。①

第三,自2022年11月3日起,飞行机组成员所持执照必须是由航空器登记国签发的执照,或由任何其他缔约国签发并由航空器登记国认可有效的执照。②

第四,自2022年11月3日起,所持遥控驾驶员执照必须是由遥控驾驶航空器系统(RPAS)运营人所在国颁照当局签发的执照,或由任何其他缔约国签发并由遥控驾驶航空器系统运营人所在国颁照当局认可有效的执照。③

第五,自2022年11月3日起,遥控驾驶员从事国际航空运行时应携带与其身份相符的执照。④

(2) 认可执照有效的方法。主要包括:

第一,当一缔约国认可另一缔约国颁发的执照有效地代替自己颁发执照时,必须在原执照上加注相应的认可证书建立其有效性,承认其等效于自己颁发的执照。当一国对认可证书限于某种特定权利时,认可证书必须明确说明承认其作为等效执照的权利。认可证书的有效期不得超过原执照的有效期。如果颁发认可证书所依据的执照被取消或吊销,则认可证书不再有效。⑤但并不阻止颁照国家经过适当通知来延长执照的有效期,而不必要求执照持有人退回原执照或执照持有人亲自到该国当局办理。

第二,根据1.2.2.1颁发的认可证书用于商业航空运输运行时,颁照当局必须在颁发认可证书之前确认另一缔约国执照的有效性。⑥

第三,在通用执照颁发规章之下的缔约国之间根据正式协定⑦认可执照有效。⑧尽管有1.2.2.1和1.2.2.2之规定,缔约国可以自动相互认可执照,前提是各国已经:a)通过了符合本附件的通用执照颁发规章⑨;b)签订了承认自动认可过程的正式协定;c)制定了确保持续实施通用执照颁发规章的监测系统;和 d)根据《国际民用航空公约》第八十三条的规定在国际民航组织登记了该协定。⑩

在1.2.2.3.1之下认可为有效的执照上必须列有一则加注,表明该执照是按照1.2.2.3.1所述的协定自动认可的,并提及该协定在国际民航组织的登记号码。该加注必须进一步包括该协定所有当事国的名单。1.2.2.3.2.1为符合1.2.2.3.1所载要求、并在本标准适用之前即已颁发执照的国家提供了一个过渡期。⑪

直到2022年12月31日之前,符合1.2.2.3.1所载要求并在2017年11月9日之前即

---

① 附件1第1.2.1.1条。
② 附件1第1.2.1.2条。
③ 附件1第1.2.1.3条。
④ 附件1第1.2.1.4条。
⑤ 附件1第1.2.2.1条。
⑥ 附件1第1.2.2.2条。
⑦ 协定登记册及其相关缔约国的名单可参见国际民航组织的航空协定和安排数据库。
⑧ 附件1第1.2.2.3条。
⑨ 通用执照颁发规章是指具有法律约束力并且直接适用于协定当事成员国、同时承认自动认可过程的通用执照颁发监管框架。那些国家所使用的通用执照颁发规章包含有关执照颁发、保持胜任能力和近期经验的相同要求。地区航空安全机构可以为其成员国制定和保持这些通用规章。
⑩ 附件1第1.2.2.3.1条。
⑪ 附件1第1.2.2.3.2条。

已颁发在航空器上携带或可检索之执照的国家,可以使用其他有效方式①,表明根据1.2.2.3.1所述协定,该国颁发的执照被认可为有效。②

第四,建议:一缔约国颁发的驾驶员执照,其他缔约国应该认可其有效用于私人飞行。③一个缔约国如果不需要正规程序即认可另一缔约国签发的,在私人飞行中使用的执照,则应该在其《航行资料汇编》中通报这一情况。

(3) 执照持有人的权利。缔约国不得允许执照持有人行使其所持执照未赋予的权利。④

(4) 体检要求。指导材料刊于《民用航空医学手册》(Doc 8984号文件)中。为满足签发各类执照对于体检合格的颁照要求,申请人必须符合规定为三个等级体检鉴定的某些相关体检要求。详细要求载于6.2(体检合格证的要求)、6.3(一级体检合格证)、6.4(二级体检合格证)和6.5(三级体检合格证)中。为提供必要的证据以证明满足1.2.4.1的要求已得到满足,颁照当局将为执照持有人颁发相应的一级、二级或三级体检合格证。⑤ 这可采用几种方式进行,比如颁发有相应名称的单独证书、在执照上加注,或者颁布一项国家规章,规定体检合格证是执照的必要组成部分。

第一,适用时,执照申请人必须持有按照附件第6章各项规定颁发的体检合格证。⑥

第二,作为其国家安全方案⑦的一部分,国家必须对执照持有人的体检程序适用基本的安全管理原则,作为最低标准应该包括:a) 定期分析飞行中的失能情况和体检过程的体检结果,以查明体检风险增加的领域。和 b) 不断对体检程序重新评估,重点集中在经查明的体检风险增加的领域。⑧

第三,颁照当局必须为须持有体检合格证的执照持有人实施适当的航空相关健康促进活动,以降低今后医疗方面⑨对飞行安全的风险。⑩

第四,体检合格证的有效期必须自进行体检之日开始生效。有效期限必须符合1.2.5.2的规定。⑪ 颁照当局可以酌情决定延长体检合格证的有效期,至多延长45天。⑫ 建议以现有体检合格证的失效日作为新的有效期的开始日,以使体检合格证失效的日历日每年均保

---

① 加注格式的指导载于附篇C中。该指导还包括如何使用执照附篇作为加注的一部分,以便提供随时间改变的信息,即:该协定在国际民航组织的登记号码,以及该协定所有当事国的名单。

② 附件1第1.2.2.3.2.1条。

③ 附件1第1.2.2.4条。

④ 附件1第1.2.3条。

⑤ 一级体检合格证适用于下列执照申请人和持有人:商用(飞机、飞艇、直升机和动力升空器)驾驶员执照,多机组(飞机)驾驶员执照,航线运输(飞机、直升机和动力升空器)驾驶员执照。

二级体检合格证适用于下列执照申请人和持有人:飞行领航员执照,飞行机械员执照,私用(飞机、飞艇、直升机和动力升空器)驾驶员执照,滑翔机驾驶员执照,自由气球驾驶员执照。

三级体检合格证适用于下列执照申请人和持有人:空中交通管制员执照,自2022年11月3日起,遥控驾驶员执照。

⑥ 附件1第1.2.4.1条。

⑦ 实施和维持国家安全方案的框架载于附件19附篇A。有关国家安全方案和安全管理原则的指南载于《安全管理手册(SMM)》(Doc 9859号文件)和《民用航空医学手册》(Doc 8984号文件)当中。

⑧ 附件1第1.2.4.2条。

⑨ 注1:标准1.2.4.2表明可如何为健康促进活动确定适当题目。注2:关于健康促进活动的指导载于《民用航空医学手册》(Doc 8984号文件)。注3:关于颁照当局与针对执照持有人实施体检之间关系的指南,载于《建立与管理国家人员执照颁发系统的程序手册》(Doc 9379号文件)。

⑩ 附件1第1.2.4.3条。

⑪ 附件1第1.2.4.4条。

⑫ 附件1第1.2.4.4.1条。

持为同一个日期,但条件是在现有体检合格证的有效期内、但距失效日期不超过45天内进行体检。

第五,直至2022年11月2日,除1.2.5.2.6规定之外飞行机组成员或空中交通管制员除非持有与其执照相应的现行有效的体检合格证,否则不得行使其执照的权利。自2022年11月3日起,除1.2.5.2.6规定之外,飞行机组成员、遥控飞行机组成员或空中交通管制员除非持有与其执照相应的现行有效的体检合格证,否则不得行使其执照的权利。①

第六,缔约国必须指定合格并持有行医执照的体医师对颁发或延长第2章和第3章所规定的执照或等级以及第4章所规定的有关执照的申请人进行体检。② 体检医师必须接受过航空医学训练,并且必须定期接受进修培训。在接受指定之前,体检医师必须表现出良好的航空医学水平。③ 体检医师必须对执照或等级持有人履行其职务的条件具有实践的知识和经验④。⑤ 建议:体检鉴定人应定期对体检医师的能力进行评审。⑥

第七,规定有体检要求的执照或等级的申请人,必须向体检医师提供一份由本人签名的申报单,声明其是否已受过这种体检,如果是,声明上次体检的日期、地点和结果。申请人必须告诉体检医师其体检合格证以前是否曾被拒绝、吊销或中止,如果是,说明被拒绝、吊销或中止的原因。⑦

执照或等级的申请人向体检医师所作任何虚假的申报,体检医师必须向颁照缔约国的颁照当局报告,以便采取适当的措施。⑧

第八,按照第6章规定完成申请人的体检之后,体检医师必须协调各项检查结果,并按照颁照当局的要求递交一份签字报告或等效文件,详述体检结果并对体检合格情况进行评估。⑨

如果用电子形式向颁照当局递交体检报告,必须对医师身份建立恰当的识别。⑩ 如果由两名或多名体检医师进行体检,缔约国必须任命其中之一负责协调检查结果、评估有关体检合格情况并在报告上签字。⑪

第九,缔约国必须使用体检评估人提供的服务评估体检医师呈送给颁照当局的报告。⑫必须要求体检医师向颁照当局递交充分的资料,使颁照当局能够对体检合格证进行评审⑬。⑭

---

① 附件1第1.2.4.5条。
② 附件1第1.2.4.6条。
③ 附件1第1.2.4.6.1条。
④ 实践知识和经验的范例包括飞行经验、模拟机经验、实地观察或颁照当局认为符合这一要求的任何其他实践经验。
⑤ 附件1第1.2.4.6.2条。
⑥ 附件1第1.2.4.6.3条。
⑦ 附件1第1.2.4.7条。
⑧ 附件1第1.2.4.7.1条。
⑨ 附件1第1.2.4.8条。
⑩ 附件1第1.2.4.8.1条。
⑪ 附件1第1.2.4.8.2条。
⑫ 附件1第1.2.4.9条。
⑬ 此类评审的目的旨在确保体检医师符合适用的良好体检做法及航空医学风险评估的标准。关于航空医学风险评估的指南载于《民用航空医学手册》(Doc 8984号文件)。
⑭ 附件1第1.2.4.9.1条。

第十，如不符合第 6 章规定的对特定执照的体检标准，则不得颁发或换发相应的体检合格证，除非满足下述条件：①局方认可的体检结论表明，在特定的情况下，尽管申请人未能满足某些指标或其他方面的要求，但在行使所申请执照赋予的权利时不至影响飞行安全；②对申请人的相关能力、技能、经历以及运行条件已作适当考虑；和③执照上已签注特殊的限制，而执照持有人安全履行其职务必须遵守这些限制。①

第十一，任何时候都必须遵守体检资料的保密性。② 全部体检报告和记录必须妥善保管，只限于被批准的人员接触。③ 当出于合理的运行方面的考虑时，体检评估人必须确定将何种范围的体检资料递交给颁照当局的有关官员。④

（5）执照的有效性。主要包括：

①一缔约国颁发执照后，必须保证持照人只有保持胜任能力并符合该国规定的近期经历要求时，⑤方能行使该执照或相应等级所赋予的权利。⑥

建议：一缔约国应该基于预防事故的系统方法，并且包含风险评估过程和对当前运行的分析，其中包括与该国相关的事故和事故征候数据，规定驾驶员执照和等级保持胜任能力和近期经历的要求。⑦ 一缔约国颁发执照后，必须保证其他缔约国能够对执照的有效性感到满意。⑧

②除 1.2.5.2.1、1.2.5.2.2、1.2.5.2.3、1.2.5.2.4、1.2.5.2.5 和 1.2.5.2.6 规定之外，按照 1.2.4.7 和 1.2.4.8 颁发的体检合格证，自体检之日起开始生效，不得超过下述时间期限：私用（飞机、飞艇、直升机和动力升空器）驾驶员执照 60 个月；商用（飞机、飞艇、直升机和动力升空器）驾驶员执照 12 个月；多机组（飞机）驾驶员执照 12 个月；航线运输（飞机、直升机和动力升空器）驾驶员执照 12 个月；滑翔机驾驶员执照 60 个月；自由气球驾驶员执照 60 个月；飞行领航员执照 12 个月；飞行机械员执照 12 个月；空中交通管制员执照 48 个月；和自 2022 年 11 月 3 日起，遥控（飞机、飞艇、滑翔机、旋翼飞行器、动力升空器或自由气球）驾驶员执照 48 个月。上述所列有效期限可以根据 1.2.4.4.1 延长至多 45 天。当按照

---

① 附件 1 第 1.2.4.10 条。
② 附件 1 第 1.2.4.11 条。
③ 附件 1 第 1.2.4.11.1 条。
④ 附件 1 第 1.2.4.11.2 条。
⑤ 直至 2022 年 11 月 2 日，从事商用航空运输飞行的飞行机组成员对胜任能力的保持，可按照附件 6 完成的熟练飞行检查中的技能演示来确定。
自 2022 年 11 月 3 日起，从事商用航空运输飞行的飞行机组和遥控飞行机组成员对胜任能力的保持，可按照附件 6 完成的熟练飞行检查中的技能演示来确定。
直至 2022 年 11 月 2 日，胜任能力的保持可恰当地记入经营人的记录本，或记入飞行机组成员的个人飞行记录本或执照。
自 2022 年 11 月 3 日起，胜任能力的保持可恰当地记入经营人的记录本，或记入飞行机组或遥控飞行机组成员的个人飞行记录本或执照。
直至 2022 年 11 月 2 日，如登记国认为可行，飞行机组成员可以在该国批准的飞行模拟训练装置内演示其持续胜任能力。
自 2022 年 11 月 3 日起，如登记国或运营人所在国的颁照当局分别认为可行，飞行机组或遥控飞行机组成员可以在该国批准的飞行模拟训练设备内演示其持续胜任能力。
参见《飞行训练器鉴定标准手册》（Doc 9625 号文件）。关于制定风险评估过程的指导材料，参见《国家人员执照颁发系统的建立和管理程序手册》（Doc 9379 号文件）。
⑥ 附件 1 第 1.2.5.1 条。
⑦ 附件 1 第 1.2.5.1.1 条。
⑧ 附件 1 第 1.2.5.1.2 条。

1.2.5.2 及其分段计算有效期时,计算的最后一个月包括与体检日期相同的日历数字日期,或如果该月没有相同数字的日期,则包括该月的最后一天。① 根据下列具体情况可采取不同措施。②

(6) 身体状况的下降。在任何时候,当本附件所规定的执照持有人意识到其身体状况有所下降并可能无法安全正确行使执照及有关等级所赋予的权利时,不得行使执照和等级所赋予的权利。③

建议:各国应确保在可能与飞行安全相关的身体状况方面、以及在何时向体检医师或领照当局寻求澄清或指导方面,向执照持有人提供明确的指导原则。④

注:与飞行安全相关以及可能需要向颁照当局提交的身心状况及其治疗情况的指南载于《民用航空医学手册》(Doc 8984 号文件)。

建议:各缔约国应该尽量保证执照持有人由于任何原因导致其身体状况下降并且身体状况已达不到颁发或换发其体检合格证的要求时,不得行使执照和有关等级所赋予的权利。⑤

(7) 作用于精神的物品的使用。主要包括:

第一,本附件所涉及的执照持有人在受到何作用于精神的物品的影响可能使其无法安全、正确地行使其执照和相关等级授予的权利时,不得行使这些权利。⑥

第二,本附件所涉及的执照持有人不得滥用作用于精神的物品。⑦

第三,建议:缔约国应该在可行的范围内,尽量保证查明所有滥用作用于精神的物品的

---

① 附件 1 第 1.2.5.2 条。
② 如果具有临床证明,可以缩短体检合格证的有效期(第 1.2.5.2.1 条)。如果作为从事单机组商业航空旅客运输的航线运输(飞机、直升机和动力升空器)驾驶员执照和商业(飞机、飞艇和动力升空器)驾驶员执照持有人已年满 40 周岁,1.2.5.2 所规定的有效期限必须减为 6 个月(第 1.2.5.2.1 条)。从事商业航空运输飞行的航线运输(飞机、直升机和动力升空器)驾驶员执照、商业(飞机、飞艇直升机和动力升空器)驾驶员执照和多机组(飞机)驾驶员执照的持有人年满 60 周岁后,1.2.5.2 规定的有效期必须减为 6 个月(第 1.2.5.2.3 条)。直至 2022 年 11 月 2 日,如果私人(飞机、飞艇、直升机和动力升空器)驾驶员执照、自由气球驾驶员执照、滑翔机驾驶员执照及空中交通管制员执照持有人已年满 40 周岁,1.2.5.2 所规定的有效期限必须减为 24 个月。自 2022 年 11 月 3 日起,私人(飞机、飞艇、直升机和动力升空器)驾驶员执照、遥控(飞机、飞艇滑翔机、旋翼飞行器、动力升空器或自由气球)驾驶员执照、自由气球驾驶员执照、滑翔机驾驶员执照及空中交通管制员执照持有人已年满 40 周岁,1.2.5.2 所规定的有效期限必须减为 24 个月(第 1.2.5.2.4 条)。建议:直至 2022 年 11 月 2 日,如果私人(飞机、飞艇、直升机和动力升空器)驾驶员执照、自由气球驾驶员执照、滑翔机驾驶员执照及空中交通管制员执照持有人已年满 50 周岁,1.2.5.2 所规定的有效期限应该进一步减为 12 个月。建议:自 2022 年 11 月 3 日起,如果私人(飞机、飞艇、直升机和动力升空器)驾驶员执照、遥控(飞机、飞艇、滑翔机、旋翼飞行器、动力升空器或自由气球)驾驶员执照、自由气球驾驶员执照、滑翔机驾驶员执照及空中交通管制员执照持有人已年满 50 周岁,1.2.5.2 所规定的有效期限应该进一步减为 12 个月。上面所列有效期限以申请人进行体检时的年龄为准(第 1.2.5.2.5 条)。可以推迟体检的情况如执照持有人在远离指定体检设施的地区工作,颁照当局可以根据情况决定推迟规定的体检复查,但此种推迟只能作为一种例外情况,并且推迟时间不得超过下述期限:a) 从事非商业性运行的航空器飞行机组成员,一次不得超过 6 个月;b) 从事商业运行的航空器飞行机组成员,连续两次每次不得超过 3 个月,并且每次推迟后,必须由有关地区指定的体检医师进行检查后,或者如没有这种指定的医生,则经当地具有合法行医资格的医生检查后,取得体检合格的报告。体检报告必须送交原颁照当局;私人驾驶员,一次不得超过 24 个月,并且在此期间由申请人临时所在的缔约国按 1.2.4.6 指定的体检医师进行体检。体检报告必须送交原颁照当局;和 c) 自 2022 年 11 月 3 日起,遥控飞行机组成员,则连续两次每次不得超过 3 个月(第 1.2.5.2.6 条)。
③ 附件 1 第 1.2.6.1 条。
④ 附件 1 第 1.2.6.1.1 条。
⑤ 附件 1 第 1.2.6.1.2 条。
⑥ 附件 1 第 1.2.7.1 条。
⑦ 附件 1 第 1.2.7.2 条。

执照持有人,并从涉及安全的关键岗位上撤下这些人员。当这些人员圆满完成治疗,或者在无需治疗的情况下停止滥用作用于精神的物品并被确认继续履行职责不会危及安全后,则可考虑让其返回到涉及安全的关键岗位。① 有关适当验明方法(可包括在雇用前、产生合理怀疑时、发生事故/事件后以及不时地和随机地进行生化检验)和其他预防措施的指导,载于《防止在航空工作场所滥用作用于精神的物品手册》(Doc 9654 号文件)。

(8) 批准的训练和批准的培训机构。② 对批准的训练和批准的培训机构的要求主要包括:

第一,批准的训练必须能够提供一种胜任能力水平,这种水平至少应等同于对未接受此种训练的人员所规定的最低经历要求。③

第二,国家对培训机构的批准,必须取决于请人证明其符合本附件附录 2 的要求和附件 19④ 中所载的相关规定。⑤

第三,必须在经批准的培训机构对飞行机组和空中交通管制员进行经批准的培训⑥。⑦

第四,直至 2022 年 11 月 2 日,必须在批准的培训机构对航空器维修人员⑧进行批准的以能力为基础的培训。

自 2022 年 11 月 3 日起,必须在批准的培训机构对航空器和遥控驾驶航空器系统维修人员⑨进行批准的以能力为基础的培训。⑩

第五,自 2022 年 11 月 3 日起,必须在批准的培训机构对遥控飞行机组成员进行批准的以能力为基础的培训。⑪

(9) 语言能力。主要包括:

第一,直至 2022 年 11 月 2 日,飞机、飞艇、直升机和动力升空器驾驶员、空中交通管制员和航空电台报务员必须演示对无线电通话使用的语言会话和理解能力达到附录 1 对语言能力要求所规定的级别。⑫

自 2022 年 11 月 3 日起,飞机、飞艇、直升机和动力升空器驾驶员;飞机、飞艇、滑翔机、

---

① 附件 1 第 1.2.7.3 条。
② 如果申请人在严格监督下完成了系统的和连续的训练课程,并且这些课程符合计划的训练大纲,则申请人可以更容易和更快地获得颁发人员执照所规定的资格。因此,在这些标准和建议措施中所规定的,某种执照和等级的经历要求,对已经圆满完成批准训练课程的申请人,降低了一些要求。
③ 附件 1 第 1.2.8.1 条。
④ 附件 19 中载有针对在提供服务期间暴露在与航空器运行相关的安全风险之下的批准培训机构的安全管理规定。进一步指导材料载于安全管理手册(SMM)(Doc 9859 号文件)。批准培训机构的指南见《培训机构审批手册》(Doc 9841 号文件)。
⑤ 附件 1 第 1.2.8.2 条。
⑥ 1.2.8.3 条考虑的经批准的培训主要针对为颁发附件 1 执照或等级经批准的培训。其目的不包括首次颁发执照或等级之后为保持能力或上岗资格经批准的培训,对空中交通管制员或者飞行机组人员可能有这样的要求,如根据附件 6《航空器的运行》第 I 部分《国际商业航空运输—飞机》9.3 或第 III 部分《国际运行—直升机》第 II 篇 7.3 进行的经批准的培训。
⑦ 附件 1 第 1.2.8.3 条。
⑧ 航空器维修(技术员/工程师/机械员)执照的综合培训计划,包括各个级别的能力,见《空中航行服务程序培训》(Doc 9868 号文件,PANS-TRG)。
⑨ 航空器维修(技术员/工程师/机械员)执照的综合培训计划,包括各个级别的能力,见《空中航行服务程厅培训》(Doc 9868 号文件,PANS-TRG)。
⑩ 附件 1 第 1.2.8.4 条。
⑪ 附件 1 第 1.2.8.5 条。
⑫ 附件 1 第 1.2.9.1 条。

旋翼飞行器动力升空器或自由气球遥控驾驶员;空中交通管制员和航空电台报务员必须演示对无线电通话使用的语言会话和理解能力达到附录1对语言能力要求所规定的级别。①

第二,建议:飞行工程师、滑翔机驾驶员及自由气球驾驶员应该对无线电话通信使用的语言具有会话和理解能力。②

第三,需要在航空器上使用无线电通信的领航员必须演示对无线电通话使用的语言具有会话和理解能力。③

第四,建议:需要在航空器上使用无线电通信的领航员应该演示对无线电通话使用的语言会话和理解能力达到了附录1中对语言能力要求所规定的级别。④

第五,直至2022年11月2日,飞机、飞艇、直升机和动力升空器驾驶员、空中交通管制员和航空电台报务员演示的水平低于熟练级(6级)的,必须根据个人演示的能力级别对其语言能力定期进行正式评估。

自2022年11月3日起,飞机、飞艇、直升机和动力升空器驾驶员;飞机、飞艇、滑翔机、旋翼飞行器动力升空器或自中气球遥控驾驶员,空中交通管制员和航空电台报务员,演示的水平低于熟练级(6级)的,必须根据个人演示的能力级别对其语言能力定期进行正式评估。⑤

第六,建议:直至2022年11月2日,飞机、飞艇、直升机和动力升空器驾驶员、需要在航空器上使用无线电通话的领航员、空中交通管制员和航空电台报务员,演示的能力低于熟练级(6级)的,应该根据个人演示的能力级别对其语言能力定期进行如下正式评估:a) 表现出其语言能力达到工作级(4级)的,应该至少每三年评估一次;和 b) 表现出其语言能力达到提高级(5级)的,应该至少每六年评估一次。注1:无须正式评估那些表现出熟练语言能力的申请人,比如所讲语言是其母语和不是其母语但非常熟练的讲话者,只要其方言或口音在国际航空界能够听懂。⑥ 注2:1.2.9的规定提及附件10第Ⅰ卷第5章,即无线电话通信使用的语言可能是地面电台通常使用的语言或英语。因此,实际上会有这种情况,飞行机组成员只需要讲地面电台通常使用的语言。

第七,建议:自2022年11月3日起,飞机、飞艇、直升机和动力升空器驾驶员;飞机、飞艇、滑翔机、旋翼飞行器、动力升空器或自由气球遥控驾驶员,需要在航空器上使用无线电通话的领航员;空中交通管制员和航空电台报务员,演示的能力低于熟练级(6级)的,应该根据个人演示的能力级别对其语言能力定期进行如下正式评估:a) 表现出其语言能力达到工作级(4级)的,应该至少每三年评估一次;和 b) 表现出其语言能力达到提高级(5级)的,应该至少每六年评估一次。⑦ 注1:无须正式评估那些表现出熟练语言能力的申请人,比如所讲语言是其母语和不是其母语但非常熟练的讲话者,只要其方言或口音在国际航空界能够听懂。注2:1.2.9的规定提及附件10第Ⅰ卷第5章,即无线电话通信使用的语言可能是地面电台通常使用的语言或英语。

---

① 附件1第1.2.9.1.1条。
② 附件1第1.2.9.2条。
③ 附件1第1.2.9.3条。
④ 附件1第1.2.9.4条。
⑤ 附件1第1.2.9.5条。
⑥ 附件1第1.2.9.6条。
⑦ 附件1第1.2.9.6条。

因此，实际上会有这种情况，飞行机组成员和遥控飞行机组成员只需要讲地面电台通常使用的语言。

2. 驾驶员的执照和等级

附件1具体规定了关于驾驶员执照和等级的一般规则，飞行学员，私用驾驶员执照，商用驾驶员执照，与飞机类别相适应的多机组驾驶员执照，航线运输驾驶员执照，仪表等级，与飞机、飞艇、直升机和动力升空器相应的飞行教员等级，滑翔机驾驶员执照，自由气球驾驶员执照的国际标准和建议措施。

（1）关于驾驶员执照和等级的一般规则。

这些规则主要包括：一般执照规范、类别等级、级别和型别等级、需要级别和型别等级的情况、颁发级别和型别等级的要求、使用飞行模拟训练装置获得经历并演示技能、需要仪表等级的情况、需要授权实施教学的情况、飞行时间的计算、年满60周岁驾驶员的权利限制和年满65周岁驾驶员的权利削减。

①一般执照规范。除持有按本章规定颁发驾驶员执照的人员之外，其他人员不得担任下列类别航空器的机长或副驾驶：飞机，体积超过4 600立方米的飞艇，自由气球，滑翔机，直升机、动力升空器。①

航空器的类别必须包括在执照的标题中或在执照上作为类别等级②进行签注。③ 如执照持有人申请具有其他航空器类别的执照时，颁照当局必须采取下列措施之一：a）为执照持有人颁发该类别航空器的另外的驾驶员执照；或 b）在2.1.2规定的条件下，在原执照上签注新的类别等级。

申请人在获得任何驾驶员执照或等级之前，必须符合该执照或等级所规定的年龄、知识、经历、飞行训练、技能及体检合格的要求。④ 任何驾驶员执照或等级申请人必须以颁照当局确定的方式表现出符合该执照或等级对知识及技能的要求。⑤

关于动力升空器类别的过渡性措施。2022年3月5日之前，颁照当局可以在航空器或直升机驾驶员执照上签注动力升空器类别的航空器型别等级。在执照上签注的等级必须注明航空器属于动力升空器类别。动力升空器类别的型别等级训练必须是在批准的训练课程期间完成，必须酌情考虑到申请人先前的航空器或直升机经历，包括操作动力升空器类别航空器的所有相关要素。⑥

②类别等级。对于2.1.1.1所列的航空器类别，必须建立类别等级。⑦ 如果航空器类别本身已包括在该执照的标题中，则无须在执照上签注类别等级。⑧ 在驾驶员执照上签注的任何其他类别等级，必须列明该类别等级所赋予的权利程度。⑨ 驾驶员执照持有人申请其他类别等级时，必须符合本附件中适合于所申请类别等级的权利要求。⑩

---

① 附件1第2.1.1.1条。
② 类别等级的要求是按照驾驶员的颁照规范以及授予执照持有人的相应权利水平制定的。
③ 附件1第2.1.1.2条。
④ 附件1第2.1.1.3条。
⑤ 附件1第2.1.1.3.1条。
⑥ 附件1第2.1.1.4条。
⑦ 附件1第2.1.2.1条。
⑧ 附件1第2.1.2.2条。
⑨ 附件1第2.1.2.3条。
⑩ 附件1第2.1.2.4条。

③级别和型别等级。对于审定为单个驾驶员操纵的飞机,必须建立级别等级。级别等级必须包括:a) 单发动机陆上;b) 单发动机水上;c) 多发动机陆上;d) 多发动机水上。本条款不排除在此基本结构内确立其他的级别等级。①

建议:各缔约国应该考虑对审定为单个驾驶员操纵的、并有类似操纵性、性能及其他特性的直升机和动力升空器确立级别等级。②

必须对下列建立型别等级:a) 审定为最小机组至少为两名驾驶员操纵的航空器;b) 除按 2.1.3.1.1 已颁发型别等级外,审定为唯一驾驶员操纵的直升机和动力升空器;和 c) 颁照当局认为必要的任何航空器。如果建立了共同型别等级,则只会用于在操作程序、系统和操纵方式方面具有相似特征的航空器。对滑翔机及自由气球的级别和型别等级的要求尚未确定。③

当申请人为首次颁发驾驶员执照而演示技能和知识时,在执照上必须注明演示中所使用的航空器类别以及相应的型别或级别等级。④

④需要级别和型别等级的情况。颁发驾驶员执照的缔约国不得允许执照持有人担任飞机、飞艇、直升机或动力升空器的机长或副驾驶员,除非该执照持有人已接受了以下授权:a) 2.1.3.1 规定的适当级别等级;或 b) 如果需要,按 2.1.3.2 所要求的型别等级。⑤ 如已颁发的型别等级限制持照人的权利只能担任副驾驶或限制其权利只能在飞行的巡航阶段担任机长,则此项限制必须在等级上进行签注。⑥

对于训练、考试或具有特殊目的的非营利、非载客飞行,颁照当局可以书面向执照持有人提供特殊授权,以代替按 2.1.4.1 颁发的级别或型别等级。此项授权必须限于在完成此特殊飞行所需时间内有效。⑦

⑤颁发级别和型别等级的要求。申请人必须表现出与所申请的航空器级别等级执照相适应的技能水平。⑧

2.1.3.2 a) 所要求的类别等级,申请人必须:a) 在适当的监督下,已在适用的航空器型别和/或飞行模拟机上取得如下经历:所有飞行阶段的正常飞行程序及机动动作;在设备(如发动机、系统和机体等)失效及工作不正常时的不正常、应急程序和机动动作;若适用,在正常、不正常和包括模拟的发动机停车在内的紧急条件下的仪表程序,包括仪表进近、中断进近与着陆仪表程序;对于颁发飞机类别的型别等级,预防非正常飞行姿态及改出训练⑨;和机

---

① 附件 1 第 2.1.3.1 条。
② 附件 1 第 2.1.3.1.1 条。
③ 附件 1 第 2.1.3.2 条。
④ 附件 1 第 2.1.3.3 条。
⑤ 附件 1 第 2.1.4.1 条。
⑥ 附件 1 第 2.1.4.1.1 条。
⑦ 附件 1 第 2.1.4.2 条。
⑧ 附件 1 第 2.1.5.1 条。
⑨ 注 1:预防非正常飞行姿态及改出训练的程序载于《空中航行服务程序—培训》(PANS - TRG, Doc 9868 号文件)。
注 2:预防非正常飞行姿态及改出训练的指导载于《飞机预防非正常飞行姿态及改出训练手册》(PANS - TRG, Doc 10011 号文件)。
注 3:《飞行模拟训练设备合格标准手册》(Doc 9625 号文件)提供了预防非正常飞行姿态及改出训练的飞行模拟训练器审批的指导。
注 4:飞机预防非正常飞行姿态及改出训练可以与型别等级结合或作为附加单元在其之后进行。

组失能以及包括驾驶员①任务分配的机组协调程序;机组配合和检查单的使用。b) 表现出与机长和副驾驶职责有关的、对所适用的航空器型别进行安全运行所需的技能和知识。和 c) 对于航线运输驾驶员②执照,已演示由颁照当局根据 2.6.1.2 规定要求所确定的知识范围。③

2.1.3.2 b) 及 c) 所要求的型别等级,申请人必须表现出与颁照要求和申请人驾驶职能有关的、在所适用航空器型别进行安全运行所需的技能和知识。④

⑥使用飞行模拟训练装置获得经历并演示技能。为颁发执照或等级使用飞行模拟训练装置,以便获得经历或在技能演示中完成所需的动作,必须经颁照当局批准,颁照当局必须保证所使用的飞行模拟训练装置符合相应任务的要求。⑤

⑦需要仪表等级⑥的情况。颁发驾驶员执照的缔约国不得允许执照持有人担任按照仪表飞行规则飞行的航空器机长或副驾驶员,除非该持有人已获得该缔约国正式授权。正式授权必须包括与航空器类别相符的仪表等级。⑦

⑧需要授权实施教学的情况。颁发驾驶员执照的缔约国不得允许执照持有人实施为颁发驾驶员执照或等级所需的飞行教学,除非该持有人已获得缔约国的正式授权。正式授权必须包括:a) 持有人执照上的飞行教员等级;或 b) 担任颁照当局授权进行飞行教学经批准机构代理人的权利;或 c) 颁照缔约国授予的特别权利。⑧

缔约国不得允许人员在飞行模拟训练装置上进行为发驾驶员执照或等级所需的教学,除非该人持有或曾经持有适当执照,或具有适当的飞行训练和飞行经历,并已获得该缔约国的正式授权。⑨

⑨飞行时间的计算。飞行学员或驾驶员执照持有人有权将其单飞、带飞教学和担任机长的飞行时间,全部记入为首次取得驾驶员执照或更高级别驾驶员执照所需的总飞行时间。⑩

在审定为唯一驾驶员操纵、但经一缔约国要求有一名副驾驶员操作的航空器上,驾驶员执照持有人在驾驶员座位上担任副驾驶时,有权将其不超过 50% 的副驾驶飞行时间记入为取得更高级别驾驶员执照所需的总飞行时间。如果航空器的配备要求有一名副驾驶员随同操作,并且航空器是按照多机组运行操作时,缔约国可以批准将其飞行时间全部计入总飞行时间。⑪

在审定为要求有副驾驶员操作的航空器上,驾驶员执照持有人在驾驶员座位上担任副

---

① 注:关于实施飞行教习的驾驶员所需资格的建议,参见附件 1 第 2.1.8.1 条。
② 注:关于交叉机组资格和交叉计时的一般性指导,参见《国家人员执照颁发系统的建立和管理程序手册》(Doc 9379 号文件)。
③ 附件 1 第 2.1.5.2 条。
④ 附件 1 第 2.1.5.3 条。
⑤ 附件 1 第 2.1.6 条。
⑥ 注:仪表等级包括在航线运输(飞机或动力升空器类别)驾驶员执照、多机组驾驶员执照和商用(飞艇类别)驾驶员执照内。2.1.7 的规定并不排除颁发将仪表等级作为必要组成部分的执照。
⑦ 附件 1 第 2.1.7 条。
⑧ 附件 1 第 2.1.8.1 条。
⑨ 附件 1 第 2.1.8.2 条。
⑩ 附件 1 第 2.1.9.1 条。
⑪ 附件 1 第 2.1.9.2 条。

驾驶时,有权将其飞行时间全部计入为取得更高级别驾驶员执照所需的总飞行时间。[1]

驾驶员执照持有人在监督之下担任机长时,有权将其飞行时间全部记入为取得更高级别驾驶员执照所需的总飞行时间。[2]

⑩年满60周岁[3]驾驶员的权利限制和年满65周岁驾驶员的权利削减。如执照持有人年满60周岁,或者在有一名以上驾驶员参加飞行的情况下执照持有人年满65周岁时,颁发驾驶员执照的缔约国不得允许该执照持有人在从事国际商业航空运输的航空器上担任驾驶员。[4]

(2) 飞行学员。

飞行学员必须符合有关缔约国规定的要求。规定此类要求时,缔约国必须确保所赋予的权利不致使飞行学员对空中航行安全构成危险。[5]

除非在授权的飞行教员的监视下或经其授权,否则飞行学员不得单飞。[6] 除非有关缔约国之间有特定的或一般的协议,否则飞行学员不得在飞国际航班的航空器上单飞。[7]

除非飞行学员持有现行有效的二级体检合格证,否则缔约国不得允许该飞行学员单飞。[8]

(3) 私用驾驶员执照。

①颁发与飞机、飞艇、直升机和动力升空器类别相应执照的一般要求。包括年龄、知识、技能、体验要求。

年龄。申请人必须年满17周岁。[9]

知识。申请人必须至少在下列科目中演示与授予私用驾驶员执照持有人的权利相适应,并且与预期包括在执照内的航空器类别相符的知识水平:

航空法:a) 与私用驾驶员执照持有人有关的规章条例;空中规则;高度表拨正程序,相应的空中交通服务措施和程序。

飞机、飞艇、直升机和动力升空器类航空器的一般知识:b) 发动机、系统和仪表的工作原理及其功能;c) 有关类别航空器和发动机的使用限制,飞行手册或其他相应文件中的有关操作资料;d) 对于直升机和动力升空器,传动装置(传动齿轮系)(如适用);e) 对于飞艇、气体的物理特性与实际应用。

飞行性能、计划和装载:f) 装载及重量分布对飞行特性的影响,重量和平衡计算;g) 起飞、着陆和其他性能数据的使用与实际运用;h) 适合于按照目视飞行规则私人运行的飞行前准备和航路飞行计划,空中交通服务飞行计划的准备和申报,相应的空中交通服务程序,位置报告程序,高度表拨正程序,交通密集区的运行。

---

[1] 附件1第2.1.9.3条。
[2] 附件1第2.1.9.4条。
[3] 注:关于对年满60岁以上从事商业航空运输运行驾驶员体检合格证有效期的规定,参见附件1第1.2.5.2.3条。
[4] 附件1第2.1.10条。
[5] 附件1第2.2.1条。
[6] 附件1第2.2.2条。
[7] 附件1第2.2.2.1条。
[8] 附件1第2.2.3条。
[9] 附件1第2.3.1.1条。

人的行为能力:i) 人的行为能力,包括威胁和差错管理的原则①。

气象学;j) 初级航空气象学的应用,气象资料的使用和获得气象资料的程序,测高法,危险气象条件。

领航;k) 空中领航和推测领航技术的实践,航图的使用。

操作程序:l) 在运行效绩方面运用威胁和差错管理②;m) 高度表拨正程序;n) 航空文件,如《航行资料汇编》《航行通告》《航空代码及缩略语》的使用;o) 适当的预防程序和应急程序,包括为避让危险天气、尾流和其他运行危险所采取的行动;p) 对于直升机和动力升空器(如适用),带油门的缓慢垂直下降,地面共振,后行桨叶失速,动力侧滚翻转和其他操作危险,与目视气象条件飞行相关的安全程序。

飞行原理:q) 飞行原理。

无线电通话:r) 适用于目视飞行规则运行的通信程序和用语,如遇通信故障应采取的行动。③

技能。申请人必须演示作为相应类别航空器的航空器机长完成 2.3.3.2 或 2.3.4.2.1 或 2.3.5.2 或 2.3.6.2 所规定的各项程序和动作的能力,其胜任程度与授予私用驾驶员执照持有人的权利相适应,并且能够:a) 识别并且管理威胁和差错④;b) 在航空器限制范围内驾驶航空器;c) 平稳而准确地完成所有动作;d) 运用良好的判断力和飞行技术;e) 运用航空知识;和 f) 随时保持对航空器的操纵,以确保圆满地完成各项程序或动作。⑤

体检要求。申请人必须持有现行有效的二级体检合格证。关于对申请仪表等级的私人驾驶员执照持有人体检合格的要求,参见 2.7.1.3。⑥

②执照持有人的权利与行使此种权利应遵守的条件。在符合 1.2.5、1.2.6、1.2.7.1、1.2.9 和 2.1 所规定要求的条件下,私用驾员执照持有人的权利必须是在从事非营利飞行的航空器类别相应的航空器上不以取酬为目的担任机长或副驾驶。⑦

在夜间行使权利之前,执照持有人必须在与航空器类别相应的航空器上接受过夜航带飞训练,包括夜间起飞、着陆和航行。⑧

③颁发飞机类别等级的特殊要求。包括经历、飞行训练两个方面。

经历。申请人必须在与申请级别等级相应的飞机上完成至少 40 小时作为驾驶员的飞行时间,如果是在批准的训练课程中完成,则不少于 35 小时。颁照当局必须决定申请人在飞行模拟训练装置内作为驾驶员接受训练的经历是否可以接受作为 40 小时或(视情)35 小时总飞行时间的一部分。如将此项经历计入总飞行时间,必须限定最多为 5 小时。⑨

---

① 注:有关设计人的行为能力,包括威胁和差错管理原则的训练大纲的指导材料见《人的因素训练手册》(Doc 9683 号文件)。
② 注:运用威胁和差错管理原则的有关材料载于《空中航行服务程序—培训》(PANS-TRG,Doc 9868 号文件)第 I 部分第 1 章附篇 C 和《人的因素训练手册》(Doc 9683 号文件)第 I 部分第 2 章。
③ 附件 1 第 2.3.1.2 条。
④ 注:运用威胁和差错管理原则的有关材料载于《空中航行服务程序—培训》(PANS-TRG,Doc 9868 号文件)第 I 部分第 1 章附篇 C 和《人的因素训练手册》(Doc 9683 号文件)第 I 部分第 2 章。
⑤ 附件 1 第 2.3.1.3 条。
⑥ 附件 1 第 2.3.1.4 条。
⑦ 附件 1 第 2.3.2.1 条。
⑧ 附件 1 第 2.3.2.2 条。
⑨ 附件 1 第 2.3.3.1 条。

如果申请人具有作为其他类别航空器驾驶员的飞行时间,颁照当局必须决定此项经历是否可接受,如可接受,2.3.3.1.1 对飞行时间的要求可相应减少的程度。[①]

申请人必须在授权飞行教员监督下在与申请级别等级相应的飞机上完成至少 10 小时单飞时间,包括 5 小时转场飞行时间,其中一次总距离至少为 270 公里(150 海里)的转场飞行,飞行过程中必须在两个不同机场作全停着陆。[②]

飞行训练。申请人必须在与申请级别等级相应的飞机上接受授权飞行教员的带飞训练。教员必须保证申请人至少在下列科目中具有私用驾驶员所需技能水平的操作经历:a) 识别并且管理威胁和差错[③];b) 飞行前操作,包括重量和平衡的确定、飞机的检查和勤务工作;c) 机场和起落航线的运行、避免相撞的预防措施和程序;d) 参照外部目视参考操纵飞机;e) 用临界小速度飞行,识别并从临近失速和失速中改出;f) 用临界大速度飞行,识别并从急盘旋下降中改出;g) 正常及侧风起飞和着陆;h) 最大性能(短跑道和越障)起飞,短跑道着陆;i) 仅参照仪表[④]的飞行,包括完成 180 度水平转弯;j) 使用目视参考、推测领航和有条件时使用无线电导航设备作转场飞行;k) 应急操作,包括模拟的飞机设备故障;l) 按照空中交通服务程序飞往、飞离和飞越管制机场;和 m) 通信程序和用语。

④颁发直升机类别等级的特殊要求。包括经历、飞行训练两个方面。

经历。申请人必须完成至少 40 小时作为直升机驾驶员的飞行时间,如果是在批准的训练课程中完成,则不少于 35 小时。颁照当局必须决定申请人在飞行模拟训练装置内作为驾驶员接受训练的经历,是否可以作为 40 小时或(视情)35 小时总飞行时间的一部分。如将此项经历计入总飞行时间,必须限定最多为 5 小时。[⑤]

如果申请人具有其他类别航空器驾驶员的飞行时间,颁照当局必须决定此项经历是否可接受,如可接受,2.3.4.1.1 对飞行时间的要求可相应减少的程度。[⑥]

申请人必须在直升机上在授权飞行教员监督下完成至少 10 小时单飞时间,包括 5 小时转场单飞时间其中一次总距离至少为 180 公里(100 海里)的转场飞行,飞行过程中必须在两个不同的地点着陆。[⑦]

飞行训练。申请人必须在直升机上接受授权飞行教员至少 20 小时的带飞训练。教员必须保证申请人至少在下列科目中具有私用驾驶员所需技能水平的运行经历[⑧]:a) 识别并且管理威胁和差错[⑨];b) 飞行前操作,包括重量和平衡的确定、直升机的检查和勤务;c) 机场和起落航线的运行、避免相撞的预防措施和程序;d) 参照外部目视参考操纵直升机;e) 在涡环的初始阶段改出;在发动机转速正常范围内从低旋翼转速改出的技术;f) 地面机动和试

---

① 附件 1 第 2.3.3.1.1 条。
② 附件 1 第 2.3.3.1.2 条。
③ 注:运用威胁和差错管理原则的有关材料载于《空中航行服务程序—培训》(PANS-TRG,Doc 9868 号文件)第Ⅱ部分第 1 章附篇 C 和《人的因素训练手册》(Doc 9683 号文件)第Ⅱ部分第 2 章。
④ 注:2.3.3.2 i)规定的仪表经历和 2.3.2.2 规定的夜航带飞教学,并未授予私用驾驶员执照持有人按仪表飞行规则驾驶飞机的权利。
⑤ 附件 1 第 2.3.4.1.1 条。
⑥ 附件 1 第 2.3.4.1.1.1 条。
⑦ 附件 1 第 2.3.4.1.1.2 条。
⑧ 注:2.3.4.2.1.1 中规定的仪表经历和 2.3.2.2 规定的夜航带飞教学,并未授予私用驾驶员执照持有人按仪表飞行规则驾驶直升机的权利。
⑨ 注:运用威胁和差错管理原则的有关材料载于《空中航行服务程序—培训》(PANS-TRG,Doc 9868 号文件)第Ⅱ部分第 1 章附篇 C 和《人的因素训练手册》(Doc 9683 号文件)第Ⅱ部分第 2 章。

车,悬停,正常、无风和倾斜地面的起飞和着陆;g)以最小的必需动力起飞和着陆,最大性能起飞和着陆技术,限制区域内的运行,快停;h)使用目视参考、推测领航和有条件时使用无线电导航设备作转场飞行,包括一次至少1小时的飞行;i)应急操作,包括模拟的直升机设备故障,自转下降;j)按照空中交通服务程序飞往、飞越和飞离管制机场;和k)通信程序和用语。①

建议:申请人应该接受授权飞行教员的仪表飞行带飞训练。教员应该保证申请人具有仅参照仪表飞行的运行经历,包括在装有适当仪表设备的直升机上完成180度水平转弯。②

⑤颁发动力升空器类别等级的特殊要求。包括经历、飞行训练两个方面。

经历。建议:申请人应该完成至少40小时作为动力升空器驾驶员的飞行时间。颁照当局应该决定申请人在飞行模拟训练装置内作为驾驶员接受训练的经历是否可以作为40小时总飞行时间的一部分。③

建议:如果申请人具有作为其他类别航空器驾驶员的飞行时间,颁照当局应该决定此项经历是否可接受,如可接受,2.3.5.1.1对飞行时间的要求可相应减少的程度。④

建议:申请人应该在授权飞行教员监督下在动力升空器上完成至少10小时的单飞时间,包括5小时转场单飞时间,其中一次总距离至少为270公里(150海里)的转场飞行,飞行过程中必须在两个不同的地点全停着陆。⑤

飞行训练。建议:申请人应该在动力升空器上接受授权飞行教员至少20小时的带飞训练。教员应该保证申请人至少在下列科目中具有私用驾驶员所需技能水平的操作经历:a)识别并且管理威胁和差错⑥;b)飞行前操作,包括重量和平衡的确定、动力升空器的检查和勤务;c)机场和起落航线的运行、避免相撞的预防措施和程序;d)参照外部目视参考操纵动力升空器;e)地面机动和试车,悬停、滑跑与上升,正常、无风和倾斜地面的悬停和滑跑进近与着陆;f)以最小的必需动力起飞和着陆,最大性能起飞和着陆技术,限制区域内的运行,快停;g)仅参照仪表飞行,包括完成180度水平转弯;h)在涡环的初始阶段改出,在发动机转速正常范围内从低旋翼转速改出的技术;i)使用目视参考、推测领航和有条件时使用无线电导航设备作转场飞行,包括一次至少1小时的飞行;j)应急操作,包括模拟的动力升空器设备故障,动力转换为自转和自转下降(如适用),传动装置和互连式传动轴故障(如适用);k)按照空中交通服务程序飞往、飞离和飞越管制机场;和l)通信程序和用语。⑦

注:2.3.5.2 g)规定的仪表经历和2.3.2.2规定的夜航带飞训练,并未授予私用驾驶员执照持有人按仪表飞行规则驾驶动力升空器的权利。

⑥颁发飞艇类别等级的特殊要求。包括经历、飞行训练两个方面。

经历。申请人必须完成至少25小时作为飞艇驾驶员的飞行时间,至少包括:a)3小时在飞艇上的转场飞行训练,其中一次转场飞行总距离至少为45公里(25海里);b)在一个机

---

① 附件1第2.3.4.2.1条。
② 附件1第2.3.4.2.1.1条。
③ 附件1第2.3.5.1.1条。
④ 附件1第2.3.5.1.2条。
⑤ 附件1第2.3.5.1.3条。
⑥ 注:运用威胁和差错管理原则的有关材料载于《空中航行服务程序—培训》(PANS-TRG,Doc 9868号文件)第Ⅰ部分第1章附篇C和《人的因素训练手册》(Doc 9683号文件)第Ⅰ部分第2章。
⑦ 附件1第2.3.5.2条。

场完成5次起飞和5次全停着陆,每次着陆必须包含一次机场起落航线飞行;c) 3小时仪表时间;和d) 5小时在机长监督下作为驾驶员履行机长职责。①

飞行训练。申请人必须在飞艇上接受授权飞行教员的带飞训练。教员必须保证申请人至少在下列科目中接受了训练:a) 识别并且管理威胁和差错②;b) 飞行前操作,包括重量和平衡的确定、飞艇的检查和勤务;c) 参照地面的机动飞行;d) 机场和起落航线的运行、避免相撞的预防措施和程序;e) 起飞技术和程序,包括相应的限制、应急程序和使用的信号;f) 参照外部目视参考操纵飞艇;g) 起飞、降落和复飞;h) 最大性能(越障)起飞;i) 仅参照仪表的飞行,包括完成180度水平转弯;③j) 使用目视参考、推测领航和无线电导航设备进行导航和转场飞行;k) 应急操作(识别漏气现象),包括模拟的飞艇设备故障;和l) 通信程序和用语。④

(4) 商用驾驶员执照。

① 颁发与飞机、飞艇、直升机和动力升空器类别相应执照的一般要求。包括年龄、知识、技能、体检要求。

年龄。申请人必须年满18周岁。⑤

知识。申请人必须至少在下列科目中演示与授予商用驾驶员执照持有人的权利相适应,并且与预期包括在执照内的航空器类别相符的知识水平:

航空法:a) 与商用驾驶员执照持有人有关的规章条例,空中规则,相应的空中交通服务措施和程序。

飞机、飞艇、直升机和动力升空器类别航空器的一般知识:b) 发动机、系统和仪表的工作原理及其功能;c) 有关类别航空器和发动机的使用限制;飞行手册或其他相应文件中的有关操作资料;d) 相应的航空器设备和系统的使用及可用性检查;e) 适合于航空器机体、系统和发动机的维修程序;f) 对于直升机和动力升空器,传动装置(传动齿轮系)(如适用);g) 对于飞艇,气体的物理特性与实际应用;飞行性能、计划和装载;h) 装载和重量分布对航空器操纵、飞行特性和性能的影响;重量和平衡计算;i) 起飞、着陆和其他性能数据的使用与实际运用;j) 适合于按照目视飞行规则商用运行的飞行前准备和航路飞行计划,空中交通服务飞行计划的准备和申报,相应的空中交通服务程序,高度表拨正程序;k) 对于飞艇、直升机和动力升空器,外挂载荷对操纵的影响。

人的行为能力:l) 人的行为能力,包括威胁和差错管理的原则。⑥

气象学:m) 航空气象报告、图表和预报的判读与使用,飞行前和飞行中气象资料的使用和获得气象资料的程序,测高法;n) 航空气象学:有关地区影响航空的气象要素的气候学,气压系统的移动、锋面结构和影响起飞、航路和着陆条件的重要天气现象的起源与特征;o) 积冰的原因、识别和影响;通过锋区的程序;绕过危险天气。

---

① 附件1第2.3.6.1条。
② 注:运用威胁和差错管理原则的有关材料载于《空中航行服务程序—培训》(PANS-TRG,Doc 9868号文件)第Ⅱ部分第1章附篇C和《人的因素训练手册》(Doc 9683号文件)第Ⅱ部分第2章。
③ 注:2.3.6.2 i)规定的仪表经历和2.3.2.2规定的夜航带飞训练,并未授予私用驾驶员执照持有人按仪表飞行规则驾驶飞艇的权利。
④ 附件1第2.3.6.2条。
⑤ 附件1第2.4.1.1条。
⑥ 注:有关设计人的行为能力,包括威胁和差错管理训练计划的指导材料见《人的因素训练手册》(Doc 9683号文件)。

领航:p) 空中领航,包括航图、仪表和导航设备的使用,对相应导航系统的原理和特性的理解,机载设备的操作;q) 对于飞艇:ⅰ) 操纵和导航所必需的航空电子设备和仪表的使用、限制和可服务性,ⅱ) 起飞、航路、进近和降落阶段的飞行所用导航系统的使用、精确度和可靠性,无线电导航设施的识别,ⅲ) 自主式和参照外部导航系统的原理和特性,机载设备的操作。

操作程序:r) 在运行效绩方面运用威胁和差错管理;①s) 航空文件,如《航行资料汇编》《航行通告》《航空代码及缩略语》的使用;t) 高度表拨正程序;u) 相关的预防和应急程序;v) 载运货物时的操作程序,与危险物品有关的潜在危险;w) 旅客安全简介的要求和做法,包括上、下航空器时应遵守的预防措施;x) 对于直升机和动力升空器(如适用),带油门的缓慢垂直下降,地面共振,后行叶失速,动力侧滚翻转和其他操作危险,与目视气象条件飞行相关的安全程序。

飞行原理:y) 飞行原理。

无线电通话:z) 适用于目视飞行规则运行的通信程序和用语;如遇通信故障应采取的行动。②

技能。申请人必须演示作为相应类别的航空器机长完成 2.4.3.2 或 2.4.4.2 或 2.4.5.2 或 2.4.6.2 所规定的各项程序和动作的能力,其胜任程度与授予商用驾驶员执照持有人的权利相适应,并且能够:a) 识别并且管理威胁和差错;③b) 在航空器限制范围内驾驶航空器;c) 平稳而准确地完成所有动作;d) 运用良好的判断力和飞行技术;e) 运用航空知识;和 f) 随时保持对航空器的操纵,以确保圆满地完成各项程序或动作。④

体检要求。申请人必须持有现行有效的一级体检合格证。

② 执照持有人的权利与行使此种权利应遵守的条件。

在符合 1.2.5、1.2.6、1.2.7、1.2.9 和 2.1 所规定要求的条件下,商用驾驶员执照持有人的权利必须是:a) 在与航空器类别相应的航空器上行使私用驾驶员执照持有人的所有权利;b) 在从事非商业航空运输运行的航空器类别相应的航空器上担任机长;c) 在审定为唯一驾驶员操纵的与航空器类别相应的航空器上担任商业航空运输的机长;d) 在要求有副驾驶员操作的航空器类别的相应航空器上担任副驾驶;和 e) 对于飞艇类别,按照仪表飞行规则驾驶飞艇。⑤

在夜间行使执照权利之前,执照持有人必须在与航空器类别相应的航空器上接受过夜航带飞训练,包括夜间起飞、着陆和航行。⑥ 执照持有人年满 60 和 65 周岁时,按 2.1.10 规定对执照的某些权利予以取消。

③ 颁发飞机类别等级的特殊要求。包括经历、飞行训练两个方面。

经历。申请人必须完成至少 200 小时作为飞机驾驶员的飞行时间,如果是在经批准的

---

① 注:运用威胁和差错管理的原则的有关材料载于《空中航行服务程序—培训》(PANS-TRGD,Doc 9868 号文件)第Ⅱ部分第 1 章附篇 C 和《人的因素训练手册》(Doc 9683 号文件)第Ⅱ部分第 2 章。
② 附件 1 第 2.4.1.2 条。
③ 注:运用威胁和差错管理的原则的有关材料载于《空中航行服务程序—培训》(PANS-TRG,Doc 9868 号文件)第Ⅰ部分第 1 章附篇 C 和《人的因素训练手册》(Doc 9583 文件)第Ⅰ部分第 2 章。
④ 附件 1 第 2.4.1.3 条。
⑤ 附件 1 第 2.4.2.1 条。
⑥ 附件 1 第 2.4.2.2 条。

训练课程中完成,则不少于150小时。颁照当局必须决定申请人在飞行模拟训练装置内作为驾驶员接受训练的经历是否可以接受作为200小时或(视情)150小时总飞行时间的一部分。如将此项经历计入总飞行时间,必须限定最多为10小时。①

申请人必须在飞机上完成至少:a) 100小时作为机长的飞行时间,或在经批准的训练课程中,70小时作为机长的飞行时间;b) 20小时作为机长的转场飞行时间,其中一次总距离至少为540公里(300海里)的转场飞行,飞行过程中必须在两个不同的机场作全停着陆;c) 10小时仪表教学时间,其中仪表地面时间不得超过5小时;和d) 在夜间行使执照权利时,5小时作为机长的夜航时间,包括5次起飞和5次着陆。②

如果申请人具有作为其他类别航空器驾驶员的飞行时间,颁照当局必须决定此项经历是否可接受,如可接受,2.4.3.1.1对飞行时间的要求可相应减少的程度。③

飞行训练。申请人必须在与申请级别和/或型别等级相应的飞机上接受授权飞行教员的带飞训练。教员必须保证申请人至少在下列科目中具有商用驾驶员所需技能水平的操作经历:a) 识别并且管理威胁和差错;④b) 飞行前操作,包括重量和平衡的确定、飞机的检查和勤务工作;c) 机场和起落航线的运行、避免相撞的预防措施和程序;d) 参照外部目视参考操纵飞机;e) 用临界小速度飞行,避免螺旋,识别并从临近失速和失速中改出;f) 多发级别或型别等级的不对称动力飞行;g) 用临界大速度飞行,识别并从急盘旋下降中改出;h) 正常及侧风起飞和着陆;i) 最大性能(短跑道和越障)起飞;短跑道着陆;j) 基本飞行机动和仅参照基本飞行仪表从不正常姿态中改出;k) 使用目视参考、推测领航和无线电导航设备作转场飞行,改航程序;l) 不正常和应急程序以及动作,包括模拟的飞机设备故障;m) 按照空中交通服务程序飞往、飞离和飞越管制机场起飞;和n) 通信程序和用语。⑤

注:2.4.3.1.1 c)和2.4.3.2 j)规定的仪表经历及2.4.3.1.1.1 d)和2.4.2.2规定的夜航经历和带飞教学训练,并未授予商用驾驶员执照持有人按仪表飞行规则驾驶飞机的权利。

建议:申请人应已经在实际飞行中接受过经颁照当局批准的预防非正常飞行姿态及改出训练⑥。⑦

④颁发直升机类别等级的特殊要求。包括经历和飞行训练两个方面。

经历。申请人必须完成至少150小时作为直升机驾驶员的飞行时间,如果是在经批准的训练课程中完成,则不少于100小时。颁照当局必须决定申请人在飞行模拟训练装置内作为驾驶员接受训练的经历,是否可以接受作为150小时或(视情)100小时总飞行时间的一

---

① 附件1第2.4.3.1条。
② 附件1第2.4.3.1.1条。
③ 附件1第2.4.3.1.2条。
④ 注:运用威胁和差错管理原则的有关材料载于《空中航行服务程序—培训》(PANS-TRG,Doc 9868号文件)第Ⅱ部分第1章附篇C和《人的因素训练手册》(Doc 9683号文件)第Ⅱ部分第2章。
⑤ 附件1第2.4.3.2.1条。
⑥ 注1:预防非正常飞行姿态及改出训练的程序载于《空中航行服务程序—培训》(PANS-TRG,Doc 9868号文件)。
注2:预防非正常飞行姿态及改出训练的指导载于《飞机预防非正常飞行姿态及改出训练手册》(PANS-TRG,Doc 10011号文件)。
⑦ 附件1第2.4.3.2.1条。

部分。如将此项经历计入点飞行时间,必须限定最多为10小时。①

申请人必须在直升机上完成至少:a) 35小时作为机长的飞行时间;b) 10小时作为机长的转场飞行时间,包括一次在两个不同地点着陆的转场飞行;c) 10小时仪表教学时间,其中仪表地面时间不得超过5小时;和 d) 在夜间行使执照权利时,5小时作为机长的夜航时间,包括5次起飞和5次着陆的起落航线飞行。②

如果申请人具有作为其他类别航空器驾驶员的飞行时间,颁照当局必须决定此项经历是否可接受,如可接受,2.4.4.1.1对飞行时间的要求可相应减少的程度。③

飞行训练。申请人必须在直升机上接受授权飞行教员的带飞训练。教员必须保证申请人至少在下列科目具有商用驾驶员所需技能水平的操作经历:a) 识别并且管理威胁和差错④;b) 飞行前操作,包括重量和平衡的确定、直升机的检查和勤务工作;c) 机场和起落航线的运行、避免相撞的预防措施和程序;d) 参照外部目视参考操纵直升机;e) 在涡环的初始阶段改出,在发动机转速正常范围内从低旋翼转速改出的技术;f) 地面机动和试车,悬停,正常、无风及倾斜地面的起飞和着陆,大下滑角进近;g) 以所需最小动力起飞和着陆,最大性能起飞和着陆技术,受限制区域内的运行,快停;h) 无地面效应的悬停,外挂载荷运行(如可行),高空飞行;i) 基本飞行机动和仅参照基本飞行仪表从不正常姿态中改出;j) 使用目视参考、推测领航和无线电导航设备作转场飞行,改航程序;k) 不正常和应急程序,包括模拟的直升机设备故障,自转下降到着陆;l) 按照空中交通服务程序飞往、飞离和飞越管制机场;和 m) 通信程序和用语。⑤

注:2.4.4.1.1 c)和2.4.4.2 i)规定的仪表飞行经历及2.4.4.1.1 d)和2.4.2.2规定的夜航经历和带飞训练,并未授予商用驾驶员执照持有人按仪表飞行规则驾驶直升机的权利。

⑤颁发动力升空器类别等级的特定要求。包括经历和飞行训练两个方面。

经历。建议:申请人应该在动力升空器上完成至少200小时作为航空器驾驶员的飞行时间,如果在批准的训练课程中完成,则不少于150小时。颁照当局应该决定申请人在飞行模拟训练装置内作为驾驶员接受训练的经历,是否可以接受作为200小时或(视情)150小时总飞行时间的一部分。⑥

建议:申请人应该在动力升空器上完成至少:a) 50小时作为机长的飞行时间;b) 10小时作为机长的转场飞行时间,其中一次总距离至少为540公里(300海里)的转场飞行,飞行过程中应该在两个不同机场作全停着陆;c) 10小时仪表教学时间,其中仪表地面时间不得超过5小时;和 d) 在夜间行使执照权利时,5小时作为机长的夜航时间,包括5次起飞和5次着陆。⑦

建议:如果申请人具有作为其他类别航空器驾驶员的飞行时间,颁照当局应该决定此项

---

① 附件1第2.4.4.1.1条。
② 附件1第2.4.4.1.1.1条。
③ 附件1第2.4.4.1.2条。
④ 注:运用威胁和差错管理原则的有关材料载于《空中航行服务程序—培训》(PANS-TRG,Doc 9868号文件)第Ⅱ部分第1章附篇C和《人的因素训练手册》(Doc 9683号文件)第Ⅱ部分第2章。
⑤ 附件1第2.4.4.2条。
⑥ 附件1第2.4.5.1.1条。
⑦ 附件1第2.4.5.1.2条。

经历是否可接受,如可接受,2.4.5.1.1 对飞行时间的要求可相应减少的程度。①

飞行训练。建议:申请人应该在动力升空器上接受授权飞行教员的带飞训练。教员应该保证申请人至少在下列科目具有商用驾驶员所需技能水平的操作经历:a) 识别并且管理威胁和差错;②b) 飞行前操作,包括重量和平衡的确定、动力升空器的检查和勤务工作;c) 机场和起落航线的运行、避免相撞的预防措施和程序;d) 参照外部目视参考操纵动力升空器;e) 在涡环的初始阶段改出,在发动机转速正常范围内从低旋翼转速改出的技术;f) 地面机动和试车,悬停、滑跑与上升,正常、无风及倾斜地面的悬停和滑跑进近到着陆,大下滑角进近;g) 以所需最小动力起飞和着陆,最大性能起飞和着陆技术,受限制区域内的运行,快停;h) 无地面效应的悬停,外挂载荷运行(如可行),高空飞行;i) 基本飞行机动和仅参照基本飞行仪表从不正常姿态中改出;j) 使用目视参考、推测领航和有条件时使用无线电导航设备作转场飞行,包括一次至少 1 小时的飞行;k) 应急操作,包括模拟的动力升空器设备故障、动力转换为自转和自转下降(如适用),传动装置和互连式传动轴故障(如适用);l) 按照空中交通服务程序、无线电话通信程序及用语飞往、飞越管制机场或从管制机场起飞;和 m) 通信程序和用语。③

注:2.4.5.1.2 c)和 2.4.5.2 i)规定的仪表飞行经历及 2.4.5.1.2 d)和 2.4.2.2 规定的夜航经历和带飞训练,并未授予商用驾驶员执照持有人按仪表飞行规则驾驶动力升空器的权利。

⑥颁发飞艇类别等级的特殊要求。包括经历和飞行训练两个方面。

经历。申请人必须完成至少 200 小时作为驾驶员的飞行时间。④ 具体为:申请人必须完成至少:a) 50 小时在飞艇上作为驾驶员的飞行时间;b) 30 小时在飞艇上担任机长或监督下的机长,其中至少包括:10 小时转场飞行;和 10 小时夜间飞行;c) 40 小时仪表时间,其中 20 小时必须是空中飞行时间,包括 10 小时在飞艇上的飞行时间;和 d) 20 小时在飞艇上按 2.4.6.2 操作领域要求实施的飞行训练。⑤

飞行训练。申请人必须在飞艇上接受授权飞行教员的带飞训练。教员必须保证申请人至少在下列科目具有商用驾驶员所需技能水平的操作经历:a) 识别并且管理威胁和差错;⑥b) 飞行前操作,包括重量和平衡的确定、飞艇的检查和勤务工作;c) 机场和起落航线的运行、避免相撞的预防措施和程序;d) 起飞技术和程序,包括相应限制、应急程序和使用的信号;e) 参照外部目视参考操纵飞艇;f) 识别漏气;g) 正常起飞和着陆;h) 最大性能(短跑道和越障)起飞,短跑道着陆;i) 按照仪表飞行规则飞行;j) 使用目视参考、推测领航和有条件时使用无线电导航设备作转场飞行;k) 应急操作,包括模拟的飞艇设备故障;l) 按照空中交通服务程序飞往、飞越管制机场或从管制机场起飞;和 m) 通信程序和用语。⑦

(5) 与飞机类别相应的多机组驾驶员执照。包括颁发执照的一般要求、执照持有人的

---

① 附件1第2.4.5.1.3条。
② 注:运用威胁和差错管理原则的有关材料载于《空中航行服务程序—培训》(PANS-TRG,Doc 9868号文件)第Ⅱ部分第1章附篇C和《人的因素训练手册》(Doc 9683号文件)第Ⅱ部分第2章。
③ 附件1第2.4.5.2条。
④ 附件1第2.4.6.1.1条。
⑤ 附件1第2.4.6.1.1.1条。
⑥ 注:运用威胁和差错管理原则的有关材料载于《空中航行服务程序—培训》(PANS-TRG,Doc 9868号文件)第Ⅱ部分第1章附篇C和《人的因素训练手册》(Doc 9683号文件)第Ⅱ部分第2章。
⑦ 附件1第2.4.6.2条。

权利与行使此种权利应遵守的条件、经历和飞行训练四个方面的规定。

①颁发执照的一般要求。包括年龄、知识、技能和体检要求。

年龄。申请人必须年满18周岁。①

知识。申请人必须在经过批准的培训课程中达到2.6.1.2规定的与飞机类别相应的航线运输驾驶员执照的要求。②

技能。申请人必须演示作为正在飞行的驾驶员和不在飞行的驾驶员,完成附录3规定的所有胜任能力单元所要求技能的能力,在审定需要最小机组至少为两名驾驶员操纵的涡轮发动机飞机上,能够担任副驾驶按照目视飞行规则和仪表飞行规则飞行的程度,并且能够:a) 识别并且管理威胁和差错;③b) 在各种情况下,在飞机限制范围内平稳而准确地手动操纵飞机,以确保圆满地完成各项程序或动作;c) 用与飞行阶段相适应的自动化模式操作飞机,并且保持对工作中的自动化模式的意识;d) 在飞行的各个阶段都能准确地完成正常、不正常和应急程序;和 e) 与其他飞行机组成员进行有效的沟通,并且演示有能力切实履行机组失能和机组协调程序,包括驾驶员任务的分配、机组配合、标准运行程序(SOPs)的执行及检查单的使用。④

必须持续不断地评估在掌握2.5.1.3.1规定的技能方面取得的进展。⑤

体检要求。申请人必须持有现行有效的一级体检合格证。⑥

②执照持有人的权利与行使此种权利应遵守的条件。

在符合1.2.5、1.2.6、1.2.7.1、1.2.9和2.1所规定要求的条件下多机组驾驶员执照持有人的权利必须是:a) 在达到2.3.3要求的条件下,在相应飞机类别上行使私用驾驶员执照持有人的所有权利;b) 在多机组运行中行使仪表等级的权利;和 c) 在要求有副驾驶员操作的飞机上担任副驾驶。⑦

在唯一驾驶员运行的飞机上行使仪表等级权利之前,执照持有人必须演示在仅参照仪表的唯一驾驶员运行中担任机长的能力,并且满足2.7.1.2规定的与飞机类别相应的技能要求。⑧

在唯一驾驶员运行的飞机上行使商用驾驶员执照权利之前,执照持有人必须:a) 完成70小时作为飞机机长的飞行时间,或至少10小时作为机长的飞行时间,其余必需的附加飞行时间是在监督之下担任机长;b) 完成20小时作为机长的转场飞行时间,或至少10小时担任机长和10小时在监督之下担任机长,包括一次总距离至少为540公里(300海里)的转场飞行,飞行过程中必须在两个不同机场作全停着陆;和 c) 符合2.4.1.2、2.4.1.3、2.4.3.1.1(2.4.3.1.1.1a除外)和2.3.2规定的与飞机种类相应的商用驾驶员执照要求。⑨

注1:当缔约国向多机组驾驶员执照持有人授予唯一驾驶员运行权利时,可以通过在多

---

① 附件1第2.5.1.1条。
② 附件1第2.5.1.2条。
③ 注:运用威胁和差错管理原则的有关材料载于《空中航行服务程序—培训》(PANS - TRG, Doc 9868号文件)第Ⅱ部分第1章附篇C和《人的因素训练手册》(Doc 9683号文件)第Ⅱ部分第2章。
④ 附件1第2.5.1.3.1条。
⑤ 附件1第2.5.1.3.2条。
⑥ 附件1第2.5.1.4条。
⑦ 附件1第2.5.2.1条。
⑧ 附件1第2.5.2.2条。
⑨ 附件1第2.5.2.3条。

机组驾驶员执照上签注,或者通过颁发飞机类别的商用驾驶员执照,来记录这些权利。

注2:执照持有人年满65周岁后,按2.1.10规定对执照的某些权利予以削减。

③经历。申请人必须在批准的训练课程中,作为进行和不进行实际与模拟飞行的驾驶员完成至少240小时的飞行时间。[①]

实际飞行经历必须至少包括2.3.3.1的经历要求,预防非正常飞行姿态及改出的训练[②]、夜间飞行和仅参照仪表的飞行。[③]

申请人除了满足2.5.3.2的规定之外,还必须在经审定需要最小机组至少为两名驾驶员操纵的涡轮发动机飞机上或者在颁照当局根据附录3第4段为此目的批准的飞行模拟训练装置内,获得附录3规定的高级合格能力级别所要求的经历。[④]

④飞行训练。申请人必须完成2.5.3规定的包含经历要求在内的批准训练课程。[⑤] 申请人必须接受附录3所述的所有胜任能力单元的带飞训练,达到为颁发多机组驾驶员执照要求的水平包括按照仪表飞行规则驾驶飞机所要求的胜任能力单元。[⑥]

(6)航线运输驾驶员执照。附件1对颁发与飞机、直升机和动力升空器类别相应执照的一般要求、执照持有人的权利与行使此种权利应遵守的条件、颁发飞机类别等级的特殊要求、颁发直升机类别等级的特殊要求、颁发动力升空器类别等级的特殊要求进行了具体规定。

①颁发与飞机、直升机和动力升空器类别相应执照的一般要求。包括年龄、知识、技能、体检要求。

年龄。申请人必须年满21周岁。[⑦]

知识。申请人必须至少在下列科目中演示与授予航线运输驾驶员执照持有人的权利相适应,并且与预期包括在执照内的航空器类别相符的知识水平:

航空法:a)与航线运输驾驶员执照持有人有关的规章条例;空中规则;相应的空中交通服务措施和程序。

飞机、直升机和动力升空器航空器的一般知识:b)电气、液压、增压和航空器其他系统的一般特性和限制,包括自动驾驶仪和增稳飞行操纵系统;c)航空器发动机的工作原理、操作程序和使用限制,大气条件对发动机性能的影响,飞行手册或其他相应文件中的有关操作资料;d)有关类别航空器的使用程序和限制,根据飞行手册中的有关操作资料,大气条件对航空器性能的影响;e)相应的航空器设备和系统的使用及可用性检查;f)飞行仪表,罗盘、转弯和增速误差,陀螺仪表,其使用限制和进动效应,各种飞行仪表和电子显示装置发生故障时采取的措施和程序;g)适合于航空器机体、系统和发动机的维修程序;h)对于直升机和动力升空器,传动装置(传动齿轮系)(如适用)。

---

① 附件1第2.5.3.1条。
② 注1:预防非正常飞行姿态及改出训练的程序载于《空中航行服务程序—培训》(PANS-TRG,Doc 9868号文件)。
注2:预防非正常飞行姿态及改出训练的指导载于《飞机预防非正常飞行姿态及改出训练手册》(PANS-TRG,Doc 10011号文件)。
③ 附件1第2.5.3.2条。
④ 附件1第2.5.3.3条。
⑤ 附件1第2.5.4.1条。
⑥ 附件1第2.5.4.2条。
⑦ 附件1第2.6.1.1条。

飞行性能、计划和装载:i) 装载及质量分布对航空器操纵、飞行特性和性能的影响,重量和平衡计算;j) 起飞、着陆和其他性能数据,包括巡航控制程序的使用和实际运用;k) 飞行前准备和航路飞行计划,空中交通服务飞行计划的准备和申报,相应的空中交通服务程序,高度表拨正程序;l) 对于直升机或动力升空器,外挂载荷对操纵的影响。

人的行为能力:m) 人的行为能力,包括威胁和差错管理的原则[①]。

气象学:n) 航空气象报告、图表和预报的判读与使用,代码和简字,飞行前和飞行中气象资料的使用和获得气象资料的程序,测高法;o) 航空气象学,有关地区影响航空的气象要素的气候学,气压系统的移动,锋面结构和影响起飞、航路和着陆条件的重要天气现象的起源及特征;p) 结冰的原因、识别和影响,通过锋区的程序,绕过危险天气;q) 对于飞机和动力升空器,高空气象学的实践,包括天气报告、图表和预报的判读与使用,急流。

领航:r) 空中领航,包括航图、无线电导航设备和区域导航系统的使用,远程飞行的特殊导航要求;s) 航空器操纵和导航所必需的航空电子设备和仪表的使用、限制和可用性;t) 离场、航路、进近和着陆各飞行阶段所用的导航系统的使用、精确度和可靠性,无线电导航设备的识别;u) 自主式和参照外部导航系统的原理和特性,操作机载设备。

操作程序:v) 在运行效绩方面运用威胁和差错管理的原则[②];w) 航空文件,如《航行资料汇编》《航行通告》《航空代码和缩略语》的理解与使用;x) 预防和应急程序,安全措施,y) 载运货物和危险品的操作程序;z) 旅客安全简介的要求和做法,包括在上、下航空器时应遵守的预防措施;aa) 对于直升机和(如适用)动力升空器,带油门的缓慢垂直下降,地面共振,后行桨叶失速,动力侧滚翻转和其他操作危险,与目视气象条件飞行相关的安全程序。

飞行原理:bb) 飞行原理。

无线电通话:cc) 通信程序和用语,如遇通信故障应采取的行动。[③]

除了上述科目之外,申请飞机或动力升空器类别的航线运输驾驶员执照的申请人必须满足 2.7.1.1 的仪表等级知识要求。[④]

技能。申请人必须演示在要求有一名副驾驶操作的相应类别的航空器上担任机长完成下列各项程序和动作的能力:a) 飞行前程序,包括运行飞行计的准备和空中交通服务飞行计划的申报;b) 所有飞行阶段的正常飞行程序和动作;c) 与发动机、系统、机体等设备故障有关的不正常和应急程序与动作;d) 机组失能和机组协调程序,包括驾驶员任务的分配、机组配合及检查单的使用;和 e) 对于飞机和动力升空器,2.7.4.1 a) 至 d) 规定的各项仪表飞行程序和动作,包括模拟发动机故障。[⑤]

对于飞机,申请人必须演示担任多发飞机机长完成 2.6.1.3.1 规定的各项程序和动作的能力。[⑥]

申请人必须演示完成 2.6.1.3 规定的各项程序和动作的能力,其胜任程度与授予航线

---

① 注:有关设计人的行为能力,包括威胁和差错管理训练大纲的指导材料见《人的因素训练手册》(Doc 9683 号文件)。
② 注:运用威胁和差错管理原则的有关材料载于《空中航行服务程序—培训》(PANS-TRG,Doc 9868 号文件)第Ⅱ部分第 1 章附篇 C 和《人的因素训练手册》(Doc 9683 号文件)第Ⅱ部分第 2 章。
③ 附件 1 第 2.6.1.2.1 条。
④ 附件 1 第 2.6.1.2.2 条。
⑤ 附件 1 第 2.6.1.3.1 条。
⑥ 附件 1 第 2.6.1.3.1.1 条。

运输驾驶员执照持有人的权利相适应,并且能够:a) 识别并且管理威胁和差错;①b) 在各种情况下,在航空器限制范围内平稳而准确地手动操纵航空器,以确保圆满地完成各项程序或动作;c) 用与飞行阶段相适应的自动化模式来操作航空器,并且保持对工作中的自动化模式的意识;d) 在飞行的各个阶段能准确地完成正常、不正常和应急程序;e) 运用良好的判断力和飞行技术,包括有条理的决策和对事态保持警觉;和 f) 与其他飞行机组成员进行有效沟通,并演示有能力切实完成机组失能和机组配合程序,包括驾驶员任务的分配、机组配合、标准运行程序(SOPs)的执行及检查单的使用。②

体检要求。申请人必须持有现行有效的一级体检合格证。③

②执照持有人的权利与行使此种权利应遵守的条件。在符合 1.2.5、1.2.6、1.2.7.1、1.2.9 和 2.1 所规定要求的条件下,航线运输驾驶员执照持有人的权利必须是:a) 在与航空器类别相应的航空器上行使私用驾驶员执照和商用驾驶员执照持有人的所有权利,对于飞机和动力升空器类别的执照,行使仪表等级持有人的所有权利;和 b) 在审定要求有一名以上驾驶员飞行的相应类别的航空器上,担任商业航空运输的机长。④

如果飞机类别的航线运输驾驶员执照持有人以前仅持有多机组驾驶员执照,除非执照持有人满足 2.5.2.1 a)、2.5.2.2 和 2.5.2.3 规定的要求,否则其执照权利⑤必须仅限于多机组运行。必须在执照上签注对权利的任何限制。⑥

③颁发飞机类别等级的特殊要求。包括经历、飞行训练两个方面。

经历。申请人必须完成至少 1 500 小时作为飞机驾驶员的飞行时间。颁照当局必须决定申请人在飞行模拟训练装置内作为驾驶员接受训练的经历是否可以接受作为 1 500 小时总飞行时间的一部分。如将此项经历计入总飞行时间,必须限定最多为 100 小时,其中在飞行程序训练器或基本仪表飞行训练器内的时间不得超过 25 小时。⑦

申请人必须在飞机上完成至少:a) 500 小时在监督之下作为机长的飞行时间,或 250 小时作为机长的飞行时间,或 70 小时作为机长的飞行时间,其余必需的附加飞行时间是在监督之下担任机长;b) 200 小时转场飞行时间,其中 100 小时是作为机长或在监督之下担任机长;c) 75 小时仪表时间,其中仪表地面时间不得超过 30 小时;和 d) 100 小时作为机长或副驾驶的夜航时间。⑧

如果申请人具有作为其他类别航空器驾驶员的飞行时间,颁照当局必须决定此项经历是否可接受,如可接受,2.6.3.1.1 对飞行时间的要求可相应减少的程度。⑨

飞行训练。申请人必须接受 2.4.3.2 规定的颁发商用驾驶员执照和 2.7.4 段规定的颁发仪表等级,或 2.5.4 段规定的颁发多机组驾驶员执照要求的带飞训练。⑩

---

① 注:运用威胁和差错管理原则的有关材料载于《空中航行服务程序—培训》(PANS-TRG,Doc 9868 号文件)第 Ⅱ 部分第 1 章附篇 C 和《人的因素训练手册》(Doc 9683 号文件)第 Ⅱ 部分第 2 章。
② 附件 1 第 2.6.1.3.1.2 条。
③ 附件 1 第 2.6.1.4 条。
④ 附件 1 第 2.6.2.1 条。
⑤ 注:执照持有人年满 60 和 65 周岁后,按 2.1.10 规定对执照的某些权利予以削减。
⑥ 附件 1 第 2.6.2.2 条。
⑦ 附件 1 第 2.6.3.1.1 条。
⑧ 附件 1 第 2.6.3.1.1.1 条。
⑨ 附件 1 第 2.6.3.1.2 条。
⑩ 附件 1 第 2.6.3.2 条。

④颁发直升机类别等级的特殊要求。包括经历和飞行训练两个方面。

经历。申请人必须完成至少 1 000 小时作为直升机驾驶员的飞行时间。颁照当局必须决定申请人在飞行模拟训练装置内作为驾驶员接受训练的经历,是否可以接受作为 1 000 小时总飞行时间的一部分。如将此项经历计入总飞行时间,必须限定最多为 100 小时,其中在飞行程序训练器或在基本仪表飞行训练器内的时间不得超过 25 小时。①

申请人必须在直升机上完成至少:a) 250 小时作为机长的飞行时间,或 70 小时作为机长的飞行时间,其余必需的附加飞行时间是在监督之下担任机长;b) 200 小时转场飞行时间,其中 100 小时是作为机长或在监督之下担任机长;c) 30 小时仪表时间②,其中仪表地面时间不得超过 10 小时;和 d) 50 小时作为机长或副驾驶的夜航时间③。④

如果申请人具有其他类别航空器驾驶员的飞行时间,颁照当局必须决定此项经历是否可以接受,如可以接受,2.6.4.1.1 对飞行时间的要求可相应减少的程度。⑤

飞行训练。申请人必须接受为颁发商用驾驶员执照要求的飞行训练(2.4.4.2)。⑥

⑤颁发动力升空器类别等级的特殊要求。包括经历和飞行训练两个方面。

经历。建议:申请人应该完成至少 1 500 小时作为动力升空器驾驶员的飞行时间。颁照当局应该决定申请人在飞行模拟训练装置内作为驾驶员接受训练的经历,是否可以接受作为 1 500 小时总飞行时间的一部分。⑦

建议:申请人应该在动力升空器上完成至少:a) 250 小时作为机长的飞行时间,或其中至少 70 小时担任机长,其余必需的附加飞行时间是在监督之下担任机长;b) 100 小时转场飞行时间,其中至少 50 小时应该作为机长或者是在监督之下担任机长;c) 75 小时仪表时间,其中仪表地面时间不得超过 30 小时;和 d) 25 小时作为机长或副驾驶的夜航时间。⑧

建议:如果申请人具有其他类别航空器驾驶员的飞行时间,颁照当局应该决定此项经历是否可以接受如可以接受,2.6.5.1.1 对飞行时间的要求可相应减少的程度。⑨

飞行训练。建议:申请人应该接受 2.4.5.2 规定的为领发商用驾驶员执照和 2.7.4 段规定的为领发仪表等级要求的带飞训练。⑩

(7) 仪表等级。包括:颁发飞机、飞艇、直升机和动力升空器类别等级的要求、等级持有人的权利与行使此种权利应遵守的条件、经历、飞行训练。

①颁发飞机、飞艇、直升机和动力升空器类别等级的要求。包括知识、技能两个方面。

知识。申请人必须至少在下列科目中演示与授予仪表等级持有人的权利相适应的知识水平:

---

① 附件 1 第 2.6.4.1.1 条。
② 2.6.4.1.1.1 c) 规定的仪表时间并未授予航线运输(直升机)驾驶员执照持有人按仪表飞行规则驾驶直升机的权利。
③ 2.6.4.1.1.1 d) 规定的夜间飞行时间,并未授予航线运输(直升机)驾驶员执照持有人按仪表飞行规则驾驶直升机的权利。
④ 附件 1 第 2.6.4.1.1.1 条。
⑤ 附件 1 第 2.6.4.1.2 条。
⑥ 附件 1 第 2.6.4.2 条。
⑦ 附件 1 第 2.6.5.1.1 条。
⑧ 附件 1 第 2.6.5.1.2 条。
⑨ 附件 1 第 2.6.5.1.3 条。
⑩ 附件 1 第 2.6.5.2 条。

航空法：a）与仪表飞行规则飞行有关的规章条例；相应的空中交通服务措施和程序。

对所申请航空器类别航空器的一般知识：b）按照仪表飞行规则和在仪表气象条件下，航空器操纵和导航所必需的航空电子设备、电子装置及仪表的使用、限制和可用性，自动驾驶仪的使用和限制；c）罗盘、转弯和增速误差，陀螺仪表，其使用限制和进动效应，各种飞行仪表发生故障时采取的措施和程序。

所申请航空器类别的飞行性能和计划：d）与仪表飞行规则飞行相应的飞行前准备和检查；e）运行飞行计划，按照仪表飞行规则的空中交通服务飞行计划的准备和申报，高度表拨正程序。

所申请航空器类别的人的行为能力：f）与航空器仪表飞行有关的人的行为能力，包括威胁和差错管理的原则。①

所申请航空器类别的气象学：g）航空气象学的运用，报告、图表和预报的判读与使用，代码和简字，气象资料的使用和获得气象资料的程序，测高法；h）结冰的原因、识别和影响，通过锋区的程序，绕过危险天气；i）对于直升机和动力升空器，旋翼结冰的影响。

所申请航空器类别的领航：j）使用无线电导航设备的实践；k）离场、航路、进近和着陆各飞行阶段所用的导航系统的使用、精确度和可靠性，无线电导航设备的识别。

所申请航空器类别的操作程序②：l）在运行效绩方面运用威胁和差错管理的原则；m）航空文件，如《航行资料汇编》《航行通告》《航空代码与缩略语》，以及离场、航路、下降、进近仪表程序图的判读与使用；n）预防和应急程序，与仪表飞行规则飞行有关的安全措施，超障准则。

无线电通话：o）适用于航空器按照仪表飞行规则运行的通信程序和用语，如遇通信故障应采取的行动。③

技能。申请人必须根据申请仪表的等级在相应类别航空器上演示完成 2.7.4.1 所各项程序和动作的能力及其胜任程度与授予仪表等级持有人的权利相适应，并且能够：a）识别并且管理威胁和差错；④b）在申请类别的航空器限制范围内驾驶航空器；c）平稳而准确地完成所有动作；d）运用良好的判断力和飞行技术；e）运用航空知识；和 f）随时保持对航空器的操纵，以确保圆满地完成程序或动作。⑤

如果在多发航空器上行使仪表等级所授予的权利，申请人必须演示在单发失效或模拟⑥失效时仅参照仪表驾驶多发相应类别航空器的能力。

体检要求。持有私用驾驶员执照的申请人必须在符合颁发一级体验合格证听力要求的基础上确定其听力灵敏度。⑦

---

① 注：有关设计人的行为能力，包括威胁和差错管理原则训练计划的指导材料见《人的因素训练手册》（Doc 9683 号文件）。

② 注：为驾驶员和飞行运行人员提供的关于飞行程序参数和运行程序的资料，载于《空中航行服务》（PANS‑OPS，Doc 8168 号文件）第Ⅰ卷《飞行程序》。某些国家采用的程序可能与 PANS‑OPS 不同，出于安全原因了解这些差异是很重要的。

③ 附件 1 第 2.7.1.1 条。

④ 注：运用威胁和差错管理原则的有关材料载于《空中航行服务程序—培训》（PANS‑TRG，Doc 9868 号文件）第Ⅱ部分第 1 章附篇 C 和《人的因素训练手册》（Doc 9683 号文件）第Ⅱ部分第 2 章。

⑤ 附件 1 第 2.7.1.2.1 条。

⑥ 注：有关用飞行模拟训练装置演示的技能，参见附件 1 第 2.1.6 条。

⑦ 附件 1 第 2.7.1.3.1 条。

建议:缔约国应该考虑要求私用驾驶员执照持有人符合颁发一级体检合格证的身体、心理及视力要求。①

②等级持有人的权利与行使此种权利应遵守的条件。在符合 1.2.5、1.2.6 和 2.1 所规定要求的条件下,特定航空器别的仪表等级持有人的权利必须是按仪表飞行规则驾驶该类航空器。②

在多发航空器上行使权利之前,等级持有人③必须符合 2.7.1.2.1.1 的要求。④

③经历。申请人必须持有所申请航空器类别的驾驶员执照。⑤ 申请人必须完成至少:a) 在颁照当局认可的航空器类别上 50 小时作为机长的转场飞行时间,其中在所申请航空器类别上的时间不得少于 10 小时;和 b) 在航空器上 40 小时仪表时间,其中仪表地面时间不得超过 20 小时,如果使用飞行模拟机,则不得超过 30 小时。地面时间必须在授权教员监督下完成。⑥

④飞行训练。申请人在申请的航空器类别上接受授权飞行教员仪表飞行带飞训练时,必须获得 2.7.3.2 b)要求的至少 10 小时仪表飞行时间。教员必须保证申请人至少在下列方面具有仪表等级持有人所需技能水平的操作经历:a) 飞行前程序,包括准备仪表飞行规则飞行计划时,对飞行手册或相关文件以及适当的空中交通服务文件的使用;b) 飞行前检查、检查单的使用、滑行与起飞前检查;c) 在正常、不正常和紧急条件下按仪表飞行规则运行的程序及动作,至少包括下列各项:起飞时转入仪表飞行,标准的仪表离场和进场,航路仪表飞行规则程序,等待程序,仪表进近至规定的最低标准,中断进近程序,仪表进近着陆;d) 飞行中机动动作和特殊飞行特性。⑦

如果在多发航空器上行使仪表等级所赋予的权利,申请人必须在相应类别的多发航空器上受过经授权的飞行教员的仪表飞行带飞训练。教员必须保证申请人具有在单发失效或模拟失效下仅参照仪表驾驶相应类别的航空器的操作经历。⑧

(8) 与飞机、飞艇、直升机和动力升空器相应的飞行教员等级。包括颁发等级的要求和等级持有人的权利与行使此种权利应遵守的条件。

①颁发等级的要求。包括知识、经历、技能和飞行训练四个方面。

知识。申请人必须满足为颁发与执照带有的航空器类别相应的商用驾驶员执照的知识要求。此外,申请人必须至少在下列方面演示与授予飞行教员等级持有人的权利相适应的知识水平:a) 教学技巧;b) 对地面教练科目中学员表现的评定;c) 学习过程;d) 有效授课的要素;e) 学员评估和测验,训练宗旨;f) 训练大纲的编写;g) 课程计划;h) 课堂教学技术;i) 训练设备的使用,包括酌情使用飞行模拟训练装置;j) 分析、纠正学员错误;k) 与飞行教员有关的人的行为能力,包括威胁和差错管理的原则;⑨和 l)模拟航空器系统失效和故障所

---

① 附件1第2.7.1.3.2条。
② 附件1第2.7.2.1条。
③ 注:驾驶员可以行使一类航空器以上的仪表等级的联合类别权利,如果驾驶员完成了其中每一类的要求。
④ 附件1第2.7.2.2条。
⑤ 附件1第2.7.3.1条。
⑥ 附件1第2.7.3.2条。
⑦ 附件1第2.7.4.1条。
⑧ 附件1第2.7.4.2条。
⑨ 注:有关设计人的行为能力,包括威胁和差错管理原则训练计划的指导材料见《人的因素训练手册》(Doc 9683 号文件)。

产生的危险。①

技能。申请人必须在所申请行使飞行教员权利的航空器类别和级别上演示在飞行训练领域教学的能力,视情包括飞行前、飞行后与地面教学。②

经历。申请人必须满足 2.4.3.1、2.4.4.1、2.4.5.1 和 2.4.6.1 为种类别航空器颁发商用驾驶员执照相应的经历要求。③

飞行训练。申请人必须在颁照当局为此目的认可的飞行教员监督下:a)接受飞行教学技巧的训练,包括演示、学员实习、识别与纠正学员的共同错误;和 b)对所要实施飞行教学的飞行动作和程序实践过教学技巧。④

②等级持有人的权利与行使此种权利应遵守的条件。在符合 1.2.5 和 2.1 所规定要求的条件下,飞行教员等级持有人的权利必须是:a)监督飞行学员单飞;和 b)为颁发私用驾驶员执照、商用驾驶员执照、仪表等级和飞行教员等级实施飞行教学,但飞行教员必须满足下列条件:1)至少持有与正在授教的航空器类别相应的执照和等级,2)持有在授教航空器上担任机长所需要的执照和等级,和 3)执照上签注有被授予飞行教员的权利。⑤

申请人如果要实施多机组驾驶员执照教学,必须满足教员资格⑥的全部要求。⑦

(9)滑翔机驾驶员执照。包括颁发执照的要求、执照持有人的权利及行使此种权利应遵守的条件两个方面。

①颁发执照的要求。包括年龄、知识、经历、技能和体检要求五个方面。

年龄。申请人必须年满 16 周岁。⑧

知识。申请人必须至少在下列科目演示与授予滑翔机驾驶员执照持有人的权利相适应的知识水平:

航空法:a)与滑翔机驾驶员执照持有人有关的规章条例,空中规则,相应的空中交通服务措施和程序。

航空器一般知识:b)滑翔机系统和仪表的工作原理;c)滑翔机的使用限制,飞行手册或其他相应文件中的有关操作资料飞行性能、计划装载;d)装载和重量分布对飞行特性的影响,重量和平衡因素;e)牵引起飞、着陆和其他性能数据的使用与实际运用;f)与目视飞行规则运行相应的飞行前准备和航路飞行计划,相应的空中交通服务程序,高度表拨正程序,交通密集区的运行。

人的行为能力:g)与滑翔机驾驶员有关的人的行为能力,包括威胁和差错管理的原则。⑨

气象学:h)初级航空气象学的运用,气象资料的使用与获得气象资料的程序,测高法。

---

① 附件1第 2.8.1.1 条。
② 附件1第 2.8.1.2 条。
③ 附件1第 2.8.1.3 条。
④ 附件1第 2.8.1.4 条。
⑤ 附件1第 2.8.2.1 条。
⑥ 注:关于飞行教员实施多机组执照训练的具体规定载于《空中航行服务程序—培训》(PANS-TRG,Doc 9868 号文件)。
⑦ 附件1第 2.8.2.2 条。
⑧ 附件1第 2.9.1.1 条。
⑨ 注:有关设计人的行为能力,包括威胁和差错管理的原则训练计划的指导材料见《人的因素训练手册》(Doc 9683 号文件)。

导航:i) 空中领航和推测领航技术的运用,航图的使用。

操作程序:j) 航空文件,如《航行资料汇编》《航行通告》《航空代码和缩略语》的使用;k) 不同的牵引起飞方法与相关程序;l) 相关的预防和应急程序,包括为绕开危险天气、尾流及其他运行危险所采取的行动。

飞行原理:m) 有关滑翔机的飞行原理。①

建议:在按照目视飞行规则飞行的通信程序和用语以及遇通信故障所采取的行动方面,申请人应该演示与授予滑翔机驾驶员执照持有人的权利相适应的知识水平。②

经历。申请人必须完成至少 6 小时作为滑翔机驾驶员的飞行时间,包括 2 小时单飞时间,其中完成至少 20 次的牵引起飞和着陆。③

如果申请人具有作为飞机驾驶员的飞行时间,颁照当局必须决定此项经历是否可以接受,如可以接受,2.9.1.3.1 对飞行时间的要求可相应减少的程度。④

申请人必须至少在下列方面在适当监督下取得滑翔机的操作经历:a) 飞行前操作,包括滑翔机组装和检查;b) 所用牵引起飞方法的技术和程序,包括适当的空速限制、应急程序和使用的信号;c) 起落航线运行、防撞预防措施和程序;d) 参照外部目视参考操纵滑翔机;e) 在整个飞行包线内飞行;f) 识别并从临近失速、失速和急盘旋下降中改出;g) 正常和侧风牵引起飞、进近和着陆;h) 使用目视参考和推测领航进行转场飞行;i) 应急程序。⑤

技能。申请人必须演示作为滑翔机机长完成 2.9.1.3.2 所述各项程序和动作的能力,其胜任程度与授予滑翔机驾驶员执照持有人的权利相适应,并且能够:a) 识别并且管理威胁和差错;⑥b) 在滑翔机限制范围内驾驶滑翔机;c) 平稳而准确地完成所有动作;d) 运用良好的判断力和飞行技术;e) 运用航空知识;和 f) 随时保持对滑翔机的操纵,以确保圆满完成各项程序或动作。⑦

体检要求。申请人必须持有现行有效的二级体检合格证。⑧

②执照持有人的权利及行使此种权利应遵守的条件。在符合 1.2.5、1.2.6、1.2.7.1 和 2.1 所规定要求的条件下,滑翔机驾驶员执照持有人的权利必须是担任任何滑翔机的机长,但执照持有人必须对所用牵引起飞方法具有操作经历。⑨

建议:如果滑翔机载运乘客,执照持有人作为滑翔机驾驶员必须具有完成不少于 10 小时的飞行时间。⑩

(10) 自由气球驾驶员执照⑪。包括颁发执照的要求、执照持有人的权利与行使此种权利应遵守的条件两个方面。

---

① 附件1第2.9.1.2.1条。
② 附件1第2.9.1.2.2条。
③ 附件1第2.9.1.3.1条。
④ 附件1第2.9.1.3.1.1条。
⑤ 附件1第2.9.1.3.2条。
⑥ 注:运用威胁和差错管理原则的有关材料载于《空中航行服务程序—培训》(PANS‐TRG,Doc 9868 号文件)第Ⅱ部分第1章附篇C和《人的因素训练手册》(Doc 9683 号文件)第Ⅱ部分第 2 章。
⑦ 附件1第2.9.1.4条。
⑧ 附件1第2.9.1.5条。
⑨ 附件1第2.9.2.1条。
⑩ 附件1第2.9.2.2条。
⑪ 注:有关自由气球驾驶员执照的规定,适用于使用热气或燃气的自由气球。

①颁发执照的要求。包括年龄、知识、经历、技能和体检要求五个方面。

年龄。申请人必须年满16周岁。[①]

知识。申请人必须至少在下列科目中演示与授予自由气球驾驶员执照持有人的权利相适应的知识水平：

航空法：a）与自由气球驾驶员执照持有人有关的规章条例，空中规则，相应的空中交通服务措施和程序。

航空器一般知识：b）自由气球系统和仪表的操作原理；c）自由气球的使用限制，飞行手册或其他相应文件上有关的操作资料；d）自由气球所用燃气的物理性质和实际应用。

飞行性能、计划和装载：e）装载对飞行特性的影响，重量计算；f）牵引起飞、着陆和其他性能数据（包括温度效应）的使用和实际运用；g）与目视飞行规则飞行相适应的飞行前和航路飞行计划，相应的空中交通服务程序，高度表拨正程序，交通密集区的运行。

人的行为：h）与自由气球驾驶员有关的人的行为能力，包括威胁和差错管理的原则。[②]

气象学：i）初级航空气象学的应用，气象资料的使用和获得气象资料的程序，测高法。

导航：j）空中导航和推测领航技术的实际运用，航图的使用。

操作程序：k）航空文件，如《航行资料汇编》《航行通告》《航空代码和缩略语》的使用；l）适当的预防和应急程序，包括避让恶劣天气、尾流和其他运行危险情况所采取的行动。

飞行原理：m）有关自由气球的飞行原理。[③]

建议：在按照目视飞行规则飞行的通信程序和用语以及遇通信故障所采取的行动方面，申请人应该演示与授予自由气球驾驶员执照持有人的权利相适应的知识水平。[④]

经历。申请人必须完成至少16小时作为自由气球驾驶员的飞行时间，至少包括8次气球放飞和上升，其中一次必须为单飞。[⑤]

申请人必须至少在下列方面在适当监督下取得自由气球的操作经历：a）飞行前操作，包括自由气球组装、索具调整、充气、系留和检查；b）气球放飞和上升技术与程序，包括适当的限制、应急程序和所用信号；c）防撞措施；d）参照外部目视参考操纵自由气球；e）快速下降的识别和改出；f）使用目视参考和推测领航作转场飞行；g）进近到着陆，包括地面操纵；和h）应急程序。[⑥]

在夜间行使执照权利时，申请人必须在适当的监督下，获得自由气球的夜间操作经历。[⑦]

建议：如果为取酬或受雇之目的载运旅客，执照持有人应该完成至少35小时的飞行时间，包括20小时作为自由气球驾驶员的飞行时间。[⑧]

技能。申请人必须演示作为自由气球正驾驶完成2.10.1.3.2所述各项程序和动作的能力，其胜任程度与授予自由气球驾驶员执照持有人的权利相适应，并且能够：a）识别并且

[①] 附件1第2.10.1.1条。

[②] 注：有关设计人的行为能力，包括威胁和差错管理的原则训练计划的指导材料见《人的因素训练手册》（Doc 9683号文件）。

[③] 附件1第2.10.1.2.1条。

[④] 附件1第2.10.1.2.2条。

[⑤] 附件1第2.10.1.3.1条。

[⑥] 附件1第2.10.1.3.2条。

[⑦] 附件1第2.10.1.3.3条。

[⑧] 附件1第2.10.1.3.4条。

管理威胁和差错;①b) 在自由气球限制范围内驾驶自由气球;c) 平稳而准确地完成所有动作;d) 运用良好的判断力和飞行技术;e) 运用航空知识;和 f) 随时保持对自由气球的操纵,以确保圆满完成各项程序或动作。②

体检要求。申请人必须持有现行有效的二级体检合格证。③

②执照持有人的权利与行使此种权利应遵守的条件。在符合 1.2.5、1.2.6、1.2.7.1、2.1 和 2.10.1.3.4 所规定要求的条件下,自由气球执照持有人的权利必须是担任任何自由气球的正驾驶,但执照持有人必须酌情具有热气或燃气气球的操作经历。④

在夜间行使执照权利之前,执照持有人必须符合 2.10.1.3.3 规定的要求。⑤

3. 遥控驾驶员的执照和等级(自 2022 年 11 月 3 日起适用)

其内容包括:关于遥控驾驶员执照和等级的一般规则、遥控驾驶学员、遥控驾驶员执照、遥控驾驶航空器系统教员等级四个方面。

(1) 关于遥控驾驶员执照和等级的一般规则⑥。包括:一般颁照规范、类别等级、级别和型别等级、需要级别和型别等级的情况、颁发级别和型别等级的要求、使用飞机模拟训练设备获得经历并演示能力、需要授权进行遥控驾驶员执照培训的情况、遥控驾驶航空器系统飞行时间的计算、年满 60 周岁遥控驾驶员权利的限制和年满 65 周岁遥控驾驶员权利的削减。

①一般颁照规范。除持有按《芝加哥公约》附件 1 B 章遥控驾驶员的执照和等级规定颁发的遥控驾驶员执照的人员之外,其他人员不得担任下列任何遥控驾驶航空器类别中遥控驾驶航空器的遥控机长或遥控副驾驶员:飞机、飞艇、滑翔机、旋翼飞行器、动力升空器、自由气球。⑦

遥控驾驶航空器(RPA)的类别必须在遥控驾驶员执照上作为一个类别等级进行签注。⑧

申请人在获得任何遥控驾驶员执照或等级之前,必须符合该遥控驾驶员执照或等级所规定的年龄、经历、飞行训练、能力及体检合格的要求。⑨

任何遥控驾驶员执照或等级申请人必须以颁照当局确定的方式表现出符合该遥控驾驶员执照或等级对知识及技能的要求。⑩

②类别等级。对于 2.11.1.1 所列的遥控驾驶航空器类别,必须建立类别等级。⑪ 遥控驾驶员执照持有人申请在现有执照中加入其他类别等级时,必须符合本附件中有关遥控驾驶航空器系统适合于所申请类别等级的权利要求。⑫

③级别和型别等级。对于审定为单个遥控驾驶员操纵的,有类似操纵性、性能及特性的

---

① 注:运用威胁和差错管理原则的有关材料载于《空中航行服务程序—培训》(PANS‐TRG,Doc 9868 号文件)第 Ⅱ 部分第 1 章附篇 C 和《人的因素训练手册》(Doc 9683 号文件)第 Ⅱ 部分第 2 章。
② 附件 1 第 2.10.1.4 条。
③ 附件 1 第 2.10.1.5 条。
④ 附件 1 第 2.10.2.1 条。
⑤ 附件 1 第 2.10.2.2 条。
⑥ 注:第 2 章 B 节之规定用于遥控驾驶航空器系统(RPAS)的国际仪表飞行规则(IFR)运行。
⑦ 附件 1 第 2.11.1.1 条。
⑧ 附件 1 第 2.11.1.2 条。
⑨ 附件 1 第 2.11.1.3 条。
⑩ 附件 1 第 2.11.1.4 条。
⑪ 附件 1 第 2.11.2.1 条。
⑫ 附件 1 第 2.11.2.2 条。

遥控驾驶航空器和相关遥控站,必须建立级别等级,除非颁照当局认为有必要建立型别等级。①

对于审定为最小机组至少为两名遥控驾驶员操纵的遥控驾驶航空器和相关遥控站,或颁照当局认为有必要时,必须建立型别等级②。③

当申请人为首次颁发遥控驾驶员执照而演示能力时,在遥控驾驶员执照上必须注明演示中所使用的遥控驾驶航空器和相关遥控站类别以及相应的型别或级别等级。④

建议:应该公布为了运行某种级别和型别的遥控驾驶航空器颁发等级所要求具备的绩效水平。⑤

④需要级别和型别等级的情况。颁发遥控驾驶员执照的缔约国不得允许遥控驾驶员执照持有人担任遥控驾驶航空器和相关遥控站的遥控机长或遥控副驾驶员,除非该执照持有人已接受了以下授权:a) 2.11.3.1规定的适当级别等级;或 b) 如果需要,按2.11.3.2所要求的型别等级。⑥

如已颁发的型别等级限制持照人的权利只能担任遥控副驾驶员或限制其权利只能在飞行的巡航阶段担任遥控驾驶员,则此项限制必须在等级上进行签注。⑦

如已颁发的级别等级限制持照人的权利只能在飞行的巡航阶段担任遥控驾驶员,则此项限制必须在等级上进行签注。⑧

对于训练、考试或具有特殊目的的非营利飞行,颁照当局可以书面向遥控驾驶员执照持有人提供特殊授权,以代替按2.11.4.1颁发的级别或型别等级。此项授权必须限于在完成此特殊飞行所需时间内有效。⑨

⑤颁发级别和型别等级的要求。

级别等级:申请人必须表现出对所申请的遥控驾驶航空器级别等级进行安全运行所需的能力。⑩

2.11.3.2所要求的型别等级,申请人必须:a) 在适当的监督下,已在适用型别的遥控驾驶航空器和相关遥控站和/或飞行模拟训练设备(FSTD)上取得如下经历:所有飞行阶段的正常飞行程序及机动动作;在设备(如发动机、C2链路、系统和机体等)失效及工作不正常时的不正常、应急程序和机动动作;在正常、不正常和包括模拟的发动机停车在内的紧急条件下的仪表程序,包括仪表进近、中断进近与着陆仪表程序;对于颁发飞机类别的型别等级,预

---

① 附件1第2.11.3.1条。
② 注:如果建立了共同型别等级,则只会用于在操作程序、系统和操纵方式方面具有相似特征的遥控驾驶航空器。
③ 附件1第2.11.3.2条。
④ 附件1第2.11.3.3条。
⑤ 附件1第2.11.3.4条。
⑥ 附件1第2.11.4.1条。
⑦ 附件1第2.11.4.1.1条。
⑧ 附件1第2.11.4.1.2条。
⑨ 附件1第2.11.4.2条。
⑩ 附件1第2.11.5.1条。

防非正常飞行姿态及改出训练;①机组失能以及包括遥控驾驶员任务分配在内的机组协调程序;机组配合和检查单的使用。②

b) 表现出与遥控机长和遥控副驾驶员职责③有关的、对所适用的遥控驾驶航空器和相关遥控站型别进行安全运行所需的能力,并表现出 C2 链路的管理技能。

⑥使用飞行模拟训练设备获得经历并演示能力。为颁发遥控驾驶员执照或等级使用飞行模拟训练设备,以便获得经历或在能力演示中完成所需的动作,必须经颁照当局批准,颁照当局必须保证所使用的飞行模拟训练设备符合相应任务的要求。④

⑦需要授权进行遥控驾驶员执照培训的情况。颁发遥控驾驶员执照的缔约国不得允许此种执照持有人实施为颁发遥控驾驶员执照或等级所需的遥控驾驶员执照培训,除非该持有人已获得缔约国的正式授权。正式授权必须包括:a) 持有人遥控驾驶员执照上的遥控驾驶航空器系统教员等级;或 b) 担任颁照当局授权进行遥控驾驶员执照培训经批准培训机构代理人的权利;或 c) 颁发遥控驾驶员执照缔约国授予的特别权利。⑤

缔约国不得允许人员在飞行模拟训练设备上进行为颁发遥控驾驶员执照或等级所需的遥控驾驶员执照培训,除非该人持有或曾经持有适当的遥控驾驶员执照,或具有适当的遥控驾驶航空器系统训练和飞行经历,并已获得该缔约国的正式授权。⑥

⑧遥控驾驶航空器系统飞行时间的计算。遥控驾驶学员有权将其单飞和带飞教学的遥控驾驶航空器系统飞行时间,全部计入为首次取得遥控驾驶员执照所需的总飞行时间。⑦

遥控驾驶员执照持有人有权将其带飞教学的遥控驾驶航空器系统飞行时间,全部计入遥控机长升级所需的总遥控驾驶航空器系统飞行时间。⑧

遥控驾驶员执照持有人有权将其在新类别的遥控驾驶航空器或以获得新等级为目的的单飞或带飞教学的遥控驾驶航空器系统飞行时间,全部计入该等级所需的总遥控驾驶航空器系统飞行时间。⑨

在审定为唯一遥控驾驶员操纵、但经一缔约国要求有一名遥控副驾驶员操作的遥控驾驶航空器上,遥控驾驶员执照持有人担任遥控副驾驶员时,有权将其不超过 50% 的遥控副驾驶员的遥控驾驶航空器系统飞行时间计入遥控机长升级所需的总遥控驾驶航空器系统飞行时间。如果遥控驾驶航空器的配备要求有一名遥控副驾驶员随同操作,并且是按照多机组运行操作时,缔约国可以批准将其遥控驾驶航空器系统飞行时间全部计入所要求的总遥控

---

① 注1:预防非正常飞行姿态及改出训练的程序载于《空中航行服务程序—培训》(PANS - TRG, Doc 9868 号文件)。

注2:预防非正常飞行姿态及改出训练的指导载于《飞机预防非正常飞行姿态及改出训练手册》(Doc 10011 号文件)。

注3:关于预防非正常飞行姿态及改出训练的飞行模拟训练器的审批指导载于《飞行模拟训练设备合格标准手册》(Doc 9625 号文件)。

注4:飞机预防非正常飞行姿态及改出训练可以与型别等级方案结合或作为附加单元在其之后立即进行。

② 注:关于实施遥控驾驶航空器系统培训的遥控驾驶员所需资格的建议,参见附件1第2.11.7.1条。

③ 注:关于交叉机组资格和交叉计时的一般性指导载于《国家人员执照颁发系统的建立和管理程序手册》(Doc 9379 号文件)。

④ 附件1第2.11.6条。

⑤ 附件1第2.11.7.1条。

⑥ 附件1第2.11.7.2条。

⑦ 附件1第2.11.8.1条。

⑧ 附件1第2.11.8.2条。

⑨ 附件1第2.11.8.3条。

驾驶航空器系统飞行时间。①

在审定为要求有遥控副驾驶员操作的遥控驾驶航空器上,遥控驾驶员执照持有人担任遥控副驾驶员时有权将其遥控驾驶航空器系统飞行时间全部计入遥控机长升级所需的总遥控驾驶航空器系统飞行时间。②

遥控驾驶员执照持有人在监督之下担任遥控机长时,有权将其遥控驾驶航空器系统飞行时间全部计入遥控机长升级所需的总遥控驾驶航空器系统飞行时间。③

建议:遥控驾驶员执照持有人在申请一个新的等级时,应当有权将其遥控驾驶航空器的经历计为遥控驾驶航空器系统的飞行时间④,颁证当局应决定是否接受这样的经历,如接受,可相应降低颁发该等级所需的经历要求。⑤

⑨年满60周岁遥控驾驶员的权利限制和年满65周岁遥控驾驶员的权利削减。如执照持有人年满60周岁,或者在有一名以上驾驶员参加飞行的情况下执照持有人年满65周岁时,颁发遥控驾驶员执照的缔约国不得允许该执照持有人在从事国际商业航空运输的遥控驾驶航空器上担任驾驶员。⑥

(2) 遥控驾驶学员。

遥控驾驶学员必须符合有关缔约国规定的要求。规定此类要求时,缔约国必须确保所赋予的权利不致使遥控驾驶学员对空中航行安全构成危险。⑦

除非在授权的遥控驾驶航空器系统教员的监视下或经其授权,否则遥控驾驶学员不得单独操纵遥控驾驶航空器。⑧ 除非有关缔约国之间有特定的或一般的协议,否则遥控驾驶学员不得在国际遥控驾驶航空器系统运行中单独操纵遥控驾驶航空器。⑨

体检要求。除非遥控驾驶学员持有现行有效的三级或现行有效的一级体检合格证⑩,否则缔约国不得允许该学员单独操纵遥控驾驶航空器。⑪

(3) 遥控驾驶员执照。⑫ 包括:颁发遥控驾驶员执照的一般要求、遥控驾驶员执照持有人的权利与行使此种权利应遵守的条件、颁发遥控驾驶员执照的具体要求三个方面。

①颁发遥控驾驶员执照的一般要求。包括年龄、知识、技能和体检要求四个方面。

年龄。申请人必须年满18周岁。⑬

知识。申请人必须至少在下列科目中演示与授予遥控驾驶员执照持有人的权利相适应,并且与预期包括在遥控驾驶员执照内的遥控驾驶航空器和相关遥控站类别相符的知识水平:

航空法:a) 与遥控驾驶员执照持有人有关的规章条例,空中规则,相应的空中交通服务

---

① 附件1第2.11.8.4条。
② 附件1第2.11.8.5条。
③ 附件1第2.11.8.6条。
④ 注:总遥控驾驶航空器系统飞行时间源自批准的基于能力的培训方案。
⑤ 附件1第2.11.8.7条。
⑥ 附件1第2.11.9条。
⑦ 附件1第2.12.1条。
⑧ 附件1第2.12.2条。
⑨ 附件1第2.12.2.1条。
⑩ 注:根据具体申请的遥控驾驶航空器系统工作环境和职责,特定个人或许必须持有一级体检合格证。
⑪ 附件1第2.12.3条。
⑫ 注:第2章B节之规定用于遥控驾驶航空器系统(RPAS)的国际仪表飞行规则(IFR)运行。
⑬ 附件1第2.13.1.1条。

措施和程序;b)与仪表飞行规则飞行有关的规章条例,相应的空中交通服务措施和程序。

遥控驾驶航空器系统的一般知识:c)发动机、系统和仪表的工作原理及其功能;d)有关类别遥控驾驶航空器和发动机的使用限制,飞行手册或其他相应文件中的有关操作资料;e)相应的遥控驾驶航空器设备和系统的使用及可用性检查;f)适合于遥控驾驶航空器机体、系统和发动机的维修程序;g)旋翼飞行器和动力升空器,传动装置(传动齿轮系)(如适用);h)按照仪表飞行规则和在仪表气象条件下,遥控驾驶航空器操纵和导航所必需的航空电子设备、电子装置及仪表的使用、限制和可用性;i)飞行仪表,陀螺仪表,其使用限制和进动效应,各种飞行仪表发生故障时采取的措施和程序;j)飞艇,气体的物理特性与实际应用;k)遥控站的一般知识;1)系统和仪表的工作原理及其功能,2)相应的遥控站设备和系统的使用及可用性检查,3)发生故障时采取的程序;l)C2链路的一般知识:1)C2链路的不同型别及其运行特性和限制,2)C2链路的使用及可用性检查,3)C2链路发生故障时采取的程序;m)遥控驾驶航空器系统的探测和规避性能。

飞行性能、计划和装载:n)装载及重量分布对遥控驾驶航空器操纵、飞行特性和性能的影响,重量和平衡计算;o)起飞、着陆和其他性能数据的使用与实际运用;p)适合于按照仪表飞行规则遥控驾驶航空器系统运行的飞行前准备和航路飞行计划,按照仪表飞行规则的空中交通服务飞行计划的准备和提交,相应的空中交通服务程序,高度表拨正程序;q)对于飞艇、旋翼飞行器和动力升空器,外挂载荷对操纵的影响。

人的行为能力:r)与遥控驾驶航空器系统和仪表飞行有关的人的行为能力,包括威胁和差错管理的原则。①

气象学:s)航空气象报告、图表和预报的判读与使用,飞行前和飞行中气象资料的使用和获得气象资料的程序,测高法;t)航空气象学,有关地区影响航空的气象要素的气候学,气压系统的移动、锋面结构和影响起飞、航路和着陆条件的重要天气现象的起源与特征;u)积冰的原因、识别和影响,通过锋区的程序,绕过危险天气;v)对于旋翼飞行器和动力升空器,旋翼结冰的影响;w)对于高空运行,高空气象学的实践,包括天气报告、图表和预报的判读与使用,急流。

航行:x)空中航行,包括航图、仪表和导航设备的使用,对相应导航系统的原理和特性的理解,遥控驾驶航空器系统设备的操作;y)操纵和导航所必需的航空电子设备和仪表的使用、限制和可服务性;z)起飞、航路、进近和降落阶段的飞行所用导航系统的使用、精确度和可靠性。

无线电导航设施的识别:aa)自主式和参照外部导航系统的原理和特性,遥控驾驶航空器系统设备的操作。

运行程序:bb)在运行效绩方面运用威胁和差错管理;②cc)航空文件,如《航行资料汇编》《航行通告》《航空代码与缩略语》,以及离场、航路、下降、进近仪表程序图的判读与使用;dd)高度表拨正程序;ee)相关的预防和应急程序,与仪表飞行规则飞行有关的安全措施,超障准则;ff)载运货物时的操作程序,与危险物品及其管理有关的潜在危险;gg)遥控飞行机

---

① 注:有关设计人的行为能力,包括威胁和差错管理训练计划的指导材料见《人的因素训练手册》(Doc 9683号文件)。

② 注:威胁和差错管理的应用指导材料载于《空中航行服务程序—培训》(PANS-TRG,Doc 9868号文件)和《人的因素训练手册》(Doc 9683号文件)。

组成员安全简介的要求和做法;hh)对于旋翼飞行器和动力升空器(如适用),带油门的缓慢垂直下降,地面共振,后行桨叶失速,动力侧滚翻转和其他操作危险,与目视气象条件(VMC)飞行相关的安全程序;ii)移交和协调的运行程序;jj)C2链路正常和不正常运行的运行程序。

飞行原理:kk)飞行原理;和

无线电通话:ll)通信程序和用语:如遇通信故障应采取的行动。①

技能。申请人必须演示颁照当局②按照所要求水平批准的改编的能力模型的所有能力,以在遥控驾驶航空器和相关遥控站的适当类别内担任遥控驾驶航空器系统运行的遥控机长。③

如果要在一个多发遥控驾驶航空器上行使遥控驾驶员的权利,则申请人必须演示过在推进能力减弱时按照仪表飞行规则进行操作的能力。④

体检要求。申请人必须持有现行有效的三级或现行有效的一级体检合格证⑤。⑥

②遥控驾驶员执照持有人的权利与行使此种权利应遵守的条件。在符合1.2.5、1.2.6、1.2.7.1、1.2.9和2.11所规定要求的条件下,遥控驾驶员执照持有人的权利必须是:a)在审定为唯一驾驶员遥控操纵的遥控驾驶航空器和相关遥控站上担任遥控机长;b)在要求有遥控副驾驶员操作的遥控驾驶航空器和相关遥控站上担任遥控副驾驶员;c)在要求有遥控副驾驶员操作的遥控驾驶航空器和相关遥控站上担任遥控机长;和d)按照仪表飞行规则担任遥控驾驶航空器系统的遥控机长或遥控副驾驶员。⑦

在夜间行使执照权利之前,遥控驾驶员⑧执照持有人必须在遥控驾驶航空器和相关遥控站上接受过夜航带飞训练,包括夜间起飞、着陆和航行。⑨

③颁发遥控驾驶员执照的具体要求。包括经历和培训两个方面。

经历。申请人必须在操纵遥控驾驶航空器和相关遥控站的培训中获得经历,以成功演示2.13.1.3中所要求的能力。⑩

培训。为了符合遥控驾驶员执照的要求,申请人必须完成一门批准的训练课程。训练必须以能力为基础,并且(如适用)在多机组运行环境中进行。⑪

训练过程中,申请人必须掌握在经审定按照仪表飞行规则操纵的遥控驾驶航空器上担任遥控驾驶员所需要的能力和基本技能。⑫

申请人必须在遥控驾驶航空器和相关遥控站上接受授权遥控驾驶航空器系统教员带飞

---

① 附件1第2.13.1.2条。
② 注:国际民航组织能力框架和改编国际民航组织遥控驾驶员能力框架与制定相关基于能力培训方案的方法的指导材料载于《空中航行服务程序—培训》(PANS-TRG,Doc 9868号文件)。
③ 附件1第2.13.1.3.1条。
④ 附件1第2.13.1.3.2条。
⑤ 注:根据具体申请的遥控驾驶航空器系统工作环境和职责,特定个人或许必须持有一级体检合格证。
⑥ 附件1第2.13.1.4条。
⑦ 附件1第2.13.2.1条。
⑧ 注:遥控驾驶员执照持有人年满60和65周岁时,按附件1第2.11.9条规定对遥控驾驶员执照的某些权利予以取消。
⑨ 附件1第2.13.2.2条。
⑩ 附件1第2.13.3.1条。
⑪ 附件1第2.13.3.2.1条。
⑫ 附件1第2.13.3.2.2条。

的遥控驾驶员执照培训。遥控驾驶航空器系统教员必须保证申请人在遥控驾驶航空器系统飞行的各个阶段和整个运行包线中具有操作经历,包括不正常和紧急条件、对相关类别的预防非正常飞行姿态及改出训练和仪表飞行规则运行。①

如果遥控驾驶员的权利将在某一多发遥控驾驶航空器上行使,申请人必须在相应类别的多发遥控驾驶航空器上接受授权遥控驾驶航空器系统教员带飞的仪表飞行遥控驾驶员执照培训。遥控驾驶航空器系统教员必须确保申请人具有在单发失效或模拟失效时操纵相应类别遥控驾驶航空器的运行经历。②

④遥控驾驶航空器系统教员等级。包括颁发等级的要求和等级持有人的权利与行使此种权利应遵守的条件。

ⅰ.颁发等级的要求。包括知识、技能、经历、培训。

知识。申请人必须演示根据已批准的培训方案中改编的能力模型,对学员进行有效评估的能力。③

申请人必须成功完成培训,并符合批准的培训机构适用于提供基于能力培训方案的资格。④

遥控驾驶航空器系统教员的培训方案必须着重于培养以下方面的能力:a) 以遥控驾驶航空器系统运营人或批准的培训机构所用评分系统为根据,遥控驾驶员培训方案的改编能力模型;b) 根据遥控驾驶航空器系统营运人或批准的培训机构的评估和评分系统观察行为,做出评估,收集有关所使用的改编的能力模型的可观察行为的客观证据;c) 识别和突出强调符合能力标准的行为能力;d) 确定低于预期绩效标准的偏差的根本原因;和 e) 确定可造成安全裕度出现令人无法接受的下降的情况。⑤

申请人必须满足为颁发遥控驾驶航空器和相关遥控站类别相应的遥控驾驶员执照的能力要求。⑥

此外,申请人必须至少在下列方面演示与授予遥控驾驶航空器系统教员等级持有人的权利相适应的能力水平:a) 教学技巧;b) 对地面教练科目中学员表现的评定;c) 学习过程;d) 有效授课的要素;e) 基于能力的培训原则,包括学员评估;f) 评价训练大纲的有效性;g) 课程计划;h) 课堂教学技术;i) 训练设备的使用,包括酌情使用飞行模拟训练设备;j) 分析、纠正学员错误;k) 与遥控驾驶航空器系统、仪表飞行和遥控驾驶员执照培训有关的人的行为能力,包括威胁和差错管理的原则;⑦和 l) 模拟航空器系统失效和故障所产生的危险。⑧

技能。申请人在基于能力的培训方案内进行教学和评估之前,必须成功地完成一项正式的胜任能力评估。⑨

胜任能力评估必须在所申请行使遥控驾驶航空器系统教员权利的遥控驾驶航空器和相

---

① 附件1第2.13.3.2.3条。
② 附件1第2.13.3.2.4条。
③ 附件1第2.14.1.1.1条。
④ 附件1第2.14.1.1.2条。
⑤ 附件1第2.14.1.1.3条。
⑥ 附件1第2.14.1.1.4条。
⑦ 注:有关设计人的行为能力,包括威胁和差错管理原则训练计划的指导材料见《人的因素训练手册》(Doc 9683号文件)。
⑧ 附件1第2.14.1.1.5条。
⑨ 附件1第2.14.1.2.1条。

关遥控站类别和级别中的实际培训期间进行,视情包括飞行前、飞行后与地面教学。[1]

胜任能力评估必须由颁照当局授权的人员进行。[2]

经历。申请人必须满足为颁发遥控驾驶员执照的要求,必须保持胜任能力并满足执照的最近经历要求。[3]

申请人必须具有足够的培训和经历,以达到与 2.13.3.2 相关的所有要求的任务、动作、运行和原则以及教学方法所需的熟练程度。[4]

培训。申请人必须在颁照当局为此目的授权的遥控驾驶航空器系统教员监督下:a) 接受遥控驾驶航空器系统教学技巧的培训,包括演示、学员实习、识别与纠正学员的共同错误;和 b) 对所要实施的遥控驾驶员执照培训的飞行动作和程序实践过教学技巧。[5]

ⅱ. 等级持有人的权利与行使此种权利应遵守的条件。在符合 1.2.5 和 2.11 所规定要求的条件下,遥控驾驶航空器系统教员等级持有人的权利应是:a) 监督遥控驾驶学员单飞;和 b) 为颁发遥控驾驶员执照和遥控驾驶航空器系统教员等级实施遥控驾驶员执照培训,但飞行教员必须满足下列条件:1) 至少持有与正在授教的遥控驾驶航空器类别和有关遥控站相应的遥控驾驶员执照和等级,2) 持有在授教的遥控驾驶航空器类别和有关遥控站上担任遥控机长所需要的遥控驾驶员执照和等级,和 3) 遥控驾驶员执照上签注有被授予遥控驾驶航空器系统教员的权利。[6]

申请人如果要在多机组运行环境中实施遥控驾驶员执照培训,必须满足教员资格的全部要求。[7]

此外,在附件 1 第三章《驾驶员执照以外的其他飞行机组成员的执照》中,对飞行领航员执照、飞行机械员执照以及飞行无线电报务员相关要求进行了具体规定。在第四章《飞行机组成员以外的其他人员的执照和等级》中,对航空器维修(技术员/工程师/机械员)、遥控驾驶航空器系统执照持有人的权利以及行使权利时应遵守的条件、空中交通管制学员、空中交通管制员执照、空中交通管制员等级、飞行运行员/飞行签派员执照、航空电台报务员执照、航空气象人员进行了详细规定。

4.1.2.2 我国航空法的规定

取得执照方能从事航空活动,许多国家的国内航空法中都如是规定的。美国 1958 年《联邦航法》第 602 条规定:"局长有权颁发航空人员证书,在证书中载明其持有人获准作为航空人员在航空器上工作的身份。任何人均得向局长呈请发给航空人员证书,局长在调查之后,如果认为此人具有他所申请的航空人员证书上的职位的适当资格,且体格上也适合履行该职位的职责时,应发给此项证书。"

法国《航空法典》第四卷第一篇总则中规定:"机长、驾驶员、机械员以及负责航空器运行的其他任何人员,都必须持有符合条件的合格证书,其条件由负责民航的部长确定。"

在中国,1919 年 10 月拟定的《航空条例》草案第四章驾驶执照对驾驶执照分类、申请人

---

[1] 附件 1 第 2.14.1.2.2 条。
[2] 附件 1 第 2.14.1.2.3 条。
[3] 附件 1 第 2.14.1.3.1 条。
[4] 附件 1 第 2.14.1.3.2 条。
[5] 附件 1 第 2.14.1.4 条。
[6] 附件 1 第 2.14.2.1 条。
[7] 附件 1 第 2.14.2.1 条。

年龄等进行了具体规定。1921年,航空署制定《航空人员俸给等级条例》10条。1921年制定并经呈准公布《航空人员特俸给奖细则》10条。航空署为抚恤航空人员之伤亡,参照其规定,公布《航空人员抚恤简章》,共9章,计32条。1941年颁布《中华民国航空法》第四章航空人员,在南京国民航空立法中,航空人员立法的主要内容涵盖考试、编制服务待遇、服饰、抚恤等几个方面。

目前,关于航空人员的资格与条件,我国已经形成了以《民用航空法》为核心的一整套完备的法律制度。

1. 航空法一般性规定

(1)《民用航空法》。《民用航空法》从第40条到第42条对航空人员的资格与要求进行了一般性规定。主要包括:

①航空人员应当接受专门训练,经考核合格,取得国务院民用航空主管部门颁发的执照,方可担任其执照载明的工作。

空勤人员和空中交通管制员在取得执照前,还应当接受国务院民用航空主管部门认可的体格检查单位的检查,并取得国务院民用航空主管部门颁发的体格检查合格证书。[①]

②空勤人员在执行飞行任务时,应当随身携带执照和体格检查合格证书,并接受国务院民用航空主管部门的查验。[②]

③航空人员应当接受国务院民用航空主管部门定期或者不定期的检查和考核;经检查、考核合格的,方可继续担任其执照载明的工作。

空勤人员还应当参加定期的紧急程序训练。

空勤人员间断飞行的时间超过国务院民用航空主管部门规定时限的,应当经过检查和考核;乘务员以外的空勤人员还应当经过带飞。经检查、考核、带飞合格的,方可继续担任其执照载明的工作。[③]

(2)行政法规。1979年《外国民用航空器飞行管理规则》第10条规定外国民用航空器在我国境内飞行要具备"(三)空勤组每一成员的专业执照或者证件"。

1986年《国务院关于通用航空管理的暂行规定》第5条规定,申请通用航空许可证,应当具备与通用航空要求相适应的下列条件:"(二)飞行人员、航空器维修人员和航行调度人员经民航局考核合格,领有执照。从事空中作业的驾驶员,应当经过专业训练,考核合格,具备空中作业必需的专门知识和技能。"

1987年《民用航空器适航管理条例》第17条规定:"负责维修并放行在中华人民共和国注册登记的民用航空器的维修技术人员,必须向民航局提出申请,经民航局或者其授权单位考核合格并取得维修人员执照或者相应的证明文件后,方可从事民用航空器的维修并放行工作。"

---

① 《民用航空法》第40条。1944年《芝加哥公约》附件1中并未要求乘务员从事航空活动必须要取得执照,同时根据航空实践来看,也并未要求乘务员必须取得执照才能从事执照上载明的工作,还应对外国驾驶员和飞行机械员执照进行认可。因此,在修订《民用航空法》时可将本条改为:"除乘务员以外的航空人员应当接受专门训练,经考核合格,取得国务院民用航空主管部门颁发的执照,方可担任其执照载明的工作。乘务员应当接受专门训练,取得训练合格证书。空勤人员和空中交通管制员在取得执照前,还应当接受国务院民用航空主管部门认可的体格检查单位的检查,并取得国务院民用航空主管部门颁发的体格检查合格证书。外国驾驶员、飞行机械员执照持有人,经国务院民用航空主管部门认可,方可从事民用航空活动。"

② 《民用航空法》第41条。

③ 《民用航空法》第42条。

1989年《民用航空运输不定期飞行管理暂行规定》第6条规定:"从事不定期飞行的空勤人员和航空器,必须符合中国民用航空局规定的条件和技术标准,具备机组人员执照、航空器登记证、航空器适航证和按照有关规定应当携带的其他证件和文件。"

1993年《国务院批转中国民用航空局关于加强民用航空安全管理意见的通知》第六项[①]和第七项[②]分别对执照进行了规定。

2001年《飞行基本规则》第42条[③]、2023年《无人驾驶航空器飞行管理暂行条例》第16条[④]也都有规定。

(3) 部门规章。除了法律和行政法规对航空人员执照进行一般性规定外,部门规章中对航空人员执照进行了详细规定。这些部门规章主要有:《民用航空器驾驶员合格审定规则》(CCAR-61-R5)、《民用航空器领航员、飞行机械员、飞行通信员审定规则》(CCAR-20LR-I)、《民用航空气象人员执照管理规则》(CCAR-65TM-II-R3)[⑤]、《民用航空情报员执照管理规则》(CCAR-65TM-III-R4)[⑥]、《民用航空空中交通管制员执照管理规则》(CCAR-66TM-I-R4)[⑦]、《民用航空电信人员执照管理规则》(CCAR-65TM-I-R3)[⑧]、《民用航空人员体检合格证管理规则》(CCAR-67FS-R4)、《民用航空飞行签派员执照和训练机构管理规则》(CCAR-65FS-R3)[⑨]以及《航空安全员合格审定规则》(CCAR-69-R1)等。

2. 驾驶员

(1) 一般规定。包括驾驶员执照分类和等级、机构和职责、涉及酒精或者药物的违禁行为、临时执照、执照的有效期、执照的更新和重新办理、体检合格证的要求、航空器等级限制和附加训练要求、语言能力要求和无线电通信资格。

---

① 六、未经民航局颁发适航证的飞机、直升机和驾驶执照的飞行员,不得从事民用航空飞行活动,已经民航局批准的民航企业不得超越规定的经营范围。购买和租赁民用飞机、直升机,必须按规定的审核程序进行。各地区、各部门不得进口未经民航局型号审查许可或适航检查批准的民用飞机、直升机从事航空运输。凡违反规定所签协议一律无效。对老旧飞机,由民航局适航部门逐型逐架进行适航检查和评估,凡不适航的一律停飞退役。

② 七、各航空公司聘用空地勤人员必须通过组织联系和按规定办理手续。凡不按组织手续办理而擅自聘用的,民航局将收回其驾驶执照和维修执照。

③ 空中交通管制员、飞行指挥员(含飞行管制员,下同)应当按照国家有关规定,经过专门培训、考核,取得执照、证书后,方可上岗工作。

④ 操控小型、中型、大型民用无人驾驶航空器飞行的人员应当具备下列条件,并向国务院民用航空主管部门申请取得相应民用无人驾驶航空器操控员(以下简称操控员)执照:(一)具备完全民事行为能力;(二)接受安全操控培训,并经民用航空管理部门考核合格;(三)无可能影响民用无人驾驶航空器操控行为的疾病病史,无吸毒行为记录;(四)近5年内无因危害国家安全、公共安全或者侵犯公民人身权利、扰乱公共秩序的故意犯罪受到刑事处罚的记录。从事常规农用无人驾驶航空器作业飞行活动的人员无需取得操控员执照,但应当由农用无人驾驶航空器系统生产者按照国务院民用航空、农业农村主管部门规定的内容进行培训和考核,合格后取得操作证书。

⑤ 具体条文详见:https://www.caac.gov.cn/XXGK/XXGK/MHGZ/201605/t20160530_37651.html. 2022年12月10日访问。

⑥ 具体条文详见:https://www.caac.gov.cn/XXGK/XXGK/MHGZ/201605/t20160530_37654.html. 2022年12月10日访问。

⑦ 具体条文详见:https://www.caac.gov.cn/XXGK/XXGK/MHGZ/201605/t20160530_37652.html. 2022年12月10日访问。

⑧ 具体条文详见:https://www.caac.gov.cn/XXGK/XXGK/MHGZ/201605/t20160530_37653.html. 2022年12月10日访问。

⑨ 具体条文详见:https://www.caac.gov.cn/XXGK/XXGK/MHGZ/202209/t20220915_215336.html. 2022年12月10日访问。

①驾驶员执照分类和等级。对完成《民用航空器驾驶员合格审定规则》(CCAR-61-R5)所要求的相应训练并符合所申请执照要求的申请人颁发下列相应的执照:学生驾驶员执照;运动驾驶员执照;私用驾驶员执照;商用驾驶员执照;多人制机组驾驶员执照;航线运输驾驶员执照。[①]

对完成相应训练并符合所申请无人驾驶航空器驾驶员执照和等级要求的申请人颁发无人驾驶航空器驾驶员执照和相应的等级。

②机构和职责。中国民用航空局飞行标准职能部门统一管理民用航空器驾驶员合格审定工作,负责全国民用航空器驾驶员的执照和等级的颁发与管理工作。地区管理局及其派出机构的飞行标准职能部门根据民航局飞行标准职能部门的规定,具体负责本地区民用航空器驾驶员执照和等级的颁发与管理工作。[②]

③涉及酒精或者药物的违禁行为。驾驶员执照持有人在饮用任何含酒精饮料之后的8小时之内或处在酒精作用之下,血液中酒精含量等于或者大于0.04%,或受到任何药物影响损及工作能力时,不得担任机组成员。[③] 驾驶员执照持有人应当按照局方的要求接受酒精或者药物检验或提供检验结果。[④]《民用航空器驾驶员合格审定规则》(CCAR-61-R5)第61.241条[⑤]和61.243条[⑥]规定了具体处罚措施。

④临时执照[⑦]。(a)局方[⑧]可以为下列申请人颁发有效期不超过120天的驾驶员临时执照,临时执照在有效期内具有和正式执照同等的权利和责任:已经审定合格的执照申请人,在等待颁发执照期间;在执照上更改姓名的申请人,在等待更改执照期间;因执照遗失或损坏而申请补发执照的申请人,在等待补发执照期间。(b)在出现下列情况之一时,按本条(a)颁发的临时执照失效:临时执照上签注的日期期满;收到所申请的执照;收到撤销临时执照的通知。[⑨]

⑤执照的有效期。(a)执照持有人在执照有效期满后不得继续行使该执照所赋予的权利。(b)学生驾驶员执照在颁发月份之后第24个日历月结束时有效期满。(c)除学生驾驶员执照外,按本规则[⑩]颁发的其他驾驶员执照有效期限为六年,且仅当执照持有人满足本规则和有关中国民用航空运行规章的相应训练与检查要求、并符合飞行安全记录要求时,方可行使其执照所赋予的相应权利。依据外国驾驶员执照颁发的认可证书的持有人,仅当该认

---

① 《民用航空器驾驶员合格审定规则》(CCAR-61-R5)第61.13条按本规则颁发的执照和等级(a)款。
② 《民用航空器驾驶员合格审定规则》(CCAR-61-R5)第61.5条机构与职责。
③ 《民用航空器驾驶员合格审定规则》(CCAR-61-R5)第61.15条涉及酒精或者药物的违禁行为。
④ 《民用航空器驾驶员合格审定规则》(CCAR-61-R5)第61.17条接受酒精、药物检验或者提供检验结果。
⑤ 对于违反本规则第61.15条规定的执照持有人,应当责令当事人立即停止担任飞行机组成员,并给予警告,或暂扣执照一至六个月的处罚;情节严重的,应当给予吊销执照的处罚;构成犯罪的,依法追究刑事责任。
⑥ 对于违反本规则第61.17条规定拒绝、阻碍接受酒精、药物检验或提供检验结果的本规则执照持有人,责令该员立体停止当日飞行运行活动,并移送公安机关进行处理。
⑦ 《关于换发和颁发民用航空器驾驶员执照有关问题的补充通知》(AC-61FS-007)第4.1条规定:临时执照是指局方组织的理论考试和实践考试都合格,执照变更姓名、住址、单位,执照遗失、损坏,在等待局方颁发、更改或补发执照时,颁发的有效期不超过120天的临时性执照,除经总局飞标司批准之外,不得颁发上述情况以外的临时执照。
⑧ 根据《民用航空器驾驶员合格审定规则》(CCAR-61-R5)第61.3条适用范围规定:(a)本规则适用于中国民用航空局(以下简称民航局)和民用航空地区管理局(以下简称地区管理局)及地区管理局派出机构(上述所有机构以下统称局方)对民用航空器驾驶员执照的颁发与管理。……因此,本节中在涉及该规则时,局方应指中国民用航空局、民用航空地区管理局及地区管理局排除机构。
⑨ 《民用航空器驾驶员合格审定规则》(CCAR-61-R5)第61.19条临时执照。
⑩ 本部分中的"本规则"在没有特殊说明的情况下,是指《民用航空器驾驶员合格审定规则》(CCAR-61-R5)。

可证书所依据的外国驾驶员执照和体检合格证有效时,方可行使该认可证书所赋予的权利。[1]

⑥执照的更新和重新办理。(a)执照持有人应在执照有效期期满前三个月内向局方申请重新颁发执照,并出示最近一次有效的熟练检查或定期检查记录。(b)执照在有效期内因等级或备注发生变化重新颁发时,其有效期自重新颁发之日起计算。(c)执照过期的申请人须重新通过相应的理论及实践考试,方可申请重新颁发。[2]

⑦体检合格证的要求。(a)驾驶员应当满足下列关于持有体检合格证的要求:1)行使航线运输驾驶员执照和多人制机组驾驶员执照所赋予的权利时,驾驶员应当持有局方颁发的Ⅰ级体检合格证;2)行使飞机、直升机或倾转旋翼机商用驾驶员执照所赋予的权利时,驾驶员应当持有局方颁发的Ⅰ级体检合格证;3)行使下列权利时,驾驶员应当持有局方颁发的Ⅱ级或者Ⅰ级体检合格证:(ⅰ)私用驾驶员执照所赋予的权利;(ⅱ)学生驾驶员执照所赋予的权利;(ⅲ)飞艇驾驶员执照所赋予的权利。4)行使运动驾驶员执照所赋予的权利时,驾驶员应当持有局方颁发的体检合格证;对于在境外行使自由气球或滑翔机类别等级的运动驾驶员执照所赋予的权利时,驾驶员应当持有局方颁发的Ⅱ级或者Ⅰ级体检合格证。(b)下列情形下,驾驶员可以不持有体检合格证:1)作为飞行教员、考试员或者检查员在飞行模拟机或者飞行训练器上进行的为取得执照或等级的训练、考试或者检查;2)在飞行模拟机或者飞行训练器上接受为取得执照或等级的训练、考试或检查。[3]

另外,《民用航空人员体检合格证管理规则》(CCAR-67FS-R4)第67.19条体检合格证类别[4]、第67.21条体检合格证适用人员[5]、第67.33条有效期[6]以及第67.35条有效期的延长[7]也对驾驶员持有体检合格证的要求进行了具体规定。

---

[1] 《民用航空器驾驶员合格审定规则》(CCAR-61-R5)第61.21条执照的有效期。
[2] 《民用航空器驾驶员合格审定规则》(CCAR-61-R5)第61.23条执照的更新与重新办理。
[3] 《民用航空器驾驶员合格审定规则》(CCAR-61-R5)第61.25条体检合格证的要求。
[4] 体检合格证分下列类别:(1)Ⅰ级体检合格证;(2)Ⅱ级体检合格证;(3)Ⅲ级体检合格证,包括Ⅲa、Ⅲb级体检合格证;(4)Ⅳ级体检合格证,包括Ⅳa、Ⅳb级体检合格证。各级体检合格证适用的医学标准见附件A《空勤人员和空中交通管制员体检合格证医学标准》。
[5] (a)航线运输驾驶员执照、多人制机组驾驶员执照、商用驾驶员执照(飞机、直升机或倾转旋翼机航空器类别等级)申请人或者持有人应当取得并持有Ⅰ级体检合格证。(b)除(a)款之外的其他航空器驾驶员执照、飞行机械员执照申请人或者持有人应当取得并持有Ⅱ级体检合格证。(c)机场管制员、进近管制员、区域管制员、进近雷达管制员、精密进近雷达管制员、区域雷达管制员应当取得并持有Ⅲa级体检合格证;飞行服务管制员、运行监控管制员应当取得并持有Ⅲb级体检合格证。(d)客舱乘务员应当取得并持有Ⅳa级体检合格证。(e)航空安全员应当取得并持有Ⅳb级体检合格证。
[6] (a)体检合格证自颁发之日起生效。年龄计算以申请人进行体检鉴定时的实际年龄为准。(b)Ⅰ级体检合格证有效期为12个月,年龄满60周岁以上者为6个月。其中参加《大型飞机公共航空运输承运人运行合格审定规则》(CCAR-121)规定运行的驾驶员年龄满40周岁以上者为6个月。(c)Ⅱ级体检合格证有效期为60个月。其中年龄满40周岁以上者为24个月。(d)根据体检合格证持有人所履行的职责,Ⅲ级体检合格证的有效期为:(1)Ⅲa级体检合格证有效期为24个月。其中年龄满40周岁以上者为12个月;(2)Ⅲb级体检合格证有效期为24个月。(e)Ⅳa级体检合格证和Ⅳb级体检合格证有效期为12个月。(f)体检合格证持有人可以在体检合格证有效期届满30日前,按照本规则的规定,申请更新体检合格证。
[7] (a)体检合格证持有人由于特殊原因不能在体检合格证有效期届满前进行体检鉴定、更新体检合格证,又必须履行职责时,应当在体检合格证有效期届满前向原颁证机关申请延长体检合格证的有效期。(b)颁证机关接到延长有效期申请后,可以要求体检合格证持有人提供航空医师或执业医师对申请人进行指定项目的检查,并根据情况决定是否推迟体检鉴定、延长体检合格证的有效期。有效期延长时间不得超过下述期限:(1)第67.33条(b)、(d)、(e)规定的体检合格证持有人不超过45日;(2)第67.33条(c)款规定的体检合格证持有人不超过90日。(c)颁证机关应当在体检合格证有效期届满前做出决定,同意申请人体检合格证有效期延长的,应当以书面同意函通知申请人和所在单位。

⑧航空器等级限制和附加训练要求。(a)担任下列航空器的机长应当持有适合该航空器的型别等级:1)审定为最大起飞全重在5 700千克以上的飞机;2)审定为最大起飞全重在3 180千克以上的直升机和倾转旋翼机;3)涡轮喷气动力的飞机;4)局方通过型号合格审定程序确定需要型别等级的其他航空器。

(b)批准信代替型别等级:1)在下列条件下,局方可以使用批准信允许没有相应型别等级的人员操作本条(a)要求型别等级的航空器进行一次飞行或者一组飞行:(ⅰ)该批准信仅限于在调机飞行、训练飞行、驾驶员执照或者等级的实践考试中使用,批准的有效期限不超过60天。经申请人证明,在其批准期满之前,未达到完成该次或该组飞行目的的,局方可以批准增加不多于60天的期限。(ⅱ)经申请人证明,该次飞行或者该组飞行遵守本条(a)的规定是不可行的。(ⅲ)局方认为通过批准信上所作的运行限制可以达到同等的安全水平。2)按照本条(b)1)批准的运行应当遵守下列限制:(ⅰ)该次飞行或该组飞行不得以取酬为目的,但在训练或实践考试中所收取的航空器使用费用除外;(ⅱ)只能载运本次飞行必需的飞行机组成员。

(c)类别、级别和型别等级的要求:1)在载运人员或实施取酬运行的航空器上担任机长或为取酬而担任航空器机长的驾驶员,应当持有适合该航空器的类别、级别和型别等级(如果该航空器要求级别或者型别等级)。2)在本条(c)(1)规定运行范围以外担任航空器机长的,应当符合下列条件之一:(ⅰ)持有适合该航空器的类别、级别和型别等级(如果该航空器要求级别或者型别等级);(ⅱ)在授权教员的监视下,接受适用于该航空器的以取得驾驶员执照或者等级为目的的训练;(ⅲ)已经接受了本规则要求的适用于该航空器的类别、级别和型别等级(如果该航空器要求级别或型别等级)的训练,并且授权教员已在该驾驶员飞行经历记录本上签字,批准其单飞。3)持有飞机类别单发陆地或多发陆地级别等级的驾驶员可以行使附带陆地等级的初级飞机执照所赋予的权利;持有飞机类别单发水上或多发水上级别等级的驾驶员可以行使附带水上等级的初级飞机执照所赋予的权利;持有飞艇类别等级的驾驶员可以行使附带小型飞艇等级的运动驾驶员执照所赋予的权利。

(d)驾驶高空运行的增压飞机所要求的附加训练:1)在实用升限或最大使用高度(以低者为准)高于平均海平面(MSL)7 600米(25 000英尺)的增压飞机上担任机组成员的驾驶员,应当完成本款规定的地面和飞行训练,并且由授权教员在其飞行经历记录本或训练记录上签字,证明其已经完成了附加训练。这些训练包括:(ⅰ)地面训练:包括高空空气动力学和气象学;呼吸作用;缺氧的后果、症状、原因及其他高空疾病;没有补充氧气时能保持清醒的时间;长时间使用补充氧气的后果;气体膨胀和形成气泡的原因、后果;消除气体膨胀、气泡形成和其他高空疾病的预防措施;释压的物理现象和结果以及高空飞行其他生理学方面的知识。(ⅱ)飞行训练:在增压飞机上或者在能代表增压飞机的经批准的飞行模拟机或飞行训练器上进行这种训练,应当包括在7 600米(25 000英尺)以上正常巡航飞行时的操作、模拟紧急释压时合适的应急程序(无需实际使飞机释压)以及紧急下降程序。2)驾驶员提供文件证明,其在增压飞机或者在能代表增压飞机的经批准的飞行模拟机或飞行训练器上,完成了下列检查之一,则不必进行本条(d)1)要求的训练:(ⅰ)完成了由军方执行的机长检查;(ⅱ)按CCAR-121完成了机长或副驾驶熟练检查。

(e)驾驶后三点飞机所要求的附加训练:在后三点飞机上担任机长的驾驶员,应当已经接受了后三点飞机的飞行训练。驾驶后三点飞机的附加训练应当包括正常起飞与着陆、侧风起飞与着陆、三点式着陆和复飞程序,厂家不推荐三点式着陆的可以不包括三点式着陆训练。

(f) 驾驶复杂飞机所要求的附加训练:在复杂飞机上担任机长的驾驶员,应当在复杂飞机上或者在代表复杂飞机的飞行模拟机或飞行训练器上,得到授权教员提供的地面和飞行训练,该教员认为其已经熟悉该飞机的系统和操作,并在飞行经历记录本上作出训练记录和证明其合格于驾驶复杂飞机的签字。

(g) 本条的等级限制不适用于下列人员:1) 学生驾驶员执照的持有人;2) 在航空器取得型号合格证之前,按试验或特许飞行证实施飞行期间,操作该航空器的驾驶员执照持有人;3) 正在接受局方实践考试的申请人。

(h) 对于操纵有特殊要求的航空器应遵守局方的附加要求。①

⑨语言能力要求和无线电通信资格。(a) 按照本规则取得驾驶员执照的人员通过了局方组织或认可的汉语语言能力 4 级或 4 级以上测试的,在执照上签注相应的等级,方可在使用汉语进行通信的飞行中进行无线电陆空通信。2015 年 12 月 31 日之前已获得执照的中国籍驾驶员,等同于获得汉语语言能力 6 级。(b) 按照本规则取得驾驶员执照的人员通过了局方组织或认可的英语语言能力 3 级或 3 级以上测试的,在执照上签注相应的等级:1) 在 2008 年 3 月 4 日以前颁发的执照上已取得英语无线电陆空通信签注的,等同于英语语言能力 3 级。2) 除经局方批准外,按照本规则取得的飞机、直升机、飞艇和倾转旋翼机驾驶员执照持有人在使用英语通信前,其执照上应当具有英语语言能力 4 级或 4 级以上的等级签注。对于执照上签注的英语语言能力低于 6 级的,还应当定期通过英语语言能力等级测试。(c) 执照上签注了语言能力 4 级以上的人员,具有相应语言的无线电通信资格。②

⑩其他特殊规定。其他特殊规定主要包括《民用航空器驾驶员合格审定规则》(CCAR-61-R5)第 61.91 条对具有国家航空器驾驶员经历的人员的特殊规定③,第 61.93 条外国驾

---

① 《民用航空器驾驶员合格审定规则》(CCAR-61-R5)第 61.27 条航空器等级限制和附加训练要求。
② 《民用航空器驾驶员合格审定规则》(CCAR-61-R5)第 61.29 条语言能力要求和无线电通信资格。
③ (a) 具有国家航空器驾驶员经历的人员可以按本条要求申请颁发私用或商用驾驶员执照和等级。(b) 具有国家航空器驾驶员经历的人员出示具有航空经历记录的技术档案资料或等效文件,局方可以承认其航空经历,用于满足按本规则颁发相应执照和等级的航空经历要求。(c) 满足下列要求的具有国家航空器驾驶员经历的申请人,局方可以为其颁发私用驾驶员执照:(1) 除要求的相应考试和签字证明外,满足本规则第 61.123 条资格要求;(2) 出示有关技术档案资料或等效文件,证明其满足本规则第 61.129 至 61.135 条一个航空器等级的航空经历要求;(3) 申请执照和等级前 24 个日历月内仍在飞行的,应当通过本规则 61.123(g) 要求的理论考试;申请执照和等级前 24 个日历月内已不参加飞行的,还应当通过本规则 61.123(j) 要求的实践考试。(d) 满足下列要求的具有国家航空器驾驶员经历的申请人,局方可以为其颁发商用驾驶员执照:(1) 除要求的考试和签字证明外,满足本规则第 61.153 条资格要求;(2) 出示有关技术档案资料或等效文件,证明其满足本规则第 61.159 至 61.166 条一个航空器等级的航空经历要求;(3) 申请执照和等级前 12 个日历月内仍在飞行的,应当通过本规则 61.153(g) 要求的理论考试;(4) 申请执照和等级前 12 个日历月内已不参加飞行的,应当通过本规则 61.153(g) 和(j) 要求的理论考试和实践考试。(e) 对于按本条(c)、(d) 发的执照,按(c) 或(d) 审定合格或经考试合格的航空器等级,局方可以签注在相应的执照上.原国家航空器驾驶员申请航空器等级按下列规定办理:(1) 原单发飞机和歼击机驾驶员,可以申请飞机类别单发陆地等级;(2) 含轰炸机、运输机在内的原多发飞机驾驶员,可申请飞机类别多发陆地等级;(3) 原运输飞机驾驶员所飞机型符合本规则颁发型别等级要求的,该驾驶员可以申请相应的型别等级,但需通过该型别等级的实践考试;(4) 原直升机驾驶员可以申请直升机类别等级和型别等级,但需通过该型别等级的实践考试;(5) 未在本条(e)款中列明的其他航空器由局方确定其相应的转换等级和办理方法。(f) 具有复杂气象标准的原国家航空器驾驶员,符合本规则 61.83(d) 航空经历要求的,可以申请在其驾驶员执照上增加仪表等级,但应当通过本规则第 61.83 条要求的理论考试和实践考试。

驶员执照或香港、澳门特别行政区执照持有人申请按本规则颁发驾驶员执照,[1]第 61.95 条依据外国或香港、澳门特别行政区驾驶员执照颁发认可函。[2]

(2) 学生驾驶员执照。申请运动驾驶员执照的学生驾驶员,无需办理学生驾驶员执照,但须遵守对学生驾驶员的单飞要求及一般限制。

①资格要求。符合下列条件的申请人,局方可以为其颁发学生驾驶员执照:(a) 年满 16 周岁。(b) 5 年内无犯罪记录。(c) 能正确读、听、说、写汉语,无影响双向无线电通话的口音和口吃。申请人因某种原因不能满足部分要求的,局方应当在其执照上签注必要的运行限制。(d) 持有局方颁发的现行有效Ⅱ级或者Ⅰ级体检合格证。

为取得运动驾驶员执照的学生驾驶员应符合下列条件:(a) 年满 16 周岁,但仅申请操作滑翔机或自由气球的为年满 14 周岁。(b) 5 年内无犯罪记录。(c) 能正确读、听、说、写汉语,无影响双向无线电通话的口音和口吃。申请人因某种原因不能满足部分要求的,应申请学生驾驶员执照,并由局方在其执照上签注必要的运行限制。(d) 持有局方颁发的现行有效体检合格证。[3]

②一般限制。(a) 学生驾驶员不得从事下列行为:1) 在载运旅客的航空器上担任机长;2) 以取酬为目的在载运货物的航空器上担任机长;3) 为获取酬金而担任航空器机长;4) 在空中或地面能见度白天小于 5 千米、夜间小于 8 千米的飞行中担任航空器机长;5) 在不能目

---

[1] (a) 外国驾驶员执照或香港、澳门特别行政区执照持有人可以申请按本规则颁发的驾驶员执照和等级。申请人的外国驾驶员执照如果是国际民航公约缔约国或香港、澳门特别行政区颁发的,并且没有不符合国际民航组织标准的签注,则可以作为满足所申请执照和等级飞行经历要求的证明,并认为其具有参加相应理论考试和实践考试的资格。该申请人不需符合所申请执照资格要求中有关申请人应当持有某种执照的规定,以及有关申请人应当具有授权教员推荐其参加理论考试和实践考试的签字的规定。除此以外,申请人应当满足本规则对其所申请执照的其他要求,包括通过相应的理论考试和实践考试。但是,对于符合(b)条件的私用驾驶员执照的申请人无需满足上述要求。(b) 外国驾驶员执照或香港、澳门特别行政区执照持有人申请按本规则颁发私用驾驶员执照和等级时,只要符合以下条件,局方可以为其颁发私用驾驶员执照和等级:(1)持有现行有效的外国或香港、澳门特别行政区私用、商用或航线运输驾驶员执照,没有不符合国际民航组织标准的签注;(2) 持有中国颁发或者认可的体检合格证;(3) 能正确读、听、说、写汉语,无影响双向无线电通话的口音和口吃。如果申请人因某种原因不能完全满足本要求,局方应当在该申请人的执照上签注必要的运行限制;(4) 通过民用航空规章有关驾驶员权利与限制、空中交通规则和一般运行规则等部分的理论考试。(c) 按本条(b)颁发的执照上应当注明所依据的原执照编号和颁发地。原执照上的航空器等级和仪表等级,以及按本规则规定在考试后颁发的等级,局方可以签注在该执照上。该执照的持有人可以行使本规则私用驾驶员执照的权利,但应当遵守执照上签注的限制。当其原执照被暂扣或吊销时,不得行使中国私用驾驶员执照的权利。(d) 因国内训练能力不足等原因,经局方批准,运营人可在境外经批准或认可的飞行训练机构完成部分人员的执照或等级训练,此类人员在通过本规则要求的民用航空规章有关驾驶员权利与限制、空中交通规则和一般运行规则等部分的理论考试后,可以持训练机构所在地民航当局颁发的驾驶员执照和等级,申请换发本规则中相应的驾驶员执照和等级。(e) 外国或者香港、澳门特别行政区颁发的含有初级飞机、自转旋翼机、滑翔机、自由气球或小型飞艇等级的驾驶员执照持有人,通过理论考试后可以申请按本规则颁发的相应等级的运动驾驶员执照。

[2] (a) 外国或香港、澳门特别行政区执照持有人可以按本条申请颁发认可函。(b) 申请人在申请按本规则颁发的认可函时,应向局方提供以下材料:(1)《国际民用航空公约》缔约国或香港、澳门特别行政区颁发的现行有效驾驶员执照和相应等级;(2)申请运行的种类和时间。(c) 经审查合格后,局方可向申请人颁发执照认可函。(d) 按本条颁发的认可函包含以下内容:(1) 申请人的原执照编号和执照颁发机构;(2) 有效期。按本条颁发的认可函有效期不超过下列任何一项:(ⅰ) 除被暂扣或吊销外,自签发之日起 24 个日月月;(ⅱ) 申请人参加运行的航空器租期期满之日;(ⅲ) 申请人雇用合同期满之日。(e) 认可函的运行权利和限制:按本条规定颁发的驾驶员执照认可函的持有人:(1) 具有原执照上和本规则相对应的等级的权利,并可以在中国登记的相应的民用航空器上担任驾驶员;(2) 其权利受局方在其认可函上签注的限制;(3) 在中国登记的航空器上,行使其认可函上的权利时,应当遵守认可函和原驾驶员执照上的限制和约束;(4) 原执照被暂扣,吊销或失效时,认可函同时失效。(f) 按本条颁发的认可函仅在作为该认可函颁发依据的外国或香港、澳门特别行政区驾驶员执照由持有人随身携带时,方为有效。

[3] 《民用航空器驾驶员合格审定规则》(CCAR - 61 - R5)第 61.103 条资格要求。

视参照地标的飞行中担任航空器机长;6)在违背授权教员对于该驾驶员飞行经历记录本中签注的限制的情况下担任航空器机长。(b)学生驾驶员不得在航空器型号合格审定或实施该飞行所依据的规章要求配备一名以上驾驶员的任何航空器上担任飞行机组必需成员,但在飞艇或小型飞艇上接受授权教员的飞行教学,并且该航空器上除飞行机组必需成员外没有任何其他人员时除外。①

另外,《民用航空器驾驶员合格审定规则》(CCAR-61-R5)第61.105条和61.109条②分别对学生驾驶员单飞要求和转场单飞要求进行了详细规定。

(3)运动驾驶员执照。包括资格要求、航空知识要求、飞行技能要求、飞行经历要求③、运动驾驶员执照持有人的权利和限制等内容。

①资格要求。符合下列条件的申请人,局方可以为其颁发运动驾驶员执照:(a)年满17周岁,但仅申请操作滑翔机或自由气球的为年满16周岁。(b)5年内无犯罪记录。(c)能正确读、听、说、写汉语,无影响双向无线电通话的口音和口吃。申请人因某种原因不能满足部分要求的,局方应当在其执照上签注必要的运行限制。(d)具有初中或者初中以上文化程度。(e)持有局方颁发的现行有效体检合格证。(f)完成了本规则第61.115条要求的相应航空器等级的航空知识训练,并由提供训练或者评审其自学情况的授权教员在其飞行经历记录本上签字,对于初级飞机或者自转旋翼机等级的申请人,应当证明该申请人已掌握相应航空器等级的航空知识;对于滑翔机、自由气球或者小型飞艇等级的申请人,应当证明该申请人可以参加规定的理论考试。(g)对于滑翔机、自由气球或者小型飞艇等级的申请人,通过了本规则第61.115条所要求航空知识的理论考试。(h)完成了本规则第61.117条要求的相应航空器等级的飞行技能训练,并由提供训练的授权教员在其飞行经历记录本上签字,对于初级飞机或者自转旋翼机等级的申请人,证明该申请人已掌握相应航空器等级的飞行技能;对于滑翔机、自由气球或者小型飞艇等级的申请人,证明该申请人可以参加规定的实践考试。(i)对于初级飞机或者自转旋翼机等级的申请人,满足本规则第61.119条适用于所申请航空器等级的飞行经历要求;对于滑翔机、自由气球或者小型飞艇等级的申请人,在申请实践考试之前,满足本规则第61.119条适用于所申请航空器等级的飞行经历要求。(j)对于滑翔机、自由气球或者小型飞艇等级的申请人,通过了本规则第61.117条适用于所申请航空器等级的飞行技能的实践考试。(k)符合本规则对所申请航空器等级的相应条款要求。④

②航空知识要求。申请人应当接受并记录授权教员提供的地面训练,完成下列与所申请航空器等级相应的地面训练科目或者自学课程:航空法规、⑤初级飞机、飞艇、自转旋翼机、滑翔机、自由气球的一般知识,飞行性能、计划和装载,人的行为能力,气象学,领航,操作程序,飞行原理和无线电通话。⑥

---

① 《民用航空器驾驶员合格审定规则》(CCAR-61-R5)第61.107条一般限制。
② 具体条文详见:https://www.caac.gov.cn/XXGK/XXGK/MHGZ/201812/P020181219495625412726.pdf。2024年2月5日访问。
③ 具体飞行经历要求详见《民用航空器驾驶员合格审定规则》(CCAR-61-R5)第61.119条运动驾驶员的飞行经历要求。
④ 《民用航空器驾驶员合格审定规则》(CCAR-61-R5)第61.113条资格要求。
⑤ 与运动驾驶员权利、限制和飞行运行有关的涉及民航管理的规章。
⑥ 详见:《民用航空器驾驶员合格审定规则》(CCAR-61-R5)第61.115条航空知识要求。https://www.caac.gov.cn/XXGK/XXGK/MHGZ/201812/P020181219495625412726.pdf。2024年2月5日访问。

③飞行技能要求。申请人应当至少在下列操作上接受并记录了授权教员提供的针对所申请航空器等级的地面和飞行训练。这些航空器等级包括初级飞机类别等级、自转旋翼机类别等级、滑翔机类别等级、小型飞艇类别等级以及自由气球类别等级。①

在《运动驾驶员执照的申请和管理要求》(AC-61-FS-2022-21-R2)中对申请人的航空知识和飞行技能训练进行了更为详细的规定。②

④运动驾驶员执照持有人的权利和限制。主要包括：(a)运动驾驶员执照持有人可以在相应类别和级别等级的航空器上担任机长。(b)如滑翔机载运乘客，运动驾驶员执照持有人在取得滑翔机类别等级后，应当再建立不少于10小时的飞行经历时间。(c)以取酬为目的在经营性运行的航空器上担任机长，或为获取酬金在航空器上担任机长，运动驾驶员执照持有人应具有不少于35小时的飞行经历时间，其中20小时作为本类别和级别(如适用)航空器驾驶员的飞行经历时间。(d)未满18周岁的运动驾驶员执照持有人，不得在以取酬为目的的航空器上担任机长。(e)运动驾驶员执照持有人不得从事商业航空运输运行。(f)运动驾驶员执照持有人禁止在自由气球上实施夜间飞行。(g)初级飞机类别等级持有人可以在最大起飞重量不大于1200千克且旅客座位数不大于4个座位(含驾驶员座位)的活塞式发动机驱动的单发飞机上担任机长，但不得以取酬为目的在经营性运行的单发飞机上担任机长，也不得为获取酬金在单发飞机上担任机长。③

根据《民用航空器驾驶员合格审定规则》(CCAR-61-R5)和《关于滑翔机、自由气球等几类航空器驾驶员执照训练和运行管理有关问题的通知》(民航发〔2012〕33号)文件，2022年中国民用航空局颁布《运动驾驶员执照的申请和管理要求》(AC-61-FS-2022-21-R2)④，进一步明确了运动驾驶员执照和运动教员等级的申请、批准和训练管理。

(4)私用驾驶员执照。包括资格要求、航空知识要求、飞行技能要求、飞行经历要求、私用驾驶员执照持有人的权利和限制等。

①资格要求。符合下列条件的申请人，局方可以为其颁发私用驾驶员执照：(a)年满17周岁。(b)5年内无犯罪记录。(c)能正确读、听、说、写汉语，无影响双向无线电通话的口音和口吃。申请人因某种原因不能满足部分要求的，局方应当在其执照上签注必要的运行限制。(d)具有初中或者初中以上文化程度。(e)持有局方颁发的现行有效Ⅱ级或者Ⅰ级体检合格证。(f)完成了本规则第61.125条要求的相应航空器等级的航空知识训练，并由提供训练或者评审其自学情况的授权教员在其飞行经历记录本上签字，证明该申请人可以参加规定的理论考试。(g)通过了本规则第61.125条所要求航空知识的理论考试。(h)完成了本规则第61.127条要求的相应航空器等级的飞行技能训练，并由提供训练的授权教员在其飞行经历记录本上签字，证明该申请人可以参加规定的实践考试。(i)在申请实践考试之前，满足本章中适用于所申请航空器等级的飞行经历要求。(j)通过了本规则第61.127

---

① 详见:《民用航空器驾驶员合格审定规则》(CCAR-61-R5)第61.117条飞行技能要求。https://www.caac.gov.cn/XXGK/XXGK/MHGZ/201812/P020181219495625412726.pdf. 2024年2月5日访问。
② 具体内容详见：https://www.caac.gov.cn/XXGK/XXGK/GFXWJ/202211/P020221109495214465147.pdf. 2024年2月5日访问。
③ 《民用航空器驾驶员合格审定规则》(CCAR-61-R5)第61.120条运动驾驶员执照持有人的权利和限制。
④ 该规范性文件包括目的和依据、适用范围、运动驾驶员执照和运动教员等级的申请、运动驾驶员执照持有人载客和取酬的限制、具有国家航空器驾驶员经历的人员执照和等级申请、外籍执照的确认和转换、飞机类别驾驶员执照行使初级飞机类别运动驾驶员执照持有人权利、训练的审定和监管以及修订和废止九个方面。具体内容详见：https://www.caac.gov.cn/XXGK/XXGK/GFXWJ/202211/P020221109495214465147.pdf. 2024年2月5日访问。

条所要求飞行技能的实践考试。(k)符合本规则对所申请航空器类别和级别等级的相应条款要求。①

②航空知识要求。申请人应当接受并记录授权教员提供的地面训练,完成下列与所申请航空器等级相应的地面训练科目或者自学课程:航空法,飞机、飞艇、直升机和倾转旋翼机类航空器的一般知识,飞行性能、计划和装载,人的行为能力,气象学,领航,操作程序,飞行原理和无线电通话。②其中航空法包括:与私用驾驶员执照持有人有关的规章条例;飞行规则;高度表拨正程序;相应的空中交通服务措施和程序。

③飞行技能要求。申请人应当至少在下列操作上接受并记录了授权教员提供的针对所申请航空器等级的地面和飞行训练。航空器等级包括飞机类别等级、直升机类别等级、飞艇类别等级和倾转旋翼机类别等级。③

④飞行经历要求。包括飞机类别驾驶员的飞行经历要求、直升机类别驾驶员的飞行经历要求、飞艇类别驾驶员的飞行经历要求、倾转旋翼机类别驾驶员的飞行经历要求。④

⑤私用驾驶员执照持有人的权利和限制。私用驾驶员执照持有人可以不以取酬为目的在非经营性运行的相应航空器上担任机长或者副驾驶。

私用驾驶员执照持有人不得以取酬为目的在经营性运行的航空器上担任机长或副驾驶,也不得为获取酬金而在航空器上担任飞行机组必需成员。⑤

(5)商用驾驶员执照。包括资格要求、航空知识要求、飞行技能要求、飞行经历要求、私用驾驶员执照持有人的权利和限制等。

①资格要求。符合下列条件的申请人,局方可以为其颁发商用驾驶员执照:(a)年满18周岁。(b)无犯罪记录。(c)能正确读、听、说、写汉语,无影响双向无线电通话的口音和口吃。申请人因某种原因不能满足部分要求的,局方应当在其执照上签注必要的运行限制。(d)具有高中或者高中以上文化程度。(e)持有局方颁发的有效Ⅰ级体检合格证。(f)完成了本规则第61.155条要求的相应航空器等级的航空知识训练,并由提供训练或评审其自学情况的授权教员在其飞行经历记录本上签字,证明该申请人可以参加规定的理论考试。(g)通过了本规则第61.155条所要求航空知识的理论考试。(h)完成了本规则第61.157条要求的相应航空器等级的飞行技能训练,并由提供训练的授权教员在其飞行经历记录本上签字,证明该申请人可以参加规定的实践考试。(i)在申请实践考试之前,满足本章中适用于所申请航空器等级的飞行经历要求。(j)通过了本规则第61.157条所要求飞行技能的实践考试。(k)至少持有按本规则颁发的私用驾驶员执照,或满足本规则第61.91条或61.93条要求。(l)出现本规则第61.173条(c)款(1)(2)情形的,安全飞行已满三年。(m)符合本规则对所申请航空器类别和级别等级的相应条款要求。⑥

②航空知识要求。申请人应当接受并记录授权教员提供的地面训练,完成下列与所申

---

① 《民用航空器驾驶员合格审定规则》(CCAR-61-R5)第61.123条资格要求。
② 具体内容详见:《民用航空器驾驶员合格审定规则》(CCAR-61-R5)第61.125条航空知识要求。
③ 具体内容详见:《民用航空器驾驶员合格审定规则》(CCAR-61-R5)第61.127条飞行技能要求。
④ 具体内容详见:《民用航空器驾驶员合格审定规则》(CCAR-61-R5)第61.129飞机类别驾驶员的飞行经历要求,第61.131条直升机类别驾驶员的飞行经历要求,第61.133条飞艇类别驾驶员的飞行经历要求,第61.135条倾转旋翼机类别驾驶员的飞行经历要求。
⑤ 《民用航空器驾驶员合格审定规则》(CCAR-61-R5)第61.137条私用驾驶员执照持有人的权利和限制。
⑥ 《民用航空器驾驶员合格审定规则》(CCAR-61-R5)第61.153条资格要求。

请航空器等级相应的地面训练科目或自学课程:航空法,飞机、飞艇、直升机和倾转旋翼机类航空器的一般知识,飞行性能、计划和装载,人的行为能力,气象学,领航,操作程序,飞行原理和无线电通话。① 其中,航空法包括与商用驾驶员执照持有人有关的规章条例;飞行规则;相应的空中交通服务措施和程序。

③飞行技能要求。申请人应当至少在下列操作上接受并记录了授权教员提供的针对所申请航空器等级的地面和飞行训练。航空器等级包括飞机类别等级、直升机类别等级、飞艇类别等级和倾转旋翼机类别等级。②

④飞行经历要求。包括飞机类别、直升机类别、飞艇类别、倾转旋翼机类别驾驶员的飞行经历要求以及夜间飞行限制。③

⑤私用驾驶员执照持有人的权利和限制。商用驾驶员执照持有人具有下列权利:(a) 行使相应的私用驾驶员执照持有人的所有权利;(b) 在以取酬为目的经营性运行的航空器上担任机长或副驾驶,但不得在相应运行规章要求机长应当具有航线运输驾驶员执照的运行中担任机长;(c) 为获取酬金而担任机长或副驾驶。其限制为:带有飞机类别等级的商用驾驶员执照持有人如未持有同一类别和级别的仪表等级,局方将在其执照上签注"禁止在飞机转场飞行中为获取酬金而载运旅客"。当该执照持有人满足了本规则第 61.83 条与其商用驾驶员执照为同一类别和级别的仪表等级要求时,局方可以撤销这一限制。

在下列情形下,执照持有人不再具有按照本规则颁发的商用驾驶员执照权利:(a) 执照持有人由于故意行为,致使公共财产、国家和人民利益遭受重大损失的:(ⅰ) 造成死亡 1 人以上,或者重伤 3 人以上的;(ⅱ) 造成公共财产直接经济损失 30 万元以上,或者直接经济损失不满 30 万元,但间接经济损失 150 万元以上的;(ⅲ) 严重损害国家声誉,或者造成恶劣社会影响的;(ⅳ) 其他致使公共财产、国家和人民利益遭受重大损失的情形。(b) 执照持有人在事故和事故征候调查期间,故意隐瞒事实、伪造证据或销毁证据的。(c) 被追究刑事责任的。④

(6) 飞机类别多人制机组驾驶员执照。多人制机组驾驶员执照(以下简称 MPL)是国际民航组织提出的执照培训理念,是一套聚焦运输航空公司飞行员初始培训的完整解决方案。中国民航自 2007 年通过试点引入 MPL 以来,先后制定了《民用航空器驾驶员合格审定规则》(CCAR-61)和《民用航空器驾驶员学校合格审定规则》(CCAR-141),为提升行业飞行训练理念,拓宽飞行员培养渠道发挥了积极作用,并根据国际民航公约附件1《人员执照的颁发》和上述两部规章,制定了《多人制机组驾驶员执照训练和管理办法》(AC-61-FS-13R2)。

根据《民用航空器驾驶员合格审定规则》(CCAR-61-R5)MPL 的规定,主要包括资格要求、航空知识要求、飞行技能要求、飞行经历要求、多人制机组驾驶员执照持有人的权利和限制等。

①资格要求。符合下列条件的申请人,局方可以为其颁发多人制机组驾驶员执照:

---

① 具体内容详见:《民用航空器驾驶员合格审定规则》(CCAR-61-R5)第 61.155 条航空知识要求。
② 具体内容详见:《民用航空器驾驶员合格审定规则》(CCAR-61-R5)第 61.157 条飞行技能要求。
③ 具体内容详见:《民用航空器驾驶员合格审定规则》(CCAR-61-R5)第 61.159 条飞机类别驾驶员的飞行经历要求,第 61.161 条直升机类别驾驶员的飞行经历要求,第 61.165 条飞艇类别驾驶员的飞行经历要求,第 61.166 条倾转旋翼机类别驾驶员的飞行经历要求和第 61.171 条夜间飞行限制。
④ 《民用航空器驾驶员合格审定规则》(CCAR-61-R5)第 61.173 条商用驾驶员执照持有人的权利和限制。

(a)年满18周岁。(b)无犯罪记录。(c)能正确读、听、说、写汉语,无影响双向无线电通话的口音和口吃。申请人因某种原因不能满足部分要求的,局方应当在其执照上签注必要的运行限制。(d)具有大学本科或大学本科以上文化程度。(e)持有局方颁发的有效Ⅰ级体检合格证。(f)持有按本规则颁发的私用驾驶员执照。(g)在申请实践考试之前,满足本规则第61.178条要求的飞行经历要求。(h)通过ICAO英语无线电通信3级或3级以上等级考试。(i)达到本规则第61.176条对航空理论知识的要求,并通过了本规则第61.83条、第61.155条和第61.185条关于仪表等级、商用驾驶员执照和航线运输驾驶员执照所要求航空知识的理论考试。(j)出现本规则第61.179(f)款(1)(2)情形的,安全飞行已满三年。(k)通过了本规则第61.177条所要求飞行技能的实践考试。①

②航空知识要求。多人制机组驾驶员执照申请人,应当掌握下列适用于所申请多人制机组驾驶员的航空知识,完成相应的地面训练和理论考试:航空法,飞机的一般知识,飞机性能和计划,人的行为能力,气象学,领航,操作程序,飞行原理和无线电通话。② 其中,航空法包括与多人制机组驾驶员执照持有人有关的规章条例;飞行规则;相应的空中交通服务的措施和程序。

③飞行技能要求。多人制机组驾驶员执照申请人应当表现出其有能力作为操纵飞机驾驶员和非操纵飞机驾驶员,在审定需要最小机组至少为两名驾驶员操纵的涡轮动力飞机上,能够作为副驾驶按照目视飞行规则和仪表飞行规则飞行,并且能够达到下列要求:(a)威胁和差错的识别和管理;(b)在各种情况下,在飞机限制范围内,平稳而准确地人工操纵飞机,以确保圆满完成程序和机动动作;(c)用与飞行阶段相适应的自动模式来操作飞机,并且保持对工作中的自动模式的意识;(d)在飞行的各个阶段准确完成正常、非正常和应急程序;(e)与其他飞行机组成员进行有效的沟通,并且表现出有能力切实履行机组失能和机组协调程序,包括机组分工、机组配合、标准操作程序的执行及检查单的使用。③

④飞行经历要求。(a)申请人应当在批准的训练课程中,完成不少于240小时作为操纵驾驶员和不少于100小时作为非操纵驾驶员的飞行训练时间,其中包括不少110小时作为操纵驾驶员的飞机飞行时间,以及作为操纵驾驶员在执照上拟签注型别等级的涡轮多发飞机上完成20次起飞和着陆。(b)在飞机上的飞行经历应当至少包括本规则第61.129条关于飞机类别的私用驾驶员执照的所有经历要求;从复杂状态改出训练和螺旋识别及改出训练。(c)申请人除了满足本条(b)款的要求之外,还应当在经审定需要最小机组至少为两名驾驶员操纵的涡轮发动机飞机上,或者在局方所批准的飞行模拟训练装置内,获得高级能力级别所要求的经历。④

⑤多人制机组驾驶员执照持有人的权利和限制。多人制机组驾驶员执照持有人的权利如下:(a)行使飞机类别的私用驾驶员执照持有人的所有权利。(b)在多人制机组运行中行使飞机类别仪表等级的权利。(c)在其执照签注型别等级的飞机上行使副驾驶权利。(d)在单驾驶员运行的飞机中行使商用驾驶员执照权利之前,执照持有人应当符合本章规定的与飞机类别相应的商用驾驶员执照飞行经历和飞行技能要求,并取得按照本规则颁发的商用驾驶员执照。(e)在单人操纵的航空器上,行使仪表等级权利应当完成附加训练。(f)在下列情形下,执照持有人不再具有按照本规则颁发的多人制机组驾驶员执照权利:1)执照持有人由于故意行为,致使公共财产、国家和人民利益遭受重大损失的:(ⅰ)造成死亡1人以上,或者重伤3人以上的;(ⅱ)造成公共财产直接经济损失30万元以上,或者直接

---

① 《民用航空器驾驶员合格审定规则》(CCAR-61-R5)第61.175条资格要求。
② 具体内容详见《民用航空器驾驶员合格审定规则》(CCAR-61-R5)第61.176条航空知识要求。
③ 《民用航空器驾驶员合格审定规则》(CCAR-61-R5)第61.177条飞行技能要求。
④ 《民用航空器驾驶员合格审定规则》(CCAR-61-R5)第61.178条飞行经历要求。

经济损失不满30万元,但间接经济损失150万元以上的;(ⅲ)严重损害国家声誉,或者造成恶劣社会影响的;(ⅳ)其他致使公共财产、国家和人民利益遭受重大损失的情形。2)执照持有人在事故和事故征候调查期间,故意隐瞒事实、伪造证据或销毁证据的。3)被追究刑事责任的。①

(7)航线运输驾驶员执照。包括资格要求、航空知识要求、飞行技能要求、飞行经历要求、增加类别和级别的要求、航线运输驾驶员执照持有人的权利和限制。

①资格要求。符合下列条件的申请人,局方可以为其颁发航线运输驾驶员执照:(a)年满21周岁。(b)无犯罪记录。(c)能正确读、听、说、写汉语,无影响双向无线电通话的口音和口吃。申请人因某种原因不能满足部分要求的,局方应当在其执照上签注必要的运行限制。(d)具有高中或高中以上文化程度。(e)持有局方颁发的有效Ⅰ级体检合格证。(f)持有按本规则颁发的商用驾驶员执照和仪表等级或持有按本规则颁发的多人制机组驾驶员执照。(g)在申请实践考试之前,满足本章中适用于所申请航空器等级的飞行经历要求。(h)通过了本规则第61.185条所要求航空知识的理论考试。(i)通过了本规则第61.187条所要求飞行技能的实践考试。(j)出现本规则第61.197条(e)款(1)情形的,不得申请按照本规则颁发的航线运输驾驶员执照。(k)出现本规则第61.197条(e)款(2)情形的,安全飞行已满十年;出现本规则第61.197条(e)款(3)情形的,安全飞行已满两年。(m)符合本规则适用于所申请航空器类别和级别等级的相应条款的要求。②

②航空知识要求。除在航线运输驾驶员执照上仅增加型别等级的申请人不必参加理论考试外,航线运输驾驶员执照的申请人,应当掌握下列适用于所申请航空器类别和级别等级的航空知识,完成相应的地面训练和理论考试:

(a)航空法:与航线运输驾驶员执照持有人有关的规章条例;飞行规则;相应的空中交通服务措施和程序。

(b)飞机、直升机和倾转旋翼机类航空器的一般知识:1)电气、液压、增压和航空器其他系统的一般特性和限制,包括自动驾驶仪和增稳飞行操纵系统;2)航空器动力装置的工作原理、操作程序和使用限制,大气条件对发动机性能的影响,飞行手册或其他相应文件中的有关操作资料;3)有关类别航空器的使用程序和限制,根据飞行手册中的有关操作资料,大气条件对航空器性能的影响;4)相应的航空器设备和系统的使用及可用性检查;5)飞行仪表、罗盘、转弯和增速误差,陀螺仪表,其使用限制和进动效应,各种飞行仪表和电子显示装置发生故障时采取的措施和程序;6)适合于航空器机体、系统和动力装置的维修程序;7)对于直升机和倾转旋翼机,传动装置(传动齿轮系)(如适用)。

(c)飞行性能、计划和装载:1)装载及质量分布对航空器操纵、飞行特性和性能的影响,重量和平衡计算;2)起飞、着陆和其他性能数据(包括巡航控制程序)的使用和实际运用;3)飞行前和航路飞行计划,空中交通服务飞行计划的准备和申报,相应的空中交通服务程序,高度表拨正程序;4)对于直升机或倾转旋翼机,外挂载荷对操纵的影响。

(d)人的行为能力:人的行为能力,包括威胁和差错管理的原则。

(e)气象学:1)航空气象报告、图表和预报的判读与使用,代码和简字,飞行前和飞行中气象资料的使用和获得气象资料的程序,测高法;2)航空气象学,有关地区影响航空的气象要素的气候学,压系统的移动,锋面结构和影响起飞、航路和着陆条件的重要天气现象的起源及特征;3)结冰的原因、识别和影响,通过锋区的程序,危险天气的避让;4)对于飞机和倾转旋翼机,实用的高空气象学,包括天气报告、图表和预报的判读与使用,高空急流。

---

① 《民用航空器驾驶员合格审定规则》(CCAR-61-R5)第61.179条多人制机组驾驶员执照持有人的权利和限制。
② 《民用航空器驾驶员合格审定规则》(CCAR-61-R5)第61.183条资格要求。

（f）领航：1）空中领航，包括航图、无线电导航设备和区域导航系统的使用，远程飞行的特殊导航要求；2）航空器操纵和导航所必需的航空电子设备和仪表的使用、限制和可用性；3）离场、航路、进近和着陆各飞行阶段所用的导航系统的使用、精确度和可靠性，无线电导航设备的识别；4）自主式和参照外部基准的导航系统的原理和特性，机载设备的操作。

（g）操作程序：1）在操作表现方面运用威胁和差错管理的原则；2）航空文件，如《航行资料汇编》《航行通告》《航空代码和缩略语》的理解与使用；3）预防和应急程序，安全措施；4）载运货物和危险品的操作程序；5）旅客安全简介的要求和做法，包括在上、下航空器时应遵守的预防措施；6）对于直升机和（如适用）倾转旋翼机，带油门的缓慢垂直下降，地面共振，后行桨叶失速，动力侧滚翻转和其他操作危险，与目视气象条件飞行相关的安全程序。

（h）飞行原理：飞行原理。

（i）无线电通话：通信程序和用语；如遇通信故障应采取的行动。①

③飞行技能要求。《民用航空器驾驶员合格审定规则》(CCAR-61-R5)第61.187条从实践考试航空器等级、申请人应当在相应航空器上演示完成相应动作与程序的能力、在航线运输驾驶员执照上增加航空器型别等级的申请人应当符合的规定等八个方面对驾驶员飞行技能要求进行了详细规定。②

④飞行经历要求。《民用航空器驾驶员合格审定规则》(CCAR-61-R5)分别在第61.189条飞机驾驶员的飞行经历要求③、第61.191条直升机驾驶员的飞行经历要求④、第61.193

---

① 《民用航空器驾驶员合格审定规则》(CCAR-61-R5)第61.185条航空知识要求。
② 具体内容详见：https://www.caac.gov.cn/XXGK/XXGK/MHGZ/201812/P020181219495625412726.pdf。2024年2月7日访问。
③ (a)飞机类别和级别等级的航线运输驾驶员执照的申请人应当具有至少1 500小时的作为飞机驾驶员飞行经历时间，其中至少包括：(1) 500小时转场飞行时间；(2) 100小时夜间飞行时间；(3) 75小时实际或者模拟的仪表时间，其中至少50小时是在实际飞行中的仪表飞行时间；(4) 250小时担任机长或监视下履行机长职责的飞行时间，其中担任机长的飞行时间至少70小时，或500小时监视下履行机长职责的飞行时间，该飞行时间至少包括：(i) 100小时转场飞行时间，(ii) 25小时夜间飞行时间。(b)上述飞行经历要求可以包括不超过100小时在飞机飞行模拟机或飞行训练器上的训练时间，其中飞行训练器上的训练时间最多为25小时，这些飞行模拟机和飞行训练器应当是在经批准的训练课程中使用的。(c)航线运输驾驶员执照申请人可以将其在飞机飞行手册要求配备副驾驶的航空器上担任副驾驶的飞行经历时间计入本条(a)所要求的1 500小时飞行经历时间中，局方可以在其满足本条(a)所有条件后为其颁发航线运输驾驶员执照。在型号合格审定为只有一名驾驶员操纵，但有规章要求配备一名副驾驶操作的航空器上担任副驾驶时，仅可将其不超过50%的副驾驶飞行时间计入本条(a)所要求的1 500小时飞行经历时间中。(d)满足本章颁发航线运输驾驶员执照的其他所有要求，但不符合本条(a)(4)中担任机长至少70小时的申请人，局方可以为其颁发航线运输驾驶员执照，但应当在其航线运输驾驶员执照上签注"持照人不满足ICAO机长航空经历要求"。其机长飞行经历时间达到70小时后，局方将取消该签注。
④ (a)直升机类别等级的航线运输驾驶员执照申请人，应当具有至少1 000小时作为直升机驾驶员的飞行经历时间，其中至少包括：(1) 200小时转场飞行时间，其中100小时是作为机长或在监视之下履行机长职责的飞行时间；(2) 50小时夜间飞行时间；(3) 30小时在实际或者模拟仪表条件下的仪表飞行时间，其中至少20小时是在空中完成；(4) 250小时担任机长或者监视下履行机长职责的飞行时间，其中至少70小时是担任机长的飞行时间。(b)上述飞行经历要求可以包括不超过100小时在直升机飞行模拟机或飞行训练器上的训练时间，其中飞行训练器上的训练时间最多为25小时，这些飞行模拟机和飞行训练器应当是在经批准的训练课程中使用的。(c)航线运输驾驶员执照申请人可以将其在直升机飞行手册要求配备副驾驶的航空器上担任副驾驶的飞行经历时间计入本条(a)所要求的1 000小时飞行经历时间中，局方可以在其满足本条(a)所有条件后为其颁发航线运输驾驶员执照。在型号合格审定为只有一名驾驶员操纵，但有规章要求配备一名副驾驶操作的航空器上担任副驾驶时，仅可将其不超过50%的副驾驶飞行时间计入本条(a)所要求的1 000小时飞行经历时间中。(d)满足本章颁发航线运输驾驶员执照的其他所有要求，但不符合本条(a)(4)中担任机长至少70小时的申请人，局方可以为其颁发航线运输驾驶员执照，但应当在其航线运输驾驶员执照上签注"持照人不满足ICAO机长航空经历要求"。其机长飞行经历时间达到70小时后，局方将取消该签注。

条倾转旋翼机驾驶员的飞行经历要求[1]以及第61.195条增加类别和级别的要求[2]进行了具体规定。

⑤航线运输驾驶员执照持有人的权利和限制。(a) 航线运输驾驶员可以行使相应的私用和商用驾驶员执照以及仪表等级的权利。(b) 航线运输驾驶员可以在从事公共航空运输的航空器上担任机长和副驾驶。(c) 如果飞机类别的航线运输驾驶员执照持有人以前仅持有多人制机组驾驶员执照,除非其飞行经历已满足本规章中对在单驾驶员运行的飞机中行使商用驾驶员执照权利的所有要求,否则在其执照的多发飞机等级上签注"仅限于多人制机组运行"。(d) 在下列情形下,执照持有人不再具有按照本规则颁发的航线运输驾驶员执照权利以及商用驾驶员执照或多人制机组驾驶员执照权利:1) 执照持有人由于故意行为,致使公共财产、国家和人民利益遭受重大损失的;(ⅰ) 造成死亡1人以上,或者重伤3人以上的;(ⅱ) 造成公共财产直接经济损失30万元以上,或者直接经济损失不满30万元,但间接经济损失150万元以上的;(ⅲ) 严重损害国家声誉,或者造成恶劣社会影响的;(ⅳ) 其他致使公共财产、国家和人民利益遭受重大损失的情形。2) 执照持有人在事故和事故征候调查期间,故意隐瞒事实、伪造证据或销毁证据的。3) 被追究刑事责任的。(e) 在下列情形下,执照持有人不再具有按照本规则颁发的航线运输驾驶员执照权利,并不得在从事公共航空运输的航空器上担任机长和副驾驶:1) 执照持有人被认定为特别重大或重大飞行事故责任人;2) 执照持有人被认定为较大飞行事故责任人;3) 执照持有人被认定为一般飞行事故责任人。[3]

---

[1] (a) 倾转旋翼机类别等级的航线运输驾驶员执照的申请人应当具有至少1 500小时驾驶员飞行经历时间,其中在倾转旋翼机上的驾驶员飞行经历时间至少包括:(1) 100小时转场飞行时间;(2)100小时夜间飞行时间;(3) 75小时实际或者模拟的仪表时间,其中至少50小时是在实际飞行中的仪表飞行时间;(4) 250小时担任机长或监视下履行机长职责的飞行时间,其中担任机长的飞行时间至少70小时,该飞行时间至少包括:(ⅰ) 50小时转场飞行时间,(ⅱ) 25小时夜间飞行时间。(b) 上述飞行经历要求可以包括不超过100小时在倾转旋翼机飞行模拟机或飞行训练器上的训练时间,其中飞行训练器上的训练时间最多为25小时,这些飞行模拟机和飞行训练器应当是在经批准的训练课程中使用的。(c) 航线运输驾驶员执照申请人可以将其在倾转旋翼机飞行手册要求配备副驾驶的航空器上担任副驾驶的飞行经历时间计入本条(a)所要求的1 500小时飞行经历时间中,局方可以在其满足本条(a)所有条件后为其颁发航线运输驾驶员执照。在型号合格审定为只有一名驾驶员操纵,但有规章要求配备一名副驾驶操作的航空器上担任副驾驶时,仅可将其不超过50%的副驾驶飞行时间计入本条(a)所要求的1 500小时飞行经历时间中。(d) 满足本章颁发航线运输驾驶员执照的其他所有要求,但不符合本条(a)(4)中担任机长至少70小时的申请人,局方可以为其颁发航线运输驾驶员执照,但应当在其航线运输驾驶员执照上签注"持照人不满足ICAO机长航空经历要求"。其机长飞行经历时间达到70小时后,局方将取消该签注。

[2] (a) 飞机类别等级和倾转旋翼机类别等级的航线运输驾驶员执照持有人申请增加直升机类别等级(具有航线运输驾驶员权限),应当符合下列规定:(1) 满足本规则第61.183条资格要求;(2) 通过了本规则第61.185条要求的航空知识理论考试;(3) 满足本规则61.187(c)要求(如适用);(4) 满足本规则第61.191条适用的飞行经历要求;(5) 通过了本规则61.187(b)要求的实践考试。(b) 直升机类别等级和倾转旋翼机类别等级的航线运输驾驶员执照持有人申请增加飞机类别和单发或多发级别等级(具有航线运输驾驶员权限),应当符合下列规定:(1) 满足本规则第61.183条资格要求;(2) 通过了本规则第61.185条要求的航空知识理论考试;(3) 满足本规则61.187(c)要求(如适用);(4) 满足本规则第61.189条适用的飞行经历要求;(5) 通过了所申请航空器等级的本规则61.187(b)要求的实践考试。(c) 飞机类别等级和直升机类别等级的航线运输驾驶员执照持有人申请增加倾转旋翼机类别等级(具有航线运输驾驶员权限),应当符合下列规定:(1) 满足本规则第61.183条资格要求;(2) 通过了本规则第61.185条要求的航空知识理论考试;(3) 满足本规则61.187(c)要求(如适用);(4) 满足本规则第61.189条适用的飞行经历要求;(5) 通过了所申请航空器等级的本规则61.187(b)要求的实践考试。(d) 飞机类别的航线运输驾驶员执照持有人申请增加级别等级,应当符合下列规定:(1) 满足本规则第61.183条中除(h)之外的其他资格要求;(2) 满足本规则61.187(c)要求(如适用);(3) 满足本章适用的飞行经历要求;(4) 通过了所申请航空器等级的本规则61.187(b)要求的实践考试。

[3] 《民用航空器驾驶员合格审定规则》(CCAR-61-R5)第61.197条航线运输驾驶员执照持有人的权利和限制。

(8)飞行教员等级。主要包括资格要求、其他要求、知识要求、飞行教学能力、飞行教员的教学记录、增加教员等级的要求、飞行教员的权利、飞行教员的限制、教员等级的更新、教员等级过期后的重新办理。

①资格要求。(a)符合下列条件的申请人,局方可以在其驾驶员执照上签注运动教员等级:1)年满18周岁。2)无犯罪记录。3)能正确读、听、说、写汉语,无影响教学的口音和口吃。申请人因某种原因不能满足部分要求的,局方应当在其执照上签注必要的运行限制。4)持有运动驾驶员执照,并带有相应于所申请运动教员等级的航空器类别等级。5)由授权教员在申请人的飞行经历记录本上签字,证明其完成本规则第61.205条要求的教学原理的训练。6)通过了适用于所申请运动教员等级的本规则61.205(c)所要求航空知识的理论考试。7)由授权教员在申请人飞行经历记录本上签字,证明其完成了适用于所申请运动教员等级的本规则第61.207条要求的飞行教学能力训练,并有能力通过实践考试。8)在相应类别的航空器上通过了本规则第61.207条要求的适用于所申请运动教员等级的实践考试。9)滑翔机教员等级申请人应当满足下列要求:(ⅰ)由授权教员在其飞行经历记录本上签字,证明其在对螺旋审定合格的飞机或者滑翔机上接受了有关螺旋的飞行训练,在失速识别、螺旋进入、保持和改出程序方面是合格的,并具有教学能力;(ⅱ)在实践考试中演示其在失速识别、螺旋进入、保持和改出程序方面的教学能力。10)在申请实践考试前应满足下列经历要求:(ⅰ)对于在初级飞机上行使运动教员权利的申请人,应接受了由授权教员实施的至少10小时仪表飞行教学,其中最多5小时在经批准的飞行训练器上完成;飞行经历时间至少150小时,其中包括不少于20小时在初级飞机或飞机上作为机长的转场飞行;(ⅱ)对于在自转旋翼机上行使运动教员权利的申请人,飞行经历时间至少150小时,其中包括不少于20小时在自转旋翼机上作为机长的转场飞行;(ⅲ)对于在滑翔机上行使运动教员权利的申请人,滑翔机飞行经历时间至少25小时,或者在重于空气的航空器上的飞行经历时间至少200小时,其中在滑翔机上作为机长至少完成100次起飞着陆;(ⅳ)对于在自由气球上行使运动教员权利的申请人,在自由气球上作为机长至少35小时;(ⅴ)对于在小型飞艇上行使运动教员权利的申请人,飞行经历时间至少200小时,其中在小型飞艇或飞艇上作为机长至少100小时。11)符合本规则适用于所申请运动教员等级的相应条款要求。

(b)符合下列条件的申请人,局方可以在其驾驶员执照上签注基础教员等级:1)年满18周岁。2)无犯罪记录。3)能正确读、听、说、写汉语,无影响教学的口音和口吃。申请人因某种原因不能满足部分要求的,局方应当在其执照上签注必要的运行限制。4)持有商用驾驶员执照或者航线运输驾驶员执照,并带有相应于所申请教员等级的航空器类别和级别等级;申请人申请飞机类别单发或多发级别等级的教员等级,应当持有相应仪表等级或者航线运输驾驶员执照。5)由授权教员在申请人的飞行经历记录本上签字,证明其完成本规则第61.205条要求的教学原理的训练。6)通过了本规则61.205(a)要求的理论考试,但已持有按本规则颁发的教员等级执照的申请人和持有高等院校教师资格证书的申请人除外。7)通过了适用于所申请基础教员等级的本规则61.205(d)所要求航空知识的理论考试。8)由授权教员在申请人飞行经历记录本上签字,证明其完成了适用于所申请基础教员等级的本规则第61.207条要求的飞行教学能力训练,并有能力通过实践考试。9)在下列任一设备上通过了本规则第61.207条要求的适用于所申请基础教员等级的实践考试:(ⅰ)能代表所申请航空器类别、级别或型别等级的航空器;(ⅱ)能代表所申请航空器类别、级别或型别的在经批准训练课程中使用的飞行模拟机或飞行训练器。10)飞机基础教员申请人应当满足下列要求:(ⅰ)由授权教员在其飞行经历记录本上签字,证明其在对螺旋审定合格的飞机或者滑翔机上接受了有关螺旋的飞行训练,在失速识别、螺旋进入、保持和改出程序方面是合格的,并具有教学能力;(ⅱ)在实践考试中演示其在失速识别、螺旋进入、保持和改出程序方面的教学能力。11)在申请实践考试前,在所申请教员等级的航空器类别和级别的航空器上担任机长至少15小时。12)符合本规则适用于所申请基础教员等级的相应条款要求。

(c) 符合下列条件的申请人,局方可以在其驾驶员执照上签注仪表教员等级:1)年满18周岁。2)无犯罪记录。3)能正确读、听、说、写汉语,无影响教学的口音和口吃。申请人因某种原因不能满足部分要求的,局方应当在其执照上签注必要的运行限制。4)持有附加仪表等级的商用驾驶员执照或者航线运输驾驶员执照,并带有相应于所申请教员等级的航空器类别等级。5)由授权教员在申请人的飞行经历记录本上签字,证明其完成本规则第61.205条要求的教学原理的训练。6)通过了本规则61.205(a)要求的理论考试,但已持有按本规则颁发的教员等级执照的申请人和持有高等院校教师资格证书的申请人除外。7)通过了适用于所申请仪表教员等级的本规则61.205(e)所要求航空知识的理论考试。8)由授权教员在申请人飞行经历记录本上签字,证明其完成了适用于所申请仪表教员等级的本规则第61.207条要求的飞行教学能力训练,并有能力通过实践考试。9)在下列任一设备上通过了本规则第61.207条要求的适用于所申请仪表教员等级的实践考试:(ⅰ)能代表所申请航空器类别、级别或型别等级的航空器;(ⅱ)能代表所申请航空器类别、级别或型别的在经批准训练课程中使用的飞行模拟机或飞行训练器。10)在申请实践考试前,在所申请仪表教员等级的航空器类别、级别和型别(如适用)的航空器上担任机长至少15小时。11)符合本规则适用于所申请仪表教员等级的相应条款要求。

(d) 符合下列条件的申请人,局方可以在其驾驶员执照上签注型别教员等级:1)年满18周岁。2)无犯罪记录。3)能正确读、听、说、写汉语,无影响教学的口音和口吃。申请人因某种原因不能满足部分要求的,局方应当在其执照上签注必要的运行限制。4)持有带有仪表等级的商用驾驶员执照或者航线运输驾驶员执照,并带有相应于所申请教员等级的航空器类别、级别等级和型别等级。5)由授权教员在申请人的飞行经历记录本上签字,证明其完成本规则61.205(a)要求的教学原理和61.205(b)要求的机型理论知识及模拟机面板使用知识(如适用)的训练。6)由授权教员在申请人飞行经历记录本上签字,证明其完成了适用于所申请型别教员等级的本规则第61.207条要求的飞行教学能力训练,并有能力通过实践考试。7)在下列任一设备上通过了本规则第61.207条要求的适用于所申请型别教员等级的实践考试:(ⅰ)能代表所申请航空器类别、级别和型别等级的航空器;(ⅱ)能代表所申请航空器类别、级别和型别的在经批准训练课程中使用的飞行模拟机。8)型别教员等级申请人在申请实践考试前应满足下列经历要求:(ⅰ)对于初次申请飞机类别的型别教员等级申请人,担任飞机机长的飞行经历时间至少500小时,其中在所申请型别的飞机上担任机长的飞行经历时间至少100小时;对于申请增加型别教员等级的申请人,在所申请型别的飞机上担任机长的飞行经历时间至少100小时。(ⅱ)对于初次申请直升机类别的型别教员等级申请人,担任直升机机长的飞行经历时间至少300小时,其中在所申请型别的直升机上担任机长的飞行经历时间至少100小时;对于申请增加型别教员等级的申请人,在所申请型别的直升机上担任机长的飞行经历时间至少100小时。(ⅲ)对于初次申请倾转旋翼机类别的型别教员等级申请人,担任飞机、直升机或倾转旋翼机机长的飞行经历时间至少500小时,其中在所申请型别的倾转旋翼机上担任机长的飞行经历时间至少 100 小时;对于申请增加型别教员等级的申请人,在所申请型别的倾转旋翼机上担任机长的飞行经历时间至少 100 小时。(ⅳ)经局方批准,对于担任型别等级教员超过 500 小时的申请人,在申请新型号机型的型别教员时,上述标准可适当降低。9)符合本规则适用于所申请型别教员等级的相应条款要求。①

②其他要求。申请飞行教员等级,还应满足下列条件:(a)出现本规则第 61.197 条(e)款(1)情形的,不得申请按照本规则颁发的飞行教员等级;(b)出现本规则第 61.197 条(e)款(2)情形的,安全飞行已满十年;(c)出现本规则第 61.197 条(e)款(3)情形的,安全飞行已满两年。②

③知识要求。教员等级申请人应当接受并记录了由授权教员提供的下列地面训练:

(a)至少 40 小时教学原理训练:1)教学技巧;2)学习过程;3)对地面教学科目中学员表现的评定;4)有效教学的基本要素;5)对学员的评价、提问和考试;6)课程研制开发;7)制订授课计划;8)课堂教学技巧;9)训练设备的使用,包括酌情使用飞行模拟训练装置;10)分析、纠正学员错误;11)与飞行教员有关的人的行为能力,包括威胁和差错管理的原则;12)模拟航空器系统失效和故障所产生的危险。

(b)对于型别教员申请人,还应当接受并记录了由授权教员提供的至少 8 小时机型理论知识的地面训练,如果申请人拟在模拟机上行使教员权利,则还应当接受并记录了由授权教员提供的 4 小时模拟机面板使用知识的地面训练。

(c)对于运动教员申请人,还应当接受并记录了相应航空器类别的运动驾驶员执照要求的航空知识。

(d)对于基础教员申请人,还应当接受并记录了相应航空器类别的私用、商用驾驶员执照要求的航空知识。

(e)对于仪表教员申请人,还应当接受并记录了相应航空器类别的仪表等级要求的航空知识。③

④飞行教学能力。(a)教员等级的申请人应当在本条所列科目上,接受了由本条(b)中授权教员提供的适合于所申请教员等级的飞行训练。另外,其飞行经历记录本应当有提供训练的授权教员签字,证明申请人有能力通过包括下列内容的实践考试:1)针对基础、经验和能力水平各不相同的学员,准备和实施授课计划;2)评价学员的飞行完成情况;3)飞行前指导和飞行后讲评;4)飞行教员责任和出具签字证明的程序;5)正确分析和纠正学员的常见飞行偏差;6)完成并分析与所申请教员等级相应的标准飞行训练程序与动作。

(b)教员等级申请人接受授权教员飞行训练的时间应满足下列要求:1)运动教员:(ⅰ)对于初级飞机、自转旋翼机和小型飞艇类别,在相应类别航空器上 15 小时;(ⅱ)对于滑翔机类别,在滑翔机上 10 小时,且应包括 10 次飞行;(ⅲ)对于自由气球类别,在自由气球上 3 小时,包括 3 次起飞教学。2)基础教员:(ⅰ)对于飞机和直升机类别,在相应类别和级别航空器上 30 小时;(ⅱ)对于飞艇和倾转旋翼机类别,在相应类别航空器上 20 小时。3)仪表教员:在相应类别航空器上 15 小时。4)型别教员:在相应型别航空器上或在经局方

---

① 《民用航空器驾驶员合格审定规则》(CCAR-61-R5)第 61.203 条资格要求。
② 《民用航空器驾驶员合格审定规则》(CCAR-61-R5)第 61.204 条其他要求。
③ 《民用航空器驾驶员合格审定规则》(CCAR-61-R5)第 61.205 条知识要求。

审定批准的能代表相应型别航空器的模拟机上 10 小时。对于仅在模拟机上接受训练的教员，应在其型别教员等级中签注"仅限飞行模拟机"。

（c）为教员等级申请人提供飞行训练的授权教员应当符合下列条件：1）为运动教员申请人提供飞行训练的授权教员：（ⅰ）对于初级飞机运动教员，应持有飞机基础教员等级或初级飞机运动教员等级且至少已完成教学飞行 200 小时以上；（ⅱ）对于自转旋翼机运动教员，应持有自转旋翼机运动教员等级且至少已完成教学飞行 200 小时以上；（ⅲ）对于滑翔机运动教员，应持有滑翔机运动教员等级且至少已完成 80 小时或 150 次滑翔机飞行教学；（ⅳ）对于自由气球运动教员，应持有自由气球运动教员等级且至少已完成 50 小时或 50 次自由气球飞行教学；（ⅴ）对于小型飞艇飞行教员，应持有飞艇基础教员等级或小型飞艇运动教员等级且至少已完成 200 小时飞艇或小型飞艇飞行教学。2）为基础教员申请人提供飞行训练的授权教员应持有相应的基础教员等级且在相应的类别和级别航空器上至少完成 200 小时飞行教学。3）为仪表教员申请人提供飞行训练的授权教员应持有相应类别、级别、型别（如适用）和仪表教员等级驾驶员执照且至少完成 200 小时飞行教学。4）为型别教员等级申请人提供飞行训练的授权教员应作为型别教员至少 3 年且在相应型别航空器上至少完成 200 小时飞行教学。①

⑤飞行教员的教学记录。（a）飞行教员应当在接受其飞行或地面教学的每个人的飞行经历记录本上签字，并注明提供教学的内容、课时和日期。（b）飞行教员应当在飞行教员记录本或单独文件中记录下列内容：1）由该教员在飞行经历记录本或者在学生驾驶员执照上签字而被授予单飞权利的每个人的姓名。记录应当包括每次签字的日期以及所涉及的航空器型号。2）由该教员签字推荐参加理论考试或者实践考试的每个人的姓名，记录还应当包括考试的种类、日期和考试结果。（c）每个飞行教员应当将本条要求的记录保存至少三年。②

⑥增加教员等级的要求。飞行教员申请在其执照上增加其他教员等级应当满足本规则第 61.203 条所列的适合于所申请飞行教员等级的资格要求，但不要求其再次通过本规则 61.205（a）要求的关于教学原理的理论考试。单发飞机基础教员申请增加多发飞机基础教员等级，或者多发飞机基础教员申请增加单发飞机基础教员等级，不要求再次通过本规则 61.205（d）要求的关于航空知识的理论考试。③

⑦飞行教员的权利。（a）飞行教员在其所持驾驶员执照种类的限制内，可以分别提供本规则颁发下列执照和等级所要求的地面和飞行训练：1）运动教员：（ⅰ）运动驾驶员执照；（ⅱ）运动教员等级；（ⅲ）运动航空器类别和级别等级。2）基础教员：（ⅰ）私用驾驶员执照；（ⅱ）商用驾驶员执照；（ⅲ）多人制机组驾驶员执照；（ⅳ）航线运输驾驶员执照（如适用）；（ⅴ）基础教员等级；（ⅵ）航空器类别和级别等级。3）仪表教员：（ⅰ）多人制机组驾驶员执照；（ⅱ）仪表教员等级；（ⅲ）仪表等级。4）型别教员：（ⅰ）多人制机组驾驶员执照；（ⅱ）航线运输驾驶员执照（如适用）；（ⅲ）型别教员等级；（ⅳ）仪表等级；（ⅴ）航空器型别等级。

（b）飞机基础教员可以行使初级飞机运动教员权利；飞艇基础教员可以行使小型飞艇

---

① 《民用航空器驾驶员合格审定规则》(CCAR-61-R5)第 61.207 条飞行教学能力。
② 《民用航空器驾驶员合格审定规则》(CCAR-61-R5)第 61.209 条飞行教员的教学记录。
③ 《民用航空器驾驶员合格审定规则》(CCAR-61-R5)第 61.211 条增加教员等级的要求。

运动教员权利。

(c) 飞行教员在其教员等级的限制内,有下列签字权利:1)根据本规则第61.105和61.109条对学生驾驶员的单飞和转场单飞要求,在接受该教员训练的学生驾驶员执照上签字,批准其学生驾驶员单飞或者转场单飞;2)根据本规则第61.105和61.109条对学生驾驶员的单飞和转场单飞要求,在接受该教员训练的学生驾驶员飞行经历记录本上签字,批准其学生驾驶员单飞或者每次转场单飞;3)在按本规则颁发的驾驶员执照申请人或者教员等级申请人的飞行经历记录本上签字,证明该申请人已准备好参加本规则要求的理论考试或者实践考试。①

⑧飞行教员的限制。飞行教员应当遵守下列规定:

(a) 教学小时数:在任何连续24小时期间内,实施飞行训练不得超过8小时。

(b) 航空器等级:除本规则61.213(b)规定外,不得在其驾驶员执照中未获得的类别、级别、型别等级(如适用)和教员等级的航空器上实施飞行教学。

(c) 仪表等级:为颁发仪表等级或不带VFR限制的型别等级而提供仪表飞行训练的飞行教员,在其驾驶员执照上应当具有适合于所提供仪表训练的航空器类别和级别等级的仪表等级和仪表教员等级。

(d) 签字限制:1)在满足下列条件后,飞行教员方可在学生驾驶员执照或飞行经历记录本上签字,批准其单飞:(ⅰ)亲自对该学生驾驶员提供了本规则授予单飞权利所要求的飞行训练;(ⅱ)确认该学生驾驶员能够遵守飞行教员出于安全考虑而在飞行经历记录本上作出的任何限制,已经做好准备能够安全实施单飞。2)飞行教员审查了学生驾驶员的飞行准备、计划、设备和拟用的程序,认为该学员未作好准备,则不得在学生驾驶员执照和飞行经历记录本上签字,批准其转场飞行。

(e) 不涉及型别等级的多发飞机、直升机或倾转旋翼机的教学:在多发飞机、直升机或倾转旋翼机上提供执照或等级所要求飞行训练的飞行教员,应当在相应厂家和型号的航空器上担任机长飞行至少10小时。

(f) 禁止自我签字:飞行教员不得为获得本规则要求的执照、等级、实践考试或者理论考试权利而为自己进行任何签字。②

⑨教员等级的更新。

(a) 教员等级在其颁发月份之后第36个日历月结束时期满。

(b) 飞行教员可以在其教员等级期满前申请更新,但应当符合下列条件之一:1)通过了以下相应教员等级的实践考试:(ⅰ)运动教员等级的执照持有人,如果通过了任何一个运动教员等级的实践考试,则其所持有的教员等级均视为更新,但其运动执照下相应等级定期检查不在有效期内的除外;(ⅱ)基础教员和仪表教员等级的执照持有人,如果通过了其基础教员等级或仪表教员等级中任何一项的实践考试,则其基础教员和仪表教员的所有等级均视为更新,但其相应等级的熟练检查不在有效期内的除外;(ⅲ)型别教员等级的执照持有人,如果通过了其型别教员等级中任何一项的实践考试,则其所有型别教员等级均视为更新,但其相应型别等级的熟练检查不在有效期内的除外。2)飞行教员在其教员等级期满前90天内通过相应教员等级的更新检查:(ⅰ)运动教员等级的执照持有人,如果通过了任何

---

① 《民用航空器驾驶员合格审定规则》(CCAR-61-R5)第61.213条飞行教员的权利。
② 《民用航空器驾驶员合格审定规则》(CCAR-61-R5)第61.215条飞行教员的限制。

一个运动教员等级的更新检查,则其所有教员等级均视为更新,但其运动执照下相应等级定期检查不在有效期内的除外;(ⅱ)基础教员和仪表教员等级的执照持有人,如果通过了其基础教员等级或仪表教员等级中任何一项的更新检查,则其基础教员和仪表教员的所有等级均视为更新,但其相应等级的熟练检查不在有效期内的除外;(ⅲ)型别教员等级的执照持有人,如果通过了其型别教员等级中任何一项的更新检查,则其所有型别教员等级均视为更新,但其相应型别等级的熟练检查不在有效期内的除外。(3)教员等级更新由考试员在其执照记录栏中签注;按本条(b)(1)进行更新的,教员等级有效期自实践考试之日起计算。①

⑩教员等级过期后的重新办理。

(a)飞行教员在其教员等级过期后,应当通过本规则第61.203条要求的实践考试后,局方可恢复其教员等级。

(b)当飞行教员的驾驶员执照上与教员等级相对应的等级失效时,其教员等级权利自动丧失,除非该驾驶员按本规则恢复其驾驶员执照上所有相应的等级,其中教员等级的恢复需按本章颁发飞行教员等级的规定通过理论考试(如适用)和实践考试。②

(9)驾驶员学校合格审定规则。为了规范民用航空器驾驶员学校的合格审定和管理工作,根据《国务院对确需保留的行政审批项目设定行政许可的决定》,中国民用航空总局于2004年12月16日以总局令第135号发布、自2005年1月15日起施行《民用航空器驾驶员学校合格审定规则》(CCAR-141),共9章,计56条,分别对民用航空器驾驶员学校合格证和临时合格证,人员、航空器和设施,训练课程和课目,考试权,运行规则,记录,罚则等方面作出了规定,并对境外驾驶员学校认可作出了特殊规定。③ 2016年12月16日交通运输部以部令第86号进行修订并重新发布《民用航空器驾驶员学校合格审定规则》(CCAR-141-R1),自2017年4月1日起施行,同时废止了2004年《民用航空器驾驶员学校合格审定规则》。2018年11月16交通运输部以部令第38号第二次修订并发布《交通运输部关于修改〈民用航空器驾驶员学校合格审定规则〉的决定》(CCAR-141-R2),自2019年1月1日起施行。2022年1月4日交通运输部以部令第5号进行第三次修订并发布《民用航空器驾驶员学校合格审定规则》(CCAR-141-R3),包括A章总则,B章合格审定,C章实施模块课程训练的驾驶员学校,D章实施整体课程训练的驾驶员学校,E章对境外驾驶员学校的特别规定,F章法律责任,G章附则。共121条。④ 自2022年7月1日起施行,同时废止了2016年公布、2018年修改的《民用航空器驾驶员学校合格审定规则》。

3. 飞行机械人员⑤

(1)立法基本概况。早在民国时期,根据《航空学校条例》第41条⑥,1913年2月前,参谋本部拟定《航空学校毕业学员技工待遇条例》,并于1914年1月15日公布,分学员、学习技工及附则三个部分,计22条。该条例具体规定了学员任用、奖励、毕业后召集和抚恤事

---

① 《民用航空器驾驶员合格审定规则》(CCAR-61-R5)第61.217条教员等级的更新。
② 《民用航空器驾驶员合格审定规则》(CCAR-61-R5)第61.219条教员等级过期后的重新办理。
③ 具体条文详见:www.caac.gov.cn/XXGK/XXGK/MHGZ/201511/t20151102_8497.html. 2024年2月7日访问。
④ 具体条文详见:https://xxgk.mot.gov.cn/2020/gz/202201/t20220129_3639030.html. 2024年2月7日访问。
⑤ 本部分中的"本规则"是指《民用航空器飞行机械员合格审定规则》(CCAR-63FS-R1)。
⑥ 学员毕业及技工待遇办法,另章规定。

项,以及学习技工任用及奖励、毕业后的服务年限等。① 还有一些专门性的航空立法,如1929 年《航空机械人员进级章程》、1931 年《航空机械士章程》、1931 年《航空署机械人员加工暂行规则》后在一些航空法规中也有关于飞行机械人员的零星规定。

新中国成立后,1974 年 9 月 21 日,中国民用航空总局下发《关于使用驾驶执照的通知》,明确提出:驾驶执照(包括驾驶、领航、报务、机械)按照国际民航组织规定重新印制,并规定驾驶执照仅供空勤人员执行国际飞行任务的技术证件之用,国内飞行暂不使用。中国民用航空总局于 1985 年 5 月 7 日发布《关于颁发民用航空器飞行人员执照暂行规定》和 1986 年颁布了补充规定。

为了规范领航员、飞行机械员、飞行通信员的审定工作,根据《民用航空法》和国务院有关规定,中国民用航空总局于 1996 年 8 月 1 日以总局令第 52 号发布、自 1997 年 1 月 1 日起施行《民用航空器领航员、飞行机械员、飞行通信员合格审定规则》(CCAR-63FS),共 7 章,计 48 条,规定了飞行机械员的资格要求、知识要求、经历要求、技能要求、课程、飞行机械学员合格证、飞行机械教员合格证等内容。② 同时废止了 1985 年《关于颁发民用航空器飞行人员执照暂行规定》及其有关文件。2018 年 8 月 31 日,交通运输部以部令第 15 号发布、自 2019 年 1 月 1 日起施行《民用航空器飞行机械员合格审定规则》(CCAR-63FS-R1),内容包括 A 章总则,B 章飞行机械员合格审定,C 章法律责任,D 章附则,③细化了飞行机械员执照申请、受理和审批程序。对飞行机械员的申请条件作了修改等。同时废止了 1996 年公布、2016 年修改的《民用航空器领航员、飞行机械员、飞行通信员合格审定规则》。

(2)概念。飞行机械员,是指在航空器型号合格审定或者运行规章确定需要飞行机械员的航空器上操纵和监视航空动力装置和各个系统在飞行中工作状态的人员。④

(3)机构与职责。中国民用航空局统一管理民用航空器飞行机械员合格审定工作,负责全国民用航空器飞行机械员执照的颁发与管理工作。

中国民用航空地区管理局负责辖区内飞行机械员执照申请的受理、初审和持续监督管理。⑤

(4)执照和体检合格证的要求。在中国进行国籍登记的航空器上担任飞行机组必需成员的飞行机械员,应当持有按本规则颁发的有效飞行机械员执照或者认可函,并且在行使相应权利时随身携带该执照或者认可函。当中国登记的航空器在外国境内运行时,可以使用该航空器运行所在国颁发或者认可的有效飞行机械员执照。

在中国境内运行的外国登记的航空器上担任飞行机组必需成员的飞行机械员,应当持有按本规则颁发或者认可的有效飞行机械员执照,或者持有由航空器登记国颁发或者确认的有效飞行机械员执照,并且在行使相应权利时随身携带该执照。

持有按本规则颁发或者认可的执照、担任飞行机组必需成员的飞行机械员,应当持有按《民用航空人员体检合格证管理规则》(CCAR-67-FS)颁发或者认可的有效体检合格证,

---

① 具体条文详见:贺富永,等.中国航空立法史[M].南京:东南大学出版社,2023:71-72.
② 具体内容详见:www.caac.gov.cn/XXGK/XXGK/MHGZ/201511/t20151102_8565.html. 2022 年 12 月 27 日访问。
③ 具体条文详见:www.caac.gov.cn/XXGK/XXGK/MHGZ/201809/t20180930_191931.html. 2022 年 12 月 27 日访问。
④ 《民用航空器飞行机械员合格审定规则》(CCAR-63FS-R1)第 63.7 条定义。
⑤ 《民用航空器飞行机械员合格审定规则》(CCAR-63FS-R1)第 63.5 条机构与职责。

并且在行使飞行机械员执照上的权利时随身携带该合格证。

在外国境内使用该国颁发的飞行机械员执照运行中国登记的航空器时,可以持有颁发该执照所要求的现行有效的认可证书。

飞行机械员应当遵守相应运行规章对飞行机械员年龄的限制。

持有本规则所要求的飞行机械员执照、体检合格证或者其他有关证件的人员,在局方检查时,应当出示相关证件原件。①

(5) 飞行机械员的权利和义务。飞行机械员执照持有人在其执照上签注有相应航空器型别且通过技术检查的航空器上操纵和监视航空动力装置以及系统工作状态。

飞行机械员执照持有人在履行执照职责时应当遵守下列规定:①在执照持有人权利范围内履行职责且随身携带该执照和体检合格证;②在健康状况不适合飞行任务时,不得担任飞行机组必需成员执行飞行任务;③保证飞行机械员执照的完整性和有效性;④在局方检查时,出示其飞行机械员执照和体检合格证原件。②

(6) 飞行模拟机的鉴定和批准。为满足本规则的训练、考试或者检查要求而使用的飞行模拟机应当经局方鉴定合格,并经局方批准用于拟进行的飞行机械员训练、考试和检查以及每个特定的动作、程序。③

(7) 涉及酒精或者药物的违禁行为和接受酒精、药物检验或者提供检验结果。飞行机械员执照持有人在饮用任何含酒精饮料之后的 8 小时之内,或者处在酒精作用之下,或者血液中或呼出气体中酒精含量等于或者大于 0.04,或者受到任何药物影响损及工作能力时,不得担任民用航空器的飞行机组成员。酒精含量是指每 210 升呼出气体中含有的酒精克数或者每 100 毫升血液中含有的酒精克数。④

对于违反本规则第 63.13 条规定的飞行机械员执照持有人,应当责令当事人立即停止担任飞行机械员,给予警告或者暂扣执照 1 至 6 个月;情节严重的,给予吊销执照的处罚;构成犯罪的,依法追究刑事责任。⑤

飞行机械员执照持有人应当按照局方的要求接受酒精或者药物检验或者提供检验结果。⑥

对于违反本规则第 63.15 条规定,拒绝、阻碍接受酒精、药物检验或者提供检验结果的飞行机械员执照持有人,责令当事人立即停止参加当日飞行运行活动;拒不改正的,处 1 万元以上 2 万元以下的罚款;构成犯罪的,依法追究刑事责任。⑦

(8) 执照的有效期、更新和重新办理。按本规则颁发的飞行机械员执照有效期限为 6 年,且当执照持有人满足本规则和有关中国民用航空相关运行规章的相应训练与检查要求、并符合飞行安全记录要求时,方可行使其执照所赋予的权利。

依据外国或者香港、澳门特别行政区飞行机械员执照颁发认可函,经执照颁发当局确

---

① 《民用航空器飞行机械员合格审定规则》(CCAR-63FS-R1)第 63.9 条执照和体检合格证的要求。
② 《民用航空器飞行机械员合格审定规则》(CCAR-63FS-R1)第 63.10 条飞行机械员的权利和义务。
③ 《民用航空器飞行机械员合格审定规则》(CCAR-63FS-R1)第 63.11 条飞行模拟机的鉴定和批准。
④ 《民用航空器飞行机械员合格审定规则》(CCAR-63FS-R1)第 63.13 条涉及酒精或者药物的违禁行为。
⑤ 《民用航空器飞行机械员合格审定规则》(CCAR-63FS-R1)第 63.51 条涉及酒精或者药物的违禁行为的处罚。
⑥ 《民用航空器飞行机械员合格审定规则》(CCAR-63FS-R1)第 63.15 条接受酒精、药物检验或者提供检验结果。
⑦ 《民用航空器飞行机械员合格审定规则》(CCAR-63FS-R1)第 63.53 条拒绝接受酒精、药物检验或者提供检验结果的处罚。

认,最长有效期为24个日历月,仅当该认可函所依据的外国或者香港、澳门特别行政区飞行机械员执照和体检合格证有效时,持有人方可行使该认可函所赋予的权利。①

执照持有人应当在执照有效期满前3个月内向局方申请重新颁发执照,并出示最近一次有效的技术检查。

执照在有效期内因等级发生变化重新颁发时,其有效期自重新颁发之日起计算。

执照过期的申请人应当重新通过相应的实践考试,方可申请重新颁发。②

(9) 考试。按本规则规定进行的实践考试,应当由局方监察员和同型别的飞行机械员执照持有人共同实施,并在局方指定的时间和地点进行。③

禁止任何人实施下列行为:(a) 在申请按本规则颁发或者补发飞行机械员执照或者认可函的申请书上作出任何欺骗性或者虚假的陈述;(b) 在要求保存、填写或者使用的任何飞行经历记录本、记录或者成绩单中填入任何欺骗性或者虚假的内容;(c) 以任何形式伪造按本规则颁发的飞行机械员执照或者认可函;(d) 以任何形式篡改按本规则颁发的飞行机械员执照或者认可函。④

对于违反本规则第63.23条(a)或者(b)款的飞行机械员执照申请人,由地区管理局给予警告,申请人1年内不得再次申请该执照和等级;对于飞行机械员执照或者等级持有人,由地区管理局给予警告,撤销其相应执照或者等级,当事人3年内不得再次申请执照或者等级。

对于违反本规则第63.23条(c)或者(d)款的飞行机械员执照持有人,由地区管理局处予警告或者处500元以上1 000元以下的罚款。⑤

在按本规则颁发的飞行机械员执照上更改姓名,应当向局方提交书面申请,附有该申请人现行执照、身份证和证实这种改变的其他文件。

按本规则颁发的飞行机械员执照遗失或者损坏后,申请人可以向局方申请补发。补发申请应当写明遗失或者损坏执照的持有人姓名、通信地址、邮政编码、出生日期和地点、身份证号码,以及该执照编号、颁发日期和附加的等级。⑥

(10) 飞行机械员的合格审定。在《民用航空器飞行机械员合格审定规则》(CCAR-63FS-R1)中,规定了飞行机械员的资格要求,航空器等级,航空知识要求,航空经历要求,飞行技能要求,实践考试一般规定,依据外国或者香港、澳门特别行政区飞行机械员执照颁发认可函,执照和认可函的申请与审批和技术检查。

①资格要求。适用于下列条件的申请人:1) 至少持有按照《民用航空器驾驶员合格审定规则》(CCAR-61)颁发的带有该航空器型别等级的商用驾驶员执照,对于飞机还应当持有飞机仪表等级;或者2) 具有国家航空器飞行机械员飞行经历的人员。

申请人满足下列条件后,局方可以为其颁发飞行机械员执照:1) 年满18周岁。2) 5年内无犯罪记录。3) 无严重失信行为记录。4) 能正确读、听、说、写汉语或者英语,无影响双向无线电对话、机组交流的口音和口吃。申请人因某种原因不能满足部分要求的,局方应当

---

① 《民用航空器飞行机械员合格审定规则》(CCAR-63FS-R1)第63.17条执照的有效期。
② 《民用航空器飞行机械员合格审定规则》(CCAR-63FS-R1)第63.19条执照的更新和重新办理。
③ 《民用航空器飞行机械员合格审定规则》(CCAR-63FS-R1)第63.21条考试的一般要求。
④ 《民用航空器飞行机械员合格审定规则》(CCAR-63FS-R1)第63.23条禁止提供虚假材料。
⑤ 《民用航空器飞行机械员合格审定规则》(CCAR-63FS-R1)第63.55条提供虚假材料的处罚。
⑥ 《民用航空器飞行机械员合格审定规则》(CCAR-63FS-R1)第63.25条变更姓名和补发执照。

在其执照上签注必要的运行限制。5)持有局方颁发的现行有效Ⅱ级体检合格证。6)具有高中或者高中以上文化程度。7)满足本规则第63.37条所规定的飞行经历要求。8)通过了本规则第63.39条所要求飞行技能的实践考试。①

②航空器等级。飞行机械员执照签注航空器型别等级。②

③航空知识要求。申请人应当在实践考试时通过下列内容的口试并演示与飞行机械员执照的权利相适应的知识水平:航空法规,航空器一般知识,飞行性能、计划和装载,人为因素,运行程序,飞行原理,无线电通话和教学法。③

其中,航空法规是指与飞行机械员执照持有人有关的民航法律法规规章以及与飞行机械员职责有关的运行规章。

航空经历要求,飞行技能要求,实践考试一般规定,依据外国或者香港、澳门特别行政区飞行机械员执照颁发认可函,执照和认可函的申请与审批和技术检查详见《民用航空器飞行机械员合格审定规则》(CCAR-63FS-R1)的具体规定。④

4. 民用航空器维修人员⑤

(1)立法历程。民国北京政府时期,设航空学校,办航空工厂,为中国培养了83名飞行员和大批航空维修技术人才,南苑飞机修理厂培养了飞机装配、维护技术员工,主要负责飞机的保养、装配和维护。⑥

南京国民政府时期,也通过设立航空学校,办航空工厂,培养了大量的航空器维修人员。

新中国成立后,为培养航空维修人才,我国制定了大量的航空法。1959年中国民用航空局颁布《中国民航机务条令》,规范飞机维修等工作。1966年中国民用航空总局就制定了《通信导航设备运行、维修规程》,进一步规范了飞机维修工作。

1983年8月23日,中国民用航空局颁布了《维修人员执照颁发程序及管理规则》,规定了民用航空维修人员执照颁发具体程序以及执照管理基本规则,该规章被1991年2月10日发布施行的《民用航空器维修人员合格审定的规定》明令废止。后者又被1995年《民用航空器维修人员合格审定的规定》修订并被其第37条明令废止。⑦ 1995年《民用航空器维修人员合格审定的规定》,共8章,计37条,⑧后被2001年《民用航空器维修人员执照管理规则》第66.43条明令废止。⑨

为了规范民用航空维修技术人员学校的开办和运营,提高教学质量,培养合格的航空维

---

① 《民用航空器飞行机械员合格审定规则》(CCAR-63FS-R1)第63.31条资格要求。
② 《民用航空器飞行机械员合格审定规则》(CCAR-63FS-R1)第63.33条航空器等级。
③ 具体内容详见:《民用航空器飞行机械员合格审定规则》(CCAR-63FS-R1)第63.35条航空知识要求。
④ 详见:《民用航空器飞行机械员合格审定规则》(CCAR-63FS-R1)第63.37条航空经历要求、第63.39条飞行技能要求、第63.41条实践考试一般规定、第63.43条依据外国或者香港、澳门特别行政区飞行机械员执照颁发认可函、第63.45条执照和认可函的申请与审批、第63.47条技术检查。https://www.caac.gov.cn/XXGK/XXGK/MHGZ/201809/t20180930_191931.html. 2024年2月7日访问。
⑤ 本部分中所指的"本规则"是指《民用航空器维修人员执照管理规则》(CCAR-66-R3)。
⑥ 贺富永,等.中国航空立法史[M].南京:东南大学出版社,2023:27.
⑦ 本规定由发布之日起施行。1991年2月10日中国民用航空总局制定的《民用航空器维修人员合格审定的规定》同时废止。
⑧ 孙琬钟,邹恩同.中华人民共和国法律法规及司法解释分类汇编—第8卷·行政法卷[M].北京:《中国法律年鉴》社,1999:5060-5065.
⑨ 《民用航空器维修人员执照管理规划》(CCAR-66-R3)自2005年12月31日起施行。2001年12月21日发布的《民用航空器维修人员执照管理规则》(CCAR-66)同时废止。

修技术人员,根据《民用航空法》《中华人民共和国教育法》以及其他有关法律法规,中国民用航空总局于1997年7月28日以总局令第63号发布施行《民用航空维修技术人员学校合格审定规定》(CCAR-147SE),共7章,计40条,规定了颁发维修学校合格证的要求,教学设施、设备和器材的要求,教学计划、课程及教员的要求,运营规则及合格证的管理等内容。①该规章后被废止。②

为了规范民用航空器维修人员执照和资格证书的管理,保障民用航空器持续适航和飞行安全,根据《民用航空法》《民用航空器适航管理条例》,中国民用航空总局于2001年12月21日以总局令第105号发布、自2002年1月1日起施行《民用航空器维修人员执照管理规则》(CCAR-66)。中国民用航空总局于2005年9月27日以总局令第153号发布、自12月31日起施行《民用航空器维修人员执照管理规则》(CCAR-66-R1),共6章,③同时废止了2001《民用航空器维修人员执照管理规则》。2016年4月7日,交通运输部以部令第32号发布、自5月8日起施行《民用航空器维修人员执照管理规则》(CCAR-66-R2),共5章,④同时废止了2005年《民用航空器维修人员执照管理规则》。2020年5月25日交通运输部以部令第10号公布《民用航空器维修人员执照管理规则》(CCAR-66-R3),分总则,航空器维修人员执照的申请、颁发和管理,航空器维修人员执照的机型签署,监督管理及法律责任,附则,共五章。⑤自2020年7月1日起施行,同时废止了2016年《民用航空器维修人员执照管理规则》。

为规范民用航空器维修人员培训机构的管理和监督,培养合格的民用航空器维修人员,依据《民用航空法》,中国民用航空总局于2005年9月27日以总局令第154号发布、自12月31日起施行《民用航空器维修培训机构合格审定规则》(CCAR-147),共8章,计36条。⑥2022年2月11日交通运输部以部令第9号发布《民用航空器维修培训机构合格审定规则》(CCAR-147-R1),内容包括:第一章总则,第二章维修培训机构合格证的申请、颁发和管理,第三章航空器维修人员执照培训机构的要求,第四章机型维修、发动机型号培训机构的要求,第五章监督管理,第六章法律责任,第七章附则,计37条。⑦自2022年5月1日起施行,同时废止了2005年《民用航空器维修培训机构合格审定规定》。该规则还规定:"除另有规定外,在本规则修订版施行之前已经持有按本规则颁发的维修培训机构合格证的单位应当于2022年12月31日之前完全符合本次修订版的要求。"

(2)管理机构。中国民用航空局负责统一颁发航空器维修人员执照,并依法对航空器

---

① 具体条文详见:www.caac.gov.cn/XXGK/XXGK/MHGZ/201511/t20151102_8556.html. 2022年12月29日访问。

② 2005年《中国民用航空总局关于废止部分民用航空规章和规章性文件的决定》废止了该规章,说明:该规章的有关内容已经被《民用航空器维修单位合格审定规定》(民航总局令第104号)所取代,应当废止。

③ 具体条文详见:www.caac.gov.cn/XXGK/XXGK/MHGZ/201511/t20151102_8479.htm. 2022年12月31日访问。

④ 具体条文详见:www.caac.gov.cn/XXGK/XXGK/MHGZ/201605/t20160530_37620.html. 2022年12月31日访问。

⑤ 具体条文详见:www.caac.gov.cn/XXGK/XXGK/MHGZ/202006/t20200608_202988.html. 2022年12月31日访问。

⑥ 具体条文详见:www.caac.gov.cn/XXGK/XXGK/MHGZ/201511/P020151103350004167136.pdf. 2023年1月1日访问。

⑦ 具体条文详见:www.gov.cn/zhengce/2022-02/11/content_5717873.htm. 2023年1月2日访问。

维修人员实施监督管理。中国民用航空地区管理局负责航空器维修人员执照的相关管理工作。[1]

(3) 航空器维修人员执照类别。航空器维修人员执照按照航空器类别分为飞机和旋翼机两类，并标明适用安装的发动机类别。[2]

(4) 航空器维修人员执照的权限。取得航空器维修人员执照后，可以维修放行除复杂航空器之外的其他航空器。航空器维修人员执照上加注复杂航空器的机型签署后，航空器维修人员执照持有人方可维修放行对应型号的复杂航空器。[3]

(5) 航空器维修人员执照的申请、颁发和管理。

①航空器维修人员执照的申请条件。申请航空器维修人员执照应当具备下列条件：(a) 年满18周岁；(b) 无影响维修工作的色盲或者色弱；(c) 具有大专以上(含大专，下同)学历；(d) 完成本规则第66.10条要求的航空器维修基础知识培训；(e) 具备至少1年的经所在单位授权从事民用航空器或者航空器部件维修工作的经历(培训和实习不计算在内)，或者为理工科专业大专以上学历人员并完成本规则第66.10条要求的航空器维修实作培训；(f) 通过本规则第66.11条要求的航空器维修人员执照的考试；(g) 完成本规则第66.12条要求的航空维修技术英语等级测试；(h) 民航行业信用信息记录中没有航空器维修相关的严重失信行为记录。[4]

②航空器维修人员执照的申请材料。民航局应当对航空器维修人员执照申请人的下列材料进行审查：(a) 学历证书；(b) 能证明无色盲、色弱的体检报告；(c) 航空器维修基础知识培训证明；(d) 航空器维修相关经历证明或者实作培训证明；(e) 航空器维修人员执照考试合格证明；(f) 航空维修技术英语等级测试证明。

航空器维修人员执照的申请人应当提供前款(a)(b)规定的材料，并对材料的真实性负责。民航局通过内部核查或者其他方式获得前款(c)(d)(e)(f)规定的材料。[5]

③航空器维修人员执照的颁发。对于符合申请条件的申请人，经审查合格的，民航局应当自受理之日起20个工作日内向其颁发航空器维修人员执照。

航空器维修人员执照根据本规则第66.12条的规定标注等级。[6]

④航空器维修人员执照的有效期。除法律、法规、规章另有规定外，航空器维修人员执照持续有效。[7]

5. 航空安全员

航空安全员是指为了保证航空器及其所载人员安全，在民用航空器上执行安全保卫任务，持有《航空安全员合格审定规则》(CCAR-69-R1)规定的有效执照的人员。[8]

申请航空安全员执照应当具备下列条件：(一)年满18周岁的中国公民；(二)身体健康；(三)男性身高1.70～1.85米，女性身高1.60～1.75米；(四)具有高中毕业以上文化程度；

---

[1] 《民用航空器维修人员执照管理规则》(CCAR-66-R3)第66.3条管理机构。
[2] 《民用航空器维修人员执照管理规则》(CCAR-66-R3)第66.4条航空器维修人员执照类别。
[3] 《民用航空器维修人员执照管理规则》(CCAR-66-R3)第66.5条航空器维修人员执照的权限。
[4] 《民用航空器维修人员执照管理规则》(CCAR-66-R3)第66.6条航空器维修人员执照的申请条件。
[5] 《民用航空器维修人员执照管理规则》(CCAR-66-R3)第66.7条航空器维修人员执照的申请材料。
[6] 《民用航空器维修人员执照管理规则》(CCAR-66-R3)第66.8条航空器维修人员执照的颁发。
[7] 《民用航空器维修人员执照管理规则》(CCAR-66-R3)第66.9条航空器维修人员执照的有效期。
[8] 《航空安全员合格审定规则》(CCAR-69-R1)第4条第(一)项。

(五)具有良好的政治、业务素质和品行;(六)自愿从事航空安全员工作;(七)完成相应的训练并通过考试考核;(八)民航行业信用信息记录中没有严重失信行为记录。[①]

申请航空安全员执照,应当向地区管理局提交规定的材料[②],地区管理局收到材料后进行审核,在 20 个工作日内作出行政许可决定。20 个工作日内不能作出决定的,经地区管理局负责人批准,可以延长 10 个工作日,并应当将延长期限的理由告知申请人。[③]

请人的申请符合条件的,地区管理局应当依法为其颁发航空安全员执照。地区管理局依法作出不予行政许可的书面决定的,应当说明理由,并告知申请人享有依法申请行政复议或者提起行政诉讼的权利。[④]

航空安全员执照由地区管理局局长或者其授权人员签署颁发,并加盖印章。[⑤]

另外,《航空安全员合格审定规则》(CCAR-69-R1)还对获取航空安全员执照后实习、训练及考试考核要求、监督管理、法律责任等进行了详细规定。[⑥]

6. 其他人员

对民用航空空中交通管制员、民用航空气象人员、民用航空情报员、民用航空电信人员、民用航空飞行签派员执照合格审定规则,我国航空法也做出了详细规定。

4.1.3 航空人员的工作时限

航空活动属于高度危险作业,安全始终是第一位的。为了确保飞行安全,防止飞行人员疲劳,保护航空人员的身体健康,不仅国际航空法有概括性规定,而且各国国内法对此也有详细规定。

4.1.3.1 1944 年《芝加哥公约》附件 6《航空器的运行第Ⅰ部分国际商业航空运输—飞机》

1944 年《芝加哥公约》附件 6《航空器的运行第Ⅰ部分国际商业航空运输—飞机》第 4.10 条疲劳管理对航空人员作息时间进行了概括性规定。

运营人所在国必须为管理疲劳之目的制定规章。这些规章必须以科学原理、知识和运行经验为基础,旨在确保飞行和客舱机组成员在执勤时能够保持充分的注意力。因此,运营人所在国必须制订:a) 飞行时间、飞行值勤期、值勤期限制和休息期要求的规范性规章;和 b) 批准运营人使用疲劳风险管理制度(FRMS)管理疲劳时,制订疲劳风险管理制度的规章。[⑦]

运营人所在国必须要求运营人在遵守 4.10.1 以及为管理其与疲劳有关的安全风险时,规定:a) 运营人所在国制订的规范性疲劳管理规章范围内对于飞行时间、飞行值勤期、值勤期限制和休息期的要求;或 b) 所有运行遵守 4.10.6 的疲劳风险管理制度(FRMS);或 c) 其

---

① 《航空安全员合格审定规则》(CCAR-69-R1)第 7 条。
② 《航空安全员合格审定规则》(CCAR-69-R1)第 8 条规定:申请航空安全员执照,应当向地区管理局提交下列材料:(一)身份证复印件;(二)毕业证书复印件;(三)符合要求的体检合格证复印件;(四)航空安全员初任训练合格证明;(五)客舱应急训练合格证明;(六)由申请人所在单位按照民航背景调查规定出具的申请人背景调查证明;(七)民航局规定的其他材料。
③ 《航空安全员合格审定规则》(CCAR-69-R1)第 10 条。
④ 《航空安全员合格审定规则》(CCAR-69-R1)第 11 条。
⑤ 《航空安全员合格审定规则》(CCAR-69-R1)第 12 条。
⑥ 具体条文详见:https://www.caac.gov.cn/XXGK/XXGK/MHGZ/201809/t20180930_191933.html. 2023 年 1 月 2 日访问。
⑦ 附件 6 第 4.10.1 条。

运行一部分遵守4.10.6的疲劳风险管理制度,运行的其余部分遵守4.10.2 a)的要求。[1]

注:遵守规范性疲劳管理规章,并不解除运营人根据附件19的规定,利用其安全管理体系(SMS)管理包括疲劳相关风险在内的各种风险的责任。

凡运营人对其全部运行或其中一部分运行采用规范性的疲劳管理规章时,运营人所在国可根据运营人所做的风险评估基础上,特例批准与这些规章的偏离。经批准的偏离必须保证安全水平相当于或高于通过规范性的疲劳管理规章达到的水平。[2]

运营人的疲劳风险管理制度必须得到运营人所在国批准后方可取代其任何或所有的规范性疲劳管理规章。经批准的疲劳风险管理制度必须保证安全水平相当于或高于规范性的疲劳管理规章。[3]

批准运营人疲劳风险管理制度的国家必须建立一种程序,确保疲劳风险管理制度能够保证安全水平相当于或高于规范性的疲劳管理规章。作为这一程序的组成部分,运营人所在国必须:a) 要求运营人规定飞行时间、飞行值勤期、值勤期的最大数值和休息期的最小数值,这些数值必须以科学原理知识为基础,经过安全保证过程并被运营人所在国承认;b) 当运营人的数据显示这些数值过高或过低时,责令分别降低最高值或提高最低值;和c) 只有根据积累的疲劳风险管理制度经验和与疲劳的相关数据对运营人上述变动的理由进行评估之后,方可批准提高最高值或降低最低值。注:安全保证程序见附录7。[4]

运营人执行疲劳风险管理制度来管理与疲劳有关的安全风险时,运营人作为最低条件必须:a) 疲劳风险管理制度内包含有科学原理知识;b) 不断确定与疲劳有关的安全危害和由此产生的风险;c) 确保迅速实施为切实有效地减轻与危害有关风险的必要补救行动;d) 保证持续监测和定期评估这类行动实现的疲劳风险缓解措施;和 e) 保证不断提高疲劳风险管理制度的整体表现。[5]

建议:国家应该要求运营人将建立的疲劳风险管理制度纳入运营人的安全管理体系当中。[6]

4.1.3.2　国内航空法规定

1. 法律梳理

各国在其国内航空法中对航空人员的工作时限都有严格规定。综观域外民航业疲劳管理相关立法,美国和欧盟最为完善。美国有关民航业疲劳管理的立法由美国联邦航空局(The Federal Aviation Administration,简称"FAA")牵头制定,并集中呈现在美国法典第117部和第121部,相关规定已被诸多国家(地区)奉为圭臬而效仿学习。而欧盟作为国际上具有极大影响力的区域一体化组织,汇聚了德、法、荷等欧洲一众老牌民航强国,在民航疲劳管理方面已通过了若干条例和指令,其中欧洲航空安全局(European Aviation Safety Agency,简称"EASA")制定并由欧盟理事会颁布的"(EC)No859/2008"号条例(该条例对于

---

[1] 附件6第4.10.2条。
[2] 附件6第4.10.3条。
[3] 附件6第4.10.4条。
[4] 附件6第4.10.5条。
[5] 附件6第4.10.6条。
[6] 附件6第4.10.7条。

成员国具有统一约束力)即是民航业疲劳管理的"欧盟标准",同样不容小觑。① 总的来说,美国和欧盟在民航业疲劳管理方面有着成熟经验,代表着当今世界先进管理水平。

在我国,早在1929年《航空署飞行规则》第54条规定:"非经长官之允许,不得在规定时间以外飞行。"

新中国成立后,为了保障航空活动的安全,贯彻劳逸结合的原则,1951年,在中央军委民航局召开的机航会议上曾制定过《空勤人员作息暂行条例(草案)》。要求每人每日飞行时间不超过8小时为原则,并应有12小时的休息,方可次日出勤。超过8小时应给予24小时的休息。每日飞行最多为12小时,每月飞行不超过80小时。在这次会议上,还要求空勤人员在飞行前不得饮酒或服用有刺激性的饮料与药物。每日要有一小时的文体活动。②

1958年中国民用航空局发布的《关于空勤人员劳动休息几项规定》规定:每个飞行员每月飞行时间通常为80小时,最多不超过100小时。

飞行人员从事空中飞行作业,具有一定的特殊性,严格其作息对保障航空安全意义重大。在1951年《空勤人员作息暂行条例(草案)》和1958年《空勤人员劳动休息几项规定》的基础上,中国民用航空总局于1981年10月10日发布《民航飞行人员飞行、值勤和休息时间的规定》,明确规定每个飞行人员每月飞行时间通常为80小时,最高不得超过100小时。但实践中飞行人员超时限飞行现象非常严重,飞行事故征候屡发,故中国民用航空局在1987年11月20日又颁布了《关于严禁飞行人员超时限飞行的紧急通知》③,要求各管理局、公司领导把制止当前飞行人员超时飞行工作放在第一位,要采取有效的措施制止超飞。

1993年8月25日中国民用航空总局"为了确保飞行安全,防止飞行人员疲劳,保护飞行人员的身体健康",重新制定并发布施行了《民航运输飞行人员飞行时间、值勤时间和休息时间的规定》,共9章,计30条。④ 且废止了1981年《民航飞行人员飞行、值勤和休息时间的规定》。⑤ 该规定后被1999年5月5日民航总局令第83号公布的《公共航空运输承运人运行合格审定规则》(CCAR-121FS)第200条⑥废止。

我国《民用航空法》第77条第1款规定:"民用航空器机组人员的飞行时间、执勤时间不得超过国务院民用航空主管部门规定的时限。"

为了对大型飞机公共航空运输承运人进行运行合格审定和持续监督检查,保证其达到并保持规定的运行安全水平,根据《民用航空法》和《国务院对确需保留的行政许可项目设定行政许可的决定》,在1999年《公共航空运输承运人运行合格审定规则》(CCAR-121FS)、

---

① 参见:COMMISSION REGULATION(EC)No 859/2008 of 20 August 2008 amending Council Regulation(EEC)No3922/91 as regards common technical requirements and administrative procedures applicable to commercial transportation by aeroplane. 转引自:杨佩尧. 中美欧民航空勤人员执勤制度比较及其启迪:以劳动者工作时间规制为视角[J]. 南京航空航天大学学报(社会科学版),2021,23(3):91-98.

② 林千,邓有池. 中国民航大博览(上卷):公元前2000年—1999年[M]. 北京:京华出版社,2000:298.

③ 该规章性文件被2003年《中国民用航空总局关于废止部分民用航空规章和规章性文件的决定》废止。说明:该通知规范的内容在1999年5月5日发布的《公共航空运输承运人运行合格审定规则》中已有相应规定,应当废止。

④ 具体条文详见:https://baike.baidu.com/item/民航运输飞行人员飞行时间、值勤时间和休息时间的规定/18575776?fr=Aladdin. 2022年7月5日访问。

⑤ 《民航运输飞行人员飞行时间、值勤时间和休息时间的规定》第30条规定:"本规定自发布之日起施行。1981年10月10日中国民用航空总局制定的《民航飞行人员飞行、值勤和休息时间的规定》同时废止。其他有关规定,凡与本规定不一致的,以本规定为准。"

⑥ 中国民用航空总局1993年8月25日发布的《民航运输飞行人员飞行时间、值勤时间和休息时间的规定》在本规则发布之日同时废止。

2000年《中国民用航空总局关于修订〈公共航空运输承运人运行合格审定规则〉(CCAR-121FS)的决定》的基础上,中国民用航空总局于2005年2月25日以总局令第140号发布、自6月1日起施行《大型飞机公共航空运输承运人运行合格审定规则》(CCAR-121-R2)。① 2006年10月30日中国民用航空总局令第173号进行第三次修订。② 2016年3月4日交通运输部令第6号进行第四次修订,自2016年4月4日起施行,同时废止了2005年《大型飞机公共航空运输承运人运行合格审定规则》和2006年进行的修订。2017年10月10日交通运输部令第29号进行第五次修订,③废止2016年3月4日公布的《大型飞机公共航空运输承运人运行合格审定规则》。2020年5月11日交通运输部以部令第9号进行第六次修订。④ 2021年3月15日交通运输又以部令第5号进行第七次修订⑤,该规则P章规定了机组成员值勤期限制、飞行时间限制和休息要求,Q章规定了飞行签派员的合格要求和值勤时间限制。⑥ 自公布之日起施行,至今有效。

为了对公共安全和社会公众利益影响较大的特殊商业和私用大型航空器运营人进行运行合格审定和持续监督管理,根据《中华人民共和国民用航空法》《中华人民共和国行政许可法》《国务院对确需保留的行政审批项目设定行政许可的决定》等法律、行政法规,2022年1月4日交通运输部令2022年第6号公布《特殊商业和私用大型航空器运营人运行合格审定规则》(CCAR-136),自2022年7月1日起施行。

1985年5月8日中国民用航空局发布《中国民用航空直升机近海飞行规则》,其第14条规定:"直升机近海飞行,通常由两名驾驶员操纵。在正常情况下,飞行人员二十四小时内飞行时间不得超过8小时(特殊情况超过9小时,飞行后休息时间不得少于24小时),一月累计飞行时间不得超过110小时,全年累计飞行时间不得超过700小时",该规则已被废止。⑦

为了对小型航空器商业运输运营人进行运行合格审定和持续监督检查,规范其运行活动,保证其达到并保持规定的运行安全水平,根据《民用航空法》和《国务院对确需保留的行政审批项目设定行政许可的决定》,中国民用航空总局于2005年9月20日以总局令第151

---

① 具体条文详见:www.caac.gov.cn/XXGK/XXGK/MHGZ/201511/P020151103350039745051.pdf. 2023年1月4日访问。

② 具体内容详见:www.caac.gov.cn/XXGK/XXGK/MHGZ/201511/t20151102_8459.html. 2023年1月4日访问。

③ 具体条文详见:www.caac.gov.cn/XXGK/XXGK/MHGZ/201710/P020171009385743667633.pdf. 2023年1月4日访问。

④ 具体条文详见:www.caac.gov.cn/XXGK/XXGK/MHGZ/202006/P020200609509961701811.pdf. 2023年1月4日访问。

⑤ 此次修订的主要内容:国际民航组织(ICAO)在其标准和建议措施(SARPs)附件6第Ⅰ部分中要求各成员国建立基于科学的飞行和值勤时间限制,并于2009年引入疲劳风险管理系统(FRMS),为各成员国提供了FRMS框架,在依据FRMS进行的飞行不会对机组人员疲劳水平或警觉性产生不良影响的条件下,允许合格证持有人实施FRMS,作为管理飞行机组人员疲劳有关规定性要求的替代方案。因此,FRMS的引入一方面能够提高疲劳管理的科学性,促进合格证持有人提升运行管理能力,确保运行安全水平;另一方面也能够更加精准地保障飞行人员的运行效率和休息质量,使其得到更加有效的劳动保护。具体内容详见:https://www.caac.gov.cn/XXGK/XXGK/ZCJD/202104/t20210415_207174.html. 2024年2月8日访问。

⑥ 具体条文详见:www.caac.gov.cn/XXGK/XXGK/MHGZ/202104/P020210506533065323228.pdf. 2023年1月5日访问。

⑦ 2005年《中国民用航空总局关于废止部分民用航空规章和规章性文件的决定》废止了该规定。理由:该规定制定的依据2001年《飞行基本规则》和《中国民用航空飞行条例》都已经废止或者被新的规定取代,应当废止。2005年9月20日中国民用航空总局发布《小型航空器商业运输运营人运行合格审定规则》,第135.613条明令废止了该规定。

号发布《小型航空器商业运输运营人运行合格审定规则》(CCAR-135),共 12 章,计 307 条。自 2006 年 1 月 1 日起施行,同时废止了 1985 年《中国民用航空直升机近海飞行规则》和 1997 年《民用直升机水上平台运行规定》①。2017 年 1 月 23 日,交通运输部以部令第 2 号发布、自 4 月 1 日起施行《交通运输部关于修改〈小型航空器商业运输运营人运行合格审定规则〉的决定》(CCAR-135-R1)。2018 年 11 月 16 日又以部令第 39 号发布《交通运输部关于修改〈小型航空器商业运输运营人运行合格审定规则〉的决定》(CCAR-135-R2),自 2019 年 1 月 1 日起施行。2022 年 1 月 4 日,交通运输部以部令第 4 号公发布《小型商业运输和空中游览运营人运行合格审定规则》(CCAR-135-R3),自 2022 年 7 月 1 日起施行。同时废止了 2005 年公布,2017 年、2018 年修改的《小型航空器商业运输运营人运行合格审定规则》。该规则对航空人员的工作时限进行了具体规定。

另外,为了保障民用航空器及其所载人员和财产的安全,加强航空安全员②队伍建设,根据《民用航空法》、《中华人民共和国航空安全保卫条例》和其他有关法律法规,中国民用航空总局于 1997 年 12 月 31 日以总局令第 72 号发布施行《航空安全员管理规定》(CCAR-68SB),分总则、职权、编制、录用和技术等级、训练、勤务派遣、奖励与处罚、附则,共 8 章,计 30 条。③ 2007 年《航空安全员合格审定规则》(CCAR-69)第 37 条规定:"自 2008 年 1 月 1 日起按照本规则颁发执照,停止按《航空安全员管理规定》颁发执照。"实际上废止了 1997 年《航空安全员管理规定》。

为规范民用航空器旅客运输飞行中的安全保卫工作,保障民用航空飞行安全,根据《民用航空法》和《民用航空安全保卫条例》,中国民用航空局于 2008 年 10 月 8 日以局令第 193 号发布《公共航空旅客运输飞行中安全保卫规则》(CCAR-332),共 8 章,计 36 条。④ 自 2008 年 11 月 8 日起施行,同时废止了 1997 年《航空安全员管理规定》及与该规则不一致的其他规定。2016 年 3 月 4 日,交通运输部以部令第 5 号重新发布,分总则、飞行中安全保卫职责、勤务一般规定,扰乱行为以及非法干扰行为等严重危害飞行安全行为的处置程序,训练,航空安全员值勤、休息期和飞行时间要求,法律责任,附则,共 8 章,计 36 条,⑤自 2016 年 4 月 4 日起施行。2017 年 2 月 7 日,交通运输以部令第 3 号发布《公共航空旅客运输飞行中安全保卫工作规则》(CCAR-332-R1),分总则,工作职责,工作措施,培训质量控制,法律责任,附则,共 6 章,计 50 条。⑥ 该规则自 2017 年 3 月 10 日起施行,至今有效,同时废止了 2016 年《公共航空旅客运输飞行中安全保卫工作规则》。该规则第 30 条规定:"航空安全员值勤、飞行值勤期、休息期的定义,飞行值勤期限制、累积飞行时间、值勤时间限制和休息时间的附加要求,依照《大型飞机公共航空运输承运人运行合格审定规则》中对客舱乘务员

---

① 为规范直升机水上平台运行,明确运行相关设施设备标准,提高直升机水上平台运行安全水平,依据《小型商业运输和空中游览运营人运行合格审定规则》(CCAR-135),中国民用航空局于 2003 年 4 月 6 日下发《直升机水上平台运行规则》(AC-135-FS-011),该规则一个月生效。至今有效。

② 《公共航空旅客运输飞行中安全保卫工作规则》(CCAR-332-R1)第 49 条规定:"航空安全员,是指为了保证航空器及其所载人员安全,在民用航空器上执行安全保卫任务,具有航空安全员资质的人员。"

③ 具体条文详见:www.caac.gov.cn/XXGK/XXGK/MHGZ/201511/t20151102_8549.html. 2022 年 12 月 29 日访问。

④ 具体条文详见:www.gov.cn/flfg/2008-10/23/content_1128326.html. 2023 年 2 月 1 日访问。

⑤ 具体条文详见:www.caac.gov.cn/XXGK/XXGK/MHGZ/201605/t20160530_37661.html. 2023 年 1 月 9 日访问。

⑥ 具体条文详见:www.gov.cn/gongbao/content/2017/content_5217747.htm. 2023 年 1 月 9 日访问。

的规定执行。其中,飞行值勤期限制规定中,航空安全员最低数量配备标准应当执行相关派遣规定的要求。"第 31 条规定:"公共航空运输企业不得派遣航空安全员在超出本规定的值勤期限制、飞行时间限制或不符合休息期要求的情况下执勤。航空安全员不得接受超出规定范围的执勤派遣。"并在第 39 条第(二)项①中规定了违反该规定的处罚措施。

2.《大型飞机公共航空运输承运人运行合格审定规则》(CCAR-121-R7)②

《大型飞机公共航空运输承运人运行合格审定规则》(CCAR-121-R7)第 P 章和 Q 章分别规定了机组成员值勤期限制、飞行时间限制和休息要求及飞行签派员的合格要求和值勤时间限制。

(1) 机组成员值勤期限制、飞行时间限制和休息要求。在该规则第 121.481 条概则中,要求合格证持有人应当建立用于机组成员疲劳风险管理③和定期疗养的制度及程序,保证其机组成员符合适用的值勤期限制、飞行时间限制和休息要求。

①飞行机组的飞行时间限制。该规则第 121.483 条飞行机组的飞行时间限制规定:

(a) 在一个值勤期内,合格证持有人不得为飞行机组成员安排、飞行机组成员也不得接受超出以下规定限制的飞行时间:1) 非扩编飞行机组执行任务时,表 4-1 规定的飞行时间限制;2) 配备 3 名驾驶员的扩编飞行机组④执行任务时,总飞行时间 13 小时;3) 配备 4 名驾驶员的扩编飞行机组执行任务时,总飞行时间 17 小时。

表 4-1 非扩编飞行机组运行最大飞行时间限制

报到时间	最大飞行时间(小时)
00:00-04:59	8
05:00-19:59	9
20:00-23:59	8

(b) 如果在飞机起飞后发生超出合格证持有人控制的意外情况,为将飞机安全降落在下一个目的地机场或备降机场,飞行机组成员的飞行时间可以超出本条(a)款所规定的最大飞行时间限制以及第 121.487(b)款规定的累积飞行时间限制。

(c) 合格证持有人必须在 10 天内将任何超过本条所允许的最大飞行时间限制的情况报告局方⑤,报告应包括以下内容:1) 对于延长飞行时间限制及本次延长情况必要的说明;2) 合格证持有人为将此类延长控制在最小范围内而采取的修正措施,如适用。

---

① 公共航空运输企业有下列行为之一的,由地区管理局责令其停止违法行为,处以一万元以上三万元以下罚款:……(二)违反本规则第三十条、第三十一条第 1 款,未按规定执行航空安全员飞行值勤期限制、累积飞行时间、值勤时间限制和休息时间的。

② 在本部分中,"本规则"是指"《大型飞机公共航空运输承运人运行合格审定规则》(CCAR-121-R7)"。

③ 合格证持有人的疲劳风险管理系统应能保证不低于本章(第 Q 章)要求的安全水平,并至少包括以下内容:(1) 疲劳风险管理政策;(2) 疲劳管理及疲劳相关知识的训练;(3) 疲劳报告系统;(4) 飞行员疲劳监控系统;(5) 疲劳相关不安全事件报告程序;(6) 系统有效性评估。资料来源:《大型飞机公共航空运输承运人运行合格审定规则》(CCAR-121-R7)第 121.481 条概则(b)款。

④ 扩编飞行机组,是指飞行机组成员数量超过该机机型所要求的操纵飞机的最小值,从而可由其他合格的飞行机组成员替换某一飞行机组成员,被替换的飞行机组成员可在飞行中休息;扩编飞行机组中应至少包含一名具备机长资格和一名具备巡航机长或以上资格的人员。

⑤ 根据《大型飞机公共航空运输承运人运行合格审定规则》(CCAR-121-R7)第 121.5 条定义规定:"(a) 在本规则中,局方是指民航局和民航地区管理局及其派出机构。"

(d) 合格证持有人应在延长飞行时间限制事发当天起 30 天内实施本条第(c)2)所规定的修正措施。

②飞行机组的飞行值勤期限制。该规则第 121.485 条飞行机组的飞行值勤期限制规定：

(a) 对于非扩编机组的运行，合格证持有人不得为飞行机组成员安排、飞行机组成员也不得接受超出表 4-2 规定限制的飞行值勤期；航段限制数不包括因备降所产生的航段。

表 4-2　非扩编飞行机组运行最大飞行值勤期限制

报到时间	根据航段数量确定的飞行机组成员最大飞行值勤期(小时)			
	1 至 4 个航段	5 个航段	5 个航段	7 个航段以上
00:00-23:59	12	11	10	9

(b) 扩编飞行机组的运行，1)对于扩编机组的运行，合格证持有人不得为飞行机组成员安排、飞行机组成员也不得接受超出表 4-3 规定限制的飞行值勤期；2) 在所有飞行时间内，至少有一名机长或符合本规则第 121.451 条(a)款要求的巡航机长在驾驶舱内操纵飞机；3) 在着陆阶段执行操纵飞机任务的飞行机组成员，应在飞行值勤期的后半段获得至少连续 2 小时的休息时间。对于航段时间不足 2 小时的应保证执行操纵飞机任务的飞行机组成员在着陆前得到足够的休息。

表 4-3　扩编飞行机组运行最大飞行值勤期限制

报到时间	根据休息设施和飞行员数量确定的最大飞行值勤期(小时)					
	1 级休息设施		2 级休息设施		3 级休息设施	
	3 名飞行员	4 名飞行员	3 名飞行员	4 名飞行员	3 名飞行员	4 名飞行员
00:00-23:59	18	20	17	19	16	18

注：机上休息设施，是指安装在飞机内可以为机组成员提供休息机会的铺位或座位，其中分为：

(ⅰ) 1 级休息设施，是指休息用的铺位或可以平躺的其他平面，独立于驾驶舱和客舱，机组成员可控制温度和光线，不受打扰和噪音的影响；

(ⅱ) 2 级休息设施，是指飞机客舱内的座位，至少可以利用隔帘与乘客分隔，避免被乘客打扰，可以平躺或接近平躺，能够遮挡光线、降低噪音；

(ⅲ) 3 级休息设施，是指飞机客舱内或驾驶舱内的座位，应可倾斜 40 度，并可为脚部提供支撑，或者符合局方要求的其他方式。[①]

(c) 起飞前发生意外运行情况下飞行值勤期的延长：1) 机长和合格证持有人可以将本章表 4-2 或表 4-3 中允许的最大飞行值勤期延长 2 小时；2) 本条第(c)(1)款规定的将飞行值勤期延长 30 分钟以上的情况只可在获得本规则第 121.495 条(b)款规定的休息期之前发生一次；3) 如果本条第(c)1)规定的飞行值勤期的延长导致飞行机组成员超出本规则第 121.487 条(c)款所规定的累积值勤期限制，那么该飞行值勤期不得延长；4) 合格证持有人必须在 10 日内将任何超过本章表 4-2 或表 4-3 所允许的最大飞行值勤期限制 30 分钟以

---

① 《大型飞机公共航空运输承运人运行合格审定规则》(CCAR-121-R7)第 121.481 条概则(c)款定义。

上的情况报告局方,报告应包括以下信息:(ⅰ)对于延长飞行值勤期限制及本次延长必要情况的说明;(ⅱ)合格证持有人为将此类延长控制在最小范围内而采取的修正措施,如适用。5)合格证持有人必须在延长飞行值勤期限制事发当天起30天内实施本条第(c)4)所规定的修正措施。

(d)起飞后发生意外运行情况下飞行值勤期的延长:1)机长和合格证持有人可以将本章表4-2或表4-3中允许的最大飞行值勤期延长至可以将飞机安全地降落在下一个目的地机场或备降机场;2)本条第(d)1)款规定的将飞行值勤期延长30分钟以上的情况只可在获得本规则第121.495条(b)款规定的休息期之前发生一次;3)本条第(d)1)规定的值勤期的延长可以超出本规则第121.487条(c)款中所规定的累积飞行值勤期限制;4)合格证持有人必须在10日内将超过本章表4-2或表4-3飞行值勤期限制的情况报告局方,报告应包括对于延长飞行值勤期限制及本次延长必要情况的说明。

③飞行机组的累积飞行时间、值勤时间限制。具体规定为:

(a)本条所规定的限制包括飞行机组成员在一段时期内代表合格证持有人所执行的所有飞行时间,含按照本规则实施的运行和本规则之外的运行,如训练、调机和作业飞行等。

(b)合格证持有人不得为飞行机组成员安排、飞行机组成员也不得接受超出以下规定限制的飞行时间:1)任一日历月,100小时的飞行时间;2)任一日历年,900小时的飞行时间。

(c)合格证持有人不得为飞行机组成员安排、飞行机组成员也不得接受超出以下规定限制的飞行值勤期:1)任何连续7个日历日,60小时的飞行值勤期;2)任一日历月,210小时的飞行值勤期。[①]

④客舱乘务员的飞行值勤期限制。客舱乘务员是指出于对旅客安全的考虑,受合格证持有人人指派在客舱执行值勤任务的机组成员。其飞行值勤限制的具体规定为:

(a)当按照本规则第121.391条[②]规定的最低数量配备客舱乘务员时,客舱乘务员的飞行值勤期不得超过14小时。

(b)在按照本规则第121.391条规定的最低数量配备上增加客舱乘务员人数时,客舱

---

① 《大型飞机公共航空运输承运人运行合格审定规则》(CCAR-121-R7)第121.487条飞行机组的累积飞行时间、值勤时间限制。

② (a)为保证安全运行,合格证持有人在所用每架载运旅客的飞机上,应当按照下列要求配备客舱乘务员:(1)对于旅客座位数量为20至50的飞机,至少配备1名客舱乘务员;(2)对于旅客座位数量为51至100的飞机,至少配备2名客舱乘务员;(3)对于旅客座位数量超过100的飞机,在配备2名客舱乘务员的基础上,按照每增加50个旅客座位增加1名客舱乘务员的方法配备,不足50的余数部分按照50计算。
(b)如果在按照本规则第121.161条(a)款或者(b)款的要求进行的应急撤离演示中,合格证持有人使用的客舱乘务员人数,多于按照本条(a)款对演示所用飞机的最大旅客座位数量所要求的客舱乘务员人数,则该合格证持有人应当按照下列条件配备客舱乘务员:(1)飞机为最大旅客座位数量布局时,客舱乘务员人数至少应当等于应急撤离演示期间所用的人数;(2)飞机为任一减少了旅客座位数量的布局时,客舱乘务员人数至少应当在本条(a)款对该布局旅客座位数量要求的客舱乘务员人数之外再增加应急撤离演示期间所用客舱乘务员人数与本条(a)款对原布局所要求人数之差。
(c)合格证持有人在制定客舱乘务员配备数时,除了满足本条(a)款和(b)款要求外,还需考虑以下因素:(1)出口的数量;(2)出口的类型和撤离手段;(3)出口的位置;(4)客舱乘务员座位位置;(5)水上迫降时客舱乘务员要求的程序;(6)负责成对出口的客舱乘务员额外程序要求;(7)航线类型。
(d)按照本条(a)、(b)和(c)款所批准的客舱乘务员人数应当规定在该合格证持有人的运行规范中。
(e)在起飞和着陆过程中,本条要求的客舱乘务员应当尽可能地靠近所要求的地板高度出口,而且应当在整个客舱内均匀分布,以便在应急撤离时最有效地疏散旅客。在滑行期间,本条要求的客舱乘务员,除完成保障飞机和机上人员安全的任务外,其他时间应当坐在其值勤位置并系好安全带和肩带。

乘务员的飞行值勤期限制和休息要求应当符合如下规定,增加 1 名客舱乘务员,飞行值勤期不得超过 16 小时;增加 2 名客舱乘务员,飞行值勤期不得超过 18 小时;增加 3 名或者 3 名以上客舱乘务员,飞行值勤期不得超过 20 小时。

(c) 发生意外运行情况下飞行值勤期的延长:1) 合格证持有人可以将本条(a)或(b)款规定的值勤期限制延长 2 小时或延长至可以将飞机安全地降落在下一个目的地机场或备降机场;2) 将本条(a)或(b)款规定值勤期限延长 30 分钟以上的情况只可在获得本规则第 121.495 条(b)款规定的休息期之前发生一次。[1]

⑤客舱乘务员的累积飞行时间、值勤时间限制。具体规定为:

(a) 本条所规定的限制包括客舱乘务员在适当时期内代表合格证持有人所执行的所有飞行。

(b) 合格证持有人不得为客舱乘务员安排,客舱乘务员也不得接受超出以下规定限制的累积飞行时间:1) 任一日历月,100 小时的飞行时间;2) 任一日历年,1 100 小时的飞行时间。

(c) 合格证持有人不得为客舱乘务员安排,客舱乘务员也不得接受超出以下规定的累积飞行值勤时间限制:1) 任何连续 7 个日历日,70 小时的飞行值勤期;2) 任一日历月,230 小时的飞行值勤期。

(d) 客舱乘务员在飞机上履行安全保卫职责的时间应当计入客舱乘务员的飞行和值勤时间。[2]

⑥机组成员休息时间的附加要求。具体规定为:

(a) 合格证持有人不得在机组成员规定的休息期内为其安排任何工作,该机组成员也不得接受合格证持有人的任何工作。

(b) 任一机组成员在实施按本规则运行的飞行任务或者主备份前的 144 小时内,合格证持有人应当为其安排一个至少连续 48 小时的休息期。对于飞行值勤期的终止地点所在时区与机组成员的基地所在时区之间时差少于 6 个小时的,除仅实施全货物运输飞行的合格证持有人外,如机组成员飞行值勤期和主备份已达到 4 个连续日历日,不得安排机组成员在第 5 个日历日执行任何飞行任务,但是前续航班导致的备降情况除外。本条所述基地是指合格证持有人确定的机组成员驻地并接受排班的地方。

(c) 如果飞行值勤期的终止地点所在时区与机组成员的基地所在时区之间有 6 个或者 6 个小时以上的时差,则当机组成员回到基地以后,合格证持有人必须为其安排一个至少连续 48 个小时的休息期。这一休息期应当在机组成员进入下一值勤期之前安排。[3]

(d) 除非机组成员在前一个飞行值勤期结束后至下一个飞行值勤期开始前,获得了至少连续 10 个小时的休息期,任何合格证持有人不得安排,且任何机组成员也不得接受任何飞行值勤任务。

(e) 当合格证持有人为机组成员安排了其他值勤任务时,该任务时间可以计入飞行值

---

[1] 《大型飞机公共航空运输承运人运行合格审定规则》(CCAR-121-R7)第 121.491 条客舱乘务员的飞行值勤期限制。

[2] 《大型飞机公共航空运输承运人运行合格审定规则》(CCAR-121-R7)第 121.493 条客舱乘务员的累积飞行时间、值勤时间限制。

[3] 《大型飞机公共航空运输承运人运行合格审定规则》(CCAR-121-R7)第 121.495 条机组成员休息时间的附加要求。

勤期。当不计入飞行值勤期时,在飞行值勤期开始前应当为其安排至少10个小时的休息期。

(2) 飞行签派员的值勤时间限制。

(a) 合格证持有人应当规定飞行签派员日常的值勤时间。值勤时间应当从飞行签派员为签派飞机而了解气象情况和飞机运行情况时刻开始,至所签派的每架飞机已完成飞行,或者已超出其管辖范围,或者由另一位经审定合格的飞行签派员接替其工作时止。

(b) 除出现了超出合格证持有人控制能力的情形或者紧急情况之外,签派员的值勤时间限制应当符合下列要求:1) 任何合格证持有人不得安排飞行签派员连续值勤超过10小时;2) 如果飞行签派员在连续24小时内被安排值勤时间超过10小时,该合格证持有人应当在该飞行签派员值勤时间达到或者累计达到10小时之前为他提供至少连续8小时的休息时间;3) 合格证持有人应当在任意连续7个日历日内为飞行签派员安排一个至少连续24小时的休息期,或者在任一日历月中被安排相当时间的休息期。

(c) 合格证持有人在经局方批准后,可以安排在境外工作的飞行签派员,在24小时内连续工作超过10小时,但在每个24小时期间内,应当安排该飞行签派员至少连续休息8小时。①

3.《特殊商业和私用大型航空器运营人运行合格审定规则》(CCAR-136)②

特殊商业运营人,是指从事以取酬为目的的使用航空器实施农林喷洒作业飞行、使用直升机实施机外载荷作业飞行、使用航空器实施跳伞服务飞行以及使用由航空器代管人代管的航空器实施私用飞行活动的运营人。

私用大型航空器运营人,是指从事使用大型航空器实施私用飞行活动的运营人。

(1) 特殊商业运营航空人员工作时限。

①农林喷洒作业飞行。运营人使用驾驶员,应当满足下列飞行时间限制要求:1) 除经局方③批准外,每日飞行时间不超过10小时。2) 任何7个连续日历日内飞行时间不超过40小时。3) 每个日历月内的飞行时间不超过120小时。4) 每个日历年内的飞行时间不超过1 400小时。④

②直升机机外载荷作业飞行。运营人使用驾驶员,应当满足下列飞行时间限制要求:1) 除经局方批准外,每日飞行时间不超过10小时。2) 任何7个连续日历日内飞行时间不超过40小时。3) 每个日历月内的飞行时间不超过120小时。4) 每个日历年内的飞行时间不超过1 400小时。⑤

③跳伞服务飞行。运营人使用驾驶员,应当满足下列飞行时间限制要求:1) 除经局方批准外,每日飞行时间不超过10小时。2) 任何7个连续日历日内飞行时间不超过40小时。3) 每个日历月内的飞行时间不超过120小时。4) 每个日历年内的飞行时间不超过

---

① 《大型飞机公共航空运输承运人运行合格审定规则》(CCAR-121-R7)第121.503条飞行签派员的值勤时间限制。
② 在本部分中,"本规则"是指《特殊商业和私用大型航空器运营人运行合格审定规则》(CCAR-136)"。
③ 《特殊商业和私用大型航空器运营人运行合格审定规则》(CCAR-136)第136.5条职责划分规定:"……(c) 在本规则中,民航局、民航地区管理局统称为局方。"
④ 《特殊商业和私用大型航空器运营人运行合格审定规则》(CCAR-136)第136.57条驾驶员的资格要求和飞行时间限制(b)款。
⑤ 《特殊商业和私用大型航空器运营人运行合格审定规则》(CCAR-136)第136.89条驾驶员的资格要求和飞行时间限制(b)款。

1 400 小时。[①]

(2) 航空器代管人。

①飞行、值勤和休息时间要求。参加代管航空器飞行的飞行机组成员应当符合本规则第 136.189 条和第 136.191 条对飞行、值勤和休息时间的规定。在飞行任务预计结束时间之前 24 小时内,应当为飞行机组成员提供至少 10 个连续小时的休息期。由于运行延误需延长值勤时间或飞行时间时,应当得到代管人的批准并得到飞行机组的同意,且不得超出本规则第 136.191 条规定的最高限制。当待命执行飞行任务的飞行机组成员认为执行该次飞行将违反本规则的飞行、值勤和休息要求时,飞行机组成员可以拒绝执行该次飞行任务。[②]

②飞行机组的飞行、值勤和休息时间要求。《特殊商业和私用大型航空器运营人运行合格审定规则》(CCAR-136)第 136.191 条飞行机组的飞行、值勤和休息时间要求规定:

(a) 航空器代管人为飞行机组成员安排飞行时,应当保证飞行机组成员的总飞行时间(含所有飞行时间,如训练、调机飞行等)满足下列要求:1) 任何 7 个连续日历日内不得超过 40 小时;2) 任一日历月内不得超过 120 小时;3) 任一日历年内不得超过 1 400 小时。

(b) 对于含一名或两名驾驶员的飞行机组,其飞行、值勤和休息时间安排应当满足表 4-4 中的要求:

表 4-4

	正常排班	运行延误后
飞行前休息时间	不少于 10 小时	不少于 10 小时
值勤时间	不超过 14 小时	可超过 14 小时 不超过 16 小时
飞行时间	不超过 10 小时	可超过 10 小时 不超过 12 小时
飞行后休息时间	不少于 10 小时	不少于 12 小时
多时区飞行后的休息时间	不少于 14 小时	不少于 18 小时

(c) 对于含三名驾驶员的扩编飞行机组,其飞行、值勤和休息时间安排应当满足表 4-5 中的要求:

表 4-5

	正常排班	运行延误后
飞行前休息时间	不少于 10 小时	不少于 10 小时
值勤时间	不超过 18 小时	可超过 18 小时 不超过 20 小时
飞行时间	不超过 14 小时	不超过 16 小时
飞行后休息时间	不少于 14 小时	不少于 18 小时
多时区飞行后的休息时间	不少于 18 小时	不少于 24 小时

---

① 《特殊商业和私用大型航空器运营人运行合格审定规则》(CCAR-136)第 136.127 条驾驶员的资格要求和飞行时间限制(b)款。

② 《特殊商业和私用大型航空器运营人运行合格审定规则》(CCAR-136)第 136.189 条飞行、值勤和休息时间要求。

(3) 私用大型航空器运营人。

为私用大型航空器运营人服务、从运营人处获取报酬的驾驶员应当满足下列飞行时间限制要求:1) 任何 7 个连续日历日内不得超过 40 小时。2) 每个日历月内的飞行时间不超过 120 小时。3) 每个日历年内的飞行时间不超过 1 400 小时。[①]

4. 小型商业运输和空中游览运营人运行合格审定规则(CCAR - 135 - R3)[②]

小型商业运输和空中游览运营人,是指从事在中华人民共和国境内依法登记的运营人所实施的以取酬为目的的某些商业飞行活动的运营人[③]。

《小型商业运输和空中游览运营人运行合格审定规则》(CCAR - 135 - R3)分别对小型航空器运行(第 135.51 条至第 135.237 条)、运输类飞机商业载客或者载货飞行(第 135.251 条至第 135.429 条)、运输类直升机商业载客或者载货飞行(第 135.451 条至第 135.565 条)的航空人员工作时限进行了详细规定。

(1) 小型航空器运行。在合格证持有人手册内容中应当包括控制相关运行人员执勤时间、飞行时间和休息期的程序。[④]

①驾驶员值勤期限制、飞行时间限制和休息要求。

(a) 合格证持有人在实施本规则运行中,不得指派机组成员在超出本章规定的机组成员适用的值勤期限制、飞行时间限制和不符合休息要求的情况下执行飞行任务,任何机组成员也不得接受超出这些限制和要求的飞行任务指派。

(b) 当飞行机组配备 1 名驾驶员时,驾驶员的值勤期限制、飞行时间限制和休息要求应当符合以下规定:1) 值勤期最多 14 小时,该值勤期内的飞行时间不得超过 8 小时,值勤期后应当安排至少 10 个连续小时的休息期,这个休息期应当安排在该值勤期结束时刻与下一值勤期开始时刻之间。2) 发生运行延误时,如驾驶员的实际值勤时间未超过 14 小时的限制,则该值勤期后的休息期可以缩短至 9 小时。3) 发生运行延误时,值勤期最多可以延长至 16 小时,但该值勤期后 10 小时的休息期不得缩短。

(c) 当飞行机组配备 2 名驾驶员时,驾驶员的值勤期限制、飞行时间限制和休息要求应当符合以下规定:1) 值勤期最多 14 小时,该值勤期内的飞行时间不得超过 10 小时,值勤期后应当安排至少 10 个连续小时的休息期,这个休息期应当安排在该值勤期结束时刻与下一值勤期开始时刻之间。2) 发生运行延误时,如驾驶员的实际值勤时间未超过 14 小时的限

---

① 《特殊商业和私用大型航空器运营人运行合格审定规则》(CCAR - 136)第 136.211 条取酬驾驶员的资格要求和飞行时间限制(b)款。

② 在本部分中,"本规则"是指《小型商业运输和空中游览运营人运行合格审定规则》(CCAR - 135 - R3)"。

③ 《小型商业运输和空中游览运营人运行合格审定规则》(CCAR - 135 - R3)第 135.3 条适用范围规定:"(a) 本规则适用于在中华人民共和国境内依法登记的运营人所实施的以取酬为目的的下列商业飞行活动:(1) 使用下列小型航空器实施的定期、不定期载客或者载货飞行,以及长途空中游览飞行:(ⅰ) 正常类、实用类、特技类和通勤类飞机。(ⅱ) 正常类直升机。(2) 使用下列运输类飞机实施的载货或者不定期载客飞行:(ⅰ) 旅客座位数(不包括机组座位)30 座及以下。(ⅱ) 最大商载 3 400 千克及以下。(3) 使用运输类直升机实施的定期、不定期载客或者载货飞行。(4) 下列短途空中游览飞行:(ⅰ) 除自由气球外,航空器的起飞和着陆满足下列条件之一的空中游览飞行:(A) 在同一起降点完成,并且航空器在飞行时距起降点的直线距离不超过 40 千米。(B) 在两个直线距离不超过 40 千米的起降点间实施。(ⅱ) 使用自由气球在运营人的运行规范中经批准的飞行区域内实施,并且每次飞行的起飞和着陆地点应当包含在该区域之内的空中游览飞行。(b) 本规则所称小型商业运输和空中游览运营人,是指从事本条(a)款规定商业飞行活动的运营人。(c) 小型商业运输和空中游览运营人在运行中所使用的人员以及小型商业运输和空中游览运营人所载运的人员,应当遵守本规则中的适用要求。(d) 本规则不适用于无人驾驶航空器。"

④ 《小型商业运输和空中游览运营人运行合格审定规则》(CCAR - 135 - R3)第 135.123 条手册内容第(r)款。

制,则该值勤期后的休息期可以缩短至 9 小时。3) 发生运行延误时,值勤期最多可以延长至 16 小时,但该值勤期后 10 小时的休息期不得缩短。①

②机组成员的周、月、年飞行时间限制。合格证持有人在为飞行机组成员安排飞行时,应当保证飞行机组成员的总飞行时间遵守以下规定,总飞行时间包括按照本规则实施运行的飞行时间和训练、调机飞行等的其他飞行时间:(a) 任何 7 个连续日历日内不得超过 40 小时。(b) 任一日历月内不得超过 100 小时,且在任何连续 3 个日历月内的总飞行时间不得超过 270 小时。(c) 任一日历年内不得超过 1 000 小时。②

③机组成员值勤期和飞行时间安排的附加限制。

(a) 如果机组成员以取酬为目的参加其他运行,则在参加本规则运行时,值勤时间、飞行时间的总和应当满足本规则规定的值勤期和飞行时间限制。

(b) 合格证持有人安排机组成员的值勤期时,如果按照正常情况能够在限制时间内终止值勤期,但由于运行延误,所安排的飞行没有按照预计时间到达目的地,超出了值勤期的限制时间,则不认为该机组成员在排班时超出了值勤期限制。但是,应当遵守本规则第 135.193 条的规定,值勤期的延长最多不超过 2 个小时。

(c) 合格证持有人安排机组成员的飞行时间时,如果正常情况下能够在限制飞行时间内结束飞行,但由于运行延误,所安排的飞行没有按照预计时间到达目的地,超出了飞行时间限制,则不认为该机组成员在排班时超出了飞行时间限制。

(d) 机组成员在起飞前由于延误造成的待命时间,计入值勤期时间之内。③

④机组成员休息时间的附加要求。

(a) 合格证持有人不得在机组成员规定的休息期内为其安排任何工作,该机组成员也不得接受合格证持有人的任何工作安排。

(b) 本章要求的休息期可以包含在其他休息期之内。

(c) 当合格证持有人为机组成员安排了其他工作任务时,该任务时间可以计入也可以不计入值勤期。当不计入值勤期时,在值勤期开始前应当为其安排至少 8 个小时的休息期。

(d) 合格证持有人将机组成员运送到执行飞行任务的机场,或者将其从解除任务的机场运送回驻地,这些路途上所耗费的时间不应当被认为是休息期的组成部分。

(e) 只有在发生运行延误时,才允许按照本规则第 135.193 条中的规定缩短休息期,不允许作事先安排。④

(2) 运输类飞机商业载客或者载货飞行。

①机组成员的周、月、年飞行时间限制。合格证持有人在为飞行机组成员安排飞行时,应当保证飞行机组成员的总飞行时间遵守以下规定,总飞行时间包括按照本规则实施运行的飞行时间和训练、调机飞行等的其他飞行时间:(a) 任何 7 个连续日历日内不得超过 40 小

---

① 《小型商业运输和空中游览运营人运行合格审定规则》(CCAR-135-R3)第 135.193 条驾驶员值勤期限制、飞行时间限制和休息要求。
② 《小型商业运输和空中游览运营人运行合格审定规则》(CCAR-135-R3)第 135.195 条机组成员的周、月、年飞行时间限制。
③ 《小型商业运输和空中游览运营人运行合格审定规则》(CCAR-135-R3)第 135.197 条机组成员值勤期和飞行时间安排的附加限制。
④ 《小型商业运输和空中游览运营人运行合格审定规则》(CCAR-135-R3)第 135.199 条机组成员休息时间的附加要求。

时。(b)任一日历月内不得超过 100 小时,且在任何连续 3 个日历月内的总飞行时间不得超过 270 小时。(c)任一日历年内不得超过 1 000 小时。①

②疲劳管理。合格证持有人应当规定飞行时间、飞行值勤期、值勤期的最大数值和休息期的最小数值。这些数值应当以科学原理知识为基础,通过安全保证程序确定。②

(3)运输类直升机商业载客或者载货飞行。

①驾驶员值勤期限制、飞行时间限制和休息要求。

(a)合格证持有人在实施本章运行中不得指派机组成员在超出本章规定的机组成员适用的值勤期限制、飞行时间限制和不符合休息要求的情况下执行飞行任务,任何机组成员也不得接受超出这些限制和要求的飞行任务指派。

(b)当飞行机组配备 1 名驾驶员时,驾驶员的值勤期限制、飞行时间限制和休息要求应当符合以下规定:1)值勤期最多 14 小时,该值勤期内的飞行时间不得超过 8 小时,值勤期后应当安排至少 10 个连续小时的休息期,这个休息期应当安排在该值勤期结束时刻与下一值勤期开始时刻之间。2)发生运行延误时,如驾驶员的实际值勤时间未超过 14 小时的限制,则该值勤期后的休息期可以缩短至 9 小时。3)发生运行延误时,值勤期最多可以延长至 16 小时,但该值勤期后 10 小时的休息期不得缩短。

(c)当飞行机组配备 2 名驾驶员时,驾驶员的值勤期限制、飞行时间限制和休息要求应当符合以下规定:1)值勤期最多 14 小时,该值勤期内的飞行时间不得超过 10 小时,值勤期后应当安排至少 10 个连续小时的休息期,这个休息期应当安排在该值勤期结束时刻与下一值勤期开始时刻之间。2)发生运行延误时,如驾驶员的实际值勤时间未超过 14 小时的限制,则该值勤期后的休息期可以缩短至 9 小时。3)发生运行延误时,值勤期最多可以延长至 16 小时,但该值勤期后 10 小时的休息期不得缩短。③

②机组成员的周、月、年飞行时间限制。合格证持有人在为飞行机组成员安排飞行时,应当保证飞行机组成员的总飞行时间遵守以下规定,总飞行时间包括按照本规则实施运行的飞行时间和训练、调机飞行等的其他飞行时间:(a)任何 7 个连续日历日内不得超过 40 小时。(b)任一日历月内不得超过 100 小时,且在任何连续 3 个日历月内的总飞行时间不得超过 270 小时。(c)任一日历年内不得超过 1 000 小时。④

③机组成员值勤期和飞行时间安排的附加限制。

(a)如果机组成员以取酬为目的参加其他运行,则在参加本规则运行时,值勤时间、飞行时间的总和应当满足本规则规定的值勤期和飞行时间限制。

(b)合格证持有人安排机组成员的值勤期时,如果按照正常情况能够在限制时间内终止值勤期,但由于运行延误,所安排的飞行没有按照预计时间到达目的地,超出了值勤期的限制时间,则不认为该机组成员在排班时超出了值勤期限制。但是,应当遵守本规则第 135.563 条的规定,值勤期的延长最多不超过 2 个小时。

---

① 《小型商业运输和空中游览运营人运行合格审定规则》(CCAR-135-R3)第 135.383 条机组成员的周、月、年飞行时间限制。

② 《小型商业运输和空中游览运营人运行合格审定规则》(CCAR-135-R3)第 135.385 条疲劳管理(b)项。

③ 《小型商业运输和空中游览运营人运行合格审定规则》(CCAR-135-R3)第 135.563 条驾驶员值勤期限制、飞行时间限制和休息要求。

④ 《小型商业运输和空中游览运营人运行合格审定规则》(CCAR-135-R3)第 135.565 条机组成员的周、月、年飞行时间限制。

(c) 合格证持有人安排机组成员的飞行时间时,如果正常情况下能够在限制飞行时间内结束飞行,但由于运行延误,所安排的飞行没有按照预计时间到达目的地,超出了飞行时间限制,则不认为该机组成员在排班时超出了飞行时间限制。

(d) 机组成员在起飞前由于延误造成的待命时间,计入值勤期时间之内。①

④机组成员休息时间的附加要求。

(a) 合格证持有人不得在机组成员规定的休息期内为其安排任何工作,该机组成员也不得接受合格证持有人的任何工作。

(b) 本章要求的休息期可以包含在其他休息期之内。

(c) 当合格证持有人为机组成员安排了其他工作任务时,该任务时间可以计入也可以不计入值勤期。当不计入值勤期时,在值勤期开始前应当为其安排至少8个小时的休息期。

(d) 合格证持有人将机组成员运送到执行飞行任务的机场,或者将其从解除任务的机场运送回驻地,这些路途上所耗费的时间不应当被认为是休息期的组成部分。

(e) 只有在发生运行延误时,才允许按照本规则第135.563条中的规定缩短休息期,不允许作事先安排。②

另外,《一般运行和飞行规则》(CCAR-91-R4)对取酬驾驶员的飞行时间限制规定为:"为运输类涡轮动力多发飞机运行人服务、从运行人处获取报酬的驾驶员必须满足下列飞行时间限制要求:(1) 任何7个连续日历日内不得超过40小时;(2) 每个日历月内的飞行时间不超过120小时;(3) 每个日历年内的飞行时间不超过1 400小时。"

4.1.4　航空人员法律责任

航空人员对保障飞行安全负有重大的责任,应当严格履行职责,恪尽职守,保护民用航空器及其所载人员和财产的安全。否则,要承担法律责任。根据航空法律、法规和相关规章的规定,航空人员的法律责任主要有三个方面:

4.1.4.1　刑事责任

我国《民用航空法》第199条规定:"航空人员玩忽职守,或者违反规章制度,导致发生重大飞行事故,造成严重后果的,依照刑法有关规定追究刑事责任。"

1997年《刑法》第131条规定:"航空人员违反规章制度,致使发生重大飞行事故,造成严重后果的,处三年以下有期徒刑或者拘役;造成飞机坠毁或者人员死亡的,处三年以上七年以下有期徒刑。"

---

① 《小型商业运输和空中游览运营人运行合格审定规则》(CCAR-135-R3)第135.567条机组成员值勤期和飞行时间安排的附加限制。

② 《小型商业运输和空中游览运营人运行合格审定规则》(CCAR-135-R3)第135.569条机组成员休息时间的附加要求。

4.1.4.2 行政责任

在《民用航空法》第 205 条到 209 条[①]中,对航空人员违反规定给予行政处罚的具体措施进行了详细规定。

2001 年《飞行基本规则》第十一章法律责任第 116 条规定:"违反本规则规定,《中华人民共和国民用航空法》及有关法规对其处罚有明确规定的,从其规定;无明确规定的,适用本章规定。"该规则第 117 条[②]、第 118 条[③]、第 119 条[④]和第 120 条[⑤]进行了具体规定。

在具体部门规章中,对航空人员承担行政责任进行了具体规定。如《大型飞机公共航空运输承运人运行合格审定规则》(CCAR-121-R7)Y 章《法律责任》,《特殊商业和私用大型航空器运营人运行合格审定规则》(CCAR-136)H 章《法律责任》,《小型商业运输和空中游览运营人运行合格审定规则》F 章《法律责任》,《航空安全员合格审定规则》(CCAR-69-R1)第五章《法律责任》,《民用航空人员体检合格证管理规则》(CCAR-67FS-R4)E 章《法律责任》,《一般运行和飞行规则》(CCAR-91-R4)L 章《法律责任》,《民用航空空中交通管制员执照管理规则》(CCAR-66TM-Ⅰ-R4)第五章《法律责任》,《民用航空气象人员执照管理规则》(CCAR-65TM-Ⅱ-R3)第五章《法律责任》,《民用航空情报员执照管理规则》(CCAR-65TM-Ⅲ-R4)第五章法《法律责任》,《民用航空电信人员执照管理规则》(CCAR-65TM-Ⅰ-R3)第五章《法律责任》,《民用航空器维修人员执照管理规则》(CCAR-66-R3)第四章《监督管理及法律责任》,《民用航空飞行签派员执照和训练机构管理规则》(CCAR-65FS-R3)E 章《法律责任》等。

---

① 《民用航空法》第 205 条规定:"违反本法第四十条的规定,未取得航空人员执照、体格检查合格证书而从事相应的民用航空活动的,由国务院民用航空主管部门责令停止民用航空活动,在国务院民用航空主管部门规定的限期内不得申领有关执照和证书,对其所在单位处以二十万元以下的罚款。"

《民用航空法》第 206 条规定:"有下列违法情形之一的,由国务院民用航空主管部门对民用航空器的机长给予警告或者吊扣执照一个月至六个月的处罚,情节较重的,可以给予吊销执照的处罚:(一)机长违反本法第四十五条第 1 款的规定,未对民用航空器实施检查而起飞的;(二)民用航空器违反本法第七十五条的规定,未按照空中交通管制单位指定的航路和飞行高度飞行,或者违反本法第七十九条的规定飞越城市上空的。"

《民用航空法》第 207 条规定:"违反本法第七十四条的规定,民用航空器未经空中交通管制单位许可进行飞行活动的,由国务院民用航空主管部门责令停止飞行,对该民用航空器所有人或者承租人处以一万元以上十万元以下的罚款;对该民用航空器的机长给予警告或者吊扣执照一个月至六个月的处罚,情节较重的,可以给予吊销执照的处罚。"

《民用航空法》第 208 条规定:"民用航空器的机长或者机组其他人员有下列行为之一的,由国务院民用航空主管部门给予警告或者吊扣执照一个月至六个月的处罚;有第(二)项或者第(三)项所列行为的,可以给予吊销执照的处罚:(一)在执行飞行任务时,不按照本法第四十一条的规定携带执照和体格检查合格证的;(二)民用航空器遇险时,违反本法第四十八条的规定离开民用航空器的;(三)违反本法第七十七条第 2 款的规定执行飞行任务的。"

《民用航空法》第 209 条规定:"违反本法第八十条的规定,民用航空器在飞行中投掷物品的,由国务院民用航空主管部门给予警告,可以对直接责任人员处以二千元以上二万元以下的罚款。"

② 未按本规则规定履行审批、备案或者其他手续的,有关部门按照职责分工责令改正;情节严重的,对直接负责的主管人员和其他直接责任人员依法给予行政处分或者纪律处分;构成犯罪的,依法追究刑事责任。

③ 飞行人员未按本规则规定履行职责的,由有关部门依法给予行政处分或者纪律处分;情节严重的,依法给予吊扣执照一个月至六个月的处罚,或者责令停飞一个月至三个月;构成犯罪的,依法追究刑事责任。

④ 空中交通管制员、飞行指挥员未按本规则规定履行职责的,由有关部门视情节给予批评教育、警告、记过、降职或者取消资格、免除职务的处分;构成犯罪的,依法追究刑事责任。

⑤ 飞行保障部门及其人员未按本规则规定履行职责的,由有关航空管理部门视情节给予通报批评;对直接负责的主管人员或者其他责任人员依法给予行政处分或者纪律处分;构成犯罪的,依法追究刑事责任。

4.2 机组法律制度

4.2.1 机组组成及机组成员基本要求

4.2.1.1 机组组成

机组[①]是指由航空器经营人委派在飞行期间[②]的航空器内担任职务的人员组成。机组成员[③]由运营人指派在飞行值勤期内在航空器上担任勤务的人员。[④]

我国《民用航空法》第 43 条规定:"民用航空器机组由机长和其他空勤人员组成。机长应当由具有独立驾驶该型号民用航空器的技术和经验的驾驶员担任。机组的组成和人员数额[⑤],应当符合国务院民用航空主管部门的规定。"

在我国部门规章和规范性文件中,一般将机组成员分为飞行机组成员和客舱乘务员[⑥]。机组成员是指飞行期间在航空器上执行任务的航空人员,包括飞行机组成员和客舱乘务员。[⑦] 飞行机组成员是指飞行期间在飞机驾驶舱内执行任务的驾驶员和飞行机械员。[⑧] 驾驶员包括机长和副驾驶。飞行机械员是指在航空器型号合格审定或者运行规章确定需要飞行机械员的航空器上操纵和监视航空动力装置和各个系统在飞行中工作状态的人员。[⑨]

客舱乘务员是指出于对旅客安全的考虑,受合格证持有人指派在客舱执行值勤任务的机组成员。[⑩]

《芝加哥公约》附件 1 第 1.2.1 条规定:"除非持有该航空器登记国或者任何其他缔约国鉴定的、由该航空器登记国认可的符合本附件的规格并与其事务相适应的有效执照,任何人

---

① 根据《民用航空产品和零部件合格审定规定》(CCAR-21),中国民用航空局于 2023 年 11 月 12 发布并于当日起施行《V2000CG 型无人驾驶航空器系统专用条件》(SC-21-004),该规范性文件第 AEC.2000 适用范围和定义中还规定了远程机组:"远程机组是指控制无人驾驶航空器的远程操控员以及直接参与无人驾驶航空器运行的任何人员。"

② 《公共航空旅客运输飞行中安全保卫工作规则》(CCAR-332-R1)第 49 条规定:"飞行中,是指航空器从装载完毕、机舱外部各门均已关闭时起,直至打开任一机舱门以便卸载时为止。航空器强迫降落时,在主管当局接管对该航空器及其所载人员和财产的责任前,应当被认为仍在飞行中。"

③ 《公共航空旅客运输飞行中安全保卫工作规则》(CCAR-332-R1)第 49 条规定:"机组成员,是指在飞行中民用航空器上执行任务的驾驶员、乘务员、航空安全员和其他空勤人员。"

《大型飞机公共航空运输承运人运行合格审定规则》(CCAR-121-R7)附件 A 定义规定:"机组成员:指飞行期间在飞机上执行任务的航空人员,包括飞行机组成员和客舱乘务员。"

④ 《芝加哥公约》附件 6 第 1 章《定义》。

⑤ 驾驶民用航空器实施Ⅱ类或者Ⅲ类运行时,飞行机组必须由一名机长和一名副驾驶组成,这些驾驶员必须持有相应航空器类别的仪表等级或者航线运输驾驶员执照,并熟练掌握Ⅱ类或者Ⅲ类运行相关的知识和程序。参见:《一般运行和飞行规则》(CCAR-91-R4)第 91.381 条Ⅱ类和Ⅲ类运行的规则。

合格证持有人在按照本规则运行时,飞行机组至少配备两名驾驶员,并且应当指定一名驾驶员为机长。参见:《大型飞机公共航空运输承运人运行合格审定规则》(CCAR-121-R7)第 121.383 条飞行机组的组成。

⑥ 参见《大型飞机公共航空运输承运人运行合格审定规则》(CCAR-121-R7)附件 A 定义。

⑦ 参见《一般运行和飞行规则》(CCAR-91-R4)附件"术语解释"。

⑧ 参见《事件样例》(AC-396-08R3)四、术语和定义和《大型飞机公共航空运输承运人运行合格审定规则》(CCAR-121-R7)附件 A 定义。另外,《民用航空器驾驶员合格审定规则》(CCAR-61-R5)第 61.7 条定义规定:飞行机组成员,是指在飞行值勤期内对航空器运行负有不可少的职责并持有执照的机组成员。《一般运行和飞行规则》(CCAR-91-R4)附件"术语解释"对飞行机组乘员定位飞行机组成员:是指飞行期间在航空器驾驶舱内执行任务并对航空器运行负有不可少的职责的驾驶员和飞行机械员。

⑨ 《民用航空器飞行机械员合格审定规则》(CCAR-63FS-R1)第 63.7 条定义。

⑩ 《大型飞机公共航空运输承运人运行合格审定规则》(CCAR-121-R7)附件 A 定义。

不得充任航空器飞行组成员。"

我国《民用航空法》第 43 条规定:"民用航空器机组由机长和其他空勤人员组成。机长应当由具有独立驾驶该型号民用航空器的技术和经验的驾驶员担任。机组的组成和人员数额,应当符合国务院民用航空主管部门的规定。"

《大型飞机公共航空运输承运人运行合格审定规则》(CCAR-121-R7)第 121.383 条飞行机组的组成规定:"(a) 合格证持有人在运行飞机时,其飞行机组成员不得少于所批准的该型飞机飞行手册中规定的数量,也不得少于本规则对所从事的该种运行所要求的最少飞行机组成员数量。(b) 对于本规则要求应当具有飞行人员执照才能完成的两种或者两种以上职能,不得由一名飞行人员同时完成。(c) 合格证持有人在按照本规则运行时,飞行机组至少配备两名驾驶员,并且应当指定一名驾驶员为机长。(d) 在飞行机组必需成员中要求有飞行机械员的每次飞行中,应当有飞行机组成员在飞行机械员生病或者由于其他原因而丧失工作能力时能代替其工作,合格于应急完成相应的职能,以保证安全完成飞行。在这种情况下,飞行人员完成所代替的职能时,无需持有相应的执照。"

《一般运行和飞行规则》(CCAR-91-R4)第 91.105 条规定:"(c) 飞行机组的组成和人数不得少于航空器飞行手册或者其他与适航证有关的文件所规定的标准。"

4.2.1.2 机组成员摄入酒精和药物的限制

在 1944 年《芝加哥公约》附件 1 第 1.2.7 条[①]规定了精神药物的使用,并建议:各国应确保在可能与飞行安全相关的身体状况方面以及在何时向体检医师或颁照当局寻求澄清或指导方面,向执照持有人提供明确的指导原则。

1944 年《芝加哥公约》附件 2 第 2.5 条[②]规定了作用于精神药物的有问题使用。并在附件 6《航空器的运行第 I 部分国际商业航空运输—飞机》第 3.4 条规定了精神活性物质的使用(注:有关精神活性物质的使用的条款,载于附件 1 的 1.2.7 及附件 2 的 2.5 中)。这些规定也涵盖机组成员。

我国航空法中对此进行了详细规定。《民用航空法》第 77 条第 2 款规定:"民用航空器机组人员受到酒类饮料、麻醉剂或者其他药物的影响,损及工作能力的,不得执行飞行任务。"

2023 年 6 月 28 日以国务院令第 761 号发布自 2024 年 1 月 1 日起施行的《无人驾驶航空器飞行管理暂行条例》第 32 条第(9)项规定:"受到酒精类饮料、麻醉剂或者其他药物影响时,不得操控无人驾驶航空器。"

《民用航空器飞行机械员合格审定规则》(CCAR-63FS-R1)第 63.13 条[③]涉及酒精或者药物的违禁行为,并在第 63.51 条[④]规定了涉及酒精或者药物的违禁行为的处罚。

---

① 1.2.7.1 本附件所涉及的执照持有人在受到任何作用于精神物品的影响,可能使其无法安全、正确地行使其执照和相关等级授予的权利时,不得行使这些权利。
　1.2.7.2 本附件所涉及的执照持有人不得滥用作用于精神的物品。
② 对于航空安全负有重要职责的人员(安全敏感人员)倘若受作用于任何精神物品的影响之下而使人的行为能力降低,不得执行该职责。上述人员不得涉足任何此类物品的有问题使用。
③ 飞行机械员执照持有人在饮用任何含酒精饮料之后的 8 小时之内,或者处在酒作用之下,或者血液中或呼出气体中酒精含量等于或者大于 0.04,或者受到任何药物影响损及工作能力时,不得担任民用航空器的飞行机组成员。酒精含量是指每 210 升呼出气体中含有的酒精克数或者每 100 毫升血液中含有的酒精克数。
④ 对于违反本规则第 63.13 条规定的飞行机械员执照持有人,应当责令当事人立即停止担任飞行机械员,给予警告或者暂扣执照 1 至 6 个月;情节严重,给予吊销执照的处罚;构成犯罪的,依法追究刑事责任。

《一般运行和飞行规则》(CCAR-91-R4)第91.105条飞行机组的一般规定(e)机长必须负责确保：如果飞行机组任何成员因受伤、患病、疲劳、酒精或者药物的影响而无法履行其职责时，不得开始飞行；第91.111条①规定了摄入酒精和药物的限制，并在第91.1105条②规定了涉及酒精或者药物的违禁行为的处罚；第91.917条③酒精和药物作用下跳伞的限制。

在《大型飞机公共航空运输承运人运行合格审定规则》(CCAR-121-R7)第121.575条④规定了在机上饮用含酒精饮料的限制，第121.579条⑤饮用含酒精饮料后的值勤限制，第121.576条⑥航空卫生保障等条文也有具体规定。

《小型商业运输和空中游览运营人运行合格审定规则》(CCAR-135-R3)具体规定为：

---

① 第91.111条摄入酒精和药物的限制：(a)处于下列身体状况的人员不得担任或者试图担任民用航空器的机组成员：(1)饮用含酒精饮料之后8小时以内；(2)处于酒精作用之下；(3)使用了影响人体官能的药物，可能对安全产生危害；(4)其呼出气体或者血液中酒精含量等于或者大于0.04。酒精含量是指每210升呼出气体中含有的酒精克数或者每100毫升血液中含有的酒精克数。(b)除紧急情况外，民用航空器的驾驶员不得允许在航空器上载运呈现醉态或者由其举止或者身体状态可判明处于药物控制之下的人员(受到看护的病人除外)。(c)机组人员应当在局方要求时，接受局方人员或者局方委托的人员检查其血液中酒精含量百分比的测试。当局方认为某人有可能违反本条(a)款(1)项、(a)款(2)项或者(a)款(4)项的规定时，此人应当根据局方的要求，将其担任或者试图担任机组成员之后4小时内所做的血液酒精含量百分比测试结果提供给局方。(d)如果局方认为某人有可能违反本条(a)款(3)项的规定，此人应当根据局方的要求，将其担任或试图担任机组成员之后4小时内所做的每次体内药物测试的结果提供给局方。(e)局方根据本条(c)款或(d)款所取得的测试结果可以用来判定该人员是否合格于持有飞行人员执照，或者是否有违反中华人民共和国民用航空法规的行为。

② 第91.1105条涉及酒精或者药物的违禁行为的处罚：有下列行为之一的，局方可以给予警告或者1 000元以下的罚款：(a)违反本规则第91.111条(a)款规定，担任或试图担任民用航空器的机组成员。(b)违反本规则第91.111条(c)款规定，拒绝接受酒精测试或者拒绝将测试结果提供给局方。

③ 第91.917条酒精和药物：在下列情况下，任何人不得从航空器上实施跳伞，航空器的机长也不得允许其跳伞：(a)该员正处于酒精作用下。(b)该员使用了影响人体官能并可能影响安全的药物。

④ 第121.575条在机上饮用含酒精饮料的限制：(a)除运行该飞机的合格证持有人供应的含酒精饮料外，任何人不得在飞机上饮用其他含酒精饮料。(b)合格证持有人不得允许任何处于醉酒状态的人进入其飞机。(c)合格证持有人不得向乘坐其飞机的下列人员供应任何含酒精饮料：(1)表现为醉酒状态的人；(2)按照适用的飞机安保要求，正在护送别人的人或者被护送的人；(3)按照适用的飞机安保要求，在飞机上持有致命性或者危险性武器的人。(d)当发现有人拒绝遵守本条(a)、(b)款的规定，或者发生由于处于醉酒状态的人进入飞机引起的骚扰事件时，机长和机长授权人员应当场制止，合格证持有人应当在事发后5天内向局方报告。

⑤ 第121.579条饮用含酒精饮料后的值勤限制：(a)本条适用于机组成员、飞行签派员等担任安全敏感工作的人员。(b)前款所述有关人员如果其呼出气体中所含酒精浓度达到或者超过0.04克/210升以上，或者在酒精作用状态下，不得上岗或继续留在岗位上担任安全敏感工作。任何合格证持有人，在明知该员呼出气体中所含酒精浓度达到或者超过0.04克/210升，或者在酒精作用状态下，不得允许其担任或者继续担任安全敏感工作。(c)有关人员在担任安全敏感工作过程中，不得饮用含酒精饮料。任何合格证持有人，在明知有关人员在担任安全敏感工作过程中饮用含酒精饮料时，不得允许该人员担任或者继续担任安全敏感工作。(d)有关人员在饮用含酒精饮料后8小时之内，不得上岗值勤。任何合格证持有人在明知该人员在8小时之内饮用过含酒精饮料时，不得允许该人员担任或者继续担任上述工作。

⑥ 第121.576条航空卫生保障：(c)在按本规则运行时，机组成员应当：(3)在值勤前和值勤中不得使用可能造成生理异常或影响正常履行职责的药物。但航空医师确认的不影响正常履行职责的治疗药物除外。

第135.71条酒精和药物的使用限制①,第135.179条酒精饮料②,第135.271条酒精和药物的使用限制③,第135.469条酒精和药物的使用限制④。

4.2.1.3 机组成员体重要求

《大型飞机公共航空运输承运人运行合格审定规则》(CCAR-121-R7)要求的机组成员中每一成员的体重:(ⅰ)男性飞行机组成员按照82千克;(ⅱ)女性飞行机组成员按照64千克;(ⅲ)男性客舱乘务员按照82千克;(ⅳ)女性客舱乘务员按照59千克;(ⅴ)客舱乘务员不区分性别时,体重平均按照64千克。⑤

《小型商业运输和空中游览运营人运行合格审定规则》(CCAR-135-R3)规定,机组—对于局方认可的每名机组成员(含随身携带行李):(ⅰ)男性飞行机组—82公斤。(ⅱ)女

---

① 第135.71条酒精和药物的使用限制:(a)处于下列身体状况的人员,不得担任按照本章(C章小型航空器运行)运行的机组成员;(1)饮用含酒精饮料之后8小时以内。(2)处于酒精作用之下。(3)其呼出气体或者血液中酒精含量等于或者大于0.04克。酒精含量是指每210升呼出气体中含有的酒精克数或者每100毫升血液中含有的酒精克数。(4)使用了大麻、可卡因、鸦片、天使粉或者安非他明等禁用药物或者影响人体官能的药品。(b)除紧急情况外,驾驶员不得载运呈现醉态或者由其举止、身体状态可以判明处于药物控制之下的人员(受到看护的病人除外)。(c)机组成员应当在局方要求时,接受局方人员或者局方委托的人员检查其血液中酒精含量的测试。当局方认为某人有可能违反本条(a)款(1)项或者(3)项的规定时,此人应当根据局方的要求,将其担任或者试图担任机组成员之后4小时内所做的血液酒精含量测试结果提供给局方。(d)如果局方认为某人有可能违反本条(a)款(4)项的规定,此人应当根据局方的要求,将其担任或者试图担任机组成员之后4小时内所做的每次体内药物测试的结果提供给局方。(e)局方根据本条(c)款或者(d)款所取得的测试结果,可以用来判定该人员是否具备担任机组成员执行该次飞行任务的资格,或者是否有违反中国民用航空法规的行为。

② 第135.179条酒精饮料:(a)除合格证持有人所供应的含酒精饮料外,任何人不得在航空器上饮用其他含酒精饮料。(b)对于航空器上显示出醉酒状态的人员,合格证持有人不得再为其提供任何含酒精饮料。(c)对于显示出醉酒状态的人员,合格证持有人不得允许其登机。

③ 第135.271条酒精和药物的使用限制:(a)处于下列身体状况的人员,不得担任按照本章(D章运输类飞机商业载客或者载货飞行)运行的机组成员;(1)饮用含酒精饮料之后8小时以内。(2)处于酒精作用之下。(3)其呼出气体或者血液中酒精含量等于或者大于0.04克。酒精含量是指每210升呼出气体中含有的酒精克数或者每100毫升血液中含有的酒精克数。(4)使用了大麻、可卡因、鸦片、天使粉或者安非他明等禁用药物或者影响人体官能的药品。(b)除紧急情况外,驾驶员不得载运呈现醉态或者由其举止、身体状态可以判明处于药物控制之下的人员(受到看护的病人除外)。(c)机组成员应当在局方要求时,接受局方人员或者局方委托的人员检查其血液中酒精含量的测试。当局方认为某人有可能违反本条(a)款(1)项或者(3)项的规定时,此人应当根据局方的要求,将其担任或者试图担任机组成员之后4小时内所做的血液酒精含量百分比测试结果提供给局方。(d)如果局方认为某人有可能违反本条(a)款(4)项的规定,此人应当根据局方的要求,将其担任或者试图担任机组成员之后4小时内所做的每次体内药物测试的结果提供给局方。(e)局方根据本条(c)款或者(d)款所取得的测试结果,可以用来判定该人员是否具备担任机组成员执行该次飞行任务的资格,或者是否有违反中国民用航空法规的行为。

④ 第135.469条酒精和药物的使用限制:(a)处于下列身体状况的人员,不得担任按照本章(E章运输类直升机商业载客或者载货飞行)运行的机组成员;(1)饮用含酒精饮料之后8小时以内。(2)处于酒精作用之下。(3)其呼出气体或者血液中酒精含量等于或者大于0.04克。酒精含量是指每210升呼出气体中含有的酒精克数或者每100毫升血液中含有的酒精克数。(4)使用了大麻、可卡因、鸦片、天使粉或者安非他明等禁用药物或者影响人体官能的药品。(b)除紧急情况外,驾驶员不得载运呈现醉态或者由其举止、身体状态可以判明处于药物控制之下的人员(受到看护的病人除外)。(c)机组成员应当在局方要求时,接受局方人员或者局方委托的人员检查其血液中酒精含量的测试。当局方认为某人有可能违反本条(a)款(1)项或者(3)项的规定时,此人应当根据局方的要求,将其担任或者试图担任机组成员之后4小时内所做的血液酒精含量百分比测试结果提供给局方。(d)如果局方认为某人有可能违反本条(a)款(4)项的规定,此人应当根据局方的要求,将其担任或者试图担任机组成员之后4小时内所做的每次体内药物测试的结果提供给局方。(e)局方根据本条(c)款或者(d)款所取得的测试结果可以用来判定该人员是否具备担任机组成员执行该次飞行任务的资格,或者是否有违反中国民用航空法规的行为。

⑤ 《大型飞机公共航空运输承运人运行合格审定规则》(CCAR-121-R7)附件A定义。

性飞行机组—64公斤。（ⅲ）男性客舱乘务员—82公斤。（ⅳ）女性客舱乘务员—59公斤。①

4.2.2　机长的法律地位

在航空法律结构中，航空器机长因对航空运输的安全至关重要而占有特殊地位。明确机长的法律地位对确保机长行使权利和权力、维护航空器内的安全和秩序意义重大。因此，国际上对机长法律地位的研究就没有停止过。

早在1919年《巴黎公约》第12条②中就曾提到了机长，并在附件4、5中表述了机长一词的含义、属性与权利义务。1926年，国际航空法专家技术委员会(CIITEJA)对机长法律地位进行过仔细研究。

作为1919年《巴黎公约》的姊妹篇，1928年《哈瓦那公约》③第25条，对机长的权力是这样表述的："缔约国在没有制定适当的规则时，航空机机长应具有类似于各该国法律规定的商船船长的权力和责任。"这种对机长权力和责任的明确规定在其他国际航空法中是不多见的。

在第二次世界大战前，国际航空法专家技术委员会曾提出过两个初步草案：第一个是关于机长法律地位的，第二个是关于机组人员地位的。后来人们倾向于将两个草案合为一个。1947年，国际航空法专家技术委员会在巴黎举行的专门法律委员会上，制定出《航空器机长法律地位公约草案》。这个草案的关键性条款是第2、3、7等3条。第2条规定机长在其值勤期间为航空安全而对飞机、机上人员（机组人员与旅客）、货物的处分控制的权力。例如，有权在任何中停点据正当理由令任何机组人员或旅客下机；有权停止机组人员的职责、指定代替人等。第3条规定了机长作为承运人的代理人，为完成旅程而必需的修理飞机、购置物品、借款等权力。第7条规定了航行日志记录民事事实如机上的出生与死亡等的证明价值。然而，这个当时认为在法律上比较成熟的国际文件，在征询意见时，却受到了国际航协的强烈反对。从此，机长的法律地位问题一拖就是10年，直至在1956年7月举行的第十次国际民航大会上，才在美国代表的提议下，将航空器的法律地位问题与机长法律地位问题这两个原先各自独立的课题合并成一个。这样，就为后来制定《东京公约》奠定了基础。同年9月，航空器法律地位专门法律小组在日内瓦开会时，才按照实际的轻重缓急确定了将未来的公约内容限制在刑事方面。④

1963年《东京公约》对机长的权力和职责进行了具体规定。在本书第十三章将进行详细论述。

一般认为，机长的法律地位主要有以下几个方面：

第一，机长首先是航空器的技术首脑，首要职责是驾驶好民用航空器，确保航行安全。在空中航行中，安全是第一要素，要确保飞行安全，首先要求机长要有过硬的驾驶技术，只有具有过硬的驾驶技术，在突发情况发生时，才能驾驶好民用航空器，确保航行安全。因此，机

---

① 《小型商业运输和空中游览运营人运行合格审定规则》(CCAR-135-R3)附件A定义。
② The commanding officer, pilots, engineers and other members of the operating crew of every aircraft shall, in accordance with the conditions laid down in Annex E, be provided with certificates of competency and licenses issued or rendered valid by the State whose nationality the aircraft possesses.
③ 1928年3月20日制定于古巴哈瓦那，又称《哈瓦那商业航空公约》，简称《泛美航空公约》或《哈瓦那公约》。
④ 郝赤勇.中国警察与国际条约[M].北京：群众出版社，1996：62.

长的主要精力应该用在从技术上保证航行安全上。

第二，机长应遵守空中交通规则。航空运输是一个系统工程，每一个环节都非常重要，这不仅要求机长具有较高的驾驶技术，更要求机长要遵守空中交通规则，服从空中交通管制部门所发布的指令。但在遇有紧急情况时，机长享有自主权利，可根据判断，做出最后决定，甚至可拒绝听从指令。

第三，在民事责任方面，机长是航空公司的受雇人或代理人。机长是由航空公司（承运人）所任命，属于航空公司的受雇人。同时，在空中航行过程中，机长根据航空公司的授权行为，代表着航空公司从事民事行为，如货物的交付等行为，这些民事行为可归因于航空公司，因此，机长还是航空公司的代理人。

第四，机长还享有国际航空公约和国内航空法所赋予的行政权力。机长虽是航空公司的雇员，但同时也是飞行过程中的航空器以及航空器所载人员和财产的安全负责人。为此，国际航空条约，如1963年《东京公约》赋予了机长某些行政权力，包括对犯罪人员或严重违反机上秩序的人员使用包括看管在内的措施，以便保障飞行安全。各国国内航空法也赋予了机长这种行政权力。例如，我国《民用航空法》第44条。

4.2.3 机长的资格

机长是航空器机组的负责人，应由具有独立驾驶该型号民用航空器的技术和经验的驾驶员担任。在执行飞行任务期间，机长负责领导机组的一切活动，保证航空器遵守关于航空器飞行和运转的现行规则和规章，并对航空器及其所载人员和财产的安全负责，航空器内全体人员服从机长命令，听从机长指挥，维持航空器内严明纪律和正常秩序，以保障机长履行职责，果断采取一切必要的合理措施，正确处理意外事故和突发事件，全面地完成所肩负的任务。正因为机长在飞行中的重要地位，无论是国内航空法，还是国际航空法都对机长的资格作出了非常严格的规定。

4.2.3.1 国际航空法的规定

在《芝加哥公约》附件1中，将机长分为机长和监督下的机长。机长是指由经营人（如系通用航空则由所有人）指定的指挥飞行并负责飞行安全操作的驾驶员。[①] 监督下的机长是指副驾驶按照颁照当局接受的监督方法在机长的监督之下履行机长的职责和工作。[②]

在本章第一节中，根据《芝加哥公约》附件1的规定，本书已经对在不同类型的航空器上担任机长的驾驶员的资格进行分析。

另外，《芝加哥公约》附件6第4.2.11.1条规定："对于每次飞行，运营人必须指定一名驾驶员担任机长。"

4.2.3.2 我国航空法的规定

1. 一般规定

机长是指由运行人指定，在飞行时间内对航空器的运行和安全拥有最终权利和负有最终责任的驾驶员。[③] 民用航空器的操作由机长负责，机长应当严格履行职责，保护民用航空器及其所载人员和财产的安全。机长在其职权范围内发布的命令，民用航空器所载人员都

---

① 《芝加哥公约》附件1第1.1条定义。
② 《芝加哥公约》附件1第1.1条定义。
③ 《一般运行和飞行规则》(CCAR-91-R4)附件"术语解释"。

应当执行。[①]

民用航空器的机长对民用航空器的运行直接负责,并具有最终决定权。[②] 如果机组中有两名以上正驾驶员,必须指定一名机长,并在飞行任务书中注明。[③] 只有一名驾驶员,不需配备其他空勤人员的民用航空器,本节对机长的规定,适用于该驾驶员。[④]

从事通用航空飞行活动的民用航空器能否起飞、着陆和飞行,由机长(飞行员)根据适航标准和气象条件等最终确定,并对此决定负责。[⑤] 在特殊繁忙运输机场起飞、着陆和飞越的航空器的机长必须至少持有私用驾驶员执照。[⑥]

2. 机长的资格要求

机长应当由具有独立驾驶该型号民用航空器的技术和经验的驾驶员担任。[⑦] 因从事飞行的性质有所差异,故航空法对不同类型机长的资格要求也有所区别。

(1)《民用航空器驾驶员合格审定规则》(CCAR-61-R5)。

机长是指在飞行时间内负责航空器的运行和安全的驾驶员。[⑧] 机长近期飞行经历要求为:

(a)一般经历要求:1)在载运旅客的航空器或型号合格审定要求配备一名以上飞行机组成员的航空器上担任机长的驾驶员,在该次飞行前 90 天内,在同一类别、级别和型别(如适用)的航空器上,作为飞行操纵装置的唯一操纵者,应当至少完成 3 次起飞和 3 次全停着陆。2)为了满足本条(a)1)的要求,驾驶员可以在没有载运旅客的航空器上,在昼间目视飞行规则或昼间仪表飞行规则条件下担任机长完成飞行。3)本条(a)1)要求的起飞和着陆可以在经局方[⑨]批准的飞行模拟机上完成。

(b)夜间起飞和着陆经历要求:1)在夜间(日落后 1 小时至日出前 1 小时)担任载运旅客的航空器机长的驾驶员,在该次飞行前 90 天内,在同一类别、级别、型别(如适用)的航空器上,作为飞行操纵装置的唯一操纵者,应当至少在夜间完成 3 次起飞和 3 次全停着陆。2)本条(b)1)要求的起飞和着陆可以在经局方批准的飞行模拟机上完成。

(c)仪表经历要求:1)在仪表飞行规则或在低于目视飞行规则规定的最低标准气象条件下担任机长的驾驶员,在该次飞行前 6 个日历月内,在相应类别航空器或相应的飞行模拟机或飞行训练器上,应当在实际或模拟仪表条件下完成至少 6 次仪表进近,并完成等待程序和使用导航系统截获并跟踪航道的飞行。担任滑翔机机长的,应当至少记录有 3 小时仪表飞行时间。2)不符合本条(c)1)近期仪表经历要求的驾驶员,不得在仪表飞行规则或低于目视飞行规则规定的最低标准气象条件下担任机长,只有在相应的航空器上通过由考试员实施的仪表熟练检查后,方可担任机长。仪表熟练检查的内容由考试员从仪表等级实践考试

---

① 《民用航空法》第 44 条。
② 《一般运行和飞行规则》(CCAR-91-R4)第 91.103 条。
③ 《中国民用航空飞行规则》第 7 条第 2 款。
④ 《民用航空法》第 52 条。
⑤ 《通用航空飞行管制条例》第 29 条。
⑥ 《一般运行和飞行规则》(CCAR-91-R4)第 91.339 条在特殊繁忙运输机场空域内的运行(c)款。
⑦ 《民用航空法》第 43 条第 1 款。
⑧ 《民用航空器驾驶员合格审定规则》(CCAR-61-R5)第 61.7 条定义。
⑨ 《民用航空器驾驶员合格审定规则》(CCAR-61-R5)第 61.3 条适用范围规定:"(a)本规则适用于中国民用航空局(以下简称民航局)和民用航空地区管理局(以下简称地区管理局)及地区管理局派出机构(上述所有机构以下统称局方)对民用航空器驾驶员执照的颁发与管理。……"

的内容中选取。仪表熟练检查的部分或全部内容可在相应的飞行模拟机或飞行训练器上实施。

(d) 对于满足 CCAR-121 中第 121.461 和第 121.465 条或者 CCAR-135 中第 135.249 条规定的驾驶员，视为满足本条近期飞行经历要求。①

另外，该规则还对不同类别航空器上担任机长的经历要求进行了具体规定。②

(2)《大型飞机公共航空运输承运人运行合格审定规则》(CCAR-121-R7)。

该规则第 121.417 条驾驶员初始、转机型和升级训练的进入条件(a)和(b)③对机长资格要求进行了具体规定。

(3)《特殊商业和私用大型航空器运营人运行合格审定规则》(CCAR-136)。

①农林喷洒作业飞行机长的要求。实施农林喷洒作业飞行的民用航空器机长应当持有适合于其所飞航空器和所实施的作业飞行的执照和等级，并且应当符合本条(a)款中关于理论知识和飞行技能的要求。作业负责人应当保证航空器机长符合本条(a)款的要求。航空器机长在首次执行农林喷洒作业飞行任务之前，应当向作业负责人演示其为符合本条(a)款要求所具备的能力，但是当作业负责人得到了该机长以往的作业飞行记录，了解到该机长在安全作业飞行方面和喷洒农药或者化学药剂方面不存在技能问题时，可以不要求该机长进行知识和技能的演示。④

对在人口稠密区上空作业飞行的航空器的机长应当至少具备以下飞行经历：1)在该型号航空器上作为机长已至少飞行 25 小时，其中至少 10 小时飞行时间是在前 12 个日历月内获得的。2)已有 100 小时作为机长实施喷洒作业的飞行经历。⑤

②跳伞服务飞行机长的要求。在跳伞服务飞行中担任航空器机长的驾驶员应当满足下列要求：(a)至少持有带合适类别等级和级别等级的商用驾驶员执照，以及在需要时，带有适合于该航空器的型别等级的商用驾驶员执照。(b)当运行飞机时，至少具有 350 小时驾驶员飞行经历时间。(c)对于首次在跳伞服务飞行中某种型号航空器上担任机长的驾驶员，应当完成针对该型号航空器至少下列内容的训练：1)地面训练：(ⅰ)飞行前检查程序。(ⅱ)航空器限制。(ⅲ)重量与平衡，包括：起飞性能计算、飞行中重心变化、着陆形态确定。(ⅳ)低速飞行，包括：最小速度飞行、打开和关闭跳伞舱门（必要时）、失速的识别和改出。(ⅴ)应急程序，包括：常用的应急程序、跳伞活动引发的应急程序。(ⅵ)航空器适航性的确

---

① 《民用航空器驾驶员合格审定规则》(CCAR-61-R5)第 61.61 条机长近期飞行经历要求。
② 具体内容详见：https://www.caac.gov.cn/XXGK/XXGK/MHGZ/201812/P020181219495625412726.pdf. 2024 年 2 月 14 日访问。
③ (a)进入机长训练的驾驶员，应当满足《民用航空器驾驶员合格审定规则》(CCAR-61)中对申请航线运输驾驶员执照所规定的资格要求和经历要求。此外，在组类Ⅱ飞机担任机长之前，需满足下列附加条件：(1) 对于最大起飞全重 136 000 千克(含)以下的飞机，应当担任机长飞行一年以上，相应机长飞行经历时间不少于 300 小时，且总驾驶员飞行经历时间不少于 2 200 小时；如不具有上述机长经历，则其总驾驶员飞行经历时间不得少于 2 700 小时，其中在组类Ⅱ飞机上不少于 1 000 小时，且作为操作驾驶员不少于 400 个包括起飞和着陆的航段，其中在本机型上作为操作驾驶员不少于 200 个包括起飞着陆的航段；(2) 对于最大起飞全重 136 000 千克(含)以上的飞机，应当担任组类Ⅱ飞机机长飞行一年以上，相应机长飞行经历时间不少于 500 小时，且总驾驶员飞行经历时间不少于 4 000 小时；如不具有上述组类Ⅱ飞机机长经历，则其总驾驶员飞行经历时间不得少于 5 500 小时，其中在组类Ⅱ飞机上不少于 2 500 小时，且作为操作驾驶员不少于 450 个包括起飞和着陆的航段，其中在本机型上作为操作驾驶员不少于 250 个包括起飞着陆的航段。(b) 本条(a)款所述机长飞行经历时间是指在商业运输中担任机长飞行的经历时间。
④ 参见第 136.59 条人员要求(c)款。(a)款具体内容也参见本条规定。
⑤ 参见第 136.75 条对在人口稠密区上空作业飞行的驾驶员和航空器的要求(b)款。

定,包括:维修要求和程序、最低设备清单(必要时)。(ⅶ)发动机失效后的最佳滑翔比速度。2)飞行训练:(ⅰ)特定商载下的起飞和着陆。(ⅱ)跳伞过程中的重心变化。(ⅲ)失速和螺旋(必要时)的识别和改出。(ⅳ)跳伞过程中构型变化,包括擦机尾的预防程序。[①]

③在代管航空器的私用载客运行中担任机长。航空器代管人在使用代管航空器进行私用载客飞行时,应当在机组成员中配备两名合格的驾驶员,包括一名航空器机长和一名副驾驶。在代管航空器的私用载客运行中担任机长应当满足以下技术和经验要求:1)在目视飞行规则飞行中担任机长的驾驶员,其总飞行经历时间应当不少于 500 小时;在仪表飞行规则飞行中担任机长的驾驶员,其总飞行经历时间应当不少于 1 200 小时。2)代管航空器的机长和副驾驶应当至少持有商用驾驶员执照、相应的航空器等级和仪表等级。对于具备型别等级的航空器,航空器的机长应当持有型别等级。[②]

(4)《小型商业运输和空中游览运营人运行合格审定规则》(CCAR-135-R3)。

①小型航空器运行机长的要求。(a) 按照目视飞行规则(VFR)运行时,担任机长的驾驶员应当满足下列要求:1)至少持有相应类别、级别和型别(如适用)等级的商用驾驶员执照。2)对于飞机,至少具有 500 小时驾驶员飞行经历时间,包括至少 100 小时的转场飞行时间,其中至少 25 小时在夜间完成。对于按照目视飞行规则(VFR)实施云上运行的直升机,至少具有 500 小时驾驶员飞行经历时间,包括至少 50 小时的转场飞行时间,其中至少 10 小时在夜间完成。3)对于飞机和按照目视飞行规则(VFR)实施云上运行的直升机,持有相应仪表等级或者航线运输驾驶员执照。

(b) 满足下列条件时,担任飞机机长的驾驶员可以偏离本条(a)款(3)项要求,无需持有仪表等级:1)航空器为活塞式发动机驱动的单发飞机。2)经局方批准,在无线电导航不可靠而主要使用地标导航的区域内飞行。3)按照昼间目视飞行规则(VFR),符合《一般运行和飞行规则》第 91.351 条的基本目视飞行规则(VFR)最低天气标准,在飞行中能持续保持地面目视参考,且能见度不小于 5 公里。4)距合格证持有人飞行基地距离不超过 400 公里的飞行。5)飞行区域在合格证持有人的运行规范中得到批准。(c) 按照仪表飞行规则(IFR)运行时,担任机长的驾驶员应当满足下列要求:1)至少持有相应类别、级别和型别(如适用)等级的商用驾驶员执照。2)至少具有 1 000 小时飞行经历时间,包括 500 小时的转场飞行时间、100 小时的夜间飞行时间以及 75 小时的实际或者模拟仪表飞行时间(其中至少 50 小时为实际仪表飞行时间)。3)持有相应仪表等级或者航线运输驾驶员执照。[③]

[①]《特殊商业和私用大型航空器运营人运行合格审定规则》(CCAR-136)第 136.129 条机长的资格要求。

[②]《特殊商业和私用大型航空器运营人运行合格审定规则》(CCAR-136)第 136.185 条飞行机组的经历和资格要求(a)款第(1)(2)项。

[③]《小型商业运输和空中游览运营人运行合格审定规则》(CCAR-135-R3)第 135.73 条机长的资格要求。

在第135.77条①和第135.79条②中分别对机长运行经历和近期经历进行了详细规定。

②运输类飞机商业载客或者载货飞行机长资格要求。使用型号合格审定为两名驾驶员的飞机按照本章实施运行时,担任机长的驾驶员,应当持有相应类别、级别和型别(如适用)等级的航线运输驾驶员执照。③

在第135.277条④和第135.279条⑤中分别对机长的运行经历和近期经历做出了具体规定。

③运输类直升机商业载客或者载货飞行机长的资格要求。(a)使用型号合格审定为两名驾驶员的直升机按照本章运行时,担任机长的驾驶员,应当持有相应类别、级别和型别(如适用)等级的航线运输驾驶员执照。(b)在本章中担任机长的驾驶员应当至少符合本条(c)款和(d)款的要求。(c)驾驶员应当向合格证持有人证明其具有下列足够的知识:1)所实施的运行相关知识,包括:(ⅰ)地形和最低安全高度。(ⅱ)季节性气象特点。(ⅲ)气象、通信和空中交通设施、服务与程序。(ⅳ)搜寻与援救程序。(ⅴ)与飞行航路或者区域有关的导航设施和程序。2)适用于飞越人口稠密区和空中交通密集地区、障碍物、建筑群、灯光、进近导航设备的程序。3)进场、离场、等待和仪表进近程序,以及适用的运行最低标准。(d)机长应当在一名具有相应运行资格的驾驶员陪同下,作为飞行机组成员实施过一次能

---

① (a)仅当驾驶员在指派为机长前已经在该型号的航空器上和该机组成员职位上取得了下列运行经历,合格证持有人方可使用该驾驶员在按照本章运行的载客航空器上担任机长,该驾驶员方可接受合格证持有人的安排担任机长:(1)单发航空器为10小时。(2)活塞式发动机驱动的多发航空器为15小时。(3)涡轮发动机驱动的多发航空器为20小时。(b)在获取上述运行经历时应当符合下列要求:(1)该经历应当在圆满完成针对该航空器和机组职位的相应地面和飞行训练后获取。在合格证持有人的训练大纲中应当包括关于获取运行经历的规定。(2)该经历应当在按照本规则实施的载客运行的飞行中获取。如果该航空器先前没有在合格证持有人按照本规则实施的运行中使用过,可以使用在参加验证飞行或者调机飞行的航空器上获取的运行经历来满足这一要求。(3)驾驶员在获取运行经历时,应当在有资格的飞行教员或飞行检查员的监视下履行机长职责。(4)在非载客运行中完成的一次起飞和着陆,或者载客运行中飞行时间不足1小时的飞行中完成的一次起飞和着陆,可以算作一个飞行小时数,用于满足本条(a)款要求的运行经历小时数,但以该种方法计算的飞行小时数不得超过本条(a)款要求的小时数的50%。

② 在按照本章实施的载客运行中担任机长的驾驶员,应当在参加每次运行前90天内满足下列近期经历要求:(a)在所服务的相应类别、级别和型别(如适用)等级的航空器上,作为飞行控制装置的唯一操纵者完成3次起飞和3次着陆。(b)对于夜间运行,本条(a)款所要求的3次起飞和3次着陆应当在夜间完成。满足本款要求的驾驶员即认为其满足昼间运行的近期经历要求。(c)对于后三点飞机的运行,本条(a)款所要求的3次起飞和3次着陆应当在后三点飞机上完成,并且每次着陆均为全停着陆。满足该款要求的驾驶员即认为其满足相应类别和级别等级且不需要型别等级的其他飞机的近期经历要求。

③ 《小型商业运输和空中游览运营人运行合格审定规则》(CCAR-135-R3)第135.273条机长资格要求。

④ (a)仅当驾驶员在指派为机长前已经在该型号的飞机上和该机组成员职位上取得了下列运行经历,合格证持有人方可使用该驾驶员在按照本章运行的载客飞机上担任机长,该驾驶员方可接受合格证持有人的安排担任机长:(1)涡轮发动机驱动的多发飞机(除涡喷飞机外)为20小时。(2)涡喷发动机驱动的飞机为25小时。(b)在获取上述运行经历时应当符合下列要求:(1)该经历应当在圆满完成针对该飞机和机组职位的相应地面和飞行训练后获取。在合格证持有人的训练大纲中应当包括关于获取运行经历的规定。(2)该经历应当在按照本规则实施的载客运行的飞行中获取。如果该飞机先前没有在合格证持有人按照本规则实施的运行中使用过,可以使用在参加验证飞行或者调机飞行的飞机上获取的运行经历来满足这一要求。(3)驾驶员在获取运行经历时,应当在有资格的飞行教员或者飞行检查员的监视下履行机长职责。(4)在非载客运行中完成的一次起飞和着陆,或者载客运行中飞行时间不足1小时的飞行中完成的一次起飞和着陆,可以算作一个飞行小时数,用于满足本条(a)款要求的运行经历小时数,但以该种方法计算的飞行小时数不得超过本条(a)款要求的小时数的50%。

⑤ 在按照本章实施的载客运行中担任机长的驾驶员,应当在参加每次运行前90天内满足下列近期经历要求:(a)在所服务的相应级别和型别等级的飞机上,作为飞行控制装置的唯一操纵者完成3次起飞和3次着陆。(b)对于夜间运行,本条(a)款所要求的3次起飞和3次着陆应当在夜间完成。满足本款要求的驾驶员即认为其满足昼间运行的近期经历要求。

够代表相应运行的飞行,至少包括在一个具有代表性的起降场的一次着陆。(e)合格证持有人应当保存用于满足本条要求的驾驶员资格的相关记录。(f)驾驶员在本章运行中担任机长,应当在履行机长职责前12个月内,作为飞行机组成员实施至少一次具有代表性的飞行或者按本条(c)款和(d)款重新取得资格。①

在第135.475条②和第135.477条③中还分别对机长的运行经历及近期经历进行了具体规定。

4.2.4 机长的权力和职责

4.2.4.1 理论上的共识

在理论上,一般认为航空器机长的权力和职责主要有以下几个方面:

第一,对航空器的完善状况,机组人员福利、飞行计划的准备及其顺利完成等方面的责任。它包含有机长在取得应有飞行证件、填具运货单,起飞前检查校对等职责。

第二,机长对机组人员与旅客发布严格命令的权利。"这一点特别重要。鲁韦德尔认为,对旅客行使这种权力的根据是旅客与航空公司之间的默示协议。至于机组人员的地位,鲁韦德尔认为,雇主(航空公司)授予了机长一部分权力,因而机长对机组人员有管理权力。"④

第三,机长有为安全地完成飞行任务而采取一切必要措施的权力。例如,如有权于必要时修理飞机,并代表公司安排新鲜食品供应。如在一个特定国家无公司官员,机比有权以公司正式代表资格办事。由于这类权力与职责是由公司酌情授予的,国际法上理应制定出解决这类问题的规则,以使各缔约国在本国立法中采取相应的措施。

第四,机长的管理职责,包括有:生育与死亡的登记,充作结婚证明人,或者扮演立遗嘱主管当局的角色。

第五,遇有航空事故发生时,机长应按照公约规定来判断要不要及用什么样方式来提供搜寻和援救。

---

① 《小型商业运输和空中游览运营人运行合格审定规则》(CCAR-135-R3)第135.471条机长资格要求。
② (a)仅当驾驶员在指派为机长前已经在该型号的直升机上和该机组成员职位上取得了下列运行经历,合格证持有人方可使用该驾驶员在按照本章运行的载客直升机上担任机长,该驾驶员方可接受合格证持有人的安排担任机长:(1)活塞式发动机驱动的直升机为15小时。(2)涡轮发动机驱动的直升机为20小时。(b)在获取上述运行经历时应当符合下列要求:(1)该经历应当在圆满完成针对该直升机和机组职位的相应地面和飞行训练后获取。在合格证持有人的训练大纲中应当包括关于获取运行经历的规定。(2)该经历应当在按照本规则实施的载客运行的飞行中获取。如果该直升机先前没有在合格证持有人按照本规则实施的运行中使用过,可以使用在参加验证飞行或者调机飞行的直升机上获取的运行经历来满足这一要求。(3)驾驶员在获取运行经历时,应当在有资格的飞行教员或者飞行检查员的监视下履行机长职责。(4)在非载客运行中完成的一次起飞和着陆,或者载客运行中飞行时间不足1小时的飞行中完成的一次起飞和着陆,可以算作一个飞行小时数,用于满足本条(a)款要求的运行经历小时数,但以种种方法计算的飞行小时数不得超过本条(a)款要求的小时数的50%。
③ 在按照本章实施的载客运行中担任机长的驾驶员,应当在参加每次运行前90天内满足下列近期经历要求:(a)在所服务的相应类别等级的直升机上,作为飞行控制装置的唯一操纵者完成3次起飞和3次着陆。(b)对于夜间运行,本条(a)款所要求的3次起飞和3次着陆应当在夜间完成。满足本款要求的驾驶员即认为其满足昼间运行的近期经历要求。
④ 迪德里克斯-弗斯霍尔.航空法简介[M].赵维田,译.北京:中国对外翻译出版公司,1987:34.

4.2.4.2 国际航空法的规定

1. 机长的权力

在《芝加哥公约》附件以及 1963 年《东京公约》及 2014 年《蒙特利尔议定书》中,对航空器机长权力的规定大体如下:

第一,航空器机长在领导飞行期间,有权对航空器处置作出最后决定。①

第二,航空器机长,不论其是否操纵航空器,必须对航空器的运行须遵守空中规则负责。但为了安全绝对必要偏离规则的情况下,机长可以偏离这些规则。②

第三,如果航空器显然将实际延误不能继续飞行时,机长在等待有关政府当局的指示,或者他或他的机组无法与该政府当局取得联系时,有权采取他认为对旅客和机组的健康和安全,以及为避免或最大限度减少对航空器本身及其载荷的损失或毁坏所必需的紧急措施。③

第四,装运危险物品的航空器的运营人必须在航空器起飞前尽早向机长提供技术细则④中规定的书面信息。⑤

第五,1963 年《东京公约》及 2014 年《蒙特利尔议定书》中对机长的权力作出了更为具体的规定,且规定了机长行使这些权利的免责要件。本书将在第 13 章中对此做详细论述。

2. 机长的职责

根据《芝加哥公约》附件的规定,机长的职责主要有:

第一,航空器机长,不论其是否操纵航空器,必须对航空器的运行须遵守空中规则负责。但为了安全绝对必要偏离规则的情况下,机长可以偏离这些规则。⑥

第二,飞行开始前,航空器机长必须熟悉与计划飞行有关的全部现有资料。场外飞行以及所有 IFR 飞行的飞行前准备,必须仔细研究所掌握的现行天气报告和预报,并考虑如不能按计划实施飞行时所需的油量和备用行动方案。⑦

第三,在舱门关闭以后,机长必须对飞机上所有机组人员、旅客和货物的安全负责。在飞机从为起飞目的开始移时起至飞行结束后完全停止和作为主要推力的发动机关机为止的时间内,机长还必须对飞机的运行和安全负责。⑧

第四,机长必须保证严格遵守所规定的检查单。⑨ 在各个运行阶段之前、之中、之后以及在紧急情况中,飞行组必须使用按照规定⑩所提供的检查单,以确保遵守载于航空器使用手册和飞行手册或与适航证相关的其他文件以及在其他情况下载于运行手册中的操作程序。

---

① 《芝加哥公约》附件 2 第 2.4 航空器机长的权限。
② 《芝加哥公约》附件 2 第 2.3.1 机长的职责。
③ 《芝加哥公约》附件 9《简化手续》第 7.4.1。
④ 技术细则由国际民航组织在 Doc 9284 号文件中予以公布,它代表唯一正式的材料来源。
⑤ 《芝加哥公约》附件 18《危险物品的安全航空运输》第 9.1 条向机长提供信息。
⑥ 附件 2 第 2.3.1 机长的职责。
⑦ 附件 2 第 2.3.2 飞行前的行动。
⑧ 附件 6 第 4.5.1 条。
⑨ 附件 6 第 4.5.2 条。
⑩ 运营人必须向运行人员和飞行组提供所运行的每种航空器型别的包含有关航空器运行的正常、非正常和应急程序的航空器使用手册。该手册还必须包括航空器各系统和所用检查单的详细内容。该手册的设计必须符合人的因素原理。参见附件 6 第 6.1.4 条。

检查单的设计与使用必须遵守人的因素原理。①

第五,如果在飞行中发生紧急情况,如情况许可机长必须按照技术细则的规定尽快将机上载有危险物品的信息通报有关空中交通服务单位,以便通知机场当局。②

第六,机长必须负责以现有的、最迅速的方法将飞机事故情况,包括人员严重受伤或死亡、飞机或财产的重大损坏,通知最近的有关当局。③

第七,当机长观察到另一架航空器或一艘水上船只遇险时,如果可能并且除非认为不合理或没有必要外,该驾驶员必须采取下述行动:a) 保持该遇险船只或航空器在视界之内,直至被迫离开现场或得到援救协调中心的通知不再需要时为止;b) 确定遇险船只或航空器的位置;c) 视情尽量将下述内容报告援救协调中心或空中交通服务单位:遇险航空器或船只的型别、其识别标志及状况,其位置(以地理或网格坐标表示,或以距某一显著地标或无线电导航设备的距离和真方位表示),观察到的时间(以协调世界时的小时和分钟表示),观察到的人数,是否见到人员离弃遇险航空器或船只,现场气象条件,幸存人员明显的身体情况,进入遇险位置明显的陆地最佳路线;和 d) 按照援救协调中心或空中交通服务单位的指示行动。④

如第一架到达事故现场的航空器不是搜寻与援救航空器,则它必须负责领导其他后来的航空器在现场的活动,直到第一架搜寻与援救航空器到达事故现场为止。其间如果这架航空器不能同有关援救协调中心或空中交通服务单位建立通信,必须经互相协商把责任移交给一架能够建立并保持这种通信的航空器,直至第一架搜寻与援救航空器到达时为止。⑤

第八,任何时候一架航空器机长截获一则遇险发出的信号时,如果可行,该驾驶员必须:a) 确认收到所发出的遇险信号;b) 记录该遇险航空器或船只的位置(如果已知);c) 测定发出信号的方位;d) 向有关援救协调中心或空中交通服务单位报告遇险信号并提供所有可能提供的情报;和 e) 在等待指示时,该驾驶员可自行斟酌飞向遇险信号所给的位置。⑥

第九,民用航空器受到拦截时,机长必须遵守《芝加哥公约》附件 2 附录 2 第 2 节和第 3 节的标准,并按照附录 1 第 2 节的规定理解和答复目视信号。⑦

第十,如果航空器受到非法干扰,除非航空器上另有考虑,机长必须设法尽快在最近的适当机场或有关当局指定的专用机场着陆。⑧

第十一,在飞行结束时,机长必须负责将所有已知的或怀疑的飞机故障向运营人报告。⑨

另外,机长必须对含有附件 6 第 11.4.1 条⑩所列各项内容的飞行日志或一般报告负责。⑪

---

① 附件 6 第 4.2.6 条。
② 《芝加哥公约》附件 18《危险物品的安全航空运输》第 9.5 条机长向机场当局提供信息。
③ 附件 6 第 4.5.3 条。
④ 附件 12 第 5.6.2 条。
⑤ 附件 12 第 5.6.2.1 条。
⑥ 附件 12 第 5.7 条截获遇险信号的机长的工作程序。
⑦ 附件 2 第 3.8.2 条。
⑧ 附件 2 第 3.7.2 条。
⑨ 附件 6 第 4.5.4 条。
⑩ 建议:飞机航行日志应该包含下列项目,并且用罗马数字对这些项目进行编号:Ⅰ-飞机的国籍和登记。Ⅱ-日期。Ⅲ-机组成员名单。Ⅳ-机组成员的职责分配。Ⅴ-离场地点。Ⅵ-到达地点。Ⅶ-离场时间。Ⅷ-到达时间。Ⅸ-飞行小时。Ⅹ-飞行性质(私人、航空作业、定期或不定期)。Ⅺ-事件、观察报告(如有)。Ⅻ-负责人签名。
⑪ 附件 6 第 4.5.5 条。

4.2.4.3 我国航空法的规定

在我国航空法中,从法律、行政法规到部门规章中对机长的权力与职责进行了非常详细的规定。

1. 机长的权力

(1) 机长行使权力的一般规定。

《民用航空法》第 44 条第 2 款规定:"机长在其职权范围内发布的命令,民用航空器所载人员都应当执行。"

1996 年国务院令第 201 号《中华人民共和国民用航空安全保卫条例》第 22 条规定:"航空器在飞行中的安全保卫工作由机长统一负责。航空安全员在机长领导下,承担安全保卫的具体工作。机长、航空安全员和机组其他成员,应当严格履行职责,保护民用航空器及其所载人员和财产的安全。"

2003 年 1 月 10 日发布自是年 5 月 1 日起施行的国务院、中央军委令第 371 号《通用航空飞行管制条例》第 29 条规定:"从事通用航空飞行活动的民用航空器能否起飞、着陆和飞行,由机长(飞行员)根据适航标准和气象条件等最终确定,并对此决定负责。"

《公共航空运输企业航空安全保卫规则》(CCAR-343-R1)第 10 条规定:"机长是航空器飞行中安全保卫工作的负责人,代表公共航空运输企业履行其航空安保方案中规定的相关职责。"

(2) 机长具体权力。机长的具体权力规定散布于法律、行政法规和部门规章之中,其编排的具体思路都包括飞行前、飞行中和飞行结束后三个方面。

①《民用航空法》。具体规定主要有:

飞行前,机长应当对民用航空器实施必要的检查;未经检查,不得起飞。机长发现民用航空器、机场、气象条件等不符合规定,不能保证飞行安全的,有权拒绝起飞。①

机长发现机组人员不适宜执行飞行任务的,为保证飞行安全,有权提出调整。②

飞行中,对于任何破坏民用航空器、扰乱民用航空器内秩序、危害民用航空器所载人员或者财产安全以及其他危及飞行安全的行为,在保证安全的前提下,机长有权采取必要的适当措施。飞行中,遇到特殊情况时,为保证民用航空器及其所载人员的安全,机长有权对民用航空器作出处置。③

民用航空器遇险时,机长有权采取一切必要措施,并指挥机组人员和航空器上其他人员采取抢救措施。在必须撤离遇险民用航空器的紧急情况下,机长必须采取措施,首先组织旅客安全离开民用航空器;未经机长允许,机组人员不得擅自离开民用航空器;机长应当最后离开民用航空器。④

②《中华人民共和国民用航空安全保卫条例》。该条例第 23 条规定:"机长在执行职务

---

① 《民用航空法》第 45 条。
② 《民用航空法》第 47 条。从民航法编排逻辑来看,机长发现机组人员不适合飞行,提出调换应在飞行中。但从实践来看,机长发现其他机组人员不适合飞行,主要是在飞行前。如果航空器在飞行中,只有等到下一个经停地(如有)才能调换其他机组乘员。故本书认为此条应排在第 46 条前。
③ 《民用航空法》第 46 条。建议将本条中"机长有权采取必要的适当措施"改为"机长有权采取必要的适当合理的措施,包括必要的管束措施,以便及时移交机场公安机关或者责令其离开航空器。机长可以要求或授权其他机组成员给予协助,并可以请求或者授权旅客协助采取上述措施。"理由:与 2014 年《蒙特利尔议定书》规定保持一致。
④ 《民用航空法》第 48 条。

时,可以行使下列权力:(一)在航空器起飞前,发现有关方面对航空器未采取本条例规定的安全措施的,拒绝起飞;(二)在航空器飞行中,对扰乱航空器内秩序,干扰机组人员正常工作而不听劝阻的人,采取必要的管束措施;(三)在航空器飞行中,对劫持、破坏航空器或者其他危及安全的行为,采取必要的措施;(四)在航空器飞行中遇到特殊情况时,对航空器的处置作最后决定。"

③2001年《飞行基本规则》。该规则第9条规定:"飞行人员在飞行中,必须服从指挥,严格遵守纪律和操作规程,正确处置空中情况。遇到特殊情况,民用航空器的机长,为保证民用航空器及其所载人员的安全,有权对民用航空器作出处置;非民用航空器的机长(或者单座航空器飞行员,下同)在不能请示时,对于航空器的处置有最后决定权。"

当天气情况不低于机长飞行的最低气象条件时,机长方可在300米以下进行目视飞行,飞行时航空器距离云层底部不得小于50米。①

④《公共航空旅客运输飞行中安全保卫工作规则》(CCAR-332-R1)。该规则第10条规定:"机长在履行飞行中安全保卫职责时,行使下列权力:(一)在航空器起飞前,发现未依法对航空器采取安全保卫措施的,有权拒绝起飞;(二)对扰乱航空器内秩序,妨碍机组成员履行职责,不听劝阻的,可以要求机组成员对行为人采取必要的管束措施,或在起飞前、降落后要求其离机;(三)对航空器上的非法干扰行为等严重危害飞行安全的行为,可以要求机组成员启动相应处置程序,采取必要的制止、制服措施;(四)处置航空器上的扰乱行为或者非法干扰行为,必要时请求旅客协助;(五)在航空器上出现扰乱行为或者非法干扰行为等严重危害飞行安全行为时,根据需要改变原定飞行计划或对航空器做出适当处置。"

另外,该规则第11条②、第17条③、第23条④、第24条⑤、第25条⑥和《公共航空运输企业航空安全保卫条例》(CCAR-343)第107条⑦对机长权力进行了具体规定。

⑤《一般运行和飞行规则》(CCAR-91-R4)。民用航空器的机长对民用航空器的运行直接负责,并具有最终决定权。1)飞机上的机长:机长在舱门关闭后必须对机上所有机组成员、旅客和货物的安全负责。机长还必须在从飞机为起飞目的准备移动时起到飞行结束最终停止移动和作为主要推进部件的发动机停车时止的时间内,对飞机的运行和安全负责,并具有最终决定权。2)直升机上的机长:从发动机起动时起,直至直升机结束飞行最终停

---

① 2001年《飞行基本规则》第74条。
② 机长统一负责飞行中的安全保卫工作。航空安全员在机长领导下,承担飞行中安全保卫的具体工作。机组其他成员应当协助机长、航空安全员共同做好飞行中安全保卫工作。
③ 公共航空运输企业应当建立航前协同会制度。机长负责召集机组全体成员参加航前协同会,明确飞行中安全保卫应急处置预案。
④ 机组成员应当对飞行中的航空器驾驶舱采取保护措施,除下列人员外,任何人不得进入飞行中的航空器驾驶舱:(一)机组成员;(二)正在执行任务的民航局或者地区管理局的监察员或委任代表;(三)得到机长允许并且其进入驾驶舱对于安全运行是必需或者有益的人员;(四)经机长允许,并经公共航空运输企业特别批准的其他人员。
⑤ 机组成员应当按照机长授权处置扰乱行为和非法干扰行为。根据机上案(事)件处置程序,发生扰乱行为时,机组成员应当口头予以制止,制止无效的,应当采取管束措施;发生非法干扰行为时,机组成员应当采取一切必要处置措施。
⑥ 出现严重危害航空器及所载人员生命安全的紧急情况,机组成员无法与机长联系时,应当立即采取必要处置措施。
⑦ 航空器受到非法干扰威胁时,公共航空运输企业应当采取以下措施:(一)立即将威胁信息、对威胁的初步评估以及将要采取的措施通知给民航局和民航地区管理局、相关机场管理机构和相关航班机长;(二)要求机长将威胁信息、对威胁的评估以及将要采取的措施通知所有机组成员;(三)航空器降落后,立即通知机场管理机构组织对航空器实施安保搜查。

止移动并且发动机关闭,旋翼叶片停止转动时为止,机长必须对直升机的运行和安全及机上所有机组成员、乘客和货物的安全负责。①

除经局方批准外,在飞行过程中应当遵守下列要求:在机长确认航空器上的每位乘员得到如何系紧、松开其安全带和肩带(如安装)的简介之前,以及每位乘员已经得到系紧其安全带和肩带(如安装)的通知之前,任何在中华人民共和国进行国籍登记的民用航空器(带吊篮或者吊舱的自由气球除外)不得在地面或者水面移动、起飞或者着陆。②

任何人不得驾驶航空器进行编队飞行,除非编队中每架航空器的机长同意。③

另外,《大型飞机公共航空运输承运人运行合格审定规则》(CCAR-121-R7)第121.531条国内、国际定期载客运行的运行控制责任(e)款和第121.532条补充运行的运行控制责任(d)款④和第121.591条无需符合本规则载客要求载运的人员⑤对机长的权力也做出规定。

3. 机长的职责

(1)《民用航空法》。

民用航空器发生事故,机长应当直接或者通过空中交通管制单位,如实将事故情况及时报告国务院民用航空主管部门。⑥

机长收到船舶或者其他航空器的遇险信号,或者发现遇险的船舶、航空器及其人员,应当将遇险情况及时报告就近的空中交通管制单位并给予可能的合理的援助。⑦

飞行中,机长因故不能履行职务的,由仅次于机长职务的驾驶员代理机长;在下一个经停地起飞前,民用航空器所有人或者承租人应当指派新机长接任。⑧

另外,当民用航空器发生事故时,机长还应当采取措施,组织旅客和机组人员撤离,机长应当最后离开民用航空器。⑨

(2)《国务院关于加强民航安全工作的紧急通知》(国发明电〔1988〕3号)。

机长在每次飞行前要组织空勤人员熟悉各种特殊情况下的处置程序,研究协作配合方法,要严格遵守禁止飞行的禁令。⑩

(3) 2001年《飞行基本规则》。

---

① 《一般运行和飞行规则》(CCAR-91-R4)第91.103条民用航空器机长的职责和权限(a)款。
② 详见《一般运行和飞行规则》(CCAR-91-R4)第91.311条安全带、肩带和儿童限制装置的使用。
③ 《一般运行和飞行规则》(CCAR-91-R4)第91.317条在其他航空器附近的运行(b)款。
④ 在飞行期间,对于飞机的运行拥有完全的控制权和管理权。这种权力没有限制,可以超越机组其他成员及他们的职责,无论机长是否持有执行其他机组成员职责的有效证件。
⑤ 机长可以批准下列乘员进入飞机驾驶舱:(1)机组成员。(2)公司雇员。(3)正在执行局方任务的局方监察员或者局方委任代表。(4)下述有关人员:(ⅰ)保障本次飞行安全所需的人员;(ⅱ)安全处理动物所需的人员;(ⅲ)安全处理危险物品所需的人员;(ⅳ)贵重或者机密货物安保所需的人员;(ⅴ)保管易碎或者易腐货物所需的人员;(ⅵ)试验或者测试货物容器或者货物处置装置所需的人员;(ⅶ)操作装卸货物的特殊设备所需的人员;(ⅷ)装卸超规格货物所需的人员。(5)符合前项规定的赴任或者离任的人员。(6)经适当军事部门的特殊批准,根据军方运输合同运载的军事信使、军事航路监督人、军运合同协调人或者执行另一军运合同的运营人的飞行机组成员。(7)陪同合格证持有人处理公司事务的雇员的随行人员。
⑥ 《民用航空法》第49条。
⑦ 《民用航空法》第50条。
⑧ 《民用航空法》第51条。
⑨ 详见《民用航空法》第48条规定。
⑩ 具体网址:https://www.caac.gov.cn/XXGK/XXGK/FLFG/201510/t20151029_2802.html。2024年2月11日访问。

航空单位的负责人对本单位遵守本规则负责。机长对本空勤组成员遵守本规则负责。[①]机长对目视飞行的安全负直接责任。[②]

未配备复杂气象飞行设备的航空器,机长应当按照规定的飞行最低气象条件,在安全高度以上进行目视飞行,防止飞入云中。[③]

航路、航线飞行或者转场飞行的航空器,在起飞前或者在中途机场降落后需要继续飞行的,机长或者其代理人必须到机场飞行管制部门办理飞行手续,校对有关资料,经批准后方可起飞;航空器降落后需要连续起飞的,必须事先经中途机场飞行管制部门的许可。航路、航线飞行或者转场飞行的航空器降落后,机长或者其代理人必须到机场飞行管制部门或者航空公司报告飞行情况和航路、航线天气情况,送交飞行任务书和飞行天气报告表。未经批准而降落在非预定机场的航空器,必须由驻该机场航空单位的负责人向上级报告,经批准后方可起飞。[④]

机长必须按照规定的飞行间隔飞行,需要改变时,应当经飞行管制部门许可。[⑤]

(4)《一般运行和飞行规则》(CCAR-91-R4)。

在开始飞行之前,机长应当确认航空器的配载和乘载符合安全飞行要求,熟悉本次飞行的所有有关资料。[⑥] 任何人员在操作航空器时不得粗心大意和盲目蛮干,以免危及他人的生命或者财产安全。[⑦]

①在中华人民共和国进行国籍登记的正在实施公共航空运输运行的航空器和正在按照仪表飞行规则运行的航空器上,所有乘员不得开启和使用,该航空器的运行人或者机长也不得允许其开启和使用便携式电子设备。[⑧]但便携式录音机、助听器、心脏起搏器、电动剃须刀以及由该航空器的运行人确定,认为不会干扰航空器航行或者通信系统的其他便携式电子设备可以使用。[⑨]

②机长必须保证使乘客熟悉下列各项设备的位置及其使用方法:1)安全带;2)紧急出口;3)救生衣(如规定携带救生衣);4)供氧设备(如果预计使用氧气);5)供个人使用的其他应急设备,包括乘客应急简介卡;6)机上携带的供集体使用的主要应急设备的位置和一般使用方法。[⑩]

③机长必须保证在起飞、着陆以及由于颠簸或者飞行中发生任何紧急情况而需要加以预防时,机上全体乘客都要在各自座位上系好安全带或者肩带。[⑪]

上述②和③不适用于按CCAR-121部和CCAR-135部规章实施运行的运营人。

④在飞行中遇有紧急情况时:1)机长必须保证在飞行中遇有紧急情况时,指示所有机上人员采取适合当时情况的应急措施;2)在飞行中遇到需要立即处置的紧急情况时,机长

---

① 2001年《飞行基本规则》第5条。
② 2001年《飞行基本规则》第55条第2款。
③ 2001年《飞行基本规则》第73条。
④ 2001年《飞行基本规则》第77条。
⑤ 2001年《飞行基本规则》第79条第2款。
⑥ 《一般运行和飞行规则》(CCAR-91-R4)第91.305条飞行前准备。
⑦ 《一般运行和飞行规则》(CCAR-91-R4)第91.107条禁止粗心或者鲁莽的操作。
⑧ 详见《一般运行和飞行规则》(CCAR-91-R4)第91.11条便携式电子设备(a)款。
⑨ 详见《一般运行和飞行规则》(CCAR-91-R4)第91.11条便携式电子设备(b)款。
⑩ 《一般运行和飞行规则》(CCAR-91-R4)第91.103条民用航空器机长的职责和权限(b)款。
⑪ 《一般运行和飞行规则》(CCAR-91-R4)第91.103条民用航空器机长的职责和权限(c)款。

可以在保证航空器和人员安全所需要的范围内偏离本规则的任何规定。[1]

⑤依据④做出偏离行为的机长,在局方要求时,应当向局方递交书面报告。[2]

⑥如果在危及航空器或者人员安全的紧急情况下必须采取违反当地规章或者程序的措施,机长必须立即通知有关地方当局。如果违章事件发生地所在国提出要求,机长必须向该国有关当局提交关于违章情况的报告;同时,机长也必须向航空器登记国提交这一报告的副本。此类报告必须尽早提交,通常应当在10天以内。[3]

⑦机长必须负责以可用的最迅速的方法将导致人员严重受伤或者死亡、航空器或者财产的重大损坏的任何航空器事故通知最近的有关当局。[4]

⑧航空器的机长负责确认航空器是否处于可实施安全飞行的状态。当航空器的机械、电子或者结构出现不适航状态时,机长应当中断该次飞行。[5]

⑨机长必须保证每个飞行机组成员持有登记国颁发或者认可的、具有适当等级并且现行有效的执照,并且机长必须对飞行机组成员保持其胜任能力表示满意。[6]

⑩机长必须负责确保:1) 如果飞行机组任何成员因受伤、患病、疲劳、酒精或者药物的影响而无法履行其职责时,不得开始飞行;2) 当飞行机组成员由于疲劳、患病、缺氧等原因造成的功能性损害导致执行任务的能力显著降低时,不得越过最近的合适机场继续飞行。[7]

⑪民用航空器的机长不得允许从飞行中的航空器上投放任何可能对人员或者财产造成危害的物体。但是如果已经采取了合理的预防措施,能够避免对人员或者财产造成危害,本条不禁止此种投放。[8]

⑫每个机长在紧急情况下或者为了对机载防撞系统的警告做出反应而偏离空中管制许可或者指令时,必须尽快将偏离情况和采取的行动通知空中交通管制部门。被空中交通管制部门给予紧急情况优先权的机长,在局方要求时,必须在48小时内提交一份该次紧急情况运行的详细报告。[9]

⑬在通信失效的情况下,只要气象条件符合基本目视飞行规则的最低天气标准,机长应当驾驶航空器尽快着陆。[10]

⑭当航空器机长决定取消或者完成该已生效的飞行计划时,必须通知空中交通管制机构。[11] 按仪表飞行规则运行的航空器发生导航、进近或者通信设备故障时,机长应当尽快向空中交通管制报告。[12]

在《一般运行和飞行规则》(CCAR-91-R4)第91.407条牵引滑翔机、第91.503条飞行设备和运行资料、第91.505条熟悉操作限制和应急设备、第91.509条乘客信息、第91.511

---

[1] 《一般运行和飞行规则》(CCAR-91-R4)第91.103条民用航空器机长的职责和权限(d)款。
[2] 《一般运行和飞行规则》(CCAR-91-R4)第91.103条民用航空器机长的职责和权限(e)款。
[3] 《一般运行和飞行规则》(CCAR-91-R4)第91.103条民用航空器机长的职责和权限(f)款。
[4] 《一般运行和飞行规则》(CCAR-91-R4)第91.103条民用航空器机长的职责和权限(g)款。
[5] 《一般运行和飞行规则》(CCAR-91-R4)第91.105条飞行机组的一般规定(b)款。
[6] 《一般运行和飞行规则》(CCAR-91-R4)第91.105条飞行机组的一般规定(d)款。
[7] 《一般运行和飞行规则》(CCAR-91-R4)第91.105条飞行机组的一般规定(e)款。
[8] 《一般运行和飞行规则》(CCAR-91-R4)第91.109条空投物体。
[9] 《一般运行和飞行规则》(CCAR-91-R4)第91.329条空中交通管制许可和指令的遵守(c)款和(d)款。
[10] 《一般运行和飞行规则》(CCAR-91-R4)第91.333条在通用机场空域内的运行(c)款。
[11] 《一般运行和飞行规则》(CCAR-91-R4)第91.359条仪表飞行规则飞行计划(d)款。
[12] 《一般运行和飞行规则》(CCAR-91-R4)第91.379条按仪表飞行规则运行时的故障报告(a)款。

条对乘客的安全简介、第 91.515 条装载货物、第 91.527 条装载舱单的要求以及第 91.531 条运输类涡轮动力多发飞机的着陆限制等条文也规定了机长的职责。

(5)《大型飞机公共航空运输承运人运行合格审定规则》(CCAR-121-R7)。

①机长对飞行前的计划和飞行中的运行是否遵守涉及民航管理的规章和合格证持有人的运行规范负责。[1]

机长和飞行签派员应当对飞行的计划、延迟和签派或者放行是否遵守涉及民航管理的规章和合格证持有人的运行规范共同负责。[2]

机长和运行副总经理应当对飞行的放行、延续、改航和终止是否遵守涉及民航管理的规章和合格证持有人的运行规范共同负责。[3]

开始飞行前,每个机长应当获得所有可能影响飞行安全的有关机场条件和导航设施不正常情况的最新报告或者信息。[4]

②任何驾驶员在驾驶飞机时不得粗心大意和盲目蛮干,以免危及生命或者财产的安全。[5] 在飞行期间,机长负责控制飞机和指挥机组,并负责旅客、机组成员、货物和飞机的安全。[6]

③操纵装置的控制。机长不得允许不符合下列规定之一的人员在飞行期间控制操纵装置,任何不符合下列规定之一的人员也不得在飞行期间控制操纵装置:(a) 运行该飞机的合格证持有人的合格驾驶员;(b) 得到机长允许、有资格在该飞机上飞行的正在执行飞行运行检查任务的局方监察员或者局方委任代表;(c) 得到机长允许、有资格在该飞机上飞行并且获得了局方和运行该飞机的合格证持有人批准的另一合格证持有人的驾驶员。[7]

④进入驾驶舱的人员的限制。下列人员可以进入飞机驾驶舱,但并不限制机长为了安全而要求其离开驾驶舱的应急决定权:(a) 机组成员;(b) 正在执行任务的局方监察员[8]或者局方委任代表;(c) 得到机长允许并且其进入驾驶舱对于安全运行是必需或者有益的人员;

---

[1] 《大型飞机公共航空运输承运人运行合格审定规则》(CCAR-121-R7)第 121.532 条补充运行的运行控制责任(e)款。

[2] 《大型飞机公共航空运输承运人运行合格审定规则》(CCAR-121-R7)第 121.531 条国内、国际定期载客运行的运行控制责任(b)款。

[3] 《大型飞机公共航空运输承运人运行合格审定规则》(CCAR-121-R7)第 121.532 条补充运行的运行控制责任(b)款。

[4] 《大型飞机公共航空运输承运人运行合格审定规则》(CCAR-121-R7)第 121.626 条补充运行的设施和服务(a)款。

[5] 《大型飞机公共航空运输承运人运行合格审定规则》(CCAR-121-R7)第 121.531 条国内、国际定期载客运行的运行控制责任(f)款,《大型飞机公共航空运输承运人运行合格审定规则》(CCAR-121-R7)第 121.532 条补充运行的运行控制责任(f)款。

[6] 《大型飞机公共航空运输承运人运行合格审定规则》(CCAR-121-R7)第 121.531 条国内、国际定期载客运行的运行控制责任(d)款,《大型飞机公共航空运输承运人运行合格审定规则》(CCAR-121-R7)第 121.532 条补充运行的运行控制责任(d)款。

[7] 《大型飞机公共航空运输承运人运行合格审定规则》(CCAR-121-R7)第 121.543 条操纵装置的控制。

[8] 《大型飞机公共航空运输承运人运行合格审定规则》(CCAR-121-R7)第 121.547 条局方监察员进入驾驶舱的权力:局方指定的监察员执行监察任务时,向机长出示局方监察员证件后,机长应当允许该监察员不受阻碍地进入该飞机的驾驶舱。

(d) 经机长同意,并经合格证持有人特别批准的其他人员。① 除另有规定②外,被准许进入驾驶舱的非机组人员,应当在客舱内有供该人员使用的座位。

⑤飞行装具的保证。机长应当保证在每次飞行中,飞机上带有合适的航空图表资料,其中应当包含有关导航设施和仪表进近程序的足够信息。③ 在飞行期间,机长应当获得所有可能影响飞行安全的气象条件、设施和服务不正常情况的附加信息。④ 在每次飞行中,每个机组成员应当有一个处于良好工作状态的手电筒,供其随时使用。⑤

⑥国内、国际定期载客运行紧急情况和补充运行紧急情况的处置。国内、国际定期载客运行紧急情况的处置:(a) 在需要立即决断和处置的紧急情况下,机长可以采取他认为在此种情况下为保证飞行安全应当采取的任何行动。在此种情况下,机长可以在保证安全所需要的范围内偏离规定的运行程序与方法、天气最低标准和其他规定。(b) 飞行签派员在飞行期间发现需要其立即决断和处置的紧急情况时,应当将紧急情况通知机长,确实弄清机长的决断,并且应当将该决断作出记录。如果在上述情况下,该飞行签派员不能与飞行人员取得联系,则应当宣布进入应急状态,并采取他认为在此种情况下为保证飞行安全应当采取的任何行动。(c) 当机长或者飞行签派员行使应急权力时,应当将飞行的进展情况及时准确地报告给相应的空中交通管制部门和签派中心。宣布应急状态的人员应当通过该合格证持有人的运行副总经理,向局方书面报告任何偏离。飞行签派员应当在应急状态发生后 10 天内提交书面报告,机长应当在返回驻地后 10 天内提交书面报告。⑥

补充运行的紧急情况的处置:(a) 在需要立即决断和处置的紧急情况下,机长可以采取他认为在此种情况下为保证飞行安全应当采取的任何行动。在此种情况下,机长可以在保证安全所需要的范围内偏离规定的运行程序与方法、天气最低标准和其他规定。(b) 在使用飞行跟踪系统实施运行控制的飞行期间,合格证持有人的相关管理人员发现需要其立即决断和处置的紧急情况时,应当将紧急情况通知机长,确实弄清机长的决断,并且应当将该决断作出记录。如果在上述情况下,该管理人员不能与飞行人员取得联系,则应当宣布进入应急状态,并采取他认为在此种情况下为保证飞行安全应当采取的任何行动。(c) 当机长或者相关管理人员行使应急权力时,应当将飞行的进展情况及时准确地报告给相应的空中交通管制部门。宣布应急状态的人员应当通过该合格证持有人的运行副总经理,向局方书面

---

① 《大型飞机公共航空运输承运人运行合格审定规则》(CCAR-121-R7)第 121.545 条进入驾驶舱的人员的限制 (a) 款。

② 《大型飞机公共航空运输承运人运行合格审定规则》(CCAR-121-R7)第 121.545 条进入驾驶舱的人员的限制 (b) 款;被准许进入驾驶舱的非机组人员,应当在客舱内有供该人员使用的座位,但下列人员在驾驶舱有供其使用的座位时除外:(1) 正在对飞行操作进行检查或者观察的局方监察员或者经授权的局方委任代表;(2) 局方批准进行空中交通管制程序观察的空中交通管制员;(3) 合格证持有人雇用的持有执照的航空人员;(4) 其他合格证持有人雇用的持有执照的航空人员,该员得到运行该飞机的合格证持有人的批准;(5) 运行该飞机的合格证持有人的雇员,其职责与飞行运作的实施或者计划,或者空中监视飞机设备或者操作程序直接有关,此人进入驾驶舱对于完成这些任务是必需的,并且已得到在运行手册中列出的有批准权的主管人员的书面批准;(6) 该飞机或者其部件的制造厂家技术代表,其职责与空中监视飞机设备或者操作程序直接有关,进入驾驶舱对于完成其职责的是必需的,并已得到该合格证持有人在运行手册中列出的有批准权的运行部门负责人的书面批准。

③ 《大型飞机公共航空运输承运人运行合格审定规则》(CCAR-121-R7)第 121.549 条飞行装具 (a) 款。

④ 《大型飞机公共航空运输承运人运行合格审定规则》(CCAR-121-R7)第 121.626 条补充运行的设施和服务 (b) 款。

⑤ 《大型飞机公共航空运输承运人运行合格审定规则》(CCAR-121-R7)第 121.549 条飞行装具 (b) 款。

⑥ 《大型飞机公共航空运输承运人运行合格审定规则》(CCAR-121-R7)第 121.556 条国内、国际定期载客运行的紧急情况。

报告任何偏离。宣布应急状态的人员应当在飞行结束或者返回驻地后10天内提交书面报告。①

⑦机械故障的报告。机长应当确保在飞行期间发生的所有机械不正常情况,都能在该飞行时间结束时如实填入飞机飞行记录本。每次飞行前,机长应当清楚地了解上次飞行结束时在记录本上所填的所有故障的处置情况。②

发动机不工作时的着陆和报告:(a)对于所有飞机,在飞机发动机失效,或者为防止可能的损坏而停止发动机运转时,机长均应当按照飞行时间在距离最近的能安全着陆的合适机场着陆。

(b)如果装有三台或者三台以上发动机的飞机只有一台发动机失效或者停止运转,机长在考虑到下列因素后,认为飞往另一机场与在最近的合适机场着陆同样安全时,则可以飞往所选定的另一机场:1)故障的性质和继续飞行可能出现的机械上的困难;2)发动机停止运转时的高度、重量和可用的燃油量;3)航路上和可以着陆机场的气象条件;4)空中交通的拥挤情况;5)地形种类;6)机长对所使用的机场的熟悉程度。

(c)机长应当把飞行中发动机停车的情况尽快报告给有关的空中交通管制员和飞行签派员,并随时报告飞行进展的全部情况。

(d)如果机长未在按照飞行时间距离最近的合适机场着陆,而选定另一机场着陆,那么在完成该次飞行后,机长应当向运行经理呈交书面报告一式两份,陈述其具有同等安全程度的理由。运行经理应当于驾驶员返回基地后10天内把签有其意见的报告副本提交给局方。③

⑧在飞行期间,当机长发现存在电子干扰并怀疑该干扰来自机上乘员使用的便携式电子设备时,机长和机长授权人员应当要求其关闭这些便携式电子设备;情节严重的应当在飞机降落后移交地面公安机关依法处置,并在事后向局方报告。④

⑨当发现有人拒绝遵守"除运行该飞机的合格证持有人供应的含酒精饮料外,任何人不得在飞机上饮用其他含酒精饮料""合格证持有人不得允许任何处于醉酒状态的人进入其飞机"的规定,或者发生由于处于醉酒状态的人进入飞机引起的骚扰事件时,机长和机长授权人员应当场制止,合格证持有人应当在事发后5天内向局方报告。⑤

⑩载运旅客飞机的机长应当保证,如果驾驶舱和客舱有门分隔的话,在飞行期间关闭并锁定该门。但下列情况除外:(a)起飞和着陆期间,如果驾驶舱门是通往必需的旅客应急出口或者地板高度出口的通道。(b)在执行任务的机组成员需要进入客舱或者驾驶舱时,或者按照第121.545条规定准许进入驾驶舱的人有必要进入驾驶舱时。⑥

⑪接受飞行签派员的通告。在国内、国际定期载客运行中,飞行签派员向机长的通告:

---

① 《大型飞机公共航空运输承运人运行合格审定规则》(CCAR-121-R7)第121.558条补充运行的紧急情况。
② 《大型飞机公共航空运输承运人运行合格审定规则》(CCAR-121-R7)第121.559条机械故障的报告。
③ 《大型飞机公共航空运输承运人运行合格审定规则》(CCAR-121-R7)第121.561条发动机不工作时的着陆和报告。
④ 《大型飞机公共航空运输承运人运行合格审定规则》(CCAR-121-R7)第121.573条便携式电子设备的禁用和限制(d)款。
⑤ 《大型飞机公共航空运输承运人运行合格审定规则》(CCAR-121-R7)第121.575条在机上饮用含酒精饮料的限制。
⑥ 《大型飞机公共航空运输承运人运行合格审定规则》(CCAR-121-R7)第121.605条驾驶舱门的关闭与锁定(a)款。

(a) 在开始飞行之前,飞行签派员应当向机长提供可能影响该次飞行安全的机场条件和导航设施不正常等方面的所有现行可得的报告或者信息,并且应当向机长提供可能影响该次飞行安全的每一所飞航路和机场的所有可得的天气实况报告和天气预报,包括晴空颠簸、雷暴、低空风切变等危险天气现象。(b) 在飞行期间,飞行签派员应当及时向机长提供可能影响该次飞行安全的天气条件,包括晴空颠簸、雷暴、低空风切变等危险天气现象和有关设施、服务不正常的任何可以获得的补充信息。①

另外,在第121.699条②中还规定了机长有职责处置国内、国际定期载客运行装载舱单、签派单和运行飞行计划。

(6)《小型商业运输和空中游览运营人运行合格审定规则》(CCAR-135-R3)。

①一般规定。在合格证持有人的运行控制程序中,应当确定机长对航空器的放行所负有的责任。如果在危及航空器或者人员安全的紧急情况下,应当采取违反规章或者程序的措施时,机长应当立即通知局方。对于境外运行,如事件发生地所在国或者地区提出要求,机长应当向该国或者地区的有关当局提交关于违章情况的报告,并在事件发生后的10日内向局方提交报告的副本。合格证持有人应当保证机长在航空器上可以获得飞经地区有关搜寻与救援服务的重要资料。③

在涉及人员和财产安全的紧急情况下,机长可以决定在该紧急情况所需的限度内偏离规则的规定。④

②运输类飞机商业载客或者载货飞行中机长职责。(a) 机长在舱门关闭后应当对机上所有机组成员、旅客和货物的安全负责。机长还应当在从飞机为起飞目的准备移动时起到飞行结束最终停止移动和作为主要推进部件的发动机停车时止的时间内,对飞机的运行和安全负责,并具有最终决定权。(b) 机长应当保证飞行机组成员严格遵守本规则第135.331条所规定的检查单中的所有内容。(c) 机长应当负责以可用的最迅速的方法将导致人员严重受伤或者死亡、航空器或者财产的重大损坏的任何航空器事故通知最近的有关当局。(d) 在飞行结束时,机长应当负责将所有已知的或者怀疑的飞机故障向合格证持有人报告。⑤

③运输类直升机商业载客或者载货飞行中机长职责。(a) 从发动机起动时起,直至直升机结束飞行最终停止移动、发动机关闭且旋翼叶片停止转动时止,机长应当对直升机的运行和安全及机上所有机组成员、乘客和货物的安全负责。(b) 机长应当保证飞行机组成员严格遵守第135.521条所规定的检查单中的所有内容。(c) 机长应当负责以可用的最迅速的方法将导致人员严重受伤或者死亡、航空器或者财产的重大损坏的任何航空器事故通知最近的有关当局。(d) 在飞行结束时,机长应当负责将所有已知的或者怀疑的直升机故障

---

① 《大型飞机公共航空运输承运人运行合格审定规则》(CCAR-121-R7)第121.625条国内、国际定期载客运行中飞行签派员向机长的通告。

② 《大型飞机公共航空运输承运人运行合格审定规则》(CCAR-121-R7)第121.699条国内、国际定期载客运行装载舱单、签派单和运行飞行计划的处置:(a) 机长应当将下列文件的副本随机携带到目的地:(1) 填写好的装载舱单;(2) 签派或者放行单;(3) 运行飞行计划。(b) 合格证持有人应当保存前款规定的文件的副本至少3个月。

③ 《小型商业运输和空中游览运营人运行合格审定规则》第135.9条遵守的法律、规章和程序(d)(e)(f)款。

④ 《小型商业运输和空中游览运营人运行合格审定规则》第135.15条需要立即决断和处置的紧急情况(b)款。

⑤ 《小型商业运输和空中游览运营人运行合格审定规则》D章运输类飞机商业载客或者载货飞行第135.373条机长职责。

向合格证持有人报告。①

(7)《民用无人驾驶航空器运行安全管理规则》(CCAR-92)。

该规则第92.687条机长的职责和权限规定：(a)民用无人驾驶航空器机长应当对自民用无人驾驶航空器以起飞为目的开始移动直至飞行结束完全静止(包括关闭主推进动力装置)时间段内的运行和安全负责，并具有最终决定权。(b)如果在危及地面人员安全的紧急情况下必须采取违反当地规定或者程序的措施，机长应当及时通知地方有关部门。(c)机长应当以可用的、最迅速的方法，向最近的民航及有关部门报告导致人员严重受伤或者死亡、地面财产重大损失的任何航空器事故。(d)民用无人驾驶航空器机长或者由运行人指定的人员应当负责尽早向运行人报告民用无人驾驶航空器所有的已知或者怀疑的缺陷。②

另外，2015年发布的《轻小无人机运行规定(试行)》(AC-91-FS-2015-31)第4部分③规定了民用无人机机长的职责和权限。

---

① 《小型商业运输和空中游览运营人运行合格审定规则》E章运输类直升机商业载客或者载货飞行第135.559条机长职责。
② 《民用无人驾驶航空器运行安全管理规则》(CCAR-92)第92.687条机长的职责和权限。
③ 4.1民用无人机机长对民用无人机的运行直接负责，并具有最终决定权。
4.1.1在飞行中遇有紧急情况时：a.机长必须采取适合当时情况的应急措施。b.在飞行中遇到需要立即处置的紧急情况时，机长可以在保证地面人员安全所需要的范围内偏离本咨询通告的任何规定。
4.1.2如果在危及地面人员安全的紧急情况下必须采取违反当地规章或程序的措施，机长必须毫不迟疑地通知有关地方当局。
4.2机长必须负责以可用的、最迅速的方法将导致人员严重受伤或死亡、地面财产重大损失的任何航空器事故通知最近的民航及相关部门。

第五章 民用机场法律制度

5.1 民用机场的概念和分类

5.1.1 民用机场的概念

1944年《芝加哥公约》附件14《机场》第Ⅰ卷《机场设计和运行》第1.1条定义规定："机场是指陆上或水上的一块划定区域（包括所有建筑物、设施和设备），其全部或部分供航空器着陆、起飞和地面活动之用。"[①]第Ⅱ卷《直升机场》第1.1条定义对直升机场进行了定义，为："直升机场全部或部分供直升机进场、离场及地面活动使用的机场或在建筑物上划定的区域。"

在各国航空法中，一般都是按照1944年《芝加哥公约》附件14《机场》关于机场和直升机场的定义分别对机场和直升机场进行定义。如《美国联邦航空法》规定："机场是指用于或打算用于飞机降落和起飞的陆地或水域；用于或打算用于机场建筑或其他机场设施或通行权的附属区域；和位于上述任何区域的机场建筑物和设施；和包括直升机场。"[②]直升机场是指用于或打算用于直升机起降的陆地、水或结构区域。[③] 1997年《俄罗斯联邦航空法》第40条机场第1款[④]对机场进行了定义。

我国《民用航空法》第53条规定："本法所称民用机场，是指专供民用航空器起飞、降落、滑行、停放以及进行其他活动使用的划定区域，包括附属的建筑物、装置和设施。本法所称民用机场不包括临时机场。军民合用机场由国务院、中央军事委员会另行制定管理办法。"[⑤]

《民用机场管理条例》第2条第2款规定："民用机场分为运输机场和通用机场。"第84条规定："本条例所称运输机场是指为从事旅客、货物运输等公共航空运输活动的民用航空器提供起飞、降落等服务的机场。本条例所称通用机场是指为从事工业、农业、林业、渔业和建筑业的作业飞行，以及医疗卫生、抢险救灾、气象探测、海洋监测、科学实验、教育训练、文

---

① 另外，在《芝加哥公约》附件3《国际空中航行气象服务》第1.1条关于机场的定义与附件14相同。在附件2第1章《定义》、附件4《航图》第1.1条定义、附件6《航空器的运行》第1.1条定义、附件15《航空情报服务》第1.1条定义中，对机场的定义为：机场是指全部或部分供航空器进场、离场和场面活动使用的陆上或水上的一个划定区域（包括所有建筑物、设施和设备）。

② 其英文原为："49 U. S. Code §47102 - Definitions 'airport'-(A) means -(ⅰ) an area of land or water used or intended to be used for the landing and taking off of aircraft; (ⅱ) an appurtenant area used or intended to be used for airport buildings or other airport facilities or rights of way; and (ⅲ) airport buildings and facilities located in any of those areas; and (B) includes a heliport."

③ an area of land or water used or intended to be used for the landing and taking off of heliport.

④ 机场是指为航空器的起飞、降落、滑行、停放而设计的，包括附属的建筑物、构筑物和设备的陆地或者水域表面。直升机场是指部分或者全部用于直升机的起飞、降落、滑行、停放的陆地或者某一构筑物表面的特定区域。

⑤ 因《民用机场管理条例》第2条和第84条已经对民用机场进行了分类且分别进行了定义，故本书建议在《民用航空法》修订时将本条改为："本法所称民用机场，是指供民用航空器起飞、降落、滑行、停放以及进行其他活动使用的划定区域，包括附属的建筑物、装置和设施。本法所称民用机场，包括公共航空运输机场（简称运输机场，含军民合用机场民用部分）、通用航空机场（简称通用机场）。军民合用机场由国务院、中央军事委员会另行制定管理办法。"

化体育等飞行活动的民用航空器提供起飞、降落等服务的机场。"

在我国法律、行政法规和部门规章中,未对直升机场进行定义,而是在《机场和直升机场灯标技术要求》(AC-137-CA-2015-11)第3.2条和《民用直升机场助航灯具技术要求和检测规范》(AC-137-CA-2017-01)第3.1条对直升机场(heliport)定义为:"全部或部分供直升机起飞、着陆和表面活动使用的场地或构筑物上的特定区域。"

5.1.2 民用机场的分类

机场按其性质可分为民用机场、军用机场和军民合用机场。航空法中所称的机场是指民用机场和军民合用机场中的民用部分。《芝加哥公约》附件14《机场》将机场分为机场和直升机场两类。美国、俄罗斯等国也在国内航空法中将机场分为机场和直升机场。也有些国家在国内航空法中对机场进行了更详细的分类。如在《印度尼西亚航空法》第1条中,分别规定了机场、公共机场、特别机场、国内机场、国际机场、枢纽机场、支线机场[①]等的含义。

我国已经形成了以《民用航空法》为核心机场法律体系,对机场分类做出了详细规定。具体见表5-1。

表5-1 我国现有生效的航空法中有关机场的分类

序号	名称	主题分类	具体名称
1	民用航空法	法律	民用机场、临时机场、军民合用机场
2	外国民用航空器飞行管理规则	行政法规	备降机场、规定过渡高度和过渡高度层的机场、没有规定过渡高度和过渡高度层的机场、高原机场[②]
3	国务院、中央军委关于民航管理体制若干问题的决定	行政法规	军民合用机场、民航机场
4	国务院批转中国民用航空局关于成立民用机场管理委员会的请示的通知	行政法规	民用机场、军民合用机场
5	国务院办公厅、中央军委办公厅印发《关于建设机场和合用机场审批程序的若干规定》的通知	行政法规	军用机场、民用机场
6	国务院关于加强民航安全工作的紧急通知	行政法规	民用机场、军民合用机场

---

① 机场是指陆地和/或水面上具有一定边界并且用于航空器着陆和起飞、上下乘客、装卸货物/物品、相同或不同交通方式之间的转乘的场地,该场地配备航空安全和安保设施,以及基本的和其他的配套设施。公共机场是指用于服务公共利益的机场。特别机场是指用于服务私人利益进而支撑其主要的商业活动的机场。国内机场是指被分配用于服务国内航线的机场。国际机场是指被分配用于服务国内航线以外的以及从外国飞来或飞向外国的航班的机场。枢纽机场是指具有来自多个其他机场航班的巨大服务范围,向大量乘客和/或货物提供服务,能够对整个国家或者多个省份的经济发展和增长产生影响的机场。支线机场是指具备有限的服务范围,而且只对经济发展产生有限影响的机场。

② 2023年4月6日中国民用航空局下发,并于下发之日30天后生效的《小型航空器和运输类直升机实施定期载客飞行安全运行要求》(AC-135-FS-002)第10.1条定义规定:"a.一般高原机场:海拔高度在1 524米(5 000英尺)及以上,但低于2 438米(8 000英尺)的机场。b.高高原机场:海拔高度在2 438米(8 000英尺)及以上的机场。c.高原机场:一般高原机场和高高原机场统称高原机场。……"

续表 5-1

序号	名称	主题分类	具体名称
7	中华人民共和国民用航空安全保卫条例	行政法规	民用机场、军民合用机场
8	通用航空飞行管制条例	行政法规	军用机场、民用机场、军民合用机场、临时机场、国内机场、备降机场
9	中华人民共和国飞行基本规则	行政法规	民用机场、备降机场、军用机场、高原机场
10	民用机场管理条例	行政法规	运输机场、通用机场、国际机场、军民合用机场
11	国务院关于促进民航业发展的若干意见	行政法规	运输机场、大型机场、支线机场①、国际枢纽机场、国内干线机场、通勤机场、中小机场②
12	国务院办公厅关于印发促进民航业发展重点工作分工方案的通知	行政法规	大型机场、国际枢纽机场、国内干线机场、中小机场
13	民用机场建设管理规定（CCAR-158-R1）	部门规章	运输机场（含军民合用部分）、通用机场
14	运输机场运行安全管理规定（CCAR-140-R2）	部门规章	运输机场（含军民合用部分）、通用机场
15	通用机场场址行业审查实施细则（民航发〔2023〕41号）	通知公告	改扩建通用机场、跑道型机场、水上机场、直升机场③
16	小型航空器和运输类直升机实施定期载客飞行安全运行要求（AC-135-FS-002）	通知公告	一般高原机场、高高原机场、高原机场
17	高原机场运行（AC-121-FS-2015-21R1）	咨询通告	一般高原机场、高高原机场、高原机场

注：该统计为不完全统计。

---

① 《民用航空支线机场建设标准》（MH5023-2006）第 1.0.2 条规定："本规范适用于新建、改建和扩建的支线机场（含军民合用中的民用部分）：1. 设计目标年旅客吞吐量小于 50 万人次（含）。2. 主要起降短程飞机。3. 规划的直达航程一般在 800~1500 公里范围内的支线机场。"在解读《支线航空补贴管理暂行办法》中，专家称：支线机场为年旅客吞吐量 200 万人次以下的民用运输机场，保障短途运输的通用机场。详见：https://www.caac.gov.cn/XXGK/XXGK/ZCJD/202401/t20240109_222604.html。2023 年 2 月 14 日访问。

② 中国民用航空局、财政部于 2020 年 4 月 30 日联合下发的《民航中小机场补贴管理暂行办法》第三条规定："民航中小机场补贴范围为年旅客吞吐量在 200 万人次及以下的民用机场。"

③ 改扩建通用机场是指跑道、直升机最终进近和起飞区、水上起降区的新增。中国民用航空局于 2023 年 12 月 28 日下发的《通用机场场址行业审查实施细则》第 14 条规定："跑道型机场指在陆地上可供固定翼飞机起降的机场。水上机场指主体部分位于水上，全部或部分用于水上飞机起飞、着陆、滑行及停泊保障服务的区域，包含水上运行区和陆上相关建筑物与设施。直升机场指全部或部分仅供直升机起飞、着陆和表面活动使用的场地或构筑物上的特定区域，包括表面直升机场、高架直升机场、直升机场水上平台和船上直升机场等类型。"

可见,在我国目前航空法律体系中,民用机场基本分类为运输机场和通用机场两类。

《绿色机场规划导则》(AC-158-CA-2018-01)第3.6条规定:"本导则根据机场目标年旅客吞吐量,将民用运输机场分为超大型机场、大型机场、中型机场和小型机场。其中:(1)超大型机场为目标年旅客吞吐量8 000万人次以上(含8 000万人次)的机场;(2)大型机场为目标年旅客吞吐量2 000万~8 000万人次(含2 000万人次)的机场;(3)中型机场为目标年旅客吞吐量200万~2 000万人次(含200万人次)的机场;(4)小型机场为目标年旅客吞吐量200万人次以下的机场。"

《通用机场分类管理办法》(民航发〔2017〕46号)第3条规定:"通用机场根据其是否对公众开放分为A、B两类:A类通用机场:即对公众开放的通用机场,指允许公众进入以获取飞行服务或自行开展飞行活动的通用机场;B类通用机场:即不对公众开放的通用机场,指除A类通用机场以外的通用机场。A类通用机场分为以下三级:A1级通用机场:含有使用乘客座位数在10座以上的航空器开展商业载客飞行活动的A类通用机场;A2级通用机场:含有使用乘客座位数在5~9之间的航空器开展商业载客飞行活动的A类通用机场;A3级通用机场:除A1、A2级外的A类通用机场。"

《通用机场管理规定(征求意见稿)》(CCAR-138)第3条规定:"本规定所称通用机场是指不提供30座以上的飞机载客服务保障的民用机场。"[①]第4条规定:"通用机场按照其社会属性分为A、B两类:A类通用机场是指对公众开放的通用机场,即可以为通用航空载客、空中游览活动提供服务的通用机场;B类通用机场是指不对公众开放的通用机场,即除A类通用机场以外的通用机场。A类通用机场按照服务保障等级划分为以下两级:A1级通用机场是指可以为乘客座位数10座及以上航空器的载客飞行活动提供服务的通用机场。A2级通用机场是指除A1级外的其他A类通用机场。"[②]第5条还规定:"通用机场按照飞行场地的物理特性分为跑道型机场、水上机场和直升机场。跑道型机场一般指在陆地上可供固定翼飞机起降的机场。"

另外,在《民用机场收费改革方案》(民航发〔2007〕158号)中,按照机场业务量,将全国机场划分为三类,即:一类机场,是指单个机场换算旅客吞吐量占全国机场换算旅客吞吐量的4%(含)以上的机场。其中:国际及港澳航线换算旅客吞吐量占其机场全部换算旅客吞吐量的25%(含)以上的机场为一类1级机场,其他为一类2级机场。二类机场,是指单个机场换算旅客吞吐量占全国机场换算旅客吞吐量的1%(含)~4%的机场。三类机场,是指单个机场换算旅客吞吐量占全国机场换算旅客吞吐量的1%以下的机场。

[①] 其理由为:① CCAR-121把30座以上航空器定义为大型飞机,《生产安全事故报告和调查处理条例》(国务院令第493号)将"死亡30人以上"定义为"特别重大事故",将"死亡10到29人"定义为"重大事故"。②通航业务框架将30座作为分界点,暂不开放30座以上的飞机开展经营性载客载人活动。③美国NPIAS(全称为"National Plan of Integrated Airport Systems")机场体系在对商业服务机场和通用航空机场定义也是基于定期和最大座位数来划分的。主要机场(即主要商业机场)定义为:对公众开放、提供定期客运服务、每年至少有10 000名旅客乘机的机场。综合考虑通航业务框架、国外管理经验及事故等级的划分,将通用机场定义为不提供30座以上的飞机载客服务保障的民用机场。

[②] 其理由为:"根据民航局《通航法规框架》和《通航业务框架》,通航监管应当按照从'管'到'放'的思路,重点关注载客运输,逐步放宽通航载人活动、非载人活动和自用飞行。载客活动,空中游览等部分载人活动对公众开放,其他非载人活动、自用飞行等通用航空飞行活动为不对公众开放。因此,在《通用机场分类管理办法》的基础上,进一步明确对公众开放的通用机场的范围。在A类通用机场中,根据对公众安全利益影响程度,以旅客座位数9座为界限划分为A1级通用机场和A2级通用机场。"

5.1.3 民用机场的法律基础

1919年《巴黎公约》及其附件 H 第一次对机场作出了国际法意义上的规定。1944年《芝加哥公约》对国际民用机场做出了一些原则性的规定,附件14《机场》①为各国机场制定了统一的标准,作为指导性的建议。

我国的民用机场管理法律非常健全,已形成了以民航法为基础的、航空行政法规和规章进行细化的一整套法律制度。如《民用航空法》第六章《民用机场》共17条,对民用机场的概念、规划布局、安全保卫、机场的收费制度及机场的环境保护等都做了概括性规定。民用机场建设还涉及国家颁布的其他法律,也应参照执行。另外,我国还颁布了大量关于机场管理的行政法规和民用航空规章。航空行政法规主要是《民用机场管理条例》。

现行有效的民用航空规章主要有:《民用机场和民用航空器内禁止吸烟的规定》(CCAR-252FS)、《民用机场专用设备使用管理规定》(CCAR-137CA-R2)、《民用机场使用许可规定》(CCAR-139CA-R3)、《民用机场航空器活动区道路交通安全管理规则》(CCAR-331SB-R1)、《民用机场运行安全管理规定》(CCAR-140)、《民用运输机场突发事件应急救援管理规则》(CCAR-139-Ⅱ-R1)、《民用机场建设管理规定》(CCAR-158-R2)、《民用航空企业及机场联合重组改制管理规定》(CCAR-229-R2)、《民用航空运输机场航空安全保卫规则》(CCAR-329)、《民用机场飞行程序和运行最低标准管理规定》(CCAR-97FS-R3)、《民用机场专用设备管理规定》(CCAR-137CA-R4)、《运输机场使用许可规定》(CCAR-139CA-R4)、《民用机场安全运营管理规定》(CCAR-140-R2)、《运输机场专业工程建设质量和安全生产监督管理规定》(CCAR-165-R1)等。

另外,我国还有大量的正在生效的有关民用机场立法的地方性法规和行政规章。在民用机场属地化改革完成前,有关运输机场的地方性法规和行政规章约17件,主要有:《郑州机场口岸管理试行办法》(河南省人民政府1991年4月23日颁布)、《云南省民航机场建设费征收使用办法》(云南省人民政府1993年5月23日公布)、《安徽省民用机场净空环境保护条例》(1998年12月22日安徽省第九届人民代表大会常务委员会第七次会议通过)、《福州长乐国际机场周边地区用地规划管理规定》(1998年福州市人民政府颁布)、《上海市民用机场地区管理条例》(1999年上海市人大常委会颁布)、《上海市民用机场航空油料管线保护办法》(1999年上海市人民政府颁布)、《重庆江北国际机场及其航空安全管理规定》(2000年重庆市人民政府颁布)、《四川省民用机场净空及电磁环境保护条例》(2001年四川省人大常委会颁布)、《贵阳龙洞堡机场净空保护区域饲飞鸟禽管理暂行规定》(贵阳市人民政府2001年颁布)、《福州长乐国际机场保护条例》(福州市人民代表大会常务委员会)、《南京禄口国际机场保护办法》(2003年南京市人民政府颁布)、《无锡硕放机场净空环境保护办法》(2005年无锡市人民政府颁布)等。

机场属地化改革完成后,围绕着民用机场建设和管理的地方航空立法勃兴,立法内容主要包括民用机场净空环境保护、机场周边地区用地规划管理、民用机场地区管理、航空安全

---

① 民用机场作为保障航行安全的重要基础设施,如何布局、建设、经营和管理,都需要以法律的形式加以规范,以此作为民用机场进行相关活动的依据和保障。如何实施上述行为是一国国内法的事,但由于各国国内法的差异,从有利于发展航空运输业的角度出发,应在国际层面上对民用机场的技术标准达成尽可能的一致,无疑1944年《芝加哥公约》附件14满足了这个要求。

管理、民用机场航空油料管线保护等。

就地方有关机场的立法主体来看,目前,地方性法规共14件(其中2件已经失效)均为省级人大常委会进行的立法,包括安徽省人大常委会、上海市人大常委会、江苏省人大常委会、四川省人大常委会、福建省人大常委会、重庆市人大常委会、湖南省人大常委会、西藏自治区人大常委会、湖北省人大常委会、贵州省人大常委会、河南省人大常委会、吉林省人大常委会,共12个。

机场地方行政规章共52件,省级人民政府制定了20件,较大市人民政府共制定了32件,主要内容均大同小异。

5.1.4 民用机场的法律特征

从现有《民用航空法》《民用机场管理条例》等的规定来看,民用机场的法律特征主要有以下几个方面:

1. 民用机场是公共基础设施

民用机场是为国家和地方的经济和社会发展服务的,是城市综合交通体系的重要组成部分,与城市交通、市政公用设施以及公路、铁路等基础设施一样,其公共基础设施的性质是显而易见的。

民用机场也是重要航空企业,航空运输企业的运输效率也要取决于民用机场所提供的服务状况,促进民用机场的发展壮大,对促进中国航空运输业整体发展意义重大。因此,促进民用机场的发展也是航空法的经济功能之一。为促进民用机场的发展,中国实行了机场属地化改革,将机场的管理权限下放给地方政府,鼓励对机场进行投资。

因此,《民用机场管理条例》第3条规定:"民用机场是公共基础设施。各级人民政府应当采取必要的措施,鼓励、支持民用机场发展,提高民用机场的管理水平。"这就为民用机场的融资、税收、财政等方面提供了发展的便利,促进了民用机场的发展,也体现了航空法的经济功能。

2. 民用机场是以其场地提供服务获取收益的

《民用航空法》第66条规定:"供运输旅客或者货物的民用航空器使用的民用机场,应当按照国务院民用航空主管部门规定的标准,设置必要设施,为旅客和货物托运人、收货人提供良好服务。"

《民用航空法》第68条还规定:"民用航空器使用民用机场及其助航设施的,应当缴纳使用费、服务费;使用费、服务费的收费标准,由国务院民用航空主管部门制定。"

《民用机场管理条例》第38条进一步规定:"机场范围内的零售、餐饮、航空地面服务等经营性业务采取有偿转让经营权的方式经营的,机场管理机构应当按照国务院民用航空主管部门的规定与取得经营权的企业签订协议,明确服务标准、收费水平、安全规范和责任等事项。对于采取有偿转让经营权的方式经营的业务,机场管理机构及其关联企业不得参与经营。"

3. 民用机场是企业法人

诚然,民用机场首先要强调公益性,[①]然后才考虑收益性,"最主要任务不是盈利而是开通更多的航线和时刻"。[②] 但就民用机场法律属性而言,是企业法人,要以盈利为目的。因此,从理论上说,民用机场也是我国市场经济的主体,也应成为自主经营、自负盈亏、自我发展和自我约束的市场主体。

2002 年国务院批准的《民航体制改革方案》明确指出:机场要实行企业化经营。目前,我国民用机场与公路等行业一样,正在从政府投资为主向投资多元化的方向发展,大部分机场已经转变为企业,有的机场已经成为上市公司或者合资公司。机场要实行企业化经营,必然会体现出营利性的一面。

就目前来看,应结合我国机场具体管理模式,对运输机场而言,仍应坚持其公益性为主的原则,而对通用机场来说,其收费实行市场定价原则,若国务院民用航空主管部门另有规定的,从其规定。[③]

5.1.5 民用机场管理体制

改革开放之前,机场建设没有引入市场化机制,依然是传统的高度垄断的政企合一状态,这无疑使得我国机场建设本身受到了极大的制约性。为了能够促进并提升我国整体航空运输体系的建设发展,20 世纪 80 年代,中国民航业逐步推行市场化改革,开始了较大规模的放松管制改革尝试。如 1988 年厦门机场由中央下放给厦门市政府管理,标志着机场属地化改革的开始;2002 年 3 月国务院《关于印发民航体制改革方案的通知》同意国家计委会同有关部门和单位研究提出的《民航体制改革方案》,2003 年 9 月国务院批复《省(区、市)民用机场管理体制和行政管理体制改革实施方案》(国函〔2003〕97 号),[④]该实施方案分为原则和目标,机场移交范围,组建民航安全监督管理办公室,资产、债权、债务处理及人员安置,有关规定及相关政策,组织领导,并附有《民航总局移交地方政府管理的机场名单》一份。[⑤]

2004 年 7 月 8 日,中国民用航空总局将兰州中川、庆阳、嘉峪关、敦煌四大机场移交给了甘肃省。至此,原来归国家民航总局的 100 多个机场的属地化管理全部完成。这标志着国务院 2002 年 6 号文件规定的民航体制改革各项任务圆满完成。[⑥]

---

① 在美国,除少数几个机场由州政府拥有外,美国的机场基本由县政府拥有,县政府设立准政府机构"管理局"负责运营。机场建设资金主要由地方财政负责,也可从航空信托基金里申请赠款。机场建设投资一般靠地方政府发行债券来筹集资金,再由财政统一安排偿还。机场运营资金主要靠起降费和机场内的商业招租费,也可以向旅客和承运人收取一些地方规定的税、费。运营亏空由政府补助。
在日本,将机场分为四类,第一类是大型国际机场,包括东京国际机场等四个机场;第二类主要是国内干线机场;第三类为较小的民用机场;第四类为军民共用机场。第一类和大部分第二类机场为中央政府投资建设、拥有和管理,其余的第二类机场由中央政府投资建设、拥有但由地方政府管理,第三类机场由地方政府投资建设、拥有和管理,第四类机场由军方拥有和管理。资料来源:姚雪青,白天亮. 机场主要任务不是盈利而是开通更多航线[EB/OL]. theory. people. com. cn/n/2013/0128/c40531 - 20342278 - 2. html. 2024 年 2 月 15 日访问。
② 姚雪青,白天亮. 机场主要任务不是盈利而是开通更多航线[EB/OL]. theory. people. com. cn/n/2013/0128/c40531 - 20342278 - 2. html. 2024 年 2 月 15 日访问。
③ 《民用航空法》(修订送审稿)第 66 条。
④ 韦薇. 长三角机场群协调运行管理关键理论与方法[M]. 北京:旅游教育出版社,2019:2.
⑤ 具体内容详见:https://www. gov. cn/gongbao/content/2003/content_62433. htm. 2024 年 2 月 15 日访问。
⑥ 中国交通年鉴社. 中国交通年鉴—2008[M]. 北京:中国交通年鉴社,2008:345.

目前我国民用机场的产权隶属关系总体来说可归纳为以下五种，即中国民用航空局所属、地方政府所属（含控股）、西部机场集团跨省所属、航空公司所属（含控股）和其他。其中中国民用航空局所属的机场主要包括首都机场集团[①]全资或控股的40多个机场、西藏区局所属的5个机场和中国民用航空飞行学院所属的洛阳机场[②]；地方政府所属机场指由省、市、县等所属的机场，目前占我国机场总数的75％以上；西部机场集团跨省所属机场，即陕西省所属的西部机场集团，跨省拥有陕西、甘肃、宁夏和青海四省（区）的19个机场；航空公司所属是指海航所属的机场及南航所属的河南南阳机场；其他指属于中联航的南苑和佛山机场。机场实行属地化管理后，各机场在寻求发展的同时，形成了多种类型的机场管理模式，概括起来主要包括以下六种模式：第一，省机场集团管理模式；第二，跨省机场集团管理模式；第三，省会机场公司管理模式；第四，市属机场管理模式；第五，航空公司管理机场模式；第六，委托管理机场模式。[③]

5.2　民用机场建设和管理的法律制度

5.2.1　一般规定

　　《民用航空法》从第54条到第57条[④]对民用机场的布局和建设规划进行了一般性规定。因2009年《民用机场管理条例》中对运输机场和通用机场有不同规定，故在《民用航空法》送

---

　　① 2021年6月24日首都机场集团有限公司正式取得营业执照，依法完成工商信息变更登记工作，7月27日，首都机场集团有限公司成立。其所属企业名单详见：https://www.cah.com.cn/content/2023/11-17/7131162400828428288.htm. 2024年1月15日访问。

　　② 现名称为洛阳北郊机场有限责任公司，是民航局直属的国有中型航空运输服务企业，于2019年9月在中国民用航空飞行学院洛阳分院所属航空站的基础上分离组建而成。详见：www.luoyangairport.com/gywmjcgongs.html. 2024年1月15日访问。

　　③ 李祥，黄建辉，陈可嘉. 中美民航安全管理比较[J]. 中国安全生产科学技术，2012,8(12)：138-142.

　　④ 第54条："民用机场的建设和使用应当统筹安排、合理布局，提高机场的使用效率。全国民用机场的布局和建设规划，由国务院民用航空主管部门会同国务院其他有关部门制定，并按照国家规定的程序，经批准后组织实施。省、自治区、直辖市人民政府应当根据全国民用机场的布局和建设规划，制定本行政区域内的民用机场建设规划，并按照国家规定的程序报经批准后，将其纳入本级国民经济和社会发展规划。"

　　第55条："民用机场建设规划应当与城市建设规划相协调。"

　　第56条："新建、改建和扩建民用机场，应当符合依法制定的民用机场布局和建设规划，符合民用机场标准，并按照国家规定报经有关主管机关批准并实施。不符合依法制定的民用机场布局和建设规划的民用机场建设项目，不得批准。"

　　第57条："新建、扩建民用机场，应当由民用机场所在地县级以上地方人民政府发布公告。前款规定的公告应当在当地主要报纸上刊登，并在拟新建、扩建机场周围地区张贴。"

审意见稿中,从第51条到第55条[①]对原文进行了修订。

《民用机场管理条例》第4条和第5条[②]对民用机场建设和管理进行了一般性规定。

根据2008年经国务院批准颁布实施《全国民用机场布局规划》(不含通用航空机场),到2020年,我国民航运输机场总数将达到244个,新增机场97个(以2006年为基数),形成北方、华东、中南、西南、西北五大区域机场群。[③]

2017年2月,经国务院批准,国家发改委会同中国民用航空局印发了《全国民用运输机场布局规划》,完善华北、东北、华东、中南、西南、西北六大机场群,到2025年,在现有(含在建)机场基础上,全国民用运输机场规划布局370个。[④]

5.2.2 运输机场

5.2.2.1 运输机场的布局及选址

《民用航空法(送审意见稿)》第56条规定:"运输机场的建设和使用应当统筹安排、合理布局,配套能力充分、衔接顺畅的集疏运体系,提高机场的使用效率。全国运输机场的布局规划,由国务院民用航空主管部门会同国务院其他有关部门制定,并按照国家规定的程序,经国务院批准后组织实施。全国运输机场建设规划由国务院民用航空主管部门按照国家规定制定。省级人民政府应当根据全国运输机场的布局和建设规划,制定本行政区域内的运输机场建设规划,并按照国家规定的程序报经批准后,将其纳入本级国民经济和社会发展规划。"

《民用航空法(送审意见稿)》第57条规定:"新建、改建和扩建运输机场,应当符合依法制定的民用机场布局规划、建设规划和依法批准的民用机场总体规划,符合民用机场标准,

---

① 第51条:"民用机场总体规划和建设规划应当与城乡建设规划相协调。

地方各级人民政府应当将所在地民用机场总体规划纳入城乡规划,将民用机场场址纳入土地利用总体规划和城乡规划统筹安排,并根据机场运营和发展的需要,对周边地区的土地利用和建设实行规划控制。"

第52条:"民用机场应当按照国家规定划定机场净空保护区域,经所在地地区民用航空管理机构审核后报有关地方人民政府,并由地方人民政府向社会公布。

县级以上地方人民政府审批机场净空保护区域的建设项目,应当书面征求机场所在地地区民用航空管理机构的意见。

县级以上地方人民政府应当将民用机场净空电磁环境保护纳入安全生产责任考核机制。"

第53条:"对公众开放的民用机场应当持有机场使用许可证,方可开放使用。其他民用机场应当按照国务院民用航空主管部门的规定向其备案。

本法所称对公众开放的民用机场,是指允许公众进入以获取飞行服务或者自行开展飞行活动的民用机场。"

第54条:"民用机场行使许可证由运输机场管理机构或者通用机场运营人按照国务院民用航空主管部门规定的条件向其申请,经国务院民用航空主管部门审查批准后颁发。"

第55条:"设立国际机场,由机场所在地省级人民政府报请国务院审查批准。国际机场应当具备通航条件,设立海关和其他口岸检查机构。国际机场的开放使用,由国务院民用航空主管部门对外公告;国际机场资料由国务院民用航空主管部门统一对外提供。"

② 第4条:"国务院民用航空主管部门依法对全国民用机场实施行业监督管理。地区民用航空管理机构依法对辖区内民用机场实施行业监督管理。

有关地方人民政府依法对民用机场实施监督管理。"

第5条:"全国民用机场布局规划应当根据国民经济和社会发展需求以及国防要求编制,并与综合交通发展规划、土地利用总体规划、城乡规划相衔接,严格控制建设用地规模,节约集约用地,保护生态环境。"

③ 具体内容详见:https://www.caac.gov.cn/XXGK/XXGK/FZGH/201511/t20151103_10715.html. 2024年1月16日访问。

④ 具体内容详见:https://www.ndrc.gov.cn/xxgk/zcfb/ghwb/201703/W020190905497918071968.pdf. 2024年1月16日访问。

并按照国家规定履行报批程序。"

《民用机场管理条例》第 6 条[①]及第 9 条到第 12 条[②]、《民用机场建设管理规定》(CCAR-158-R2)第 3 条[③]、第 8 条[④]、第 10 条[⑤]、第 16 条[⑥]对运输机场的布局及选址进行了具体规定。

5.2.2.2 审批职权和程序

1. 运输机场的总体规划

飞行区指标为 4E 以上(含 4E)的运输机场的总体规划,由国务院民用航空主管部门批准;飞行区指标为 4D 以下(含 4D)的运输机场的总体规划,由所在地地区民用航空管理机构批准。民用航空管理部门审批运输机场总体规划,应当征求运输机场所在地有关地方人民政府意见。运输机场建设项目法人编制运输机场总体规划,应征求有关军事机关意见。[⑦]

《民用机场建设管理规定》(CCAR-158-R2)第 18 条[⑧]和第 19 条[⑨]运输机场总体规划

[①] 新建运输机场的场址应当符合国务院民用航空主管部门规定的条件。运输机场所在地有关地方人民政府应当将运输机场场址纳入土地利用总体规划和城乡规划统筹安排,并对场址实施保护。

[②] 第 9 条:运输机场所在地有关地方人民政府应当将运输机场总体规划纳入城乡规划,并根据运输机场的运营和发展需要,对运输机场周边地区的土地利用和建设实行规划控制。
第 10 条:运输机场内的建设项目应当符合运输机场总体规划。任何单位和个人不得在运输机场内擅自新建、改建、扩建建筑物或者构筑物。
第 11 条:运输机场新建、改建和扩建项目的安全设施应当与主体工程同时设计、同时施工、同时验收、同时投入使用。安全设施投资应当纳入建设项目概算。
第 12 条:运输机场内的供水、供电、供气、通信、道路等基础设施由机场建设项目法人负责建设;运输机场外的供水、供电、供气、通信、道路等基础设施由运输机场所在地方人民政府统一规划,统筹建设。

[③] 中国民用航空局负责全国运输机场及相关空管工程规划与建设的监督管理,民航地区管理局负责所辖地区运输机场及相关空管工程规划与建设的监督管理。

[④] 运输机场场址应当符合下列基本条件:(一)机场净空、空域及气象条件能够满足机场安全运行要求,与邻近机场无矛盾或能够协调解决,与城市距离适中,机场运行和发展与城乡规划发展相协调,飞机起落航线尽量避免穿越城市上空;(二)场地能够满足机场近期建设和远期发展的需要,工程地质、水文地质、电磁环境条件良好,地形、地貌较简单,土石方量相对较少,满足机场工程的建设要求和安全运行要求;(三)具备建设机场导航、供油、供电、供水、供气、通信、道路、排水等设施、系统的条件;(四)满足文物保护、环境保护及水土保持等要求;(五)节约集约用地,拆迁量和工程量相对较小,工程投资经济合理。

[⑤] 预选场址应征求有关军事机关、地方人民政府城乡规划、市政交通、环保、气象、文物、国土资源、地震、无线电管理、供电、通信、水利等部门的书面意见。

[⑥] 运输机场总体规划应当遵循"统一规划、分期建设,功能分区为主、行政区划为辅"的原则。规划设施应当布局合理,各设施系统容量平衡,满足航空业务量发展需求。运输机场总体规划目标年近期为 10 年、远期为 30 年。

[⑦] 《民用机场管理条例》第 8 条。

[⑧] 运输机场建设项目法人(或机场管理机构)在组织编制运输机场总体规划时,应当征求有关军事机关的书面意见,并应当与地方人民政府有关部门、各驻场单位充分协商,征求意见。各驻场单位应当积极配合,及时反映本单位的意见和要求,并提供有关资料。

[⑨] 运输机场总体规划审批应当履行以下程序:(一)机场飞行区指标为 4E(含)以上、4D(含)以下的运输机场总体规划由运输机场建设项目法人(或机场管理机构)分别向民航局、所在地民航地区管理局提出申请,同时提交机场总体规划一式 10 份,向地方人民政府提交机场总体规划一式 5 份。(二)民航局或民航地区管理局(以下统称民航管理部门)会同地方人民政府组织对机场总体规划进行联合审查。机场总体规划应当由具有相应资质的评审单位进行专家评审。申请人应当与评审单位依法签订技术服务合同,明确双方的权利义务。申请人应当根据各方意见对总体规划进行修改和完善。评审单位在完成评审工作后应当提出评审报告。专家评审期间不计入审查期限。(三)民航管理部门在收到评审报告后 20 日内作出许可决定,符合条件的,由民航管理部门在机场总体规划文本及图纸上加盖印章予以批准;不符合条件的,民航管理部门应当作出不予许可决定,并将总体规划及审查意见退回申请人。(四)申请人应当自机场总体规划批准后 10 日内分别向民航局、所在地民航地区管理局、所在地民用航空安全监督管理局提交加盖印章的机场总体规划及其电子版本(光盘)各 1 份,向地方人民政府有关部门提交加盖印章的机场总体规划及其电子版本(光盘)一式 5 份。

进行了进一步细化。

2. 运输机场专业工程的设计

飞行区指标为 4E 以上(含 4E)的运输机场专业工程的设计,由国务院民用航空主管部门批准;飞行区指标为 4D 以下(含 4D)的运输机场专业工程的设计,由运输机场所在地地区民用航空管理机构批准。运输机场专业工程经民用航空管理部门验收合格后,方可投入使用。①

《民用机场建设管理规定》(CCAR-158-R2)第四章、第五章和第六章分别对运输机场工程初步设计、运输机场工程施工图设计和运输机场建设实施进行了详细规定。②

3. 运输机场新建、扩建的公告

新建、扩建民用机场,应当由民用机场所在地县级以上地方人民政府发布公告。前款规定的公告应当在当地主要报纸上③刊登,并在拟新建、扩建机场周围地区张贴。④

运输机场新建、扩建的公告发布前,在依法划定的运输机场范围内和按照国家规定划定的机场净空保护区域内存在的可能影响飞行安全的建筑物、构筑物、树木、灯光和其他障碍物体,应当在规定的期限内清除;对由此造成的损失,应当给予补偿或者依法采取其他补救措施。⑤

运输机场新建、扩建的公告发布后,任何单位和个人违反本法和有关行政法规的规定,在依法划定的运输机场范围内和按照国家规定划定的机场净空保护区域内修建、种植或者设置影响飞行安全的建筑物、构筑物、树木、灯光和其他障碍物体的,由机场所在地县级以上地方人民政府责令清除;由此造成的损失,由修建、种植或者设置该障碍物体的个人或单位承担。⑥

4. 运输机场使用许可证

机场使用许可证制度是针对民用机场运营直接关系到飞行安全的特点而设立的,其目的在于严格掌握机场开放使用的条件,对保证民用航空器的运行安全意义重大。各国国内航空法中对此一般都有规定。1986 年 11 月 8 日,根据国务院发布的《民用机场管理暂行规定》(已失效)第 4 条规定,我国以国内法的形式确立了机场使用许可证制度。

目前,我国航空法中关于运输机场使用许可证的规定如下:

运输机场投入使用的,机场管理机构应当向国务院民用航空主管部门提出申请,并附送符合规定条件⑦的相关材料。

国务院民用航空主管部门应当自受理申请之日起 45 个工作日内审查完毕,作出准予许可或者不予许可的决定。准予许可的,颁发运输机场使用许可证;不予许可的,应当书面通知申请人并说明理由。

中国民用航空局负责对全国范围内的机场使用许可及其相关活动实施统一监督管理;

---

① 《民用机场管理条例》第 13 条。
② 具体内容详见:https://www.caac.gov.cn/XXGK/XXGK/MHGZ/201812/t20181219_193575.html. 2024 年 2 月 17 日访问。
③ 随着人们阅读范围不断扩大,建议在《民用航空法》修订时将"报纸"改为"媒体"。
④ 《民用航空法》第 57 条。
⑤ 参见《民用航空法》第 59 条。
⑥ 参见《民用航空法》第 60 条。
⑦ 具体条件详见《民用航空法》第 62 条,《民用机场管理条例》第 16 条,《运输机场使用许可规定》(CCAR-139CA-R4)第 8 条等。

负责飞行区指标为 4F 的机场使用许可审批工作。① 民航地区管理局负责对所辖区域内的机场使用许可及其相关活动实施监督管理。②

机场使用许可管理应当遵循安全第一、条件完备、审核严格、程序规范的原则。③

《运输机场使用许可规定》(CCAR-139CA-R4)第二章对运输机场使用许可证的申请(第 8 条④、第 9 条⑤和第 10 条⑥)、核发(第 11 条⑦、第 12 条⑧、第 13 条⑨和第 14 条⑩)、变更

---

① 《运输机场使用许可规定》(CCAR-139CA-R4)第 4 条。
② 包括:(一)受民航局委托实施辖区内飞行区指标为 4E(含)以下的机场使用许可审批工作;(二)受民航局委托实施机场使用手册审查工作;(三)监督检查本辖区内机场使用许可的执行情况;(四)组织对辖区内取得使用许可证的机场进行年度适用性检查和每 5 年一次的符合性评价;(五)法律、行政法规规定的以及民航局授权的其他职责。
③ 《运输机场使用许可规定》(CCAR-139CA-R4)第 6 条。
④ 申请机场使用许可证的机场应当具备下列条件:(一)有健全的安全运营管理体系、组织机构和管理制度;(二)机场管理机构的主要负责人、分管运行安全的负责人以及其他需要承担安全管理职责的高级管理人员具备与其运营业务相适应的资质和条件;(三)有符合规定的与其运营业务相适应的飞行区、航站区、工作区以及运营、服务设施、设备及人员;(四)有符合规定的能够保障飞行安全的空中交通服务、航空情报、通信导航监视、航空气象等设施、设备及人员;(五)使用空域已经批准;(六)飞行程序和运行标准符合民航局的规定;(七)有符合规定的安全保卫设施、设备、人员及民用航空安全保卫方案;(八)有符合规定的机场突发事件应急救援预案、应急救援设施、设备及人员;(九)机场名称已在民航局备案。
⑤ 申请机场使用许可证,应当报送下列文件资料:(一)《运输机场使用许可证申请书》。(二)机场使用手册。(三)机场管理机构的主要负责人、分管运行安全的负责人以及其他需要承担安全管理职责的高级管理人员的资质证明,与机场运行安全有关的人员情况一览表。(四)机场建设的批准文件和行业验收的有关文件;机场产权和委托管理的证明文件。(五)通信导航监视、气象等设施设备开放使用的批准或者备案文件。(六)符合要求的机场使用细则、飞行程序、机场运行最低标准的材料。(七)符合要求的民用航空安全保卫方案和人员配备、设施设备配备清单。(八)机场突发事件应急救援预案。(九)机场名称在民航局的备案文件。(十)民航局、民航地区管理局要求报送的其他必要材料。机场管理机构应当对申请机场使用许可证文件资料的真实性负责。
⑥ 申请材料不齐全或者不符合法定形式的,民航地区管理局应当当场或者在 5 个工作日内一次告知机场管理机构需要补正的全部内容,逾期不告知的,自收到申请材料之日起即为受理。
⑦ 民航局或者民航地区管理局收到符合要求的机场使用许可申请文件资料后,应当按照下列要求进行审查:(一)对文件资料的真实性、完整性进行审核;(二)对手册的格式以及内容与规章、标准的符合性进行审查;(三)对机场设施、设备、人员及管理制度与所报文件材料的一致性进行现场检查复核。负责前款事项的人员由民航局或者民航地区管理局指派或者监察员担任,但只有监察员有权在相应的文件上签字。
⑧ 民航局或者民航地区管理局经过审查,认为机场管理机构的申请符合本规定第八条、第九条要求的,应当在受理申请后的 45 个工作日内以民航局的名义作出批准决定,并自作出批准决定之日起 10 个工作日内将批准文件、机场使用许可证以及手册一并交与机场管理机构。民航局或者民航地区管理局颁发机场使用许可证后,应当将许可申请、审查和批准等文件资料存档。
⑨ 民航局或者民航地区管理局经过审查,认为机场管理机构报送的文件资料或者实际情况不完全具备本规定第八条、第九条要求的,应当书面通知机场管理机构并说明理由。在机场管理机构采取相应措施弥补前款提及的缺陷后,仍不能满足要求的,民航局或者民航地区管理局应当以民航局的名义作出不予颁发机场使用许可证的书面决定。民航局或者民航地区管理局作出不予颁发机场使用许可证的书面决定后,应当将书面决定等文件资料存档。
⑩ 民航局统一印制机场使用许可证,并对许可证编号实施统一管理。

（第 15 条①和第 16 条②）、注销（第 17 条③、第 18 条④、第 19 条⑤和第 20 条）⑥进行了具体规定。

民用机场废弃或者改作他用，民用机场管理机构应当依照国家规定办理报批手续。⑦

5.2.2.3 运输机场安全和环境保护

运输机场安全和环境保护主要包括净空管理和电磁环境保护两个方面。

1. 净空管理

（1）立法梳理。为保证飞行安全，中国民用航空局在 1959 年 8 月 20 日发布《民航机场等级和净空要求的规定》。1961 年 4 月 15 日国防部和交通部联合颁发的〔61〕军字第 18 号《关于飞机场附近高大建筑物设置飞行障碍标志的规定》。在《民航机场等级和净空要求的规定》基础上，1963 年 6 月 23 日，中国民用航空总局发布了《飞行区基本技术要求》，采用了国际民航组织机场净空要求，并对国内机场进行等级划分，为国内机场建设和净空保护提供立法支持。

1977 年 2 月 17 日，国务院、中央军委以国发〔1977〕14 号公布了《关于保护机场净空的规定》。但由于附件中有的规定不够明确，有些限制较严，有些规定过宽，在执行中出现了一些困难和矛盾。因此，国务院、中央军委决定对该规定作一些修改，重新予以颁发，并于 1982 年 12 月 11 日下发《国务院、中央军委关于重新颁发关于保护机场净空的规定的通知》，要求各地严格遵照执行。重新颁布的规定共五项规定及四个附件。规定：在机场净空区域内，严禁修建超出本规定的高大建筑物和影响机场通信、导航的设施。凡属擅自在机场净空区域内修建的超高建筑物，超高部分必须拆除。其损失由建筑物产权单位负责。机场净空区域内原有的超高建筑物，应设置飞行障碍标志。对于超出本规定的高大建筑物，按照 1961 年的《关于飞机场附近高大建筑物设置飞行障碍标志的规定》办理。1977 年《关于保护机场净空的规定》即行作废。2011 年 1 月 8 日，国务院令第 588 号《国务院关于废止和修改部分行政法规的决定》废止了 1982 年《关于保护机场净空的规定》。

---

① 机场使用许可证载明的下列事项发生变化的，机场管理机构应当按照本规定申请变更：（一）机场名称；（二）机场管理机构；（三）机场管理机构法定代表人；（四）机场飞行区指标；（五）机场目视助航条件；（六）跑道运行类别；（七）跑道运行模式；（八）机场可使用最大机型；（九）跑道道面等级号；（十）机场消防救援等级；（十一）机场应急救护等级。

② 申请变更机场使用许可证的，机场管理机构可以仅报送机场使用许可证申请资料的变化部分。

③ 有下列情况之一的，民航局或者民航地区管理局应当依法办理机场使用许可证的注销手续：（一）机场关闭后，不再具备安全生产条件，被撤销机场使用许可的；（二）决定机场关闭不再运营的；（三）机场管理机构依法终止的；（四）因不可抗力导致机场使用许可无法实施的；（五）法律、行政法规规定的应当注销行政许可的其他情形。

④ 机场管理机构决定机场关闭不再运营的，应当于机场预期关闭前至少 45 日向民航局或者所在地民航地区管理局提出关闭申请，经民航局或者民航地区管理局批准后方可关闭，并向社会公告。民航局或者民航地区管理局应当自受理机场管理机构申请之日起 20 个工作日内予以答复，并在预期的机场关闭日期注销该机场使用许可证。机场管理机构应当在机场许可证注销后的 5 个工作日内，将原证交回颁证机关。

⑤ 机场管理机构应当按照相关规定将机场关闭信息通知航行情报服务机构发布航行通告并向社会公告，并自关闭之日起，撤掉识别机场的标志、风向标等，设置跑道、滑行道关闭标志。

⑥ 有下列情形之一的，机场管理机构应当于机场预期关闭前至少 45 日报民航局或者所在地民航地区管理局审批，民航局或者民航地区管理局应当在 5 个工作日内予以答复，但机场使用许可证不予注销：（一）机场因改扩建在 1 年以内暂不接受航空器起降的；（二）航空业务量不足，暂停机场运营 1 年以内的。机场管理机构应当根据民航局或者民航地区管理局的答复，及时通知有关的空中交通管理单位或者航行情报服务机构发布航行通告并向社会公告。在批准的关闭日期，撤掉识别机场的标志、风向标等，设置跑道、滑行道关闭标志。机场恢复开放使用时，机场管理机构应当报民航局或者所在地民航地区管理局批准。

⑦ 《民用航空法》第 69 条。

目前,关于机场净空管理及保护,我国已经形成了以《民用航空法》为核心,《民用机场管理条例》和大量航空部门规章为两翼的国家层面规定,辅之以地方人大和政府所颁布的地方性法规和地方行政规章①。

(2) 净空管理的基本要求。民用机场应当按照国家规定划定机场净空保护区域,经所在地地区民用航空管理机构审核后报有关地方人民政府,并由地方人民政府向社会公布。②《民用机场管理条例》第46条③、第47条④和第48条⑤对净空保护区域划定、建设项目、高压输电塔进行了具体规定。

《运输机场运行安全管理规定》(CCAR-140-R2)第156条⑥、第157条⑦和第158条⑧规定了净空管理基本要求。

(3) 机场净空区域。机场净空区,也称机场净空保护区域,是指为保护航空器起飞、飞行和降落安全,根据民用机场净空障碍物限制图要求划定的空间范围。

运输机场净空保护区域是指以机场基准点⑨为圆心、水平半径55公里的空间区域,分为净空巡视检查区域和净空关注区域。净空巡视检查区域为机场障碍物限制面区域加上适当的面外区域一般为机场跑道中心线两侧各10公里、跑道端外20公里以内的区域。净空关注区域为净空巡视检查区域之外的机场净空保护区域。⑩

(4) 障碍物的限制。在《民用航空法》《民用机场管理条例》《运输机场净空保护管理办法》等都对净空区域内的禁止性行为进行了具体规定。

《民用航空法》第58条规定:"禁止在依法划定的民用机场范围内和按照国家规定划定的机场净空保护区域内从事下列活动:(一)修建可能在空中排放大量烟雾、粉尘、火焰、废气而影响飞行安全的建筑物或者设施;(二)修建靶场、强烈爆炸物仓库等影响飞行安全的建筑

---

① 如安徽人大常委会1998年颁布的《安徽省民用机场净空环境保护条例》,四川人大常委会2001年颁布的《四川省民用机场净空及电磁环境保护条例》,贵阳市人民政府2001年颁布的《贵阳龙洞堡机场净空保护区域飞鸟禽管理暂行规定》,无锡市人民政府2005年颁布的《无锡硕放机场净空环境保护办法》,重庆市人民政府2006年颁布的《重庆市军用机场净空区保护办法》,江西省人民政府2007年颁布的《江西省民用机场净空和民用航空电磁环境保护办法》,湖北省人大常委会2010年颁布的《湖北省民用机场净空安全保护条例》,北京市人民政府2010年颁布的《北京市民用机场净空保护区域管理若干规定》,河北省人民政府2012年颁布的《河北省民用机场净空和电磁环境保护办法》,甘肃省人民政府2015年颁布的《甘肃省民用机场净空和民用航空电磁环境保护规定》,青岛市人民政府2017年颁布的《青岛市民用机场净空和电磁环境保护管理办法》等。

② 《民用航空法》(修订草案)第52条。

③ 民用机场所在地地区民用航空管理机构和有关地方人民政府,应当按照国家有关规定划定民用机场净空保护区域,并向社会公布。

④ 县级以上地方人民政府审批民用机场净空保护区域内的建设项目,应当书面征求民用机场所在地地区民用航空管理机构的意见。

⑤ 在民用机场净空保护区域内设置22万伏以上(含22万伏)的高压输电塔的,应当按照国务院民用航空主管部门的有关规定设置障碍灯或者标志,保持其正常状态,并向民用机场所在地地区民用航空管理机构、空中交通管理部门和机场管理机构提供有关资料。

⑥ 机场管理机构应当依据《民用机场飞行区技术标准》,按照本机场远期总体规划,制作机场障碍物限制图。机场总体规划调整时,机场障碍物限制图也应当相应调整。

⑦ 机场管理机构应当及时将最新的机场障碍物限制图报当地政府有关部门备案。

⑧ 机场管理机构应当积极协调和配合当地政府城市规划行政主管部门按照相关法律法规、规章和标准的规定制定发布机场净空保护的具体管理规定,明确政府部门与机场的定期协调机制;在机场净空保护区域内的新建、改(扩)建建筑物或构筑物的审批程序、新增障碍物的处置程序;保持原有障碍物的标识清晰有效的管理办法等内容。

⑨ 机场基准点是指机场标定的地理位置。资料来源:《芝加哥公约》附件14第Ⅰ卷《机场设计和运行》第1.1条定义。

⑩ 《运输机场净空保护管理办法》(AP-140-CA-2022-03)第3条。

物或者设施;(三)修建不符合机场净空要求的建筑物或者设施;(四)设置影响机场目视助航设施使用的灯;(五)种植影响飞行安全或者影响机场助航设施使用的植物;(六)饲养、放飞影响飞行安全的鸟类动物和其他物体;(七)修建影响机场电磁环境的建筑物或者设施。禁止在依法划定的民用机场范围内放养牲畜。"[1]

《民用机场管理条例》第49条[2]、《民用机场运行安全管理规定》(CCAR-140-R2)第159条[3]、《运输机场净空保护管理办法》(AP-140-CA-2022-03)第13条[4]等对在民用机场净空保护区域内的禁止性行为进行了规范,具体内容大同小异。

(5)机场净空区域保护。《民用机场管理条例》第52条规定:"民用航空管理部门和机场管理机构应当加强对民用机场净空状况的核查。发现影响民用机场净空保护的情况,应当立即制止,并书面报告民用机场所在地县级以上地方人民政府。接到报告的县级以上地方人民政府应当及时采取有效措施,消除对飞行安全的影响。"

《民用机场飞行程序和运行最低标准管理规定》(CCAR-97FS-R3)第32条规定,机场管理机构应当加强机场净空巡视,监控可能影响飞行程序和运行最低标准的建筑物、构筑物、树木及其他固定或活动障碍物的变化情况,必要时应当协调有关部门按照民航局相关规定开展安全评估,提出解决方案。

《民用机场运行安全管理规定》(CCAR-140-R2)从第160条到第173条[5]对障碍物的

---

[1] 《民用航空法(修订送审稿)》第52条将本条修订为:"禁止在依法划定的运输机场范围内和按照国家规定划定的机场净空保护区域内从事下列活动:(一)修建可能在空中排放大量烟雾、粉尘、火焰、废气而影响飞行安全的建筑物或者设施;(二)修建靶场、强烈爆炸物仓库等影响飞行安全的建筑物或者设施;(三)修建不符合机场净空要求的建筑物或者设施;(四)设置影响机场目视助航设施使用的灯光、标志或者物体;(五)种植影响飞行安全或者影响机场助航设施使用的植物;(六)饲养、放飞影响飞行安全的鸟类动物和其他物体;(七)修建影响机场电磁环境的建筑物或者设施。(八)设置易吸引鸟类动物及其动物的露天垃圾场、屠宰场、养殖场等场所。(九)焚烧产生大量烟雾的农作物秸秆、垃圾等物质,或者燃放烟花、焰火;(十)国务院民用航空主管部门规定的其他危及机场、民用航空器正常运行的行为。"

[2] 禁止在民用机场净空保护区域内从事下列活动:(一)排放大量烟雾、粉尘、火焰、废气等影响飞行安全的物质;(二)修建靶场、强烈爆炸物仓库等影响飞行安全的建筑物或者其他设施;(三)设置影响民用机场目视助航设施使用或者飞行员视线的灯光、标志或者物体;(四)种植影响飞行安全或者影响民用机场助航设施使用的植物;(五)放飞影响飞行安全的鸟类,升放无人驾驶的自由气球、系留气球和其他升空物体;(六)焚烧产生大量烟雾的农作物秸秆、垃圾等物质,或者燃放烟花、焰火;(七)在民用机场围界外5米范围内,搭建建筑物、种植树木,或者从事挖掘、堆积物体等影响民用机场运营安全的活动;(八)国务院民用航空主管部门规定的其他影响民用机场净空保护的行为。

[3] 在机场净空保护区域内,机场管理机构应当采取措施,防止下列影响飞行安全的行为发生:(一)修建可能在空中排放大量烟雾、粉尘而影响飞行安全的建筑物(构筑物)或者设施;(二)修建靶场、爆炸物仓库等影响飞行安全的建筑物或者设施;(三)设置影响机场目视助航设施使用的或者机组成员视线的灯光、标志、物体;(四)种植影响飞行安全或者影响机场助航设施使用的植物;(五)放飞影响飞行安全的鸟类动物、无人驾驶自由气球、系留气球和其他升空物体;(六)焚烧产生大量烟雾的农作物秸秆、垃圾等物质,或者燃放烟花、焰火;(七)设置易吸引鸟类及其他动物的露天垃圾场、屠宰场、养殖场等场所;(八)其他可能影响飞行安全的活动。

[4] 在机场净空保护区域内,机场管理机构应当采取措施,协助相关地方人民政府防止下列影响飞行安全的行为发生:(一)修建可能在空中排放大量烟雾、粉尘、火焰、废气而影响飞行安全的建筑物、构筑物或者设施;(二)修建靶场、强烈爆炸物仓库等影响飞行安全的建筑物、构筑物或者设施;(三)修建不符合机场净空要求的建筑物、构筑物或者设施;(四)设置影响机场目视助航设施使用或者民用航空器驾驶员视线的灯光、激光、标志、物体;(五)种植影响飞行安全或者影响机场助航设施使用的植物;(六)放飞影响飞行安全的鸟类动物以及升放无人驾驶的自由气球、系留气球和其他物体;(七)修建影响机场电磁环境的建筑物、构筑物或者设施;(八)设置易吸引鸟类及其他动物的露天垃圾场、屠宰场、养殖场等场所;(九)焚烧产生大量烟雾的农作物秸秆、垃圾等物质或者燃放烟花、焰火;(十)其他可能影响飞行安全的情形或者活动。

[5] 具体内容详见:https://www.caac.gov.cn/XXGK/XXGK/MHGZ/202203/P020220314606769100532.pdf。2024年2月18日访问。

限制及障碍物的日常管理进行了详细规定。

《运输机场净空保护管理办法》(AP-140-CA-2022-03)第4条规定了"机场管理机构负责机场净空巡视检查工作",并在第5条要求"机场管理机构应当设立或者指定部门负责净空管理工作,并根据净空管理工作需要,配备足够数量的净空管理及巡视检查人员和必要的设备"。该办法还对障碍物的限制要求、净空巡视检查和情况处置、监督检查等进行了具体规定。[①] 并在第31条规定"A类通用机场的净空巡视检查工作可以参照本办法执行"。

《民用机场净空保护区域内建设项目净空审核管理办法》(民航发〔2023〕1号)[②]第4条规定:"机场净空审核内容为:建设项目对机场障碍物限制面、目视助航设施保护区、飞行程序及运行最低标准、最低监视引导高度、民用航空无线电(站)场地保护和民用机场电磁环境、民航气象探测环境等的影响。"该办法从第17条到第26条对运输机场净空审核要求进行了详细规定。[③]

在净空保护区域外,对可能影响飞行安全的障碍物,航空法也进行了较为详细的规定。《民用航空法》第61条规定:"在民用机场及其按照国家规定划定的净空保护区域以外,对可能影响飞行安全的高大建筑物或者设施,应当按照国家有关规定设置飞行障碍灯和标志,并使其保持正常状态。"[④]第86条还规定:"在距离航路边界三十公里以内的地带,禁止修建靶场和其他可能影响飞行安全的设施;但是,平射轻武器靶场除外。在前款规定地带以外修建固定的或者临时性对空发射场,应当按照国家规定获得批准;对空发射场的发射方向,不得与航路交叉。"

《民用机场管理条例》第50条规定:"在民用机场净空保护区域外从事本条例第四十九条所列活动的,不得影响民用机场净空保护。"第51条还规定:"禁止在距离航路两侧边界各30公里以内的地带修建对空射击的靶场和其他可能影响飞行安全的设施。"

《民用机场运行安全管理规定》(CCAR-140-R2)第166条规定:"在机场障碍物限制面范围以外、距机场跑道中心线两侧各10公里,跑道端外20公里的区域内,高出原地面30米且高出机场标高150米的物体应当认为是障碍物,除非经专门的航行研究表明它们不会对航空器的运行构成危害。"第167条还规定:"在机场障碍物限制面范围以内或以外地区的障碍物,都应当按照《民用机场飞行区技术标准》的规定予以标志和照明。"

在2022年12月7日中国民用航空局发布的行业标准《民用机场净空障碍物遮蔽原则

---

① 具体内容详见:https://www.caac.gov.cn/XXGK/XXGK/GFXWJ/202209/P020220906547532727623.pdf。2024年2月18日访问。

② 《民用机场净空保护区域内建设项目净空审核管理办法》是中国民用航空局、自然资源部于2023年1月12日联合发布,自2023年5月1日施行。该办法废止了2021年4月1日起实施《运输机场净空区域内建设项目净空审核管理办法》。

③ 具体条文详见:https://www.caac.gov.cn/XXGK/XXGK/ZCFB/202302/P020230206367545541329.pdf。2024年2月18日访问。

④ 《民用航空法(修订送审稿)》第86条规定,在民用机场及其按照国家规定划定的净空保护区域以外,对可能影响飞行安全的高大建筑物、构筑物、架空高压输电设施等,所有者应当按照国家规定设置航空障碍灯、障碍物标志,并使其保持正常状态。

应用指南》(MH/T5062-2022)①中,明晰了遮蔽原则应用方法。

2. 电磁环境保护

(1) 立法梳理。为加强民用航空无线电管理,保障民用航空飞行的安全与正常,1990年5月26日中国民用航空总局制定了《中国民用航空无线电管理规定》(CCAR-118TM),规定,民用航空通信、导航、雷达无线电台站的设置,由民航局根据民用航空机场、航线和航空通信、导航、雷达网络建设的需要确定。② 民用航空地面无线电台站的设台审批权限是:国家无线电管理委员会指配给民用航空机场使用频率的甚高频、特高频移动无线电话台,由地区管理局(飞行院校)无线电管理委员会审批,报民航局无线电管理委员会备案。其他航空地面无线电台站由民航局无线电管理委员会审批。③ 设置在机场范围以外的民用航空无线电台站的台址,在设台前应当报请当地无线电管理委员会和地方政府同意。设置在军民合用机场的台站的台址应当征得军方同意。④ 在该规定第四章中对机场内航空无线电台站呼号、频率的指配、外国航空公司使用航空无线电台的管理进行了具体规定。⑤

《民用航空法》第58条规定:"禁止在依法划定的民用机场范围内和按照国家规定划定的机场净空保护区域内从事下列活动:……(七)修建影响机场电磁环境的建筑物或者设施……"这为我国机场电磁环境的保护提供了法律依据。

《民用机场管理条例》从第53条到第58条,《民用航空气象探测设施及探测环境管理办法》第29条、第35条、第38条、第46条等,《民用航空通信导航监视工作规则》(CCAR-115TM-R2)第35条、第36条、第三章第六节以及第159条等,《民用航空导航设备开放与运行管理规定》(CCAR-85-R2)第27条和第61条,《运输机场运行安全管理规定》(CCAR-140-R2)第七章第四节以及《民用机场建设管理规定》(CCAR-158-R2)都对机场电磁环境保护进行了具体规定。

《民用机场电磁环境保护区域划定规范与保护要求》(AC-118-TM-2011-01)、《民用机场与地面航空无线电台(站)电磁环境测试规范》(AP-118-TM-2013-01)、《航空无线电导航台站电磁环境要求》(国标GB6364-2013)等规范性文件和国家标准等也对机场电磁环境进行了具体规定。

另外,各省(自治区、直辖市)还制定了地方性的机场电磁环境保护地方性法规和地方行政规章。

可见,目前我国已经形成了非常完备的保护机场电磁环境的法律制度。

(2) 民用机场电磁环境保护区域类别。民用机场电磁环境保护区域包括设置在民用机场总体规划区域内的民用航空无线电台(站)电磁环境保护区域和民用机场飞行区电磁环境

---

① 主要内容包括4章和1个附录,分别为总则、术语、遮蔽原则的适用区域、遮蔽原则应用方法及遮蔽原则应用示例。具体为:第1章 总则,明确了制定的目的意义、主要内容、适用范围、应用原则;第2章 术语,阐述了本指南中的术语概念;第3章 遮蔽原则的适用区域,规定了可应用遮蔽原则的区域及应用要求;第4章 遮蔽原则应用方法,规定了遮蔽区域的确定方法及遮蔽原则符合性的判定方法。1个附录为"遮蔽原则应用示例",主要是应用遮蔽原则的操作步骤。具体内容详见:https://www.caac.gov.cn/XXGK/XXGK/BZGF/HYBZ/202301/P020230110613529358010.pdf。2024年2月19日访问。

② 《中国民用航空无线电管理规定》(CCAR-118TM)第6条。

③ 《中国民用航空无线电管理规定》(CCAR-118TM)第10条。

④ 《中国民用航空无线电管理规定》(CCAR-118TM)第13条。

⑤ 具体内容详见:https://www.caac.gov.cn/XXGK/XXGK/MHGZ/201511/t20151102_8591.html。2024年1月20日访问。

保护区域。[1]

民用航空无线电台（站）电磁环境保护区域，是指按照国家有关规定、标准或者技术规范划定的地域和空间范围。[2]

机场飞行区电磁环境保护区域，是指影响民用航空器运行安全的机场电磁环境区域，即机场管制地带内从地表面向上的空间范围。[3]

（3）民用机场电磁环境保护区域划定。民用机场电磁环境保护区域的划定，应当满足民用航空无线电台（站）电磁环境保护的相关标准[4]，符合民用航空无线电台（站）建设布局。[5]

民用机场所在地地方无线电管理机构应当会同地区民用航空管理机构按照国家无线电管理的有关规定和标准确定民用机场电磁环境保护区域，并向社会公布。[6]

机场电磁环境保护区域由民航地区管理局配合机场所在地的地方无线电管理机构按照国家有关规定或者标准共同划定、调整。[7]

机场管理机构应当及时将最新的机场电磁环境保护区域报当地政府有关部门备案。[8]

设置、使用地面民用航空无线电台（站），应当经民用航空管理部门审核后，按照国家无线电管理有关规定办理审批手续，领取无线电台执照。[9]

在民用机场电磁环境保护区域内设置、使用非民用航空无线电台（站）的，无线电管理机构应当在征求民用机场所在地地区民用航空管理机构意见后，按照国家无线电管理的有关规定审批。[10]

《民用机场电磁环境保护区域划定规范与保护要求》（AC-118-TM-2011-01）第6条第（一）（二）项分别规定了设置在民用机场总体规划区域内的民用航空无线电台（站）电磁环

---

[1] 《民用机场管理条例》第53条第2款，《运输机场运行安全管理规定》（CCAR-140-R2）第174条第1款，《民用机场电磁环境保护区域划定规范与保护要求》（AC-118-TM-2011-01）第6条。

[2] 《运输机场运行安全管理规定》（CCAR-140-R2）第174条第2款，《民用机场电磁环境保护区域划定规范与保护要求》（AC-118-TM-2011-01）第4条（1）项。

[3] 《运输机场运行安全管理规定》（CCAR-140-R2）第174条第3款，《民用机场电磁环境保护区域划定规范与保护要求》（AC-118-TM-2011-01）第4条第（二）项。

[4] 《民用机场电磁环境保护区域划定规范与保护要求》（AC-118-TM-2011-01）第5条规定：民用机场电磁环境保护区域应当依照下列规定和标准（以最新版本为准）划定：（一）《航空无线电导航台站电磁环境要求》；（二）《航空无线电导航台和空中交通管制雷达站设置场地规范》；（三）《VHF/UHF航空无线电通信台站电磁环境要求》；（四）《对空情报雷达站电磁环境防护要求》；（五）《地球站电磁环境保护要求》；（六）《民用航空使用空域办法》；（七）其他有关规定和标准。

[5] 《民用机场电磁环境保护区域划定规范与保护要求》（AC-118-TM-2011-01）第2条。

[6] 《民用机场管理条例》第53条第1款。

[7] 《运输机场运行安全管理规定》（CCAR-140-R2）第174条第1款。

[8] 《运输机场运行安全管理规定》（CCAR-140-R2）第175条。

[9] 《民用机场管理条例》第54条。

[10] 《民用机场管理条例》第55条。

境保护区域具体范围①和民用机场飞行区电磁环境保护区域化设具体办法。②

军民合用机场电磁环境保护区域的范围,须征得军方的同意。③

设置在民用机场电磁环境保护区域以外的民用航空无线电台(站),其电磁环境保护区域按照《民用机场电磁环境保护区域划定规范与保护要求》(AC-118-TM-2011-01)第5条相关规定和标准进行划定。④

(4)民用机场电磁环境保护区域保护。民航地区管理局应积极协调和配合机场所在地的地方无线电管理机构制定机场电磁环境保护区的具体管理规定,并以适当的形式发布。⑤

机场管理机构应建立机场电磁环境保护区巡检制度,⑥发现下列有影响航空电磁环境的行为发生时应当立即报告民航地区管理局:(一)修建可能影响航空电磁环境的高压输电线、架空金属线、铁路(电气化铁路)、公路、无线电发射设备试验发射场;(二)存放金属堆积物;(三)种植高大植物;(四)掘土、采砂、采石等改变地形地貌的活动;(五)修建其他可能影响机场电磁环境的建筑物或者设施以及进行可能影响航空电磁环境的活动。⑦

民用航空无线电专用频率受到干扰时,机场管理机构和民用航空管理部门应当立即采取排查措施,及时消除;无法消除的,应当通报民用机场所在地地方无线电管理机构。接到通报的无线电管理机构应当采取措施,依法查处。⑧

设置、使用地面民用航空无线电台(站),应当经民用航空管理部门审核后,按照国家无

---

① 设置在民用机场总体规划区域内的民用航空无线电台(站)电磁环境保护区域包括:1.民用机场跑道所占用的矩形范围。长度从跑道中线的中点分别到跑道两端延长线的近距导航台或中指点标台(以大者为准)的距离,再各增加500米。宽度1000米。即以跑道中线及其两端延长线为基准,分别向两侧延伸500米。当民用机场不设置近距导航台或中指点标台,该矩形的长度从跑道中线中点分别到跑道两端的距离,再各增加500米。宽度1000米。即以跑道中线及其两端延长线为基准,分别向两侧延伸500米。2.民用机场规划用地范围。即民用机场已经征用的土地范围。3.若设置在民用机场规划用地范围内的无线电台(站),其电磁环境保护区域超出了本款第1、2项规定的范围,应当根据该无线电台(站)电磁环境保护区域规定和标准加以补充。

② 民用机场飞行区电磁环境保护区域按下列办法进行化设:1.对于可供D类和D类以上航空器使用的机场,如果为单跑道机场,则以跑道两端入口为圆心13千米为半径的弧和两条弧线相切的跑道的平行线围成的区域;如果为多跑道的机场,则以所有跑道两端入口为圆心13千米为半径的弧及相邻弧线之间的切线围成的区域。该区域应当包含以机场管制地带基准点为圆心,半径为13千米的圆。如果因此使得跑道入口为圆心的弧的半径大于13千米,则应当向上取值为0.5千米的最小整数倍。2.对于可供C类和C类以下航空器使用的机场,确定办法与本款第1项相同。但是该项中以跑道两端入口为圆心的弧的半径以及应当包含的以机场管制地带基准点为圆心的半径应当为10千米。3.对于仅供B类和B类以下航空器使用的机场,以机场管制地带基准点为圆心以10千米为半径的圆。4.对于需要建立特殊进近运行程序的机场,根据需要可适当放宽。

③ 《民用机场电磁环境保护区域划定规范与保护要求》(AC-118-TM-2011-01)第7条。

④ 《民用机场电磁环境保护区域划定规范与保护要求》(AC-118-TM-2011-01)第8条。

⑤ 《运输机场运行安全管理规定》(CCAR-140-R2)第176条。

⑥ 《民用机场电磁环境保护区域划定规范与保护要求》(AC-118-TM-2011-01)第11条规定,民用机场管理机构和民用航空无线电(台)设置使用单位应当建立民用机场电磁环境保护区域巡检制度。发现可能影响机场电磁环境的活动(包括改变地形地貌),应当及时向当地民用航空管理机构报告。遇有紧急或特殊情况,可直接向当地地方无线电管理机构报告。

⑦ 《运输机场运行安全管理规定》(CCAR-140-R2)第178条。这与《民用机场管理条例》第56条的规定基本相同。《民用机场管理条例》第56条规定:"禁止在民用航空无线电台(站)电磁环境保护区域内,从事下列影响民用机场电磁环境的活动:(一)修建架空高压输电线、架空金属线、铁路、公路、电力排灌站;(二)存放金属堆积物;(三)种植高大植物;(四)从事掘土、采砂、采石等改变地形地貌的活动;(五)国务院民用航空主管部门规定的其他影响民用机场电磁环境的行为。"

⑧ 《民用机场管理条例》第58条。

线电管理有关规定办理审批手续,领取无线电台执照。[①]

在民用机场电磁环境保护区域内设置、使用非民用航空无线电台(站)的,无线电管理机构应当在征求民用机场所在地地区民用航空管理机构意见后,按照国家无线电管理的有关规定审批。[②]

任何单位或者个人使用的无线电台(站)和其他仪器、装置,不得对民用航空无线电专用频率的正常使用产生干扰。[③]

在机场飞行区电磁环境保护区域内设置工业、科技、医疗设施,修建电气化铁路、高压输电线路等设施不得干扰机场飞行区电磁环境。[④]

在民用航空无线电台(站)电磁环境保护区域内从事下列活动[⑤]的,由民用机场所在地县级以上地方人民政府责令改正;情节严重的,处2万元以上10万元以下的罚款。

机场管理机构未按照规定的要求履行净空和电磁环境保护职责,而导致机场运行安全隐患的,由民航局或民航地区管理局处以5 000元以上1万元以下的罚款;情节严重的,处以1万元以上3万元以下的罚款。[⑥]

另外,在我国航空法中,还对机场噪声[⑦]进行了规范。《航空器型号和适航合格审定噪声规定》(CCAR-36-R3)[⑧]对航空器噪声进行了详细规定。

5.2.2.4 运输机场使用手册和名称管理

1. 运输机场使用手册

机场使用手册是随同民用机场使用许可证一并批准机场运行的基本依据,机场管理机构应当严格按照手册运行和管理机场。

《运输机场使用许可规定》(CCAR-139CA-R4)第三章《机场使用手册》具体规定了编

---

① 《民用机场管理条例》第54条。
② 《民用机场管理条例》第55条。
③ 《民用机场管理条例》第57条。
④ 《运输机场运行安全管理规定》(CCAR-140-R2)第177条。
⑤ (一)修建架空高压输电线、架空金属线、铁路、公路、电力排灌站;(二)存放金属堆积物;(三)从事掘土、采砂、采石等改变地形地貌的活动;(四)国务院民用航空主管部门规定的其他影响民用机场电磁环境保护的行为。参见《民用机场管理条例》第81条。
⑥ 《运输机场运行安全管理规定》(CCAR-140-R2)第303条。
⑦ 《民用机场管理条例》从第59条到第62条、第82条。
第59条:在民用机场起降的民用航空器应当符合国家有关航空器噪声和涡轮发动机排出物的适航标准。
第60条:机场管理机构应当会同航空运输企业、空中交通管理部门等有关单位,采取技术手段和管理措施控制民用航空器噪声对运输机场周边地区的影响。
第61条:民用机场所在地有关地方人民政府制定民用机场周边地区的土地利用总体规划和城乡规划,应当充分考虑民用航空器噪声对民用机场周边地区的影响,符合国家有关声环境质量标准。机场管理机构应当将民用航空器噪声对运输机场周边地区产生影响的情况,报告有关地方人民政府国土资源、规划建设、环境保护等主管部门。
第62条:民用机场所在地有关地方人民政府应当在民用机场周边地区划定限制建设噪声敏感建筑物的区域并实施控制。确需在该区域内建设噪声敏感建筑物的,建设单位应当采取措施减轻或者避免民用航空器运行时其产生的噪声影响。民用机场所在地有关地方人民政府应当会同地区民用航空管理机构协调解决在民用机场起降的民用航空器噪声影响引发的相关问题。
第82条:违反本条例的规定,在民用机场起降的民用航空器不符合国家有关航空器噪声和涡轮发动机排出物的适航标准的,由民用航空管理部门责令相关航空运输企业改正,可以处10万元以下的罚款;拒不改正的,处10万元以上50万元以下的罚款。
⑧ 具体内容详见:https://www.caac.gov.cn/XXGK/XXGK/MHGZ/202303/P020230306338058415449.pdf。2024年2月21日访问。

制与生效、发放与使用、动态管理,并在第56条、第57条中①规定了违反规定的具体处罚措施。

2. 运输机场名称管理

机场名称是体现航空运输始发、经停、到达的重要标识,其命名、更名和使用应当有明确的规定。在我国,《地名管理条例》(国务院令第753号)②、《运输机场使用许可规定》(CCAR-139CA-R4)第四章《机场名称管理》③、《民用机场名称管理办法》(民航规〔2023〕29号)④对机场名称进行了一般和具体的规定。

5.2.2.5 法律责任

《民用航空法》第210条规定:"违反本法第六十二条的规定,未取得机场使用许可证开放使用民用机场的,由国务院民用航空主管部门责令停止开放使用;没收违法所得,可以并处违法所得一倍以下的罚款。"

《中华人民共和国民用航空安全保卫条例》第34条规定:"违反本条例第十四条⑤的规定或者有本条例第十六条⑥、第二十四条第一项和第二项、第二十五条所列行为的,由民航公安机关依照《中华人民共和国治安管理处罚条例》有关规定予以处罚。"

---

① 具体内容详见:https://www.caac.gov.cn/XXGK/XXGK/MHGZ/202207/t20220708_214046.html. 2024年1月21日访问。

② 具体内容详见:https://www.gov.cn/zhengce/content/2022-04/21/content_5686491.htm. 2024年1月21日访问。

③ 第35条:机场名称是体现航空运输始发、经停、到达的重要标识,其命名、更名和使用应当遵循本规定和国家有关规定。
第36条:机场的命名应当以确定机场具体位置并区别于其他机场为准则。
第37条:机场名称一般由行政区划名,后缀机场专名组成。机场行政区划名应当与所在地行政区划名称相一致。跨地区的机场,机场行政区划名应当使用所跨行政区的地方政府协商确定的名称。机场专名通常使用机场所在地县、区、旗、乡、镇名称,并不得与其他机场的行政区划名、专名重名,同时避免使用同音字和生僻字。按照国家译名管理相关规定,规范拼写机场英文译名。
第38条:机场的更名应当遵循下列要求:(一)机场所在地更名的,应当变更机场行政区划名;(二)有机场所在地经济发展需要、与当地人民群众风俗习惯相冲突、现有名称的谐音容易产生歧义等情况的,可以变更机场专名;(三)作为国际机场使用的机场,需在机场名称内增加"国际"二字;(四)变更后的名称应当符合本规定第三十七条的要求。
第39条:机场的命名或者更名,应当按照《地名管理条例》及相关规定的要求进行,并报民航局备案。
第40条:机场名称备案时,应当向民航局报送下列文件:(一)机场管理机构关于机场命名或者更名的申请文件;(二)机场所在地人民政府的审核意见;(三)军队产权的军民合用机场民用部分,附相关军队机关的意见;(四)机场名称内需增加"国际"二字的,附第四十一条要求的相关文件。
第41条:在机场名称中增加"国际"二字的,备案时应当向民航局报送下列文件:(一)国务院批准设立航空口岸的批复;(二)联检设施经国家口岸管理办公室验收合格的证明文件;(三)国家有关部门批准对外籍飞机开放的证明文件。
第42条:机场管理机构应当在机场入口和航站楼显著位置设置机场名称标志。一个城市只有一个机场的,机场管理机构可以在航站楼屋面上只设置机场行政区划名;一个城市有多个机场的,机场管理机构应当在航站楼屋面上同时设置行政区划名和专名。国际机场还应当标示符合规范的机场英文名称。

④ 具体内容详见:https://www.caac.gov.cn/XXGK/XXGK/GFXWJ/202309/P020230920566093156443.pdf. 2024年2月22日访问。

⑤ 在航空器活动区和维修区内的人员、车辆必须按照规定路线行进,车辆、设备必须在指定位置停放,一切人员、车辆必须避让航空器。

⑥ 机场内禁止下列行为:(一)攀(钻)越、损毁机场防护围栏及其他安全防护设施;(二)在机场控制区内狩猎、放牧、晾晒谷物、教练驾驶车辆;(三)无机场控制区通行证进入机场控制区;(四)随意穿越航空器跑道、滑行道;(五)强行登、占航空器;(六)谎报险情,制造混乱;(七)扰乱机场秩序的其他行为。

《民用机场管理条例》第五章法律责任(第63条到第83条)[①]规定了罚款、责令改正、限制使用、吊销运输机场使用许可证、没收违法所得、吊销民用机场航空燃油供应安全运营许可证、对国家工作人员违反规定依法给予处分等具体法律责任。

另外,《民用机场和民用航空器内禁止吸烟的规定》(CCAR-252FS)(第10条到第15条)[②]、《民用机场航空器活动区道路交通安全管理规则》(CCAR-331SB-R1)第九章《法律责任》(第38条到第41条)[③]、《民用运输机场突发事件应急救援管理规则》(CCAR-139-Ⅱ-R1)第八章《法律责任》(第62条到第66条)[④]、《民用机场建设管理规定》(CCAR-158-R2)第十章《法律责任》(第109条到第117条)[⑤]、《民用航空运输机场航空安全保卫规则》(CCAR-329)第七章《法律责任》(第133条到第158条)[⑥]、《民用机场飞行程序和运行最低标准管理规定》(CCAR-97FS-R3)第七章《法律责任》(第43条到第45条)[⑦]、《民用机场专用设备管理规定》(CCAR-137CA-R4)第八章《监督管理与法律责任》(第63条到第78条)[⑧]、《运输机场专业工程建设质量和安全生产监督管理规定》(CCAR-165-R1)第五章《法律责任》(第99条到第116条)[⑨]、《运输机场运行安全管理规定》(CCAR-140-R2)第十三章《法律责任》(第292条到第309条)[⑩]、《运输机场使用许可规定》(CCAR-139CA-R4)第六章《法律责任》(第48条到第59条)[⑪]等也对不同情况违反行为规定了具体承担的法律责任。

5.2.3 通用机场建设和管理的法律制度

5.2.3.1 一般规定

在《民用航空法(修订送审稿)》中对通用机场进行了一般性规定。主要为:各级人民政府应当采取有效措施,支持通用机场的建设和运营,促进通用机场发展。省级人民政府负责

[①] 具体内容详见:https://www.caac.gov.cn/XXGK/XXGK/FLFG/201510/t20151029_2785.html. 2024年2月22日访问。

[②] 具体内容详见:https://www.caac.gov.cn/XXGK/XXGK/MHGZ/201511/t20151102_8550.html. 2024年2月22日访问。

[③] 具体内容详见:https://www.caac.gov.cn/XXGK/XXGK/MHGZ/201511/t20151102_8462.html. 2024年2月22日访问。

[④] 具体内容详见:https://www.caac.gov.cn/XXGK/XXGK/MHGZ/201606/t20160622_38643.html. 2024年2月22日访问。

[⑤] 具体内容详见:https://www.caac.gov.cn/XXGK/XXGK/MHGZ/201606/t20160622_38637.html. 2024年2月22日访问。

[⑥] 具体内容详见:https://www.caac.gov.cn/XXGK/XXGK/MHGZ/201606/t20160622_38641.html. 2024年2月24日访问。

[⑦] 具体内容详见:https://www.caac.gov.cn/XXGK/XXGK/MHGZ/201610/t20161028_40362.html. 2024年2月22日访问。

[⑧] 具体内容详见:https://www.caac.gov.cn/XXGK/XXGK/MHGZ/201706/t20170612_44707.html. 2024年2月22日访问。

[⑨] 具体内容详见:https://www.caac.gov.cn/XXGK/XXGK/MHGZ/202201/t20220117_211018.html. 2024年2月22日访问。

[⑩] 具体内容详见:https://www.caac.gov.cn/XXGK/XXGK/MHGZ/202203/P020220314606769100532.pdf. 2024年2月22日访问。

[⑪] 具体内容详见:https://www.caac.gov.cn/XXGK/XXGK/MHGZ/202207/t20220708_214046.html. 2024年2月22日访问。

编制辖区内通用机场布局规划,指导通用机场建设。国务院民用航空主管部门根据通用机场业务类型实施分类分级管理,保证通用机场安全、规范和有效运行。通用机场的收费实行市场定价原则,国务院民用航空主管部门另有规定的,从其规定。

《民用机场管理条例》第 14 条规定:"通用机场的规划、建设按照国家有关规定执行。"第 18 条规定:"通用机场投入使用应当具备下列条件:(一)有与运营业务相适应的飞行场地;(二)有保证飞行安全的空中交通服务、通信导航监视等设施和设备;(三)有健全的安全管理制度、符合国家规定的民用航空安全保卫条件以及处理突发事件的应急预案;(四)配备必要的管理人员和专业技术人员。"第 19 条规定:"通用机场投入使用的,通用机场的管理者应当向通用机场所在地地区民用航空管理机构提出申请,并附送符合本条例第十八条规定条件的相关材料。地区民用航空管理机构应当自受理申请之日起 30 个工作日内审查完毕,作出准予许可或者不予许可的决定。准予许可的,颁发通用机场使用许可证;不予许可的,应当书面通知申请人并说明理由。"

民用通用机场根据运行需要设置通信导航监视运行保障单位和机场气象台或气象站,①通用机场可以建立仪表或者目视飞行程序。②

民航局制定通用机场突发事件应急救援管理规则之前,通用机场可以结合本机场的具体情况参照《民用运输机场突发事件应急救援管理规则》(CCAR-139-Ⅱ-R1)制定突发事件应急救援预案,报所在地民航地区管理局备案。

通用机场工程的规划与建设参照本规定执行,并由所在地民航地区管理局实施监督管理。③

《民用航空导航设备开放与运行管理规定》(CCAR-85-R2)第三章规定了通用航空机场通用航空导航设备开放运行。④

《民用航空通信导航监视设备飞行校验管理规则》(CCAR-86-R1)第六章对通用航空设备飞行校验进行特别规定。⑤

《民用航空气象探测设施及探测环境管理办法》(CCAR-116-R1)第 13 条规定,民用通用机场应当能够获取本机场实时地面风向、风速、温度、湿度、气压等气象要素。

《通用航空安全保卫规则》(CCAR-333)第 21 条规定:"运营人委托通用机场、固定基地运营商或者其他类型服务商等提供安保服务的,应当与受托提供安保服务的机构签订安保协议,明确双方的安保职责划分和具体安保要求。"

此外,《通用机场管理规定》(CCAR-138)(征求意见稿)、《通用机场分类管理办法》(民航发〔2017〕46 号)、《B 类通用机场备案办法(试行)》(民航规〔2019〕74 号)⑥、《通用机场场址

---

① 分别参见《民用航空通信导航监视工作规则》(CCAR-115TM-R2)第 10 条,《中国民用航空气象工作规则》(CCAR-117-R2)第 12 条。
② 《民用机场飞行程序和运行最低标准管理规定》(CCAR-97FS-R3)第 4 条。
③ 《民用机场建设管理规定》(CCAR-158-R1)第 119 条。
④ 具体内容详见:https://www.caac.gov.cn/XXGK/XXGK/MHGZ/202104/t20210402_207032.html. 2024 年 1 月 22 日访问。
⑤ 具体内容详见:https://www.caac.gov.cn/XXGK/XXGK/MHGZ/202107/t20210722_208568.html. 2024 年 1 月 22 日访问。
⑥ 该办法第十五条规定,本办法自 2020 年 1 月 1 日起施行,《通用机场分类管理办法》及其他相关规定与本办法不一致之处,按照本办法执行。

行业审查实施细则》(民航发〔2023〕41号)①、《通用机场空管运行管理办法》(AP-83-TM-2021-01)、《A类通用机场使用许可及运行安全管理办法》(民航发〔2024〕12号)②等对通用机场建设和管理进行了具体规定。

5.2.3.2 通用机场建设审批职权和程序

1. 通用机场总体规划及监督管理

2016年5月制定的《国务院办公厅关于促进通用航空业发展的指导意见》，从优化规划布局、合理确定标准、完善审核程序、统筹协调发展等方面提出了具体指导意见，并要求中国民用航空局要进一步完善通用机场建设标准，实施分类分级管理。③

中国民用航空局和中国民用航空地区管理局依职责对通用机场实施监督管理。中国民用航空局对全国通用机场实施统一监督管理，包括：(一)制定通用机场建设、许可、备案和监督等行业管理的规章和政策，并监督执行；(二)统一颁发通用机场使用许可证；(三)对全国通用机场运营情况进行监督管理；(四)负责通用机场管理信息系统(以下简称信息系统，http://gaa.caac.gov.cn)的建设和管理。

中国民用航空地区管理局负责辖区内通用机场的监督管理，包括：(一)监督辖区通用机场建设情况，并负责新建、改扩建通用机场的场址审核和民航专业工程初步设计审查；(二)监督辖区通用机场使用许可和备案工作，并受民航局委托负责辖区通用机场使用许可证的签发与日常管理；(三)对辖区通用机场的命名实行管理；(四)对辖区通用机场运营情况进行监督管理；(五)民航局委托的其他事项。④

《通用机场分类管理办法》(民航发〔2017〕46号)第7条⑤、《B类通用机场备案办法(试行)》(民航规〔2019〕74号)第4条⑥、《A类通用机场使用许可及运行安全管理办法》(民航发〔2024〕12号)第4条⑦、《通用机场空管运行管理办法》(AP-83-TM-2021-01)第3条到

---

① 该细则第17条规定，《通用机场分类管理办法》及其他相关规定与本细则不一致之处，按照本细则执行。
② 《通用机场管理规定》(CCAR-138)颁布实施后，本办法同时废止。另外，该办法第36条规定："A类直升机场、水上机场不适用于本办法。"第38条规定："本办法自2024年2月18日起施行。"
③ 具体内容详见：https://www.gov.cn/zhengce/content/2016-05/17/content_5074120.htm. 2024年2月22日访问。
④ 《通用机场管理规定》(CCAR-138)(征求意见稿)第7条。
⑤ 中国民用航空局(以下简称民航局)对全国通用机场实施统一监督管理。中国民用航空地区管理局(以下简称民航地区管理局)负责辖区内通用机场的监督管理。
⑥ 中国民用航空局(以下简称民航局)对全国B类通用机场备案实施统一监督管理。中国民用航空地区管理局(以下简称管理局)对辖区内的B类通用机场备案实施监督管理。
⑦ 中国民用航空局(以下简称中国民航局)和中国民用航空地区管理局(以下简称民航地区管理局)依职责对通用机场实施行业监督管理。中国民航局负责全国通用机场的统一管理，包括：(一)制定通用机场使用许可以及运行安全监督管理的政策和标准，并监督执行；(二)对全国通用机场的使用许可和名称实施统一管理；(三)统一印制通用机场使用许可证，并对许可证编号实施统一管理。民航地区管理局负责辖区内通用机场的行业监督管理，包括：(一)负责辖区机场使用许可证的颁发与日常管理，并对辖区通用机场使用许可工作进行监督管理；(二)受中国民航局委托实施通用机场命名、更名审批，并对辖区内的通用机场名称实施监督管理；(三)对辖区通用机场运行安全进行监督管理。

第 5 条[①],均对中国民用航空局和民航地区管理局的职责进行了具体规定。

2. 通用机场场址管理

(1) 场址审核提交材料要求。新建通用机场,新增跑道、直升机最终进近和起飞区、水上起降区,应当由通用机场建设单位向所在地管理局提出场址审核申请,并提交场址报告。场址报告应当包括场址的基本情况、影响机场运行的相关因素和规划建设的主要内容。管理局对通用机场拟定场址是否满足航空器起降要求及是否对邻近机场产生影响出具审核意见。[②]《通用机场分类管理办法》(民航发〔2017〕46 号)第二章《场址审核》(第 9 条和第 10 条)[③],《通用机场场址行业审查实施细则》(民航发〔2023〕41 号)第二章《场址材料要求》(第 5 条到第 8 条)[④]也规定了通用机场场址审核提交材料要求。

(2) 审核程序和时限。管理局收到场址报告后,应当对 A1 级通用机场拟定场址进行现场踏勘,必要时可以对 A2 级和 B 类通用机场拟定场址进行现场踏勘,复核场址报告内容,并对场址报告提出补充要求。

对于技术条件复杂的场址,管理局可委托技术服务机构对场址报告进行评审,并基于评审结论出具审核意见。

管理局应当自收到符合要求的场址报告的二十日内出具场址审核意见。现场踏勘、补充材料和委托评审所需时间不计算在规定期限内。[⑤]

《通用机场分类管理办法》(民航发〔2017〕46 号)第 11 条[⑥],《通用机场场址行业审查实施细则》(民航发〔2023〕41 号)第二章《场址材料要求》(第 9 条到第 12 条)[⑦]对审核程序和时限进行了具体规定。

(3) 场址变动的申请。通用机场建设项目应当在管理局审核通过的场址位置实施,场址发生较大变化的应当重新提交场址审核申请。[⑧]

5.2.3.3 命名、使用许可及备案

1. 命名

(1) 命名基本准则。通用机场的命名或更名应当符合《地名管理条例》及相关规定的要

[①] 第 3 条:中国民用航空局负责统一管理全国通用机场空管运行工作。民航地区管理局负责监督管理和检查本辖区通用机场空管运行工作。
第 4 条:地区管理局可以根据本辖区内通用机场空管运行特点,简化或调整本辖区管制、通信导航监视、气象、情报等从业人员的岗位培训和考试要求。
第 5 条:民航地区空管局、空管分局(空管站)应当为通用机场管制、通信导航监视、气象、情报等服务提供必要的技术支持和业务指导。
[②] 《通用机场管理规定》(CCAR-138)(征求意见稿)第 8 条。
[③] 具体内容详见:https://www.caac.gov.cn/XXGK/XXGK/ZFGW/201704/P020170424483738931211.pdf. 2024 年 2 月 22 日访问。
[④] 具体内容详见:https://www.caac.gov.cn/XXGK/XXGK/TZTG/202401/P020240109605770836334.pdf. 2024 年 2 月 22 日访问。
[⑤] 《通用机场管理规定》(CCAR-138)(征求意见稿)第 9 条。
[⑥] 对于通用机场建设项目投资人报送的场址说明材料,民航地区管理局应当在二十个工作日内出具审核意见。如需要,民航地区管理局应当对拟定场址进行现场踏勘,复核报告内容,对报告提出可能的补充要求。
[⑦] 具体内容详见:https://www.caac.gov.cn/XXGK/XXGK/TZTG/202401/P020240109605770836334.pdf. 2024 年 2 月 22 日访问。
[⑧] 《通用机场管理规定》(CCAR-138)(征求意见稿)第 10 条。

求。① 通用机场的命名应当以确定机场具体位置并区别于其他机场为准则。② A 类通用机场的命名或更名应当符合民航局有关规定的要求。③ B 类通用机场的命名应当以确定机场具体位置并区别于其他机场为准则。④

（2）名称组成。通用机场名称一般由行政区划专名，后缀机场专名组成。机场行政区划专名应当与所在地市、县或区行政区划名称相一致。机场专名应当使用机场所在地的乡（镇）、行政村名称，也可选择所在地的农、林、牧、渔、港等场名称。所在地位于城市市区的直升机场，其专名可使用所在地建筑物或所属单位名称，但不得与同行政区划内的其他机场专名重名。直升机场应当在专名中注明"直升机场"。⑤

对于 B 类通用机场，并符合下列要求：（一）机场名称一般由所在地县级以上行政区划名称，后缀机场专名；（二）机场专名通常使用机场所在地乡（镇）、村名称，并不得与同行政区划内的其他机场专名重复。城市市区内的直升机场专名可自行确定，但不得带有歧视性、侮辱性语言，不得违反公序良俗。⑥

《A 类通用机场使用许可及运行安全管理办法》（民航发〔2024〕12 号）未对 A 类通用机场名称组成进行具体规定。

（3）名称变更。通用机场的更名应当遵循下列要求：（一）机场所在地更名的，应当变更机场行政区划名；（二）有机场所在地经济发展需要、与当地人民群众风俗习惯相冲突、现有名称的谐音容易产生歧义等情况的，可以变更机场专名；（三）变更后的名称应当符合本规定第十六条的要求。⑦

2. 使用许可

（1）申请主体。A 类通用机场（直升机场除外）实行使用许可制度，取得使用许可证后方可开放使用。⑧

A 类通用机场（直升机场除外）应当由机场运营人按照本规定向所在地管理局申请通用机场使用许可证。机场使用许可证除被依法撤销、注销、吊销外，长期有效。⑨

（2）许可范围。通用机场运营人应当在机场使用许可证载明的许可范围内开放使用机场。⑩

（3）领证条件。机场运营人申请机场使用许可证，应当具备以下条件：（一）机场运营人具有法人资格并对机场具有经营权；（二）机场飞行场地满足相关技术标准要求并与其运营业务相适应；（三）具有能够保障飞行安全和机场运行的服务设施、设备及人员；（四）实施仪表运行的机场，具有符合规定的飞行程序和机场运行最低标准；（五）具有符合规定的消防能

---

① 《通用机场管理规定》(CCAR-138)（征求意见稿）第 11 条。
② 《通用机场管理规定》(CCAR-138)（征求意见稿）第 15 条。
③ 《A 类通用机场使用许可及运行安全管理办法》（民航发〔2024〕12 号）第 5 条。
④ 《B 类通用机场备案办法（试行）》（民航规〔2019〕74 号）第 11 条。
⑤ 《通用机场管理规定》(CCAR-138)（征求意见稿）第 16 条。
⑥ 《B 类通用机场备案办法（试行）》（民航规〔2019〕74 号）第 11 条。
⑦ 《通用机场管理规定》(CCAR-138)（征求意见稿）第 12 条。
⑧ 《通用机场管理规定》(CCAR-138)（征求意见稿）第 17 条。
⑨ 《通用机场管理规定》(CCAR-138)（征求意见稿）第 18 条。《A 类通用机场使用许可及运行安全管理办法》（民航发〔2024〕12 号）第 7 条也规定，通用机场应当由通用机场运营人按照本办法向通用机场所在地民航地区管理局申请机场使用许可证。机场使用许可证除被依法撤销、注销、吊销外，长期有效。
⑩ 《通用机场管理规定》(CCAR-138)（征求意见稿）第 19 条，《A 类通用机场使用许可及运行安全管理办法》（民航发〔2024〕12 号）第 8 条。

力;(六)具有安全管理的机构、制度和人员、有符合规定的民用航空安全保卫条件以及处理突发事件的应急预案;(七)民航局规定的其他条件①。②

(4)报送材料。通用机场运营人申请机场使用许可证,应当提交以下材料:(一)机场使用许可证申请书;(二)机场使用手册③;(三)机场运营人法人身份证明材料、机场产权或者委托运营的证明材料;(四)机场运营人的负责人、与机场运行安全有关的人员情况一览表;(五)符合规定的机场突发事件应急救援预案;通用机场运营人对申请材料实质内容的真实性负责。④

(5)审查批准。对于申请材料齐全且符合要求的,应当当场受理;对于申请材料不齐全或者不符合格式要求的,应当当场或者在五个工作日内一次性通知申请人需要补正的全部内容,逾期不通知视为在收到申请材料之日起即为受理。申请人按照民航地区管理局的通知提交全部补正材料的,民航地区管理局应当受理申请。民航地区管理局不予受理的,应当书面通知申请人。⑤

民航局应当自受理申请之日起三十个工作日内作出是否颁发机场使用许可证的书面决定。作出不予颁发机场使用许可证书面决定的,应当说明理由,并告知申请人享有依法申请行政复议或者提起行政诉讼的权利。民航地区管理局应当将许可申请、审查和批准等文件

---

① 《A类通用机场使用许可及运行安全管理办法》(民航发〔2024〕12号)第9条规定:"申请机场使用许可证的通用机场应当具备下列条件:(一)通用机场运营人具有法人资格;(二)飞行场地的飞行条件、净空保护和场地条件等,满足开展相应运营业务的需要和相关技术标准要求,并与邻近机场具有相容性;(三)具有安全和运营管理的机构、人员、制度及机场突发事件应急救援预案。"

② 《通用机场管理规定》(CCAR-138)(征求意见稿)第20条。

③ 《A类通用机场使用许可及运行安全管理办法》(民航发〔2024〕12号)第11条、第12条和第16条对机场使用手册进行了进一步规定,具体为:

第11条:手册应当由通用机场运营人依据法律法规、涉及民航管理的规定和标准组织编制,并对手册的生效、发放、使用、变更进行动态管理。手册是机场运行的基本依据,通用机场运营人应当严格按照生效的手册运行和管理机场。

第12条:民航地区管理局在对通用机场运营人报送的手册进行审查时,应当对手册的格式以及内容与规章、标准的符合性进行审查。手册经审查合格后,由负责审查的监察员签字,并在民航地区管理局发放机场使用许可证时一并生效。通用机场运营人应至少提供一套完整的手册,供民航地区管理局保存使用。

第16条:通用机场运营人应当确保手册与通用机场实际运行情况相符,并符合有关法律法规、涉及民航管理的规章和标准的要求。有下列情形之一的,通用机场运营人应当及时组织修改手册:(一)手册不符合有关法律法规、涉及民航管理的规章、标准的;(二)机场组织机构、管理制度、基础设施、保障设备等发生变化的;(三)手册执行过程中,发现规定内容难以客观反映运行安全管理要求,不利于保障机场运行安全的;(四)民航行政机关要求修改的。通用机场运营人应当将修改后的手册及时报民航地区管理局进行审查。

《通用机场管理规定》(CCAR-138)(征求意见稿)第25条还规定:管理局应当同步审查机场运营人报送的《机场使用手册》。经审查合格的,在管理局发放机场使用许可证及《机场使用手册》时一并生效。

④ 《A类通用机场使用许可及运行安全管理办法》(民航发〔2024〕12号)第10条。在《通用机场管理规定》(CCAR-138)(征求意见稿)第21条中还规定:机场运营人申请机场使用许可证,应当提交以下材料:(一)《通用机场使用许可证申请书》;(二)机场运营人法人身份证明文件原件及复印件;(三)《机场使用手册》;(四)通信导航监视、气象等设施设备开放使用的批准或者备案文件(仅限提供空中交通管制服务的通用机场);(五)机场飞行程序、机场运行最低标准的审查意见(仅限实施仪表运行的通用机场);(六)民航局要求报送的其他必要材料。机场运营人应当对申请机场使用许可证文件资料的真实性负责。

⑤ 《A类通用机场使用许可及运行安全管理办法》(民航发〔2024〕12号)第13条。《通用机场管理规定》(CCAR-138)(征求意见稿)第22条还规定:申请材料不齐全或者不符合法定形式的,管理局应当在五日内一次性告知机场运营人需要补正的全部内容;逾期不告知的,自收到申请材料之日起即为受理。

资料存档。①

(6) 使用许可证的变更、注销。机场使用许可证载明的下列事项发生变化的,通用机场运营人应当向民航地区管理局申请许可变更,并提交变更部分的说明资料:(一)机场名称;(二)机场所有人;(三)机场运营人;(四)机场飞行场地物理特性类型;(五)机场服务保障等级划分级别;(六)飞行区或飞行场地指标。②

有下列情形之一的,民航地区管理局应当注销机场使用许可证,并及时公布:(一)机场不再具备安全生产条件,被撤销机场使用许可的;(二)机场运营人决定机场关闭不再运营的;(三)机场运营人法人资格依法终止的;(四)因不可抗力导致机场使用许可无法实施的;(五)法律、法规规定的应当注销行政许可的其他情形。③

(7) 申请机场关闭的程序和要求。通用机场运营人决定通用机场关闭不再运营的,应当于通用机场预期关闭前至少二十日向民航地区管理局报告,并向社会公告。民航地区管理局应当在通用机场关闭运营后,同步注销机场使用许可证。通用机场运营人应当在通用机场关闭运营后的五日内,将机场使用许可证交回民航地区管理局。④

3. 备案

B 类通用机场和直升机场实行备案管理。B 类通用机场运营人应当通过通用机场信息管理系统(http://gaa.caac.gov.cn),填报备案信息,提交备案申请。运营人应当对填报信息的真实性、准确性和完整性负责。⑤

机场备案信息应当对社会公开,允许公众免费查询和使用,并接受社会监督。任何单位或个人有权向民航局或管理局举报涉及 B 类通用机场备案的违法行为,接到举报的部门应当及时处理。⑥

机场备案信息提交成功后,管理局应当在 5 个工作日内通过系统予以公布。当填报信息不完整或不符合要求的,管理局应当在 5 个工作日内通过系统一次性反馈运营人。运营

---

① 《A 类通用机场使用许可及运行安全管理办法》(民航发〔2024〕12 号)第 14 条。《通用机场管理规定》(CCAR-138)(征求意见稿)第 23 条和第 24 条还分别对资料审查和核发进行了具体规定。

第 23 条:管理局应当自受理之日起二十日内完成审查。管理局在审查过程中,应当对 A1 级通用机场开展现场核查。管理局对 A2 级通用机场的审查以书面方式为主,可以根据实际情况需要对申请材料的实质内容进行实地核实。管理局现场核查以及要求机场运营人补充材料和审查发现问题整改的时间不计算在规定期限内。

第 24 条:管理局经过审查,认为机场运营人的申请符合本规定要求的,应当以民航局的名义作出准予许可的决定,并向机场运营人颁发机场使用许可证。管理局经过审查,认为机场运营人的申请材料或者实际情况不满足本规定要求的,应当通知机场运营人并说明理由。在机场运营人采取相应措施弥补前款提及的缺陷后,仍不能满足本规定要求的,管理局应当以民航局的名义作出不予许可的书面决定。

② 《A 类通用机场使用许可及运行安全管理办法》(民航发〔2024〕12 号)第 15 条。《通用机场管理规定》(CCAR-138)(征求意见稿)第 26 条也作了基本相同用的规定,为:机场使用许可证载明的下列事项发生变化的,机场运营人应当向管理局申请许可变更,并提交变更部分的说明资料:(一)机场名称;(二)机场所有人;(三)机场运营人;(四)机场级别;(五)机场类型;(六)飞行区指标。

③ 《A 类通用机场使用许可及运行安全管理办法》(民航发〔2024〕12 号)第 17 条。《通用机场管理规定》(CCAR-138)(征求意见稿)第 28 条也作了规定,为:有下列情形之一的,管理局应当注销机场使用许可证,并及时公布许可证注销信息:(一)机场关闭后,不再具备安全生产条件,被撤销机场使用许可证的;(二)机场运营人决定机场关闭不再运营的;(三)因不可抗力导致机场使用许可无法实施的;(四)法律、法规规定的应当注销许可的其他情形。

④ 《A 类通用机场使用许可及运行安全管理办法》(民航发〔2024〕12 号)第 18 条。《通用机场管理规定》(CCAR-138)(征求意见稿)第 29 条作相同规定。

⑤ 《B 类通用机场备案办法(试行)》(民航规〔2019〕74 号)第 5 条。

⑥ 《B 类通用机场备案办法(试行)》(民航规〔2019〕74 号)第 6 条。

人应当完善信息,重新提交申请。①

民航局、管理局及其委托机构可对备案信息进行复核。当发现机场实际情况与填报信息不符时,应当要求运营人更正;运营人拒绝更正的,由管理局撤销其备案,并记入民航行业严重失信行为信用记录。

《B类通用机场备案办法(试行)》(民航规〔2019〕74号)还对备案信息动态更新(第9条)、申请机场关闭的程序和要求(第10条)等②进行了详细规定。

另外,在《通用机场管理规定》(CCAR-138)(征求意见稿)中,从第30条到第34条③对此进行了具体规定。

《通用机场分类管理办法》(民航发〔2017〕46号)第三章和第四章④还分别对A类和B类通用机场的使用许可管理进行了规定。

5.2.3.4 运营管理

机场运营人对机场的运营实施统一管理,负责机场安全、运行、服务的组织和协调,并承担相应责任。⑤

机场运营人应当与驻场单位签订有关机场运营的协议,明确各自的权利、义务和责任。驻场单位应当按照各自的职责,共同维护通用机场正常运营,并承担相应的责任。机场运营人应当对所有服务对象提供公平、公正的服务。⑥

机场运营人应当与驻场单位及相关通用航空企业建立信息共享机制,相互提供必要的生产运营信息。⑦

在《通用机场管理规定》(CCAR-138)(征求意见稿)中,还分别对人员培训(第38条)、飞行区的管理(第39条)、目视助航设施巡视检查和维护管理(第40条)、机坪(停泊区)运行管理(第41条)、净空保护(第42条)、鸟击防范(第43条)、直升机场的运营管理(第44条)、

---

① 《B类通用机场备案办法(试行)》(民航规〔2019〕74号)第7条。
② 具体内容详见:https://www.caac.gov.cn/XXGK/XXGK/GFXWJ/202101/P020210125617654861628.pdf。2024年2月23日访问。
③ 第30条:B类通用机场和直升机场应当由机场运营人按照本规定向所在地管理局申请办理备案。
第31条:机场运营人应当在备案的业务范围内开展运营活动。机场运营人应当对备案信息的真实性、准确性和完整性负责。
第32条:机场运营人向管理局提交备案信息后,管理局应当在五日内予以公布,并将备案确认书送达机场运营人。机场备案信息不完整或不符合要求的,管理局应当在五日内一次性告知机场运营人;机场运营人应当完善信息,重新提交申请。管理局可以对机场运营人提交的备案信息进行复核。当管理局发现备案信息与机场实际情况不符时,应当要求机场运营人更正。管理局复核以及要求机场运营人更正信息所需时间不计算在规定期限内。
第33条:机场运营人应当对备案信息动态更新,确保与机场实际情况一致。机场运营人应当对备案信息与机场实际运行情况进行定期复核,复核周期不超过一年。
第34条:机场运营人决定关闭机场不再运营的,应当提前二十日向社会公告,并报告管理局。管理局应当在机场关闭运营后,同步注销机场备案并及时公布。
④ 具体内容详见:https://www.caac.gov.cn/XXGK/XXGK/ZFGW/201704/P020170424483738931211.pdf。2024年2月23日。
⑤ 《通用机场管理规定》(CCAR-138)(征求意见稿)第35条、《A类通用机场使用许可及运行安全管理办法》(民航发〔2024〕12号)第19条。
⑥ 《通用机场管理规定》(CCAR-138)(征求意见稿)第36条、《A类通用机场使用许可及运行安全管理办法》(民航发〔2024〕12号)第20条。
⑦ 《通用机场管理规定》(CCAR-138)(征求意见稿)第37条、《A类通用机场使用许可及运行安全管理办法》(民航发〔2024〕12号)第21条。

施工管理(第 45 条)、应急管理(第 46 条)工作记录(第 47 条)、暂停运行(第 48 条)进行了具体规定。[1]

《A 类通用机场使用许可及运行安全管理办法》(民航发〔2024〕12 号)第三章从第 19 条到第 34 条[2]对 A 类通用机场运行安全管理进行了详细规定。

《通用机场空管运行管理办法》(AP-83-TM-2021-01)分为第一章总则、第二章通用机场空管运行要求、第三章附则,共 36 条,[3]对通用机场空管运行进行了具体规范。

5.2.3.5 监督管理

管理局应当按照分类分级监督管理的要求,对通用机场进行监督检查。管理局应当制定辖区内 A 类通用机场的监督检查计划,并按照计划进行监督检查,发现事故隐患,应当及时处理。[4]

管理局可以对辖区内 B 类通用机场的备案信息与机场实际情况的一致性进行抽查,当管理局发现机场备案信息与实际情况不符的,应当要求机场运营人及时更正。[5]

机场运营人、航空企业及其他驻场单位对民航管理部门依法履行的监督检查,应当予以配合,不得拒绝、阻挠。[6]

任何单位或个人有权向民航管理部门举报涉及通用机场运行安全的违法行为,民航管理部门应当依法予以核实、处理。[7]

5.2.3.6 法律责任

从业单位及相关责任人违反本规定,国家有关法律、行政法规对其法律责任有规定的,适用其规定;没有规定的,由管理局按照本规定进行处罚。[8]

在《通用机场管理规定》(CCAR-138)(征求意见稿)第六章《法律责任》中,还对无证运营(第 53 条)、超范围运营(第 54 条)、不如实提供申请材料(第 55 条)、未按手册运营(第 56 条)、变更许可证或手册不合规(第 57 条)、关闭前未报告(第 58 条)、拒绝备案(第 59 条)、弄虚作假(第 60 条)、未定期确认备案信息(第 61 条)、关闭前未公告(第 62 条)、滥用管理权限(第 63 条)、不履行信息公开职责(第 64 条)、未组织培训(第 65 条)、未履行安全生产管理职责(第 66 条)、导致安全隐患(第 67 条)、应急不合规(第 68 条)、未发布暂停运行、恢复运行通告(第 69 条)、不符合安全运营要求(第 70 条)、备案信息不实(第 71 条)规定了具体的法

---

[1] 具体内容详见:https://oss.ga.aopa.org.cn/downloads/20201014/160267632174056.pdf. 2024 年 2 月 23 日访问。
[2] 具体内容详见:https://www.163.com/dy/article/IR7O9E8M0530G3Q7.html. 2024 年 2 月 23 日。
[3] 具体内容详见:https://www.caac.gov.cn/XXGK/XXGK/GFXWJ/202103/P020210329371270379651.pdf. 2024 年 2 月 23 日。
[4] 《A 类通用机场使用许可及运行安全管理办法》(民航发〔2024〕12 号)第 35 条规定:民航地区管理局应当制定辖区内通用机场的行政检查计划,监督检查机场使用许可执行情况和许可条件的符合性;按照计划进行监督检查,发现存在问题的,督促通用机场运营人整改。通用机场行政检查计划的编制,应当以"双随机"方式确定检查单位和检查人员,但每三年至少开展一次监督检查。
[5] 《通用机场管理规定》(CCAR-138)(征求意见稿)第 49 条。
[6] 《通用机场管理规定》(CCAR-138)(征求意见稿)第 50 条。
[7] 《通用机场管理规定》(CCAR-138)(征求意见稿)第 51 条。
[8] 《通用机场管理规定》(CCAR-138)(征求意见稿)第 52 条。

律责任。①

5.2.4 对国际机场的特殊规定

5.2.4.1 国际航空法的规定

国际机场由一国在其本国领土内指定作为国际航空运输出入境并办理有关海关、移民、公共卫生、动植物检疫和类似手续的任何机场。②

1944年《芝加哥公约》第9条禁区第3款规定："缔约各国可以依照其制定的规章,令进入上述第一款或第二款所指定地区的任何航空器尽速在其领土内一指定的机场降落。"

第10条在设关机场降落规定："除按照本公约的条款或经特许,航空器可以飞经一缔约国领土而不降停外,每一航空器进入缔约国领土,如该国规章有规定时,应在该国指定的机场降停,以便进行海关和其他检查。当离开一缔约国领土时,此种航空器应从同样指定的设关机场离去。所有指定的设关机场的详细情形,应由该国公布,并送交根据本公约第二部分设立的国际民用航空组织,以便通知所有其他缔约国。"

第22条简化手续规定："缔约各国同意采取一切可行的措施,通过发布特别规章或其他方法,以便利和加速航空器在缔约各国领土间的航行,特别是在执行关于移民、检疫、海关、放行等法律时,防止对航空器、机组、乘客和货物造成不必要的延误。"

第23条海关和移民程序规定："缔约各国承允在其认为可行的情况下,按照依本公约随时制定或建议的措施,制定有关国际航行的海关和移民程序。本公约的任何规定不得被解释为妨碍设置豁免关税的机场。"

《简化手续的标准和建议措施》最初由理事会于1949年3月25日根据1944年《芝加哥公约》第37条通过,定为公约的附件9,标题为"标准和建议措施—简化手续",并于1949年9月1日开始生效。这些标准和建议措施是根据第1次和第2次简化手续专业会议的建议制订的,该两次会议分别于1946年2月在蒙特利尔和1948年6月在日内瓦召开。随后所举行的各次专业会议,即第3次会议(1951年12月在布宜诺斯艾利斯)、第4次会议(1955年10月在马尼拉)、第5次会议(1959年12月在罗马)、第6次会议(1963年3-4月在墨西哥城)、第7次会议(1968年5月在蒙特利尔)、第8次会议(1973年3月在杜布罗夫尼克)、第9次会议(1979年4-5月在蒙特利尔)、第10次会议(1988年9月在蒙特利尔)和第11次会议(1995年4月于蒙特利尔)以及简化手续(FAL)专家组第3次会议(2001年2月于蒙特利尔),又使其得到全面的发展和补充修订。根据专业会议和简化手续专家组对修订附件9提出的建议以及理事会对此采取的行动,附件9的第二版自1953年3月1日起生效,第三版自1956年11月1日起生效,第四版自1960年11月1日起生效,第五版自1964年4月1日起生效,第六版自1969年4月1日起生效,第七版自1974年4月15日起生效,第八版自1980年7月15日起生效,第九版自1990年11月15日起生效,第十版自1997年4月30日起生效,第十一版自2002年7月15日起生效,第十二版自2005年7月11日、第十三版于

---

① 具体内容详见:https://oss.ga.aopa.org.cn/downloads/20201014/160267632174056.pdf. 2024年2月23日访问。
② 附件9《简化手续》第1章定义和一般原则A定义。

2011年7月18日和第十四版于2015年10月25日生效。附件9共九章,另加十个附录文件。①

5.2.4.2 我国航空法的规定

根据《民用航空法》的规定,国际机场不仅要具备运输机场申请取得机场使用许可证的一般条件,还应当具备国际通航条件,设立海关和其他口岸检查机关。

《民用航空法》第64条还规定:"设立国际机场,由国务院民用航空主管部门报请国务院审查批准。国际机场的开放使用,由国务院民用航空主管部门对外公告,国际机场资料由国务院民用航空主管部门统一对外提供。"

《民用机场管理条例》第20条规定:"运输机场作为国际机场使用的,应当按照国家有关规定设立口岸查验机构,配备相应的人员、场地和设施,并经国务院有关部门验收合格。国际机场的开放使用,由国务院民用航空主管部门对外公告;国际机场资料由国务院民用航空主管部门统一对外提供。"

《中国民用航空无线电管理规定》(CCAR-118TM)第23条规定:"民用机场以及军民合用的国际机场航空移动业务无线电台话呼均使用所在城市(或地区)的明语地理名称。"

《民用航空情报工作规则》(CCAR-175TM-R1)第25条第(六)项规定:"国际机场及其他对外开放机场的航空情报服务机构应当配备与之通航国家的航空资料以及相关的国际民航组织出版物。"

《运输机场使用许可规定》(CCAR-139CA-R4)第38条规定,机场的更名应当遵循下列要求:(三)作为国际机场使用的机场,需在机场名称内增加"国际"二字。第42条还规定,国际机场还应当标示符合规范的机场英文名称。

公共航空运输企业从事国际航空运输的民用航空器及其所载人员、行李、货物应当接受边防、海关、检疫等主管部门的检查;但是,检查时应当避免不必要的延误。②

---

① 第1章《定义和一般原则》,第2章《航空器的入境和离境》,第3章《人员及行李的入境和离境》,第4章《货物及其他物品的入境和离境》,第5章《不能获准入境者和被驱逐者》,第6章《国际机场—交通设施和服务》,第7章《在国际机场以外的地点着陆》,第8章《涉及具体专题的简化手续规定》,第9章《旅客数据交换系统》。

附录1:总申报,附录2:旅客舱单,附录3:货物舱单,附录4:长效灭虫证明,附录5:登机/下机卡,附录6:海关合作理事会的建议,附录7:机组成员证(CMC),附录8:民航检查员证,附录9:关于遣返不能获准入境者的文件的建议格式,附录10:联合国贸易文件格式样本。

② 《民用航空法》第103条。

第六章 空中交通服务法律制度

6.1 空中交通服务基本理论

6.1.1 空中交通服务的概念

6.1.1.1 国际航空法规定

在1944年《芝加哥公约》附件中,空中交通服务(Air Traffic Services,缩写:ATS)是指飞行情报服务、告警服务、空中通咨询服务、空中交通管制服务(区域管制服务、进近管制服务或机场管制服务)等不同含义名词的通称。[①]

1944年《芝加哥公约》附件11《空中交通服务》还对下列术语进行了定义:飞行情报服务为安全和有效实施飞行而提供咨询和情报的一种服务。告警服务是指通知有关组织关于航空器需要搜寻和援救帮助,并根据需要协助该组织的服务。区域管制服务是指对管制区内的管制飞行提供的空中交通管制服务。机场管制服务是指为机场交通提供的空中交通管制服务。空中交通咨询服务是指在咨询空域内,为尽可能确保按照仪表飞行规则飞行计划运行的航空器之间的间隔而提供的服务。

6.1.1.2 我国航空法规定

在《民用航空空中交通管理规则》(CCAR-93TM-R6)附件一定义中,将"空中交通服务(Air Traffic Service)"定义为:"空中交通管制服务(区域管制、进近管制或机场管制)、飞行情报服务和告警服务等不同含义的总称。"

《民用航空空中交通管理规则》(CCAR-93TM-R6)附件一定义还对下列术语进行了定义:

空中交通管制服务(Air Traffic Control Service)是指为下列目的提供的服务:1. 防止航空器之间及在机动区内的航空器与障碍物相撞;2. 维护和加速空中交通有秩序地流动。

区域管制服务(Area Control Service)对管制区内受管制的飞行提供空中交通管制服务。

进近管制服务(Approach Control Service)是指对进场或离场受管制的飞行提供空中交通管制服务。

机场管制服务(Aerodrome Control Service)是指为机场交通提供的空中交通管制服务。

飞行情报服务(Flight Information Service)是指向飞行中的航空器提供有益于安全和有效地实施飞行的建议和情报的服务。

告警服务(Alerting Service)是指向有关组织发出需要搜寻援救航空器和协助该组织而提供的服务。

[①] 1944年《芝加哥公约》附件2第1章《定义》,附件4《航图》第1章《定义》,附件6《航空器运行第Ⅰ部分国际商业航空运输——飞机》,附件6《航空器的运行第Ⅱ部分国际通用航空——飞机》,国际民用航空公约附件6《航空器的运行第Ⅲ部分国际运行——直升机》,附件11《空中规则》第1章《定义》,都对"空中交通服务"作了相同定义。

6.1.2 提供空中交通服务的目的和任务

6.1.2.1 国际航空法规定

根据《芝加哥公约》附件 11《空中交通服务》[①]第 2.2 条规定:"空中交通服务的目的在于:a) 防止航空器相撞;b) 防止在机动区内的航空器与该区内的障碍相撞;c) 加速并维持有秩序的空中交通流;d) 提供有助于安全和有效地实施飞行的建议和情报;e) 通知有关组织关于航空器需要搜寻与援救,并根据需要协助该组织。"

附件 11 第 2.3 条还规定:"空中交通服务由下列各种服务组成:2.3.1 空中交通管制服务,为实现 2.2 a)、b)、c)条所指的目的,将此服务分为:a) 区域管制服务:为实现 2.2 a)、c)条所指目的,为受管制的飞行提供的空中交通管制服务,但下述 2.3.1b)和 c)所指的飞行除外。[②] b) 进近管制服务:为实现 2.2 a)、c)所指目的,为受管制的飞行的进场或离场部分提供的空中交通管制服务;c) 机场管制服务:为实现 2.2 a)、b)、c)所指目的,为机场交通提供的空中交通服务,但上述 2.3.1b)所指的飞行除外。

2.3.2 飞行情报服务,为实现 2.2 d)所指目的而提供的服务。

2.3.3 告警服务,为实现 2.2 e)所指目的而提供的服务。"

6.1.2.2 我国航空法规定

《民用航空法》第 82 条中规定:"空中交通管制单位应当为飞行中的民用航空器提供空中交通服务,包括空中交通管制服务、飞行情报服务和告警服务。提供空中交通管制服务,旨在防止民用航空器同航空器、民用航空器同障碍物体相撞,维持并加速空中交通的有秩序的活动。提供飞行情报服务,旨在提供有助于安全和有效地实施飞行的情报和建议。提供告警服务,旨在当民用航空器需要搜寻援救时,通知有关部门,并根据要求协助该有关部门进行搜寻援救。"

2001 年《飞行基本规则》第 28 条规定:"中华人民共和国境内的飞行管制,由中国人民解放军空军统一组织实施,各有关飞行管制部门按照各自的职责分工提供空中交通管制服务。"第 29 条规定:"飞行管制的基本任务是:(一)监督航空器严格按照批准的计划飞行,维护飞行秩序,禁止未经批准的航空器擅自飞行;(二)禁止未经批准的航空器飞入空中禁区、临时空中禁区或者飞出、飞入国(边)境;(三)防止航空器与航空器、航空器与地面障碍物相撞;(四)防止地面对空兵器或者对空装置误射航空器。"

《民用航空使用空域办法》(CCAR-71)第 17 条规定:"空中交通服务是空中交通管理的

[①] 《芝加哥公约》附件 11 设立的历史背景。在 1945 年 10 月第一次空中规则和空中交通管制(RAC)专业会议上,对空中交通管制的标准、措施和程序提出了建议。这些建议由当时的航行委员会审查后,理事会于 1946 年 2 月 25 日批准。把此建议作为《空中交通管制—标准、措施和程序的建议》载于第 2010 号文件第二部分,于 1946 年 2 月出版。

在 1946 年 12 月到 1947 年 1 月举行的第二次空中规则和空中交通管制专业会议上,审查了第 2010 号文件,并提出了《空中交通管制的标准和建议措施》。然而,在空中规则和空中交通管制专业会议就各有关服务的体制定出基本原则之前这些标准似难定稿。

在 1948 年 4 月到 5 月的第三次空中规则和空中交通管制会议上制定了这些标准并在此后向各缔约国提交了附件草案。理事会于 1950 年 5 月 18 日依据国际民用航空公约(芝加哥,1944 年)第 37 条予以通过,并定为公约的附件 11,标题为《国际标准和建议措施—空中交通服务》,于 1950 年 10 月 1 日生效。这个新标题—空中交通服务,被认为优于原标题—空中交通管制,明确了空中交通管制服务是附件 11 所包括的服务的一部分,同时还有飞行情报服务和告警服务。

[②] 在附件 11 第 1 章《定义》中,对空中交通服务的目的进行了规定,为:"空中交通管制服务是指为下列目的而提供的服务:a)防止相撞:1)航空器之间,和 2)在机动区内航空器与障碍物之间;和 b)加速和维持有秩序的空中交通流动。"

主要组成部分,包括空中交通管制服务、飞行情报服务和告警服务。空中交通管制服务的任务是防止航空器与航空器相撞以及在机动区内航空器与障碍物相撞,维护并加速空中交通的有序活动。飞行情报服务的任务是向飞行中的航空器提供有助于安全和高效地实施飞行的建议和情报。告警服务的任务是向有关机构发出需要搜寻与援救航空器的通知,并根据需要协助该机构或者协调该项工作的进行。"

第18条还规定:"空中交通管制服务包括机场管制服务、进近管制服务和区域管制服务。(一)机场管制服务是指为防止航空器相撞以及在机动区内航空器与障碍物相撞,维护并加速有秩序的空中飞行活动,向在机场附近飞行,接受进近管制服务以外的航空器提供的空中交通管制服务。(二)进近管制服务是指为防止航空器相撞,加速并维持有秩序的空中飞行活动,向进场或者离场飞行阶段接受管制的航空器提供的空中交通管制服务。(三)区域管制服务是指为防止航空器相撞,维持并加速有秩序的空中飞行活动,向接受进近和机场管制服务以外的航空器提供的空中交通管制服务。"

在《民用航空空中交通管理规则》(CCAR-93TM-R6)第4条中规定,空中交通管理包括空中交通服务、空中交通流量管理和空域管理。该规则虽未直接规定空中交通服务的目的,但是规定了"空中交通管理的目的是有效地维护和促进空中交通安全,维护空中交通秩序,保障空中交通顺畅。"第5条[①]和第6条[②]分别对空中交通管制服务、飞行情报服务、告警服务的目的,机场管制服务、进近管制服务和区域管制服务的内容进行了规定。

6.1.3 权限的建立

6.1.3.1 国际航空法

1944年《芝加哥公约》附件11第2.1条权限的建立规定:

第一,各缔约国必须根据本附件的规定,确定在其所辖领土内提供空中交通服务的空域和机场。此后并须按照本附件筹建和提供这种服务。但这种情况除外:对延伸到的另一国领土上空的飞行情报区、管制区或管制地带,该国可以根据双方协议,将建立和提供空中交通服务的责任委托给另一国[③]。[④]

第二,对公海上空或主权未定的空域提供空中交通服务,必须根据地区航行协议[⑤]予以

[①] 空中交通服务包括空中交通管制服务、飞行情报服务和告警服务。空中交通管制服务的目的是防止航空器与航空器相撞及在机动区内航空器与障碍物相撞,维护和加快空中交通的有序流动。飞行情报服务的目的是向飞行中的航空器提供有助于安全和有效地实施飞行的建议和情报。告警服务的目的是向有关组织发出需要搜寻援救航空器的通知,并根据需要协助该组织或者协调该项工作的进行。

[②] 空中交通管制服务包括机场管制服务、进近管制服务和区域管制服务。机场管制服务是向在机场机动区内运行的航空器以及在机场附近飞行且接受进近和区域管制以外的航空器提供的空中交通管制服务。进近管制服务是向进场或者离场飞行阶段接受管制的航空器提供的空中交通管制服务。区域管制服务是向接受机场和进近管制服务以外的航空器提供的空中交通管制服务。

[③] 该条"注"规定,如某一国将其本国领土上提供空中交通服务的责任委托给另一国,这种措施并不丧失国家主权。同样,提供空中交通服务国家的责任,仅限于飞行技术方面的问题,而不能超出属于使用该空域的航空器的安全和加速流通的问题。提供国在委托国领土上提供空中交通服务要根据委托的要求进行,并希望委托国建立双方协议认为必要的设施和服务,以供提供国使用。此外,还希望委托国未经事先和提供国协商,不要撤销或改变这些设施和服务。提供国和委托国都可以随时终止双方之间的协议。

[④] 第2.1.1条。

[⑤] 该条"注1"规定,"地区航行协议"一词系指国际民用航空组织理事会通常根据地区航行会议的建议而批准的协议。

确定。已接受在该部分空域内提供空中交通服务的缔约国①,必须根据本附件的规定筹建和提供服务。②

第三,经确定提供空中交通服务后,有关国家必须指定负责提供此种服务的当局③。④

第四,凡设有空中交通服务的地方,必须按需要公布资料,以便利用此项服务。

在附件 11 第 2.17⑤、2.18⑥、2.19⑦ 中分别规定了经营人和空中交通服务之间、军事当局和空中交通服务之间以及对民用航空器构成潜在危险的活动的协调。

6.1.3.2 我国航空法规定

《民用航空法》第 70 条规定:"国家对空域实行统一管理。"第 72 条规定:"空域管理的具体办法,由国务院、中央军事委员会制定。"

---

① 该条"注2"规定,理事会在批准本附件前言时指出:接受在公海上空或主权未定的空域内提供空中交通服务责任的国家,适用本标准和建议措施的方式,可与在其所辖空域内所采用者相一致。

② 第 2.1.2 条。

③ 该条"注1"规定,负责建立和提供空中交通服务的当局可以是一个国家或一个合适的机构。
该条"注2"规定,对部分或全部国际飞行建立和提供空中交通服务,产生以下几种情况:第一种情况:航路或部分航路位于建立和提供交通服务的本国主权空域内。第二种情况:航路或部分航路位于经双方协议委托另一国建立和提供空中交通服务的委托国的主权空域之内。第三种情况:部分航路位于公海上空或主权未定的空域内,某一国家已接受对其建立和提供空中交通服务的责任。从本附件的目的出发,指定负责建立和提供空中交通服务的国家应是:在第一种情况中,对空域有关部分拥有主权的国家;在第二种情况中,受委托负责建立和提供空中交通服务的国家;在第三种情况中,接受建立和提供空中交通服务责任的国家。

④ 第 2.1.3 条。

⑤ 2.17 经营人和空中交通服务之间的协调,2.17.1 空中交通服务单位在实施其目标时,必须对经营人根据附件6所规定义务而提出的要求予以应有的注意并且如经营人要求,必须向他们或他们指定的代表提供可能利用的情报以便他们或他们指定的代表履行他们的职责。2.17.2 如一个经营人有此要求时,空中交通服务单位须尽可能按当地协议程序,将所收到的另一营运人提供的有关航空器运行的电报(包括位置报告)立即转给对航空器提供飞行签派服务的经营人或其指定代表。

⑥ 2.18 军事当局和空中交通服务之间的协调,2.18.1 空中交通服务当局必须与负责可能影响民用航空器飞行的活动的军事当局建立并保持密切的协调。2.18.2 对于民用航空器构成潜在危险的活动所进行的协调,必须按照 2.19 实施。2.18.3 必须作出安排,使有关民用航空器飞行安全和加速运行的情报,可以在空中交通服务单位和有关军事单位之间迅速交换。
2.18.3.1 空中交通服务单位必须遵照当地协议的程序,例行地或经要求,向有关军事单位提供关于民用航空器的飞行计划以及其他有关飞行数据。为了消除或减少拦截的需要,空中交通服务当局必须指定一些空域和航路,在那里附件2关于飞行计划、双向通信和位置报告的需求适用于所有的飞行,以保证在有关的空中交通管制单位,特别是为了便于识别民用航空器能获得一切有关数据。2.18.3.2 必须制定特别程序以保证:a) 如军事单位观察到一架航空器,它是或可能是民用航空器,正在飞近或已进入任何区域,在那里可能需要进行拦截时,能通知空中交通服务单位;b) 尽一切可能努力证实该航空器的识别,并向它提供所需的领航引导以避免进行拦截。

⑦ 2.19 对民用航空器构成潜在危险的活动的协调,2.19.1 无论在一国的领土上空或在公海上空安排对于民用航空器有潜在危险的活动,均必须与有关空中交通服务当局进行协调。这种协调应及早进行,以便能按照附件 15 的规定及时公布关于这些活动的情报。2.19.1.1 建议:如有关 ATS 当局不是规划这些活动的组织所在国家的空中交通服务当局,则应通过负责该组织所在国家空域的 AIS 当局来实施最初的协调。2.19.2 协调的目的是对进行活动作出最好安排,以避免民用航空器发生危险,并将对这种航空器的正常运行的干扰减少到最低限度。2.19.2.1 建议:在确定这些安排时,应采用下列各项:a) 应为活动选定地点或区域、时刻和持续时间,以避免关闭或重划已建立的 ATS 航线、封锁最经济的飞行高度层或延误定期航班,除非没有其他可供选择的办法外;b) 尽可能缩小指定进行活动的空域;c) 有关 ATS 当局或空中交通服务单位与进行这些活动的组织或单位之间,应有直接通信,以供民用航空器万一发生紧急事件或其他意外情况需要中断这些活动时使用。2.19.3 有关 ATS 当局必须负责首先公布有关活动的情报。2.19.4 建议:如对于民用航空器构成潜在危险的活动是定期的或是持续性的,则应按需要设立专门委员会,以保证所有相关各方的需求能够得到充分的协调。2.19.5 必须采取适当措施,防止发射的激光束对飞行运行产生不利影响。2.19.6 建议:为了增加空域容量和改进航空器运营的效率和灵活性,各国应对为军事或其他特殊活动预留的空域制定灵活利用该空域的程序,该程序应允许所有空域用户安全进入这种预留的空域。

国务院、中央军事委员会制定了2001《飞行基本规则》《通用航空飞行管制条例》《无人驾驶航空器飞行管理暂行条例》《通用航空飞行管制条例》等行政法规,对空域具体管理进行了规范。其中核心是2001年《飞行基本规则》。

2001年《飞行基本规则》第3条规定,国家对境内所有飞行实行统一的飞行管制。第4条规定,国务院、中央军事委员会空中交通管制委员会[①]领导全国的飞行管制工作。第13条规定,空域的划设、调整,应当按照国家有关规定履行审批、备案手续。第28条还进一步规定了"各有关飞行管制部门按照各自的职责分工提供空中交通管制服务"。

《民用航空使用空域办法》(CCAR-71)第2条规定,本办法适用于在中华人民共和国领空以及根据我国缔结或者参加的国际条约的规定,由我国提供空中交通服务的公海上空的民用航空相关空域的建设和使用活动。第5条规定,中国民用航空总局空中交通管理局根据国家规定和本办法,负责提出民用航空飞行活动对空域建设和使用的总体需求,负责组织建设和使用民用航空活动相关空域。

《通用航空飞行管制条例》(国务院、中央军委令第371号)第5条规定,飞行管制部门按照职责分工,负责对通用航空飞行活动实施管理,提供空中交通管制服务。相关飞行保障单位应当积极协调配合,做好有关服务保障工作,为通用航空飞行活动创造便利条件。第25条规定,飞行管制部门应当按照职责分工或者协议,为通用航空飞行活动提供空中交通管制服务。

《民用航空空中交通管理规则》(CCAR-93TM-R6)第3条规定,中国民用航空局负责统一管理全国民用航空空中交通管理工作,中国民用航空地区管理局负责监督管理本辖区民用航空空中交通管理工作。第14条规定,空中交通服务由空中交通管制单位提供。空中交通管制单位(Air Traffic Control Unit)是全国空中交通运行管理单位、地区空中交通运行管理单位、空中交通服务报告室、区域管制单位、进近管制单位或机场塔台管制单位等不同含义的通称。该规则第18条[②]和第19条[③]分别规定了民用航空空中交通管制工作和空中

[①] 1986年1月30日,邓小平同志批准成立国务院、中央军委空中交通管制委员会(简称国家空管委),国务院副总理任空管委主任,统一领导全国的空中交通管制工作。2016年6月,中国政府网发布制定于2008年的《国务院关于议事协调机构设置的通知》,通知明确:国务院、中央军委空中交通管制委员会系国务院议事协调机构,具体工作由总参谋部承担。2021年我国成立国家空中交通管理委员会,即中央空中交通管理委员会,为中央机构,是中华人民共和国全国空域管制的最高机构。其前身为国务院、中央军事委员会空中交通管制委员会。因此,该条应将"国务院、中央军事委员会空中交通管制委员会"修订为"国务院、中央军事委员会空中交通管理委员会"。

[②] 民用航空空中交通管制工作分别由下列管制单位实施:(一)空中交通服务报告室;(二)机场塔台管制单位,以下简称塔台管制单位;(三)进近管制单位;(四)区域管制单位;(五)地区空中交通运行管理单位;(六)全国空中交通运行管理单位。

[③] 空中交通管制服务应当由下列管制单位负责提供:(一)区域管制服务应当由区域管制单位负责提供。如果没有设立区域管制单位,区域管制服务可以由主要负责提供进近管制服务的单位提供。在区域管制单位和进近管制单位不能提供区域管制服务时,区域管制服务可以由塔台管制单位提供。(二)进近管制服务应当由进近管制单位负责提供。如果没有设立单独的进近管制单位,进近管制服务可以由主要负责提供机场管制服务的塔台管制单位提供,或者由主要负责提供区域管制服务的区域管制单位提供。(三)机场管制服务应当由塔台管制单位负责提供。

交通管制服务的提供单位。第20条①规定了空中交通管制单位应当履行的空中交通服务的职责。第511条和第517条分别规定飞行情报服务和告警服务由中国民用航空局指定的管制单位提供,并按照规定程序予以公布。

另外,《民用航空空中交通管理规则》(CCAR-93TM-R6)第11条还规定,提供空中交通服务的单位应当加强与飞行管制部门和其他航空单位的协调配合,共同采取有效措施,保证空中交通安全。并在第十四章《协调》(第526条到第553条②)中,具体规定了管制单位和飞行管制部门之间、管制单位与运营人或机场管理机构之间、提供空中交通管制服务、提供飞行情报服务和告警服务的协调。

为了规范对民用航空空中交通管理运行单位的安全监督和管理,降低空中交通安全风险,提高空中交通运行安全水平,保障飞行安全,依据《安全生产法》《民用航空法》和2001年《飞行基本规则》等法律法规,交通运输部于2016年3月17日发布,自2016年4月17日起施行《民用航空空中交通管理运行单位安全管理规则》(CCAR-83),共9章50条,③分别对机构人员、民航空管安全管理、民航空管不安全事件的报告、调查和处理、安全教育和培训、安全信息和文档的管理、监督检查和法律责任等进行了具体规定。

6.1.4 空中交通服务的设立和提供

6.1.4.1 国际航空法的规定

《芝加哥公约》第28条航行设施和标准制度规定:"各缔约国承允在它认为可行的情况下:一、根据依本公约随时建议或制定的标准和措施,在其领土内提供机场、无线电服务、气象服务及其他空中航行设施以便利国际空中航行。……"

国际民航组织理事会于1948年4月13日通过了一项决议,提请各缔约国注意这样一种可取性,即在其本国的规章中,在可行的范围内尽量使用国际民航组织具有规章性质的标准的确切语言,并注明与标准不同之处,包括对航行安全和正常具有重要意义的任何附加的本国规章。本附件的条文已尽可以得便于将其编入本国法规而无需作文字上的重大改变。

1. 确定提供空中交通服务的必要性

附件11第2.4条确定提供空中交通服务的必要性规定:(1)有无提供空中交通服务的必要,必须考虑下列情况后决定:a)所涉及的空中交通的种类;b)空中交通的密度;c)气象

---

① 管制单位应当履行下列空中交通服务的职责:(一)空中交通服务报告室负责受理和审核飞行计划的申请,向有关管制单位和飞行保障单位通报飞行计划和动态。(二)塔台管制单位负责对本塔台管辖范围内航空器的推出、开车、滑行、起飞、着陆与其有关的机动飞行的空中交通服务。(三)进近管制单位负责一个或者数个机场的航空器进、离场及其空域范围内其他飞行的空中交通服务。(四)区域管制单位负责向本管制区内受管制的航空器提供空中交通服务,负责管制并向有关单位通报飞行申请和动态。(五)地区空中交通运行管理单位负责统一协调所辖区域内民航空中交通管制工作,监控所辖区域内民航空中交通管理系统的日常运行情况,协调处理所辖区域内特殊情况下的飞行,承担本地区搜寻援救协调中心职责。(六)全国空中交通运行管理单位负责统一协调全国民航空中交通管制工作,监控全国民航空中交通管理系统的日常运行情况,协调处理特殊情况下的飞行,承担民航局搜寻援救协调中心职责。

② 具体条文详见:https://www.caac.gov.cn/XXGK/XXGK/MHGZ/202303/P020230331606968015618.pdf. 2024年2月23日访问。

③ 具体条文详见:https://www.caac.gov.cn/XXGK/XXGK/MHGZ/201605/t20160530_37650.html. 2024年2月23日访问。

条件;d) 其他可能有关的因素。①

(2) 在考虑确定向指定区域内的航空器提供空中交通服务的必要性时,不得将航空器是否装有机载防撞系统(ACAS)②作为一个因素来考虑。③

2. 将要提供空中交通服务的部分空域和管制机场的指定

附件11第2.5条将要提供空中交通服务的部分空域和管制机场的指定规定如下:

(1) 一经确定在空域的某些部分或某些机场将要提供空中交通服务后,必须按照所提供的空中交通服务对那部分空域或那些机场予以指定。④

(2) 这部分空域和机场必须按下述规定指定:①飞行情报区经确定将要提供飞行情报服务和告警服务的那部分空域,必须指定为飞行情报区。②管制区和管制地带:确定将对TR飞行提供空中交通管制的那部分空域必须指定为管制区或管制地带,也将对VFR飞行提供空中交通管制服务的那部分管制空域,必须指定为B、C或D类空域。在飞行情报区内指定的管制区或管制地带必须成为该飞行情报区的一部分。

(3) 确定对机场交通提供空中交通服务的那些机场必须指定为管制机场。

3. 空域的分类

附件11第2.6条空域的分类规定:(1) ATS空域必须按下述方法予以分类和命名:

A类:仅允许IFR飞行,对所有飞行均提供空中交通管制服务,并在其相互之间配备间隔。

B类:允许IFR和VFR飞行,对所有飞行均提供空中交通管制服务,并在其相互之间配备间隔。

C类:允许IFR和VFR飞行,对所有飞行均提供空中交通管制服务,在IFR飞行与其他IFR以及VFR飞行之间配备间隔。在VFR飞行与IFR、VFR飞行接收关于所有其他飞行的活动情报。

D类:允许IFR和VFR飞行,对所有飞行均提供空中交通管制服务。IFR飞行与其他IFR飞行与其他IFR飞行之间配备间隔,并接收关于VFR飞行的活动情报。VFR飞行接收关于所有其他飞行的活动情报。

E类:允许IFR和VFR飞行,对IFR飞行提供空中交通管制服务,与其他IFR飞行之间配备飞行间隔。所有飞行均尽可能接收活动情报。E类不得用于管制地带。

F类:允许IFR和VFR飞行,对所有按IFR飞行者均接受空中交通咨询服务,如经要求,所有飞行接受飞行情报服务。

G类:允许IFR和VFR飞行,如经要求,接受飞行情报服务。⑤

---

① 第2.4.1条。在该条中还标注:由于涉及的因素很多,不可能提出具体数据以确定某区或某地是否需要空中交通服务,例如:a) 由于不同速度的航空器(常规的、喷气的等等)组成不同类型的空中交通,就可能需要提供空中交通服务;但在另一情况下,交通密度虽大但只有一种类型的飞行时,则不需要。b) 气象条件对经常有飞行(例如:定期飞行)的区域可能会有相当大的影响,而对同样或更坏的气象条件下停止飞行的区域(例如:VFR本场飞行)可能很重要。c) 在开阔的水上、山区、无人居住的或沙漠地区,即使飞行次数极少,也可能需要提供空中交通服务。

② 机载防撞系统(ACAS)以二次监视雷达(SSR)应机信号为基础的航空器系统,它独立于地基设备而单独工作,向可能发生冲撞的装有二次监视雷达应答机的航空器飞行员提供咨询建议。资料来源:《芝加哥公约》附件11第1章《定义》。

③ 第2.4.2条。

④ 第2.5.1条。

⑤ 第2.6.1条。

(2)各国必须选择适合他们需要的空域种类。①
(3)对在各类空域内飞行的要求必须如附录4②中表内所示。③

4. 空中交通服务单位的设立和指定

空中交通服务必须由按以下原则设立和指定的单位提供:

(1)为了在飞行情报区内提供飞行情报服务和告警服务,必须设立飞行情报中心,但对在飞行情报区内提供此种服务的责任已指定由有足够设备履行此项职责的空中交通管制单位者除外。这并不排除将提供飞行情报服务的某几项职能委托给其他单位。④

(2)为了对管制区、管制地内和在管制机场提供空中交通管制服务、飞行情报服务和告警服务,必须设立空中交通管制单位。⑤

5. 飞行情报区、管制区和管制地带的规范

附件11建议:提供空中交通服务的空域的划分应依据航路结构性质和有效服务的需要,而不是依据国界。⑥ 为了便于提供空中交通服务,协议允许划分空域的分界线跨越国界是可取的。例如,在空中交通服务单位使用数据处理技术的情况下,允许用直线划分空域边界的协议,最为方便。如按国界划定空域时,需要在经双方同意的适当地点设置移交点。

(1)飞行情报区。飞行情报区是指提供飞行情报服务和告警服务的一划定范围的空域。⑦ 具体规范为:①飞行情报区必须包括其横向界限内的全部空域,但为高空飞行情报区所限定者除外。⑧ ②飞行情报区必须包括其横向界限内的全部空域,但为高空飞行情报区所限定者除外。⑨ ③飞行情报区受到高空飞行情报区的限制时,高空飞行情报区的下限必须成为飞行情报区的上限,并必须与附件2附录3巡航高度层表中的VFR飞行的巡航高度层相符。设有高空飞行情报区时,适用于高空飞行情报区内的程序不必与其下面的飞行情报区内所适用者相同。⑩

(2)管制区。管制区是指从地球表面上某一规定界限向上延伸的管制空域。附件11第2.11.3条管制区所规定的规范如下:

①划定管制区,尤其是包括装备航路和终端管制区时,考虑到该区通常使用的导航设备的能力,必须使所划的空域范围,足以容纳IFR飞行的航径或其部分航径(对其提供交通管制服务的适用部分)。在并非由装备航路系统组成管制区内,可以划设航路系统,以便提供空中交通管制。⑪

②管制区的下限必须建立在地面或水面以上不少于200米(700英尺)处。这并不意味

---

① 第2.6.2条。
② 附录4 ATS空域类别—提供的服务和飞行要求。
③ 第2.6.3条。
④ 第2.10.1条。
⑤ 第2.10.2条。
⑥ 刘伟民教授认为,这种主张从技术角度考虑并非不可取,但是维护国家领空主权和保卫国防安全是一个十分重要的问题。因此,在当前的国际环境下,国际民用航空组织的上述建议实际上是难以实行的。当然,这并不排除有关国家在相互尊重主权和领土完整的前提下,通过协商达成这方面的有关协议,进行国际合作。参见:刘伟民.航空法教程[M].2版.北京:中国法制出版社,2001:188.
⑦ 第1章定义。
⑧ 第2.11.2.1条。
⑨ 第2.11.2.2条。
⑩ 第2.11.2.3条。
⑪ 第2.11.3.1条。

着下限一定要统一建立在规定的管制区内。①

建议:如有可能和适宜时,管制区下限应高于 2.11.3.2 所规定的最低标准,以便 VFR 飞行在管制区以下有较大的活动自由。②

建议:当管制区下限在高出平均海平面 900 米(3 000 英尺)以上时,应与附件 2 附录 3 表中 VFR 飞行的巡航高度层相重。

这就意味着选用的 VFR 巡航高度层,按照预期的当地的大气压力变化,不致降低到低于离地面或水面 200 米(700 英尺)。③

③如有下列情况之一,则必须规定管制区的上限:a) 在该上限以上,将不提供空中交通管制服务。b) 管制区位于高空管制区的下面,其上限与高空管制区的下限相重合。凡设有上限者,此种上限必须与附件 2 附录 3 表中的一个 VFR 巡航高度层相重合。④

(3) 高空飞行情报区或高空管制区。建议:如希望限制在高空飞行的航空器需要飞经的飞行情报区或管制区的数目,应根据情况划定一个飞行情报区或管制区,包括高空空域,该高空空域是在若干个低空飞行情报区或管制区的侧向范围之内。⑤

(4) 管制地带。管制地带是指从地球表面向上延伸到规定上限的管制空域。附件 11 第 2.11.5 条管制地带所规定的规范如下:

①管制地带的侧向界限,至少必须包括不在管制区内的、但是在仪表气象条件下 IFR 飞行所用的进场和离场的航径的那部分空域。在机场附近等待的航空器应认为是进场航空器。⑥

②管制地带侧向界限必须自机场(一个或几个)中心向可以作进近的方向延伸至少 93 公里(5 海里)。一个管制地带可包括两个以上位置紧靠的机场。⑦

③如管制地带位于管制区侧向界限以内,则该管制地带必须从地面向上延伸,至少到管制区的下限。如果适宜,划定上限可以高出在其上面的管制区的下限。⑧

④建议:如管制地带位于管制区侧向界限以外时,则应划定其上限。⑨

⑤建议:如管制地带上限需要高出在其上面的管制区的下限,或管制地带位于管制区侧向界限以外,该管制地带的上限应划定在驾驶员容易识别的高度层。如上限高出平均海平面 900 米(3000 英尺)以上时,则应与附件 2 附录 3 表内的一个 VFR 巡航高度层相重合。如果使用本条,它意味选用的 VFR 巡航高度层,按照预计当地的大气压力变化,不致降低到低于离地面或水面 200 米(700 英尺)。⑩

6. 对处于紧急情况中的航空器的服务

附件 11 第 2.24 条对处于紧急情况中的航空器的服务的规定如下:

(1) 已知或据信航空器遭遇紧急情况,包括受到非法干扰时,必须给以最慎重的考虑和

---

① 第 2.11.3.2 条。
② 第 2.11.3.2.1 条。
③ 第 2.11.3.2.2 条。
④ 第 2.11.3.3 条。
⑤ 第 2.11.4 条。
⑥ 第 2.11.5.1 条。
⑦ 第 2.11.5.2 条。
⑧ 第 2.11.5.3 条。
⑨ 第 2.11.5.4 条。
⑩ 第 2.11.5.5 条。

帮助,并按环境需要,给予比其他航空器更高的优先权。①

附件 11 建议:在紧急情况下空中交通服务单位和航空器之间进行通信时,应遵守人为因素原则②。③

(2) 当发生或怀疑航空器受到非法干扰时,ATS 单位必须及时关注航空器的需求,继续发送有关飞行安全运行的情报,并采取必要的措施,以加速该飞行所有阶段,特别使航空器能安全着陆。④

(3) 当发生或怀疑航空器受到非法干扰时,ATS 单位必须根据当地商定的程序,立即通知国家指定的有关当局,并与运营人或指定代表联络,以获取关于该航空器的全部现有资料。⑤

7. 飞行中的意外事件

附件 11 第 2.25 条飞行中的意外事件具体规定如下:

(1) 偏迷或不明航空器。偏迷航空器是指显著偏离其预定航迹或报告它已迷航的航空器。不明航空器是指已被观察到或业经报告在一既定区域内飞行但未能予以识别的航空器。

一架航空器可以被一个单位认为是"偏迷航空器",而同时被另一个单位认为是"不明航空器"。迷航或不明航空器可被怀疑为受到非法干扰的对象。

①空中交通服务单位一经发现偏迷航空器,必须立即采取 2.25.1.1.1⑥ 和 2.25.1.1.2⑦ 叙述的一切必要步骤来帮助航空器并保护其飞行。如该单位已获知航空器偏迷或行将偏迷,进入某一区域,而在其中存在拦截的风险或其他影响其安全飞行的危险时,空中交通服务单位的领航帮助尤其重要。⑧

②当有必要提供空中交通服务,或经有关军事当局按照当地协议的程序提出要求时,空中交通服务单位经发觉有不明航空器在它的区域内,必须努力识别该航空器。为此,该空中交通服务单位必须按情况采取下列步骤:a) 试图与该航空器建立双向通信联络;b) 向该飞行情报区内的其他空中交通服务单位询问该飞行,并请求他们帮助与该航空器建立双向通信联络;c) 向相邻飞行情报区服务的空中交通服务单位询问该飞行,并请求他们帮助与该航空器建立双向通信联络;d) 试图从在该区域内的其他航空器得到情报。⑨

---

① 第 2.24.1 条。
② 根据附件一第 1 章定义规定,人为因素原则是指适用于航空设计、验收、培训、运行和维修的原则,通过适当考虑人的行为能力而寻求人和其他系统组成部分之间的安全交接。
③ 第 2.24.1.1 条。
④ 第 2.24.2 条。
⑤ 第 2.24.3 条。
⑥ 如不知道航空器的位置,空中交通管制单位必须:a) 试图建立双向通信联络,除非这种通信联络原已存在;b) 采取一切可用的手段以确定其位置;c) 考虑到在当时场合下可能影响航空器导航的所有因素,通知其他 ATS 单位,该航空器可能已偏迷或可能偏迷而进入其区域;d) 按照当地协议的程序,通知有关军事单位并提供关于偏迷航空器的有关飞行计划和其他数据;e) 要求 c),d)两项所述的单位以及飞行中的其他航空器给以各种帮助,以建立与该航空器的通信联络并确定它的位置。d)和 e)两项中的需求,也适用按照 c)项已被通知的 ATS 单位。
⑦ 当已了解航空器的位置,空中交通管制服务单位必须:a) 向航空器通知其位置和采取改正的行动;并 b) 必要时,将关于偏迷航空器的有关资料以及发给该航空器的任何建议,通知其他 ATS 单位和有关军事单位。
⑧ 第 2.25.1.1 条。
⑨ 第 2.25.1.2 条。

该空中交通服务单位必要时在识别航空器后,必须尽速通知有关军事单位。①

③如果 ATS 单位认为迷航或不明航空器可能是受到非法干扰的对象,必须根据当地商定的程序,立即通知国家指定的有关当局。②

(2) 民用航空器的拦截。附件 11 第 2.25.2 条民用航空器的拦截,规定如下:

①空中交通服务单位一旦得知航空器在其责任区内正遭拦截,必须根据情况采取下列步骤:a) 以任何可用方式,包括紧急无线电频率 121.5 兆赫,试图与被拦截的航空器建立双向通信联络除非这种通信联络原已存在;b) 将拦截一事通知被拦截航空器的机长;c) 与拦截控制单位(该单位与拦截航空器保持有双向通信联络)建立联络,并提供给该单位关于被拦截航空器能够得到的情报;d) 根据需要,在拦截航空器或拦截控制单位与被拦截航空器之间中转电报;e) 与拦截控制单位密切协调,采取一切必要措施保证被拦截航空器的安全;f) 如果该航空器像是从某一相邻飞行情报区偏迷出来的,通知为该相邻飞行情报区服务的 ATS 单位。③

②空中交通服务单位一旦得知航空器在其责任区外正遭拦截,必须根据情况采取下列步骤:a) 通知为发生拦截所在空域服务的 ATS 单位,提供给该单位有助于识别该航空器的情报,并请求其按 2.25.2.1 的规定采取措施。b) 在被拦截航空器与有关 ATS 单位、拦截控制单位或拦截航空器之间,中转电报。④

8. 其他

附件 11 还规定,空中交通服务单位必须使用协调世界时(UTC),并从午夜开始以 24 小时的时和分以及需要时以秒表示时间。⑤ 空中交通服务单位的时钟和其他计时设备必须按需要予以校准,以保证准确时间在 UTC 的正、负 30 秒钟之内。空中交通服务单位使用数据链通信时,必须对时钟和其他计时设备按需要予以校准,以保证准确时间在 UTC 的 1 秒钟之内。⑥

另外附件 11 还对航空数据、最低飞行高度、疲劳管理、公用参考系统、语言能力、应急安排等进行了详细规定。

6.1.4.2　我国航空法的规定

《民用航空法》从第 82 条到第 89 条⑦对空中交通服务的提供进行了一般性规定。2001 年《飞行基本规则》对我国空中交通服务的设立和提供进行了详细规定,特别是第三章《飞行管制》和第九章《通信、导航、雷达、气象和航行情报保障》,更是为我国民航空中交通服务规范的制定提供了具体法源。

《外国民用航空器飞行管理规则》第 4 条规定:"外国民用航空器飞入或者飞出中华人民共和国国界和在中华人民共和国境内飞行,必须服从中国民用航空总局各有关的空中交通管制部门的管制,并且遵守有关飞行的各项规章。"

《通用航空飞行管制条例》第 5 条规定:"飞行管制部门按照职责分工,负责对通用航空

---

① 第 2.25.1.2.1 条。
② 第 2.25.1.3 条。
③ 第 2.25.2.1 条。
④ 第 2.25.2.2 条。
⑤ 第 2.26.1 条。
⑥ 第 2.26.3 条。
⑦ 具体条文详见:https://www.gov.cn/ziliao/flfg/2005-08/05/content_20902.htm. 2024 年 2 月 25 日访问。

飞行活动实施管理,提供空中交通管制服务。相关飞行保障单位应当积极协调配合,做好有关服务保障工作,为通用航空飞行活动创造便利条件。"

《无人驾驶航空器飞行管理暂行条例》第19条规定"国家根据需要划设无人驾驶航空器管制空域",在第28条规定了无人驾驶航空器飞行活动申请批准权限,在第29条和第30条规定了批准的时间和程序等。

在具体部门规章中,对我国空中交通服务的设立和提供进行了具体规定。

1. 确定提供空中交通服务的必要性

(1) 2001年《飞行基本规则》。空域的划设应当考虑国家安全、飞行需要、飞行管制能力和通信、导航、雷达设施建设以及机场分布、环境保护等因素。[①]

(2)《民用航空使用空域办法》(CCAR-71)。空域的建设和使用应当便于空中交通服务部门向运行中的航空器提供空中交通服务,满足空中交通服务对空域使用的需要;还应当适应不同类型的航空器不同时间和不同运行方式的要求。[②]

确定某区域或者机场是否需要提供空中交通服务时,应当依据以下因素:(一)所涉及的空中飞行活动的类型和复杂性;(二)空中交通的密度;(三)气象条件;(四)其他可能因素,包括地理条件等。确定某区域或者机场是否需要提供空中交通服务时,不得考虑在该区域或者机场运行的航空器是否装备机载防撞系统。[③]

第23条第2款还规定,根据航空器机载导航设备的能力、地面导航设备的有效范围以及空中交通管制情况,可以按照规定在某些空域内建立区域导航航路。

(3)《民用航空空中交通管理规则》(CCAR-93TM-R6)。该规则第106条规定设置管制扇区应当考虑的因素,第215条规定选择飞行高度层,应当考虑的因素,第283条规定塔台管制员选择使用跑道时应考虑的因素等。

2. 提供空中交通服务的区域

(1)《民用航空法》第71条规定:"划分空域,应当兼顾民用航空和国防安全的需要以及公众的利益,使空域得到合理、充分、有效的利用。"

(2) 2001年《飞行基本规则》第二章对我国空域划分进行了具体规定。特别是第11条[④]和第12条第1款[⑤]对空域规划原则和化设应考虑的因素进行了具体规定。在第30条[⑥]和第31条[⑦]中,对具体区域进行了规定。

---

① 2001年《飞行基本规则》第12条。
② 《民用航空使用空域办法》(CCAR-71)第3条。
③ 《民用航空使用空域办法》(CCAR-71)第19条。
④ 空域管理应当维护国家安全,兼顾民用、军用航空的需要和公众利益,统一规划,合理、充分、有效地利用空域。
⑤ 空域的划设应当考虑国家安全、飞行需要、飞行管制能力和通信、导航、雷达设施建设以及机场分布、环境保护等因素。
⑥ 在中华人民共和国境内,按照飞行管制责任划分为:飞行管制区、飞行管制分区、机场飞行管制区。航路、航线地带和民用机场区域设置高空管制区、中低空管制区、终端(进近)管制区、机场塔台管制区。在中华人民共和国境内、毗连区、专属经济区及其毗连的公海的上空划分若干飞行情报区。
⑦ 各类管制区的划设,应当按照国家有关规定审批。

(3)《民用航空使用空域办法》(CCAR-71)第3条①和第4条②规定了空域的建设和使用应遵循基本原则和应考虑基本因素。第9条规定:"航路、航线地带和民用机场区域设置高空管制区(A类空域)、中低空管制区(B类空域)、终端(进近)管制区(C类空域)和机场塔台管制区(D类空域)。"在第10条中规定对四类空域中正在飞行中的所有航空器提供空中交通管制服务,并对不同空域航空器飞行规则进行了具体规定。从第11条到第16条规定了四类空域的具体设置。在其第三章中,从第17条到第24条规定了空中交通服务区域。③

(4)《民用航空空中交通管理规则》(CCAR-93TM-R6)第14条规定,空中交通管制单位应当为下列航空器活动提供空中交通管制服务:(一)高空管制区、中低空管制区、进近管制区、机场管制地带内的所有仪表飞行规则的飞行;(二)中低空管制区、进近管制区、机场管制地带内的所有目视飞行规则的飞行;(三)特殊目视飞行规则的飞行;(四)机场交通。

3. 空中交通服务的运行

(1)《民用航空法》的规定。在一个划定的管制空域内,由一个空中交通管制单位负责该空域内的航空器的空中交通管制。④

在《民用航空法》第七章空中航行第三节《飞行保障》中,在第83条⑤、第84条⑥、第85条⑦、第88条⑧和第89条⑨中对空中交通服务运行进行了概括性规定。

(2)2001年《飞行基本规则》的规定。主要有:飞行员开车滑行,必须经空中交通管制员或者飞行指挥员许可。⑩ 航空器起飞后在机场区域内上升或者降落前在机场区域内下降,必

---

① 空域是国家资源,应当得到合理、充分和有效的利用。空域的建设和使用应当遵循下列基本原则:(一)保证飞行安全。空域的建设和使用应当有利于防止航空器与航空器、航空器与障碍物之间相撞,有利于航空器驾驶员处置遇险等紧急情况。(二)保证国家安全。空域的建设和使用应当适应国土防空和国家安全的要求。(三)提高经济效益。空域的建设和使用应当对国家经济建设产生有利的影响和作用,应当有利于航空企业降低运营成本。(四)便于提供空中交通服务。空域的建设和使用应当便于空中交通服务部门向运行中的航空器提供空中交通服务,满足空中交通服务对空域使用的需要。(五)加速飞行活动流量。空域的建设和使用应当有利于维护并加速空中交通的有序活动。(六)具备良好的适应性。空域的建设和使用应当适应不同类型的航空器不同时间和不同运行方式的要求。(七)与国际通用规范接轨。空域的建设和使用应当尽可能符合《国际民用航空公约》及其附件和文件的技术标准和建议措施,便于国际、国内飞行的实施。

② 空域的建设和使用应当考虑下列基本因素:(一)空中交通流量分布情况,包括垂直和水平方向的分布;(二)不同性质的空中飞行活动对空域和空中交通服务的不同要求;(三)空域环境的影响,包括地形、地貌、机场以及其他限制因素;(四)城市建设及安全保障要求;(五)空中交通保障系统,包括通信、导航、监视、气象和航行情报的综合能力;(六)空中交通管制服务的手段和方式;(七)空域用户对空域的特殊要求。

③ 具体条文详见:https://www.caac.gov.cn/XXGK/XXGK/MHGZ/201511/t20151102_8510.html. 2024年2月27日访问。

④ 《民用航空法》第73条。

⑤ 空中交通管制单位发现民用航空器偏离指定航路、迷失航向时,应当迅速采取一切必要措施,使其回归航路。

⑥ 航路上应当设置必要的导航、通信、气象和地面监视设备。

⑦ 航路上影响飞行安全的自然障碍物体,应当在航图上标明;航路上影响飞行安全的人工障碍物体,应当设置飞行障碍灯和标志,并使其保持正常状态。

⑧ 国务院民用航空主管部门应当依法对民用航空无线电台和分配给民用航空系统使用的专用频率实施管理。任何单位或者个人使用的无线电台和其他仪器、装置,不得妨碍民用航空无线电专用频率的正常使用。对民用航空无线电专用频率造成有害干扰的,有关单位或者个人应当迅速排除干扰;未排除干扰前,应当停止使用该无线电台或者其他仪器、装置。

⑨ 邮电通信企业应当对民用航空电信传递优先提供服务。国家气象机构应当对民用航空气象机构提供必要的气象资料。

⑩ 2001年《飞行基本规则》第49条。

须按照空中交通管制员或者飞行指挥员的指示进行。① 复杂气象条件下进入机场区域的飞行,必须经空中交通管制员或者飞行指挥员许可。② 在云中飞行或者水平能见度小于 8 公里的,应当按照空中交通管制员或者飞行指挥员的指示通过。③ 在高原机场降落时,航空器上气压高度表的气压刻度不能调整到机场场面气压数值的,应当按照空中交通管制员或者飞行指挥员通知的假定零点高度进行着陆。④

从第七章到第九章,还对飞行指挥、飞行中特殊情况的处置以及通信、导航、雷达、气象和航行情报保障进行了具体规范。⑤

(3)《民用航空使用空域办法》(CCAR-71)第 28 条规定,民用航空活动涉及的各类空域的建设和使用应当按照空域建设和使用的工作程序和其他有关规定进行。空域使用方案确定后,应当根据空域使用和空中交通服务的需要,建设必需的通信、导航、监视、气象和航行情报设施。随后,该办法分别具体规定了导航容差(第 29 条到第 34 条)、飞行情报区(第 35 条到第 38 条)、高空和中低空管制区(第 39 条到第 46 条)、终端(进近)管制区(第 47 条到第 55 条)、机场管制地带和塔台管制区(第 56 条到第 65 条)、航路和航线(第 66 条到第 83 条)、机场仪表飞行程序的保护(第 84 条到第 86 条)、等待航线区域(第 87 条到第 93 条)、特殊区域(第 94 条到第 96 条)⑥的具体空中交通服务运行规范。

《民用航空使用空域办法》(CCAR-71)第 108 条还规定,民航总局空中交通管理局负责编写民用航空空域使用手册。民用航空空域使用手册的内容应当包括下列空域的有关资料和管理规定:飞行情报区、高空管制区、中低空管制区、终端管制区、进近管制区、机场塔台管制区、机场管制地带、管制扇区、航路、航线、等待航线区域以及特殊区域。民用航空空域使用手册应当定期分发,明确接受单位并保持固定联系。民用航空空域使用手册应当及时修订,保持其完整性和准确性。民用航空空域使用手册应当按照保密规定严格管理和使用。

(4)《民用航空空中交通管理规则》(CCAR-93TM-R6)第五章一般规则,共 18 节,分别对空中交通管制服务的提供、管制责任的移交、空中交通管制许可、管制员的执勤、飞行申请和飞行计划、气象情报、航空器的特定要求、位置报告、基本管制工作程序等进行了详细规定。该规则为我国民用航空空中交通服务运行提供了具体规范。⑦

应特别指出的是,《民用航空空中交通管理规则》(CCAR-93TM-R6)第 27 条规定:"管制单位应当制定空中交通服务运行手册。运行手册是本单位空中交通管制人员提供空中交通服务的规范。"并在第 28 条中规定:"管制单位的上级管理机构应当建立制定、分发、修订和补充运行手册的制度,并保持运行手册准确有效。运行手册由管制单位制定,经其上级管理机构审查后发布。"该规则还要求在管制单位要建立、健全空中交通服务应急预案。

---

① 2001 年《飞行基本规则》第 52 条第 1 款。
② 2001 年《飞行基本规则》第 58 条。
③ 2001 年《飞行基本规则》第 72 条。
④ 2001 年《飞行基本规则》第 87 条。
⑤ 具体内容详见:http://www.caac.gov.cn/XXGK/XXGK/FLFG/201510/t20151029_2786.html. 2024 年 2 月 26 日访问。
⑥ 具体内容详见:https://www.caac.gov.cn/XXGK/XXGK/MHGZ/201511/t20151102_8510.html. 2024 年 2 月 27 日访问。
⑦ 具体内容详见:https://www.caac.gov.cn/XXGK/XXGK/MHGZ/202303/P020230331606968015618.pdf. 2024 年 2 月 27 日访问。

6.2 空中交通管制服务法律制度

6.2.1 适用范围和提供

6.2.1.1 国际航空法规定

《芝加哥公约》附件11《空中交通服务》第3.1条适用范围规定:"空中交通管制必须提供给:a) 在 A、B、C、D 与 E 类空域内的所有 IFR 飞行;b) 在 B、C 与 D 类空域内的所有 VFR 飞行;c) 所有特殊 VFR 飞行;d) 在管制机场的所有机场活动。"

第3.2条空中交通管制服务的提供规定:"2.3.1 中所述的各种空中交通管制服务,必须由下列各不同单位提供:a) 区域管制服务:1) 由区域管制中心提供;或 2) 由在管制地带提供进近管制服务的单位,或在主要为提供进近管制服务而划设、但未设置区域管制中心的限定范围的管制区域内,由提供进近管制服务的单位提供。b) 进近管制服务:1) 如有必要或适宜将进近管制服务与机场管制服务或区域管制服务的职能合并由一个单位负责时,由机场管制塔台或区域管制中心提供;2) 如有必要或宜于设置单独的单位时,由进近管制单位提供;c) 机场管制服务:由机场塔台提供。

对于停机坪上一些指定的服务工作,即停机坪管理服务,可以指定由机场管制塔台或由一单独单位提供。"

6.2.1.2 我国航空法规定

根据《民用航空使用空域办法》(CCAR - 71)第13条到第16条[①]规定,应为 A、B、C、D 四类空域提供空中交通服务。

《民用航空空中交通管理规则》(CCAR - 93TM - R6)规定,区域管制服务应当由区域管制单位负责提供。如果没有设立区域管制单位,区域管制服务可以由主要负责提供进近管制服务的单位提供。在区域管制单位和进近管制单位不能提供区域管制服务时,区域管制服务可以由塔台管制单位提供。[②]

进近管制服务应当由进近管制单位负责提供。如果没有设立单独的进近管制单位,进近管制服务可以由主要负责提供机场管制服务的塔台管制单位提供,或者由主要负责提供区域管制服务的区域管制单位提供。[③]

机场管制服务应当由塔台管制单位负责提供。[④]

6.2.2 空中交通管制服务的运作

6.2.2.1 国际航空法规定

1944年《芝加哥公约》附件11《空中交通服务》从五个方面对空中交通管制服务的运作进行了具体规定:

[①] 具体条文详见:https://www.caac.gov.cn/XXGK/XXGK/MHGZ/201511/t20151102_8510.html. 2024 年 4 月 11 日访问。
[②] 《民用航空空中交通管理规则》(CCAR - 93TM - R6)第 19 条第 1 款。
[③] 《民用航空空中交通管理规则》(CCAR - 93TM - R6)第 19 条第 2 款。
[④] 《民用航空空中交通管理规则》(CCAR - 93TM - R6)第 19 条第 3 款。

第一,为了提供空中交通管制服务,空中交通管制单位必须:a) 备有各航空器预计运行或其变化的情报,以及各航空器实际飞行进展的现行情报;b) 根据收到的情报,确定已知航空器彼此间的相对位置;c) 发布放行许可和情报,使在其管制下的航空器避免相撞,并加速与维持有秩序的空中交通流动;d) 根据需要,与其他单位协调许可:1) 每当航空器可能与在上述的其他单位管制下的航空器发生冲突时,2) 把对航空器的管制移交给上述的其他单位之前。①

第二,展示航空器动态资料以及发给航空器空中交通管制放行许可的记录,以便能够迅速进行分析,从而保持有效率的空中交通流动和航空活动。②

第三,建议:空中交通管制单位应装备记录空中交通管制员工作席位背景通信和声音环境的装置,能够保存至少过去 24 小时工作期间记录的资料。关于不公布空中交通管制单位的记录和记录文本的规定载于附件 13 第 5.12 条③。④

第四,空中交通管制单位发出的放行许可,必须在下述飞行之间配备间隔:a) 在 A 与 B 类空域内的所有飞行之间;b) 在 C、D 与 E 类空域内的 IFR 飞行之间;c) 在 C 类空域内 IFR 飞行与 VFR 飞行之间;d) 在 IFR 飞行与特殊 VFR 飞行之间;e) 当有关 ATS 当局有规定时,在特殊 VFR 飞行之间。但下述情况除外:如有关 ATS 当局有规定,并经航空器要求,在上述 b) 项提及的 D 和 E 类空域,对于在目视气象条件下飞行的指定部分,可予以放行而不配备规定的间隔。⑤

第五,空中交通管制单位至少必须配备下述一种间隔:a) 垂直间隔,根据下表指定不同高度层,进行配备:1) 附件 2 附录 3 中的有关巡航高度层表,或 2) 根据附件 2 附录 3,对 FL⑥410 以上另行规定的经过修订的巡航高度层表。但凡有关航行资料汇编或空中交通管制放行许可另有说明不适用上表中所规定的高度层与航迹相互关系者除外。

b) 水平间隔,采用下列间隔予以配备:1) 纵向间隔,使在同一航迹、交叉航迹或逆向航迹上飞行的航空器之间保持一个间隔,以时间或距离表示;或 2) 横向间隔,使航空器保持在不同的航路上或在不同地理区域内飞行。

c) 混合间隔,由垂直间隔和上述 b) 中的间隔混合组成。每种混合间隔的最低标准可以低于单独的最低标准,但不得低于它的一半。混合间隔只能在地区航行协议的基础上采用。⑦

具体为:

(1) 在飞行高度层 FL290 和飞行高度层 FL410(含)之间使用 300 米(1 000 英尺)最小垂直间隔标准(RVSM⑧)的所有空域,必须制定地区方案来监控航空器在这些高度层上运行

---

① 附件 11 第 3.3.1 条。
② 附件 11 第 3.3.2 条。
③ 对事故或事故征候进行调查的国家不得为了事故或事故征候调查以外的目的公布下述记录,除非该国指定的主管部门根据国家法律和附件 2 和 5.12.5 的规定,断定公布或使用这些记录的意义超过这样做可能对该次或将来的调查产生的可能的不良国内和国际影响:a) 驾驶舱话音记录和机载图像记录及此种记录的任何文本。和 b) 事故调查部门监管或控制下的记录:1) 调查部门在调查过程中从有关人员那里获取的所有陈述;2) 参加航空器操作的人员之间的所有通信;3) 事故或事故征候所涉及人员的医疗或私人资料;4) 空中交通管制单位的记录及此种记录的文本;5) 事故调查部门以及与事故或事故征候相关的委任代表对资料,包括飞行记录仪资料所做的分析和表达的意见;和 6) 事故或事故征候调查的最后报告草案。
④ 附件 11 第 3.3.3 条。
⑤ 附件 11 第 3.3.4 条。
⑥ "FL"是"Flight Level"的缩写。
⑦ 附件 11 第 3.3.5 条。
⑧ "RVSM"是"Reduced Vertical Separation Minimum"的缩写。

时高度保持的性能,以便确保继续使用这种垂直间隔标准能够达到安全目标。地区监测方案的范围必须足以对航空器组别性能和测高系统误差的稳定性进行分析和评估。①

(2) 当应用 RCP/RSP 规范②时,必须制定方案以监控基础设施和参与航空器的性能与 RCP 和/或 RSP 规范相符,以确保在适用空域的运行继续达到安全目标。监控方案的范围在适用时必须足以对通信和/或监视性能进行评估。③

(3) 建议:通过地区之间的协议,应该为在地区之间分享监控方案的数据和/或信息做出安排。④

6.2.2.2 我国航空法规定

《民用航空空中交通管理规则》(CCAR-93TM-R6)第 15 条规定:"为了提供空中交通管制服务,管制单位应当:(一)获取航空器飞行计划和有关变化的情况,以及航空器飞行动态;(二)根据掌握的信息,确定航空器位置及其相对关系;(三)发布空中交通管制许可与指令,提供飞行情报,防止受管制的航空器相撞,维持空中交通秩序,加速空中交通流量;(四)当航空器可能与其他管制单位管制下的航空器发生冲突时,或者在将航空器移交给其他管制单位之前,应当向该管制单位进行必要的通报协调。"具体为:

(1) 管制单位运行应当明确服务范围、服务时间、管制方式、管制间隔、运行方式等内容,并具备以下条件:(一)保障运行所需要的适当数量的、合格的民用航空空中交通管理专业人员;(二)满足运行所需的设施设备;(三)必要的空中交通管理工作的制度和运行程序;(四)与相关单位签订必要的协议;(五)符合规定的其他条件。⑤

(2) 为了验证新技术在管制运行中的可行性,管制方式、管制间隔、运行方式等尚无明确规定或者超出规定要求的,应先进行实验运行。实验运行完成后应当提出情况报告和建议。实验运行通常为六个月至一年。⑥

(3) 管制单位的上级管理机构应当建立制定、分发、修订和补充运行手册的制度,并保持运行手册准确有效。运行手册由管制单位制定,经其上级管理机构审查后发布。⑦

(4) 管制单位应当记录并保存提供空中交通服务的情况,管制运行重要数据⑧记录应当至少保存 30 天。

管制单位应当根据需要确定以下文本和记录的保存时间,但不得少于 30 天。(一)空中服务信息,包括飞行计划、起飞和着陆等信息;(二)飞行进程单;(三)自动通播的内容;(四)管制工作日志。⑨

管制单位应当将以下文本和记录至少保存 6 年:(一)空中交通服务中断的具体情况;(二)管制设备故障的具体情况;(三)管制设施不能使用的具体情况;(四)管制员岗位执勤记

---

① 附件 11 第 3.3.5.1 条。
② 1944 年《芝加哥公约》附件 11《空中交通服务》第 1 章《定义》规定,所需通信性能(RCP)规范是指对支持基于性能的通信所需提供空中交通服务和相关地面设备、航空器性能和运行的一套要求。所需监视性能(RSP)规范是指对支持基于性能的监视所需提供空中交通服务和相关地面设备、航空器性能和运行的一套要求。
③ 附件 11 第 3.3.5.2 条。
④ 附件 11 第 3.3.5.3 条。
⑤ 《民用航空空中交通管理规则》(CCAR-93TM-R6)第 22 条。
⑥ 参见《民用航空空中交通管理规则》(CCAR-93TM-R6)第 24 和 25 条。
⑦ 《民用航空空中交通管理规则》(CCAR-93TM-R6)第 28 条。
⑧ 《民用航空空中交通管理规则》(CCAR-93TM-R6)第 64 条规定,管制运行重要数据是指:(一)用于空中交通管制的双向地空语音通信记录、管制席位的平面通信记录;(二)用于空中交通管制的双向地空数据链通信记录;(三)空中交通服务中使用的监视数据,包括一、二次雷达数据记录,自动相关监视数据记录等;(四)管制员使用自动化系统显示的飞行航迹、标牌、电子飞行进程单等主要数据记录;(五)其他涉及管制运行的重要数据记录。
⑨ 《民用航空空中交通管理规则》(CCAR-93TM-R6)第 65 条。

录,包括上岗前准备情况;(五)管制不安全事件相关具体信息;(六)管制单位运行手册及其他与运行相关规定。[1]

飞行事故、飞行事故征候或者其他航空不安全事件调查有关的管制运行记录,应当按照法律法规的要求长期保存,直至不再需要时为止。[2]

管制运行记录不得用于商业目的。未经管制单位所属法人单位同意,管制运行记录不得对外单位和个人提供。[3]

在该规则第574条[4]对地空通信记录的保存时间、第581条对直通电话自动记录的保存时间[5]、第587条对空管监视设施数据记录[6]的保存时间都进行了明确规定。

(5)区域管制单位和进近管制单位应当于航空器起飞前或者进入本管制区前30分钟,发出允许进入本管制区的航路放行许可或者按管制协议执行,并通过有关管制单位通知航空器驾驶员。[7]

如果航空器起飞延误可能与未放行至进近管制单位的飞行发生冲突,区域管制单位应当规定放行许可的失效时间。必要时,进近管制单位可在区域管制单位放行许可之外再限定失效时间,但该失效时间在任何情况下都不得晚于区域管制单位规定的时间。[8]

(6)为管制的航空器配备间隔时,应当为航空器提供至少下列一种间隔:(一)垂直间隔。航空器的垂直间隔应当按照规定的飞行高度层、高度或者高配备;(二)水平间隔。在同航迹、交叉航迹或者逆向飞行的航空器之间,可以通过保持一个以时间或者距离表示的纵向间隔的方式配备水平间隔;在不同的航路上或者在不同地理位置飞行的航空器之间,可以通过使航空器保持横向间隔的方式配备水平间隔。[9] 但在该规则第110条[10]中也规定了例外情况。

该规则还从第211条到第221条对垂直间隔和安全高度进行了具体规定,[11]并在第409条[12]中规定了相对飞行的两架航空器可不再保持垂直间隔的条件。

---

[1] 《民用航空空中交通管理规则》(CCAR-93TM-R6)第66条。
[2] 《民用航空空中交通管理规则》(CCAR-93TM-R6)第67条。
[3] 《民用航空空中交通管理规则》(CCAR-93TM-R6)第69条。
[4] 空中交通管制地空通信记录应当至少保存30天。如该记录与飞行事故或者飞行事故征候有关,应当按照要求长期保存,直至不再需要为止。
[5] 管制单位使用的直通电话等通信设施,应当有自动记录功能,自动记录至少应当保存30天。如果该记录与飞行事故和飞行事故征候有关,应当按照要求长期保存,直至明确已不再需要保留时为止。
[6] 空管监视设施数据记录应当至少保存30天。如该记录与飞行事故或飞行事故征候有关,应当按照要求长期保存,直至不再需要时为止。
[7] 《民用航空空中交通管理规则》(CCAR-93TM-R6)第353条。
[8] 《民用航空空中交通管理规则》(CCAR-93TM-R6)第546条。
[9] 《民用航空空中交通管理规则》(CCAR-93TM-R6)第109条。
[10] 管制单位提供空中交通管制服务的间隔标准,应当根据本规则执行。但是下列情况除外:(一)根据国际民航组织地区航行协议,由我国负责提供空中交通管制服务的公海上空的空域,按民航局制定的适用于该空域范围内的空中交通服务的规定;(二)与我国相邻的境外管制区实施管制移交时,提供空中交通管制服务的间隔标准应当按照双方的管制移交协议执行。
[11] 具体条文详见:http://www.caac.gov.cn/XXGK/XXGK/MHGZ/202303/P020230331606968015618.pdf。2024年2月27日访问。
[12] 具备下列条件之一时,相对飞行的两架航空器可不再保持垂直间隔:(一)两架航空器相遇后,并已获得规定的水平间隔;(二)一架航空器报告与另一架航空器相遇过。

6.2.3 空中交通管制服务的责任与移交

6.2.3.1 国际航空法规定

1. 管制的责任

（1）对每次飞行的管制责任：在任何特定时间内，管制飞行只接受一个空中交通管制单位的管制。①

（2）在特定空域区段内的管制责任：在一个特定空域区段内运行的所有航空器的管制责任须交由一个空中交通管制单位负责。但是，如果各有关空中交通管制单位之间能保证协调时，一架或数批航空器的管制责任也可以委托由其他空中交通管制单位进行管制。②

2. 管制的移交

在《芝加哥公约》附件11《空中交通服务》中对移交地点或时间③、移交的协调④进行了详细规定。

---

① 附件11《空中交通服务》第3章《空中交通管制服务》第3.5.1条。
② 附件11《空中交通服务》第3章《空中交通管制服务》第3.5.2条。
③ 3.6 管制责任的移交。
3.6.1 移交地点或时间：对航空器的管制责任按以下规定，由一个空中交通管制单位移交给另一个空中交通管制单位。
3.6.1.1 在两个提供区域管制服务的单位之间对航空器管制责任的移交，必须由进行管制的区域管制中心所预计的飞越共同管制区域边界的时间，或在两单位业已同意的其他地点或时间，从一个管制区内提供区域管制服务的单位移交给相邻管制区域内提供区域管制服务的单位在提供区域管制服务的单位与提供进近管制服务单位之间对航空器的管制责任由提供区域管制服务的单位，在两个单位同意的地点或时间移交给提供进近管制服务的单位；反之亦然。
3.6.1.2 在提供进近管制服务的单位与机场管制塔台之间。对航空器的管制责任由提供区域管制服务的单位，在两个单位同意的地点或时间移交给提供进近管制服务的单位；反之亦然。
3.6.1.3 在提供进近管制服务的单位与机场管制塔台之间。3.6.1.3.1 进场航空器对进场航空器的管制责任必须由提供进近管制服务的单位移交给机场管制塔台，当航空器 a) 在机场附近，并且：1) 认为可以依靠目视地面参照物完成进近和着陆，或 2) 已进入不间断的目视气象条件；或 b) 根据换文或当地的指令，处于规定的点或高度层，或 c) 已经着陆。注：即使有进近管制单位，经有关单位间的事先安排，可由区域管制中心或机场管制塔台负责提供有关进近管制服务部分，对某些飞行的管制可以直接从区域管制中心移交给机场管制塔台，反之亦然。3.6.1.3.2 离场航空器对离场航空器的管制责任必须由机场管制塔台移交给提供进近管制服务的单位：a) 当机场附近为目视气象条件时：1) 在航空器飞离机场附近之前，或 2) 在航空器进入仪表气象条件之前，或 3) 处于规定的点或高度层，根据换文或当地指令的规定；b) 当机场为仪表气象条件时：1) 紧接在航空器升空之后，或 2) 处于规定的点或高度层，根据换文和当地指令的规定。
3.6.1.4 在同一空中交通管制单位内的各管制扇区/岗位之间一管制扇区/岗位须根据当地指令规定的点、高度层或时间，将航空器的管制责任移交给同一空中交通管制单位内的另一管制扇区/岗位。
④ 3.6.2 移交的协调。
3.6.2.1 未经接受管制单位的同意，不得将管制航空器的责任从一个空中交通管制单位移交给另一空中交通管制单位。管制移交必须按照3.6.2.2、3.6.2.2.1和3.6.2.3获得许可。
3.6.2.2 移交管制单位必须将现行飞行计划中的有关部分和有关该次移交的任何管制资料发给接受管制单位。3.6.2.2.1 使用雷达或ADS-B数据实行管制移交时，有关移交的管制资料，必须包括在移交前从雷达或ADS-B最近观察到的航空器位置，必要时还包括其航迹与速度的资料。3.6.2.2.2 使用ADS-C数据实行管制移交时，有关移交的管制资料必须包括四维位置和必要的其他资料。
3.6.2.3 接受管制单位必须：a) 根据移交管制单位所定条件，表示是否有能力接受对该航空器的管制，但有关单位事先商定没有任何表示即表示接受所规定的管制条件，也不对该条件作任何必要的修改者除外；和b) 说明该航空器在移交时需要了解的下一段飞行的任何其他资料或放行许可。
3.6.2.4 当接受管制单位已与该航空器建立双向话音和数据链通信联络关承担管制，必须通知移交管制单位，但在两管制单位之间另有协议者除外。
3.6.2.5 须视情在有关换文和当地指令中规定适用的协调程序，包括管制点的移交。

6.2.3.2 我国航空法规定

《民用航空法》第73条规定:"在一个划定的管制空域内,由一个空中交通管制单位负责该空域内的航空器的空中交通管制。"

2001年《飞行基本规则》第40条规定:"航空器飞入相邻管制区前,飞行管制部门之间应当进行管制移交。管制移交应当按照程序管制或者雷达管制的有关规定实施。"第119条[①]对空中交通管制员、飞行指挥员的法律责任进行了规定。

《民用航空空中交通管理规则》(CCAR-93TM-R6)用第111条[②]、112条[③]、113条[④]和551条[⑤]四个条文对管制责任的移交进行了具体规定。在该规则第十九章[⑥]中,对管制单位和管制员法律责任进行了详细规定。

在《芝加哥公约》附件11中,还对空中交通管制放行许可、对机场上人员和车辆的管制、雷达和ADS-B提供的服务和场面活动监视雷达(SMR[⑦])的使用进行了具体规定。

在我国,《民用航空法》第74条和75条对放行许可进行了一般性规定;2001年《飞行基本规则》第18条、38条、49条、50条、51条、56条、58条、59条、第67条、77条、79条、114条对许可放行进行了具体规定;《民用航空空中交通管理规则》(CCAR-93TM-R6)则对不同空中交通管制情形的放行许可进行了更为详细的规定。

《民用机场航空器活动区道路交通安全管理规则》(CCAR-331SB-R1)[⑧]、《运输机场运

---

① 空中交通管制员、飞行指挥员未按本规则规定履行职责的,由有关部门视情节给予批评教育、警告、记过、降职或者取消资格,免除职务的处分;构成犯罪的,依法追究刑事责任。

② 在任何时间内,对航空器的空中交通管制服务只由一个管制单位承担。在一个划定的管制空域内,由一个管制单位负责该空域内的航空器的空中交通管制。如果有关管制单位之间能够保证协调且责任界限清楚,本管制区内一架或者数架航空器的管制责任可以委托给另一个管制单位。

③ 未经接受管制单位同意,不得将管制航空器的责任从一个管制单位移交给另一个管制单位。移交管制单位应当将现行飞行计划中的有关部分和有关该次移交的资料发给接受管制单位。

④ 接受管制单位应当根据移交管制单位所定条件及双方协调情况,明确表明是否接受对该航空器的管制。

⑤ 同一管制单位内的各管制席位之间,应当相互交换有关下列航空器的飞行计划和管制情报:(一)管制责任由一个管制席位移交给另一个管制席位的航空器;(二)在靠近扇区之间边界飞行的可能影响相邻扇区管制工作的航空器;(三)管制责任由使用程序方法的管制员委托至使用监视系统的管制员的所有航空器,以及其他受影响的航空器。

⑥ 第645条:管制单位违反第二十二条规定不能持续满足运行条件的,地区管理局应当责令限期改正,并给予警告;逾期未改正的,对单位处以5 000元以上1万元以下罚款,并对其主要负责人处以200元以上1 000元以下罚款。
第646条:管制单位有下列情形之一的,地区管理局应当责令限期改正,并给予警告;逾期未改正的,对单位处以5 000元以上1万元以下罚款,并对其主要负责人处以200元以上1 000元以下罚款。(一)未按本规则要求制定运行手册、空中交通服务应急预案的;(二)未经批准或者未按规定的条件程序运行的;(三)未按本规则要求建立和完善本单位的安全管理制度的;(四)未按本规则要求与涉及空中交通服务的机场管理机构、航空器运营人等相关单位建立制度或者签订协议;(五)未按本规则要求建立执行安全保卫制度的(六)未按本规则要求设置席位或者席位设置不符合规范要求的;(七)未按要求建立执行管制岗位的工作制度的;(八)未按要求建立保存管制运行记录的。
第647条:管制员未按本规则规定的职责、程序、间隔提供相应服务或协调的,地区管理局应当责令改正,并给予警告;逾期未改正的,对直接责任人处以200元以上1 000元以下罚款。造成严重后果的按照法律、法规、规章相关规定予以处罚。管制员所在管制单位对造成的严重后果负有管理责任的,可同时对单位处以5 000元以上1万元以下罚款,对其主要负责人处以200元以上1 000元以下罚款。
第648条:管制单位发生或者发现航空器事故、事故征候及其他不安全事件未按照程序和要求进行报告的,地区管理局应当责令改正,并按照法律、法规、规章相关规定进行处罚。

⑦ "SMR"是"Surface Movement Radar"的缩写。

⑧ 具体内容详见:https://www.caac.gov.cn/XXGK/XXGK/MHGZ/201511/t20151102_8462.html. 2024年2月28日访问。

行安全管理规定》(CCAR-140-R2)①、《民用航空运输机场航空安全保卫规则》(CCAR-329)②、《民用航空空中交通管理规则》(CCAR-93TM-R6)第115条、第259条、第266条、第268条、第280条、第281条、第333条、第573条等条文,加强了民用机场航空器活动区道路交通管理,具体规范了车辆、人员的通行,保障航空器、车辆及人员在地面的交通安全。

《民用航空通信导航监视工作规则》(CCAR-115TM-R2)以及《民用航空导航设备开放与运行管理规定》(CCAR-85-R2)③、《民用航空空中交通管理规则》(CCAR-93TM-R6)第十一章雷达管制等对雷达等相关设施的使用及管制的具体运行进行了具体规定。

6.3 飞行情报服务法律制度

6.3.1 飞行情报服务的适用范围及具体内容

6.3.1.1 国际航空法规定

1. 适用范围

《芝加哥公约》附件11《空中交通服务》第4章《飞行情报服务》第4.1条适用范围将飞行情报服务的适用范围具体规定为:

(1) 必须向可能受飞行情报影响的下列所有航空器提供飞行情报服务:a) 已为其提供空中交通管制服务的航空器;b) 有关空中交通服务单位另外了解到的航空器。

飞行情报服务并不解除航空器机长的任何责任,并且关于改变飞行计划的任何建议必须由机长作出最后决定。④

(2) 空中交通服务单位同时提供飞行情报服务和空中交通管制服务时,每当提供空中交通管制服务有此要求时,提供空中交通管制服务须优先于提供飞行情报服务。

应该承认,在某些情况下,航空器在最后进近、着陆、起飞和爬高时可能需要及时收到重要情报,而这些情报并不涉及空中交通管制服务。⑤

2. 提供飞行情报服务具体内容

《芝加哥公约》附件11《空中交通服务》对提供飞行情报服务的具体内容规定如下:

(1) 飞行情报服务必须包括提供下列有关各项:a) 重要气象情报和航空气象情报;b) 关于火山爆发前活动、火山爆发的情报和关于火山灰云的情报;c) 关于向大气层释放放射性物质和有毒化学品的情报;d) 关于无线电导航服务可用性变动的情报;e) 关于机场和有关设施变动的情报,包括机场活动区受雪、冰或重要积水深度等情况的情报;f) 于无人驾驶自由气球的情报,和可能影响安全的任何其他情报。⑥

(2) 对于为飞行提供的飞行情报服务,除上述(1)所列者外,尚须提供下列有关情报:

---

① 具体内容详见:https://www.caac.gov.cn/XXGK/XXGK/MHGZ/202203/P020220314606769100532.pdf. 2024年2月28日访问。

② 具体内容详见:https://www.caac.gov.cn/XXGK/XXGK/MHGZ/201606/t20160622_38641.html. 2024年2月28日访问。

③ 具体内容分别见:https://www.caac.gov.cn/XXGK/XXGK/MHGZ/201811/t20181120_192998.html; https://www.caac.gov.cn/XXGK/XXGK/MHGZ/202104/t20210402_207032.html. 访问日期均为2024年2月29日。

④ 附件11《空中交通服务》第4.1.1条。

⑤ 附件11《空中交通服务》第4.1.2条。

⑥ 附件11《空中交通服务》第4.2.1条。

a) 起飞、到达和备降机场的天气预报和天气实况;b) 与在 C、D、E、F 和 G 类空域中运行的航空器的相撞危险;c) 对水域上空的飞行,如可行并经驾驶员要求,提供任何有用的情报,例如该区内水面船只的无线电呼号、位置、真航迹、速度等。

上述 b)项情报,仅包括已知航空器与被通知的航空器可能发生相撞的危险,但有时是不完全的。空中交通服务单位不能对始终提供这种情报承担责任,也不能对其准确性负责。

当需要补充按 b)项所提供的相撞危险的情报,或万一临时中断飞行情报服务时,可采用在指定空域内由航空器广播活动情报。关于航空器广播活动情报及有关工作程序的指导性材料载于附件 11 附篇 B。①

（3）建议:ATS 单位应尽早对其他有关的航空器、气象室和 ATS 单位发送特别空中报告。对航空器的发送应持续的时间,要由有关气象和空中交通管制当局协商确定。②

（4）对 VFR 飞行提供飞行情报服务,除上述(1)所列者外,尚须包括可能得到的有关沿飞行航路的活动情况和气象条件,这些情况和条件可能使其不能按 VFR 飞行。③

6.3.1.2 我国航空法规定

1. 适用范围

在我国《民用航空法》和航空行政法规中,未对飞行情报服务的适用范围进行具体规定。而在一些部门规章中进行了具体规定,主要有:

（1）《民用航空使用空域办法》（CCAR－71）规定,确定需要提供飞行情报服务和告警服务的空域,应当设立飞行情报区和搜寻援救区。④

飞行情报区应当包括我国境内上空,以及由国际民航组织亚太地区航行会议协议,并经国际民航组织批准由我国提供空中交通服务的,毗邻我国公海上空的全部空域以及航路结构。⑤

公海上空飞行情报区边界的划定或者调整,应当按照国际民航组织地区航行会议协议的有关要求进行。⑥

飞行情报区应当根据向该飞行情报区提供服务的飞行情报单位或者指定的其他单位的名称进行命名。飞行情报区的名称由民航总局通报国际民航组织亚太地区办事处并协调确定其代码。飞行情报区的名称、代码、范围以及其他要求的信息应当按照航行情报发布规定予以公布。⑦

为了及时有效地对在我国飞行情报区内遇险失事的航空器进行搜寻援救,在我国境内以及由国际民航组织亚太地区航行会议协议,并经国际民航组织批准由我国提供空中交通服务的海域上空划设搜寻援救区。搜寻援救区的范围与飞行情报区的范围相同。⑧

飞行情报区和高空管制区的建设和调整由国务院民用航空主管部门提出后,按照规定上报审批。

---

① 附件 11《空中交通服务》第 4.2.2 条。
② 附件 11《空中交通服务》第 4.2.3 条。
③ 附件 11《空中交通服务》第 4.2.4 条。
④ 《民用航空使用空域办法》（CCAR－71）第 21 条。
⑤ 《民用航空使用空域办法》（CCAR－71）第 35 条。
⑥ 《民用航空使用空域办法》（CCAR－71）第 36 条。
⑦ 《民用航空使用空域办法》（CCAR－71）第 37 条。
⑧ 《民用航空使用空域办法》（CCAR－71）第 38 条。

(2)《民用航空空中交通管理规则》(CCAR-93TM-R6)规定,飞行情报服务不改变航空器驾驶员的责任。

管制单位应当向接受其空中交通管制服务的航空器提供飞行情报服务。管制单位可以向了解情况的但未接受其空中交通管制服务的航空器提供飞行情报服务。[1]

管制单位同时提供飞行情报服务和空中交通管制服务时,空中交通管制服务应优先于飞行情报服务。[2]

使用雷达提供飞行情报服务,不解除航空器驾驶员的任何责任,航空器驾驶员仍有最后的决定权。

在该规则第81条[3]、第82条[4]和第83条[5]还对飞行情报区的化设范围进行了具体规定。

2. 提供飞行情报服务的具体内容

《民用航空空中交通管理规则》(CCAR-93TM-R6)对提供飞行情报服务的具体内容进行了规定,主要有:

(1)飞行情报服务应当提供下列有关各项情报:(一)重要气象情报和航空气象情报;(二)关于火山爆发前活动、火山爆发和火山灰云的情报;(三)关于向大气释放放射性物质和有毒化学品的情报;(四)关于无线电导航设备可用性变化的情报;(五)关于机场及有关设施变动的情报,包括机场活动区受雪、冰或者深度积水影响等情况的情报;(六)关于无人自由气球的情报;(七)起飞、到达和备降机场的天气预报和天气实况;(八)与在进近管制区、机场塔台管制区中运行的航空器的可能发生相撞危险;(九)对水域上空的飞行,并经驾驶员要求,尽可能提供任何有用的情报,例如该区内水面船只的无线电呼号、位置、真航迹、速度等;(十)其他任何可能影响安全的情报。[6]

(2)为目视飞行规则的飞行提供飞行情报服务时,除第五百一十四条所列外,还应当包括航路上可能导致其不能继续按目视飞行规则飞行的交通情况和气象条件。[7]

(3)为航空器提供飞行情报服务的责任通常在其飞越共同飞行情报区或者管制区边界时移交。在航空器进入下一飞行情报区或者管制区并与有关管制单位建立双向通信联络之前,当前管制单位应当尽可能继续为其提供飞行情报服务。[8]

6.3.2 运行飞行情报服务广播

6.3.2.1 国际航空法规定

1. 适用范围

1944年《芝加哥公约》附件11规定,只要可能,飞行情报服务所包括的有关无线电导航

---

[1] 《民用航空空中交通管理规则》(CCAR-93TM-R6)第512条。
[2] 《民用航空空中交通管理规则》(CCAR-93TM-R6)第513条。
[3] 飞行情报区是指为提供飞行情报服务和告警服务而划定范围的空域。
[4] 飞行情报区包括我国领空,以及根据我国缔约或者参加的国际公约确立由我国提供空中交通服务的空域。划设飞行情报区应当便于提供飞行情报服务和告警服务,并按规定公布。
[5] 为了及时有效地对在我国飞行情报区内遇险失事的航空器实施搜寻援救,在我国境内及其附近海域上空划设搜寻援救区。搜寻援救区的范围与飞行情报范围相同。搜寻援救工作的组织与实施按照《中华人民共和国搜寻援救民用航空器规定》执行。
[6] 《民用航空空中交通管理规则》(CCAR-93TM-R6)第514条。
[7] 《民用航空空中交通管理规则》(CCAR-93TM-R6)第515条。
[8] 《民用航空空中交通管理规则》(CCAR-93TM-R6)第516条。

服务与机场的气象情报和运行情报,必须按供运行用的综合格式提供。建议:向航空器播发的综合运行飞行情报电报,应按规定的内容和为各飞行阶段指定的顺序播发。还建议:提供运行飞行情报服务广播时,应由包含适合不同飞行阶段的、经过选择的运行和气象方面的综合情报组成。这些广播主要分为三种,即:高频(HF)、甚高频(VHF)和航站自动情报服务(ATIS)。

在直接请求/答复的发送中所使用的 OFIS 报文,驾驶员请求时,适用的 OFIS 报文必须由有关 ATS 单位发送。

2. 其他规定

附件 11 还对高频运行飞行情报服务(OFIS)广播、VHF 运行飞行情报服务(OFIS)广播、话音航站自动情报服务(话音 ATIS)广播、数据链航站自动情报服务(D-ATIS)、航站自动情报服务(话音和/或数据链)、对进场和离场航空器的航站自动情报服务(ATIS)、对进场航空器的航站自动情报服务(ATIS)、对离场航空器的航站自动情报服务(ATIS)进行了具体规定。

另外,还对 VOLMET 广播和 D—VOLMET 服务进行了具体规定。

6.3.2.2　我国航空法规定

2001 年《飞行基本规则》第 48 条规定,飞行人员自起飞前开车起到着陆后关车止,必须同空中交通管制员或者飞行指挥员保持无线电通信联络,并且严格遵守通信纪律。未配备无线电通信设备或者通信设备发生故障的航空器,按照本规则附件一[①]的规定进行联络。

飞行人员在复杂气象条件下按仪表飞行,航空器配备有完好的航行设备和无线电通信设备。

飞行指挥用无线电实施。指挥用语应当简短、明确、易懂、规范。未配备无线电通信设备的航空器,无线电受干扰或者无线电通信设备发生故障的航空器,按照本规则附件一的规定实施指挥。[②]

各种通信、导航设备必须经常处于良好状态,主要设备应当配有备份,保证通信、导航的可靠性和稳定性。有关部门应当加强对航空通信、导航无线电频率的管理和保护。任何单位或者个人使用的无线电台和其他仪器、装置,不得妨碍航空无线电专用频率的正常使用。航路、航线地空通信、导航设备的增设、撤除或者变更,应当经中国人民解放军空军或者国务院民用航空主管部门同意。其中中波导航台和军用、民用航空共用的地空通信、导航设备的撤除还须经使用各方协商同意。[③]

《民用航空空中交通管理规则》(CCAR‐93TM‐R6)第 180 条规定:"为保证陆空无线电通信顺畅有效,管制员和航空器驾驶员应当按照民航局规定的无线电报格式、航空器及管制单位识别代号、缩略语、字母和数字拼读规则、标准陆空通话用语以及规定的通信优先次序执行。"

实际上,早在 1990 年,中国民用航空局就发布了《中国民用航空无线电管理规定》(CCAR‐118TM),指配航空无线电台站呼号频率,规定了外国航空公司使用航空无线电台

[①] 附件一具体内容详见:https://www.caac.gov.cn/XXGK/XXGK/FLFG/201510/t20151029_2786.html。2024 年 2 月 29 日访问。

[②] 2001 年《飞行基本规则》第 95 条。

[③] 2001 年《飞行基本规则》第 105 条。

的管理,并要求:"为保障国家安全和执行特殊任务,必须严格执行国务院、中央军委发布的无线电管制命令。"

6.4 告警服务法律制度

6.4.1 适用范围

6.4.1.1 国际航空法规定

1944 年《芝加哥公约》附件 11《空中交通服务》第 5 章《告警服务》第 5.1 条适用范围规定:

(1) 告警服务须提供给:a) 向其提供空中交通管制服务的所有航空器;b) 如实际可行,对已申报飞行计划的或空中交通服务得知的所有其他航空器;c) 已知或相信已受到非法干扰的任何航空器。[①]

(2) 飞行情报中心或区域管制中心,必须作为收集在该飞行情报区或管制区内飞行的航空器紧急情况的中心点,并将这种情报转给有关救援协调中心。[②]

(3) 当航空器在机场管制塔台或进近管制单位的管制下发生紧急情况时,该管制单位必须立即通知负责的飞行情报中心或区域管制中心,该中心同样也须转告援救协调中心。但根据情况的性质,这种通知如属多余,并不需要通知区域管制中心、飞行情报中心或援救协调中心者除外。[③]

然则,在任何时候如情况紧急有此需要,机场管制塔台或进近管制单位必须首先报警,并采取其他必要步骤,调动一切能够立即提供所需援助的当地所有有关援救和应急组织。[④]

6.4.1.2 我国航空法规定

《中华人民共和国搜寻援救民用航空器规定》第 20 条规定:"对告警阶段的民用航空器,地区管理局搜寻援救协调中心应当:(一)立即向有关单位发出告警通知;……"

《民用航空使用空域办法》(CCAR-71)第 21 条规定:"确定需要提供飞行情报服务和告警服务的空域,应当设立飞行情报区和搜寻援救区。"

在《民用航空空中交通管理规则》(CCAR-93TM-R6)中对告警服务的适用范围主要规定为:

(1) 机场塔台管制区内的通用航空飞行活动接受管制服务、飞行情报服务和告警服务;机场塔台管制区外临时飞行空域内的通用航空飞行活动接受飞行情报服务和告警服务。[⑤]

(2) 在下列情况下,塔台管制单位应当按照规定的程序负责向救援和消防部门发布告警:(一)在机场或附近发生了航空器事故;(二)收到接受其管辖或者即将接受管辖航空器的安全可能或者已经受到危害的报告;(三)航空器驾驶员要求;(四)其他认为必要的情况。[⑥]

---

① 附件 11 第 5.1.1 条。
② 附件 11 第 5.1.2 条。
③ 附件 11 第 5.1.3 条。
④ 附件 11 第 5.1.3.1 条。
⑤ 《民用航空空中交通管理规则》(CCAR-93TM-R6)第 190 条。
⑥ 《民用航空空中交通管理规则》(CCAR-93TM-R6)第 260 条。

塔台管制单位应当制定向救援和消防部门告警的程序。①

(3) 实施雷达管制所使用的自动化系统应当具备符合规定的低高度告警和冲突告警功能。管制单位应当提出对低高度告警和冲突告警参数的建议,以提高告警的准确性。当自动化系统发出低高度告警、冲突告警时,管制员在确认告警真实性之前,不得对告警提示进行抑制。当管制员确认低高度告警或者冲突告警后,应立即指挥相关航空器上升到安全高度或指挥相关航空器避让。管制单位应当记录低高度告警或者冲突告警后的处置情况。②

(4) 管制单位应当向下列航空器提供告警服务:(一)已接受其空中交通管制服务的航空器;(二)如可行,已申报飞行计划或者其了解情况的其他航空器;(三)已知或者相信受到非法干扰的航空器。③

6.4.2　通知

6.4.2.1　国际航空法规定

1. 通知援救协调中心

1944 年《芝加哥公约》附件 11《空中交通服务》第 5 章《告警服务》第 5.2 条通知援救协调中心规定:

(1) 空中交通服务单位除 5.5.1 所规定者外,必须根据不明阶段、告警阶段和遇险阶段④的规定,把一架航空器视为已处于紧急状况一事立即通知援救协调中心,但不得忽视可能需要通知的其他任何情况。

(2) 通知应按下列顺序包含所得到的下述信息:a) INCERFA(表示不明阶段的代码字)、ALERFA(表示告警阶段的代码字)或 DETRESFA(表示遇险阶段的代码字)⑤,按紧急阶段情况确定;b) 报警的机构及人员;c) 紧急性质;d) 飞行计划中的重要资料;e) 进行最后一次联络的单位、时间和所用方式;f) 最后的位置报告及其测定方法;g) 航空器的颜色和显著标志;h) 作为货物运输的危险品;i) 报告单位所采取的任何措施;和 j) 其他有关事项。⑥

---

① 《民用航空空中交通管理规则》(CCAR-93TM-R6)第 261 条规定:塔台管制单位应当制定向救援和消防部门告警的程序,明确向救援和消防部门提供的情报种类,包括航空器的机型和紧急情况的类型。如有可能,还应提供机上人员的数量和航空器所载危险品的情况。

② 《民用航空空中交通管理规则》(CCAR-93TM-R6)第 449 条到 454 条。具体内容详见:https://www.caac.gov.cn/XXGK/XXGK/MHGZ/202303/P020230331606968015618.pdf. 2024 年 4 月 12 日访问。

③ 《民用航空空中交通管理规则》(CCAR-93TM-R6)第 518 条。

④ a) 不明阶段,系指:1) 在应该收到电信的时间之后的 30 分钟内没有收到电信,或从第一次设法和该航空器建立通信联络而未成功时起,30 分钟内仍未与该航空器取得联络,两者中取其较早者;或 2) 按航空器最后通知空中交通服务单位的预计到达时间或该单位所计算的预计到达时间以后 30 分钟内仍未到达,两者中取其较晚者,但对航空器及其机上人员的安全没有怀疑时除外。

b) 告警阶段,系指:1) 在不明阶段之后,继续设法和该航空器建立通信联络而未成功,或通过其他有关方面查询仍未得到关于该航空器的任何消息;或 2) 已经取得着陆许可的航空器,在预计着陆时间 5 分钟内未着陆,也未再与该航空器取得联络;或 3) 收到的情报表明,航空器的运行效率已受到损害,然而尚未达到可能迫降的程度,但根据现有迹象可以减轻对航空器及其机上人员的安全担心者除外;或 4) 已知或相信航空器受到了非法干扰。

c) 遇险阶段,系指:1) 在告警阶段之后,进一步试图和该航空器联络而未成功或通过广泛的查询仍无消息,表明该航空器已有遇险的可能性;或 2) 认为机上燃油已经用完,或不足该航空器飞抵安全地点;或 3) 收到的情报表明,航空器的运行效率已受到损害可能需要迫降;或 4) 已收到的情报表明或有理由相信该航空器将要或已经迫降。但有充足理由确信航空器及其机上人员未受到严重和紧急危险的威胁而不需要立即援助者除外。具体内容详见第 5.2.1 条规定。

⑤ 附件 11 第 1 章《定义》。

⑥ 附件 11 第 5.2.2 条。

为此,附件 11 建议:如果在向援救协调中心报告时未能得到 5.2.2 所列的一些资料,当空中交通服务单位有理由确信遇险阶段最终将会发生时,则应在宣布遇险阶段前设法获得那些资料。①

(3) 除 5.2.1 的通知外,还应进一步及时向援救协调中心提供:a) 任何有用的其他补充情况,尤其是经过各个阶段以后的紧急情况的发展;或 b) 紧急情况不再存在的情报。撤销援救协调中心发动的行动是该中心的责任。②

2. 通知航空器经营人

当区域管制中心或飞行情报中心已确定某航空器处于不明或告警阶段后,如有可能,必须先通知经营人,然后通知援救协调中心。③ 如航空器处于遇险阶段,根据 5.2.1 的规定,必须立即通知援救协调中心。

由区域管制中心或飞行情报中心通知援救协调中心的信息,在可行时应尽快通知经营人。④

3. 通知在处于紧急情况中的航空器附近飞行的其他航空器

当飞行情报中心或区域管制中心已确定某航空器处于紧急状态时,除 5.6.2 规定者外,必须尽早将紧急性质通知在该航空器附近飞行的其他航空器。⑤

当空中交通服务单位获悉或相信某航空器已受到非法干扰,空中交通单位不得在 ATS 空—地通信中泄露其性质,但航空器首先泄露并确知不致使情况恶化者除外。⑥

附件 11 第 5.3 条⑦对通信设施的使用和第 5.4 条⑧对处于紧急情况的航空器的标图进行规定。

6.4.2.2 我国航空法规定

1.《民用航空法》

《民用航空法》从第 151 条和第 153 条对通知进行了一般性规定:

(1) 民用航空器遇到紧急情况时,应当发送信号,并向空中交通管制单位报告,提出援救请求;空中交通管制单位应当立即通知搜寻援救协调中心。民用航空器在海上遇到紧急情况时,还应当向船舶和国家海上搜寻援救组织发送信号。⑨

(2) 发现民用航空器遇到紧急情况或者收听到民用航空器遇到紧急情况的信号的单位或者个人,应当立即通知有关的搜寻援救协调中心、海上搜寻援救组织或者当地人民政府。⑩

(3) 收到通知的搜寻援救协调中心、地方人民政府和海上搜寻援救组织,应当立即组织

---

① 附件 11 第 5.2.2.1 条。
② 附件 11 第 5.2.3 条。
③ 附件 11 第 5.5.1 条。
④ 附件 11 第 5.5.2 条。
⑤ 附件 11 第 5.6.1 条。
⑥ 附件 11 第 5.6.2 条。
⑦ 空中交通服务单位必须根据需要使用全部现有通信设施,设法与处于紧急情况的航空器建立并保持通信联络,并要求得到航空器的信息。
⑧ 对处于紧急情况的航空器的标图,当认为已存在紧急情况时,必须将该航空器的飞行情况标在图上,以便确定航空器大致的未来位置和最后的已知位置的最大活动范围。对处于紧急情况航空器附近的其他已知航空器的飞行也须标出,以便确定它们大致的未来位置和最大续航时间。
⑨《民用航空法》第 151 条。
⑩《民用航空法》第 152 条。

搜寻援救。收到通知的搜寻援救协调中心,应当设法将已经采取的搜寻援救措施通知遇到紧急情况的民用航空器。①

2.《中华人民共和国搜寻援救民用航空器规定》(民航局令第29号)

《中华人民共和国搜寻援救民用航空器规定》第16条规定:"发现或者收听到民用航空器遇到紧急情况②的单位或者个人,应当立即通知有关地区管理局搜寻援救协调中心;发现失事的民用航空器,其位置在陆地的,并应当同时通知当地政府;其位置在海上的,并应当同时通知当地海上搜寻援救组织。"

在第17条、第19条到第21条、第25条以及第27条中还对紧急情况不同阶段的通知内容和解除通知的条件进行了具体规定。③

3.《民用航空空中交通管理规则》(CCAR－93TM－R6)

《民用航空空中交通管理规则》第520条到第524条对"通知"具体内容规定如下:

当发生遇险情况时,管制单位应当立即按规定通知有关援救协调单位,同时应尽快通知航空器的运营人。航空器处于不明或告警阶段后,应当尽可能先通知运营人,然后通知有关援救协调单位。④

当航空器发生紧急情况时,管制单位应当将以下信息通知援救协调单位。(一)航空器所处情况不明、告警或者遇险的阶段情况;(二)报警的机构及人员;(三)紧急状况;(四)飞行计划中的重要资料;(五)进行最后一次联络的单位、时间和所用方式;(六)最后的位置报告及其测定方法;(七)航空器的颜色和显著标志;(八)运输的危险品情况;(九)报告单位所采取的任何措施;(十)其他有关事项。⑤

当发生紧急情况时,应当将该航空器的飞行航迹等情况标画在地图上,以便确定航空器

---

① 《民用航空法》第153条。
② 在第18条中,对紧急情况的规定如下:本规定所指民用航空器的紧急情况分为以下三个阶段:(一)情况不明阶段是指民用航空器的安全出现下列令人疑虑的情况:1. 空中交通管制部门在规定的时间内同民用航空器没有取得联络;2. 民用航空器在规定的时间内没有降落,并且没有其他信息。(二)告警阶段是指民用航空器的安全出现下列令人担忧的情况:1. 对情况不明阶段的民用航空器,仍然不能同其沟通联络;2. 民用航空器的飞行能力受到损害,但是尚未达到迫降的程度;3. 与已经允许降落的民用航空器失去通信联络,并且该民用航空器在预计降落时间后五分钟内没有降落。(三)遇险险段是指确信民用航空器遇到下列紧急和严重危险,需要立即进行援救的情况:1. 根据油量计算,告警阶段的民用航空器难以继续飞行;2. 民用航空器的飞行能力受到严重损害,达到迫降程度;3. 民用航空器已经迫降或者坠毁。
在《民用航空空中交通管理规则》(CCAR－93TM－R6)第519条中,根据航空器紧急程度、遇险性质,将紧急情况分为情况不明、告警、遇险三个阶段:(一)情况不明阶段是指以下任意一种情形;1. 30分钟未能与航空器建立或者保持正常的通信联络;2. 航空器在预计到达时间以后30分钟内仍未到达。符合以上条件,但管制单位能够确认航空器及其机上人员安全的除外。(二)告警阶段是指以下任意一种情形;1. 在不明阶段之后,继续设法和该航空器建立通信联络而未能成功,或者通过其他有关方面查询仍未得到关于该航空器的消息;2. 已经取得着陆许可的航空器,在预计着陆时间后5分钟内尚未着陆,也未再取得通信联络;3. 收到的情报表明,航空器的运行能力已受到损害,但尚未达到可能迫降的程度;4. 已知或者相信航空器受到了非法干扰。(三)遇险阶段是指以下任意一种情形;1. 在告警阶段之后,进一步试图和该航空器联络而未成功或者通过广泛的查询仍无消息,表明该航空器已有遇险的可能性;2. 认为机上燃油已经用完,或者油量不足以使该航空器飞抵安全地点;3. 收到的情报表明,航空器的运行能力已受到损害可能需要迫降;4. 已收到的情报表明或有理由相信该航空器将要或已经迫降。符合以上条件,但有充足理由确信航空器及其机上人员未受到严重和紧急危险的威胁而不需要立即援助者除外。
③ 具体内容详见:https://www.caac.gov.cn/XXGK/XXGK/FLFG/201510/t20151029_2787.html. 2024年2月29日访问。
④ 《民用航空空中交通管理规则》(CCAR－93TM－R6)第520条。
⑤ 《民用航空空中交通管理规则》(CCAR－93TM－R6)第521条。

大致的位置。对处于紧急情况航空器附近的其他航空器的飞行也应标出。①

当管制单位获悉或者相信某航空器已受到非法干扰,不得在陆空通信中提及此状况。②

除航空器受到非法干扰外,当管制单位已确定某航空器处于紧急情况时,应当尽早将紧急状况通知在该航空器附近飞行的其他航空器。③

6.4.3 提供飞行情报服务和告警服务的协调

《民用航空空中交通管理规则》(CCAR-93TM-R6)第552条规定:"对于按仪表飞行规则飞行的航空器,提供飞行情报服务的相邻管制单位应当进行协调,以保证向在规定区域内或者沿规定航路飞行的航空器提供持续的飞行情报和告警服务。管制单位之间的协调应当按照有关的协议进行。"

《民用航空空中交通管理规则》(CCAR-93TM-R6)第553条规定:"管制单位之间协调时,应当提供下列有关飞行情报:(一)现行飞行计划的有关项目;(二)与有关航空器作最后通信联络的时间。上述情报应当在航空器进入相邻的飞行情报区或者管制区之前发给负责提供该区飞行情报服务的管制单位。"

6.5 新航行系统及其法律制度

6.5.1 新航行系统的构成

新航行系统由通信(C)、导航(N)、监视(S)和空中交通管理(ATM)四部分组成。通信、导航和监视系统是基础设施,空中交通管理是管理体制、配套设施及其应用软件的组合。

6.5.1.1 通信系统

通信系统包括航空固定业务(平面通信)和航空移动业务(地空通信)。航空固定通信业务(AFS)由航空固定电信网(AFTN)来完成,包括话音通信和数据通信。ICAO认为各国应建立完善的航空固定电信网,新航行系统主要强调发展航空移动业务(地空通信)。

1. 航空卫星移动业务

航空卫星移动业务除地空高频和甚高频通信以外,应发展航空卫星移动业务(AMSS)。AMSS工作于分配给它的专用频段,利用卫星中转站进行数据和话音通信,鼓励多用户共享一个系统。采用开放式系统互联(OSI)建立航空电信网,在此网络中,航空卫星移动业务子网可以和其他空地通信子网络互补交联工作,并且可以在不同卫星系统之间交替使用。对兼容系统可以用较为简单的公共的机载电子设备工作。航空卫星移动业务由空间段(卫星转发器)、机载收发机(飞机地球站AES)、地面地球站(GES)和地区网络组成。

2. 航空电信网

为促进空中交通管理的自动化,通信上应发展数据通信,使各种数据通信子网(例如航空卫星移动通信数据链、甚高频通信数据链、二次监视雷达S模式数据链)以及地面计算机系统的各子网互联成一体,建立航空电信网(ATN)。其优点是使整体的航空电信网在设

---

① 《民用航空空中交通管理规则》(CCAR-93TM-R6)第522条。
② 《民用航空空中交通管理规则》(CCAR-93TM-R6)第523条。
③ 《民用航空空中交通管理规则》(CCAR-93TM-R6)第524条。

计、管理和对每一个子网的控制十分灵活,而每个子网又很容易实现其网络环境中的各种应用。各种空地通信的数据均能连接到地面空中交通管制计算机系统和民航当局、航空公司、航空通信单位的计算机系统,并可按规定地址,在这些计算机系统中进行端到端的连接和高速数据交换。

6.5.1.2 导航系统

未来的导航系统由区域导航(RNAV)、全球导航卫星导航系统(CMSS)和微波着陆系统(MLS)或差分全球导航卫星系统(DGNS5)构成。

1. 区域导航

区域导航是一种导航方法,即允许飞机在台基导航设备的基准台覆盖范围内或在自主导航设备能力限度内,或两者配合下按任何希望的飞行路经运行。它主要是适应灵活的航路结构,其计算由机载计算机承担,大型飞机由飞行管理计算机来实现,通用航空飞机上的导航计算机可与导航接收机结合在一起。区域导航功能将根据 ICAO 提出的"所需导航性能"标准逐渐引用。"所需导航性能(RNP)"是指在指定空域和航路内,装备各种导航系统(或设备)的飞机在规定概率上,能够保持在指定轨迹的允许偏差以内的能力。其与目前采用的"最低导航性能规范(MNPS)"的区别在于:RMP 适应在空中交通管制具有足够监视能力的空域内采用。当引进卫星通信、卫星导航、雷达监视或自动相关监视(ADS)系统后,RNP 不仅可以取代 MNPS,并可在各个空域和航路上按导航精度划分类型实施。

2. 全球导航卫星系统

全球导航卫星系统具有高可靠性和全球覆盖的完整性,符合民航的单一导航手段的要求。目前已在空中运行的导航卫星系统,有美国的"全球定位系统(GPS)"和俄罗斯的"全球轨道导航卫星系统(GLONASS)",均属于 GMSS。这两种卫星系统极为相似,都是在中高度圆周轨道上平均分布 24 颗卫星,主要为本国军事服务(有密码的高精度信号供军用),也可用于民用(非密码的低精度信号供民用)。两者民用码的定位精度相似,水平误差在 100 米以内,垂直误差在 150 米以内,均可满足航路导航和非精密进近的要求。

(1) 全球定位系统(GPS)。1933 年 12 月美国国防部宣布 GPS 已达到初始运行能力,联邦航空局(FAA)宣布 GPS 可作为飞机的补充导航手段使用。1995 年 4 月美国空军宣布 GPS 达到全运行能力,将逐步作为主要导航手段。太平洋岛国斐济首先宣布将 GPS 正式用于航空,加拿大、澳大利亚、法国和英国等也都陆续宣布将 GPS 用于航空。美国 FAA 还于 1994 年 6 月宣布建立全美国的广域增强系统(WAAS),可从技术上解决完好性报警问题,并把精度提高到 I 类精密进近的要求。此外,本地差分 DGPS 和伪卫星的增强技术,可把精度提高到 II/III 类精密进近着陆的要求。同时,FAA 宣布取消发展微波着陆系统(MLS)的计划。

美国对民间使用 GPS 的政策是:第一,GPS 的标准定位服务(SPS 即民用— CA 码),可以提供国际民间使用,但故意采取降精度措施(即选择可用性 SA),使用精度限于水平 100 米,垂直 150 米以内。1996 年上半年克林顿总统宣布,美国将在十年内取消降精度的 SA 措施。第二,从 1993 年开始的十年内不向用户收费。第三,在可以预见的未来不中断服务,如果中断服务至少提前六年通知,这种中断服务必须由总统下令。

(2) 全球轨道导航卫星系统(GLONASS)。1995 年 3 月俄罗斯联邦政府宣布了全球轨道导航卫星系统(GLONASS)面向民用的法令,确认了 GLONASS 的初始运行能力。1996 年 1 月 18 日达到 24 颗工作卫星加 1 颗备用星的满星座运行,标志着 GLONASS 的建成。

俄罗斯于1997年明确民间使用GLONASS的政策,即GLONASS的标准精度通道(即民用码)可供国际上民间使用,不带任何限制,不采用降精度措施,从星座完全布满后15年内(从1996年起算)不向用户收费。

我国已经建成了北斗卫星导航系统,简称北斗系统。[①]

6.5.1.3 监视系统

未来监视系统主要由A/C模式或S模式的二次监视雷达(SSR)和自动相关监视(ADS)构成。SSR主要用作终端区和高密度陆地空域的监视,ADS主要用作缺乏二次监视雷达监视服务空域的监视,特别是海洋空域和某些装备二次监视雷达有困难的边远地区空域的监视。ADS是一种监视技术,由飞机将机上导航定位系统导出的数据通过数据链自动地发送,这些数据至少包括飞机识别码、四维位置和所需附加数据。ADS系统由卫星导航、空地数据链和先进的地面数据处理和显示系统构成。它可以和二次监视雷达重叠使用。

新航行系统仍然依靠空中交通管制服务保证飞行间隔,由管制部门承担避撞责任,虽然也允许利用交通避撞系统(TCAS,又称机载避撞系统)作为防止任何疏忽或大差错造成交通相撞的最后保护手段,但交通避撞系统不能替代空中交通管制服务,ICAO对交通避撞系统不作要求,所以交通避撞系统没有被列为新航行系统的组成部分。目前美国在使用交通避撞系统问题上,也曾发生了不少争议。主要是虚警问题及软件尚不完善。广播式自动监视也能起到空一空交通监视和避撞作用,有可能取代交通避撞系统。

6.5.2 新航行系统法律制度

实施新航行系统和传统的航行系统相比具有无比的优越性,尽管ICAO法律委员会认为新航行系统的应用与《芝加哥公约》不相违背。但是,事实上新航行系统的实施必将产生

[①] 发展历程。20世纪后期,中国开始探索适合国情的卫星导航系统发展道路,逐步形成了三步走发展战略:2000年年底,建成北斗一号系统,向中国提供服务;2012年年底,建成北斗二号系统,向亚太地区提供服务;2020年,建成北斗三号系统,向全球提供服务。

发展目标。建设世界一流的卫星导航系统,满足国家安全与经济社会发展需求,为全球用户提供连续、稳定、可靠的服务;发展北斗产业,服务经济社会发展和民生改善;深化国际合作,共享卫星导航发展成果,提高全球卫星导航系统的综合应用效益。

建设原则。中国坚持"自主、开放、兼容、渐进"的原则建设和发展北斗系统。1.自主。坚持自主建设、发展和运行北斗系统,具备向全球用户独立提供卫星导航服务的能力。2.开放。免费提供公开的卫星导航服务,鼓励开展全方位、多层次、高水平的国际合作与交流。3.兼容。提倡与其他卫星导航系统开展兼容与互操作,鼓励国际合作与交流,致力于为用户提供更好的服务。4.渐进。分步骤推进北斗系统建设发展,持续提升北斗系统服务性能,不断推动卫星导航产业全面、协调和可持续发展。

远景目标。2035年前将建设完善更加泛在、更加融合、更加智能的综合时空体系。

基本组成。北斗系统由空间段、地面段和用户段三部分组成。1.空间段。北斗系统空间段由若干地球静止轨道卫星、倾斜地球同步轨道卫星和中圆地球轨道卫星等组成。2.地面段。北斗系统地面段包括主控站、时间同步/注入站和监测站等若干地面站,以及星间链路运行管理设施。3.用户段。北斗系统用户段包括北斗兼容其他卫星导航系统的芯片、模块、天线等基础产品,以及终端产品、应用系统与应用服务等。

发展特色。北斗系统的建设实践,走出了在区域快速形成服务能力、逐步扩展为全球服务的中国特色发展路径,丰富了世界卫星导航事业的发展模式。北斗系统具有以下特点:一是北斗系统空间段采用三种轨道卫星组成的混合星座,与其他卫星导航系统相比高轨卫星更多,抗遮挡能力强,尤其低纬度地区性能优势更为明显。二是北斗系统提供多个频点的导航信号,能够通过多频信号组合使用等方式提高服务精度。三是北斗系统创新融合了导航与通信能力,具备定位导航授时、星基增强、地基增强、精密单点定位、短报文通信和国际搜救等多种服务能力。

资料来源:www.beidou.gov.cn/xt/xtjs/201710/t20171011_280.html。2024年2月25日访问。

如下新的法律问题。国际民航组织法律委员会第 35 届年会上发布《关于建立包括 GNSS 在内的 CNS/ATM 系统法律框架的报告》。报告的主要内容有:

6.5.2.1 《关于 CNS/ATM 系统的实施和运行的政策声明》

1994 年 3 月 9 日由 ICAO 理事会批准并于 1996 年 6 月 28 日修订,为了继续完成其在《芝加哥公约》第 44 条项下的任务,尤其是在发展国际空中航行的原则和技术,促进国际航空运输的规划和发展,以保证全世界国际民用航空安全有序的发展方面,国际民航组织(ICAO)基于对当前的地基系统存在局限性的认识,制定了利用卫星技术的 ICAO 通信,导航和监视/空中交通管理(CNS/ATM)系统的概念。ICAO 认为,早日推出这种新的系统,是符合国际民用航空健康成长的利益的。CNS/ATM 新系统的实施和运行应当遵循下述原则:

1. 普遍准入性

不加歧视,普遍准入的原则,应当是通过 CNS/ATM 系统提供一切空中航行服务的适用原则。

2. 各缔约国的主权,权力和责任

各国根据《芝加哥公约》第 28 条所承诺的 CNS/ATM 系统的实施和运行,既不得侵犯也不得限制国家管制空中航行和颁行安全规章的主权、权力和责任。国家对卫星导航服务的通信和必要时增强进行协调和管制的权力,应当予以保留。

3. 国际民航组织的责任和作用

根据《芝加哥公约》第 37 条,国际民航组织应当继续承担制定和修订 CNS/ATM 系统适用标准,建议措施和程序的责任。为了确保在与空中航行的安全,正常和效率有关的所有事项上实现最大可行程度的统一,国际民航组织应当根据其地区空中航行计划和全球协调的 CNS/ATM 系统计划,对 CNS/ATM 系统在全球的实施进行协调和跟踪。此外,国际民航组织还应当在实施的技术、财务、管理、法律和合作诸方面,推动向各国提供协助。国际民航组织在国际民用航空配套通信和导航频谱的协调和使用方面的作用,应当继续得到承认。

4. 技术合作

为了推动全球协调一致的实施和早日实现对各国的惠益,国际民航组织认识到在 CNS/ATM 系统的实施和高效运行上进行技术合作的必要性。为此目的,国际民航组织应当在实施 CNS/ATM 系统的各种技术合作安排的协调方面,发挥核心作用。国际民航组织同时请有条件这样做的国家,就实施的技术、财务、管理、法律和合作方面提供援助。

5. 体制安排和实施

CNS/ATM 系统应当根据实际尽可能优化利用现有的,在必要时可做变更的组织结构,并应当根据现行体制安排和法律规章进行运作。在实施 CNS/ATM 系统的过程中,应当实现对各系统酌情进行合理化,统一化和协调化改造的优势。实施应该是充分灵活的,以便能够与时共进,适应现有和未来服务的需要。大家认识到,国家、使用者和服务提供者通过地区空中航行规划和实施小组等方式充分参与进来,在全球协调地进行实施,这是实现 CNS/ATM 系统全部效益的关键。相关的体制安排不得妨碍服务提供者根据国际民航组织的有关标准,建议措施和程序开展竞争。

6. 全球导航卫星系统

全球导航卫星系统(GNSS)的实施,应该从包括美国全球定位系统(GPS)和俄罗斯联邦全球轨道导航卫星系统(GLONASS)在内的现有全球导航卫星系统出发,朝着一个一体化的,缔约国能够对其民用航空有关用途实行充分管制的 GNSS 系统的方向,循序渐进地进行。国际民航组织应当继续会同缔约国,空域使用者和服务提供者,探索建立一个民用的,实行国际管制的 GNSS 系统的可行性。

7. 空域的组织和利用

空域的组织应当以实现服务效率为出发点。实施 CNS/ATM 系统的目的,是为了克服现有系统的局限性,在保持或改善现有安全水平的同时,适应不断变化的全球空中交通需求,满足用户对效率和经济的要求。虽然 CNS/ATM 系统的实施不要求改变目前飞行情报区的组织结构,但各国可以通过统合设施和服务实现进一步的效率和节省。

8. 服务的持续性和质量

应当确保 CNS/ATM 系统服务的持续可用性,包括做出有效安排,尽量减少无法避免的系统故障或失灵对运行的影响,快速实现恢复服务。系统服务的质量必须符合国际民航组织的系统完好性标准,并须给予其所需的优先权,保安和保护其免遭干扰。

9. 成本回收

为了在所有用户间实现合理的费用分摊,凡属因提供 CNS/ATM 服务而产生的成本回收,均须遵守《芝加哥公约》第十五条,并须以理事会致各缔约国关于机场和空中航行服务收费的声明(Doc 9082 号文件)中规定的各项原则为依据,其中包括既不得妨碍也不得阻挠对星基安全服务的使用原则。大力提倡各国在其成本回收的努力方面进行合作。

6.5.2.2 《国家对于全球导航卫星系统服务的权利和义务宪章》的原则

《国家对于全球导航卫星系统服务的权利和义务宪章》的下列原则适用于全球导航卫星系统的实施和运行:

(1)各国承认在提供和使用全球导航卫星系统服务时,国际民用航空的安全是首要原则。

(2)各国和各国的航空器有权在不歧视的基础上按统一条件准予使用全球导航卫星系统服务,包括使用该系统覆盖范围内用于航空的地区增强系统。

(3)a)各国保留在其主权空域内管制航空器运行和执行安全及其他规章的权力和责任。b)全球导航卫星系统的实施和运行既不得侵犯也不得限制国家实行空中航行管制和颁行安全条例的主权、权力或责任。国家同时保留协调和管制通信以及在必要时增强基于卫星的空中航行服务的权力。

(4)提供包括信号在内的全球导航卫星系统服务或在其管辖下提供此类服务的每个国家,应当确保此类服务的连续性、可用性、完整性、准确性和可靠性,包括对将系统故障或失灵的运行影响降至最低并实现服务的迅速恢复做出有效安排。这类国家应当确保服务符合国际民航组织标准。各国应当及时提供关于可能影响服务提供的任何变更全球导航卫星系统服务的航空资料。

(5)各国应当进行合作,确保全球导航卫星系统服务的提供和运行在最大可行程度上的统一。各国应当确保地区或次地区的安排符合本宪章规定的原则和规则并与全球导航卫星系统的全球规划和实施进程保持一致。

(6)各国承认关于全球导航卫星系统服务的任何收费应当按照《芝加哥公约》第十五条进行。

(7)为促进全球导航卫星系统的全球规划和实施,各国应当遵行在双边或多边基础上进行合作和互助的原则。

(8) 各国在进行其全球导航卫星系统活动时应当适当考虑其他国家的利益。

(9) 本《宪章》绝不妨碍两个或多个国家共同提供全球导航卫星系统服务。

6.5.2.3 建立 GNSS 法律框架专家组(LTEP)的建议 1 至建议 8

建议 1：ICAO 关于 GNSS 的标准和建议措施，应该涵盖相关卫星组成部分的系统性能标准、空间信号、航空电子设备、地面设施、培训和颁照要求以及系统整体。

ICAO 的此类标准和建议措施中，应该载有系统性能和失灵模式的充分资料，以便各国能够合理确定对其空中交通服务的安全影响。

建议 2：就 ICAO 关于 GNSS 的所有标准和建议措施而言，空间信号提供国和作为提供者的国际组织，应该参与拟议的 ICAO 核查和合格审定过程，以使 ICAO 的标准和建议措施及其支持性文件得以实现高度的完整性。

建议 3：提供空间信号或在其管辖下提供空间信号的各国，应该通过鉴定其是否符合标准和建议措施，对空间信号做出合格审定。

根据《芝加哥公约》具有管辖权的国家，应该确保各种航空电子设备，地面设施以及培训和颁照要求均符合 ICAO 的标准和建议措施。

建议 4：提供空间信号或在其管辖下提供空间信号的各国，应该保证实施各项经显示继续符合空间信号标准和建议措施的现行安全管理流程。

建议 5：提供空间信号或在其管辖下提供空间信号的各国，应该利用下文建议 8 中提及的 ICAO 论坛，制定安全管理系统文件。这种文件应该力求格式和内容上的统一。ICAO 应该发行这种空间信号安全管理系统文件。

建议 6：每个国家均应制定并保证实施作为其本国空域内空中交通服务的一部分而使用空间信号的安全规章。

建议 7：为国家授权在本国空域内使用空间信号之目的，应该向 ICAO 提供并通过它发布这种授权所必需的补充性资料。也可以通过其他来源取得这种资料，其中包括双边和多边安排，安全实例和航行通告等。

建议 8：各国承认 ICAO 在协调 GNSS 全球实施中的核心作用，具体包括：a) 根据《芝加哥公约》第三十七条，为 GNSS 的实施和运行制定合适的标准，建议措施和程序；b) 根据 ICAO 地区空中航行规划和全球协调的 CNS/ATM 系统计划，对 CNS/ATM 系统在全球的实施进行协调和跟踪；c) 在实施 GNSS 的技术、财务、管理、法律和合作诸方面，推动向各国提供协助；d) 就涉及 GNSS 的一切事项与其他组织进行协调，其中包括 GNSS 组成部分用以支持国际民用航空的频谱波段的使用问题；和 e) 履行《芝加哥公约》框架下与 GNSS 有关的任何其他职能，包括《芝加哥公约》第十五章规定的各项职能。

更具体讲，ICAO 论坛在促进有关 GNSS 合格审定的信息交流方面可以履行下述职能：a) 在国家 ATS 提供者，政府管理部门和空间信号提供者之间起联络作用；b) 在空间信号提供者和其他国家之间就安全管理系统文件的格式和内容起联络作用；c) 查明空间信号的失灵模式及其对全国空中交通服务安全的影响，并将情况报送理事会确定的主管机构；d) 查明各国对空间信号提供者有哪些要求，才能确信空间信号的性能及相关风险在系统的整个生命周期都得到了充分的管理；e) 促进空间信号提供者与其他国家之间就是否继续符合有关标准和建议措施的问题进行信息共享，以便保持对系统可靠性的信心。

6.5.2.4 《关于提供全球导航卫星系统服务的合同框架草案》

鉴于作为通信、导航和监视/空中交通管理(CNS/ATM)系统重要组成部分的全球导航卫星系统（GNSS）意在提供全球覆盖和用于航空器导航；鉴于缔约方遵循国际民用航空组织大会第32届会议通过的国家对于全球导航卫星系统服务的权利和义务宪章（ICAO）（A32-19）（以下称"宪章"）所述各项原则（见附录），意欲为民用航空目的发展长期的全球导航卫星系统；鉴于缔约方旨在确保GNSS服务在技术和运行上的准入性、连续性、可用性、完整性、准确性和可靠性；鉴于本合同的国家缔约方重申其奉行国际法及规范GNSS的各项原则，特别是《芝加哥公约》及其各附件、宪章和适用于外空活动的有关规则的承诺，和非国家缔约方奉行适用法律的承诺；缔约各方兹协议如下：

第1条—缔约方和适用范围

本合同就涉及空中导航目的之GNSS信号的所有服务，规定［插入缔约方名称］，下称"空中交通服务（ATS）提供者"，和［插入另一缔约方名称］，下称"GNSS信号提供者"的各项权利和义务。本合同适用于该空中交通服务提供者负责提供相关服务之空域。

第2条—GNSS信号提供者

为本合同目的，"GNSS信号提供者"一语可以是指以下二者之一：a）核心卫星星座原始信号的提供者；或b）增强信号的提供者。

第3条—GNSS信号提供者的义务

GNSS信号提供者承担如下义务：a）根据多边约定的各项标准，尤其是ICAO的最低标准，在本合同有效期内按所要求的连续性、可用性、完整性、准确性和可靠性提供信号；b）GNSS信号提供者不是国家实体的，按在其国境内管制信号的国家的要求取得许可证；c）遵守ICAO有关标准和建议措施及航行服务程序中各项安全管理规定所产生的一切要求；及d）针对可能影响ATS提供者所提供服务的GNSS信号的任何变化，适时提供航空情报。

第4条—ATS提供者的义务

ATS提供者承担如下义务：a）提供者不是国家实体的，向有关国家取得在该国所管辖的空域内使用GNSS信号提供者为该国空域空中交通服务提供的GNSS信号之必要授权；b）与GNSS信号提供者进行协调，以促进信号的发射和与GNSS运行有关的其他事项的处理；c）遵守ICAO有关标准和建议措施及航行服务程序中各项安全管理规定所产生的一切要求；及d）如适用，向GNSS信号提供者缴纳服务费。

第5条—成本回收

根据《芝加哥公约》第十五条和宪章第6款，GNSS信号提供者有权设立成本回收机制，以便向所提供GNSS信号的使用者收回此种服务的成本。这一机制应当保证在民用航空使用者之间以及在民用航空使用者与其他系统使用者之间合理地分摊费用。

第6条—赔偿责任

缔约任一方未能履行本合同项下义务的，其赔偿责任由适用于其活动的赔偿责任制度加以规范。

第7条—救助权和索偿权

本合同绝不妨碍任一缔约方根据适用法律对本合同的另一个或另几个缔约方行使寻求救助或要求赔偿的权利。

如果损失或损害是由不只一方的行为或不行为造成，而且适用法律有相应规定的，合同一方的救助权和索偿权可以以其相关过错的比重为限。

第 8 条—主权豁免的放弃

本合同任一方是国家或国家实体的,特此同意对根据本合同第 9 条之任何仲裁程序放弃其主权豁免。

第 9 条—争议的解决

缔约方应当竭尽所能,通过谈判解决因本合同的解释或履行而产生或与之有关的任何争议、分歧或主张。无法通过谈判解决的任何争议、分歧或主张,应当根据联合国国际贸易法委员会调解规则诉诸调解。

对按上款所述仍然无法得到解决的任何此种争议、分歧或主张,应当根据当事一方的请求,按照当时有效的联合国国际贸易法委员会仲裁规则提交仲裁。仲裁地为[…];进行仲裁所用的语文为[…]。

第 10 条—适用法律

[…]法律为规范本合同之法律。

第 11 条—合同有效期

本合同于签署之日生效,有效期[…]年,并得按相同有效期自动续延。但合同任一方均可提前[…]个月向另一方发出终止合同通知,终止通知于本合同有效期届满时生效。

第 12 条—合同的登记

根据《芝加哥公约》第 83 条的规定,本合同至少一方为 ICAO 缔约国的,应当将本合同向 ICAO 办理登记。

6.5.2.5 《全球导航卫星系统的框架协定》

1. 目标

1.1 本协定的目标,是为了在缔约国的领土上为空中航行目的实施、提供、运行和使用全球导航卫星系统(GNSS)建立一个法律框架,并同时借以规范参与此种 GNSS 活动的实体和个人相互间的关系。

1.2 本协定旨在确保全球 GNSS 服务在技术和运行上的准入性、连续性、可用性、完整性、准确性和可靠性。缔约方重申其奉行国际法及规范 GNSS 的各项原则,特别是《芝加哥公约》及其各附件,国家对于全球导航卫星系统服务的权利和义务宪章和适用于外空活动的有关规则的承诺。

1.3 本协定规定包括空间信号在内的 GNSS 服务得以为空中航行目的在缔约方领土上安全使用的各项条件。本协定还旨在澄清所涉各方的义务。

2. 定义

2.1 为本协定目的,下列用语具有如下意义:

合格审定:对某一特定系统或其组成部分,或某项服务符合预定要求做出正式认证的过程。损害:丧命,受伤,财产受损[…]。GNSS 实体:为管理参与空中航行目的之 GNSS 系统运行的 GNSS 系统经营者和 GNSS 服务提供者之间的关系而创建,或是经合同安排受命实行这种管理的公营,私营或公私合营机构/组织。GNSS 服务:基于 GNSS 系统发射的信号支持空中航行的增值性服务。GNSS 服务提供者:为空中航行目的从事提供 GNSS 服务活动的实体。GNSS 信号:GNSS 系统某一组成部分发射的信号。GNSS 系统:由卫星及其他空基和/或陆基设施组成,具有基于空间信号支持空中航行能力的基础设施。GNSS 系统组成部分:GNSS 系统的任一个个体成分。GNSS 系统经营者:从事 GNSS 系统或其组成部分的运行和/或维护的机构/组织。GNSS 使用者:为空中航行目的使用 GNSS 信号或

GNSS 服务的航空器。本地增强系统：以在某一地点增强 GNSS 原始信号的准确性、可靠性、连续性和完整性为目的的 GNSS 系统。原始信号系统：以生成原始空间信号为目的的 GNSS 系统。地区增强系统：以在某一地区范围内增强 GNSS 原始信号的准确性、可靠性、连续性和完整性为目的的 GNSS 系统。

3. 范围

3.1 本协定各项规定适用于为空中航行目的实施、提供、运行和/或使用全球导航卫星系统的缔约方。

3.2 本协定规范 GNSS 实体之设立或现有实体履行同样职能之委任。除其他事项外，本协定规定该实体与在一缔约国领土内作业或在一缔约国领土内设有注册办事处的 GNSS 系统经营者及 GNSS 服务提供者之间的关系。

3.3 缔约方已经同意承担在公海某些区域上空提供空中航行服务的责任的，本协定同样适用于公海这类区域上此种责任之履行。

4. 主权

4.1 本协定绝不以任何方式影响缔约方对其领土上空域的完整的排他性主权。

4.2 缔约方承认：GNSS 的实施、提供、运行和使用既不得侵犯也不得限制国家管制空中航行和颁行安全规章的权力或责任。同时，国家保留对星基空中航行服务实行协调，通信管制以及在必要时进行增强的权力。

5. 缔约方的责任

5.1 缔约方应当根据本协定的各项规定，确定在本国领土上为空中航行目的使用 GNSS 系统或其组成部分的条件。

5.2 缔约方可以授权包括外国机构在内的任何公营，私营或公私合营组织提供 GNSS 信号或服务，以支持本国领土上的空中航行，但这类机构/组织必须按照本协定约定的各项要求从事作业。

5.3 每一缔约方仍有责任确保本国境内 GNSS 信号和服务的提供和使用符合《芝加哥公约》的有关规定。

5.4 缔约方应当建立适当的程序，以：a) 确保从事 GNSS 系统或其组成部分的实施、提供、运行和使用的组织遵守本协定的各项要求；及 b) 确保根据本协定第 6 条建立或委任的 GNSS 实体所从事的活动符合本协定的各项要求。

6. GNSS 实体

6.1 应当根据本协定建立一个实体，并将其称之为 GNSS 实体。该实体由行政首长一人和支持其工作的秘书处组成。缔约方可以委任一个业已成立的组织或机构承担本协定所述 GNSS 实体的任务。

6.2 GNSS 实体具有法律人格，在其所属缔约方境内具有履行其任务所必需的法律能力。

6.3 GNSS 实体通过合同安排，负责促进和[管理][建立]本协定管辖范围内各 GNSS 系统经营者和 GNSS 服务提供者之间的关系。

6.4 经缔约方决定，除其他事项外，可以委托 GNSS 实体执行下列任务：a) 制定 GNSS 信号和服务规范；b) 根据本协定第 8 条，草拟、谈判和实施 GNSS 实体，GNSS 系统经营者和 GNSS 服务提供者之间的合同和服务协定；c) 确定 GNSS 各方之间的职责分配程序；d) 如果根据本协定第 9.2 款建立了一个补偿性 GNSS 基金，对该基金进行管理；及 e) 确定适用的保险要求.

6.5 设立 GNSS 实体的相关财务和建制问题,由缔约方处理。

7. ICAO 的作用

7.1 缔约各方承认 ICAO 在协调 GNSS 全球实施尤其是下述方面的核心作用:a) 制定标准和建议措施;b) 收集、处理、管理和发送涉及本协定范围内 GNSS 系统和服务的有关航空情报;c) 协调 GNSS 实体或受命执行其任务的机构/组织与其他地区按类似协定设立和/或具有类似职责的实体之间的活动;及 d) 监督 GNSS 系统经营者和/或服务提供者遵守适用的技术,运行和法律要求,包括履行有关合同安排条款的情况。

8. 合约协定

8.1 本协定第 6.3 款和 6.4 款所指合同,应当按照本条和本协定各条款的要求缔结。

8.2 缔约方承诺按本协定缔结的合同须包含下述强制性内容:a) 遵守标准和建议措施;b) 遵守宪章关于连续性、可用性、完整性、准确性和可靠性的要求;c) 赔偿责任基于过错;d) 强制保险;e) 强制诉诸仲裁;及 f) 承认国家组织/机构授予私营方相同的规则约束。

9. 保险

9.1 缔约方应当确保 GNSS 系统经营者和服务提供者提供充分的保险或采取其他避险办法,以补偿因不履行其活动而可能产生的或与此有关的损失或损害。

9.2 缔约方可以设立专门基金,以便在从责任机构/组织受偿不足时,按不足部分就因系统经营者或服务提供者不履行活动而可能造成的任何损失或损害做出补偿。

10. 事故征候/事故调查

10.1 凡就空中航行事故征候或事故进行调查涉及某个可能的故障,失效或不当使用 GNSS 情况的,应当根据《芝加哥公约》附件 13 的规定进行。在这方面,系统经营者应当确保为举证目的对信号进行记录。

11. 合格审定

11.1 缔约方应当确保包括航空电子设备在内的 GNSS 系统和组成部分以及 GNSS 各项服务在投入运行前经过合格审定。

11.2 缔约方及其管理部门应当通过其既有的安全管理系统确保 GNSS 可供安全使用。国家安全管理系统的完好性由 ICAO(通过其普遍安全监督审计计划)进行监督。

12. 赔偿责任

12.1 因故障、失效或不当使用 GNSS 而发生损失或造成损害的,所涉每个实体或每个人按其促成损失或损害发生的程度承担赔偿责任。

12.2 缔约方的赔偿责任依现行适用的国际法和国内法,由通常适用于其活动的重大责任制度加以规范。

12.3 缔约方和其他公营方应当接受仲裁并受与私营伙伴方相同的规则约束。

12.4 如果损失或损害可以归咎于 GNSS 的某种失效,故障或不当使用情况,但无法明确归咎于某个具体被告人,应当宣布参与导致损失或损害发生的连串事件的全体被告人对损失或损害总额负连带责任。

13. 仲裁

13.1 一应索赔要求均须按照本协定确定并在附件[X]中详述的仲裁规则经合案后交付仲裁。综合索赔案应当包括针对有关 GNSS 实体,GNSS 系统经营者,GNSS 服务提供者,航空器经营人,航空承运人,空中航行服务提供者,设备制造厂家和政府管理部门提出的赔偿要求。

13.2 本协定的规定绝不妨碍任何人在华沙/蒙特利尔公约项下之权利。

13.3 仲裁庭的裁决为终审裁决,对仲裁程序当事各方具有约束力。

14. 向 ICAO 登记

14.1 本协定应当根据《芝加哥公约》第八十三条的规定向 ICAO 理事会办理登记。

15. 修正

15.1 对本协定拟议的任何修正须经本协定缔约方[三分之二多数]批准。

16. 接纳其他缔约方

16.1 本协定于[…]向其他缔约方开放接纳。

17. 终止

17.1 本协定可以[…]终止。[…]对按照本协定设立的 GNSS 实体的效力。

18. 生效

18.1 本协定于签署之日生效。

第七章　公共航空运输企业法律制度

7.1　公共航空运输企业的概念和法律特征

7.1.1　公共航空运输企业的概念

7.1.1.1　国际航空法的规定

在国际航空法中,对从事航空运输活动的主体称之为"航空运输企业"或"空运企业"。

1929年《华沙公约》第1条第(1)项规定:"本公约适用于所有以航空器运送旅客、行李或货物而收取报酬的国际运输。本公约同样适用于航空运输企业以航空器办理的免费运输。"1999年《蒙特利尔公约》第1条第(一)项[①]中做了几乎一致的规定。

1944年《芝加哥公约》第96条规定,"空运企业"指提供或经营国际航班的任何航空运输企业。

在《芝加哥公约》附件中,将航空运输运行分为商业航空运输运行和通用航空运行。商业航空运输运行,为取酬或收费而从事旅客、货物或邮件运输的运行。[②] 通用航空运行,除商业航空运输运行或空中作业运行以外的航空器运行。[③]

从事商业航空运输运行和通用航空运行的个人、组织或企业被称为运营人或经营人。

在《芝加哥公约》附件2《空中规则》第1章《定义》中规定,运营人是从事或拟从事航空器运营的个人、组织或企业。《芝加哥公约》附件3第1.1条定义、附件4《航图》第1.1条定义、附件6《航空器的运行》第Ⅰ部分、第Ⅱ部分、第Ⅲ部分第1章《定义》、附件18第1章《定义》都对运营人或经营人做了相同定义。

《芝加哥公约》附件9第1章A《定义》分别对航空器经营人和空运企业进行了定义,航空经营人是指从事或提出从事航空器运营的个人、组织或企业。空运企业是指如公约第96条所规定,任何提供或经营定期国际航班的航空运输企业。附件11第1章《定义》、附件12第1章《定义》、附件13第1章《定义》都对经营人做出了相同界定。

7.1.1.2　我国航空法的规定

《民用航空法》第八章章名就叫"公共航空运输企业"。第91条规定,公共航空运输企业,是指以营利为目的,使用民用航空器运送旅客、行李、邮件或者货物的企业法人。

1985年《国务院关于开办民用航空运输企业审批权限的暂行规定》(已失效)第2条规定,航空运输企业是指凡开办使用民用航空器经营旅客、行李、货物和邮件运输的企业。

《公共航空运输企业经营许可规定》(CCAR-201)第2条第2款规定,本规定所称公共

[①] 一、本公约适用于所有以航空器运送人员、行李或者货物而收取报酬的国际运输。本公约同样适用于航空运输企业以航空器履行的免费运输。
[②] 附件6第Ⅰ部分第1章《定义》。
[③] 附件6第Ⅱ部分第1章《定义》。

航空运输企业,是指以营利为目的使用民用航空器从事旅客、行李、货物、邮件运输的企业法人。

《大型飞机公共航空运输承运人运行合格审定规则》(CCAR-121-R7)中将在中华人民共和国境内依法设立,从事下列公共航空运输运行的航空运营人,称为大型飞机公共航空运输承运人。这些公共航空运输运行包括:(1)使用最大起飞全重超过5 700千克的多发飞机实施的定期载客运输飞行;(2)使用旅客座位数超过30座或者最大商载超过3 400千克的多发飞机实施的不定期载客运输飞行;(3)使用最大商载超过3 400千克的多发飞机实施的全货物运输飞行。[①]

在《一般运行和飞行规则》(CCAR-91-R4)的附件术语解释中规定,运营人是指在中华人民共和国登记并按照涉及民航管理的规章审定获得批准,从事以营利为目的的民用航空飞行活动的公共航空运输企业和通用航空企业。

《民用航空危险品运输管理规定》(CCAR-276-R2)第90条规定:承运人,是指以营利为目的,使用民用航空器运送旅客、行李、货物、邮件的公共航空运输企业。

在美国航空法中有对"航空承运人"[②]进行界定,俄罗斯航空法中还分别对"航空企业和经营人"[③]进行界定,印度尼西亚航空法中则对"航空运输公司"[④]进行了界定。

7.1.2 公共航空运输企业的法律特征

公共航空运输企业具有以下法律特征:

7.1.2.1 公共航空运输企业是为公众提供服务的

"公共航空运输企业"中的"公共"二字就是航空运输企业的性质界定。一切中外旅客、货主都可享受到公共航空运输企业提供的运输服务。与为特定对象服务的私人航空器和有专门用途的国家航空器不同,公共航空运输企业以航空器为所有的旅客、货主提供服务,服务对象就有广泛性。

7.1.2.2 公共航空运输企业是以营利为目的的

民用航空运输业是一个高投入的产业。无论运输工具,还是其他运输设备都价值昂贵、成本巨大。另外,机场设施、导航设备、空中交通管制设备的成本投入和使用费用,也是十分巨大的。因此,公共航空运输企业的经营成本非常高,为了生存与发展,就必须要营利。任何一个国家的政府都没有相应的财力,像补贴城市公共交通(公共汽车、电车、地铁)一样去补贴本国的航空运输企业。现在,国内外航空运输市场的竞争都十分激烈,航空运输企业不营利,就没有办法生存和发展。所以营利是公共航空运输企业能继续为公众提供运输服务的前提条件,所有的公共航空运输企业,都应以营利为目的。在这一点上,与我们通常所说的"城市公共交通"的公益性不同。

---

① 第121.3条适用范围。

② "air carrier" means a citizen of the United States undertaking by any means, directly or indirectly, to provide air transportation.

③ 《俄罗斯联邦航空法》第61条航空企业和经营人:1. 本法规定的航空企业是指不分组织形式、法律形式以及所有权形式,以商业旅客、行李、货物和邮件运输和航空作业为主要经营范围的法人实体。……

④ 《印度尼西亚航空法》第1条定义,航空运输公司是指主营业务为通过航空器运营提供乘客、货物运输和邮递业务并收取费用的,由国家、地区/省或者印度尼西亚法人所有,并以私人公司或合作社形式存在的经营实体。

7.1.2.3 公共航空运输企业的经营手段，是以民用航空器运送旅客、行李、邮件或者货物

只有直接以民用航空器从事运送旅客、行李、邮件或者货物的航空运输企业，才是航空法意义上的公共航空运输企业。很多企业从事与民用航空运输有关的经营活动，有的专门为公共航空运输企业销售客票，有的以自己名义接收航空货物后，再通过公共航空运输企业来运输。这些企业不直接从事航空运输，因此，不是航空法意义上的公共航空运输企业。

7.1.2.4 公共航空运输企业必须是企业法人

公共航空运输企业，首先是企业，但和一般企业有所不同，是企业法人，即能够依法独立享有民事权利和承担民事义务的组织。根据我国《民用航空法》第94条规定，公共航空运输企业的组织形式、组织机构适用公司法的规定。

截至2023年底，我国共有运输航空公司66家，与上年持平。按不同所有制类别划分：国有控股公司39家，民营和民营控股公司27家。在全部运输航空公司中，全货运航空公司13家，中外合资航空公司8家，上市公司7家。[①]

7.2 公共航空运输企业的设立

为了调动各方面的积极性，支持、引导地方、部门创办航空运输企业，以发展民用航空运输，适应社会主义现代化建设的需要，保障运输飞行安全。国务院于1985年5月28日以国发〔1985〕74号发布施行《关于开办民用航空运输企业审批权限的暂行规定》16条，规定"航空运输企业一律实行独立核算、自负盈亏"，并对开办航空运输企业履行申请审批手续、条件、申请文件以及经营管理等问题都做出了详细规定。[②] 该行政法规已被废止。[③]

根据国务院1985年《关于开办民用航空运输企业审批权限的暂行规定》，中国民用航空局和国家工商行政管理局于1985年10月10日联合下发《关于开办民用航空运输企业审批程序的通知》7项，进一步明确先由民航局批准公司成立，工商行政管理部门再核发营业执照。具体化了设立公共航空运输企业的审批程序。[④] 因其设立根据——《关于开办民用航空运输企业审批权限的暂行规定》后被1995年《民用航空法》代替，故该通知自行失效。

1993年1月16日以民航局发〔1993〕39号发布施行《开办航空运输企业审批基本条件和承办程序细则》21条，规定了开办航空运输企业应当遵循的七项基本原则和四项基本条件，申请人向中国民用航空总局申请筹建时，要提供七项文件资料，待验收后，向民用航空总局提供十五项文件、材料进行《经营许可证》的申请，并对《经营许可证》的使用、换发、注销以及费用收取进行了明确规定。该细则被中国民用航空总局于2004年12月16日发布的《公

[①] 中国民用航空局：《2023年民航行业发展统计公报》，http://www.caac.gov.cn/big5/www.caac.gov.cn/XXGK/XXGK/TJSJ/202405/P020240531700964611105.pdf. 2024年6月11日访问。

[②] 具体条文详见：www.caac.gov.cn/XXGK/XXGK/FLFG/201510/t20151029_2800.html. 2024年3月1日访问。

[③] 2008年国务院令第516号公布《国务院关于废止部分行政法规的决定》废止了该行政法规。说明：已被1995年10月30日中华人民共和国主席令第56号公布的《中华人民共和国民用航空法》代替。

[④] 具体条文详见：陈丽洁：《中国工商企业登记、许可、审批法律实务全书》，民主与建设出版社1998年版，第193-194页。

共航空运输企业经营许可规定》第70条①明文废止。

目前,规范我国公共航空运输设立正在生效的法律法规规章主要有:《民用航空法》、部分航空行政法规、《公共航空运输企业经营许可规定》(CCAR-201-R1)、《大型飞机公共航空运输承运人运行合格审定规则》(CCAR-121-R7)等,这些法律法规规章有力推动了我国航空运输业的发展。

7.2.1 《民用航空法》的规定

《民用航空法》第92条规定:"企业从事公共航空运输,应当向国务院民用航空主管部门申请领取经营许可证。"

第93条规定:"设立公共航空运输企业,应当具备下列条件:(一)有符合国家规定的适应保证飞行安全要求的民用航空器;(二)有必需的依法取得执照的航空人员;(三)有不少于国务院规定的最低限额的注册资本;(四)法律、行政法规规定的其他条件。"②

国务院民用航空主管部门应当对企业申请公共航空运输企业经营许可证进行审查,自受理申请之日起六个月内做出批准或者不予批准筹建的决定,并书面通知申请人。

企业应当自收到批准筹建通知之日起两年内完成筹建工作,筹建期内不得从事公共航空运输业务。

筹建工作完成后,企业取得国务院民用航空主管部门颁发的经营许可证和运行合格证,可以向国务院民用航空主管部门提出开业申请。

国务院民用航空主管部门应当自受理开业申请之日起三个月内,做出批准或者不予批准开业的决定。决定批准,颁发公共航空运输企业经营许可证,决定不予批准的,应当书面通知申请人并说明理由。

公共航空运输企业运行合格证申请由国务院民用航空主管部门规定。

7.2.2 航空行政法规规定

1993年《国务院批转中国民用航空局关于加强民用航空安全管理意见的通知》规定:"三、申请开办航空公司,要严格按规定条件、程序和标准报批,其他部门不得越权批准。对不具备开办航空公司条件的地方和单位,一律不得迁就照顾。未按国家规定批准的任何单位,不得经营民用航空运输和通用航空业务。凡未经合法手续批准自行经营航空运输和通用航空业务的民航企业,工商管理部门不得予以注册登记,民航局勒令其停业。

---

① 本规定自公布之日起30日后施行。1993年1月16日民航局发布的《开办航空运输企业审批基本条件和承办程序细则》同时废止。在2018年8月31日《公共航空运输企业经营许可规定》第二次修正后,此条成为第51条。

② 因在其他航空行政法规和航空部门规章中对公共航空运输企业设立条件进行了具体规定,故在《民用航空法》(修订稿)中将本条改为:"取得公共航空运输企业经营许可证,应当具备下列条件:(一)法定代表人应当为中华人民共和国公民;(二)主要负责人应当具备相应的专业知识、管理经验和能力;(三)具有运营所需要的基地机场和固定的办公场所及设备;(四)有不少于国务院民用航空主管部门规定的最低限额的实缴注册资本;(五)有符合国家规定的适应保证飞行安全要求的民用航空器;(六)有必需的依法取得执照的航空人员;(七)对于所从事的公共航空运输的旅客、行李、货物责任有充分保险的证明;(八)法律、行政法规、规章规定的其他条件。

为了保障民用航空活动安全,维护公共航空运输时常秩序,国务院民用航空主管部门可以根据市场和行业检测情况,暂停实施对新设公共航空运输企业、新增运力审批。

采取第二项措施,应当符合公开、公平、公正的原则,实施前的三十日向社会公告,说明采取措施的理由以及采取措施的范围、期限等事项。"

四、航空制造业、航空维修业、机场、学校均不得开办或合股开办航空运输企业。凡已经开办的应在六个月内停办,由上述单位与其他单位合办的,应抽回或转让其资产。有关资产转移问题,由开办单位商民航部门办理。"

7.2.3 部门规章规定

7.2.3.1 《公共航空运输企业经营许可规定》(CCAR-201-R1)

1. 一般规定

中国民用航空局负责公共航空运输企业筹建认可、经营许可。中国民用航空地区管理局负责所辖地区公共航空运输企业筹建认可和经营许可的初步审查。[①]

实施公共航空运输企业经营许可,应当遵循以下基本原则:(一)建立和完善统一、开放、竞争、有序的航空运输市场;(二)符合国家航空运输发展和宏观调控政策;(三)保障航空运输安全、提高运输服务质量和维护消费者合法权益;(四)坚持公开、公平、公正的原则。[②]

公共航空运输企业必须遵守国家法律、行政法规和涉及民航管理的规章的规定,依法开展经营活动。[③]

2. 公共航空运输企业设立的条件

设立公共航空运输企业应当具备下列条件:(一)不少于3架购买或者租赁并且符合相关要求的民用航空器;(二)负责企业全面经营管理的主要负责人应当具备公共航空运输企业管理能力,主管飞行、航空器维修和其他专业技术工作的负责人应当符合涉及民航管理的规章的相应要求,企业法定代表人为中国籍公民;(三)具有符合涉及民航管理的规章要求的专业技术人员;(四)不少于国务院规定的注册资本的最低限额;(五)具有运营所需要的主运营基地机场和其他固定经营场所及设备;(六)民航局规定的其他必要条件。[④]

《国内投资民用航空业规定》(CCAR-209-R1)第6条[⑤]、第9条到第11条[⑥]、第13条[⑦]分别对投资准入、投资比例、高级管理人员禁止兼任情形以及法律责任[⑧]等进行了具体规定。该规定自2018年1月19日起施行。民航总局于2005年7月15日公布的《国内投资民用航

[①] 《公共航空运输企业经营许可规定》(CCAR-201-R1)第3条。
[②] 《公共航空运输企业经营许可规定》(CCAR-201-R1)第4条。
[③] 《公共航空运输企业经营许可规定》(CCAR-201-R1)第5条。
[④] 《公共航空运输企业经营许可规定》(CCAR-201-R1)第6条。
[⑤] 对国内投资需要特别管理的公共航空运输企业应当保持国有控股或者国有相对控股,其中,国有相对控股应当由单一国有投资主体及其控股企业相对控股。
[⑥] 第9条:一家民用运输机场、航空燃油销售储运加注企业、计算机订座系统服务企业,及其关联企业,投资全货运航空公司以外的公共航空运输企业的,投资比例不得超过5%。前款所述企业及其关联企业投资全货运航空公司,不得控股或者相对控股。前两款所述关联企业不包括公共航空运输企业。
第10条:一家公共航空运输企业及其关联企业投资枢纽机场或者其共用航站楼,投资比例不得超过25%,并且不得相对控股。公共航空运输企业在有共用航站楼和停机坪的机场可以在符合机场总体规划的前提下投资建设、运营、拥有或者租用专用航站楼和停机坪。
第11条(摘录):枢纽机场中,一个机场只有一家航空燃油销售储运加注企业时,一家公共航空运输企业及其关联企业投资该航空燃油销售储运加注企业及其设施,投资比例不得超过25%,并且不得相对控股。
[⑦] 第13条:公共航空运输企业的董事、高级管理人员不得在民用运输机场兼任高级管理人员。民用运输机场的董事、高级管理人员不得在公共航空运输企业兼任高级管理人员。
[⑧] 第14条:公共航空运输企业、民用运输机场违反本规定第六条、第七条,未按规定保持国有股比要求的,由民航局或者地区管理局责令其限期改正,给予警告,并处一万元以上二万元以下的罚款;情节严重的,处二万元以上三万元以下的罚款。

空业规定(试行)》(民航总局令第 148 号)同时废止。

外商投资设立公共航空运输企业,应当符合外商投资民用航空业规定所规定的投资比例及其他要求。①

具有下列情形之一的,民航局不受理设立公共航空运输企业的申请:(一)不符合本规定第 4 条第(一)、(二)、(三)项的规定;(二)湿租我国现有公共航空运输企业或者外国公共航空运输企业的民用航空器用以筹建公共航空运输企业;(三)民用机场、空中交通管理、航空器制造、航油供应、民航计算机信息等与公共航空运输企业有直接关联关系、可能影响航空运输市场公平竞争的企业或单位,单独设立或者违反规定参股设立公共航空运输企业;(四)不符合民航局规定的其他条件。②

3. 公共航空运输企业经营许可程序

(1) 申请筹建。

①提供文件资料。申请人申请筹建公共航空运输企业,应当提交下列文件、资料一式三份:(一)筹建申请报告;③(二)投资人的资信能力证明;(三)投资各方签订的协议(合同)以及企业法人营业执照(或者注册登记证明)复印件或者自然人身份证明复印件;(四)筹建负责人的任职批件、履历表;(五)企业法人营业执照;(六)民航局规定的其他文件、资料。④

②民航地区管理局初审。申请人申请筹建公共航空运输企业,应当将申请材料提交所在地民航地区管理局初审。民航地区管理局收到申请人的申请材料后,将其置于民航局网站(WWW.CAAC.GOV.CN),供申请人、利害关系人及社会公众查阅和提出意见。利害关系人和社会公众如有意见,应当自上网公布之日起 10 个工作日内提出意见。

民航地区管理局应当自收到申请人的申请材料之日起 20 个工作日内提出初审意见并连同申报材料一起报民航局。⑤

③中国民用航空局作出初步决定。对申请人申请筹建公共航空运输企业没有重大异议的,民航局应当自受理其申请之日起 10 个工作日内作出准予筹建的初步决定,并将其置于民航局网站,供申请人、利害关系人及社会公众查阅和提出意见。民航局应自受理申请之日起 20 个工作日内作出是否准予筹建的决定。

对申请人的筹建申请有重大异议的,申请人、利害关系人如果要求听证,民航局按规定组织听证。民航局根据听证的结果作出是否准予筹建的初步决定并置于民航局网站予以公布,供申请人、利害关系人及社会公众查阅和提出意见。申请人、利害关系人及社会公众如有意见,应当自上网公布之日起 10 个工作日内提出意见。民航局根据征求意见的情况作出

---

① 《公共航空运输企业经营许可规定》(CCAR-201-R1)第 7 条。交通运输部、商务部、发展改革委以 2020 年第 23 号令废止了《外商投资民用航空业规定》(民航总局、外经贸部、国家计委令第 110 号)及其 6 个补充规定。外资投资公共航空运输适用《发展改革委商务部令 2020 年第 32 号外商投资准入特别管理措施(负面清单)(2020 年版)》。具体规定为:"公共航空运输公司须由中方控股,且一家外商及其关联企业投资比例不得超过 25%,法定代表人须由中国籍公民担任。通用航空公司的法定代表人须由中国籍公民担任,其中农、林、渔业通用航空公司限于合资,其他通用航空公司限于中方控股。"

② 《公共航空运输企业经营许可规定》(CCAR-201-R1)第 8 条。

③ 筹建公共航空运输企业的申请报告应当包括以下内容:(一)拟经营航线的市场分析;(二)拟选用的民用航空器型号、来源和拟使用的主运营基地机场条件;(三)专业技术人员的来源和培训渠道;(四)拟申请的经营范围。资料来源:《公共航空运输企业经营许可规定》(CCAR-201-R1)第 10 条。

④ 《公共航空运输企业经营许可规定》(CCAR-201-R1)第 9 条。

⑤ 《公共航空运输企业经营许可规定》(CCAR-201-R1)第 11 条。

是否准予筹建的决定。①

④筹建认可决定。民航局对准予筹建的公共航空运输企业,应当自作出决定之日起10个工作日内送达筹建认可决定②,予以公告。

对不予筹建的,应当自作出决定之日起10个工作日内书面通知申请人、说明理由,并告知申请人享有依法申请行政复议或者提起行政诉讼的权利。③

⑤筹建公共航空运输企业的有效期限。经民航局认可的筹建公共航空运输企业的有效期限为2年。申请人自民航局准予其筹建之日起2年内未能按规定条件取得经营许可证的,确有充足的事由,经申请人申请、所在地民航地区管理局初审,民航局可准予其延长1年筹建期。在延长筹建期内仍未取得经营许可证的,丧失筹建资格。丧失筹建资格的申请人,民航局2年内不再受理其筹建申请。④

申请公共航空运输企业筹建延期,应当向民航局提交书面材料,说明理由。民航局自收到申请人申请之日起20个工作日内,作出是否同意延期的决定。民航局对准予筹建延期的公共航空运输企业,应当自作出决定之日起10个工作日内送达同意筹建延期的决定,予以公告。对不予筹建延期的,应当自作出决定之日起10个工作日内书面通知申请人、说明理由,并告知申请人享有依法申请行政复议或者提起行政诉讼的权利。⑤

经准予筹建的公共航空运输企业,应当按照国家有关法律、行政法规及涉及民航管理的规章的规定和认可条件,在筹建有效期内开展筹建工作。⑥

(2)经营许可证申领、变更和注销。

①提交文件资料。申请人申请公共航空运输企业经营许可,应当提交下列文件、资料一式三份:(一)公共航空运输企业经营许可申请书;(二)企业法人营业执照;(三)企业章程;(四)购买或者租赁民用航空器的证明文件;(五)客票、货运单格式样本及批准文件;(六)与拟使用的主运营基地机场签订的机坪租赁协议和机场场道保障协议;(七)法定代表人、负责企业全面经营管理的主要负责人的任职文件、履历表、身份证复印件;(八)投保地面第三人责任险的证明文件;(九)企业董事、监事的姓名、住所及委派、选举或者聘任的证明;(十)民航局规定的其他文件、资料。⑦

②所在地民航地区管理局初审。申请人申请经营许可,应当将申请材料提交所在地民航地区管理局初审。民航地区管理局收到申请人的申请材料后,将其置于民航局网站,供申请人、利害关系人及社会公众查阅和提出意见。利害关系人和社会公众如有意见,应当自上网公布之日起10个工作日内提出意见。

民航地区管理局应当自收到申请人的申请材料之日起20个工作日内提出初审意见并连同申报材料报民航局。⑧

---

① 《公共航空运输企业经营许可规定》(CCAR-201-R1)第12条。
② 公共航空运输企业筹建决定应当包括以下内容:(一)筹建企业名称;(二)筹建企业地址;(三)筹建企业拟使用的主运营基地机场;(四)筹建企业负责人;(五)筹建企业类型;(六)筹建企业经营范围;(七)其他必要内容。资料来源:《公共航空运输企业经营许可规定》(CCAR-201-R1)第14条。
③ 《公共航空运输企业经营许可规定》(CCAR-201-R1)第13条。
④ 《公共航空运输企业经营许可规定》(CCAR-201-R1)第15条。
⑤ 《公共航空运输企业经营许可规定》(CCAR-201-R1)第16条。
⑥ 《公共航空运输企业经营许可规定》(CCAR-201-R1)第17条。
⑦ 《公共航空运输企业经营许可规定》(CCAR-201-R1)第18条。
⑧ 《公共航空运输企业经营许可规定》(CCAR-201-R1)第19条。

③作出是否准予经营许可的决定。对申请人的经营许可申请没有重大异议的,民航局应当自受理其申请之日起10个工作日内作出准予经营许可的初步决定,并将其置于民航局网站,供申请人、利害关系人及社会公众查阅和提出意见。民航局应自受理申请之日起20个工作日内作出是否准予经营许可的决定。

对申请人的经营许可申请有重大异议的,申请人、利害关系人如果要求听证,由民航局按规定组织听证。民航局根据听证的结果作出是否准予经营许可的初步决定并置于民航局网站予以公布,供申请人、利害关系人及社会公众查阅和提出意见。申请人、利害关系人及社会公众如有意见,应当自上网公布之日起10个工作日内提出意见。民航局根据征求意见的情况作出是否准予经营许可的决定。①

④经营许可证的颁发。民航局对准予经营许可的,应当自作出决定之日起10个工作日内,向申请人颁发公共航空运输企业经营许可证②。

对不予其经营许可的,应当自作出决定之日起10个工作日内书面通知申请人、说明理由,并告知申请人享有依法申请行政复议或者提起行政诉讼的权利。

公共航空运输企业正式投入航线运营前,应当按规定完成运行合格审定,审定合格后方可正式投入航线运营。

⑤经营许可证的变更和注销。规定还从第24条到第28条对公共航空运输企业变更经营许可证所载企业名称、变更经营许可证所载明的主运营基地机场、申请扩大经营许可证所载经营范围等所提交的文件资料、程序、不予受理③等进行了详细规定。

公共航空运输企业取得经营许可证1年内未能实际安排航班经营的,由民航局注销其经营许可证。④

公共航空运输企业发生下列情形的,经营许可证自动失效,由民航局注销其经营许可证并予以公告:(一)发生《公司法》第一百八十条第(一)(二)(五)项规定的事由而解散的,经营许可证自清算组成立之日起自动失效;(二)公共航空运输企业被依法宣告破产的,经营许可

---

① 《公共航空运输企业经营许可规定》(CCAR-201-R1)第20条。

② 公共航空运输企业经营许可证应当载明下列内容:(一)企业名称;(二)主运营基地机场;(三)经营范围;公共航空运输企业经营许可证在未被依法吊销、撤销、注销等情况下,长期有效。资料来源:《公共航空运输企业经营许可规定》(CCAR-201-R1)第22条。

③ 第24条:公共航空运输企业变更经营许可证所载企业名称,应当自企业法人营业执照变更之日1个月内向民航局提交下列材料:(一)申请书;(二)股东会决议;(三)修改后的公司章程或者公司章程修正案;(四)经营许可证复印件;(五)企业法人营业执照复印件。
第25条:公共航空运输企业申请扩大经营许可证所载明的经营范围,应当向民航局提交下列文件、资料:(一)申请报告;(二)企业主运营基地机场所在地民航地区管理局出具的初审意见;(三)经营许可证复印件;(四)法人营业执照复印件;(五)不具有本规定第二十八条所列情形的说明材料;(六)民航局规定的其他文件、资料。
第26条:公共航空运输企业申请变更经营许可证所载明的主运营基地机场,应当向民航局提交下列文件、资料:(一)申请报告;(二)企业现主运营基地机场所在地民航地区管理局和拟使用主运营基地机场所在地民航地区管理局出具的初审意见;(三)与拟使用的主运营基地机场签订的机坪租赁协议和机场场道保障协议;(四)经营许可证复印件;(五)法人营业执照复印件;(六)民航局规定的其他文件、资料。
第27条:公共航空运输企业扩大经营范围和变更主运营基地机场的批准程序按照公共航空运输企业经营许可的批准程序办理。
第28条:公共航空运输企业申请扩大经营许可证所载经营范围或者经营项目有下列情形之一的,民航局不予受理:(一)最近3年发生重大以上(含重大)运输飞行事故的;(二)有严重失信行为的;(三)连续3年经营亏损的;(四)民航局规定的其他条件。

④ 《公共航空运输企业经营许可规定》(CCAR-201-R1)第29条。

证自破产宣告之日起自动失效;(三)公共航空运输企业因合并、分立解散的,经营许可证自公司完成合并、分立之日起自动失效;(四)公共航空运输企业依法被吊销营业执照、责令关闭或者被撤销的,经营许可证自有关决定生效之日起自动失效。①

公共航空运输企业自经营许可证失效之日起,不得从事公共航空运输经营活动。②

4. 法律责任

违反《公共航空运输企业经营许可规定》(CCAR-201-R1)的法律责任主要有责令其停止经营活动、罚款、警告、责令其停止违法活动、没收非法所得、责令改正、依法给予行政处分。具体内容在该规定第41条到第50条中③。

7.2.3.2 《大型飞机公共航空运输承运人运行合格审定规则》(CCAR-121-R7)

该规则第121.3条适用范围(C)项规定,对于应按照本规则审定合格的大型飞机公共航空运输承运人,中国民用航空局及民航地区管理局按照审定情况在其运行合格证及其运行规范中批准其实施下列一项或者多项运行种类的运行:国内定期载客运行、国际定期载客运行、补充运行。

1. 运行合格证及其运行规范

运行合格证是指批准大型飞机公共航空运输承运人从事特定公共航空运输运行的许可证书。

运行规范是运行合格证的附件,是指与运行合格证相对应的,大型飞机公共航空运输承运人运行应符合的批准、条件和限制等规范。④

2. 第121.21条运行合格证及其运行规范的申请和颁发程序

(a)大型飞机公共航空运输承运人实施本规则第121.3条规定的运行,应向其主运营基地所在地的民航地区管理局申请颁发运行合格证及其运行规范。民航地区管理局按照预先申请、正式申请、文件审查、演示验证和发证五个步骤进行审查。运行合格证及其运行规范的申请人应当按照规定的格式和方法向其主运营基地所在地的民航地区管理局提交申请书,申请书应当至少附有下列材料:1)审查活动日程表;2)本规则第121.133条所要求的手册;3)训练大纲及课程;4)管理人员资历;5)飞机及运行设施、设备的购买或者租用合同复印件;6)说明申请人如何符合本规则所有适用条款的符合性声明。

(b)初次申请运行合格证的申请人,应当在提交申请书的同时,提交说明计划运行的性质和范围的文件,包括准许申请人从事经营活动的有关证明文件。

(c)民航地区管理局应当在收到申请书之后的5个工作日内书面通知申请人是否受理申请。申请人未能按照本条(a)款要求提交齐全的材料或者申请书格式不符合要求,需要申请人补充申请材料的,民航地区管理局应当在该5个工作日内一次性告知需要补正的全部内容。

(d)民航地区管理局受理申请后,将对申请人的申请材料是否符合本规则的要求进行审查,对申请人能否按照本规则安全运行进行验证检查。对于申请材料的内容与本规则要

---

① 《公共航空运输企业经营许可规定》(CCAR-201-R1)第30条。
② 《公共航空运输企业经营许可规定》(CCAR-201-R1)第31条。
③ 具体条文详见:https://www.caac.gov.cn/XXGK/XXGK/MHGZ/201809/t20180930_191932.html. 2024年3月2日访问。
④ 《大型飞机公共航空运输承运人运行合格审定规则》(CCAR-121-R7)第121.20条。

求不符或者申请人不能按照本规则安全运行的,应当书面通知申请人对申请材料的相关内容作出修订或者对运行缺陷进行纠正。

(e)民航地区管理局应当在20个工作日内做出是否颁发运行合格证及其运行规范的决定,民航地区管理局进行验证检查、组织专家评审的时间不计入前述期限。

(f)申请人属于本规则第121.23条(b)款规定情形的,不予颁发运行合格证及其运行规范。对于此种情况,民航地区管理局应当书面通知申请人,说明理由并告知申请人享有依法申请行政复议或者提起行政诉讼的权利。

3. 第121.23条运行合格证及其运行规范的颁发条件

(a)申请人经过审查后符合下列全部条件,可以取得大型飞机公共航空运输承运人运行合格证及其运行规范:1)满足本规则和涉及民航管理的规章所有适用条款的要求;2)按照涉及民航管理的规章的规定,配备了合格和足够的人员、设备、设施和资料,并且能够按照本规则的规定及其运行规范实施安全运行;3)符合安全保卫相关的涉及民航管理的规章的要求。

(b)申请人具有下列情形之一的,不予颁发运行合格证:1)申请人没有配备合格的或者足够的人员、设备、设施和资料,或者不能按照有关涉及民航管理的规章实施安全运行;2)申请人或者对其经营管理有控制权的人员,存在严重失信行为记录的;3)申请人安排或者计划安排担任本规则第121.43条(a)款规定的主要管理职位的人员,存在严重失信行为记录的。

4. 其他

规则还对运行合格证及其运行规范的内容、运行合格证及其运行规范的有效性、运行合格证及其运行规范的检查、运行合格证的修改、合格证持有人保存和使用运行规范的责任、运行规范的修改以及申请人的责任进行了详细规定。①

7.2.3.3 《外国公共航空运输承运人运行合格审定规则》(CCAR-129-R1)

1. 适用范围

本规则适用于符合下列条件的公共航空运输承运人:(a)持有外国民用航空管理当局颁发的批准其实施公共航空运输飞行的航空运营人合格证和运行规范;(b)使用飞机或者直升机在中华人民共和国境内进行起降,实施定期或者不定期公共航空运输飞行。②

2. 运行规范的颁发条件

申请运行规范的外国公共航空运输承运人(以下简称申请人)应当具备下列条件:(a)申请人所在国民用航空管理当局为其颁发的航空运营人合格证和运行规范中允许申请人实施所申请的运行;(b)按照涉及民航管理的规章的规定,配备了合格和足够的人员、设备、设施,满足在中华人民共和国境内安全运行的要求;(c)经过运行评估,达到在中华人民

---

① 具体内容详见:https://www.caac.gov.cn/XXGK/XXGK/MHGZ/202104/P020210506533065323228.pdf。2024年3月2日访问。

② 《外国公共航空运输承运人运行合格审定规则》(CCAR-129-R1)第129.3条适用范围。

共和国境内运行的安全水平;(d)如果申请湿租运行,需要满足本规则第129.11条[①]的规定。[②]

3. 运行合格审定的程序

在符合运行合格审定的条件后,申请人按照规定提交申请运行规范需要的材料[③]后,由中国民用航空局指定管辖权的民航地区管理局进行形式审查,决定是否受理[④]。

民航地区管理局应当自受理申请之日起二十个工作日内对申请人的申请材料进行审查并做出许可决定。二十个工作日不能做出决定的,经民航地区管理局负责人批准,可以延长十个工作日,并应当将延长期限的理由告知申请人。民航地区管理局作出行政许可决定,需要实施检验、检测和专家评审的,所需时间不计入前述二十个工作日的期限。

民航地区管理局依法作出不予颁发运行规范的书面决定的,应当说明理由,并告知申请人享有依法申请行政复议或者提起行政诉讼的权利。

运行规范应当由主任监察员签字。

运行规范持有人在中华人民共和国境内运行,不符合安全和公共利益需要的,民航地区管理局应当按照规定程序[⑤]修改运行规范。

如果民航地区管理局发现存在危及安全、需要立即行动的紧急情况,不能按照本条(d)款规定的程序修改运行规范,则可以采取相关措施[⑥]。

[①] 《外国公共航空运输承运人运行合格审定规则》(CCAR-129-R1)第129.11条湿租的限制:运行规范持有人不得湿租除按本规则颁发的运行规范持有人或者《大型飞机公共航空运输承运人运行合格审定规则》(CCAR121)、《小型航空器商业运输运营人运行合格审定规则》(CCAR135)所规定的合格证持有人以外的运营人的民用航空器实施本规则运行。

[②] 《外国公共航空运输承运人运行合格审定规则》(CCAR-129-R1)第129.21条运行规范的颁发条件。

[③] 《外国公共航空运输承运人运行合格审定规则》(CCAR-129-R1)第129.23条申请运行规范需要提交的材料:(a)申请人应当向中国民用航空局指定管辖权的民航地区管理局提交以下材料:(1)按规定格式填写的申请书;(2)申请人所在国民用航空管理当局为其颁发的航空运营人合格证和运行规范,并载明批准其实施的运行范围和运行种类等事项;(3)计划飞入中华人民共和国境内的民用航空器的清单,并载明民用航空器的型号、国籍和登记标志;(4)初次申请定期公共航空运输的申请人,应当提交飞入中华人民共和国境内的经济批准的文件;(5)中国民用航空局或者民航地区管理局要求提供的其他文件。(b)申请书应当按照中国民用航空局规定的内容如实填写.申请人应当如实提交有关材料和反映真实情况,并对申请材料实质内容的真实性负责。(c)申请人提交的上述文件应当使用中文或者英文版本的纸质或者电子文件.其中,申请书应当是由法定代表人或者其授权人签署的原件或者其扫描件。

[④] 《外国公共航空运输承运人运行合格审定规则》(CCAR-129-R1)第129.25条申请的受理:(a)对于材料不齐全或者不符合法定形式的,民航地区管理局应当当场或者在五个工作日内一次告知申请人需要补正的全部内容,逾期不告知的,自收到申请材料之日起即为受理。申请材料齐全、符合法定形式,或者申请人按照要求提交全部补正材料的,民航地区管理局应当受理申请。(b)民航地区管理局受理或者不予受理申请,应当向申请人出具书面凭证.对不予受理的,应当注明理由。

[⑤] (1)民航地区管理局以书面形式提出修改内容,通知运行规范持有人;(2)运行规范持有人应当自收到通知之日起七个工作日内对修改内容向民航地区管理局提交书面意见;(3)民航地区管理局在考虑运行规范持有人的意见后,作出决定并通知运行规范持有人;(4)运行规范持有人可以在收到通知后五个工作日内提出申诉意见,民航地区管理局考虑运行规范持有人的申诉意见后,作出决定并颁发运行规范的修改项。

[⑥] (1)民航地区管理局可以单方面决定修改运行规范,修改项在运行规范持有人收到该修改通知之日起生效;(2)在发给运行规范持有人的通知中,应当说明原因,指出存在危及安全、需要立即行动的紧急情况,或者指出不及时修改运行规范将违背公共利益的情况。

4. 运行规范的内容和有效期

第 129.29 条①规定了运行规范的具体内容。除发生失效的情况②外,运行规范长期有效。规则还对运行规范的保存和检查③、运行规范持有人申请变更的情形④进行了具体规定。

7.2.4 公共航空运输企业的组织形式

《民用航空法》第 94 条规定:"公共航空运输企业的组织形式、组织机构适用公司法的规定。本法施行前设立的公共航空运输企业,其组织形式、组织机构不完全符合公司法规定的,可以继续沿用原有的规定,适用前款规定的日期由国务院规定。"⑤

7.3 公共航空运输企业的运营管理

7.3.1 航线管理

7.3.1.1 航线的概念和分类

公共航空运输企业获得经营许可以后,可以在获准的一系列站点(即城市)之间提供航空客货邮运输服务。由这些站点形成的航空运输路线,称之为航线(air route)。⑥ 一种是抽象的航线,是指某管制空域内的航点间的连线。⑦ 另一种则是具体的航线,是指航空器从地球表面一点飞到另一点的预定航线路线,通常由始发地点、经停地点、目的地点和延伸地点

---

① 《外国公共航空运输承运人运行合格审定规则》(CCAR-129-R1)第 129.29 条运行规范的内容:运行规范至少包含下列内容:(a) 运行规范持有人的名称和地址;(b) 运行规范持有人与民航地区管理局进行业务联系的机构的名称和通信地址;(c) 运行规范的编号和生效日期;(d) 管辖该运行规范持有人的民航地区管理局内设机构的名称;(e) 被批准的运行种类,包括定期载客运行、不定期载客运行和全货机运行;(f) 说明经审定,该运行规范持有人符合本规则的相关要求,批准其按所颁发的运行规范实施运行;(g) 对每种运行的实施规定的权利、限制和主要程序;(h) 每个厂商、型号和系列的民用航空器在运行中需要遵守的其他程序;(i) 批准使用的每架民用航空器的型号、系列编号、国籍标志和登记标志,运行中需要使用的每个正常使用机场、备降机场和加油机场;(j) 机场的限制;(k) 按照规定颁发的豁免或者批准的偏离;(l) 说明基于安全和公共利益的需要,民航地区管理局可以修改运行规范;(m) 民航地区管理局认为应当包含的其他内容。

② 在规则第 129.31 条中,规定了运行规范失效的具体情况,为:(a) 运行规范持有人自愿放弃,则运行规范全部失效;(b) 民航地区管理局依法撤销该运行规范,则运行规范全部失效;(c) 运行规范持有人所在国民用航空管理当局为其颁发的航空运营人合格证和运行规范失效,则运行规范全部失效;(d) 运行规范持有人连续十二个日历月停止在中华人民共和国境内的运行,则运行规范全部失效;(e) 民航地区管理局部分或者全部撤销运行规范的相关条款,则运行规范相应的部分或者全部条款失效。

③ 《外国公共航空运输承运人运行合格审定规则》(CCAR-129-R1)第 129.33 条运行规范的保存和检查:运行规范持有人设在中华人民共和国境内与民用航空器运行相关的分支机构和代理人应当保存一份现行有效运行规范的影印件,并且应当接受中国民用航空局或者民航地区管理局及其派出机构的检查。

④ 《外国公共航空运输承运人运行合格审定规则》(CCAR-129-R1)第 129.35 条运行规范持有人申请变更的情形:(a) 运行规范持有人可以申请修改按本规则颁发的运行规范。(b) 运行规范持有人所在国民用航空管理当局为其颁发的航空运营人合格证和运行规范的内容发生变化,运行规范持有人应当按照本规则第 129.7 条(c)款要求修改运行规范。(c) 运行规范持有人申请修改其运行规范,受理、审查和批准按照本规则第 129.25 条和第 129.27 条的规定进行。

⑤ 这个规定已经没有实践意义,建议删除。

⑥ 林南.交通运输系统规划[M].北京:中国铁道出版社,2022:161.

⑦ 理查德·布洛克利(Richard Blockey),史维(WeiShyy).航空航天科技出版工程-5-动力学与控制[M].北京:北京理工大学出版社,2016:151.

相连接的航迹①构成。本书所指航线是抽象的航线。

从空域的利用角度考察，航线穿过可航空域，是一种航空资源，由国家行使支配权；从航空运输生产角度考察，航线构成为航空运输市场，由国家行使管理权。公共航空运输企业进入航线经营航空运输业务，应首先获得航线运营权。

2001年《飞行基本规则》第16条规定："航线分为固定航线和临时航线。临时航线通常不得与航路、固定航线交叉或者通过飞行频繁的机场上空。"

根据《定期国际航空运输管理规定》(CCAR-277TR-R1)、《中国民用航空国内航线经营许可规定》(CCAR-289TR-R1)和《国际航权资源配置与使用管理办法》(民航发〔2018〕39号)，航线可分为国内航线和国际航线。

国内航线是指运输的始发地、经停地和目的地均在中华人民共和国境内的航线。② 国内航线又分为区际航线和区内航线。区际航线是指运输的始发地、经停地和目的地在两个或两个以上的民航地区管理局管辖区域之间的航线。区内航线是指运输的始发地、经停地和目的地在一个民航地区管理局管辖区域内的航线。③

国际航线是指飞行的始发地、目的地及约定的经停地中有一个或一个以上地点不在同一国家境内的航线。国际航线分为一类国际航线和二类国际航线。一类国际航线是指我国至航权开放国家的航线或航权部分开放国家的协议开放航线。二类国际航线是指一类国际航线以外的航权受限市场的国际航线，分为二类远程国际航线和二类非远程国际航线。中国国内航点至美洲、欧洲（不含俄罗斯）、大洋洲、非洲航点的二类国际航线为二类远程国际航线，其他为二类非远程国际航线。④

7.3.1.2 国内航线审批与备案

公共航空运输企业申请经营定期航班运输的航线，暂停、终止经营航线，应当报经国务院民用航空主管部门批准，⑤或者按照规定进行备案。

《中国民用航空国内航线经营许可规定》(CCAR-289TR-R1)(本部分中简称规定)和《中国民航国内航线航班评审规则》(民航规〔2021〕30号)(本部分中简称规则)等部门规章和规范性文件的规定，国内航线经营许可的主要内容如下：

实施国内航线经营许可管理，应当遵循以下基本原则：（一）有利于建立和完善全国统一、开放、竞争、有序的航空运输市场体系；（二）坚持公平、公正、公开；（三）有利于保障航空运输安全，提高航班正常率和服务质量；（四）鼓励诚实守信，惩戒弄虚作假等扰乱市场秩序行为；（五）兼顾地方经济发展与空运企业利益；（六）有利于优化航线资源配置，完善航空运输网络。⑥

中国民用航空局和民航地区管理局根据空运企业经营国内客、货航线的申请，分别采取核准和登记方式进行管理，分别设立国内航线经营许可评审委员会。

申请国内航线经营许可，应当具备下列基本条件：（一）根据中华人民共和国法律设立的

---

① 在《芝加哥公约》附件2和附件11中，对航迹进行了定义，为"航迹航空器的航径在地面上的投影，其在任何一点的方向通常由北（真北、磁北或网格北）量起，以度数表示。"
② 《中国民用航空国内航线经营许可规定》(CCAR-289TR-R1)第3条第（一）项。
③ 《中国民用航空国内航线经营许可规定》(CCAR-289TR-R1)第3条第（二）（三）项。
④ 《国际航权资源配置与使用管理办法》(民航发〔2018〕39号)第8条。
⑤ 《民用航空法》第96条第1款。
⑥ 《中国民用航空国内航线经营许可规定》(CCAR-289TR-R1)第4条。

公共航空运输企业;(二)符合民航总局安全管理的有关规定;(三)符合航班正常、服务质量管理的有关规定;(四)符合国家航空运输发展的宏观调控政策;(五)符合法律、行政法规和民航总局规章规定的其他条件。空运企业从事国内航线经营,还应当按照相关规定经过补充安全运行合格审定;补充安全运行合格审定结论为不合格的,其相应的国内航线经营权丧失。①

国内航线由民航局和民航地区管理局实施分级管理。其中,核准航线、其他涉及北上广的跨地区管理局的客运航线以及全部货运航线由民航局管理;其余客运航线由地区管理局管理②。

7.3.1.3 国内航线经营许可核准管理

（1）适用许可核准管理的航线条件。

①空运企业申请的下列航线经营许可适用核准管理的方式:(一)涉及中国民用航空局核定的受综合保障能力及高峰小时飞机起降架次流量限制的机场的航线经营许可;(二)涉及繁忙机场的航线和飞行流量大的航线经营许可;(三)涉及在飞行安全方面有特殊要求的机场的航线经营许可。以上机场、航线的范围,由中国民用航空局确定,并提前三个月予以公告。③

在规则中,将国内航线分为核准、登记两类。核准航线是指涉及北京、上海、广州机场（以下简称"北上广"）之间及北上广连接部分国内繁忙机场的客运航线,其他客运和全部货运航线为登记航线。对核准航线实施核准管理,登记航线实施登记管理。规则还对申请核准航线进行了具体规定。④

②空运企业在航空安全、航班正常、服务质量、诚实信用方面的业绩优劣是核准该企业进入航线经营的条件。⑤

③空运企业申请本规定第九条所列的航线上的经营许可的,应符合民航总局或民航地区管理局根据航线旅客运输量确定的航线空运企业准入数量调控措施。⑥

④空运企业每航季安排定期航班的执行情况,作为考核该空运企业每航季进入新航线经营和在现有航线上增加航班的条件。⑦

⑤根据保证安全和航班正常的要求,在国内航线经营许可中实行空运企业总部所在地

---

① 《中国民用航空国内航线经营许可规定》(CCAR-289TR-R1)第8条。
② 各管理局航线管理职责划分原则:一、核准航线及其他涉及北上广三大城市的跨区航线、全部货运航线由民航局管理,其他客运航线由地区管理局进行管理。二、辖区内客运航线由各地区管理局分别实施管理。三、不涉及北上广三大城市的跨区客运航线,已下发航线经营许可的仍由原下发许可管理局管辖,新增航线经营许可按以下原则管辖:1. 涉及航空公司主基地所在省航线的,由该航空公司主管管理局管辖;2. 其他航线由始发地管理局管辖。资料来源:《中国民航国内航线航班评审规则》(民航规〔2021〕30号)附件2。
③ 《中国民用航空国内航线经营许可规定》(CCAR-289TR-R1)第9条。
④ 为落实民航运输发展的宏观调控政策,按照实施提升枢纽集散能力、京津冀协同发展战略等国家政策,申请核准航线需满足以下条件:1. 以航线涉及的核准航段两端任一点城市为主基地,或满足通航点数要求。北上广三大城市之间的航线,航线两端任一点通航点数应达到20个;其他核准航线,核准航段两端任一点通航点数应达到15个。一条航线包含多个核准航段时,在所有核准航段上均应符合上述要求。2. 季中评审时,某航线已备案的每周航班计划量少于已批准最大班次量14班及以上的,不再受理在该航线上增加航班量的申请。具体内容详见:https://www.caac.gov.cn/XXGK/XXGK/GFXWJ/202108/P020210827397400803496.pdf. 2024年3月2日访问。
⑤ 《中国民用航空国内航线经营许可规定》(CCAR-289TR-R1)第10条。
⑥ 《中国民用航空国内航线经营许可规定》(CCAR-289TR-R1)第11条。
⑦ 《中国民用航空国内航线经营许可规定》(CCAR-289TR-R1)第12条。

机场和其他基地机场始发优先的原则。适用基地始发优先原则的机场由民航总局定期予以公告。①

(2) 空运企业申请航线经营许可。

①空运企业申请航线经营许可,应在计划开航前 45 日提出。申请人应当填写核准机关统一印制的《国内航线经营许可核准申请书》,并可采用信函、电报、电传、传真、电子数据交换和电子邮件等方式,由空运企业法定代表人或其授权人签署,按所申请的航线经营许可的管辖范围报送民航总局或相关民航地区管理局。②

②中国民用航空局或民航地区管理局受理空运企业航线许可申请后,应在 20 日内提出意见,并通过政府网站或其他方式予以公告。申请人、利害关系人自公告之日起 7 日内未提出异议的,自受理申请之日 30 日内作出核准决定。准予许可的,向申请人颁发《国内航线经营许可核准书》,不予核准的,应当书面说明理由。民航地区管理局核准的航线经营许可,应在核准后 10 日内报民航总局备案。③

(3) 其他规定。

①航线经营许可申请取得核准之后,空运企业决定不在已经核准的航线上安排航班经营时,按照所申请的航线经营许可的管辖范围,向民航总局或相关民航地区管理局交回《国内航线经营许可核准书》;已经开航但又决定停止经营的,按本规定第三十九条规定的程序办理相关手续。④

②航线经营许可核准申请人和利害关系人对民航总局或民航地区管理局预先公布的航线经营许可意见持有异议的,应当按规定的期限和程序提出;涉及重大事项的,民航总局或民航地区管理局可根据需要举行听证,经重新评审后作出核准决定。⑤

空运企业应当确保核准经营许可航线的正常运营。凡核准经营许可后,60 日内未安排航班或因空运企业自身原因航班执行率不足 50%的,核准机关可以撤销其经营许可,且二年之内不再受理该空运企业就该航线或相关航线提出的经营许可申请。民航总局或民航地区管理局对撤销的航线许可予以公告。⑥

7.3.1.4 国内航线经营许可登记管理

(1) 适用范围和条件。空运企业申请的下列航线经营许可适用登记管理的方式:(一)本规定第九条所列范围以外的航线;(二)国内货运航线;(三)民航总局或民航地区管理局划定的其他航线。⑦

在规则中规定,除了上述应当进行核准的国内航线外航线都为登记航线,对登记航线实施登记管理。规则还对登记管理的条件进行了规定。⑧

---

① 《中国民用航空国内航线经营许可规定》(CCAR-289TR-R1)第 13 条。
② 《中国民用航空国内航线经营许可规定》(CCAR-289TR-R1)第 14 条。
③ 《中国民用航空国内航线经营许可规定》(CCAR-289TR-R1)第 15 条。
④ 《中国民用航空国内航线经营许可规定》(CCAR-289TR-R1)第 16 条。
⑤ 《中国民用航空国内航线经营许可规定》(CCAR-289TR-R1)第 17 条。
⑥ 《中国民用航空国内航线经营许可规定》(CCAR-289TR-R1)第 18 条。
⑦ 《中国民用航空国内航线经营许可规定》(CCAR-289TR-R1)第 19 条。
⑧ 1. 对北上广直达中小机场的部分客运航线,民航局将根据推进实施提升枢纽集散能力、京津冀协同发展战略等国家政策、战略的进展情况,补充设定相关条件并另行发布。2. 航空公司可通过一次申请即获得全部国内货运航线。具体内容详见:https://www.caac.gov.cn/XXGK/XXGK/GFXWJ/202108/P020210827397400803496.pdf. 2024 年 3 月 2 日访问。

(2) 经营许可登记程序。

①空运企业申请航线经营许可的登记应在计划开航 30 日前提出。申请人应当填写登记机关统一印制的《国内航线经营许可登记表》，并可采取信函、电报、电传、传真、电子数据交换和电子邮件等方式，由空运企业法定代表人或授权人签署，按所申请的航线经营许可的管辖范围，报送民航总局或相关民航地区管理局。①

②民航总局或民航地区管理局受理空运企业航线经营许可登记的申请，属于经营许可登记管理范围的，颁发《国内航线经营许可登记证》；对不符合经营许可登记管理范围的，不予登记，并书面说明理由。民航地区管理局登记的航线经营许可，应在登记后 10 日内报民航总局备案。②

航线经营许可登记并公告之后，空运企业决定不在已经登记的航线上安排航班经营时，应当按照所申请的航线经营许可的管辖范围，向民航总局或相关民航地区管理局办理该航线经营许可登记的注销手续；已经开航但又决定停止经营的，按本规定第三十九条规定的程序办理相关手续。③

(3) 登记后的管理。空运企业应当确保办理经营许可登记航线的正常运营。凡航线经营许可登记后，60 日内未安排定期航班或者因空运企业自身原因航班执行率不足 50% 的，航线经营许可登记注销，且二年之内不予重新登记。民航总局或民航地区管理局对航线经营许可登记注销的情况予以公告。④

7.3.1.5 对国内航线的特别管理

(1) 民航总局和民航地区管理局在进行航线经营许可核准和航班安排协调时，对承担政府协调、执行指定的特殊贫瘠航线飞行任务的空运企业，可按其要求，酌情增加由该地区始发的航班或开辟该地区始发效益较好的航线。特殊贫瘠航线由民航总局公告。⑤

(2) 民航总局和民航地区管理局对新辟独飞的"老、少、边、穷"地区支线航线采取市场培育期保护措施，在两年内不再核准或登记其他空运企业进入经营。但因经营该航线的空运企业自身原因，不能充分满足市场需求的除外。"老、少、边、穷"地区航线是指位于西部地区或东北地区或者是它们之间的航线，但是这些航线始发地、经停地或目的地中不能同时包含两个以上的民航总局确定的枢纽机场。⑥

(3) 民航总局或民航地区管理局根据国家和地区特殊需要，协调指定空运企业安排航线经营和加班飞行时，空运企业应当执行。⑦

《中国民用航空国内航线经营许可规定》还在第四章从 24 条到 26 对航线经营换季的管理，第五章从第 27 条到 32 条对航班管理进行了具体规定。⑧

在《中国民航国内航线航班评审规则》中，还规定了加班和临时经营航班管理、换季时申请新增航线经营许可或增加航班量的申请程序和审批程序以及经营许可后的监管等也进行了详细规定。⑨

---

① 《中国民用航空国内航线经营许可规定》(CCAR-289TR-R1)第 20 条。
② 《中国民用航空国内航线经营许可规定》(CCAR-289TR-R1)第 21 条。
③ 《中国民用航空国内航线经营许可规定》(CCAR-289TR-R1)第 22 条。
④ 《中国民用航空国内航线经营许可规定》(CCAR-289TR-R1)第 23 条。
⑤ 《中国民用航空国内航线经营许可规定》(CCAR-289TR-R1)第 33 条。
⑥ 《中国民用航空国内航线经营许可规定》(CCAR-289TR-R1)第 34 条。
⑦ 《中国民用航空国内航线经营许可规定》(CCAR-289TR-R1)第 35 条。
⑧ 具体条文详见：https://www.caac.gov.cn/XXGK/XXGK/MHGZ/201511/t20151102_8472.html. 2024 年 3 月 2 日访问。
⑨ 具体内容详见：https://www.caac.gov.cn/XXGK/XXGK/GFXWJ/202108/P020210827397400803496.pdf. 2024 年 3 月 2 日访问。

7.3.1.6 法律责任

在《中国民用航空国内航线经营许可规定》第八章《法律责任》[①]中,从第 40 条到第 43 条规定了暂停或者撤销对空运企业航线经营许可的核准、登记,责令空运企业改正,警告,罚款、行政处分等法律责任。

7.3.1.7 外国航空运输企业航线经营许可规定(CCAR-287)

(1) 一般规定。外国航空运输企业申请经营外国地点和中华人民共和国地点间规定航线,应当符合中外双方政府民用航空运输协定或者有关协议的规定,并先经其本国政府通过外交途径对其进行指定,双方航空运输协定或有关协议另有规定的除外。[②]

民航局审批外航经营许可实行互惠对等的原则。外国政府航空主管部门对中华人民共和国航空运输企业申请经营中华人民共和国地点和外国地点间规定航线的经营许可进行不合理限制的,民航局采取对等措施。[③]

(2) 经营许可申请程序。

外航申请经营许可应当在计划开航之日六十日前向民航局提出。外航申请经营许可不符合时限规定的,民航局不予受理,但双方航空运输协定或有关协议另有规定的除外。[④]

外航申请经营许可应当向民航局递交由该外航总部法定代表人或者经其书面授权的人员使用中文或者英文签发的申请书及其附带材料。[⑤]

外航根据民航局颁发的经营许可开始经营外国地点和中华人民共和国地点间规定航线后要求经营新航线的,应当向民航局申请新航线的经营许可。[⑥]

外航委托代理机构代表其向民航局申请经营许可的,应当委托具有办理相应业务能力的代理机构,并应当出具正式委托书。[⑦]

(3) 经营许可的审查和批准。民航局对外航提交的申请材料进行形式审查。民航局认为必要的,可以进行实质性审查。外航对其所提交的全部申请材料的真实性负责。[⑧]

根据审查结果,民航局依法做出批准决定后,自做出批准决定之日起十个工作日内向外航颁发经营许可。民航局依法做出不予批准决定的,向外航出具书面决定并说明理由。[⑨]

(4) 其他规定。《外国航空运输企业航线经营许可规定》(CCAR-287)还对经营许可的

---

① 具体条文详见:https://www.caac.gov.cn/XXGK/XXGK/MHGZ/201511/t20151102_8472.html。2024 年 3 月 2 日访问。
② 《外国航空运输企业航线经营许可规定》(CCAR-287)第 2 条。
③ 《外国航空运输企业航线经营许可规定》(CCAR-287)第 4 条。
④ 《外国航空运输企业航线经营许可规定》(CCAR-287)第 5 条。
⑤ 申请书应当包括以下内容:计划开通的外国地点和中华人民共和国地点间的规定航线、开航日期、航班号和代码共享航班号、每周班次和班期、本企业所有或者以湿租方式租赁的飞机机型和航空器登记号。
外航随申请书一并提交的附带材料包括:(一)外国政府指定该外航经营外国地点和中华人民共和国地点间规定航线的文件复印件;(二)外国政府航空主管部门为该外航颁发的从事公共航空运输的航空经营人许可证(AOC)复印件;(三)企业注册证明复印件;(四)企业章程或由法定企业登记机构出具的,载有企业主要营业地、企业性质(国有或者私有)、股份结构、投资方国籍及董事会成员姓名和国籍的证明文件;(五)企业的客、货运输条件;(六)企业的正式中、英文名称、企业简介(包括成立时间、机队规模、航线网络等),总部及在中华人民共和国境内的联系人及其地址、电话、传真、电子邮件地址,国际民航组织为该公司指定的三字代码和国际航空运输协会为该公司指定的两字代码;(七)使用湿租的航空器的,还应当提供湿租协议复印件以及双方航空运输协定或有关协议就使用湿租航空器经营的问题要求提供的文件;(八)民航局根据法律、法规、双边协议要求外航提交的其他资料或者文件。资料来源:《外国航空运输企业航线经营许可规定》(CCAR-287)第 6 条。
⑥ 《外国航空运输企业航线经营许可规定》(CCAR-287)第 7 条。
⑦ 《外国航空运输企业航线经营许可规定》(CCAR-287)第 9 条。
⑧ 《外国航空运输企业航线经营许可规定》(CCAR-287)第 10 条。
⑨ 《外国航空运输企业航线经营许可规定》(CCAR-287)第 13 条。

延长和变更,经营许可的管理,航班计划申请和批准,运输业务量统计资料,法律责任进行了具体规定。①

在第九章附则中,第35条规定:"中华人民共和国香港特别行政区、澳门特别行政区和台湾地区的航空运输企业申请经营许可,参照本规定执行。"第36条规定:"中华人民共和国香港特别行政区、澳门特别行政区和台湾地区与外国之间的定期飞行,按相关法律和程序办理。"第37条规定:"本规定自2016年4月4日起施行。1996年3月2日发布的《外国航空公司经营许可的申请程序(暂行)》(民航运函〔1996〕243号)同时废止。"

7.3.2 航空运价管理

7.3.2.1 航空运价概念和分类

航空运价"是指旅客、行李和货物运输的价格(或应付的款额)和适用这些运价(或应付的款额)的条件,包括代理服务和其他辅助服务的价格(或应付的款额)和条件,但邮件运输的报酬和条件除外"。②

航空运价有国内运价和国际运价之分。民用航空国内运输价格,简称国内运价,是指航空运输企业经营定期民用航空国内运输业务时运送旅客、货物所适用的价格。③

国际航空运输价格,简称国际航空运价,是指公共航空运输企业经营中华人民共和国境内地点与境外地点间的定期航空运输业务时,运送旅客、货物的价格及其适用条件。国际航空运价包括国际航空旅客运价和国际航空货物运价。国际航空旅客运价包括旅客公布运价和旅客非公布运价,国际航空货物运价包括货物公布运价和货物非公布运价。④

旅客公布运价,是指公共航空运输企业对公众公开发布和销售的旅客运价,包括旅客普通运价和旅客特种运价。旅客普通运价,是指适用于头等舱、公务舱和经济舱等舱位等级的最高运价。旅客特种运价,是指除旅客普通运价以外的其他旅客公布运价。

旅客非公布运价,是指公共航空运输企业根据与特定组织或者个人签订的协议,有选择性地提供给对方,而不对公众公开发布和销售的旅客运价。

货物公布运价,是指公共航空运输企业对公众公开发布和销售的货物运价,包括普通货物运价、等级货物运价、指定商品运价和集装货物运价。普通货物运价,是指在始发地与目的地之间运输货物时,根据货物的重量或者体积计收的基准运价。等级货物运价,是指适用于某一区域内或者两个区域之间运输某些特定货物时,在普通货物运价基础上附加或者附减一定百分比的运价。指定商品运价,是指适用于自指定始发地至指定目的地之间运输某些具有特定品名编号货物的运价。集装货物运价,是指适用于自始发地至目的地使用集装设备运输货物的运价。

货物非公布运价,是指公共航空运输企业根据与特定组织或者个人签订的协议,有选择性地提供给对方,而不对公众公开发布和销售的货物运价。⑤

7.3.2.2 国内航空运输价格管理

《民用航空法》第97条规定:"公共航空运输企业的营业收费项目,由国务院民用航空主管部门确定。国内航空运输的运价管理办法,由国务院民用航空主管部门会同国务院物价

---

① 具体条文详见:https://www.caac.gov.cn/XXGK/XXGK/MHGZ/201605/t20160530_37662.html。2024年3月2日访问。
② 见国际民用航空组织理事会于1978年3月8日通过的《双边协定标准运价条款》。
③ 《民用航空国内运输市场价格行为规则》第2条。
④ 《国际航空运输价格管理规定》(CCAR-221)第2条。
⑤ 《国际航空运输价格管理规定》(CCAR-221)第24条。

主管部门制定,报国务院批准后执行。"

《民用航空运输不定期飞行管理暂行规定》(国务院令第 29 号)第 11 条规定:"不定期民用航空运输的运价、运价条件及其管理办法由中国民用航空局会同国家物价局制定。"

2004 年 3 月 17 日国家发展和改革委员会、中国民用航空总局共同制定经国务院批准发布的《民航国内航空运输价格改革方案》指出:民航国内航空运价的管理经历了从政府严格管制到逐渐放松管制的反复探索过程。价格政策对促进民航运输业的持续快速发展发挥了积极作用。由于宏观经济环境和市场供求关系的变化,我国民航运价形成,在体制和机制方面存在的一些深层次矛盾和问题逐步显现。提出具体的改革方案为:国内航空运价以政府指导价为主,政府价格主管部门由核定航线具体票价的直接管理改为对航空运输基准价和浮动幅度的间接管理。国家发展改革委会同民航总局,依据航空运输的社会平均成本、市场供求状况、社会承受能力,确定国内航空客货运输基准价和浮动幅度。

民航国内航空旅客运输票价以现行航空运输企业在境内销售执行的各航线公布票价为基准价(平均每客公里 0.75 元)。对方案执行过程中发现不合理的个别航线基准价,由民航总局商国家发展改革委适当调整。

省、自治区内,及直辖市与相邻省、自治区、直辖市之间的短途航线,已经与其他替代运输方式形成竞争的,实行市场调节价,不规定票价浮动幅度。除此以外,民航国内航空旅客运输票价实行浮动幅度管理。票价上浮幅度最高不得超过基准价的 25%。票价下浮幅度,根据不同航线情况,按下列规定执行:部分以旅游客源为主的航线票价下浮幅度不限,具体航线目录由民航总局商国家发展改革委规定,并通过航空价格信息系统对外公布。航空运输企业独家经营的航线票价下浮幅度不限。

除实行市场调节价和票价下浮限度不限的航线外,其他国内航线票价下浮幅度最大不得超过基准价的 45%少数航线因特殊情况需要突破票价统一浮动下限的,由有关航空运输企业报民航总局商国家发展改革委批准后执行。

航空运输企业在政府规定的幅度内,自行制定具体票价种类、水平、适用条件,提前 30 天通过航空价格信息系统报民航总局、国家发展改革委备案,并对外公布后执行。

对革命伤残军人和因公致残的人民警察继续实行优惠票价,具体票价优惠办法,由民航总局依据有关法规制定。

允许航空运输企业对教师、学生等特殊消费群体实行优惠票价,具体票价优惠办法,由航空运输企业在不超过革命伤残军人优惠幅度的前提下自行确定,提前 30 天报民航总局备案,并对外公布后执行。

2014 年 12 月,中国民用航空局、国家发展和改革委员会关于进一步完善民航国内航空运输价格政策有关问题的通知(该通知自 2014 年 12 月 15 日起实行),[1]主要事项有:

第一,放开民航国内航线货物运输价格,进一步放开相邻省份之间与地面主要交通运输方式形成竞争的部分短途航线旅客运输票价(新增实行市场调节价的国内航线 100 条[2]),由现行政府指导价改为实行市场调节价。航空公司可以根据生产经营成本、市场供求和竞争状况等自主确定具体价格水平。旅客运输票价实行市场调节价的国内航线目录,由民航局商国家发展改革委根据运输市场竞争状况每年调整、公布。

第二,对继续实行政府指导价的国内航线旅客运输票价,由政府审批航线基准票价改为

---

[1] 具体内容详见:https://www.caac.gov.cn/XXGK/XXGK/ZFGW/201601/t20160122_27668.html. 2024 年 3 月 2 日访问。

[2] 具体详见:https://www.caac.gov.cn/XXGK/XXGK/ZFGW/201601/P020160122452781514273.pdf. 2024 年 3 月 3 日访问。

由航空公司按照本通知附件2《民航国内航线旅客运输基准票价定价规则》[①]规定自行制定、调整基准票价。航空公司继续可以基准票价为基础，在上浮不超过25%、下浮不限的浮动范围内自主确定票价水平。

第三，航空公司要严格遵守有关法律法规，落实明码标价规定，不断提高经营管理水平，为广大货主、旅客提供质价相符的航空运输服务。

为加强民用航空国内运输市场价格管理，规范国内航空运输市场价格行为，维护国内航空运输市场正常价格秩序，保护消费者和经营者合法权益，民航局会同国家发展改革委制定并于2017年12月17日印发了《民用航空国内运输市场价格行为规则》，对国内运价制定（第二章）[②]、国内运价公布与执行（第三章）、国内运价监督（第四章）[③]等进行了详细的规定。

7.3.2.3 国际航空运输运价管理

《民用航空法》第97条第3款规定，国际航空运输运价的制定按照中华人民共和国政府与外国政府签订的协定、协议的规定执行；没有协定、协议的，参照国际航空运输市场价格确定。

《中国民用航空货物国际运输规则》（CCAR-274）第5条规定，货物由包机运输的，应当由包机人与承运人签订包机合同，并在包机合同中列明适用的运价及其条件；未列明的，应当明确所适用于该包机合同的有关条件。第19条规定，承运人应当公布运价。运价应当是填开货运单之日的有效运价。第20条还规定，除承运人另有规定外，运价和运费只适用于机场至机场的航空运输，不包括承运人提供与航空运输有关的其他附属服务所收取的费用。

为了规范国际航空运输价格管理，促进航空运输市场健康发展，根据《中华人民共和国

---

① 具体内容详见：https://www.caac.gov.cn/XXGK/XXGK/ZFGW/201601/P020160122452781693690.pdf。2024年3月3日访问。

② 第6条：航空运输企业制定国内运价，包括制定、调整实行市场调节价的国内运价，以及按照政府规定制定、调整实行政府指导价的国内运价。

第7条：实行市场调节价的国内运价，由航空运输企业根据生产经营成本、市场供求和竞争状况，按照本规则规定自主制定实际执行的运价种类、水平和适用条件。

第8条：航空运输企业应当按照保持航空运输市场平稳运行的要求，合理确定实行市场调节价的国内运价调整范围、频次和幅度。

每家航空运输企业每航季上调实行市场调节价的经济舱旅客无折扣公布运价的航线条数，原则上不得超过本企业上航季运营实行市场调节价航线总数的15%；上航季运营实行市场调节价航线总数的15%不足10条的，本航季最多可以调整10条航线运价。每条航线每航季无折扣公布运价上调幅度累计不得超过10%。

第9条：实行政府指导价的经济舱旅客运价，由航空运输企业以按照政府规定办法确定的具体基准价为基础，在上浮不超过政府规定最高幅度、下浮幅度不限的范围内，按照本规则规定确定实际执行的运价种类、水平和适用条件。

第10条：实行政府指导价的经济舱旅客运价的基准价最高水平按照下列公式计算，具体基准价由航空运输企业在不超过最高水平的范围内确定。

普通航线经济舱旅客运价的基准价最高水平=LOG(150，航线距离×0.6)×航线距离×1.1；

高原、高高原航线经济舱旅客运价的基准价最高水平=LOG(150，航线距离×0.6)×航线距离×1.3。

上述高原、高高原航线指起降机场至少一端为高原机场或者高高原机场的航线，高原机场、高高原机场按照中国民用航空局《高原机场运行》咨询通告的有关规定确定。

第11条：航空运输企业在不超过上述定价公式计算值的范围内，每航季上调实行政府指导价的经济舱旅客运价的具体基准价不得超过10条航线，每条航线每航季上调幅度不得超过10%。

第12条：航空运输企业制定具体航线实际执行的运价种类、水平和适用条件，应当于执行前至少提前7日通过航空价格信息系统报送中国民用航空局、国家发展和改革委员会。

③ 其他具体条文详见：https://www.gov.cn/gongbao/content/2018/content_5299624.htm。2024年3月3日访问。

民用航空法》和有关法律、行政法规,交通运输部于2020年10月9日并于2021年1月1日起施行《国际航空运输价格管理规定》(CCAR-221),共4章,计25条①。主要内容如下:

(1) 国际航空运价管理遵循规范、效能、对等的原则。

(2) 国际航空运价核准与备案。

①中华人民共和国政府与外国政府签订的航空运输协定或者协议中规定国际航空运价需要民航局核准的,公共航空运输企业应当将旅客公布运价中的旅客普通运价和货物公布运价中的普通货物运价向民航局提出核准申请,经核准同意后方可生效使用。公共航空运输企业申请核准国际航空运价应当取得航线经营许可。②

②提交申请材料。公共航空运输企业可以通过信函、传真、电子邮件等方式,向民航局提交国际航空运价核准申请材料。申请材料应当包括拟实施的国际航空运价种类、运价水平、适用条件及其他有关材料。③

③民航局决定是否受理核准申请。民航局根据下列情况决定是否受理公共航空运输企业的核准申请:(一)所申请的国际航空运价不属于核准范围的,应当即时告知公共航空运输企业;(二)申请材料不齐全或者不符合规定形式的,应当于收到申请材料之日起5个工作日内一次告知公共航空运输企业需要补正的内容,逾期不告知的,自收到申请材料之日起即为受理;(三)所申请的国际航空运价属于核准范围,且申请材料齐全、符合规定形式的,或者公共航空运输企业已按照民航局要求提交全部补正申请材料的,应当予以受理。④

④核准国际航空运价。民航局依据中华人民共和国政府与外国政府签订的航空运输协定或者协议,综合考虑经营成本、市场供求状况、社会承受能力和货币兑换率等因素,对公共航空运输企业申报的国际航空运价进行核准。⑤ 民航局自受理之日起20个工作日内作出核准或者不予核准的决定。⑥

⑤经核准运价的调整、公布和备案。经核准的国际航空运价需要调整的,公共航空运输企业应当依照本规定第5条、第6条的规定向民航局提出核准申请。民航局依照本规定第7条至第九条的规定进行核准。⑦

中华人民共和国政府与外国政府签订的航空运输协定或者协议中规定国际航空运价需要报民航局备案的,公共航空运输企业应当就旅客公布运价中的旅客普通运价和货物公布运价中的普通货物运价报民航局备案。⑧

国际航空运价实行备案的,公共航空运输企业应当于国际航空运价生效之日起20个工作日内,通过信函、传真、电子邮件等方式,将国际航空运价种类、运价水平、适用条件及其他有关材料,报民航局备案。⑨

公共航空运输企业调整已备案的国际航空运价后,应当依照本规定第十一条、第十二条

---

① 具体条文详见:https://www.caac.gov.cn/XXGK/XXGK/MHGZ/202010/t20201028_204988.html. 2024年3月4日访问。
② 《国际航空运输价格管理规定》(CCAR-221)第5条。
③ 《国际航空运输价格管理规定》(CCAR-221)第6条。
④ 《国际航空运输价格管理规定》(CCAR-221)第7条。
⑤ 《国际航空运输价格管理规定》(CCAR-221)第8条。
⑥ 《国际航空运输价格管理规定》(CCAR-221)第9条。
⑦ 《国际航空运输价格管理规定》(CCAR-221)第10条。
⑧ 《国际航空运输价格管理规定》(CCAR-221)第11条。
⑨ 《国际航空运输价格管理规定》(CCAR-221)第12条。

的规定重新报民航局备案。①

公共航空运输企业应当遵循公开、公平和诚实信用的原则,及时、准确、全面地公布旅客公布运价和货物公布运价的水平以及适用条件。②

(3) 监督管理及法律责任。从第15条到第23条③,对监督管理的具体形式和承担法律责任的具体方式进行了规范。

《民用航空法》第104条规定,公共航空运输企业应当依照有关法律、行政法规的规定优先运输邮件。

7.3.3 航空安全管理

在航空运输中,安全始终是第一位。对航空运输企业的安全管理主要包括营业安全管理、飞行安全管理、航空安保管理和航空安全运输管理。

7.3.3.1 营业安全管理

"营业"是指企业在其经营范围内所进行的商事行为,是企业得以存在的主要活动,在公司法中具有重要意义。公共航空运输是一种具有一定公益性质的事业,其地位和特点决定了必须保证营业安全。因此,在我国《民用航空法》中对设立公共航空运输企业明确规定了必备条件,所在地民航地区管理局对申请人的筹建申请初步审查,并由民航地区管理局报民航总局办理企业的筹建认可手续,筹建工作完成后,还要申请经营许可证,只有持有国务院民用航空主管部门颁发的经营许可证,还应取得运行合格证,才能开始运营。

另外,我国《民用航空法》还要求:公共航空运输企业应当投保地面第三人责任险。在中华人民共和国境内起飞或降落的民用航空器,其运营人应当投保地面第三人责任险或者取得相应的责任担保,具体标准由国务院民用航空主管部门制定,报国务院批准后公布执行。

公共航空运输企业应当加强航空器追踪能力建设,保持对所使用的民用航空器进行有效追踪。

公共航空运输企业应当依照国务院制定的公共航空运输安全保卫规定,制定安全保卫方案,并报国务院民用航空主管部门备案。

《中华人民共和国民用航空安全保卫条例》第6条规定:"民用机场经营人和民用航空器经营人应当履行下列职责:(一)制定本单位民用航空安全保卫方案,并报国务院民用航空主管部门备案;(二)严格实行有关民用航空安全保卫的措施;(三)定期进行民用航空安全保卫训练,及时消除危及民用航空安全的隐患。与中华人民共和国通航的外国民用航空企业,应当向国务院民用航空主管部门报送民用航空安全保卫方案。"

承运人及其代理人出售客票,必须符合国务院民用航空主管部门的有关规定;对不符合规定的,不得售予客票。承运人办理承运手续时,必须核对乘机人和行李。旅客登机时,承运人必须核对旅客人数。对已经办理登机手续而未登机的旅客的行李,不得装入或者留在航空器内。旅客在航空器飞行中途中止旅行时,必须将其行李卸下。承运人对承运的行李、货物,在地面存储和运输期间,必须有专人监管。配制、装载供应品的单位对装入航空器的

---

① 《国际航空运输价格管理规定》(CCAR-221)第13条。
② 《国际航空运输价格管理规定》(CCAR-221)第14条。
③ 具体条文详见:https://www.caac.gov.cn/XXGK/XXGK/MHGZ/202010/t20201028_204988.html。2024年3月3日访问。

供应品,必须保证其安全性。

《公共航空运输企业航空安全保卫规则》(CCAR-343-R1)[①]对公共航空运输企业营业安全组织和管理、航空安保管理体系、质量控制、经费保障、航空安保方案、运行安保措施、安保应急处置、监督管理及法律责任进行了具体规定,规范公共航空运输企业航空安全保卫工作,保证旅客、机组、航空器和公众的安全。

另外,《民用航空空中交通管理运行单位安全管理规则》(CCAR-83)[②]、《民用航空安全检查规则》(CCAR-339-R1)[③]、《民航企业安全保障财务考核办法》(CCAR-246)[④]、《民用航空安全管理规定》(CCAR-398)[⑤]等部门规章都有力保障了公共航空运输企业营业安全。

7.3.3.2 航空安全运输管理

从理论上来看,航空安全运输管理也属于公共航空运输企业的营业管理的范畴,但基于航空飞行过程中的安全保卫的重要性,国际国内航空法中均赋予了航空人员、旅客等针对非法干扰行为和犯罪行为的所享有的权利,还详细规定了机长、航空安全员、空中警察等的权力和职责,以便更好地保障航空安全。前面第四章中,已对相关主体权力进行了具体论述,此处不再赘述,只分析飞行前相关检查工作。

1. 危险品运输管理

《民用航空法》第100条规定:"公共航空运输企业不得运输法律、行政法规规定的禁运物品。公共航空运输企业未经国务院民用航空主管部门批准,不得运输作战军火、作战物资。禁止旅客随身携带法律、行政法规规定的禁运物品乘坐民用航空器。"

第101条还规定:"公共航空运输企业从事危险品运输,应当取得危险品航空运输许可。从事危险品航空运输活动的单位和个人应当遵守国家有关规定。禁止违反规定在普通货物中夹带危险品或者将危险品匿报、谎报为普通货物进行托运。禁止违反规定将危险品作为行李运输。危险品品名目录由国务院民用航空主管部门规定并公布。"

1982年12月1日,国务院发布了《国务院关于保障民用航空安全的通告》[⑥](至今有效),规定:一、乘坐国际、国内民航班机的中、外籍旅客及其携带的行李物品,除经特别准许者外,在登机前都必须接受安全技术检查:旅客须通过安全检查门,携带的行李物品须经仪器检查;也可以进行人身检查和开箱检查。拒绝检查者,不准登机。二、严禁旅客携带枪支、弹药、凶器和易爆、易燃、剧毒、放射性物品以及其他危害民用航空安全的危险品进入机场和乘坐飞机。

1984年《国务院、中央军委关于使用飞机执行各项专业任务的规定》规定:……七、飞机

---

① 具体内容详见:https://www.caac.gov.cn/XXGK/XXGK/MHGZ/201606/t20160622_38640.html. 2024年3月3日访问。

② 具体内容详见:www.caac.gov.cn/XXGK/XXGK/MHGZ/201605/t20160530_37650.html. 2024年3月3日访问。

③ 具体内容详见:www.caac.gov.cn/XXGK/XXGK/MHGZ/201610/t20161028_40361.html. 2024年3月3日访问。

④ 具体内容详见:www.caac.gov.cn/XXGK/XXGK/MHGZ/201705/t20170505_43979.html. 2024年3月3日访问。

⑤ 具体内容详见:www.caac.gov.cn/XXGK/XXGK/MHGZ/201803/t20180313_55750.html. 2024年3月3日访问。

⑥ 具体内容详见:https://www.caac.gov.cn/XXGK/XXGK/FLFG/201510/t20151029_2804.html. 2024年3月3日访问。

一般不载运易燃、易爆、剧毒、腐蚀等危险品。如因特殊情况需要空运上述危险物品时,由各省、自治区、直辖市或国务院各部门归口,直接与民航局或空、海军联系办理。

1996年2月27日中国民用航空总局发布了《中国民用航空危险品运输管理规定》,2004年重新制定并颁布,经过两次修订,形成自2024年7月1日起施行的《民用航空危险品运输管理规定》(CCAR-276-R2),共11章,计91条[1],明确从事民用航空危险品运输有关活动的单位和个人应当遵守《国际民用航空公约》附件18《危险物品的安全航空运输》及《技术细则》的要求[2];法律、法规、规章另有规定的,还应当遵守其规定。

依据《民用航空危险品运输管理规定》(交通运输部令2016年第42号)以及国际民航组织《危险物品安全航空运输技术细则》(Doc 9284 AN/905,简称《技术细则》)2021—2022版的相关内容,中国民用航空局编写并发布自2021年3月22日起施行《航空运输危险品目录》(2021版),列出了常见的3 477种危险品。根据航空运输的不同要求,所列危险品可分为以下三类:(1)在符合相关规定的情况下,可以航空运输的危险品,这些危险品按照联合国编号或ID编号的顺序排列,共3 194种。(2)在正常情况下禁止航空运输,但满足相关要求后航空运输不受限制的危险品,这些危险品共2种,它们没有被赋予联合国编号。(3)在任何情况下均禁止航空运输的危险品,这些危险品按照英文名称首字母排序,共281种。[3]

2. 安全检查

《民用航空法》第102条规定:"公共航空运输企业不得运输拒绝接受安全检查的旅客,不得违反国家规定运输未经安全检查的行李。公共航空运输企业必须按照国务院民用航空主管部门的规定,对承运的货物进行安全检查或者采取其他保证安全的措施。"

公共航空运输企业可以拒绝运输可能危及民用航空安全和秩序的旅客,相应规则应当在其制定的运输总条件中予以明示。

第103条还规定:"公共航空运输企业从事国际航空运输的民用航空器及其所载人员、行李、货物应当接受边防、海关等主管部门的检查;但是,检查时应当避免不必要的延误。"

为了规范民用航空安全检查工作,防止对民用航空活动的非法干扰,维护民用航空运输安全,依据《中华人民共和国民用航空法》《中华人民共和国民用航空安全保卫条例》等有关法律、行政法规,中国民用航空总局在1995年制定发布自1999年6月1日起施行《中国民

---

[1] 具体内容详见:https://www.caac.gov.cn/XXGK/XXGK/MHGZ/202402/P020240205505121303852.pdf. 2024年3月4日访问。

[2] 附件18制定的历史背景:本附件中的材料,是空中航行委员会为了满足各缔约国要求在国际上有统一的管理危险物品安全航空运输的规定而制定的。为了力求能和其他危险物品运输方式适用的规定取得一致,本附件的规定是以联合国危险物品运输专家委员会的建议以及国际原子能机构安全运输放射性物质的规定为基础制定的。
本附件与《危险物品安全航空运输技术细则》(Doc 9284号文件)的关系:附件18的规定是管理危险物品的国际航空运输。本附件中概括性的规定,由《危险物品安全航空运输技术细则》(Doc 9284号文件)中的具体规定予以详细说明。
附件18第1章《定义》中对危险品定义为:"列在《技术细则》危险物品清单中或根据该细则归类的能对健康、安全、财产或环境构成危险的物品或物质。"2019年9月16日至20日,危险物品专家组(DGP)在蒙特利尔召开第二十七次会议,对《技术细则》第2部分危险品的分类的修订草案以便与联合国《建议书》保持一致。具体内容详见:https://www.icao.int/safety/DangerousGoods/DGP27/DGP.27.WP.012.1.ch.pdf. 2024年3月4日访问。
附件18共13章,分别为定义(第1章)、适用范围(第2章)、分类(第3章)、危险品航空运输的限制(第4章)、包装(第5章)、标签与标记(第6章)、托运人的责任(第7章)、运营人的责任(第8章)、信息的提供(第9章)、制定训练大纲(第10章)、遵照的执行(第11章)、危险品事故和事故症候报告(第12章)、危险品的保安规定(第13章)。

[3] 具体内容详见:https://www.caac.gov.cn/XXGK/XXGK/TZTG/202103/P020210330562410205146.pdf. 2024年3月4日访问。

用航空安全检查规则》(CCAR-139SB),2016年修订后重新发布自2017年1月1日起施行《中国民用航空安全检查规则》(CCAR-139SB-R1),同时废止1999年6月1日起施行的《中国民用航空安全检查规则》。

《中国民用航空安全检查规则》(CCAR-139SB-R1)共9章,计92条,①对民航安检机构、民航安全检查员、民航安检设备、民航安检工作实施、民航安检工作特殊情况处置、监督检查以及法律责任进行了详细规定。

7.4 航空运输总条件

7.4.1 航空运输总条件的概念和分类

1996年7月,中国民用航空总局在航空公司国内运输业务手册研讨会上提出关于"尽快完善各公司运输业务规章,建立起一套完整的航空公司运输规章体系"的要求后,中国国际航空股份有限公司率先于1998年制定并公布了《中国国际航空公司旅客、行李国内运输总条件》。随后,各主要航空公司也纷纷制定自己的航空运输总条件。至2024年3月,我国66家公共航空运输企业均制定了自己的航空运输总条件。

关于什么是航空运输总条件,代表性观点主要有:

(1)"航空运输总条件"(general conditions of carriage),又被称为"运输共同条件"或"一般运输条件",是指航空公司对大批量的公共航空运输合同所预先制定的,由合同一方当事人——航空公司在合同缔结时,向合同另一方当事人——旅客、托运人提出的合同条款。②

(2)公共航空承运人运输总条件(general conditions of carriage)在学理上又称"运输共同条件""一般运输条件"等,实践中各航空承运人的表达也并不尽一致。笔者认为,运输总条件一般是指由公共航空服务提供者事先制定的规范承运人与消费者因公共航空运输服务而产生的民事权利义务关系的法律文件。③

(3)航空运输总条件就是航空公司制定的承运旅客、行李和货物的规定,集中体现了运输合同双方当事人权利、义务以及违反合同时应当承担的责任,简而言之,航空运输总条件就是航空公司和旅客、货主共同遵守的行为规则。④

(4)航空运输条件就是承运人与旅客、货主之间订立的航空运输合同的核心内容,亦即航空运输合同条件。它是合同当事人双方应当共同遵守的行为规范。⑤

在我国航空法中,并未对航空运输总条件的法律性质进行明确规定,因此,从理论上来说,航空法所有规范公共航空运输承运人和消费者之间关系的条款,都应当是二者之间运输的具体条件。而公共航空运输总条件则是根据航空法规定的,由公共航空运输企业单方面制定的,约束公共航空运输承运人和消费者之间关系的行为规范,是公共航空运输企业和消费者之间所订立的主要合同条款的证据,属于运输合同的一部分。

---

① 具体内容详见:https://www.caac.gov.cn/XXGK/XXGK/MHGZ/201610/t20161028_40361.html. 2024年3月4日访问。
② 郝秀辉.论"航空运输总条件"的合同地位与规制[J].当代法学,2016,30(1):101-111.
③ 贺大伟.论公共航空承运人运输总条件的法律属性及其适用困境消解[J].政治与法律,2018(1):134-149.
④ 赵劲松.航空运输总条件法律地位路在何方[J].中国民用航空,2013(5):66-68.
⑤ 谢田军.试论《国航旅客、行李国内运输总条件》[J].民航技术与经济,1998(7):39-41.

根据公共航空运输企业承运对象,可以将航空运输总条件分为"旅客、行李运输总条件"和"货物运输总条件"。

根据公共航空运输企业与消费者之间达成运输协议的性质,可以将航空运输总条件分为"国内运输条件/总条件"和"国际运输条件/总条件"。"国内运输条件/总条件"和"国际运输条件/总条件"有分别有"旅客、行李运输"和"货物运输"之别。

从现有我国公共航空运输企业所制定的航空运输总条件的内容来看,不仅有上述两种分类的所制定的航空运输总条件,而且通过制定更细的规则,作为航空运输总条件的组成部分。例如,中国国际航空股份有限公司制定了《国内客票自愿退票和自愿变更实施细则》(2023年10月版),《国际客票自愿退票和自愿变更实施细则》(2023年11月版)、《残疾人及行动不便旅客运输规定》(2023年9月版)、《中国国际航空股份有限公司航班超售及非自愿降舱处置赔补偿标准》(2022年2月修订)、《中国国际航空股份有限公司伤病及术后旅客运输规定》(2023年9月版)、《中国国际航空股份有限公司临时生活费标准》(2023年9月版),都被视为《中国国际航空股份有限公司旅客行李运输总条件》的组成部分。中国东方航空股份有限公司[①]等都有类似规定。

自2024年2月8日起生效并施行《中国南方航空股份有限公司旅客、行李国内运输总条件》,在1.1概述中规定:"为明确国内航空运输中承运人与旅客之间的权利关系,中国南方航空股份有限公司制定《旅客、行李国内运输总条件》,作为中国南方航空股份有限公司旅客运输合同的一部分。"

7.4.2 航空运输总条件具体规定

7.4.2.1 国际航空运输协会规定

在20世纪20年代初,国际航协的法律委员会就提出过国际航空运输的"标准运输条件"。1927年国际航协制定了第一个格式的旅客(包括行李)运输条件(称为《维也纳条件》),1933年修订后成为《安特卫普条件》。1949年国际航协制定新的航空运输合同和运输条件(《百慕大条件》),1953年在檀香山又加修订。此后国际航协一直在根据行业的发展不断修订运输条件,最新的是1986年国际航协"承运人服务会议(passenger service conference)"通过的第1724号文件,即《建议措施(recommended practice)运输条件(旅客及行李)》,经过不断的修订完善,到2005年已是第25版。该范本由会员航空公司自愿吸收采纳。从内容上看,国际航协运输条件涵盖了航空运输的各个具体操作细节,依次为:有关术语的定义、运输条件的适用、客票、定座、值机、拒绝或限制承运、行李、航班计划、航班延误或取消、退票、机上行为、承运人的其他服务安排、行政手续、连续承运人、损害赔偿责任、托运行李的索赔时效、航空公司的任何代理人、雇员或代表无权变更、修改、放弃运输条件的任何条款。

7.4.2.2 我国航空法规定

1. 立法梳理

1984年10月1日中国民用航空局发布的《中国民航旅客、行李国际运输规则》,后背自1998年4月1日起施行《中国民用航空旅客、行李国际运输规则》(CCAR-272TR-R1)废

[①] 具体内容详见:https://www.ceair.com/global/static/Announcement/TravelTips/dsGeneralCondition/chinaEasternLuggageRules/domesticRules/。2024年3月5日访问。

止,2021年9月1日起施行的《公共航空运输旅客服务管理规定》(CCAR-273)第65条[①]明文废止《中国民用航空旅客、行李国际运输规则》(CCAR-272TR-R1)。

中国民用航空局早在1985年1月1日制定施行了《旅客、行李国内运输规则》,后被1996年3月1日起施行《中国民用航空旅客、行李国内运输规则》(CCAR-271TR-R1)废止,2004年8月12日起实施重新修订的《中国民用航空旅客、行李国内运输规则》(CCAR-271TR-R2),2021年9月1日起施行的《公共航空运输旅客服务管理规定》(CCAR-273)第65条[②]明文废止《中国民用航空旅客、行李国内运输规则》(CCAR-271TR-R2)。

中国民用航空局1985年制定了《中国民用航空局货物国内运输规则》,后被自1996年3月1日起施行的《中国民用航空货物国内运输规则》(CCAR-275TR-R1)修改,《中国民用航空货物国内运输规则》(CCAR-275TR-R1)目前仍在生效。[③]

中国民用航空总局制定并于2000年8月1日起施行《中国民用航空货物国际运输规则》(CCAR-274)[④],加强了对货物国际航空运输的管理,保护了承运人、托运人和收货人的合法权益,维护了正常的国际航空运输秩序,至今仍在生效。

现有《民用航空法》中并未提及航空运输总条件,但在修订草案中规定:"公共航空运输企业可以拒绝运输可能危及民用航空安全和秩序的旅客,相应规则应当在其制定的运输总条件中予以明示。"

这些航空法虽然并没有在标题中明示是航空运输条件,但实际上就是以国家名义制定并颁布的航空运输条件,在这些正在生效的航空法的具体条款是消费者和公共航空运输企业都应当遵守的规范,公共航空运输企业不得在其运输总条件进行相应克减。

目前,对航空运输总条件有具体条文规定的航空立法主要有《中国民用航空货物国际运输规则》(CCAR-274)、《公共航空运输旅客服务管理规定》(CCAR-273)和《航班正常管理规定》(CCAR-300)等部门规章。

2. 一般规定

《中国民用航空货物国际运输规则》(CCAR-274)第48条规定:"为了对货物国际航空运输进行管理,承运人应当依法制定、公布和修改其运输条件、运输规定及运价和其他费用。任何修改不适用于修改前已经开始的运输。"

《航班正常管理规定》(CCAR-300)第48条规定:"承运人应当将运输总条件报民航行

[①] 本规定自2021年9月1日起施行。原民航总局于1996年2月28日公布的《中国民用航空旅客、行李国内运输规则》(民航总局令第49号)、2004年7月12日公布的《中国民用航空总局关于修订〈中国民用航空旅客、行李国内运输规则〉的决定》(民航总局令第124号)和1997年12月8日公布的《中国民用航空旅客、行李国际运输规则》(民航总局令第70号)同时废止。本规定施行前公布的涉及民航管理的规章中关于客票变更、退票以及旅客投诉管理的内容与本规定不一致的,按照本规定执行。

[②] 本规定自2021年9月1日起施行。原民航总局于1996年2月28日公布的《中国民用航空旅客、行李国内运输规则》(民航总局令第49号)、2004年7月12日公布的《中国民用航空总局关于修订〈中国民用航空旅客、行李国内运输规则〉的决定》(民航总局令第124号)和1997年12月8日公布的《中国民用航空旅客、行李国际运输规则》(民航总局令第70号)同时废止。本规定施行前公布的涉及民航管理的规章中关于客票变更、退票以及旅客投诉管理的内容与本规定不一致的,按照本规定执行。

[③] 《中国民用航空货物国内运输规则》(民航总局令第50号)和《中国民用航空货物国际运输规则》(民航总局令第91号)将被自2024年12月1日起施行的《民用航空货物运输管理规定》(CCAR-275)废止。《民用航空货物运输管理规定》(CCAR-275)具体规定详见:http://www.caac.gov.cn/XXGK/XXGK/MHGZ/202407/P020240709401562799484.pdf。2024年7月23日访问。

[④] 将被自2024年12月1日起施行的《民用航空货物运输管理规定》(CCAR-275)废止。

政机关备案。"

《公共航空运输旅客服务管理规定》(CCAR-273)第6条规定:"承运人应当根据本规定制定并公布运输总条件,细化相关旅客服务内容。承运人的运输总条件不得与国家法律法规以及涉及民航管理的规章相关要求相抵触。"第7条还规定:"承运人修改运输总条件的,应当标明生效日期。修改后的运输总条件不得将限制旅客权利或者增加旅客义务的修改内容适用于修改前已购票的旅客,但是国家另有规定的除外。"

3. 航空运输总条件的内容

运输总条件至少应当包括下列内容:(一)客票销售和退票、变更实施细则;(二)旅客乘机相关规定,包括婴儿、孕妇、无成人陪伴儿童、重病患者等特殊旅客的承运标准;(三)行李运输具体要求;(四)超售处置规定;(五)受理投诉的电子邮件地址和电话。上述所列事项变化较频繁的,可以单独制定相关规定,但应当视为运输总条件的一部分,并与运输总条件在同一位置以显著方式予以公布。①

4. 客票销售

承运人或者其航空销售代理人通过网络途径销售客票的,应当将运输总条件的全部内容纳入到旅客购票时的必读内容,以必选项的形式确保购票人在购票环节阅知。承运人或者其航空销售代理人通过售票处或者电话等其他方式销售客票的,应当提示购票人阅读运输总条件并告知阅读运输总条件的途径。②

承运人或者其航空销售代理人出票后,应当以电子或者纸质等书面方式告知旅客涉及行程的重要内容,应当包括免费获取所适用运输总条件的方式。③

5. 客票变更与退票

旅客自愿变更客票或者自愿退票的,承运人或者其航空销售代理人应当按照所适用的运输总条件、客票使用条件办理。④

由于非承运人原因导致旅客非自愿变更客票的,承运人或者其航空销售代理人应当按照所适用的运输总条件、客票使用条件办理。⑤

5. 乘机

旅客因本规定第31条⑥被拒绝运输而要求出具书面说明的,除国家另有规定外,承运人应当及时出具;旅客要求变更客票或者退票的,承运人可以按照所适用的运输总条件、客票使用条件办理。⑦

6. 行李运输

承运人应当在运输总条件中明确行李运输相关规定,至少包括下列内容:(一)托运行李和非托运行李的尺寸、重量以及数量要求;(二)免费行李额;(三)超限行李费计算方式;(四)是否提供行李声明价值服务,或者为旅客办理行李声明价值的相关要求;(五)是否承运

---

① 《公共航空运输旅客服务管理规定》(CCAR-273)第8条。
② 《公共航空运输旅客服务管理规定》(CCAR-273)第16条。
③ 参见《公共航空运输旅客服务管理规定》(CCAR-273)第20条。
④ 《公共航空运输旅客服务管理规定》(CCAR-273)第23条。
⑤ 《公共航空运输旅客服务管理规定》(CCAR-273)第24条第2款。
⑥ 有下列情况之一的,承运人应当拒绝运输:(一)依据国家有关规定禁止运输的旅客或者物品;(二)拒绝接受安全检查的旅客;(三)未经安全检查的行李;(四)办理乘机登记手续时出具的身份证件与购票时身份证件不一致的旅客;(五)国家规定的其他情况。除前款规定外,旅客的行为有可能危及飞行安全或者公共秩序的,承运人有权拒绝运输。
⑦ 《公共航空运输旅客服务管理规定》(CCAR-273)第32条。

小动物,或者运输小动物的种类及相关要求;(六)特殊行李的相关规定;(七)行李损坏、丢失、延误的赔偿标准或者所适用的国家有关规定、国际公约。①

7. 航班超售、延误

承运人应当在运输总条件中明确超售处置相关规定,至少包括下列内容:(一)超售信息告知规定;(二)征集自愿者程序;(三)优先登机规则;(四)被拒绝登机旅客赔偿标准、方式和相关服务标准。②

承运人应当制定并公布运输总条件,明确航班出港延误及取消后的旅客服务内容,并在购票环节中明确告知旅客。国内承运人的运输总条件中应当包括是否对航班延误进行补偿;若给予补偿,应当明确补偿条件、标准和方式等相关内容。③

航班出港延误或者取消时,承运人应当根据运输总条件、客票使用条件,为旅客妥善办理退票或者改签手续。旅客要求出具航班延误或者取消书面证明的,承运人应当及时提供。④

航班出港延误或者取消时,承运人应当按照运输总条件,做好旅客服务工作。⑤

8. 信息报告

承运人应当将运输总条件通过民航服务质量监督平台进行备案。运输总条件发生变更的,应当自变更之日起5个工作日内在民航服务质量监督平台上更新备案。备案的运输总条件应当与对外公布的运输总条件保持一致。⑥

9. 监督管理及法律责任

(1) 承运人违反《公共航空运输旅客服务管理规定》(CCAR-273)第6条、第7条、第8条,未按照要求制定、修改、适用或者公布运输总条件的,由民航行政机关责令限期改正;逾期未改正的,依法记入民航行业严重失信行为信用记录。承运人违反《公共航空运输旅客服务管理规定》(CCAR-273)第54条、第55条,未按照要求将运输总条件、地面服务代理人、航空销售代理人的相关信息备案的,由民航行政机关责令限期改正;逾期未改正的,处1万元以下的罚款;情节严重的,处2万元以上3万元以下的罚款。⑦

(2) 承运人违反《航班正常管理规定》(CCAR-300)第17条第1款,未制定或者公布运输总条件,或者内容不符合要求的;违反《航班正常管理规定》(CCAR-300)第17条第2款,运输总条件中未明确航班延误补偿相关内容的;由民航行政机关责令限期改正,逾期不改正的,给予警告,并处3万元以下的罚款。⑧

7.5　航空运输凭证

运输凭证是指与从事民用航空运输活动相关的凭据,包括客票及行李票、电子客票、航

---

① 《公共航空运输旅客服务管理规定》(CCAR-273)第37条。
② 《公共航空运输旅客服务管理规定》(CCAR-273)第43条。
③ 《航班正常管理规定》(CCAR-300)第17条。
④ 《航班正常管理规定》(CCAR-300)第27条。
⑤ 《航班正常管理规定》(CCAR-300)第28条。
⑥ 《公共航空运输旅客服务管理规定》(CCAR-273)第54条。
⑦ 参见《公共航空运输旅客服务管理规定》(CCAR-273)第58条、第59条。
⑧ 参见《航班正常管理规定》(CCAR-300)第58条。

空货运单、逾重行李票、航空邮运结算单以及退票、误机、变更收费单和旅费证等用于航空运输的凭证。在航空法中，一般将运输凭证分为航空客票、航空行李票以及航空货运单。

7.5.1 客票

7.5.1.1 客票的概念和分类

1. 概念

客票是指由承运人或其代理人填开的被称为"客票及行李票"的凭证，包括运输合同条件、声明、通知以及乘机联和旅客联等内容。客票在航空旅客运输中居于重要地位，无论航空旅客运输合同的成立、生效抑或履行，客票都在其中扮演重要的证据角色。

2. 分类

《公共航空运输旅客服务管理规定》第 63 条规定，客票是运输凭证的一种，包括纸质客票和电子客票。

电子客票是指由空运企业或其销售代理企业销售并赋予运输权利的以电子数据形式体现的有效运输凭证，是纸质客票的电子替代产品。[①]

按照航空运输性质，客票可以分为国内客票和国际客票。国内客票是国内航空旅客运输承运人向旅客出具的运输凭证。国际客票是指国际航空旅客运输承运人向旅客出具的运输凭证。

按航程类型分为单程客票、来回程客票、联程客票。单程客票是指从一个出发地点到一个目的地点的客票。来回程客票是指从出发地点至目的地点并按原航程返回出发地点的客票。联程客票是指列明有两个（含）两个以上航班的客票。

按使用期限分为定期客票和不定期客票。定期客票是指列明航班、乘机日期和定妥座位的客票。不定期客票（又称 OPEN 票）是指未列明航班、乘机日期和未定妥座位的客票。

按销售类型分为航空公司客票和 BSP 客票[②]。航空公司客票是指航空公司专用客票，是在客票上预先印有航空公司名称和数字代码的客票，可由航空公司售票部门及其指定代理出票。BSP 客票也称中性客票，一般由代理人出票。[③]

1929 年《华沙公约》和 1955 年《海牙议定书》均有关于客票的直接规定，并将客票视为运输凭证的一种，发展至 1971 年《危地马拉城议定书》和 1999 年《蒙特利尔公约》时，"客票"称谓已经消失，取而代之的是"个人的或者集体的运输凭证"，并规定"任何保存其内容的其他方法都可以用来代替出具该款中所指的运输凭证"。

在我国《民用航空法》还坚持"客票"的称谓，但在《民用航空法》修订草案中，已经不再出现"客票"称谓，取而代之的是"航空运输凭证"。

[①] 参见《中国民用航空电子客票暂行管理办法》第 3 条。《中国民用航空电子客票暂行管理办法》是中国民用航空局于 2008 年 4 月 11 日发布实施的，共 5 章 29 条，属政府公文，至今有效。具体条文详见：https://www.caac.gov.cn/XXGK/XXGK/TZTG/201510/t20151022_2496.html. 2024 年 4 月 13 日访问。

[②] "BSP"是"Billing and Settlement Plan"的缩写。BSP 开账与结算计划电子客票（中性票）简称 BSP，是国际航协根据协会会员航空公司的要求，为适应国际航空运输的迅速发展、扩大销售网络和规范销售代理人的行为而建立的一种供销售代理人使用中性客票销售和结算的系统。

[③] BSP 客票是一种无地域差别、无公司个性的彰显；统一格式、统一填开方法；只有从票面内容上才能将承运人体现出来，且票据一旦开出，即被 BSP 的会员们接受，又是会员与会员之间进行结算的统一凭证，即标准运输凭证（Standard Traffic Documents，简称 STD）。一般由航空公司销售代理出售。在此类客票上，没有预先印刷的航空公司名称和数字代码。资料来源：赵鸣，张旭. 民航订座系统基础教程［M］. 北京：国防工业出版社，2009：24.

7.5.1.2 客票记载事项

1. 国际航空法规定

在国际航空私法公约中,对客票记载事项不断简化。1929年《华沙公约》第3条第(1)项规定:"承运人运送旅客时必须出具客票,客票上应该包括以下各项:(一)出票地点和日期;(二)出发地和目的地;(三)约定的经停地点,但承运人保留在必要时变更经停地点的权利,承运人行使这种权利时,不应使运输由于这种变更而丧失其国际性质;(四)承运人的名称和地址;(五)声明运输应受本公约所规定责任制的约束。"

1955年《海牙议定书》第3条第(1)项规定:"载运旅客时须出给客票,票上应载有:(一)出发和目的地点的注明;(二)如出发和目的地点均在同一缔约国领土内,而在另一个国家领土内有一个或数个约定的经停地点时,注明至少一个此种经停地点;(三)声明如旅客航程最终目的地点或经停地点不在出发地点所在国家内,华沙公约可以适用该项运输,且该公约规定并在一般情况下限制承运人对旅客伤亡以及行李遗失或损坏所负的责任。"

1971年《危地马拉城议定书》第3条规定:"一、在旅客运输中须出具个人或集体的运输凭证。运输凭证上应载有:(一)始发地点和目的地点;(二)始发地点和目的地点是在同一缔约国领土内,而在另一国领土内有一个或几个约定的经停地点时,至少其中一个此种经停地点。二、凡能记载第一款第(一)、(二)项内容的任何其他方法都可用以代替出具该款中所指的运输凭证。三、不按照前几款规定办理,不影响运输合同的存在和效力,并仍受本公约规则的约束,包括有关责任限制的规定。"

1999年《蒙特利尔公约》第3条规定:"一、就旅客运输而言,应当出具个人的或者集体的运输凭证,该项凭证应当载明:(一)对出发地点和目的地点的标示;(二)出发地点和目的地点是在一个当事国的领土内,而在另一国的领土内有一或者几个约定的经停地点的,至少对其中一个此种经停地点的标示。二、任何保存第一款内容的其他方法都可以用来代替出具该款中所指的运输凭证。采用此种其他方法的,承运人应当提出向旅客出具一份以此种方法保存的内容的书面陈述。三、承运人应当就每一件托运行李向旅客出具行李识别标签。四、旅客应当得到书面提示,说明在适用本公约的情况下,本公约调整并可能限制承运人对死亡或者伤害,行李毁灭、遗失或者损坏,以及延误所承担的责任。五、未遵守前几款的规定,不影响运输合同的存在或者有效,该运输合同仍应当受本公约规则的约束,包括有关责任限制规则的约束。"

2. 我国航空法规定

《民用航空法》第110条规定:"客票应当包括的内容由国务院民用航空主管部门规定,至少应当包括以下内容:(一)出发地点和目的地点;(二)出发地点和目的地点均在中华人民共和国境内,而在境外有一个或者数个约定的经停地点的,至少注明一个经停地点;(三)旅客航程的最终目的地点、出发地点或者约定的经停地点之一不在中华人民共和国境内,依照所适用的国际航空运输公约的规定,应当在客票上声明此项运输适用该公约的,客票上应当载有该项声明。"在《民用航空法》修订草案中,已经对该条进行了修订①。

---

① 承运人运送旅客,应当出具运输凭证。运输凭证至少应当载明:(一)出发地点和目的地点;(二)出发地点均在中华人民共和国境内,而在境外有一个或者数个约定的经停地点的,至少注明一个经停地点;任何保留第1款内容的其他方法可以用来代替出具该款中所指的旅客运输凭证。采用此种其他方法的,承运人应当向旅客出具所保存内容的书面凭证。

《公共航空运输旅客服务管理规定》(CCAR-273)第 15 条规定:"承运人或者其航空销售代理人通过网络途径销售客票的,应当以显著方式告知购票人所选航班的主要服务信息,至少应当包括:(一)承运人名称,包括缔约承运人和实际承运人;(二)航班始发地、经停地、目的地的机场及其航站楼;(三)航班号、航班日期、舱位等级、计划出港和到港时间;(四)同时预订两个及以上航班时,应当明确是否为联程航班;(五)该航班适用的票价以及客票使用条件,包括客票变更规则和退票规则等;(六)该航班是否提供餐食;(七)按照国家规定收取的税、费;(八)该航班适用的行李运输规定,包括行李尺寸、重量、免费行李额等。承运人或者其航空销售代理人通过售票处或者电话等其他方式销售客票的,应当告知购票人前款信息或者获取前款信息的途径。"

7.5.1.3 客票变更和退票

1. 客票变更

客票变更是指对客票改期、变更舱位等级、签转等情形。[①] 客票变更包括旅客自愿变更客票和旅客非自愿变更客票。[②] 自愿变更客票是指旅客因其自身原因要求变更客票。非自愿变更客票指因航班取消、延误、提前、航程改变、舱位等级变更或者承运人无法运行原航班等情形,导致旅客变更客票的情形。[③]

旅客自愿变更客票或者自愿退票的,承运人或者其航空销售代理人应当按照所适用的运输总条件、客票使用条件办理。[④]

由于承运人原因[⑤]导致旅客非自愿变更客票的,承运人或者其航空销售代理人应当在有可利用座位或者被签转承运人同意的情况下,为旅客办理改期或者签转,不得向旅客收取客票变更费。由于非承运人原因[⑥]导致旅客非自愿变更客票的,承运人或者其航空销售代理人应当按照所适用的运输总条件、客票使用条件办理。[⑦]

2. 退票

退票包括旅客自愿退票和非自愿退票。[⑧] 自愿退票是指旅客因其自身原因要求退票。[⑨] 非自愿退票,是指因航班取消、延误、提前、航程改变、舱位等级变更或者承运人无法运行原航班等情形,导致旅客退票的情形。[⑩]

旅客非自愿退票的,承运人或者其航空销售代理人不得收取退票费。[⑪]

承运人或者其航空销售代理人应当在收到旅客有效退款申请之日起 7 个工作日内办理完成退款手续,上述时间不含金融机构处理时间。[⑫]

---

① 《公共航空运输旅客服务管理规定》(CCAR-273)第 63 条(十三)。
② 《公共航空运输旅客服务管理规定》(CCAR-273)第 22 条第 1 款。
③ 《公共航空运输旅客服务管理规定》(CCAR-273)第 63 条。
④ 《公共航空运输旅客服务管理规定》(CCAR-273)第 23 条。
⑤ 《公共航空运输旅客服务管理规定》(CCAR-273)第 63 条(十八)规定:承运人原因,是指承运人内部管理原因,包括机务维护、航班调配、机组调配等。
⑥ 《公共航空运输旅客服务管理规定》(CCAR-273)第 63 条(十九)规定:非承运人原因,是指与承运人内部管理无关的其他原因,包括天气、突发事件、空中交通管制、安检、旅客等因素。
⑦ 《公共航空运输旅客服务管理规定》(CCAR-273)第 24 条。
⑧ 《公共航空运输旅客服务管理规定》(CCAR-273)第 22 条第 2 款。
⑨ 《公共航空运输旅客服务管理规定》(CCAR-273)第 63 条(十四)。
⑩ 《公共航空运输旅客服务管理规定》(CCAR-273)第 63 条(十五)。
⑪ 《公共航空运输旅客服务管理规定》(CCAR-273)第 25 条。
⑫ 《公共航空运输旅客服务管理规定》(CCAR-273)第 26 条。

在联程航班中,因其中一个或者几个航段变更,导致旅客无法按照约定时间完成整个行程的,缔约承运人或者其航空销售代理人应当协助旅客到达最终目的地或者中途分程地。

在联程航班中,旅客非自愿变更客票的,按照《公共航空运输旅客服务管理规定》(CCAR-273)第24条办理;旅客非自愿退票的,按照本规定第25条办理。[①]

因承运人原因导致旅客误机、错乘、漏乘的,承运人或者其航空销售代理人应当按照《公共航空运输旅客服务管理规定》(CCAR-273)第24条第1款、第25条办理客票变更或者退票。因非承运人原因导致前款规定情形的,承运人或者其航空销售代理人可以按照《公共航空运输旅客服务管理规定》(CCAR-273)第23条办理客票变更或者退票。

7.5.1.4 其他规定

1. 超售客票

承运人超售客票的,应当在超售前充分考虑航线、航班班次、时间、机型以及衔接航班等情况,最大程度避免旅客因超售被拒绝登机。[②]

2. 客票制裁

客票制裁是指承运人出具客票不符合规定或欠缺法定记载事项,对旅客的赔偿不受最高赔偿限额的限制。

1929年《华沙公约》和1955年《海牙议定书》[③]均有客票制裁规定,1971年《危地马拉城议定书》和1999年《蒙特利尔公约》均取消了该规定。

我国《民用航空法》第111条规定:"在国内航空运输中,承运人同意旅客不经其出票而乘坐民用航空器的,承运人无权援用本法第一百二十八条有关赔偿责任限制[④]的规定。在国际航空运输中,承运人同意旅客不经其出票而乘坐民用航空器的,或者客票上未依照本法第一百一十条第(三)项的规定声明的,承运人无权援用本法第一百二十九条有关赔偿责任限制[⑤]的规定。"[⑥]取消票据制裁规则大势所趋,我国航空法中应删除此类条款。

---

① 《公共航空运输旅客服务管理规定》(CCAR-273)第27条。
② 《公共航空运输旅客服务管理规定》(CCAR-273)第42条。
③ 1929年《华沙公约》第3条第2款规定:"如果没有客票,或客票不合规定或客票遗失,不影响运输合同的存在和有效,这项运输合同仍将受本公约规则的约束。但是如果承运人承运旅客而不出具客票,承运人就无权引用本公约关于免除或限制承运人责任的规定。"
1955年《海牙议定书》第3条第2款规定:"如承运人同意旅客不经其出票而上机,或如客票上并无本条一款(三)项规定的声明,则承运人无权引用第二十二条的规定。"
④ 国内航空运输承运人的赔偿责任限额由国务院民用航空主管部门制定,报国务院批准后公布执行。
⑤ 国际航空运输承运人的赔偿责任限额按照下列规定执行:(一)对每名旅客的赔偿责任限额为16 600计算单位;但是,旅客可以同承运人书面约定高于本项规定的赔偿责任限额。(二)对托运行李或者货物的赔偿责任限额,每公斤为17计算单位。旅客或者托运人在交运托运行李或者货物时,特别声明在目的地点交付时的利益,并在必要时支付附加费的,除承运人证明旅客或者托运人声明的金额高于托运行李或者货物在目的地点交付时的实际利益外,承运人应当在声明金额范围内承担责任。托运行李或者货物的一部分或者托运行李、货物中的任何物件毁灭、遗失、损坏或者延误的,用以确定承运人赔偿责任限额的重量,仅为该一包件或者数包件的总重量;但是,因托运行李或者货物的一部分或者托运行李、货物中的任何物件的毁灭、遗失、损坏或者延误,影响同一份行李票或者同一份航空货运单所列其他包件的价值的,确定承运人赔偿责任限额时,此种包件的总重量也应当考虑在内。(三)对每名旅客随身携带的物品的赔偿责任限额为332计算单位。
⑥ 在《民用航空法》修订草案中,取消了客票制裁规定。

7.5.2 行李票

7.5.2.1 概述

行李票是指航空承运人出具给旅客表明接收到旅客行李的运输凭证。行李指旅客在旅行中为了穿着、使用、舒适或方便的需要而携带的物品和其他个人财物。

1929 年《华沙公约》和 1955 年《海牙议定书》将行李分为托运行李和由旅客自行保管的小件个人用品,二者适用不同的责任制度。

1971 年《危地马拉城议定书》和 1975 年《蒙特利尔第四号议定书》将行李分为托运行李和旅客随身携带的物品,二者适用同样的法律制度。1999 年《蒙特利尔公约》将行李分为托运行李和非托运行李,与前二者适用不同的法律制度。

在我国,《公共航空运输旅客服务管理规定》(CCAR-273)第 63 条规定:"本规定中下列用语的含义是:……(二十)行李,是指承运人同意运输的、旅客在旅行中携带的物品,包括托运行李和非托运行李。(二十一)托运行李,是指旅客交由承运人负责照管和运输并出具行李运输凭证的行李。(二十二)非托运行李,是指旅客自行负责照管的行李。……"

从 1929 年《华沙公约》到 1999 年《蒙特利尔公约》,行李票经历了一个由有到无的过程,在 1999 年《蒙特利尔公约》中,行李票已和客票合二为一,简化了运输凭证。

1929 年《华沙公约》第 4 条第 2 款规定:"行李票应备一式两份,一份交旅客,一份归承运人。"

1955 年《海牙议定书》第 4 条第 1 款规定:"载运登记的行李,应出给行李票,除非行李票已结合或包括在符合于第 3 条一款规定的客票之内。"

1971 年《危地马拉城议定书》第 3 条规定:"删除公约第 4 条,改用下文:第 4 条:一、在交运行李运输中须出具行李票,除非行李票已结合或包括在符合第 3 条第一款规定的运输凭证之内。……"

1999 年《蒙特利尔公约》第 3 条《旅客和行李》规定:"……三、承运人应当就每一件托运行李向旅客出具行李识别标签。承运人应当就每一件托运行李向旅客出具行李识别标签。……"

我国《民用航空法》第 112 条规定:"承运人载运托运行李时,行李票可以包含在客票之内或者与客票相结合。……"

《公共航空运输旅客服务管理规定》(CCAR-273)第 38 条规定:"承运人或者其地面服务代理人应当在收运行李后向旅客出具纸质或者电子行李凭证。"

7.5.2.2 行李票记载的事项

1. 国际航空法规定

在国际航空法中,对行李票的记载事项经历了从繁到简的历程。具体规定如下:

1929 年《华沙公约》第 4 条第 3 款规定:"三、行李票上应包括以下各项:(一)出票地点和日期;(二)起运地和目的地;(三)承运人的名称和地址;(四)客票的号码;(五)声明行李将交给行李票持有人;(六)行李件数和重量;(七)根据第二十二条(2)款声明的价值;(八)声明运输应受本公约所规定责任制度的约束。"

1955 年《海牙议定书》第 4 条第 1 款规定:"行李票上应载有:(一)起运和目的地的注明;(二)如起运和目的地点均在同一缔约国领土内,而在另一个国家领土内有一个或数个约定的经停地点时,注明至少一个此种经停地点;(三)声明如运输的最终目的地点或经停地点不在起运点所在国家内时,华沙公约可以适用于该运输,且该公约规定并在一般情况下限制承运人对行李遗失或损坏所负的责任。"

1971年《危地马拉城议定书》第3条规定:"删去公约第4条,改用下文:第4条:……行李票上应载有:(一)始发地点和目的地点;(二)始发地点和目的地点是在同一缔约国领土内,而在另一国领土内有一个或几个约定的经停地点,至少其中一个经停地点。二、凡能记载前款第(一)、(二)项内容的任何其他方法都可用以代替出具该款中所指的行李票。……"

1999年《蒙特利尔公约》取消了行李票,取而代之的是行李识别标签。

2. 我国航空法的规定

《民用航空法》第112条规定:"……除本法第一百一十条的规定外(客票记载事项,笔者注),行李票还应当包括下列内容:(一)托运行李的件数和重量;(二)需要声明托运行李在目的地点交付时的利益的,注明声明金额。……"①

7.5.2.3 制裁规则

1929年《华沙公约》第4条第4款规定:"…四、如果没有行李票、或行李票不合规定或行李票遗失,不影响运输合同的存在和有效,这项运输合同仍将同样受本公约的规则的约束。但是如果承运人接受行李而不出具行李票,或行李票上没有包括以上(四)(六)(八)各项,承运人就无权引用本公约关于免除或限制承运人责任的规定。"

1955年《海牙议定书》第4条第2款规定:"……二、在无相反的证明时,行李票应作为行李登记及载运合同条件的证据。行李票的缺陷,不合规定或遗失,并不影响载运合同的存在或效力,载运合同仍受本公约的约束。但如承运人接受行李而不出给行李票或行李票(除非结合或包括在附于第3条一款(三)项规定的客票内)无本条一款(三)项的声明,则承运人无权引用第二十二条二款的规定。"

1971年《危地马拉城议定书》和1999年《蒙特利尔公约》取消行李票制裁规则。

我国《民用航空法》第112条规定:"……在国内航空运输中,承运人载运托运行李而不出具行李票的,承运人无权援用本法第一百二十八条有关赔偿责任限制的规定。在国际航空运输中,承运人载运托运行李而不出具行李票的,或者行李票上未依照本法第一百一十条第(三)项的规定声明的,承运人无权援用本法第一百二十九条有关赔偿责任限制的规定。……"

《民用航空法》在随后修订时应当取消行李票制裁规则。

7.5.3 航空货运单

7.5.3.1 航空货运单的含义

我国《民用航空法》第113条规定:"承运人有权要求托运人填写航空货运单,托运人有权要求承运人接受该航空货运单。"

《中国民用航空货物国内运输规则》(CCAR-275TR-R1)和《中国民用航空货物国际运输规则》(CCAR-274)分别在第3条中对航空货运单的含义进行界定。具体为:航空货运单是指托运人或者托运人委托承运人填制的,是托运人和承运人之间为在承运人的航线上承

---

① 实践中,承运人就每一件托运行李向旅客出具行李识别标签。因此,此法条存在已经没有实际价值,建议删除。

运货物所订立合同的证据。[①] 航空货运单是航空货物运输合同订立和运输条件以及承运人接收货物的初步证据。[②]

在国际航空法中,1929 年《华沙公约》、1955 年《海牙议定书》、1971 年《危地马拉城议定书》称之为"航空货运单"。1975 年《第四号蒙特利尔附加议定书》第 5 条规定:"一、运输货物应当出具航空货运单。二、经托运人同意,可以用能够保持运输记录的任何其他方法代替出具航空货运单。在采用此种其他方法时,承运人应当应托运人的要求向其开具货物收据,以便识别货物并获得此种其他方法所保存的记录资料。"1999 年《蒙特利尔公约》第 4 条[③]也做了与 1975 年《第四号蒙特利尔附加议定书》第 5 条几乎同样的规定。

7.5.3.2 记载事项

1. 国际航空条约的规定

1929 年《华沙公约》第 8 条规定:"航空货运单上应该包括以下各项:(一)货运单的填写地点和日期;(二)起运地和目的地;(三)约定的经停地点,但承运人保留在必要时变更经停地点的权利,承运人行使这种权利时,不应使运输由于这种变更而丧失其国际性质;(四)托运人的名称和地址;(五)第一承运人的名称和地址;(六)必要时应写明收货人的名称和地址;(七)货物的性质;(八)包装件数、包装方式、特殊标志或号数;(九)货物的重量、数量、体积或尺寸;(十)货物和包装的外表情况;(十一)如果运费已经议定,应写明运费金额、付费日期和地点以及付费人;(十二)如果是货到付款,应写明货物的价格,必要时还应写明应付的费用;(十三)根据第二十二条(2)款声明的价值;(十四)航空货运单的份数;(十五)随同航空货运单交给承运人的凭证;(十六)如果经过约定,应写明运输期限,并概要说明经过的路线;(十七)声明运输应受本公约所规定责任制度的约束。"

1955 年《海牙议定书》第 6 条规定:"删去公约第八条,改用下文:'航空货运单上应载有:(一)起运和目的地地点的注明;(二)如起运和目的地地点均在同一缔约国领土内,而在另一个国家有一个或数个约定的经停地点时,注明至少一个此种经停地点;(三)对托运人声明:如运输的最终目的地地点或经停地点不在起运地所在国家内时,华沙公约可以适用于该项运输,且该公约规定并在一般情况下限制承运人对货物遗失或损坏所负的责任。'"

1971 年《危地马拉城议定书》对此规定没有做出改动。

1975 年《蒙特利尔第四号议定书》第 8 条规定:"航空货运单和货物收据上应当载明:一、出发地点和目的地点;二、出发地点和目的地点在同一缔约国领土内,而在另一国家领土内有一个或者多个经停地点时,至少载有一个此种经停地点;三、货物重量。"

1999 年《蒙特利尔公约》第 5 条《航空货运单或者货物收据的内容》规定:"航空货运单或者货物收据应当包括:(一)对出发地点和目的地点的标示;(三)对货物重量的标示。"

2. 我国航空法的规定

《民用航空法》第 115 条规定:"航空货运单应当包括的内容由国务院民用航空主管部门规定,至少应当包括以下内容:(一)出发地点和目的地点;(二)出发地点和目的地点均在中

---

① 《中国民用航空货物国内运输规则》(CCAR-275TR-R1)第 3 条。
② 《中国民用航空货物国际运输规则》(CCAR-274)第 3 条。
③ 一、就货物运输而言,应当出具航空货运单。二、任何保存将要履行的运输的记录的其他方法都可以用来代替出具航空货运单。采用此种其他方法的,承运人应当应托运人的要求,向托运人出具货物收据,以便识别货物并能获得此种其他方法所保存记录中的内容。

华人民共和国境内,而在境外有一个或者数个约定的经停地点的,至少注明一个经停地点;(三)货物运输的最终目的地点、出发地点或者约定的经停地点之一不在中华人民共和国境内,依照所适用的国际航空运输公约的规定,应当在货运单上声明此项运输适用该公约的,货运单上应当载有该项声明。"

《中国民用航空货物国内运输规则》(CCAR-275TR-R1)第11条[1]和《中国民用航空货物国际运输规则》(CCAR-274)第9条[2]分别规定了货运单应包括的基本内容。

7.5.3.3　货运单份数和交付

1. 国际航空法规定

1929年《华沙公约》第6条规定:"一、托运人应填写航空货运单正张一式三份,连同货物交给承运人。二、第一份注明'交承运人',由托运人签字;第二份注明'交收货人',由托运人和承运人签字,并附在货物上;第三份由承运人在接收货物后签字,交给托运人。三、承运人应当在接收货物时签字。四、承运人的签字可以用戳记代替,托运人的签字可以印就或用戳记代替。五、如果承运人根据托运人的请求,填写航空货运单,在没有相反的证据时,应作为代托运人填写。"

1955年《海牙议定书》、1971年《危地马拉城议定书》保持了与1929年《华沙公约》一致的规定。

1975年《蒙特利尔第四号议定书》第6规定:一、托运人应当填写航空货运单正本一式三份。二、第一份应当注明"交承运人",由托运人签字。第二份应当注明"交收货人",由托运人和承运人签字。第三份由承运人签字,承运人在接收货物后应当将其交给托运人。三、承运人和托运人的签字可以印就或者用戳记。四、承运人根据托运人的请求填写航空货运单的,在没有相反证明的情况下,应当视为代托运人填写。

1999年《蒙特利尔公约》第7条航空货运单说明与1975年《蒙特利尔第四号议定书》第6条规定完全一致。

2. 我国航空法规定

《民用航空法》第114条规定:"托运人应当填写航空货运单正本一式三份,连同货物[3]交给承运人。航空货运单第一份注明'交承运人',由托运人签字、盖章;第二份注明'交货人',由托运人和承运人签字、盖章;第三份由承运人在接收货物后签字、盖章,交给托运人。"

---

[1]　货运单的基本内容包括:(一)填单地点和日期;(二)出发地点和目的地点;(三)第一承运人的名称、地址;(四)托运人的名称、地址;(五)收货人的名称、地址;(六)货物品名、性质;(七)货物的包装方式、件数;(八)货物的重量、体积或尺寸;(九)计费项目及付款方式;(十)运输说明事项;(十一)托运人的声明。

[2]　货运单上应当包括下列内容:填写的地点和日期;出发地点和目的地点;出发地点和目的地点均在中华人民共和国境内,而在境外有一个或者数个约定的经停地点的,至少注明一个经停地点;托运人的名称和地址;第一承运人的名称和地址;收货人的名称和地址;货物的性质;包装件数、包装方式、特殊标志或者号数;货物的重量、数量、体积或者尺寸;货物和包装的外表情况;运费,如经议定,付费日期和地点及付费人;提取货物时支付货款的,应当注明货物的价格和必要时应付的费用金额;需要声明货物在目的地点交付时的利益的,应当注明声明价值金额;货运单的份数;随货运单交给承运人的文件;如经议定,应当注明完成货物运输的时间和概要说明经过的路线;货物运输的最终目的地点、出发地点或者约定的经停地点之一不在中华人民共和国境内,依照所适用的国际航空运输公约的规定,应当在货运单上声明此项运输适用该公约的,货运单上应当载有该项声明。

[3]　1929年《华沙公约》第6条规定了航空货运单要"连同货物交给承运人"。1975年《蒙特利尔第四号议定书》和1999年《蒙特利尔公约》取消了"连同货物交给承运人"的规定。

《中国民用航空货物国内运输规则》(CCAR-275TR-R1)第11条①和《中国民用航空货物国际运输规则》(CCAR-274)第7条②对航空货运单份数和交付也进行了具体规定。

7.5.3.4 航空货运单或货物收据的法律性质

1929年《华沙公约》第11条规定:"一、航空货运单是订立合同、接受货物和运输调教的初步证据。二、航空货运单上关于货物的重量、尺寸、包装和包装件数的说明,具有初步证据的效力。除非经过承运人和托运人当面查对并在航空货运单上注明经过查对或者书写关于货物外表状况的说明外,关于货物的重量、体积和情况的说明不能构成不利于承运人的证据。"

1955年《海牙议定书》第9条规定:"在公约第十五条内,加入下款:'三、本公约不限制填发可以流通的航空货运单'。"

1971年《危地马拉城议定书》未作修改。

1975年《蒙特利尔第四号议定书》第3条的规定与1929年《华沙公约》第11条的规定一样,1999年《蒙特利尔公约》也没做任何改动。

我国《民用航空法》第118条和1929年《华沙公约》第11条的规定也完全一样。

结合国际和国内航空法的规定,航空货运单或货物收据的法律性质主要有:

第一,航空货运单不是航空货物运输合同。航空货物运输合同是格式合同,其表现形式具有一定的特殊性,采取了分离的书面形式,航空货运单的存在与否,并不影响航空运输合同的实质内容,它只起到初步证据的作用。首先,从航空运输合同的订立过程来看,航空货运单是在运输合同订立以后才签发的。根据我国民用航空总局颁发的《中国民用航空货物国内运输规则》的规定,托运人欲与承运人订立航空货物运输合同,须事先填写"航空运输货物托运书",承运人在接受了"托运书"及货物后,才填发航空货运单。可见根据我国航空运输实践,"托运书"是托运人向承运人所发出的要约,而接受"托运书"则是承运人的承诺。所以,航空货运单是在航空运输合同订立以后才填发的。如果将航空货运单视为合同,托运人向承运人提交货物的行为便会因意思表示的欠缺而变得毫无意义。因此,航空货运单是在履行航空运输合同中所产生的,旨在证明运输合同及货物接管、承运条件的一种证据。其次,航空货运单对合同的证明,只能是一种初步的证明。如果当事人间另有约定,则航空货运单会丧失其对航空运输合同的证明作用。

第二,航空货运单不是在运货物的物权凭证。航空货运单是承运人在接受货物后填写的,证明货物已由承运人接管的证明。航空货运单和提单的法律性质是不同的,提单是一种物权凭证,可转让、买卖;航空货运单不是物权凭证,虽然1955年《海牙议定书》规定签发可转让的航空货运单,但在实践中从来没有实行过,航空运输速度快的特点使其丧失了作为物

---

① 航空货运单(下称货运单)应当由托运人填写,连同货物交给承运人。如承运人依据托运人提供的托运书填写货运单并经托运人签字,则该货运单应当视为代托运人填写。托运人应当对货运单上所填关于货物的说明或声明的正确性负责。货运单一式八份,其中正本三份,副本五份。正本三份为:第一份交承运人,由托运人签字或盖章;第二份交收货人,由托运人和承运人签字或盖章;第三份交托运人,由承运人接受货物后签字盖章。三份具有同等效力。承运人可根据需要增加副本。货运单的承运人联应当自填开货运单次日起保存两年。

② 托运人托运货物,应当填写或者由他人代为填写航空货运单(以下简称货运单)正本一式三份,连同货物交给承运人。运费和其他费用已经确定的,应当由承运人填入货运单。货运单第一份注明"交承运人",由托运人签字、盖章;第二份注明"交收货人",由托运人和承运人签字、盖章;第三份由承运人在接受货物后签字、盖章,交给托运人。承运人根据托运人的请求填写货运单的,在没有相反证据的情况下,应当视为代托运人填写。托运的货物超过一个包装件的,承运人可以要求托运人分别填写货运单。

权凭证的意义。有学者认为现行航空货运单有诸多弊端,主张航空货运单物权凭证化[①]。

第三,航空货运单是接受货物和运输条件的证明。在航空运输中,航空货运单正本一式三份,第三份由承运人签字,交给托运人。在没有相反证据的情况下,证明承运人已经接受了货物;但是承运人如果有证据证明的确没有收到货物,则可以推翻航空货运单的证明力,所以,航空货运单只是"初步证据",而非最终证据。

航空货运单也是运输条件的证明。航空货运单所证明的承运条件包括了明示的承运条件及默示的承运条件两部分。明示的承运条件包括了记载于航空货运单上的条件,如双方约定的经停地点,运费等内容。而默示的承运条件则非常广泛,它包括了承运人所保留的、在紧急情况下改变经停地点的权利,托运人不得在普通货物中夹带危险品的承诺等。

第四,在没有相反的证据时,航空货运单中关于货物重量、尺寸和包装以及件数的说明,都应该被当作是确实的。

如前所述,航空货运单是由托运人填写,或者即使由承运人填写,也是根据托运人或其受雇人或代理人所提供的资料,以托运人的名义填写并要求其签字确认,应该说是托运人的单方行为,不能构成与所述事实相符的最终证据,是初步证据。除非经过承运人和托运人当面查对并在航空货运单中注明经过查对,或者是关于货物外表情况的说明外,关于货物的数量、体积及情况的说明不能构成不利承运人的证据。对货物的说明和陈述是托运人的单方行为,不能构成与所述事实的最终证据,否则对于承运人是不公平、不合理的,因而此种证据的证据力是初步的。

另外,托运人应当对航空货运单上所填关于货物的说明和声明的正确性负责。因航空货运单上所填的说明和声明不符合规定、不正确或者不完全,给承运人或者承运人对之负责的其他人造成损失的,托运人应当承担赔偿责任。

7.5.3.5 制裁规则

1929年《华沙公约》第9条规定:"如果承运人接受货物而没有填写航空货运单,或航空货运单没有包括第八条(一)至(九)和(十七)各项,承运人就无权引用本公约关于免除或限制承运人责任的规定。"

1955年《海牙议定书》的规定与1929年《华沙公约》一致。

1971年《危地马拉城议定书》、1975年《蒙特利尔第四号议定书》和1999年《蒙特利尔公约》取消了制裁规则。

我国《民用航空法》第116条规定,在国内航空运输中,承运人同意未经填具航空货运单而载运货物的,承运人无权援用本法第一百二十八条有关赔偿责任限制的规定。在国际航空运输中,承运人同意未经填具航空货运单而载运货物的,或者航空货运单上未依照本法第一百一十五条第(三)项的规定声明的,承运人无权援用本法第一百二十九条有关赔偿责任限制的规定。

在我国《民用航空法》中取消航空货运单或货物收据制裁规则势在必行。

---

① 黄力华教授认为现行航空货运单有诸多弊端,体现在:妨碍了空运单的流通转让;不便于国际贸易的发展;对买方的保护不力;空运单与国际贸易结算间存在冲突。并主张将空运单物权凭证化。详见:黄力华.空运单法律问题研究[J].西南民族学院学报(哲学社会科学版),2000,21(10):121-126,159.

第八章　国际航空运输私法公约简介[①]

8.1　1929年《华沙公约》

8.1.1　制定原因

在《华沙公约》签订前,1919年《巴黎公约》已经签订,但它是国际航空公法领域的一个多边条约。而在国际航空私法领域,尚无一部统一的私法规则,故在航空事故发生给消费者造成损失时,只能依国际私法冲突规则来确定赔偿问题的法律适用。而航空活动具有国际性,不仅表现在大量的国际航班上,且也反映在每个客运航班上通常都载有各种不同国籍的旅客上。不难设想,一旦发生航空事故,如果没有统一的国际私法规则,在管辖法院与适用法律的选择上会引起非常复杂的法律冲突。[②]

另外,同一时期,在海商法中1924年"海牙规则"的启示与推动下,人们也为能达成国际统一的规范航空承运人责任制度的国际立法充满了信心。1926年9月在法国政府倡议下,46个国家的76名代表在巴黎召开了第一次航空私法国际会议,讨论制定一份规范承运人责任制度的国际私法公约。会议认为,制定统一的规范承运人责任制度的国际航空私法公约十分必要,但却非常复杂。为此,与会各国通过推选代表成立了"航空法专家国际委员会"(CITEJA),并要求该委员会花三四年的时间,集中精力议定一部国际统一的航空民事责任法典。在1929年9月在华沙召开的第二次航空私法国际会议上,会议讨论并通过了航空法专家国际委员会提交大会的公约草案——《统一国际航空运输某些规则的公约》(简称1929年《华沙公约》)。正如该公约在序言中所说的那样:"缔约国认为,国际航空运输的条件,在所用文件和承运人的责任方面,有统一规定的必要。"

8.1.2　主要内容

1929年《华沙公约》共5章,计41条。第1章:范围和定义(第1条和第2条);第二章:运输凭证(第3条至第16条);第三章:承运人的责任(第17条至第30条);第四章:关于联合运输的规定(第31条);第五章:一般和最后条款(第32条至第41条)。

[①] 本章所介绍的国际航空运输私法主要指规范承运人对旅客和托运人责任制度的国际航空私法公约。

[②] 英国法官Greene根据审判过程所出现的航空案件,突出强调了制定一部统一航空私法法典的必要性和意义。他说:"缺少它(统一法典),关于国际航空运输法律适用这个巨大难题将会时时困扰我们。除了航空运输,我们的法院对于普通运输合同下将出现的类似问题比较熟悉,很显然我们在确定哪个或哪些法律对合同具有约束力以及不同的法律是否能适用于航程的不同阶段等等这些问题的时候,将会遇到极大困难,类似的问题在其他国家中也会出现,而且可以确定的是,那些法院再决定各种各样案件所适用的法律时候,将采用与我们不同的规则。在航空运输中,这样的困惑将不断出现。不同的法律被援引适用,其根据可能是一张在巴黎取到的飞往伦敦的机票或者在伦敦取到的飞往巴黎的机票,也可能是根据承运人是法国的还是英国的公司,还有可能根据事故发生地点是在英国还是法国。当运输被分为不同的阶段而涉及许多国家的时候,或者涉及分属于不同国家航空公司的多部飞机的时候,这种困难大大提高了,因为在这些不同的国家中很难就纠纷适用统一的法律原则达成一致。"转引自:唐明毅,陈宇.国际航空私法[M].北京:法律出版社,2004:6-7.

8.1.2.1　适用范围

1929年《华沙公约》的适用范围具体体现在公约第1条、第2条、第24条和34条等条文中,概括而言,包括以下几个方面:

第一,适用于用航空器运送旅客、行李或货物而收取报酬的国际运输。1929年《华沙公约》第1条第1款规定:"本公约适用于所有以航空器运送旅客、行李或货物而收取报酬的国际运输。"1929年《华沙公约》就是为商业航空运输而制定的国际私法公约,所以明确强调适用取酬的国际运输。

第二,适用于几个连续的航空承运人所办理的运输。1929年《华沙公约》第1条第3款规定:"如果被合同各方认为是一个单一的业务活动,则无论是以一个合同或一系列的合同的形式订立的,就本公约的适用来说,应作为一个单一的运输,并不因其中一个合同或一系列的合同完全在同一缔约国的主权、宗主权、委任统治权或权力管辖下的领土内履行而丧失其国际性质。"

第三,适用于航空运输企业以航空器办理的免费运输,但只限于航空运输企业经营的而不包括其他的免费运输。"所以要把航空运输公司经营的免费运输列为例外,是因为他们签发免费飞机票通常是期望获得回报,这是为了宣传的目的。"[①]

第四,凡属公约意义上的"国际运输",公约自动具有强制约束力,排除了另依国内法实施救济的可能性。公约第24条规定,凡属公约条款规定的客、货运输,"任何损害赔偿诉讼,不论其根据如何,只能依本公约所规定的条件与限制提出"。

第五,公约适用的三种例外情况。(1)"本公约不适用于按照国际邮政公约的规定而办理的运输。"(第2条第2款)(2)"本公约不适用于航空运输机构为了开设正式航线进行试航的国际航空运输。"(第34条)(3)"也不适用于超出正常航空运输业务以外的特殊情况下进行的运输。"(第34条)

另外,对于适用的领土范围,1929年《华沙公约》在第40条[②]中作了规定。

8.1.2.2　运输凭证

1929年《华沙公约》从第3条至第11条规定了客票、行李票与航空运货单的内容、规格及其在运输合同中的法律地位,为实施国际统一的华沙责任规则奠定了基础。当然,这些条文并未能全面详尽地概括运输凭证发售与使用中的所有具体问题,后来,国际航协根据实践制定了客运总条件和货运总条件作为运输的共同条件。

8.1.2.3　责任制度

1929年《华沙公约》从第17条至第25条设计了一套国际航空承运人责任规则,这是华沙公约实体性规则的主体和核心。主要内容有:

---

① 迪德里克斯-弗斯霍尔.航空法简介[M].赵维田,译.北京:中国对外翻译出版公司,1987:69.
② (1)缔约国在签字时,或交存批准书时或通知加入时,可以声明其所接受的本公约不适用于其所属全部或部分殖民地、保护地、委任统治地或其他在其主权或权力管辖下的任何领土或其他在其宗主权管辖下的任何领土。(2)缔约国以后可以用原来声明除外的所属全部或部分殖民地、保护地、委任统治地或其他在其主权或权力管辖下的任何领土或其他在其宗主权管辖下的任何领土的名义,分别加入。(3)缔约国也可以根据本公约的规定,分别为其所属全部或部分殖民地、保护地、委任统治地或其他在其主权或权力管辖下的任何领土或其他在其宗主权管辖下的任何领土声明退出本公约。

1. 推定过失责任制

推定过失是指若原告证明其所受的损害是由被告所致,而被告不能证明自己没有过错,就应推定被告有过错并应负民事责任。① 1929年《华沙公约》之所以规定推定过失制作为承运人承担责任的基本方式,主要是出于对消费者权益的保护。因为一旦发生了航空事故,往往是机毁人亡,旅客(可能已经遇难)、旅客的近亲属或托运人不是航空专业技术人员,一般很难证明承运人有过错,如按照一般过失责任,由消费者举证证明承运人有过错,几无可能。所以,公约选择了举证责任倒置的原则,先推定承运人有过错,若承运人认为自己没有过失,可举证证明,以便解脱自己的责任。正如美国前总统罗斯福在就1929年《华沙公约》向国会作介绍的时候指出:"承运人如果试图躲避责任,那么他将承担举证责任,以证明自己在国际航空运输中不存在任何过失,从旅客推导航空运输中责任原因的难度这个角度出发,这项原则是合理的。"②

毫无疑问,1929年《华沙公约》实行推定过失责任制,对消费者有利;但为保护承运人,它又限制了承运人的责任。

2. 限制承运人的责任

1929年《华沙公约》又一个重要特征是限制了承运人对消费者的赔偿责任,赔偿数额在没有例外规定的情况下,不得超过公约规定的最高限额。1929年《华沙公约》第22条③和第24条④规定了承运人对消费者赔偿的最高限额,限制了承运人的责任。公约之所以限制承运人的责任,主要基于以下三个方面的理由⑤:

第一,对承运人和消费者双方权益的平衡和兼顾。限制承运人责任是作为推定过失责任的对等交换物,公约用限制责任给予承运人的保护来换取推定过失责任给消费者的好处,使合同双方的权益达到平衡和兼顾。

第二,有利于促进航空运输业的发展。在华沙公约制定时,航空运输还是一种新式的运输模式,加之由于航空科技水平等方面的限制,航空运输风险比较大,导致当时一般保险公司还不敢对航空运输业进行保险。如不限制承运人的责任,一方面,不利于拓展航空经营,

---

① 佟柔. 中国民法[M]. 北京:法律出版社,1990:570.
② 唐明毅,陈宇. 国际航空私法[M]. 北京:法律出版社,2004:8.
③ (1) 运送旅客时,承运人对每一旅客的责任以十二万五千法郎为限。如果根据受理法院的法律,可以分期付款方式赔偿损失时,付款的总值不得超过这个限额,但是旅客可以根据他同承运人的特别协议,规定一个较高的责任限额。(2) 在运输已登记的行李和货物时,承运人对行李或货物的责任以每公斤二百五十法郎为限,除非托运人在交运时,曾特别声明行李或货物运到后的价值,并缴付必要的附加费。在这种情况下,承运人所负责任不超过声明的金额,除非承运人证明托运人声明的金额高于行李或货物运到后的实际价值。(3) 关于旅客自己保管的物件,承运人对每个旅客所负的责任,以五千法郎为限。(4) 上述法郎是指含有千分之九百成色的65.5毫克黄金的法国法郎。这项金额可以折合成任何国家的货币取其整数。
④ (1) 如果遇到第十八、十九两条所规定的情况,不论其根据如何,一切有关责任的诉讼只能按照本公约所列条件和限额提出。(2) 如果遇到第十七条所规定的情况,也适用上项规定,但不妨碍确定谁有权提出诉讼以及他们各自的权利。
⑤ 著名航空法学者,荷兰的德里翁教授为限制承运人责任的必要性和合理性,给出了八个方面的理由和根据:(1) 海商法中已有类似的对船舶所有人责任限制的国际统一规定。(2) 为财政上幼弱的航空企业提供必要保护,以促使各国航空公司的发展壮大。(3) 不应使航空承运人单独承担那些尚无能为力防止的风险。(4) 为承运人或经营人单独承担此类风险取得保险创造了条件。(5) 为潜在索赔人自行保险提供了机会。(6) 限制责任是华沙公约对加重承运人责任(推定过失)的补偿物或交换物存在的(对1966年蒙特利尔协议来说,是以"完全责任"作为交换的)。(7) 为迅速私下解决赔偿问题提供了方便,有利于减少诉讼。(8) 在支付赔偿金额上统一了规则。转引自:赵维田. 国际航空法[M]. 北京:社会科学文献出版社,2000:207.

吸收投资；另一方面，在发生航空事故时，往往是机毁人亡，不仅会对飞机及机上人员人身和财产造成重大损害，还会对地面人员人身和财产造成重大损害，而承运人的责任又不能通过保险等途径转嫁，导致承运人往往承担不了如此巨额的赔偿，不利于航空运输业的发展。因此，公约限制承运人的责任，也有促进和保护航空运输业发展的目的。

第三，限制承运人的责任，不仅有利于承运人获得保险，还能使消费者受益。1934年就美国是否加入1929年《华沙公约》的讨论中，国务卿赫尔写给罗斯福总统的信说："据认为，责任限制原则不仅有益于旅客和托运人，为之提供了赔偿的可靠根据，并有利于减少诉讼，而且也因为责任限制为承运人取得保险提供了确定而公平的基础，从而经由减少承运人经营费用最终降低运价，对旅客与托运人有益。（事实）必将证明，这有助于国际航空运输发展。"①

3. 不限制承运人责任的例外情况

在1929年《华沙公约》中，不限制承运人责任的例外情况主要有三个方面：

第一，承运人未交给客票、行李票或航空运货单，或者所开票据不合规格，无权引用公约关于免除或限制承运人责任的规定（第3、4、9条）。

第二，如果损失是由于承运人的有意的不良行为造成的，或者是由于承运人的过失造成的，而根据案件受理法院地的法律，这种过失被认为相当于有意的不良行为，承运人无权援用公约关于免除或限制承运人责任的规定。

第三，如果损失是在相同的情形下由承运人的受雇人或代理人的行为造成的，承运人也无权援用此种规定。

8.1.2.4 管辖法院和诉讼时效

《华沙公约》第28条规定："(1) 有关赔偿的诉讼，应该按原告的意愿，在一个缔约国的领土内，向承运人住所地或其总管理处所在地或签订契约的机构所在地法院提出，或向目的地法院提出。(2) 诉讼程序应根据受理法院的法律规定办理。"

《华沙公约》第29条规定："(1) 诉讼应该在航空器到达目的地之日起，或应该到达之日起，或从运输停止之日起两年内提出，否则就丧失追诉权。(2) 诉讼期限的计算方法根据受理法院的法律决定。"②

8.1.2.5 一般和最后条款

1929年《华沙公约》从第32条到第41条对一般和最后条款做出了规定。主要内容是对公约的强制性适用的陈述，公约中日期的起算，以及批准、加入和退出的程序等。③

截至2024年4月30日，1929年《华沙公约》有152个当事国。④ 美国由于对1929年《华沙公约》赔偿限额的不满，于1965年11月11日，正式宣布退出该公约。我国于1958年7

---

① 赵维田. 国际航空法[M]. 北京：社会科学文献出版社，2000：204.

② 本条的英文为："Article 29：1. The right to damages shall be extinguished if an action is not brought within two years, reckoned from the date of arrival at the destination, or from the date on which the aircraft ought to have arrived, or from the date on which the carriage stopped. 2. The method of calculating the period of limitation shall be determined by the law of the Court to which the case is submitted."

③ 上述具体条文详见：https://www.caac.gov.cn/XXGK/XXGK/GJGY/201510/t20151029_8979.html. 2024年4月29日访问.

④ 具体国家名称详见：https://www.icao.int/secretariat/legal/List%20of%20Parties/WC-HP_EN.pdf. 2024年4月30日访问.

月 28 日递交批准书,是年 10 月 18 日公约对我国生效。

8.2　1929 年《华沙公约》的修订文件

8.2.1　1955 年《海牙议定书》

8.2.1.1　制定原因

　　1929 年《华沙公约》制定并生效后,一度被认为是处理国际私法问题的最好协议之一。第二次世界大战后,随着航空事业的迅猛发展,1929 年《华沙公约》制定时的条件已发生了显著变化,新的法律问题不断涌现,加之国际航空运输中心由欧洲转移至美洲,适时修订《华沙公约》适应航空运输时代发展要求已成为必要,这直接导致了修正 1929 年《华沙公约》的 1955 年《海牙议定书》的诞生。具体来说,1955 年《海牙议定书》的制定主要有如下三个方面的原因:

　　1. 对 1929 年《华沙公约》赔偿责任限额的认识出现了分歧

　　1929 年《华沙公约》所确定的最高赔偿限额标准,是根据当时参加该公约的 24 个国家①(主要是欧洲国家)的平均水平确定的。第二次世界大战后,世界经济获得了进一步的发展,一些发达国家如美国②、英国和法国等国认为,应大幅度提高赔偿责任限额;而除发达国家以外的大多数国家在战后经济发展水平仍较低,对提高承运人赔偿责任限额表示反对,认为 1929 年《华沙公约》所规定的最高赔偿责任限额仍具有时代价值,如提高赔偿责任限额水平将有可能威胁到了国际航空法律统一化进程。这就出现了两种不同的声音,即要求提高责任限额,或保持现有水平不变。最后,发达国家占据了上风,导致了对 1929 年《华沙公约》的修订。

　　2. 1929 年《华沙公约》条文本身存在缺陷

　　1929 年《华沙公约》主要是以法国法为蓝本,并以法文为作准文字,"本公约以法文写成一份,存放在波兰外交部档案库,并由波兰政府将正式认证的副本送各缔约国政府。"③而在

---

　　① 这 24 个国家是澳大利亚、奥地利、比利时、巴西、丹麦、法国、德国、希腊、意大利、日本、拉脱维亚、卢森堡、荷兰、挪威、波兰、罗马尼亚、苏联、南非、西班牙、瑞士、英国、美国、立陶宛、南斯拉夫。
　　② 如二战后著名的罗斯诉泛美航空公司案,美国就表达了对《华沙公约》赔偿限额较低的不满。此案的案情和判决:1943 年,美国当时红极一时的歌星罗斯夫人(罗斯是她丈夫的姓,她的名字叫珍·弗洛曼),参加演出公司组织的战地演出团到欧洲各地作慰问演出,于抵达葡萄牙的里斯本机场时,所乘泛美航空公司飞机失事,罗斯夫人本人双腿折断,受重伤。为此,她向法院起诉,要求赔偿 100 万美元。如果按美国侵权行为法,人身损害赔偿是根据本人收入和预期收入标准计算赔偿额的,对于像罗斯夫人这样著名歌星地位,要求赔偿 100 万美元,并不为过。但是,美国与葡萄牙均为华沙公约缔约国,罗斯乘坐的又是商业航空公司的飞机,应当适用华沙公约和华沙责任限额,即 8 300 美元。就实际情况而论,这个 8 300 美元连她住一次医院的治疗费都不够,而她治腿曾转换过几个医院,最后落得个双腿残废。尽管有这些实际情况,但当时的初审和上诉法院均忠于美国承担的条约义务,只判给她 8 300 美元的赔偿费。这个案件在美国轰动一时,一般美国人自然认为,华沙限额低得太不合理。转引自:赵维田. 国际航空法[M]. 北京:社会科学文献出版社,2000:207.
　　③ 1929 年《华沙公约》第 36 条。

被翻译成英文的文本中,对条文的翻译和解释出现了差异,突出表现在对公约第 25 条[①]"有意的不良行为"的翻译和解释及对"承运人的受雇人或者代理人的行为"的解释中。

第一,在法文文本中,"有意的不良行为"法文为"dol",含有故意对他人造成损害的意思;而在英文文本中,"有意的不良行为"英文是"wilful misconduct",指的是行为人应该知道他的行为不好,并可能引起损害,但并不必然造成某种伤害的意思。可见,英文的"wilful misconduct"含义要比法文的"dol"含义宽泛,含有并非有意犯错的情况。

第二,对过失的解释中存在着分歧。在当时的大陆法系国家中,有把严重过失当成"dol"的倾向,相当于"dol"的过失被认为是不可原谅的过失。而在当时的英美法系各国法院中都强调"有意的不良行为"的特殊性,即认为它完全不同于过失,不论过失严重程度如何,都不属于过失的范畴。这就导致了若干国家的法院在解释上的混乱,在案件涉及本国承运人或消费者时,往往做出有利于本国承运人或消费者的解释[②]。这就是俗称的"开后门"政策,不利于华沙公约的统一适用。

第三,"承运人的受雇人或者代理人的行为"是否涵盖了承运人的雇员及代理人,各国法院解释也不尽相同,影响了华沙公约的统一适用性。华沙公约在制定时深受海商法中海牙规则的影响,在海牙规则中,也出现了"承运人的受雇人或者代理人的行为"的条文,但在海商法中对哪些属于"承运人的受雇人或代理人的行为"尚有争议,因而导致了对华沙公约中"承运人的受雇人或者代理人"的范围界定更不清晰,影响了华沙公约的统一适用。

3. 美国争夺国际航空运输的话语权,也是《海牙议定书》制定的一个原因

二战后,国际航空运输的中心从欧洲转移至美洲,美国在国际航空运输中占据着主导性地位,虽然美国也是 1929 年《华沙公约》成员国,但对承运人责任制度的规定也是两张皮,即在国际航空运输中,主要适用 1929 年《华沙公约》规定,而在国内航空运输中,适用美国国内航空法规定,二者赔偿标准差异较大。美国逐步表现出在 1929 年《华沙公约》的不满,要求重新制定新公约或修订 1929 年《华沙公约》,大幅度提高国际航空运输中承运人赔偿限额,基本达到其国内航空运输的赔偿水平。为体现美国在国际航空运输领域的主导性地位,保护美国消费者在国际航空运输中的"合法权益",在美国国内甚至有人提出,如不修订或重新制定新公约,大幅提高国际航空承运人责任限额,特别是对旅客赔偿的责任限额,美国将要

[①] (1)如果损失的发生是由于承运人的有意的不良行为,或由于承运人的过失,而根据受理法院的法律,这种过失被认为是等于有意的不良行为,承运人就无权引用本公约关于免除或限制承运人责任的规定。(2)同样,如果上述情况造成的损失是承运人的代理人之一在执行他的职务范围内所造成的,承运人也无权引用这种规定。

英文原文为:"Article 25: (1) The carrier shall not be entitled to avail himself of the provisions of this convention which exclude or limit his liability, if the damage is caused by his wilful misconduct or by such default on his part as, in accordance with the law of the court to which the case is submitted, is considered to be equivalent to wilful misconduct. (2) Similarly the carrier shall not be entitled to avail himself of the said provisions, if the damage is caused under the same circumstances by any agent of the carrier acting within the scope of his employment."

[②] 如在"戈伊普诉美国海外航空公司"案中,美国纽约州最高法院上诉庭 1952 年 12 月 16 日作出判决,将"有意的不良行为"定义为:"如初审法院所指出,有意的不良行为需要视特定条件的情况而定。然而,要想把一种行为称为有意的(wilful),被告一方应该是意识到做或不做会引起有害于他人的行为,或者有意不履行其特定职责。这里,必须认识到该行为有伤害的很大可能性,而不顾该行为很可能引起的后果。确定有意的不良行为的举证责任在原告一方。"

而在"加拉斯诉海上航空公司"案的判决中,法国法院认为,发生事故是由于飞机飞得太贴近地面造成的,这种低飞依照英美法已经构成了"有意的不良行为";若依法国法则更是如此,因为该过失已经相当于"dol"。所以,海上航空公司应依 1929 年《华沙公约》第 25 条的规定,对死者负损害赔偿责任。而在"埃内西诉法国航空公司"案中,法院认为,驾驶员对自己能力和飞机设备的可靠性的过度自信,不能称作已构成严重过失,不属于"dol"的范畴。资料来源:迪德里克斯-弗斯霍尔.航空法简介[M].赵维田,译.北京:中国对外翻译出版公司,1987:107.

退出1929年《华沙公约》。鉴于美国在国际航空运输中占据主导性地位,美国退出1929年《华沙公约》,将会使1929年《华沙公约》可能面临着名存实亡的窘况。因此,按照美国意图修订1929年《华沙公约》成为诸多国家共识,也是1955年《海牙议定书》制定的一个原因。

8.2.1.2 制定过程

20世纪30年代,在1929年《华沙公约》刚生效不久,人们就发现了1929年《华沙公约》存在着诸多问题,但随后第二次世界大战爆发,国际民用航空运输几乎停滞,1929年《华沙公约》在现实生活中的适用也比较少。二战结束后,基于上述三个方面的原因,完善1929年《华沙公约》的呼声较高。1951年国际民航组织授权法律委员会起草准备新的《华沙公约》文本草案。在1953年的国际民航组织第10次会议上法律委员会提交了文本草案。通过广泛讨论,代表们倾向于通过起草议定书的方式,对既存的国际民航组织相关条文进行详细解释,没有必要重新制定一个新的公约。后经广泛征求意见,在1955年由国际民航组织召集的海牙国际会议上,通过了对《华沙公约》的修订版本——《海牙议定书》。

8.2.1.3 主要内容

1955年《海牙议定书》共3章,计27条。第一章:对公约的修订(第1条至17条);第二章:公约经修订后的适用范围(第18条);第三章:最后条款(第19条至27条)。①

1. 对1929年《华沙公约》的修订

(1) 删除了1929年《华沙公约》中的歧视性条款。1929年《华沙公约》第1条规定,在同一缔约国的主权、宗主权、委任统治权或权力管辖下的领土间的运输,如果没有这种约定的经停地点,对本公约而言,不被认为国际运输。1955年《海牙议定书》删除了这个带有明显歧视性的条款。但在第17条第2款中规定,在公约第四十条之后,加入下条:……二、在本公约中,"领土"一词,不但指一个国家的本土,而且也指由该国在对外关系上所代表的所有其他领土。仍有歧视之嫌。

(2) 明确规定1955年《海牙议定书》不适用于邮件和邮包运输。1929年《华沙公约》第2条第2款规定,本公约不适用于按照国际邮政公约的规定而办理的运输。1955年《海牙议定书》第2条规定,在本公约第2条内,删去第二款,改用下文:"二、本公约不适用于邮件和邮包的运输。"

(3) 对运输凭证规则进行了修订。本书在第七章中对此已经做过详尽论述,不再赘述。

(4) 对承运人赔偿责任制度进行修订。1955年《海牙议定书》第11条到第15条②对承运人赔偿责任限额、受雇人及代理人的界定、损害异议期间等对华沙公约进行了修订。

2. 适用范围

1955年《海牙议定书》第18条规定,经本议定书修改的公约适用于公约第一条所确定的国际运输,但以出发地点和目的地点须在本议定书的两个当事国的领土内,或在本议定书的一个当事国领土内,而另一国家领土内有一约定的经停地点者。

3. 最后条款

在1955年《海牙议定书》最后条款中,对议定书的生效、批准等进行了规定。在《海牙议

---

① 具体条文详见:https://www.caac.gov.cn/XXGK/XXGK/GJGY/201510/t20151029_8978.html. 2024年4月30日访问。

② 具体条文详见:https://www.caac.gov.cn/XXGK/XXGK/GJGY/201510/t20151029_8978.html. 2024年4月30日访问。

定书》签订后,英国 1956 年 3 月签署了《海牙议定书》,并由 1967 年 3 月生效的航空运输法案而获得国内法的效力。美国也签署了《海牙议定书》,但并没有最终批准实施,主要原因在于《海牙议定书》尽管提高了责任限额,但是美国认为在关于旅客人身伤亡问题上还是存在太多的责任限制,直到 2003 年 9 月 15 日,美国才批准了《海牙议定书》并于是年 12 月 14 日开始对美国生效。我国于 1975 年 8 月 20 日向波兰政府交存了批准书,同年 11 月 18 日对我国生效。

8.2.2　1961 年《瓜达拉哈拉公约》

8.2.2.1　制定原因

在制定 1929 年《华沙公约》时,国际航空运输中的包租飞机的情况很少。因此,1929 年《华沙公约》并没有对承运人进行具体分类,而是统称为"承运人"。而第二次世界大战后,包租飞机尤其是航空公司之间为调剂运力而委托代运的所设"湿租"越来越多,由此而产生了订立合同的"缔约承运人"和实际承担全部或部分运输任务的"实际承运人",从而引起了诸多急待解决的法律问题,如:缔约承运人和实际承运人由谁承担对消费者的赔偿? 它们之间的责任如何分配? 因此,人们普遍认为,应在国际航空法首先界定下列两种情况下的赔偿问题:其一,将整个运输任务通过二级合同关系移交给另外一个承运人;其二,没有经过客户或者旅客的同意,而将部分的运输任务通过二级合同关系转移给另外一个承运人。

在 1955 年《海牙议定书》签订前,人们就已意识到这个问题,并在 1948 年的国际航空法律委员会 IALC(the International Aerial Legislation Congress)第 10 次会议上提出了这个问题,并展开了激烈的讨论。国际民航组织附属委员会在 1957 年东京的法律委员会第 11 次会议上提交了关于解决承运人问题的草案。1959 年,国际民航组织附属委员会指示进一步完善这个草案,1960 年草案最终完成,并且在当年的国际民航组织法律委员会蒙特利尔第 13 次会议上进行讨论。

1961 年在墨西哥第二大城瓜达拉哈拉召开外交会议,会议经过协商,签订了《瓜达拉哈拉公约》。该公约不是修订华沙公约而增补或扩展华沙公约的文件①。虽然它是个独立文件,但还是对 1929 年《华沙公约》(包括 1955 年《海牙议定书》)中的承运人进行详细界定,所以人们一般仍列入华沙公约系列,成为"华沙体制"的组成部分。

该公约于 1964 年 5 月 1 日起生效,我国尚未加入该公约,中华人民共和国政府 1997 年 6 月 12 日通知:目前适用于香港的该公约自 1997 年 7 月 1 日起将继续适用于香港特别行政区。

8.2.2.2　主要内容

1961 年《瓜达拉哈拉公约》共 18 个条文,②对缔约承运人、实际承运人进行了界定,并分别对他们的法律责任进行了规定,填补了 1929 年《华沙公约》和 1955 年《海牙议定书》在这方面的空白。其主要内容如下:

---

① 公约的英文名称为:"Convention, Supplementary to the Warsaw Convention, for the Unification of Certain Rules Relating to International Carriage by Air Performed by a Person Other than the Contracting Carrier."

② 具体条文详见:https://www.caac.gov.cn/XXGK/XXGK/GJGY/201510/t20151029_8977.html. 2024 年 4 月 18 日访问。

1. 缔约承运人和实际承运人的定义

1961年《瓜达拉哈拉公约》第1条规定:"……(2)'缔约承运人'指以业主身份与旅客或托运人,或与旅客或托运人的代理人订立一项适用华沙公约的运输合同的人;(3)'实际承运人'指缔约承运人以外,根据缔约承运人的授权办理第2款所指全部或部分运输的人,但对该部分运输此人并非华沙公约所指的连续承运人。在没有相反的证明时,就认为授权是存在的。"

2. 责任期间

1961年《瓜达拉哈拉公约》第2条规定:"如实际承运人办理第一条第2款所指合同规定适用华沙公约的运输的全部或部分,除本公约另有规定外,缔约承运人和实际承运人都应受华沙公约规则的约束,前者适用于合同规定运输的全部,后者只适用于其办理的运输。"

3. 缔约承运人和实际承运人责任的相互归因

公约在第3条①和第4条②规定了缔约承运人和实际承运人及他们的受雇人和代理人之间责任的相互归因性。

4. 赔偿责任限额

1929年《华沙公约》规定的承运人赔偿责任限额,同样适用于瓜达拉哈拉公约中所规定的缔约承运人和实际承运人及他们的受雇人、代理人所赔偿的总额。具体体现在1961年《瓜达拉哈拉公约》第5条③、第6条④和第9条⑤规定中。

5. 赔偿诉讼

1961年《瓜达拉哈拉公约》对原告起诉的对象、诉讼管辖法院等在第7条⑥、第8条⑦和第10条⑧中进行了具体规定。

---

① (1)实际承运人及其受雇人和代理人在雇佣代理范围内行事时,对实际承运人所办运输的行为和不行为,应该认为也是缔约承运人的行为和不行为。(2)缔约承运人及其受雇人和代理人在雇佣代理范围内行事时,对实际承运人所办运输的行为和不行为,应该认为也是实际承运人的行为和不行为。但此种行为或不行为不应该使实际承运人承担超过华沙公约第二十二条规定的责任限额。除非经实际承运人同意,否则规定缔约承运人承担华沙公约未规定的责任或放弃该公约赋予的任何权利的任何特别协议,或根据上述公约第二十二条在目的地交提时任何特别的利益声明,都不应该影响实际承运人。

② 根据华沙公约向承运人提出的任何申诉或发出的任何指示,不论是向缔约承运人或向实际承运人提出,应具有同等效力。但华沙公约第十二条所述指示只在向缔约承运人提出时才有效。

③ 实际承运人或缔约承运人的任何受雇人或代理人,如果能证明是在雇佣代理范围内行事,则对实际承运人办理的运输应有权引用本公约对雇佣他或他所代理的承运人的责任限额,但根据华沙公约证明他的行为不能援引该责任限额时不在此列。

④ 实际承运人和缔约承运人及其受雇人和代理人在雇佣代理范围内行事时,对实际承运人所办运输的赔偿总额不应超过根据本公约可能判定缔约承运人或实际承运人赔偿的最高数额,但上述任何人不应承担超过对他适用的限额。

⑤ (1)企图免除本公约对缔约承运人或实际承运人所规定的责任,或定出一个低于本公约规定责任限额的任何合同条款,都不生效,但整个合同仍受本公约规定的约束,并不因此失效。(2)对实际承运人所办运输,上款不得应用于关于所载货物由于其属性或本身质量、缺陷而引起的遗失或损坏的合同规定。(3)双方旨在违背本公约的规则,在损坏发生前在运输合同中缔结的任何条款和一切特别协议,不论是用决定适用的法律的办法或改变承审法院规则的办法,都属无效。但如在第八条所指承审法院中进行仲裁,则在不违反本公约的规定的情况下,许可缔结关于货物运输的仲裁条款。

⑥ 对实际承运人所办运输的赔偿诉讼,应按原告的意愿,向实际承运人或缔约承运人提出,或同时或分别向他们提出。如只向这些承运人之一提出诉讼,则该承运人应有权要求另一承运人参加应诉,诉讼程序和效力应以受理法院的法律为依据。

⑦ 公约第七条所指赔偿诉讼,应根据原告的意愿,按华沙公约第二十八条的规定向可以对缔约承运人提出诉讼的法院,或向实际承运人居住所在地或其总管理处所在地的法院提出。

⑧ 除第七条规定外,本公约并不妨碍两承运人之间的权利和义务。

6. 其他规定

1961年《瓜达拉哈拉公约》从第11条到第18条[①]对公约的加入、生效、保留以及退出等作了具体规定。

8.2.2.3 简要评述

1961年《瓜达拉哈拉公约》的签订厘清了缔约承运人、实际承运人及他们的受雇人、代理人相互之间的关系,解决了司法实践中所遇到的难题,丰富了华沙体制的内容,进一步维护了消费者的权益,直至今日,仍具有重要的理论意义。

第一,1961年《瓜达拉哈拉公约》厘清了缔约承运人、实际承运人及他们受雇人、代理人相互之间的关系,解决了司法实践中所遇到的难题。航空运输合同属于合同一种,相对性是合同的一个重要原则,在公约签订前,在航空运输中已经出现了包机运输等新型法律关系,而消费者并没有和实际运输的承运人签订运输合同,因此,在损害发生时由谁赔偿的问题华沙公约并没有作出规定,从而给司法实践带来了难题。但1961年《瓜达拉哈拉公约》的签订,厘清了缔约承运人、实际承运人及他们的受雇人、代理人相互之间的关系,解决了司法实践中所遇到的难题。

第二,1961年《瓜达拉哈拉公约》丰富了华沙体制的内容,填补了华沙公约中未包括非运输合同一方从事国际航空运输的规则。正如该公约序言中所述那样,"本公约各签字国注意到,华沙公约并未包括非运输合同一方所办国际航空运输的专门规则,因此认为有必要制订适用于这种情况的规则。"

第三,扩大了消费者的维权范围,保护了消费者的合法权益。1961年《瓜达拉哈拉公约》的签订,使得消费者在受到损害时不仅可以起诉缔约承运人和实际承运人,而且还可以起诉他们的受雇人、代理人,这就扩大了消费者的维权范围,保护了他们的合法权益。

但不可否认的是,1961年《瓜达拉哈拉公约》在实践适用极少,究其原因,主要是因为公约在赔偿限额上仍坚持了华沙公约的规定,并没有真正给予消费者"实惠",从这一点上来说,其理论意义远远大于实践意义。

8.2.3 1966年《蒙特利尔协议》

8.2.3.1 制定原因

由于航空运输有国内和国际之分,二者适用不同的法律制度,特别对于发达国家美国来说,对消费者的赔偿差异较大。因此,在第二次世界大战结束后,美国就一直对华沙公约所规定的最低赔偿限额不满,虽然在后来的海牙议定书上签了字,但要想获得美国参议院2/3

[①] 具体条文详见:https://www.caac.gov.cn/XXGK/XXGK/GJGY/201510/t20151029_8977.html. 2024年4月18日访问。

以上多数同意批准海牙议定书困难重重。而且在这期间,又发生了两次空难①,增加了美国不批准海牙议定书的可能性。美国大多数公众对是否批准海牙议定书有二种意见:一种是以大城市律师协会、大专院校教授和保险界的为主,主张批准,以维护对外关系,保持国际统一规则;一种以出庭律师协会为首,社会舆论与各界人士组成,坚持主张,美国应当退出华沙公约。但争论的双方有一个共同点,都认为华沙公约和海牙议定书的责任限额对美国来说太低。最后,加利福尼亚法学院研究生桑德(P. Sand)在1961年提出了一个折中模式,建议在批准海牙议定书的同时,用国内立法规定所有进出美国的航空公司作强制保险的方法,将对每位旅客的责任限额再增加5万美元,加上海牙议定书本身的16 600美元,共计66 000美元,一般可满足美国公民的赔偿需要。桑德方案很快被美国政府接受,并据此草拟了有关强制保险条例,连同海牙议定书,一并提交国会讨论。桑德将这个模式写了一篇论文:"华沙公约对旅客事故赔偿与责任限制"。桑德模式后来成了美国坚持的一项重要政策。②

以桑德模式为指导,1965年11月15日,美国正式通知波兰政府,提出退出华沙公约,并在同一天,美国国务院召开新闻发布会,威胁说:"今天交存的退出通知,在1966年5月15日生效前,如果出现了就国际航空运输对每位旅客的责任限额为10万美元达成国际协议的前景,或者在该国际协议生效前在主要航空企业之间有将每位旅客的责任限额提高到75 000美元达成临时协议的前景,美国打算撤回它的退出通知。"为此,国际民航组织在1966年1月专门召开一次特别会议,讨论美国所提出的条件,但会上赞成美国10万美元限额者寥寥无几。尼日利亚代表更是会议上义正词严地问道:"为何要穷农夫为富国王的安适而掏钱?"美国代表无言以对,特别会议匆匆收场。为确保国际航空公约的统一适用,避免华沙公约的分裂,同时鉴于美国在国际航空运输中举足轻重的地位,为使美国政府收回成命,由国际航协出面从中斡旋,终于在美国退出通知生效前两天,即1966年5月13日,在以美国民航委员会(CAB)为一方,以世界各大航空公司(包括美国许多航空公司)为另一方,双方达成一项民间合同性质的协议,蒙特利尔协议诞生。③

8.2.3.2 主要内容

1. 提高对旅客赔偿责任限额

该协议规定,按照运输合同的约定,其始发地点、目的地点或约定的经停地点有一个在美利坚合众国,则:对每一旅客死亡、受伤或其他身体伤害所确定的责任限额,包括法律费用,应是75 000美元。但是,在一国提出赔偿要求而该国规定要分开判给法律费用时,则责

---

① 这两起空难分别是美联航空难和哥伦比亚航空公司空难。1955年10月,美国联合航空公司从纽约飞旧金山的409航班,于经停丹佛后起飞不久,就撞在洛基山的麦迪辛山峰上失事,61名旅客5名机组人员无一幸免。这本是一起国内航班事故,按美国绝大多数州的州法,承运人的责任不受限制,因此罹难旅客家属获得从十几万到几十万美元不等的赔偿。唯独旅客中有5个人,他们是某宗教唱经班成员,从欧洲回国时在欧洲购买的联程票,因出发地和目的地在两个缔约国境内,属《华沙公约》第1条定义的"国际运输",对他们的赔偿却只有华沙公约规定的8 300美元。两者鲜明对照,美国舆论哗然。1960年1月,哥伦比亚航空公司从美国迈阿密飞波哥大的671航班,于经停蒙特哥湾市(牙买加港口城市)降落时失事。罹难的37名旅客中有美国参议院外交委员会主席凯皮哈特的儿子与儿媳。当时哥伦比亚尚未加入《华沙公约》,而美国与牙买加都是《华沙公约》的缔约国,因此凡购买到波哥大飞机票的旅客,不适用《华沙公约》,赔偿额没有限制,而购买到蒙特哥湾市票者,适用《华沙公约》,每人赔偿限制在8 300美元。此案又在美国激起一阵反对《华沙公约》并反对批准《海牙议定书》的浪潮,加上死者亲属是掌握参议院批准条约大权的大人物,批准已变成不可能之事。转引自:赵维田.国际航空法[M].北京:社会科学文献出版社,2000:213-214.

② 赵维田.国际航空法[M].北京:社会科学文献出版社,2000:224.

③ 赵维田.国际航空法[M].北京:社会科学文献出版社,2000:216.

任限额应是 58 000 美元,不包括法律费用。

2. 修订了承运人对旅客责任原则

协议规定,对于因旅客死亡、受伤或其他身体伤害提出的任何赔偿要求,承运人不得援引华沙公约或海牙议定书中所修正的该公约第 20 条第 1 款规定的任何抗辩。这个规定将华沙公约中承运人对旅客的推定过失责任修订为无过错责任。同时,该协议还规定:对于故意造成伤害致使旅客死亡、受伤或其他身体伤害的任何人提出的赔偿要求,或者是以该人名义或关于该人提出的赔偿要求,本协议的任何规定均不影响承运人的权利和义务。

3. 修订了客票规定

协议规定,每一承运人在出具客票时应向每一旅客提交下列通知,该通知应以不小于十号现代字体,用与纸对照鲜明的油墨,印制在:(1) 每一客票上;(2) 在单页纸上,并放入客票夹内或附在客票上;或者(3) 印制在客票夹的封面上。

通知的内容为:兹通知旅客,凡旅程的最终目的地点或一个经停地点在出发地国以外的另一国时,一个称为华沙公约的条约可以适用于整个旅程,包括完全在出发地国或在目的地国的任何部分。对于旅程的目的地点、出发地点或一个约定的经停地点在美利坚合众国的旅客,该公约和列入适用运价中的特别运输合同规定:承运人名称和参加这些特别合同的某些其他承运人的责任,当旅客发生死亡或人身伤害时,在大多数情况下,对证明确实的损失,限制在对每一旅客不超过 75 000 美元,且此种被限制的责任不取决于承运人有否过失,对于由来参加这些特别合同的承运人所承运的旅客,或者旅程的目的地点、出发地点或一个约定的经停地点不在美利坚合众国的旅客,承运人对旅客死亡或人身伤害的责任,在大多数情况下,限制在对每一旅客约 8 290 美元或 16 580 美元。美国民用航空委员会 1914 年 1 月 3 日通过第 74-1-16 号令,将 125 000 金法郎和 250 000 金法郎与美元的折合,分别改定为 10 000 美元和 20 000 美元。参加这些特别合同的承运人的名单存放在这些承运人的各售票处,可应要求提供查阅。旅客通常可以在私营公司购买保险获得附加保护。上述保险不受华沙公约或这些特别运输合同对承运人责任限制的影响。详细情况请与你的航空公司或保险公司代表洽商。在上述通知中,"承运人名称和某些其他承运人"可以用"某些承运人"代替。

4. 协议生效、加入和退出规定

(1) 协议生效。协议规定:本协议应提交美国民用航空委员会,以便按照经修正的 1958 年《联邦航空法》第 412 条的规定审批;如经要求还应提交其他国家政府。本协议经民用航空委员会按照上述第 412 条规定批准后生效。

(2) 加入。任何经办适用华沙公约或经海牙议定书修正的华沙公约的运输的承运人,签署一份协议副本并交存美国民用航空委员会,都可成为该协议的当事人。

(3) 退出。参加该协议的任何承运人都可退出协议。退出应预先十二个月书面通知美国民用航空委员会和参加协议的其他承运人。

8.2.3.3 简要评述

1966 年《蒙特利尔协议》的签订是美国霸权主义的体现,它主要目的是维护美国旅客的利益,但对促进国际航空运输承运人责任制度的发展,保障国际航空公约的统一适用等方面仍然具有一定的意义。

第一,1966 年《蒙特利尔协议》具有一定的合理性。1966 年《蒙特利尔协议》是当时世界上经济最发达、生活水平最高的航空超级大国美国与一般国家在赔偿数额上的矛盾与冲突,尖锐到无法调和情况下,达成的暂时妥协。从调整国际经济矛盾的意义上说,有它的必然性或一定合理性,对于国际航空法而言,它体现了华沙体制发展过程中的矛盾与妥协,是在官方或政府间解决机制无法运转情况下的一种民间方式的解决机制。

第二,推动国际航空运输规则的完善。在1966年《蒙特利尔协议》签订时,原是一项临时或过渡性约定,但后来由于正式形成条约的1971年《危地马拉协定书》迟迟未能生效,致使经停美国客运航班的一直适用该规则。并在随后产生了示范效应,如1974年西欧各国和日本等国政府,在地中海岛国马耳他磋商后,签署了马耳他协议,决定将本国航空公司的客运航班责任限额也提高到58 000美元,虽然马耳他协议并不是正式的国际公约,但这些国家或通过正式立法,或由本国航空公司自行决定,都提高了责任限额。①

第三,从严格法律意义上说,1966年《蒙特利尔协议》并没有强制性的国际法律约束力。从国际法的角度来看,该协议并不具备国际法效力,因为作为签约的另一方航空公司根本不具备国际法的主体资格。因此,有些西方学者提出该协议是"经1966年《蒙特利尔协议》修订的华沙公约"将它作为一个国际航空公约是荒谬的,因为修改公约必须是经缔约国的同意,或在公约中有明文的规定,而且修改公约如同制定公约一样,其主体必须是有缔约能力。但为了研究方便,学者们一般也将1966年《蒙特利尔协议》划归华沙体制的范畴。

8.2.4 1971年《危地马拉城议定书》

8.2.4.1 制定原因

1966年《蒙特利尔协议》将国际航空运输中承运人对旅客责任规则改为了无过错责任制,这是当时航空科技高度发展的必然结果。早期的航空风险,如天灾、人祸或技术故障等,基本上都可预见并加以防止的,加上航空保险业已高度发达,承运人可以通过保险等方式来转移风险。因此,国际社会达成共识,应修订1929年《华沙公约》和1955年《海牙议定书》,以保障旅客权益,进而保证国际航空规则的统一适用,促进国际航空运输的发展。

在1966年《蒙特利尔协议》签订后,国际民航组织法律委员会经过了5年反复讨论与艰苦磋商,再次对美国做出重大让步后,于1971年在危地马拉城外交会议上由22国②签订《危地马拉城议定书》。1971年《危地马拉城议定书》修订的是1929年《华沙公约》和1955年《海牙议定书》的旅客与行李运输规则,未触及并保持了1929年《华沙公约》有关货物运输规则。这个文件的正式名称是:"修订经1955年9月28日在海牙修订1929年10月12日在华沙签订的《统一国际航空运输某些规则的公约》议定书的议定书"③,其正式简称为:"修正经1955年《海牙议定书》修正的1929年《华沙公约》",④一般称之为1971年《危地马拉城议定书》。

8.2.4.2 主要内容

1971年《危地马拉城议定书》共3章,计26条。第一章《对公约的修正》(第1条到第15

---

① 但《马耳他协议》与1966年《蒙特利尔协议》有两点重要不同:第一,它并未废止《华沙公约》第二十条的适用;第二,它的适用范围仅限于本国航空公司,而不像《蒙特利尔协议》那样适用于所有进出、经停美国和国际客运航班。
② 这22个国家分别是比利时、巴西、加拿大、哥伦比亚、哥斯达黎加、丹麦、厄瓜多尔、萨尔瓦多、法国、德国、危地马拉、以色列、意大利、牙买加、尼加拉瓜、瑞士、特立尼达和多巴哥、英国、美国、委内瑞拉玻利瓦尔共和国、西班牙、墨西哥。
③ 英文原文为:Protocol to Amend the Convention for the Unification of Certain Rules Relating to International Carriage by Air signed at Warsaw on 12 October 1929 as Amended by the Protocol done at The Hague on 28 September 1955.
④ 英文原文为:Amending Warsaw Convention of 1929 as amended by The Hague Protocol of 1955.

条),第二章《公约经修正后的适用范围》(第 16 条),第三章《最后条款》(第 17 条到 26 条)。主要内容有:

1. 将华沙公约的推定过失责任制改为完全(无过失)责任制

1971 年《危地马拉城议定书》第 4 条规定:删去第 17 条,改用下文:"一、对于旅客死亡或人身伤害所受到的损失,承运人要承担责任,但仅限于这样的条件下,即造成旅客伤亡的事件发生在航空器上,或者登机或下机过程中的任何一个阶段。凡纯属由旅客健康状况引起的伤亡,承运人不负责任。二、承运人要对行李的毁灭、遗失或损坏所受到的损失承担责任,但只限于这样条件下,即造成行李毁灭、遗失或损坏的事件发生在航空器上,或者装卸航空器过程中的任何一个阶段,或者该行李在承运人掌管期间。凡纯属行李的固有缺陷、品质或瑕疵引起的损失,承运人不负责任。"

2. 提高了赔偿责任限额

1971 年《危地马拉城议定书》第 8 条规定:删去公约第二十二条,改用下文:"第二十二条:一、(一)在旅客运输中,承运人对每名旅客由于死亡或者人身伤害造成的损失的责任,不论其根据如何,赔偿额总数以一百五十万法郎为限。根据案件受理法院地的法律,可以用分期付款方式赔偿损失的,赔偿的本金总额不得超过一百五十万法郎。(二)运输旅客造成延误的,承运人对每名旅客的责任以六万二千五百法郎为限。(三)在行李运输中造成毁灭、遗失、损坏或延误的,承运人对每名旅客的责任以一万五千法郎为限。……"

3. 规定最高限额不可突破

1971 年《危地马拉城议定书》第 9 条规定:删去公约第二十四条,改用下文:"第二十四条:一、在货物运输中,任何赔偿诉讼,不论其根据如何,只能依照本公约规定的条件和限额提出。二、在旅客、行李运输中,任何赔偿诉讼,不论其根据如何,不论是根据本公约、根据合同,还是由于侵权行为或任何其他原因,只能依照本公约规定的条件和限额提出,但是不妨碍谁有权提起诉讼以及他们各自的权利。此责任限额为最高额,无论产生责任的情势如何,均不得超过这一限额。"

4. 增加了一个可诉法院

1971 年《危地马拉城议定书》第 12 条规定:本公约第二十八条中第二款改为第三款,另增加第二款如下:"二、对于旅客因死亡、伤害或者延误以及行李因毁灭、遗失、损坏或延误而产生的损失,赔偿诉讼可向该条第一款所列的法院之一提起,或者在旅客有住所或永久居所的缔约国内,向在其辖区内承运人设有机构的法院提起。"

5. 条约生效的程序规定

1971 年《危地马拉城议定书》第 20 条规定:"一、本议定书自第三十份批准书交存后第九十日起生效,但必须在批准本议定书的国家中有五个国家的航空公司的定期国量,根据国际民用航空组织 1970 年所公布的统计,至少占国际民用航空组织成员国该年的定期国际航班总运量的 40%。如在第三十份批准书交存时这一条件尚未具备,则本议定书应在该条件具备后第九十日起生效。在本议定书生效所需的最后一个批准书交存以后,批准本议定书的国家在其批准书交存后第九十天起本议定书对其生效。……"

8.2.4.3 简要评述

1971 年《危地马拉城议定书》修订了 1929 年《华沙公约》和 1955 年《海牙议定书》关于承运人对旅客的责任制度,具有一定的历史意义,符合航空运输发展的需要,该公约虽然目前尚未生效[①]，但它对完善华沙体制和学者们的理论研究具有重要的借鉴意义。

第一，1971年《危地马拉城议定书》将国际航空运输中承运人对旅客和行李的责任规则改为了无过错责任制，并且大幅度地提高赔偿责任限额，符合了航空运输发展的必然趋势。随着航空科学技术的发展，航空运输的风险已经大大降低了，加上航空保险的保驾护航，没有理由不提高国际航空运输中的承运人赔偿责任，这对保护消费者的利益也有着重要的意义。

第二，1971年《危地马拉城议定书》规定了最高限额的不可突破，在一定程度上作为较高限额的交换条件，不仅保护了旅客的利益，同时也保护了航空承运人的利益。

第三，1971年《危地马拉城议定书》增加了一个可诉法院，为旅客维权提供了更加便利的通道。1929年《华沙公约》中规定的旅客可以起诉的法院是四个，1971年《危地马拉城议定书》增加了旅客可向其永久居所地法院提起诉讼，增加了旅客的维权通道。

第四，在公约的生效程序上，该议定书第20条规定了反常程序，实际上是以美国的批准为前提条件的，是美国航空霸权主义的体现。[②] 但这个议定书在美国参议院迟迟得不到通过，因为他们还嫌责任限额太低。

第五，虽然该议定书至今尚未生效，但它对以后国际航空运输协定的借鉴意义以及学者们的研究价值还是具有重大意义的。如1999年《蒙特利尔公约》中的诸多条文就是借鉴了1971年《危地马拉城议定书》的规定。

8.2.5　1975年四个蒙特利尔附加议定书

8.2.5.1　制定背景

20世纪60年代末与70年代初，国际货币危机日益严重，黄金价格飞涨，美元一再贬值，这给许多国际条约的"黄金条款"带来麻烦，而1929年《华沙公约》关于责任限额的折算问题就是其中之一。1929年《华沙公约》第22条第4款明文规定："（4）上述法郎是指含有千分之九百成色的65.5毫克黄金的法国法郎。这项金额可以折算成任何国家的货币，取其整数。"这里定义的"法国法郎"指的是普安卡雷法郎。就其在条约中的含义来说，实际上是作为一种国际计算单位的黄金标记而已，并无以法国货币作准的意思。为澄清这一点，1955年《海牙议定书》将之改为"货币单位"。1955年《海牙议定书》之所以选择以黄金作计算单位，是为了保证责任限额的稳定性，不受一国货币升降的影响；而且使各国法院判给的赔偿额在价值上一致，避免由此引起"挑选法院"的弊端。

1944年7月1日到22日，美、苏、中、法等44个国家的730名代表在美国新罕布什尔州布雷顿森林的华盛顿大旅社举行联合国家货币金融会议（United Nations Monetary and Financial Conference），通过了《联合国货币金融会议的最后决议书》《国际货币基金组织协定》和《国际复兴开发银行协定》等文件，总称为布雷顿森林体系。布雷顿森林体系是以美元和黄金为基础的金汇兑本位制，其实质是建立一种以美元为中心的国际货币体系。第二次世界大战后，根据形成的国际货币体制，美国承担了按每盎司黄金35美元价格自由兑换黄

---

① 目前，该议定书只有哥伦比亚（1974年6月19日）、哥斯达黎加（1972年12月20日）、意大利（1985年3月26日）、荷兰（1983年1月7日）、多哥（1987年4月24日）、希腊（1989年1月11日）、塞浦路斯（1992年11月30日）、秘鲁（2021年11月15日）递交了批准书。

② 赵维田.国际航空法[M].北京：社会科学文献出版社，2000：224.

金的国际义务,确定了美元作为国际标准货币的地位。

20世纪60年代,美国财政恶化,美元开始贬值,后经西欧六国黄金联库[①]的支撑,勉强维持到1968年,终于抵挡不住国际上抛售美元的巨浪。从1971年开始,西方各国纷纷允许本国货币与黄金比价自由浮动,美国政府也宣布停止履行其按"官价"(每盎司35美元)自由兑换黄金的国际承诺。这样,国际上出现了黄金的"双重价格";一种是自由市场上依供需决定的商品价格,一度高达每盎司400美元以上;另一种是只通行于各国中央银行之间汇兑业务结算的"官价"。这两种价格实际相差约十倍左右,那么华沙限额应该根据哪种价格计算呢?各国法院选择不同,学者的理论主张分歧。即使黄金"官价",也有变化。每盎司35美元的比值原是1934年美国"币值法"规定的。1972年美国官方正式宣布美元贬值,国会同时通过了"修订币值法",将黄金官价提高到每盎司38美元。1973年再度宣布美元贬值,"修改比值法"将黄金官价又增高到每盎司42.2222美元。货币危机导致国际货币基金组织废除美元作为国际标准货币的法定地位,而采用"特别提款权"(SDR)作计算单位,并于1978年4月1日实行。与此同时美国国会也废止了1973年"修改比值法",取消了美元对黄金的"官价"。这样,按美国1973年"修改比值法"确定的每盎司黄金折合42.2美元的"官价",就成了永远不会再变动的所谓"最后官价"。按此官价折算,1929年《华沙公约》对每位旅客的责任限额约一万美元,1955年《海牙议定书》的限额约二万美元。

8.2.5.2 主要内容

1. 1975年《蒙特利尔第一号附加议定书》

该议定书共3章,计13条。第一章《对公约的修正》(第1条和第2条),第二章《公约经修正后的适用范围》(第3条),第三章《最后条款》(第4条到13条)。主要内容有:

(1) 该议定书修正的是1929年《华沙公约》[②]。其第1条规定,本章各款所修改的公约,是1929年《华沙公约》。

(2) 改用特别提款权作为赔偿的计价货币。这是该议定书的核心内容,该议定书第2条规定:删去第二十二条,改用下文:

一、在旅客运输中,承运人对每名旅客的责任以八千三百特别提款权为限。根据案件受理法院地的法律,可以用分期付款方式赔偿损失的,赔偿的本金总额不得超过此限额。但是,旅客可以通过其同承运人的特别协议,约定一个较高的责任限额。

二、在托运行李和货物运输中,承运人的责任以每公斤十七特别提款权为限,除非旅客或者托运人在向承运人交运特别声明在目的地交付时的利益,并在必要时支付附加费。在后种情况下,承运人应当偿付到声明的金额,除非承运人声明的金额高于在目的地点交付时旅客或托运人的实际利益。

三、关于旅客自行照管的物件,承运人对每名旅客的责任以三百三十二特别提款权为限。

[①] 1961年年初,由美国牵头,联合英国、德国、法国、意大利、瑞士、荷兰、比利时欧洲七国,拿出总计2.7亿美元的黄金储备,建立了一个"黄金总库"。黄金总库的股份由美国承担一半,其他7国各占一半。共同在伦敦黄金自由市场维持黄金每盎司35美元的黄金官价,"保卫美元"。1967年7月,法国宣布退出总库。1968年3月,资本主义世界爆发了第二次美元危机,再一次掀起了抢购黄金的风潮。半个月之内,美国损失的黄金就达14亿美元。"黄金总库"因此宣告垮台。

[②] 该议定书全称为《修改1929年10月12日在华沙签订的统一国际航空运输某些规则的公约的第一号附加议定书》。英文名称为:Additional Protocol No. 1 to Amend the Convention for the Unification of Certain Rules Relating to International Carriage by Air signed at Warsaw on 12 October 1929.

四、该条所称金额的特别提款权,是指国际货币基金组织所规定的特别提款权。发生诉讼时,此项金额与各国货币的折算,应当按照判决之日用特别提款权表示的该国货币的价值进行。缔约国是国际货币基金组织成员国的,用特别提款权表示的该国货币的价值,应当按照判决之日有效的国际货币基金组织在其业务和交易中采用的计价方法进行计算。缔约国不是国际货币基金组织成员国的,用特别提款权表示的该国货币的价值,应当按照该缔约国所确定的方法计算。但是,不是国际货币基金组织的成员国并且其法律不允许适用第二十二条第一、二、三款规定的国家,可以在批准或者加入或者在其后的任何时候声明,在其领土内诉讼时,就第二十二条第一款而言,承运人对每名旅客的责任以十二万五千货币单位为限;就第二十二条第二款而言,承运人的责任以每公斤二百五十货币单位为限;就第二十二条第三款而言,承运人对每一旅客的责任以五千货币单位为限。此种货币单位相当于含有千分之九百成色的六十五点五毫克的黄金。此项金额可折算为有关国家货币,取其整数。此项金额与国家货币的折算,应按照有关国家的法律进行。

(3) 最后条款。在该议定书的最后条款中,对生效、加入、保留和退出进行了规定。

该议定书于1996年2月15日生效,现共有51个当事国。①

2. 1975年《蒙特利尔第二号附加议定书》

该议定书在的篇章结构和第一号议定书完全相同。该议定书是对1955年《海牙议定书》修正后的《华沙公约》的修订。②

其核心条文是第2条,规定为:删去公约第二十二条,改用下文:

一、在旅客运输中,承运人对每名旅客的责任以一万六千六百特别提款权为限。根据案件受理法院地的法律,可以用分期付款方式赔偿损失的,赔偿的本金总额不得超过此限额。但是,旅客可以通过其同承运人的特别协议,约定一个较高的责任限额。

二、(一)在托运行李和货物运输中,承运人的责任以每公斤十七特别提款权为限,除非旅客或托运人在向承运人交运包件时,特别声明在目的地点交付时的利益,并在必要时支付附加费。在后种情况下,承运人应当偿付到声明的金额,除非承运人证明声明的金额高于在目的地点交付时旅客或托运人的实际利益。(二)托运行李或者货物的一部分或者托运行李、货物中的任何物件灭失、损坏或者延误的,用以确定承运人赔偿责任限额的重量,仅为该一包件或者数包件的总重量;但是,因托运行李或者货物的一部分或者托运行李、货物中的任何物件的毁灭、遗失、损坏或者延误,影响同一份行李票或者同一份航空货运单所列其他包件的价值的,确定承运人的赔偿责任限额时,此种包件的总重量也应当考虑在内。

三、关于旅客自行照管的物件,承运人对每名旅客的责任以三百三十二特别提款权为限。

四、该条规定的限额并不妨碍法院按其法律另外加判全部或一部分法院费用及对原告所产生的其他诉讼费用。如判给的赔偿金额,不包括法院费用及其他诉讼费用,不超过承运人于造成损失的事件发生后六个月内或已超过六个月而在起诉以前以书面向原告提出签应

---

① 具体当事国名称详见:https://www.icao.int/secretariat/legal/List%20of%20Parties/AP1_EN.pdf. 2024年3月5日访问。

② 全称为《经1955年9月28日在海牙签订的议定书修正的1929年10月12日在华沙签订的统一国际航空运输某些规则的公约的第二号附加议定书》。英文为"Additional Protocol No. 2 to Amend the Convention for the Unification of Certain Rules Relating to International Carriage by Air signed at Warsaw on 12 October 1929 as Amended by the Protocol done at The Hague on 28 September 1955."

承担的金额,则不适用上述规定。

五、该条所称金额的特别提款权,是指国际货币基金组织所规定的特别提款。发生诉讼时,此项金额与各国货币的折算,应当按照判决之日用特别提款权表示的该国货币的价值进行。缔约国是国际货币基金组织成员国的,用特别提款权表示的该国货币的价值,应按照判决之日有效的国际货币基金组织在其业务和交易中采用的计价方法进行计算。缔约国不是国际货币基金组织成员国的,用特别提款权表示的该国货币的价值,应当按照该缔约国所确定的办法计算。

但是,不是国际货币基金组织的成员国并且其法律不允许适用第二十二条第一款、第二款第(一)项和第三款规定的国家,可以在批准或者加入或者在其后的任何时候声明,在其领土内诉讼时,就第二十二条第一款而言,承运人对每名旅客的责任以二百五十万货币单位为限;就第二十二条第二款第(一)项而言,承运人的责任以每公斤二百五十货币单位为限;就第二十二条第三款而言,承运人对每名旅客的责任以五千货币单位为限。此种货币单位相当于含有千分之九百成色的六十五点五毫克的黄金。此项金额可折算为有关国家的货币,取其整数。此项金额与国家货币的折算,应当按照有关国家的法律进行。

该议定书于1996年2月15日生效,2016年5月16日随着对伊朗的生效,共有52个当事国。①

3. 1975年《蒙特利尔第三号附加议定书》

1975年《蒙特利尔第三附加议定书》共3章,计14条,是对经《海牙议定书》和《危地马拉城议定书》修正后的华沙公约的修订。②

该议定书的核心条文是第2条,该条规定为:删去公约第二十二条,改用下文:

一、(一)在旅客运输中,承运人对每名旅客由于死亡或者人身伤害造成的损失的责任,不论其根据如何,十万特别提款权为限。根据案件受理法院地的法律可以用分期付款方式赔偿损失的,赔偿的本金总额不得超过十万特别提款权。(二)运输旅客造成延误的,承运人对每名旅客的责任以四千一百五十特别提款权为限。(三)在行李运输中造成毁灭、遗失、损坏或延误的,承运人对每名旅客的责任以一千特别提款权为限。

二、(一)在货物运输中,承运人的责任以每公斤十七特别提款权为限,除非托运人在向承运人交运货物时,特别声明在目的地点交付时的利益,并在必要时支付附加费。在后种情况下,承运人应当偿付到声明的金额,除非承运人证明声明的金额高于在目的地点交付时托运人的实际利益。(二)货物的一部分或者货物中的任何物件发生灭失、损坏或者延误,用以确定承运人责任限额的重量,仅为该一包件或者数包件的总重量;但是因货物的一部分或者货物中的任何物件的灭失、损坏或者延误,影响同一份航空货运单所列其他包件的价值的,确定责任限额时,此种包件的总重量也应当考虑在内。

三、(一)缔约国法院如根据其各自的法律,无权判处诉讼费,包括律师费,则在适用本公

---

① 具体当事国名称详见:https://www.icao.int/secretariat/legal/List%20of%20Parties/AP2_EN.pdf. 2024年3月5日访问。

② 全称为《修改经1955年9月28日在海牙签订的议定书和1971年3月8日在危地马拉城签订的议定书修正的1929年10月12日在华沙签订的统一国际航空运输某些规则的公约的三号附件议定书》。英文为:"Additional Protocol No. 3 to Amend the Convention for the Unification of Certain Rules Relating to International Carriage by Air signed at Warsaw on 12 October 1929 as Amended by the Protocols done at The Hague on 28 September 1955 and at Guatemala City on 8 March 1971."

约的诉讼案中有权自由裁量,在其认为合理时,将全部或部分诉讼费,包括律师费,判归原告。(二)只有在原告将索赔金额及其计算细节书面通知了承运人,而承运人收到该通知后的六个月内,未以书面形式提出至少与在所适用的限额内所判的数额相等的金额的清偿办法的情况下,才能按照第(一)项的规定判给包括律师费在内的诉讼费。如诉讼是在六个月后提起,则这一时限可延至起诉之日。(三)在援用该条规定的限额时,应不考虑包括律师费在内的诉讼费用。

四、该条和第四十二条所称金额的特别提款权,是指国际货币基金组织所规定的特别提款权。发生诉讼时,此项金额与各国货币的折算,应当按照判决之日用特别提款权表示的该国货币的价值进行。缔约国是国际货币基金组织成员国的,用特别提款权表示的该国货币的价值,应当按照判决之日有效的国际货币基金组织在其业务和交易中采用的计价方法进行计算。缔约国不是国际货币基金组织成员国的,用特别提款权表示的该国货币的价值,应当按照该缔约国所确定的办法计算。

但是,不是国际货币基金组织的成员国并且其法律不允许适用第二十二条第一款和第二款第(一)项的规定的国家,可以在批准或者加入或者在其后的任何时候声明,在其领土内诉讼时,就第二十二条第一款第(一)项而言,承运人对每名旅客的责任以一百五十万货币单位为限;就第二十二条第一款第(二)项而言,承运人对每名旅客的责任以六万二千五百货币单位为限;就第二十二条第一款第(三)项而言,承运人对每名旅客的责任以一万五千货币单位为限;就第二十二条第二款第(一)项而言,承运的责任以每公斤二百五十货币单位为限。适用本款规定的国家也可声明第四十二条第二、三两款中所指金额为十八万七千五百货币单位。此种货币单位相当于含有千分之九百成色的六十五点五毫克的黄金。此项金额可折算为有关国家货币,取其整数。此项金额与国家货币的折算,应当按照有关国家的法律进行。

到目前为止,该议定书共有 33 个国家签署,但仅有 22 个国家递交了批准书,[①]没有达到生效的法定国家数 30 个。

4. 1975 年《蒙特利尔第四号附加议定书》

1975 年《蒙特利尔第四号附加议定书》,[②]共 3 章,计 25 条。第一章《对公约的修正》(第 1 条到第 13 条),第二章《公约经修正后的适用范围》(第 14 条),第三章《最后条款》(第 15 条到第 25 条)。主要内容有:

(1)将经海牙议定书修正的华沙公约中承运人对托运货物和行李的责任制度改为严格责任制。这是议定书的核心内容,规定在第 4 条中,具体为:删去公约第十八条,改用下文:"第十八条:一、对于交运行李因毁灭、遗失或损坏而产生的损失,如果造成这种损失的事件是发生在航空运输期间,承运人应承担责任。二、对于货物因毁灭、遗失或损坏造成的损失,只要造成这种损失的事件发生在航空运输期间,承运人即应承担责任。三、但是,承运人如果证明货物的毁灭、遗失或损坏是由于下列一个或几个原因造成的,则不承担责任:(一)货

---

① 具体国家名称详见:https://www.icao.int/secretariat/legal/List%20of%20Parties/AP3_EN.pdf. 2024 年 3 月 6 日访问。

② 该议定书全称为《修改经 1955 年 9 月 28 日在海牙签订的议定书修正的 1929 年 10 月 12 日在华沙签订的统一国际航空运输某些规则的公约的第四号议定书》。英文为:"Montreal Protocol No. 4 to Amend the Convention for the Unification of Certain Rules Relating to International Carriage by Air signed at Warsaw on 12 October 1929 as Amended by the Protocol done at The Hague on 28 September 1955."

物的属性或本身缺陷;(二)承运人或其受雇人以外的人包装不善;(三)战争行为或武装冲突;(四)公共当局采取的与货物入境、出境和过境有关的行为。四、本条前几款所指的航空运输,包括行李或货物在承运人保管下的期间,不论是在机场内,或在航空器上,或者在机场外降落的任何地点。五、航空运输期间不包括在机场以外的任何陆运、海运或河运。但是,如果这种运输是为了装货、交货或转运以履行航空运输合同,除非有相反的证据,任何损失应该被推定是在航空运输期间发生的事件的结果。"

(2) 延误适用推定过错责任制。议定书第5条规定:删去公约第二十条,改用下文:"第二十条:在旅客和行李运输中,以及在货物运输中因延误造成损失时,承运人如果证明本人或者其受雇人、代理人为避免损失的发生,已经采取一切必要的措施或者不可能采取此种措施的,不承担责任。"

(3) 公约经修正后的适用范围。议定书第14条规定:经1955年在海牙修正的和经本议定书修正的华沙公约适用于公约第一条规定的国际运输,但始发地点和目的地点必须是位于本议定书的两个缔约国领土内,或在本议定书的一个缔约国领土内,而在另一国领土内有一约定的经停地点。

(4) 最后条款。在公约的最后条款中,对生效、加入、保留和退出进行了规定。

该议定书于1998年6月14日生效,现有61个当事国。[①]

8.3　1999年《蒙特利尔公约》

8.3.1　制定原因

8.3.1.1　华沙体制在适用上的被严重背离

1966年《蒙特利尔协议》签订后,纷纷被其他国家或地区所效仿,1976年欧洲"马耳他集团"决定将接受80 000或100 000特别提款权的限额作为审批航空运输企业的条件,此种做法后来又被其他国家效仿,有的甚至对外国航空公司也适用此项规定。

各国也纷纷采取措施,规避华沙公约的适用。例如,1985年意大利宪法法院在一项判决中指出:根据意大利宪法的规定,承认《海牙议定书》第22条第1款的规定是违反意大利宪法的。多国在适用华沙公约也纷纷实行开后门政策,造成了华沙公约已名存实亡。

面对国际社会在华沙体制责任限额上的纠缠不清和华沙公约的名存实亡,为挽救华沙体制,1987年在葡萄牙的阿尔沃(Alvor)举行第四届伦敦劳埃德国际航空法研讨会上,航空法专家郑斌教授和彼得·马丁先生提议起草了《阿尔沃国际航空运输公约草案》。关于旅客人身伤亡的赔偿责任,该草案采取了双梯度原则:在国际运输中限额为10万特别提款权以下实行严格责任制;在10万特别提款权以上部分(甚至可以是无限额),各国在国内法中规定过错责任制。

虽然国际社会对挽救华沙体制进行了努力,但是在进入20世纪90年代以后,华沙体制分裂的危险愈演愈烈。1992年初,日本几家航空公司联合起来,率先向华沙体制这套"老牛破车"发起冲击,他们用对"旅客运输条件"做出变更的方式,对国际航空运输的旅客赔偿做

[①]　具体国家名称详见:https://www.icao.int/secretariat/legal/List%20of%20Parties/MP4_EN.pdf. 2024年3月7日访问。

出了两层安排：首先在将客运责任限额定为每名旅客 10 万特别提款权的条件下，将华沙体制的推定过失责任规则改为严格责任制，废止了华沙体制关于免责的规定，对超出 10 万特别提款权的部分，则不限制承运人的责任，但仍然适用推定过失责任规则，承运人只要证明他已尽到了谨慎的义务，就可免除其责任。

1995 年《澳大利亚民用航空（承运人责任）法》甚至将澳大利亚航空公司承担的国际运输中旅客责任限额提高到 26 万特别提款权。

1994 年欧洲民航会议（ECAC）将旅客责任限额提高到 25 万特别提款权，并且督促承运人参加类似于 1966 年《蒙特利尔协议》类型的承运人间协议。1997 年 9 月 9 日，欧共体理事会通过了关于发生事故后航空承运人责任的第 2027/97 号条例，这个条例在 1998 年 9 月 17 日生效。该条例规定：欧共体的航空承运人因事故引发旅客死亡、受伤或者其他任何身体损害导致其所应承担的损害赔偿责任，不受任何金额的限制，不论其为法律、公约或者合同所确定的。如果用欧洲货币单位来换算，其赔偿数额超过了 10 万特别提款权。但承运人可抗辩的事由是：承运人已采取所有必要措施以避免损害结果的发生；或采取那些措施是不可能的。条例也要求承运人须向旅客为先行给付（interim payment），以满足其紧急的经济需要。

不仅主权国家"揭竿而起"反对华沙体制，而且国际航空承运人也纷纷签订协议来大幅提高对旅客的赔偿责任限额，以吸引旅客乘客航空公司的航班。1995 年在国际航协的组织下，六十七家成员航空公司在华盛顿召开会议，签署了《华盛顿协议》，决定大幅地提高对旅客的赔偿责任限额至 38.2 美元，以避免承运人无限制赔偿责任、减少诉讼。同年 10 月 30 日，在马来西亚的吉隆坡召开的国际航协年会上，国际航协又推出了《吉隆坡协议》，该协议指出，鉴于华沙体制对国际航空运输发挥的重大积极影响，注意到自 1955 年以来始终未曾变更的华沙公约航空承运人限制损害赔偿责任规则已难以适应绝大多数国家的国情，且为旅客权益，其损害赔偿金最高限额事实上已经许多国际航空承运人联手增加；协议缔约航空公司一致同意，对就运输期间旅客伤亡或其他身体损害提出的索赔请求，放弃华沙公约或经海牙议定书修正的华沙公约为承运人提供的限制损害赔偿责任的保护，以使伤亡旅客根据其住所地法律通过司法判决获得无限制损害赔偿。至于承运人承担损害赔偿责任的一般原则，可依合理的情况，或采用客观责任原则，或以一定的损害赔偿金数额为条件的客观责任原则，或推定过失原则。适用何者，由各承运人自行决定。该协议强调指出，其任何条款不应对华沙公约或经海牙议定书修正的华沙公约赋予旅客或索赔人的权益构成不利影响。最后，该议定书要求缔约航空公司承担义务，将该协议确立的新规则推广至其他从事国际旅客运输的航空公司。

可见，从 1929 年《华沙公约》的签订到 1999 年《蒙特利尔公约》签订前，在风风雨雨中走过了 70 年。在这 70 年中，历经数次修订，形成了八个文件有效并存的局面，而这八个文件在一些问题上是相互冲突的，再加上批准生效的国家构成的复杂性，华沙体制事实上处于一种混乱状态。

而在司法实践中，包括华沙文件、国内法、特别协议，可适用的责任制度很多，华沙体制的完整性、一致性遭到了严重破坏，华沙体制在实践中已经被严重背离。为挽救华沙体制，适用国际航空运输的现代化要求，制定新的统一公约已成必然。

8.3.1.2 华沙体制的签订时的条件已发生了巨大的变化

在华沙体制文件中，承运人与消费者之间的矛盾始终是华沙体制的一条中心线，归责原则和责任限额是两个矛盾基本立足点，也是华沙体制的核心问题。

一般认为,推定过失责任原则以及举证责任倒置规则,对于消费者而言是比较有利的制度;而责任限额制度则是对于承运人比较有利的制度。基于此,1929年《华沙公约》同时接受了推定过失责任原则和承运人责任限额制度,其目的在于维持一种平衡。但在这种总体平衡之下仍然不免有所偏倚,应该说在1929年《华沙公约》制定前后,这种偏倚是偏向承运人一边,其目的在于保护正处幼稚发展时期的民用航空运输业。因此,较低的责任限额以及极端严格的适用无限制责任原则的各项条件,与推定过失责任原则及抗辩事由相比,显然并不是绝对平衡的。

二战后,随着航空技术的发展,航空运输业突飞猛进,航空运输更加安全,而且承运人还可通过航空保险等方式转移了赔偿责任,航空运输业也走出了需要特别保护的幼年时期。另外,随着社会经济的发展,重新认识人自身价值的人文主义思潮成为现代国际社会主导,对人自身价值的关注和重新评估人的量化价值的呼声此起彼伏,表现在航空运输领域,就是要求要大幅度地提高对旅客的赔偿责任,而华沙体制较低的责任限额制度成为众矢之的,加之各国法院在审判时,往往为保护本国承运人利益,允许承运人援引赔偿责任限额的限制条款和其他一些抗辩事由,造成了一些不人道的结果,背离了华沙公约制定之初的本意。

由于华沙公约签订时的条件已经发生了变化,大幅提高赔偿责任限额已成为国际社会的共识,制定新的统一的国际航空公约,将立法价值转向为对消费者利益的保护,已成为不可逆转的发展趋势。不论是日本航空公司的10万特别提款权、《澳大利亚民用航空(承运人责任)法》中的26万特别提款权、欧共体理事会第2027/97号条例超出10万特别提款权的赔偿限额,还是《危地马拉城议定书》中的150万普安卡雷法郎(10万美元)的限额,都是这种趋势的具体表现。制定适用现代航空运输的发展的新公约也迫在眉睫。

8.3.1.3 发达国家与发展中国家均对华沙体制不满

在1929年《华沙公约》签订初期,发展国家和发达国家的矛盾就异常突出,发展中国家为了保护本国的航空运输业,力求降低赔偿责任限额,而发达国家则力推实行较高的赔偿责任限额。华沙体制变成了发达国家和发展中国家的角斗场。

随着二战以来航空事业的发展,尤其是两极分化的不平衡发展,导致国际航空运输领域中这个问题愈益突出。发展的不平衡包括各国总体经济实力的发展不平衡,也包括各国航空事业本身发展的不平衡。如果说在1929年《华沙公约》制定时候的争论是当时世界主要的一些航空大国之间的分歧,那么二战后的一些争论则是属于发达国家与发展中国家之间的利益分歧,原因就在于二战以后相继独立的发展中国家的航空事业获得了迅速的发展,尽管和主要航空大国相比仍然显弱小。发达国家认为提高华沙体制的责任限额,或者直接取消最高责任限额是十分必要的,而且是不容商量的关键性问题,持这种观点的代表就是占世界航空运载量最大比重的美国,而且美国的国内公众和政府的态度一直十分强硬。而一些发展中国家则认为由于本国经济力量的薄弱,并且本国的航空事业正处于起步阶段,因此仍然需特别保护,太高的责任限额对于本国航空业的发展而言是十分不利的,最后这些成本也将被转移到旅客身上。在1966年关于责任限制论题的ICAO蒙特利尔国际会议上所形成的三个阵营正是这种矛盾的集中体现。

发展中国家的经济实力和航空事业发展水平与发达国家相比所存在的差距是一个根本性的、不容回避的问题,这注定了在类似责任限额这些关键性问题上存在分歧不可避免。但是,这种矛盾的存在和华沙体制既存责任限额是否合理这个问题是两个不同的问题,发展中国家不能接受超出自身承受能力的责任限额并不意味着发展中国家对于华沙体制现在所维持的责任限额标准水平持赞同态度。恰恰相反,很多发展中国家对于华沙体制现在所坚持的责任限额标准水平持否定态度,并且很多发展中国家实际上已经绕过了华沙体制的束缚,而适用更高标准的赔偿限额,发展中国家阵营的裂变,造成了在国际航空运输中发展中国家也强烈要求要提高责任限额。

特别是到了20世纪90年代,多数的发展中国家对于华沙体制所维持的责任限额水平是不满意的,适当提高责任限额也是很多发展中国家的愿望。随着发展中国家航空事业的不断发展,以及航空飞行的成本不断降低和经营机制的不断改善,提高赔偿限额标准对于发展中国家而言正面效应会大大超过负面的效应。

8.3.1.4 航空经营机制的变化对华沙体制也提出了挑战

随着航空技术和航空经营机制的不断创新,国际航空法律体系也在经历着考验与不断的自我更新。就航空经营机制的发展而言,航空公司之间战略联盟成了国际航空运输的发展趋势。在过去的十余年间,航空承运人已经打破各国政府严格管制的束缚而形成战略联盟。航空承运人之所以走向战略联盟的道路,主要是因为航空公司之间的战略联盟能够降低航空公司的经营成本。航空公司战略联盟,尤其是代码共享协议,通过将目的地点加入航线网络中向客户提供周期性业务。在这样的安排下,一个航空公司能利用代码共享而享有合作伙伴的飞行授权,在没有增加任何资源的情况下进行额外的目的地点的运输。当然,这样一种安排也会出现两家联合垄断市场的局面,剥夺了客户因为竞争而享有的优惠,但对于联盟航空公司来说,却是好事。

1. 代码共享对华沙体制提出了挑战

代码共享是指两个以上的航空承运人适用国际航协为其中一个航空承运人设定的航班编号,亦即在数家航空公司同意使用其中一家航空公司所经营航班的合成指定代码的情况下,代码共享就发生了。这就可能出现一种情况:一家航空公司从事航空运输,同时使用了自己的代码和另一家承运人的代码。例如,一位与A航空公司签约从加拿大旅行到大洋洲的旅客可能会发现一位已与B航空公司签约且路程一样的旅客与他在同一架航空器上。代码共享是进入20世纪90年代以来国际航空公司广泛采用的一种重要的商业合作形式。根据代码共享协议,当事人之间可相互使用对方的航班编号,也可只是一方当事人使用另一方当事人的航班编号。客观上,参与代码共享的航空公司可在各自的航线网络上创造更多的连接点,有助于航空公司吸引旅客使用中转服务。从这个意义上来说,代码共享是一种简化了的换乘形式。持有共享代码的旅客,只是因代码共享协议而形成的中转站从一家代码共享承运人班机上转换到另一家代码共享承运人的班机上而已。不同之处在于,此时的转机因代码共享的安排被视为在同一家航空公司经营的航班之间的换乘,而不是一般情形下发生在两家不同的航空公司之间的换乘。通常而言,代码共享承运人之间的法律关系仍是连续运输关系。在1929年《华沙公约》中,这个问题比较容易解决,但随着华沙体制的分裂,在不同承运人之间出现适用不同赔偿责任规则而带来如下矛盾:一部分承运人接受了无限额赔偿责任,并且规定赔偿金不超过10万特别提款权的承运人放弃援引华沙体制的抗辩事由;而另外一部分承运人并没有接受新的规则,仍然遵循华沙体制下的责任限额及归责原则。显然,这对华沙体制提出了新的挑战。

2. 科技发展对华沙体制的挑战

科技的发展给国际航空运输法律所带来的挑战体现在了诸多方面,特别是计算机互联网和无纸化时代的到来为航空运输的经营和管理提出了很多新的问题。例如,电子票证的运用和相关规则的调整就是一个十分紧迫的问题。一方面,随着电子票证的运用,建立于纸质票证基础之上有关航空票证的法律规则本来就存在诸多的分歧意见,如果采用基于计算机网络的电子票证,关于这些问题的分歧意见可能就更加复杂了。另一方面,航空电子票证的法律规则完善并不完全取决于航空法本身,更多需要受计算机网络法律、电子商务、电子签章等方面法律规则的约束,但这些方面的法律都处于初步发展之中。

电子票证所带来的问题涉及了在网络交易的缔约方式及履行合同义务方面与传统的巨大差异,包括:(1)电子票证交易方式是资讯交换而不是金钱与服务的交换;(2)在未曾谋面的当事人之间实现即时互动;(3)无纸贸易的交易环境等等。华沙体制中在关于票证方面的规定很少,主要规定了客票、行李票或者货运单必须包含着承运人关于适用华沙规则特别是责任限额的声明,并且规定了运输单证的证据价值,确认它们是航空运输合同的初步证据。而对电子客票等运输凭证的效力,在华沙体制中找不到相应的规定,也对华沙体制提出了挑战。

8.3.1.5 各方的推动最终导致1999年《蒙特利尔公约》的订立

经过20世纪70年代和80年代的停滞不前阶段之后,20世纪90年代国际社会做出了各种努力,力图改变国际航空运输中的责任体系。1995年国际民航组织理事会决定起草一部合并现有八个文件为一体,以照顾和平衡经济发展水平悬殊的各国利益的并适应科学技术现代化的新公约。后经国际民航组织法律委员会的讨论,拟定了一个新的《统一国际航空运输某些规则的公约》(和1929年《华沙公约》名字完全相同)草稿。

公约的制定者们从一开始对此就保持着清醒的头脑,竭力在新规则的合理性和可为大多数国家接受的可批准性之间找到平衡点。国际民航组织理事会于1997年11月设立一个"将'华沙体制'合并为一体并使之现代化的专门小组",联系各国对法律委员会草案的评论意见,作最后修饰定稿,经过1998年到1999年5月的一年多努力,1999年5月10日至28日召开了ICAO缔约国大会正式通过了《统一国际航空运输某些规则的公约》。

1999年《蒙特利尔公约》将原华沙体制下的所有文件合成了一个公约,代表了国际航空运输现代化与一体化发展的方向,同时也是各国推动,相互妥协的产物,如美国在讨论草案时放弃了将精神损害写入公约的要求,广大发展中国家也允许在公约中增加一个管辖权等。为了和1929年《华沙公约》进行区别,人们习惯上将1929年《华沙公约》称为老公约,将1999年《蒙特利尔公约》称为新公约。

8.3.2 1999年《蒙特利尔公约》的对华沙体制的发展

1999年《蒙特利尔公约》的主要内容和旧的华沙体制相比,对华沙体制的发展主要表现在以下几个方面:

8.3.2.1 对运输凭证规则的改动

运输凭证的本来功能是作为运输合同的证据和判断是否构成"国际运输"从而适用华沙规则的根据。但是原凭证规则却把遵守凭证规则与否,当成是否有权引用责任限制的前提条件,引出了诸多旁门左道。1999年《蒙特利尔公约》借鉴了1971年《危地马拉城议定书》的规定,删除了票据制裁规定,返璞归真,恢复了运输凭证的正常功能。

另外,该公约同时为适应现代电子技术需要,开辟了"任何保存第一款内容的其他方法都可以用来代替出具该款中所指的运输凭证"的现代化道路。①

8.3.2.2　对客运实行双梯度责任制,对货运采取严格责任制

在客运方面,纳入了1971年《危地马拉城议定书》的责任规则,在赔偿限额10万特别提款权之内的人身伤亡赔偿,只将因旅客健康状况引起的伤亡排除在外,其余情况全由承运人负责赔偿,同时又增加一个新层次,即也可采用无限额责任制度,而对这一层次的规则仍采取原华沙公约的推定责任制度。具体为:

旅客死亡或者伤害的赔偿:一、对于根据第十七条第一款所产生的每名旅客不超过100 000特别提款权的损害赔偿,承运人不得免除或者限制其责任。二、对于根据第十七条第一款所产生的损害赔偿每名旅客超过100 000特别提款权的部分,承运人证明有下列情形的,不应当承担责任:(一)损失不是由于承运人或者其受雇人、代理人的过失或者其他不当作为、不作为造成的;或者(二)损失完全是由第三人的过失或者其他不当作为、不作为造成的。②

延误、行李和货物的责任限额:一、在人员运输中因第十九条所指延误造成损失的,承运人对每名旅客的责任以4 150特别提款权为限。二、在行李运输中造成毁灭、遗失、损坏或者延误的,承运人的责任以每名旅客1 000特别提款权为限,除非旅客在向承运人交运托运行李时,特别声明在目的地点交付时的利益,并在必要时支付附加费。在此种情况下,除承运人证明旅客声明的金额高于在目的地点交付时旅客的实际利益外,承运人在声明金额范围内承担责任。三、在货物运输中造成毁灭、遗失、损坏或者延误的,承运人的责任以每公斤17特别提款权为限,除非托运人在向承运人交运包件时,特别声明在目的地点交付时的利益,并在必要时支付附加费。在此种情况下,除承运人证明托运人声明的金额高于在目的地点交付时托运人的实际利益外,承运人在声明金额范围内承担责任。四、货物的一部分或者货物中任何物件毁灭、遗失、损坏或者延误的,用以确定承运人赔偿责任限额的重量,仅为该包件或者该数包件的总重量。但是,因货物一部分或者货物中某一物件的毁灭、遗失、损坏或者延误,影响同一份航空货运单、货物收据或者在未出具此两种凭证时按第四条第二款所指其他方法保存的记录所列的其他包件的价值的,确定承运人的赔偿责任限额时,该包件或者数包件的总重量也应当考虑在内。五、经证明,损失是由于承运人、其受雇人或者代理人的故意或者明知可能造成损失而轻率地作为或者不作为造成的,不适用该条第一款和第二款的规定;对于受雇人、代理人的此种作为或者不作为,还应当证明该受雇人、代理人是在受雇、代理范围内行事。六、第二十一条和该条规定的限额不妨碍法院按照其法律另外加判全部或者一部分法院费用及原告所产生的其他诉讼费用,包括利息。判给的赔偿金额,不含法院费用及其他诉讼费用,不超过承运人在造成损失的事情发生后六个月内或者已过六个月而在起诉以前已书面向原告提出的金额的,不适用上述规定。③

8.3.2.3　增加了"第五种管辖权"

通常情况下,适用华沙规则的案件只能向华沙体制中规定的四种法院起诉,这四种法院是承运人住所地法院、承运人主营业地法院、航空运输合同予以订立的承运人营业机构所在地法院和运输目的地法院。但是后来却出现了允许在1929年《华沙公约》第28条指定的四

---

① 赵维田.国际航空法[M].北京:社会科学文献出版社,2000:234.
② 1999年《蒙特利尔公约》第21条旅客死亡或者伤害的赔偿。
③ 1999年《蒙特利尔公约》第22条延误、行李和货物的责任限额。

种法院以外的第五种法院起诉之说,即第五种管辖权。它由美国最先提出来,目的是更好地保护美国公民,保证他们能在美国法院起诉。

在1971年《危地马拉城议定书》第12条规定:本公约第二十八条中第二款改为第三款,另增加第二款如下:"二、对于旅客因死亡、伤害或者延误以及行李因毁灭、遗失、损害或延误而产生的损失,赔偿诉讼可向本条第一款所列的法院之一提起,或者在旅客有住所或永久居所的缔约国内,向在其辖区内承运人设有机构的法院提起。"但1971年《危地马拉城议定书》至今尚未生效。

1999年《蒙特利尔公约》增加了专门适用于旅客伤亡的附加管辖权,是对1971年《危地马拉城议定书》所规定的第五种管辖权的发展,规定伤亡旅客(或合法权益人)可以选择发生了事故时旅客的主要或永久居住地国内法院起诉,但必须符合一定的条件。①

8.3.2.4　建立责任限额复审机制

1999年《蒙特利尔公约》所规定的责任限额复审机制是对1971年《危地马拉城议定书》第15条②建立的复审机制的发展。

1999年《蒙特利尔公约》第24条《限额的复审》规定:

"一、在不妨碍本公约第二十五条规定的条件下,并依据该条第二款的规定,保存人应当对第二十一条、第二十二条和第二十三条规定的责任限额每隔五年进行一次复审,第一次复审应当在本公约生效之日起第五年的年终进行,本公约在其开放签署之日起五年内未生效的,第一次复审应当在本公约生效的第一年内进行,复审时应当参考与上一次修订以来或者就第一次而言本公约生效之日以来累积的通货膨胀率相应的通货膨胀因素。用以确定通货膨胀因素的通货膨胀率,应当是构成第二十三条第一款所指特别提款权的货币的发行国消费品价格指数年涨跌比率的加权平均数。

二、前款所指的复审结果表明通货膨胀因素已经超过百分之十的,保存人应当将责任限额的修订通知当事国。在将该项修订通知当事国后的三个月内,多数当事国登记其反对意见的,修订不得生效,保存人应当将此事提交当事国会议。保存人应当将修订的生效立即通知所有当事国。

三、尽管有该条第一款的规定,三分之一的当事国表示希望进行该条第二款所指的程序,并且第一款所指通货膨胀因素自上一次修订之日起,或者在未曾修订过的情形下自本公约生效之日起,已经超过百分之三十的,应当在任何时候进行该程序。其后的依照该条第一款规定程序的复审每隔五年进行一次,自依照本款进行的复审之日起第五年的年终开始。"

8.3.2.5　列入了先行付款的人道主义条款

1999年《蒙特利尔公约》第28条先行付款规定:"因航空器事故造成旅客死亡或者伤害

---

① 1999年《蒙特利尔公约》第33条管辖权规定:"……二、对于因旅客死亡或者伤害而产生的损失,诉讼可以向该条第1款所述的法院之一提起,或者在这样一个当事国领土内提起,即在发生事故时旅客的主要且永久居所在该国领土内,并且承运人使用自己的航空器或者根据商务协议使用另一承运人的航空器经营到达该国领土或者从该国领土始发的旅客航空运输业务,并且在该国领土内该承运人通过其本人或者与其商务协议的另一承运人租赁或者所有的处所从事其旅客航空运输经营。三、就第2款而言,(一)'商务协议'系指承运人之间就其提供联营旅客航空运输业务而订立的协议,但代理协议除外;(二)'主要且永久居所'系指事故发生时旅客的那一个固定和永久的居住地。在此方面,旅客的国籍不得作为决定性的因素。四、诉讼程序适用受理案件的法院的法律。"

② 在公约第四十一条后插入下条:"第四十二条:一、在不影响第四十一条规定的情况下,1971年3月8日《危地马拉城议定书》的各缔约国将在该议定书生效之日后的第5年和第10年召开会议,以便重新审议该议定书修正的公约第二十二条第1款规定的责任限额。"

的,承运人应当在其国内法有如此要求的情况下,向有权索赔的自然人不迟延地先行付款,以应其迫切经济需要。此种先行付款不构成对责任的承认,并可从承运人随后作为损害赔偿金支付的任何数额中抵消。"

8.3.3 简要评述

1999年《蒙特利尔公约》重新统一国际航空私法方面的规则,其意义是划时代的。正如公约在前言部分所描述的那样:"确信国家间采取集体行动,通过制定一项新公约来增进对国际航空运输某些规则的一致化和法典化是获得公平的利益平衡的最适当方法。"

8.3.3.1 1999年《蒙特利尔公约》是华沙体制的延续和发展

1999年《蒙特利尔公约》不是天外来客,它是将原来的华沙体制的诸多文件结合当今国际航空运输发展边的要求订立的。除了本书上述所描述的它对华沙体制的新发展以外,其许多内容都是原来华沙体制中的规定。因此,决不能将华沙体制和1999年《蒙特利尔公约》人为地进行割裂,从而全盘否定华沙体制在国际航空运输中的贡献。

第一,在建立和完善国际民用航空运输民商立法方面,1929年《华沙公约》及其相关法律文件确立了解决统一国际航空运输过程中各国间法律冲突的基本原则,这些基本原则构成民用航空运输国际私法的基础。制定1929年《华沙公约》的目的就是统一各国在国际民用航空运输过程中的法律冲突,从而促进国际民用航空顺、有效地进行。正因如此,该公约定名为《统一国际航空运输某些规则的公约》。在长达70年的发展历程中,1929年《华沙公约》虽经几次修改,但其所确立的基本原则却始终未变,只是随着国际民用航空运输业的发展而在原有的基础上不断进行完善。这些原则不仅表现在程序法方面的规定上,更主要地表现在对于航空承运人与旅客、货物托运人之间的权利义务关系的规定上,特别是关于运输凭证规则和航空承运人的责任制度方面的规定上。可以说,这些基本原则也发展成为指导有关国际民用航空运输民商立法的基本原则。

第二,1929年《华沙公约》及其相关法律文件所确立的基本原则,不仅构成有关国际航空运输民商立法的基础,同时对世界各国的国内航空运输的有关立法也产生了深远的影响,具有巨大的指导和借鉴作用。1929年《华沙公约》及其相关法律文件的主要内容是关于航空运输合同双方当事人权利义务关系的,特别是对于运输凭证规则和航空承运人责任制度做出实体性规定。由于这些规定是制定者们在不断总结航空运输实践经验的基础上,探索出的航空运输过程中内在的法律规律,这些规定势必也适用于各国的国内航空运输。正是基于此种原因,这些原则也被各国在制定有关航空运输的国内法时所广泛借鉴。我国在制定民用航空法的过程中,关于航空运输的民商法律关系的规定,就是基本是按照华沙公约的体制,结合当今国际航空运输民商立法的发展趋势,大量地借鉴了我国尚未加入的议定书,主要是《危地马拉城议定书》和《蒙特利尔第四号议定书》的有关规定。因而,可以说,1929年《华沙公约》及其相关法律文件,不仅确立了国际航空私法的基本原则,而且已经成为包括各国国内航空运输有关立法在内的整个航空运输民商法律的基本原则,从而有力地促进了民用航空运输在法律的轨道上得以健康、有秩序地发展。

第三,1929年《华沙公约》及其相关法律文件对促进民用航空运输安全、有秩序地进行具有重要作用。保障民用航空运输的飞行安全和促进其有秩序地发展是民用航空事业的主要宗旨之一,为此,1944年《芝加哥公约》在序言中明确指出"……,使民用航空得按照安全和有秩序的方式发展,……"。1929年《华沙公约》及其相关法律文件对于促进民用航空运输安全、有秩序地进行起到了重要作用。这表现在：一方面，通过明确航空承运人对旅客在上下航空器过程中和在航空器内所发生的身体损害赔偿责任以及在运输期间对托运行李、货物的毁灭、遗失、损坏所承担的赔偿责任，促使航空承运人采取积极措施，保障航空运输安全，尽量避免发生飞行事故，最大限度地减少由于自己所承担的赔偿责任而造成的经济损失，从而有力地促进了飞行安全；另一方面，通过有关程序性的规定，解决了管辖权方面的问题，减少了由于管辖权所产生的纠纷，同时，通过明确航空承运人与旅客、托运人间的权利义务关系，特别是明确了航空承运人的责任，便利了责任的确定。上述规定加快了航空运输过程中纠纷的处理，从而保证了航空运输有秩序地进行。因而，华沙公约及其相关法律文件对于保障民用航空运输安全，促进其有秩序地发展起到了重要作用。

1999年《蒙特利尔公约》已经承担了华沙体制的责任，更好地为国际航空运输的发展保驾护航。

8.3.3.2　1999年《蒙特利尔公约》也是国际航空运输现代化与一体化的要求

虽然1929年《华沙公约》及其相关法律文件，对于民用航空运输的民商立法，乃至对于整个民用航空运输事业的发展起到了举世公认的作用，但1929年《华沙公约》毕竟是1929年制定的，到1999年已有70年的时间。在这段时期内，世界科技水平和经济水平取得了重大进步，航空运输业也取得了巨大发展，虽然1929年《华沙公约》经历了若干次修改，但每次都具有一定的片面性，并且有一些修改尚未生效，这就使得1929年《华沙公约》中的许多规定，特别是在凭证规则和责任制度方面已经远远不能适应航空运输当前发展的实际情况。华沙公约是适应当时民用航空运输业的经营情况制定的，而当今的民用航空运输业无论从飞机的性能、可靠性还是从航空承运人的经营管理水平，都取得了重大进步，且整个社会大的经济环境发生了巨大变化，所以已经不能适应当今航空运输业的经营水平。华沙公约及其相关法律文件已经不能适应航空运输业迅速发展的实际需要的第三个原因是其多个议定书与该公约并存，形成在整个国际民用航空运输中，同时并存着几种法律制度的情况。这种状态在客观上使得对华沙公约及其相关法律文件做出相应的调整成为必需，否则将阻碍民用航空运输事业的进一步发展。可以说，社会经济的发展，科学技术的进步，是1929年《华沙公约》及相关法律文件现代化和一体化的内在根据。

1929年《华沙公约》及其相关法律文件的现代化和一体化是其自我生存和进一步发展的需要。前文本书已经提到，1929年《华沙公约》及相关法律文件不仅确立了国际航空运输中民商法律关系的基本原则，而且这些原则已经成为整个民用航空运输民商立法的基础，从而对于民用航空运输事业的发展产生举足轻重的作用。但由于各国经济发展水平不平衡，使得各国在修改1929年《华沙公约》，主要是在责任制度方面很难达成共识。为此，许多国家，主要是发达国家，纷纷采取变通方式，加重航空承运人的责任，实行更加严格的赔偿责任，提高航空承运人的赔偿责任限额，以此来规避华沙公约所确立的责任制度，尤其表现在归责原则和赔偿责任限额上。这使得华沙公约及其相关法律文件面临着十分严峻的挑战。如果再不对华沙公约所确立的基本制度进行改革，其在统一国际航空运输某些规则的作用将会丧失殆尽，也就失去了存在的价值，国际民航组织在管理国际航空运输中所处的地位将会受到动摇。因而，可以说，1929年《华沙公约》及其法律文件的现代化和一体化是其自身生存和发展的客观需要。

8.3.3.3　1999年《蒙特利尔公约》在现实国际航空运输中已发挥了重要的作用

虽然有学者对1999年《蒙特利尔公约》的前途颇为担心，但国家批准1999年《蒙特利尔公约》的积极性使得这些担心有些多余，经过初期的忐忑不安的观望后，1999年《蒙特利尔公约》，已经于2003年达到法定的生效国家数，已于同年11月4日生效了。随着公约于2022年11月5日对尼加拉瓜生效，目前共有139个当事国。① 我国于1999年5月28日签署了该公约。2005年2月28日，第十届全国人民代表大会常务委员会第十四次会议决定：批准国务院提请审议批准的1999年5月28日经国际民航组织在蒙特利尔召开的航空法国际会议通过的《统一国际航空运输某些规则的公约》；同时声明：在中华人民共和国政府另行通知前，《统一国际航空运输某些规则的公约》暂不适用于中华人民共和国香港特别行政区。2005年6月1日递交了批准书，7月31日公约开始对我国生效。

还有学者认为，1999年《蒙特利尔公约》已经生效，这并不就意味着原有的华沙体制的全部文件就即行废止，而是在缔约国之间仍然有效。从理论上来看，尽管1999年《蒙特利尔公约》第55条"与其他华沙公约文件的关系"②规定其优先于其他华沙体制文件，只要不是所有国家都批准参加1999年《蒙特利尔公约》，则多个华沙体制文件并存适用于国际航空旅客运输的局面将依然存在。但在实践中，1999年《蒙特利尔公约》取代华沙体制已是不争事实，"落花流水春去也"，华沙体制事实上已退出了历史舞台，成为过去时。

---

① 具体国家名称详见：https://www.icao.int/secretariat/legal/List%20of%20Parties/Mtl99_EN.pdf. 2024年3月8日访问。

② 在下列情况下，本公约应当优先于国际航空运输所适用的任何规则：一、该项国际航空运输在本公约当事国之间履行，而这些当事国同为下列条约的当事国：(一)一九二九年十月十二日在华沙签订的《统一国际航空运输某些规则的公约》(以下简称华沙公约)，(二)一九五五年九月二十八日订于海牙的《修订一九二九年十月十二日在华沙签订的统一国际航空运输某些规则的公约的议定书》(以下简称海牙议定书)，(三)一九六一年九月十八日在瓜达拉哈拉签订的《统一非缔约承运人所办国际航空运输某些规则以补充华沙公约的公约》(以下简称瓜达拉哈拉公约)，(四)一九七一年三月八日在危地马拉城签订的《修订经一九五五年九月二十八日订于海牙的议定书修正的一九二九年十月十二日在华沙签订的统一国际航空运输某些规则的公约的议定书》(以下简称危地马拉城议定书)，(五)一九七五年九月二十五日在蒙特利尔签订的修订经海牙议定书或者经海牙议定书和危地马拉城议定书修正的华沙公约的第一号至第三号附加议定书以及蒙特利尔第四号议定书(以下简称各个蒙特利尔议定书)；或者二、该项国际航空运输在本公约的一个当事国领土内履行，而该当事国是上述第(一)项至第(五)项所指一个或者几个文件的当事国。

第九章 国际航空运输中承运人责任制度

9.1 国际航空运输的概念及其适用范围

9.1.1 国际航空运输的概念

国际航空运输是指航空承运人和消费者在所签订合同中约定的运输的始发地点、事先约定的经停地点和目的地点位于两个或两个以上国家境内的运输。又以是否符合华沙体制(含1999年《蒙特利尔公约》,下同)所定义的国际航空运输为标准,分为华沙体制下的国际航空运输和非华沙体制下的国际航空运输。

9.1.1.1 华沙体制下国际航空运输的概念及判断标准

华沙体制本是指以1929年《华沙公约》为基础和核心及对《华沙公约》的修订与再修订形成的各个公约的综合。目前已被1999年《蒙特利尔公约》所取代,但人们习惯上把《蒙特利尔公约》当作是华沙体制的一个组成部分。目前,华沙体制下国际航空运输的权威概念是1999年《蒙特利尔公约》第1条适用范围第2款的规定:"二、就本公约而言,'国际运输'系指根据当事人的约定,不论在运输中有无间断或者转运,其出发地点和目的地点是在两个当事国的领土内,或者在一个当事国的领土内,而在另一国的领土内有一个约定的经停地点的任何运输,即使该国为非当事国。就本公约而言,在一个当事国的领土内两个地点之间的运输,而在另一国的领土内没有约定的经停地点的,不是国际运输。"

据此定义,华沙体制下的国际航空运输的判断标准主要有以下四个方面:

第一,当事人所约定的运输始发地点和目的地点,是判断国际航空运输的主要标准。如果运输的始发地点和目的地点位于两个以上的当事国(缔约国)境内,就是华沙体制下的国际航空运输。

第二,当事人所约定的运输始发地点和目的地点全部位于一个缔约国境内,应根据约定的经停地点作为华沙体制下的国际航空运输的判断标准。只要在另一国领土内有约定的经停地点,无论该国是缔约国还是非缔约国,都是华沙体制下的国际运输。

第三,无论运输有无间断和转运,只要符合上述第一和第二标准,也是华沙体制下的国际航空运输。"间断"是指在特殊情况下运输被中断,如气候、机械故障、军事冲突、劫机等原因而改变事先约定的航程,甚至在非约定的地点降落或下航空器,卸货等情况;"转运"是指在上述特殊情况下,变更航空承运人。在这些情况下,都不丧失其国际性。① 因而仍然是华沙体制下的国际运输。

第四,在连续运输的情况下,如果航空运输合同双方当事人约定此次运输为一个单一且为不可分割的运输时,即使在运输过程中某一航段在一个缔约国领土内,仍然是华沙体制下的"国际运输"。连续运输是指几个航空承运人共同办理的运输,一般分为几个航段,不同航

---

① 中国民用航空总局政策法规司.1999年《统一国际航空运输某些规则的公约》精解[Z].内部发行,1999:31.

段分别由不同航空承运人履行的运输。单一不可分割的运输,其目的地点是指最终目的地点,而不考虑中途有几个经停地点。

9.1.1.2　非华沙体制下的国际航空航空运输的界定及判断标准

之所以对华沙体制下的国际航空运输概念进行界定,主要原因是确定法律适用的需要。因为只要是华沙体制下的国际航空运输,就强制性地适用华沙体制下各公约。但华沙体制下各公约只对其缔约国有效,而对非缔约国是没有法律效力的。因此,对非华沙体制的国际航空运输进行界定,确定其法律适用也具有重要的理论意义和实践价值。

非华沙体制下的国际航空运输,就是指除了华沙体制下的国际航空运输以外的国际航空运输,是指根据当事人的约定,运输的始发地点、约定的经停地点和目的地点位于一个以上国家境内的运输。据此,非华沙体制下的国际航空运输判断的标准就是合同双方所约定的运输的始发地点、约定的经停地点和目的地点,只要三个地点不是全部位于一个国家境内的就是国际航空运输。和华沙体制下下国际航空运输强制性适用华沙体制下的各公约不同,非华沙体制下的国际航空运输所适用的法律比较复杂,可能适用通航国家之间的国际条约,若没有共同参加或缔结的国际条约,就只有通过国际私法的冲突法规则来确定其法律适用。

目前,1999年《蒙特利尔公约》已在世界范围内普遍适用,大多数国家都加入了该公约,或虽未参加该公约,但在国内立法中也基本上进行了借鉴。航空运输全球化促使各国都愿意遵守相同的国际规则,1999年《蒙特利尔公约》无疑是这种要求的具体体现。因此,本章所指的国际航空运输是指华沙体制下,特别是指1999年《蒙特利尔公约》中的界定。

9.1.2　国际航空运输的适用范围

华沙体制下国际航空运输的适用范围主要有以下几个方面:

第一,适用于所有以航空器运送人员、行李或者货物而收取报酬的国际运输,同样适用于航空运输企业以航空器履行的免费运输。1929年《华沙公约》和1999年《蒙特利尔公约》均在第1条第1项中作了这样规定。

第二,适用于于国家或者依法成立的公共机构、法律实体在符合华沙体制下各公约第一条规定的条件下履行的运输。1929年《华沙公约》和1999年《蒙特利尔公约》均在第2条[①]作了这样的规定。

第三,适用于连续运输。1999年《蒙特利尔公约》第1条适用范围第3项规定,运输合同各方认为几个连续的承运人履行的运输是一项单一的业务活动的,无论其形式是以一个合同订立或者一系列合同订立,就本公约而言,应当视为一项不可分割的运输,并不仅因其中一个合同或者一系列合同完全在同一国领土内履行而丧失其国际性质。1929年《华沙公约》也在第1条第3项[②]中作了意思相同的规定。

第四,适用于联合运输中的航空运输部分。1999年《蒙特利尔公约》和1929年《华沙公

[①]　1929年《华沙公约》第2条规定:"本公约适用于国家或其他法律实体在第一条规定的条件下履行的运输。……" 1999年《蒙特利尔公约》第2条国家履行的运输和邮件运输规定:"一、本公约适用于国家或者依法成立的公共机构在符合第一条规定的条件下履行的运输。……"

[②]　运输合同各方认为几个连续的承运人履行的运输是一项单一的业务活动的,无论其形式是以一个合同订立或者一系列合同订立,就本公约而言,应当视为一项不可分割的运输,并不仅因其中一个合同或者一系列合同完全在同一缔约国的主权、宗主权、委任统治权或者权力管辖下的领土内履行而丧失其国际性质。

约》均在第四章"联合运输"中的仅有的一个条文,分别是第38条联合运输①和第31条②,规定适用于联合运输中的航空运输部分。但1999年《蒙特利尔公约》第18条第4款③另有规定的除外。

第五,"特殊情况下履行的运输"的适用。1999年《蒙特利尔公约》第51条特殊情况下履行的运输规定,第3条至第5条、第7条和第8条关于运输凭证的规定,不适用于承运人正常业务范围以外的在特殊情况下履行的运输。这条规定来源于1955年《海牙议定书》第16条④和1975年《蒙特利尔第四号附加议定书》第13条⑤。承运人正常业务范围以外的在特殊情况下履行的运输,一般是指执行临时航空救援任务时的运输、为开辟航线而进行的试飞性的运输以及承运人接受其购租的航空器的"接机"运输,通常不必要也不可能出具运输凭证,所以1999年《蒙特利尔公约》规定此种运输只是不适用运输凭证的规定,其他规定仍应适用。而1929年《华沙公约》第34条⑥规定了此种情况不适用。

第六,关于"邮政运输"的适用。1929年《华沙公约》第2条第2款规定,本公约不适用于按照国际邮政公约的规定而办理的运输。1955年《海牙议定书》第2条规定,在公约第2条内,删去第二款,改用下文:"二、本公约不适用于邮件和邮包的运输。"1975年《蒙特利尔第四号附加议定书》第2条规定,在公约的第2条中,删去第二款,改用下文:"二、在邮件运输中,承运人仅根据适用于承运人和邮政当局之间关系的规则,对有关的邮政当局负责。三、除本条第二款意外,本名公约各项规定不适用邮件运输。"1999年《蒙特利尔公约》第2条国家履行的运输和邮件运输规定:"……二、在邮件运输中,承运人仅根据适用于承运人和邮政当局之间关系的规则,对有关的邮政当局承担责任。三、除本条第二款规定外,本公约的规定不适用于邮件运输。"

9.2 国际承运人的责任和损害赔偿范围

9.2.1 承运人的责任

9.2.1.1 旅客死亡和伤害—行李损失

1999年《蒙特利尔公约》第17条旅客死亡和伤害—行李损失规定:

---

① 一、部分采用航空运输,部分采用其他运输方式履行的联合运输,本公约的规定只适用于符合第一条规定的条件的航空运输部分。二、在航空运输部分遵守本公约规定的条件下,本公约不妨碍联合运输的各方当事人在航空运输凭证上列入有关其他运输方式的条件。

② 一、部分采用航空运输,部分采用其他运输方式履行的联合运输,本公约的规定应当只适用于符合第一条规定的航空运输部分,但是第十八条第四款另有规定的除外。二、在航空运输部分遵守本公约规定的条件下,本公约不妨碍联合运输的各方当事人在航空运输凭证上列入有关其他运输方式的条件。

③ 航空运输期间,不包括机场外履行的任何陆路、海上或者内水运输过程。但是,此种运输是在履行航空运输合同时为了装载、交付或者转运而办理的,在没有相反证明的情况下,所发生的任何损失推定为在航空运输期间发生的事件造成的损失。承运人未经托运人同意,以其他运输方式代替当事人各方在合同中约定采用航空运输方式的全部或者部分运输的,此项以其他方式履行的运输视为在航空运输期间。

④ 删去公约第三十四条,改用下文:"第三条至第九条关于运输凭证的规定,不适用于超出正常航空运输业务在特殊情况下办理的运输。"

⑤ 删去公约第三十四条,改用下文:"第三十四条,第三条至第八条关于运输凭证的规定,不适用于超出正常航空运输业务在特殊情况下办理的运输。"

⑥ 本公约不适用于含开工企业为了开设定期航线进行试航而履行的国际航空运输,也不适用于超出正常航空运输业务之外的特殊情况下办理的航空运输。

"一、对于因旅客死亡或者身体伤害而产生的损失,只要造成死亡或者伤害的事故是在航空器上或者在上、下航空器的任何操作过程中发生的,承运人就应当承担责任。

二、对于因托运行李毁灭、遗失或者损坏而产生的损失,只要造成毁灭、遗失或者损坏的事件是在航空器上或者在托运行李处于承运人掌管之下的任何期间内发生的,承运人就应当承担责任。但是,行李损失是由于行李的固有缺陷、质量或者瑕疵造成的,在此范围内承运人不承担责任。关于非托运行李,包括个人物件,承运人对因其过错或者其受雇人或者代理人的过错造成的损失承担责任。

三、承运人承认托运行李已经遗失,或者托运行李在应当到达之日起二十一日后仍未到达的,旅客有权向承运人行使运输合同所赋予的权利。

四、除另有规定外,本公约中'行李'一词系指托运行李和非托运行李。"

1929年《华沙公约》第17条[①]和1971年《危地马拉城议定书》第4条[②]也对承运人关于旅客伤亡和行李损失进行了规定。

1. 承运人对旅客死亡和伤害的责任

(1) 旅客的界定。旅客是指和承运人签订航空旅客运输合同的人,包括支付运费以及经承运人许可的免费乘坐航空器的人。凡是未经承运人许可的人员不是旅客,例如偷渡人员。另外,对于机组人员而言,由于他们是承运人的受雇人或代理人,与承运人签订劳动合同,也不是旅客。

(2) 旅客死亡和伤害。由于各国国内法中对死亡的界定标准差异很大,华沙体制下的国际航空公约并没有具体对死亡做出明确的确定,而是由受理案件的法院根据相关国家的法律做出界定。但从世界范围内来看,各国国内法中对死亡的标准,也有一些共性,如各国国内法中均规定了死亡包括生理死亡和被宣告死亡。旅客死亡也包括生理死亡和被宣告死亡,旅客生理死亡的标准,各国国内法的规定虽有所差异,但判断标准基本上都有两个:即心脏停止跳动和脑死亡。对于旅客被宣告死亡,各国国内法规定也有所差异,但也存在着共性:即旅客必须下落不明满一定年限,以及发生了意外事故,从意外事故发生之日起满一定年限。[③] 只要发生在航空运输中的事故,造成旅客死亡的,承运人就应当承担赔偿责任。

旅客受伤是指旅客身体结构完整性遭受破坏,或者功能(包括生理功能、心理功能)出现的差异或者丧失。在国际航空法中,一般认为,这种伤害是一种能够被触摸到的、能够被看得见的伤害。

(3) 旅客精神损害。在1929年《华沙公约》签订时,许多国家并不承认精神损害赔偿问

---

① 因发生在航空器上或者在旅客上、下航空器过程的事故,造成旅客死亡、受伤或者其他任何身体伤害的,承运人应当承担责任。

② 删去公约第十七条,改用下文:"一、因发生在航空器上或者在旅客上、下航空器的过程中事故,造成旅客死亡或者人身伤害的,承运人就应当承担责任;但是旅客的死亡或者伤害完全是由于旅客本人的健康状况造成的,承运人不承担责任。二、因发生在航空器上、装卸过程中或者承运人掌管期间内发生的事故,造成旅客行李毁灭、遗失或者损坏的,承运人应当承担责任。但是,行李的毁灭、遗失或者损坏行李完全是由于行李本身的自然属性、质量或者瑕疵造成的,承运人不承担责任。关于非托运行李,包括个人物件,承运人对因其过错或者其受雇人或者代理人的过错造成的损失承担责任。三、除另有规定外,本公约中所称行李,包括托运行李和旅客随身携带的物品。"

③ 如我国《民法典》第46条规定:"自然人有下列情形之一的,利害关系人可以向人民法院申请宣告该自然人死亡:(一)下落不明满四年;(二)因意外事件,下落不明满二年。因意外事件下落不明,经有关机关证明该自然人不可能生存的,申请宣告死亡不受二年时间的限制。"

题,但有些国家国内法中对侵权行为规定可以要求精神损害赔偿。如 1896 年《德国民法典》①和《瑞士民法典》②具有类似规定。但自 20 世纪 50 年代以来,旅客精神损害赔偿问题逐渐受到重视,学者们围绕着 1929 年《华沙公约》第 17 条是否应包括旅客精神损害问题进行了争论,司法实践中也有不同的判决,到 1999 年《蒙特利尔公约》签订前,争议依然很大。③

①理论上的争论。对精神损害是否包括在 1929 年《华沙公约》第 17 条中的旅客的损害的争论只是理论上的争论。有人认为,此处的损害不包括精神损害,有人持对立观点认为包括精神损害。

大多数学者认同此处的损害不包括精神损害,是基于两个方面的理由:其一,从条文本身看,第 17 条规定的损害只能是身体上或肉体上的损害,不能对此做人为的扩大解释。其二,从华沙公约当时所订立的历史环境来看,对第 17 条的解释也只能是身体伤害,因为在当时,无论大陆法系国家还是英美法系国家均没有对"精神伤害"作过明确规定,立法者们所认可的只是身体上的、肉体上的伤害。

但也有学者认为,应包括精神损害,理由如下:

第一,1929 年《华沙公约》是历史的产物,虽然当时由于大陆法系国家还是英美法系国家均没有对"精神伤害"作过任何规定,但是"伤害"一词本身就应当包括精神损害的。

第二,1929 年《华沙公约》是一个开放的法律体系,并没有禁止也没有排除后人对其进行修改和修订,允许各国法院对此做扩大的解释。将精神损害也视为一种损害,才是符合 1929 年《华沙公约》立法者的立法宗旨的。

第三,在个别航空旅客运输案件的审理中,法官对 1929 年《华沙公约》第 17 条中的身体伤害一词作了新的解释,将其解释成"法律所认可的伤害"。精神损害虽然在 20 世纪 50 年代不是一种为法律所确认的伤害,但 20 世纪 50 年代以后又演变成一种法律所认可的伤害,因此《华沙公约》中的损害是包括了精神损害的。④

以上两种观点都有一定合理性,都触及了国际航空运输中的一个敏感的问题,这个问题是直接关系到旅客的切身利益和承运人的经济效益。⑤

本书赞同 1929 年《华沙公约》第 17 条中旅客的"其他身体伤害"不包括旅客的精神损害的主张,是基于以下几个方面的理由:

---

① 《德国民法典》第 823 条规定:"因故意或过失不法侵害他人的生命、身体、健康、自由、所有权或其他权利者,对被害人负损害赔偿的义务。"第 847 条规定:"1. 不法侵害他人的身体或健康,或侵夺他人自由者,被害人所受侵害虽非财产上的损失,亦得因受侵害,请求赔偿相当的金额。2. 前项请求权不得让与或继承,但请求权已以契约承认或已发生诉讼拘束者不在此限。""对妇女犯有违反不道德的罪行或不法行为,或以诈欺、威胁或滥用从属关系,诱使妇女允诺婚姻以外的同居者,该妇女享有与前项相同的请求权。"上述规定,包括了侵害人身权的财产损害和无形损害的两项赔偿制度。

② 《瑞士民法典》对人格权的保护作了原则的规定,新债法第 55 条规定:"由他人之侵权行为,于人格关系上受到严重损害者,纵无财产损害之证明,裁判官亦得判定相当金额之赔偿。"第 49 条第 2 款规定:"人格关系受到侵害时,对其侵害情节及加害人过失重大者,得请求抚慰金。"瑞士民法对精神损害赔偿制度的规定,明确包括两部分,即精神利益的损害赔偿制度和精神创伤的抚慰金赔偿制度,对物质性人格权侵害的抚慰金赔偿制度,包括在后者之中。

③ 关于旅客受伤,华沙公约适用了"身体伤害"(bodily injury)这一表述,《危地马拉城议定书》将其改为"人身伤害"(personal injury)。在英美法系中,bodily injury 和 personal injury 在是否包括精神伤害的问题上是有不同含义的,而中文的"身体伤害"和"人身伤害"不可能反映出这种差别。鉴于中文文本是本公约的正式作准文本之一,在适用这一款时应引起特别的注意。参见:中国民用航空总局政策法规司. 1999 年《统一国际航空运输某些规则的公约》精解[Z]. 内部发行,1999:114.

④ 黄力华. 国际航空旅客运输中旅客的"损害"[J]. 中国航空法学研究,2002(1):2.

⑤ Mercer A. Liability of air carriers for mental injury under the warsaw convention[J]. Air and Space Law, 2003, 28(3):147-187.

第一，在1929年《华沙公约》签订时，精神损害只是在个别国家中的侵权行为领域才有可能被提起，而1929年《华沙公约》显然是以当时大陆法系国家法律（特别是法国法）为蓝本，而大陆法系国家法律规定旅客和承运人之间是合同关系，而非侵权关系。即使是侵权关系，也只有部分国家法律规定了精神损害问题，因此，在签订公约时，不可能有此想法。

第二，虽然1929年《华沙公约》是一个开放体系，但是如果对其他身体伤害扩大解释到旅客的精神损害，无疑和公约的目的是相悖的。因为缔约各方的最初意图是试图限制承运人责任达到保护新生的航空运输业发展的目的。所以，如果《华沙公约》第17条中的其他身体伤害包括旅客精神损害，显然违背了华沙公约签订的目的。

第三，学者们认为1929年《华沙公约》第17条中包括旅客精神损害实际上是要求加强对旅客权益的保护。因为到了20世纪50年代以后，航空运输业已经取得了很大的发展，而发达国家国内法对航空运输中的旅客赔偿已经远远超过了华沙公约的规定，因此他们希望对1929年《华沙公约》第17条作出扩大性解释，并以此作为推测的依据，认为1929年《华沙公约》第17条应包括对旅客精神损害的赔偿。但这只是一种主观推测，应以历史的观点分析此问题才能得出比较准确的结论。

第四，从1999年《蒙特利尔公约》的规定来看，依然是坚持了1929年《华沙公约》的表述，并没有将精神损害列入该公约的调整范围。从而进一步证明了1929年《华沙公约》第17条中并不包括对旅客的精神损害。

②司法实践中对1929年《华沙公约》第17条具体运用。虽然1929年《华沙公约》中并没有规定，也不可能规定旅客的精神损害赔偿问题，但在司法实践中，对旅客其他身体伤害是否包括精神损害经历了从不承认、到部分承认（即由旅客身体伤害导致的精神损害）这样一个过程。

比较早的案例是1973年的罗斯曼诉环球航空公司（Rosman v. Trans World Airlines, Inc.）案，本案中罗斯曼请求法院判决泛美航空公司赔偿自己及自己两个孩子的精神损害。[①] 美国法院审理该案后认为：1929年《华沙公约》所规定的损害应是一种可触摸到的(palpable)、可探知的(tangible)伤害。法官同时认为，假如罗斯曼女士因瘙痒而抓挠皮肤、导致皮肤受伤的话，罗斯曼所主张的精神损害就能得到支持。该案表明，在当时的司法实践中，要获得精神损害赔偿，必须有能够有可触摸到的、可探知的伤害，法院之所以做出这样的判决，也表明了在20世纪70年代各国司法判决中已经出现了要求对精神损害的赔偿问题。

但并不是所有的人身伤害都能够导致精神损害的，有些航空事故虽然造成了旅客人身伤害，但并不一定造成精神损害。如在1989年的洛克比空难中，专家的证词表明：在爆炸发生时，飞机正处于接近1万米的巡航高度，炸弹爆炸使得飞机在瞬间解体，在1万米的高空，气温已低于零下50摄氏度，而空气也异常稀薄，在这种环境中，缺乏保护装备的人员几乎会立即丧失意识并死亡，后法院没有判决泛美航空公司对旅客的精神损害承担赔偿责任。

对于医学证据所证明的单纯精神伤害，譬如大脑损害、中轴神经系统失调等单纯的精神

---

① 罗斯曼请求精神损害赔偿的理由是：第一，由于自己是犹太人，因此在整个被扣为人质期间她都异常紧张，担心由于身份暴露而危及自己和两个孩子的安全，她事后患上了抑郁症，并因此接受了心理治疗，她的两个孩子也过度紧张而出现了睡眠障碍等不正常情况。第二，由于长期处于高温状态，加之饮水和食物供应不足，她和两个孩子都出现了严重失水现象。第三，由于缺乏必要的清洁条件，她和两个孩子都出现了皮肤瘙痒等不良状况。参见：贺富永.航空运输法研究[M].北京：科学出版社，2014：101.

损害,是不赔偿的。① 但是对在飞机坠毁时旅客死亡前所遭受的精神极大痛苦(pre-death suffering)应当赔偿,②虽然这些精神痛苦是在死亡前发生的。

概括而言,到目前为止的司法实践中对于精神损害问题,判决中普遍坚持以下规定:

第一,旅客的损害应当是能够明显观察到的、可触摸的伤害,这种损害所引起的精神损害应当也是损害的范围,事故或事件而导致的精神损害是人身伤害的一部分,由于它是人身伤害所导致的,应当获得赔偿。

第二,由于精神损害导致了人体某些器官的失调,如呕吐、脑组织被破坏、中轴神经系统被破坏等,目前还找不到赔偿的依据。

第三,非旅客由于飞行中的事故或事件受到的精神损害是否赔偿? 非旅客由于飞行中的事故或事件受到的精神损害主要包括两个方面:一是和飞行中的事故或事件没有任何直接关系的第三人,例如,某人看见飞机坠毁,以至于在以后的生活中导致了严重的精神伤害;二是旅客的近亲属,听到或看到旅客在事故或事件中死亡而遭受的精神痛苦,所导致的严重的精神伤害。对于第一种情形,根据现有的司法判决来看,是不予赔偿的。对于第二种情况,法院的判决基本上是给予赔偿的。但对伤害和近亲属的范围作了较为严格的界定,即"这些伤害能够被合理地预见,而且在死亡者和代理人之间必须是最接近的;这个接近的联系的基础是由于爱情和感情,在一个人的受伤或死亡和次要的牺牲者之间的联系必须是要被证明的(并不限于丈夫妻子和父母子女之间的联系);而且原告必须是直接目睹了事件,而不是从第三者处听说的"。③ 在 2003 年英国的一个的司法判决中,法官也承认了这一点。④

第四,对于医学上能够证明的精神损害持"希望"的观点,即希望医学上证明的单纯的精神损害能够获得赔偿。我国司法判决中也承认由身体伤害造成的精神损害应当给予赔偿,典型的案件是陆红诉美国联合航空公司案。⑤

(4) 事故(accident)和事件(event)。在华沙体制中,除了 1971 年《危地马拉城议定书》使用了"事件"一词外,其余均使用"事故"一词。"事故"与"事件",内涵和外延都不同,在决定承运人是否负责的问题上有着重要的意义。一般而言,"事件"的范围要比"事故"宽泛得多。

关于"事故",各国法院历来都很重视对这个词的解释。如果造成旅客伤亡的原因不构

---

① 如有的法官认为:单纯的大脑损害、中轴神经系统的伤害以及随后的痛苦所造成的失调(Post Traumatic Stress Disorder,缩写为 PTSD),是看不见的、不可触摸的,因此,它不是人身伤害。

② 在 1983 年大韩航空空难中,KAL007 号航班中的死者家属向美国法院提起的诉讼中要求航空公司对旅客死亡前所蒙受的痛苦承担责任,法院支持了这一要求。2001 年发生在美国的 9·11 恐怖袭击事件中,被劫持的客机分别撞上世界贸易中心和五角大楼,造成旅客全部死亡,旅客死亡前也蒙受了濒临死亡前的痛苦,承运人在赔偿其因死亡而造成的损害的同时,还要对旅客们濒临死亡前所蒙受的痛苦承担赔偿责任。

③ Mercer A. Liability of air carriers for mental injury under the warsaw convention[J]. Air and Space Law,2003,28(3):147-187.

④ 2003 年 3 月 28 日,英国高院裁决 13 名当地的 Hertford shire villiage of GreatHalling bury 居民他们目睹了 1999 年 12 月的一架韩国航空公司的货运飞机在从 Stanstead 机场起飞不久发生了坠毁,导致居民心理伤害和痛苦的主张是在英国 1982 年《民用航空法》范围内的。西蒙法官认为关于本案对"物质损失或物质损坏"没有限制在肉体损失或损害。

⑤ 陆红诉美国联合航空公司国际航空旅客运输损害赔偿纠纷案中,上海市静安区人民法院于 2001 年 11 月 26 日判决:由于美联航的行为给陆红造成了一定的身体与精神上的痛苦,陆红请求美联航赔偿精神抚慰金,亦应允许。被告美联航于本判决生效之日起 10 日内,赔偿原告陆红的精神抚慰金人民币 5 万元。详见:陆红诉美国联合航空公司国际航空旅客运输损害赔偿纠纷案,载于中华人民共和国最高人民法院公报,gongbao.court.gov.cn/Details/e279278689c0e23a2465cc510132b6.html. 2024 年 3 月 10 日访问。

成"事故",则承运人就可以不承担责任。哪些情况构成"事故"呢?这需要对其下定义。而华沙体制下的各项条约都未作明确的定义。因此,如何理解"事故"一词,依赖于各国的司法实践。最早对航空领域的"事故"下定义的是美国法院。在 1977 年的"德马林诉荷兰航空公司"一案中,法院判决认为,"给事故下的定义是,一种未预料到的、不希望发生而突然发生的事件。"航空领域的事故是"指一种未料到的,不按事物常规发生的事件或外部事实情况。在航空器上正常情况下经常发生的事情,不是事故。航空器上发生的事故,必须是异常的、意外的、不期望发生的、少见的事情。凡纯属旅客健康情况引起的,或者与飞行无关的事情或事件,都不是事故。"在 1977 年"沃肖诉环球航空公司"一案中,旅客在机舱加压减压时耳朵受伤变聋,法院裁决说,"机组人员以通常谨慎的方式改变机舱压力时,由这种正常的、预期的和必要的作业所引起的损害,不在对该案有效的、经《蒙特利尔协议》修订的《华沙公约》条文规定的事故之内。"①

在 20 世纪 80 年代初的一起"塞克斯诉法航"一案(机舱减压导致旅客失聪)中,美国法院曾试图扩大解释,将机舱正常压力的变化当作"事故"。但后来美国联邦最高法院推翻了这一判决,该法院说:"对第 17 条的解释已宽到足以将其他旅客的侵权行为包括在内……当确认该伤害是由于旅客对常见、正常并可预料到的航空器运行的体内反应引起的时候,就不是由事故造成的,华沙公约第 17 条不予适用。"这里的"预料",应是指对造成伤亡或者损害的事故(行为或事实)的预料,而不是指对伤亡或者损害本身的预料。②

从司法实践中可以看出,构成航空器上的"事故",必须有两个要件,一是事故的发生是意外的、不可预见的、航空器的正常运行之外的;二是与航空器运行有一定的关联。③ 另外,航空法中还有事故调查中的事故,一般是指航空技术方面的事故,不能作为旅客或托运人进行索赔的证据,这在国际航空条约和国内法都有规定。因此,二者是区别的。④

1971 年《危地马拉城议定书》将"事故"改作"事件",意图扩大承运人承担责任的范围。"事件"一词不问其发生是否是意外的、不可预见的、航空器的正常运行之外的,只要造成损失都可以构成事件,它几乎涵盖了造成伤亡或损害的任何事情。比如,上面谈到的减压导致失聪的案例,即可以构成事件。⑤

---

① 赵维田.国际航空法[M].北京:社会科学文献出版社,2000:317-318.
② 赵维田.国际航空法[M].北京:社会科学文献出版社,2000:318-319.
③ 中国民用航空总局政策法规司.1999 年《统一国际航空运输某些规则的公约》精解[Z].内部发行,1999:119.
④ 航空私法中的"事故"与航空器事故调查及其他技术语境下使用的"事故"一词不完全相同。航空私法中的"事故"的外延要宽得多,它强调的是事件的意外性、不可预见性、非正常性,而不问其结果是否足以严重到构成技术上的"事故"。因此在这里没有"事故"与"事故征候"的区分。事故征候只要是意外的、不可预料的,也构成公约中的"事故"。如果旅客的伤亡是由承运人以外的第三人(如另一名旅客)造成的,是否构成"事故"?从其意外性、不可预见性和非正常性来看,是满足"事故"的第一个构成要件的。但是,这种事情是否应看作与航空器的运行有一定的关联呢?在此点上,各国法院的判决并不尽相同,但通行的看法是:旅客在航空器上处于承运人的照管之下,并且航空器在运行过程中必须是封闭的,旅客在遇到此种事情时,不可能逃离航空器以避免伤害的发生,并且承运人对航空器上的秩序负有维护义务。因此,旅客的伤亡是与航空器的运行相关联的、应当看作是由航空器上的事故造成的。在美国的"赫塞尔诉瑞士航空公司"一案中,法院就把劫机看作事故。
⑤ 中国民用航空总局政策法规司.1999 年《统一国际航空运输某些规则的公约》精解[Z].内部发行,1999:120.

在1999年《蒙特利尔公约》的起草、审议过程中，部分国家要求保留1971年《危地马拉城议定书》中的"事件"一词，但遭到大多数国家尤其是广大发展中国家的反对，他们认为公约中承运人的责任已经经过提高责任限额和第二梯度下的无限额责任制而大幅提高，出于旅客与承运人之间的利益平衡，不应再在"事故"和"事件"这一问题上扩大承运人的责任范围。1999年《蒙特利尔公约》采用了"事故"一词。①

（5）责任期间。在华沙体制中，对承运人对旅客责任期间表述有两类，一是"旅客在航空器上"，二是"旅客在上、下航空器的任何操作过程中"。

①旅客在航空器上。"旅客在航空器上"是在旅客在始发地点跨入机舱门到旅客到达目的地点跨出机舱门的期间。

②旅客在上、下航空器的任何操作过程中。这是一个动态过程。所谓"任何操作过程"指的是运行过程，主要是旅客登机、下机的过程。②

对于旅客上、下航空器的过程，始于何时、终结于何时，华沙体制下各公约并没有做出明确规定，各国司法实践的解释差异也较大。

在1929年华沙会议讨论的公约草案中，有人提出可借鉴了海商法在划清责任范围上的"门到门"标准，即"从……进入始发地机场起，到离开抵达地机场止"。这个案文虽界限分明，但范围太宽。巴西代表指出：机场是个公共场所，有人在餐厅吃饭，有人散步等，怎么让承运人对这些活动都承担责任呢？英国代表丹尼斯指出，"这是一个责任从何时开始，运输合同从何时开始履行的实体法规则问题，不是简单的措辞问题。"会议争论很久，拿不出个好办法。从窄定义吧，如巴西方案以登上与走出飞机为准；有人就反对说，当旅客在登机舷梯上受到伤害又当如何？"舷梯并不是飞机的一部分"。代表们普遍认为，旅客不同于货物，他是个自主行动的，"可能出现各种情况，要拟出一概括各种情况的准确模式是不可能的"。最后决定采取现有的条文，后来实践证明，1929年《华沙公约》第17条对承运人责任范围的含糊措辞有一个好处，即为后来适应机场结构变化情况，提供了灵活解释的可能性。③ 华沙体制下的各公约也都采用同样的表述。

随着司法实践的发展和学者们的解释的不断深入，对"上、下航空器的过程中"的标准逐

---

① 中国民用航空总局政策法规司.1999年《统一国际航空运输某些规则的公约》精解[Z].内部发行,1999:120.
② 中国民用航空总局政策法规司.1999年《统一国际航空运输某些规则的公约》精解[Z].内部发行,1999:120.
③ 赵维田.国际航空法[M].北京:社会科学文献出版社,2000:321-322.

渐形成了三个标准：活动性质、位置、控制等标准，①一般称为"三重标准说"。

活动性质。即旅客是否属于登机性质，要看旅客是否正在登机，并且旅客要处于动态的行为过程中，不能是静态的事实和状态。② 旅客办理好登机手续而在候机楼等候登机不属于旅客上航空器的过程。

位置。一般把这种以受伤旅客当时所处地点或位置来划分上下机过程的主张，即事故发生的区域在何地点，该区域应是在该承运人为旅客登机或下机的目的而专门使用的特定化的区域，不包括当时供其他承运人或其他单位使用的公用区域或公共场所。但在司法判决中各国法院对位置标准解释不一，如法国法院从窄解释；③德国法院认为，当要求旅客从候机厅去登机时，承运人的责任就开始了，主张从宽；美国法院倾向于承运人对候机楼发生的事故，不承担责任，除非旅客在承运人的控制之下，当旅客在候机楼受到伤害时，承运人不承

---

① 主张用上述三个标准结合起来考查的主要理论根据是：(1) 从立法历史上看，华沙会议上并未明确说"位置标准"是唯一尺度。"华沙会议各国代表认识到，在未来年代中，民用航空在各方面都将发生他们所无法预料的变化。他们希望在航空法上设计出一种既能持久存在而又灵活的体制，使之足以与这些变化相适应"。(2) 现代机场登机程序中，"控制"因素有决定性作用。法官们在列出了旅客从进入雅典机场到登上飞机的 11 道程序后指出："在袭击发生时，原告们实际上已做完作为登机先决条件的全部活动，列队于第 4 号登机口门前准备登机……这时环球航空公司的旅客已集中在指定给环球航空专门的地理区域，遵循该公司人员指导，相当于已和环球 881 航班联结成一个群体……而环球公司承担了对这个群体的控制。""合理的结论应该是：环球公司已开始履行其作为承运人在运输合同中的义务；环球经由公开宣布航班起飞时刻与控制旅客群体，已经承担了保护旅客的责任，因此实际上'登机阶段'已经开始。"(3) 现代航空固有风险已扩大，应将"恐怖分子袭击航空站"包括在内。"华沙公约制定者们希望创制的是一种能包括全部航空风险的责任规则体制"，而"自 1929 年以来，航空风险已以他们所未料到的方式大大变化了。航空旅行风险一度只限于空难，现在不幸要包括雅典袭击这类恐怖行为在内。这次事件说明，这种新风险常常要扩散到候机大厅以内"。(4) "费用均摊"与保护消费者的需要。"对第 17 条作相对从宽的解释，给原告提供华沙责任的保护伞，是符合事故费用均摊这一现代学说的。航空公司处于能将赔偿金均摊给全体旅客的有利地位，否则它就会成为不幸沦为'事故'受害者少数人的沉重负担……同样重要的是，这种解释还可以达到防止事故的目的。在劝说航空站经理并对之施加压力，乃至必要时补贴他们，以便对付恐怖袭击而采取更严格安全措施方面，航空公司比起旅客个人，显然处于一种较有利的地位。"这些法官们进而指出，1966 年《蒙特利尔协议》使"美国相信，它所追求的充分保护国际航空旅客的目标，可以在华沙公约结构内部得到保证"。"华沙缔约各国现在认为，公约所要达到的几个目标中，保护旅客居于至高无上的位置"。在代伊案与伊文吉利诺斯案中，"三重标准"受到了 1/3 少数法官的激烈反对。他们认为该标准曲解了条文原意，违背了条文措辞。他们对(3)、(4)两个论点的反驳很有道理。例如，就恐怖分子袭击机场而论，伤亡者既有旅客也有非旅客，而用"费用均摊"论，"势必会造成一种反常后果：给受伤害旅客以承运人承担严格责任的救济，而把非旅客留给当地法，这岂非咄咄怪事。在这样一种搞不清楚是否属于上下机范围问题上，对旅客与非旅客一视同仁，似乎更合理一些。这就是说，将他们全部留给当地法救济。"另一位法官(在 1977 年"毛格尼诉法航"案中)评论说，"在我看来，代伊－伊文吉利诺斯标准显然是同情原告而想出来的，用以扩大其索赔权利的办法。该标准意味着有利原告法。然而，华沙公约是一把双刃剑，其责任基础是严格的，同时其赔偿额是受限制的。"他所说的"双刃剑"是保护并兼顾承运人与旅客双方利益的意思，这显然是华沙公约的原旨，偏袒任何一方都不符合这个宗旨。

但是，不管怎样，"三重标准"说比较正确地界定了"上、下航空器的过程中"这一原华沙公约中含义相当模糊的语言，为法院审判提供了理论依据。自从它提出后，风行一时，同时也出现了滥用的倾向。参见：赵维田. 国际航空法[M]. 北京：社会科学文献出版社，2000：323－325.

② 中国民用航空总局政策法规司. 1999 年《统一国际航空运输某些规则的公约》精解[Z]. 内部发行，1999：121.

③ 在 Bibabcea 诉 AirFrance 案中，旅客已经经过了海关，在国际隔离厅候机时跌倒。法国法院审理认为，当跌倒发生时，还没有开始登机，旅客不在承运人的控制之下，运输合同还没有开始，承运人不承担责任。法国著名判例"马赫诉法航"案中，原告下机后，由乘务员领路步行穿越停机坪。在走进候机楼的时候，恰逢那儿正在修理工程，只好绕道而行。在绕道行走中不慎跌进地下管道坑口而受伤。几经反复之后，法院认为，公约仅适用于会遭受航空风险区域，而该旅客致伤的位置已无航空风险，不属于"下机过程的任何一个阶段"范围。

担责任。因此,在具体的司法实践中,法院的解释也不一。①

控制。在判断旅客是否是"上、下航空器的任何操作过程中",控制因素具有决定性作用。即旅客是否处于承运人的指导、照料或控制之下,如果旅客处于承运人的指导、照料或控制之下,这时承运人的航空运输义务已经开始履行,承运人就应当承担责任。

对于下机过程的判断,一般认为旅客从飞机上下来,脱离承运人的控制,到达机场的安全地带。如在1971年麦克唐娜案中,美国法院就认为"下机阶段似乎结束于从飞机上下来并进入航空站建筑的安全地带。"②

另外,对于"在航空器上"的期间应包括在出发地登机到预定目的地下机的全过程。如在劫机中旅客被扣做人质,并被转移到飞机以外其他场所,司法判决中将其视为"发生在航空器上。"

（6）承运人对旅客人身伤亡赔偿责任的归责原则。归责原则与责任限额制度缠绕在一起,③成为华沙体制发展的一条主线。1929年《华沙公约》所确立的推定过失责任原则与赔偿责任限额制度形成了一对对应平衡的关系,随着赔偿限额的标准以及赔偿限额制度本身不断受到质疑和挑战,归责原则也相应发生变化,从推定过失责任原则逐渐向严格责任原则过渡,最终形成了1999年《蒙特利尔公约》所确定的双梯度责任制度这样独特的架构。

①推定过失责任制。1929年《华沙公约》深受欧洲大陆法系法律的影响,其中法国法的影响最为突出,《法国民法典》及其司法判例所确立推定过失责任原则被《华沙公约》所引用。1955年《海牙议定书》也是采用推定过失责任。

1929年《华沙公约》对承运人对旅客责任实行推定过失责任制,推定过失责任仍是过失责任的一种类型,只是将举证责任进行倒置,1929年《华沙公约》之所以实现推定过失责任制,理由如下：

第一,受到了大陆法系国家法律归责原则的影响。在大陆法系国家,承运人和消费者之间的关系是合同关系,承担合同责任的前提是合同另一方当事人有过错,表现在航空运输领域,消费者要获得航空承运人赔偿,要基于航空承运人有过错,按照传统谁主张、谁举证的原则,理应由消费者来举证证明承运人有过错。但航空运输不同于地面和海上运输,在当时飞

---

① 代伊诉环球航空公司案特别具有代表性,主张从宽。在该案中,代伊准备搭乘环球航空公司的飞机从希腊的雅典飞往美国。代伊在环球航空公司柜台办完换票及行李托运手续后,便在候机厅等待登机。稍后,环球航空公司广播通知全体旅客在环球航空公司登机口外分男女排成两队,以便接受希腊警方的安全检查。但就在部分旅客接受了安检并开始登机时,恐怖分子向排队等待安检的人们投掷手榴弹并开枪扫射。恐怖袭击使正在等待安检的代伊等人死亡。事后代伊的亲属向法院提起诉讼,要求环球航空公司承担责任。在诉讼中,环球航空公司以恐怖袭击事件发生在候机厅这样一个"公共区域"为由,认为恐怖袭击事件不是发生在"上、下航空器的操作过程中",因此主张自己不承担责任。代伊案中纽约南区联邦法院与第二巡回上诉法院认为,现代航空固有风险已扩大,应将"恐怖分子袭击航空站"包括在内。"华沙公约制定者们希望创制的是一种能包括全部航空风险的责任规则体制",而"自1929年以来,航空风险已以他们所未料到的方式大大变化了。航空旅行风险一度只限于空难,现在不幸要包括雅典袭击这类恐怖行为在内。这次事件说明,这种新风险常常扩散到候机大厅以内"。此案也催生了"三重标准说",即活动性质、控制和位置。
美国纽约南区曾有个案子,主张从窄。有个旅客没有看见"系紧安全带"的信号灯,想走出机舱向家人挥手告别,她没有注意到此时登机舷梯正在移走,结果一脚踩空跌下,脚部受伤。对此案,法院认为承运人没有责任。
② 赵维田.国际航空法[M].北京：社会科学文献出版社,2000:323.
③ 有学者给予华沙体制下责任限额制度的合理性八个方面的正当性理由：(1)借鉴海商法中的全球统一责任限制原则；(2)对于资金基础薄弱的工业提供保护；(3)灾难性的风险不能仅由航空公司单独承担；(4)引导承运人或者其他经营者能将自身责任风险投保保险；(5)提高潜在请求人自行购买保险的可能性；(6)作为推定过失责任原则相对应的一种责任限制体系；(7)通过迅速、快捷的解决途径来避免诉讼；(8)推进限额问题上的法律统一化进程。参见：唐明毅,陈宇.国际航空私法[M].北京：法律出版社,2004:149-171.

机一旦失事,往往是机毁人亡,旅客可能已经遇难,不可能进行举证了;即使旅客并没有遇难,但航空运输属于该科技产业、专业性很强,一般旅客根本不可能收集举证证明承运人有过失,如果《华沙公约》规定了由旅客进行举证证明航空承运人有过错,无疑偏袒了属于强势地位的航空承运人,不利于对旅客的权益的维护。因此,1929年《华沙公约》虽采用了大陆法系国家法律中的过错责任原则,但创造性地将举证责任留给了承运人,实行了推定过失责任制。

第二,是对限制承运人赔偿限额的一种补偿。1929年《华沙公约》在签订时,航空承运人尚处于幼年时期,且航空运输风险较大,但承运人无法通过保险等方式来转嫁风险,显然这不利于航空承运人的发展,制定《华沙公约》的专家们显然也意识到这一点,因此在1929年《华沙公约》中限制了承运人的赔偿责任限额。而作为回报,旅客被免除了对承运人有过错的举证义务,而公约将举证责任给予了承运人,实质上是对旅客进行了补偿性规定。1929年《华沙公约》将承运人承担举证责任这种举证责任倒置的设置与对承运人责任的限制是一对相对应的关系,取得了一种平衡的效果。

第三,受到了英美法系国家法律中相关原则的影响。前文指出,1929年《华沙公约》的签订主要是受大陆法系国家法律中的过错责任原则的影响,实行了推定过失责任制。但英美法系国家法律中相关原则的影响也对推定过失责任原则的形成产生了重大影响。在1925年的巴黎第一次航空私法国际会议上,各国就对国际航空运输应该采取何种归责原则产生激烈争论。当时,正值海商法1924年"海牙规则"形成之际,海商法对1929年《华沙公约》的制定产生了先导和范本的影响,而"海牙规则"恰恰又是采用了普通法的基本原则。因此,在英国代表坚持"应有谨慎"原则的情况下,会议确立了这样立法原则:让承运人承担绝对责任是不公平的,因为任何使用飞机的人,都不能忽视这种运输工具的固有风险,它还未达到铁路运输花费100年才达到的那种完善程度,而当承运人为避免损害已经采取了合理和必要的措施情况下,免除承运人的责任才是公平的,①这突出地表现在1929年《华沙公约》第20条第1款②的规定上。因此,本书认为,1929年《华沙公约》采用推定过失责任原则,是英美普通法和法国为代表的大陆法系相结合的产物。

第四,也为后来承运人责任制度的演变奠定了基础。通过推定过失归责原则,导致过失的客观化表现更为突出,淡化了传统个人主义的过失责任,不再强调行为人道德的非难性,着重于强调社会活动所应有客观的规范准则。举证责任的倒置在某种程度上修正了过失责任,使法院基于社会需要,衡量当事人的利益,合理地分配损害。③ 实际上,即使在1929年《华沙公约》签订后不久,在举证责任倒置的情况下,航空承运人试图证明自己具备法定免责事由的可能性也很小,即使承运人能够举证证明自己没有过失,还需要法院对其证明证据的审核,而在司法实践中,倾向于保护属于弱者的消费者已成为常态,这就为在司法实践中发展承运人责任制度奠定了基础。从华沙体制承运人责任制度的发展历程来看,承运人的合法免责事由越来越少,从推定过错到严格责任,甚至到以后的无过错责任。这些情况,恰恰说明了推定过失责任制度的实行为后来承运人责任制度的演变奠定了基础。

---

① 赵维田.国际航空法[M].北京:社会科学文献出版社,2000:252-253.
② 承运人如果证明自己和他的代理人为了避免损失的发生,已经采取一切必要的措施,或不可能采取这种措施时,就不负责任。
③ 王泽鉴.侵权行为法第一册:基本理论·一般侵权行为[M].北京:中国政法大学出版社,2001:15.

有人认为,英美普通法中的格言"事实本身证明"也是属于推定过失责任范畴之内。所谓"事实本身证明",根据英国普通法,即由"事实本身证明"责任的归属,而"事实本身证明"责任的归属必须具备三个要件:(a) 按照事故的常规,如果没有过失的存在,原告所受的损害就不会发生;(b) 已经被证实的事实必须指向被告的过失;(c) 在运用"事实本身证明"规则前,法院根据已有事实尚不能决定过失问题。后来,英国法官将"事实本身证明"这个格言引入航空运输责任,认为:"对过失必须有合理的证据。但是,凡经证明某件物体处于被告或者其雇员驾驭控制之下,只要谨慎控制在正常情况下就不至于发生事故,则在被告无法做出说明时,该事故就是由缺乏照料而引起的。"[①]这实际上就是推定过失责任的另一种表述而已。因此,尽管推定过失责任原则与"事实本身证明"的表述不尽相同,但是二者在航空运输适用中的效果却是相似的。1929年《华沙公约》之所以能保持旺盛的生命力,其关键在于吸收了当时两大法系的法律中同质性的内容,并在全球范围内被各国普遍接受。

②严格责任制。严格责任是英美侵权行为法中的概念,与之相近的是无过错责任这个概念。作为一种归责原则,严格责任是相对于过错责任而言的,即不论违约方主观上有无过错,只要其不履行债务给对方当事人造成了损害,就应承担赔偿责任。但严格责任并非绝对不考虑过错,而只是在侵权行为发生后,确定当事人的责任时,主要考虑违约的结果是否由侵权当事人的行为所造成的,而不是考虑其是故意还是过失。学者们围绕严格责任与过错责任之间的关系,存在较大的分歧,一种观点认为严格责任更接近于推定过失[②],另一种观点认为严格责任与无过错责任的含义基本相同[③]。实际上,在英美法中,严格责任作为侵权行为法的一个术语,指的是一种比没有尽到合理的注意而应负责的一般责任标准更为严格的一种责任标准。但是,严格责任不同于绝对责任,绝对责任通常是由制定法规定的标准,如果应该避免的伤害事故发生了,则当事人必须负责,而不论其是否尽到了怎样的注意义务和采取了怎样的预防措施,如航天器对飞行中的飞机和地面人员的人身和财产造成损害的时候,航天器的作业人就应承担绝对责任。严格责任仍有一些抗辩事由可以援引,但当事人已尽到注意义务这一点不能作为抗辩的事由。从航空运输承运人制度的角度来看,英美侵权行为法中严格责任原则的适用范围大致等于大陆法系的无过错责任原则。

1929年《华沙公约》在确立国际航空运输适用推定过失责任和限额赔偿制度之初,对航空运输事业的发展起到了极其重要的保护作用,使得航空事业在其发展初期不致为高额损害赔偿所累,而且能保持一个较为健康稳定的发展态势。1929年《华沙公约》所定的赔偿限额也是从成员国订约时的平均经济水平出发,在一定程度上有利于成员国航空运输业的发展。但随着时间的推移和世界经济的不断发展,越来越多的人开始注意到,1929年《华沙公约》已失去了其经济目标。到了20世纪60年代,以当时的货币标准和航空市场来衡量,华沙体制确立的赔偿限额实在太低,即使经过了1955年《海牙议定书》的修订。受害人或继承人为获得较高赔偿,唯一的办法就是要寻求突破赔偿责任限额,而唯一的可能是证明承运人构成"有意的不良行为(dol)。"但要这样做,存在着不可避免的弊端,因为这种为了突破现行赔偿限额的证明义务,对于旅客和承运人来说,都意味着漫长的诉讼历程和高额的诉讼费用。通常承运人将不得不承受由此造成的经营成本的增加。原则上,这对航空运输业的发

---

① 赵维田.国际航空法[M].北京:社会科学文献出版社,2000:254.
② 王利明.民法学[M].北京:中国财政经济出版社,2003:651.
③ 李仁玉.比较侵权法[M].北京:北京大学出版社,1996:152.

展不利。因此,修改国际航空承运人责任制度,提高对旅客的赔偿限额,势在必行。

另外,从当时航空运输的实际发展状况来看,在客观上也为严格责任原则的适用提供了一系列前提条件。理论依据是:

第一,航空公司是航空器的所有人或者经营者,就在其履行航空运输的过程中出现了事故危险,因此,可以认定是航空公司及其受雇人或代理人制造了危险的来源,即制造了发生航空事故的可能性。

第二,在航空运输飞行过程中,只有航空公司及其受雇人或代理人才有可能控制飞行的过程,避免事故的发生,旅客或者托运人在此过程中根本无法参与控制。

第三,航空公司在执行航空运输任务过程中,获得了相应报酬,自然也需要对航空运输过程中出现的事故和造成的损失承担相应责任。

第四,随着责任保险的发展,航空公司完全可以通过责任保险方式,将承担责任的风险和成本通过保险机制加以转移。

第五,航空公司还有可能通过调整票价等方式,将因事故成本造成的损失转移到旅客或者托运人身上。①

因此,从第二次世界大战结束以后,以美国为首的发达美国就表现出对华沙体制赔偿责任限额的不满,因为当时发达的国内航空运输的赔偿和国际航空运输的赔偿有天壤之别,美国不仅不批准海牙议定书,还威胁退出华沙公约。在此情况下,诞生了世界上少有的一个协议——1966年《蒙特利尔协议》这样的"怪胎"。

1966年《蒙特利尔协议》将承运人对旅客责任的归责原则改为严格责任制度。1966年《蒙特利尔协议》规定:"对于因旅客死亡、受伤或其他身体伤害提出的任何赔偿要求,承运人不得援引该公约或上述议定书修正的该公约第20条第1款规定的任何抗辩。对于故意造成伤害致使了此刻死亡、受伤或者其他身体伤害的任何人提出的赔偿要求,或者是以该人名义或关于该人提出的赔偿要求,本协议的任何规定均不影响承运人的权利和义务。"

虽然1966年《蒙特利尔协议》并不是一个国际公约,但却在当时实践中导致了国际航空运输承运人严格责任制度的实际确立,因为当时世界上几乎所有国家都有飞往美国的国际航班。因此,随后签订的1971年《危地马拉城议定书》也不得不采用这一责任制度,至此,在国际法意义上,1971年《危地马拉城议定书》以国际航空条约的方式正式确立了承运人对旅客的严格责任制度。尽管该议定书至今尚未生效实施,但从总的发展趋势看,1929年《华沙公约》所确立的推定过失责任制必然要被严格责任制所取代。相对于推定过失责任制而言,许多国家认为严格责任制更实际可行,理由是:对旅客来说,可及时得到赔偿,而不必等待查明事故原因;对承运人来说,虽然推定过失责任制可能使承运人因"已采取一切必要措施或不可能采取这种措施"而免责,但承运人担负举证的责任,实际上承运人很难运用这一辩护理由来免除自己的责任。此外,严格责任制也有利于鼓励法庭外解决索赔问题,无须经历漫长、昂贵、结果难卜的诉讼,这对旅客和承运人都有好处。

③双梯度责任制。在华沙体制下,1929年《华沙公约》确立了推定过失责任原则,1971年《危地马拉城议定书》确立了严格责任制,但由于该议定书一直未生效,因此,在国际航空运输领域,承运人对旅客的责任制度在国际法层面上仍是推定过失责任制,但在实践中却采用了1966年《蒙特利尔协议》中的严格责任制,而限制承运人赔偿责任限额也一直为发达国

---

① 唐明毅,陈宇. 国际航空私法[M]. 北京:法律出版社,2004:138-139.

家所指责。设计新的承运人对旅客的责任制度已经迫在眉睫,这种承运人对旅客的新责任制度,一方面要能保障旅客和承运人的利益,另一方面又要能在国际上照顾发达国家和发展中国家航空运输业发展的现实情况,保证航空运输全球化和一体化的发展。为此,1987年在葡萄牙阿尔沃召开的第四届伦敦劳埃德国际航空法研讨会上,根据著名航空法学家郑斌教授和彼得-马丁先生提议,会议形成了《阿尔沃国际航空运输公约草案》,在草案中规定,对旅客人身伤亡采用"双梯度制度",即兼采推定过失责任制度和严格责任制度。第一梯度,即原告索赔请求在10万特别提款权以下,对承运人实行严格责任制;第二梯度,即原告索赔请求超过10万特别提款权的部分,对承运人实行推定过失责任制。

随后,双梯度责任制在国际航空运输实践中得到了实施,并为国际航空承运人所认可。1992年日本几家航空承运人对旅客的赔偿采用了"双梯度制度";1995年在吉隆坡召开的航空公司责任会议上通过的《国际航协承运人间协议》(IIA)在取消最高责任限额和确立严格责任制的同时也正式引入了"双梯度制度";1996年国际航协通过的《关于实施国际航协承运人间协议的措施的协议》(MIA),对《国际航协承运人间协议》(IIA)做了进一步的修改和完善。

以国际法的形式将承运人对旅客的双梯度责任制加以规定,已经水到渠成了。1999年《蒙特利尔公约》承担起了这一任务,首次在国际航空运输中将双梯度责任制度纳入国际条约之中,使之具有真正意义上的国际法效力。该公约第21条第1款规定的"对于根据第十七条第一款所产生的每名旅客不超过100 000特别提款权的损害赔偿,承运人不得免除或者限制其责任",这就是第一梯度,承运人承担的是严格责任制。公约第21条第2款规定的"对于根据第十七条第一款所产生的损害赔偿每名旅客超过100 000特别提款权的部分,承运人证明有下列情形的,不应当承担责任:(一)损失不是由于承运人或者其受雇人、代理人的过失或者其他不当作为、不作为造成的;或者(二)损失完全是由第三人的过失或者其他不当作为、不作为造成的",这是第二梯度,采取以承运人的推定过失为依据。需要说明的是所谓"无限额赔偿"并非是指赔偿毫无限制。损害赔偿的基本理论依据仍是在恢复原状理论的基础上提供赔偿,旅客伤亡赔偿限额的计算要以旅客若干年收入的总和为基础。因此,即使在该制度下赔偿,仍是限于实际损失,只是不限于一个基本的数字而已。"赔偿限额"也并不意味着自动赔偿这个限额数,这个限额数只是一个最高的限制,实际赔偿额仍应在此之下。

从国际航空承运人对旅客责任制度的发展来看,承运人责任制度的演变清晰地经历了这样的路径:推定过失责任—严格责任—双梯度责任(既有推定过失责任,也有严格责任),从一元责任归责转变为二元责任归责。

2. 承运人对行李损失的责任

在华沙体制下各公约中,虽然表述有所不同,但是行李在总体上分为托运行李和非托运行李。在对承运人对行李损害的责任的规定中,1929年《华沙公约》和1955年《海牙议定书》都是将托运行李损失等同于货物损失进行赔偿的。在1971年《危地马拉城议定书》和1999年《蒙特利尔公约》对托运行李和货物适用不同的规定。

(1) 对托运行李的责任。1929年《华沙公约》第18条第1款规定:"对于任何已登记的行李或货物因毁灭、遗失或损坏而产生的损失,如果造成这种损失的事故是发生在航空运输期间,承运人应负责任。"

1955年《海牙议定书》未作修订。

1971年《危地马拉城议定书》和1999年《蒙特利尔公约》对承运人关于托运行李的责任

进行了具体规定。二者都实行了无过错责任制,即原则上承运人应对托运行李毁灭、遗失或者损坏而产生的损失承担责任,但是行李损失如果是由于行李的固有缺陷、质量或者瑕疵造成的,在此范围内承运人不承担责任。①

第一,承运人承担责任的范围是托运行李毁灭、遗失或者损坏而产生的"损失",而不是对"毁灭、遗失或者损坏"本身。这一表述界定了承运人承担责任的方式,即赔偿损失。其他承担民事责任的方式则不属于公约的调整范围,如恢复原状、修理、重作、更换,支付违约金,排除妨碍,停止侵害,消除危险,赔礼道歉等等。这里的损失,一般应以财产(金钱)作为判断损失是否存在的标准,即损失系指经济损失,非物质性的损失都不在其内。②

毁灭不仅是指托运行李在物质上完全毁坏、消灭,不再具有使用价值,同时还包括其物质上虽未完全毁坏、消灭但已不再具有其基本的使用价值的情况,如食物的腐烂变质,艺术品的粉碎,动物的死亡等等。

遗失是指货物被盗、被抢、被错误交付给其他人等任何原因而导致的丢失。在什么情况下可以认定托运行李遗失?1929年《华沙公约》和1955年《海牙议定书》并没有做出明确规定;1999年《蒙特利尔公约》也只是在第17条第3款规定:"承运人承认托运行李已经遗失,或者托运行李在应当到达之日起二十一日后仍未到达的,旅客有权向承运人行使运输合同所赋予的权利。"

旅客对确认托运行李遗失具有选择权,这是1999年《蒙特利尔公约》新增加的内容,在1975年《蒙特利尔第四号附加议定书》中对货物有相同规定,1999年《蒙特利尔公约》将其扩大至托运行李。即旅客可以选择按遗失来索赔,也可以选择按延误来索赔(承运人承认托运行李已经遗失的除外)。

损坏是指托运行李的部分毁坏,其使用价值受到影响但又未完全丧失的情况。1929年《华沙公约》第26条第2款规定:"如果有损坏情况,收件人应该在发现损坏后,立即向承运人提出异议,如果是行李,最迟应该在行李收到后三天内提出,如果是货物,最迟应该在货物收到后七天提出。如果有延误,最迟应该在行李或货物交由收件人支配之日起十四天内提出异议。"1955年《海牙议定书》第15条③将提出异议的时间进行了修改。1999年《蒙特利尔公约》对损坏没有做出明确规定。

第二,只要造成毁灭、遗失或者损坏的事件是在航空器上或者在托运行李处于承运人掌管之下的任何期间内发生的,承运人就应当承担责任。承运人掌管托运行李的期间始于承运人接受托运行李并出具行李识别标签之时,止于承运人向旅客交付托运行李之时。承运人向旅客交付托运行李之时是指承运人将托运行李装载于行李传送带上。

第三,行李损失是由于行李的固有缺陷、质量或者瑕疵造成的,在此范围内承运人不承担责任。"固有缺陷",又称"潜在缺陷",是指以通常的、合理的注意或检查不能发现的缺陷,并且承运人从其外表上是不可能发现此缺陷的。"质量"就是指托运行李的品质、性质,其质量是否符合规定的标准。"瑕疵"与"缺陷"类似,但它在程度上比"缺陷"更为严重。④

---

① 中国民用航空总局政策法规司.1999年《统一国际航空运输某些规则的公约》精解[Z].内部发行,1999:124.
② 中国民用航空总局政策法规司.1999年《统一国际航空运输某些规则的公约》精解[Z].内部发行,1999:124.
③ 在公约第二十六条内删去二款,改用下文:"二、关于损坏事件,收件人应于发现损坏后,立即向承运人提出异议,如系行李,最迟应在收到行李后七天内提出,如系货物,最迟应在收到货物后十四天内提出。关于延误事件,最迟应在行李或货物交付收件人自由处置之日起二十一天内提出异议。"
④ 中国民用航空总局政策法规司.1999年《统一国际航空运输某些规则的公约》精解[Z].内部发行,1999:127.

第四,举证责任在承运人一方。也就是说,应由承运人来证明损失是"固有缺陷、质量或者瑕疵"造成的,才可以免责,旅客不会也没有义务去证明对自己不利的情况。[①]

(2) 对非托运行李的责任。对于非托运行李,1929 年《华沙公约》第 22 条第 3 款称之为"旅客自己保管的物件"和 1955 年《海牙议定书》第 10 条称之为"旅客自行照管的物件"。1971 年《危地马拉城议定书》和 1975 年《蒙特利尔第四号附加议定书》都没有区分托运行李和非托运行李,适用同一种责任制度。

在 1999 年《蒙特利尔公约》的讨论过程中,很多人指出,托运行李处于承运人的掌管之下,而没有托运的行李却并不是这样,承运人对非托运行李并没有掌管义务,也不可能实施掌管行为。两者所适用的责任制度应有所区别。承运人不应该对因旅客自己或者第三人的过错对非托运行李造成的损失承担责任,而只应对因承运人过错造成的损失负责。因此,1999 年《蒙特利尔公约》对非托运行李采用了完全的过错责任制。[②]

关于非托运行李,包括个人物件,承运人对因其过错或者其受雇人或者代理人的过错造成的损失承担责任。

9.2.1.2 承运人对货物损失的责任

1929 年《华沙公约》和 1955 年《海牙议定书》是将托运行李和货物适用同样的法律制度,1971 年《危地马拉城议定书》第 5 条[③]和 1975 年《蒙特利尔第四号附加议定书》第 4 条[④]对承运人对货物损失的责任进行了详细规定,1999 年《蒙特利尔公约》第 18 条货物损失基本来源于 1975 年《蒙特利尔第四号附加议定书》第 4 条。

1999 年《蒙特利尔公约》第 18 条货物损失规定:

"一、对于因货物毁灭、遗失或者损坏而产生的损失,只要造成损失的事件是在航空运输期间发生的,承运人就应当承担责任。

二、但是,承运人证明货物的毁灭、遗失或者损坏是由于下列一个或者几个原因造成的,在此范围内承运人不承担责任:(一)货物的固有缺陷、质量或者瑕疵;(二)承运人或者其受雇人、代理人以外的人包装货物的,货物包装不良;(三)战争行为或者武装冲突;(四)公共当局实施的与货物入境、出境或者过境有关的行为。

三、本条第一款所称的航空运输期间,系指货物处于承运人掌管之下的期间。

四、航空运输期间,不包括机场外履行的任何陆路、海上或者内水运输过程。但是,此种运输是在履行航空运输合同时为了装载、交付或者转运而办理的,在没有相反证明的情况下,所发生的任何损失推定为在航空运输期间发生的事件造成的损失。承运人未经托运人

---

① 中国民用航空总局政策法规司.1999 年《统一国际航空运输某些规则的公约》精解[Z].内部发行,1999:127.

② 中国民用航空总局政策法规司.1999 年《统一国际航空运输某些规则的公约》精解[Z].内部发行,1999:128.

③ 在公约十八条中删去第一、二款,改用下文:"一、因发生在航空运输期间的事件,造成货物毁灭、遗失或者损坏的,承运人就应当承担责任。二、前款所致的航空运输期间,是指机场内、航空器上或者机场外降落的任何地点,货物处于承运人掌管之下的全部期间。"

④ 删去公约第十八条,改用下文:"第十八条……二、因发生在航空运输期间的事件,造成货物毁灭、遗失或者损坏的,承运人就应当承担责任。三、但是,承运人证明货物的毁灭、遗失或者损坏是由于下列原因之一造成的,不承担责任:(一)货物本身的自然属性、质量或者缺陷;(二)承运人或者其受雇人、代理人以外的人包装货物的,货物包装不良;(三)战争行为或者武装冲突;(四)公共当局实施的与货物入境、出境或者过境有关的行为。四、本条前几款所称航空运输期间,是指机场内、航空器上或者机场外降落的任何地点,行李、货物处于承运人掌管之下的全部期间。五、航空运输期间,不包括机场外履行的任何陆路、海上或者内水运输过程。但是,此种运输是在履行航空运输合同时为了装载、交付或者转运而办理的,在没有相反证明的情况下,所发生的任何损失推定为在航空运输期间发生的事件造成的损失。"

同意,以其他运输方式代替当事人各方在合同中约定采用航空运输方式的全部或者部分运输的,此项以其他方式履行的运输视为在航空运输期间。"

9.2.1.3 承运人对延误造成损失的责任

1. 法律梳理

1929年《华沙公约》第19条规定:"承运人对旅客、行李或货物在航空运输过程中因延误而造成的损失应负责任。"

1955年《海牙议定书》未作修正。

1971年《危地马拉城议定书》第6条规定:删去公约第二十条,改用下文:"一、旅客、行李或者货物在航空运输中因延误造成的损失,承运人证明本人及其受雇人和代理人为了避免损失的发生,已经采取一切可合理要求的措施或者不可能采取此种措施的,承运人不承担责任。二、货物在运输中因毁灭、遗失、损坏或延误造成的损失,承运人证明本人及其受雇人和代理人为了避免损失的发生,已经采取一切可合理要求的措施或者不可能采取此种措施的,承运人不承担责任。"

1975年《蒙特利尔第四附加议定书》第5条规定:删去公约第二十条,改用下文:"第二十条旅客、行李或者货物在航空运输中因延误造成的损失,承运人证明本人及其受雇人和代理人为了避免损失的发生,已经采取一切可合理要求的措施或者不可能采取此种措施的,承运人不承担责任。"

1999年《蒙特利尔公约》第19条延误规定:"旅客、行李或者货物在航空运输中因延误引起的损失,承运人应当承担责任。但是,承运人证明本人及其受雇人和代理人为了避免损失的发生,已经采取一切可合理要求的措施或者不可能采取此种措施的,承运人不对因延误引起的损失承担责任。"

2. 延误的概念和判断标准

(1) 概念。在华沙体制中,并没有对什么是延误进行定义。在1999年《蒙特利尔公约》的讨论过程中,起草人曾起草了一个关于延误的定义并将其作为第19条第2款,经过法律委员会第三十次会议的修改,该定义条款为:"在本公约中,延误系指综合所有有关情况,在可向一个尽职的承运人合理期望的时间内,未将旅客运送到其直接目的地点或者最终目的地点,或者未将行李或者货物在其直接目的地点或者最终目的地点交付。"在华沙体制特别工作组会议上,一些代表提出,对延误定义很可能导致新的关于其含义的诉讼。产生延误的情况很复杂,对其下定义并不一定有帮助和可行。许多代表指出"合理期望""综合所有有关情况"这些概念非常模糊。鉴于此,工作组决定删去延误的定义,这个问题留待各国法院去作判断。[1]

目前,主要有三种对延误概念的典型界定:

第一,航空运输延误指仅限于飞机在空中飞行中未能按约定时间将旅客、行李或货物运抵目的地。

第二,航空运输指航空运输未能按约定时间将货物运抵目的地。

第三,航空运输指整个航空运输未能按约定时间将旅客、行李或货物运抵目的地。[2]

---

[1] 中国民用航空总局政策法规司.1999年《统一国际航空运输某些规则的公约》精解[Z].内部发行,1999:143-144.

[2] 赵维田.国际航空法[M].北京:社会科学文献出版社,2000:349.

在这三种界定中,第一种关于延误的界定很明显就可以排除,因为飞行中只包括门到门,即航空器装载完毕后,其外部各门均已关闭时起到为卸载而打开任何一扇门时止的任何时间,排除了旅客下航空到机场安全地带的时间,也排除了行李或货物从航空器卸载后至交付给旅客或收货人这一段时间,不能全部涵盖整个航空运输期间的延误;有人认为,第二种界定是合理的,即在航空运输中的延误应指在航空运输期间的延误;① 有人认为应当是第三种界定,原因是第三种界定在时间上涵盖了承运人应该照料或掌管旅客、行李或货物的全部期间,同时在航空运输对象上涵盖了旅客、行李或货物等全部对象,所以航空运输上所指的延误应该是第三种。②

本书认为,在一般的司法实践中,法院判决是按第三种界定处理,同时在必要时兼用第二种部分论点,目的是排除在机场外的陆、海、水运引起的延误因素。

(2) 判断标准。由于延误引起的责任,情况相当复杂,要根据具体情况做出合理的判断:

①延误不是指航班的具体始发或抵达目的地时间上的"误点"。航空法中的延误,不是指航班的具体始发或抵达目的地时间上的"误点",而是指旅客或托运人选择空运这种快速运输方式所合理期望的期限。因为航空运输凭证本身并不是合同,它所起到的只是一种初步证据作用。虽然有学者持不同的看法,但是用航空运输凭证上的时间来作为合同本身所确定的期限来推断所谓的延误,是没有法律依据的。

②索赔根据是不合理延误。要想对延误引起的损失提出索赔,通常要证明它是一种不合理的延误。尽管普通法系和大陆法系对何谓"不合理延误"的理论根据与说法不同,普通法系国家认为:延误指未能在合理的时间内完成运输;大陆法系国家认为:只要未发现承运人有重大过失,稍有延误,也以合理延误论处。

③合理延误虽然给旅客、行李或者货物造成的实际损失,但是承运人只要采取了一切必要措施或者根本不可能采取此种措施的,就不承担责任,这是航空法中明文规定的。而这并不能表明承运人就没有责任,在合理延误情形下,由于当事人之间是一种合同关系,承运人的勤勉义务并没有被免除,还应履行必要的告知义务。为被延误的旅客安排住宿、提供膳食,以及交通、通信条件,或者为旅客安排其他航空公司的航班等;对托运行李和货物,也有妥善保管的义务。因为:更好地保护消费者利益,已成为现代航空运输法的发展方向,因而即使发生了合理延误,承运人相关合同附随义务并没有被免除。③

④不合理延误的判断。因现有航空法所规定的延误是一种"不合理延误",消费者要想依据法律规定获得索赔,应符合四个条件:1) 航空运输确实有"延误"发生。2) 航空承运人对发生延误有过错。3) 航班延误确实给旅客或者货主造成了损失。4) 旅客或者货主遭受的损害应与航空运输延误有因果关系。其中2)是核心条件,承运人只要证明没有过错,即使发生了延误也是一种合理延误。④

3. 航班取消是否属于延误

航班取消是否属于延误?取消航班属于完全不履行合同,是一种违约行为。是否视为

---

① 穆书芹. 浅谈航空承运人航运延误之法律责任[J]. 武汉科技大学学报(社会科学版),2002,4(2):63-66.
② 贺元骅. 论航空运输不合理延误及其责任[J]. 中国民航飞行学院学报,2002,13(1):17-20.
③ 贺富永. 航空运输延误及判断依据[J]. 河北法学,2016,34(5):71-86.
④ 贺富永. 航空运输延误及判断依据[J]. 河北法学,2016,34(5):71-86.

受1929年《华沙公约》第19条①和1999年《蒙特利尔公约》第19条延误②的延误责任条款的约束？在旧华沙体制下，各国法院采取了不同的解释。一种观点认为，根据1929年《华沙公约》第24条③（1999年《蒙特利尔公约》第29条索赔的根据④），有关损害赔偿的诉讼，不论其根据如何，只能依照本公约规定的条件和责任限额提起。因此，航班取消应按延误来处理。而另一些法院则否定了这一做法。⑤

9.2.1.4 承运人免责事由

在华沙体制下的不同公约中，对承运人免责事由的规定有所区别。

1929年《华沙公约》第20条规定："（1）承运人如果证明自己和他的代理人为了避免损失的发生，已经采取一切必要的措施，或不可能采取这种措施时，就不负责任。（2）在运输货物和行李时，如果承运人证明损失的发生是由于驾驶上、航空器的操作上或领航上的过失，而在其他一切方面承运人和他的代理人已经采取一切必要的措施以避免损失时，就不负责任。"第21条还规定："如果承运人证明损失的发生是由于受害人的过失所引起或助成，法院可以按照它的法律规定，免除或减轻承运人的责任。"

1955年《海牙议定书》未作修改。

1999年《蒙特利尔公约》第20条免责规定："经承运人证明，损失是由索赔人或者索赔人从其取得权利的人的过失或者其他不当作为、不作为造成或者促成的，应当根据造成或者促成此种损失的过失或者其他不当作为、不作为的程度，相应全部或者部分免除承运人对索赔人的责任。旅客以外的其他人就旅客死亡或者伤害提出赔偿请求的，经承运人证明，损失是旅客本人的过失或者其他不当作为、不作为造成或者促成的，同样应当根据造成或者促成此种损失的过失或者其他不当作为、不作为的程度，相应全部或者部分免除承运人的责任。本条适用于本公约中的所有责任条款，包括第二十一条第一款⑥。"本条来源于1971年《危地马拉城议定书》第7条⑦和1975年《蒙特利尔第四号附加议定书》第6条⑧，最后一句是新增加

---

① 承运人对旅客、行李或货物在航空运输过程中因延误而造成的损失应负责任。

② 旅客、行李或者货物在航空运输中因延误引起的损失，承运人应当承担责任。但是，承运人证明本人及其受雇人和代理人为了避免损失的发生，已经采取一切可合理要求的措施或者不可能采取此种措施的，承运人不对因延误引起的损失承担责任。

③ （1）如果遇到第十八、十九两条所规定的情况，不论其根据如何，一切有关责任的诉讼只能按照本公约所列条件和限额提出。（2）如果遇到第十七条所规定的情况，也适用上项规定，但不妨碍确定谁有权提出诉讼以及他们各自的权利。

④ 在旅客、行李和货物运输中，有关损害赔偿的诉讼，不论其根据如何，是根据本公约、根据合同、根据侵权，还是根据其他任何理由，只能依照本公约规定的条件和责任限额提起，但是不妨碍确定谁有权提出诉讼以及他们各自的权利。在任何此类诉讼中，均不得判给惩罚性、惩戒性或者任何其他非补偿性的损害赔偿。

⑤ 中国民用航空总局政策法规司.1999年《统一国际航空运输某些规则的公约》精解[Z].内部发行,1999:148.

⑥ 一、对于根据第十七条第1款所产生的每名旅客不超过100 000特别提款权的损害赔偿，承运人不得免除或者限制其责任。

⑦ 删去公约第二十一条，改用下文："第二十一条：如果承运人证明损失是由于索赔人的过错造成或促成的，应当根据造成或者促成此种损失的过错的程度，相应全部或部分免除承运人的责任。旅客意外的其他人九旅客死亡或伤害提出赔偿请求时，经承运人证明，死亡或者伤害是旅客本人的过错造成或促成的，同样应当根据造成或促成此种损失的过错的程度，相应全部或部分地免除承运人的责任。"

⑧ 删去公约第二十一条，改用下文："第二十一条：一、在旅客、行李运输中，经承运人证明，损失是由受害人的过错造成或者促成的，法院可以按照它的法律规定，免除或者减轻承运人的责任。二、在货物运输中，经承运人证明，损失是由于索赔人或者代行权利人的过错造成或者促成的，应当根据造成或者促成此种损失的过错的程度，相应免除或者减轻承运人的责任。"

的规定。

9.2.2 承运人损害赔偿范围

9.2.2.1 旅客死亡或者伤害的赔偿

1929年《华沙公约》第22条第1款规定:"(1) 运送旅客时,承运人对每一旅客的责任以十二万五千法郎为限。如果根据受理法院的法律,可以分期付款方式赔偿损失时,付款的总值不得超过这个限额,但是旅客可以根据他同承运人的特别协议,规定一个较高的责任限额。"

1955年《海牙议定书》第10条规定,删去公约第二十二条二款。"第二十二条:一、载运旅客时,承运人对每一旅客所负的责任以二十五万法郎为限。"第11条还规定:删去公约第二十二条,改用下文:"删去公约第二十二条,改用下文:如根据受诉法院法律可用分期付款方式赔偿损失时,则付款的本金总值不得超过二十五万法郎。但旅客得与承运人以特别合同约定一较高的责任限度。……"

1971年《危地马拉城议定书》第8条规定:删去公约第二十二条,改用下文:"一、(一)在旅客运输中,承运人对每名旅客由于死亡或者人身伤害的损失的责任,不论其根据如何,赔偿总数以150万法郎为限。根据案件受理法院地的法律,可以用分期付款方式赔偿损失的,付款的本金总额不得超过150万法郎。……"

1975年《蒙特利尔第一号附加议定书》《蒙特利尔第二号附加议定书》和《蒙特利尔第三号附加议定书》都在第2条用与1971年《危地马拉城议定书》第8条同样的措辞,分别规定了赔偿8 300特别提款权、16 600特别提款权和10万特别提款权。

1999年《蒙特利尔公约》第21条旅客死亡或者伤害的赔偿规定:"一、对于根据第十七条第一款所产生的每名旅客不超过100 000特别提款权的损害赔偿,承运人不得免除或者限制其责任。二、对于根据第十七条第一款所产生的损害赔偿每名旅客超过100 000特别提款权的部分,承运人证明有下列情形的,不应当承担责任:(一)损失不是由于承运人或者其受雇人、代理人的过失或者其他不当作为、不作为造成的;或者(二)损失完全是由第三人的过失或者其他不当作为、不作为造成的。"

即使1999年《蒙特利尔公约》第21条第1款中规定了"承运人不得免除或者限制其责任",但是承运人仍可援用第20条的混合过错抗辩权来减轻甚至免除去责任。

9.2.2.2 延误、行李和货物的责任限额

1929年《华沙公约》和1955年《海牙议定书》未明确规定承运人对延误造成损失赔偿的具体数额。但对行李和货物的责任限额进行了具体规定。

1929年《华沙公约》第22条第2款和3款规定:"二、在托运行李和货物运输中,承运人对行李或者货物的责任以每公斤250法郎为限,除非旅客或者托运人在交运包件时,特别声明在目的地点交付时的利益,并在必要时支付附加费。在后种情况下,承运人应当偿付到声明的金额,除非承运人证明声明的金额高于在目的地点交付时旅客或托运人的实际利益。三、关于旅客自己照顾的物件,承运人对每名旅客的责任以五千法郎为限。"

1955年《海牙议定书》对此规定与1929年《华沙公约》相同。

1971年《危地马拉城议定书》第8条规定:删去公约第二十二条,改用下文:"一、……(二)运输旅客造成延误的,承运人对每名旅客的责任以62 500法郎为限。(三)在行李运输

中造成毁灭、遗失、损害或者延误的,承运人对每名旅客的责任以15 000法郎为限。二、(一)在货物运输中,承运人的责任以每公斤250法郎为限,……"

1975年《蒙特利尔第一号附加议定书》和《蒙特利尔第二号附加议定书》在各自第2条中都规定:"在托运行李和货物的运输中,承运人的责任以每公斤17特别提款权为限""关于旅客自行照管的物件,承运人对每名旅客的责任以332特别提款权为限"。

1975年《蒙特利尔第三号附件议定书》第2条规定,删去公约第二十二条,改用下文:"第二十二条一……(二)运输旅客造成延误的,承运人对每名旅客的责任以4 150特别提款权为限。(三)在行李运输中造成毁灭、遗失、损害或者延误的,承运人对每名旅客的责任以1 000特别提款权为限。二、(一)在货物运输中,承运人的责任以每公斤17特别提款权为限……"

1975年《蒙特利尔第四号附加议定书》第7条规定:"在货物运输中,承运人的责任以每公斤17特别提款权为限。"

1999年《蒙特利尔公约》第22条延误、行李和货物的责任限额规定:"一、在人员运输中因第十九条所指延误造成损失的,承运人对每名旅客的责任以4 150特别提款权为限。① 二、在行李运输中造成毁灭、遗失、损坏或者延误的,承运人的责任以每名旅客1 000特别提款权为限,除非旅客在向承运人交运托运行李时,特别声明在目的地点交付时的利益,并在必要时支付附加费。在此种情况下,除承运人证明旅客声明的金额高于在目的地点交付时旅客的实际利益外,承运人在声明金额范围内承担责任。三、在货物运输中造成毁灭、遗失、损坏或者延误的,承运人的责任以每公斤17特别提款权为限,除非托运人在向承运人交运包件时,特别声明在目的地点交付时的利益,并在必要时支付附加费。在此种情况下,除承运人证明托运人声明的金额高于在目的地点交付时托运人的实际利益外,承运人在声明金额范围内承担责任。② ……"

9.2.2.3　货币单位的换算

1929年《华沙公约》第22条第4款规定:"(4)上述法郎是指含有千分之九百成色的65.5毫克黄金的法国法郎。这项金额可以折合成任何国家的货币取其整数。"

1955年《海牙议定书》第11条规定,删去公约第二十二条,改用下文:"第二十二条……五、上述金额的法郎,系指含有千分之九百成色的65.5毫克黄金的法国法郎。此项金额可以折算成任何国家的货币,取其整数。发生诉讼时,此项金额与非金本位国家货币的折合,应当以判决当日该国货币的黄金价值为准。"

1971年《危地马拉城议定书》第8条关于货币换算的规定与1955年《海牙议定书》完全一致。

1975年四个蒙特利尔附加件议定书使用了特别提款权,对国际货币基金组织的成员国

---

① 在公约的讨论过程中,有三种不同意见。一种意见认为,没有必要规定专门的旅客延误责任限额,规定这种限额会诱导旅客对延误的索赔。延误在航空运输中常有发生,规定专门的延误限额会导致大量的索赔和诉讼,给承运人增加讼累。另一意见认为,4 150特别提款权限额太高。在不同发展水平的国家,因延误引起的损失程度有很大的差别。发展中国家旅客的延误损失很难达到4 150特别提款权。并且这个限额对发展中国家承运人来说,是难以承受的。第三种意见认为,4 150特别提款权的限额实在1975年确定的,1975年至1998年的通货膨胀因素约278%,这一限额已不能满足旅客延误损害赔偿的实际需要,应予以大幅度提高。经过反复争论,最后决定仍沿用蒙特利尔第三号附加议定书的数额,至于通货膨胀因素,可以在公约生效后通过第24条规定的限额复审程序予以解决。资料来源:中国民用航空总局政策法规司.1999年《统一国际航空运输某些规则的公约》精解[Z].内部发行,1999:161-162.

② 本款规定实在1975年《蒙特利尔第三号附加议定书》第2条和1955年《海牙议定书》第11条的基础上修改而来的。

按照判决之日用特别提款权表示的该国货币的价值进行。对于非成员国来说,具体规定了货币单位的换算方式。①

1999年《蒙特利尔公约》第23条货币单位的换算规定:

"一、本公约中以特别提款权表示的各项金额,系指国际货币基金组织确定的特别提款权。在进行司法程序时,各项金额与各国家货币的换算,应当按照判决当日用特别提款权表示的该项货币的价值计算。当事国是国际货币基金组织成员的,用特别提款权表示的其国家货币的价值,应当按照判决当日有效的国际货币基金组织在其业务和交易中采用的计价方法进行计算。当事国不是国际货币基金组织成员的,用特别提款权表示的其国家货币的价值,应当按照该国所确定的办法计算。

二、但是,非国际货币基金组织成员并且其法律不允许适用本条第一款规定的国家,可以在批准、加入或者其后的任何时候声明,在其领土内进行司法程序时,就第二十一条而言,承运人对每名旅客的责任以1 500 000货币单位为限;就第二十二条第一款而言,承运人对每名旅客的责任以62 500货币单位为限;就第二十二条第二款而言,承运人对每名旅客的责任以15 000货币单位为限;就第二十二条第三款而言,承运人的责任以每公斤250货币单位为限。此种货币单位相当于含有千分之九百纯度的六十五点五毫克的黄金。各项金额可换算为有关国家货币,取其整数。各项金额与国家货币的换算,应当按照该有关国家的法律进行。

三、本条第一款最后一句所称的计算,以及本条第二款所称的换算方法,应当使以当事国货币计算的第二十一条和第二十二条的数额的价值与根据本条第一款前三句计算的真实价值尽可能相同。当事国在交存对本公约的批准书、接受书、核准书或者加入书时,应当将根据本条第一款进行的计算方法或者根据本条第二款所得的换算结果通知保存人,该计算方法或者换算结果发生变化时亦同。"

9.2.2.4 限额的订定和复审

1. 限额的订定

1929年《华沙公约》第23条规定:"企图免除承运人的责任,或定出一个低于本公约所规定责任限额的任何条款,都不生效力,但合同仍受本公约规定的约束,并不因此而失效。"

1955年《海牙议定书》第12条规定:"公约第二十三条原文改为该条第一款,并增加第二款如下:'二、本公约第一款的规定不适用关于所载货物由于其属性或本身缺陷而引起的灭失或损坏的条款'。"

除后来的1999年《蒙特利尔公约》外,其他华沙体制下的公约并未对限额的订定进行具体规定。按照合同自由原则②,1999年《蒙特利尔公约》第27条合同自由规定:"本公约不妨碍承运人拒绝订立任何运输合同、放弃根据本公约能够获得的任何抗辩理由或者制定同本公约规定不相抵触的条件。"因此,"承运人可以订定,运输合同适用高于本公约规定的责任限额,或者无责任限额。"③但"任何旨在免除本公约规定的承运人责任或者降低本公约规定的责任限额的条款,均属无效,但是,此种条款的无效,不影响整个合同的效力,该合同仍受

---

① 详见1975年《蒙特利尔附加议定书》第一、二、三号第2条和第四号第7条的规定。
② 1929年《华沙公约》第33条,本公约不妨碍承运人拒绝签订任何运输合同或者制定同本公约条款不相抵触的条件。
③ 1999年《蒙特利尔公约》第25条关于限额的订定。

本公约规定的约束"。①

2. 限额的复审

除 1999 年《蒙特利尔公约》外,华沙体制下的其他公约规定的责任限额是固定的,这被认为是该体制的天生缺陷,由于受通货膨胀及国民生活水平发展的影响,赔偿责任数额往往也会随之发生变化,而固定不变的责任限额不能反映这种变化。为了避免固定限额的缺陷,1999 年《蒙特利尔公约》引入了责任限额更新机制。

1999 年《蒙特利尔公约》第 24 条限额的复审规定：

"一、在不妨碍本公约第二十五条规定的条件下,并依据本条第二款的规定,保存人应当对第二十一条、第二十二条和第二十三条规定的责任限额每隔五年进行一次复审,第一次复审应当在本公约生效之日起第五年的年终进行,本公约在其开放签署之日起五年内未生效的,第一次复审应当在本公约生效的第一年内进行,复审时应当参考与上一次修订以来或者就第一次而言本公约生效之日以来累积的通货膨胀率相应的通货膨胀因素。用以确定通货膨胀因素的通货膨胀率,应当是构成第二十三条第一款所指特别提款权的货币的发行国消费品价格指数年涨跌比率的加权平均数。

二、前款所指的复审结果表明通货膨胀因素已经超过百分之十的,保存人应当将责任限额的修订通知当事国。该项修订应当在通知当事国六个月后生效。在将该项修订通知当事国后的三个月内,多数当事国登记其反对意见的,修订不得生效,保存人应当将此事提交当事国会议。保存人应当将修订的生效立即通知所有当事国。

三、尽管有本条第一款的规定,三分之一的当事国表示希望进行本条第二款所指的程序,并且第一款所指通货膨胀因素自上一次修订之日起,或者在未曾修订过的情形下自本公约生效之日起,已经超过百分之三十的,应当在任何时候进行该程序。其后的依照本条第一款规定程序的复审每隔五年进行一次,自依照本款进行的复审之日起第五年的年终开始。"

该条规定被称为责任限额的"伸缩条款""更新机制"。2019 年,国际民航组织根据 1999 年《蒙特利尔公约》(Doc 9740 号文件)第 24 条规定对责任限额进行了审查,依据该公约第 21 条和第 22 条确定的经修改的责任限额如表 9-1 第四栏所示,该限额以特别提款权(SDRs)表示,自 2019 年 12 月 28 日起生效：

表 9-1

1999 年 蒙特利尔公约	最初限额 (特别提款权)	自 2009 年 12 月 30 日起 经修改的限额 (特别提款权)	自 2019 年 12 月 28 日起 经修改的限额 (特别提款权)
第二十一条	100 000	113 100	128 821
第二十二条,第一款	4 150	4 694	5 346
第二十二条,第二款	1 000	1 131	1 288
第二十二条,第三款	17	19	22

请 1999 年《蒙特利尔公约》各当事国按照其国内法律要求,根据需要制定规定,以便自 2019 年 12 月 28 日起充分实行经修改的限额。

---

① 1999 年《蒙特利尔公约》第 26 条合同条款的无效。

另外,在国际航空承运人间的协议中,1995年《华盛顿协议》对旅客的赔偿限额为382 000美元。1995年《吉隆坡协议》规定,对旅客的赔偿以旅客的住所地法确定。1996年《关于实施国际航协承运人间协议的措施的协议》则规定对旅客赔偿限额为100 000特别提款权。

9.2.3 索赔根据、诉讼时效、管辖法院和仲裁

9.2.3.1 索赔根据

1929年《华沙公约》第24条规定:"(1)如果遇到第十八、十九两条所规定的情况,不论其根据如何,一切有关责任的诉讼只能按照本公约所列条件和限额提出。(2)如果遇到第十七条所规定的情况,也适用上项规定,但不妨碍确定谁有权提出诉讼以及他们各自的权利。"

1955年《海牙议定书》对该条未作修订。

1971年《危地马拉城议定书》第9条规定,删去公约第二十四条,改用下文:"一、在货物运输中,任何赔偿诉讼,不论其根据如何,只能依照本公约规定的条件和限额提出。二、在旅客、行李运输中,任何赔偿诉讼,不论其根据如何,不论是根据本公约、根据合同,还是由于侵权行为或任何其他原因,只能依照本公约规定的条件和限额提出,但是不妨碍确定谁有权提起诉讼以及他们各自的权利。此责任限额为最高额,无论产生责任的情势如何,均不得超过这一限额。"

1975年《蒙特利尔第四号附加议定书》第8条规定,删去公约第二十四条,改用下文:"一、在旅客、行李运输中,任何赔偿诉讼,不论其根据如何,只能依照本公约规定的条件和限额提出,但是不妨碍谁有权提起诉讼以及他们各自的权利。二、在货物运输中,任何赔偿诉讼,不论其根据如何,论是根据本公约、根据合同,还是由于侵权行为或任何其他原因,只能依照本公约规定的条件和限额提出,但是不妨碍谁有权提起诉讼以及他们各自的权利。此责任限额为最高额,无论产生责任的情势如何,均不得超过这一限额。"

在上述公约规定的基础上,1999年《蒙特利尔公约》第29条索赔的根据规定:"在旅客、行李和货物运输中,有关损害赔偿的诉讼,不论其根据如何,是根据本公约、根据合同、根据侵权,还是根据其他任何理由,只能依照本公约规定的条件和责任限额提起,但是不妨碍确定谁有权提起诉讼以及他们各自的权利。在任何此类诉讼中,均不得判给惩罚性、惩戒性或者任何其他非补偿性的损害赔偿。""在任何此类诉讼中,均不得判给惩罚性、惩戒性或者任何其他非补偿性的损害赔偿"是1999年《蒙特利尔公约》新增加规定,要求无论各国对惩罚性赔偿使用何种法律用于,也不论所判给赔偿是明显惩罚性的还是暗含着惩罚性的,只要其性质上是惩罚性的,都不允许。①

9.2.3.2 诉讼时效

1929年《华沙公约》第29条规定:"一、有关赔偿的诉讼,应当在航空器到达目的地点之日起,或者应当到达之日起,或从运输停止之日起两年内提起,否则丧失索赔的权利。二、除斥期间的计算方法根据案件受理法院地的法律确定。"

华沙体制下的其他公约未对此做出修订。

1999年《蒙特利尔公约》第35条诉讼时效规定:"一、自航空器到达目的地之日、应当

---

① 中国民用航空总局政策法规司.1999年《统一国际航空运输某些规则的公约》精解[Z].内部发行,1999:199.

到达目的地点之日或者运输终止之日起两年期间内未提起诉讼的,丧失对损害赔偿的权利。二、上述期间的计算方法,依照案件受理法院的法律确定。"

9.2.3.3 管辖法院

1929年《华沙公约》第28条规定:"一、有关赔偿的诉讼,应当由原告选择,在一个缔约国的领土内,向承运人住所地或其主营业所所在地或签订合同的机构所在地法院提起,或者向目的地点的法院提起。二、诉讼程序应当根据案件受理法院地法律规定办理。在第32条还规定,运输合同的任何条款和在损失发生以前的任何特别协议,如果运输合同各方借以违背本公约的规则,无论是选择所适用的法律或变更管辖权的规定,都不生效力。"

1955年《海牙议定书》对此没有做出修订。

1971年《危地马拉城议定书》第12条规定,本公约第二十八条中第二款改为第三款,另增加第二款如下:"二、对于旅客因死亡、伤害或者延误以及行李因毁灭、遗失、损坏或延误产生的损失,赔偿诉讼可向本条第一款所列的法院之一提起,或者在旅客由住所或永久居所的缔约国内,向其辖区内承运人设有机构的法院提起。"

1975年四个蒙特利尔附加议定书也未对此做出修订。

1999年《蒙特利尔公约》第33条管辖权规定:

"一、损害赔偿诉讼必须在一个当事国的领土内,由原告选择,向承运人住所地、主要营业地或者订立合同的营业地的法院,或者向目的地点的法院提起。

二、对于因旅客死亡或者伤害而产生的损失,诉讼可以向本条第一款所述的法院之一提起,或者在这样一个当事国领土内提起,即在发生事故时旅客的主要且永久居所在该国领土内,并且承运人使用自己的航空器或者根据商务协议使用另一承运人的航空器经营到达该国领土或者从该国领土始发的旅客航空运输业务,并且在该国领土内该承运人通过其本人或者与其有商务协议的另一承运人租赁或者所有的处所从事其旅客航空运输经营。①

三、就第二款而言,(一)'商务协议'系指承运人之间就其提供联营旅客航空运输业务而订立的协议,但代理协议除外;(二)'主要且永久居所'系指事故发生时旅客的那一个固定和永久的居住地。在此方面,旅客的国籍不得作为决定性的因素。四、诉讼程序适用案件受理法院的法律。"

---

① 本款规定了使用于旅客伤亡的附加管辖权,俗称为"第五管辖权"。第五管辖权是美国最先提出来的,目前是为了保护美国公民,保证他们能在美国法院起诉。美国曾在1969年通过《危地马拉城议定书》时提出该议案,并获得通过。在1999年《蒙特利尔公约》的讨论和审议过程中,第五管辖权问题自始至终都是最有争议的问题。美国强烈地坚持自己的观点,要求加入第五管辖权,日本对美国表示支持。广大的发展中国家则强烈地反对引入第五管辖权,即使时法国这样的西欧国家也不同意这一做法。根据法国代表团在外交大会上的总结,反对的论点主要有以下几个:一是设立第五管辖权对保护旅客来说并无必要,因为现有的四种管辖权是充分的,并且会导致航空公司保险成本的增加,这种成本增加会反映在运价的增长上;二是索赔人会选择"慷慨法院"起诉,总体来看会导致全球航空运输业成本的增加,从而对国际航空运输业的发展带来不利影响;三是会背离现代国际法的原则,在国际法上没有先例。而美国的论点是:一是如无华沙体制存在,原告本来就可能根据美国法在其住所地法院起诉;二是旅客最了解住所地的赔偿法律,因此能对损害赔偿做出预估;三是有利于旅客作出保险安排;四是如在外国法院起诉,不方便索赔人起诉,且会对其带来巨额诉讼成本;五是剥夺旅客的这项权利不公平,等等。由于美国威胁如果本公约中不引入第五管辖权,将拒绝签署和批准,甚至连外交大会也不参加,而美国又是国际航空运输的大腕,如其不参加则本公约将起不到预想的统一国际航空运输规则的目的。因此,大多数国家都希望在此问题寻求妥协。在外交大会上,第五管辖权于第十七条、第二十条是作为一揽子方案来谈判的。经过数十日的讨价还价,大家同意增加第五管辖权,但要对其加上限制条件。目前的案文即是各国妥协的结果。参见:中国民用航空总局政策法规司.1999年《统一国际航空运输某些规则的公约》精解[Z].内部发行,1999:216-217。

9.2.3.4 仲裁

1929年《华沙公约》第32条规定:"运输合同的任何条款和在损失发生以前的任何特别协议,如果运输合同各方借以违背本公约的规则,无论是选择所适用的法律或变更管辖权的规定,都不生效力。但在本公约的范围内,货物运输可以有仲裁条款,如果这种仲裁在第二十八条(1)款所规定的法院管辖地区进行。"

华沙体制下的其他公约未对此做出修订。

1999年《蒙特利尔公约》第34条仲裁规定:"一、在符合本条规定的条件下,货物运输合同的当事人可以约定,有关本公约中的承运人责任所发生的任何争议应当通过仲裁解决。此协议应当以书面形式订立。二、仲裁程序应当按照索赔人的选择,在第三十三条所指的其中一个管辖区内进行。三、仲裁员或者仲裁庭应当适用本公约的规定。四、本条第二款和第三款的规定应当视为每一仲裁条款或者仲裁协议的一部分,此种条款或者协议中与上述规定不一致的任何条款均属无效。"

另外,1929年《华沙公约》第30条[①]、1971年《危地马拉城议定书》第13条[②]以及1999年《蒙特利尔公约》第36条连续运输[③]都对连续运输进行了具体规定。

1999年《蒙特利尔公约》第37条《对第三人的追偿权》规定:"本公约不影响依照本公约规定对损失承担责任的人是否有权向他人追偿的问题。"1971年《危地马拉城议定书》第13条和1975年《蒙特利尔第四号附加议定书》第11条[④]都有相同规定。

华沙体制下各公约还对联合运输进行了具体规定。1999年《蒙特利尔公约》第38条联合运输规定,一、部分采用航空运输,部分采用其他运输方式履行的联合运输,本公约的规定应当只适用于符合第一条规定的航空运输部分,但是第十八条第四款另有规定的除外。二、在航空运输部分遵守本公约规定的条件下,本公约不妨碍联合运输的各方当事人在航空运输凭证上列入有关其他运输方式的条件。1929年《华沙公约》第31条[⑤]也有具体规定。

---

① 一、有几个连续承运人履行的并属于符合第一条第3款所定的运输,接受旅客、行李或货物的每一个承运人应当受本公约规定的约束,并就其根据合同办理的运输区段作为运输合同的订约一方。
二、对于此种性质的运输,除合同明文约定第一承运人对全程运输承担责任外,旅客或者任何行使其索赔权利的人,只能对发生事故或者延误时履行该运输的承运人提起诉讼。
三、关于行李或者货物,旅客或者托运人有权对第一承运人提起诉讼,有权接受交付的旅客或者收货人有权对最后承运人提起诉讼,旅客、托运人和收货人均可以对发生毁灭、遗失、损坏或者延误的运输区段的承运人提起诉讼。上述承运人应当对旅客、托运人或者收货人承担连带责任。

② 在公约第三十条后插入下条:"第三十条;甲,本公约不影响依照本公约的规定应对损失承担责任的人是否有向他人追偿的权利。"

③ 此条规定与1929年《华沙公约》第30条规定完全一致。

④ 在公约第三十条后插入下条:"第三十条;甲,本公约不影响依照本公约的规定应对损失承担责任的人是否有向他人追偿的权利。"

⑤ 一、部分采用航空运输,部分采用其他运输方式履行的联合运输,本公约的规定应当只适用于符合第一条规定的航空运输部分。二、在航空运输部分遵守本公约规定的条件下,本公约不妨碍联合运输的各方当事人在航空运输凭证上列入有关其他运输方式的条件。

9.3 非缔约承运人履行的航空运输

9.3.1 缔约承运人和实际承运人的概念

1961年《瓜达拉哈拉公约》第1条规定:"(2)'缔约承运人',是指以本人名义与旅客或者托运人,或者与以旅客或者托运人名义行事的人订立华沙公约调整的运输合同的人;(3)'实际承运人',是指缔约承运人以外的,根据缔约承运人的授权,履行第二款全部或部分运输的人,但对该运输此人并非华沙公约规定的连续承运人。在没有相反证明时,此种授权被推定是存在的。"

根据1961年《瓜达拉哈拉公约》第1条的规定,1999年《蒙特利尔公约》第39条缔约承运人、实际承运人规定:"一方当事人(以下简称'缔约承运人')本人与旅客、托运人或者与以旅客或者托运人名义行事的人订立本公约调整的运输合同,而另一当事人(以下简称'实际承运人')根据缔约承运人的授权,履行全部或者部分运输,但就该部分运输而言该另一当事人又不是本公约所指的连续承运人的,适用本章的规定。在没有相反证明时,此种授权应当被推定为是存在的。"

实际承运人不是连续承运人,连续承运人是航空运输合同的缔约一方,其履行航空运输的资格是基于本人的合同当事人身份,而不是基于他人的授权,是合同的独立主体;而实际承运人并不参与航空运输合同的订立,虽不是独立主体,但又类似于独立主体。①

9.3.2 缔约承运人和实际承运人的责任

9.3.2.1 各自责任

1961年《瓜达拉哈拉公约》第2条规定:"如实际承运人办理第一条第(2)款所指合同规定适用华沙公约的运输的全部或部分,除本公约另有规定外,缔约承运人和实际承运人都应受华沙公约规则的约束,前者适用于合同规定运输的全部,后者只适用于其办理的运输。"

1999年《蒙特利尔公约》第40条缔约承运人和实际承运人各自的责任规定:"除本章另有规定外,实际承运人履行全部或者部分运输,而根据第三十九条所指的合同,该运输是受本公约调整的,缔约承运人和实际承运人都应当受本公约规则的约束,缔约承运人对合同考虑到的全部运输负责,实际承运人只对其履行的运输负责。"

9.3.2.2 互相责任

1961年《瓜达拉哈拉公约》第3条规定:"(1)实际承运人及其受雇人和代理人在雇佣代理范围内行事时,对实际承运人所办运输的行为和不行为,应该认为也是缔约承运人的行为和不行为。(2)缔约承运人及其受雇人和代理人在雇佣代理范围内行事时,对实际承运人所办运输的行为和不行为,应该认为也是实际承运人的行为和不行为。但此种行为或不行为不应该使实际承运人承担超过华沙公约第二十二条规定的责任限额。除非经实际承运人同意,否则规定缔约承运人承担华沙公约未规定的责任或放弃该公约赋予的任何权利的任何特别协议,或根据上述公约第二十二条在目的地交提时任何特别的利益声明,都不应该影响实际承运人。"

---

① 贺富永.航空运输中承运人的界定及法律责任[J].江苏社会科学(学术版),2004(1):40-43.

1999年《蒙特利尔公约》第41条相互责任仅将1961年《瓜达拉哈拉公约》第3条第2款中的"第二十二条的责任数额"改为"第二十一条、第二十二条、第二十三条和第二十四条所指的数额",其余规定完全相同。

9.3.2.3 几种具体情况下的界定

在航空运输中,如果承运人既出具运输凭证,自己又负责运输,这时法律关系非常简单。但事实情况并非如此,在诸如包机运输和旅行社介入的情况在现实的航空运输中已经非常普遍,准确界定航空承运人,需要具体情况具体分析。

1. 包机运输

由于大陆法系和普通法系的传统差异,在确定包机者法律地位的时候比较困难。在早期的法国和瑞士等国的案例中,常常把包机人当作缔约承运人,而把实际承担包机运输的航空公司视为承运人的代理人。而普通法系的传统正好相反,而把航空公司视为缔约承运人,而把包机人当作是旅客或托运人的代理人。

判断包机运输中的缔约承运人和实际承运人,关键要看谁出具运输凭证并交付或者承运人栏中写谁的名字。如果包机人以自己的名义向旅客或者托运人出具并签发运输凭证,那么包机人就是缔约承运人,航空公司就是实际承运人。如果运输凭证不是以包机人自己的名义出具并签发,而是由实际履行航空运输合同的航空公司出具并签发给旅客或者托运人,包机人只是航空公司的代理人[①]。如果包机人仅是为运输本单位的人员,无需签发客票,那么包机人仅仅是航空器的承租人,航空公司作为承运人对旅客负责。可见,包机人的身份是根据合同双方当事人的行为确定的,在特定条件下,包机人可以成为缔约承运人。

2. 旅行社

在旅行社介入的航空运输中,判断旅行社是缔约承运人还是实际承运人,要根据旅行社扮演的角色进行界定。如果旅行社仅扮演发售并交给机票的角色时,其发售的机票上都载明承运人的名字。旅行社是航空公司的代理人,航空公司是承运人。当旅行社作为旅游组织者销售"一揽子旅游"或"包价旅游"时,其中就航空运输那一段而言,旅行社作为"中间人"。在这种情况下,承运人仍然是机票上载明的航空公司,旅行社不是缔约承运人。另外,

---

① 在司法实践中,对于包机人的法律地位,法院判决不一。在一个法国著名案例"郎贝特诉居伊龙"案中,旅客乘坐的是一架到阿尔卑斯山旅游的包机,飞机票是包机人开具并印有自己的名字,旅客根本不知道飞机是包租来的。法院认定该包机人就是缔约承运人,而把实际承担包机运输的航空公司作为缔约承运人的代理人。在美国的一个案件"布洛克诉法航"中,对包机人的法律地位以及关于包机是否适用华沙公约的问题,美国第五巡回上诉法院在"布洛克诉法航"案中的解释和结论,公认为具有权威性。1962年2月,乔治亚州的亚特兰大市"美术协会"组织会员到巴黎作"卢浮宫之游"。所乘包租的法航波音707客机于返程时失事,122名会员全部遇难。此案中包机是按法航与包机人(亚特兰大市美术协会)协议进行的,法航对所有乘客都交给了飞机票,票上载明适用华沙公约。但是在诉讼中原告律师的主要论点是华沙公约不适用包机,认为:"即使华沙公约未用专门条款将包机排除出公约范围,公约仍不适用于法航和美术协会之间的包机,因为公约范围是以直接合同关系为前提的,而此次包机中并不存在这种直接合同关系。"第五巡回上诉法院判决指出,"承运人与旅客意见的关系,确实基于一种运输合同。这种合同关系只要求承运人承担将旅客从一个指定地点运到另一地点的国际运输,而旅客则同意这种承诺,"并反驳说,"公约虽多处提到合同,但表述合同时并未使用旅客与承运人的词句,这就是说,华沙公约并不反对第三者充当旅客的代理人,或者为旅客权益而与承运人订立合同。"判决接着批评了华沙公约英译本中将第一条第2款中"依当事各方约定"中的"约定"译作"合同"的错误,并得出结论说:"只要承运人与旅客之间有关于运输、出发地与抵达地的约定,那么关于约定是承运人与第三者即包机人之间所达成,对实现华沙公约目标来说,都无关紧要。"就该案情况而论,充当"包机人"的亚特兰大市美术协会,不过是旅客的代理人而已。这种情况在包机运输中相当普遍,具有代表性。此后,国际上似乎很少再发生华沙公约不适用包机的争议。参见:赵维田.国际航空法[M].北京:社会科学文献出版社,2000:247-249.

还有一种情况,如果该旅行社以旅游组织者的面貌出售包价旅游。旅客在登机时才知道是哪家航空公司的飞机,在大陆法系各国一般将这种包价旅游合同视为一种运输合同,将旅行社当作"缔约承运人",而将实际承运的航空公司当作该旅行社的"受雇人或代理人"——在《瓜达拉哈拉公约》的意义上为实际承运人。

3. 航空货运代理人

航空货运代理人,是指以托运人的名义或者以自己的名义,为托运人办理与航空运输业务相关的业务的人,其身份也要根据不同情况进行确定。当货运代理人以自己名义从不同客户手中接受零散货物,并将这些零散货物集中起来以自己名义与航空公司签订运输合同时,相对于其客户而言,他是居间人,相对航空运输合同对方当事人而言,他是托运人,航空公司是承运人。同样在目的地点,他还可以以自己名义接收这些散货,他同样可以成为收货人。当货运代理人从不同托运人手中接收货物,以托运人的名义与航空公司签订运输合同时,货运代理人是托运人的代理人,航空公司是承运人。当货运代理人以自己的名义与托运人签订运输合同并向托运人签发航空货运单,然后再委托航空公司运送货物,货运代理人是缔约承运人,航空公司是实际承运人。

9.3.3 异议和指示的对象

由于缔约承运人和实际承运人在涉及实际承运人的运输部分,二者责任的相互归因,因此权利人无论是向缔约承运人发出异议和指示,还是向实际承运人发出,均具有同等的效力。但是实际承运人毕竟不是合同的当事人,因此在法律上为了缔约承运人的合法权利,规定了处置货物的权利,必须向缔约承运人发出。1961年《瓜达拉哈拉公约》第4条、1999年《蒙特利尔公约》第42条异议和指示的对象[①]对此做出了相同的规定。

9.3.4 诉讼上的规定

9.3.4.1 诉讼主体资格

对于被诉对象主要有三个:实际承运人、缔约承运人以及他们的受雇人、代理人。法律规定,对实际承运人履行运输提起的诉讼,可以分别对实际承运人或者缔约承运人提起,也可以同时对实际承运人和缔约承运人提起;被提起诉讼的承运人有权要求另一承运人参加应诉。诉讼程序及其效力适用案件受理法院的法律。对实际承运人提出的诉讼,具体规定在1961年《瓜达拉哈拉公约》第7条[②]和1999年《蒙特利尔公约》第45条索赔对象[③]中。

9.3.4.2 管辖法院

1961年《瓜达拉哈拉公约》第8条规定:"公约第七条所指赔偿诉讼,应根据原告的意愿,按华沙公约第二十八条的规定向可以对缔约承运人提出诉讼的法院,或向实际承运人居住

[①] 依照本公约规定向承运人提出的异议或者发出的指示,无论是向缔约承运人还是向实际承运人提出或者发出,具有同等效力。但是,第十二条所指的指示,只在向缔约承运人发出时,方为有效。

[②] 对实际承运人所办运输的赔偿诉讼,应按原告的意愿,向实际承运人或缔约承运人提出,或同时或分别向他们提出。如只向这些承运人之一提出诉讼,则该承运人应有权要求另一承运人参加应诉,诉讼程序和效力应以受理法院的法律为依据。

[③] 对实际承运人履行的运输提起的损害赔偿诉讼,可以由原告选择,对实际承运人提起或者对缔约承运人提起,也可以同时或者分别对实际承运人和缔约承运人提起。损害赔偿诉讼只对其中一个承运人提起的,该承运人有权要求另一承运人参加诉讼,诉讼程序及其效力适用案件受理法院的法律。

所在地或其总管理处所在地的法院提出。"也就上说,原告对缔约承运人提起诉讼,管辖法院是《华沙公约》第 28 条规定中的四个法院,如对实际承运人提起诉讼,管辖法院只有两个,即实际承运人的住所地或者其主要营业地法院。

1999 年《蒙特利尔公约》第 46 条附加管辖权[①]的规定与《瓜达拉哈拉公约》第 8 条规定一样,只不过给该条文取了一个名称叫"附加管辖权"。因为实际承运人毕竟不是合同的订立人,不能适用 1999 年《蒙特利尔公约》第 33 条管辖权的规定;为了和第 33 条的第五管辖权以示区别,故称之为"附加管辖权。"

9.3.4.3 赔偿总额的限制

对于实际承运人履行的运输,实际承运人和缔约承运人以及他们的在受雇、代理范围内行事的受雇人和代理人的赔偿总额不得超过依照法律得以从缔约承运人或者实际承运人获得赔偿的最高数额,但是上述任何人都不承担超过对其适用的责任限额。1961 年《瓜达拉哈拉公约》第 6 条[②]、1999 年《蒙特利尔公约》第 44 条赔偿总额[③]都做出同样表示。

9.3.4.4 追偿权和求偿权的行使

由于实际承运人与缔约承运人都可以单独或共同被旅客、托运人及收货人进行索赔,因此他们之间承担责任的方式是连带责任,而不是共同责任。但是,无论缔约承运人还是实际承运人同旅客或托运人、收货人之间的关系,不影响他们相互之间的权利、义务关系。例如追偿权和求偿权的行使。所谓追偿权是指实际承运人或者缔约承运人依据法律规定,先行向原告支付赔偿金,然后再向有责任的一方追回相应的赔偿金;所谓求偿权是指实际承运人或者缔约承运人因对方或对方的受雇人、代理人在受雇、代理范围内的行为给其造成的损失,要求对方赔偿给其造成的损失。1961 年《瓜达拉哈拉公约》第 11 条规定:"除第七条规定以外,本公约不影响两个承运人之间的权利和义务。"1999 年《蒙特利尔公约》第 48 条缔约承运人和实际承运人的相互关系规定:"除第四十五条规定外,本章的规定不影响承运人之间的权利和义务,包括任何追偿权或者求偿权。"

1961 年《瓜达拉哈拉公约》第 9 条第 1 款和 1999 年《蒙特利尔公约》第 47 条合同条款的无效还对合同条款的无效进行了规定,均为:"任何旨在免除本公约(本章)规定的缔约承运人或者实际承运人责任或者降低适用于本公约(本章)的责任限额的合同条款,均属无效,但是,此种条款的无效,不影响整个合同的效力,该合同仍受本章规定的约束。"

---

① 第四十六条附加管辖权:第四十五条考虑到的损害赔偿诉讼,必须在一个当事国的领土内,由原告选择,按照第三十三条规定向可以对缔约承运人提起诉讼的法院提起,或者向实际承运人住所地或者其主要营业地有管辖权的法院提起。

② 实际承运人和缔约承运人及其雇佣人和代理人在雇佣代理范围内行事时,对实际承运人所办运输的赔偿总额不应超过根据本公约可能判定缔约承运人或实际承运人赔偿的最高数额,但上述任何人不应承担超过对他适用的限额。

③ 对于实际承运人履行的运输,实际承运人和缔约承运人以及他们的在受雇、代理范围内行事的受雇人和代理人的赔偿总额不得超过依照本公约得以从缔约承运人或者实际承运人获得赔偿的最高数额,但是上述任何人都不承担超过对其适用的责任限额。

第十章 国内航空运输中承运人责任制度

10.1 国内航空运输的概念和适用范围

10.1.1 国内航空运输的概念

国内航空运输是指航空承运人使用民用航空器将旅客实现从运输的始发地、目的地或者约定的经停地全在一个国家境内的位移活动。如我国《民用航空法》第 107 条规定:"本法所称国内航空运输,是指根据当事人订立的航空运输合同,运输的出发地点、约定的经停地点和目的地点均在中华人民共和国境内的运输。"《俄罗斯联邦航空法》[①]等国航空法有类似规定,但《印度尼西亚航空法》[②]等国也有不同界定。

判断一次运输是否是国内航空运输,要根据以下几个方面加以分析:

第一,决定航空运输性质的标准,是运输的"始发地点""目的地点"和"约定的经停地点"是否均在一国境内,而不是旅客、托运人或承运人的国籍。如上述三点均在一国境内,即为该国国内航空运输。

第二,确定"出发地点""目的地点"和"约定的经停地点"的依据是当事人双方订立的航空运输合同,即双方当事人的事先约定,一般不考虑在实际履行该运输合同过程中是否因故而实际地改变了航路。

第三,判断航空运输性质时,不考虑运输有无间断或有无转运。所谓"运输间断"是指旅客等因故中断运输,转运是指履行航空运输合同过程中承运人发生变换。如我国《民用航空法》第 108 条规定:"航空运输合同各方认为几个连续的航空运输承运人办理的运输是一项单一业务活动的,无论其形式是以一个合同订立或者数个合同订立,应当视为一项不可分割的运输。"

10.1.2 国内航空运输的适用范围

国内航空运输的适用范围主要有如下几个方面:

第一,它适用公共航空运输企业使用民用航空器所进行的运输活动,不适用于执行军事、海关和警察飞行任务的运输活动。

第二,它适用于公共航空运输企业经营的航空旅客(含行李)运输、航空货物运输,而不适用于公共航空运输企业以外的任何单位或个人办理的航空运输。

第三,它适用于公共航空运输企业办理的以取酬为目的的航空运输,即公共航空运输企业办理的商业性运输;不适用于公共航空运输企业所办理的非商业性运输,例如公共航空运

[①] 《俄罗斯联邦航空法》第 101 条航空运输规定:"一、国内航空运输是指始发地、目的地和经停地都在俄罗斯联邦境内的航空运输。……"

[②] 《印度尼西亚航空法》第 1 条规定:"……17. 国内航空运输是指在印度尼西亚共和国境内提供从某一机场到另一机场的航空运输服务的商业航空运输。……"

输企业为开辟定期航班的航线而进行的试飞性航空运输,公共航空运输企业在正常营业范围以外所进行的特殊情况下的航空运输,如某航空运输企业的一架飞机发生故障,该企业用另一架飞机为其运送零备件。

第四,它适用于公共航空运输企业办理的免费航空运输。航空运输企业签发免费机票通常是以此种条件吸引乘客,其目的是赢得更大的利益,其实质仍是商业性质。因此,仍要受国内航空法的约束。

第五,对于一部分使用航空运输方式,一部分使用陆路、水路等其他运输方式办理的多式联运,它仅适用于航空运输部分,不适用于以其他运输方式办理的部分。当然,这并不妨碍当事人各方在航空运输凭证上列入有关其他运输方式的条件。

第六,它不适用于在没有符合要求的合同情况下办理的运输,包括当事人根本没有签订航空运输合同或者所签订的合同无效。如偷渡人乘机、当事人双方有一方不具有行为能力或者当事人双方对合同有重大误解等情况均属于没有符合要求的合同。

第七,它不适用于使用民用航空器办理的邮件运输。因邮件运输产生的合同关系,应受有关邮件运输的法律、法规所调整。

10.2　承运人的责任构成

各个国家的国内立法是调整航空运输合同的准据法。从大陆法系的欧洲国家看,在法国、德国、瑞士等国家,对于华沙体制意义上的国际航空运输合同,除由华沙体制与《就定期航班运输中拒绝登机旅客赔偿制度确立的原则》调整外,尚由其国内航空法对华沙体制等未予调整事宜做出调整,再由民法典与商法典分别对国内航空法未予调整事宜做出调整。一般来说,民法典调整旅客及行李运输合同,商法典调整货物运输合同。对于非华沙体制意义上的国际航空运输合同与国内航空运输合同,则优先适用国内航空法,国内航空法没有规定的,再由民法典与商法典分别予以调整。此外,关于对"一般合同条款"予以限制的立法,例如,德国的《一般合同条款法》,也对航空运输合同进行调整。

从英美法系看,在英国,对于华沙体制意义上的国际航空运输合同,除由华沙体制与上述《就定期航班运输中拒绝登机旅客赔偿制度确立的原则》调整外,尚由判例法对华沙体制等未予调整事宜做出调整。对于华沙体制意义上的国际运输合同与国内航空运输合同,则适用航空运输法、判例法以及空中货物运输法等等。在美国,对于华沙体制上的国际航空运输合同,除华沙体制调整外,航空法、判例法与有关消费者权益保护的立法亦对其做出调整。对于非华沙体制意义上的国际航空运输合同与国内运输合同,则由各州的法律或判例法调整。应予指出的是,在决定国际航空运输合同的准据法时,还须分别适用各国的冲突规范。

我国是 1929 年《华沙公约》、1955《海牙议定书》和 1999 年《蒙特利尔公约》的当事国。对于华沙体制上的国际航空运输合同,由于国际航空公约的强制适用性,应分别适用它们的规定。对于非华沙体制意义上的国际航空运输合同适用于我国和相关国家签订的双边航空运输协定中的有关规定。对于国内航空运输合同,则应分别适用《民用航空法》、其他关于航空运输的行政法规以及民法。此外,中国民用航空局还发布有《中国民用航空货物国内运输规则》(CCAR-275TR-R1)、《中国民用航空货物国际运输规则》(CCAR-274)、《公共航空运输旅客服务管理规定》(CCAR-273)等规章,也对国内航空运输进行了规范。

我国国内航空运输中承运人责任构成的内容主要包括:承运人责任的法理基础、责任期间、赔偿责任限额以及索赔时限、诉讼时效等。

10.2.1 承运人承担责任的法理基础

航空运输业是高度危险作业。高度危险作业是指在人类现有技术条件下，即使予以注意或谨慎经营仍有可能致人损害的危险性作业。该项责任是一种典型的无过错责任。对高度危险作业致人损害适用无过错责任，主要是为了加强对受害人的法律保护，同时也是为了促使从事高度危险作业的组织和个人提高责任心和改进技术安全措施。

《民法典》第19章运输合同的规定也适用航空运输合同。《民法典》第1238条规定："民用航空器造成他人损害的，民用航空器的经营者应当承担侵权责任；但是，能够证明损害是因受害人故意造成的，不承担责任。"

结合我国航空法治实际情况，我国航空法中关于承运人对旅客人身伤亡、行李或者货物的毁灭、遗失、损坏实行严格责任制和承运人对旅客、行李或者货物延误造成损失实行推定过失责任制。这样规定，不仅与国际通行的在航空运输及其他高风险作业领域实行严格责任制度的做法相一致，还与《民法典》等国内法遥相呼应，促进了我国航空运输企业加强经营管理，提高服务质量。

10.2.2 承运人承担责任期间

《民用航空法》第124条规定："因发生在民用航空器上或者在旅客上、下民用航空器过程中的事件，造成旅客人身伤亡的，承运人应当承担责任；但是，旅客的人身伤亡完全是由于旅客本人的健康状况造成的，承运人不承担责任。"这与1971年《危地马拉城议定书》第4条第1款的规定完全一样，但与1999年《蒙特利尔公约》17条第1款规定有差异。

《民用航空法》第125条规定："因发生在民用航空器上或者在旅客上、下民用航空器过程中的事件，造成旅客随身携带物品毁灭、遗失或者损坏的，承运人应当承担责任。因发生在航空运输期间的事件，造成旅客的托运行李毁灭、遗失或者损坏的，承运人应当承担责任。……因发生在航空运输期间的事件，造成货物毁灭、遗失或者损坏的，承运人应当承担责任……"，这条规定主要参照1971年《危地马拉城议定书》第4条第2款和1975年《蒙特利尔第四号附加议定书》第4条的规定而制定的，也与后来制定的1999年《蒙特利尔公约》第17条第2款和第18条的规定一致。

10.2.2.1 承运人对旅客、随身携带物品及其自理行李的责任期间

承运人对旅客、随身携带物品及其自理行李的责任期间是"在民用航空器上或者旅客上、下民用航空器的过程中"。承运人仅对因发生在该期间的事件所造成的旅客人身伤亡、随身携带物品及其自理行李的毁灭、遗失或者损坏承担责任；因发生在该期间以外的事件所造成的上述三个损害的，承运人不承担责任。

1．"在民用航空器上"是承运人责任的主要期间

旅客"在民用航空器上"的全部期间为承运人责任期间的主要构成部分。承运人责任期间是以是否存在航空风险为标准来确定的。旅客登机后直至其下了飞机，一般来说，该航空器即处于飞行中，旅客即面临着各种各样的与航空活动（或者称飞行活动）有关的风险，如航空器与航空器相撞、航空器与地面障碍物相撞、航空器出现机械故障而导致坠毁以及航空器在空中发生剧烈颠簸等，比较容易受伤或者死亡。因此，旅客"在民用航空器上"的全部期间为承运人的责任期间。航空器迫降，旅客也应当被认为是"在民用航空器上"。

2. 旅客"上、下航空器的过程中"也是承运人责任期间的组成部分

在国际航空运输中,对"旅客上、下航空器的过程中"的理解一般采用的是三重标准说,即活动性质、位置标准和控制因素。由于我国《民用航空法》中对此的规定比较模糊,同时尚缺乏相关的司法判例加以参照。对于什么是"旅客上、下航空器的过程中"? 学者们普遍认为,由于我国《民用航空法》的制定是参照国际航空公约而进行的,因此三重标准说同样适用于"旅客上、下航空器过程中"的判断,同时又结合我国的实际情况,有学者采用了四要素说:即时间因素、活动性质、控制因素和位置因素。①

旅客上航空器的过程中,即是旅客的登机过程,是指旅客办理登机手续后至进入民用航空器之前因登机活动而处于承运人照管之下的期间。登机过程有四个要件:①时间因素。从时间上看,登机过程是旅客已经办理登机手续但尚未进入民用航空器的一段时间。②活动性质。从旅客所从事的活动看,旅客正在进行登机活动。③控制因素。从旅客与承运人的关系看,旅客正处于承运人的照管之下。④位置因素。从旅客所处的地点看,旅客正处于登机区域,即从候机地点到民用航空器的地段,一般包括运输区域(飞机运行区域)、停机坪和飞机的停放地点。判断旅客是否在"上民用航空器的过程中",应同时着眼于上述四个因素。旅客办理登机手续后坐在候机楼候机的期间不是登机过程,因为旅客并未开始登机活动,也未处于承运人照管之下,其所处的地点也不是登机途中。相反,旅客走上舷梯至进入民用航空器的过程则是登机过程。因为,无论是从时间、地点看,还是从旅客所从事的活动以及旅客与承运人的关系看,这个过程都符合登机过程的要件。②

旅客下航空器的过程中,即旅客的下机过程,是指旅客走出民用航空器后到达民用机场建筑的安全地带前因下机活动而处于承运人照管之下的期间。下机过程也具有四大要件:①时间因素。从时间上看,下机过程是指旅客从飞机上下来走进机场建筑安全地带的一段时间。②活动性质。从旅客所从事的活动看,旅客正在进行下机活动。③控制因素。从旅客与承运人的关系看,旅客正处于承运人的照管之下。④位置因素。从旅客所处的地点看,旅客处于下机区域,即从民用航空器到机场建筑安全地带的地段。一般来讲,下机区域也是指飞机的运行区域、停机坪或飞机的停放地点。判断旅客是否处于"下民用航空器的过程中",也必须同时着眼于上述四大要件。下列期间不属于"下民用航空器过程中"的阶段:旅客结束下机后发现将手提行李遗忘在民用航空器上而返回到民用航空器上寻取行李的过程;旅客自候机楼走廊走向中转手续办理点的途中;旅客办理海关、边防手续后等候提取行李的过程中;旅客到达机场建筑某一安全地带后,自该安全地带到托运行李提取处的途中。③

10.2.2.2 承运人对托运行李和货物的责任期间

我国《民用航空法》规定,承运人对托运行李和货物的责任期间是"航空运输期间",航空运输期间"不包括机场外的任何陆路运输、海上运输、内河运输过程;但是,此种陆路运输、海上运输、内河运输是为了履行航空运输合同而装载、交付或者转运,在没有相反证据的情况下,所发生的损失视为在航空运输期间发生的损失"。这些关于责任期间的规定和华沙体制下各公约的规定没有区别,主要有两个方面:①货物或者托运行李处于承运人的掌管之下。②货物处于机场内、民用航空器上或者机场外民用航空器降落的任何地点。

---

① 曹三明,夏兴华.民用航空法释义[M].沈阳:辽宁教育出版社,1996:280.
② 曹三明,夏兴华.民用航空法释义[M].沈阳:辽宁教育出版社,1996:281.
③ 曹三明,夏兴华.民用航空法释义[M].沈阳:辽宁教育出版社,1996:281.

10.2.3 承运人赔偿责任的范围

10.2.3.1 旅客的人身伤亡所造成的损失

根据《民用航空法》第 124 条规定:"因发生在民用航空器上或者在旅客上、下民用航空器过程中的事件,造成旅客人身伤亡的,承运人应当承担责任;但是,旅客的人身伤亡完全是由于旅客本人的健康状况造成的,承运人不承担责任。"

对于因旅客的人身伤亡所导致的精神损害是否应当赔偿的问题,从我国航空法的内容来看,没有采用华沙体制中的"死亡、受伤或身体上的任何其他损害"的表述,立法本意是排除精神损害,但是《民用航空法》第 131 条又规定:"有关航空运输中发生的损失的诉讼,不论其根据如何,只能依照本法规定的条件和赔偿责任限额提出,但是不妨碍谁有权提起诉讼以及他们各自的权利。"并没有禁止旅客以侵权作为诉讼依据,既然可以以侵权作为诉讼依据,当然可以请求精神损害赔偿。

在我国的司法实践中,一般给予空难旅客的精神抚恤金,实际上就是精神损害赔偿金。可见,虽然我国航空法对此问题规定比较模糊,但司法实践中确实支持旅客关于精神损害赔偿要求的。

10.2.3.2 旅客随身携带的行李损失

承运人承担民事责任的范围是因旅客随身携带物品的毁灭、遗失或者损坏所造成的损失,即旅客随身携带物品的直接损失,不包括间接损失。毁灭、遗失或者损坏是旅客随身携带物品蒙受损失的三种情况。旅客随身携带物品的毁灭、遗失或者损坏完全是由于行李本身的自然属性、质量或者缺陷造成的,承运人不承担责任。行李本身自然属性是指行李的性质,即其本质特性。如荔枝具有易腐烂变质的属性,酒精具有易燃、易挥发的属性等。质量是指物品的内在品质,质量的好坏就是品质的优劣。缺陷是指物品本身的潜在瑕疵,某件物品可能是符合该物品的产品质量要求的,但也可能存在某种缺陷。因旅客随身携带物品本身的自然属性、质量或者缺陷造成的该物品的毁灭、遗失或者损失,一方面与航空器的航行活动无关,另一方面人无法预料、无法防范的,因此承运人可以不承担责任。对部分因旅客随身携带物品的自然属性、质量缺陷造成的该物品的毁灭、遗失或者损坏,承运人仍应承担责任。

10.2.3.3 托运行李和货物的损失

因发生在航空运输期间的事件,造成托运行李或货物毁灭、遗失或者损坏的,承运人应当承担责任。托运行李的毁灭、遗失或者损坏完全是由于托运行李本身的自然属性、质量或者缺陷造成的,承运人不承担责任。如果托运行李的毁灭、遗失或者损坏部分是由于托运行李本身的自然属性、质量或者缺陷造成的,承运人仍要承担责任。

完全是由于下列原因之造成的货物的毁灭、遗失或者损坏,承运人不承担责任:货物本身的自然属性、质量或者缺陷;承运人或者其受雇人、代理人以外的人包装货物的情况下,货物包装不良;战争或者武装冲突;政府有关部门,如海关、商检、卫生检疫等部门实施的货物入境、出境或者过境有关的行为。

10.2.4 承运人责任的归责原则及免责事由

10.2.4.1 承运人责任的归责原则

根据我国《民用航空法》第124条和第125条的规定,承运人对旅客损害的归责原则为均为一元归责。即对旅客人身伤害、自理行李和随身携带的物品以及对托运行李和货物归责原则仍然是一元归责原则,即严格责任制。

此外,《民用航空法》第126规定:"旅客、行李或者货物在航空运输中因延误造成的损失,承运人应当承担责任;但是,承运人证明本人或者其受雇人、代理人为了避免损失的发生,已经采取一切必要措施或者不可能采取此种措施的,不承担责任。"根据本条规定,承运人在对延误的归责方面则采用的是推定过失责任制。

10.2.4.2 承运人的免责事由

1. 承运人对旅客的免责事由

根据《民用航空法》的规定,承运人对旅客的免责事由主要包括以下几个方面:

第一,旅客的人身伤亡完全是由于旅客本人的健康状况造成的,承运人不承担责任。

第二,旅客的人身伤亡不是与飞行有关的事件造成。如果承运人能够证明造成旅客人身伤亡的事件与飞行无关,即与航空运输操作或航空运输服务无关,承运人就不承担责任。一般来说,劫机和破坏民用航空器的行为都是被认为是与航空运输操作无关的事件。

第三,因延误造成的损失,承运人证明本人或者其受雇人、代理人为了避免损失的发生,已经采取一切必要措施或者不可能采取此种措施的,不承担责任。

第四,经承运人证明,损失是由索赔人的过错造成或者促成的,应当根据造成或者促成此种损失的过错的程度,相应免除或者减轻承运人的责任。旅客以外的其他人就旅客死亡或者受伤提出赔偿请求时,经承运人证明,死亡或者受伤是旅客本人的过错造成或者促成的,同样应当根据造成或者促成此种损失的过错的程度,相应免除或者减轻承运人的责任。

2. 承运人对旅客自理行李和随身携带的物品的免责事由

根据《民用航空法》的规定,承运人对旅客的自理行李和随身携带的物品免责事由主要包括以下几个方面:

第一,旅客随身携带物品的毁灭、遗失或者损坏完全是由于行李本身的自然属性、质量或者缺陷造成的,承运人不承担责任。

第二,因延误造成的损失,承运人证明本人或者其受雇人、代理人为了避免损失的发生,已经采取一切必要措施或者不可能采取此种措施的,不承担责任。

第三,损失是由索赔人的过错造成或者促成的,应当根据造成或者促成此种损失的过错的程度,相应免除或者减轻承运人的责任。

3. 承运人对旅客的托运行李免责事由

根据《民用航空法》的规定,承运人对旅客的托运行李免责事由主要包括以下几个方面:

第一,托运行李的毁灭、遗失或者损坏完全是由于行李本身的自然属性、质量或者缺陷造成的,承运人不承担责任。

第二,因延误造成的损失,承运人证明本人或者其受雇人、代理人为了避免损失的发生,已经采取一切必要措施或者不可能采取此种措施的,不承担责任。

第三,承运人证明,损失是由索赔人的过错造成或者促成的,应当根据造成或者促成此种损失的过错的程度,相应免除或者减轻承运人的责任。

第四,未在法定期间提出异议。旅客收受托运行李而未提出异议,为托运行李已经完好交付并与运输凭证相符的初步证据。托运行李发生损失的,旅客应当在发现损失后向承运人提出异议。托运行李发生损失的,至迟应当自收到托运行李之日起7日内提出。托运行李发生延误的,至迟应当自托运行李交付旅客处置之日起21日内提出。任何异议均应当在前面规定的期间内写在运输凭证上或者另以书面提出。除承运人有欺诈行为外,旅客未在上述规定的期间内提出异议的,不能向承运人提出索赔诉讼。

4. 承运人对货物的免责事由

根据《民用航空法》规定,承运人对货物的免责事由主要包括以下几个方面:

第一,承运人证明货物的毁灭、遗失或者损坏完全是由于下列原因之一造成的,不承担责任:货物本身的自然属性、质量或者缺陷;承运人或者其受雇人、代理人以外的人包装货物的,货物包装不良;战争或者武装冲突;政府有关部门实施的与货物入境、出境或者过境有关的行为。

第二,因延误造成的损失,承运人证明本人或者其受雇人、代理人为了避免损失的发生,已经采取一切必要措施或者不可能采取此种措施的,不承担责任。

第三,在货物运输中,经承运人证明,损失是由索赔人或者代行权利人的过错造成或者促成的,应当根据造成或者促成此种损失的过错的程度,相应免除或者减轻承运人的责任。

第四,未在法定期间提出异议。收货人收受货物而未提出异议,为托运行李或者货物已经完好交付并与运输凭证相符的初步证据。货物发生损失的,收货人应当在发现损失后向承运人提出异议。货物发生损失的,至迟应当自收到货物之日起14日内提出。货物发生延误的,至迟应当自货物交付收货人处置之日起21日内提出。任何异议均应当在前述规定的期间内写在运输凭证上或者另以书面提出。除承运人有欺诈行为外,收货人未在上述规定的期间内提出异议的,不能向承运人提出索赔诉讼。

10.2.5 承运人的赔偿限额及例外

10.2.5.1 承运人的赔偿限额

1. 国内航空运输承运人的赔偿责任限额

国内航空运输承运人的赔偿责任限额由国务院民用航空主管部门制定,报国务院批准后公布执行。2006年1月29日经国务院批准、自2006年3月28日起施行的《国内航空运输承运人赔偿责任限额规定》(民航总局第164号令)第3条规定:"国内航空运输承运人(以下简称承运人)应当在下列规定的赔偿责任限额内按照实际损害承担赔偿责任,但是《民用航空法》另有规定的除外:(一)对每名旅客的赔偿责任限额为人民币40万元;(二)对每名旅客随身携带物品的赔偿责任限额为人民币3 000元;(三)对旅客托运的行李和对运输的货物的赔偿责任限额,为每公斤人民币100元。"该规定第4条[①]还对赔偿责任限额的调整进行了规定。旅客自行向保险公司投保航空旅客人身意外保险的,此项保险金额的给付,不免除或者减少承运人应当承担的赔偿责任。[②]

《公共航空运输旅客服务管理规定》(CCAR-273)要求承运人应当在运输总条件中明确

---

① 本规定第三条所确定的赔偿责任限额的调整,由国务院民用航空主管部门制定,报国务院批准后公布执行。
② 《国内航空运输承运人赔偿责任限额规定》第5条。

行李损坏、丢失、延误的赔偿标准或者所适用的国家有关规定、国际公约。明确超售被拒绝登机旅客赔偿标准、方式和相关服务标准。承运人或者其地面服务代理人应当按照超售处置规定向被拒绝登机旅客给予赔偿,并提供相关服务。

《中国民用航空货物国内运输规则》(CCAR-275TR-R1)第45条规定:"由于承运人的原因造成货物丢失、短缺、变质、污染、损坏,应按照下列规定赔偿:(一)货物没有办理声明价值的,承运人按照实际损失的价值进行赔偿,但赔偿最高限额为毛重每公斤人民币20元。(二)已向承运人办理货物声明价值的货物,按声明的价值赔偿;如承运人证明托运人的声明价值高于货物的实际价值时,按实际损失赔偿。"

2. 国际航空运输承运人的赔偿责任限额

《民用航空法》第184条规定:"中华人民共和国缔结或者参加的国际条约同本法有不同规定的,适用国际条约的规定;但是,中华人民共和国声明保留的条款除外。中华人民共和国法律和中华人民共和国缔结或者参加的国际条约没有规定的,可以适用国际惯例。"

《民用航空法》第129条规定:"国际航空运输承运人的赔偿责任限额按照下列规定执行:(一)对每名旅客的赔偿责任限额为16 600计算单位;但是,旅客可以同承运人书面约定高于本项规定的赔偿责任限额。(二)对托运行李或者货物的赔偿责任限额,每公斤为17计算单位。旅客或者托运人在交运托运行李或者货物时,特别声明在目的地点交付时的利益,并在必要时支付附加费的,除承运人证明旅客或者托运人声明的金额高于托运行李或者货物在目的地点交付时的实际利益外,承运人应当在声明金额范围内承担责任。托运行李或者货物的一部分或者托运行李、货物中的任何物件毁灭、遗失、损坏或者延误的,用以确定承运人赔偿责任限额的重量,仅为该一包件或者数包件的总重量;但是,因托运行李或者货物的一部分或者托运行李、货物中的任何物件的毁灭、遗失、损坏或者延误,影响同一份行李票或者同一份航空货运单所列其他包件的价值的,确定承运人的赔偿责任限额时,此种包件的总重量也应当考虑在内。(三)对每名旅客随身携带的物品的赔偿责任限额为332计算单位。"

《民用航空法》第130条还规定:"任何旨在免除本法规定的承运人责任或者降低本法规定的赔偿责任限额的条款,均属无效;但是,此种条款的无效,不影响整个航空运输合同的效力。"

10.2.5.2 赔偿的例外

1. 约定赔偿责任限额

旅客可以就旅客的人身伤亡及延误事先与承运人书面约定高于行政法规规定的赔偿责任限额。旅客如与承运人事先就旅客的人身伤亡及延误书面约定了高于法定责任限额的赔偿责任限额,发生旅客人身伤亡或延误时,承运人即应在约定的赔偿责任限额内承担责任。

2. 声明价值

在托运行李和货物的运输中,旅客或者托运人如认为法定的责任限额过低,可以在交运托运行李或者货物时向承运人特别声明在目的地点交付时的利益(即行李或货物的价值与行李或货物到达目的地点的预期利益),即在行李票上和航空货运单上注明托运行李和货物的声明金额。

旅客或者托运人就托运行李或货物特别声明在目的地点交付时的利益的,发生行李或货物毁灭、遗失、损坏或因延误造成损失时,承运人也应在声明金额的范围内承担责任。但是,如果承运人能够证明旅客或者托运人声明的金额高于托运行李或者货物在目的地交付时的实际利益,即旅客或托运人在声明特别利益时存在过失或欺诈,该声明金额无效。承运人仍在法定的赔偿责任限额范围内承担责任。

3. 承运人未出具运输凭证或出具运输凭证不符合规定

承运人接受旅客而未出具客票、承运人载运托运行李而不出具行李票的以及承运人同意未经填具航空货运单而载运货物的,承运人无权援引《民用航空法》中的责任限制。

10.2.5.3 赔偿数额的确定

旅客与承运人约定高于法定的赔偿责任限额,除此以外,我国目前对于旅客的人身伤亡损害赔偿的计算更多考虑的是伤残或死亡补助、误工损失、医疗费、护理费、交通费等,且很难计算到很高的金额,虽然人们一直在呼吁国家应尽早出台,包括引入余生收入计算[①]内容在内合理的损害赔偿方法,但由于各方面的原因,在航空运输领域中并未实行。

我国航空法对托运行李或货物的赔偿数额确定依据和华沙体制的规定相同:

第一,托运行李或者货物的一部分毁灭、遗失、损坏或者延误的,或者托运行李、货物中的任何物件毁灭、遗失、损坏或者延误的,不影响同一份行李票或航空货运单所列其他包件行李或货物的价值时,用以确定承运人赔偿责任限额的重量,仅为发生毁灭、遗失、损坏或者延误的托运行李或者货物包件的总重量。

第二,托运行李或者货物的一部分毁灭、遗失、损坏或者延误,或者托运行李或者货物中的任何物件的毁灭、遗失、损坏或者延误,影响同一份行李票或者同一份航空货运单所列其他包件行李或货物的价值的,确定承运人的赔偿责任限额的重量时,不仅要考虑发生毁灭、遗失、损坏或者延误的包件的重量,还要考虑同一份行李票或同一份航空货运单中价值受到影响的包件的总重量。

10.2.6 异议期限、管辖法院和诉讼时效

10.2.6.1 异议期限

我国航空法中对旅客或者收货人对托运行李或者货物的异议期间的规定和国际航空公约的规定相同。《民用航空法》第134条规定:"旅客或者收货人收受托运行李或者货物而未提出异议,为托运行李或者货物已经完好交付并与运输凭证相符的初步证据。托运行李或者货物发生损失的,旅客或者收货人应当在发现损失后向承运人提出异议。托运行李发生损失的,至迟应当自收到托运行李之日起七日内提出;货物发生损失的,至迟应当自收到货物之日起十四日内提出。托运行李或者货物发生延误的,至迟应当自托运行李或者货物交付旅客或者收货人处置之日起二十一日内提出。任何异议均应当在前款规定的期间内写在运输凭证上或者另以书面提出。除承运人有欺诈行为外,旅客或者收货人未在该条第二款规定的期间内提出异议的,不能向承运人提出索赔诉讼。"

10.2.6.2 管辖法院

1. 索赔依据

我国《民用航空法》第131条规定:"有关航空运输中发生的损失的诉讼,不论其根据如

[①] 例如美国、日本等国家,其空难赔偿一般都按余生收入法来计算。美国的空难赔偿是按受害者本人一生中可能挣到的收入来赔付。因此不同申请者得到的赔偿非常悬殊,从几十万到几千万美元不等。而日本对赔偿金额的计算同时考虑受害者的损伤程度、年龄、职业、正常收入情况、家庭负担及余生收入上涨等综合因素。

何,只能依照本法规定的条件和赔偿责任限额提出,但是不妨碍谁有权提起诉讼以及他们各自的权利。"从法律的规定来看,索赔根据的意义不大,因为"不论其根据如何,只能依照本法规定的条件和赔偿责任限额提出"。

2. 诉讼当事人

在航空运输中,起诉根据的不同,有权提起诉讼的人也有所不同。在旅客运输中,主要有旅客,如果旅客死亡,旅客的继承人有权提起诉讼;在航空货物运输中,托运人和收货人有权提起诉讼;如果货物已经投保且保险公司已经赔付货主,根据有关保险方面的法律规定,保险公司取得代位追偿权而有权提起诉讼。

提起诉讼的人的权利包括实体法规定的各项实体权利和程序法规定的在诉讼过程中的各项诉讼权利。如果提起诉讼的人是托运人的代理人,其实体权利就是有关代理法律规定的代理人的权利,其程序权利就是有关民事诉讼方面的法律所规定的各项权利。

根据《民用航空法》的规定,被诉主体主要有航空承运人、航空承运人的受雇人、代理人。当航空承运人的受雇人、代理人作为被告的时候,该受雇人、代理人证明他是在受雇、代理范围内行事的,有权援引有关赔偿责任限制的规定。在前述情形下,承运人及其受雇人、代理人的赔偿总额不得超过法定赔偿责任限额。

从举证责任的分担来看,原告承担的举证责任主要有:证明受到了损失及损失的数额,证明所受到的损失是航空运输中所发生的事件造成的。要想取得责任限额的突破,原告还需证明"航空运输中的损失是由于承运人或者其受雇人、代理人的故意或者明知可能造成损失而轻率地作为或者不作为造成的,……证明承运人的受雇人、代理人有此种作为或者不作为的,还应当证明该受雇人、代理人是在受雇、代理范围内行事"。被告主要举证证明其减轻或者免除责任的事由。

3. 管辖法院

就国内航空运输而言,我国《民事诉讼法》第 28 条规定:"因铁路、公路、水上、航空运输和联合运输合同纠纷提起的诉讼,由运输始发地、目的地或者被告住所地人民法院管辖。"

就国际航空运输而言,我国《民事诉讼法》第 243 条规定:"因合同纠纷或者其他财产权益纠纷,对在中华人民共和国领域内没有住所的被告提起的诉讼,如果合同在中华人民共和国领域内签订或者履行,或者诉讼标的物在中华人民共和国领域内,或者被告在中华人民共和国领域内有可供扣押的财产,或者被告在中华人民共和国领域内没有代表机构,可以由合同签订地、合同履行地、诉讼标的物所在地、可供扣押财产所在地、侵权行为地或者代表机构住所地人民法院管辖。"

10.2.6.3 诉讼时效

我国《民用航空法》第 135 条规定:"航空运输的诉讼时效期间为二年,自民用航空器到达目的地点、应当到达目的地点或者运输终止之日起计算。"

这里需要强调人身伤害的诉讼时效问题。我国《民法典》第 188 条规定:"向人民法院请求保护民事权利的诉讼时效期间为三年。法律另有规定的,依照其规定。诉讼时效期间自权利人知道或者应当知道权利受到损害以及义务人之日起计算。法律另有规定的,依照其规定。"根据《民法典》"法律另有规定的,依照其规定"的规定,我国航空运输诉讼时效应为两年。

第十一章　对第三人损害的赔偿责任制度

11.1　概述

11.1.1　对第三人的界定

在不同的部门法中,第三人有着不同的含义,如我国《民事诉讼法》中的第三人是指对他人的诉讼标的有独立的请求权,或虽没有独立的请求权,但同案件处理结果有法律上的利害关系,而参加他人之间正在进行的诉讼的人。民法实体法上的第三人,指不参加当事人之间的法律关系,但与当事人之间的法律关系的结果有利害关系的人。第三人还可包括行政诉讼第三人、行政复议第三人等。所以,学者们在理论上将法律中的第三人分为实体法上的第三人和程序法上的第三人。

在航空法中对三人的界定非常复杂。一次航空运输活动,至少涉及两个以上法律关系,一是航空旅客或货物运输合同法律关系,二是航空器经营人所投第三人责任保险法律关系或担保法律关系。如以航空运输合同法律关系作为界定基础,那么非航空运输合同当事人都是第三人,如以第二个法律关系作为界定基础,那么除了该保险或担保法律关系以外的人都是第三人。本书认为,航空法中的第三人须符合如下几个方面的规定。

第一,航空法中的第三人不是航空运输合同的当事人。在航空运输合同中,基本当事人是托运人和消费者(旅客、托运人和收货人),除此以外,从理论上说都是航空法的第三人。当航空器在空中碰撞时,因合同的相对性原则,不论航空器的经营人有无过错,一架航空器的乘客相对于另一架航空器的经营人而言,也是第三人。

第二,航空法的第三人不是航空保险或担保法律关系的当事人。航空器在飞行中要投地面第三人责任险或提供相关担保,在该飞行活动中,如果航空器坠毁或从航空器落下的人或物给地(水)面或另一架飞行中的航空器或航空器上的人或物造成损害的,则相对于航空保险或担保法律关系而言,该受到损害的人就是第三人。

第三,航空法中的第三人不包括与经营人或发生损害时对民用航空器有使用权的人订立的合同所约束的人。如某农场雇佣经营人使用航空器喷洒农药,航空器坠毁或从该航空器上落下的人或物造成该农场主人身伤亡或财产损失,此种损害受双方所订立的雇佣合同所约束,因此该农场主就不是第三人。再如,某农场主雇佣民用航空器的承租人使用航空器喷洒农药,机组人员由出租人配备,航空器坠毁或从该航空器上落下的人或物造成该农场主人身伤亡或财产损失,此种损害受双方所订立的合同的约束,该农场主也不是第三人。

第四,航空法中的第三人不包括不包括与经营人或同损害发生时与对民用航空器有使用权的人所订立的受劳动合同约束的人。如航空器机组人员,航空公司职员等。

因此,航空法中的第三人,既不同于民法实体法上的第三人,也不同于民事程序法中的第三人。航空法中的第三人不参加当事人之间的法律关系,和当事人之间的结果也没有利害关系①，所以，不同于民法实体法上的第三人。在民事程序法中，第三人参与诉讼有诸多的限制，如他人之间的诉讼正在进行；对他人之间争议的诉讼标的全部或部分享有独立的实体权利；第三人参加诉讼，须以本诉的双方当事人为共同被告。而航空法中的第三人是直接的诉讼主体，可直接起诉航空器经营人，也可在法定条件下，即经营人破产情况下，直接起诉保险人；它不需要以航空器经营人和保险人之间的诉讼为前置程序，只要有保险合同的存在就足够了。

11.1.2 对第三人损害的法律性质

如前文所述，飞行中的航空器对第三人的损害不仅包括对地（水）面第三的损害，还包括对空中第三人的损害。

11.1.2.1 对地（水）面第三人损害的法律性质

航空器在空中航行，系高度危险作业。世界上很多国家对高度危险作业致人损害的法律性质，大多认为是一种特殊侵权，但在归责原则上略有不同。如1922年德国《空中交通法》(1959年1月10日修订)规定了航空器对地面第三人造成损害，适用无过失责任；法国民航法规定，当航空器上的装置或物体同航空器脱落而坠入地面时，航空器的经营者即应就这些装置或物体对地面第三人所造成的人身或财产损害承担侵权责任，即便他们在经营航空器时没有过错，亦是如此。可见，法国民航法中所规定的飞行中的航空器对地面第三人造成损害的责任性质是无过错责任制，包括航空器因起降而产生的噪音损害。

还有一些国家虽未在航空法明确规定飞行中的航空器对地（水）面第三人造成损害赔偿责任的法律性质，但在其他法律中有相关规定。如苏联《苏俄民法典》第454条规定：“其活动对周围的人有高度危险的组织和公民（交通运输组织，工业企业、建筑工程部门、汽车占有人等)，如果不能证明高度危险来源所造成的损害是由于不可抗拒的力量或受害人的故意所致，应当赔偿所造成的损害。”原捷克斯洛伐克、南斯拉夫、东德等社会主义国家，也都建立了类似制度。在美国，对于航空事故造成的地面第三人损害是否能适用基于异常危险行为的严格责任，虽一直存在争议；但航空飞行从一开始就被视为异常危险行为，因此，对因航空飞行对地（水）面第三人造成的损害，不论是人身伤害还是财产损害，受害人都可以基于异常危险行为的严格责任向加害人主张损害赔偿。

从上述规定来看，各国法律中基本上将航空飞行活动当作是高度危险作业，并规定高度危险作业致人损害是特殊侵权行为，在归责原则要么采用无过错责任制，如德国、法国、俄罗斯；要么采用严格责任制，如美国。

《民法典》第八章《高度危险作业》第1238条规定：“民用航空器造成他人损害的，民用航空器的经营者应当承担侵权责任；但是，能够证明损害是因受害人故意造成的，不承担责任。”

《民用航空法》第161条规定：“依照本章规定应当承担责任的人证明损害是完全由于受害人或者其受雇人、代理人的过错造成的，免除其赔偿责任；应当承担责任的人证明损害是部分由于受害人或者其受雇人、代理人的过错造成的，相应减轻其赔偿责任。但是，损害是由于受害人的受雇人、代理人的过错造成时，受害人证明其受雇人、代理人的行为超出其所

---

① 相对于第三人责任险双方当事人或担保关系双方当事人而言，第三人也在其中享有权益，即为受益人。但相对于航空运输合同而言，他不仅不参加当事人之间的法律关系，而且也与当事人之间的结果没有利害关系。

授权的范围的,不免除或者不减轻应当承担责任的人的赔偿责任。"

从我国《民法典》规定来看,应实行无过错责任原则,但是从《民用航空法》的规定来看,应为严格责任更为贴切。因为受害人的过错也是经营人或应承担责任的人的免责事由,只要经营人和应承担责任的人证明,损害完全或部分是由于受害人或者其受雇人、代理人的过错造成的,可免除或相应减轻其赔偿责任。

航空器在空中碰撞,往往呈现出复杂的情况,经常难以判明过错。有学者认为,在这种情况下,如果航空器空中碰撞给地(水)面第三人造成损害的,经营人应承担公平责任。[①]

而我国《民用航空法》第162条规定:"两个以上的民用航空器在飞行中相撞或者相扰,造成本法第157条规定的应当赔偿的损害,或者两个以上的民用航空器共同造成此种损害的,各有关民用航空器均应当被认为已经造成此种损害,各有关民用航空器的经营人均应当承担责任。"从这个规定来看,航空器在空中相撞,给地(水)面第三人造成损害的,相撞航空器的经营人承担的是严格责任,且是连带责任。至于经营人之间相互追究责任时的归责原则,要根据具体情况进行具体分析。

11.1.2.2 对空中第三人损害的法律性质

空中第三人在航空法中是指除了地(水)面第三人以外的人。航空器对空中第三造成损害,主要是由飞机碰撞所致,依合同的相对性原则,不论航空器的经营人有无过错,一架航空器的乘客相对于另一架航空器的经营人而言,也是第三人。《有关航空器对第三方造成损害的赔偿的公约》中,对旅客因航空器相撞,旅客起诉和自己没有运输合同关系的另一方经营人提供了诉因。

11.1.3 对第三人侵权行为的构成要件

11.1.3.1 损害事实的客观存在

在航空运输中,对第三人造成损害,即包括财产损害,也包括非财产的人身伤亡。损害事实并非仅指实际的财产损失,只要损害是造成地面第三人人身或财产利益受损的结果,同时损害本身又具有可补救性和确定性,再综合其他要件,即可追究经营人的责任。

11.1.3.2 损害事实与侵权行为之间有因果关系

只要受害人能够证明,损害是由于飞行中的航空器以及航空器上落下的人或物造成的损害,即二者有因果关系,航空器的经营人就应当承担赔偿责任。此处的因果关系应当是近因而不是直接因果关系,直接因果关系只能有一个,而近因可能有多个;只要从民用航空器落下的人或物以及该航空器坠毁是造成第三人的财产或人身伤害的近因,地面第三人就有权获得赔偿。

11.1.3.3 不属于法定免责事由

对于特殊侵权的免责事由,法律中一般规定了不可抗力和受害人的故意行为。如《民法典》第1238条的规定。

但在航空法对第三人应当承担责任的人除了法定免责事由以外,都应承担赔偿责任,这些情形主要具体规定在我国《民用航空法》第157条、第160条、第161条、第164条、第167

---

① 刘伟民.航空法教程[M].2版.北京:中国法制出版社,2001:374.

条、第 171 条和第 172 条和 1952 年《罗马公约》第 5 条和第 6 条及《有关航空器对第三方造成损害的赔偿的公约》(Convention on Compensation for Damage Caused by Aircraft to Third Parties)第 10 条规定之中。

11.1.4 对第三人损害责任赔偿的法律基础

飞行中的航空器对第三人造成损害的责任主要涉及两个方面：一是飞行中的航空器或者从飞行中的航空器上落下的人或物对第三人造成损害的责任；二是航空器碰撞所造成损害的责任。它还可以分为两个方面：一是外国民用航空器飞入、飞经、飞离一国所造成的对第三人的损害；二是本国民用航空器造成的对本国第三人的损害。

在航空器空中航行或运输过程中，除航空承运人对消费者等作为运输合同当事方的赔偿责任外，还涉及其他方面当事人的民事责任问题，其赔偿对象既有旅客、托运人，也有非旅客或托运人而受损害的第三人。在航空运输中，对旅客和托运人的赔偿，有华沙体制、各国国内法以及航空公司之间协议的规定做保障。对第三人的赔偿问题，在国际上也形成了一套比较完备的法律制度，如 1952 年《罗马公约》，1978 年对《罗马公约》进行修订的《蒙特利尔议定书》，以及被称为是对《罗马公约》现代化的 1999 年《有关航空器对第三人造成损害的赔偿的公约》。

当然，国际公约只对加入国具有法律效力，对于非参加国而言，外国民用航空器造成本国第三人人身和财产损害的赔偿主要适用的是国内法的规定或国际私法冲突的一般原则来确定其适用的法律。另外，各国为了保护本国第三人的合法权益，对飞入本国的外国航空器做出了要求其投地面第三人责任险或提供相应的责任担保。如我国《民用航空法》第 175 条规定："外国民用航空器飞入中华人民共和国领空，其经营人应当提供有关证明书，证明其已经投保地面第三人责任险或者已经取得相应的责任担保；其经营人未提供有关证明书的，中华人民共和国国务院民用航空主管部门有权拒绝其飞入中华人民共和国领空。"

民用航空器在本国境内对第三人的侵权，法律适用的基础是各国的国内法。如我国《民用航空法》专辟一章第十二章《对地面第三人损害的赔偿责任》的规定。同时为了保障受害人能够得到充分的赔偿，我国《民用航空法》第 105 条①、第 150 条②和第 166 条③分别规定民用航空器从事空中航行活动要投保第三人责任险或取得责任担保。

对于本国民用航空器在本国境外的侵权行为的法律基础要根据具体情况进行分析，按照国际私法冲突的一般规则进行法律适用上的确定。如我国《民用航空法》第 189 条规定："民用航空器对地面第三人的损害赔偿，适用侵权行为地法律。民用航空器在公海上空对水面第三人的损害赔偿，适用受理案件的法院所在地法律。"

另外，对民用航空器噪声、声震对第三人造成损害责任国际上并没有统一的条约加以适用。这主要结合航空器的适航管理所制定的相关文件，④缺乏相应的制裁措施。航空器的噪声、声震的损害是巨大的，但形成国际统一的规定以及在国内法中增加相应制裁条款来保护

---

① 公共航空运输企业应当投保地面第三人责任险。
② 从事通用航空活动的，应当投保地面第三人责任险。
③ 民用航空器的经营人应当投保地面第三人责任险或者取得相应的责任担保。
④ 《芝加哥公约》附件 16《环境保护》(第Ⅰ卷—航空器噪声)；《美国联邦航空条例》第 36 部(FAR36)和欧洲联合适航标准第 36 部；中国民用航空总局在 2002 年 3 月 20 日制定的，于同年 4 月 19 日实施的，并于 2005 年 5 月 23 日修订的《航空器型号和适航合格审定噪声规定》(CCAR - 36)。

第三人的权益还有很长的路要走。①

航空器空中碰撞的法律基础。空中碰撞是指两架以上航空器在飞行中的有形致害接触,常发生在拥挤繁忙的机场终端区内,大部分空中碰撞事故发生在进场和离场阶段。空中碰撞的隐患来自航空器之间的空中危险接近。危险接近是空中碰撞事故的征候。发生空中碰撞事故是严重违反空中交通规则,未遵守航空器飞行安全间隔的结果。究其原因,绝大多数是人为差错造成的,主要有空中交通管制指令的差错和航空器驾驶员执行管制指令的差错。空中碰撞的危害是巨大的,②但目前对航空器空中碰撞的法律适用却是不健全的,国际上缺乏对空中碰撞的统一法律。在现行的国际条约中,关于空中碰撞问题1952年《罗马公约》第7条和《有关航空器对第三人造成损害的赔偿的公约》第二章中也有规定。我国国内法中仅有《民用航空法》第162条③涉及航空器空中碰撞的规定。

但是,在国际法统一航空器空中碰撞规则的努力没有停止过,早在1931年,制定关于空中碰撞公约的问题就列入了议事日程。国际航空法律专家技术委员会曾进行过讨论,但未能完成公约草案。国际民航组织(常设)法律委员会在制定1952年《罗马公约》草案的同时,接替国际航空法律专家技术委员会继续进行研究工作。1949年,决定将空中碰撞公约草案与制定1952年《罗马公约》分开进行,于是,国际民航组织大会于1953年决定成立法律小组委员会专门研究空中碰撞公约草案。1961年,法律小组委员会巴黎会议完成了公约草案。鉴于涉及航空器经营人的民事责任,因此该草案被划属国际航空私法之列,而将有关空中交通规则的内容并入《芝加哥公约》附件2《空中规则》之中。1964年9月11日到19日,国际民航组织(常设)法律委员会在蒙特利尔召开第15届会议,通过了空中碰撞公约草案。但是,自这以后这一工作再没有新的进展。1978年3月28日,国际民航组织理事会又决定将

---

① 航空器的噪声对人或物都会产生很大的损害,为了解决噪声污染问题,1968年,国际民用航空组织大会在布宜诺斯艾利斯举行第16届会议,通过决议承认在机场邻近地区噪声的严重,并指示国际民用航空组织理事会制定控制航空器噪声的规范性和指导性材料。该项决议还指示国际民用航空组织在公约的附件中或在国际民用航空组织其他有关文件中,包括测算航空器噪声的说明和方法,并制定对航空器产生的噪声作适当限制。1971年,国际民用航空组织大会在维也纳举行第18届会议,通过了另一项决议以表明该组织对人类环境的立场。这项决议承认:对于环境的不利冲击可能与航空器的活动有关,应使国际民用航空组织负责指导国际民用航空以一定方式发展,以便有利于世界人民并在安全、有秩序的民用航空发展与人类环境的质量之间取得最大程度的兼容。经过1969年11到12月在蒙特利尔举行的关于机场邻近地区航空器噪声特别会议,国际民用航空组织理事会于1971年通过《芝加哥公约》附件16,就航空器噪声问题规定了:说明和测算航空器噪声的程序;人类对航空器噪声的容忍限度;航空器噪声证书;航空器降低噪声程序的制定准则;土地使用的控制;降低地面试车噪声的程序。在这之后,国际上纷纷采取措施,对噪声问题加强管理,有的国家并做出了相应的立法规定。在采取的措施中,主要有:制定航空器噪声限制标准,颁发航空器噪声证书;关于飞行的限制规定;关于机场选址和使用的限制规定;航空器起飞和降落时的离场和进场程序等。至于航空器噪声和声震引起的损害赔偿责任问题,在某些发达国家中有一些司法实践,但目前在国际上尚缺乏统一的法律规范。1952年《罗马公约》第1条第1款和我国《民用航空法》第157条第1款的规定,显然不涉及航空器噪声和声震引起损害的赔偿问题,因为"所受损害仅是航空器遵照现行的空中交通规则在空中通过的结果,则受害人无权要求赔偿"。

② 1977年3月27日,荷兰皇家航空公司一架波音747客机,载有234名乘客,14名机组人员,当该机在特纳里夫机场起飞时,与泛美航空公司一架载有380名乘客、16名机组人员波音747客机相撞,造成荷航机毁损,机上人员全部死亡,泛美机毁损,机上318名乘客和9名机组人员死亡,30名乘客和3名机组人员受重伤,其余32名乘客和4名机组人员受轻伤的严重事故。这是航空史上至今最惨重的两机相撞事故,两架宽体客机全损,共575人死亡,69人受伤,以及机场设施受损,运营中断,损失巨大。在我国,1983年9月14日,广州民航三叉戟型客机在桂林机场滑行中与空军飞机相撞,造成11人死亡,25人受伤,飞机受损的重大事故,教训也是深刻的。

③ 两个以上的民用航空器在飞行中相撞或者相扰,造成本法第一百五十七条规定的应当赔偿的损害,或者两个以上的民用航空器共同造成此种损害的,各有关民用航空器均应当被认为已经造成此种损害,各有关民用航空器的经营人均应当承担责任。

空中碰撞问题列入法律工作计划,次序排列为第四位;1979年5月,(常设)法律委员会将这个问题提升到第三位。由于航空器机长的法律地位是否需要制定国际公约达不成协议,空中碰撞问题又被搁置下来,拟在讨论空中交通管制责任时一并研究。关于空中交通管制服务的责任问题,(常设)法律委员会工作计划中曾列为第四项予以研究。直到2009年5月2日《有关航空器对第三人造成损害的赔偿的公约》的签订,将其适用范围扩大到航空器的空中碰撞。

11.2 国际航空法对第三人损害的赔偿责任制度的规定

11.2.1 1952年《罗马公约》

11.2.1.1 适用范围

1. 一般规定

1952年《罗马公约》第23条规定:"一、本公约适用于在一缔约国领土内,由在另一缔约国登记的航空器在飞行中对地面或者水面第三人造成的损害。二、就本公约而言,在公海上的船舶或者航空器应被视为该船舶或者航空器登记国的领土的一部分。"

从该规定上来看,1952年《罗马公约》所适用的范围是在另一缔约国登记的飞行中的航空器对在缔约国领土内对地面第三人造成的损害。

(1) 航空器必须是在缔约国登记,否则公约将不予适用。在当时情况下,航空器包、租、换业务并不发达,航空器的经营人国往往就是航空器的登记国,在二者重合的时候,不会产生法律适用上的难题。但是随着航空器包、租、换业务的不断发展,航空器的登记国和经营人的国籍国可能出现了相分离的状况,而《罗马公约》第2条第1款规定:"本公约规定的赔偿责任,由航空器的经营人承担。"这是公约的核心内容,如果航空器的经营人所属国不是缔约国,在诸如责任的担保和保险的规定、对法院判决的执行等规定,都会遇到诸多的障碍。再如,该航空器在A国登记,被B国经营人所租赁,从事B国到C国的航空运输,如果A、B、C三国都是1952年《罗马公约》的缔约国,那么这次运输如果在C国对地面第三人造成损害,适用1952年《罗马公约》;但如果航空器的登记国A国不是《罗马公约》成员国,即便B、C国都是《罗马公约》缔约国,《罗马公约》也不适用。显然单纯以航空器国籍,而忽视经营人国籍显然不太合理。所以,1978年《蒙特利尔议定书》对适用范围做出可修改,修订后的范围是:"一、本公约适用于第一条所指的在一缔约国领土内由在另一缔约国登记的航空器造成的损害,或者由不论在何处登记的但经营人的主营业所或无主营业所而其永久居所是在另一缔约国的航空器所造成的损害。二、就本公约而言,在公海上的船舶或者航空器应被视为该船舶或者航空器登记国的领土的一部分。"这样就解决航空器在包、租、换业务中经营人所属国是《罗马公约》缔约国而航空器在非缔约国登记而不适用《罗马公约》的状况。在1978年《蒙特利尔议定书》在第17条中还对经营人所属国下了一个定义:"'经营人所属国'指登记国以外的、经营人在其领土上有主营业所或无主营业所而有永久居所的任何缔约国。"这样,就摆脱了航空器的国籍对公约适用的限制。

(2) 该损害是发生在另一缔约国的领土内。

①损害。《罗马公约》第1条第1款规定:"经证明,因飞行中的航空器或者从飞行中的航空器上落下的人或者物,造成地面(包括水面,下同)上的损害的,受害人有权获得本公约

规定的赔偿;但是,所受损害并非造成损害的事故的直接后果,或者所受损害仅是依照现行的空中交通规则在空中通过造成的,受害人无权要求赔偿。""所受损害仅是依照现行的空中交通规则在空中通过造成的,受害人无权要求赔偿"排除了航空器因噪声或声震而造成的损害;"所受损害并非造成损害的事故的直接后果"表明了所受损害是直接损害,而非间接的损害。在制定公约过程中,这是一个争论十分激烈的问题,不少代表认为:将损害局限于与航空器直接接触所造成的损害,似乎不大公平。例如出席会议的美国代表卡尔金斯举例说,某人看到飞机在他身旁坠毁吓出了心脏病;飞机坠落物砸断了电线,致使电灯熄灭后引起的事故等等。后来也的确发生过一些间接损害的事例。但是,后来司法判决和学者们的解释逐渐扩大化,认为只要从民用航空器落下的人或物以及该航空器坠毁是造成第三人的财产或人身伤害的近因,地面第三人就有权获得赔偿。①

②一国领土。1952年《罗马公约》第30条规定:"一国领土"是指一国的本土以及在对外关系上由该国负责的一切领土。但该国可以"声明其对公约的接受不适用于其在对外关系上负责的一部分或几部分领土"。另外,公约第23条第2款还规定:"就本公约而言,在公海上的船舶或者航空器应被视为该船舶或者航空器登记国的领土的一部分。"

(3)航空器在"飞行中"对地面第三人造成的损害。1952年《罗马公约》第1条第2款规定:航空器在"飞行中"是指:"为本公约目的,航空器从为起飞而发动时起,到降落滑跑完毕时止,被认为是在飞行中。对于轻于空气的航空器,'在飞行中'一词指从与地(水)面脱离接触时起,到再接触地(水)面时止的期间。"这是国际航空法中第一次对"飞行中"下的定义,后来为1963年《东京公约》所仿效。

2. 不适用的几种情况

1952年《罗马公约》第24、25和26条以及1978年《蒙特利尔议定书》第14条四个条文分别对应下列四项,被排除出公约的适用。

(1)本公约不适用于对飞行中的航空器或者对该航空器上的人或物造成的损害。排除了航空器空中碰撞相互之间的损害赔偿对公约的适用,以及机上人员伤亡或货物损害,这分别由华沙体制或相关国家国内法调整。

但在《外国航空器对第三人造成损害的公约》第9条中试图给在航空器空中相撞时位于一架航空器上的人员向另一运行人请求赔偿提供一个诉因。

(2)如果地(水)面上的损害责任由受害人与发生损害时有权使用该航空器的人之间的合同来调整,或者由适用于上述人员之间签订的劳动合同关于职工赔偿的法律所调整,则本公约不适用。

(3)不适用军事、海关和警察用的航空器所造成的损害。在1978年《蒙特利尔议定书》第13条将《罗马公约》第26条修订为"不适用供军事、海关和警察部门使用的航空器"。

(4)不适用于核损害。1978年《蒙特利尔议定书》第14条所增加的新内容。

11.2.1.2 《罗马公约》责任原则和责任范围

1. 责任原则和赔偿主体

(1)赔偿责任原则。1952年《罗马公约》采取了责任原则,有人认为完全责任原则,只要该损害是由航空器所引起,经营人就有应予以赔偿的责任;有人认为是客观责任制或称之为

---

① 赵维田.国际航空法[M].北京:社会科学文献出版社,2000:376.

无过错责任制,认为无论经营人有无过错,只要发生了公约第 1 条上的损害,经营人就应当承担责任;本书认为从《罗马公约》的整体着眼,称为严格责任更好。

(2) 赔偿主体—经营人。航空器对地面第三人造成的损害,根据《罗马公约》第 2 条第 1 款的规定,应当由该航空器的经营人承担责任。《罗马公约》采取或使用了"经营人"的概念,因为这类责任不限于航空运输中发生的情况,使用"承运人"显然是不适当的[①]。对于何谓经营人,《罗马公约》第 2、3、4、9 条中的情况对经营人的范围做出了界定,并且对被视为经营人及承担责任的情况进行了说明,其中第(1)、(2)项是公约第 2 条第 2、3 款的规定,第(3)、(4)、(5)项分别对应公约第 3、4、9 条的规定。

①经营人是指造成损害时使用航空器的人,航空器使用权已经直接或间接地授予他人,本人保留对该航空器的航行控制权的,本人仍被视为经营人。航空器的使用权直接授予他人有航空器被租用、包用或借用等情况;航空器的使用权间接地授予他人的有航空器被转租、转包、转借等情况。在判断经营人上应当注意:

其一,当航空器的使用权直接或间接地授予他人时,被授予航空器使用权的人是航空器的经营人。

其二,当航空器的使用权直接或间接地授予他人时,而本人仍然保留对该航空器的航行控制权时,本人是经营人。

在航空活动中,判断谁具有航行控制权。就要看谁能够真正控制飞行活动。在航空实践中,一般来说,谁配备机组,谁就提供燃料、投保航空保险,并负责航空器发动机的正常运行。以租赁航空器为例,承租人自出租人租赁不带机组的航空器(即干租),自行配备机组时,承租人具有航行控制权;承租人自出租人租赁带机组的航空器(即湿租),出租人(一般是航空器的所有人)具有航行控制权;但在跨国湿租飞机的情况下,谁具有航行控制权,以合同约定为准。

另外,经营人的受雇人或代理人在职务过程中使用航空器的,无论他们是否在其职务范围内行事,均被认为是经营人使用航空器。

②无法确定经营人时,推定航空器登记的所有人为经营人。无法确定经营人,应将航空器登记的所有人推定为经营人并由此承担责任,除非在决定其责任的诉讼中所有人证明经营人是其他人,并且在法律程序法定程序许可范围内采取适当措施使该其他人成为诉讼当事人之一。

③损害发生时,经营人自拥有使用权之日起对民用航空器没有完全使用权达到 14 日以上的,被授权使用该航空器的人应当经营人承担连带责任,各受公约规定以及公约规定的赔偿责任限额的约束。

④未经对航空器有航行控制权的人同意而使用航空器,对地面第三人造成损害的,有航行控制权的人除证明本人已经适当注意防止此种使用外,应当与该非法使用人承担连带责任,各受公约规定以及公约规定的赔偿责任限额的约束。

[①] 1952 年罗马国际航空私法会议上讨论时,人们从各种不同角度提供的定义达 50 多个,莫衷一是。这在很大程度上是因包租(干租或湿租)与互换飞机引起的,同时经营人中除航空公司外,还有各种个人所有飞机、氢气球等所谓"通用航空"(general aviation)这类复杂情况。以美国而论,据 20 世纪 80 年代初的统计,各航空公司的飞机不超过 4 千架,军用飞机约 2 万架,而私人所有的飞机达 20 万架。转引自:赵维田.国际航空法[M].北京:社会科学文献出版社,2000:375.

⑤两个以上的航空器在飞行中相撞或者相扰,造成第 1 条规定的应当赔偿的损害,或者两个以上的航空器共同造成此种损害的,各有关航空器均应当被认为已经造成此种损害,各有关航空器的经营人均应当在本公约规定的条件和责任限制范围内承担责任。

2. 免责条款

《罗马公约》第 5 条、第 6 条规定了依照公约规定应当承担责任的人的免责事由,其中第 1 项是公约第 5 条的规定,其他各项是公约第 6 条的规定。

(1) 损害是由于武装冲突或骚乱的直接结果,或者由于公共当局的行为剥夺了该人使用该航空器的权利,依照公约规定应当承担责任的人不承担责任。《罗马公约》将战争或武装冲突以及政府的行为剥夺了经营人的飞机使用权,都属于不可抗力的范围。

对第三人在航空器上放置炸弹或爆炸物引起航空器坠毁对地面第三人造成损害的情况,虽也属于经营人无能为力的不可抗力,但《罗马公约》未列入免责范围。赵维田教授认为:"《罗马公约》的完全责任制并不彻底,或许叫它严格责任制更为贴切。"①

(2) 损害完全是由受害人或者其受雇人、代理人的过错造成。依照公约规定应当承担责任的人证明损害完全是由受害人或者其受雇人或代理人的过错造成的,不承担责任;但是,损害完全是由于受害人的受雇人、代理人的过错造成时,受害人证明其受雇人、代理人的行为超出授权的范围的,不免除应当承担责任的人的赔偿责任。

(3) 损害部分是由受害人或者其受雇人、代理人的过错造成。依照公约规定应当承担责任的人证明损害部分是由于受害人或者其受雇人或代理人的过错造成的,相应减轻其赔偿责任;但是,损害完全是由于受害人的受雇人、代理人的过错造成时,受害人证明其受雇人、代理人的行为超出授权的范围的,不减轻应当承担责任的人的赔偿责任。

(4) 一人对另一人的死亡或者伤害提起诉讼,请求赔偿时,损害是该另一人或者其受雇人、代理人的过错造成的,适用上述第(2)和(3)项的规定。

3. 责任范围

由于航空事故所造成的损害巨大,经营人在一般情况下就是航空承运人,有时他们不仅要赔偿旅客或者托运人的损害,而且还要赔偿地面第三人的损害,其赔偿数额巨大,不限制经营人的责任,经营人是难以赔偿的。即使限制了经营人的责任,如果发生巨大航空事故,单纯依靠经营人的力量进行赔偿,对于经营人而言也是难以承受的。《罗马公约》的制定者们似乎也看到了这一点,公约除了专门规定了"责任担保"制度外,还坚持了责任限制原则。虽然后来修订的 1978 年《蒙特利尔修订议定书》,分别将 1952 年《罗马公约》的限额提高了 4~9 倍,但是仍然实行了责任限制。

(1) 责任限制的标准。《罗马公约》实行了责任限额制,是按照其第 11 条中规定的航空器"重量"和人员生命伤亡两种标准来确定赔偿最高限额。

航空器"重量"作为标准的责任限额情况,见表 11-1。

---

① 赵维田. 国际航空法[M]. 北京:社会科学文献出版社,2000:378.

表 11-1　1952 年《罗马公约》和 1978 年《蒙特利尔议定书》规定的责任限额

1952 年《罗马公约》		1978 年《蒙特利尔议定书》	
航空器重量	责任限额	航空器重量	责任限额
1 000 公斤或以下	50 万法郎	2 000 公斤或以下	30 万特别提款权
1 000 公斤以上 6 000 公斤以下	除 50 万法郎外,超过 1 000 公斤的每 1 公斤另加 400 法郎	2 000 公斤以上 6 000 公斤以下	除 30 万特别提款权外,其超过 2 千公斤的每 1 公斤另加 175 提款权
6 000 公斤以上 2 万公斤以下	除 250 万法郎外,超过 6 000 公斤的每 1 公斤另加 250 法郎	6 000 公斤以上 3 万公斤以下	除 100 万特别提款权外,其超过 6 000 公斤的每 1 公斤另加 62.5 提款权
2 万公斤以上 5 万公斤以下	除 600 万法郎外,超过 2 万公斤的每 1 公斤另加 150 法郎	超过 3 万公斤以上	除 250 万特别提款权外,其超过 3 万公斤的每 1 公斤另加 65 提款权
超过 5 万公斤以上	除 1 050 万法郎外,超过 5 万公斤的每 1 公斤另加 100 法郎		

注:①航空器"重量"是指航空器适航证上认可的航空器最大起飞重量,如用充气气体助升,则不包括助升气体的作用。②法郎,系指含有千分之九百成色的六十五点五毫克黄金的货币单位。此法郎数额可以折算为各国货币,取其整数。在以此项法郎数额折算为非金本位国家的货币时,如进行法律诉讼,应按判决之日的黄金价格折算,或者按赔偿金分配之日的黄金价格折算。③特别提款权是指国际货币基金组织规定的特别提款权。

(2) 人身伤亡的责任限额。《罗马公约》第 11 条第(2)款中对人身伤亡的责任限额,原为 50 万普安卡雷法郎,1978 年《蒙特利尔议定书》提高到 187.5 万"货币单位"或 12.5 万特别提款权。如果与修订《华沙公约》的 1975 年《蒙特利尔第三号附加议定书》相比,相差无几。

(3) 两个以上赔偿主体的赔偿限额。由两个或两个以上的人对损害,或者航空器登记的所有人虽非经营人而被视为经营人对损害负责的,受害人能够主张的赔偿总额不得超过按照公约规定的由一个应负责任的人给付的最高赔偿额。

当航空器空中相撞或者相扰时,给受害人造成损害的,受害人可以获得对有关的每一架航空器适用的赔偿限额的总数,但每一个经营人负责赔偿的数额除按照公约规定无限制外,应不超过适用于他的航空器的限额。

如果确定的各项赔偿总数超过了公约规定适用的责任限额时,1952 年《罗马公约》第 14 条规定了下列适用的规则:"(一)如果赔偿仅涉及人身死亡或伤害,或者仅涉及财产损失,则按照各项赔偿金额的比例给予减少。(二)如果赔偿既涉及人身死亡或伤害,又涉及财产损失时,则应以用来分摊的金额的总数的一半优先满足人身死亡或伤害的赔偿,若不足清偿,则按照各项赔偿金额的比例分摊。用来分摊的金额余数,按照各项财产损害的赔偿金额以及人身死亡或伤害赔偿金未清偿了结的部分比例分摊。"

1978 年《蒙特利尔议定书》将《罗马公约》第 14 条适用的规则修改为:"(一)如果赔偿仅

涉及人身死亡或伤害,或者仅涉及财产损失,则按照各项赔偿金额的比例给予减少。(二)如果赔偿既涉及人身死亡或伤害,又涉及财产损失时,则应从用来分摊的金额的总数优先赔偿人身死亡或伤害,并按比例给付赔偿金。如果用来分摊的金额留有余额,则将余额按比例分摊赔偿物质损失。"

《外国航空器对第三人造成损害的公约》中增加了先行拨付的条款,引入了与1999年《蒙特利尔公约》第28条先行付款相似的一条,以保证当出现涉及死亡或身体伤害或未保险的不动产受到损失时,经营人应当在其国内法有此种规定时,向索赔人先行赔偿。

(4)不限制责任的情况。根据《罗马公约》第12条的规定,下列两种情况经营人应承担无限制的责任:

其一,受害人证明损害是由经营人或其受雇人、代理人故意造成损害的作为或者不作为所造成的,经营人的责任将无限制;对于受雇人、代理人的上述作为或不作为,受害人还需证明是在其在执行职务的过程中并在职权范围内的行为。

其二,未经有使用权的人的同意而非法取得并使用航空器的人,应当承担无限制的责任。

11.2.1.3 经营人责任的担保

1952年《罗马公约》规定,任何缔约国可以要求在另一国登记的航空器经营人,就航空器可能在该缔约国领土内对地面或水面第三人造成损害应承担的责任进行保险或者提供其他方式的担保。在实践中,各国一般都要求外国航空器具有这种保险或提供其他方式的担保,否则不准许在其领土内飞行。

1952年《罗马公约》从第15条至第18条对责任担保问题制定了相应的规则。

1. 保险

(1)保险应当充分。1952年《罗马公约》第15条规定:"任何缔约国得要求:在另一缔约国登记的航空器经营人对其在该国境内蒙受损害而导致本公约第一条赔偿权的责任,进行保险,其数额达到第十一条适用限额。"可见:

第一,按照公约规定的条件,向根据航空器登记国或者保险人住所地国或者其主要营业地国的法律被许可办理此项保险业务并由上述国家之一审核了清偿能力的保险人投保时,此项保险应被视为是充分的。

第二,如任何国家根据公约第15条第1款的规定要求保险,而依照在该国所作的终审判决给付的赔偿金未能按照所提出的要求以该国货币偿付时,则任何缔约国在该项赔款偿付以前,可以拒绝承认该保险人有清偿能力。

第三,尽管有上述两项的规定,但未经一缔约国许可办理此项保险业务的保险人所作的保险,航空器的飞经国仍然可以拒绝承认该保险是充分的。

(2)证明文件。航空器飞越国可以要求航空器具备保险人出具的证明书,证明已按照公约的规定签订了保险,并列明被该项保险所担保责任的被保险人,以及附有航空器登记国或者保险人住所地国或其主营业所所在地的适当机关所发的证明书或所作的签注,证明保险人具有清偿能力。

如果该证明书的一份经认证的副本已经送存航空器飞越国指定的适当机关,或者如经国际民航组织同意,已送存该组织,并由该组织复制副本分送各缔约国,则此项证明书无须在航空器内放置。

2. 担保

(1) 一般规定。担保应专门用于并优先支付本公约规定的赔偿金。

担保应当是充分的。担保在下列情况被视为是充分的：对于一架航空器的经营人而言，担保金额应等于公约规定的限额；对于拥有几架航空器的经营人而言，担保金额不少于限额最高的两架航空器的赔偿限额之和。

索赔要求一经通知经营人，担保金额的总数即应增加为相等于下列两个数额之和：根据公约要求的规定要求担保的金额，及不超过适用的责任限度的索赔金额。此项增加的担保金额应保留至索赔要求处理完毕时止。

(2) 担保的方式。担保的方式主要有三种：其一，在航空器登记的缔约国的保管机构内或在经该国准许充当保管机构的银行内缴存现金；其二，由航空器登记的缔约国认可并审核了清偿能力的银行提供担保；其三，由航空器登记的缔约国提供担保，但该缔约国须承允对有关该项担保的诉讼将不援引司法豁免权。

(3) 担保证明书。如系按规定提供其他担保，则航空器须由航空器登记国适当机关签发的关于该项担保的证明书。如证明书的一份经认证的副本已送存航空器飞越国指定的适当机关，或者如经国际民航组织同意，已送存该组织，并由该组织复制副本分送各缔约国，则此项证明书无须在航空器内放置。

3. 补充证据

如果航空器飞越国有合理根据对保险人或者对提供担保的银行的清偿能力有所怀疑，该国可以要求提供关于清偿能力的补充证据。如果对这些证据是否充分发生争议，涉及有关各国的争端应经其中一国的请求送交仲裁庭。此仲裁庭或是国际民航组织理事会，或是经各方同意组成的仲裁庭。在此仲裁庭做出裁决以前，保险或担保将被航空器飞越国认为暂时有效。1978年《蒙特利尔议定书》将以上的规定进行了简化，简化后为两个方面：

其一，任何缔约国可以要求航空器的经营人，对于他可能在该缔约国领土内造成应予赔偿的损害责任，根据公约规定的适用限额，通过一项保险或一项其他担保予以保证。如飞经国要求，经营人应提供上述担保的证据。

其二，如果航空器飞经的缔约国认为保险人或提供担保的其他人在财务上无能力清偿本公约规定的债务，该国可以随时要求航空器登记国、经营人所属国或提供担保的任何其他缔约国进行磋商。

4. 担保人、保险人的权利

1952年《罗马公约》第16条规定了担保人、保险人的抗辩权和追索权及其限制条件。

(1) 抗辩权。对经营人的责任提供担保的保险人或任何其他人，对抗根据公约提出的赔偿要求，除可以援用经营人的抗辩理由和以伪造文件为抗辩理由外，仅能援引下列理由抗辩：

第一，损害发生在担保有效期终止以后。但是，如果担保有效期在飞行中届满，则该项担保的有效期应延长至飞行计划列明的下一次降落，但以不超过二十四小时为限；如果担保由于有效期届满或更换经营人以外的原因而终止有效，则在保险人或担保人将该项担保终止有效通知出具证书的国家适当机关后的十五天内，或者在十五天期限内撤回按照要求提供保险人的证明书或担保证明书，则至该证明书被实际撤回时止。该项担保继续有效。

当保险或其他担保因有效期届满以外的原因终止有效时，出具或签注证明书的国家，应尽速将此情况通知各有关缔约国。

如按照要求提供了保险或其他担保的证明书,而在担保的有效期内更换经营人,则该项担保将适用于负公约规定责任的新经营人除非新经营人的责任已有另外的担保,或者新经营人为航空器的非法使用人。但是,该担保适用于新经营人的期限将不超过自保险人或担保人将该担保的失效通知出具证明书的国家适当机关后的十五天,或者在十五天期限内撤回按照要求提供保险人的证明书,则至该证明书被实际撤回。

延长担保有效期的规定,仅在对受害人有利时适用。

第二,损害发生在担保规定的地区范围以外,除非飞越此种范围是由于不可抗力、必须援助他人或者领航、驾驶或导航上的错误而造成的。

(2) 担保人的追索权。上述规定不妨碍保险人或担保人是否向他人追偿的权利。

(3) 符合法定条件的免诉权。仅在下列情况下,受害人可以对保险人或担保人提起直接诉讼,但这并不妨碍受害人根据有关保险合同或担保合同适用的法律进行直接诉讼的权利:①延长担保有效期时;②经营人被宣告破产时。

在受害人适用公约提起直接诉讼的情况下,除上述所规定的抗辩理由外,对经营人责任提供担保的保险人或任何其他人不得援用任何担保无效的理由进行抗辩,也不得援引追溯撤销担保的权利。

11.2.1.4　程序规则和诉讼期限

1. 管辖法院

《罗马公约》第20条规定:损害发生地国法院是依《罗马公约》规定起诉的唯一法院。这就是单一管辖原则,其意义是指:只能向损害发生地的缔约国的法院提起诉讼。统一规则的适用意义重大,不仅有利于减轻诉讼参与人的负担,而且更有利于案件的及时审理和判决。

但这一规定不是严格的,它留有一定灵活余地。如果原告和被告彼此同意,诉讼可以在任何其他缔约国的法院提起。但此种诉讼程序对于向损害发生地国的法院提起诉讼的人的权利无任何妨碍。各当事方如果同意,也可以在任何缔约国内将争议提交仲裁。

同一事故引起的各项责任诉讼,由同一个法院一次综合审理原则。公约只要求各缔约国应尽可能地这样处理。

2. 索赔期限和诉讼时效

(1) 索赔期限。1952年《罗马公约》第19条规定:航空器对地面第三人造成了损害,受害人应该自造成损害的事实发生之日起6个月内,向航空器的经营人提出索赔要求。如果受害人未对经营人提起索赔诉讼,或者未在造成损害的事件发生之日起6个月内将索赔通知书送交经营人,则索赔人只能在上述期限内提出的全部索赔要求得到充分清偿之后,从经营人留存待分摊的赔偿金余额中获得赔偿。

(2) 诉讼时效。1952年《罗马公约》第21条第(1)款规定的诉讼时效,自事件发生之日算起,为期两年。第(2)款规定,时效中断或中止的理由由受理法院地法决定。"但是,凡自造成损害的事件之日起满三年者,提起诉讼的权利一律消灭"。

3. 对外国判决的承认和执行

对于本国法院的判决,不发生对判决的承认和执行问题。这里所说的是对外国法院判决的承认和执行问题。1952年《罗马公约》规定的一般原则是,凡终审判决在任何缔约国都可以执行。当终审判决,甚至缺席判决,由公约规定有管辖权的法院做出后,在外国法院按照其法律规定可以提出执行请求,并在按照被请求执行地国家的法律履行了手续,这一终审判决即可以执行。一般是在败诉方的住所地或者他的主营业所所在地的缔约国内执行;如果在上述缔约国内,败诉方的财产不足支付判决的赔偿金,则在败诉方有财产的缔约国内执行。判决执行申请必须在终审判决做出之日起 5 年内提出。1978 年《蒙特利尔议定书》将此改为 2 年。

在申请执行的诉讼中不再讨论案件本身的是非问题。但对遇有下列情况之一的,受理法院对可以拒绝发布执行令:(1) 此项判决系缺席判决,而被告未在有效期间内获知对他提起了诉讼,以至未能抗辩。(2) 被告未获得公平和足够的机会为其利益辩护。(3) 判决涉及的争讼是相同当事人另一诉讼的标的并已作了判决或裁决,而根据被申请执行的国家的法律,该项判决或裁决具有既判力。(4) 此项判决是由于当事人任何一方的欺诈行为所造成的。(5) 执行申请人没有申请执行的资格。(6) 如果判决违背被申请执行的国家的公共秩序时,被申请执行的法院也可以拒绝执行。(7) 拒绝执行的理由或情况还有:①只要损害发生地国所有的判决没有被全部执行完毕,被申请执行的法院可拒绝执行损害发生地国以外的国家的法院所作的任何判决。②只要对受害人按照公约规定的时限在损害发生地国提起的各项诉讼未全部作出终审判决,而被告证明这些判决可能判给的赔偿金总额将超过本公约规定适用的责任限额,被申请执行的法院也可以拒绝执行。③同样,当受害人按照公约规定的时限在损害发生地国提起诉讼,而判决的赔偿金总额超过适用的责任限额,上述被申请执行的法院将不予发布执行令,直至这些判决的赔偿金额按照规定予以减少后止。

如果被请求执行国的法院因上述的第(1)、(2)、(4)、(6)项的原因之一拒绝执行的,受害人可以在接到拒绝执行通知之日起一年内,向法院重新提出诉讼。一经开始重新诉讼,以前的诉讼即终结执行。

许多学者对 1952 年《罗马公约》上述关于判决执行条款给予较高评价。例如英国著名法官韦伯福斯认为,这是第一次各国力图将判决执行纳入多边体制。起码它在该公约适用范围这个有限领域统一了国际私法中关于外国判决执行的规则,澄清了若干法律冲突引起的混乱。

11.2.1.5 《罗马公约》的历史意义及现代化

1.《罗马公约》的历史意义

虽然对比起 1929 年《华沙公约》和 1944 年《芝加哥公约》为国际社会广泛而普遍接受来说,1952 年《罗马公约》及 1978 年《蒙特利尔议定书》似乎相形见绌,但《罗马公约》对国际航空私法所作的伟大尝试,其本身的价值还是很大的。虽然该公约的某些规定还存在一些瑕疵,如对担保或者保险没有规定缔约国强制执行等等,但是也不能抹杀其在国际航空法的地位。

国际民航组织的原法律局长米尔德如下一段话是十分中肯的:"人们原希望,制定 1978 年《蒙特利尔议定书》多少会导致各国对 1952 年《罗马公约》较广泛的接受。要使修订后的公约得到或近乎普遍接受,几乎是不可能的,因为许多国家在立法中不同意对地(水)面第三方采取限制责任的原则。总之,从 1933 年第一个《罗马公约》以来,各国所以不愿意成为该公约的缔约国,是因为该公约处理的是一种极少发生的事件,而又无不可克服的法律冲突和管辖冲突,在这个领域实行统一法律。"

1952 年《罗马公约》本身在法律上的合理性,到 20 世纪 90 年代,才从一个事件中获得令人信服证实。1992 年 10 月 4 日发生在荷兰阿姆斯特丹市郊的一架以色列 ELAL 航空公司波音 747 货机撞入一家工厂车间而坠毁。当场炸死、烧死 40 余人,伤 20 余人,财物损害难以计数。这本是一个相当典型的适用《罗马公约》的案件,却因荷兰与以色列均非《罗马公约》缔约国，而只能适用荷兰法。荷兰民法对此并没有规定，因此只能按民法一般原则，适用过失责任，即受害人（或其家属）必须证明 ELAL 航空公司人员有过失，才能获得赔偿。让受害人（或其家属）来证明航空公司人员有过失，其难度可想而知。因此，从各方面来说都应该给予《罗马公约》以积极的评价，尤其他关于责任担保和判决执行的条款，是世界上各国法律专家智慧的结晶，也是国际私法领域实行统一规则的可贵尝试。1952 年《罗马公约》的规则不仅为各国进行国内有关立法提供重要参考，而从法学价值，或者从国际航空法今后发展角度上说，仍然是一个宝贵的文件或资料。①

2.《罗马公约》的现代化

就《罗马公约》本身的现代化问题的研究工作也没有停止，如何适用新的形势，加速《罗马公约》的现代化也成为国际民航组织讨论的重点。2000 年 8 月 28 日至 9 月 8 日，在蒙特利尔召开的国际民航组织法律委员会第 31 届会议上，瑞典代表首先提出将 1952 年《罗马公约》现代化问题列入法律委员会工作计划的建议，该建议得到大会的同意。

国际民航组织秘书处于 2001 年初开始，着手对 1952 年《罗马公约》现代化问题进行研究，2001 年 6 月 15 日，秘书处给各国发了一份国家级信件，为这项研究收集资料。2001 年美国发生 9·11 事件后，民用航空保险市场出现了新的情况，恐怖主义的行为使得航空保险市场的风险无法预测，保险商向航空公司提出了关于取消战争保险的七天通知。各国政府纷纷对超过 5 000 万美元以上的战争保险为航空公司提供担保。

国际民航组织为了解决航空战争险的问题，成立了一个特别小组，研究如何稳定商业保险市场。特别小组提出了短期、中期及长期解决方案，其中的长期方案就是尽快制定一个对地面第三人损害赔偿的新公约及其他相关机制，就战争和类似的危险或其他非法干扰行为对地面造成的损害为航空公司设定责任限额。2002 年 3 月 4 日，理事会决定将这一长期事项放在法律委员会工作方案中关于 1952 年《罗马公约》现代化问题的项目下处理。

在 2002 至 2003 年期间，秘书处关于《罗马公约》现代化研究小组举行了 4 次会议，在小组的协助下，秘书处编写了外国航空器对第三方造成损害的公约草案。2002 年 3 月 26 日，美国的 M. B. Jennison 先生被法律委员会主席任命为关于审议 1952 年《罗马公约》这一事项的报告员。2004 年 3 月召开的法律委员会第 32 届会议将这一项目作为会议审议的主要事项，会议审议了秘书处准备的公约草案、报告员的报告以及由委员会成员及观察员提交的一系列工作文件和其他文件。在委员会审议了所有草案案文后，法律委员会主席表示，会议就 1952 年《罗马公约》现代化问题取得了一定进展，但公约草案还不成熟，尚不能提交给外交会议。在 2004 年 5 月举行的会议上，理事会决定建立一个关于 1952 年《罗马公约》现代化的特别小组，以推进此项工作。

1952 年《罗马公约》现代化特别小组由 17 个成员国和观察员组成，我国作为特别小组的成员参与了此项工作。2005 年 1 月，小组在蒙特利尔召开了第一次小组会议，会议对 32 届法律委员会议后修改的公约草案文本进行了深入讨论，既包括实体问题的讨论，也包括程序规则的讨论。此次会议就公约草案文本达成了 12 个方面的协议要点，同时提出了需要进一步讨论研究的 11 个"灰色点"目录。

2005 年 7 月，特别小组在蒙特利尔召开了第二次小组会议，会议重申了第一次小组会议的结论，对第一次会议提出的 11 个灰色点问题进行了广泛讨论，就建立与恐怖主义事件相

---

① 赵维田. 国际航空法[M]. 北京：社会科学文献出版社，2000：387 - 388.

关的补充性补偿机制的可能性、必要性和目标等达成了初步的统一意见,对补充性补偿机制的适用范围、资金来源、资金筹集方式等进行了深入的研究,进一步讨论了公约草案案文的修改完善问题。

2006年2月的第三次小组会议上,小组重点审议了《有关航空器对第三方造成损害责任的赔偿的公约》的补充赔偿机制的议定书草案。该议定书草案是会议主席根据小组第二次会议对补充赔偿机制达成的要点,以及2005年10月在比利时召开的"主席之友"会议讨论结果草拟的。此次讨论涉及的主要问题包括:补充赔偿机制的适用范围、参与方、理赔与财务问题、程序性问题等。此外,讨论还涉及了公约的整体框架方案这个一直未达成协议的问题。由于各国法律差异的巨大,要想在短时间内实现对一个全新的外国民用航空器对第三人赔偿的公约,《罗马公约》现代化还有很长的路要走。即使在国际层面达成了一致的看法,形成了国际公约,但是要想得到大多数国家认可,也不是件容易的事,2009年《有关航空器对第三方造成损害责任的赔偿的公约》就是明证。[1]

11.2.2　2009年《有关航空器对第三方造成损害责任的赔偿的公约》中的规定

11.2.2.1　制定的必要性

2009年《有关航空器对第三方造成损害责任的赔偿的公约》(简称2009年《一般风险公约》)在开篇就说明公约制定四个方面的必要性。

第一,确保对因涉及飞行中航空器的事件而导致对第三方造成的损害给予足够赔偿的必要性。因1952年《罗马公约》中所规定的经营人对第三方造成损害赔偿责任的限额较低,1978年《蒙特利尔议定书》虽提高了赔偿责任限额,但与各国国内法所规定的赔偿限额相比还是较低,因此,对第三方造成的损害并不能给予充分的赔偿,导致了这两个公约加入的国家较少。

第二,促进1952年《罗马公约》和1978年《蒙特利尔议定书》的现代化,适应航空运输业飞速发展的需要。1952年《罗马公约》的规定存在着众多限制,并未被国际社会所广泛接受,而且在国际航空运输中起重要作用的一些国家没有加入公约,例如美国。随着航空运输业的飞速发展,人们逐渐认识到必须对罗马公约进行现代化,以适用航空运输业飞速发展的需要。

第三,确实保护第三方受害人利益的重要性并给予公正赔偿。1952年《罗马公约》和1978年《蒙特利尔议定书》,都涉及航空器运营过程中对第三方造成的损害赔偿问题,但二者都规定,航空器对第三方造成损害赔偿事故发生地法院受理,受理法院并没有实际控制着经营人的财产,在事故发生地国的经营人的航空器,往往也只剩下一堆残骸,没有任何价值可言,从而可能使判决成为一纸空文,不利于对第三方受害人利益的保护。因此,事故发生地国法院的判决要获得执行,往往要通过司法协助方式要求经营人所属国首先承认该判决,然后再进行执行,而经营人所属国往往会寻找各种理由根本不承认判决,更谈不上对判决的

---

[1] 该公约于2009年5月2日通过,目前,仅有巴林(2017年10月26日递交批准书)、贝宁(2017年10月27日递交批准书)、刚果(2014年10月1日递交批准书)、科特迪瓦(2015年2月4日递交批准书)、刚果民主共和国(2014年7月21日递交批准书)、厄瓜多尔(2014年10月30日递交批准书)、加蓬(2014年2月4日递交批准书)、加纳(2018年6月4日递交批准书)、科威特(2014年4月8日递交批准书)、黑山(2012年3月7日递交批准书)、莫桑比克(2016年8月17日递交批准书)、斯威士兰(2016年11月23日递交批准书)。

执行了,从而使第三方受害人利益得不到保护,更谈不上进行公正赔偿了。

第四,制定 2009 年《一般风险公约》不仅是保障国际航空运输业务有序地发展,旅客、行李和货物能顺利地流通,而且也是达到公正利益平衡的最适当而有效的方法。随着航空运输全球化的进一步发展,规则的全球化也异常重要,只有这样,才能保证全球航空运输业有序地发展,同时促使国际交流,进而平衡各国在国际航空运输中的利益,使得受害人第三方和经营人之间的利益达到新的平衡。

11.2.2.2 主要内容

2009 年《一般风险公约》共分为 5 章,共 28 条,第一章《原则》(第 1 条和第 2 条),第二章《运营人的责任及相关事项》(第 3 条到第 9 条),第三章《免责和追偿》(第 10 条和第 11 条),第四章《救助的实施及相关规定》(第 12 条到第 20 条),第五章《最后条款》(第 21 条到第 28 条)。

1. 原则

在 2009 年《一般风险公约》第一章《原则》第 1 条是对公约中所出现的相关词语的界定,第 2 条是对适用范围的界定。

(1) 相关词语的界定。2009 年《一般风险公约》第 1 条定义规定:"为本公约的目的:(一)'非法干扰行为'是指 1970 年 12 月 16 日在海牙签订的《关于制止非法劫持航空器的公约》或 1971 年 9 月 23 日在蒙特利尔签订的《关于制止危害民用航空安全的非法行为的公约》以及在事件发生时任何有效的修正中被界定为罪行的行为;(二)'事件'是指不是由于非法干扰行为而导致飞行中的航空器造成的损害;(三)一架航空器在完成登机或装货后其所有外部舱门均已关闭时起,至其任何此种舱门为下机或卸货目的开启时止,其间的任何时间均被视为在'飞行中';(四)'国际飞行'是指飞行出发地和拟前往目的地是处于两个国家的领土的任何飞行,不论飞行是否中断;或是指飞行出发地和拟前往目的地是处于一个国家领土之内,但在另一个国家领土内有一个拟停留地的任何飞行;(五)'最大质量'是指航空器的最大审定起飞质量,它不包括使用时助升气体的作用;(六)'运营人'是指使用航空器的人,但如果航空器的航行控制权仍直接或间接地保留在给予航空器使用权的人的手中,则该人应当被视为运营人。当一个人自己使用或其受雇人或代理人在受雇期间使用航空器时,不论其是否在授权范围内,该人应当被视为正在使用航空器。运营人不因另一人做出非法干扰行为而丧失其作为运营人的身份;(七)'人'是指任何自然人或法人,包括国家;(八)'当事国'是指本公约对其生效的国家;和(九)'第三方'是指运营人、旅客或货物的托运人或收货人以外的人。"

(2) 公约的适用范围。2009 年《一般风险公约》第 2 条规定:

"一、本公约适用于不是因非法干扰行为而导致从事国际飞行的飞行中的航空器在一当事国领土内发生的对第三方造成的损害。

二、如果一个当事国向公约保存人做出声明,本公约亦适用于不是因非法干扰行为而导致从事国际飞行以外的飞行中的航空器在该国领土内造成的损害。

三、为本公约的目的:(一)对在公海或专属经济区内的船舶或其上空的航空器造成的损害应当视为在其登记国领土发生的损害;但是,如果航空器运营人的主要营业地在登记国之外的国家领土,对航空器的损害应视为在其有主要营业地的国家领土内发生;和(二)对被永久性地固定在专属经济区或大陆架底土上的钻井平台或其他装置造成的损害,按照包括 1982 年 12 月 10 日订于蒙特哥湾的《联合国海洋法公约》在内的国际法,应当被视为在对这类平台或装置享有管辖权的国家领土内发生。

四、本公约不适用于国家航空器造成的损害。用于军事、海关和警察服务的航空器应当视为国家航空器。"

2. 运营人的责任及相关事项

(1) 运营人的责任。2009年《一般风险公约》第3条规定：

"一、对第三方遭受的损害，只要是由一架飞行中的航空器造成的，运营人就应当承担责任。

二、如果所受损害并非造成损害的事件的直接后果，或者如果损害单纯因为航空器按现行空中交通规章通过空域所致，则无权根据本公约要求赔偿。

三、对属于死亡、身体伤害和精神伤害的损害，应当予以赔偿。对精神伤害所致的损害，只有当这种损害是某种可以辨认的精神疾病造成，且该精神疾病是因身体伤害或直接面临可能即将死亡或发生身体伤害的情况造成的，则应当予以赔偿。

四、对财产的损害应当予以赔偿。

五、只要在其领土内发生环境损害的当事国的法律规定了对此种损害的赔偿，则环境损害应当予以赔偿。

六、因《关于核能领域第三方责任的巴黎公约》(1960年7月29日)界定的核事件造成的损害或者《关于核损害的民事责任的维也纳公约》(1963年5月21日)界定的核损害，以及在事件发生时有效的对上述公约的任何修正或补充，均不产生本公约项下的任何责任。

七、对于惩罚性、惩戒性或者任何其他非补偿性的损害赔偿，一律不得以追讨。

八、如果损害是武装冲突或国内动乱的直接后果，则根据本公约规定应负责任的运营人不应当承担责任。"

(2) 运营人责任的限额。2009年《一般风险公约》第4条第1款将经营人赔偿责任的限额分为10个级别[①]，相对于1952年《罗马公约》和1978年《蒙特利尔议定书》所规定的赔偿限额而言，是大幅度地提高了。如果事件涉及同一运营人运行的两架或多架航空器，则应适用最大质量最重的航空器的责任限额。

2009年《一般风险公约》第4条第3款是公约的核心条文，采用了1999年《蒙特利尔公约》所规定的双梯度责任制，即对于上述责任限额，运营人归责原则是严格责任制，而对于超出限额部分的，实行推定过失责任制，即"如果运营人证明此种损害：（一）不是因其或其受雇人或代理人的过失或其他不当作为或不作为造成的；或（二）完全是因另一人的过失或其他不当作为或不作为造成的"，则承运人对超出限额部分不承担赔偿责任。

(3) 赔偿的优先次序。2009年《一般风险公约》第5条对赔偿的优先次序规定为："如果应予赔偿的损害总额超过第四条第一款规定可用的金额，应当首先将总额优先按比例满足就死亡、身体受伤和精神伤害提出的赔偿要求。如应付总额尚有剩余，则应就其他损害的索

[①] 对最大质量为500公斤或以下的航空器，750 000特别提款权；对最大质量超过500公斤但不超过1 000公斤的航空器，1 500 000特别提款权；对最大质量超过1 000公斤但不超过2 700公斤的航空器，3 000 000特别提款权；对最大质量超过2 700公斤但不超过6 000公斤的航空器，7 000 000特别提款权；对最大质量超过6 000公斤但不超过12 000公斤的航空器，18 000 000特别提款权；对最大质量超过12 000公斤但不超过25 000公斤的航空器，80 000 000特别提款权；对最大质量超过25 000公斤但不超过50 000公斤的航空器，150 000 000特别提款权；对最大质量超过50 000公斤但不超过200 000公斤的航空器，300 000 000特别提款权；对最大质量超过200 000公斤但不超过500 000公斤的航空器，500 000 000特别提款权；对最大质量超过500 000公斤的航空器，700 000 000特别提款权。

赔要求按比例支付。"

（4）涉及两个或两个以上运营人或其他人的事件。2009年《一般风险公约》第6条涉及两个或两个以上运营人或其他人的事件对此规定为：

第一，当一个造成本公约适用的损害的事件涉及两架或两架以上航空器，这些航空器的运营人应当对第三方所受的任何损害负连带责任。①

第二，如果两个或两个以上运营人有此责任，其相互间的追偿权应当根据其各自的责任限额和造成的损害加以确定。②

第三，运营人一概不需对超过对其适用的责任限额的数额负责。③

（5）法院费用和其他费用。2009年《一般风险公约》第7条法院费用和其他费用规定："一、法院可以按照其法律，判予索赔人产生的全部或部分法院费用及索赔人所产生的其他诉讼费用，包括利息。二、如果所判予的损害赔偿金额，不含法院费用及其他诉讼费用，不超过运营人在造成损害的事件发生之日起六个月内或在起诉之前，以后者为准，以书面向索赔人提出金额的，不适用第一款。"

（6）先行付款。2009年《一般风险公约》第8条先行付款确立了先行付款的人道主义条款，主要是参照了1999年《蒙特利尔公约》的规定，体现了公约的人文价值。该条规定为："如果损害发生地国的法律有此要求，运营人应当不迟延地向根据本公约可能有权索赔的自然人先行付款，以应其迫切的经济需要。此种先行付款不构成对责任的承认，并可从运营人随后作为损害赔偿金支付的任何数额中抵销。"

（7）保险。2009年《一般风险公约》第9条保险规定，当事国应要求其运营人对公约中所规定的责任进行充分的保险或担保，当事国可以要求在该国运行或运行至该国的运营人提供其进行了充分的保险或担保的证据，并要实行不歧视原则，即"当事国应当对其他当事国的运营人采用与对其本国运营人相同的标准"。

3. 免责和追偿

（1）免责。如果运营人证明损害是由索赔人或索赔人从其取得权利的人的过失或其他不当作为或不作为造成或促成的，则应当根据造成或促成损害的此种过失或其他不当作为或不作为的程度，相应全部或部分免除运营人对该索赔人的责任。④

（2）追偿权。2009年《一般风险公约》在第13条中规定："航空器的所有人、航空器的出租人或保留了航空器所有权或持有其担保权益的融资人，或其受雇人或代理人，凡不是运营人的，无论根据本公约或是任何当事国有关第三方损害的法律，一律不对损害承担赔偿责任。"在运营人赔偿后，"在符合第十三条的条件下，本公约任何条款均不妨碍按照本公约规定应对损害负赔偿责任的人对任何人有无追偿权的问题。"

4. 救助的实施及相关规定

（1）排他性救助。对于排他性救助，2009年《一般风险公约》第12条排他性救助规定："一、对运营人或其受雇人、代理人就飞行中的航空器对第三方造成损害所采取的任何要求赔偿的诉讼行为，不论理由如何，无论是根据本公约或是根据侵权或是根据其他理由，

---

① 2009年《一般风险公约》第6条第1款。
② 2009年《一般风险公约》第6条第2款。
③ 2009年《一般风险公约》第6条第3款。
④ 2009年《一般风险公约》第10条第1款。

只能依照本公约规定的条件提起,但是不妨碍谁有权提起诉讼及其各自权利的问题。

二、不论是根据本公约、根据侵权或是根据其他理由,对于根据其他理由向其追讨或要求赔偿第3条第六、七和八款所述损害的任何其他人,第3条第六、七、八款应当对其适用。"

(2)管辖法院。2009年《一般风险公约》第16条法院对案件的管辖法院规定为单一管辖,具体为:

"一、除本条第2款的规定外,根据本公约规定要求赔偿的诉讼只能向损害发生领土的当事国法院提起。

二、如果损害发生在一个以上的当事国,根据本公约规定要求赔偿的诉讼,只可以向事件发生时航空器所在或即将离开其领土的当事国法院提起。

三、在不妨碍本条第1款和第2款的情况下,可以在任何当事国申请其法律允许的临时措施,包括保全措施。"

(3)判决的承认与执行。2009年《一般风险公约》第17条判决的承认与执行规定:

"一、在符合本条规定的情况下,根据第十六条有管辖权的法院在审判或缺席审判后做出的判决,凡在该法院所在地的当事国具有执行效力的,只要是履行了任何另一当事国要求的手续,在该另一当事国同样具有执行效力。

二、根据本条对承认或执行判决的申请,一律不得对案件事实重新进行审理。

三、如有下列情况,可以拒绝承认和执行判决:(一)判决的承认或执行明显违背被申请承认或执行的当事国的公共政策;(二)向被告送达诉讼通知的时间和方式使被告无法准备和提出辩护;(三)判决所涉及的诉讼事由在相同当事方之间已经有了判决或仲裁裁决,而且根据被申请承认或执行的当事国的法律,该判决或仲裁裁决是终审的和终局的;(四)判决是由于任一当事方的欺诈行为而获得的;或(五)申请执行的人没有执行判决的权利。

四、如果所判予的损害赔偿,包括惩戒性或惩罚性赔偿,不是对第三方实际遭受的损害的赔偿的,也可以在此范围内拒绝承认和执行判决。

五、如果判决具有执行效力,按判决可追讨的任何原告发生的法院费用和其他支出,包括利息的支付也具有执行效力。"

(4)关于判决的承认和执行的地区和多边协议。2009年《一般风险公约》第18条关于判决的承认和执行的地区和多边协议规定:

"一、各当事国可以就判决的承认和执行签订符合本公约目标的地区和多边协议,但此种协议不能导致对任何第三方或被告的保护水平低于本公约规定的水平。

二、各当事国应当通过公约保存人,相互通知他们在本公约生效日期之前或之后所签订的任何此种地区或多边协议。

三、本公约第四章的规定不影响根据此种协议对任何判决的承认或执行。"

(5)时效期限。2009年《一般风险公约》第19条时效期限规定:"一、如果自造成损害的事件发生之日起两年内没有提起诉讼,则根据第3条获得赔偿的权利即行丧失。二、上述两年期限的计算方法应当根据审理案件的法院地的法律确定。"

(6)责任人死亡。在责任人死亡的情况下,可向在法律上代表其遗产的人提起损害赔偿诉讼,但须以本公约的规定为限。①

---

① 2009年《一般风险公约》第20条责任人死亡。

5. 最后条款

在公约的最后条款中,对签署、批准、接受、核准或加入(第 21 条①),地区经济一体化组织(第 22 条②),生效(第 23 条③)和退出(第 24 条④),与其他条约的关系(第 25 条⑤),有多种法律制度的国家(第 26 条⑥),保留和声明(第 27 条⑦)以及保存人的职能(第 28 条⑧)作出了具体规定。

11.3　我国航空法对第三人损害的赔偿责任制度的规定

为保障我国第三人能因民用航空器所造成的损害获得充分赔偿,《民用航空法》主要参考 1952 年《罗马公约》以及 1978 年《蒙特利尔议定书》的规定,专辟第 12 章《对地面第三人损害的赔偿责任》进行详细规定,主要内容有:

---

①　一、本公约于二〇〇九年五月二日在蒙特利尔向参加于二〇〇九年四月二十日至五月二日在蒙特利尔举行的国际航空法会议的国家开放签字。二〇〇九年五月二日以后,本公约应当在蒙特利尔国际民用航空组织总部向所有国家开放签字,直至其依照第二十三条生效。二、本公约须由已经签署本公约的国家批准。三、未签署本公约的任何国家可以随时接受、核准或者加入本公约。四、批准书、接受书、核准书或者加入书应当交存国际民用航空组织,在此指定其为保存人。

②　一、由主权国家组成的地区经济一体化组织,对本公约所规范的某些事项具有权能的,可同样签署、批准、接受、核准或者加入本公约。在此情况下,该地区经济一体化组织在其对本公约所规范的事项具有权能的限度内,有当事国的权利和义务。二、地区经济一体化组织在签署、批准、接受、核准或加入本公约时,应向保存人做出声明,说明对本公约所规范的哪些事项的权能已由成员国转移给该组织。地区经济一体化组织应及时通知保存人依据本款做出的声明中所说明的权能分配的任何变更,包括新的权能转移。三、在有此需要的情况下,本公约中凡提及"当事国"或"各当事国"之处,均同样适用于地区经济一体化组织。

③　一、本公约应当于第三十五份批准书、接受书、核准书或者加入书交存保存人后的第六十天在交存这些文件的国家之间生效。就本款而言,地区经济一体化组织交存的文件不得计算在内。二、对于其他国家或者其他地区经济一体化组织,本公约应当于其批准书、接受书、核准书或者加入书交存之日后六十天对其生效。

④　一、任何当事国可以向保存人提交书面通知,以退出本公约。二、退出应自保存人收到通知之日后的第一百八十天起生效;但对于在未满此一百八十天期限以前发生的事件所造成的第三条中所指的损害,本公约仍继续适用,一如未退出本公约。

⑤　本公约的各项规则应当优先于对本公约所辖损害可能适用的下列文书中的任何规则:(一)1952 年 10 月 7 日在罗马签订的《关于外国航空器对地面(水面)上第三方造成损害的公约》;或(二)1978 年 9 月 23 日在蒙特利尔签订的《关于修正 1952 年 10 月 7 日在罗马签订的〈关于外国航空器对地面(水面)上第三方造成损害的公约〉的议定书》。

⑥　一、一国有两个或者多个领土单位,在各领土单位内对于本公约处理的事项适用不同的法律制度的,该国可以在签署、批准、接受、核准或加入时,声明本公约适用于该国所有领土单位或者只适用于其中一个或者多个领土单位,该国可以随时提交另一份声明以修改此项声明。二、作出此项声明,均应当通知保存人,声明中应当明确指明适用本公约的领土单位。三、适用不同法律制度的两个或多个领土单位的当事国在就第二条第 2 款作出声明时,可以声明本公约适用于发生在该国全部领土单位或其中一个或多个领土单位内对第三方造成的损害,并可以随时提交另一份声明以修改此项声明。四、就根据本条作出声明的当事国而言:(一)第八条所述的"该国的法律"应当解释为该国有关领土单位的法律;并且(二)第十四条所述的"国家货币"应当解释为该国有关领土单位的货币。

⑦　一、除可依照第二条第 2 款、第二十二条第 2 款和第二十六条允许作出的声明外,不可对本公约作出保留。二、依照本公约作出的任何声明或者声明的任何撤销,应当书面通知保存人。

⑧　保存人应当将下列事项迅速通知各签署方和当事国:(一)对本公约的每一新的签署及其日期;(二)每一批准书、接受书、核准书或者加入书的交存及其日期;(三)对公约的每一声明及其日期;(四)声明的修改或撤回及其日期;(五)本公约的生效日期;(六)对本公约所设定责任限额的任何修订的生效日期;和(七)任何退出及其日期和退出的生效日期。

11.3.1 适用范围

11.3.1.1 一般规定

《民用航空法》第 157 条规定:"因飞行中的民用航空器或者从飞行中的民用航空器上落下的人或者物,造成地面(包括水面,下同)上的人身伤亡或者财产损害的,受害人有权获得赔偿;但是,所受损害并非造成损害的事故的直接后果,或者所受损害仅是民用航空器依照国家有关的空中交通规则在空中通过造成的,受害人无权要求赔偿。前款所称飞行中,是指自民用航空器为实际起飞而使用动力时起至着陆冲程终了时止;就轻于空气的民用航空器而言,飞行中是指自其离开地面时起至其重新着地时止。"① 这是参考 1952 年《罗马公约》第 1 条的规定制定的,基本上与该公约的规定相一致。

1. "飞行中"的含义

从上述条文可以看出,我国《民用航空法》中对航空器在"飞行中"的界定和 1952 年《罗马公约》的规定完全一样,即"飞行中"是指民用航空器为实际起飞而使用动力时起,至该航空器着陆冲程终了时止的期间。对于重于空气的航空器来说,"民用航空器为实际起飞而使用动力"是指民用航空器进入跑道后为实际从地面起飞而使用动力,而民用航空器从停机坪移往跑道而使用动力进行滑行的过程不是"飞行中"。该民用航空器"着陆冲程终了"是指该民用航空器在降落地面时其降落或着陆的惯性结束时,自着陆冲程终了时起使用动力从跑道向停机坪或廊桥滑行的过程也不是"飞行中"。② 对轻于空气的民用航空器来说,"飞行中"是指自其离开地面时起至其重新被附着在地面时止的期间。

2. 损害

根据民《民用航空法》第 157 条规定,第三人的损害范围包括人身伤亡和财产损失。除此以外的损害都不属于飞行中的民用航空器或者从飞行中的民用航空器上落下的人或物造成地面上的损害的"损害"。

11.3.1.2 不适用的几种情况

《民用航空法》第 172 条规定:"本章规定不适用于下列损害:(一)对飞行中的民用航空器或者对该航空器上的人或者物造成的损害;(二)为受害人同经营人或者同发生损害时对民用航空器有使用权的人订立的合同所约束,或者为适用两方之间的劳动合同的法律有关职工赔偿的规定所约束的损害;(三)核损害。"③

11.3.2 赔偿责任人

11.3.2.1 一般规定

《民用航空法》第 158 条规定,本法第 157 条规定的赔偿责任,由民用航空器的经营人承

---

① 建议将"地面(包括水面,下同)上"改为"第三人",将"为实际起飞而使用动力时起至着陆冲程终了时止"改为"民用航空器完成登机或装货后所有外部舱门均已关闭时起,至其任一此种舱门为下机或卸货目的开启时止,其间的任何时间",再增加对第三人的界定,在第 2 款后面插入一款,"前款所称'第三人'是指航空器运营人、乘客或者货物的托运人或收货人以外的人。"理由:与 2009 年《一般风险公约》的规定保持一致。

② 曹三明,夏兴华.民用航空法释义[M].沈阳:辽宁教育出版社,1996:355.

③ 建议将本条改为:"本章规定不适用于下列损害:(一)核损害;(二)惩罚性、惩戒性或任何其他非补偿性的损害;(三)武装冲入或国内动乱造成的直接损害。"理由:与 2009 年《一般风险公约》保持一致。

担。前款所称经营人,是指损害发生时使用民用航空器的人。民用航空器的使用权已经直接或者间接地授予他人,本人保留对该民用航空器的航行控制权的,本人仍被视为经营人。

经营人的受雇人、代理人在受雇、代理过程中使用民用航空器,无论是否在其受雇、代理范围内行事,均视为经营人使用民用航空器。

民用航空器登记的所有人应当被视为经营人,并承担经营人的责任;除非在判定其责任的诉讼中,所有人证明经营人是他人,并在法律程序许可的范围内采取适当措施使该人成为诉讼当事人之一。

11.3.2.2 经营人

航空器或从航空器落下的人或物对地面第三人的赔偿的主体是民用航空器的经营人[①]。下列人员被界定为经营人:

第一,经营人是指损害发生时使用民用航空器的人。即损害发生时,对民用航空器有完全使用权的人。[②]

第二,民用航空器的使用权已经直接或者间接地授予他人,本人保留对该民用航空器的航行控制权的,本人仍被视为经营人。[③]

第三,经营人的受雇人、代理人在受雇、代理过程中使用民用航空器,无论是否在其受雇、代理范围内行事,均视为经营人使用民用航空器。经营人作为事主,其本人使用民用航空器,或者由其受雇人或代理人在受雇或代理的过程中使用民用航空器,无论该受雇人或代理人是不是在其受雇或代理权限范围内行事,均视为经营人使用民用航空器[④]。[⑤]

一旦受雇人、代理人在受雇、代理过程之中且超出受雇、代理权限范围行事,即构成非法使用,非法使用人也难辞其咎。

第四,在无法判定谁是经营人的情况下,推定民用航空器所有权登记证书上登记为所有人的人为经营人,并使其承担经营人的责任。但该所有人在判定其责任的诉讼中如果能够证明经营人是他人,并采取法律允许的措施使该人成为诉讼当事人之一时,所有人即可摆脱被推定为经营人的可能。被所有人证明为经营人并因所有人采取的措施而成为诉讼当事人的人,将承担经营人的责任。例如,所有人证明自己已将航空器出租给某家航空公司,并要求法院将该航空公司追加为当事人之一,该航空公司即为经营人,并承担经营人的责任。

对所有人来说,在事故发生后去证明他人是经营人往往是非常困难的。因此,所有人一般都采取事先在合同中明示经营人的办法使自己摆脱"经营人"的地位。然而,并不是所有的情况下,所有人都能摆脱责任。在经营人对民用航空器没有完全的使用权达法律规定期

---

① 建议应将《民用航空法》第12章所有"经营人"改为"运营人"。理由:与2009年《一般风险公约》保持一致。
② 《民用航空法》第158条第2款。
③ 《民用航空法》第158条第2款。
④ 这与民法中代理的一般规定有区别,根据民法代理关系的一般规定,被代理人仅对代理人在代理权限范围内的作为和不作为负责,代理人超越代理权限行事,被代理人不负责任。但在对地面第三人的侵权行为中,民用航空器经营人不仅要对受雇人、代理人在受雇和代理范围内的行为负责,还要对受雇、代理范围之外的行为负责。究其缘由,主要是保护遭受损害的地面第三人的利益。一方面,受雇人、代理人的经济偿付能力有限,不能保障受害人获得充分的赔偿;另一方面,受雇人或代理人超出受雇或代理范围行事,说明经营人在选择雇佣或委托对象方面存在缺陷,由经营人承担责任也是合理的。另外,从《民用航空法》第159条规定看,也不会造成代理人或受雇人肆意滥用经营人对他的信任和授权。因为经营人只对其受雇人、代理人在受雇、代理过程中的行为负责,而不对其受雇人、代理人在受雇、代理过程之外的行为负责。
⑤ 参见《民用航空法》第159条。

限的条件下发生对地面第三人损害时,所有人将与经营人承担连带责任。当然,法律规定期限是自经营人开始有权使用该民用航空器时起计算的。

第五,未经对民用航空器有航行控制权的人同意而使用民用航空器,对地面第三人造成损害的,有航行控制权的人除证明本人已经适当注意防止此种使用外,应当与该非法使用人承担连带责任。①

第六,两个以上的民用航空器在飞行中相撞或者相扰,造成《民用航空法》第157条规定的应当赔偿的损害,或者两个以上的民用航空器共同造成此种损害的,各有关民用航空器均应被认为已经造成此种损害,各有关民用航空器的经营人均应当承担责任。②

11.3.3 责任原则和责任范围

11.3.3.1 责任原则

1. 一般规定

前文中,本书对我国经营人的责任原则进行了论述,指出了我国《民法典》中对经营人责任原则是无过错责任,而根据我国《民用航空法》的规定是严格责任制。按照特别法优先普通法的原则,以及和国际航空公约保持一致的原则,我国运营人对第三方受害人承担责任的责任原则应是严格责任制。

2. 免责事由

《民用航空法》第160条和第161条对经营人的免责事由作了详细规定。

第160条规定:"损害是武装冲突或者骚乱的直接后果,依照本章规定应当承担责任的人不承担责任。依照本章规定应当承担责任的人对民用航空器的使用权业经国家机关依法剥夺的,不承担责任。"

第161条规定:"依照本章规定应当承担责任的人证明损害是完全由于受害人或者其受雇人、代理人的过错造成的,免除其赔偿责任;应当承担责任的人证明损害是部分由于受害人或者其受雇人、代理人的过错造成的,相应减轻其赔偿责任。但是,损害是由于受害人的受雇人、代理人的过错造成时,受害人证明其受雇人、代理人的行为超出其所授权的范围的,不免除或者不减轻应当承担责任的人的赔偿责任。一人对另一人的死亡或者伤害提起诉讼,请求赔偿时,损害是该另一人或者其受雇人、代理人的过错造成的,适用前款规定。"

11.3.3.2 责任范围

《民用航空法》中并没有对赔偿范围作出具体规定,实践中法院是根据民法的一般规定来确定赔偿的数额。

《民用航空法》对不免除责任情况的规定在第164条中,只有一种情况,即应当承担责任的人的故意行为。该条规定:"除本章有明确规定外,经营人、所有人和本法第一百五十九条规定的应当承担责任的人,以及他们的受雇人、代理人,对于飞行中的民用航空器或者从飞行中的民用航空器上落下的人或者物造成的地面上的损害不承担责任,但是故意造成此种损害的人除外。"

《民用航空法》第165条规定:"不妨碍依照本章规定应当对损害承担责任的人向他人追

---

① 《民用航空法》第159条。
② 《民用航空法》第162条。

偿的权利。"

11.3.4 责任的保险或担保

11.3.4.1 一般规定

《民用航空法》第150条规定："从事通用航空活动的,应当投保地面第三人责任险。"

《民用航空法》第166条规定："民用航空器经营人应当投保地面第三人责任险或者取得相应的责任担保。"

《民用航空法》第175条规定："外国民用航空器飞入中华人民共和国领空,其经营人应当提供有关证明书,证明其已经投保地面第三人责任险或者已经取得相应的责任担保;其经营人未提供有关证明书的,中华人民共和国国务院民用航空主管部门有权拒绝其飞入中华人民共和国领空。"

11.3.4.2 保险人和担保人的抗辩权

1. 保险人和担保人抗辩权行使范围

《民用航空法》第167条规定："保险人和担保人除享有与经营人相同的抗辩权,以及对伪造证件进行抗辩的权利外,对依照本章规定提出的赔偿请求只能进行下列抗辩:(一)损害发生在保险或者担保终止有效后;然而保险或者担保在飞行中期满的,该项保险或者担保在飞行计划中所载下一次降落前继续有效,但是不得超过二十四小时;(二)损害发生在保险或者担保所指定的地区范围外,除非飞行超出该范围是由于不可抗力、援助他人所必需,或者驾驶、航行或者领航上的差错造成的。前款关于保险或者担保继续有效的规定,只在对受害人有利时适用。"

2. 受害人可以直接对保险人或者担保人提起诉讼的情形

《民用航空法》第168条规定："仅在下列情形下,受害人可以直接对保险人或者担保人提起诉讼,但是不妨碍受害人根据有关保险合同或者担保合同的法律规定提起直接诉讼的权利:(一)根据本法第一百六十七条第(一)项、第(二)项规定,保险或者担保继续有效的;(二)经营人破产的。除本法第一百六十七条第一款规定的抗辩权,保险人或者担保人对受害人依照本章规定提起的直接诉讼不得以保险或者担保的无效或者追溯力终止为由进行抗辩。"

11.3.4.3 受害人的优先受偿权

经营人投保的第三人责任险或取得的相应责任担保,应被专门指定优先支付对地面第三人造成损害的责任赔偿。① 保险人支付给经营人的款项,在被造成损害的第三人的赔偿请求未满足前,不受经营人的债权人的扣留和处理。②

11.3.5 诉讼时效

《民用航空法》第171条规定："地面第三人损害赔偿的诉讼时效期间为二年,自损害发生之日起计算;但是,在任何情况下,时效期间不得超过自损害发生之日起三年。"简言之,2年是诉讼时效,3年是除斥期间。这与相关1952年《罗马公约》规定一致,但与2009年《一

---

① 参见《民用航空法》第169条。
② 《民用航空法》第170条。

般风险公约》及我国《民法典》188 条①所规定的诉讼时效有差异。按照特别法优先于普通法的原则,当航空器对第三人侵权时,应适用《民用航空法》的规定。

11.3.6 对第三人损害赔偿金的计算

《民用航空法》对此没有作出具体规定,只规定了:"民用航空器对地面第三人的损害赔偿,适用侵权行为地法律。民用航空器在公海上空对水面第三人的损害赔偿,适用受理案件的法院所在地法律。"②实践中,在《民法典》生效以前,对发生在我国的航空器对第三人造成损害的案件,法院一般适用《民法通则》中的具体规定,进行损害赔偿金的计算。如 1999 年 4 月 15 日的大韩航空空难对遇难者的赔偿金的计算。③

《民法典》第 1179 条④和第 1180 条⑤对具体赔偿费用进行了详细规定。

---

① 向人民法院请求保护民事权利的诉讼时效期间为三年。法律另有规定的,依照其规定。诉讼时效期间自权利人知道或者应当知道权利受到损害以及义务人之日起计算。法律另有规定的,依照其规定。但是,自权利受到损害之日起超过二十年的,人民法院不予保护,有特殊情况的,人民法院可以根据权利人的申请决定延长。
② 《民用航空法》第 189 条。
③ 1999 年 4 月 15 日,韩国大韩航空公司一架货机在上海莘庄一带坠毁,造成地面 5 名中国公民不幸遇难。这是对地面第三人造成的伤害,不是对乘客所造成的伤害。上海市高级人民法院根据《民用航空法》和《民法通则》的规定,判处大韩航空公司分别赔偿 4 位空难死难者家属 88 万、88 万、108 万和 111 万元人民币,另一名死难者家属和韩国大韩航空公司达成协议,接受了 52.5 万元的赔偿。转引自:董杜骄,顾琳华.航空法教程[M].北京:对外经济贸易大学出版社,2007:307.
④ 侵害他人造成人身损害的,应当赔偿医疗费、护理费、交通费、营养费、住院伙食补助费等为治疗和康复支出的合理费用,以及因误工减少的收入。造成残疾的,还应当赔偿辅助器具费和残疾赔偿金;造成死亡的,还应当赔偿丧葬费和死亡赔偿金。
⑤ 因同一侵权行为造成多人死亡的,可以以相同数额确定死亡赔偿金。因此,对第三人造成损害赔偿,应按照实际损害情况,合情合理个案理算。如当事人之间不能就赔偿金额达成协议,可由受理案件的法院裁决。

第十二章 航空保险法律制度

12.1 航空保险基本理论

12.1.1 航空保险的概念

航空保险是指投保人根据合同约定,向保险人支付保险费,保险人对于合同约定的可能发生的航空事故因其发生所造成的财产损失承担赔偿保险金责任,或者当被保险人死亡、伤残、疾病或者达到合同约定的年龄、期限时承担给付保险金责任的商业保险行为,即承保与航空有关的各种空中与地面的损失。简单地说,航空保险是有关飞机各种危险和保险的总称。引起航空事故的原因很多,主要有天气不佳、飞机设计或制造瑕疵、维修保养不良引起的机械故障、航空器被恶意破坏、驾驶员的疏忽、机场缺陷、塔台指挥错误以及其他因素。因此,航空保险对于转嫁航空事故所发生的风险,促进航空运输业的发展以及保护被保险人的合法权益意义重大。

航空保险具有以下几个方面的含义:

第一,航空保险是商业保险行为,商业保险具有经营性,以追求经济效益为目的。

第二,航空保险是一种合同行为,即通过签订保险合同,明确双方当事人的权利与义务,被保险人以缴纳保费获取保险合同规定范围内的赔偿,保险人则有收受保费的权利和提供赔偿的义务。

第三,航空保险是经济补偿或保险给付以合同约定的保险事故发生为条件。

航空保险法是指以航空保险关系为调整对象的法律规范的总称。国际上没有统一的狭义上的国际航空保险法,对与国际航空运输的保险是分散于相关其他国际条约之中。在各国国内法中,航空保险的相关规定也是散落于保险法之中。狭义上单独称为航空保险法几乎没有。

12.1.2 航空保险的特征

和其他保险相比,航空保险具有以下几个方面的特征。

第一,航空保险保险金额高。航空运输业是一个高风险的行业,有安全风险和经营风险都比较高。因此,不仅保险费用高,而且赔付的保险金额也很高。[①]

第二,再保险和共保必不可少。航空保险虽然市场巨大,但其风险也同样是十分巨大的,因此,如果没有再保险的安排,单个保险公司是无法承受巨额和大面积灾害累积风险

---

① 高价值是指保险标的保额较常规险种高。以飞机保险为例,一架新系列的波音747飞机,保险金额就超过2.4亿美元,而航空公司综合责任限额可高达12.5亿美元,航空公司战争险保单的累积金额更是达到20亿美元。在一些航空责任险上,每张保单的限额通常都会超过3亿美元。参见:肖艳颖.航空保险[M].北京:中国民航出版社,2008:53.

的。① 再保险客观上扩大直接承保公司的承保能力,使他们的经营更加稳定,直接承保公司承保能力往往有限,如果不安排分保的话,很多保费就不能收。共保是指两个或两个以上的保险人对航空运输保险业务各自承保一定份额的保险。共保险保险人独立对被保险人承担保险责任。

第三,航空运输保险险种具有国际化。航空运输保险险种的国际化主要是由于航空运输本身具有国际性所导致的。国际上航空保险大体分为以下几种:承保飞机机体损失物的保险;对乘客及其行李等的损失赔偿责任保险;对飞机以外的第三者的损失赔偿责任保险;对空运货物的损失赔偿责任保险;有关机场设施及业务的损失赔偿责任保险;对飞机保管者的委托飞机的损失赔偿责任保险;飞机制造者、修理者的产品责任保险;承保驾驶员、乘务员、乘客等搭乘飞机中受伤害的伤害保险。这些保险险种我国均具有。

12.1.3 航空保险的险种

航空保险主要有机身险②、责任险、战争险和其他四大类。机身险包括飞机机身(零备件)一切险、机身免赔额保险、飞机试飞保险等。责任险包括航空承运人综合责任险、其他相关责任险等。战争险包括飞机机身(零备件)战争险、航空承运人综合责任战争险、其他责任险等。其他包括机组人身意外伤害保险、机组人员执照丧失保险等。

12.1.3.1 航空器机身险

航空器机身保险指航空器在飞行或滑行以及停放时,由于意外事故造成航空器及其附件的损失或损坏,以及因意外引起的航空器拆卸重装和运输的费用和清除残骸的费用,保险人负赔偿责任。保险金额由被保险人自行确定,通常按重置价值投保。保险期限为一年定期保险。

机身险分为国际航线机身险和国内航线机身险两种,前者需用外币投保,后者用人民币投保即可。用外币投保的机队,中国人民保险公司还将其拿到伦敦国际保险市场上进行分保险。

(1) 机身险的除外责任是:①因战争、敌对行为或武装冲突,投保航空器被劫持或被第三者破坏。②航空器不符合适航条件而飞行。③被保险人的故意行为。④航空器任何部件的自然磨损、制造及机械本身缺陷,以及噪声、污染、放射性沾染造成的损失。除外责任意味着上列情况在保险赔偿范围之外,但有时航空企业又确实需要就某些除外责任的事故进行保险,这时可采取机身附加险的形式获得赔偿。

(2) 附加险种如下:①机身战争险。其前提是被保险人必须首先或同时投保机身险。否则,保险人不单独承保该险种。机身战争险主要用于赔偿由于战争、劫持、敌对行为、武装冲突、罢工、民变、暴动、航空器被扣留、没收或第三者恶意破坏所造成的损失。其除外责任是:发生原子弹、氢弹袭击或其他核武器爆炸。②责任战争险。由于机身战争险的责任范围引起被保险人对第三者或旅客应负法律责任的费用由保险人负责赔偿。其他内容与机身战争险相同。③免赔额险。免赔额是指保险人对每次保险事故免赔一定的损失金额,一般以

---

① 例如:保险金额超过 200 亿美元的中国民航大机队,有 90%的飞机属租赁飞机。绝大多数出租人要求民航各航空公司到伦敦办理分保,且分出份额不得少于 60%。参见:肖艳颖.航空保险[M].北京:中国民航出版社,2008:54.

② 在我国,应周总理的"中国飞机要飞出去"的指示,中国人民保险公司于 1974 年为中国民航签发了第一张飞机保险单。参见:肖艳颖.航空保险[M].北京:中国民航出版社,2008:57.

绝对数表示。由于保险人对每次事故的赔偿金额免赔一定比例的损失金额,所以也叫免赔率。

航空器保险一般都规定免赔额,损失在免赔额之内,被保险人不得向保险人索赔,保险人只负责超过免赔额部分的损失赔偿。免赔额险是针对免赔额部分的保险,以此来降低被保险人对免赔额部分的风险,免赔额险作为机身险的附加险,通常以机型来决定免赔额,然后另行交纳保险费投保。

12.1.3.2 航空承运人责任险

航空承运人责任险是指航空承运人为旅客或者托运货物以及由于航空器或航空器上的人、物坠落对第三人造成的人身伤亡或财物损失时,由被保险人(航空器经营人)承担的经济赔偿责任由保险人来负责赔偿的保险。

(1)航空旅客运输法定责任险。航空旅客运输法定责任险是保险人承保被保险人(承运人)因参加保险的航空器发生危险时,对所承运的旅客受到人身伤害及财物损失应负赔偿责任的保险。此类保险的范围与航空承运人的责任范围相同。

(2)航空货物运输法定责任险。航空货物运输法定责任险是指保险人负责赔偿所保航空器承运的货物,从承运时起至交付收货人时止的过程中,如发生损失或延迟交付,依法或合同规定应定由被保险人承担的赔偿责任。

(3)航空器第三人责任险。航空器第三人责任险是指由于航空器或航空器上的人、物坠落对第三人造成的人身伤亡或财物损失时,应由被保险人(航空器经营人)承担的经济赔偿责任由保险人来负责赔偿的保险。

12.1.3.3 航空旅客人身意外伤害险

航空旅客人身意外伤害险[①]是保险人对航空运输中由于意外事故遭受的人身伤亡给予一次性赔偿给付的保险。旅客可以自行决定向保险公司投保航空运输人身意外伤害险。此项保险金额的给付,不得免除或减少承运人应当承担的赔偿金额。现根据《航空旅客意外伤害保险条款》(行业指导性条款)[②]的相关规定,进行简要分析。

(1)保险期间。《航空旅客意外伤害保险条款》第5条规定,本合同保险期间自被保险人持本合同约定航班班机的有效机票到达机场通过安全检查时始,至被保险人抵达目的港走出所乘航班班机的舱门时止。被保险人改乘等效航班,本合同继续有效,保险期间自被保险人乘等效航班班机通过安全检查时始,至被保险人抵达目的港走出所乘等效航班班机的舱门时止。

(2)保险责任。《航空旅客意外伤害保险条款》第3条规定,在本合同保险期间内,被保险人遭受意外伤害,本公司依下列约定给付保险金:

①被保险人自意外伤害发生之日起一百八十日内因同一原因身故的,本公司按保险金额给付身故保险金。

②被保险人因意外事故下落不明,经人民法院宣告死亡的,本公司按保险金额给付身故

---

① 中国航空旅客人身意外伤害险开办于1989年。当时作为中国民用航空业的唯一承运人,民航总局会同全国人大法制局与中国人民保险公司协商决定开办中国航空旅客人身意外伤害险,以商业保险来弥补中国民航责任保障的不足。

② 我国从2003年1月由中国人寿、太平洋人寿和平安保险三家联合设计的《航空旅客意外伤害保险条款》经中国保监会审核认可后成为行业指导性条款。

保险金。

③被保险人自意外伤害发生之日起一百八十日内因同一原因造成身体残疾的,本公司根据《人身保险残疾程度与保险金给付比例表》的规定,按保险金额及该项残疾所对应的给付比例给付残疾保险金。如治疗仍未结束的,按第一百八十日的身体情况进行残疾鉴定,并据此给付残疾保险金。被保险人因同一意外伤害造成一项以上身体残疾时,本公司给付对应项残疾保险金之和。但不同残疾项目属于同一手或者同一足时,本公司仅给付其中一项残疾保险金;如残疾项目所对应的给付比例不同时,仅给付其中比例较高一项的残疾保险金。

④被保险人因遭受意外伤害在本公司指定或者认可的医院住院治疗所支出的、符合被保险人住所地社会医疗保险主管部门规定可报销的医疗费用,本公司在保险金额的10%的限额内,按其实际支出的医疗费用给付医疗保险金。

⑤本公司所负给付保险金的责任以保险金额为限,对被保险人一次或者累计给付的保险金达到其保险金额时,本合同对该被保险人的保险责任终止。

(3) 保险金额和保险费。《航空旅客意外伤害保险条款》第6条规定,保险金额按份计算,每份保险金额为人民币400 000元。同一被保险人最高保险金额为人民币2 000 000元。保险费由投保人在订立本合同时一次交清,每份保险费为人民币20元。

(4) 保险人责任免除。《航空旅客意外伤害保险条款》第4条规定,因下列情形之一,造成被保险人身故、残疾或支出医疗费用的,本公司不负给付保险金的责任:投保人、受益人对被保险人的故意杀害、伤害;被保险人故意犯罪或拒捕;被保险人殴斗、醉酒、自杀、故意自伤及服用、吸食、注射毒品;被保险人受酒精、毒品、管制药物的影响而导致的意外;战争、军事冲突、暴乱或武装叛乱;核爆炸、核辐射或核污染;被保险人乘坐非本合同约定的航班班机遭受意外伤害;被保险人通过安全检查后又离开机场遭受意外伤害。

目前,有关航空旅客人身意外伤害险,要根据保险人提供的格式条款内容来确定保险条款的具体内容。①

12.1.3.4 航空货物运输险

航空运输货物险是指保险人承保法人或自然人向航空运输企业托运的空运货物,对这些货物在运输过程中因遭受保险责任范围内的自然灾害或意外事故给予赔付的保险,分为国际航空货物运输险和国内航空货物运输险。

(1) 国际航空货物运输险。根据中国人民保险公司制定的《航空运输货险条款》②的规定,进行简要介绍。

①责任范围。《航空运输货险条款》规定,本保险分为航空运输险和航空运输一切险两种。被保险货物遭受损失时,本保险按保险单上订明承保险别的条款负赔偿责任。

航空运输险的责任范围:1) 被保险货物在运输途中遭受雷电、火灾、爆炸或由于飞机遭受恶劣气候或其他危难事故而被抛弃,或由于飞机遭受碰撞、倾覆、坠落或失踪意外事故所造成的全部或部分损失。2) 被保险人对遭受承保责任内危险的货物采取抢救,防止或减少

---

① 如《中国人民财产保险股份有限公司航空旅客意外伤害保险(互联网专属)条款》第2.2条责任免除中规定的不予赔偿的情形,详见:https://www.epicc.com.cn/clauses_for_wap/tiaokuan/060308.pdf. 2024年4月10日访问。《安邦财产保险股份有限公司航空旅客意外伤害保险条款》第5条责任免除中规定的不予赔偿的具体情形,详见:https://wap.iachina.cn/col/col4198/index.html. 2024年4月10日访问。

② 航空运输货物保险条款(PICC 2009版)。

货损的措施而支付的合理费用,但以不超过该批被救货物的保险金额为限。

航空运输一切险的责任范围:除包括上列航空运输险的责任外,本保险还负责被保险货物由于外来原因所致的全部或部分损失。

②责任期间。《航空运输货险条款》规定,本保险负"仓至仓"责任,自被保险货物运离保险单所载明的起运地仓库或储存处所开始运输时生效,包括正常运输过程中的运输工具在内,直至该项货物运达保险单所载明目的地收货人的最后仓库或储存处所或被保险人用作分配、分派或非正常运输的其他储存处所为止。如未运抵上述仓库或储存处所,则以被保险货物在最后卸载地卸离飞机后满三十天为止。如在上述三十天内被保险的货物需转送到非保险单所载明的目的地时,则以该项货物开始转运时终止。

由于被保险人无法控制的运输延迟、绕道、被迫卸货、重行装载、转载或承运人运用运输契约赋予的权限所作的任何航行上的变更或终止运输契约,致使被保险货物运到非保险单所载目的地时,在被保险人及时将获知的情况通知保险人,并在必要时加缴保险费的情况下,本保险仍继续有效。保险责任按下述规定终止:被保险货物如在非保险单所载目的地出售,保险责任至交货时为止,但不论任何情况均以被保险的货物在卸载地离飞机后满三十天为止。被保险货物在上述三十天期限内继续运往保险单所载原目的地或其他目的地时,保险责任仍按上述第(一)款的规定终止。

③除外责任。《航空运输货险条款》规定,本保险对下列损失不负赔偿责任:(一)被保险人的故意行为或过失所造成的损失。(二)属于发货责任所引起的损失。(三)保险责任开始前,被保险货物已存在的品质不良或数量短差所造成的损失。(四)被保险货物的自然损耗、本质缺陷、特性以及市价跌落,运输延迟所引起的损失或费用。(五)本公司航空运输货物战争险条款和货物及罢工险条款规定的责任范围和除外责任。

(2)国内航空货物运输保险。现对中国人民保险公司制定的《国内航空货物运输保险条款》进行简要介绍。

①保险标的范围。《国内航空货物运输保险条款》第1、2、3条对保险标的的范围进行了规定,即:凡在国内经航空运输的货物均可为本保险之标的。下列货物非经投保人与保险人特别约定,并在保险单(凭证)上载明,不在保险标的范围以内:金银、珠宝、钻石、玉器、首饰、古币、古玩、古书、古画、邮票、艺术品、稀有金属等珍贵财物。下列货物不在保险标的范围以内:蔬菜、水果、活牲畜、禽鱼类和其他动物。

②保险责任。《国内航空货物运输保险条款》第4条和第5条对保险责任进行了规定。《国内航空货物运输保险条款》第4条规定,由于下列保险事故造成保险货物的损失,保险人负赔偿责任:(一)火灾、爆炸、雷电、冰雹、暴风、暴雨、洪水、海啸、地陷、崖崩;(二)因飞机遭受碰撞、倾覆、坠落、失踪(在三个月以上),在危难中发生卸载以及遭受恶劣气候或其他危难事故发生抛弃行为所造成的损失;(三)因受震动、碰撞或压力而造成破碎、弯曲、凹瘪、折断、开裂的损失;(四)因包装破裂致使货物散失的损失;(五)凡属液体、半流体或者需要用液体保藏的保险货物,在运输途中因受震动、碰撞或压力致使所装容器(包括封口)损坏发生渗漏而造成的损失,或用液体保藏的货物因液体渗漏而致保藏货物腐烂的损失;(六)遭受盗窃或者提货不着的损失;(七)在装货、卸货时和港内地面运输过程中,因遭受不可抗力的意外事故及雨淋所造成的损失。

《国内航空货物运输保险条款》第5条规定,在发生责任范围内的灾害事故时,因施救或保护保险货物而支付的直接合理费用。

③责任起讫。《国内航空货物运输保险条款》第9条规定,保险责任是自保险货物经承运人收讫并签发保险单(凭证)时起,至该保险单(凭证)上的目的地的收货人在当地的第一个仓库或储存处所时终止。但保险货物运抵目的地后,如果收货人未及时提货,则保险责任的终止期最多延长至以收货人接到《到货通知单》以后的十五天为限(以邮戳日期为准)。

《国内航空货物运输保险条款》第10条规定,由于被保险人无法控制的运输延迟、绕道、被迫卸货、重行装载、转载或承运人运用运输契约赋予的权限所作的任何航行上的变更或终止运输契约,致使被保险货物运输到非保险单所载目的地时,在被保险人及时将获知的情况通知保险人,并在必要时加缴保险费的情况下,本保险仍继续有效。保险责任按下述规定终止:(一)保险货物如在非保险单所载目的地出售,保险责任至交货时为止。但不论任何情况,均以保险货物在卸载地卸离飞机后满十五天为止。(二)保险货物在上述十五天期限内继续运往保险单所载原目的地或其他目的地时,保险责任仍按上述第(一)款的规定终止。

④责任免除。《国内航空货物运输保险条款》第6条规定,由于下列原因造成保险货物的损失,保险人不负责赔偿:(一)战争、军事行动、扣押、罢工、哄抢和暴动;(二)核反应、核子辐射和放射性污染;(三)保险货物自然损耗,本质缺陷、特性所引起的污染、变质、损坏,以及货物包装不善;(四)在保险责任开始前,被保险货物已存在的品质不良或数量短差所造成的损失;(五)市价跌落、运输延迟所引起的损失;(六)属于发货人责任引起的损失;(七)被保险人或投保人的故意行为或违法犯罪行为。

由于行政行为或执法行为所致的损失保险人也不负责赔偿。其他不属于保险责任范围内的损失。

12.1.3.5 其他航空保险险种

其他航空保险险种主要有:航空器试飞保险、机场责任险、空中交通管制员责任险、航空产品责任险、飞行表演责任险、机组人员意外伤害险等。

航空器试飞保险是指保险人对被保险航空器在试飞行过程中以及在地面上待试飞时因保险单除外责任以外的原因造成的损失,以及引起被保险人对第三者或旅客应负的法定责任承担赔偿责任的保险。

机场责任险,全称是"机场所有人和经营人法定责任险",指机场运营中产生的人身伤亡或财产损失应由机场所有人或经营人承担赔偿责任的保险。

空中交通管制员责任险,指由于空中交通管制员的过失导致航空器事故造成人员伤亡或财产损失应承担赔偿责任的保险。

航空产品责任险,指由于航空产品的原因导致航空事故应由制造厂商承担赔偿责任的保险。

飞行表演责任险,指飞行表演因意外事故造成人员伤亡或财产损失应承担赔偿责任的保险。

机组人员意外伤害险,指机组人员由于飞行事故遭受人身伤亡时,由保险公司按照保险合同的约定给付保险金的保险。

12.1.4 航空保险的形式

快捷的航空运输,给市场经济的参与者带来竞争上的优势。同时,也存在着发生保险事故的风险。为适应航空运输的特点和航空保险层次的多样化,航空保险的实施也分为不同的形式。

12.1.4.1 自愿保险

自愿保险是保险人和投保人在自愿的基础上,双方一致同意订立保险合同,建立保险法律关系的行为。投保人有自行选择投保与否的权利。保险人对不符合保险条例的投保条件也享有拒绝承保的权利,如国内航空运输货物险,旅客人身意外伤害险等即属于此范畴。

12.1.4.2 强制保险

强制保险也叫法定保险,是国家法律规定强制实施的保险。强制保险是国家干预国民经济活动的一种方式,为维护经济秩序而设定。鉴于某些行业或某些经济活动存在一定风险,可能对经济秩序产生破坏,为了使从事这些行业或活动的法人、自然人或非法人组织能够减少经营风险,有能力承担赔偿责任,同时也为了保证保险事故受害人能及时得到补偿,国家法律明确规定这些法人、自然人或非法人组织必须保险。否则,将不得从事某种经营或招致行政处罚。我国《民用航空法》规定"公共航空运输企业应当投保地面第三人责任险"(第105条),"从事通用航空的,应当投保地面第三人责任险"(第150条),就是属于强制性法律规定。这些强制保险属于责任保险范畴,它与客观和有限额赔偿共同构成了我国的航空损害赔偿制度。所以,强制保险在我国民用航空事业中的地位不容忽视。

关于强制保险的国内法规定,同样适用于外国人经营的外国民用航空器在我国境内从事的民用航空活动。

外国民用航空器飞入中华人民共和国领空,其经营人应当提供有关证明书,证明其已经投保地面第三人责任险或者已经取得相应的责任担保,其经营人未提供有关证明书的,中华人民共和国国务院民用航空主管部门有权拒绝其飞入中华人民共和国领空。[①]

我国立法关于强制投保第三人责任险的规定,与世界各国的立法和航空惯例相一致。也与1952年《罗马公约》中关于任何缔约国可以要求在另一缔约国登记的航空器经营人,就航空器可能在该缔约国领土内对地面或水面上第三人造成损害应承担的责任进行保险,或提供其他方式的担保的精神相一致。

12.2 航空保险赔偿与保险争议的解决

12.2.1 索赔

索赔指投保人、被保险人或受益人在发生保险事故、遭受财产损失或人身伤亡以后,要求保险人履行赔偿或给付保险金义务的行为。保险索赔是被保险人获得实际的保险保障和实现其保险权益的具体体现。大多数保险单对有关索赔手续以及需要具备哪些单证等作了明文的规定。需要注意的是,索赔作为被保险人一项权利是有时效限制的,保险种类不同,其时效也有所不同。

12.2.1.1 索赔条件

不同保险的索赔条件有所不同,一般而言,索赔的条件主要有:保险标的遭受保险事故发生;保险标的遭受损失的原因必须是保险责任范围内的保险事故造成;不属于保险人的除外责任;法定的索赔期限时效内。被保险人从获悉遭受损失的次日起,如果经过二年不向保险人申请赔偿,不提供必要的单证,或者不领取应得的赔款,则视为自愿放弃权益。

---

① 《民用航空法》第175条。

12.2.1.2 索赔程序

1. 通知保险人

在保险事故发生后,被保险人和受益人应在积极抢救的同时,应以最快最有效的方式通知保险人,提出索赔要求。这一通知叫出险通知或损失通知,如发生航空器损失、人员伤亡等,被保险人(承运人)的航务、机务、运输、飞行安全、技术等部门,有义务在规定时间内将发生事故的时间、地点、机型、机号、航班号、人员伤亡和财产损失的情况通知民航财务部门,再由财务部门立即报告民航总局财务司和通知当地保险公司,以便总局财务司和中国人民保险总公司联系,决定要否进行现场勘查。

2. 被保险人必须提供必要的索赔单证

索赔单证包括保险单、账册、收据、发票、装箱单、出险证明书、出险调查报告、损失鉴定证明以及损失清单、抢救整理的原始单据等。

12.2.2 理赔

保险人在保险事故发生后,对被保险人的索赔案件核实情况,根据出险情况确定保险责任程序和具体实现经济补偿的工作叫理赔。

12.2.2.1 理赔原则

理赔的原则主要有三个方面:(1)按保险合同办事原则。严格遵守保险条款,承担经济补偿义务。赔偿金额确定后,保险人必须在法定期限内支付。否则视为违反合同,应承担违约金。(2)主动、迅速、准确、合理的原则。即主动开展理赔工作,按法定时间及时赔偿,明确保险责任,不错赔,不滥赔,具体情况具体分析,符合法律标准和道德标准。主动、迅速、准确、合理是互相制约互相联系的统一体。(3)坚持实事求是原则。深入实际调查研究,实事求是地处理保险赔偿。

12.2.2.2 理赔程序

(1)登记立案。保险人得到被保险人的损失通知后,应在(赔款案件登记簿)上将有关内容登记立案。

(2)查勘案情。保险人的理赔人员必须对出险案件的保险单是否有效,保险利益是否存在,投保条件和特约事项情况如何,是否有重复保险等进行审查。查勘现场时要按顺序和要求做好记录,必要时写好查勘报告。

(3)责任审定。凡在核赔权以内的各类案件,理赔部门要认真研究联系记录或查勘报告,通过专人审定对案件责任做出初步结论,然后报上级审批。凡涉及追偿第三人责任的案件,应先由被保险人填写"权益转让书",再履行赔付义务。

(4)损余物资处理。在适当照顾被保险人利益的同时,应使受损财产得到充分利用。必须由保险人收回的损余物资,可经过规定手续冲减赔款支出。

(5)赔款计算。属保险责任范围内的损失,应先审查被保险人提供的损失清单,然后按标的损失、施救费用、查勘费用、损余收回、免赔额等各项公式计算,填制赔款计算书。凡以外汇投保的,保险人以外汇赔付;凡以人民币投保的,保险人以人民币赔付。

(6)结案。保险人的财会部门接到赔款计算书后,必须在法定期限内将赔偿款支付给被保险人,理赔人员将全案文件和单证归档结案。

12.2.3 保险争议的解决

被保险人与保险人发生争议时,应协商解决,双方不能达成协议时,可以提交仲裁机关或法院处理。

第十三章　航空刑事法律制度

13.1　国际航空刑事法律制度

13.1.1　国际航空刑法发展历程及国际航空刑事犯罪的特点

13.1.1.1　国际航空刑法发展历程

航空运输是一种高度危险作业,航空事故一旦发生不仅会危及航空运输的航空器内的乘客和机组人员的生命财产安全,而且还会危及在地面人员的生命财产安全。造成航空运输事故的因素很多,其中比较重要的是航空犯罪行为,所以预防和打击航空犯罪行为,对保障航空安全,防止航空事故的发生意义重大。由于航空运输具有国际性的特点,预防和打击航空犯罪只靠一个国家及其国内立法是很难完全奏效的,因此,必须加强国际合作,进行国际统一立法,才能真正地预防和打击航空犯罪行为,确保航空运输安全和有序地运行。

在1944年《芝加哥公约》签订前,航空犯罪行为已经出现。例如,1932年第一次劫持飞机的事件发生在秘鲁,几名秘鲁失败的革命者劫持飞机逃跑,但当时并没有引起人们足够的重视。在随后签订的1944年《芝加哥公约》并没有对预防和打击航空犯罪进行具体规定,只是在序言中指出,"下列签字各国议定了若干原则和方法,使国际民用航空按照安全和有秩序地进行……""每一缔约国应采取适当措施,禁止将在该国登记的或在该国有主要营业地或永久居所的经营人所经营的任何民用航空器蓄意用于与本公约的宗旨不相符的任何目的""各缔约国同意不将民用航空用于和本公约的宗旨不相符的任何目的"。但为确保航空活动安全和有秩序地运行,国际民航组织还制定了附件17《安保—保护国际民用航空免遭非法干扰行为》和附件19《安全管理》①。

在1944年《芝加哥公约》生效后不久,从20世纪40年代末开始,危及航空安全的犯罪行为不断增多。以劫持航空器为例,1947年至1952年,这一阶段共发生劫机事件22起,平均每年3.2起,得逞21起,得逞率高达95%。从1954年至1967年,这一阶段共发生劫机事件58起,平均每年4.1起,得逞39起,得逞率为68%。这时国际社会重新审视《芝加哥公约》及附件17的规定,发现并没有实质性的能够预防和打击航空犯罪行为的条款,签订一个

---

① 本附件当中的规定是为回应全球航空安全战略的民航局长会议(2006年3月20日至22日,蒙特利尔)(DGCA/06)和高级别安全会议(2010年3月29日至4月1日,蒙特利尔)(HLSC010)提议需要制定一份专门针对航空安全的附件而制定的。空中航行委员会(186-8)在确认这些问题范围足够广阔及其重要性之后,同意建立一个安全管理专家组(SMP)为制定新附件提供建议。

这份包含有与国家安全管理的基本职责和过程有关的标准和建议措施的附件,是理事会根据《国际民用航空公约》(1944年于芝加哥)第37条的规定,于2013年2月25日首次通过,并将其定为《公约》的附件19。这些标准和建议措施以理事会最初在附件1、附件6第Ⅰ、第Ⅱ和第Ⅲ部分、附件8、附件11、附件13和附件14第卷中通过的安全管理规定和以安全管理专家组第一次特别会议(2012年2月13日至17日,蒙特利尔)提出的建议为基础。

在通过第一次修订之后出版了附件19第二版。这一版反映出修订的广泛性质,完成了附件拟定的第二个阶段。第一次修订由理事会于2016年3月2日通过,于2016年7月11日开始生效,并于2019年11月7日开始适用。

新的国际公约,成为国际社会的共识,1963年《东京公约》就应运而生。但从1968年至1972年期间,国际劫机事件达到了最高峰,5年内共发生劫机事件325起,平均每年65起,得逞201起,占61.8%。其中,1968年30起,1969年就发生87起,平均每4天一起,得逞70起,得逞率高达80.5%。这不仅促使那些先前没有批准或参加《东京公约》的国家纷纷批准或参加《东京公约》,但同时人们还发现《东京公约》第11条所规定的劫机条款,对打击和预防航空犯罪没有太大作用。为此,国际社会通过了1970年12月的《海牙公约》,专门打击劫机犯罪行为。随后,国际社会又相继制定了1971年《蒙特利尔公约》、1988年《蒙特利尔议定书》和1991《关于注标塑性炸药以便探测的公约》,同时国际民航组织不断修订附件17来加强保护国际航空运输的安全。另外,一些地区性的航空立法也为加强对航空犯罪行为的打击起到了重要作用。

2001年震惊世界的9·11事件后,国际社会重新审视已经制定了国际航空刑法安保公约,2010年在北京制定了《北京公约》,并于当年在北京通过了《北京议定书》,2014年在蒙特利尔通过了《蒙特利尔议定书》。

人们一般以这些公约的现代化为分水岭,将国际航空安保公约划分为"传统的国际航空安保公约"和"新发展下国际航空安保公约"。"新发展下国际航空安保公约"包括2010年《北京公约》《北京议定书》与2014年《蒙特利尔议定书》三项国际公约,其余则属于"传统的国际航空安保公约"。"新发展下国际航空安保公约"是国际民航组织为应对民用航空领域"新的和正在出现的威胁",是对"传统的国际航空安保公约"法律框架进行调整和修正予以适应现代社会的结果。

目前,对预防和打击航空犯罪行为,国际社会已经形成了一整套以国际航空公约为主体的国际法律体系。

13.1.1.2　国际航空刑事犯罪的特点

在这一类罪行中,可以发现其遭到侵犯的法益客体相同,将其分析归类的话,大致可以包括以下三种类型:第一,劫持航空器,以暴力、胁迫或其他方法劫持航空器的行为;第二,危害航空器正常运行的行为,可能导致人员伤亡或财产损失;第三,在航空器中实施恐怖主义活动,如爆炸、撞机、操控撞向建筑物等。其危害性较大,对航空运输造成巨大的冲击,目前国际航空刑事犯罪呈现出类型多样化、技术先进化、组织作案化的特点。

13.1.2　1963年《东京公约》

13.1.2.1　制定原因

1. 航空器内的犯罪行为出现了无人管辖的状况

20世纪50年代初,英美两国发生了几起著名的、在飞机上犯罪却无人管的案件。本书仅举其中两起就可见一斑。一起是美国的"美国诉科多瓦"案[①],案情是:有一对美国好朋友科多瓦与桑塔诺从纽约到波多黎各(加勒比海上的岛屿,美国属地)去看足球赛。赛后,亲友设宴为他们送行,二人喝了许多酒,并带了几瓶上飞机,飞行途中他们继续酗酒。酒醉后两人发生争吵与斗殴,许多乘客拥至机舱尾部围观,造成机身因前轻后重而倾斜。当女乘务员出面干预时,被科多瓦拳打脚踢殴打成重伤。当二人所乘泛美航班在纽约降落后,警察将科

---

① 转引自:赵维田.国际航空法[M].北京:社会科学文献出版社,2000:420-421.

多瓦逮捕，提交法院审理。结果，受理的纽约东区联邦法院的法官们查遍美国所有相关法律，却找不到对此案管辖的根据，做出美国法院对此案无管辖权的裁决，将案犯释放。因为对于英美法系国家来说，航空器在性质上具有拟人性，在本国登记的航空器仅仅是本国的一个人，而他们只主张属地管辖，因此对不在本国领空内飞行的航空器的犯罪和行为，他们不行使管辖权。

另一起的英国的"英王诉马丁"案更可以说明这个问题。该案案情是：1955年，在英国登记的一架民航飞机在从波斯湾的巴林飞往新加坡的途中，发现机组人员马丁携带贩运鸦片。当该飞机返回英国本土后，检察官将马丁逮捕并起诉，其罪名是贩运鸦片违犯了英国《危险毒品条例》所规定的贩运毒品罪，并根据1949年英国《民用航空法》第62条第1款规定："在英国飞机上发生的任何犯罪，为赋予管辖权的目的，均应视为发生的犯罪人当时所在地的犯罪。"于是，将其提交英国法院。被告律师抗辩称，马丁没有在英国犯罪，应该由其在飞行中被发现贩运鸦片的当地法院来判断贩运鸦片是否构成犯罪。英国公诉人依据的英国《危害毒品条约》只能对英国本土有效，没有域外效力。经过反复辩论，主审法官德弗林的裁决是：案犯虽在英国被逮捕，但犯罪地在新加坡，英国法院对此案无管辖权。法院不得不驳回起诉，因为英国法中的成文法规定的犯罪，不适用于在英国境外的在英国登记的飞机上。而1949年的英国《民用航空法》第62条，并没有规定犯罪，仅对普通法或成文法规所定犯罪申明英国的管辖权。

2. 航空器内的犯罪行为出现了双重或多重管辖的局面

在大陆法系国家，传统上是将在本国登记的航空器当作是本国的领土对待，称之为"浮动的领土"，认为发生在具有本国国籍的航空器内的犯罪和行为，本国法院实行属地管辖权。对一桩航空犯罪或行为，可以有数国主张管辖，从而引起的"管辖冲突"。例如，在甲国登记的飞机，于飞经乙国领空时，机上丙国旅客对丁国（乃至戊国）旅客犯罪。如果依大陆法系各国国内法，甲国、乙国（领土管辖原则）、丙国（犯罪人所属国）、丁国（受害人所属国）都可以主张管辖，可能引起冲突。对这类情况，由哪国优先实施管辖呢？传统国际法也没有相应的解决问题的规则。从20世纪20年代起，欧洲各国学者在"航空器的法律地位"题目下对这个问题进行过反复多次的讨论，提出过各种主张。[①] 如发生在1928年的"劳文斯廷案"，虽然该案并未涉及航空犯罪，但涉及管辖权的冲突问题。该案案情是：1928年，比利时银行家劳文斯廷乘坐自己的私人飞机（在比利时登记），从英国的克罗伊登机场起飞，到法国巴黎附近的勒波尔热机场降落。在飞行中，他忽然失踪了。经调查，最后在英吉利海峡发现了他的尸体，证明他是在英国领空坠机的。作为发生在英国领水上空的事件，按照属地管辖原则，英国当局有权审理此案。作为飞机降落地法国，也支持这一观点。但比利时当局也提出了管辖权利，比利时当局宣称，死者为比利时公民，只有比利时才有权审理此案，反对英国的裁决。围绕此案的管辖权问题，出现了争议。

3. 对机长法律地位认识的进一步深化

航空器升空以后，在这个封闭的空间里面，机长有义务对航空器及其内的人员和财产的安全负责任，而传统理论上机长只对飞机上的相关民事行为享有相应的权利，如1947年2月的《航空器机长的法律地位公约草案》第7条规定："机长应将发生于航空器上的出生与死亡记录在航行日志上，并将摘录发给有关各方。"但随着航空犯罪和严重危及航空安全的行

---

① 赵维田.论三个反劫机公约[M].北京：群众出版社，1985：52-61.

为的出现,人们普遍认为,应赋予航空器内的机长相关治安权力和职责,这对预防和打击航空犯罪和行为具有重要作用。随着人们对机长法律地位认识的进一步深化,才导致了《东京公约》花上大量篇幅来赋予机长的权力和职责。

13.1.2.2 制定过程

即正是由于上述原因,国际民航组织法律委员会从1950年起就把"航空器的法律地位"问题列入研究课题。国际社会也普遍认识到,为保障航空安全,必须制定统一的国际公约,1956年该委员会专门法律小组要制定的公约应达到三个方面的目标:其一,鉴于飞机飞行速度快,在较短时间内就可飞越几国领土,必须为机上犯罪规定相应的刑事管辖权。其二,要避免管辖冲突与双重起诉。其三,为机长规定适当权力以便对机上危害航行安全或纪律行为采取必要措施。①

从1956年到1962年,国际民航组织法律委员会草拟的《东京公约》草案共有1959年慕尼黑稿、1962年3月蒙特利尔稿与同年9月罗马稿三个案文,几经修改,终于1963年9月14日东京外交会议上被正式签订。公约于1969年12月14日生效。②

13.1.2.3 适用范围

1963年《东京公约》③第一章《公约的范围》,用两个条文对其适用范围进行了规定。

1963年《东京公约》第1条规定:"一、本公约适用于:甲、违反刑法的罪行;乙、危害或能危害航空器或其所载人员或财产的安全,或危害航空器上的良好秩序和纪律的行为,无论是否构成犯罪行为。二、除第三章规定者外,本公约适用于在缔约一国登记的航空器内的犯罪或犯有行为的人,无论该航空器是在飞行中,在公海上,或在不属于任何国家领土的其他地区上。三、在本公约中,航空器从其开动马力起飞到着陆冲程完毕这一时间,都应被认为是在飞行中。四、本公约不适用于供军事、海关或警察用的航空器。"

第2条规定:"在不妨害第4条规定的条件下,以及除非出于航空器及其所载人员或财产的安全需要外,本公约的任何规定均不得被解释为准许或要求对政治性刑法或对以种族或宗教歧视为基础的刑法的犯罪,采取某种措施。"

13.1.2.4 管辖权

1963年《东京公约》第二章《管辖权》,有两个条文,即第3条和第4条。

第3条规定:"一、航空器登记国有权对在该航空器内的犯罪和所犯行为行使管辖权。二、缔约国应采取必要的措施,对在该国登记的航空器内的犯罪和行为,规定其作为登记国的管辖权。三、本公约不排斥根据本国法行使刑事管辖权。"

第4条规定:"非登记国的缔约国除下列情况外,不得对飞行中的航空器进行干预以对

---

① 赵维田.国际航空法[M].北京:社会科学文献出版社,2000:422-423.
② 随着2020年12月1日,公约对圣基茨和尼维斯生效,当事国已经达到了187个。我国于1978年11月14日存交批准书、加入书,公约于1979年2月12日对我国生效,但申明中国政府不受该公约第24条第1款的约束。另外,中国政府1997年6月5日通知,于1978年11月14日交存加入书的该公约将自1997年7月1日起适用于香港特别行政区,同时声明,于1978年11月14日交存加入书时对该公约第24条第1款所做的保留也适用于香港特别行政区。中国政府1999年12月6日通知,于1978年11月14日交存加入书的该公约将自1999年12月20日起适用于澳门特别行政区,并声明公约第24条第1款所做的保留也适用于澳门特别行政区。具体当事国及保留事项详见:https://www.icao.int/secretariat/legal/List%20of%20Parties/Tokyo_EN.pdf. 2024年3月10日访问。
③ 有关1963年《东京公约》的中文文本,本书采用中国民用航空局官网上的中文翻译文本。具体详见:https://www.caac.gov.cn/XXGK/XXGK/GJGY/201510/t20151029_8975.html. 2024年4月16日访问。

航空器内的犯罪行使其刑事管辖权。甲、该犯罪行为在该国领土上发生后果；乙、犯人或受害人为该国国民或在该国有永久居所；丙、该犯罪行为危及该国的安全；丁、该犯罪行为违反该国现行的有关航空器飞行或驾驶的规定或规则；戊、该国必须行使管辖权，以确保该国根据某项多边国际协定，遵守其所承担的义务。"

13.1.2.5 机长的权力

1963年《东京公约》第三章《机长的权力》，从第5条到第10条用了6个条文详细地对机长行使权力的范围、具体权力以及对机长行使权力的保护进行了规定。

1. 机长行使权力的范围

《东京公约》第5条规定：

"一、除航空器前一起飞地点或预定的下一降落地点不在登记国领土上，或航空器继续飞往非登记国领空，而罪犯仍在航空器内的情况外，本章规定不适用于航空器在登记国领空、公海上空或不属于任何国家领土的其他地区上空飞行时，在航空器内所发生或行将发生的犯罪和行为。

二、虽然有第一条第三款的规定，在本章中，航空器从装载结束、机舱外部各门关闭时开始直至打开任一机舱门以便卸载时为止的任何时候，应被认为是在飞行中。航空器强迫降落时，本章规定对在航空器上发生的犯罪和行为仍继续适用，直至一国主管当局接管该航空器及其所载人员和财产时为止。"

2. 机长的权力

《东京公约》从第6条到第9条对机长的具体权力进行了规定，主要有：

第一，机长在有理由认为某人在航空器上已犯或行将犯第一条第一款所指的罪行或行为时，可对此人采取合理的措施，包括必要的管束措施，以便：甲、保证航空器、所载人员或财产的安全；乙、维持机上的良好秩序和纪律；丙、根据本章的规定将此人交付主管当局或使他离开航空器。①

第二，机长可以要求或授权机组其他成员给予协助，并可以请求或授权但不能强求旅客给予协助，来管束他有权管束的任何人。任何机组成员或旅客在他有理由认为必须立即采取此项行动以保证航空器或所载人员或财产的安全时，未经授权，同样可以采取合理的预防措施。②

第三，按照第六条规定对一人所采取的管束措施，除下列情形外，不得在航空器降落后以外的任何地点继续执行：甲、此降落地点是在一非缔约国的领土上，而该国当局不准许此人离开航空器，或者已经按照第六条第一款丙项对此人采取了措施，以便将此人移交主管当局；乙、航空器强迫降落，而机长不能将此人移交给主管当局；丙、此人同意在继续受管束下被运往更远的地方。③

第四，机长应尽快并在可能时，在载有按第六条规定受管束措施的人的航空器在一国领土上降落前，将该航空器载有一个受管束措施的人的事实及其理由，通知该国当局。④

第五，机长在有理由认为某人在航空器内已犯或行将犯第一条第一款乙项所指的行为

---

① 1963年《东京公约》第6条第1款。
② 1963年《东京公约》第6条第2款。
③ 1963年《东京公约》第7条第1款。
④ 1963年《东京公约》第7条第2款。

时,可在航空器降落的任何国家的领土上使该人离开航空器,如果这项措施就第六条第一款甲项或乙项所指出的目的来说是必要的。

机长按照本条规定使一人在某国领土内离开航空器时,应将此离开航空器的事实和理由报告该国当局。①

第六,如机长有理由认为,任何人在航空器内犯了他认为按照航空器登记国刑法是严重的罪行时,他可将该人移交给航空器降落地任何缔约国的主管当局。

机长按照上款规定,拟将航空器内的一人移交给缔约国时,应尽快,并在可能时,在载有该人的航空器降落于该国领土前,将他要移交此人的意图和理由通知该国当局。

机长依照本条规定,将嫌疑犯移交当局时,应将其按航空器登记国法律合法地占有的证据和情报提供该当局。②

3. 对机长行使权力的保护

对根据本公约所采取的措施,无论航空器机长、机组其他成员、旅客、航空器所有人或经营人,或本次飞行是为他而进行的人,在因遭受这些措施而提起的诉讼中,概不负责。③

13.1.2.6 国家的权力和义务

《东京公约》第五章《国家的权力和义务》,从第12条至第15条规定了国家的权力和义务。

1. 背景

就管辖权来说,如果降落地国是飞机登记国或发生犯罪时飞机飞经国,或犯罪人或受害人为该国国民或该国为其常住地者,降落地国自然可依《东京公约》的登记国原则,领土管辖原则,或按主动、被动国籍原则(如果该国国内法有此规定的话)实施管辖。如果机上犯的是贩运毒品罪,而该国又是1961年《麻醉品单一公约》缔约国的话,按照普遍管辖的原则,则可依该公约规则实施处理。但是,也常常会遇到降落地国无管辖权的情况,例如,犯罪人或受害人虽为本国居民,但降落地国是普通法系坚持刑法域内原则的国度。又例如,对降落地国来说,机长押送给他认为的罪犯,是一个外国人在外国登记的飞机上于飞经外国领空时对另外的外国人或其财物的犯罪,要实施的就属于像对"国际法上海盗"那样的普遍管辖权。除意大利等个别国家外,一般国家国内法中是没有这种管辖权的;另外,航空犯罪一般具有政治动机,而且这类犯罪与降落地国没有任何法律联系因素,而依各国移民法或入境法,一般也是不许入境的,所以降落地国缺乏处理此等案件的积极性。但如果不赋予降落地国的相关权力和职责,又对预防和打击航空犯罪不利,从而阻碍国际航空运输安全和有秩序地运行。后经多次讨论,《东京公约》还是赋予了降落地国的权力和职责。④

2. 基本规定

(1) 缔约各国应允许在另一缔约国登记的航空器的机长按照第八条第一款的规定使任何人离开航空器。⑤

(2) 缔约各国应接受航空器机长按照第九条第一款的规定移交给它的人。

---

① 1963年《东京公约》第8条。
② 1963年《东京公约》第9条。
③ 1963年《东京公约》第10条。
④ 赵维田.国际航空法[M].北京:社会科学文献出版社,2000:442.
⑤ 1963年《东京公约》第12条。

如果缔约各国在认为情况需要时,应即采取拘留或其他措施以保证被怀疑为曾犯了第十一条第一款所指的行为的人以及被移交给它的人仍在境内。

采取拘留和其他措施必须符合该国法律规定,而且只有在为了进行刑事追诉或引渡罪犯程序所必要的期间内,才可维持这些措施。对根据前款予以拘留的人在其立即与其本国最近的合格代表进行联系时,应予以协助。

任何缔约国,在接受按照第九条第一款的规定移交给它的人时,或发生第十一条第一款所指的行为后航空器在其领土上降落时,应立即进行初步调查,以弄清事实。

当一缔约国按照本条规定将一人拘留时,应立即将拘留该人和必须对其进行拘留的情况通知航空器登记国和被拘留人的本国,如果认为适当,并通知其他有关国家。按照本条第四款规定进行初步调查的国家,应迅速将调查的结论通知上述各国,并说明它是否意欲行使管辖权。①

(3) 按照第八条第一款规定离开航空器的人,或依照第九条第一款规定被移交的人,或在犯了第十一条第一款所指的行为后离开航空器的人,当其不能或不愿意继续旅行,而航空器降落国又拒绝接受他时,如此人不是该国的国民或在该国无永久住所,该国可以将该人送返到他的本国去,或到此人有永久住所的国家去,或到此人开始空中旅行的国家去。

无论是离开航空器、移交、或第十三条第 2 款规定的拘留或其他措施,以及当事人的遣返,就缔约国关于人员入境或许可入境的法律而言,均不应视为是允许进入该缔约国的领土。本公约的规定应不影响缔约国关于驱逐人的法律。②

(4) 在不影响第十四条的条件下,按照第八条第一款的规定离开航空器,或按照第九条第一款的规定被移交,或在犯了第十一条第一款所指的行为后离开航空器的任何人,在他意欲继续其旅行时,得尽速前往其选择的目的地,除非航空器降落国法律为了刑事追诉或引渡而需要他留在境内。

在不影响缔约国关于入境、许可入境、引渡或驱逐人的法律的条件下,缔约国对于按照第八条第一款的规定在其领土内离开航空器的人,或按照第九条第一款的规定所移交的人,或离开航空器而被怀疑为曾犯了第十一条第一款所指的行为的人,在对他的保护和安全方面,应予以不低于在类似情况下给其本国国民的待遇。③

13.1.2.7 其他规定

《东京公约》还对劫机、引渡和争端的解决等做出了规定。

1. 劫机

《东京公约》第四章用一个条文即第 11 条对"非法劫持航空器"进行了规定:一、如航空器内某人非法地用暴力或暴力威胁对飞行中的航空器进行了干扰、劫持或非法控制,或行将犯此类行为时,缔约国应采取一切适当措施,恢复或维护合法机长对航空器的控制。二、在前款情况下,航空器降落地的任何缔约国应允许其旅客和机组成员继续其旅行,并将航空器和所载货物交还给合法的占有人。

2. 引渡

《东京公约》第 15 条和第 16 条含有一些关于引渡的条款。第 15 条条文已经在上文中

---

① 1963 年《东京公约》第 13 条。
② 1963 年《东京公约》第 14 条。
③ 1963 年《东京公约》第 15 条。

论述。第 16 条具体规定为:(一)在一缔约国登记的航空器内的犯罪,在引渡问题上,应被认为不仅是发生在发生地点,而且也是发生在航空器登记国领土上。(二)在不影响前款规定的情况下,本公约中的任何规定不应当被解释为规定引渡的义务。

3. 避免造成不必要的延误

在对航空器内的犯罪采取调查或逮捕的措施时,或以其他任何方式行使管辖权时,各缔约国应适当考虑航空器的安全和其他利益,并应避免对航空器、旅客、机组和货物造成不必要的延误。①

4. 航空器登记国的指定

如缔约各国建立航空运输联营组织,或国际经营机构,而其所使用的航空器未向任何一国登记时,这些缔约国应根据具体情况,指定其中一国,作为本公约所指的登记国,并将这一指定通知国际民用航空组织,由该组织通知本公约的所有缔约国。②

5. 争端的解决

《东京公约》第 24 条对公约争端的解决提供了方法。包括:

第一,如缔约国之间对本公约的解释或引用发生争端而不能以谈判解决时,经其中一方的要求,应交付仲裁。如果在要求仲裁之日起六个月内,当事国对仲裁的组织不能达成协议时,任何一方可按照国际法院的法规提出申请书,将争端提交国际法院。③

第二,每个国家在签字、批准或加入本公约时,可以声明该国不受前款规定的约束,其他缔约国对任何作出这种保留的缔约国,不受前款规定的约束。④

第三,按照前款规定作出保留的任何缔约国,可以在任何时候通知国际民用航空组织撤销这一保留。⑤

13.1.3　1970 年《海牙公约》

13.1.3.1　1970 年《海牙公约》制定的历史背景

1963 年《东京公约》制定不久,全球性劫机浪潮迭起,当国际舆论纷纷谴责劫机恐怖活动,要求绳之以法时,才发现 1963 年《东京公约》第 11 条的这个反劫机条款软弱无力。人们指责它既没有把劫机行为宣布为犯罪,又没有规定惩治规则。

对 20 世纪 60 年代末的劫机恶浪,联合国大会两次通过决议。联合国安理会,国际民航组织等国际组织大声疾呼,要求保卫国际民用航空,制定新的国际法规则,惩治劫机犯。

1970 年 3 月国际民航组织法律委员会第 17 次蒙特利尔会议迅速拟出了新公约的草案。此后,1970 年 12 月 9 日,又发生了震惊全球的同一天劫持四架从欧洲飞纽约的大型客机并扣押几百名无辜旅客做人质的事件,这个事件的出现为海牙公约的制订提供了直接的推动力。在一片声讨劫机恐怖主义气氛中,1970 年 12 月 16 日,召开了制定新公约的海牙外交会议,《海牙公约》应运而生。1971 年 10 月 14 日该公约生效。在近现代国际法历史上,一个如此重要的文件能这样迅速生效,是罕见的。这也充分反映了国际社会对此项国际立法的紧

---

① 1963 年《东京公约》第 17 条。
② 1963 年《东京公约》第 18 条。
③ 1963 年《东京公约》第 24 条第 1 款。
④ 1963 年《东京公约》第 24 条第 2 款。
⑤ 1963 年《东京公约》第 24 条第 3 款。

迫需要。正如1970年《海牙公约》在前言中对制定公约的目的表述那样："考虑到非法劫持或控制飞行中的航空器的行为危及人身和财产的安全，严重影响航班的经营，并损害世界人民对民用航空安全的信任；考虑到发生这些行为是令人严重关切的事情；考虑到为了防止这类行为，迫切需要规定适当的措施以惩罚罪犯。"

随着2009年9月30日公约对纽埃(Niue)生效，1970年《海牙公约》当事国达到185个。① 1980年9月10日我国政府向美国政府交存加入书，同时声明：对本公约第12条第1款持有保留；台湾当局用中国名义对该公约的签署和批准是非法和无效的。该公约于1980年10月10日对我生效。

13.1.3.2　适用范围

1970年《海牙公约》第3条规定了公约的适用范围，具体为：

"一、在本公约中，航空器从装载完毕、机舱外部各门均已关闭时起，直至打开任一机舱门以便卸载时为止，应被认为是在飞行中。航空器强迫降落时，在主管当局接管对该航空器及其所载人员和财产的责任前，应被认为仍在飞行中。②

二、本公约不适用于供军事、海关或警察用的航空器。

三、本公约仅适用于在其内发生罪行的航空器的起飞地点或实际降落地点是在该航空器登记国领土以外，不论该航空器是从事国际飞行或国内飞行。

四、对于第五条所指的情况，如在其内发生罪行的航空器的起飞地点或实际降落地点是在同一个国家的领土内，而这一国家又是该条所指国家之一，则本公约不适用。

五、尽管有本条第三、第四款的规定，如罪犯或被指称的罪犯在该航空器登记国以外的一国领土内被发现，则不论该航空器的起飞地点或实际降落地点在何处，均应适用第六、七、八条和第十条。"

13.1.3.3　劫持航空器罪的定义

1970年《海牙公约》第1条对劫持航空器的犯罪进行了规定，为："凡在飞行中的航空器内的任何人：(甲)用暴力或用暴力威胁，或用任何其他恐吓方式，非法劫持或控制该航空器，或企图从事任何这种行为，或(乙)是从事或企图从事任何这种行为的人的同犯，即是犯有罪行(以下称为'罪行')。"1970年《海牙公约》第2条要求"各缔约国承允对上述罪行给予严厉惩罚"。

13.1.3.4　管辖权

1970年《海牙公约》第4条和第5条规定了国家刑事管辖权，具体为：

第4条："一、在下列情况下，各缔约国应采取必要措施，对罪行和对被指称的罪犯对旅客或机组所犯的同该罪行有关的任何其他暴力行为，实施管辖权：(甲)罪行是在该国登记的航空器内发生的；(乙)在其内发生罪行的航空器在该国降落时被指称的罪犯仍在该航空器内；(丙)罪行是在租来时不带机组的航空器内发生的，而承租人的主要营业地，或如承租人没有这种营业地，则其永久居所，是在该国。

二、当被指称的罪犯在缔约国领土内，而该国未按第八条的规定将此人引渡给本条第一

---

① 具体当事国名称详见：https://www.icao.int/secretariat/legal/List%20of%20Parties/Hague_EN.pdf. 2024年3月12日访问。

② 与1963年《东京公约》相比，1970年《海牙公约》关于航空器在飞行中的规定发生了变化。

款所指的任一国家时,该缔约国应同样采取必要措施,对这种罪行实施管辖权。

三、本公约不排斥根据本国法行使任何刑事管辖权。"

第 5 条:"如缔约各国成立航空运输联营组织或国际经营机构,而其使用的航空器需进行联合登记或国际登记时,则这些缔约国应通过适当方法在它们之间为每一航空器指定一个国家,该国为本公约的目的,应行使管辖权并具有登记国的性质,并应将此项指定通知国际民用航空组织,由该组织将上述通知转告本公约所有缔约国。"

13.1.3.5 或引渡或起诉

1970 年《海牙公约》从第 6 条到第 8 条对或引渡或起诉进行了规定,主要有:

第 6 条:"一、罪犯或被指称的罪犯所在的任一缔约国在判明情况有此需要时,应将该人拘留或采取其他措施以保证该人留在境内。这种拘留和其他措施应符合该国的法律规定,但是只有在为了提出刑事诉讼或引渡程序所必要的期间内,才可继续保持这些措施。

二、该国应立即对事实进行初步调查

三、对根据本条第一款予以拘留的任何人应向其提供协助,以便其立即与其本国最近的合格代表联系。

四、当一国根据本条规定将某人拘留时,它应将拘留该人和应予拘留的情况立即通知航空器登记国、第四条第一款(丙)项所指国家和被拘留人的国籍所属国,如果认为适当,并通知其他有关国家。按照本条第二款规定进行初步调查的国家,应尽速将调查结果通知上述各国,并说明它是否意欲行使管辖权。"

第 7 条:"在其境内发现被指称的罪犯的缔约国,如不将此人引渡,则不论罪行是否在其境内发生,应无例外地将此案件提交其主管当局以便起诉。该当局应按照本国法律以对待任何严重性质的普通罪行案件的同样方式作出决定。"

第 8 条:"一、前述罪行应看作是包括在缔约各国间现有引渡条约中的一种可引渡的罪行。缔约各国承允将此种罪行作为一种可引渡的罪行列入它们之间将要缔结的每一项引渡条约中。

二、如一缔约国规定只有在订有引渡条约的条件下才可以引渡,而当该缔约国接到未与其订有引渡条约的另一缔约国的引渡要求时,可以自行决定认为本公约是对该罪行进行引渡的法律根据。引渡应遵照被要求国法律规定的其他条件。

三、缔约各国如没有规定只有在订有引渡条约时才可引渡,则在遵照被要求国法律规定的条件下,承认上述罪行是它们之间可引渡的罪行。

四、为在缔约各国间的引渡的目的,罪行应看作不仅是发生在所发生的地点,而且也是发生在根据第四条第一款要求实施其管辖权的国家领土上。"

13.1.3.6 国家的权力和义务

1. 采取措施恢复恢复或维护合法机长对航空器的控制

1970 年《海牙公约》第 9 条规定:"一、当第一条(甲)款所指的任何行为已经发生或行将发生时,缔约各国应采取一切适当措施以恢复或维护合法机长对航空器的控制。

二、在前款情况下,航空器或其旅客或机组所在的任何缔约国应对旅客和机组继续其旅行尽速提供方便,并应将航空器和所载货物不迟延地交还给合法的所有人。"

2. 相互给予最大程度的协助

1970 年《海牙公约》第 10 条规定:"一、缔约各国对第 4 条所指罪行和其他行为提出的刑事诉讼,应相互给予最大程度的协助。在任何情况下,都应适用被要求国的法律。

二、本条第一款的规定,不应影响因任何其他双边或多边条约在刑事问题上全部地或部分地规定或将规定的相互协助而承担的义务。"

3. 报告掌握任何有关的情况

1970年《海牙公约》第11条规定:"各缔约国应遵照其本国法尽快地向国际民用航空组织理事会就下列各项报告它所掌握的任何有关情况:(甲)犯罪的情况;(乙)根据第九条采取的行动;(丙)对罪犯或被指称的罪犯所采取的措施,特别是任何引渡程序或其他法律程序的结果。"

13.1.3.7 争端的解决

1970年《海牙公约》第12条规定了约国之间对公约解释发生争端时的解决方法。具体条文如下:

"一、如两个或几个缔约国之间对本公约的解释或应用发生争端而不能以谈判解决时,经其中一方的要求,应交付仲裁。如果在要求仲裁之日起六个月内,当事国对仲裁的组成不能达成协议,任何一方可按照国际法院规约,要求将争端提交国际法院。

二、每个国家在签字、批准或加入本公约时,可以声明该国不受前款规定的约束。其他缔约国对于任何作出这种保留的缔约国,也不受前款规定的约束。

三、按照前款规定作出保留的任何缔约国,可以在任何时候通知保存国政府撤销这一保留。"

13.1.4　1971年《蒙特利尔公约》

1971年《蒙特利尔公约》是1970年《海牙公约》的姊妹篇。当1970年初国际民航组织法律委员会讨论起草新公约时,就有意地先后拟定两个文件:一是专门对待劫机的,即后来的《海牙公约》;另一个是专门对付毁机的,如在飞机上预置定时炸弹或其他爆炸物等,这就是后来产生的《蒙特利尔公约》。

1971年《蒙特利尔公约》中的"或引渡或起诉"和管辖权等方面规定,基本上原文照抄了1970年《海牙公约》的有关条款;而它的主要内容集中在犯罪定义与适用范围两个方面,而这两个方面在制定规则过程中遇到了巨大困难。[①]

1971年《蒙特利尔公约》在前言中指出:"本公约各缔约国考虑到危害民用航空安全的非法行为危及人身和财产的安全,严重影响航班的经营,并损害世界人民对民用航空安全的信任;考虑到发生这些行为是令人严重关切的事情;考虑到为了防止这类行为,迫切需要规定适当的措施以惩罚罪犯。"

1971年《蒙特利尔公约》于1973年1月26日生效。随着公约于2009年9月30日对北马其顿共和国生效,共有当事国共188个。1980年9月10日中华人民共和国政府向美国政府交存加入书,同时声明:对公约第14条第1款持有保留;台湾当局盗用中国名义对该公约的签署和批准是非法和无效的。本公约于1980年10月10日对我生效。[②]

[①] 赵维田.国际航空法[M].北京:社会科学文献出版社,2000:466.

[②] 具体当事国名称及保留情况详见:https://www.ccaonline.cn/wp-content/uploads/2018/01/ca2642014164d56a2441.pdf. 2024年3月18日访问.

13.1.4.1 航空犯罪定义

1971年《蒙特利尔公约》第1条,也是公约的核心条文,规定了具体航空犯罪行为,为:

"一、任何人如果非法地和故意地从事下述行为,即是犯有罪行:(甲)对飞行中的航空器内的人从事暴力行为,如该行为将会危及该航空器的安全;或(乙)破坏使用中的航空器或对该航空器造成损坏,使其不能飞行或将会危及其飞行安全;或(丙)用任何方法在使用中的航空器内放置或使别人放置一种将会破坏该航空器或对其造成损坏使其不能飞行或对其造成损坏而将会危及其飞行安全的装置和物质;或(丁)破坏或损坏航行设备或妨碍其工作,如任何此种行为将会危及飞行中航空器的安全;或(戊)传送他明知是虚假的情报,从而危及飞行中的航空器的安全。

二、任何人如果他从事下述行为,也是犯有罪行:(甲)企图犯本条第一款所指的任何罪行;或(乙)是犯有或企图犯任何此种罪行的人的同犯。"

公约第3条要求"各缔约国承允对第一条所指的罪行给予严厉惩罚"。

13.1.4.2 适用范围

1971年《蒙特利尔公约》第2条和第4条对公约的适用范围进行了规定。具体如下:

第2条:"在本公约中:(甲)航空器从装载完毕、机舱外部各门均已关闭时起,直至打开任一机舱门以便卸载时为止,应被认为是在飞行中;航空器强迫降落时,在主当局接管对该航空器及其所载人员和财产的责任前,应被认为仍在飞行中。

(乙)从地面人员或机组为某一特定飞行而对航空器进行飞行前的准备时起,直到降落后24小时止,该航空器应被认为是在使用中[①];在任何情况下,使用的期间应包括本条甲款所规定的航空器是在飞行中的整个时间。"

第4条:"一、本公约不适用于供军事、海关或警察用的航空器。

二、在第一条第一款(甲)、(乙)、(丙)和(戊)各项所指情况下,不论航空器是从事国际飞行或国内飞行,本公约均应适用,只要:(甲)航空器的实际或预定起飞或降落地点是在该航空器登记国领土以外;或(乙)罪行是在该航空器登记国以外的一国领土内发生的。

三、尽管有本条第二款的规定,在第一条第一款(甲)、(乙)、(丙)和(戊)项所指情况下,如罪犯或被指称的罪犯是在该航空器登记国以外的一国领土内被发现,则本公约也应适用。

四、关于第九条所指的各国,在第一条第一款(甲)、(乙)、(丙)和(戊)项所指的情况下,如本条第二款(甲)项所指地点处于同一国家的领土内,而这一国家又是第九条所指国家之一,则本公约不应适用,除非罪行是在该国以外的一国领土内发生或罪犯或被指称的罪犯是在该国以外的一国领土内被发现。

五、在第一条第一款(丁)项所指的情况下,只有在航行设备是用于国际航行时,本公约才适用。

六、本条第二、三、四和五款的规定,也适用于第一条第二款所指的情况。"

---

① "在使用中"从何算起? 早期提出的草案时从飞机进入停机坪算起:"从飞机为准备起飞而停放在登机或装载地点时起。"但"国际运输工人联合会(LFA)"与"航空企业机组人员协会国际联合会(IFALPA)"的与会观察员提出异议说,从飞机被飞机库拖到停机坪这段时间,地面人员(加油工、清洁工、炊事人员等)与机组人员或已登机作业,这时受袭击怎么办? 经过讨论,最后定为"航空器从地面人员或机组为某一特定飞行而对航空器进行飞行前的准备时起"。关于止期,早期草案从飞机离开装卸地点为止。对此议题的焦点时航班在经停地点停留期和往返程航班等待返航期是否包括入"在使用中"范围的问题。最后才定为"到任何降落后24小时止"。赵维田. 国际航空法[M]. 北京:社会科学文献出版社,2000:468.

13.1.4.3 管辖权

1971 年《蒙特利尔公约》第 5 条对管辖权进行了具体规定,具体为:

第 5 条:"一、在下列情况下,各缔约国应采取必要措施,对罪行实施管辖权:(甲)罪行是在该国领土内发生的;(乙)罪行是针对在该国登记的航空器,或在该航空器内发生的;(丙)在其内发生犯罪行为的航空器在该国降落时被指称的罪犯仍在航空器内;(丁)罪行是针对租来时不带机组的航空器,或是在该航空器内发生的,而承租人的主要营业地,或如承租人没有这种营业地,则其永久居所,是在该国。

二、当被指称的罪犯在缔约国领土内,而该国未按第八条的规定将此人引渡给本条第一款所指的任一国家时,该缔约国应同样采取必要措施,对第一条第一款(甲)、(乙)和(丙)项所指的罪行,以及对第一条第二款所列与这些款项有关的罪行实施管辖权。

三、本公约不排斥根据本国法行使任何刑事管辖权。"

13.1.4.4 或引渡或起诉

1971 年《蒙特利尔公约》第 7 条和第 8 条对此问题进行了规定,为:

第 7 条:"在其境内发现被指称的罪犯的缔约国,如不将此人引渡,则不论罪行是否在其境内发生,应无例外地将此案件提交其主管当局以便起诉。该当局应按照本国法律,以对待任何严重性质的普通罪行案件的同样方式作出决定。"

第 8 条:"一、前述罪行应看作是包括在缔约各国间现有引渡条约中的一种可引渡的罪行。缔约各国承允将此种罪行作为一种可引渡的罪行列入它们之间将要缔结的每一项引渡条约中。

二、如一缔约国规定只有在订有引渡条约的条件下才可以引渡,而当该缔约国接到未与其订有引渡条约的另一缔约国的引渡要求时,可以自行决定认为本公约是对该罪行进行引渡的法律根据。引渡应遵照被要求国法律规定的其他条件。

三、缔约各国如没有规定只有在订有引渡条约下才可引渡,则在遵照被要求国法律规定的条件下,应承认上述罪行是它们之间可引渡的罪行。

四、为在缔约各国之间引渡的目的,每一罪行应看作不仅是发生在所发生的地点,而且也是发生在根据第五条第一款(乙)、(丙)和(丁)项要求实施其管辖权的国家领土上。"

13.1.4.5 国家的权力和义务

1. 控制罪犯并采取相应措施

1971 年《蒙特利尔公约》第 6 条规定:

"一、罪犯或被指称的罪犯所在的任一缔约国在判明情况有此需要时,应将该人拘留或采取其他措施以保证该人留在境内.这种拘留和其他措施应符合该国的法律规定,但是只有在为了提出刑事诉讼或引渡程序所必要的期间内,才可继续保持这些措施。

二、该国应立即对事实进行初步调查。

三、对根据本条第一款予以拘留的任何人,应向其提供协助,以便其立即与其本国最近的合格代表联系。

四、当一国根据本条规定将某人拘留时,它应将拘留该人和应予拘留的情况立即通知第五条第一款所指国家和被拘留人的国籍所属国,如果认为适当,并通知其他有关国家。按照本条第二款规定进行初步调查的国家,应尽速将调查结果通知上述各国,并说明它是否意欲行使管辖权。"

2. 指定航空器登记国

1971年《蒙特利尔公约》第9条规定:"如缔约各国成立航空运输联营组织或国际经营机构,而其使用的航空器需要进行联合登记或国际登记时,则这些缔约国应通过适当方法在它们之间为每一航空器指定一个国家,该国为本公约的目的,应行使管辖权并具有登记国的性质,并应将此项指定通知国际民用航空组织,由该组织将上述通知转告本公约所有缔约国。"

3. 采取预防措施并提供方便

1971年《蒙特利尔公约》第10条规定:

"一、缔约各国应根据国际法和本国法,努力采取一切可能的措施,以防止发生第一条所指的罪行。

二、当由于发生了第一条所指的一种罪行,使飞行延误或中断,航空器、旅客或机组所在的任何缔约国应对旅客和机组继续其旅行尽速提供方便,并应将航空器和所载货物不迟延地交还给合法的所有人。"

4. 国家之间的协助

1971年《蒙特利尔公约》第11条规定:

"一、缔约各国对上述罪行所提出的刑事诉讼,应相互给予最大程度的协助。在任何情况下,都应适用被要求国的法律。

二、本条第一款的规定,不应影响因任何其他双边或多边条约在刑事问题上全部地或部分地规定或将规定相互协助而承担的义务。"

5. 提供掌握的情况

任何缔约国如有理由相信将要发生第一条所指的罪行之一时,应遵照其本国法向其认为是第五条第一款所指的国家,提供其所掌握的任何有关情况。①

6. 向国际民航组织理事会报告掌握的情况

每一缔约国应遵照其本国法尽快地向国际民用航空组织理事会就下列各项报告它所掌握的任何有关情况:(甲)犯罪的情况;(乙)根据第十条第二款采取的行动;(丙)对罪犯或被指称的罪犯所采取的措施,特别是任何引渡程序或其他法律程序的结果。②

13.1.4.6 争端的解决

1971年《蒙特利尔公约》第14条对争端的解决进行了规定,具体为:

"一、如两个或几个缔约国之间对本公约的解释或应用发生争端而不能以谈判解决时,经其中一方的要求,应交付仲裁。如果在要求仲裁之日起六个月内,当事国对仲裁的组成不能达成协议,任何一方可按照国际法院规约,要求将争端提交国际法院。

二、每个国家在签字、批准或加入本公约时,可以声明该国不受前款规定的约束,其他缔约国对于任何作出这种保留的缔约国,也不受前款规定的约束。

三、按照前款规定作出保留的任何缔约国,可以在任何时候通知保存国政府撤销这一保留。"

---

① 1971年《蒙特利尔公约》第12条。
② 1971年《蒙特利尔公约》第13条。

13.1.5　2010年《北京公约》

13.1.5.1　2010年《北京公约》制定过程

根据此前相关公约和议定书的规定,劫机、炸机、在机场内安置爆破物品等行为都会作为犯罪受到严厉惩罚,但对于以使用中的航空器作为武器造成死亡、严重人身伤害或对财产、环境的严重破坏的行为,尚没有明确作为国际罪行。因此,为了完善国际航空刑法体系,有力打击针对民航的犯罪行为,提升民航应对非法干扰行为等风险的能力,国际民航组织启动了对民航安保公约的修订工作,研究并制定2010年《北京公约》。

国际民航组织于2010年8月30日至9月10日在北京举行了航空安保外交会议,目的是更新《制止与国际民用航空有关的非法行为的公约》(1971年,蒙特利尔)、《制止在用于国际民用航空的机场发生的非法暴力行为以补充1971年9月23日订于蒙特利尔的制止危害民用航空安全的非法行为的公约的议定书》(1988年,蒙特利尔)和《制止非法劫持航空器公约》(1970年,海牙),共有来自76个国家的代表和4个国际组织的观察员与会。2010年9月10日通过了《北京公约》。包括中国在内共68个国家在国际航空安保公约外交大会最后文件上签字,18个国家当场签署了2010年《北京公约》。

2010年《北京公约》吸收了联合国反恐公约近年来达成的新原则、取得的新成果,反映了国际反恐公约的发展趋势,增加了新罪名,弥补了原航空安保公约体系的空白和不足,为打击威胁民航安全的国际恐怖主义行为,提供了有效手段和有力的法律保障,引起了国际社会的强烈反响。正如公约在前言中所述:"深为关切针对民用航空的非法行为危及人员和财产的安全与安保,严重影响航班、机场和空中航行的运行,并损害世界人民对所有国家民用航空安全有序运行的信任;认识到针对民用航空的新型威胁需要各国采取新的协调一致的努力和合作政策;并深信为了更好应对这些威胁,迫切需要巩固国际合作的法律框架,防止和制止针对民用航空的非法行为。"

为促使《北京公约》早日生效,在国际民航组织2010年12月举行的第37届大会期间通过了A37-23号决议:促进2010年《北京公约》和《北京议定书》,敦促所有国家尽快签署和批准《北京公约》和《北京议定书》。指示秘书长酌情根据成员国要求,就批准进程提供协助。在近期国际民航组织理事会第191届会议上,理事会作出决定:指示ICAO秘书长推动批准北京文书,包括组织地区法律讨论会。

《北京公约》于2018年7月1日生效。2023年8月18日我国①递交了批准书,公约于2023年10月1日对我国生效。目前,公约共有47个当事国。②

13.1.5.2　犯罪罪行

有关犯罪罪行规定于《北京公约》核心条文第1条之中,具体为:

"一、任何人如果非法地和故意地实施下述行为,即构成犯罪:

(一)对飞行中的航空器内人员实施暴力行为,如该行为可能危及该航空器的安全;或

---

① 2022年10月30日,十三届全国人大常委会第三十七次会议审议并批准了《制止与国际民用航空有关的非法行为的公约》(简称2010年《北京公约》)。同时还作了声明:1.《公约》第二十条第1款不适用于中国。2.香港和澳门特别行政区不适用。

② 具体当事国名称及保留等规定详见:https://www.icao.int/secretariat/legal/List%20of%20Parties/Beijing_Conv_EN.pdf。2024年3月20日访问。

(二)毁坏使用中的航空器,或对该航空器造成损坏,而使其不能飞行或可能危及其飞行安全;或

(三)以任何手段在使用中的航空器内放置或使别人放置可能毁坏该航空器,或对其造成损坏使其不能飞行,或对其造成损坏而可能危及其飞行安全的装置或物质;或

(四)毁坏或损坏空中航行设施,或妨碍其工作,如任何此种行为可能危及飞行中的航空器的安全;或

(五)传送该人明知是虚假的情报,从而危及飞行中的航空器的安全;或

(六)利用使用中的航空器旨在造成死亡、严重身体伤害,或对财产或环境的严重破坏;或

(七)从使用中的航空器内释放或排放任何生物武器、化学武器和核武器或爆炸性、放射性、或类似物质而其方式造成或可能造成死亡、严重身体伤害或对财产或环境的严重破坏;或

(八)对一使用中的航空器或在一使用中的航空器内使用任何生物武器、化学武器和核武器或爆炸性、放射性、或类似物质而其方式造成或可能造成死亡、严重身体伤害或对财产或环境的严重破坏;或

(九)在航空器上运输、导致在航空器上运输或便利在航空器上运输:

(1)任何爆炸性或放射性材料,并明知其意图是用来造成、或威胁造成死亡或严重伤害或损害,而不论是否具备本国法律规定的某一条件,旨在恐吓人群,或迫使某一政府或国际组织作出或放弃作出某种行为;或

(2)任何生物武器、化学武器和核武器,并明知其是第2条中定义的一种生物武器、化学武器和核武器;或

(3)任何原材料、特种裂变材料、或为加工、使用或生产特种裂变材料而专门设计或配制的设备或材料,并明知其意图将用于核爆炸活动或未按与国际原子能机构的保障监督协定置于保障监督措施下的任何其他核活动;或

(4)未经合法授权的任何对设计、制造或运载生物武器、化学武器和核武器有重大辅助作用的设备、材料或软件或相关技术,且其意图是用于此类目的;

但涉及当事国进行的活动,包括当事国授权的个人或法律实体进行的活动,则不构成3和4目下的罪行,只要运输这类物品或材料或其使用或所进行的活动符合其作为当事国适用的多边不扩散条约包括第七条提到的条约拥有的权利、责任和义务。

二、任何人如果非法地和故意地使用任何装置、物质或武器进行下列行为,则构成犯罪:

(一)在为国际民用航空服务的机场对他人实施暴力行为而造成或可能造成严重伤害或死亡;或

(二)毁坏或严重损坏为国际民用航空服务的机场的设施或该机场上非使用中的航空器,或扰乱该机场服务,若此种行为危及或可能危及该机场安全的。

三、当情况显示做出的威胁可信时,任何人如果做出以下行为,则亦构成犯罪:

(一)威胁实施本条第一款(一)项、(二)项、(三)项、(四)项、(六)项、(七)项和(八)项中或第二款中的任何罪行;或

(二)非法和故意地使任何人收到这种威胁。

四、任何人如果做出以下行为,则亦构成犯罪:

(一)企图实施本条第一款或第二款中所列的任何罪行;或

(二)组织或指挥他人实施本条第一款、第二款、第三款或第四款(一)项中所列的罪行;或

(三)作为共犯参与本条第一款、第二款、第三款或第四款第(一)项中所列的罪行;或

(四)非法和故意地协助他人逃避调查、起诉或惩罚,且明知此人犯有构成本条第一款、第二款、第三款、第四款(一)项、第四款(二)项或第四款(三)项中所列的一项罪行的行为,或此人因此项罪行被执法当局通缉以提起刑事起诉或因此项罪行已经被判刑。

五、各当事国也应当将故意实施下述两者之一或两者确定为罪行,而不论是否实际已实施或企图实施本条第一款、第二款或第三款中所列的任何罪行:

(一)与一个或多个人商定实施本条第一款、第二款或第三款中所列的一项罪行;如本国法律有此规定,则须涉及参与者之一为促进该项协定而采取的行为;或

(二)以任何其他方式协助以共同目的行事的一伙人实施本条第一款、第二款或第三款中所列的一项或多项罪行,而且此种协助应当:

(1)用于旨在促进该团伙的一般犯罪活动或目的,而此种活动或目的涉及实施本条第一款、第二款或第三款中所列的一项罪行;或

(2)用于明知该团伙实施本条第一款、第二款或第三款中所列的一项罪行的意图。"

各当事国承诺对第一条所列的罪行给予严厉惩罚。①

2010年《北京公约》第4条还要求缔约国采取措施对法律实体进行责任追究。具体为:

"一、各当事国可根据其本国法律原则采取必要措施,对于设在其领土内或根据其法律设立的法律实体,如果负责管理或控制该法律实体的人以该身份实施第一条所列罪行,得以追究该法律实体的责任。这种责任可以是刑事、民事或行政责任。

二、承担这些责任不影响实施罪行的个人的刑事责任。

三、如果一个当事国采取必要措施按照本条第一款追究一个法律实体的责任,该当事国应当努力确保适用的刑事、民事或行政制裁具有有效性、相称性和劝阻性。这种制裁可包括罚款。"

13.1.5.3 相关术语界定

2010年《北京公约》第2条对"飞行中"等相关术语进行了界定,为本公约目的:

"(一)一架航空器在完成登机后其所有外部舱门均已关闭时起,直至其任何此种舱门为下机目的开启时止,其间的任何时间均被视为在飞行中;在航空器遭迫降时,直至主管当局接管对该航空器及其所载人员和财产的责任时,航空器应当被视为仍在飞行中。

(二)从地面人员或机组人员为某一特定飞行而对航空器进行飞行前的准备时起,直至降落后二十四小时止,该航空器被视为是在使用中;在任何情况下,使用期间应当延长至本条第(一)项中规定的航空器飞行中的整段时间。

(三)'空中航行设施'包括航空器航行所必需的信号、数据、信息或系统。

(四)'有毒化学品'指通过其对生命过程的化学作用可造成人类或动物死亡、暂时失能或永久伤害的任何化学品。其中包括所有这类化学品,无论其来源或其生产方法如何,也无论其是否在设施中、弹药中或其他地方生产出来。

(五)'放射性材料'是指核材料和其他含有可自发衰变(一个伴随有放射一种或多种致

---

① 2010年《北京公约》第3条。

电离射线,如 α 粒子、β 粒子、中子和 γ 射线的过程)核素的放射性物质,此种材料和物质,由于其放射或可裂变性质,可能造成死亡、严重身体伤害或对财产或环境的重大破坏。

(六)'核材料'是指钚,但钚 238 同位素含量超过 80% 者除外;铀 233;同位素 235 或 233 浓缩的铀;非矿石或矿渣形式的含天然存在的同位素混合物的铀;或任何含有上述一种或多种成分的材料。

(七)'同位素 235 或 233 浓缩的铀'是指含有同位素 235 或 233 或兼含二者的铀,而这些同位素的总丰度与同位素 238 的丰度比大于自然界中的同位素 235 与同位素 238 的丰度比。

(八)'生物武器、化学武器和核武器'是指:

1.'生物武器',即:(1) 其类型和数量不属于预防、防护或其他和平用途所正当需要的微生物剂或其他生物剂或毒素,不论其来源或生产方法如何;或(2) 为敌对目的或在武装冲突中使用这类制剂或毒素而设计的武器、设备或运载工具。

2.'化学武器',是合指或单指:(1) 有毒化学品及其前体,但用于以下目的者除外:①工业、农业、研究、医疗、制药或其他和平目的;或②防护性目的,即与有毒化学品防护和化学武器防护直接有关的目的;或③与化学武器的使用无关而且不依赖化学品毒性的使用作为一种作战方法的军事目的;或④执法目的,包括国内控暴目的,只要种类和数量合此种目的;(2) 经专门设计通过使用后而释放出 2(1)项所指有毒化学品的毒性造成死亡或其他伤害的弹药和装置;(3) 经专门设计其用途直接与 2(2)项所指弹药和装置的使用有关的任何设备。

3. 核武器及其他核爆炸装置。

(九)'前体'是指在以无论何种方法生产一有毒化学品的任何阶段参与此一生产过程的任何化学反应物。其中包括二元或多元化学系统的任何关键组分;

(十)'原材料'和'特种裂变材料'两个术语所具有的含义与 1956 年 10 月 26 日于纽约订立的《国际原子能机构规约》中对这些术语的定义相同。"

13.1.5.4 公约适用范围

2010 年《北京公约》第 5 条、第 6 条和第 7 条对公约的适用范围进行了具体规定,主要有:

第 5 条:"一、本公约不应当适用于供军事、海关或警察用的航空器。

二、在第一条第一款(一)、(二)、(三)、(五)、(六)、(七)、(八)和(九)各项中所述的情况下,不论航空器是从事国际飞行或国内飞行,本公约均应当适用,只要:

(一)航空器的实际或预定起飞或降落地点是在该航空器登记国领土以外;或

(二)罪行是在该航空器登记国以外的一国领土内实施的。

三、尽管有本条第二款的规定,在第一条第一款(一)、(二)、(三)、(五)、(六)、(七)、(八)和(九)项中所述的情况下,如罪犯或被指控的罪犯是在该航空器登记国以外的一国领土内被发现,则本公约也应当适用。

四、关于第十五条所指的各当事国,在第一条第一款(一)、(二)、(三)、(五)、(六)、(七)、(八)和(九)项中所述的情况下,如本条第二款(一)所指地点处于同一国家的领土内,而这一国家又是第十五条中所指国家之一,则本公约不应当适用,除非罪行是在该国以外的一国领土内发生或罪犯或被指控的罪犯是在该国以外的一国领土内被发现。

五、在第一条第一款(四)项中所述的情况下,只有在空中航行设施是用于国际航行时,本公约才应当适用。

六、本条第二款、第三款、第四款和第五款的规定,也应当适用于第一条第四款中所述的情况。"

第6条:"一、本公约中的任何规定均不应当影响国际法规定的国家和个人的其他权利、义务和责任,特别是《联合国宪章》《国际民用航空公约》以及国际人道法的宗旨和原则。

二、武装冲突中武装部队的活动,按照国际人道法所理解的意义,由国际人道法予以规范的,不受本公约规范;一国军事部队为执行公务而进行的活动,由国际法其他规则予以规范的,亦不受本公约规范。

三、本条第二款的规定不得被解释为容许非法行为或使其合法化,或使其逃避根据其他法律提出的起诉。"

第7条:"本公约中的任何规定均不应当影响各当事国在1968年7月1日订于伦敦、莫斯科和华盛顿的《不扩散核武器条约》,1972年4月10日订于伦敦、莫斯科和华盛顿的《禁止细菌(生物)及毒素武器的发展生产及储存以及销毁这类武器的公约》或1993年1月13日订于巴黎的《关于禁止发展、生产、储存和使用化学武器及销毁此种武器的公约》下的权利、义务和责任。"

13.1.5.5 管辖权

2010年《北京公约》第8条对管辖权的规定如下:

"一、各当事国应当采取必要措施,以就下列情况而对第一条所列的罪行,确立其管辖权:(一)罪行是在该国领土内实施的;(二)罪行是针对在该国登记的航空器或在该航空器内实施的;(三)在其内实施罪行的航空器在该国领土内降落时被指控的罪犯仍在该航空器内的;(四)罪行是针对租来时不带机组人员的航空器或是在该航空器内实施的,而承租人的主要营业地在该国,或如承租人没有此种营业地但其永久居所是在该国的;(五)罪行是由该国国民实施的。

二、各当事国也可就下列情况而对任何此种罪行确立其管辖权:(一)罪行是针对该国国民实施的;(二)罪行是由其惯常居所在该国领土内的无国籍人实施的。

三、如果被指控的罪犯在某一当事国领土内,而该当事国不依据第十二条将其引渡给依照本条适用的条款对第一条所列的罪行已确立管辖权的任何当事国,该当事国也应当采取必要措施,确立其对第一条所列罪行的管辖权。

四、本公约不排除根据本国法律行使的任何刑事管辖权。"

13.1.5.6 引渡与起诉

在2010年《北京公约》中,从第9条到第14条对"引渡与起诉"进行了详细规定,主要内容有:

1. 对罪犯或被指控的罪犯采取措施

2010年《北京公约》第9条规定:

"一、若罪犯或被指控的罪犯在其所属领土上,任何当事国,在判明情况有此需要时,应当将该人拘留或采取其他措施以保证该人留在当地。这种拘留和其他措施应当符合该国的法律规定,但是只有在为了提出刑事诉讼或引渡程序所必要的期间,才可继续保持拘留和其他措施。

二、该国应当立即对事实进行初步调查。

三、对根据本条第一款予以拘留的任何人,应当向该人提供协助,以便其立即与其身为国民的所属国家最近的合适代表联络。

四、当一当事国根据本条将某人拘留时,应当立即将该人被拘留的事实和应予拘留的情况通知根据第八条第一款已确立管辖权和根据第二十一条第四款(一)项已确立管辖权并已通知保存人的当事国,并在认为适当时,立即通知任何其他有关国家。进行本条第二款所述的初步调查的当事国应当迅速将调查结果通知上述当事国,并应当表明是否有意行使管辖权。"

2. 不引渡则起诉

2010年《北京公约》第10条规定:"当事国在其领土内发现被指控的罪犯,如不将该人引渡,则不论罪行是否在其领土内实施,应当无例外地将此案件提交其主管当局以便起诉。该当局应当按照本国法律,以对待任何严重性质的普通犯罪案件的相同方式作出决定。"

3. 公平待遇

2010年《北京公约》第11条规定:"应当保证依据本公约被拘留、被采取任何其他措施或正被起诉的任何人获得公平待遇,包括享有符合该人在其领土内的国家的法律和包括国际人权法在内的适用的国际法规定的所有权利和保障。"

4. 引渡具体规定

2010年《北京公约》第12条规定:"一、第一条所列的罪行应当被当作是包括在各当事国间现有引渡条约中的可引渡的罪行。各当事国承诺将此种罪行作为可引渡的罪行列入它们之间将要缔结的每一项引渡条约中。

二、如一当事国规定只有在订有引渡条约的条件下才可以引渡,而当该当事国接到未与其订有引渡条约的另一当事国的引渡要求时,可以自行决定认为本公约是对第一条所列的罪行进行引渡的法律根据。引渡应当遵照被请求国法律规定的其他条件。

三、各当事国如没有规定只有在订有引渡条约下才可引渡,则在遵照被请求国法律规定的条件下,应当承认第一条所列的罪行是它们之间可引渡的罪行。

四、为在各当事国之间引渡的目的,每一项罪行均应当被视为不仅是在所发生的地点实施,而且也发生在根据第八条第一款(二)、(三)、(四)和(五)项要求确立其管辖权和根据第八条第二款已确立其管辖权的当事国领土内。

五、为在各当事国之间引渡的目的,第一条第五款(一)和(二)项所列的每项罪行应当等同对待。"

5. 政治犯不引渡

2010年《北京公约》第13条规定:"为引渡或司法互助的目的,第一条中所列的任何罪行均不应当被视为政治罪或与政治罪有关的罪行或由政治动机引起的罪行。因此,对于此种罪行提出的引渡或司法互助请求,不得只以其涉及政治罪或与政治罪有关的罪行或由政治动机引起的罪行为由而加以拒绝。"

6. 拒绝引渡或提供司法协助

2010年《北京公约》第14条规定:"如果被请求的当事国有实质理由认为,请求为第一条所列的罪行进行引渡或请求为此种罪行进行司法互助的目的,是为了因某人的种族、宗教、国籍、族裔、政见或性别而对该人进行起诉或惩罚,或认为接受这一请求将使该人的情况因任何上述原因受到损害,则本公约的任何规定均不应当被解释为规定该国有引渡或提供司法互助的义务。"

13.1.5.7 缔约国权利和义务

2010年《北京公约》从第15条到第19条,对缔约国权利和义务进行了规范,具体为:

1. 为航空器指定一个国家进行登记

2010年《北京公约》第15条规定:"如各当事国成立联合的航空运输运营组织或国际运营机构,而其使用的航空器需要进行联合登记或国际登记时,则这些当事国应当通过适当方法为每一航空器在它们之中指定一个国家,而该国为本公约的目的,应当行使管辖权并具有登记国的性质,并应当将此项指定通知国际民用航空组织秘书长,他应当将上述通知转告本公约所有当事国。"

2. 预防犯罪并提供便利

2010年《北京公约》第16条规定:"一、各当事国应当根据国际法和本国法律,努力采取一切实际措施,以防止第一条中所列的罪行。

二、当第一条中所列的一项罪行的实施,使飞行延误或中断,航空器或旅客或机组人员在其领土上的任何当事国应当尽实际可能迅速地对旅客和机组人员继续旅行提供便利,并应当将航空器和所载货物不迟延地交还给合法的所有人。"

3. 相互协助

2010年《北京公约》第17条规定:"一、各当事国对第一条所列的罪行所提出的刑事诉讼应当相互给予最大程度的协助。在所有情况下,都应当适用被请求国的法律。

二、本条第一款的规定,不应当影响任何其他在刑事问题上全部地或部分地规范或将要规范相互协助的双边或多边条约的义务。"

4. 提供掌握可能犯罪的情况

2010年《北京公约》第18条规定:"任何当事国如有理由相信第一条中所列的一项罪行将要发生时,应当遵照其本国法律向其认为是第八条第一款和第二款中所列的国家的当事国提供其所掌握的任何有关情况。"

5. 向国际民航组织理事会报告

2010年《北京公约》第19条规定:"每一当事国应当遵照其本国法律尽快地向国际民用航空组织理事会就下列各项报告它所掌握的任何有关情况:(一)罪行的情况;(二)根据第十六条第二款采取的行动;(三)对罪犯或被指控的罪犯所采取的措施,特别是任何引渡程序或其他法律程序的结果。"

13.1.5.8 其他规定

1. 纠纷解决

2010年《北京公约》第20条规定:"一、如两个或多个当事国之间对本公约的解释或适用发生争议而不能以谈判解决时,经其中一方的要求,应当交付仲裁。如果在要求仲裁之日起六个月内,当事国对仲裁的组成不能达成协议,任何一方可按照《国际法院规约》,要求将争端提交国际法院。

二、每个国家在签署、批准、接受、核准或加入本公约时,可以声明该国不受前款规定的约束。其他当事国对于任何作出这种保留的当事国,不受前款规定的约束。

三、遵照前款规定作出保留的任何当事国,可以在任何时候通知保存人撤销这一保留。"

2. 公约与1971年《蒙特利尔公约》及1988年《机场议定书》的关系

2010年《北京公约》第24条规定:"在当事国之间,本公约应当优先于以下文书:

(一)1971年9月23日在蒙特利尔签订的《关于制止危害民用航空安全的非法行为的公约》;和(二)1988年2月24日在蒙特利尔签订的《制止在用于国际民用航空的机场发生的非法暴力行为以补充1971年9月23日订于蒙特利尔的制止危害民用航空安全的非法行为的公约的议定书》。"

13.1.6　2010年《北京议定书》

13.1.6.1　2010年《北京议定书》的制定过程

1970年《海牙公约》的制定和生效,在国际范围内对打击劫持航空器的犯罪发挥了重要的作用。但是,随着时间的推移,1970年《海牙公约》有些内容已显陈旧,不再完全适应反恐斗争的需要,许多方面均需修订。

2001年9·11恐怖袭击发生以后,国际民航组织第33届大会迅即采取行动,通过A33-1号决议,指示理事会和秘书长寻求对策,处理新的和正在出现的对民用航空的威胁,特别是重新研究现有的航空安保公约能否充分适应当前的需要。根据此项决议,国际民航组织秘书处完成了相关研究,并得出初步结论,认为现有的航空安保公约应在多处予以修订和完善,以便更有效地应对这些新的和正在出现的威胁。

2005年,国际民航组织向189个成员国发出一项问卷调查,征求各成员国对修订航空安保公约的意见。在收到的54份回复中,大多数国家认为现行航空安保公约存在不足,应予以修订。国际民航组织理事会于2007年3月要求法律委员会主席建立一个特别小组委员会,准备一份或多份文书草案,应对民用航空领域内新的和正在出现的威胁。①

2009年10月,在法律委员会报告的基础上,国际民航组织理事会同意召开外交会议审议并通过这两份草案。应中国政府的邀请,该外交会议于2010年8月30日至9月10日在中国北京举行。来自76个国家的持有全权证书的代表以及4个国际组织的代表出席了本次外交会议。在2010年9月10日举行的签字仪式上,19个国家签署了《北京议定书》。该议定书于2018年1月1日生效。随着2024年1月1日公约对安哥拉和斯洛伐克生效,议定书共有48个当事国。② 2023年6月28日,十四届全国人大常委会第三次会议审议并批准《北京议定书》,2023年10月27日我国政府递交了批准书,并声明:议定书暂不适用于我国香港和澳门特别行政区,议定书于2023年12月1日对我国生效。

13.1.6.2　2010年《北京议定书》的主要内容

1. 修订了1970年《海牙公约》第1条关于犯罪的规定

2010年《北京议定书》第2条规定:"公约第一条应以下文取代:'第一条:

一、任何人如果以武力或以武力威胁、或以胁迫、或以任何其他恐吓方式,或以任何技术手段,非法和故意地劫持或控制使用中的航空器,即构成犯罪。

二、当情况显示做出的威胁可信时,任何人如果做出以下行为,则亦构成犯罪:(一)威胁实施本条第一款中所列的罪行;或(二)非法和故意地使任何人收到这种威胁。

三、任何人如果做出以下行为,则亦构成犯罪:(一)企图实施本条第一款中所列的罪行;或(二)组织或指挥他人实施本条第一款、第二款或第三款(一)项中所列的一项罪行;或

---

① 黄解放,刘贺.《北京公约》和《北京议定书》浅析[J].民航管理,2022(12):13-19.
② 具体当事国名称详见:https://www.icao.int/secretariat/legal/List%20of%20Parties/Beijing_Prot_EN.pdf. 2024年3月20日访问。

(三)作为共犯参与本条第一款、第二款或第三款(一)项中所列的一项罪行;或(四)非法和故意地协助他人逃避调查、起诉或惩罚,且明知此人犯有构成本条第一款、第二款、第三款(一)项、第三款(二)项或第三款(三)项中所列的一项罪行的行为,或此人因此项罪行被执法当局通缉以提起刑事起诉或因此项罪行已经被判刑。

四、各当事国也应当将故意实施下述两者之一或两者确定为罪行,而不论是否已实际实施或企图实施本条第一款或第二款中所列的任何罪行:(一)与一个或多个人商定实施本条第一款或第二款中所列的一项罪行;如本国法律有此规定,则须涉及参与者之一为促进该项协定而采取的行为;或(二)以任何其他方式协助以共同目的行事的一伙人实施本条第一款或第二款中所列的一项或多项罪行,而且此种协助应当:(1)用于旨在促进该团伙的一般犯罪活动或目的,而此种活动或目的涉及实施本条第一款或第二款中所列的一项罪行;或(2)用于明知该团伙实施本条第一款或第二款中所列的一项罪行的意图。'"

2010年《北京议定书》第3条规定:"公约第二条应以下文取代:'第二条各当事国承诺对第一条所列的罪行给予严厉惩罚。'"

2. 采取措施追究法律实体的责任

2010年《北京议定书》第4条规定:"增添下文作为公约第二条之二:'第二条之二:

一、各当事国可根据其本国法律原则采取必要措施,对于设在其领土内或根据其法律设立的法律实体,如果负责管理或控制该法律实体的人以该身份实施第一条所列的罪行,得以追究该法律实体的责任。这种责任可以是刑事、民事或行政责任。

二、承担这些责任不影响实施罪行的个人的刑事责任。

三、如果一个当事国采取必要措施按照本条第一款追究一个法律实体的责任,该当事国应当努力确保适用的刑事、民事或行政制裁具有有效性、相称性和劝阻性。这种制裁可包括罚款。'"

3. 修订了1970年《海牙公约》的适用范围

2010年《北京议定书》第5条规定:"一、公约第三条第一款应以下文取代:'第三条:一、为本公约的目的,从地面人员或机组人员为某一特定飞行而对航空器进行飞行前的准备时起,直至降落后二十四小时止,该航空器被视为是在使用中。在航空器遭迫降时,直至主管当局接管对该航空器及其所载人员和财产的责任时止,航空器应当被视为仍在飞行中。'

二、在公约第三条第三款中,'注册'应改为'登记'。

三、在公约第三条第四款中,'所述的'应改为'所列的'。

四、公约第三条第五款应以下文取代:'五、尽管有本条第三款和第四款的规定,如罪犯或被指控的罪犯在航空器登记国以外的一国领土内被发现,则不论该航空器的起飞地点或实际降落地点在何处,第六条、第七条、第七条之二、第八条、第八条之二、第八条之三和第十条均应当适用。'"

2010年《北京议定书》第6条规定:"增添下文作为公约第三条之二:'第三条之二:

一、本公约中的任何规定均不应当影响国际法规定的国家和个人的其他权利、义务和责任,特别是《联合国宪章》《国际民用航空公约》以及国际人道法的宗旨和原则。

二、武装冲突中武装部队的活动,按照国际人道法所理解的意义,由国际人道法予以规范的,不受本公约规范;一国军事部队为执行公务而进行的活动,由国际法其他规则予以规范的,亦不受本公约规范。

三、本条第二款的规定不得解释为容许非法行为或使其合法化,或使其逃避根据其他法律提出的起诉。'"

4. 修订了1970年《海牙公约》有关管辖权的规定

2010年《北京议定书》第7条规定:"公约第四条应以下文取代:'第4条:

一、各当事国应当采取必要措施,以就下列情况而对第一条所列的罪行及被指控的罪犯对旅客或机组人员所实施与该罪行有关的其他暴力行为,确立其管辖权:(一)罪行是在该国领土内实施的;(二)罪行是针对在该国登记的航空器或在该航空器内实施的;(三)在其内实施罪行的航空器在该国领土内降落时被指控的罪犯仍在该航空器内的;(四)罪行是针对租来时不带机组人员的航空器或是在该航空器内实施的,而承租人的主要营业地在该国,或如承租人没有此种营业地但其永久居所是在该国的;(五)罪行是由该国国民实施的。

二、各当事国也可就下列情况而对任何此种罪行确立其管辖权:(一)罪行是针对该国国民实施的;(二)罪行是由其惯常居所在该国领土内的无国籍人实施的。

三、如果被指控的罪犯在某一当事国领土内,而该当事国不依据第八条将其引渡给依照本条适用的条款对第一条所列的罪行已确立管辖权的任何当事国,该当事国也应当采取必要措施,确立其对第一条所列罪行的管辖权。

四、本公约不排除根据本国法律行使的任何刑事管辖权。'"

5. 为航空器指定一个国家进行登记

2010年《北京议定书》第8条规定:"公约第五条应以下文取代:'第五条,如各当事国成立联合的航空运输运营组织或国际运营机构,而其使用的航空器需要进行联合登记或国际登记时,则这些当事国应当通过适当方法为每一航空器在他们之中指定一个国家,而该国为本公约的目的,应当行使管辖权并具有登记国的性质,并应当将此项指定通知国际民用航空组织秘书长,该人应当将上述通知转告本公约所有当事国。'"

6. 对罪犯或被指控的罪犯采取措施的缔约国的通知义务

2010年《北京议定书》第9条规定:"公约第六条第四款应以下文取代:'第六条:

四、当一当事国根据本条将某人拘留时,应当立即将该人被拘留的事实和应予拘留的情况通知根据第4条第一款已确立管辖权和根据第4条第二款已确立管辖权并已通知保存人的当事国,并在认为适当时,立即通知任何其他有关国家。进行本条第二款所述的初步调查的当事国应当迅速将调查结果通知上述当事国,并应当表明是否有意行使管辖权。'"

7. 保证行为人获得公平待遇

2010年《北京议定书》第10条规定:"增添下文作为公约第七条之二:'第七条之二,应当保证依据本公约被拘留、被采取任何其他措施或正被起诉的任何人获得公平待遇,包括享有符合该人在其领土内的国家的法律和包括国际人权法在内的适用的国际法规定的所有权利和保障。'"

8. 修改或引渡或起诉规则

2010年《北京议定书》第11条规定:"公约第八条应以下文取代:'第八条:

一、第一条所列的罪行应当被当作为是包括在各当事国间现有引渡条约中的可引渡的罪行。各当事国承诺将此种罪行作为可引渡的罪行列入他们之间将要缔结的每一项引渡条约中。

二、如一当事国规定只有在订有引渡条约的条件下才可以引渡,而当该当事国接到未与其订有引渡条约的另一当事国的引渡要求时,可以自行决定认为本公约是对第一条所列的罪行进行引渡的法律根据。引渡应当遵照被请求国法律规定的其他条件。

三、各当事国如没有规定只有在订有引渡条约下才可引渡,则在遵照被请求国法律规定的条件下,应当承认第一条所列的罪行是他们之间可引渡的罪行。

四、为在各当事国之间引渡的目的,每一项罪行均应当被视为不仅是在所发生的地点实施的,而且也发生在根据第四条第一款(二)、(三)、(四)和(五)项要求确立其管辖权和根据第四条第二款已确立其管辖权的当事国领土内。

五、为在各当事国之间引渡的目的,第一条第四款(一)和(二)项所列的每项罪行应当等同对待。'"

9. 修改了"政治犯不引渡"条款

2010年《北京议定书》第12条规定:"增添下文作为公约第八条之二:'第八条之二:为引渡或司法互助的目的,第一条中所列的任何罪行均不应当被视为政治罪或与政治罪有关的罪行或由政治动机引起的罪行。因此,对于此种罪行提出的引渡或司法互助请求,不得只以其涉及政治罪或与政治罪有关的罪行或由政治动机引起的罪行为由而加以拒绝。'"

10. 拒绝引渡或提供司法协助

2010年《北京议定书》第13条规定:"增添下文作为公约第八条之三:'第八条之三:如果被请求的当事国有实质理由认为,请求为第一条所列的罪行进行引渡或请求为此种罪行进行司法互助的目的,是为了因某人的种族、宗教、国籍、族裔、政见或性别而对该人进行起诉或惩罚,或认为接受这一请求将使该人的情况因任何上述原因受到损害,则本公约的任何规定均不应当被解释为规定该国有引渡或提供司法互助的义务。'"

11. 恢复合法机长对航空器的控制或维护机长对航空器的控制

2010年《北京议定书》第14条规定:"公约第九条第一款应以下文取代:'第九条:

一、当第一条第一款中所列的任何行为已经发生或行将发生时,各当事国应当采取一切适当措施以恢复合法机长对航空器的控制或维护机长对航空器的控制。'"

12. 其他规定

2010年《北京议定书》第15条[①]和第16条[②]对当事国司法协助以及提供掌握的情况进行了规定。

2010年《北京议定书》还规定:一、公约内所有提及"缔约国"之处均应改为"当事国"。二、公约内所有提及"他"和"他的"之处均应分别改为"该人"和"该人的"。[③]

2010年《北京议定书》在1970年《海牙公约》英文、法文、俄文和西班牙文的基础上增加了阿拉伯文和中文作为作准文本。[④]

为避免出现理解和解释上的歧义,2010年《北京议定书》还要求:"在本议定书当事国之间,公约和本议定书应作为一个单一文书一并理解和解释,并称为经2010年北京议定书修正的《海牙公约》。"[⑤]

[①] 公约第十条第1款应以下文取代:"第十条:一、各当事国对第一条所列的罪行和第4条所列的其他行为所提出的刑事诉讼应当相互给予最大程度的协助。在所有情况下,都应当适用被请求国的法律。"

[②] 增添下文作为公约第十条之二:"第十条之二:任何当事国如有理由相信第一条中所列的一项罪行将要发生时,应当遵照其本国法律向其认为是第四条第一款和第二款中所列的国家的当事国提供其所掌握的任何有关情况。"

[③] 2010年《北京议定书》第17条。

[④] 2010年《北京议定书》第18条。

[⑤] 2010年《北京议定书》第19条。

13.1.7 2014年《蒙特利尔议定书》

13.1.7.1 2014年《蒙特利尔议定书》制定的历史背景

1963年《东京公约》签订后,确立登记国管辖权、机长的权力以及降落地职责等,对保障航空活动安全和有秩序地运行发挥了重要作用。然而,发生在航空器内的乘客行为不端事件,及由之而来的安全及安保威胁依然是航空公司和机组人员日常面对的一个严重问题。这一小部分不循规①乘客的言行会对其他乘客的旅行体验带来负面影响,干扰航班的正常运行,并引致航空公司的经济损失。

国际航协通过其拥有并管理的安全趋势评估分析及数据交换系统(STEADES)从2007年开始收集有关不循规乘客的统计数据。全球150多个航空公司定期向此数据库提交的安全报告乃非强制性,因此统计数据可能并不能完全反映问题的严重性。

STEADES的统计数据显示,2014年平均每1289个航班发生一起乘客不循规事件,相比2013年的平均每1362个航班发生一起的频率有所增长。这个统计,以及各国民航局的统计数据和国际航空运输协会会员航空公司的反馈,均表明乘客行为不端的事件正在变得更为普遍。②

各国政府认识到《东京公约》的现有条款因存在管辖权漏洞及对构成罪行的定义不清,其提供的法律框架因已不足以应对航空器内的不循规问题。因此,各国政府于2014年4月4日的一次外交会议上通过了《蒙特利尔议定书》③。该议定书大大扩展了各国对罪行的司法管辖权,同时包含经营人所在国和航空器降落地国。④

时任国际民航组织秘书长的柳芳称:"本议定书通过极大地加强各国的能力以扩展对降落地国和运营人所在国的相关犯罪和行为的司法管辖权,处理了航空器上日益增多的不循规和扰乱性行为的事件所产生的问题。通过将法律承认和保护明确地扩展至机上安保员,本议定书还将有助于加强全球航空安保规定。"⑤

2020年1月1日该议定书生效,随着议定书于2024年1月1日分别对匈牙利和突尼斯生效后,该议定书共有47个当事国。⑥ 我国于2014年4月4日签署了该议定书。

---

① 不循规行为包括对其他乘客及机组人员的攻击行为;性侵犯或性骚扰;非法使用毒品;拒绝遵从安全指示;对机组人员、乘客及航空器的安全做出;及其他可能影响航空器内良好秩序和纪律的扰乱性行为。参见国际民用航空组织第39届大会工作文件,具体内容详见:https://www.icao.int/Meetings/a39/Documents/WP/wp_139_zh.pdf. 2024年3月26日访问。

② 参加国际民用航空组织第三十九届年会,详见:https://www.icao.int/Meetings/a39/Documents/WP/wp_139_zh.pdf. 2024年3月24日访问。

③ 本书所用2014年《蒙特利尔议定书》条文摘自国际民用航空组织网站,具体网址为:https://www.icao.int/secretariat/legal/Docs/Final_act_mu.pdf. 2024年3月24日访问。

④ 参加国际民用航空组织第三十九届年会,详见:https://www.icao.int/Meetings/a39/Documents/WP/wp_139_zh.pdf. 2024年3月24日访问。

⑤ 《关于修订〈关于在航空器内的犯罪和犯有某些其他行为的公约〉的议定书》的生效,详见:https://www.icao.int/Newsroom/Pages/ZH/Entry-into-force-of-the-Protocol-to-Amend-the-Convention-on-Offences-and-Certain-Other-Acts-Committed-on-Board-Aircraft-.aspx. 2024年3月25日访问。

⑥ 具体当事国名称及保留事项详见:https://www.icao.int/secretariat/legal/List%20of%20Parties/Montreal_Prot_2014_EN.pdf. 2024年3月25日访问。

13.1.7.2 2014年《蒙特利尔议定书》的主要内容

1. 适用范围

相比于1963年《东京公约》的适用范围,2014年《蒙特利尔议定书》将《东京公约》第1条第三项"三、在本公约中,航空器从其开动马力起飞到着陆冲程完毕这一时间,都应被认为是在飞行中"修订为:"三、为本公约的目的:(一)一架航空器从完成登机后其所有外部舱门均已关闭时起至其任一此种舱门为下机目的开启时止,其间的任何时候均被视为在飞行中;在航空器遭迫降时,直至主管当局对该航空器及其所载人员和财产的责任时止,航空器应当被视为仍在飞行;[①]和(二)当经营人所在国与登记国不是同一国家时,公约第四条、第五条和第十三条中所用'登记国'一词应被视为经营人所在国。"

将《东京公约》第2条修订为:"第二条:在不妨害第四条规定的条件下,以及除非出于航空器及其所载人员或财产的安全需要外,本公约的任何规定均不得被解释为准许或要求对政治性刑法的犯罪或对触犯基于种族、宗教、国籍、族裔、政治见解或性别等任何理由进行歧视的刑法的犯罪,采取某种措施。"

2. 管辖权

2014年《蒙特利尔议定书》在《东京公约》第3条第1项后增加:"一之二、下列国家也有权对机上犯下的罪行和行为行使管辖权:(一)作为降落地国,某项犯罪或行为是在该国领土内降落的航空器上所犯,且嫌犯仍在机上;或(二)作为经营人所在国,某项犯罪或行为是在不带机组租给承租人的航空器上所犯,该承租人的主要营业地在该国,或者假如该承租人没有此种营业地,其永久居所在该国。"

2014年《蒙特利尔议定书》在《东京公约》第3条第2项后增加:"二之二、各缔约国还应采取必要措施,对以下情况下在航空器上犯下的罪行确定其管辖权:(一)作为降落地国,当有以下情况时:1.某项犯罪时在其前一起飞地点或下一个预备降落地点在其领土内的航空器上所犯,而航空器在其领土内降落其嫌犯仍在机上;和2.航空器或机上人员或财产的安全或机上的良好秩序和纪律受到危害;(二)作为经营人所在国,某项犯罪或行为是在不带机组租给承租人的航空器上所犯,该承租人的主要营业地在该国,或者假如该承租人没有此种营业地,其永久居所在该国。"

2014年《蒙特利尔议定书》在《东京公约》第3条第2项后增加:"二之三、在作为降落地国行使其管辖权时,国家应考虑相关的犯罪是否构成经营人所在国的犯罪。"

2014年《蒙特利尔议定书》在《东京公约》第3条后增加:"第三条之二、如果根据第三条行使管辖权的缔约国被告知或获悉一个或多个其他缔约国正在对相同的犯罪或行为进行调查、起诉或司法程序,该缔约国应酌情与其他缔约国进行协商,以期协调其行动。本条中义务不影响第十三条中缔约国的义务。"

3. 机长的权力

2014年《蒙特利尔议定书》将1963年《东京公约》第五条第一款修订为第五条,并将第五条第二款前移至第一条第三项(一)。

2014年《蒙特利尔议定书》第6条在1963年《东京公约》第6条两款基础上增加了:"三、依照相关缔约国之间双边或多变协定或安排部署的机上安保员,在有理由认为必须立

[①] 此款原为1963年《东京公约》第5条第2款。

即采取行动保护航空器或所在人员的安全,防止非法干扰行为,以及如果该协定或安排允许采取行动防止犯下严重罪行时,可在未经授权的情况下,采取合理的预防措施。四、本公约中的任何规定均不得被视为缔约国有义务制定机上安保员方案,或同意授权外国机上安保员在其领土行动的双边或多边协定或安排。"

4. 国家的权力和义务

2014 年《蒙特利尔议定书》第 15 条在 1963 年《东京公约》第 15 条两款基础上增加了:"第十五条之二:一、鼓励各缔约国采取必要措施,对在航空器上犯下第一条第一款所指罪行或行为的人启动适当刑事、行政或任何其他形式的法律程序,特别是:(一)对机组人员实施人身攻击或威胁实施此种攻击;或(二)拒绝遵守机长或以机长名义为保护航空器或机上人员或财产的安全之目的发出的合法指令。二、本公约的任何规定不影响各缔约国为惩处机上所犯不循规和扰乱性行为而在其本国立法制定或维持适当措施的权利。"

5. 其他规定

2014 年《蒙特利尔议定书》第 18 条在 1963 年《东京公约》第 18 条基础上增加了:"十八条之二:本公约中任何规定不排除根据本国法律向分别根据第八条或第九条被移交或下机的某人要求补偿所产生的任何损失的权利。"

另外,议定书还增加了中文、阿拉伯文、俄文连同英文、法文和西班牙文一起作为作准文本。

在国际民航组织第 39 届会议工作文件中指出 2014 年《蒙特利尔议定书》的好处主要为:

第一,司法管辖权的扩展。目前一个关键的问题是,因司法管辖权的限制,大量的行为不端乘客极少受检控或得到其他法律或经济制裁。在对超过 50 家国际航协会员于 2013 年进行的一项代表性调查结果显示,其中 60% 以上的会员航空公司表示缺乏管辖权是无法在境外检控行为不端旅客的关键原因。即使在没有管辖权问题的情况下,一些国家的也存在法律空白,不能依法拘捕或检控不循规乘客。

第二,1963 年《东京公约》仅赋予航空器登记国对航空器内的罪行和扰乱行为的管辖权。这样所造成的问题是,在航空器登记国外,若航空器的机长将不循规乘客驱离或移交给主管当局,可他们(作为航空器降落地国)并没有司法管辖权。同样地,航空器登记国的警方和当局则和发生在另一国的事件几乎没有关系。往往结果就是不循规乘客被释放并可以继续行程,不会因他们的不端行为受到任何惩罚。

第三,在处理不循规乘客的问题上,2014 年《蒙特利尔议定书》通过为各国提供更明确的管辖权框架,填补了法律空白。与此同时保留了起诉酌情权。具体如下:a)《蒙特利尔议定书》给预定降落地国(计划目的地)予强制管辖权。然而,为应对某些国家所担心的法律确定性和法律相称性问题,2014 年《蒙特利尔议定书》还包含了两道保障。首先,罪行必须足够严重,例如可能危害航空器安全或者机内人员或财产安全或危害机内良好秩序和纪律的不循规行为;其次,降落地国必须考虑相关罪行在经营人所在国是否构成犯罪。b)《蒙特利尔议定书》为经营人所在国确立了强制管辖权。这是因为考虑到航空器干租赁日趋常见,航空器登记国并非一定就是经营人所在国。

第四,对罪行的定义。2014 年《蒙特利尔议定书》阐明了起码怎样的具体行为应被认为是犯罪行为,并鼓励各国对犯下这样罪行的任何人启动适当刑事或任何其他形式的法律程序。这包括对机组成员实施人身攻击或威胁实施此种攻击和拒绝遵守机长或以机长名义为保护航空器或机内人员或财产的安全之目的发出的合法指令。对禁止的种种行为做出具体阐述,将可提高法律确定性。

第五,追索权。航空公司往往不得不承担乘客不循规事件所造成的损失,经济损失可以相当严重,在一些情况中可超过 20 万美元。2014 年《蒙特利尔议定书》认定航空公司应有权向不循规乘客要求补偿其行为造成的损失。本条款应具有强力的阻吓力。

第六,与被航空公司和各利益相关方实施了的其他预防及应对不循规乘客事件的行动措施一起,当 2014 年《蒙特利尔议定书》被广泛批准之后将对不循规乘客产生更有效的阻吓作用,因为此议定书对不循规行为的后果做出了更明确和更具可操作性的规定。这会令所有人的空中旅行体验更安全愉快。①

13.2 《芝加哥公约》及附件 17

13.2.1 《芝加哥公约》

1944 年《芝加哥公约》第 40 条目的第一、四、八项规定了"保证全世界国际民用航空安全地和有秩序地发展""满足世界人民对安全、正常、有效和经济的航空运输的需要"以及"促进国际航行的飞行安全"。在其第 37 条国际标准及程序的采用规定,国际民航组织应根据需要就"以及随时认为适当的有关空中航行安全、正常及效率的其他事项"随时制定并修改国际标准及建议措施和程序。

13.2.2 附件 17《安保—保护国际民用航空免遭非法干扰行为》

13.2.2.1 概述

1944 年《芝加哥公约》附件 17 的材料来自理事会根据大会下述两项决议制定的:A17-10 号大会决议:关于各国实施本届大会通过的安保规定和措施以及国际民航组织对这类规定和措施的进一步工作,……大会:……(3)要求理事会在本组织其他组成机构的协助下,将本决议附录中的材料适当编制成标准、建议措施和程序,纳入本组织现行的或新的附件中或本组织其他规章性的文件或指导材料中。

A18-10 号大会决议:保护国际航空运输安全的其他技术措施,……大会:(1)要求理事会在航空运输安保的技术方面确保:(a)由秘书长对航空运输的安保这一课题继续予以足够的注意,其优先地位应与当前航空运输安保受到威胁的程度相适应;……

根据空中航行委员会、航空运输委员会和非法干扰委员会的工作,并根据从各缔约国和有关国际组织(曾向这些国家和组织分发过草案材料)所收到的意见,理事会根据《国际民用航空公约》第 37 条的规定于 1974 年 3 月 22 日通过了关于安保的标准和建议措施并定为公约的附件 17,题为"标准和建议措施—《安保—保护国际民用航空免遭非法干扰行为》"。

在 2022 年 2 月 25 日到 3 月 18 日的第 225 届会议上,国际民航组织理事会通过了国际标准和建议措施附件 17 的第 18 次修订。

---

① 具体内容详见:https://www.icao.int/Meetings/a39/Documents/WP/wp_139_zh.pdf. 2024 年 3 月 27 日访问。

第 18 次修订[①]是根据 2021 年 5 月 31 日至 6 月 4 日举行的航空安保专家组第三十二次会议(AVSECP/32)的建议提出的,目的是确保附件 17 中的措施与民用航空受到的威胁程度相称。

在通过第 18 次修订时,国际民航组织理事会规定 2022 年 7 月 18 日为其生效日期,但大多数成员国在该日期前表示不同意的任何部分除外。此外,国际民航组织理事会决定,第 18 次修订在其生效的范围内,将于 2022 年 11 月 18 日开始适用。

13.2.2.2 主要内容

附件 17 包括五章,第一章《定义》,第二章《总则》,第三章《组织》,第四章《安保预防措施》,第五章《对非法干扰行为的管理》。

1. 定义

在第一章定义中,主要对附件中的一些词语进行界定,目的是使附件所规定的现行标准和建议措施的措辞更清晰,令各缔约国对规定有一致的诠释,并能更有效地根据全球安保审计计划进行审计工作。核心定义主要有:

(1)非法干扰行为。这些行为是指诸如危害民用航空安全的行为或未遂行为,包括但不限于:非法劫持航空器,毁坏使用中的航空器,在航空器上或机场扣留人质,强行闯入航空器、机场或航空设施场所,为犯罪目的而将武器或危险装置或材料带入航空器或机场,利用使用中的航空器造成死亡、严重人身伤害或对财产或环境的严重破坏,散播诸如危害飞行中或地面上的航空器、机场或民航设施场所内的旅客、机组、地面人员或大众安全的虚假信息。

(2)干扰性旅客。在机场或在航空器上不遵守行为规范,或不听从机场工作人员或机组人员指示,从而扰乱机场或航空器上良好秩序和纪律的旅客。

(3)安保。保护民用航空免遭非法干扰行为。这一目标由各项措施、人力和物力资源的总和加以实现。

(4)安保审计。对执行国家民用航空安保方案的各个方面是否符合要求进行的深入审查。

(5)安保管制。防止带入可能用于实施非法干扰行为的武器、炸药或其他危险装置、物品或物质的手段。

(6)安保检查。对航空公司、机场或其他参与安保的实体执行国家民用航空安保方案要求进行的检查。

(7)安保限制区。机场空侧区域中被确定为存在高风险、除实施通行管制外还执行其他安保管制的区域。这些区域通常包含尤其是自检查口至航空器、停机坪、行李分拣装卸区之间的全部商业航空旅客离场区域,其中包括航空器进入运行状态和已检查的行李和货物停放的区域、货棚、邮件中心、空侧配餐和航空器清洁场地。

(8)安保测试。对模拟实施非法干扰行为企图的航空安保措施所进行的隐蔽或公开的试验。

---

① 一项新的标准将澄清政策意图,并将确保各国和航空器运营人一致地适用航空器运营人安保方案(AOSP)的各项要求。本修订中的另一项新标准,旨在通过确保各国采用能够检测爆炸物和爆炸装置的适当的托运行李检查方法来加强航空安保。最后,有一项新标准概述了需制定、实施和维护的国家民用航空安保质量控制方案的基本要素。详见:《国际民用航空组织理事会通过最新的航空安保标准》,https://www.icao.int/Newsroom/Pages/ZH/Updated-Aviation-Security-standards-adopted-by-the-ICAO-Council.aspx. 2024 年 3 月 27 日访问。

2. 总则

在总则中,主要对安保—保护国际民用航空免遭非法干扰行为的目标、适用性、安保和简化手续、国际合作以及设备、研究和开发进行了规定。

(1) 目标。主要有三个方面:

第一,每一缔约国必须将保护旅客、机组、地面人员和一般公众的安全作为保护民用航空免遭非法干扰行为一切事务中的首要目标。①

第二,每一缔约国必须建立一个组织,并制定和实施顾及飞行的安全、正常和效率的规章、措施和程序,以保护民用航空免遭非法干扰行为。②

第三,每一缔约国必须确保这一组织和这种规章、措施和程序:a) 能在保护民用航空免遭非法干扰行为的一切事务中保护旅客、机组、地面人员和一般公众的安全;和 b) 能对任何增加的安保威胁迅速做出反应。③

第四,每一缔约国须确保对敏感航空安保信息进行适当的保护。④

第五,建议:每一缔约国应该在运行、技术和财政可行的范围内,使用适当的安保设备以实现民用航空的安保目标。

(2) 适用性。每一缔约国必须将附件17中所载的各项标准,并且必须努力将建议措施适用于国际民用航空运行。⑤

每一缔约国必须根据有关国家当局建立的风险评估机制,确保用于防止非法干扰行为的措施在切实可行的范围内适用于国内航运。⑥

(3) 安保和简化手续。附件17建议:每一缔约国应该尽可能在安保管制和程序的安排上,使其对民用航空活动的干扰或延误保持在最低程度,但条件是这些管制和程序的有效性不受影响。⑦

(4) 国际合作。附件17从五个方面的具体措施和五个方面的建议,对加强国际合作进行了详细规定。

①就某一次(几次)飞行提出额外的安保措施的要求的每一缔约国必须确保进行适当磋商并考虑对方国家提出的与所要求的措施等效的替代措施。⑧

②每一缔约国必须确保在可行范围内尽量满足其他缔约国就其运营人的某一次(几次)飞行提出额外安保措施的要求。⑨

③每一缔约国必须在编制和交换有关国家民用航空安保方案、培训方案和质量控制方案的资料方面,与其他国家进行必要的合作。⑩

④每一缔约国必须制定和实施有关程序,在切实可行的范围内与其他缔约国共享涉

---

① 附件17第2.1.1条。
② 附件17第2.1.2条。
③ 附件17第2.1.3条。
④ 附件17第2.1.4条。
⑤ 附件17第2.2.1条。
⑥ 附件17第2.2.2条。
⑦ 附件17第2.3条。
⑧ 附件17第2.4.1条。
⑨ 附件17第2.4.2条。
⑩ 附件17第2.4.3条。

这些国家航空安保利益的威胁信息。①

⑤每一缔约国必须对与其他缔约国分享的安保信息，或影响其他缔约国安保利益的安保信息，制定和实施合适的保护和处理程序，以便确保避免对这类信息的不当使用或披露。②

⑥建议：每一缔约国应另一国的要求，应该在适当和符合本国主权的情况下，与要求国共享国际民航组织进行审计的结果，以及被审计国采取的纠正行动。③

⑦建议：每一缔约国应该考虑国际民航组织制定的示范条款，在每一项双边航空运输协定中写入有关航空安保的条款。④

⑧建议：每一缔约国应其他缔约国的要求，应该向其书面提供本国国家航空安保方案的有关部分。⑤

⑨建议：每一缔约国根据 2.4.5 共享资料后应该通知国际民航组织。⑥

⑩建议：各缔约国应考虑达成协作性安排，通过避免安保管制不必要的重复，增强航空安保系统的可持续性。安排应该立足于通过确保在始发地实施有效的安保管制，核实安保成果的同等性。⑦

（5）设备、研究和开发。附件 17 建议：每一缔约国应该促进能够更好地实现民航安保目标的新安保设备、进程和程序的研究和发展，并应该就此事项与其他缔约国合作。⑧

每一缔约国应该确保在新的安保设备的发展中考虑到人的因素原理。⑨ 每一缔约国应该考虑实施创新进程和程序，以便在明确界定的准则的基础上对检查和安保管制进行业务差别化处理。⑩

3. 组织

组织包括国家组织和有关当局、机场运营、航空器经营人、质量控制以及空中交通服务者五个方面。⑪

4. 预防性安保措施

（1）目标。每一缔约国必须制定措施，防止以任何方式在从事民用航空的航空器上载运或携带未经准许进行载运或携带的武器、炸药或其他任何可能用于实施非法干扰行为的危险装置、物品和物质。⑫

每一缔约国须确保在实施安保措施时酌情采用随机抽查和不可预测的方法。⑬

建议：每一缔约国应该考虑将行为检测纳入其航空安保做法和程序。⑭

（2）通行管制的措施。附件 17 要求每一缔约国必须：①确保对用于民用航空的机场空

---

① 附件 17 第 2.4.4 条。
② 附件 17 第 2.4.5 条。
③ 附件 17 第 2.4.6 条。
④ 附件 17 第 2.4.7 条。
⑤ 附件 17 第 2.4.8 条。
⑥ 附件 17 第 2.4.9 条。
⑦ 附件 17 第 2.4.10 条。
⑧ 附件 17 第 2.5.1 条。
⑨ 附件 17 第 2.5.2 条。
⑩ 附件 17 第 2.5.3 条。
⑪ 具体详见附件 17 第 3.1.1 条到 3.5 条。
⑫ 附件 17 第 4.1.1 条。
⑬ 附件 17 第 4.1.2 条。
⑭ 附件 17 第 4.1.3 条。

侧区域的通行实行管制,以防未经准许擅自进入。②确保在国家有关当局进行的安保风险评估的基础上,按国家划定的区域,在每个用于民用航空的机场设立安保限制区。③确保建立和实施有关人员和车辆的身份识别制度,以防未经准许擅入空侧区域和安保限制区。进入许可必须只发给那些有运行需求或其他合法理由进入安保限制区的人员。必须在指定的检查点查验身份和授权后,始得准许进入空侧区域和安保限制区。④确保在安保限制区内监视来往于航空器的人员和车辆的活动情况,以防未经准许擅自进入航空器。⑤每一缔约国必须制定措施来确保对旅客以外人员连同其所携带物品,在其进入机场安保限制区之前,接受安检。⑥确保使用可探测出旅客以外人员身上或其携带物品中的爆炸物和爆炸装置的适当检查方法。如果不连续地使用这些方法,那么必须以不可预测的方式来使用它们。⑦确保获准进入安保限制区的车辆及其所载物品,均须根据国家有关当局进行的风险评估,接受检查或其他适当的安保管制措施。

建议:每一缔约国应该按照 Doc 9303 号文件《机读旅行证件》中规定的有关规范,确保颁发给航空器机组成员的身份证件中提供了承认和认证证件的统一、可靠的国际基准,以获准进入空侧区域和安保限制区。①

(3) 关于航空器的措施。附件 17 要求每一缔约国必须:①确保对从事商业航空运输活动的始发航空器进行航空器安保检查或航空器安保搜查。对是否适宜进行航空器安保检查或搜查的决定必须以国家有关当局进行的安保风险评估为依据。②确保采取措施,以确保在从事商业飞行的航空器离港前将从过境航班下机的旅客遗留的任何物品从航空器上移走或者以其他方式作适当处理。③要求其商业航空运输运营人采取适当措施,以确保防止未经准许的人员在飞行中进入飞行机组舱。④确保从开始进行航空器搜查或检查时起直到航空器离场时为止,始终保护受 4.3.1 规范的航空器免遭未经准许的干扰。⑤根据其相关国家或地方当局进行的风险评估,确保拟订关于地面或运行程序的适当措施。以减轻可能使用便携式防空系统(MANPADS)和其他能在机场及机场附近对航空器构成类似威胁的武器对航空器发动的攻击。

建议:每一缔约国应该确保实行安保管制,以防航空器不在安保限制区时遭受非法干扰行为。②

(4) 关于旅客及其客舱行李的措施。附件 17 要求每一缔约国必须:①制定措施,以确保商业航空运输运行的始发旅客及其客舱行李在登上从安保限制区离场的航空器之前经过了检查。②确保使用能够检测出旅客随身或在客舱行李中携带的爆炸物和爆炸装置的适当安检方法。凡不连续应用这些方法的地方,必须以不可预测的方式使用。③确保商业航空运输运行的转机旅客及其客舱行李在登上航空器之前经过检查,除非国家已经酌情与其他缔约国一起制定了认可程序并持续执行相关程序,以确保此类旅客及其客舱行李已在始发地点经过了适当水平的检查,并在其后自始发机场检查口起至转机机场离场的航空器为止,始终受到保护而未遭未经准许的干扰。④每一缔约国必须确保已经过检查的旅客及其客舱行李,自检查口起直到其登上航空器为止,始终得到保护免遭未经准许的干扰。如果发生混杂或接触,有关旅客及其客舱行李必须在登机前重新接受检查。⑤制定机场过站运行措施,以保护过站旅客及其客舱行李免遭未经准许的干扰,并保护过站机场安保的完整性。

---

① 详见附件 17 第 4.2.1 条到 4.2.8 条。
② 详见附件 17 第 4.3.1 条到 4.3.6 条。

建议：每一缔约国应该确保在机场和航空器上制定各种措施，以协助查明并解决可能对民用航空构成威胁的可疑活动。①

（5）关于货舱行李的措施。附件17要求每一缔约国必须：①制定措施，以确保始发的货舱行李在装上从事商业航空运输运行的航空器从安保限制区离场之前经过了检查。②确保所有有待商业航空器载运的货舱行李，自接受检查或交由承运人接管的地点起，以其中较早者为准，直到载运此种行李的航空器离场为止，始终得到保护免遭未经准许的干扰。如果货舱行李的完好性受到危害，在该货舱行李装上航空器之前必须对其再次进行检查。③确保商业航空运输运营人不载运未登机人员的行李，除非对该行李标明为无人押运行李而且经过了适当检查。④确保转机的货舱行李在被装上从事商业航空运输运行的航空器之前经过了检查，除非国家已经酌情与其他缔约国一起制定了认可程序并持续执行相关程序，以确保此种货舱行李已在始发地点经过了检查，并在其后自始发机场起至转机机场离场的航空器为止，始终受到保护而未遭未经准许的干扰。⑤确保商业航空运输运营人仅运输经逐件标示为随行或托运、经过适当标准检查的并经航空承运人接受由当次航班载运的货舱行李物品。所有此种行李均应记录为符合上述标准并经准许由当次航班载运。

建议：每一缔约国应该根据国家有关当局进行的安保风险评估来制定不明行李的处理程序。②

（6）关于货物、邮件和其他物品的措施。附件17要求每一缔约国必须：①确保在将货物和邮件装上从事商业航空运输运行的航空器之前对其实施适当的安保管制，可行时包括检查。②建立一个供应链安保过程，包括批准管制代理人和/或已知托运人，如果此类实体参与实施对货物和邮件的检查或者其他安保管制。③确保将由商业航空器载运的货物和邮件自实施检查或其他安保管制的现场直到该航空器离场为止，始终得到保护免遭未经准许的干扰。④确保对高风险货物和邮件实施强化的安保措施，以妥当缓解与之相关的威胁。⑤确保运营人不接收拟在从事商业航空运输运行的航空器上载运的货物或邮件，除非管制代理人、已知托运人或经主管当局核准的实体确认并核实已实施了检查或其他安保管制。货物和邮件不能经管制代理人、已知托运人或主管当局核准的实体确认与核实的，必须接受检查。⑥确保将在商业航班上载运的配餐品、储藏品和供应品受到适当的安保管制，这可能包括供应链安保过程或检查，并在其后直到装上航空器为止始终得到保护。⑦确保运进安保限制区内的商品和供应品一定要接受适当的安保管制，这可能包括供应链安保过程或检查。⑧确保对已经确认和核实的货物和邮件签发安保状况单，以电子形式或书面形式始终随同该等货物和邮件通过安保供应链。⑨确保在转机货物和邮件被装上从本国领土离境的从事商业航空运输运行的航空器之前对其实施了适当的安保管制。⑩须确保，进行货物和邮件检查时，利用一种或多种适当的办法进行检查，同时亦顾及托运货物的性质。

建议：每一缔约国应该设立适当的机制，以确认对进入本国领土的转机货物和邮件实施了适当的安保管制。③

（7）关于特殊类型旅客的措施。附件17要求每一缔约国必须：①对航空承运人载运因司法或行政程序强制乘机旅行而具有潜在扰乱性的旅客做出规定。②确保提供从该国出发

---

① 详见附件17第4.4.1条到4.4.6条。
② 详见附件17第4.5.1条到4.5.6条。
③ 详见附件17第4.6.1条到4.6.11条。

的航班的运营人,在其安保方案中包含措施和程序,以确保在载运因司法或行政程序而强制旅行的旅客时其航空器上的安全。③确保当有旅客因司法或行政程序而强制旅行时通知航空器运营人和机长,以便实施适当的安保管制。④确保执法官员和其他经批准的人员因履行职责而在航空器上携带武器时,必须根据有关国家的法律获得特别批准。⑤考虑任何其他缔约国申请允许携带武器的人员,包括机上安保员搭乘申请国运营人的航空器进行旅行的要求。只有所有有关国家同意以后才能允许此类旅行。⑥确保在其他情况下,只有经过批准和有资格的人员检查确认武器枪弹分离后才允许载运而且只能把武器存放在飞行期间任何人都接触不到的地方。⑦凡决定部署机上安保员的每一缔约国,必须确保这类人员是兼顾了航空器的机上安全和安保两个方面、并根据主管当局的威胁评估进行部署的经过特别挑选和培训的政府工作人员。这类安保员的部署必须与有关国家协调并严格保密。⑧确保将携带武器人员的人数及其座位位置通知机长。①

(8) 与非隔离区有关的措施。附件 17 要求每一缔约国必须:①确保界定陆侧区域。②根据有关当局或实体进行的风险评估,确保为陆侧区域建立安保措施,减轻可能的非法干扰行为的风险和预防此种行为的发生。③须确保国家的相关部门、机构、其他组织以及其他实体根据标准 3.1.7、3.2.2 和 3.2.3 开展陆侧区域安保措施的协调,并在其国家民用航空安保方案中确定关于陆侧区域安保的适当责任。

(9) 与网络威胁有关的措施。附件 17 要求:每一缔约国必须确保国家民用航空安保方案或其他相关国家文件中定义的运营人或实体确定其用于民用航空用途的重要信息和通信技术系统和数据,并根据风险评估,酌情制定和实施措施,保护其免遭非法干扰。②

建议:每一缔约国应该确保实施的措施适当保护经查明的重要系统和/或数据的保密性、完好性和可用性。这些措施应该酌情并根据其相关国家当局进行的风险评估,将符合设计的安保、供应链安保、网络分离以及对任何远程访问能力的保护和/或限制等事项纳入其中。③

5. 对非法干扰行为的管理

附件 17 主要从预防、应对和交换情报和报告三方面规定了对非法干扰行为的管理措施。

(1) 预防。附件 17 要求:①当有可靠情报表明一架航空器可能遭受到非法干扰行为时,如果它仍在地面,每一缔约国必须采取措施保护该航空器;如果该航空器已经离场,则必须将该航空器的到达时间尽早提前通知有关国家的有关机场当局和空中交通服务部门。④②当有可靠情报表明一架航空器可能遭受到非法干扰行为时,每一缔约国必须确保对该航空器进行搜查以查出隐藏的武器、炸药或其他危险装置、物品和物质。在此之前必须向有关的运营人发出搜查通知。⑤③每一缔约国必须确保做出安排,调查、排除和/或在必要时处置机场内可疑的危险装置或其他潜在的危险。⑥④每一缔约国必须确保制定应急计划并提供

---

① 详见附件 17 第 4.7.1 条到 4.7.8 条。
② 附件 17 第 4.9.1 条。
③ 附件 17 第 4.9.2 条。
④ 附件 17 第 5.1.1 条。
⑤ 附件 17 第 5.1.2 条。
⑥ 附件 17 第 5.1.3 条。

资源保护民用航空免遭非法干扰行为。对应急计划必须定期进行测试。[1] ⑤每一缔约国必须确保在其用于民用航空的机场内可以随时部署经过批准和受过适当训练的人员,以协助处理可疑的和实际的非法干扰民用航空的案件。[2] ⑥每一缔约国必须确保其国家民用航空安保方案为任何负责实施国家民用航空安保方案的实体界定各项进程,虑及2.1.4酌情向有关当局务实地及时报告有关非法干扰行为事件和就此进行的准备行为的信息。[3]

(2) 应对。附件17要求:①每一缔约国必须采取适当措施,保证在其领土内地面上遭受到非法干扰行为的航空器上的旅客和机组的安全,直到他们可以继续旅行为止。[4] ②负责向遭受到非法干扰行为的航空器提供空中交通服务的每一缔约国,必须收集有关该航空器的所有飞行情报,并把这些情报传送给所有其他负责空中交通服务有关单位的国家,包括已知或估计的目的地机场国家,以便及时而又适当地在航路上和航空器已知的、大致确定的或可能的目的地采取保护行动。[5] ③每一缔约国必须向遭受到非法劫持的航空器提供援助,包括提供导航设施、空中交通服务以及在情况需要时允许其着陆。[6] ④每一缔约国必须采取它认为可行的措施,以确保将降落在其领土内遭受到非法劫持的航空器扣留在地面,除非因保护人的生命的首要责任而必须放行。但在采取这些措施时必须认识到下一步飞行所伴随的严重危险。各国还必须认识到在可行的情况下航空器着陆国和航空器运营人所在国之间进行磋商、以及航空器着陆国通知推测的或申明的目的地国的重要性。[7] ⑤遭受到非法干扰的航空器在一缔约国降落后,该国必须用最快的方法将航空器降落的消息通知航空器的登记国和运营人所在国,并必须以同样最快的方法将所有其他有关情报传送给:a) 上述两个国家;b) 其公民遭受伤亡的每一个国家;c) 其公民被扣为人质的每一个国家;d) 已知其公民在该航空器上的每一个国家;和e) 国际民用航空组织。[8] ⑥建议:每一缔约国应该确保将根据5.2.2的规定采取行动后收到的情报尽快发送给当地有关的空中交通服务部门、适当的机场管理机构、运营人和其他有关部门。[9] ⑦建议:每一缔约国应该为对非法干扰行为做出联合反应的目的与其他国家合作。每一缔约国在其领土内采取措施解救遭受到非法干扰行为的航空器上的旅客和机组成员时,应该根据需要使用该航空器运营人所在国、生产厂商所属国和登记国的经验和能力。[10]

(3) 交换情报和报告。附件17要求:与非法干扰行为有关的每一缔约国在事件解决后,必须尽快将所有与非法干扰行为的安保方面有关的情报提供给国际民航组织。[11]

建议:每一缔约国应该与其认为适当的其他缔约国交换关于应对非法干扰行为的管理方面的情报,同时把这种情报提供给国际民航组织。[12]

---

[1] 附件17第5.1.4条。
[2] 附件17第5.1.5条。
[3] 附件17第5.1.6条。
[4] 附件17第5.2.1条。
[5] 附件17第5.2.2条。
[6] 附件17第5.2.3条。
[7] 附件17第5.2.4条。
[8] 附件17第5.2.5条。
[9] 附件17第5.2.6条。
[10] 附件17第5.2.7条。
[11] 附件17第5.3.1条。
[12] 附件17第5.3.2条。

13.3 我国航空刑事法律制度

13.3.1 作用及渊源

13.3.1.1 作用

保障航空安全,是组织实施航空活动的首要任务。我国刑法通过惩罚犯罪和预防犯罪,对保障航空安全具有极其重要的作用。刑法对保障民用航空安全的作用,主要体现在下列两个方面:

第一,用刑罚同一切非法干扰航空的犯罪行为作斗争,坚决制止劫持航空器、破坏航空器或航行设施,干扰空中航行正常工作等行为的发生,以维护空中航行正常秩序,切实保障航空安全。

第二,用刑罚同一切玩忽职守,严重违反空中航行法规或操作规程的犯罪行为作斗争,以防止空中交通重大责任事故的发生,切实保障民用航空的安全。前者是指针对航空器、航行设施或航空人员的故意犯罪,对民用航空安全危害极大,必须采取一切行之有效的措施,严密防范,绳之以法,严厉打击,坚决制止;后者是指从事民用航空职业的航空人员的过失犯罪,即该等人员玩忽职守,违反空中航行法规或操作规程,酿成重大责任事故,致人伤亡或者公私财产遭受重大损失,后果严重,构成犯罪,亦应追究刑事责任,予以惩罚,吸取教训,避免类似事故再次发生。实践表明,预防措施得力,立法完善,执法严格,是做好民用航空安全工作的可靠保证。

13.3.1.2 渊源

目前,我国航空刑法的渊源主要有:

(1) 1997年《刑法》。分总则与分则两部分。总则篇是关于刑法的任务、基本原则和适用范围以及犯罪总论、刑罚总论;分则篇中涉及民用航空安全的有第116条、117条、119条、121条、123条、131条。

(2) 1995年《民用航空法》第191条至199条以及第212条就追究有关刑事责任作了规定。

(3) 程序规则。主要适用《中华人民共和国刑事诉讼法》中的规定。

13.3.2 危害航空安全的犯罪和刑罚

我国现已加入了1963年《东京公约》、1970年《海牙公约》、1971年《蒙特利尔公约》、2010年《北京公约》和《北京议定书》。按照条约必须恪守的原则,我国航空法和刑法中关于危害航空安全的犯罪罪名,也应与上述条约内容保持一致。

13.3.2.1 劫持航空器罪

1. 劫持航空器罪法条规定及罪名发展

(1) 法条规定。《民用航空法》第191条规定:"以暴力、胁迫或者其他方法劫持航空器的,依照刑法有关规定追究刑事责任。"①

《刑法》第 121 条规定:"以暴力、胁迫或者其他方法劫持航空器的,处十年以上有期徒刑或者无期徒刑;致人重伤、死亡或者使航空器遭受严重破坏的,处死刑。"

(2) 罪名发展。1979 年《刑法》第 100 条规定:"以反革命为目的,进行下列破坏行为之一的,处无期徒刑或者十年以上有期徒刑;情节较轻的,处三年以上十年以下有期徒刑:……(三)劫持船舰、飞机、火车、电车、汽车的;",根据该条规定,如果劫持飞机的,罪名定为反革命劫机罪。②

我国于 1980 年 9 月 10 日加入了 1970 年《海牙公约》(该公约于同年 10 月 10 日对中国生效),按照条约必须恪守的原则,我国按照条约规定,主要采取了以下的立法措施来履行条约义务:(1) 确立管辖权。该公约第 4 条第 2 款规定:"当被指称的罪犯在缔约国领土内,而该国未按第 8 条的规定将此人引渡给该条第 1 款所指的任一国家时,该缔约国应……采取必要措施,对这种罪行实施管辖权。"全国人大常委会于 1987 年 6 月 23 日通过《关于对中华人民共和国缔结或者参加的国际条约所规定的罪行行使刑事管辖权的决定》,规定:"对于中华人民共和国缔结或者参加的国际条约所规定的罪行,中华人民共和国在所承担条约义务的范围内,行使刑事管辖权。"这一决定覆盖了中国缔结的或将要缔结的一切含有类似条款的国际条约,当然首先是达到了 1970 年《海牙公约》对采取措施实施管辖权的要求。(2) 修改法律,补充相应条文,中国 1979 年通过的刑法中原来并无关于劫持航空器罪的专门规定。1992 年,全国人大常委会颁布《关于惩治劫持航空器犯罪分子的决定》,删去了反革命劫机罪的规定,确立了劫持航空器罪的罪名,1995 年《民用航空法》和 1997 年《刑法》中沿用这个罪名。

2. 劫持航空器罪犯罪构成

(1) 犯罪主体。本罪的主体为一般主体。已满 16 周岁具有刑事责任能力的自然人,无论是中国人,还是外国人或无国籍人,都符合本罪的主体要件。此罪的犯罪主体可以两人或两人以上构成共同犯罪,对于机长是否可以成为此罪的犯罪主体,有人认为机长由于其身份的特殊性,不能成为劫持航空器罪的犯罪主体;但在实践中,出现过机长劫持航空器的行为,而且在判决中,其罪名就是劫持航空器罪。所以机长完全可以成为本罪的主体。

(2) 犯罪的主观方面。本罪的主观上只能是故意,即明知劫持航空器的行为会发生危害航空安全的严重后果,并且希望或者放任这种结果的发生。从实践上看,劫持者总是为了达到特定目的,但犯罪目的与动机的内容不影响本罪的成立。

---

① 该条原文为"以暴力、胁迫或者其他方法劫持航空器的,依照关于惩治劫持航空器犯罪分子的决定追究刑事责任。"第十一届全国人民代表大会常务委员会第十次会议于 2009 年 8 月 27 日通过并施行《全国人民代表大会常务委员会关于修改部分法律的决定》,将《民用航空法》第 191 条引用已纳入刑法并被废止的关于惩治犯罪的决定的规定修改为"依照刑法有关规定"。具体内容详见:https://www.caac.gov.cn/XXGK/XXGK/FLFG/201601/t20160112_26500.html. 2024 年 3 月 26 日访问。

② 1982 年 8 月 19 日,反革命劫机犯孙云平、杨锋、高克利、谢智敏、魏学利,在上海被枪决。这五名罪犯于 7 月 25 日劫持从西安飞往上海的 2505 次班机,犯了反革命劫机罪。2505 次班机于 7 月 25 日上午八时零七分从西安起飞。十时零三分,当飞机飞抵无锡上空时,孙云平、杨锋等五名罪犯先后冲进驾驶舱,以暴力威逼机组人员改变航向外逃,并行凶伤害机组人员和旅客多名。机组人员和旅客奋起同他们搏斗,这伙反革命暴徒最终被制服。8 月 11 日下午,上海市中级人民法院以反革命劫机罪,判处孙云平等五名罪犯死刑,剥夺政治权利终身。宣布判决后,孙云平等向上海市高级人民法院提出上诉。上海市高级人民法院进行二审审理,确认此案事实清楚,证据确凿、充分,适用法律正确,决定维持原判,驳回了孙云平等五名罪犯的上诉,并依法报请最高人民法院核准。上海市中级人民法院遵照最高人民法院的命令,将孙云平等五名反革命劫机犯执行枪决。参见:中国年鉴编辑部编辑. 中国年鉴-1983[M]. 北京:新华出版社,1983:407-408。

(3) 犯罪客体。本罪客体是侵害了航空器上不特定多数人的人身、财产和航空器的安全。本罪侵害的行为对象是正在使用中或者飞行中的航空器。刑法虽没有明文限定为使用中或者飞行中的航空器,但从劫持的含义及有关国际公约来看,应当做出这种限定。根据有关国际公约规定,当地面人员或机组为某一特定飞行而对航空器进行飞行前的准备时起,直到降落后 24 小时为止,该航空器被认为是正在使用中。航空器从装载完毕,机舱外部各门均已关闭时起,直至打开任一机舱门以便卸载时止,视为在飞行中;航空器被迫降落时,在主管当局接管该航空器及机上人员与财产的责任以前,视为仍在飞行中。关于航空器的范围,有人认为只能是民用航空器,有人认为这里的航空器既可以是民用的,也可以是供军事、海关、警察使用的。本书认为是民用航空器,因为我国《民用航空法》第 5 条明确规定:"本法所称民用航空器,是指除用于执行军事、海关、警察飞行任务外的民用航空器。"1963 年《东京公约》第一条第四项也明确地将供军事、海关、警察飞行任务外的航空器排除出去,1970 年《海牙公约》第 3 条也明确规定了供军事、海关、警察用的航空器,1971 年《蒙特利尔公约》第 4 条第 1 款也明确规定,不适用于供军事、海关、警察用的航空器。但有学者在论述劫持航空器罪的时候,对航空器的界定为:空间飞行的各种器工具,如人造卫星、航天飞机、宇宙飞船、运载火箭、飞机或其他航空器具,本书不赞成此中界定。因此,本书认为劫持航空器罪的犯罪对象是民用航空器。

(4) 犯罪的客观方面。主要有:

第一,有以暴力、胁迫或者其他方法劫持航空器。这里所指的"暴力",是指对驾驶员等机组人员、旅客或其他相关人员的身体实施打击或者强制,使其不能反抗的行为,如殴打、伤害、禁闭、捆绑等。"胁迫"是指对机上人员进行精神恐吓和强制,使其不敢反抗的行为,如以炸毁飞机、杀害人质相威胁等。"其他方法",是指除使用上述暴力、胁迫方法以外的其他方法,使被害人不能抗拒或者不知抗拒,在此情况下劫持航空器的行为,如以药物麻醉机上工作人员等。这些方法的共同点是使航空器内的机组人员或其他人员不能反抗、不敢反抗或者不知反抗。"劫持"主要表现为两种情况:一是劫夺航空器,二是强行控制航空器的航行,如强迫航空器改变飞行路线、强迫航空器改变着陆地点等。

第二,劫持航空器罪是行为犯,只要出现了"以暴力、胁迫或者其他方法劫持航空器"的行为,就构成此罪。至于行为人实际上是否劫夺了航空器、实际上是否控制了航空器的航行,则不影响本罪的成立。

第三,劫持航空器的犯罪的时间、地点影响本罪的成立。被劫持的航空器在时间上必须是在使用中或者在飞行中。否则,不构成本罪。

3. 处罚

根据《刑法》第 121 条规定,犯劫持航空器罪的,处 10 年以上有期徒刑或者无期徒刑;致人重伤、死亡或者使航空器遭受严重破坏的,处死刑。

13.3.2.2 暴力危及飞行安全罪

1. 法条规定

《民用航空》第 192 条规定:"对飞行中的民用航空器上的人员使用暴力,危及飞行安的,依照刑法有关规定追究刑事责任。"①

《刑法》第 123 条规定:"对飞行中的民用航空器上的人员,危及飞行安全,尚未造成严重后果的,处 5 年以下有期徒刑或者拘役;造成严重后果的,处 5 年以上有期徒刑。"

2. 犯罪构成

(1) 犯罪主体。本罪的主体为一般主体,即达到刑事责任年龄、具有刑事责任能力的自然人。中国公民、外国公民、无国籍人均可构成,主体范围宽泛。

(2) 主观方面。本罪主观方面表现为故意(而依据 1979 年《刑法》第 106 条规定,此罪可以是过失犯罪)。故意的内容表现为,行为人明知自己对飞行中的航空器上的人员使用暴力,会危及飞行安全,并且希望或者放任这种结果的发生。

(3) 犯罪客体。本罪的犯罪客体是航空安全。对飞行中的航空器上的人员使用暴力,不仅危及被害人的人身安全,更主要的是危及航空器飞行安全,可能造成航空器本身及机组人员和所载乘客的生命、健康、财产的重大损失。由于航空安全关系到不特定多人的生命以及重大财产的安全,因而,这种危害航空安全的行为具有严重的社会危害性。1997 年《刑法》将它列入危害公共安全罪中。

此罪中,其侵害的对象是飞行中的航空器上的人员,但可能危及飞行安全。这里的航空器指的是飞行中的航空器。即该航空器从装载完毕,机舱外部各门均已关闭时起,直至打开任一机舱门以便卸载时止,视为在飞行中;航空器被迫降落时,在主管当局接管该航空器及机上人员与财产的责任以前,视为仍在飞行中。

(4) 犯罪的客观方面。主要有:

第一,有对飞行中航空器的人员使用暴力,危及飞行安全的行为。其一,必须使用了暴力,这里的暴力,是指直接对航空器上的人员实施杀害、伤害、殴打、捆绑、监禁等危害人身安全或人身自由的手段,是针对人身的危害行为。不包括故意重伤与故意杀人。其二,必须是对航空器上的人员使用暴力,其中的人员既包括机组人员,也包括乘客等航空器上的所有人员。再次,必须是对飞行中的航空器上的人员使用暴力,否则不成立本罪。例如,在航空器还没有装载完毕时,或者在航空器降落后打开机舱门以便卸载时,对航空器中的人员使用暴力的,就不成立本罪。其三,行为在客观上必须危及飞行安全,即对飞行安全构成了威胁。如果使用暴力的行为并不危及飞行安全,就不成立本罪。

第二,本罪不要求暴力行为造成严重后果,只要"危及了飞行安全"。到底怎样才算"危及飞行安全"? 要根据具体情况进行分析。

3. 处罚

《刑法》第 123 条规定,对航空器上的人员使用暴力的,处 5 年以下有期徒刑或者拘役;造成严重后果的,处 5 年以上有期徒刑(如果此罪是在 1997 年的刑法生效前所犯之罪,要看法院在条件相同的情况下法院按照新旧刑法对此罪的判决,按照从旧兼从轻的原则决定适用新旧刑法。

---

① 本条原文为:"对飞行中的民用航空器上的人员使用暴力,危及飞行安全,尚未造成严重后果的,依照刑法第一百零五条的规定追究刑事责任;造成严重后果的,依照刑法第一百零六条的规定追究刑事责任。"第十一届全国人民代表大会常务委员会第十次会议于 2009 年 8 月 27 日通过并施行《全国人民代表大会常务委员会关于修改部分法律的决定》,将《民用航空法》第 192 条修改为:"对飞行中的民用航空器上的人员使用暴力,危及飞行安全的,依照刑法有关规定追究刑事责任。"具体内容详见:https://www.caac.gov.cn/XXGK/XXGK/FLFG/201601/t20160112_26500.html. 2024 年 3 月 26 日访问。

13.3.2.3 航空人员重大飞行事故罪

1. 法条规定

《民用航空法》第 199 条规定："航空人员玩忽职守，或者违反规章制度，导致发生重大飞行事故，造成严重后果的，依照刑法有关规定追究刑事责任。"①

《刑法》第 131 条规定："航空人员违反规章制度，致使发生重大飞行事故，造成严重后果的，处三年以下有期徒刑或者拘役；造成飞机坠毁或者人员死亡的，处三年以上七年以下有期徒刑。"

从《民用航空法》第 199 条规定来看，航空人员构成了两种罪行，一种是玩忽职守罪，一种是重大飞行事故罪。而从刑法的规定来看，则是重大飞行事故罪。

2. 犯罪构成

(1) 犯罪主体。本罪主体是特殊主体，即航空人员，是指从事下列航空活动的空勤人员与地面人员，空勤人员包括驾驶员、飞行机械人员、乘务员、航空安全员；地面人员包括航空器维修人员、空中交通管制员、飞行签派员与航空电台通讯员；航空人员以外的人不能成为本罪主体。

(2) 犯罪的主观方面。本罪主观方面只能是过失，即应当预见自己违反规章制度的行为可能发生重大飞行事故、造成严重后果，因为疏忽大意而没有预见或者已经预见而轻信能够避免。故意不可能构成本罪。

(3) 犯罪客体。本罪侵犯的客体是航空活动的安全和公共安全。

(4) 犯罪的客观方面。主要有：

第一，航空人员有在工作中玩忽职守，或者违反规章制度的行为。这里的违反航空规章制度，是指违反航空法及其他相关制度的行为，具体是指违反了对航空器的维修、操作管理、空域管理、运输管理及安全飞行管理的规章制度。

第二，这种行为导致了重大飞行事故。这也是构成本罪的一个必要条件。如果没有造成上述严重后果，即使行为人违反了规章制度，也不构成本罪。

第三，违反规章制度与严重后果之间存在因果关系。即严重后果是由于违反规章制度的行为引起的。违反规章制度的行为与严重后果之间没有因果关系，则不构成本罪。

13.3.2.4 非法携带或托运违禁物品罪

1. 法条规定

《民用航空法》第 193 条规定："违反本法规定，隐匿携带炸药、雷管或者其他危险品乘坐民用航空器，或者以非危险品品名托运危险品的，依照刑法有关规定追究刑事责任。企业事业单位犯前款罪的，判处罚金，并对直接负责的主管人员和其他直接责任人员依照前款规定追究刑事责任。隐匿携带枪支子弹、管制刀具乘坐民用航空器的，依照刑法有关规定追究刑

---

① 该条原文为："航空人员玩忽职守，或者违反规章制度，导致发生重大飞行事故，造成严重后果的，分别依照、比照刑法第一百八十七条或者第一百一十四条的规定追究刑事责任。"第十一届全国人大常委会第十次会议于 2009 年 8 月 27 日通过并施行《全国人民代表大会常务委员会关于修改部分法律的决定》，将《中华人民共和国民用航空法》第 199 条中"比照刑法第一百八十七条或者第一百一十四条的规定"修改为"依照刑法有关规定"。具体内容详见：https://www.caac.gov.cn/XXGK/XXGK/FLFG/201601/t20160112_26500.html。2024 年 3 月 26 日访问。

事责任。"①

《刑法》第 130 条规定:"非法携带枪支、弹药、管制刀具或者爆炸性、易燃性、放射性、毒害性、腐蚀性物品,进入公共场所或者公共交通工具,危及公共安全,情节严重的,处三年以下有期徒刑、拘役或者管制。"

2. 犯罪构成

(1) 犯罪主体。犯罪主体是一般主体,即达到刑事责任年龄、且具有刑事责任能力的自然人、法人或其他组织。

(2) 犯罪的主观方面。主观方面只能是故意。"隐匿"是指犯罪分子明知违法仍隐藏携带,企图逃避安全检查人员监管的心理状态。犯罪动机可能多种多样,但只要有上述故意违法行为,即构成犯罪。

(3) 犯罪客体。本罪侵犯的客体是公共安全,即不特定多数人的生命、健康和重大公私财产的安全。

(4) 犯罪的客观方面。主要有:

第一,有非法携带或运输违禁物品,危及公共安全的行为。所谓非法,是指违反有关枪支、弹药、管制刀具或危险物品管理的规定。国务院早在 1982 年 12 月 1 日发布了《关于保障民用航空安全的通告》,严禁旅客携带枪支、弹药、凶器和易爆、易燃、剧毒、放射性物品以及其他危害民用航空的危险品进入机场和乘坐飞机。

《民用航空法》第 100 条规定:"公共航空运输企业不得运输法律、行政法规规定的禁运物品。公共航空运输企业未经国务院民用航空主管部门批准,不得运输作战军火、作战物资。禁止旅客随身携带法律、行政法规规定的禁运物品乘坐民用航空器。"

《民用航空法》第 101 条第 3 款规定:"禁止旅客随身携带危险品乘坐民用航空器。除因执行公务并按照国家规定经过批准外,禁止旅客携带枪支、管制刀具乘坐民用航空器。禁止违反国务院民用航空主管部门的规定将危险品作为行李托运。"

第二,其行为已经危及公共安全,也就是说,只有携带上述物品进入航空器或托运上述物品,足以危及公共安全,对不特定的多数人的生命、健康和重大公私财产构成了严重的威胁。不需要一定要造成危害结果。

第三,必须是情节严重的行为,只有情节严重的行为,才能构成犯罪,情节轻微则不构成犯罪。

13.3.2.5 违反危险品航空运输管理规定罪

1. 法条规定

《民用航空法》第 194 条规定:"公共航空运输企业违反本法第一百零一条的规定运输危

---

① 本条原文为:"违反本法规定,隐匿携带炸药、雷管或者其他危险品乘坐民用航空器,或者以非危险品品名托运危险品,尚未造成严重后果的,比照刑法第一百六十三条的规定追究刑事责任;造成严重后果的,依照刑法第一百一十条的规定追究刑事责任。企业事业单位犯前款罪的,判处罚金,并对直接负责的主管人员和其他直接责任人员依照前款规定追究刑事责任。隐匿携带枪支子弹、管制刀具乘坐民用航空器的,比照刑法第一百六十三条的规定追究刑事责任。"第十一届全国人大常委会第十次会议于 2009 年 8 月 27 日通过并施行《全国人民代表大会常务委员会关于修改部分法律的决定》,将《中华人民共和国民用航空法》第 193 条第 1 款修改为:"违反本法规定,隐匿携带炸药、雷管或者其他危险品乘坐民用航空器,或者以非危险品品名托运危险品的,依照刑法有关规定追究刑事责任。"第 3 款修改为:"隐匿携带枪支子弹、管制刀具乘坐民用航空器的,依照刑法有关规定追究刑事责任。"具体内容详见:https://www.caac.gov.cn/XXGK/XXGK/FLFG/201601/t20160112_26500.html. 2024 年 3 月 26 日访问。

险品的,由国务院民用航空主管部门没收违法所得,可以并处违法所得一倍以下的罚款。公共航空运输企业有前款行为,导致发生重大事故的,没收违法所得,判处罚金;并对直接负责的主管人员和其他直接责任人员依照刑法有关规定追究刑事责任。"①

《刑法》第 136 条规定:"违反爆炸性、易燃性、放射性、毒害性、腐蚀性物品的管理规定,在生产、储存、运输、使用中发生重大事故,造成严重后果的,处三年以下有期徒刑或者拘役;后果特别严重的,处三年以上七年以下有期徒刑。"

2. 犯罪构成

(1) 犯罪主体。犯罪主体为特殊主体,仅是公共航空运输企业。按照《民用航空法》第 91 条规定,公共航空运输企业是企业法人。

(2) 主观方面。主观方面表现为过失。如果是故意犯罪,则不构成本罪。是指应当预见自己的行为可能发生危害社会的结果,因为疏忽大意而没有预见;或者已经预见而轻信能够避免,以致发生这种结果的犯罪。

(3) 犯罪的客体。侵犯是航空运输的安全和公共安全。

(4) 犯罪的客观方面。主要有:

第一,客观方面是违反了《民用航空法》第 101 条规定,在运输危险品时,未能遵守国家的有关规定。

第二,没有造成危害结果的,由国务院民用航空主管部门没收违法所得,可以并处违法所得一倍以下的罚款。发生重大事故,造成严重后果的,处三年以下有期徒刑或者拘役;后果特别严重的,处三年以上七年以下有期徒刑。

13.3.2.6 在航空器上放置危险品罪

1. 法条规定

《民用航空法》第 195 条规定:"故意在使用中的民用航空器上放置危险品或者唆使他人放置危险品,足以毁坏该民用航空器,危及飞行安全的,依照刑法有关规定追究刑事责任。"②

《刑法》第 116 条规定:"破坏火车、汽车、电车、船只、航空器,足以使火车、汽车、电车、船只、航空器发生倾覆、毁坏危险,尚未造成严重后果的,处三年以上十年以下有期徒刑。"

2. 犯罪构成

(1) 犯罪主体。犯罪主体为一般主体,即达到刑事责任年龄、且具有刑事责任能力的任何人均可成为本罪主体,没有任何身份限制。任何放置危险品的人,都可成为本罪主体。在唆使他人放置的情况下,唆使人是主犯,被唆使人是从犯。

---

① 该条原文为:"公共航空运输企业违反本法第一百零一条的规定运输危险品的,由国务院民用航空主管部门没收违法所得,可以并处违法所得一倍以下的罚款。公共航空运输企业有前款行为,导致发生重大事故的,没收违法所得,判处罚金;并对直接负责的主管人员和其他直接责任人员依照刑法第一百一十五条的规定追究刑事责任。"第十一届全国人大常委会第十次会议于 2009 年 8 月 27 日通过并施行《全国人民代表大会常务委员会关于修改部分法律的决定》,将《中华人民共和国民用航空法》第 194 条中"依照刑法第一百一十五条的规定"修改为"依照刑法有关规定"。具体内容详见:https://www.caac.gov.cn/XXGK/XXGK/FLFG/201601/t20160112_26500.html。2024 年 3 月 26 日访问。

② 该条原文为:"故意在使用中的民用航空器上放置危险品或者唆使他人放置危险品,足以毁坏该民用航空器,危及飞行安全,尚未造成严重后果的,依照刑法第一百零七条的规定追究刑事责任;造成严重后果的,依照刑法第一百一十一条的规定追究刑事责任。"第十一届全国人大常委会第十次会议于 2009 年 8 月 27 日通过并施行《全国人民代表大会常务委员会关于修改部分法律的决定》,将《民用航空法》第 195 条修改为:"故意在使用中的民用航空器上放置危险品或者唆使他人放置危险品,足以毁坏该民用航空器,危及飞行安全的,依照刑法有关规定追究刑事责任。"具体内容详见:https://www.caac.gov.cn/XXGK/XXGK/FLFG/201601/t20160112_26500.html。2024 年 3 月 26 日访问。

(2) 犯罪的主观方面。为故意犯罪。
(3) 犯罪客体。侵犯了航空运输的安全和公共安全。
(4) 犯罪的客观方面。主要有：

第一，有在正在使用中的航空器上放置或者唆使他人放置危险品的行为。在已经不再使用的航空器上放置危险品的，不构成本罪。

刘伟民教授认为：航空器"在使用中"，是指根据我国加入的1971年《蒙特利尔公约》第2条第二款的规定，即从地面人员或机组人员为一确定的飞行而对航空器进行飞行前的准备时起，直到降落后24小时止，该航空器应被认为是在使用中；在任何情况下，使用的期间包括航空器在飞行中的整个时间。①

本书认为，此处的使用中，应当做扩大的解释。根据《刑法》第116条和119条的规定，此航空器必须正在使用期间。只有破坏正在使用中的航空器才可能危害到公共安全，"正在使用"的航空器，既包括正在行使或航行中航空器，也包括停放在机场上的飞机等已经交付使用，随时都可开动执行运输任务的航空器。如果破坏的是尚未检验出厂或待修、待售之中的航空器不构成本罪。

第二，放置的危险品，足以毁坏民用航空器，危及飞行安全。如果行为人放置的危险品危险性较小，不足以毁坏航空器，危及航空安全，也不构成本罪。

3. 处罚

应该按照《刑法》第116条规定进行处罚。

13.3.2.7 破坏航行设施罪

1. 法条规定

《民用航空法》第197条规定："盗窃或者故意损毁、移动使用中的航行设施，危及飞行安全，足以使民用航空器发生坠落、毁坏危险的，依照刑法有关规定追究刑事责任。"②

《刑法》第117条规定："破坏轨道、桥梁、隧道、公路、机场、航道、灯塔、标志或者进行其他破坏活动，足以使火车、汽车、电车、船只、航空器发生倾覆、毁坏危险，尚未造成严重后果的，处三年以上十年以下有期徒刑。"

《刑法》第119条还规定："破坏交通工具、交通设施、电力设备、燃气设备、易燃易爆设备，造成严重后果的，处十年以上有期徒刑、无期徒刑或者死刑。过失犯前款罪的，处三年以上七年以下有期徒刑；情节较轻的，处三年以下有期徒刑或者拘役。"

2. 犯罪构成

(1) 犯罪主体。犯罪主体为一般主体，具有刑事责任年龄、且具有刑事责任能力的人。
(2) 犯罪的主观方面。主观方面是故意。过失损毁、移动航行设施不构成本罪。如果行为人盗窃时不知此是航空设施，实际上一行为触犯了两罪，即盗窃罪和破坏航行设施罪。
(3) 犯罪的客体。犯罪的客体是侵犯了国家财产和航空运输的安全以及公共安全。

---

① 刘伟民.航空法教程[M].北京：法律出版社，1996：445.

② 本条原文为："盗窃或者故意损毁、移动使用中的航行设施，危及飞行安全，足以使民用航空器发生坠落、毁坏危险，尚未造成严重后果的，依照刑法第一百零八条的规定追究刑事责任；造成严重后果的，依照刑法第一百一十条的规定追究刑事责任。"第十一届全国人大常委会第十次会议于2009年8月27日通过并施行《全国人民代表大会常务委员会关于修改部分法律的决定》，将第197条修改为："盗窃或者故意损毁、移动使用中的航行设施，危及飞行安全，足以使民用航空器发生坠落、毁坏危险的，依照刑法有关规定追究刑事责任。"具体内容详见：https://www.caac.gov.cn/XXGK/XXGK/FLFG/201601/t20160112_26500.html. 2024年3月26日访问。

(4) 犯罪的客观方面。主要有：

第一，行为人具有盗窃或者故意损毁、移动航行设施的行为。从实践情况看，犯罪分子一般对航行设施的破坏手段有盗窃、损坏、移动三种，只要具备其中一种行为，即可构成本罪。

第二，行为人以盗窃、损坏、移动等手段破坏的交通设备必须是使用中的航行设施。如果行为人盗窃、损坏、移动的是已经不再使用的航行设施或者尚未使用的航行设施，如库存的航行设施，不构成本罪。

第三，这种行为危及了飞行安全，足以使民用航空器发生坠毁、毁坏危险。这是对行为的后果及危害而言的。如果行为人盗窃、损坏、移动了虽在使用中但不重要的航行设施，不足以使航空器发生坠毁、毁坏危险的，不构成本罪。

3. 处罚

应当依照《刑法》第117条和第119条规定追究刑事责任。

13.3.2.8　传递虚假情报扰乱正常飞行秩序罪

1. 法条规定

《民用航空法》第196条规定："故意传递虚假情报，扰乱正常飞行秩序，使公私财产遭受重大损失的，依照刑法有关规定追究刑事责任。"①

《刑法》第291条之一规定："投放虚假的爆炸性、毒害性、放射性、传染病病原体等物质，或者编造爆炸威胁、生化威胁、放射威胁等恐怖信息，或者明知是编造的恐怖信息而故意传播，严重扰乱社会秩序的，处五年以下有期徒刑、拘役或者管制；造成严重后果的，处五年以上有期徒刑。"

2. 犯罪构成

(1) 犯罪主体。犯罪主体为一般主体，达到刑事责任年龄且具有刑事责任能力的人。

(2) 犯罪的主观方面。主观方面是故意，即行为人明知情报是虚假的，而出于各种目的传递的。如果行为人不知情报是虚假的，以为是真实情况而传递的，不构成本罪。犯罪动机可能多种多样的，不影响犯罪成立。

(3) 犯罪客体。干扰了正常的民用航空运输秩序，威胁到了飞行安全，也造成了大量人力、物力的浪费。

(4) 犯罪的客观方面。客观方面是实施了传递虚假情报的行为，结果扰乱了正常飞行秩序，使公私财产遭受了重大损失。例如，飞机刚起飞正处在爬升阶段。某人明知是虚假情报，却向航行管制部门报告称该架飞机装运的行李或货物中安装了定时炸弹，致使管制员紧急通知该架飞机返航，驾驶员只好放油后紧急降落，整个机场处于紧急状况，实施应急计划，旅客下机紧急疏散，安全检查专家倒舱逐件检查行李、货物，造成本次及其他航班延误，众多人力、物力虚耗，损失重大。该某人的上述行为即构成犯罪。

---

① 该条原文为："故意传递虚假情报，扰乱正常飞行秩序，使公私财产遭受重大损失的，依照刑法第一百五十八条的规定追究刑事责任。"1979年《刑法》第158条规定："禁止任何人利用任何手段扰乱社会秩序。扰乱社会秩序情节严重，致使工作、生产、营业和教学、科研无法进行，国家和社会遭受严重损失的，对首要分子处五年以下有期徒刑、拘役、管制或者剥夺政治权利。"第十一届全国人大常委会第十次会议于2009年8月27日通过并施行《全国人民代表大会常务委员会关于修改部分法律的决定》，将第196条中的"依照刑法第一百五十八条的规定"修改为"依照刑法有关规定"。具体内容详见：https://www.caac.gov.cn/XXGK/XXGK/FLFG/201601/t20160112_26500.html。2024年3月26日访问。

3. 处罚

依照《刑法》第291条之一规定追究刑事责任。

13.3.2.9 聚众扰乱民用机场秩序罪

1. 法条规定

《民用航空法》第198条规定:"聚众扰乱民用机场秩序的,依照刑法有关规定追究刑事责任。"①

《刑法》第291条规定:"聚众扰乱车站、码头、民用航空站、商场、公园、影剧院、展览会、运动场或者其他公共场所秩序,聚众堵塞交通或者破坏交通秩序,抗拒、阻碍国家治安管理工作人员依法执行职务,情节严重的,对首要分子,处五年以下有期徒刑、拘役或者管制。"

2. 犯罪构成

(1) 犯罪主体。本罪的主体是一般主体,但是却必须是为首组织指挥闹事或积极参与闹事的首要分子。

(2) 犯罪的主观方面。本罪在主观上是故意行为人往往是为了实现某种无理要求而为之,企图给有关的机关施加压力,以实现不合理要求。

(3) 犯罪的客体。犯罪的客体是侵犯了民用机场的交通管理秩序。

(4) 犯罪的客观方面。主要有:

第一,行为人实施了聚众扰乱机场的秩序的行为。扰乱的手段是多种多样的。例如在机场候机楼大肆喧嚣哄闹;捣毁公共服务设施;不服管理强行登机或阻止别人登机;围攻、漫骂甚至侮辱、殴打有关负责人和工作人员等。聚众,即在首要分子的组织、煽动、指挥下,纠集多人共同进行扰乱活动。一人闹事引起多人围观不应视为聚众。

第二,使机场运营活动无法进行。聚众扰乱机场秩序情况比较复杂,只当情节严重时才构成本罪。在处理时,应限于对首要分子追究刑事责任,对于其他一般参与者应当予以批评教育或者按照治安管理处罚条例处理。

3. 处罚

应当依照《刑法》第291条规定追究刑事责任。

13.3.2.10 民航主管机关工作人员渎职罪

1. 法条规定

《民用航空法》第199条规定:"航空人员玩忽职守,或者违反规章制度,导致发生重大飞行事故,造成严重后果的,依照刑法有关规定追究刑事责任。"②

《刑法》第397条规定:"国家机关工作人员滥用职权或者玩忽职守,致使公共财产、国家和人民利益遭受重大损失的,处三年以下有期徒刑或者拘役;情节特别严重的,处三年以上

---

① 该条原文为:"聚众扰乱民用机场秩序的,依照刑法第一百五十九条的规定追究刑事责任。"第十一届全国人大常委会第十次会议于2009年8月27日通过并施行《全国人民代表大会常务委员会关于修改部分法律的决定》,将《民用航空法》第198条中的"依照刑法第一百五十九条的规定"修改为"依照刑法有关规定"。具体内容详见:https://www.caac.gov.cn/XXGK/XXGK/FLFG/201601/t20160112_26500.html。2024年3月26日访问。

② 该条原文为:"航空人员玩忽职守,或者违反规章制度,导致发生重大飞行事故,造成严重后果的,分别依照、比照刑法第一百八十七条或者第一百一十四条的规定追究刑事责任。"第十一届全国人大常委会第十次会议于2009年8月27日通过并施行《全国人民代表大会常务委员会关于修改部分法律的决定》,将第199条中的"比照刑法第一百八十七条或者第一百一十四条的规定"修改为"依照刑法有关规定。"具体内容详见:https://www.caac.gov.cn/XXGK/XXGK/FLFG/201601/t20160112_26500.html。2024年3月26日访问。

七年以下有期徒刑。本法另有规定的,依照规定。国家机关工作人员徇私舞弊,犯前款罪的,处五年以下有期徒刑或者拘役;情节特别严重的,处五年以上十年以下有期徒刑。本法另有规定的,依照规定。"

《刑法》第131条规定:"航空人员违反规章制度,致使发生重大飞行事故,造成严重后果的,处三年以下有期徒刑或者拘役;造成飞机坠毁或者人员死亡的,处三年以上七年以下有期徒刑。"

2. 犯罪构成

(1)犯罪主体。犯罪主体为特殊主体,是民航主管部门和地区民航管理机构的工作人员。

(2)犯罪的主观方面。主观方面多数为故意,有的情况也可能是过失犯罪。

(3)犯罪的客体。侵犯的客体是国家行政机关的正常活动以及民用航空安全。

(4)犯罪的客观方面。主要有:

第一,客观方面表现为实施玩忽职守、滥用职权、徇私舞弊的行为。玩忽职守,是指国家机关工作人员因过失而未尽职守,致使公共财产、国家和人民利益遭受重大损失的行为。滥用职权,是指国家机关工作人员故意不履行职责或者超越职权,致使公共财产、国家和人民利益遭受重大损失的行为。徇私舞弊,是指国家机关工作人员曲从私情,不履行职责或者超越职权,使国家和人民利益遭受重大损失的行为。例如不该颁发的证件(经营许可证、人员执照等)却颁发了,该吊销的证件却不处理,因而导致发生重大飞行安全事故,给国家和人民造成重大损失。因渎职造成重大损失的,才构成犯罪;情节显著轻微的,则系一般违反行政纪律的行为,不构成渎职罪。

第二,导致发生重大飞行事故,造成严重后果,才构成本罪。

3. 处罚

依照《刑法》第397条和第131条规定追究刑事责任。

以上是我国关于航空犯罪相关罪名及其犯罪构成的规定。对于犯罪行为,光靠打击还是不行的,预防措施要不能忽视。

第十四章　国际航空组织法律制度

14.1　国际民用航空组织

14.1.1　成立过程

国际民用航空组织成立于1947年,其前身是根据1919年《巴黎公约》第34条成立的"空中航行国际委员会"。由于第二次世界大战对航空器的技术发展起到了巨大的推动作用,世界上已形成了一个包括客货运输在内的航线网络,但随之也引起了一系列急需国际社会协商解决的政治上和技术上的问题。

二战胜利前夕,在美国政府的邀请下,52个国家的代表参加了在芝加哥召开的国际航空会议,签订了1944年《芝加哥公约》。根据1944年《芝加哥公约》第43条名称和组成①规定,设立了国际民航组织,于1947年4月4日成立。大会第一次会议于1947年5月6日召开,选出的国际民航组织理事会于5月28日举行第一次会议。1947年10月3日,国际民航组织理事会主席和联合国秘书长签署了一项议定书,国际民航组织成为联合国专门机构。"空中航行国际委员会"于1947年12月31日宣布结束,并把其资产转移给国际民航组织。根据1944年《芝加哥公约》第45条《永久地址》②的规定,决定该组织的所在地应在加拿大蒙特利尔。加拿大和国际民航组织于1951年4月14日缔结了关于总部的协议。

国际民航组织大会第八届会议于1954年6月一项章程修正案,该组织的地址可以根据该组织的成员至少五分之三的赞成票或由大会规定的更大多数票迁移到别处去。

14.1.2　宗旨和目的

1944年《芝加哥公约》第44条目的规定:"国际民用航空组织的宗旨和目的在于发展国际航行的原则和技术,并促进国际航空运输的规划和发展,以:一、保证全世界国际民用航空安全地和有秩序地发展;二、鼓励为和平用途的航空器的设计和操作艺术;三、鼓励发展国际民用航空应用的航路、机场和航行设施;四、满足世界人民对安全、正常、有效和经济的航空运输的需要;五、防止因不合理的竞争而造成经济上的浪费;六、保证缔约各国的权利充分受到尊重,每一缔约国均有经营国际空运企业的公平的机会;七、避免缔约各国之间的差别待遇;八、促进国际航行的飞行安全;九、普遍促进国际民用航空在各方面的发展。"

---

① 根据本公约成立一个定名为"国际民用航空组织"的组织。该组织由大会、理事会和其他必要的各种机构组成。
② "本组织的永久地址应由一九四四年十二月七日在芝加哥签订的国际民用航空临时协定所设立的临时国际民用航空组织临时大会最后一次会议确定。本组织的地址经理事会决议可以暂迁他处。"
　本组织的永久地址应由一九四四年十二月七日在芝加哥签订的国际民用航空临时协定所设立的临时国际民用航空组织临时大会最后一次会议确定。本组织的地址经理事会决议可以暂迁他处。如非暂迁,则应经大会决议,通过这一决议所需票数由大会规定。此项规定的票数不得少于缔约国总数的五分之三。

14.1.3 法律能力、豁免和特权

14.1.3.1 法律能力

1944年《芝加哥公约》第47条法律能力规定:"本组织在缔约各国领土内应享有为履行其职能所必需的法律能力。凡与有关国家的宪法和法律不相抵触时,都应承认其完全的法人资格。"

正像1945年《联合国宪章》一样,《芝加哥公约》并没有明确提到该组织的国际法人资格。但是,除了与加拿大的总部协议和与联合国的关系协议外,1944年《芝加哥公约》第46条有关安全的协议规定:"本组织对于在其权限范围之内直接影响世界安全的航空事宜,经由大会表决后,可以与世界各国为保持和平而成立的任何普遍性组织缔结适当的协议。"

第65条与其他国际机构订立协议规定:"理事会可以代表本组织同其他国际机构缔结关于合用服务和有关人事的共同安排的协议,并经大会批准后,可以缔结其他为便利本组织工作的协议。"

国际法院关于联合国国际法人资格及其提起国际诉讼能力的咨询意见,同样适用于国际民航组织。"任何法律体系中的法律主体不一定在其性质或其权利范围上完全相同,它们的性质取决于社会的需要。国际法的历史表明,其发展曾经受到国际生活需求的影响,各国集体活动的逐渐增多,已经产生了并非国家的某些实体提起的国际诉讼程序。……但要达到这些目的,国际人格的属性是必不可少的……。实践,特别是(联合国)组织为一方缔结公约的实践,已经证实了该组织的性质,该组织在某些方面所占地位脱离了其成员,如有需要,它有责任向他们提醒某些义务……(该法院引证1946年联合国特权和豁免公约后继续称)除非在国际上具有国际人格的各方之间进行,是难以看出这种公约是能实施的。国际法院认为,该组织是一个国际人格者。这不等于说它是一个国家,它当然不是,或者说它的法人资格以及权利和义务,如同一个国家一样……甚至并不暗示,它的一切权利和义务必须在国际上多于一个国家在国际上的一切权利和义务。其意思是说,它是国际法的一个主体,能够拥有国际权利和义务,而且它有能力提起国际诉讼,以维护它的权利。"①

14.1.3.2 特权与豁免

《联合国宪章》第105条1款规定,该组织应在其每一个成员国领土内,享受为履行其宗旨所需要的特权和豁免。1944年《芝加哥公约》并没有这样的关于该组织豁免权的规定。但是1944年《芝加哥公约》第60条人员的豁免和特权规定,缔约各国承允在其宪法程序允许的范围内,对本组织理事会主席、秘书长和其他人员,给以其他国际公共组织相当人员所享受的豁免和特权。如对国际公务人员的豁免和特权达成普遍性国际协定时,则给予本组织理事会主席、秘书长及其他职员的豁免和特权,应为该项普遍性国际协定所给予的豁免和特权。

联合国大会在第123次会议上,通过了一项关于专门机构特权和豁免权的公约,即1947年的《专门机构特权和豁免公约》,供各专门机构接受、供联合国所有成员国以及专门机构的任何其他成员国加入。大会同时宣布:希望今后根据宪章第63条规定与联合国建立关系的任何专门机构,应全部从上述总公约获得其特权和豁免权,并可由一项附件列入需要满足该

---

① 参见《1949年国际法院报告集》第174页、第178-179页。

专门机构特别需求的修改。

公约已由国际民航组织大会第二届会议批准,这次大会建议各成员国立即给予该公约中所规定的特权和豁免权。《专门机构特权和豁免公约》第 2 条规定,各专门机构应具有法律人格。它们应具有:(a) 订立合同;(b) 获得和处分不动产和动产以及 (c) 提起诉讼程序的能力。还进一步给专门机构的财产和资金以若干豁免权。例如:诉讼程序、搜寻、货币限制和纳税(第 3 条),以及某些通信设施(第 4 条)。第 6 条、第 8 条和附件 3 还授予国际民航组织关于其官员在公约缔约国领土内享有各种特权和豁免权,诸如对他们以官方身份所作行为或者发表的口头或书面言论予以诉讼豁免,移民限制和外国人登记豁免,国民兵役免除、纳税和关税的某些减免以及使用联合国护照作为旅行证件的权利。然而并不是国际民航组织所有成员国都接受 1947 年专门机构特权和豁免公约对国际民航组织的效力。

另一方面,在有国际民航组织技术援助代表团工作的地方,有关国家尽管不是 1947 年公约的缔约国,也都同国际民航组织签订专门协议,包含该公约保证的特权和豁免权。

14.1.4 组织机构

14.1.4.1 大会

1. 大会会议和表决

(1) 大会由理事会在适当的时间和地点每三年至少召开一次。经理事会召集或经五分之一以上的缔约国向秘书长提出要求,可以随时举行大会特别会议。[①]

(2) 所有缔约国在大会会议上都有同等的代表权,每一缔约国应有一票的表决权,缔约各国代表可以由技术顾问协助,顾问可以参加会议,但无表决权。

(3) 大会会议必须有过半数的缔约国构成法定人数。除本公约另有规定外,大会决议应由所投票数的过半数票通过。

截至 2022 年 10 月 7 日,大会已经召开过了第 41 届。

2. 大会的权力和职责

大会的权力和职责为:一、在每次会议上选举主席和其他职员;二、按照第九章的规定,选举参加理事会的缔约国;三、审查理事会各项报告,对报告采取适当行为,并就理事会向大会提出的任何事项作出决定。四、决定大会本身的议事规则,并设置其认为必要的或适宜的各种附属委员会;五、按照第十二章的规定,表决本组织的各年度预算,并决定本组织的财务安排;[②]六、审查本组织的支出费用,并批准本组织的账目;七、根据自己的决定,将其职权范围内的任何事项交给理事会、附属委员会或任何其他机构处理;八、赋予理事会为行使本组

[①] 这是一九六二年九月十四日大会第十四届会议修正的该条条文;一九七五年九月十一日起生效。根据公约第 94 条第 1 款的规定,修正的条文对批准该修正案的国家生效。
一九五四年六月十四日大会第八届会议修正并于一九五六年十二月十二日生效的该条条文如下:"一、大会由理事会在适当的时间和地点每三年至少召开一次。经理事会召集或经任何十个缔约国向秘书长提出要求,可以随时举行大会特别会议。"
该条的最初未经修正的条文如下:"一、大会由理事会在适当的时间和地点每年召开一次。经理事会召集或经任何十个缔约国向秘书长提出要求,可以随时举行大会特别会议。"

[②] 这是一九五四年六月十四日大会第八届会议修正的该条条文;一九五六年十二月十二日起生效。根据公约第 94 条第 1 款的规定,修正的条文对批准该修正案的国家生效。
对未批准该修正案的国家原来的条文依然有效,因此将原条文复述如下:"五、按照第十二章的规定,表决本组织的年度预算,并表决本组织有财务安排。"

织职责所必需的或适宜的权力和职权,并随时撤销或变更所赋予的职权;九、执行第十三章的各项有关规定;十、审议有关变更或修正本公约条款的提案。如大会通过此项提案,则按照第二十一章的规定,将此项提案向各缔约国建议;十一、处理在本组织职权范围内未经明确指定归理事会处理的任何事项。

14.1.4.2 理事会

1. 理事会的组成和选举

(1) 理事会是向大会负责的常设机构,由大会选出的三十三个缔约国组成。大会第一次会议应进行此项选举,此后每三年选举一次;当选的理事任职至下届选举时为止。①

(2) 大会选举理事时,应给予下列国家以适当代表:(一)在航空运输方面占主要地位的各国;(二)未包括在其他项下的对提供国际民用航空航行设施作最大贡献的各国;及(三)未包括在其他项下的其当选可保证世界各主要地理区域在理事会中均有代表的各国。理事会中一有出缺,应由大会尽速补充;如此当选理事的缔约国,其任期应为其前任所未届满的任期。

在2022年9月27日到10月7日召开的国际民航组织大会第41届会议期间,从国际民航组织193个成员国中选举出该组织2022年到2025年的理事会成员。其中:

一类理事国为:中国、澳大利亚、巴西、法国、德国、意大利、日本、英国和美国。

二类理事国是:阿根廷*、奥地利、埃及*、冰岛、印度*、墨西哥*、尼日利亚*、沙特阿拉伯*、新加坡*、南非*、西班牙*和委内瑞拉。

三类理事国包括:玻利维亚、智利、萨尔瓦多、赤道几内亚*、埃塞俄比亚、加纳、牙买加、马来西亚*、毛里塔尼亚、卡塔尔、大韩民国*、罗马尼亚、阿拉伯联合酋长国*、津巴布韦。②

*表示再次当选。

(3) 缔约国担任理事的代表不得同时参与国际航班的经营,或与此项航班有财务上的利害关系。

2024年3月11日至24日,国际民航组织理事会在加拿大蒙特利尔召开第231届年会。

2. 理事会主席

理事会应选举主席一人,任期三年,连选可以连任。理事会主席无表决权。理事会应从其理事中选举副主席一人或数人。副主席代理主席时,仍保留其表决权。主席不一定由理事会成员国代表中选出,但如有一名代表当选,即认为其理事席位出缺,应由其代表的国家

---

① 这是一九七四年十月十四日大会第二十一届会议修正的该条条文;一九八〇年二月十五日起生效。公约最初条文规定理事会为二十一席。该条随后于一九六一年六月十九日为大会第十三届(特别)会议所修正,并于一九六二年七月十七日起生效,规定理事会为二十七席。一九七一年三月十二日大会第十七届(A)(特别)会议所批准的另一修正案规定理事会为三十席,该修正案于一九七三年一月十六日起生效。

② 具体得票数为:澳大利亚,147票;巴西,158票;加拿大,144票;中国,148票;法国,148票;德国,149票;意大利,151票;日本,150票;俄罗斯联邦,80票;英国,148票;美国,150票。详见https://www.icao.int/Meetings/a41/Documents/Election%20Results%20Part%201.pdf. 2022年10月23日访问。

阿根廷,148票;奥地利,140票;埃及,156票;冰岛,131票;印度,153票;墨西哥,147票;尼日利亚,149票;沙特阿拉伯,156票;新加坡,162票;南非,151票;西班牙,150票;委内瑞拉(玻利瓦尔共和国),131票。详见https://www.icao.int/Meetings/a41/Documents/Election%20Results%20Part%202.pdf. 2022年10月23日访问。

玻利维亚(多民族国),138票;智利,146票;萨尔瓦多,132票;赤道几内亚,145票;埃塞俄比亚,154票;加纳,150票;牙买加,149票;马来西亚,136票;毛里塔尼亚,143票;卡塔尔,160票;韩国,151票;罗马尼亚,138票;阿联酋,161票;津巴布韦,148票。详见https://www.icao.int/Meetings/a41/Documents/A41%20Election%20of%20the%20Council%20Results%20Part%20III.pdf. 2022年10月23日访问。

另派代表。主席的职责如下：一、召集理事会，航空运输委员会及航行委员会的会议；二、充任理事会的代表；三、以理事会的名义执行理事会委派给他的任务。

3. 理事会的表决

理事会的决议需经过半数理事同意。理事会对任一特定事项可以授权由其理事组成的一委员会处理。对理事会任何委员会的决议，有关缔约国可以向理事会申诉。

任何缔约国在理事会及其委员会和专门委员会审议特别影响该国利益的任何问题时，可以参加会议，但无表决权。理事会成员国在理事会审议一项争端时，如其本身为争端的一方，则不得参加表决。

4. 理事会的职能

(1) 理事会必须履行的职能。

理事会应：一、向大会提出年度报告；二、执行大会的指示和履行本公约为其规定的职责和义务；三、决定其组织和议事规则；四、在理事会各成员国代表中选择任命一对理事会负责的航空运输委员会，并规定其职责；五、按照第十章的规定设立一航行委员会；六、按照第十二章和第十五章的规定管理本组织的财务；七、决定理事会主席的酬金；八、按照第十一章的规定，任命一主要行政官员，称为秘书长，并规定对其他必要工作人员的任用办法；九、征求、搜集、审查并出版关于空中航行的发展和国际航班经营的资料，包括经营的成本，及以公共资金给予空运企业补贴等详细情形的资料；十、向缔约各国报告关于违反本公约及不执行理事会建议或决定的任何情况；十一、向大会报告关于一缔约国违反本公约而经通告后在一合理的期限内仍未采取适当行动的任何情况；十二、按照本公约第六章的规定，通过国际标准及建议措施，并为便利起见，将此种标准和措施称为本公约的附件，并将已采取的行动通知所有缔约国；十三、审议航行委员会有关修改附件的建议，并按照第二十章的规定采取行动；十四、审议任何缔约国向理事会提出的关于本公约的任何事项。

(2) 理事会可以行使的职能。

理事会可以：一、在适当的情况下并根据经验认为需要的时候，在地区或其他基础上，设立附属的航空运输委员会，并划分国家或空运企业的组别，以便理事会与其一起或通过其促进实现本公约的宗旨；二、委托航行委员会行使本公约规定以外的职责，并随时撤销或变更此种职责；三、对具有国际意义的航空运输和空中航行的一切方面进行研究，将研究结果通知各缔约国，并促进缔约国之间交换有关航空运输和空中航行的资料；四、研究有关国际航空运输的组织和经营的任何问题，包括干线上国际航班的国际所有和国际经营的问题，并将有关计划提交大会；五、根据任何一个缔约国的要求，调查对国际空中航行的发展可能出现本可避免的障碍的任何情况，并在调查后发布其认为适宜的报告。

14.1.4.3 航行委员会

1. 委员会的提名和任命

航行委员会由理事会在缔约国提名的人员中任命委员十五人组成。此等人员对航空的科学知识和实践应具有合适的资格和经验。理事会应要求所有缔约国提名。航行委员会的主席由理事会任命。①

---

① 这是一九七一年七月七日大会第十八届会议修正的该条条文；一九七四年十二月十九日起生效。公约最初条文规定航行委员会为十二席。

2. 委员会的职责

航行委员会应：一、对本公约附件的修改进行审议并建议理事会予以通过；二、成立技术小组委员会，任何缔约国如愿意参加，都可指派代表；三、在向各缔约国收集和传递其认为对改进空中航行有必要和有用的一切资料方面，向理事会提供意见。

14.1.4.4 其他机构

秘书处是国际民航组织的工作机构，设空中航行局、航空运输局、法律局、技术合作局和行政事务局，由秘书长领导。秘书长经理事会同意由理事会主席任命。在全世界，设有 7 个地区办事处：亚洲和太平洋地区办事处（曼谷）、欧洲和北大西洋地区办事处（巴黎）、中东地区办事处（开罗）、西非和中非地区办事处（达卡）、东非和南非地区办事处（内罗毕）、北美和加勒比地区办事处（墨西哥城）、南美地区办事处（利马），负责协调区域内航空问题。

此外，除航行委员会以外，国际民航组织理事会下还设立了一些专门委员会，包括航空运输委员会、（常设）法律委员会、空中航行服务联合保障委员会、财务委员会和非法干扰委员会，由理事会成员或专家组成，对有关问题进行讨论和研究。

14.1.5 成员

1. 加入

就国际民航组织的成员资格来说，1944 年《芝加哥公约》将各国划分为两个主要类别：战时联合国成员国，与联合国有联系的国家，或在第二次世界大战期间保持中立的国家，以及不属于这些范围的国家。在第一类国家中，凡签署了 1944 年《芝加哥公约》的国家，在将批准书送存美国政府后第 30 天起，成为这个组织的成员国。凡属于第一类，但没有签署 1944 年《芝加哥公约》的国家，可以加入公约成为这个组织的成员国。加入在美国政府收到通知书后第 30 天起生效。第二类国家要遵守若干条件。首先，在每一情况下，必须经在第二次世界大战中受到该请求加入的国家入侵或攻击过的国家同意。第二，需要联合国组织的许可。第三，这种国家的加入须经国际民航组织五分之四的票数通过。第四，国际民航组织大会规定的大会认为适当的条件。

2. 重新加入

1947 年 5 月 27 日国际民航组织大会第一届会议通过了一项章程修正案，在 1944 年《芝加哥公约》中插入一条新的第 93 条分条，制定了重新加入的特别程序。根据第 93 条分条（b）款，一国由于上述九十三条分条（a）款的规定而丧失国际民航组织成员资格，在"经过申请，由理事会多数通过，并得到联合国大会批准后，可以重新加入国际民航组织"。

3. 中止

（1）中止表决权。1944 年《芝加哥公约》第 62 条规定："任何缔约国如在合理期限内，不向本组织履行其财务上的义务时，大会可以中止其在大会和理事会的表决权。"此外，根据 1944 年《芝加哥公约》第 88 条对缔约国不遵守规定的处罚的规定，大会对违反该公约第十八章关于解决争端规定的任何缔约别无选择，只好中止其大会和理事会的表决权。

（2）中止服务。国际民航组织大会第六届会议，依据 1944 年《芝加哥公约》第 62 条对某些成员国采取措施时，授权理事会中止那些国家向缔约各国提供理事会认为合理的那部分一般服务。这一步骤的合宪性受到质疑，因为第 62 条是专门针对成员国不履行财务义务的后果的。

（3）中止权利和特权。第 93 条分条（c）款规定："本组织的成员，如被中止行使联合国成员的权利和特权,根据联合国的要求,应中止其本组织成员的权利和特权。"一旦这种要求来自联合国,国际民航组织有关成员国的权利和特权即自动中止,不需国际民航组织任何机构投票表决。国际民航组织所有机构以及这个组织所有其他成员,具有执行联合国这一要求的法律责任,并拒绝给予该被中止权利的成员1944年《芝加哥公约》的一切权利和特权。

4. 开除

1944年《芝加哥公约》原来没有规定从国际民航组织开除成员,除了关于公约修正案的第94条(b)款。第94条措辞如下:"(a)对本公约所建议的任何修正案,必须经大会三分之二票数通过,并在大会规定数目的缔约国批准后,对已经批准的国家开始生效。规定的国家数目,应不少于缔约国总数的三分之二。(b)如大会认为,由于修正案的性质而有必要时,可以在其建议通过该修正案的决议中规定,任何国家在该修正案生效后规定的时期内未予批准,即丧失其为本组织成员国及公约参加国的资格。"如果所有成员国的三分之二多数决定这样做,就能够迫使对所有成员国有约束力的这个组织章程的任何修正案得以通过,包括开除少数中的任何成员。

5. 退出

1944年《芝加哥公约》第95条退出公约规定:"(a)任何缔约国在公约生效后三年,可以用通知书通知美利坚合众国政府退出本公约,美利坚合众国政府应立即通识各缔约国。(b)退出公约从收到通知书之日起一年后生效,并仅对宣告退出的国家生效。"

中国是国际民航组织的创始成员国。当时的中国政府代表于1944年11月9日在该公约上签字,并于1946年2月20日交存了批准书。中华人民共和国政府于1974年2月15日致函国际民航组织承认了该公约。1950年5月,我国政府致电联合国秘书长和国际民航组织,要求驱逐台湾当局的代表。1971年11月19日,国际民航组织秘书长通知我国政府,国际民航组织第74届理事会通过决议,"承认中华人民共和国政府的代表为中国驻国际民用航空组织的唯一合法代表"。我国于1974年2月15日通知国际民航组织承认1944年的《芝加哥公约》,并从即日起恢复参加该组织的活动,同时声明,1949年10月1日以后,台湾当局盗用中国政府名义在《芝加哥公约》的其他议定书上的签字和批准都是非法的、无效的。同时,对不定期飞行,我国声明需事先向我国政府申请,在得到答复接受后方能进入;对公约第十八章"争端和违约"的执行,以不损害我国主权为原则。1974年9月24日至10月15日中国代表团出席了国际民航组织大会第21届会议并被选为理事国。同年12月,中国政府派出了驻该组织理事会的代表。自那时起,中国一直连选连任理事会,在该组织发挥了重要的作用。目前,我国已经成为在航空运输领域居支配地位的成员国,即一类成员国。

14.2 国际航空运输协会

国际航空运输协会是航空公司之间的非政府性国际组织。其前身是国际航空业务协会(Internationl Airtrafic Association),该组织于1919年8月28日成立于荷兰海牙,处理航空公司之间的业务以及航空公司与其他方面的关系问题。1944年,当各国政府筹建国际民航组织之时,航空公司也开始建立它们新的组织——国际航协,4月,在哈瓦那审议了该协会的章程,58家航空公司签署了文件,1945年12月,加拿大议会通过的关于建立国际航协的特别法案获皇室批准,国际航空运输建立的法律程序最后结束。1945年10月,国际航协第一届年会在加拿大蒙特利尔召开。蒙特利尔也成了该协会的总部所在地。

14.2.1 宗旨和目的

为全世界人民的利益,促进安全、正常和经济的航空运输的发展,扶持航空商业并研究与之相关的问题。为直接或间接从事国际航空运输服务的各航空运输企业提供协作的途径,与国际民航组织和其他国际组织合作。

14.2.2 成员

国际航协的会员分为正式会员和准会员两类。

1. 加入

申请加入国际航协的航空公司如果想成为正式会员,必须符合下列条件:批准它的申请的政府是有资格成为国际民航组织成员的国家政府;在两个或两个以上国家间从事航空服务。其他航空公司可以申请成为准会员。国际航协的执委会负责审议航空公司的申请并有权决定接纳该航空公司为哪一类的会员。

2. 会员权利的限制

为制止会员拖欠会费,章程明文规定:如果一个会员在180天之内未缴纳会费、罚金或未履行其他财政义务,也没有能够在此期限内做出履行此类义务的安排,那么该会员的权利将受到限制,主要是它不再具有表决权,其代表也不可以成为国际航协任何机构的成员,直至它履行了其义务为止。但是,它的会员资格并未中止,它仍享有根据协会章程所应享有的其他权利和义务。

3. 终止

任何会员可以自行通知国际航协理事长退出该组织,退出自通知发出30天生效;被执委会终止其会员资格。根据以下理由,执委会可以或应该剥夺某一会员的资格:会员违反了该协会的有关章程或规定;国旗航空公司所代表的国家被国际民航组织除名;会员宣告破产。

14.2.3 组织机构

1. 全体会议

全体会议是国际航协的最高权力机构。每年举行一次,经执委会召集,也可随时召开特别会议。每一正式会员拥有一票表决权,如它不能参加,它也可以授权另一正式会员代表它出席并表决。全体会议的决定以多数票通过。在全体会议上,审议的问题只限于那些涉及国际航协本身的重大问题,如选举协会的主席和执委会委员、成立有关的委员会以及审议本组织的财政问题等等。

2. 执行委员会

执行委员会是全体会议的代表机构,对外全权代表国际航协。它的成员,必须是正式会员的代表,任期分别为一年、二年和三年。执委会的职责,包括管理协会的财产、设置分支机构、制定协会的政策等等。执委会的理事长是协会的最高行政和执行官员,在执委会的监督和授权之下行使职责并对执委会负责。在一般情况下,执委会应在年会即全体会议之前召开,其他会议时间由执委会规定。执委会下设秘书长、司库及一些专门委员会和内部办事机构,维持协会的日常工作。目前执委会有30名成员。

3. 专门委员会

协会分为运输、财务、法律和技术委员会。每一委员会由专家、地域代表及其他人员组成并报执委会和大会批准。目前运输委员会有 30 名成员、财务委员会有 25 名成员、技术委员会有 30 名成员、法律委员会有 30 名成员。

4. 分支机构

协会的总部设在加拿大蒙特利尔,但主要机构除设在蒙特利尔以外,还设在日内瓦、伦敦和新加坡。协会还在安曼、雅典、曼谷、达卡、香港、雅加达、吉达、吉隆坡、迈阿密、内罗毕、纽约、波多黎各、里约热内卢、圣地亚哥、华沙和华盛顿设有地区办事处,处理有关事宜。

14.2.4 主要工作

根据 1978 年国际航空运输特别大会决定,国际航协的活动主要分为两大类,即行业协会活动和运价协调活动。1988 年又增加了行业服务。

1. 运价协调

国际航协通过召开运输会议确定运价,经有关国家批准后即可生效。第二次世界大战以后,确立了通过双边航空运输协定经营国际航空运输业务的框架。在此框架内,由哪一家航空公司经营哪一条航线以及运量的大小,由政府通过谈判确定,同时,在旅客票价和货物运费方面也采用一致的标准,而这个标准的运价规则是由国际航协制定的。在遇有争议的情况下,有关国家政府有最后决定的权利。为便于工作,协会将全球划分为三个区域,即一区:北美洲、中美洲和南美洲;二区:欧洲、中东地区和非洲;三区:亚洲、澳大利亚和太平洋地区。

2. 运输服务

国际航协制定了一整套完整的标准和措施以便在客票、货运单和其他有关凭证以及对旅客、行李和货物的管理方面建立统一的程序,这也就是所谓的"运输服务",它主要包括旅客、货运、机场服务三个方面,也包括多边联运协议(MITA)。

3. 代理人事务

国际航协在 1952 年就制定了代理标准协议,为航空公司与代理人之间的关系设置了模式。协会举行一系列培训代理人的课程,为航空销售业造就合格人员。协会近年来随自动化技术的应用发展制定了适用客、货销售的航空公司可与代理人结算的"开账与结算系统"(BSP)和"货运账目结算系统"(CSSS)。

4. 法律

国际航协的法律工作,首先表现在为世界航空的平稳运作而设立出文件和程序的标准,如合同。其次,为会员提供民用航空法律方面的咨询和诉讼服务。最后,在国际航空立法中,表达航空运输承运人的观点。

5. 技术

国际航协对《芝加哥公约》技术附件的制定起到了重要的作用。协会目前在技术领域仍然进行着大量的工作,主要包括:航空电子和电信、工程环境、机场、航行、医学、简化手续以及航空安保工作。

1993 年,我国国际、东方和南方航空公司正式加入了国际航协。之后,我国其他一些主要的航空公司也已相继加入国际航协。

国际航协在权威方面仅次于国际民航组织的民间团体,是各国定期航班航空公司之间的行业组织。该协会的会员在国际航空运输中直接承担民事责任,它所制定的举世闻名的客、货"运输共同条件",为各国航空公司普遍采用。在制定国际公约的国际民航法律委员会和外交会议上,该协会虽然仅以"观察员"的身份出席,但它所发表的意见和建议具有重要的影响。

14.3 其他国际航空组织

14.3.1 国际机场理事会

国际机场理事会简称 ACI,成立于 1991 年 1 月,是由三个机场方面的国际性组织合并而来。现有成员包括 144 个国家的 420 个机场。理事会总部设在瑞士日内瓦,并在非洲、亚洲、拉丁美洲/加勒比地区、北美和太平洋地区设有分支机构。国际机场理事会是民航领域很重要的非政府性组织,其宗旨和目的在于:发展并保持世界各地民用机场之间的合作;就机场关注的问题确定立场,建立在民航业内所有主要方面加强合作的政策和惯例,以形成安全、高效和正常的航空交通系统;交换与提高机场管理有关的信息;向各成员提供帮助。

国际机场理事会下设五个常务委员会即技术/安全委员会、环境委员会、经济委员会、安全委员会和设备委员会。理事会的组织机构,分为大会、监事会、执行委员会和地区分支机构。大会选出主席作为本理事会的最高领导,即监事会总干事,负责理事会的行政事务和管理。理事会分永久会员和联系会员两种会员资格。

14.3.2 航空公司驾驶员协会

国际联合会航空公司驾驶员协会国际联合会简称 IFALPA,最初由英、美驾驶员团体于 1948 年在伦敦组成。国际民航组织于 1952 年承认该联合会是代表驾驶员意见的非政府性国际组织。总部设在伦敦,并在蒙特利尔设有办事处。目前有近 70 个国家或地区的驾驶员参加了该联合会。

联合会的宗旨是:协助建立安全和有秩序的航空运输体系和保护航空公司驾驶员的利益。它下设 12 个研究组,对航空器事故、机场设备、航空器适航性、全天候飞行、航空运输企业、法律、医学、气象、人员执照、超音速运输机、空中规则、空中交通管制和通信等方面进行研究,发表意见。

14.3.3 欧洲民用航空会议(ECAC)

欧洲是除北美以外,国际民用航空最发达的区域,1955 年在欧洲理事会范围,19 个欧洲国家成立了欧洲民用航空会议,又叫欧洲民用航空委员会,旨在与国际民航组织合作,促进欧洲航空运输的统一。开始时,这个地区性组织所起协调作用是咨询性的,它所提出的建议需经有关国家政府的批准。从 20 世纪 70 年代起,对该会议结构重新作了调整,1976 年 6 月设立了由各成员国民航局局长组成的常设机构。该会议的主要成就是缔结了三个地区性多边协定:1956 年签订于巴黎的《欧洲不定期航班商业权利的多边协定》,通称《巴黎协定》;1960 年巴黎《关于进口航空器的适航证多边协定》;1967 年《关于确定定期航班营运规则程序的国际协定》。

20 世纪 70 年代末到 80 年代初,该会议作为欧洲各国的集体代表与美国进行了关于航空运费体制的交涉和艰苦谈判,最终于1982年5月2日缔结了"谅解备忘录",这个备忘录对国际航空运费体制的发展,具有重要影响。

在该会议范围内,1960年在罗马还缔结了一个《关于为空中航行安全而合作的公约》,并据此公约设立了"欧洲空中航行安全组织"(Eurocontrol)。这是一个对上层空气空间(6 000米以上)的交通管制提供服务的机构。由于欧洲中小国家密集,对上层空中交通进行统一管理,好处很大。值得注意的是,该组织负责交通管制的,不限于民用飞机,还包括军事、海关与警察航空器在内。1981年2月,在积累实践经验的基础上,又在布鲁塞尔签署了一个"欧洲空中航行安全公约"的议定书,使得该"欧洲空中航行安全组织"日益发挥更大的作用。特别是在欧洲范围内的航空运输一体化发挥着重要的作用。

与欧洲民用航空会议相似的组织还有:阿拉伯国家民航理事会(Arab Civil Aviation Council,ACAC),1967年10月成立。该理事会把主要的航空法的条约译成阿拉伯文,并制定了"阿拉伯航班过境协定"等。非洲民航委员会(African Civil Aviation Commission,AFCAC),1969年1月成立,它是非洲统一组织的一个下属机构,凡"非统"组织成员国均可参加。拉丁美洲民航委员会(Latin American Civil Aviation Commission,LACAC),于1973年在墨西哥城设立。

国际民航组织很重视上述地区性政府间组织,先后于1956年(国际民航组织第10届大会A10-5号决议)、1969年和1974年(理事会决定)通过决议表示欢迎和支持,并把这些区域组织当作国际民航组织的臂膀。

参考文献

[1] 艾绍扬,张虎林,张晓明. 行政管理小百科[M]. 北京:中共党史出版社,1990.
[2] 彼得·马丁(Peter Martin),等. 肖克罗斯和博蒙特航空法[M]. 徐克继,摘译. 北京:法律出版社,1987.
[3] 长沙市地方志编纂室. 长沙年鉴1997[Z]. 长沙:1997.
[4] 曹三明,夏兴华. 民用航空法释义[M]. 沈阳:辽宁教育出版社,1996.
[5] 曾宪义,林毓辉. 国际经济贸易法律大辞典[M]. 北京:华夏出版社,1993.
[6] 曾祥明. 我国最早的军事航空组织:陆军气球队[EB/OL]. https://www.pep.com.cn/xkzthyd/czls/js/tbjx/ck/7x/u3/201105/t20110516_1041422.htm. 2023年3月29日访问.
[7] 成晓建. 技术经纪人培训教程[M]. 上海:同济大学出版社,2018.
[8] 程晓霞,余民才. 国际法[M]. 2版. 北京:中国人民大学出版社,2005.
[9] 程晓霞. 国际法[M]. 北京:中国人民大学出版社,1999.
[10] 崔祥建,吴菁,成宏峰. 民航法律法规与实务[M]. 北京:旅游教育出版社,2007.
[11] 大辞海编纂委员会. 大辞海:机械电气卷[M]. 上海:上海辞书出版社,2007.
[12] 邓伟平. 法学概论[M]. 广州:中山大学出版社,2002.
[13] 迪德里克斯-弗斯霍尔. 航空法简介[M]. 赵维田,译. 北京:中国对外翻译出版公司,1987.
[14] 董杜骄,顾琳华. 航空法教程[M]. 北京:对外经济贸易大学出版社,2007.
[15] 法令:外国航空器入境航行办法(1948年3月16日行政院公布同日施行)[J]. 法令周刊,1948,11(16):3-4.
[16] 弗利. 国际民航发展史[M]. 北京:北京航空航天大学出版社,1991.
[17] 高景亮. 通俗简明法学小辞典[M]. 北京:北京航空航天大学出版社,1991.
[18] 高岚君,吴凤君. 国际法考点与题典[M]. 沈阳:辽宁大学出版社,2004.
[19] 葛绥成. 常识业书第三十二种—中国之交通[M]. 上海:中华书局,1927.
[20] 公丕祥. 法理学[M]. 上海:复旦大学出版社,2002.
[21] 顾维钧. 大总统令:大总统指令:第一千二百五十一号:令航空署督办赵玉珂:呈报议订特准阿根廷飞机飞航国境临时办法缮摺呈鉴由[J]. 政府公报,1924(3013):4.
[22] 郭建. 大学生法学词典[M]. 广州:广东教育出版社,2002.
[23] 《国际公法学》编写组. 国际公法学[M]. 3版. 北京:高等教育出版社,2022.
[24] 郝赤勇. 中国警察与国际条约[M]. 北京:群众出版社,1996.
[25] 郝秀辉. 航空器权利研究[J]. 中国民航学院学报,2005,23(1):54-60.
[26] 郝秀辉. 论"航空运输总条件"的合同地位与规制[J]. 当代法学,2016,30(1):101-111.

[27] 贺大伟.论公共航空承运人运输总条件的法律属性及其适用困境消解[J].政治与法律,2018(1):134-149.

[28] 贺富永,等.中国航空立法史[M].南京:东南大学出版社,2023.

[29] 贺富永.航空运输延误及判断依据[J].河北法学,2016,34(5):71-86.

[30] 贺富永.民用航空器国籍的法理透视[J].江苏航空,2003(2):39-40.

[31] 贺富永.航空运输法研究[M].北京:科学出版社,2014:101.

[32] 贺富永.航空运输中承运人的界定及法律责任[J].江苏社会科学(学术版),2004(1):40-43.

[33] 贺其治.外层空间法[M].北京:法律出版社,1992.

[34] 贺元骅.论航空运输不合理延误及其责任[J].中国民航飞行学院学报,2002,13(1):17-20.

[35] 黄解放,刘贺.《北京公约》和《北京议定书》浅析[J].民航管理,2022(12):13-19.

[36] 黄力华.国际航空旅客运输中旅客的"损害"[J].中国航空法学研究,2002(1):2.

[37] 黄力华.国家航空器法律问题研究[J].现代法学,2000,22(6):146-149.

[38] 黄力华.空运单法律问题研究[J].西南民族学院学报(哲学社会科学版),2000,21(10):121-126,159.

[39] 黄力华.民用航空法[M].成都:四川大学出版社,2000.

[40] 景树明.1908·秋操·气球——中国军事航空之肇始[J].航空知识,2013(6):1.

[41] 李浩培.条约法概论[M].北京:法律出版社,1987.

[42] 李勤昌.国际货物运输[M].5版.大连:东北财经大学出版社,2018.

[43] 李仁玉.比较侵权法[M].北京:北京大学出版社,1996:152.

[44] 李祥,黄建辉,陈可嘉.中美民航安全管理比较[J].中国安全生产科学技术,2012,8(12):138-142.

[45] 李行健,曹聪孙,云景魁.新词新语词典[M].北京:语文出版社,1989.

[46] 理查德·布洛克利(Richard Blockey),史维(Wei Shyy).航空航天科技出版工程-5-动力学与控制[M].北京:北京理工大学出版社,2016.

[47] 林南南.交通运输系统规划[M].北京:中国铁道出版社,2022.

[48] 林千,邓有池.中国民航大博览(上卷):公元前2000年—1999年[M].北京:京华出版社,2000.

[49] 林武坛,章博.国际贸易私法学[M].南京:东南大学出版社,2008.

[50] 临时执政令:临时执政指令第五百零五号(1925年4月15日):令航空署署长何遂:呈报拟订特准义飞机飞航国境临时办法呈鉴由[J].政府公报,1925(3247):7.

[51] 刘隆亨.经济法学[M].北京:中国长安出版社,2003.

[52] 刘瑞复.中国经济法律百科全书[M].北京:中国政法大学出版社,1992.

[53] 刘伟民.航空法教程[M].2版.北京:中国法制出版社,2001.

[54] 刘伟民.航空法教程[M].北京:法律出版社,1996.

[55] Mercer A. Liability of air carriers for mental injury under the warsaw convention[J]. Air and Space Law,2003,28(3):147-187.

[56] 命令摘要:公牍:中国改订特准俄飞机飞航国境临时办法[J].航空月刊(北京),1925(3):2-4.

[57] 穆书芹.浅谈航空承运人航运延误之法律责任[J].武汉科技大学学报(社会科学版),2002,4(2):63-66.

[58] 潘树藩.航空法大要[M].上海:商务印书馆,1934.

[59] 邵津.国际法[M].北京:北京大学出版社,高等教育出版社,2000.

[60] 史晓东,张文政.世界多边贸易须知大典[M].北京:中国财政经济出版社,1996.

[61] 孙宝琦,顾维钧.大总统令:大总统指令:第七百十二号:令航空署督办兼署署长赵玉珂呈报议订特准英国飞机飞航国境临时办法呈请鉴核由[J].政府公报,1924(2916):3.

[62] 孙宝琦,顾维钧.大总统令:第六百八十五号(1924年4月28日):令航空署督办兼署署长赵玉珂:呈报议订特准法国飞机飞航国境临时办法缮摺呈鉴由[J].政府公报,1924(2911):2.

[63] 孙发,等.中国法律千万个为什么[M].延吉:延边大学出版社,1993.

[64] 孙琬钟,邹恩同.中华人民共和国法律法规及司法解释分类汇编—第8卷·行政法卷[M].北京:《中国法律年鉴》社,1999.

[65] 孙志敏,刘志荣,吴德镇.交通百科词典[M].北京:航空工业出版社,1993.

[66] 唐明毅,陈宇.国际航空私法[M].北京:法律出版社,2004.

[67] 唐明毅.现代国际航空运输法[M].北京:法律出版社,1999.

[68] 佟柔.中国民法[M].北京:法律出版社,1990.

[69] 王利明,等.民法学[M].北京:法律出版社,2000.

[70] 王利明.民法学[M].北京:中国财政经济出版社,2003.

[71] 王利明.违约责任论[M].修订版.北京:中国政法大学出版社,2000.

[72] 王嵩山,等.中国政府公务百科全书[M].北京:中共中央党校出版社,1994.

[73] 王卫国.过错责任原则:第三次勃兴[M].北京:中国法制出版社,2000.

[74] 王艳霞,孙媛媛.民航旅客运输[M].北京:北京理工大学出版社,2021.

[75] 王泽鉴.侵权行为法第一册:基本理论·一般侵权行为[M].北京:中国政法大学出版社,2001.

[76] 韦薇.长三角机场群协调运行管理关键理论与方法[M].北京:旅游教育出版社,2019.

[77] 我妻荣.新版新法律学辞典[M].北京:中国政法大学出版社,1991.

[78] 沃克.牛津法律大辞典[M].北京社会与科技发展研究所,译.北京:光明日报出版社,1988.

[79] 吴焕宁.海商法学[M].2版.北京:法律出版社,1996.

[80] 吴建端.航空法学[M].北京:中国民航出版社,2005.

[81] 肖艳颖.航空保险[M].北京:中国民航出版社,2008.

[82] 谢田军.试论《国航旅客、行李国内运输总条件》[J].民航技术与经济,1998(7):39-41.

[83] 徐百齐.中华民国法规大全—第八册:交通[M].上海:商务印书馆,1936.

[84] 徐百齐.中华民国法规大全—第二册:内政·外交侨务[M].上海:商务印书馆,1936.

[85] 徐振翼.关于航空法的几个主要问题[J].上海社会科学院学术季刊,1988(2):76-82.

[86] 杨帆.杨帆讲三国法之精讲[M].北京:中国商务出版社,2021.

[87] 杨惠,郝秀辉.航空法评论—第5辑[M].北京:法律出版社,2015.

[88] 杨佩尧.中美欧民航空勤人员执勤制度比较及其启迪:以劳动者工作时间规制为视角[J].南京航空航天大学学报(社会科学版),2021,23(3):91-98.

[89] 姚雪青,白天亮.机场主要任务不是盈利而是开通更多航线[EB/OL].theory.people.com.cn/n/2013/0128/c40531-20342278-2.html.2024年2月15日访问.

[90] 于定勇,郭红亮.现代物流法律制度[M].广州:暨南大学出版社,2003.

[91] 张乃根.国际法原理[M].北京:中国政法大学出版社,2002.

[92] 张世良,帅刚,等.当代民航精神与文化概论[M].成都:西南交通大学出版社,2021.

[93] 赵秉志,陈弘毅.国际刑法与国际犯罪专题探索[M].北京:中国人民公安大学出版社,2003.

[94] 赵劲松.航空运输总条件法律地位路在何方[J].中国民用航空,2013(5):66-68.

[95] 赵鸣,张旭.民航订座系统基础教程[M].北京:国防工业出版社,2009.

[96] 赵维田.国际航空法[M].北京:社会科学文献出版社,2000.

[97] 赵维田.论三个反劫机公约[M].北京:群众出版社,1985.

[98] 郑斌.国际航空运输法[M].徐克继,译;刘伟民,校.北京:中国民航出版社,1996.

[99] 中国第二历史档案馆.中华民国史档案资料汇编—第五辑,第二编—外交[M].南京:江苏古籍出版社,1998.

[100] 《中国二十世纪通鉴》编辑委员会.中国二十世纪通鉴1901—2000—第2册[M].北京:线装书局,2002.

[101] 中国航空运输协会.民航论丛—第2辑(2012)[M].北京:中国民航出版社,2014.

[102] 中国交通年鉴社.中国交通年鉴—2008[M].北京:中国交通年鉴社,2008.

[103] 中国民用航空总局政策法规司.1999年《统一国际航空运输某些规则的公约》精解[Z].内部发行,1999.

[104] 中国年鉴编辑部编辑.中国年鉴—1983[M].北京:新华出版社,1983:407-408.

[105] 中国特准丹国飞机飞航国境临时办法(附照片)[J].航空周报(广州),1926(19):1-2.

[106] 周鲠生.国际法(上册)[M].北京:商务印书馆,1981.

[107] 周子亚.国际公法[M].上海:知识出版社,1981.